ACADÉMIE DES SCIENCES MORALES ET POLITIQUES

COLLECTION DES ORDONNANCES DES ROIS DE FRANCE

CATALOGUE

DES

ACTES DE FRANÇOIS IER

TOME HUITIÈME

MENTIONS D'ACTES NON DATÉS. — ITINÉRAIRE. — TROISIÈME SUPPLÉMENT
ADDITIONS ET CORRECTIONS

PARIS

IMPRIMERIE NATIONALE

OCTOBRE 1905

ACADÉMIE DES SCIENCES MORALES ET POLITIQUES

COLLECTION DES ORDONNANCES DES ROIS DE FRANCE

CATALOGUE

DES

ACTES DE FRANÇOIS Ier

TOME HUITIÈME

MENTIONS D'ACTES NON DATÉS. — ITINÉRAIRE. — TROISIÈME SUPPLÉMENT
ADDITIONS ET CORRECTIONS

PARIS

IMPRIMERIE NATIONALE

OCTOBRE 1905

CATALOGUE

DES

ACTES DE FRANÇOIS IER

ACADÉMIE DES SCIENCES MORALES ET POLITIQUES

COLLECTION DES ORDONNANCES DES ROIS DE FRANCE

CATALOGUE

DES

ACTES DE FRANÇOIS Ier

TOME HUITIÈME

MENTIONS D'ACTES NON DATÉS. — ITINÉRAIRE. — TROISIÈME SUPPLÉMENT.
ADDITIONS ET CORRECTIONS.

PARIS

IMPRIMERIE NATIONALE

OCTOBRE 1905

CATALOGUE

DES

ACTES DE FRANÇOIS Ier.

1515-1547.

MENTIONS D'ACTES NON DATÉS.

RÔLES DE MANDEMENTS, ACQUITS ET AUTRES ACTES À EXPÉDIER PAR ORDRE DU ROI, SIGNÉS DE LA MAIN DE FRANÇOIS Ier (1).

(*Suite.*)

(*Arch. nat.*, J. 961[11], n° 1, anc. J. 961, n° 2.)

Tous les rôles compris sous la cote J. 961[11] étaient joints d'ancienneté à ceux de l'année 1537 et paraissent devoir être attribués à cette date.

29269. Lettres portant que l'état de grand chambrier de France, qui, du vivant du dauphin François, était exercé, sous Henri, alors duc d'Orléans, à présent dauphin, par Jean Breton, sr de Villandry, sera exercé désormais, sous Charles, devenu duc d'Orléans, par le même sr de Villandry, avec semblables pouvoir et faculté, tant pour la provision aux offices dépendant de la grande chambrerie que pour les droits, profits, revenus et émoluments dont il a joui jusqu'ici, auxquels le roi le confirme, le tout pendant la minorité dudit Charles, duc d'Orléans.

(1) Voir la note, p. 604 du volume précédent.

IMPRIMERIE NATIONALE.

(*Arch. nat.*, J. 961[11], n° 2, anc. J. 961, n° 4.)

[Avril 1537.]

Mandements de payer :

29270. A Jacques Dupont, dit « Machault », fauconnier du roi, 20 écus soleil, dont le roi lui a fait don en récompense des passe-temps qu'il en a reçus « au fait de la vollerie ».

29271. A Jean de Pontigny, docteur de Metz, 100 écus soleil dont le roi lui a fait présent, en récompense des avertissements secrets qu'il lui a donnés durant différentes missions remplies en Allemagne.

29272. A « Rasquin Diry », laquais du feu maréchal de La Marck, 20 écus en récompense de ses voyages et avertissements secrets touchant la garde, sûreté et défense de Péronne, lors du siège de cette place.

29273. A Marguerite Vaupergue, religieuse du couvent de Sainte-Claire de Gien, 100 écus pour son entretien dans ladite maison, où elle s'est retirée suivant la volonté du roi.

29274. A Jean de Longueval, gentilhomme de la maison de Sédan, 200 écus soleil en récompense des services de guerre qu'il a rendus au roi.

29275. Au receveur général Bénigne Serre, 185 livres 12 sous 6 deniers, pour employer au payement des gages ordinaires de Jean Angilbert, Hercule Felyault et Jean Dumas, chevaucheurs d'écurie tenant la poste ordinaire à la suite de la cour, pour leurs services des mois de janvier, février et mars derniers.

29276. Au s[r] de Boisrigault, 800 livres pour son état et entretien à la suite du roi durant les mois de novembre, décembre, janvier et février derniers, à raison de 200 livres par mois, et 1,600 livres pour les mois de mars, avril, mai et juin prochains, qu'il pourra vaquer en qualité d'ambassadeur du roi en Suisse, à raison de 400 livres par mois, à prendre sur les deniers reçus par le trésorier Martin de Troyes, des prêts faits naguères au roi par différents particuliers de la ville de Paris.

29277. Mandement à Martin de Troyes de payer sur lesdits deniers 400 livres pour les frais de voiture et charroi des vivres que l'on doit mener de Paris et environs au camp du roi, et ce par l'ordonnance du président Poyet et de Claude Dodieu, maîtres des requêtes de l'hôtel.

29278. Mandement à la Chambre des Comptes de passer aux

comptes dudit Martin de Troyes la somme de 5,900 livres, prise sur les deniers revenant bons des sommes qui devaient être distribuées en Dauphiné, qu'il a délivrée, le 11 novembre dernier, par ordonnance du s^r d'Humyères, entre les mains de Furcy de Montjean, grènetier de Péronne, pour employer aux réparations de ladite ville.

29279. A Guillaume Aubert, conseiller au Parlement de Rouen, remboursement, sur la recette des exploits et amendes dudit Parlement, de 6,000 livres qu'il a prêtées au roi, le 6 du présent mois d'avril [1537], pour subvenir aux affaires de la guerre, et remises entre les mains de Jacques Bernard, commis à la recette générale des parties casuelles.

29280. A Louis de Nevers, 6,000 livres complétant les 8,000 livres de sa pension de l'année finie le 31 décembre 1536, dont il a ci-devant reçu 2,000 livres sur l'épargne.

29281. A Jean de Créquy, s^r de Canaples, 4,000 livres pour sa pension de ladite année.

29282. A M. de Sourdis, s^r de la Chapelle [-Bellouin], capitaine de Tombelaine, 69 livres pour ses gages de ladite capitainerie, du 23 octobre dernier, date de sa réception audit état, au 31 décembre suivant, à raison de 360 livres par an.

(*Sur le même rôle figure le n° 8857 du* Catalogue, *daté du 29 mars 1537 n. s.*)

(*Arch. nat.*, J. 961^{11}, n° 3, anc. J. 961, n° 8.)

[Mars-avril 1537.]

Mandements de payer :

29283. A Martin de Troyes, commis à l'extraordinaire des guerres, 45,000 livres pour partie de la solde des gens de guerre et autres dépenses extraordinaires du s^r d'Humyères, lieutenant général dans le Piémont et la Savoie, à prendre sur les deniers de la recette générale de Languedoïl.

29284. Audit Martin de Troyes, pour la solde du second mois des quinze mille légionnaires de Normandie, Picardie et Champagne, qui sont aux camp et armée du roi, 89,700 livres; pour le parfait de la solde de trois mois, commençant le 1er avril prochain, de huit cent soixante-dix-huit chevau-légers sous les capitaines Francisque Bernardin, Maur de «Nouate», de Taix, Théaude, albanais, Martin du Bellay, Georges Capucimant, de Sansac, de Termes et d'Ossun, y compris l'état du s^r d'Annebaut, capitaine général des chevau-légers au service du roi, 34,420 livres; pour les cas imprévus qui peuvent survenir audit camp,

7,004 livres 8 sous 4 deniers; pour partie de la dépense extraordinaire de l'artillerie dudit camp, du mois d'avril prochain, 10,000 livres; pour la solde durant quinze jours de cent cinquante pionniers que le roi a fait venir d'Amiens au camp, 375 livres; pour trente maçons venus aussi d'Amiens, 30 livres, et pour le louage d'une charrette destinée à porter leurs outils, 100 sous; pour le payement, durant quinze jours, de deux cents autres pionniers chargés des ponts de bateaux, 530 livres; pour cent soixante échelles faites à Abbeville, 120 livres; pour le transport de mille « hallecrets » que le roi a fait amener d'Amiens au camp, 54 livres; pour le transport des vivres apportés chaque jour d'Amiens au camp, 6,000 livres; pour les vivres amenés d'Abbeville, 1,000 livres; pour charroi de vivres de Compiègne à Amiens, 1,700 livres; pour le payement des caissons que les maire, prévôt et échevins d'Amiens ont fait faire afin de transporter le pain de munition qu'ils doivent livrer chaque jour au camp, 2,000 livres; pour les états de partie des commissaires des vivres, 1,100 livres; et pour la dépense, durant quinze jours, de douze cents chevaux de trait réquisitionnés en diverses élections du royaume, 4,541 livres; soit, au total, 158,579 livres 8 sous 4 deniers.

29285. A François de La Parvillière, 90 livres pour aller en diligence du camp sous Hesdin en Perthois trouver le s[r] de Borran au sujet de la levée et du payement de trois mille lansquenets, que le roi fait venir en son armée.

29286. A Jean Carré, commis au payement des officiers domestiques du roi, 10,000 livres pour ce qui reste à payer des gages desdits officiers, du quartier d'octobre dernier.

29287. A Jean Duval, trésorier de la maison du dauphin et du duc d'Orléans, 7,000 livres pour le reste des gages des officiers domestiques desdits princes, de l'année dernière.

29288. A Jacques Bernard, maître de la chambre aux deniers, 15,000 livres pour employer aux besoins de son office, durant le quartier de janvier dernier.

29289. A François Malevault, receveur de l'écurie du roi, 10,000 livres sur son assignation dudit quartier de janvier.

29290. A Antoine Juge, trésorier de la maison de la reine, 16,250 livres pour la dépense de la chambre aux deniers de ladite dame, du quartier de janvier dernier, et 3,500 livres sur l'assignation de l'écurie ordinaire de la reine, du même quartier.

29291. A Jean Duval, trésorier susdit, 11,437 livres 10 sous pour la dépense ordinaire de la chambre aux deniers des princes, et

3,000 livres pour l'augmentation de dépense de leur maison, à cause de la guerre, durant ledit quartier, outre 3,000 livres qu'il a ci-devant reçues.

29292. A Victor Barguin, trésorier de Mesdames la dauphine, la reine d'Écosse et Marguerite de France, 10,000 livres pour la dépense ordinaire de leur chambre aux deniers et 1,500 livres pour leur écurie, durant ledit quartier.

29293. Aux Frères minimes du couvent du Plessis-du-Parc près Tours, 700 livres, et à ceux d'Amboise, 300 livres, pour l'entretien, durant la présente année, des fondations faites auxdits couvents par le roi et ses prédécesseurs.

29294. A Gosselin Sert, frère augustin de Tournay, 30 livres sur ce qui peut lui être dû de sa pension des années précédentes et de la présente.

29295. A Guillaume Durant, commis au payement des mortes-payes de Picardie, au nombre de trois cent soixante-douze, y compris quarante de crue à Doullens, 6,075 livres pour leurs gages du quartier de juillet dernier.

29296. A Jean de Créquy, s[r] dudit lieu, gouverneur de Montreuil-sur-Mer, 600 livres sur les 1,200 de sa pension de l'année dernière.

29297. A Philippe de Créquy, s[r] de Bernieulles, gouverneur de Thérouanne, 600 livres sur les 2,000 de sa pension de l'année dernière.

29298. A Antoine de « Vinancourt » (*aliàs* Bayencourt), s[r] de Bouchavesne, gouverneur de Doullens, 400 livres sur ce qui peut lui être dû pour sa pension des années précédentes et de la présente.

29299. Audit Jean Carré, 3,000 livres pour partie des gages des officiers domestiques du roi, du quartier de janvier dernier.

29300. A Jean Duval, 2,000 livres sur le reste des gages des officiers domestiques de la maison des princes, de l'année dernière.

29301. A Martin de Troyes, 7,733 livres 15 sous pour la solde de treize cents hommes de pied des garnisons des places-frontières de Picardie, durant un mois, et 1,135 livres 12 sous 6 deniers pour les affaires imprévues du camp sous Hesdin, à prendre sur les deniers provenant du don gratuit équivalant à trois décimes, octroyé par le clergé, l'année dernière.

29302. A Jean Charpentier, chapelain de feu M. d'Albany, 100 livres en don et récompense des services par lui rendus audit défunt, sur la vaisselle et monnaie d'or provenant de son maître.

29303. A Giacomo Barba, gentilhomme italien, 100 écus soleil pour aller en diligence, partant le 5 avril, du camp du Mesnil en Italie, porter des lettres du roi au cardinal de Mâcon.

29304. A Jean de Chagerais, sellier de l'écurie du roi, 50 écus soleil en payement de deux riches harnais destinés aux grands chevaux du roi, livrés en ce présent mois d'avril.

29305. A François de Douault, s[r] du Boys, valet de chambre du roi, 40 écus d'or pour un voyage en poste du camp du Mesnil au Havre-de-Grâce, où il doit remettre à M. l'Amiral des lettres du roi, et pour son retour en même diligence.

29306. Mandement à la Chambre des Comptes de passer aux comptes de Bénigne Serre la somme de 1,125 livres 2 sous 7 deniers, qu'il a payés pour un grand bateau acheté à Soissons et destiné à conduire de Compiègne à Rouen, en mars dernier, par l'Oise et la Seine, le roi et la reine d'Écosse, pour la location d'autres bateaux dans lesquels furent menés les officiers de leur maison, journées de mariniers et autres dépenses de même nature.

29307. A M. le Dauphin, 1,575 livres en don pour ses plaisirs et affaires, outre les 4,000 écus d'or que le roi lui a ordonnés en cette présente année.

29308. A M. le Grand-maître [Anne de Montmorency], 3,000 livres pour le quartier de janvier dernier de sa pension et 1,500 livres pour son état de gouverneur de Languedoc, durant le même quartier; plus 2,000 livres faisant partie des 8,000 dont le roi lui fait don chaque année, en dédommagement des 4,000 ducats briançonnais.

29309. Au même, pour la capitainerie de la Bastille, 300 livres; pour celle du Bois de Vincennes, 300 livres; pour celle des ville et château de Nantes, 375 livres, et pour Saint-Malo, 100 livres, le tout durant le quartier de janvier dernier.

29310. A l'amiral Chabot, 3,000 livres pour sa pension et 1,500 livres pour son état de gouverneur de Bourgogne, dudit quartier de janvier.

29311. Au même, pour l'amirauté de Guyenne, 750 livres et pour celle de Bretagne, 300 livres, durant ledit quartier.

29312. Au même, 250 livres pour la capitainerie de Brest, durant ledit quartier.

29313. A Jean de Montluc, protonotaire du Saint-Siège, 250 écus soleil pour un voyage en poste partant du camp du Mesnil-lès-Hesdin, le 13 avril, allant à Venise et à Rome porter des lettres du roi à ses ambassadeurs auxdits lieux.

29314. A Olivier Des Hayes, dit « Tournebut », Jacques de Montceaux, François de Morainville, Jean du Refuge et (*blanc*) Cresnay, pages de l'écurie du dauphin et du duc d'Orléans, à chacun 30 écus soleil, dont le roi leur a fait don afin de les aider à s'armer et à se monter pour aller servir dans les compagnies d'ordonnances.

29315. A Bénigne Serre, receveur général, 804 livres 7 sous 6 deniers pour employer au payement de treize chevaucheurs d'écurie ordonnés pour tenir les postes installées depuis la ville de Toulouse jusqu'à Bayonne, durant trois mois commençant le 1er mai prochain.

29316. A Martin de Troyes, commis au payement de l'extraordinaire des guerres, 4,222 livres 8 sous pour rembourser le sr de La Rochepot qui, l'année dernière, avait avancé cette somme pour l'achat de bois destiné à monter des pièces d'artillerie, pour des voyages qu'il fit faire, afin de donner avis au roi des courses et entreprises que s'efforçaient de faire en Picardie le comte de « Nancot » et le sr de Rœux sur les villes de Corbie, Saint-Riquier et autres places, en attendant l'arrivée de leurs principales forces, et aussi pour faire venir vers lui les capitaines des villes dudit pays, afin de les consulter sur les moyens de résistance, solde des gens de guerre placés comme renfort dans lesdites places, achat de vivres, etc., en attendant que le roi y pourvoie.

29317. A Jean Briçonnet, président des comptes, remboursement de 1,125 livres qu'il a prêtées au roi, le 6 mars dernier, et remises entre les mains de Martin de Troyes.

29318. A Jacques de Matignon, valet tranchant du roi, 28 écus soleil pour un voyage en poste, fait le 8 dudit mois d'avril, du camp du Mesnil à Paris, où il porta des lettres du roi au cardinal « de Paule », envoyé du pape, arrivé en cette ville pour traiter certaines affaires importantes, dont ledit Matignon revint au camp faire rapport au roi.

29319. Aux chanoines de l'église Saint-Jean-l'Évangéliste du Plessis du-Parc près Tours, 600 livres pour l'entretien, durant la présente année, des fondations faites en ladite église par le roi et ses prédécesseurs.

(*Arch. nat.*, J. 961¹¹, n° 4, anc. J. 961, n° 9.)

[Mars 1537.]

Mandements au maître de la chambre aux deniers, commis à la recette générale des parties casuelles, de payer :

29320. A Guillaume Féau, sr d'Izernay, 60 écus soleil pour un voyage qu'il va présentement faire en poste à Rouen, partant d'Amiens, le 16 mars, afin de remettre au roi d'Écosse des lettres du roi touchant des affaires secrètes.

29321. A Jacques Cartier, de la marine de Bretagne, 50 écus soleil sur ce qu'il a déboursé de ses propres deniers pour le service et suivant le commandement du roi.

29322. A Pierre de Lartiguedieu, capitaine de cinq cents hommes de pied du pays de Gascogne, la somme de 100 écus soleil sur ce qui lui est du des doubles payes et états de lui, ses lieutenant et porte-enseigne, pour un mois commencé le 8 octobre dernier, ayant été payé des simples payes et port d'arquebuses en la ville de Turin par le trésorier de l'extraordinaire des guerres.

29323. A Toussaint Laperque, chevaucheur d'écurie, 100 sous pour aller d'Amiens, partant le 19 du présent mois de mars, par les villes de l'élection de Péronne, réquisitionner des chevaux et les mener à Amiens, pour transporter des vivres au camp et à l'armée du roi en Artois.

29324. A Alexandre de Court, gentilhomme italien, la somme de 40 écus soleil en déduction de ce qu'il prétend lui être dû de sa pension de plusieurs années.

29325. A Jean Hénard, notaire et secrétaire du roi et trésorier des ligues des cantons de Suisse, 5,820 livres tournois pour employer au payement des pensions particulières de plusieurs capitaines suisses qui sont actuellement à Lyon, suivant un état signé de la main du roi au camp de Fillièvres, le 20 mars dernier.

29326. A Martin de Troyes, commis au payement de l'extrordinaire des guerres, 13,000 livres tournois pour partie de la solde des lansquenets de la compagnie du comte Guillaume de Furstenberg, du mois d'avril prochain.

29327. A Mathieu Jurquet, huissier du Grand conseil, 13 écus soleil pour un voyage en poste qu'il a fait, le 14 août dernier, de Lyon à Valence, porteur de lettres importantes du roi adressées aux s[rs] de Châteaumorant et de Brosses, et aussi pour avoir gardé deux jours et une nuit le comte Sébastien de Montécuculli, prisonnier.

23928. Mandement à la Chambre des Comptes d'allouer aux comptes du maître de la chambre aux deniers les sommes contenues en un cahier signé des s[rs] de Montchenu, le Bossu et de La Clayette, maîtres d'hôtel du roi, montant à 4,404 livres 12 sous 6 deniers, qu'il a payées comptant pour les fiançailles du roi d'Écosse et de Madame Madeleine de France, à Blois, et pour leurs noces à Paris, banquets et festins donnés à cette occasion.

29329. A Martin Gauvin, 8 écus soleil pour un voyage qu'il est venu faire présentement au camp sous Hesdin, partant d'Amiens le 27 mars, vers le roi et son Conseil privé, afin de les avertir, de la part de M. le Chancelier, de certaines affaires d'importance qui ne doivent être plus amplement déclarées.

(*Arch. nat.*, J. 961[11], n° 5, anc. J. 961, n° 10.)

[Avril 1537.]

Mandements de payer :

29330. A Jean Thizart, 9,118 livres 1 sou 3 deniers pour le payement des archers écossais de la garde du quartier d'octobre dernier.

29331. A Jacques Richer, 8,317 livres 7 sous 6 deniers pour le payement des gages des archers français de la garde de la compagnie du s[r] de Nançay, dudit quartier d'octobre.

29332. A Jean Chartier, 8,651 livres 2 sous 6 deniers pour les gages des archers de la garde de la compagnie du sénéchal d'Agénais, durant ledit quartier d'octobre.

29333. A Jean de Vaux, 8,606 livres 2 sous 6 deniers pour les gages des archers de la garde de la compagnie du s[r] de Chavigny.

29334. Au duc de Guise, gouverneur de Champagne et de Brie, 4,500 livres en déduction de 9,000 livres complétant les 18,000 livres de sa pension et de son état de gouverneur de l'année 1536.

29335. A Jean Carrache (Caraccioli), prince de Melphe, 2,000 livres, en déduction de 8,000 livres faisant partie de sa pension de l'année 1536, qui monte à 10,000 livres, en y comprenant 2,000 livres qu'il reçoit des mains du comte de Martigues.

29336. A Jean de Torcy, capitaine de cinquante hommes d'armes, lieutenant de la compagnie du feu duc de Vendôme, 900 livres sur les 1,800 livres de sa pension, durant l'année dernière finie le 31 décembre 1536.

29337. A Martin de Troyes, commis à l'extraordinaire des guerres, 2,000 livres pour charrois de vivres d'Amiens au camp; 300 livres pour transport de froment et avoine de Chartres à Amiens; 387 livres 10 sous pour le payement, durant quinze jours, de deux cent cinquante-cinq pionniers levés à Amiens et envoyés au camp, le 5 du présent mois d'avril; 600 livres pour le payement, durant quinze jours, de deux cent quarante autres pionniers levés à Amien , le 17 avril; 40 livres pour bailler à André de Dampont; 95 livres pour Jean de L'Isle, s[r] de Marivaux;

IMPRIMERIE NATIONALE.

58 livres 10 sous pour Jean Guinchier, chevaucheur d'écurie, en payement de plusieurs voyages qu'ils ont faits par ordre du s[r] de La Rochepot; et 200 livres pour les cas imprévus et affaires survenant au camp; au total, 5,481 livres.

29338. Mandement au trésorier de l'épargne de faire délivrer à Martin de Troyes, par les payeurs des compagnies des ordonnances qui sont présentement au camp et dans les places frontières de Picardie, tous les deniers revenant bons à cause des absents.

29339. Au s[r] de Sourdis, capitaine du Plessis-lès-Tours, 490 livres; à François de Brives, son lieutenant, 100 livres; à Hotin Bonnelle, concierge du Plessis, 35 livres; à Jean Brun, portier, 40 livres; à Arnaud Delafont, garde des tourterelles, 40 livres, etc.

29340. A Jean Pot, panetier du roi, 160 écus soleil pour un voyage en diligence partant d'Hesdin, le 17 du présent mois d'avril, et allant en Angleterre informer Henri VIII de la réduction d'Hesdin.

29341. Au s[r] de Matignon, partant le même jour d'Hesdin pour aller à Langres ou autres lieux voisins où doit être le duc de Wurtemberg, et s'informer du nombre de lansquenets qu'il a fait entrer en France, afin de les faire payer, et en venir faire son rapport au roi, 100 écus soleil.

29342. A Sève de Branda, capitaine des gens de pied aventuriers, 100 écus soleil en don et pour l'aider à se faire panser et guérir des coups d'arquebuse et de pierres qu'il a reçus à l'assaut d'Hesdin, la veille de la reddition de la place.

29343. A Pierre Blanche, autre capitaine de gens de guerre, 60 écus soleil en don et pour l'aider à supporter la dépense d'un voyage qu'il va faire présentement d'Hesdin en Piémont, pour lever cinq cents hommes de pied aventuriers dont le roi lui a donné la charge.

29344. A Jean de Juvigny, archer de la compagnie du comte d'Aumale, 50 écus soleil en récompense du service qu'il a fait au roi à la rescousse de trois grands chevaux de son écurie récemment trouvés « en une rencontre de Bourguignons ».

29345. Lettres portant que Florimond Fortier, dit « Resnay », pourvu de l'état de valet de chambre du dauphin et du duc d'Orléans, au lieu de feu Claude de Faultray, dit « d'Estissac », sera payé des gages dudit état depuis le jour du décès de son prédécesseur jusqu'au 31 décembre dernier.

29346. Lettres portant que François Meffenis, pourvu de l'état de sommelier d'échansonnerie desdits princes au lieu de feu Jean Drouot, dit « le Bourguignon », sera payé depuis le décès de son prédécesseur jusqu'au 31 décembre dernier.

29347. Mandement portant que le trésorier de la maison desdits princes payera 75 livres à Guillaume Drouot, pour avoir exercé l'année dernière l'office de sommelier d'échansonnerie en leur maison, au lieu de son frère Jean Drouot, empêché pour cause de maladie.

29348. Au s^r^ de Sarcus, pour sa pension de l'année finie le 31 décembre 1536, 1,000 livres à prendre sur les deniers qui doivent être distribués autour de la personne du roi.

29349. Au bailli de Vitry, lieutenant de la compagnie du duc de Lorraine, 1,000 livres pour sa pension de ladite année.

29350. Au s^r^ de Parroy, lieutenant de la compagnie du duc de Guise, 1,000 livres pour sa pension de ladite année.

29351. Au s^r^ de La Meilleraye, 1,200 livres pour sa pension de ladite année.

29352. Au s^r^ de Villebon, pour semblable cause pour ladite année, 1,200 livres.

29353. Au capitaine Bonneval, pour la même cause et pour ladite année, 1,500 livres.

29354. Au s^r^ de La Roche-du-Maine, 1,200 livres pour sa pension de ladite année.

29355. Au s^r^ de Bayencourt, 1,200 livres pour sa pension de ladite année.

29356. Au s^r^ de Foudras, lieutenant de la compagnie du s^r^ de La Rochepot, 600 livres pour sa pension de l'année dernière.

(*Arch. nat.*, J. 961[11], n° 7, anc. J. 961, n° 15.)

[Avril 1537.]

Mandements de payer :

29357. A Hans Junker (*aliàs* Yoncker), lieutenant des Cent Suisses de la garde, 800 livres pour sa pension de l'année 1536.

29358. A Guillaume Poyet, président au Parlement de Paris, 500 livres pour sa pension de ladite année.

29359. Commission à François Gaudart de tenir le compte et faire le payement de la compagnie de cinquante hommes dont le roi a naguère donné la charge au s^r^ de Sarcus.

29360. Don au s^r^ de Maucouvent, archer de la garde et l'un des gardes de la forêt de Crécy, de 250 livres sur l'amende à laquelle Guillaume Le

Tellier a été condamné par le maître particulier des eaux et forêts de France, Brie et Champagne.

29361. Don à Philippe de La Guernerie, gentilhomme aventurier, de 225 livres pour l'aider à se faire panser d'un coup d'arquebuse dont il a été blessé, en ce présent mois, à l'assaut de la brèche d'Hesdin.

29362. Au s^r de Noailles, 20 écus pour un voyage en poste, partant du camp de Pernes, le 24 du présent mois d'avril, allant à Amiens porter des lettres de créance du roi au chancelier touchant certaines affaires d'importance.

29363. A Jacques de La Barre, archer de la compagnie du duc d'Orléans, 100 écus soleil en récompense de la capture qu'il a faite d'un porte-enseigne du parti des Bourguignons en une rencontre ou embuscade à « Sevenant »[1], le 25 du présent mois d'avril, l'ennemi ayant été mis en fuite.

29364. Don à Anne Gouffier, dame de Montreuil, de 300 écus soleil; à Anne de Viergnon, dame de Bron, 200 écus; à Marguerite de Vergondois, femme de chambre de la reine d'Écosse, 50 écus; à Anne Le Maye, damoiselle de Dannemarie, 200 écus; à Marion Truffault, sa nourrice, 50 écus; à Charles du Merlier et à Charles de Marconnay, ses échansons, à chacun 100 écus; en tout, 1,000 écus soleil, pour les aider à supporter la dépense qu'ils auront à faire pour accompagner ladite dame en Ecosse, où elle s'en va présentement.

29365. Mandement aux gens des comptes d'allouer aux comptes de Martin de Troyes, commis à l'extraordinaire des guerres, 4,684 livres 7 sous 6 deniers, qu'il a payés au s^r de Barbezieux, lieutenant du roi à la garde de Marseille, sur les 6,000 livres que ledit de Barbezieux avait fait délivrer à Gabriel Leroy, l'un des clercs dudit de Troyes, le 10 septembre dernier, ladite somme provenant de la vente des pains et farines de la munition de ladite ville.

29366. Au s^r d'Annebaut, 500 écus soleil pour distribuer aux chevau-légers des compagnies des s^rs de Taix et de « Morre », dont le roi leur a fait don en plus de leurs gages, pour les récompenser de leurs services.

29367. A Aymon Ferrand, 100 écus soleil pour un voyage en poste du camp de Pernes en Portugal, porteur de lettres du roi adressées à Honorat de Caix, son ambassadeur audit pays.

29368. A Alexandre Charruau, l'un des huissiers du Conseil privé, ayant la garde et conduite des ustensiles et meubles servant audit Con-

[1] *Sic.* Il s'agit de Saint-Venant, canton de Lillers, Pas-de-Calais. (Cf. Les *Mémoires* de Martin du Bellay, livre 8. Coll. Petitot, t. XIX, p. 214-215.)

seil, 240 livres pour ses gages de la présente année, finissant le 31 décembre 1537, dont il sera payé par les quatre quartiers sur les deniers provenant de la vente des offices et autres parties casuelles.

(*Arch. nat.*, J. 961[11], n° 10; anc. J. 961, n° 21.)

[Mai 1537.]

Mandements de payer:

29369. A Jacques de Coucy, s[r] de Vervins, lieutenant de la compagnie du s[r] Du Biez, 400 livres sur ce qui peut lui être dû de sa pension des années passées.

29370. A Jacques Bernard, maître de la chambre aux deniers, 1,200 livres pour partie de la dépense du roi d'Écosse et de ses officiers et serviteurs.

29371. A Martin de Troyes, commis à l'extraordinaire des guerres, 22,500 livres pour les dépenses imprévues et affaires survenant chaque jour au camp; 4,000 livres pour le charroi des vivres d'Amiens au camp; 2,000 livres pour le charroi de Compiègne à Amiens; 1,000 livres pour le charroi d'Abbeville au camp; 6,000 livres pour faire avance à Jacques Petit, Noël Boytet et Jean Bazin, marchands, qui ont entrepris de livrer chaque jour au camp cent pièces de vin; 900 livres pour l'état d'un mois des s[rs] de Vély, de Meudon et général d'Apestigny, commissaires des vivres; 3,500 livres pour avancer à quatre mille sept cent cinquante pionniers, levés dans les élections d'Amiens, Ponthieu, Roye, Montdidier, Beauvais et comté d'Eu, pour la fortification d'Hesdin et de Saint-Pol; 592 livres 8 sous pour le parfait payement des ponts de bateaux construits à Abbeville; 27 livres 1 sou pour la construction d'un pont sur la Somme au lieu de Daours, destiné au passage de quatre enseignes de lansquenets, nouvellement venus au service du roi; et 20 livres pour un voyage en poste fait par Eustache Leconte, d'Amiens à Hesdin; au total, 45,539 livres 9 sous.

29372. A Bénigne Serre, 810 livres 7 sous 6 deniers pour le payement des gages de treize postes de Paris à Boulogne-sur-Mer, y compris le salaire des passeurs de Saint-Leu-d'Esserent et d'Attin, durant les mois de janvier, février et mars derniers.

29373. Mandement à Martin de Troyes de payer les gages et états d'un mois des lansquenets nouvellement venus au service du roi sous le duc de Wurtemberg, suivant les instructions du s[r] de Bourran, l'un des commissaires des guerres, à prendre tant de la somme de 20,000 écus soleil qu'il a reçue de Simon Crosse, orfèvre de Paris, provenant de la consignation faite en justice par le s[r] de Rouillé à cause du retrait de la terre de Méru, que de 15,000 livres à lui fournies sur l'épargne.

29374. Mandement audit de Troyes de distribuer, suivant les ordonnances du s[r] de Boisrigault, ambassadeur en Suisse, 7,870 livres, moitié de la composition d'une « querelle ancienne », que réclament certains cantons; 610 livres à trois ambassadeurs de la Ligue grise; et 4,500 livres pour autres affaires et cas inopinés qui seront payés audit pays.

29375. Mandement audit Martin de Troyes de payer 875 livres pour la solde d'un mois de cent chevau-légers de la compagnie du s[r] de Haraucourt; 306 livres 5 sous pour la solde de trente-cinq autres chevau-légers en garnison à Bohain et à Beaurevoir, sous Bernard de Lestrange, et ce des deniers revenant bons de 7,733 livres 15 sous fournis audit de Troyes par le trésorier de l'épargne, pour la solde d'un mois de treize cents aventuriers qui devaient être mis comme renfort en garnison dans les places frontières de Picardie.

29376. Audit Martin de Troyes, 4,437 livres pour la solde d'un mois de sept cents hommes de guerre aventuriers en garnison, savoir à Montreuil, trois cents, à Thérouenne, deux cents, au château de Fressin, deux cents; 2,000 livres pour les charrois de vivres d'Amiens au camp; 500 livres pour les charrois de vivres d'Abbeville au camp; 500 livres pour les gages d'un mois des s[rs] de La Rocheposay et de Bourguival, commissaires des vivres; 3,300 livres pour les cas imprévus et affaires dudit camp; 1,800 livres pour Guillaume Poullet et Jean Griffon qui ont transporté des poudres au camp, et pour les aider à payer leur rançon, ayant été pris à leur retour par les ennemis; 133 livres 3 sous pour Honoré Duchemin, canonnier à Doullens; et 105 livres 3 sous 9 deniers pour payer Jean Guinchet (*aliàs* Guinchier), chevaucheur d'écurie, des voyages qu'il a faits l'année dernière près du feu duc de Vendôme et du s[r] de La Rochepot.

29377. Au trésorier ou commis à la recette générale de Provence, 300 livres pour employer aux réparations de la maison où siège la juridiction de Draguignan, qui fut incendiée l'année dernière, lorsque l'armée de l'empereur était audit pays, à prendre des deniers provenant des amendes qui seront adjugées au roi audit siège de Draguignan, suivant les ordonnances et avis des présidents et maîtres rationaux de la Chambre des Comptes de Provence.

29378. Au duc de Somma, 225 livres sur ce qui peut lui être dû de sa pension de l'année dernière.

29379. A Nicolas de Troyes, argentier du roi, 2,600 livres complétant la somme de 4,600 livres pour employer au fait de son office durant le quartier d'octobre, novembre et décembre dernier, le surplus lui ayant été payé par le trésorier de l'épargne.

29380. Au même, 148 livres 10 sous pour les frais de plusieurs voyages faits, de l'ordonnance du roi, d'Amiens à Paris et à Amboise, dans le but de faire apporter des loups-cerviers destinés à fourrer les parements de trois robes de velours incarnat commandées par le roi.

29381. A Jean Vion, commis au payement de l'extraordinaire de l'artillerie, 200 livres pour le charroi de plusieurs pièces d'artillerie conduites de Beauvais à Hesdin et à Saint-Pol.

29382. A Martin de Troyes, commis à l'extraordinaire des guerres, 90,000 livres pour la solde, durant le présent mois de mai, des lansquenets du comte Guillaume de Furstenberg et d'autres gens de guerre venus récemment d'Allemagne au service du roi.

29383. A René de Gueulff, capitaine allemand, 400 livres pour sa pension de l'année finie le 31 décembre 1536.

29384. A Gabriel de La Guiche, lieutenant de la compagnie de M. le Grand-maître, 1,000 livres pour sa pension de ladite année.

29385. A François de Douault, valet de chambre du roi, 30 écus soleil pour un voyage en poste du camp de Pernes à Rouen, où il porta des lettres missives du roi aux habitants de ladite ville, leur demandant ce qu'ils pourraient fournir d'artillerie, poudre et boulets de canon pour la munition des villes de la frontière de Picardie.

29386. Mandement au trésorier de l'épargne de faire payer par les commis aux recettes générales de Languedoïl et de Guyenne, des deniers qu'ils ont perçus sur les domaines, aides et greniers à sel de l'année finie le 31 décembre dernier, à Philibert Babou, trésorier de France, la somme de 6,300 livres pour ses gages, chevauchées et pension des deux années dernières, 1535 et 1536, nonobstant l'ordonnance restrictive desdits gages et chevauchées et bien que ledit Babou n'ait fait les chevauchées durant lesdites années, étant retenu ailleurs pour le service du roi.

29387. Mandement au trésorier de l'épargne de faire rembourser, par le receveur des amendes et exploits du Parlement de Paris, à Antoine Rouillard, conseiller en ladite cour, la somme de 2,000 livres qu'il a prêtée pour les affaires du roi et remise entre les mains de Jacques Bernard, commis à la recette générale des finances extraordinaires et parties casuelles.

29388. A Pierre Duval, 450 livres pour avoir apporté de Piémont au roi des lettres missives des s[rs] d'Humyères et de Boutières.

29389. Au s[r] de Matignon, qui est retourné pour la seconde fois, le 2 mai, du camp de Pernes à Langres, pour trouver le duc de Wurtemberg et lui indiquer le chemin qu'il devra faire tenir aux lansquenets de sa compagnie venus au service du roi, 315 livres pour ledit voyage, faire les montres desdits lansquenets et en rapporter nouvelles au roi.

29390. A Pierre de Ruthie, 100 écus soleil pour amener de la forêt de Senonches au Perche une partie des chiens de la vénerie à Coucy, où le roi a l'intention de se trouver prochainement.

29391. A Charles de Cossé, gentilhomme de la chambre du roi, partant du camp de Contes, le 4 mai, pour aller en Piémont porter des lettres du roi au comte de Rangone et au s[r] d'Humyères, 150 écus soleil.

29392. Au roi d'Écosse, pour sa pension et celle de la reine, sa femme, du quartier de janvier, février et mars dernier, 7,500 livres que le roi a ordonné de lui payer sans attendre le 15 mai, jour de l'échéance.

29393. A Florimond Dorne, notaire et secrétaire du roi, 149 livres 7 sous 6 deniers pour ses gages et droits de manteaux de l'année finie le 31 décembre 1536.

29394. A Julien Bonacorsi, 10,487 livres 10 sous pour le payement des cent gentilshommes de l'hôtel de la compagnie du s[r] de Canaples, du quartier d'octobre dernier.

29395. A Jean Barbedor, 10,237 livres 10 sous pour le payement du même quartier des autres cent gentilshommes de l'hôtel, de la compagnie de Louis de Nevers.

29396. Au maître d'hôtel de Boisrigault, ambassadeur en Suisse, 500 écus d'or soleil ou 1,125 livres tournois sur ce qui lui a été ci-devant ordonné pour son entretien audit pays, à raison de 400 livres par mois.

29397. Mandement à la Chambre des Comptes de passer sans difficulté, en la dépense des comptes du trésorier de l'épargne, les sommes contenues dans les mandements qui lui seront expédiés par le roi, à prendre sur les deniers provenant du don gratuit, équivalant à trois décimes, octroyé par le clergé du royaume, les années passées, deniers qui avaient été versés aux coffres du Louvre et depuis apportés en la ville d'Amiens, pour les nécessités et affaires du roi.

29398. Mandement à Guillaume Prudhomme, trésorier de l'épargne, lui ordonnant de recouvrer, si faire se peut, jusqu'à concurrence de 950,000 livres sur la vente et aliénation, avec faculté de rachat perpétuel, des portions du domaine de la couronne, aides et gabelles, ordonnée par le roi pour les besoins de la guerre, et portant que les acquits pour ce adressés par ledit trésorier aux commis des recettes générales leur pourront valoir et servir à la reddition de leurs comptes, tout ainsi que s'ils étaient expédiés sur les deniers de l'ordinaire des finances.

(*Arch. nat.*, J. 961[11], n° 11, anc. J. 961, n° 23.)

[Mai 1537.]

Mandements et provisions que le roi a ordonné d'expédier sur le trésorier de l'épargne et autres comptables, pour payer :

29399. A Martin de Troyes, 19,316 livres 15 sous pour employer à l'extraordinaire de la guerre, savoir au payement de deux mois de cent vingt-quatre chevau-légers sous le commandement du s[r] de Canaples, envoyés en garnison à Thérouanne, à la solde de mille légionnaires de Normandie, choisis parmi les bandes des capitaines La Salle et Saint-Aubin et envoyés avec d'autres en la ville de Saint-Pol, pour un mois commençant le 9 mai; au payement de deux mille autres légionnaires des bandes des s[rs] de La Salle, de Saint-Aubin et de Bacqueville, renvoyés dans leurs foyers; au payement fait aux bandes de Picardie sous les s[rs] d'Heilly et de «Saint-Seval» (s. d. Saisseval), auxquels il a été délivré à chacun 20 sous pour vivre, sans être à charge au peuple, en s'en retournant chez eux; aux réparations des places d'Hesdin et de Saint-Pol, et autres dépenses extraordinaires et imprévues.

29400. Audit Martin de Troyes, 20,000 livres pour envoyer à Lyon et servir à partie de la solde des gens de guerre qui sont en Piémont, durant le présent mois de mai; 1,200 livres pour les dépenses inopinées survenant chaque jour au camp d'Artois; 71 livres 5 sous pour ce qui restait dû à plusieurs maçons d'Amiens qui ont été employés aux mines à Hesdin; plus, pour bailler aux personnes qui suivent, savoir au s[r] de Marivaux, 83 livres pour plusieurs voyages qu'il a faits par ordonnance du s[r] de La Rochepot; à Charles Lefèvre, 20 livres pour voyages nécessités par la levée et la montre de plusieurs pionniers; à François de Sermaise, 16 livres pour un voyage fait au-devant des lansquenets du comte de Furstenberg; au même et à Guillaume de Villiers, 70 livres pour avoir fait les montres de plusieurs pionniers levés durant le mois d'avril dernier; et 600 livres pour les gages d'un mois des s[rs] de Grantvillier et de Castillon, commissaires des vivres pour le service du camp; en tout, 22,140 livres 5 sous.

29401. Audit Martin de Troyes, 39,900 livres pour partie de la

IMPRIMERIE NATIONALE.

solde des lansquenets du duc de Wurtemberg, durant le mois d'avril dernier et le présent mois de mai; 1,500 livres pour le charroi et payement des vivres et munitions restant de la provision faite à Montreuil pour le ravitaillement de Thérouanne, que le roi a fait mener au château d'Hesdin; et 160 livres pour la solde pendant quinze jours de cinquante-cinq aventuriers français levés à Amiens, pour l'escorte des vivres que l'on amène au camp du roi.

29402. Audit de Troyes, 3,300 livres pour payer le cardinal de Bourbon de douze cent setiers de blé méteil à 40 sous le setier, et de neuf cents setiers d'avoine à 20 sous le setier, que le roi a fait prendre de lui, en son abbaye de Saint-Valery, pour le ravitaillement de Thérouanne; 1,200 livres pour le charroi des vivres d'Amiens au camp; 1,200 livres pour le transport des vivres fournis par Jacques Petit et autres marchands; 669 livres pour la levée de deux cent cinquante-six chevaux réquisitionnés dans les élections de Paris, Senlis, Meaux, Clermont, Beauvais, Gisors, Pontoise, Mantes et Meulan, pour transporter lesdits vivres, et pour le salaire des commissaires qui les conduiront; 3,600 livres à payer aux maire et échevins d'Amiens, pour les frais de voiture de cinq cents muids de blé qui leur seront livrés à Compiègne, afin de remplir les greniers de ladite ville, vidés pour la fourniture du pain au camp du roi; et 3,400 livres pour les cas imprévus et affaires survenant chaque jour audit camp.

29403. Audit de Troyes, 1,620 livres pour le payement de trois cents muids d'avoine fournis par les habitants d'Amiens, à raison de 108 sous le muid, pour le ravitaillement de la ville et du château de Saint-Pol; 2,080 livres 2 sous 6 deniers pour achat de pelles, pics, clous, serpes, falots et autres munitions nécessaires aux places de Saint-Pol et d'Hesdin; 2,400 livres pour achat et charroi de vivres et munitions qui seront envoyés d'Abbeville à Saint-Pol; 12,000 livres pour être portées à Saint-Pol et à Hesdin et employées en achat et voiture de vivres et munitions, suivant les ordonnances du s[r] de Vély; et 25,000 livres pour subvenir au payement des gens de guerre, cas inopinés et affaires survenant à l'armée du roi.

29404. A Bénigne Serre, receveur général, 1,128 livres 15 sous pour le payement de dix-huit chevaucheurs d'écurie et un aide à pied, faisant le service des postes de Lyon à Suze, pour leurs gages et services durant trois mois, du 24 décembre au 23 mars derniers.

29405. A Antoine Jugé, trésorier de la maison de la reine, 1,000 livres sur et en déduction de son assignation de la dépense ordinaire de l'écurie de ladite dame, du quartier de janvier dernier, outre 3,500 que le roi lui a fait naguère délivrer pour la même cause.

29406. A Victor Barguin, trésorier de la maison de Mesdames la Dauphine et Marguerite de France, 6,470 livres 4 sous 8 deniers pour le parfait payement de la dépense faite en la chambre aux deniers desdites dames et de la reine d'Écosse, durant le quartier de janvier dernier, dont le surplus montant à 10,000 livres lui a été ci-devant délivré par le trésorier de l'épargne.

29407. A Robert du Fresnoy, commis au payement des gages et droits des officiers du Grand conseil, 350 livres pour payer l'avocat du roi et le charretier conduisant le chariot et la tapisserie dudit conseil durant le semestre fini le 31 mars dernier.

29408. A Honorat de Caix, ambassadeur en Portugal, 1,350 livres en déduction de ses vacations et dépenses en ladite charge, laquelle somme sera remise à Fernandez d'Almeida, ambassadeur du roi de Portugal en France, pour la faire tenir audit de Caix.

29409. A Étienne Dumois, commis à tenir le compte des réparations et fortifications des villes et places de frontière de Languedoc, 10,000 livres pour employer en la ville de Narbonne, spécialement au parachèvement des boulevards qui y ont été commencés, en celle de Béziers et autres places fortes et châteaux du pays, suivant ce qu'avisera M. le Grand-maître, gouverneur de Languedoc, ou son lieutenant.

29410. Au comte de Tende, gouverneur de Provence, 6,000 livres pour son état de gouverneur et 4,000 livres pour sa pension, durant l'année finie le 31 décembre 1536.

29411. A Jean de Bueil, s[r] de Fontaines, 90 livres pour avoir porté en diligence, le 11 mai, de Corbie à Paris, des lettres du roi au roi et à la reine de Navarre, et être retourné avec la réponse.

29412. A Guy de Chantelou, s[r] de la Brosse, porte-enseigne en la compagnie de M. de Nevers, 450 livres ou 200 écus soleil en récompense de ses services de guerre.

29413. A Guillaume Perlin, remboursement sur les plus-values des finances de la présente année de la somme de 1,350 livres qu'il a prêtée pour les affaires du roi et remise entre les mains du commis à la recette générale des finances extraordinaires et parties casuelles.

29414. Provision à Alexandre Charpentier pour recevoir du trésorier de l'épargne, et lui en délivrer quittance, la somme de 100 livres dont le roi a fait don ci-devant à son cousin Jean Charpentier, chapelain de feu le duc d'Albany, sur les biens dudit défunt, ledit Jean Charpentier étant à présent en Écosse et n'ayant envoyé procuration suffisante.

29415. Mandement à la Chambre des Comptes d'allouer aux comptes du trésorier de l'épargne la somme de 2,000 livres tournois qui fut tirée, au mois d'août 1534, des coffres du Louvre et à lui délivrée à titre de remboursement de semblable somme, qu'il avait avancée à François, vicomte de Lauzun, mari de Charlotte de « Brye »[1], ci-devant demoiselle de la maison de la reine, sur les 10,000 livres dont le roi avait fait don à ladite dame, à l'occasion et en faveur de son mariage.

29416. Mandement aux généraux des finances et au trésorier de l'épargne de faire tenir quitte par Jean Valin, receveur des aides à Paris, Jean Rouvet, fermier du vin et de la bûche vendus en gros et du huitième sur le vin vendu en détail dans les quartiers des Halles et du Petit-Pont à Paris, sur ce qu'il pourra devoir à cause desdites fermes durant quinze mois commencés le 1er octobre 1536, de 5,600 livres tournois pour son payement de quatre cents muids de vin clairet de Bourgogne et de l'Île-de-France qu'il a fait porter à Abbeville, par ordonnance des commissaires du roi, pour le ravitaillement de la ville de Saint-Pol et des camps et armées du roi.

29417. Validation pour Victor Barguin, trésorier de Mesdames filles du roi, du rôle de leur argenterie de l'année 1536, montant à 16,005 livres 16 sous 5 deniers, et du rôle de leur écurie de la même année, montant à 17,291 livres 7 sous 4 deniers.

29418. Acquit audit Victor Barguin de 3,364 livres 1 sou 9 deniers sur les restes des finances de feu Madame mère du roi, pour les réparations de la tour Bureau du château d'Amboise, suivant le rôle certifié par le sr de la Bourdaisière, trésorier de France.

29419. A Étienne Thouard, 18 livres pour un voyage en poste qu'il a fait du camp du Mesnil-lès-Hesdin à Amiens, le 25 mars dernier, porteur de lettres du roi à la reine de Navarre pour lui donner avis d'affaires importantes, y compris son retour audit camp, avec la réponse de ladite dame.

29420. Au sénéchal de Toulouse, lieutenant de M. le Grand-maître au gouvernement de Languedoc, 1,200 livres à cause de la dépense extraordinaire qui lui incombe pour l'entretien de plusieurs capitaines et gens de guerre chargés de la garde dudit pays et de s'opposer aux descentes que les ennemis y pourraient faire, et ce pour les mois de février, mars et avril derniers et pour le présent mois de mai.

29421. A Claude Guyot, commis à tenir les comptes des radoubs

[1] *Sic.* Les généalogistes la nomment Charlotte de La Rochandry.

de navires, barques et autres vaisseaux, ravitaillement de leurs équipages et dépenses requises pour le passage du roi et de la reine d'Écosse du royaume de France en Écosse, outre les autres sommes qui lui ont été délivrées pour pareille cause, 7,000 livres tournois.

29422. A Robert Albisse, remboursement de 22,500 livres tournois qu'il a prêtées au roi et remises, le 6 septembre dernier, entre les mains du trésorier de l'épargne.

29423. A Roland de Hardelay, chevaucheur d'écurie, 30 écus soleil pour un voyage en diligence de Saint-Martin, d'où il partit le 11 du présent mois de mai, à Anet, afin de transmettre de la part du roi aux gentilshommes de sa vénerie l'ordre de faire venir à Coucy les chiens de ladite vénerie, le roi se proposant d'y chasser prochainement.

29424. A Martin de Troyes, 3,000 livres pour employer à partie de la solde des gens de guerre à pied, aventuriers français, en garnison dans la ville et le château de Hesdin, et pour les réparations et fortifications dudit château.

29425. Provision à Jean Escoriot, procureur du roi au bailliage d'Orléans, pour être payé des gages de 50 livres parisis par an et de 100 sous de chauffage, nonobstant la radiation de 20 livres et des 100 sous de chauffage faite par les gens des comptes.

29426. Provision à Nicolas Séguier, receveur ordinaire de Paris, pour avoir et prendre des deniers de sa recette, ainsi que ses prédécesseurs audit office, 160 livres parisis par an sur les deniers provenant des lods et ventes, confiscations et forfaitures, outre ses gages et pension ordinaires.

29427. Provision à Nicolas Avrillot pour être payé, sur l'émolument de la chancellerie de l'année finissant le 31 décembre prochain, de ses gages de secrétaire durant quatre années échues en décembre 1536.

29428. Provision à Oudin Meigret, portier de la Monnaie de Paris, pour être payé par le receveur des boîtes ou par un maître particulier des gages dudit office, à raison de 24 livres parisis par an, comme ses prédécesseurs, et ce depuis le 8 octobre 1527 qu'il fut institué audit office jusqu'au 31 janvier 1537 n. s., qu'un autre en a été pourvu, sur sa résignation.

29429. Mandement à Jean Carré de tenir quittes la veuve et les héritiers de feu Sébastien de Mareau, maître de la chambre aux deniers, de 2,422 livres 5 sous que ledit de Mareau devait audit Carré et que ce dernier prendra sur plus grande somme dont le roi était demeuré débiteur envers ledit de Mareau par le compte de ladite chambre aux deniers.

(*Arch. nat.*, J. 961[11], n° 12, anc. J. 961, n° 31.)

29430. Don à M. de Châteaubriant de la somme de 4,000 écus soleil sur les deniers provenant des taxes et compositions de fiefs nobles, acquis, tenus et possédés par des roturiers et gens de bas état au duché de Bretagne, contrairement à la constitution du duc Pierre, nonobstant que ces dons ne doivent être vérifiés que pour moitié, l'ordonnance des coffres du Louvre et autres ordonnances à ce contraires.

29431. Déclaration portant que sur les deniers qui proviendront de l'imposition nouvelle d'un écu par muid de vin, outre les taxes anciennes, sera prélevée la somme de 10,000 écus pour employer aux réparations et fortifications des villes et places de Picardie, ainsi qu'il sera avisé par M. de La Rochepot, lieutenant général audit pays.

(*Arch. nat.*, J. 961[11], n° 13, anc. J. 961, n° 32.)

29432. Mandement à Guillaume Prudhomme, trésorier de l'épargne, de payer à François d'Orléans, marquis de Rothelin, la somme de 1,000 livres tournois pour sa pension du quartier de janvier, février et mars 1537 n. s. dernier.

29433. Lettres d'attache sur un mandement de la somme de 350 livres tournois qui devait être payée par ledit Prudhomme à Jacqueline de Rohan, marquise de Rothelin, des deniers du quartier de juillet, août et septembre 1536 dernier, et qui n'ayant pu être acquittée alors sera payée sur un autre quartier.

(*Arch. nat.*, J. 961[11], n° 14, anc. J. 961, n° 33.)

Mandements adressés au trésorier de l'épargne et autres, pour payer :

29434. A Jean Hotman, orfèvre de Paris, 3,344 livres pour cent soixante-seize marcs d'argent de vaisselle vermeille dont le roi a fait don au cardinal de Carpi, ambassadeur du pape en France, à cause du long espace de temps qu'il a vaqué à ladite charge, laquelle vaisselle lui a été délivrée lors de son passage à Paris pour s'en retourner à Rome.

29435. A Martin de Troyes, commis au payement de l'extraordinaire des guerres, 3,000 livres pour les réparations et fortifications des ville et château de Saint-Pol, outre les autres sommes qui lui ont été ordonnées ci-devant pour la même cause.

29436. A Guillaume Belliard, 4,100 livres pour la solde des Cent Suisses de la garde, du quartier de janvier, février et mars dernier.

29437. A Gabriel Courault, François de Forges, Philibert de Cipierre, Bertrand de Rustici, Balthazar Allemant, Charles de Ballengard et Gaillard de Novel, pages de l'écurie du roi, 472 livres 10 sous, soit à chacun 30 écus soleil en don, afin de les aider à se monter et à s'équiper pour servir dans les compagnies d'ordonnances.

29438. A Guillaume Chauderon, chevaucheur d'écurie, 22 livres 10 sous pour aller en diligence de Lihons au devant des chiens de la vénerie et les presser de se rendre à Coucy.

29439. A Claude de Bombelles, s^r de Lavau, valet de chambre du roi, pour se rendre en poste de Lihons en Piémont, vers le s^r d'Humyères et le comte Guy de Rangone et revenir en semblable diligence, 450 livres.

29440. Mandement à la Chambre des Comptes, aux trésoriers de France et de l'épargne et aux généraux des finances de permettre à Gervais du Molinet, procureur général à la Chambre des Comptes de Paris, de prendre chaque année, en récompense des peines, labeurs et frais qui lui incombent, sur les deniers provenant des omissions de recettes, quadruples et corrections des comptes des comptables, à dater du 1er janvier 1537 n. s., 275 livres d'augmentation de pension, outre 225 livres qu'il a de gages ordinaires et pension.

29441. Au procureur du roi des Eaux et forêts de Sézanne, 213 livres tournois en payement de cent quarante-deux jours, à raison de 30 sous par jour, employés en divers voyages au service du roi, et particulièrement pour l'entreprise que le s^r de Baye s'efforçait de faire en la forêt de Gault, à prendre sur la recette de Thomas Roullon, receveur des amendes provenant de la réformation des forêts de France, Brie et Champagne.

29442. A Valentin, bâtard d'Hallwyn, porte-enseigne de la compagnie du s^r de Bernieulles, 225 livres en don et récompense de services de guerre faits sur la frontière de Picardie.

29443. A Claude de Colombiers, 270 livres pour être venu en poste, de Nice au camp de Pernes, apporter au roi certains avertissements et pour s'en retourner en pareille diligence.

29444. A Antoine de Pons, 270 livres pour être venu en poste, de Narbonne au camp de Pernes, apporter au roi des lettres du sénéchal de Toulouse et pour s'en retourner de même de la Fère à Narbonne.

29445. Aux religieuses du monastère de Sainte-Claire de Moulins,

150 livres à prendre sur la recette ordinaire dudit lieu, ou celles de Verneuil, Bessay et Chantelle, plus soixante-quinze setiers deux quartes de froment et dix tonneaux de vin, dont le roi leur a fait don pour la présente année.

29446. A Nicolas de Rustici, dit « le Bossu », capitaine de lansquenets, 400 livres pour sa pension de l'année dernière.

29447. A Antoine Delahaye, organiste de la chambre du roi, don de 45 livres.

29448. A François d'Aigueblanche, 56 livres 5 sous en payement d'une arquebuse à sept canons, gravée à la mauresque et damasquinée, dont la gravure représente une Salamandre et un Vulcain, que le roi a achetée de lui.

29449. A Antoine du Castel, 450 livres en don à cause de ses travaux aux fortifications de la ville et du château de Saint-Pol.

29450. A Gilles Parniga, 45 livres en don pour les services qu'il rendit au roi l'année dernière au siège de Péronne, en fournissant des renseignements au feu s[r] de Fleuranges, maréchal de France.

29451. A Hans Vinestz, 33 livres 15 sous pour aller en Suisse porter des lettres du roi aux seigneurs de certains cantons des Ligues.

29452. A Albert Gast, vicaire d'Asti, 240 livres pour se rendre en poste du lieu de la Fère en Piémont, où le roi l'envoie vers le s[r] d'Humyères et le comte Guy de Rangone.

29453. A Bernard de Gans, serviteur du landgrave de Hesse, 90 livres pour être venu vers le roi de la part de certains princes d'Allemagne et pour l'aider dans ses frais de retour.

29454. A Martin de Troyes, 270 livres pour remettre aux s[rs] de Saint-Julien et de La Parvillière sur leurs vacations et dépenses au fait de la commission qu'ils ont pour la conduite des lansquenets naguère venus au service du roi, sous le commandement du capitaine le Bossu.

29455. A la duchesse douairière de Vendôme, 450 livres en déduction de ce qui peut lui être dû pour sa pension des années passées.

29456. A Martin Sentinelle, serviteur de l'évêque de Rodez, ambassadeur à Venise, 270 livres pour se rendre en poste de Coucy à Venise et porter des lettres du roi à son maître.

29457. A François Malevault, receveur de l'écurie, 9,414 livres 9 sous 2 deniers pour le parfait payement de la dépense ordinaire de l'écurie, du quartier de janvier dernier, outre 10,000 livres qui lui ont été payées ci-devant.

29458. A Antoine Juge, trésorier de la maison de la reine, 4,500 livres pour le parfait payement de la dépense ordinaire de l'écurie de ladite dame, du quartier de janvier dernier, outre pareille somme qu'il a ci-devant reçue.

29459. A Jean Duval, trésorier de la maison du dauphin et du duc d'Orléans, 3,593 livres 7 sous pour le parfait payement de la dépense ordinaire de l'écurie desdits princes, du quartier de janvier dernier, outre pareille somme qu'il a ci-devant reçue.

29460. A Victor Barguin, trésorier de la maison de Mesdames la Dauphine et Marguerite de France, 3,500 livres pour le parfait payement de la dépense ordinaire de l'écurie desdites dames, du quartier de janvier dernier, outre 1,500 livres qu'il a ci-devant reçues.

29461. A Jean Carré, 26,343 livres 5 sous complétant 42,343 livres 5 sous pour le payement des gages de partie des officiers domestiques du roi, durant le quartier d'octobre dernier.

29462. A Jean Duval, 15,115 livres pour le parfait payement des gages des officiers domestiques du dauphin et du duc d'Orléans, durant l'année dernière.

29463. A Antoine Juge, 8,600 livres complétant 12,600 livres pour le payement de partie des gages des dames, demoiselles, gentilshommes et officiers domestiques de la reine, durant le quartier d'octobre dernier.

29464. A Victor Barguin, 4,700 livres complétant 7,200 livres pour le payement de partie des gages des dames, demoiselles, gentilshommes et officiers domestiques de Mesdames la Dauphine et Marguerite de France, durant ledit quartier.

29465. A M. de La Rochepot, lieutenant général du roi en Picardie, 2,000 livres pour sa pension du premier semestre de la présente année [1537].

29466. Au s^r de Boutières, 1,200 livres pour sa pension de l'année finie le 31 décembre dernier.

29467. Au s^r de Moyencourt, 1,125 livres en don et récompense de ses services au fait des guerres.

29468. A François Bryan, naguère venu en France de la part du roi d'Angleterre, 900 livres tournois en don pour s'en retourner en son pays.

IMPRIMERIE NATIONALE.

(*Arch. nat.*, J. 961[11], n° 15, anc. J. 961, n° 34.)

[Mai 1537.]

Mandements et provisions sur le trésorier de l'épargne et autres comptables, pour payer :

29469. A Martin de Troyes, commis à l'extraordinaire des guerres, 81,240 livres pour la solde pendant le mois de juin des lansquenets de la compagnie du comte de Furstenberg, y compris les états et appointements des commissaires et contrôleurs; 6,000 livres pour l'état de M. le Grand-maître [Anne de Montmorency] à cause de sa charge de lieutenant général des camp et armée du roi en Artois durant trois mois, du 15 février dernier au 14 du présent mois de mai [1537], durant lequel temps il n'a cessé de conduire et diriger ladite armée; 552 livres 16 sous 8 deniers pour le parfait payement d'un mois des lansquenets du capitaine Bossu [Nicolas de Rustici], outre ce qui est provenu des emprunts d'Orléans et de Troyes; 120 livres pour les gages d'un mois, commençant le 16 de ce mois de mai, de Huguet Vigier, Antoine de Heu, Guillot Vallette et Jean de Paris, dit « Casin », chevaucheurs d'écurie qui se tiennent à la disposition du roi; 160 livres pour le voyage de Jacques Lebel, Robert de Morgant, archers de la garde, Gabriel Dumas et Pierre Lallouette, chargés de mener les bandes de chevau-légers de Picardie à Lyon; 100 livres pour délivrer au prévôt de Tignonville et être par lui distribuées à dix de ses archers envoyés à la suite desdits chevau-légers, pour veiller à ce qu'ils ne se livrent point au pillage; 3,750 livres pour la solde d'un mois de cinq cents hommes de pied étant à Saint-Pol, sous René de « Quauquelin »; 3,095 livres pour la solde d'un mois de trois cents hommes à Guise et de deux cents à Vervins; 2,000 livres pour le fait des vivres à Amiens; 2,000 livres pour les réparations du château d'Hesdin; 300 livres pour l'état durant quinze jours des s[rs] de La Rochepozay et de Bourguival, commissaires des vivres; et 76 livres pour certains frais à cause desdits vivres, ordonnés audit de Bourguival; en tout, 99,393 livres 16 sous 8 deniers.

29470. Audit de Troyes, 70,000 livres à prendre des mains de Guillaume de Moraines, commis à partie de la recette générale de Languedoïl, en la ville de Lyon, pour portion de la solde des gens de guerre qui sont en Piémont, du mois de juin prochain.

29471. A Jean Vyon, commis à l'extraordinaire de l'artillerie, 1,285 livres 13 sous 4 deniers, tant pour le radoub des pièces qui sont à Lyon que pour bailler aux poudriers chargés de fabriquer cinquante milliers de poudre à Tours et douze milliers de poudre grenée à Lyon.

29472. Au président Nicolaï, 250 livres, et à Jean Pommereu, maître des comptes, 150 livres pour aller à Gien et aux environs faire l'assignation du douaire de la reine d'Ecosse.

29473. Au s[r] du Mortier, maître des requêtes, 350 livres sur ses vacations à la commission de l'engagement du domaine en partie de la généralité d'Outre-Seine.

29474. Au s[r] de Châteaumorant, 1,200 livres pour sa pension de l'année dernière.

29475. A Jean Duval, trésorier de la maison du dauphin et du duc d'Orléans, 1,000 livres pour distribuer aux gentilshommes ci-après nommés, qui étaient à feu M. d'Albany et sont de présent à mesdits seigneurs, pour leurs gages du second semestre de l'année dernière, savoir à Gibertes et à Bouchard, écuyers d'écurie, à chacun 200 livres; à La Marche, écuyer tranchant, Bracque et Serlan, échansons, et Noyan, panetier, à chacun 150 livres.

29476. A Victor Barguin, trésorier de Mesdames, 300 livres à partager également entre de Brosses, panetier, et la Borye, écuyer d'écurie de Madame la Dauphine, qui étaient pareillement au feu s[r] d'Albany, pour leurs gages dudit semestre.

29477. Au s[r] de Langey, remboursement de 3,825 livres par lui avancées à Turin, pour subvenir aux affaires du roi, et remises entre les mains de Jean Guichard, commis de Martin de Troyes.

29478. Audit s[r] de Langey, 1,000 livres pour le parfait payement de son voyage naguère fait en Piémont, postes et frais par lui déboursés, outre 900 livres qu'il a déjà reçues.

29479. A Mme de Vendôme, 500 livres sur le reste de sa pension des années passées.

(*Arch. nat.*, J. 961[11], n° 16, anc. J. 961, n° 35.)

[Octobre 1537.]

Mandements et provisions sur le trésorier de l'épargne et autres, pour payer :

29480. A Martin de Troyes, commis à l'extraordinaire des guerres, 30,000 livres à faire porter promptement de Lyon en Dauphiné et Piémont où se trouvaient alors M. le Dauphin et M. le Grand-maître, pour employer à la solde des gens de guerre que le roi y a envoyés pour son service et aux autres affaires concernant ladite armée; et 28,272 livres 13 sous pour la solde durant trois mois des chevau-légers et durant un mois des gens de pied qui passent par Lyon pour aller renforcer l'armée desdits seigneurs.

29481. Audit de Troyes, 10,000 livres à faire porter de Lyon en Piémont vers lesdits dauphin et grand-maître, pour la solde de leurs gens de guerre et autres affaires militaires; 8,787 livres 10 sous complétant le payement de 18,787 livres 10 sous pour l'entretien et conduite de l'artillerie, durant le présent mois d'octobre [1537]; 6,750 livres pour la solde en partie de neuf cents hommes de guerre grisons qui se pourront trouver de crue après les montres faites de six mille Suisses qui viennent au service du roi; et 4,086 livres pour la solde d'un mois de cinq cent quarante-sept gens de pied aventuriers du nombre des mille hommes de la compagnie du s[r] de Ghistelle.

29482. Audit de Troyes, 18,000 livres pour porter avec plus grande somme jusqu'à concurrence de 30,000 écus de Lyon en Piémont et servir à la solde des chevau-légers, Suisses, lansquenets, aventuriers français et italiens, ainsi qu'il sera avisé par le dauphin ou M. le Grand-maître, à prendre sur les deniers provenant des dons gratuits de l'année passée et de la présente, sur les restes des décimes levées les années passées sur le clergé, etc.

29483. Audit de Troyes, 5,325 livres à faire porter de Lyon à Chambéry, pour employer au parfait payement de la solde d'un mois de six mille Suisses dernièrement levés pour servir à l'armée de Piémont, et aux avances qui seront faites à sept ou huit cents hommes de ladite nation qui se pourront trouver de crue, en faisant les prochaines montres desdits Suisses.

29484. A Jacques Le Roy, commis au payement des cinquante lances de la compagnie du prince de la Roche-sur-Yon, 1,097 livres 10 sous pour la solde de sept hommes d'armes et dix-sept archers de ladite compagnie, un contrôleur et un commissaire qui en ont fait la montre du quartier de juillet dernier, outre 3,786 livres 15 sous qui lui ont été baillés, le 8 octobre, pour la solde d'autres hommes d'armes et archers de la même compagnie qui se trouveront à la montre qui en sera faite à Lyon.

29485. A Nicolas Lejay, 3,668 livres 15 sous pour la solde des hommes d'armes et archers qui se sont trouvés à la dernière montre faite à Lyon, audit mois d'octobre, des cinquante lances de la compagnie du marquis de Rothelin, y compris les gages du payeur pour ledit quartier.

29486. A Guillaume Guyot, 3,901 livres 5 sous pour la solde des hommes d'armes et archers qui se sont trouvés, en octobre, à la montre faite à Lyon de la compagnie de M. de Nevers, y compris les gages du payeur, d'un commissaire et d'un contrôleur pour le quartier d'avril, mai et juin dernier.

29487. A Hector Personne, 7,000 livres pour la solde des hommes d'armes et archers de la compagnie de M. de Saint-Pol, dont la dernière montre a été faite en octobre à Lyon, des deux quartiers de juillet et d'octobre 1536.

29488. A Guy de La Maladière, trésorier des guerres, 3,678 livres 15 sous pour la solde du quartier d'octobre 1536 des hommes d'armes et archers de la compagnie de M. de Barbezieux, dont la montre a été passée à Lyon audit mois d'octobre, y compris le prêt qui doit être fait aux nouveaux enrôlés.

29489. A Audebert Catin, 3,925 livres pour partie de la solde du quartier de janvier dernier des hommes d'armes et archers de la compagnie d'Anne de Montmorency, dont la montre a été faite auxdits lieu et mois.

29490. A Bénigne Serre, 1,143 livres 15 sous pour le payement de dix-huit chevaucheurs d'écurie tenant les postes de Lyon à Suze et d'un aide à pied, chargés de porter les paquets de lettres que le roi expédie chaque jour en Piémont et ailleurs et de rapporter les réponses, outre leur service de trois mois entiers, du 24 juin au 23 septembre derniers, à raison de 20 livres 12 sous 6 deniers à chacun par mois et de 10 livres pour leur aide.

29491. A Jacques Bernard, maître de la chambre aux deniers, 1,000 livres pour la location et dépense des mulets et de leurs conducteurs, que le roi a fait venir de Lyon à Grenoble pour porter les vivres nécessaires à sa maison et les ustensiles de cuisine, durant le voyage qu'il va présentement faire delà les monts.

29492. Au même, 10,000 livres restant à lui payer de 15,000 livres montant de la dépense ordinaire de ladite chambre aux deniers, du quartier de juillet, août et septembre dernier.

29493. A François Malevault, receveur de l'écurie du roi, 12,250 livres qui restent à payer de 19,414 livres 9 sous 2 deniers montant de la dépense et des gages des officiers de ladite écurie, du quartier de juillet, août et septembre dernier.

29494. A Jean Carré, commis au payement des gages des officiers de la maison du roi, 10,000 livres sur les 53,877 livres montant des gages desdits officiers durant le quartier d'avril, mai et juin dernier.

29495. A Jean Duval, trésorier de la maison du dauphin et du duc d'Orléans, 16,322 livres 10 sous pour le payement des gages des gentilshommes et autres officiers de ladite maison, du quartier d'avril mai et juin dernier.

29496. Au duc de Guise, 4,500 livres en déduction des 12,000 livres de sa pension et des 6,000 livres de son état de gouverneur de Champagne et de Brie, de la présente année finissant le 31 décembre prochain.

29497. A Louis de Nevers, 4,000 livres pour le premier semestre de sa pension de la présente année.

29498. Au s[r] de Canaples, 2,000 livres pour le premier semestre de sa pension de la présente année.

29499. A Georges de Selve, évêque de Lavaur, 1,095 livres 12 sous 5 deniers pour son état, vacation et dépense en la charge d'ambassadeur du roi à Venise, durant quatre-vingt-six jours, à 10 livres par jour, du 26 novembre 1536 au 19 février suivant, avant son départ pour Rome, où il est de présent avec le titre d'ambassadeur près du Pape, y compris 235 livres 12 sous 5 deniers pour la location d'un hôtel, l'achat de meubles et le passage de mer, que la seigneurie de Venise payait auparavant et qu'elle a depuis cessé de payer.

29500. Au même, ayant qualité d'ambassadeur à Rome depuis le 20 février dernier, date de son départ de Venise, 2,000 livres en déduction de ce qui pourra lui être dû pour sondit état, vacation et dépense, et en attendant que le roi ait ordonné la somme qui lui sera allouée par jour.

29501. A François de Génas, conseiller au Parlement de Provence, remboursement sur les exploits et amendes de ladite cour d'une somme de 1,000 livres qu'il a prêtée au roi et remise entre les mains du receveur général des finances extraordinaires et parties casuelles, le 20 du présent mois d'octobre, qu'il fut pourvu dudit office à titre de survivance.

29502. Mandement à la Chambre des Comptes de Paris de rétablir aux comptes de Jean Prunier, commis à l'exercice de la trésorerie et recette générale de Dauphiné, les sommes qu'il a payées aux héritiers de feu Falco d'Aurilhac, président du Parlement de Grenoble, pour cause des vacations faites par ce dernier au recouvrement des deniers de ladite recette, dont il avait eu commission du roi.

29503. A Antoine de Loynes, procureur au Parlement de Paris, remboursement de 225 livres qu'il avait prêtées au roi, le 6 mars 1537 n. s., et versées entre les mains de Martin de Troyes, commis à l'extraordinaire des guerres.

29504. A Pierre de Bourgogne, tenant la poste du roi à Lyon, remboursement de 4 écus soleil qu'il avait avancés, en mai dernier, à un courrier dépêché de Lyon à Dijon pour porter des lettres du roi au s[r] de Beaumont-Brizay.

29505. Mandement à la Chambre des Comptes, aux trésoriers de France et de l'épargne d'allouer, chaque année, aux comptes du trésorier d'Auvergne la somme de 100 livres tournois, à dater du jour qu'Étienne Du Bourg, procureur du roi en la sénéchaussée d'Auvergne, fut pourvu de l'office de châtelain en ladite sénéchaussée par la promotion de Michel Brandon à la charge de lieutenant général du sénéchal d'Auvergne, ladite somme ayant été attribuée comme pension annuelle audit Du Bourg, et ce tant qu'il exercera ledit office.

29506. A Raoul Leporc, chevaucheur d'écurie, partant de Lyon, le 29 octobre, pour retourner en diligence près du roi et lui porter des lettres du cardinal de Tournon, chancelier de France, et du général de Normandie, en réponse à celles que le roi leur avait adressées de Corps en Dauphiné, 20 écus soleil ou 45 livres pour ledit voyage.

29507. Mandement à la Chambre des Comptes de Paris de passer aux comptes de Gilles Godet, s^r de Montizeaux, la somme de 150 livres faisant partie de 300 livres qui lui furent délivrées par Jacques Bernard, alors commis aux finances extraordinaires et parties casuelles, pour les journées que le feu s^r de La Loue et lui pourraient vaquer aux ventes de certains bois de haute futaie au pays de Bourbonnais, suivant la commission qu'ils en avaient reçue, lesquelles 150 livres il remit audit s^r de La Loue, dont il a quittance en papier seulement, nonobstant qu'elle doive être en parchemin.

29508. A Michel Portefort, 117 livres pour deux voyages en poste d'Aiguesmortes vers le roi, à Sillans et à Moirans en Dauphiné, où il lui porta des huîtres, moules et autres poissons de mer pour le service de sa table, les vendredi et samedi de deux semaines.

29509. A Antoine de Rostaing, valet de chambre du roi, 20 écus soleil pour aller en poste de Sillans à Grenoble faire construire un pont de bateaux, et de là à Chambéry presser la marche des Suisses.

29510. A Louis de Sermissas, dit « Coqueron », maître de la chapelle de la reine, 80 écus soleil ou 180 livres pour aller en poste de Sillans à Fontainebleau porter des lettres du roi à ladite dame et à la reine de Navarre et revenir avec les réponses.

29511. A Jacques Martin, chevaucheur d'écurie, 50 écus soleil pour retourner en poste porter au s^r de La Rochepot la réponse du roi aux lettres de ce dernier, relatives aux affaires de Picardie.

29512. A M. de Nançay, 6 livres 15 sous pour trois postes qu'il a fait faire à ses dépens par trois archers de sa compagnie, pour aller aux prochaines étapes faire retirer les gens de guerre qui s'y trouvaient.

29513. A Jean Le Velu, dit « Buisson », valet de garde-robe, chargé de partie des oiseaux de la chambre du roi, 40 écus soleil en don pour les soins qu'il donne auxdits oiseaux.

29514. A Jean Villars, s[r] de Blancfossé, 50 écus soleil pour aller en poste en Suisse porter des lettres du roi au s[r] de Boisrigault, ambassadeur audit pays, touchant le fait de sa charge.

29515. A Martin Sentinelle, courrier vénitien, 157 livres 10 sous pour retourner en poste à Venise porter des lettres du roi à son ambassadeur audit pays, M. [l'évêque] de Rodez.

29516. A Claude Dodieu, s[r] d'Espercieu, 675 livres pour aller et revenir en poste là où il pourra trouver l'empereur et remettre des lettres du roi au s[r] de Vély, pour le fait de son ambassade.

29517. Au s[r] de Nançay, remboursement de 158 livres 6 deniers qu'il a avancés à différentes personnes chargées de voyages secrets, dont les noms ne doivent pas être révélés.

29518. A M. de Vély, 1,350 livres pour son voyage en poste de Briançon à Monzon en Espagne, auprès de l'empereur, pour conférer avec lui, en qualité d'ambassadeur, de certaines affaires importantes et secrètes.

29519. A Marc d'Urbin, gentilhomme italien, 50 écus soleil pour aller en poste de Briançon à Lyon, porteur de lettres de créance du roi au cardinal de Tournon, et au chancelier touchant les affaires de l'armée de Piémont.

29520. A Balthazar de Florence, ambassadeur du pape près le roi, 500 écus soleil pour ses services et en faveur de son ambassade.

29521. A Louis de Rozières, valet de fourrière, 100 livres à prendre sur la somme portée sur l'état des officiers domestiques de la maison du roi, au nom de feu Jean de Rozières, son père, décédé le 28 février dernier, et sur les deniers assignés à Jean Carré, commis au payement des gages desdits officiers.

(*Arch. nat.*, J. 961[11], n° 18, anc. J. 961, n° 38.)

[Mars 1538 n. s.]

Mandements au trésorier de l'épargne de payer :

29522. A Martin de Troyes, commis à l'extraordinaire des guerres, 30,000 livres pour envoyer en Piémont et employer suivant l'ordonnance du s[r] de Montejean.

29523. Audit de Troyes, 10,689 livres pour la solde d'un mois de mille hommes de pied à Narbonne et environs, et de cinq cents à Marseille.

29524. Audit Martin de Troyes, pour la solde de vingt-cinq Suisses qui ont servi à la garde du dauphin au voyage de Piémont, 225 livres qu'il remettra au capitaine André Choler, de Fribourg, et 141 livres 17 sous 6 deniers pour parachever le payement de René Rossignol et de Claude de Villiers, chevaucheurs d'écurie, qui ont servi l'année dernière près M. de Guise.

29525. A Nicolas de Troyes, argentier du roi, 3,600 livres pour le complément de l'ordinaire de ladite argenterie, du quartier de juillet, août et septembre dernier.

29526. Au même, 326 livres 15 sous pour payer la soie de deux robes et de deux cottes dont le roi a fait présent à Lyonnette, Florentine, demoiselle de la maison de Madame la Dauphine.

29527. A Bénigne Serre, 3,129 livres 15 sous, savoir 872 livres 5 sous pour payer les postes de Picardie, des mois de juillet, août et septembre derniers; 1,113 livres 15 sous pour celles de Narbonne à Bayonne, des mois de novembre, décembre et janvier derniers; et 1,143 livres 15 sous pour celles de Lyon à Suze, de trois mois finis le 23 décembre dernier.

29528. Au même, 400 livres pour les menus voyages que font ordinairement les chevaucheurs d'écurie pour les affaires du roi.

29529. Au même, 2,395 livres pour les gages des chantres et officiers de la chapelle de musique du roi, du quartier d'octobre, novembre et décembre dernier.

29530. Au même, 535 livres pour les gages des chantres et officiers de la chapelle de plain-chant, dudit quartier.

29531. A Jean Carré, 30,000 livres sur ce qui reste à payer de l'assignation des gages des officiers domestiques du roi, de l'année dernière.

29532. Au même, 240 livres pour payer les gages de Clément Marot, valet de chambre du roi, qui n'avait pas été inscrit sur l'état desdits officiers, de ladite année dernière.

29533. A Antoine Juge, trésorier de la maison de la reine, 10,000 livres sur ce qui est dû des gages des dames, demoiselles et officiers de ladite dame durant l'année passée.

29534. A Victor Barguin, trésorier de la maison de Mesdames, 8,000 livres sur ce qui reste dû pour ladite année des gages des dames, demoiselles et officiers desdites dames.

29535. A Jean de Montdoucet, trésorier de l'artillerie, 9,000 livres

IMPRIMERIE NATIONALE.

pour le payement des gages des officiers ordinaires de l'artillerie, durant le quartier de juillet dernier.

29536. A Olivier Molan, grènetier de Tours, que le roi a commis et commet à tenir le compte et faire le payement des voitures des meubles qu'il fait transporter de Paris et autres lieux jusqu'en Provence, à cause de la venue du pape à Nice, 1,000 livres.

29537. Au duc de Guise, 13,500 livres pour le complément de 18,000 livres, tant pour sa pension que pour son état de gouverneur de Brie et de Champagne, durant l'année dernière.

29538. Au s^r d'Avaugour, 2,000 livres pour une année de sa pension sur plusieurs qui lui sont dues.

29539. Au duc de Wurtemberg, 1,500 livres pour sa pension du quartier d'octobre, novembre et décembre dernier.

29540. Au duc d'Atri, 1,000 livres à déduire de la pension qu'il plaira au roi de lui ordonner.

29541. A Sanche d'Yessa, trésorier de Navarre, 800 livres pour sa pension de l'année dernière.

29542. A Albéric Caraffa, duc d'Arienne, napolitain, 300 livres par manière de pension pour aider à son entretien.

29543. A Paul Canosse, dit « Paradis », lecteur de langue hébraïque, 450 livres pour sa pension de l'année dernière.

29544. A Marie de Guillin, lingère du roi, 100 livres pour sa pension de l'année dernière.

29545. A Francisque Giustiniani, ambassadeur, et Bénédict Rambert, secrétaire de la seigneurie de Venise retournant de Moulins à Venise, audit ambassadeur, 600 écus soleil en don, et audit secrétaire, 100 écus, soit 1,575 livres.

29546. A Edme de Courtenay, s^r de Bléneau, 90 livres en remboursement de 20 écus soleil que le roi fit donner à deux fauconniers de M. de La Rochepot, qui lui apportèrent des oiseaux à Moulins.

29547. A Alexandre « Tetan et Basilius Selenius », ambasssadeurs du duc de Saxe et du landgrave de Hesse, venus à Moulins, en don à chacun 100 écus soleil, soit 450 livres.

29548. A François de Cadenet, médecin du comte Guillaume de Furstenberg, 30 écus soleil en don et récompense de ses services.

29549. A Ambroise Casale, marchand milanais, 450 livres ou 200 écus soleil en don, parce que souvent il a apporté au roi des marchandises d'Italie, livrées au prix coûtant.

29550. A Vincent d'Imagy, gentilhomme bressan, 100 écus ou 225 livres en don et récompense de services et avertissements secrets.

29551. A Jeanne de L'Hôpital, dame de Boucart, 100 écus soleil en don pour l'aider à se faire guérir d'une blessure au bras.

29552. A Pierre Langlois, l'un des tapissiers du roi, 20 écus soleil en don et récompense de services.

29553. A Thomas Loriou et Jean Piot, valets de limiers, 20 écus en don et récompense de services.

29554. A Jean de L'Épine, dit « Pontalais », 100 livres en don pour l'aider à vivre à la suite du roi.

29555. A l'évêque de Lavaur, ambassadeur à Rome, 900 livres pour son état des mois de janvier et février derniers et du présent mois de mars.

29556. Au même, 345 livres 5 sous 4 deniers, en remboursement de parties extraordinaires par lui payées pour le service du roi.

29557. A Antoine Melin, 180 livres en remboursement du voyage en poste fait par Bergamin, courrier de Rome, à Moulins, apportant des lettres du roi.

29558. Au s[r] de Bourran, 200 livres pour les postes qu'il a courues de sa maison à Châtillon-en-Bresse, où il alla faire les montres des lansquenets, et pour son retour et ses dépenses audit voyage.

(Ici se trouve le n° 9819 du CATALOGUE, *daté du 8 mars 1538 n. s.)*

29559. A Jean Pietre, dit « Bergamin », courrier, pour retourner en diligence de Moulins à Rome, 202 livres 10 sous.

29560. A Martin Sentinelle, chevaucheur, 180 livres pour aller en diligence de Moulins à Venise.

29561. A Jean de Paris, dit « Casin », autre chevaucheur, 202 livres 10 sous pour aller en diligence de Moulins en Espagne et revenir où sera le roi.

29562. A Antoine de Hu, 112 livres 10 sous pour aller en diligence de Moulins à Metz vers le comte de Furstenberg et revenir trouver le roi.

29563. Au s[r] de Montchenu, 900 livres sur son voyage en Picardie, où le roi l'envoie visiter les places de la frontière.

29564. A Jean Gonnet, chevaucheur d'écurie, 189 livres pour aller en diligence de Moulins en Espagne porter la ratification de la trêve et retourner vers le roi.

29565. A Guillaume de Bourdeaux, serviteur de l'évêque de Rodez, 202 livres 10 sous pour aller en diligence de Moulins à Venise.

29566. Au s[r] de Beauvais, 720 livres, outre pareille somme qu'il a ci-devant reçue pour trois mois de voyage en Allemagne, à 8 livres par jour.

29567. A Barnabé Devère, dit « la Fosse », 270 livres sur les voyages qu'il a faits et fera en Allemagne et autres dépenses, outre 200 écus soleil qu'il a ci-devant reçus.

(*Ici se trouve le n° 9852 du* Catalogue, *daté du 15 mars 1538, n. s.*).

29568. Au s[r] d'Izernay, 100 livres pour son voyage de Moulins en Lorraine.

(*Arch. nat.*, J. 961[11], n° 19, anc. J. 961, n° 42.)

[Mars 1538 n. s.]

Mandements aux trésorier de l'épargne et autres comptables de payer :

29569. A Jean Thizart, payeur des archers de la garde écossaise de la compagnie du s[r] d'Aubigny, 4,695 livres faisant le parfait payement de 9,118 livres 1 sou 3 deniers, montant des gages desdits archers, du quartier d'avril, mai et juin 1537.

29570. Au même, 4,870 livres 11 sous 3 deniers complétant la somme de 7,994 livres 10 sous, montant du quartier de juillet, août et septembre suivant, pour lesdits archers.

29571. A Jacques Richier, commis au payement des archers de la garde de la compagnie du s[r] de Nançay, 3,623 livres 11 sous 3 deniers complétant les 8,317 livres 7 sous 6 deniers, montant de leurs gages dudit quartier d'avril, mai et juin 1537.

29572. Au même, 3,498 livres 15 sous complétant la somme de 7,240 livres 6 sous 3 deniers, montant des gages desdits archers pour le quartier de juillet suivant.

29573. A Jean Chartier, commis au payement des archers français de la garde de la compagnie du sénéchal d'Agénais, 3,791 livres 9 sous 3 deniers complétant la somme de 8,651 livres 2 sous 6 deniers pour les gages desdits archers du quartier d'avril, mai et juin 1537.

29574. Au même, 3,786 livres 13 sous 9 deniers complétant la somme de 7,285 livres 6 sous 3 deniers, montant des gages desdits archers, du quartier de juillet suivant.

29575. A Jean de Vaux, commis au payement des autres archers français de la compagnie du s[r] de Chavigny, 3,417 livres 16 sous 6 deniers complétant la somme de 8,606 livres 2 sous 6 deniers, montant des gages desdits archers, du quartier d'avril 1537.

29576. Au même, 3,358 livres 2 sous 9 deniers complétant la somme de 7,285 livres 6 sous 3 deniers, pour les gages desdits archers, du quartier de juillet suivant.

29577. A Martin de Troyes, commis au payement de l'extraordinaire des guerres, 20,000 livres à faire porter promptement en Piémont pour employer à la solde des gens de guerre à pied français et italiens, suivant l'ordonnance du s^r de Montejean.

29578. A François Valet, l'un des huissiers du Conseil privé, ayant la garde et conduite des meubles et ustensiles servant audit Conseil, 240 livres pour ses gages et entretien de la présente année, finissant en décembre 1538.

29579. Au changeur du trésor, 1,232 livres 10 sous pour le payement des fiefs, aumônes et rentes amorties chaque année à l'abbesse et aux religieuses de Maubuisson près Pontoise, et ce des années précédentes jusques et y compris le terme de la Chandeleur dernière.

29580. Au comte de Tende, 10,000 livres, savoir 4,000 livres pour sa pension et 6,000 livres pour son état de gouverneur de Provence, durant l'année finie le 31 décembre dernier.

29581. A la comtesse de Villars, en don et récompense des services rendus à feu Madame, mère du roi, et pour l'aider à supporter les pertes que lui a fait subir la descente de l'empereur en Provence.

29582. A Antoine Juge, trésorier de la reine, 800 livres pour le payement des gages et la conduite du charroi dus à la marquise de Rothelin, pour son entretien au service de la reine, savoir 200 livres pour le parfait de l'année 1536, et 600 livres pour l'année 1537.

29583. A Bénigne Serre, receveur général, 827 livres 14 sous 1 denier pour l'achat et la location des bateaux qui ont servi au voyage du roi, de Roanne à Bourbon-Lancy.

29584. A Nicolas de Troyes, argentier du roi, 4,695 livres 15 sous pour bailler à Galiot d'Alebranc, marchand de Lyon, en payement de draps et toiles d'or et d'argent frisés et d'une chaîne d'or garnie de vingt-quatre perles, qu'il a fournis au roi pour les habillements de la dauphine, de Marguerite de France et de plusieurs dames et demoiselles des maisons de la reine et desdites princesses.

29585. A Antoine Casale, marchand milanais, 6,273 livres en payement d'une croix et d'une nef d'émeraude garnie de perles et de rubis, de quatre petits vases et d'une cuiller d'émeraude, d'un grand et deux petits vases de lapis-lazuli garni d'or, une écritoire d'agate, un poignard à manche d'agate, garni de quatre diamants, un chapelet de cornaline blanche, une selle et un harnais de cheval de velours cramoisi brodé, une cotte et une paire de manchons d'or et de soie bleue, deux peignoirs, l'un de soie cramoisie, l'autre de soie noire, deux pièces de satin noir rayées d'or, etc.

29586. A Charles de Saint-Martin, comte de Visque, 400 livres en don et récompense de services rendus au roi au fait de la guerre.

29587. A Antoine André, collatéral[1] du Conseil de Turin, 200 écus soleil en don et récompense de services rendus au roi en Piémont et ailleurs.

29588. A Edmond de Saint-Trice, homme d'armes de la compagnie du s[r] de Montejean, 135 livres pour un voyage en diligence qu'il est venu faire, en ce présent mois, de Piémont à Moulins, où il apporta au roi des lettres de créance du s[r] de Montejean, lieutenant général audit pays, et pour s'en retourner avec la réponse.

29589. A Gaspard Volvyder et Hans Nya, lansquenets de la compagnie du capitaine le Bossu, 168 livres 15 sous en don, pour avoir apporté à Moulins des lettres et avertissements dudit capitaine.

29590. A Jacques de Croixmare, maréchal des logis, 67 livres 10 sous pour un voyage en diligence, partant de Moulins le 1er mars 1538 n. s., allant à Châtillon-en-Bresse ou autre lieu où se trouveront les lansquenets du comte Guillaume de Furstenberg.

29591. A Martin Sentinelle, courrier expédié par l'évêque de Rodez, ambassadeur du roi à Venise, pour venir trouver le roi, 22 livres 10 sous pour l'aider à s'entretenir en attendant son retour à Venise.

29592. A André Saulnier, palefrenier de l'écurie du roi, 56 livres 5 sous en payement d'un cheval de poil grison que le roi a fait acheter de lui, à Moulins, en ce présent mois de mars, pour servir à porter l'arbalète du roi.

29593. A Claude de Clermont, gentilhomme de la chambre du dauphin, 1,125 livres en don et récompense des services qu'il rend actuellement à la suite de mondit seigneur.

29594. Au s[r] de Soubise, 2,250 livres en don, pour l'aider à payer sa rançon, parce qu'il avait été fait récemment prisonnier en conduisant des vivres et munitions destinés à ravitailler Thérouanne.

[1] Le Conseil de Turin étant mixte, on paraît avoir donné le nom de *collatéraux* aux membres français nommés à côté des conseillers indigènes.

29595. A Marcone, ingénieur italien, 135 livres en don pour supporter la dépense qu'il aura à faire, en ce présent mois de mars, de Moulins à Thérouanne, où le roi l'envoie pour aviser à la fortification de ladite ville.

29596. Mandement à la Chambre des Comptes de passer aux comptes de Martin de Troyes, commis à l'extraordinaire des guerres, 5,964 livres 5 sous faisant partie de 6,000 livres qu'il avait reçues le 22 juin dernier du comte de Saint-Pol, et remises entre les mains de Livio Crotto qui les a employées aux affaires du roi delà les monts.

29597. Mandement à la Chambre des Comptes de passer aux comptes de Jacques Marcel, commis à la recette générale d'Outre-Seine et Yonne, 8,692 livres 10 sous que ledit Marcel, aussi commis au payement des cent lances du duc de Guise, a retenus du don gratuit dont il avait fait recette en l'année 1537, pour employer à la solde desdites cent lances, du quartier d'octobre 1536.

29598. Mandement à la Chambre des Comptes de passer aux comptes dudit Marcel 18,599 livres 15 sous 8 deniers qu'il a baillés, des deniers des emprunts et anticipations de la taille du terme d'octobre dernier, savoir, à Nicolas Saimbault, payeur des cent lances du s^r de Jametz et du feu gouverneur d'Orléans, pour leur solde du quartier de juillet 1536, 9,266 livres 14 sous; à Guillaume Fauvelet, commis au payement des cinquante lances du s^r de Sedan, pour leur solde dudit quartier, 4,873 livres 1 sou 8 deniers; et à Martin de Troyes, commis à l'extraordinaire des guerres, 4,460 livres pour employer à la solde des gens de pied qui étaient, au mois de juillet dernier, en garnison dans les châteaux et places de la frontière de Champagne.

29599. Mandement à la Chambre des Comptes de passer aux comptes que Guillaume Prudhomme, trésorier de l'épargne, rendra des dons gratuits et décimes octroyés au roi par le clergé du royaume, la somme de 12,000 livres que le roi lui a ordonnée pour l'aider à supporter les frais et dépenses qu'il a dû faire depuis trois ans à la recette, conduite et voiture de 3,173,000 livres qu'il a distribuées, durant ce temps, outre les deniers ordinaires de l'épargne, de laquelle somme de 12,000 livres il lui est fait don, autant que besoin serait, sur les restes desdits décimes et dons gratuits.

29600. A Martin de Troyes, commis à l'extraordinaire des guerres, 35,896 livres, faisant le parfait de 97,296 livres montant de la solde de cinq mille lansquenets sous le commandement du comte Guillaume de Furstenberg, tant pour le mois de février dernier que pour le présent mois de mars, y compris les états et gages des commissaires et contrôleurs qui en feront les montres.

29601. Au même, 850 livres 10 sous pour les états de treize capitaines suisses que le roi a retenus à sa suite depuis le retour de Piémont, en raison de neuf payes par capitaine et par mois, et au fur de 3 écus chaque paye, et ce pour le mois de février dernier, y compris l'état de janvier, qui restait dû au capitaine Jacob Fusteberger.

29602. A Jacques Lemex, marchand vénitien, 40 livres 6 sous 8 deniers en payement de sept aunes de damas blanc figuré de jaune, qu'il a vendues et livrées au roi, pour en disposer à son plaisir.

29603. A Jacques David, patron de la grande nef *La Françoise*, 60 livres pour un voyage que le roi lui a ordonné, en février dernier, de Moulins au Havre-de-Grâce, en compagnie du commandeur des Réaux et du s[r] de Fosseux, pour aviser à la vente de ladite nef en l'état où elle est ou en la mettant en pièces, au profit du roi.

29604. Aux Cordeliers de Vic en Auvergne, 25 livres en don et aumône, afin qu'ils prient Dieu pour la prospérité du roi, de la reine et de ses enfants.

29605. A Jean de Ménicourt, envoyé de Moulins, le 5 de ce présent mois de mars, à Châtillon-en-Bresse, vers les capitaines de lansquenets de la bande du comte Guillaume de Furstenberg, leur porter des lettres touchant la conduite desdits lansquenets, 27 livres.

29606. A Albert Gat (*aliàs* Gast), vicaire d'Asti, 500 livres en don et récompense des services qu'il a rendus au roi en Piémont, et pour l'aider à supporter la dépense de cinq mois et plus qu'il a vaqué à l'expédition des affaires dudit pays, l'année dernière.

29607. A Jean Cheylieu, 4,175 livres pour employer au payement des gages du prévôt de l'hôtel, ses lieutenant, archers et sergents, durant les quartiers de juillet et octobre derniers.

29608. A Antoine Du Castel (de Castello), italien, 225 livres en don, pour l'aider à supporter la dépense d'un voyage de Moulins à Thérouanne, pour visiter les fortifications de ladite ville et voir les fortifications faites et à faire en cette place et autres de la frontière de Picardie.

(*Arch. nat.*, J. 961[11], n° 20, anc. J. 961, n° 46.)

[Février-mars 1538 n. s.]

Mandements aux trésorier de l'épargne et autres comptables de payer :

29609. A Martin de Troyes, commis à l'extraordinaire des guerres, 2,911 livres 5 sous pour être délivrés promptement, en la ville de Lyon, au comte de la Mirande (la Mirandole) et achever de le rembourser de la somme qu'il dit avoir déboursée à la garde et défense de cette place, qu'il entretient au service du roi.

29610. Au même, 12,767 livres 10 sous pour la solde de quatorze cent cinquante hommes de pied qui ont été envoyés comme renfort dans les villes et places fortes de Picardie et d'Artois, y compris tous états, doubles payes, arquebusiers, deux commissaires et deux contrôleurs qui en feront les montres, et le «plat» du s[r] de La Rochepot pour trois mois.

29611. Au s[r] de La Rochepot, 4,000 livres complétant les 6,000 de sa pension de l'année passée.

29612. Au sénéchal de Toulouse, lieutenant au gouvernement de Languedoc sous le connétable de Montmorency, 3,000 livres pour sa pension de l'année dernière, finie le 31 décembre 1537.

29613. Au s[r] de Brissac, capitaine et gouverneur de Narbonne, 1,200 livres pour sa pension de ladite année, à cause de la garde de cette ville.

29614. A François de Marguerites, capitaine de Leucate, 600 livres pour sa pension de ladite année à cause de la garde de cette place, et 600 livres d'arrérages qui lui sont dus des années précédentes, en outre des années 1535 et 1536 qu'il reconnaît lui avoir été payées.

29615. A Guillaume Poyet, président au Parlement de Paris, 4,200 livres en don et récompense des services qu'il a faits en plusieurs charges de grande importance auxquelles il a été employé pour les affaires du roi.

29616. A Trojan et Antonio Caraccioli, frères, enfants du prince de Melphe, 675 livres en don pour leurs services, à partager entre eux.

29617. Au commandeur des Réaux et au s[r] de Fosseux, à chacun 150 livres pour un voyage fait le 25 février, de Moulins au Havre-de-Grâce, afin de visiter la grande nef *La Françoise* et la faire vendre au mieux des intérêts du roi.

29618. A Claude Dodieu, s[r] d'Espercieu, pour un voyage en diligence, au mois de janvier dernier, d'Aigues-Mortes à Barcelonne en Espagne, où le roi l'envoya accompagner le docteur Cornely, touchant la ratification de la dernière trêve, et pour son retour à Moulins, 337 livres 10 sous.

29619. A Pierre Le Bégat, gentilhomme de la vénerie, 67 livres 10 sous pour l'aider à acheter un cheval.

29620. Au s[r] de Morette, en don et récompense de ses services et pour l'aider à acheter une maison en ce royaume, 45,000 livres à

IMPRIMERIE NATIONALE.

prendre sur les deniers provenant de la vente et adjudication des terre et seigneurie de la Carte, faites en conséquence de la condamnation de feu Jacques de Beaune.

29621. A Jean Duval, trésorier de la maison de Messeigneurs, 594 livres 13 sous, complétant la somme de 1,594 livres 13 sous pour voyages et autres dépenses imprévues concernant les affaires du roi, faits durant le temps que M. le duc d'Orléans a été lieutenant général en la frontière de Picardie, suivant le certificat du cardinal du Bellay.

29622. Mandement à la Chambre des Comptes d'allouer aux comptes de Jean Duval ladite somme de 1,594 livres 13 sous.

29623. A Pierre Vernoul et Laurent de Corval, marchands de Lyon, 507 livres 10 sous en payement de cent une ânées de vin blanc et clairet du cru de Languedoc, qu'ils ont fournies pour la dépense de la maison du roi, au mois d'août 1536, durant le temps qu'il fut à Lyon et aux environs de la Côte-Saint-André, ainsi qu'il appert par le certificat des s[rs] de Clermont et de Saint-Aulaire, maîtres d'hôtel.

29624. A Claude de La Gillière, lieutenant à Bourg-en-Bresse, en l'absence du comte de Montrevel, 400 livres pour sa pension au service du roi, durant l'année finie le 31 décembre 1537.

29625. A Claude de Pérelle, commis à tenir le compte de la fortification de Bourg-en-Bresse, 2,000 livres pour la fonte de douze grosses pièces d'artillerie ordonnée par le roi pour la défense et conservation de ladite ville.

29626. A Jean Goret, secrétaire du roi et du chancelier, en don et récompense de ses services audit état, 675 livres à prendre sur les finances extraordinaires et parties casuelles.

29627. Mandement à la Chambre des Comptes de passer aux comptes de François Cordon, naguère commis au payement des Cent Suisses de la garde, les sommes qu'il a retenues pour ses gages, à raison de 800 livres par an, tenues en souffrance parce qu'il n'avait point fourni de caution, comme il le devait.

29628. Mandement à Victor Barguin, trésorier de Mesdames, de payer les gages des officiers de leur maison, de l'année 1537, suivant l'état de l'année précédente, en tenant compte à ceux qui ont été pourvus à la place des décédés du temps de leur service seulement, ainsi qu'à ceux qui ont été nommés par surcroît.

29629. Aux écoliers suisses étudiant à l'Université de Paris, 450 livres pour leur pension du présent quartier de janvier, février et mars, à prendre sur les restes des dons gratuits et décimes octroyés par le clergé.

29630. Au comte Guillaume de Furstenberg, 4,000 livres en don et récompense de ses services au fait de la guerre.

29631. A André de Dampont, 112 livres 10 sous pour un voyage en diligence, partant de Moulins le 1er mars, afin d'aller porter au sr de La Rochepot, gouverneur de Paris, des lettres du roi en réponse à celles qu'il lui avait adressées touchant les affaires de Picardie.

29632. Aux cuisiniers et galopins de la maison du roi, 45 livres à cause des montres qu'ils ont faites à Moulins, en ce présent mois, ainsi qu'ils ont accoutumé de faire chaque année.

29633. Au fauconnier de M. de Canaples, qui a apporté au roi, à Moulins, un sacre de la part de son maître, 45 livres en don.

29634. Au maître de la chambre aux deniers du roi, 675 livres pour payer les voyages et dépenses de ceux qui iront, durant le prochain carême, chercher à la Rochelle des huîtres et autres poissons de mer, et les apporteront en diligence à Moulins ou autre lieu où sera le roi, pour le service de sa bouche.

29635. Mandement au trésorier de l'épargne de faire payer par Robert du Fresnoy, commis au payement des gages des officiers du Grand conseil, à l'évêque de Limoges ses gages de conseiller audit Conseil, du semestre fini le 30 septembre dernier, montant à 500 livres, nonobstant qu'il n'en ait exercé les fonctions durant ledit temps, ayant été retenu ailleurs pour le service du roi.

29636. Commission à Jacques L'Hoste de tenir le compte et faire le payement des gages du contrôleur réformateur des greniers, ses commis, lieutenant et archers étant sous la charge de Christophe de La Forêt, prévôt des maréchaux, en remplacement de feu Pierre Roch, et aux mêmes gages, à partir du 1er janvier dernier.

(*Arch. nat.*, J. 961[11], n° 21, anc. J. 961, n° 50.)

[Février 1538 n. s.]

Mandements au trésorier de l'épargne et autres comptables de payer :

29637. A Jehannot Le Bouteiller, sommelier ordinaire de bouche du roi, 2,635 livres 4 sous 2 deniers pour employer à la culture, travail et façon des vignes du roi près Fontainebleau, estimées à cent treize arpents environ, achat d'échalas, pension et entretien dudit Jehannot et ses aides, greffe de partie desdites vignes, achat de tonneaux et autres ustensiles, frais de vendange, durant la présente année finissant le 31 décembre 1538.

29638. A Guillaume de Moraines, receveur ordinaire de Bourbonnais, 800 livres pour employer aux édifices et réparations à faire à la maison du roi à Chevagnes en Bourbonnais.

29639. Au comte de Nevers, 2,500 livres complétant la somme de 4,000 livres que le roi lui a ordonnée pour sa pension durant l'année finie le 31 décembre 1537.

29640. A Louis de Nevers, 4,000 livres pour compléter sa pension de ladite année montant à 8,000 livres.

29641. Au s[r] de Villebon, prévôt de Paris, 600 livres pour compléter sa pension de ladite année montant à 1,200 livres.

29642. A François de Rigault, s[r] de Frécillon, capitaine de Dax, 1,200 livres tant pour sa pension que pour la garde de cette ville durant ladite année 1537.

29643. A Sigismond de Gonzaga, écuyer d'écurie du roi, 400 livres pour ses gages dudit office de l'année 1537, qui n'ont pas été portés sur l'état de la maison du roi.

29644. A M. l'évêque de Nice, aumônier de la reine, 900 livres en don pour l'aider à supporter la dépense qu'il doit faire au service de ladite dame.

29645. A Marin Defterego, grec, marchand d'oiseaux, 320 livres 12 sous 6 deniers pour son payement de neuf sacres à raison de 15 écus pièce et d'un sacret à 7 écus et demi qu'il a livrés au roi à Moulins, en ce présent mois de février.

29646. A Pierre Lizet, François de Saint-André et François de Montholon, présidents au Parlement de Paris, à chacun 500 livres pour leurs pensions de l'année finie le 31 décembre dernier, à prendre sur les exploits et amendes de ladite cour.

29647. A François de Marcillac, premier président au Parlement de Rouen, 500 livres pour sa pension de ladite année dernière, à prendre sur les amendes de ladite cour.

29648. A Jean Samson, président au Parlement de Dauphiné, 400 livres pour sa pension de ladite année, à prendre sur les amendes de ladite cour.

29649. A Pierre Raymon et Jacques Cappel, avocats du roi au Parlement de Paris, 500 livres à chacun pour leurs pensions de ladite année 1537, sur les amendes de ladite cour.

29650. A Nicole Thibault, procureur général au Parlement de Paris, 500 livres pour sa pension de ladite année, à prendre sur lesdites amendes.

29651. Au cardinal Du Bellay, 3,196 livres 8 sous 7 deniers, savoir pour son remboursement de 3,010 livres 19 sous 8 deniers de vaisselle d'argent et dorée qu'il a prêtée au roi et délivrée entre les mains de Jacques Bernard, maître de la chambre aux deniers et commis à la recette générale des finances extraordinaires et parties casuelles, le 8 août dernier, et 85 livres 8 sous 11 deniers pour le déchet de la fonte.

29652. A Raoul de La Faye, 225 livres en remboursement de 100 écus soleil qu'il a prêtés au roi et livrés, le 6 mars 1537 n. s., à Martin de Troyes, commis à l'extraordinaire des guerres.

29653. Aux religieuses de Sainte-Claire du couvent de Montbrison, 100 livres en don et aumône durant la présente année 1538, à prendre des mains du receveur ordinaire des forêts.

29654. Mandement à la Chambre des Comptes de passer aux comptes de Jean Duval, trésorier de la maison du Dauphin et du duc d'Orléans, 1,600 livres qu'il doit payer à Jean Barreau et Pierre Bernard, marchands pourvoyeurs de boucherie de la maison desdits princes, en dédommagement des pertes qu'ils ont subies dans leurs fournitures, en raison des voyages faits à la guerre en Picardie et en Piémont, depuis le 1er janvier 1537 n. s. jusqu'à présent, et 400 livres à Jean Cadre, pourvoyeur de poisson, pour pareille cause.

29655. A Christophe de Siresmes, 225 livres pour un voyage en diligence, partant de Moulins, le 21 février, allant en divers lieux du Piémont, auprès de certains personnages que le roi ne veut être nommés, et pour son retour.

29656. A Jacques de Croixmare, maréchal des logis, partant le 21 février de Moulins pour Châtillon-en-Bresse, où étaient les lansquenets de la bande du comte Guillaume de Furstenberg et les commissaires chargés d'en faire les montres, afin de leur faire connaître la volonté du roi au sujet desdites montres.

29657. A Robert Albisse, 4,050 livres en don, pour les intérêts du prêt de 10,000 écus d'or qu'il a fait, le 6 septembre 1536, pour les affaires du roi, entre les mains du trésorier de l'épargne, dont il a attendu le remboursement jusqu'au 15 de ce présent mois de février 1538 n. s.

29658. A Pierre de La Grange, commis à tenir le compte des réparations, édifices et fortifications des villes et places fortes de Picardie et d'Artois, 20,000 livres à prendre sur la recette de la généralité d'Outre-Seine de l'année dernière.

29659. A Stefano Dordono, gentilhomme italien, 450 livres en don et récompense des services qu'il a rendus au roi au fait de ses guerres.

29660. A Bernardin Marino, autre gentilhomme italien, 675 livres en don pour semblable cause.

29661. A Barnabé d'Urre (*aliàs* d'Eurre), s^r de la Fosse, 450 livres pour un voyage en diligence de Moulins en Allemagne, avec charge de remettre à certains princes et seigneurs dudit pays des lettres de créance dont le roi ne veut être fait plus ample mention, et pour son retour auprès du roi avec la réponse.

29662. Au maréchal Maigny, 67 livres 10 sous pour un voyage en diligence de Moulins à Châtillon-en-Bresse, près des capitaines des lansquenets de la bande du comte Guillaume de Furstenberg et les commissaires chargés d'en faire passer les montres, auxquels il doit remettre des lettres du roi au sujet desdites montres.

29663. A Coussy et Barreneuve, fauconniers du roi, 450 livres en don et récompense de leurs services audit état, outre leurs gages ordinaires, soit à chacun 100 écus.

29664. A Martin Du Bellay, échanson du roi, 112 livres 10 sous pour un voyage en diligence de Moulins en Piémont près du s^r de Montejean, lieutenant général audit pays, afin de lui porter des lettres du roi concernant les affaires de son gouvernement.

(*Arch. nat.*, J. 961[11], n° 22, anc. J. 961, n° 52.)

[Février 1538 n. s.]

Mandements aux trésorier de l'épargne et autres comptables de payer :

29665. A Guillaume de Villemontée, trésorier de la vénerie et fauconnerie, 8,135 livres 10 sous pour compléter la somme de 12,843 livres montant des gages et autres parties de son état, du quartier de janvier, février et mars 1537 n. s.

29666. A Bénigne Serre, receveur général, 1,250 livres pour employer aux menues affaires et nécessités de la chambre du roi durant le quartier d'octobre 1537.

29667. Au s^r de Villebon, prévôt de Paris, 1,974 livres 11 sous, montant du revenu du domaine fieffé et non fieffé de la terre et seigneurie de Léry en la vicomté de Rouen, durant les années 1532 à

1536, dont le roi lui avait fait don précédemment, mais dont il n'a pu jouir par suite de la réunion du domaine de la couronne.

29668. A Charles de Pierrevive, ayant la garde de la vaisselle d'or et d'argent, reliquaires et autres joyaux précieux du roi, 383 livres 10 sous 10 deniers pour ses gages de trois cent cinquante jours de ladite charge dont il a été pourvu le 16 janvier 1537 n. s. jusqu'au 31 décembre suivant, à raison de 400 livres par an.

29669. A M. le cardinal de Mâcon, 1,624 livres 10 sous pour son remboursement de ce qu'il a avancé de ses deniers à divers chevaucheurs d'écurie et autres personnes chargées de voyages pour apporter de Rome au roi des lettres concernant ses affaires, et autres déboursés par lui faits depuis le 21 juin 1536 jusques et y compris le 1er mai 1537.

29670. A Jean de Langeac, évêque de Limoges, 1,905 livres 10 sous complétant 3,705 livres 10 sous à lui dus, savoir 3,480 livres en payement de cent soixante-quatorze jours à raison de 20 livres par jour, du 27 mars au 6 septembre 1537, employés au voyage qu'il a fait de Compiègne en Écosse pour accompagner le roi et la feue reine d'Écosse, et à son séjour en Angleterre près du roi Henri VIII, où il a longtemps résidé; et 225 livres qu'il a avancées pour son passage par mer aller et retour et pour un courrier qu'il dépêcha d'Angleterre en Écosse vers le sr d'Albret.

29671. Lettres d'érection du tabellionnage et du sceau aux contrats octroyés à [Guillaume Prudhomme], général de Normandie, en sa terre et seigneurie de Fontenay en Brie, moyennant un droit de 13 livres 17 sous 6 deniers par an, payable à la recette ordinaire de Paris.

29672. Mandement au trésorier de l'épargne de permettre à Étienne Noblet, commis à la recette générale de Bourgogne, de retenir des deniers de sa charge du quartier d'octobre dernier 2,600 livres pour employer à la culture des vignes appartenant au roi à Germolles, Beaune, Chenôve et Talant, journées de vignerons, frais de vendanges et achat de tonneaux pour la présente année.

29673. Don aux Frères mineurs du couvent de Souvigny de deux muids de blé froment, à recevoir des mains du receveur ordinaire du lieu pour la présente année, à condition de prier pour le roi, la reine et les princes.

29674. Don aux religieuses de Sainte-Claire de Moulins de 150 livres à recevoir des mains du receveur ordinaire du lieu, avec soixante-quinze setiers deux quarts de froment et dix tonneaux de vin, que les receveurs de Verneuil, Chantelle et Bessay leur feront tenir durant la présente année.

29675. Commission à Guillaume de Moraines, trésorier de Bourbonnais, de tenir le compte des bâtiments et réparations des châteaux et places dudit pays, et particulièrement de celui que le roi se propose de faire à Chevagnes, dont il sera tenu de faire les payements suivant l'ordonnance du s[r] de la Bourdaisière ou de son commis.

29676. Mandement au trésorier de l'épargne de faire payer par Robert Du Fresnoy, naguère commis à la recette des amendes du Grand conseil, et des deniers desdites amendes, à Jean Vaillant de Guellis, conseiller audit Conseil, 167 livres 7 sous 4 deniers pour son payement de soixante et un jours qu'il a vaqué en remplacement d'autres conseillers absents, durant les mois d'octobre et novembre 1536.

29677. Mandement à la Chambre des Comptes de Dijon d'allouer aux comptes de Georges Alyot, receveur général des finances de Bresse, Bugey et Valromey, la somme de 500 livres tournois qu'il a payée des deniers de sa recette de l'année 1537, suivant l'ordonnance du cardinal de Tournon, alors lieutenant du roi auxdits pays, à François Lombart, juge ordinaire et lieutenant général desdits pays de Bugey et Valromey, pour ses gages dudit état durant les mois d'août à décembre de ladite année.

29678. A (*nom en blanc*), grec, 802 écus et demi en payement de cinquante et un sacres à raison de 15 écus pièce et de cinq sacrets à 7 écus et demi que le roi a achetés de lui en ce présent mois de février, pour distribuer à certains gentilshommes de sa maison et fauconnerie, chargés de les dresser.

29679. Au même, 225 livres par manière de pension à cause de la diligence et du soin qu'il a mis à faire apporter lesdits sacres, pour la présente année 1538.

29680. Au duc de Vendôme, 7,400 livres complétant la somme de 9,000 livres que le roi lui a ordonnée pour sa pension de neuf mois, commencés le 1er avril 1537 n. s. et finis le 31 décembre suivant, à raison de 12,000 livres par an.

29681. Au même, don de 1,600 livres en récompense de ses services au fait des guerres.

29682. A Jean Pot, s[r] de Chemault, écuyer tranchant du dauphin, 20 écus soleil pour être allé au-devant de M. le duc d'Orléans, de Chevagnes à Pouilly près la Charité où il se trouve, avec charge de lui remettre des lettres du roi lui annonçant sa venue à Moulins, et pour avoir rapporté la réponse.

29683. A Jean Barbarin, l'un des huissiers de salle du roi, 8 livres qu'il a avancées pour la nourriture de cent pionniers qu'il a levés par commission du roi à Abbeville et à Montreuil, pour servir au camp du Mesnil devant Hesdin, et 52 livres 10 sous pour avoir vaqué durant trente-cinq jours à la levée desdits pionniers et à leur conduite.

29684. Au s[r] de Castillon, ambassadeur du roi en Angleterre, 3,600 livres pour ses vacations de cent quatre-vingts jours, commencés le 13 décembre dernier [1537] et qui finiront le 10 juin prochain, à raison de 20 livres par jour.

29685. A l'évêque de Tarbes, 1,125 livres pour ses frais d'un voyage qu'il va présentement faire, partant de Moulins le 16 du présent mois de février, pour porter au roi d'Angleterre des lettres de créance et lui exposer certaines affaires d'importance, et pour en rapporter la réponse.

29686. A Yvonnet Vatas, voiturier de Paris, 22 livres 10 sous pour son salaire d'avoir fait apporter sur deux de ses chevaux, de Paris à Moulins, des caisses contenant les robes et fourrures du roi qu'il avait écrit de lui envoyer audit lieu.

29687. A Octavien de Forges, naguère page du roi, 225 livres en don et récompense de ses services et pour l'aider à acheter un bon cheval et des harnais pour servir à la guerre.

29688. A Louis de Bembach, allemand, venu vers le roi de la part du landgrave de Hesse, 450 livres en don pour l'aider à supporter ses frais de voyage et de retour.

29689. A Martin de Troyes, commis à l'extraordinaire des guerres, 4,000 livres pour le parfait payement des quatre mille lansquenets du comte Guillaume de Furstenberg du présent mois de février, outre 54,000 livres qui lui ont été ci-devant délivrées pour pareille cause.

29690. A Claude Dodieu, s[r] de Vély, 1,350 livres pour un voyage en diligence auprès de l'Empereur en Espagne, partant de Moulins le 19 février, y compris son retour vers le roi.

29691. A Bertrand de « Rambulle » (Harambure), 450 livres pour un voyage en diligence de Moulins, partant le 20 février, allant à Venise et autres villes d'Italie, vers certains personnages et pour certaines affaires d'importance, dont plus ample déclaration ne doit être faite.

29692. A Lion de Barbançois, s[r] de Sarzay, et François de Saint-Julien, s[r] de Veniers, à chacun 500 écus d'or, dont le roi leur fait don parce qu'ils ont fait leur devoir et soutenu le combat en champ ouvert à eux octroyé en la ville de Moulins, le 17 de ce mois de février, en présence du roi, outre la grâce qu'il leur a accordée de le faire cesser.

29693. A Nicolas de Troyes, argentier du roi, 1,007 livres 7 sous 6 deniers pour le payement des marchandises que le roi a fait acheter

IMPRIMERIE NATIONALE.

tant pour une robe de cheval donnée au s[r] de Montmorency, connétable de France, que pour faire des robes à certaines demoiselles de sa maison.

29694. A Claude Gruet, procureur du roi des pays de Bugey et de Valromey, 100 livres comptant et 100 livres sur les quatre quartiers de la présente année 1538 par manière de pension à cause de sondit état de procureur de l'année passée et de la présente, à raison de 100 livres par an.

29695. Au s[r] de Montejean, 1,500 livres pour le parfait de sa pension, finie le 31 décembre 1537, montant à 3,000 livres, dont la moitié lui a été ci-devant payée sur l'épargne.

29696. Au s[r] d'Annebaut, 3,000 livres pour sa pension de ladite année dernière.

29697. A Martin de Troyes, commis à l'extraordinaire des guerres, 13,725 livres pour délivrer au comte de la Mirande (la Mirandole), savoir 4,725 livres qui restent à lui payer de 18,000 livres montant de sa pension de trois années finies le 17 de ce présent mois de février; 6,500 livres pour la solde de deux cents arquebusiers qu'il entretient au service du roi en la place de la Mirande (la Mirandole), durant les mois de décembre et janvier derniers, le présent mois de février et le prochain mois de mars, à raison de 1,625 livres par mois; et 2,600 livres en remboursement des frais extraordinaires qu'il dit avoir payés pour la garde et défense de ladite place.

29698. Don à Baptiste d'Arconna, écuyer de l'écurie du roi, de 225 livres en récompense de ses services de guerre.

29699. Don à « Fadamo Romano et Gouarche de Raquanart », (Recanati) gentilshommes italiens, de 225 livres, soit à chacun 50 écus soleil, en récompense de semblables services.

29700. A Robert Du Fresnoy, pour le payement des gages des officiers du Grand conseil, 6,600 livres complétant la somme de 6,950 livres, montant desdits gages du semestre fini le 30 septembre 1537.

(*Arch. nat.*, J. 961[11], n° 23, anc. J. 961, n° 54.)

[Février 1538 n. s.]

Mandements de payement sur le trésorier de l'épargne et autres comptables :

29701. A Martin de Troyes, commis à l'extraordinaire des guerres, 54,000 livres pour la solde du présent mois de février des quatre mille lansquenets du comte Guillaume de Furstenberg.

29702. Acquits au trésorier de l'épargne de 127 livres 10 sous d'une part, payés à feu Guillaume Durand, commis au payement des mortes-payes de Picardie, pour distribuer à quelques-uns desdits mortes-payes, et de 5,947 livres 10 sous pour appointer à Jean Picart sur les deniers de la généralité d'Outre-Seine du présent quartier de janvier, complétant l'assignation desdits mortes-payes du quartier d'octobre dernier.

29703. A Jacques Bernard, maître de la chambre aux deniers, 7,500 livres pour compléter la somme de 15,000 livres, montant de l'assignation de ladite chambre aux deniers, du quartier d'octobre dernier.

29704. Au même, 4,283 livres 18 sous 10 deniers pour délivrer aux personnes ci-dessous nommées, savoir à Pierre Eslarge et Nicolas Ouyn, pourvoyeurs de boucherie et poulaillerie de la maison du roi, 2,437 livres 16 sous 6 deniers; à Léonard Habert, marchand poissonnier, 857 livres 6 sous; à Jean Romain, boulanger de bouche, 610 livres 7 sous 10 deniers, dont le roi leur a fait don afin de les aider à supporter les pertes qu'ils ont éprouvées en fournissant sa maison, depuis le 9 octobre dernier qu'il délogea de Grenoble pour aller en Piémont, jusqu'au 5 décembre suivant qu'il fut de retour à Chorges en Dauphiné, à cause de la grande cherté des vivres durant ledit voyage; et à Oudart Drouot, sommelier d'échansonnerie, 378 livres 8 sous 8 deniers à lui dus pour l'achat de vingt-six pièces de vin d'Arbois par lui achetées l'année dernière et qu'il fit mener à Paris, pour la provision de ladite maison.

29705. Au receveur de l'écurie du roi, 19,729 livres 9 sous 2 deniers pour la dépense ordinaire de ladite écurie durant le quartier d'octobre dernier et pour le payement de deux courtauds et d'une haquenée que le roi a naguère fait acheter par l'écuyer Carvoisin et fait amener à Moulins.

29706. Au même, 1,442 livres 6 sous 1 denier pour payer Claude Boutet, chargé de la dépense des pages et chevaux de ladite écurie de l'année finie le 31 décembre 1537, à cause de la cherté des vivres durant les voyages faits par le roi, ladite année, en Picardie, Artois, Piémont et autres lieux, outre le taux ordinaire de ladite dépense qui est de 6 sous par jour pour chaque page et de 5 sous par cheval.

29707. A Antoine Juge, trésorier de la reine, 8,000 livres pour le parfait de 16,250 livres montant de la dépense ordinaire de la chambre aux deniers de la maison de ladite dame, du quartier d'octobre dernier.

29708. Audit Antoine Juge, 4,600 livres pour le parfait de 9,000 livres montant de l'assignation ordinaire de l'écurie de ladite dame, durant ledit quartier d'octobre.

29709. A Victor Barguin, trésorier de Mesdames, 6,000 livres pour le parfait de 12,000 livres montant de l'assignation ordinaire de la chambre aux deniers de mesdites dames, durant ledit quartier d'octobre.

29710. A Louis Acarie, trésorier des offrandes du roi, 1,500 livres pour employer au fait de son office durant le quartier de juillet dernier.

29711. A Guillaume Belliard, 4,100 livres pour le payement des Cent Suisses de la garde, durant le quartier d'octobre dernier.

29712. A Francisque Bryan, gentilhomme de la chambre du roi d'Angleterre, 2,250 livres en don et faveur d'un voyage qu'il est venu faire à Moulins, de la part de son maître, pour certaines affaires importantes dont il ne doit être fait plus ample déclaration.

29713. Au duc d'Estouteville, comte de Saint-Pol, 4,000 livres pour le parfait de 20,000 livres montant de sa pension de l'année finie le 31 décembre 1537, y compris les 4,000 ducats briançonnais pour 8,000 livres.

29714. Au même, 6,000 livres en remboursement de pareille somme qu'il a prêtée pour les affaires du roi et versée entre les mains de Martin de Troyes, commis à l'extraordinaire des guerres, le 20 juin 1537.

29715. A l'amiral Chabot, gouverneur de Bourgogne, 3,000 livres pour sa pension et 1,500 livres pour son état de gouverneur, durant le quartier d'octobre dernier.

29716. Au même, 750 livres pour l'amirauté de Guyenne et 300 livres pour l'amirauté de Bretagne, durant ledit quartier.

29717. Au même, 250 livres pour ses gages de capitaine de Brest, durant le même quartier.

29718. A M. de Jarnac, 3,000 livres pour sa pension de l'année finie le 31 décembre 1537.

29719. Au même, 300 livres pour ses gages de capitaine du château du Ha durant ladite année.

29720. A Claude d'Auvillier, s[r] de la Ferté, 1,000 livres pour le parfait de sa pension de l'année finie le 31 décembre 1537, montant à 2,000 livres.

29721. Au secrétaire du comte Guillaume de Furstenberg, 112 livres 10 sous pour un voyage en diligence, commencé le 9 de ce présent mois de février, de Moulins en Lorraine ou ailleurs où peut se trouver son maître, pour lui remettre des lettres de créance du roi et en rapporter la réponse.

29722. A Jean de Montfaucon, s[r] de Roquetaillade, 90 livres pour aller, le 10 dudit mois de février, de Moulins à Leucate, conduire un secrétaire de l'Empereur venu vers le roi à Moulins, pour la ratification de la trêve dernièrement faite.

29723. Au s[r] de Vassey, lieutenant de la compagnie du s[r] de Montejean, parti de Moulins le 10 février, retournant en Piémont près de son maître, pour lui faire connaître la décision du roi en réponse à certains articles que ledit s[r] de Montejean lui avait envoyés touchant la garde et défense du Piémont, 225 livres.

29724. A Jeanne de Bretagne, veuve du feu s[r] de Bressuire, 500 livres pour ses gages au service de la reine et 100 livres pour le charroi, port et frais de ses meubles et habillements à la suite de ladite dame pour l'année finie le 31 décembre 1537, son nom ayant été omis sur l'état de la maison de ladite dame.

29725. A Jean Hénard, commis au payement des pensions générales et particulières des cantons de la Suisse, 9,388 livres pour employer à partie desdites pensions du terme de novembre 1537, outre les autres sommes qu'il a reçues à cet effet du trésorier de l'épargne, à prendre sur Martin de Troyes, commis à l'extraordinaire des guerres.

29726. Mandement audit Hénard de payer à Gabriel Marcelin, truchement ordinaire auxdits cantons, 225 livres pour le parfait de 400 livres montant de sa pension de l'année finie à la Chandeleur dernière [1538 n. s.].

(*Arch. nat.*, J. 961[11], n° 24, anc. J. 961, n° 56.)

Mandements aux trésorier de l'épargne et autres comptables de payer :

29727. A Martin de Troyes, commis à l'extraordinaire des guerres, 132,814 livres tant pour faire porter en Piémont et y être employées à la solde des gens de guerre, de cheval et de pied, aventuriers et lansquenets et autres parties imprévues, ainsi qu'il sera avisé par le s[r] de Montejean, lieutenant général du roi, qu'au payement du mois de février prochain de la solde due aux lansquenets qui sont actuellement dans le royaume, sous la conduite du comte Guillaume de Furstenberg.

29728. A Jean Hénard, commis au payement des pensions générales et particulières des cantons de Suisse, 80,710 livres 5 sous pour employer au payement desdites pensions générales du terme de la Chandeleur dernière, et des états des capitaines dudit pays retenus au service du roi et à la suite de sa personne, durant l'année commencée audit terme de la Chandeleur, des sommes ordonnées aux héritiers de feu Stroly de Soleure et de feu Georges de Soubersax, y compris 2,094 livres 10 sous sur ce qui est dû aux postes entre Lyon et Soleure, et 1,000 livres sur les frais que ledit Hénard aura à faire dans l'exercice de sa commission.

29729. A Thomas Gadagne, marchand florentin, remboursement de 30,000 livres qu'il a prêtées au roi et remises entre les mains de Martin de Troyes, le 7 octobre dernier, sur les deniers provenant des dons gratuits et restes des décimes de l'année passée.

29730. Remboursement de 20,000 livres sur lesdits dons gratuits et décimes, savoir à François Saminiato 219 écus d'or soleil; à Antoine Bonvisi, 1,752 écus 10 sous; à Bonaventure Micheli et Urbain Parenzi, pareille somme; à Jean-Baptiste, Bernardin et Louis Bernard, 821 écus 16 sous; à Jean et Philippe Balbani, 620 écus 25 sous; à François Burlamachi, 1,095 écus 6 sous 4 deniers; à Blaise Mei et Philippe de Pogge, 876 écus 5 sous; et à Jean Bernardini, 1,752 écus 11 sous 6 deniers, lesdites sommes prêtées au roi et mises, le 7 octobre dernier, entre les mains dudit Martin de Troyes.

29731. A Léonard Spina demeurant à Lyon, remboursement de 4,000 livres prêtées au roi et mises entre les mains dudit de Troyes, le 9 octobre dernier.

29732. A Martin de Troyes, 2,736 livres pour bailler à Livio Crotto qui portera ladite somme de Montpellier à Venise et la distribuera à certains personnages, suivant les instructions du roi qui veut tenir leurs noms secrets, y compris 300 écus pour le voyage dudit Crotto.

29733. Au même, 3,450 livres pour employer à la solde des capitaine, vingt-six mortes-payes et quatre canonniers de la tour d'If, nolisement d'une frégate et de quatre mariniers pour apporter à ladite garnison les vivres, l'eau douce et autres provisions, et ce durant quinze mois commencés le 1er octobre 1536 et finis le 31 décembre 1537, à raison de 600 livres par an pour le capitaine, de 60 livres pour chacun des mortes-payes et des mariniers, et de 90 livres à chacun des canonniers.

29734. A François Forcia, 191 livres 5 sous en payement d'une épée dont la garde, le pommeau et le bout du fourreau sont en or et damasquinés, d'une ceinture de velours ferrée et ouvrée de même, et à Pierre Du Vergier, en payement d'une autre épée dorée et ouvrée comme dessus, que le roi a achetées d'eux à Lyon, au mois de janvier dernier.

29735. A Jeannot de La Mirande, trompette italien, 67 livres 10 sous en don et récompense de ses services audit état, en attendant que le roi ait ordonné autrement de son entretien.

29736. A Pierre Guérin, chevaucheur d'écurie, 8 écus soleil pour aller en diligence de Montpellier à Narbonne porter des lettres du roi au cardinal de Lorraine et à M. le Grand-maître; à Jean Gonnet, autre chevaucheur, pour le parfait de son payement d'un autre voyage et retour de Montpellier à Leucate, où il porta des lettres aux dessusdits, 2 écus; à Pierre Delaunay, autre chevaucheur, pour aller de Montpellier à Saint-Thibéry porter d'autres lettres aux dessusdits, 4 écus; et à Jean de Vérone, courrier vénitien, qui avait apporté au roi un paquet de lettres de l'évêque de Rodez, ambassadeur à Venise, en don 1 écu.

29737. A Pomponio Trivulce, gouverneur de Lyon, remboursement de 67 livres 10 sous qu'il a avancés de ses deniers pour le voyage d'un courrier qu'il a envoyé exprès, au mois de janvier, de Lyon à Montpellier remettre au roi un paquet de lettres importantes apportées par un autre courrier et adressées à Lyon, de la part du cardinal de Mâcon et de l'évêque de Lavaur, ambassadeurs du roi à Rome.

29738. A Thibaut de Longuejoue, maître des requêtes ordinaire de l'hôtel, conseiller au Parlement de Bretagne, 292 livres 10 sous pour ses gages et droits à cause dudit état de conseiller durant l'année dernière, nonobstant qu'il n'en ait exercé les fonctions, étant occupé ailleurs pour les affaires du roi.

29739. Mandement au trésorier de l'épargne de permettre à Antoine Gondi, receveur ordinaire de Lyon, de prendre et retenir des deniers provenant des amendes échues ou à échoir en sa recette 150 livres, pour employer à l'achat de matériaux, salaires de maçons et manœuvres et autres frais nécessaires à la réparation des prisons ordinaires de ladite ville de Lyon, suivant les ordonnances des juges et autres officiers du lieu que le roi a commis à cet effet.

29740. A François de Dampierre, s[r] de « Lyramont », échanson de la reine, 225 livres pour aller de Tarare vers la reine de Hongrie lui porter douze sacres de la part du roi.

29741. A Pierre de Lestang, dit « Pinton », sommelier d'échansonnerie du roi, et à Jacques Crédit, porte-sommier de la cuisine du commun, 135 livres en dédommagement de la perte de leurs chevaux qui sont morts au dernier voyage de Piémont.

29742. A Marin de Pescheray, commissaire des guerres, 135 livres pour s'en retourner en poste de Roanne en Piémont, près du s[r] de Montejean, et lui porter des lettres du roi concernant les affaires dudit pays.

29743. A Pierre Fougeray, chevaucheur d'écurie, 20 livres 5 sous pour aller en poste de l'Arbresle à Chevagnes et à Moulins porter des lettres du roi au trésorier Babou et à l'écuyer Perrot, afin de leur faire connaître l'intention du roi de se rendre auxdits lieux.

29744. A François de Noirfontaine, Marc de La Clayette, Marc de Bourdeaux, Octavien de Forges, Jérôme l'Italien, Marc-Antoine, dit « Bataille », Jacques de « Thiville », dit la Rochevert, et la Villatte, tous pages de l'écurie du roi, à chacun 30 écus soleil pour les aider à se monter et aller servir dans les compagnies d'ordonnances; en tout, 540 livres.

29745. A Robert Bidault, Bernard Bosseval et Jean Lannyo, à chacun 5 écus soleil pour les francolins[1] qu'ils ont apportés au roi à Moulins et les aider à supporter les frais de nourriture et de transport de ces oiseaux de Moulins à Fontainebleau.

29746. A François de Voisins, s^r d'Ambres, 2,250 livres pour répartir entre les mille légionnaires de Languedoc dont il a le commandement devant Barcelonette, soit à chacun un écu en don, outre leur solde, à cause de la réduction de ladite ville.

29747. A Guillaume Hérondelle, lapidaire suivant la cour, 7,109 livres en payement d'un carcan d'or garni de six gros diamants et de deux gros rubis avec treize grosses perles pendantes, et de deux cents autres grosses perles rondes, une enseigne de « Joseph et Benjamin » garnie de rubis, quarante-huit fers d'or à feuillages frisés aussi d'or émaillés de rouge clair et de blanc, destinés à faire deux douzaines d'aiguillettes, le tout fourni au roi.

29748. A François de Douault, s^r du Bois, valet de chambre ordinaire du roi, 45 livres pour un voyage en poste de Carignan à Suze pour faire revenir tous les mulets et bêtes à bât employés à la conduite des vivres du camp de Piémont.

(*Arch. nat.*, J. 961^11, n° 26, anc. J. 961, n° 60.)

29749. Mandement au trésorier des guerres, La Maladière, de fournir au trésorier de l'extraordinaire, Martin de Troyes, des deniers restant d'une somme de 24,000 livres tournois qui fut délivrée audit La Maladière à Lyon, pour porter en Piémont, 900 livres tournois à répartir par tiers entre Guillaume Poyet, président au Parlement de Paris, Gilbert Bayart, secrétaire des finances, et Nicolas Berthereau, bailli du Palais de Paris, pour les aider à supporter les frais extraordinaires du voyage qu'ils ont fait avec M. le Connétable pour le traité de paix entre le roi et l'empereur, nonobstant que les deniers aient été ordonnés audit de La Maladière pour un autre objet.

[1] Sorte de faisan.

29750. Mandement audit de La Maladière de bailler sur les mêmes deniers à Jean Breton, secrétaire et contrôleur général des guerres, la somme de 900 livres tournois pour ses gages dudit office de contrôleur général des quartiers de janvier, avril et juillet 1537 derniers.

29751. Mandement à la Chambre des Comptes d'allouer au compte dudit de La Maladière la somme de 62 livres 10 sous qu'il a payée à Pierre de Montagu, homme d'armes, à Regnaut de Perreau, Pierre de La Brosse et Antoine de La Mothe, archers nouveaux enrôlés en la compagnie du feu s[r] de Barbezieux, lors de la montre de ladite compagnie passée à Lyon, pour le quartier d'octobre 1536, afin de les aider à vivre et à supporter les frais du voyage de Piémont.

(*Arch. nat.*, J. 961[11], n° 27, anc. J. 961, n° 62.)

[Janvier 1538 n. s.]

Mandements aux trésorier de l'épargne et autres comptables de payer :

29752. Au duc de Vendôme, 1,000 livres en déduction de ce qu'il plaira au roi de lui ordonner comme pension pour la présente année finissant le 31 décembre 1538.

29753. Au duc d'Estouteville, comte de Saint-Pol, 2,000 livres en déduction des 6,000 qui restent à lui payer sur les 20,000 livres montant de sa pension de l'année 1537.

29754. A Nicolas Corbin, conseiller au Grand conseil, 415 livres pour quatre-vingt-trois jours employés, l'an 1536, à deux voyages en Bretagne dans le but de solliciter des évêques et prélats du pays le payement des restes des décimes et dons gratuits octroyés au roi pour la défense du royaume.

29755. Mandement au général de Bourgogne de faire tenir quitte, par le receveur ordinaire de la Montagne, Jean Dupuy, fermier de la prévôté de Châtillon-sur-Seine, de la somme de 85 livres tournois dont il a obtenu rabais sur le prix de ladite ferme en 1537, à cause des pertes qu'il a éprouvées cette année-là.

29756. A Guillaume Quinette, payeur des gages de la Cour des Aides de Paris, 1,012 livres 12 sous 6 deniers complétant la somme de 5,300 livres 12 sous 6 deniers montant des gages des officiers de ladite Cour pour les quartiers d'avril, juillet et octobre 1529.

29757. Au même, 1,720 livres 12 sous 6 deniers pour le payement des gages des officiers de ladite Cour, du quartier de juillet 1537.

29758. Aux Célestins de Lyon, 100 livres en don et aumône à

cause de la messe qu'ils célèbrent chaque année à l'intention du roi, en l'église de leur couvent, pour l'année 1537 passée.

29759. A Guillaume Hérondelle, lapidaire, 2,745 livres en payement de deux « renversures d'or à la moresque », l'une garnie d'émeraudes, l'autre de rubis et de diamants, six bordures et deux ceintures d'or émaillées noir et blanc, une enseigne garnie d'un saphir, un ordre de Saint-Michel taillé des deux côtés avec une petite chaîne d'or émaillée et garnie de perles, qu'il a vendus au roi.

29760. Au maître de la chambre aux deniers, 2,250 livres pour l'achat et transport à Moulins de deux cents poinçons de vin de Nérac, Cahors et Mirebel, pour la provision de la maison du roi.

29761. A Martin de Troyes, commis à l'extraordinaire des guerres, 5,765 livres 6 sous pour rembourser à l'évêque de Rodez, ambassadeur à Venise, les sommes qu'il a déboursées en cette ville au service du roi.

29762. A Jean de Calvimont, président au Parlement de Bordeaux, 300 livres, et à Bertrand de Montcamp, conseiller en ladite cour, 200 livres, en déduction de ce qui leur est et sera dû pour l'accomplissement de la commission qu'ils ont reçue du roi de se rendre à Bayonne, afin de se concerter avec les députés du roi de Portugal et régler les différends existant à raison des prises faites sur mer.

29763. Mandement aux trésoriers de France et au trésorier de l'épargne de faire payer par le receveur ordinaire de la prévôté d'Orléans à Mathurin Longuet, pourvu de l'état de greffier en ladite prévôté, tout le revenu de ce greffe échu depuis le 15 octobre 1537 jusqu'au jour où il prendra possession de sa charge, en considération d'une avance de 10,000 livres qu'il a faite comptant au roi pour les besoins de la guerre.

29764. A Gaspard Sormano, gentilhomme italien, 300 livres pour le quartier d'avril 1537 de sa pension.

29765. A Castellanus, 225 livres en don pour l'aider à s'entretenir à la suite du roi, en attendant qu'il soit pourvu d'un état d'officier de sa maison.

29766. A Christophe de Siresmes, secrétaire de M. le Grand-maître, 56 livres 5 sous pour un voyage en poste de Donzère à Lyon, où il porta à la reine des lettres du roi, et pour un autre voyage de Cerne[1] à Vienne vers ladite dame, à laquelle il manda de rejoindre le roi à Saint-Vallier.

[1] Cerne, montagne du Diois (Drôme).

29767. A Michel Portefort, 97 livres 10 sous pour trois voyages en poste d'Aiguesmortes vers le roi, durant le dernier séjour de la Cour en Languedoc, où il lui apporta des huîtres, moules et autres poissons de mer.

29768. A Antoine Du Hu, chevaucheur d'écurie, 40 livres 10 sous pour un voyage en poste de Loriol à Moulins, où il porta des lettres du roi à l'écuyer Perrot.

29769. A un fauconnier du duc de Prusse, 60 écus, et à un fauconnier de la reine de Hongrie, 50 écus soleil, en récompense des oiseaux de leurre qu'ils ont offerts au roi, en ce présent mois de janvier [1538].

29770. A Jean de Montjoye, huissier de salle du roi, et à Antoine de Julas, son fauconnier, 90 livres en dédommagement de la dépense qu'ils devront faire pour mener les oiseaux de leurre du roi de Nîmes à Moulins.

29771. Aux Bonshommes du couvent d'Amboise, 60 livres en don pour payer leur provision de bois de chauffage de l'année 1537.

(*Arch. nat.*, J. 961[11], n° 28, anc. J. 961, n° 63.)

[Janvier 1538 n. s.]

Mandements aux trésorier de l'épargne et autres comptables de payer :

29772. A Jean Duval, trésorier de la maison du dauphin et du duc d'Orléans, 11,437 livres 10 sous pour la dépense de la chambre aux deniers desdits princes, durant le quartier d'octobre dernier.

29773. Au même, 8,152 livres 4 sous, savoir pour la dépense ordinaire de l'écurie desdits princes durant le même quartier, 7,187 livres 14 sous, et pour l'achat et louage de mulets de bât, salaires d'aides pionniers, charroi et voitures de tentes et harnais de guerre et autres dépenses extraordinaires faites durant le voyage du dauphin en Piémont, 964 livres 10 sous.

29774. Au même, 3,750 livres pour la dépense ordinaire de l'argenterie desdits princes, durant le même quartier d'octobre.

29775. Au même, 1,500 livres pour les aumônes, affaires de chambre, voyages, dons et menus plaisirs desdits princes, durant ledit quartier d'octobre.

29776. A Julien Bonacorsi, commis au payement des cent gentilshommes de la maison du roi commandés par le s[r] de Canaples, 400 livres pour les gages de César Cantelme, l'un desdits gentilshommes, de la présente année finissant le 31 décembre 1538, qui lui seront payés d'avance, par ordre du roi, à cause d'un voyage dont il l'a chargé.

29777. A Paul Canosse, dit « Paradis », lecteur en lettres hébraïques à l'Université de Paris, 450 livres par manière de pension pour l'année 1536, en attendant la fondation du collège que le roi a l'intention de fonder en ladite Université.

29778. A Pierre Guyot, vivandier suivant la cour, 45 livres en récompense des présents d'artichauts, morilles et autres primeurs qu'il a faits au roi l'année dernière.

29779. A Bénigne de Vaulx, lapidaire suivant la cour, 13 livres 10 sous en payement d'un anneau d'or garni d'un grenat où il y a une figure gravée, que le roi a acheté de lui en ce présent mois de janvier.

29780. Mandement au trésorier de l'épargne de faire payer par Jean François, commis à la trésorerie et recette générale de Provence, des deniers provenant des exploits et amendes du Parlement de Provence, la somme de 400 livres aux maçons, charpentiers, menuisiers et autres ouvriers employés aux réparations de la conciergerie du Palais de la ville d'Aix.

29781. Mandement au trésorier de l'épargne de faire payer, par le trésorier et receveur général de Provence ou son commis, la somme de 1,519 livres 1 sou 10 deniers aux président, conseillers, avocat et procureur du roi de ladite cour de Parlement, pour leurs salaires des mois de juillet, août et septembre derniers, c'est-à-dire pendant les vacations de ladite cour.

29782. Mandement à la Chambre des Comptes d'Aix de passer aux comptes dudit Jean François la somme de 228 livres 17 sous 6 deniers qu'il a payée, des deniers provenant des ventes et engagements du domaine faits récemment par le s[r] de Grignan et Joachim de Suze (*aliàs* Sazo), commissaires à ce députés, à plusieurs personnes qui ont vaqué à ladite affaire.

29783. A Antoine Vacquier, serviteur de l'abbé d'Aubrac, don de 22 livres 10 sous pour avoir amené d'Aubrac à Montpellier deux mules dont il fit présent au roi de la part de son maître.

29784. A Blaise de Perdillane, capitaine de cent chevau-légers, don de 225 livres en récompense de ses services de guerre et pour l'aider à se faire guérir d'une maladie qui lui est survenue à Montpellier.

29785. A Julien Bonacorsi, trésorier de Provence, 510 livres pour employer au payement des gages et solde du capitaine de la tour de Toulon et de douze mortes-payes commis à la garde de ladite tour, durant le premier semestre de l'année 1537.

29786. A Jean Torchon, chevaucheur d'écurie, 18 livres pour aller en poste remettre les réponses du roi aux lettres qu'il lui avait apportées de la part du cardinal de Lorraine et de M. le Grand-maître étant à Leucate.

29787. Mandement à la Chambre des Comptes de Paris d'allouer aux comptes de Martin de Troyes, commis à l'extraordinaire des guerres, la somme de 72 écus soleil qu'il a avancée à Frédéric de La Pierre, de Zurich, et à Hans Conrard, son lieutenant.

29788. Mandement à la Chambre des Comptes d'allouer aux comptes de Martin de Troyes la somme de 232 livres 10 sous qu'il a baillée, par forme de prêt et avance, au baron de Chefnen, capitaine général de six enseignes de lansquenets, par ordonnance de M. le Grand-maître, alors lieutenant général en Provence.

29789. A Jean Duval, trésorier du dauphin et du duc d'Orléans, 16,322 livres 10 sous pour employer au payement des gages des gentilshommes et autres officiers domestiques desdits princes, durant le quartier d'octobre dernier.

29790. A Théodore, grec, marchand d'oiseaux, 435 écus en payement de vingt-deux sacres au prix de 15 écus soleil pièce et de quatorze sacrets à 7 écus et demi pièce, que le roi a achetés de lui à Montpellier en ce présent mois de janvier [1538 n. s.].

29791. Don au même de 100 écus soleil, à cause de sa diligence à apporter lesdits oiseaux du pays de Grèce.

29792. A Antoine Juge, trésorier de la maison de la reine, 8,250 livres en déduction de 16,250 livres montant de la dépense ordinaire de la chambre aux deniers de ladite dame, pour le quartier d'octobre dernier.

29793. Au même, 4,500 livres sur 9,000 livres montant de la dépense de l'écurie de ladite maison pour le même quartier.

29794. A Victor Barguyn, trésorier de la maison de Mesdames la dauphine et Marguerite de France, 6,000 livres sur 12,000, montant de la dépense ordinaire de la chambre aux deniers de leur maison, pour le quartier d'octobre dernier.

29795. Au même, 4,000 livres pour la dépense ordinaire de l'écurie de ladite maison, durant ledit quartier d'octobre.

29796. A Nicolas de Rustici, capitaine de lansquenets, 400 livres pour sa pension de l'année finie le 31 décembre 1537.

29797. A Charles du Plessis, général de Languedoc, Dauphiné et Provence, 1,200 livres pour ses gages ordinaires de l'année finie le 31 décembre 1535, et 800 livres en récompense de ses services.

29798. A Pierre Secondat, général de Guyenne, 3,000 livres, soit 2,400 pour ses gages ordinaires des années 1535 et 1536, et 600 livres en récompense de ses services.

29799. Au même, 2,000 livres en remboursement de pareille somme qu'il a prêtée au roi, le 14 novembre dernier, et versée entre les mains du receveur général des finances extraordinaires et parties casuelles.

29800. Au dauphin et au duc d'Orléans, 8,000 écus d'or soleil ou 18,000 livres dont le roi leur a fait don, soit à chacun 4,000 écus, pour leurs plaisirs et affaires, dont ils seront payés sur les deniers de l'épargne par les quatre quartiers de la présente année commencée le 1er jour du présent mois de janvier 1538 n. s.

(*Arch. nat.*, J. 961[11], n° 29, anc. J. 961, n° 64.)

[Janvier 1538 n. s.]

Mandements aux trésorier de l'épargne et autres comptables de payer :

29801. A Martin de Troyes, 10,167 livres 10 sous pour la solde de quatorze cent cinquante hommes de guerre à pied des villes et places frontières d'Artois et de Picardie, y compris les doubles payes, appointements d'arquebusiers, de deux commissaires et de deux contrôleurs qui en feront les montres, et le «plat» du sr de La Rochepot pour 1,000 livres, durant un mois entier à dater de l'expiration du précédent payement.

29802. Au duc d'Estouteville, comte de Saint-Pol, 8,000 livres en déduction de 20,000 livres pour sa pension de la présente année 1538.

29803. A Guillaume Poyet, président au Parlement de Paris, 500 livres pour sa pension de l'année finie le 31 décembre 1537.

29804. Au même, pour ses gages, droits et frais de son office de président au Parlement de Bretagne de ladite année, 1,242 livres nonobstant qu'il n'ait siégé durant ledit temps, étant retenu ailleurs pour les affaires du roi.

29805. Au trésorier de l'artillerie, 9,000 livres pour employer au payement des gages des officiers et conducteurs de l'artillerie, durant le quartier d'avril 1537.

29806. Au baron de Lech (Lecco), 500 livres pour sa pension de l'année 1537.

29807. A Jean de La Cassière, chevalier de l'ordre de Saint-Jean de Jérusalem, 225 livres en don pour avoir offert au roi, à Montpellier, en ce présent mois de janvier, de la part du Grand-maître, des commandeurs et autres officiers de l'ordre, un certain nombre de sacres et sacrets.

29808. A Jean-Francisque, fils du duc d'Atri, don de 450 livres en récompense de services rendus au roi.

29809. A Claude Dodieu, s[r] de Vély, 675 livres pour subvenir aux frais qu'il aura à faire en Espagne, où il se trouve actuellement en qualité d'ambassadeur près de l'empereur, pour la négociation des traités et alliance entre le roi et Charles-Quint.

29810. A Henri Ouilwegen et Jean Trifoli, flamands, 184 livres 10 sous en payement de huit faucons, à raison de 8 écus soleil pièce, et d'un gerfaut à 18 écus pièce, qu'ils ont vendus au roi à Montpellier, pendant le mois de janvier [1538 n. s.]

29811. A Bénigne [Serre], 400 livres pour payer à Jean Pointet, contrôleur des postes et chevaucheurs d'écurie du roi, ses gages de l'année 1537.

29812. A Joachim de Sazo (*aliàs* Suze), conseiller au Parlement de Provence, chargé de faire rentrer les deniers de la généralité dudit pays, 364 livres complétant la somme de 490 livres montant de ses vacations de l'année dernière, tant au recouvrement desdits deniers qu'à l'engagement des domaines et gabelles de ladite généralité.

29813. A Pierre Bergamin, courrier, 225 livres pour un voyage en diligence de Montpellier, le 15 du présent mois de janvier [1538 n. s.], allant à Rome porter des lettres du roi à ses ambassadeurs le cardinal de Mâcon et l'évêque de Lavaur, concernant des affaires importantes.

29814. A Christophe Daresse et à Pierre Lalouette, huissiers au Conseil privé, à chacun 120 livres pour leur entretien durant l'année finie le 31 décembre 1537.

29815. A Bénigne Serre, 1,250 livres pour employer aux affaires et menues nécessités de la chambre du roi, durant le quartier de juillet 1537.

29816. Au même, 600 livres pour le payement des voyages, tant dans que hors le royaume, qui se font ordinairement par les chevaucheurs de l'écurie du roi.

(*Arch. nat.*, J. 961[11], n° 30, anc. J. 961, n° 70.)

[Janvier 1538 n. s.]

Mandements aux trésorier de l'épargne et autres comptables de payer :

29817. A Martin de Troyes, commis au payement de l'extraordinaire des guerres, 6,000 livres pour faire porter delà les monts et employer aux fortifications de la ville de Moncalieri.

29818. Au même, 1,200 livres pour le payement des gages des quarante mortes-payes établis à la garde des lieux qui suivent : à Narbonne, vingt; à Pierre-Perthuis, six; à Quérigut, quatre, et à Leucate, dix, pour le second semestre de 1537, à raison de 100 sous par mois à chacun.

29819. Au même, 225 livres pour le payement, durant le quartier d'octobre 1537, de quinze autres mortes-payes établis comme renfort au château de Leucate.

29820. A Charles de Marillac, à déduire sur ses vacations au voyage d'outre-mer où il a été envoyé par le roi, 500 écus remis au capitaine Raincon pour les lui porter.

29821. Au roi d'Écosse, 8,333 livres 6 sous 8 deniers sur les deniers de la recette générale d'Outre-Seine, en remplacement de semblable somme qu'il devait recevoir sur le revenu des domaines, aides et greniers à sel du comté de Gien de l'année 1537, suivant l'assignation à lui faite sur ledit comté, chaque année, sa vie durant, sous la réserve de rachat, pour 125,000 livres restant à lui payer de la dot promise à feu Madame Madeleine de France, sa femme, parce que, avant l'expédition des lettres à lui octroyées et qui devaient avoir leur effet à dater du 1er janvier 1537 n. s., les domaines, aides et greniers susdits avaient déjà été employés aux affaires du roi.

29822. Au duc de Wurtemberg, 3,000 livres pour sa pension des quartiers d'avril et juillet derniers, à raison de 6,000 livres par an.

29823. A Jean Hameline, 135 livres pour un voyage en diligence, le 3 janvier 1538 n.s., de Montpellier au Hâvre-de-Grâce, vers le vice-amiral, auquel il porta des lettes missives du roi touchant des affaires d'importance.

29824. A Georges de Selve, évêque de Lavaur, ambassadeur auprès du pape, 1,150 livres complétant la somme de 3,150 livres à lui due pour trois cent quinze jours qu'il a vaqué en ladite ambassade, depuis le 20 février 1537, date de son arrivée à Rome, jusqu'au 31 décembre suivant.

29825. A Jean-Paul de Cère, 1,500 livres sur ce qui peut lui être dû de sa pension au service du roi.

29826. Au capitaine Antoine de Raincon, 1,200 livres pour son état, vacation et dépense de soixante journées entières qu'il pourra vaquer en certain voyage que le roi l'envoie faire à Venise et autres lieux.

29827. Au même, don de 675 livres pour l'aider à se monter, habiller et mettre en état de faire honorablement ledit voyage.

29828. Au même, 1,200 livres pour sa pension de l'année finie le 31 décembre 1537.

29829. A Jean Duval, 1,522 livres 3 sous pour le payement des messes et services célébrés en l'église Saint-Julien de Tournon pour l'âme de feu Monseigneur le Dauphin, durant l'année dernière, y compris 244 livres 13 sous pour le luminaire depuis le 13 décembre 1536 jusqu'au 31 décembre 1537.

29830. Mandement audit Duval pour le payement dudit luminaire à raison de 13 sous par jour durant le temps échu antérieurement au 29 novembre dernier que, par ordonnance du Conseil privé établi à Lyon, on cessa de tenir un gros cierge ardent jour et nuit à la tête du cercueil du dauphin, et fut avisé de le tenir ardent pour l'avenir, seulement quand ladite église serait ouverte, de jour, et à raison de 10 sous par jour pour le temps échu depuis le 29 novembre dernier, et ce tant que le corps dudit feu dauphin restera en cette église.

29831. Validation à l'acquit de Guillaume de Moraines, commis à partie de la recette générale de Languedoïl, du remboursement par lui fait aux échevins et conseillers de la ville de Lyon, sur les deniers de sa commission du quartier d'octobre dernier, de la somme de 50,000 livres qu'ils avaient prêtée au roi les 7 août et 14 septembre derniers.

29832. A Nicolas de Troyes, argentier du roi, 1,000 livres en déduction de 4,600 livres montant de l'assignation ordinaire de l'argenterie pour le quartier de juillet dernier.

29833. Au duc de Gueldres, don de 3,000 livres pour l'aider à supporter la dépense des traités négociés entre le roi et lui, laquelle somme pourra lui être déduite de la pension que le roi lui ordonnera.

29834. A Étienne de Laigue, s[r] de Beauvais, 720 livres pour son état, vacation et dépense de quatre-vingt-dix journées qu'il pourra vaquer au voyage que le roi l'envoie faire près dudit duc de Gueldres, à raison de 8 livres par jour.

29835. Au s[r] de Villers-les-Pots, 135 livres pour être venu, en ce présent mois de janvier, de Beaune à Montpellier, porter au roi des lettres

IMPRIMERIE NATIONALE.

de M. l'Amiral, et pour s'en retourner auprès de ce dernier aver la réponse du roi.

29836. A Olive Seincte, dame des filles de joie suivant la cour, don de 20 écus soleil pour le bouquet de diverses fleurs qu'elles offrirent au roi au mois de mai dernier, et de 20 écus pour leurs étrennes du premier jour de ce présent mois de janvier, suivant la coutume ancienne.

29837. A Jean Dantart, dit « Charny », barbier du commun, don de 20 écus pour l'aider à s'acheter un cheval, afin de suivre plus facilement la cour.

29838. A Louis de Lasseigne, gentilhomme de la vénerie, don de 450 livres en récompense de ses services et dédommagement de ce qu'il a déboursé pour le radoub d'un pont de bateaux sur la rivière du Pô près la ville de Carignan, et pour le payement de plusieurs bateaux qu'il réquisitionna afin de conduire par ladite rivière, jusqu'à Turin, des blés, farines et autres vivres destinés au ravitaillement de ladite ville.

29839. A Nicolas Boute, conducteur du sommier qui porte les broches de la cuisine de bouche, à Antoine Chabannes, saucier de ladite cuisine, Mathurin Habert, enfant de cuisine, et Jean Menessier, aide et gardevaiselle, don de 270 livres, soit à chacun 30 écus, outre leurs gages, en récompense de leur service et pour les aider à se monter, ladite somme à prendre sur les deniers de la composition de l'office d'huissier au Parlement de Toulouse, vacant par la destitution de François de Promerède, coupable de malversations.

29840. A Bénigne Serre, 1,051 livres 17 sous 6 deniers pour le payement des gages de dix-sept chevaucheurs d'écurie tenant la poste du roi de Lyon à Marseille, durant les mois d'octobre, novembre et décembre derniers, à raison de 20 livres 12 sous 6 deniers à chacun par mois.

29841. Au même, 185 livres 12 sous 6 deniers pour les gages, durant le même temps, de Jean Angilbert, Hercule Felyault et Jean Dumas, autres chevaucheurs tenant ordinairement les postes à la suite de la Cour pour faire les courses et distributions des paquets de lettres concernant les affaires du roi et venant de divers lieux.

29842. A Joachim de La Châtre, s[r] de Nançay, l'un des capitaines des archers français de la garde, 600 livres pour sa pension du second semestre de l'année finie le 31 décembre 1537.

29843. A Poton Raffin, autre capitaine des archers français de la garde, 1,200 livres pour sa pension de l'année 1537 entière.

29844. Au s[r] de Chavigny, autre capitaine desdits archers de la garde, 1,200 livres pour sa pension de la même année.

29845. Mandement aux généraux des finances de faire délivrer chaque année aux président, maîtres des comptes, auditeurs et autres officiers de la Chambre des Comptes de Montpellier, par les grènetiers de la généralité de Languedoc, la quantité de sel qui leur sera nécessaire, ainsi qu'à leurs veuves, pour la provision de leurs maisons, sans payer aucun droit de gabelle, conformément au privilège accordé aux officiers de la Chambre des Comptes de Paris.

29846. A Philibert Poulain, conseiller au Parlement de Dijon du nombre des six nouvellement créés, remboursement, sur les amendes et exploits de ladite cour, de la somme de 2,000 livres qu'il a prêtée au roi et versée, le 1er décembre dernier, entre les mains de Jean Laguette, receveur général des finances extraordinaires et parties casuelles.

29847. Mandement à Nicolas Lejay, payeur de la compagnie du marquis de Rothelin, de délivrer à René de Baubigné et Jacques de Morette, hommes d'armes, Jean de Razillé, François de La Goutte, Jean Vollant et Hector de Villefranche, archers de ladite compagnie, la somme de 202 livres 10 sous qu'il a reçue de Guy de La Maladière, pour leur solde du quartier de juillet dernier, nonobstant qu'ils n'aient été présents à la montre de ladite compagnie faite à Lyon, pour ledit quartier.

29848. Au sr de Montjean, 12,000 livres dont le roi lui a fait don sur les deniers provenant de la traite du quart du sel des Ponts-de-Cé et d'Ingrande des années 1538 et 1539, soit 6,000 livres sur chacune de ces deux années, qui lui seront payées par Étienne Trotereau, commis à partie de la recette générale des finances de Languedoïl, pour l'aider à payer la rançon à laquelle il a dû s'engager lorsqu'il fut fait prisonnier à l'armée de Provence, l'année dernière.

(*Arch. nat.*, J. 961¹¹, n° 32, anc. J. 961, n° 75.)

29849. Don et remise au sr Du Biez de la somme de 902 livres 15 sous montant des droits et devoirs seigneuriaux par lui dus au roi, à cause de l'acquisition qu'il a faite de la terre et seigneurie de « Saint-Wetz[1] », mouvant du château de Hesdin.

(*Arch. nat.*, J. 961¹¹, n° 33, anc. J. 961, n° 76.)

[Décembre 1537.]

Mandements aux trésorier de l'épargne et autres comptables de payer :

29850. A Jacques Bernard, maître de la chambre aux deniers du roi, 7,500 livres en déduction de 15,000 livres montant de l'assigna-

[1] Sans doute Saint-Vaast, commune d'Aubin-Saint-Vaast, canton d'Hesdin (Pas-de-Calais).

tion ordinaire de ladite chambre pour le présent quartier d'octobre, novembre et décembre.

29851. Au même, 1,250 livres pour le payement du linge, habillement des galopins, entretien de la vaisselle et autres dépenses requises pour les officiers de l'hôtel du roi, du quartier de juillet dernier.

29852. Au même, 5,000 livres pour le payement de cent cinquante muids de vin, y compris le transport, des crus de Tournon, Languedoc et Provence, achetés sur les lieux par ordre du roi et conduits à Moulins par eau et par terre, pour servir à la provision de l'hôtel du roi durant l'année prochaine.

29853. A Jean Barbedor, 510 livres pour les gages des cent gentilshommes de l'hôtel de la compagnie de Louis de Nevers, en déduction de 10,227 livres 10 sous montant de l'assignation entière du quartier de janvier, février et mars dernier.

29854. Au même, 3,510 livres en déduction de 10,227 livres montant de l'assignation desdits gentilshommes pour le quartier d'avril, mai et juin dernier.

29855. A Julien Bonacorsi, 287 livres 10 sous pour les gages des autres cent gentilshommes de l'hôtel de la compagnie du s[r] de Canaples, en déduction de 10,487 livres 10 sous montant de l'assignation entière du quartier de janvier dernier.

29856. Au même, 4,287 livres 10 sous en déduction de 10,487 livres 10 sous montant de l'assignation entière desdits gentilshommes pour le quartier d'avril dernier.

29857. A Jean Thizart, payeur des gages des archers écossais, 298 livres 1 sou 3 deniers en déduction de 9,118 livres 1 sou 3 deniers montant de l'assignation entière desdits archers, du quartier d'avril dernier.

29858. Au même, 3,123 livres 18 sous 9 deniers en déduction de 7,994 livres 10 sous montant de l'assignation entière desdits archers, du quartier de juillet dernier.

29859. A Jacques Richer, 502 livres 2 sous 6 deniers pour les gages des archers français de la garde de la compagnie du s[r] de Nançay, en déduction de 8,317 livres 7 sous 6 deniers montant de l'assignation entière desdits archers, du quartier d'avril dernier.

29860. Au même, 3,741 livres 12 sous 3 deniers en déduction de 7,240 livres 6 sous 3 deniers montant de l'assignation entière desdits archers, pour le quartier de juillet dernier.

29861. A Jean Chartier, 734 livres 13 sous 3 deniers pour les gages des archers français de la garde de la compagnie du sénéchal d'Agénais, en déduction de 8,651 livres 2 sous 6 deniers montant de l'assignation entière de ladite compagnie, du quartier d'avril dernier.

29862. Au même, 3,498 livres 12 sous 6 deniers en déduction de 7,285 livres 6 sous 3 deniers montant de l'assignation entière desdits archers, du quartier de juillet dernier.

29863. A Jean de Vaulx, 882 livres 12 sous pour les gages des archers français de la garde de la compagnie du s[r] de Chavigny, en déduction de 8,606 livres 2 sous 6 deniers montant de l'assignation entière desdits archers, du quartier d'avril dernier.

29864. Au même, 3,926 livres 17 sous 6 deniers en déduction de 7,285 livres 6 sous 3 deniers montant de l'assignation entière de ladite compagnie, du quartier de juillet dernier.

29865. A Jean Cheylieu, 2,932 livres 10 sous pour les gages du prévôt de l'hôtel et de ses lieutenant, greffier, archers et sergents, durant le quartier d'avril dernier.

29866. A Martin de Troyes, commis à l'extraordinaire des guerres, 7,112 livres pour la solde d'un mois entier de mille hommes de guerre à pied en garnison à Narbonne et lieux voisins, sous le commandement du s[r] d'Arques, y compris les gages d'un commissaire et d'un contrôleur qui en feront les montres.

29867. A Jean de Montcamp, conseiller au Grand conseil, 850 livres en payement de cent soixante-dix jours à 100 sous par jour, du 4 mai au 20 octobre 1537, qu'il accompagna le général de Languedoc près des archevêques et évêques du pays, pour leur faire payer les restes des décimes et dons gratuits et en envoyer les deniers à Lyon, et pour le fait de l'aliénation des domaines, aides et gabelles en plusieurs sénéchaussées.

29868. Aux trésorier, chanoines et chapitre de la Sainte-Chapelle du Bois de Vincennes, 160 livres complétant la somme de 1,500 livres à eux due par fondation royale, pour la présente année finissant le 31 décembre 1537.

29869. A Pierre Fougère, chevaucheur d'écurie, 38 livres pour un voyage en diligence de Montpellier à Leucate, le 29 du présent mois de décembre, pour remettre au cardinal de Lorraine et à M. le Grand-maître des lettres du roi portant instruction de ce qu'ils auront à répondre aux députés de l'empereur touchant le traité de paix.

29870. A Jean Secrétain, chevaucheur d'écurie, 283 livres 10 sous pour un voyage en diligence en Angleterre, partant de Montpellier, le 30 décembre, porteur de lettres du roi au s[r] de Castillon, ambassadeur près du roi Henri VIII.

29871. A Pierre Martinet, dit « du Moulin », et à Pierre de Lestang, dit « Pinton », sommeliers d'échansonnerie, à chacun 90 livres pour l'entretien, conduite et nourriture de deux haquenées portant les bouteilles de vin pour la table du roi et celle de ses chambellans, durant le second semestre de la présente année 1537.

29872. A Guillaume Boucher, Jean Guigo et leurs compagnons, joueurs de hautbois demeurant à Montpellier, don de 67 livres 10 sous en récompense du passe-temps qu'ils ont donné au roi en jouant de leurs instruments.

29873. A Laurent de Médicis, gentilhomme florentin, don de 450 livres en récompense de ses services.

29874. A Pierre de Plaignes, serviteur de M. le Légat d'Avignon, 90 livres pour l'aider à supporter la dépense de la conduite des toiles de chasse de son maître, depuis la commanderie de Saint-Gilles jusqu'en cette ville de Montpellier et autres lieux qu'il plaira au roi.

29875. A Pierre Poussin, conseiller au Parlement de Dijon, remboursement de 2,000 livres qu'il prêta au roi lorsqu'il fut pourvu dudit office, l'un des six nouvellement créés, et versa, le 1er décembre 1537, entre les mains de Jean Laguette, receveur des finances extraordinaires et parties casuelles.

29876. A Edme Jullien, aussi conseiller au Parlement de Dijon, remboursement de semblable somme de 2,000 livres qu'il prêta au roi dans les mêmes circonstances et remit entre les mains de Jean Laguette, le 23 novembre précédent.

29877. A Guillaume Bochetel, secrétaire des finances, 112 livres 10 sous pour son voyage en poste de Montpellier à Leucate et retour, lorsqu'il vint donner avis au roi de ce qui avait été convenu entre ces députés et ceux de l'Empereur, touchant le traité de paix.

29878. A Martin de Troyes, commis à l'extraordinaire des guerres, 3,577 livres pour la solde d'un mois entier de cinq cents hommes de guerre à pied aventuriers en garnison à Marseille sous le capitaine La Molle, y compris les gages d'un commissaire et d'un contrôleur qui en feront les montres.

(*Arch. nat.*, J. 961[11], n° 34, anc. J. 961, n° 79.)

[Décembre 1537.]

Mandements aux trésorier de l'épargne et autres comptables de payer :

29879. Au receveur de l'écurie du roi, 7,164 livres 9 sous 2 deniers, faisant le parfait de 19,414 livres 9 sous 2 deniers, à lui ordonnés pour l'ordinaire de son office du quartier de juillet, août et septembre dernier.

29880. A M. le Grand-maître [Anne de Montmorency], 3,000 livres pour sa pension du présent quartier d'octobre, novembre et décembre, et 1,500 livres pour son état de gouverneur de Languedoc dudit quartier.

29881. Au même, 300 livres pour la capitainerie de la Bastille, 300 livres pour celle du Bois de Vincennes, 375 livres pour celle des ville et château de Nantes, et 100 livres pour celle de Saint-Malo, durant ledit quartier d'octobre.

29882. Don au même du revenu du droit de gabelle du roi en la chambre à sel de Fère-en-Tardenois, y compris les amendes, forfaitures et confiscations, durant la présente année finissant le 31 de ce mois de décembre, à quelque somme qu'il puisse monter, à recevoir par les mains du grènetier de Château-Thierry.

29883. Au s[r] de Sourdis, capitaine de Tombelaine, 360 livres pour ses gages dudit état durant la présente année 1537.

29884. Audit de Sourdis, capitaine du château du Plessis-lès-Tours, 490 livres pour son état de ladite année, à François de Brive, son lieutenant, 100 livres, et aux autres officiers domestiques dudit château, 340 livres.

29885. A Louis Gombault, l'un des généraux des aides à Montpellier, 96 livres en payement de trente-deux jours, du 1er mars au 1er avril 1537, qu'il vaqua à la commission que lui donna le roi de se rendre auprès des archevêques et évêques de Languedoc, pour leur faire part de la nécessité de payer les restes des dons gratuits et d'en faire porter les deniers en la ville de Lyon.

29886. A Jacques Bernard, maître de la chambre aux deniers, 205 livres complétant la somme de 1,205 livres employée à l'achat de coffres et ustensiles nécessaires au transport des vivres des officiers du roi au dernier voyage delà les monts, louage de mulets et gages de leurs conducteurs.

29887. A Jean Bourdich, porte-enseigne des archers écossais, 300 livres, à Jean Stuart, dit « Darlé » (Darnley), homme d'armes de ladite bande, 300 livres, à Louis Delaage, lieutenant des archers français de la compagnie du s[r] de Nançay, 300 livres, et à René de Rivol, porte-enseigne des archers français de la compagnie du s[r] de Chavigny, 200 livres, pour leurs pensions de la présente année 1537.

29888. A Jean Carré, commis au payement des officiers domestiques de l'hôtel, 16,832 livres en déduction de la somme qui leur est assignée pour le quartier de juillet dernier.

29889. A don Diego de Mendoça, échanson ordinaire du roi, don de 675 livres en récompense de ses services, outre ses gages habituels.

29890. Mandement à la Chambre des Comptes de Provence de passer au compte de Jean François, commis à la recette générale dudit pays, la somme de 3,577 livres qu'il a délivrée, le 8 août 1537, à Martin de Troyes, commis à l'extraordinaire des guerres, pour employer au fait de sa commission, suivant l'ordonnance du cardinal de Tournon.

29891. Mandement à ladite Chambre de passer aux comptes dudit François la somme de 156 livres qu'il a payée par ordonnance de Jean Feu, président à Rouen, Bonaventure de Saint-Barthélemy, président de Dauphiné, Jean de Sarta, conseiller à Toulouse, et du Peyrat, lieutenant à Lyon, pour vacations de témoins interrogés sur les abus reprochés à certains personnages de Provence.

29892. Au bâtard du Fay, gouverneur de Rethelois, remboursement de 263 livres 5 sous qu'il a déboursés pour la garde de la frontière dudit pays, depuis le mois d'août 1537 jusqu'au 10 novembre suivant.

29893. A Nicolas de Neufville, Jean Breton, Gilbert Bayard et Guillaume Bochetel, secrétaires des finances, à chacun 1,623 livres 2 sous 6 deniers pour leurs gages ordinaires et droits de manteaux, et pour leur pension de l'année finissant le 31 de ce présent mois de décembre 1537.

29894. A Philibert Babou, autre secrétaire des finances, 1,000 livres pour sa pension de ladite année.

29895. A Jean Duthier, notaire et secrétaire du roi, 93 livres pour ses gages et droits susdits, depuis le 18 mai jusqu'au 31 décembre 1537.

29896. Audit Duthier et à Claude de L'Aubespine, clercs desdits Breton et Bochetel, 600 livres pour leur salaire d'avoir fait écrire et grossoyer les commissions des aides et tailles des élections des généralités de

Languedoïl, Outre-Seine, Yonne et Picardie, Lyonnais, Forez et Beaujolais, pour l'année qui finira le 31 décembre 1538.

29897. A Mme la marquise de Rothelin, 1,000 livres pour sa pension du quartier de juillet 1537.

29898. A Pierre de Ruthie, capitaine du château neuf de Bayonne, 1,200 livres pour sondit état des années 1535, 1536, 1537, à raison de 400 livres par an.

29899. Mandement à la Chambre des Comptes d'allouer au compte rendu pour l'année 1511 par feu Jacques Charmolue, changeur du trésor, la somme de 4,500 livres portée sous le nom du feu légat et chancelier Du Prat, nonobstant le procès commencé par le procureur du roi en ladite Chambre contre Antoine Du Prat, s[r] de Nantouillet, fils et héritier dudit chancelier, lequel procès ne sera pas poursuivi, le roi faisant, autant que besoin serait, remise de ladite somme audit s[r] de Nantouillet.

29900. A Étienne Dumas, payeur des officiers de la Cour des Aides de Montpellier, 3,885 livres pour les gages desdits officiers durant un an et trois quartiers, du 1er janvier 1536 n. s. au 30 septembre 1537, à raison de 2,220 livres par an.

29901. Mandement aux généraux des finances de faire dorénavant délivrer chaque année par les grènetiers de la généralité de Languedoc, aux président, généraux, conseillers et autres officiers de la Cour des Aides de Montpellier, le sel nécessaire à la provision de leurs maisons, sans payer le droit de gabelle au roi ni autres charges, sauf seulement le droit du marchand.

29902. A Gilbert Avrillot, chevaucheur d'écurie, 38 livres 5 sous pour un voyage en diligence, partant le 18 de ce présent mois de décembre de la commanderie de Saint-Gilles, allant à Narbonne porter des lettres du roi au cardinal de Lorraine et à M. le Grand-maître concernant les négociations du traité de paix avec les députés de l'Empereur.

29903. Au président Poyet, 90 livres pour être venu en diligence, durant ce mois de décembre, de Leucate à Montpellier, faire savoir au roi où en était ladite négociation, et pour être retourné auprès des plénipotentiaires leur porter de nouvelles instructions.

29904. A Jean Baillet, remboursement de 2,000 livres qu'il a prêtées au roi le 15 novembre dernier, lorsqu'il fut pourvu de l'un des six offices de conseillers nouvellement créés au Parlement de Dijon.

IMPRIMERIE NATIONALE.

(*Arch. nat.*, J. 961[11], n° 35, anc. J. 961, n° 81.)

[Décembre 1537.]

Mandements aux trésorier de l'épargne et autres comptables de payer :

29905. A Jean Barbedor, commis au payement des gages des cent gentilshommes de l'hôtel de la compagnie de M. de Nevers, 3,000 livres en déduction de 10,237 livres 10 sous montant du quartier de janvier, février et mars dernier.

29906. A Julien Bonacorsi, 4,000 livres pour le payement des gages des autres cent gentilshommes de l'hôtel, commandés par le s[r] de Canaples, en déduction de 10,487 livres 10 sous montant dudit quartier.

29907. A Antoine de La Rochandry, dit « Grosjean », 225 livres en don outre ses gages, en récompense du service qu'il fait près la personne du roi.

29908. A M. de Vendôme, 1,000 livres en déduction de ce qu'il plaira au roi de lui ordonner comme pension durant la présente année finissant le 31 décembre 1537.

29909. A M. de Longueval, s[r] de Bossut, 800 livres pour sa pension de ladite année 1537, moyennant quoi le roi demeurera quitte de tous les arrérages qu'il prétendait lui être dus.

29910. A Jean de Villars, s[r] de Blancfossé, expédié à « Monesque » (s. d. Manosque), le 9 dudit mois de décembre, pour s'en retourner en Suisse porter des lettres du roi au s[r] de Boisrigault, ambassadeur audit pays, en réponse à celles qu'il avait apportées, 135 livres.

29911. A Marin de Peschere, commissaire des guerres, 225 livres pour être venu en diligence, audit mois de décembre, de Pignerol à « Monesque » (Manosque), apporter au roi des lettres du s[r] de Montjean, lieutenant général en Piémont, dans lesquelles il lui donnait avis des affaires survenues audit pays depuis son départ, et pour être allé de « Monesque » (Manosque) à Lyon transmettre au chancelier et au cardinal de Tournon l'ordre de faire fournir les deniers demandés par ledit s[r] de Montjean, et de Lyon s'en retourner vers ledit sieur.

29912. A René Baillet, remboursement de 6,000 livres qu'il a prêtées au roi et remises entre les mains de Jean Laguette, receveur des finances extraordinaires et parties casuelles, lorsqu'il fut pourvu de l'office de conseiller au Parlement de Paris.

29913. A Louis Billard, valet de garde-robe du roi, 225 livres qu'il a avancées, au lieu de Tallard, le 7 de ce mois de décembre, à certain personnage venu en ambassade de la part de la reine de Hongrie.

29914. Au s[r] d'Annebaut, 18,000 livres en récompense de services rendus au roi et pour l'aider à payer sa rançon; il avait été fait prisonnier près la ville de Thérouanne, lorsqu'elle fut assiégée et que l'on tenta de la ravitailler.

29915. A Martin de Troyes, commis à l'extraordinaire des guerres, 34,725 livres complétant la somme de 58,225 livres destinée à la solde des gens de guerre à pied, lansquenets, sous le commandement du capitaine le Bossu, pour celle de quatre mille autres hommes de pied, tant français qu'italiens, gages de canonniers, réparations de places et dépenses imprévues pour la garde et défense du Piémont, durant un mois.

29916. Mandement à la Chambre des Comptes d'allouer aux comptes de Nicolas Saimbault, commis à la recette générale de Picardie, la somme de 76 livres 17 sous 9 deniers qu'il a payée des deniers de ladite recette de la présente année 1537, en vertu de lettres du Conseil privé établi à Lyon, adressées à Guillaume Abot et à lui pour le surachat de 5,536 écus soleil qui devaient être envoyés promptement au roi pour subvenir aux dépenses de la guerre.

29917. A Gilbert Avrillot, chevaucheur d'écurie, 20 livres 5 sous pour un voyage en poste qu'il fit, le 11 dudit mois de décembre, du lieu de Lourmarin à Avignon où il porta des lettres du roi au légat dudit lieu, concernant des affaires d'importance, et pour en avoir rapporté la réponse.

29918. A Guillaume de Dinteville, s[r] des Chênets, 450 livres pour avoir porté en diligence, le 14 décembre, d'Avignon, des lettres du roi à la reine à Bourges, et de là à Amiens au duc d'Orléans, et pour retourner vers le roi.

29919. A Claude Levelu, fauconnier de l'abbé de Montmajour, 22 livres 10 sous en don pour avoir apporté au roi à Lourmarin, de la part de son maître, en ce présent mois de décembre, deux faucons, un tiercelet, un grand duc et un chien couchant.

29920. A Guillaume de Bordeaux, serviteur de l'évêque de Rodez, 225 livres pour s'en retourner en diligence de la commanderie de Saint-Gilles à Venise et de là à Rome, porteur de lettres du roi adressées audit évêque de Rodez, ambassadeur à Venise, au cardinal de Mâcon et à l'évêque de Lavaur, ambassadeurs à Rome, concernant les affaires de leurs charges.

29921. A Martin de Troyes, commis à l'extraordinaire des guerres, 9,097 livres 10 sous pour la solde de quatorze cent cinquante hommes de guerre à pied en garnison dans les villes et places de Picardie, durant un mois.

29922. Au même, 6,000 livres pour subvenir aux frais de sa commission, à rabattre sur la taxation qui lui en sera faite.

29923. Au même, 641 livres 2 sous pour envoyer au camp en Piémont et être employés à partie du payement des gens de guerre.

29924. Au même, 100,000 livres pour faire porter à Briançon et être employées à partie du payement des gens de guerre qui sont en Piémont.

29925. Au même, 3,000 livres pour les provisions et voitures de vivres en l'étape de Briançon.

29926. A Néry Cappon, facteur de Jules et Laurent Strozzi, 22,500 livres pour remboursement de 10,000 écus soleil qu'il a prêtés au roi et versés entre les mains de Martin de Troyes, le 7 octobre dernier.

29927. Au cardinal de Tournon, 7,000 livres pour remboursement de prêt par lui fait et délivré audit de Troyes, le 8 octobre dernier.

29928. A M. l'amiral [Chabot], 23,219 livres 15 sous 5 deniers pour remboursement de prêt par lui fait, le 20 juillet dernier, et mis entre les mains dudit de Troyes tant en deniers comptants qu'en vaisselle d'argent.

29929. A Guillaume Havart, gentilhomme du roi d'Angleterre, 2,279 livres 16 sous 3 deniers pour la valeur d'une chaîne d'or à lui donnée par le roi, faite à Lyon par Jean Rousseau, orfèvre, prisée par Michel Guilhen, maître de la Monnaie dudit lieu, et remise audit Havart, en la présence d'Antoine Petremol, notaire et secrétaire du roi.

29930. A Jacques Bernard, maître de la chambre aux deniers, 1,250 livres pour le payement du linge, habillements de galopins, radoub de vaisselle et autres nécessités de la maison du roi, durant le quartier d'avril dernier.

29931. A M. le Grand écuyer, don de 2,250 livres pour l'aider à supporter la dépense qu'il a faite à Bayonne, comme lieutenant du roi, en cette présente année.

29932. Au capitaine Antoine de Raincon, 1,200 livres pour sa pension de l'année finie le 31 décembre 1536.

29933. Au cardinal de Mâcon, 3,540 livres pour son état, entretien et dépense à Rome durant cent soixante-dix-sept jours, du 8 mai au 31 octobre 1537, à prendre sur les deniers du don gratuit équivalant à trois décimes de la présente année.

29934. A François Mahieu, commis au payement des mortes-payes de Normandie, 10,134 livres pour les quartiers de juillet et octobre 1536, à prendre des deniers reçus par Pierre Le Vassor, commis à la recette générale dudit pays.

29935. A Robert Main, trésorier des guerres et mortes-payes de Bretagne, 6,736 livres pour les quartiers de juillet et octobre 1536, à prendre des deniers de Michel Cosson, commis à la trésorerie et recette générale dudit pays.

29936. Mandement à Étienne Trotereau, commis à partie de la recette générale de Languedoïl, de payer les journées et taxations d'un clerc et autres frais nécessaires pour l'exécution des commissions baillées à Ponce Brandon, conseiller au Parlement de Paris, pour faire rentrer les deniers du don gratuit, restes de décimes et emprunts des villes franches.

29937. Mandement au même de payer les voyages et vacations dudit Ponce Brandon à raison de 100 sous par jour.

29938. Mandement à Adrien Auger, receveur du Parlement de Bretagne, de payer ledit Brandon, aussi conseiller au Parlement de Bretagne, de ses gages et droits dudit office durant la présente année, nonobstant qu'il n'ait assisté aux séances de ladite cour, à cause des commissions susdites.

29939. Lettres de décharge à Artus Prunier, commis au payement des compagnies des s[rs] de Burie et Jean-Paul de Cère, de la somme de 5,408 livres qu'il a baillée, de l'ordonnance de M. d'Humyères, audit Martin de Troyes, des deniers qui lui avaient été assignés pour la solde de la compagnie du s[r] de Burie, des quartiers d'avril et juillet 1536.

29940. Autre décharge audit Prunier de la somme de 729 livres 16 sous 8 deniers par lui semblablement baillée, de l'ordonnance du s[r] d'Humyères, audit de Troyes, des deniers revenant bons du payement fait à la compagnie de Jean-Paul de Cère pour le quartier de juillet 1536.

29941. Autre décharge audit Prunier, commis à la trésorerie et recette générale de Dauphiné, de la somme de 4,500 livres par lui payée audit de Troyes, de l'ordonnance du cardinal de Tournon, sur les deniers de ladite trésorerie de l'année 1536.

29942. Autre décharge audit Prunier de 2,250 livres par lui payées audit de Troyes, de l'ordonnance du cardinal de Tournon, sur les deniers de ladite trésorerie du quartier de janvier 1537.

29943. Mandement pour rembourser à Hugues Boyet et à Pierre Gérardet, à chacun 2,000 livres, et à François de Leval, 1,000 livres qu'ils ont prêtées et baillées comptant au roi, lorsqu'ils ont été pourvus d'offices de conseillers au Parlement de Dijon.

29944. Mandement à Jean Crosnier, trésorier de la marine du Levant, d'employer les deniers qu'il recevra des revenus de l'évêché de Marseille à la fortification du château d'If, suivant les ordonnances du comte de Tende ou de ses lieutenants.

29945. A Martin de Troyes, 3,577 livres pour la solde d'un mois commençant le 6 octobre dernier, de cinq cents hommes de guerre à pied qui sont en garnison à Marseille sous les ordres de Joseph de la Molle, y compris les gages d'un commissaire et d'un contrôleur.

29946. Audit de Troyes, 14,602 livres 10 sous pour acquitter les sommes que lui ou ses clercs ont emprunté à Turin pour partie de la solde des gens de guerre étant en ladite ville, durant le mois d'octobre dernier.

29947. Au même, 7,112 livres pour le payement, durant ledit mois d'octobre, de mille hommes de pied à Narbonne et environs, sous le commandement du s[r] d'Arques, y compris les gages d'un commissaire et d'un contrôleur, et 1,200 livres pour l'état de M. le sénéchal de Toulouse, lieutenant en Languedoc, durant les mois de juin, juillet, août et septembre dernier.

29948. A Jean Maciot, trésorier des salpêtres en la généralité d'Outre-Seine, 2,000 livres pour employer au fait de son office durant les quartiers de janvier et avril derniers.

29949. A Guillaume de Villemontée, trésorier de la vénerie et fauconnerie, 800 livres pour délivrer à Philippe Maudet, conducteur des toiles de chasse, sur son état, gages et entretien du second semestre de l'année 1537.

29950. A Pomponio Trivulce, gouverneur de Lyon, 1,250 livres pour sa pension durant le premier semestre de l'année 1536.

29951. A Toussaint Barrin, naguère enfant de la chapelle du roi, 72 livres pour son entretien aux études à Paris, durant le semestre finissant le 31 du présent mois de décembre.

29952. Au président Nicolaï, 165 livres, et au maître des comptes Pommereu, 395 livres, pour leurs voyages, vacations et déboursés en la commission qu'ils ont remplie pour l'assignation de la dot de la feue reine d'Écosse sur le comté de Gien.

29953. A Martin de Troyes, commis à l'extraordinaire des guerres, 7,128 livres pour rembourser Michel de Gallocies, marchand véronais, procureur de plusieurs autres marchands, dont César Fregose fit emprunter 3,168 écus soleil pour payer les gens de guerre de la garnison de Chierasco, au mois de septembre dernier.

29954. Au même, 4,500 livres pour rembourser à Gaspard d'Arupel, marchand habitant Turin, 2,000 écus soleil qu'il a prêtés pour les réparations et fossés de ladite ville.

29955. Au même, 86,348 livres 17 sous 6 deniers pour faire porter de Lyon à Chambéry et employer à la solde d'un mois des Suisses revenant de Piémont et retournant en leur pays.

29956. Au même, 129,874 livres 16 sous 1 denier pour faire porter de Lyon à Gap sur plus grande somme qui doit être fournie pour la solde de deux mois des lansquenets du comte Guillaume de Furstenberg, revenant de Piémont.

29957. Au même, 22,500 livres pour rembourser Néry Cappon de 10,000 écus soleil par lui prêtés au roi et remis, à Venise, entre les mains de l'évêque de Rodez, au mois de juillet dernier.

29958. A Jean Hénard, commis au payement des pensions des Ligues suisses, 127,326 livres 5 sous pour le payement des pensions générales et particulières du terme de novembre dernier, et des dettes qui doivent être payées, aux Grisons, aux héritiers de Georges de Soubresac, et des dépenses des Suisses qui ont attendu leur solde à Lyon.

29959. Au roi de Navarre, 6,000 livres pour sa pension du quartier d'avril.

29960. Au duc d'Estouteville, 2,000 livres sur 8,000 restant de 20,000 livres pour sa pension et son état de gouverneur de Dauphiné de la présente année, à prendre sur les deniers revenant bons au roi de l'assignation baillée à Martin de Troyes pour les affaires concernant la défense et sûreté de la place de Cherbourg.

29961. Au s^r de Villequier, lieutenant des gentilshommes de l'hôtel de la compagnie du s^r de Canaples, 600 livres pour sa pension de l'année dernière.

29962. A Jean-Francisque Orsini, comte de Petilliano, 2,800 livres complétant les 4,000 livres de sa pension d'une année.

29963. A Antoine Juge, trésorier de la maison de la reine, 3,000 livres complétant la somme de 9,000 livres pour l'ordinaire de l'écurie de ladite dame, du quartier de juillet dernier.

29964. Au même, 12,000 livres pour partie du payement des dames, demoiselles et officiers de ladite maison, du quartier d'avril dernier.

29965. A Victor Barguin, trésorier de la maison de Mesdames, 3,000 livres sur les gages des dames, demoiselles et officiers de ladite maison, du quartier de juillet dernier.

29966. Au receveur général Bénigne Serre, 80 livres pour payer Guillaume Malessignon, tenant la poste de la Tour-du-Pin, pour son service de la traverse de la poste du chemin de Chambéry, durant huit mois finis le 30 avril dernier.

29967. A Jean Thizart, commis au payement des gages des archers de la garde sous le s[r] Stuart, 3,000 livres en déduction de 7,993 livres 1 sou 3 deniers qui restent à lui payer de 9,118 livres 1 sou 3 deniers montant de l'assignation desdits archers du quartier d'avril dernier.

29968. A Jacques Richer, 3,066 livres 13 sous 9 deniers pour le payement des archers français de la garde commandés par le s[r] de Nançay, en déduction de ce qui lui reste dû de 8,317 livres 7 sous 6 deniers montant de son assignation dudit quartier d'avril.

29969. A Jean Chartier, 1,000 livres pour le payement des autres archers français de la garde sous le commandement du sénéchal d'Agénais, en déduction de ce qui leur reste dû de la somme de 8,651 livres 2 sous 6 deniers montant de leur assignation dudit quartier d'avril.

29970. A Jean de Vaulx, 3,180 livres 14 sous pour le payement des gages des autres archers français de la garde de la compagnie du s[r] de Chavigny, en déduction de ce qui leur reste dû de 8,651 livres 2 sous 6 deniers montant de leur assignation du même quartier.

29971. A Martin de Troyes, 9,097 livres 10 sous dont il sera payé en la ville de Rouen, par mandement du trésorier de l'épargne, sur les deniers reçus par Pierre Le Vassor, commis à la recette générale de Normandie, tant des domaines, aides et tailles que du revenu des greniers à sel de la présente année 1537, pour être employés à la solde d'un mois de quatorze cent cinquante hommes de pied en garnison dans les villes et places des frontières de Picardie et d'Artois.

29972. A Jean Vyon, commis à l'extraordinaire de l'artillerie, 4,000 livres pour la solde de partie des chevaux revenus de l'armée de Piémont à Lyon et de là dans les élections du royaume où ils ont été réquisitionnés, et le transport de l'artillerie et des munitions qui ont servi en ladite armée.

29973. A Monseigneur le Dauphin, 2,250 livres en don pour ses affaires et menus plaisirs, outre les 1,000 écus qui lui sont ordonnés en chaque quartier pour l'ordinaire de ses menus plaisirs.

29974. A Antoine de Castel, gentilhomme italien, don de 500 écus ou 1,125 livres en récompense de ses services et pour l'aider à payer sa rançon aux gens de l'Empereur qui l'ont fait prisonnier devant Saint-Pol.

29975. Au s[r] de Montpezat, 3,000 livres pour sa pension de la présente année finissant le 31 décembre 1537.

29976. Permission aux cordeliers du couvent d'Ancenis de faire traite pendant trois ans de trente pipes de vin chaque année, provenant des vignobles d'Anjou, Orléans, Beaune, la Marche, Poitou et autres, dont on leur pourrait faire don pour la provision de leur couvent, sans payer aucun droit.

29977. A Bénigne Serre, 2,395 livres pour le payement des gages des chantres et autres officiers de la chapelle de musique du roi, durant le quartier de juillet dernier.

29978. Au même, 535 livres pour les gages des chantres, chapelains et autres officiers de la chapelle de plain-chant durant ledit quartier de juillet.

29979. A Eustache Philippi, l'un des généraux de la Cour des Aides de Montpellier, 99 livres en payement de trente-trois journées, du 5 mars au 6 avril 1536, qu'il a vaqué à la commission dont l'avait chargé le roi pour aller vers les archevêque et évêques de Narbonne, Béziers, Agde, Castres, Albi, le Puy, Mende et Lodève, leur remontrer la nécessité de faire toute diligence de payer les deniers des dons gratuits par eux octroyés au roi, et les faire porter à Lyon et remettre entre les mains du trésorier de l'épargne.

(*Arch. nat.*, J. 961[11], n° 36, anc. J. 961, n° 84.)

[Novembre et décembre 1537.]

Mandements aux trésorier de l'épargne et autres comptables de payer :

29980. A Nicolas Hervoët, commis au payement des cinquante lances de la compagnie du s[r] de La Ferté, 4,883 livres 15 sous pour la solde des hommes d'armes et archers de ladite compagnie qui se sont trouvés à la montre faite à Lyon, savoir, des anciens pour le quartier

IMPRIMERIE NATIONALE.

d'octobre 1536, et des nouveaux enrôlés pour le quartier de juillet 1537.

29981. A Claude Du Lyon, payeur des cinquante lances du s[r] de Saint-André, 4,831 livres 5 sous pour la solde des hommes d'armes et archers de ladite compagnie qui se sont trouvés à la montre faite à Lyon, pour le quartier d'octobre 1536.

29982. A Artus Prunier, payeur des soixante lances de Jean-Paul de Cère Orsini, 4,116 livres 10 sous pour la solde des hommes d'armes et archers présents à la montre faite à Lyon, pour le quartier d'octobre 1536.

29983. Au même, 300 livres pour les gages de François Chambellan, commissaire ordinaire des guerres, des trois derniers quartiers de l'année 1536.

29984. A Jean Gaultier, payeur des cinquante lances du duc d'Orléans, 1,268 livres 15 sous montant de la solde des hommes d'armes de ladite compagnie présents à la montre faite à Lyon, pour le quartier de juillet dernier.

29985. A Bonnet de Moireau, payeur des cent lances du duc de Lorraine, 1,881 livres 5 sous pour le prêt de quarante hommes d'armes et soixante archers, présents à la montre faite à Lyon, destinés à l'armée d'Italie et que le roi a fait retourner en leurs garnisons, pour le quartier de janvier dernier.

29986. A Hector Personne, payeur des cent lances du duc d'Estouteville, 2,967 livres 10 sous complétant la solde des hommes d'armes et archers de ladite compagnie, présents à la montre faite à Lyon, pour les quartiers de juillet et octobre 1536.

29987. A Guy de La Maladière, trésorier des guerres, 720 livres pour le payement de Jean de Pommereu, l'un des prévôts des maréchaux de France et des vingt archers sous ses ordres, pour le quartier de janvier 1537 n. s.

29988. Au même, 450 livres pour distribuer aux payeurs des compagnies des ordonnances du roi, somme destinée à l'expédition de Piémont et convertie au payement d'un quartier des hommes d'armes et archers desdites compagnies arrivés ou qui arriveront à Lyon après les montres, et que les commissaires et contrôleurs auront reconnus aptes au service.

29989. Au même, 24,000 livres pour faire porter de Lyon en Piémont et distribuer aux payeurs des compagnies des s[rs] de Montpezat, de Bonneval, d'Assier, de Crussol, de La Fayette et de Boutières, qui les employeront à la solde d'un quartier des hommes d'armes et archers desdites compagnies, suivant les ordres de M. le Dauphin et du Grand-maître de France.

29990. A Jacques Bernard, maître de la chambre aux deniers, 600 livres pour bailler à Liénard Habert, marchand de poisson, fournisseur de la maison du roi, en compensation des pertes qu'il a subies durant les trois années échues à Pâques 1536.

29991. A Julien Bonacorsi, trésorier et receveur général de Provence, 600 livres, dont 300 pour le capitaine du château de la Garde près Marseille, durant l'année finissant le 31 du présent mois de décembre, et 300 pour la solde des vingt mortes-payes établis en la garnison dudit château, durant le présent quartier d'octobre, novembre et décembre.

29992. A Martin de Troyes, commis à l'extraordinaire des guerres, 80,000 livres pour faire porter à l'armée de Piémont et employer à la solde des gens de guerre et autres dépenses de ladite armée, suivant qu'il sera avisé par MM. le Dauphin et le Grand-maître de France.

29993. Au même, 7,000 livres pour la solde d'un mois de mille hommes de pied sous le commandement du capitaine Dampont.

29994. Au même, 40,000 livres pour faire porter au camp de Piémont et employer au payement des gens de guerre et autres dépenses, suivant l'ordonnance de M. le Dauphin et du Grand-maître de France.

29995. A Guillaume Belliard, 4,100 livres pour le payement des Cent Suisses de la garde du corps du roi, durant le quartier de juillet dernier.

29996. A Robert Dufresnoy, naguère commis au payement des officiers du Grand conseil, 350 livres dont 150 pour les gages de l'avocat du roi et 200 livres pour le charretier conduisant les tapisseries dudit Conseil, durant un semestre fini le 30 septembre dernier.

29997. A Antoine Juge, trésorier de la reine, 6,250 livres, complément de la somme de 16,250 livres montant de la dépense de la chambre aux deniers de ladite dame, durant le quartier de juillet dernier.

29998. Au même, 6,000 livres en déduction des 9,000 livres montant de la dépense ordinaire de l'écurie de ladite dame, durant ledit quartier de juillet.

29999. A Victor Barguin, trésorier de Mesdames, 12,000 livres pour la dépense de la chambre aux deniers desdites dames, durant le quartier de juillet dernier.

30000. A Jean Duval, trésorier de la maison du dauphin et du duc d'Orléans, 2,933 livres 6 sous, dont 766 livres 5 sous pour les étoffes, broderies et façons de deux parements d'autel, une chasuble et autres ornements de la chapelle du dauphin, le tout de velours cramoisi, toile d'or et broderie; 405 livres pour les harnais de guerre que le duc d'Orléans a fait faire pour lui à Paris, et 1,762 livres 1 sou pour les harnais de guerre des grands chevaux de mesdits seigneurs.

30001. Au même, 2,400 livres pour la dépense de la chambre aux deniers du duc d'Orléans qui se trouve de présent en Picardie et dans l'Île-de-France, outre pareille somme qui lui a été ci-devant délivrée pour même cause.

30002. Au même, 2,000 livres pour achat de linge, meubles et ustensiles nécessaires au duc d'Orléans, à cause de sa séparation d'avec le dauphin, et pour les voyages et dépenses imprévues qui se feront autour de sa personne.

30003. À Pierre Delagrange, commis au payement des réparations, fortifications et avitaillement des villes et places fortes de la frontière de Picardie, 10,000 livres à employer au ravitaillement de Thérouanne, outre pareille somme qui lui a été ci-devant délivrée pour la même cause par Jacques Bernard, alors commis à la recette générale des finances extraordinaires et parties casuelles.

30004. Au s^r d'Estourmel, commissaire au fait de l'avitaillement des villes et places fortes de Picardie, 500 livres en déduction de ce qui peut lui être dû de son état et entretien en ladite charge, en attendant que le roi y ait autrement pourvu.

30005. À Jean Vyon, commis à l'extraordinaire de l'artillerie, 1,730 livres pour l'achat de quarante chevaux à Lyon, destinés à l'attelage de treize charrettes chargées de deux cents boulets de canon qui doivent être menés en Piémont.

30006. À Martin de Troyes, 25,000 livres pour faire porter à l'armée de Piémont et employer au payement des gens de guerre et autres dépenses de ladite armée, suivant qu'il sera avisé par MM. le Dauphin et le Grand-maître de France.

30007. Au même, 22,500 livres pour pareille destination.

30008. Au même, 60,000 livres pour employer comme dessus.

30009. Au même, 13,500 livres pour le même effet.

30010. Au même, 48,303 livres pour semblable destination.

30011. À Bernard Du Conte, pour sa pension de l'année dernière, finie le 31 décembre 1536.

30012. Au même, 45 livres pour la dépense des Italiens chargés du service des renseignements touchant les allées et venues des ennemis en Italie.

30013. A Marc d'Urbin, gentilhomme italien, 400 livres pour sa pension de la présente année.

30014. A Jean-Baptiste Azeret, s[r] de « Saint-Ranal », écuyer d'écurie du roi, 400 livres en déduction de ce qui peut lui être dû de sa pension des années passées.

30015. Mandement à la Chambre des Comptes de Paris d'allouer aux comptes de Pierre Le Vassor, commis à la recette générale de Normandie, la somme de 137 livres 19 sous 3 deniers qu'il a payée, en vertu de lettres missives du Conseil privé établi à Lyon, adressées à René Becdelièvre, conseiller au Parlement de Rouen, et audit Le Vassor, pour l'achat de 11,037 écus d'or qui devaient être promptement portés à Lyon pour les affaires urgentes du roi.

30016. Mandement à la Chambre des Comptes de Paris d'allouer aux comptes dudit Le Vassor la somme de 474 livres 6 sous 1 denier obole qu'il a payée, en vertu de lettres missives du roi, pour l'achat de 40,506 écus et demi.

30017. Au comte de Montrevel, gouverneur de Bresse, Bugey et Valromey, 3,000 livres pour sa pension de la présente année qui finira le 31 décembre prochain.

30018. A François Lombart, juge ordinaire et lieutenant général du bailliage de Bugey et Valromey, 1,200 livres pour sa pension de l'année prochaine qui finira le 31 décembre 1538.

30019. A Victor Barguin, trésorier de Mesdames, 4,000 livres pour la dépense ordinaire de leur argenterie et des demoiselles de leur maison, y compris l'apothicairerie, durant le quartier de janvier dernier.

30020. Au même, 7,250 livres pour le payement de partie des gages des dames, demoiselles, gentilhommes et autres officiers de la maison de Mesdames, durant le quartier d'avril dernier.

30021. Au même, 4,000 livres pour la dépense ordinaire de l'argenterie de Mesdames, durant le quartier de juillet dernier.

30022. A Jean Carré, 10,000 livres en déduction de 42,857 livres qui restent à payer sur la somme 53,877 livres montant des gages des officiers domestiques de la maison du roi, du quartier d'avril, mai et juin dernier.

30023. A Louis Billard, valet de garde-robe du roi, 22 livres 10 sous pour le rembourser de 10 écus soleil qu'il a baillés, de l'ordonnance du roi, à quatorze tabourins et fifres italiens qui étaient avec les gens de guerre à pied en garnison à Pignerol.

30024. A Pierre Suavenius, secrétaire du roi de Danemark, 450 livres en don pour un voyage qu'il est venu faire de la part de son maître vers le roi à Carignan, au mois de novembre 1537, et pour s'en retourner avec la réponse du roi.

30025. A Jean Galleigue, contrôleur de la maison de l'empereur, 450 livres en don pour le voyage qu'il a fait d'Espagne auprès du roi, à Carmagnole, au mois de novembre dernier, apportant le traité de trève conclu pour trois mois entre l'empereur et l'ambassadeur du roi en Espagne.

30026. A Michel Portefort, pour aller en diligence de Carignan à Aiguesmortes, en ce présent mois de novembre, et revenir apporter des huîtres, moules, rougets et autres poissons de mer vendredi prochain, au lieu où se trouvera le roi.

30027. A Jean de Bueil, s^r de Fontaines, 337 livres 10 sous pour aller en diligence, le 25 de ce mois de novembre, de Carmagnole à Châtillon-sur-Loing, où se trouve la reine, lui porter des lettres du roi touchant certaines affaires secrètes et en rapporter la réponse.

30028. Mandement à la Chambre des Comptes et au général des finances de Provence de permettre au prince de Melphe ou à ses enfants de lever et recevoir, pendant cinq ans, les revenus de la terre et seigneurie de Martigues et ses appartenances.

30029. Mandement à la Chambre des Comptes de Paris d'allouer aux comptes de Martin de Troyes, commis à l'extraordinaire des guerres, la somme de 108 livres 10 sous qu'il a payés à seize charretiers pour le transport, au mois d'octobre 1537, de Grenoble à Briançon, de cinquante-six pièces de vin destinées à l'approvisionnement du camp en Piémont.

30030. A Jean de Gambre, s^r de La Vergne, don de 45 livres en récompense de quelques voyages secrets que le roi lui a commandé de faire en Piémont.

30031. A Augustin Mazarde, Jean Bosegio, Bastien Birago et César de Livantenor, trompettes de l'empereur, qui ont accompagné le marquis del Guast d'Asti à Carmagnole, au mois de novembre 1537, lorsqu'il est venu faire la révérence au roi, don de 112 livres 10 sous.

30032. A M. de Soissons, don de 827 livres outre ses gages, en récompense des services qu'il fait continuellement au roi.

30033. Mandement à la Chambre des Comptes de passer aux comptes de Jean Crosnier, trésorier de la marine du Levant, la somme de 4,850 livres qu'il a payée, de l'ordonnance du comte de Tende, lieutenant général du roi en Provence, pour la dépense d'une galère et de quatre « fustes » dans lesquelles sont venus certains personnages d'outremer, en la présente année, porteurs d'avis importants, et pour la solde de quatre-vingts hommes de guerre embarqués par ordre du roi sur deux galères, pour conduire le prince de Melphe de Marseille au royaume de Naples.

30034. Au s^r de Boutières, 1,200 livres pour sa pension de l'année courante, finissant le 31 du présent mois de décembre 1537.

30035. Mandement à la Chambre des Comptes de passer aux comptes de Charles Mesnager, argentier de la reine, la somme de 800 livres qui lui est allouée chaque année pour ses gages, sans qu'il soit besoin d'un mandement spécial chaque fois.

30036. Au s^r de Ruffey, lieutenant de la compagnie des gentilshommes de l'hôtel sous la charge de Louis de Nevers, 600 livres pour sa pension de la présente année.

30037. A Guy de La Maladière, 2,500 livres pour employer, suivant l'ordonnance de M. le Grand-maître, aux préparatifs de l'entrevue qui doit avoir lieu très prochainement entre le roi et l'empereur, sur les confins du pays de Languedoc.

30038. A Claude Dodieu, neveu du s^r de Vély, 225 livres pour un voyage en diligence de Briançon, dont il est parti le 2 décembre, se rendant vers son oncle, ambassadeur du roi auprès de l'empereur.

30039. A Jean-Clément Stavelo, gentilhomme italien, 100 livres à valoir sur la pension qu'il plaira au roi de lui ordonner.

30040. A Pierre Ossun, capitaine de chevau-légers, don de 450 livres en récompense des services qu'il rend au delà des monts, ladite somme remise entre les mains de Paul de Termes, autre capitaine de chevau-légers, chargé de la lui porter.

30041. A Jean Ludovic, aide de la poste de Plaisance, 45 livres pour avoir apporté de ladite ville au roi étant à Fénestrelles, en novembre dernier, des lettres particulières des habitants de Plaisance, pour l'avertir de certaines affaires d'importance.

30042. A Pierre de Lestang, dit « Pinton », sommelier du roi, don de 67 livres 10 sous en récompense de ses services et pour l'aider à se monter d'un cheval.

30043. A « Ricque de Fère », 38 livres 15 sous pour avoir conduit l'ambassadeur du pape de Narbonne vers le roi à « Fillestres ».

30044. A Christophe Follolla, autre aide de la poste de Plaisance, 67 livres 10 sous pour porter un paquet de lettres d'Embrun à Plaisance et le faire tenir à l'évêque de Rodez, ambassadeur à Venise.

(*Arch. nat.*, J. 961^{11}, n° 37, anc. J. 961, n° 86.)

30045. Lettres portant que Jean-Jacques Barbe, gouverneur du marquisat de Saluces, suivant la capitulation des château et place de Revel, qu'il a rendus au roi, recevra chaque année 1,000 livres tournois sur le greffe et sceau du bailliage de Grésivaudan en Dauphiné, en attendant qu'il lui ait été trouvé une terre du domaine d'un revenu égal.

30046. Lettres portant que Raymond Bardolle, beau-frère dudit Barbe, conformément à ladite capitulation, recevra une pension annuelle de 400 livres, qui lui seront payées comme aux autres pensionnaires.

30047. Permission à M. le Légat d'Avignon de tirer du pays de Bourgogne cent queues de vin et de les faire conduire par la Saône et le Rhône, sans payer aucun droit, jusqu'à Avignon, pour l'approvisionnement de sa maison.

(*Arch. nat.*, J. 961^{11}, n° 38, anc. J. 961, n° 87.)

30048. Mandement de payer à Jacques Bernard, maître de la chambre aux deniers, 1,404 livres 12 sous 9 deniers obole faisant le parfait de la somme de 4,404 livres 12 sous 9 deniers obole à lui assignée pour employer au fait de ladite chambre aux deniers et particulièrement à la dépense et passe qui s'est faite au Palais à Paris, durant les noces du roi d'Écosse.

30049. Au même, 1,606 livres 2 sous 8 deniers pour employer à la dépense et passe qui s'est faite en ladite chambre aux deniers, durant le quartier d'avril dernier.

30050. A Étienne Bernard, dit « Chandiou », chevaucheur ordinaire d'écurie, 6 écus soleil pour un voyage en poste de Fontainebleau à Montargis, où il porta des lettres du chancelier.

30051. A Liénart Habert, marchand poissonnier fournissant la maison du roi, 600 livres pour le dédommager des pertes qu'il a subies durant trois années échues à Pâques 1536.

30052. Mandement à la Chambre des Comptes de Paris d'allouer aux comptes du maître de la chambre aux deniers la somme de 100 livres tournois chaque année, à dater du 1er janvier 1533 n. s., qu'il fut pourvu dudit état, et tant qu'il l'exercera, pour tenir le compte et faire le payement du linge, radoub de vaisselle, habillement des galopins et autres meubles nécessaires pour le service de la maison du roi.

(*Arch. nat.*, J. 961[11], n° 39, anc. J. 961, n° 88.)

[Novembre 1537.]

Mandements aux trésorier de l'épargne et autres comptables de payer :

30053. A Bénigne Serre, 240 livres pour le payement des menus voyages des chevaucheurs d'écurie ordonnés pour les affaires survenant ordinairement à la Cour et ailleurs.

30054. A Jean Basadone, ambassadeur, et à François Rubert, secrétaire de la seigneurie de Venise, don de 1,500 écus d'or soleil ou 3,375 livres, soit 1,200 écus au premier et 300 au second, comme gage de la libéralité du roi, au moment où ils prennent congé de lui pour retourner à Venise.

30055. Au s^r de Montmartin, 33 livres 15 sous pour aller en poste vers le s^r de Chavigny et autres capitaines des bandes de Gascons, étant près de Barcelone[tte], leur porter les instructions du roi, afin de repousser les ennemis assemblés en ladite ville.

30056. A Michel Portefort, 81 livres pour aller en poste de Briançon à Aiguesmortes chercher des huîtres et autres poissons de mer pour le service de bouche et de table du roi, les vendredi et samedi de la semaine prochaine.

30057. Au s^r de Nançay, capitaine des gardes du roi, 600 livres pour sa pension du semestre échu le 30 juin dernier.

30058. A Jacques de Gouzolles, récemment pourvu de l'office d'écuyer d'écurie du roi, 200 livres pour ses gages du semestre échu le 31 décembre 1536, qui n'ont pas été portés sur l'état des officiers domestiques de ladite année.

30059. Permission aux religieux de Saint-François du couvent de Bourgneuf-en-Retz de faire venir des crus d'Anjou, Poitou, Orléans et autres lieux, par eau ou par terre, trente pipes de vin de la dernière récolte, sans payer aucun droit de traite.

30060. Aux mêmes, don et aumône de 50 livres à prendre sur la recette générale de Bretagne, durant la présente année finissant le 31 juillet prochain.

30061. Au grand écuyer, 5,000 livres pour sa pension du premier semestre de l'année 1537.

IMPRIMERIE NATIONALE.

30062. A Bénigne Serre, receveur général, 371 livres 5 sous pour le payement des gages de six chevaucheurs d'écurie servant ordinairement à la suite du roi et qui sont employés aux voyages nécessaires à ses affaires, et ce pour un mois commençant le 4 de ce présent mois de novembre, et pour le service de quatre autres chevaucheurs récemment établis en poste, à Moncalieri, Rivoli, San Ambrosio et San Giorio, pour un quartier commencé le 1er duditmois de novembre.

30063. A Gilbert Avrillot, chevaucheur d'écurie, 24 livres 15 sous pour les postes qu'il a dû courir de « Suzanne » (Cesana) à Pignerol, le 12 novembre, pour apporter au roi des nouvelles de l'armement et de la défense de cette ville, et de là au camp remettre des lettres au dauphin et à M. le Grand-maître; et à Raoul Le Porc, autre chevaucheur d'écurie, 11 livres 5 sous pour être allé en poste de Suze à Rivoli, où se trouvait alors le capitaine Martin Du Bellay, pour lui porter l'ordre de se trouver au-devant du roi à « Javannes » (Giaveno) avec cent chevau-légers de sa bande, afin de l'escorter.

30064. Lettres données par le roi à « Suzanne » (Cesana Torinese), le 13 novembre 1537, octroyant à Guillaume Prudhomme, général de Normandie, pour lui et Louis Prudhomme, son fils, la résignation à survivance des offices de notaire et secrétaire du roi au nombre des bourses, et de greffier du bailliage de Saint-Pierre-le-Moutier, sans pour ce payer aucune finance.

30065. Mandement à la Chambre des Comptes et au général des finances de Provence de permettre qu'il soit payé, par les receveurs particuliers ou le commis à la recette générale dudit pays aux sièges d'Aix, Forcalquier, Draguignan, Digne, Arles et Marseille, les sommes qui suivent, à prendre sur les deniers provenant des amendes tant de la cour de Parlement que des juridictions susdites, savoir au siège d'Aix, 100 livres, aux sièges de Forcalquier, Draguignan, Digne et Arles, chacun 80 livres, et à celui de Marseille, 50 livres, qui seront employées aux frais nécessités par l'expédition des matières criminelles et autres concernant les affaires du roi.

30066. A Laurent Sureau, valet de fourrière, don de 22 livres 10 sous pour l'aider à se faire soigner d'une maladie contractée en Piémont, en remplissant son office près la personne du roi, et à Michel Allory, fauconnier du s[r] de La Trémoïlle, don semblable, en récompense de ce qu'il a apporté au roi, de la part de son maître, un faucon de passage.

30067. Mandement au trésorier de l'épargne de ne faire aucune difficulté de mettre aux mains de Palamèdes Gontier, à présent commis à l'exercice de la trésorerie de la marine de Ponant, la somme de 2,700 livres qui avait été ordonnée précédemment à Claude Guyot, naguère commis à ladite trésorerie, pour payer le s^r^ de Bonnebault, capitaine de la galère *L'Arbalétrière*, d'un quartier de ses gages.

(*Arch. nat.*, J. 961[11], n° 40, anc. J. 961, n° 90.)

Mandements à Jean Laguette, receveur général des parties casuelles, de payer :

30068. A François Lombard, lieutenant général aux bailliages de Bugey et Valromey, 100 livres qui lui ont été ordonnées sur ce qui peut lui être dû pour l'exercice dudit office depuis le 1er juillet 1537 dernier, en attendant que ses gages soient fixés pour chaque année.

30069. A Jean de Montfaucon, s^r^ de Rocquetaillade, 25 écus soleil à lui ordonnés pour un voyage qu'il a fait en poste, le 29 octobre 1537 dernier, de Lyon à Toulouse, afin de remettre au sénéchal du lieu des lettres de Messieurs du Conseil privé.

30070. A Pierre Turpin, chevaucheur d'écurie, 15 écus sur un voyage qu'il a fait en poste, le 31 octobre dernier, de Lyon à Sisteron pour remettre à l'évêque de Vence des lettres de Messieurs du Conseil privé, l'invitant à faire conduire en toute diligence les munitions et vivres du pays de Provence aux camp et armée de Piémont.

30071. A Louis Du Rivau, courrier, 20 écus soleil pour partie d'un voyage qu'il est allé faire en diligence, le 31 octobre dernier, de Lyon à Venise et à Rome, dans le but de remettre à l'évêque de Rodez, au cardinal de Mâcon et à l'évêque de Lavaur des lettres du roi et de Messieurs du Conseil privé.

30072. A Bénigne Serre, receveur général de Languedoïl, la somme de 45 livres pour payer à Pierre Cappel, tenant la poste à Narbonne, ce qui pourra lui être dû de l'année passée et de la présente.

30073. A Guy de La Maladière, trésorier des guerres, la somme de 2,000 livres pour employer au payement d'un quartier des hommes d'armes et archers des compagnies qui arriveront à Lyon, après avoir passé leurs montres.

30074. A Jean Millet, chevaucheur d'écurie, 40 écus soleil pour être allé en diligence, le 1er novembre 1537, de Lyon vers les commissaires chargés du recouvrement des deniers des généralités de Languedoïl, Outre-Seine, Picardie et Normandie, leur porter des lettres de Messieurs du Conseil privé, les invitant à presser la rentrée desdits deniers et à les envoyer en poste à Lyon, et l'exécutoire pour les restes de l'octroi caritatif.

30075. A Jean Berthelot, chevaucheur d'écurie, 120 écus soleil pour aller en diligence, le 4 dudit mois de novembre, de Lyon porter des lettres du roi à l'évêque de Rodez, ambassadeur à Venise, et au cardinal de Mâcon et à l'évêque de Lavaur, ambassadeurs à Rome.

30076. A Annet Roger, archer de la garde sous la charge du prévôt de l'hôtel, 12 écus soleil pour conduire en garnison en Saintonge la compagnie du s^r de Saint-André.

30077. A Jean-Jacques de Castion, 400 écus soleil, dont 200 en don pour le récompenser de plusieurs voyages qu'il a récemment faits au pays des Grisons, et 200 pour distribuer à cinq capitaines dudit pays que le roi veut attacher à son service.

30078. A Martin de Troyes, trésorier extraordinaire des guerres, 7,000 livres tournois pour faire porter aux camp et armée de Piémont.

30079. Au même, 1,600 livres pour employer au payement des frais de transport des vivres destinés à l'armée de Piémont, de Grenoble à Briançon.

30080. A Étienne Dupuy, courrier, 44 écus soleil pour être allé en poste, le 31 octobre dernier, de Lyon à Briançon porter au roi des lettres de Messieurs du Conseil privé et en avoir rapporté la réponse.

30081. A Jean Chevrier, 20 écus soleil en remboursement de 45 livres qu'il avait payées le 22 février 1537 n. s. et remises entre les mains de Jacques Bernard, pour l'office de courtier de vins en la ville de Troyes, qui n'a sorti effet parce qu'un nommé Guillaume Bazin en avait été pourvu longtemps auparavant.

30082. A Guillaume Picart, chevaucheur d'écurie, 38 écus soleil pour être allé en diligence, le 5 novembre, de Lyon à Briançon ou ailleurs vers le roi, lui porter des lettres de Messieurs du Conseil privé.

(*Arch. nat.*, J. 961[11], n° 41, anc. J. 961, n° 94.)

[Octobre 1537.]

Mandements à Jean Laguette, receveur général des parties casuelles, de payer :

30083. A Jean Carré, commis au payement des gages des officiers de la maison du roi, la somme de 675 livres pour employer au fait de sa commission durant la présente année 1537.

30084. A Martin de Troyes, trésorier extraordinaire de la guerre, 7,650 livres provenant, savoir 1,200 écus de l'office de secrétaire du Parlement de Grenoble, 1,200 écus de l'office de juge de la temporalité de Lyon et 1,000 écus de la survivance de l'office de lieutenant criminel à Angers, pour employer au fait de sa commission.

30085. A Nicolas de Troyes, argentier du roi, 400 livres tournois pour employer au fait de son office durant le quartier d'octobre 1537.

30086. A Stephen Engin, messager du landgrave de Hesse, 20 écus d'or pour l'aider à s'en retourner vers son maître et lui porter la réponse du roi à ses lettres.

30087. A Jean de Bagis, conseiller au Grand conseil, 135 livres pour avoir vaqué durant trente jours en Languedoc à demander aux villes franches dudit pays les sommes qu'ils ont octroyées au roi.

30088. A Martin de Troyes, 1,308 livres pour employer aux frais de nourriture et conduite de quatre cents mulets de bât levés par Claude Le More, et les faire mener de Lyon au camp du roi qui se trouve de présent en Dauphiné.

30089. A Antoine de Maugiron, s^r de Beauvais, 20 écus pour être allé en poste de Lyon vers le dauphin, lui porter des lettres du chancelier et du cardinal de Tournon.

30090. A Sébastien de Francœur, écuyer, 10 écus d'or sur ce qui lui sera taxé pour être allé conduire la compagnie d'hommes d'armes et archers du s^r d'Aubigny de Lyon en Dauphiné au camp et armée du roi.

30091. A Berthelot de Varennes, archer de la garde, 10 écus soleil pour être allé de Lyon en poste, le 13 octobre 1537, porter au roi et à M. le Grand-maître des lettres du cardinal de Tournon et du chancelier.

30092. A Jean Vyon, trésorier extraordinaire de l'artillerie, 255 livres 17 sous pour le payement de ce qui a été taxé pour leur retour à certains élus et commis d'élus du royaume, qui avaient amené à Lyon les chevaux de leur élection pour mener l'artillerie du roi en son camp et armée de Piémont.

30093. A Jean Hénard, trésorier des Ligues, 235 livres pour payer à Gabriel Marcelin, truchement ordinaire du roi, le complément des 400 livres de sa pension ordinaire du terme payable le jour de la Chandeleur 1537 n. s.

30094. A Hercule Girard, grènetier de Pézenas, 60 écus soleil pour être allé en poste, le 14 octobre 1537, de Lyon à Nantes, vers Pierre Marret, s^r de Montbarrot, conseiller et maître des requêtes au Parlement de Bretagne, et Michel Cosson, commissaires chargés du recouvrement des deniers de la généralité de Bretagne, pour faire hâter et apporter en diligence à Lyon les deniers de ladite recette.

30095. A Bourgoing Mascaron, 50 écus pour un voyage en poste qu'il va présentement faire, le 14 octobre 1537, de Lyon à Limoges ou là où se trouveront le s[r] de La Chassagne et Jacques Arnoul, commis au recouvrement des deniers de la généralité de Guyenne, leur porter des lettres de MM. du Conseil privé établi à Lyon, les invitant à envoyer en toute diligence en ladite ville les deniers de ladite recette.

30096. A Jean Berthelot, chevaucheur d'écurie, 5 écus ou 11 livres 5 sous pour un voyage qu'il va présentement faire en poste, le 14 octobre 1537, de Lyon à la Côte-Saint-André porter au roi des lettres de Messieurs du Conseil privé.

30097. A Claude Dulyon, payeur de la compagnie du s[r] de Beaumont-Brisay, 3,401 livres 15 sous pour le payement des cinquante lances de ladite compagnie sur ce qui peut leur être dû des quartiers de juillet et octobre 1536.

30098. A Guy de La Maladière, trésorier des guerres, 4,661 livres 5 sous pour le payement des hommes d'armes et archers de la compagnie du comte de Melphe du quartier d'avril 1537 dernier.

(*Arch. nat.*, J. 961[11], n° 42, anc. J. 961, n° 97.)

[Octobre 1537.]

Mandements aux trésorier de l'épargne et autres comptables de payer :

30099. A Martin de Troyes, commis au payement de l'extraordinaire des guerres, 13,450 livres pour employer à partie de la solde de six mille Suisses que le roi a fait lever récemment pour l'armée de Piémont, et aux autres nécessités de sa charge.

30100. A Jean Chartier, commis au payement des cent archers de la garde de la compagnie du sénéchal d'Agénais, 2,000 livres en déduction de la somme assignée pour leur solde du quartier d'avril dernier et pour payer promptement trente archers de cette bande qui s'en vont en Piémont en compagnie de M. le Dauphin.

30101. A Jean Carré, commis au payement des officiers domestiques de la maison du roi, 610 livres en déduction du montant de leurs gages dudit quartier d'avril, pour avancer tout de suite à plusieurs desdits officiers qui s'en vont audit voyage de Piémont avec M. le Dauphin.

30102. A Louis de Bourbon, prince de la Roche-sur-Yon, 4,000 livres, et à Charles de Bourbon, s^r de Champigny, son frère, 2,000 livres pour leurs pensions de l'année finissant le 31 décembre 1537, à prendre sur le présent quartier d'octobre de la recette générale de Bourgogne.

30103. A M. de Nevers, 1,500 livres en déduction de ce qu'il plaira au roi de lui ordonner pour sa pension de la présente année 1537.

30104. Au comte de Brienne et de Ligny, 2,000 livres pour sa pension du premier semestre de l'année 1537.

30105. Au marquis de Rothelin, 2,000 livres pour sa pension du même semestre.

30106. Au s^r de Saint-André, 1,000 livres pour sa pension dudit semestre.

30107. Au s^r de Boisy, 1,500 livres pour sa pension dudit semestre.

30108. Au s^r de Montjean, 1,500 livres pour sa pension dudit semestre.

30109. Au s^r de la Ferté-aux-Oignons, 1,000 livres pour sa pension dudit semestre.

30110. Au s^r de Bonneval, 750 livres pour sa pension du même semestre.

30111. Au s^r de Villebon, 600 livres pour sa pension dudit semestre.

30112. Au comte de Sancerre, lieutenant en la compagnie de M. le duc d'Orléans, 600 livres pour sa pension dudit semestre.

30113. Au s^r de Beaumont-Brisay, 1,000 livres pour sa pension dudit semestre.

30114. Au s^r de Crussol, 600 livres pour sa pension du même semestre.

30115. Au s^r d'Assier, 600 livres pour le même semestre de sa pension.

30116. Au s^r de La Fayette, 600 livres pour ledit semestre de sa pension.

30117. Au s^r de Burye, 600 livres pour sa pension dudit semestre.

30118. Au s^r de La Guiche, lieutenant de la compagnie de M. le Grand-maître, 500 livres pour sa pension du même semestre.

30119. Au bailli de Vitry, lieutenant en la compagnie du duc de Lorraine, 500 livres pour sa pension dudit semestre.

30120. Au s^r de Lantenay, lieutenant en la compagnie de M. d'Aubigny, 500 livres pour sa pension de la présente année 1537, que le roi a ordonné lui être payée tout de suite, quoiqu'elle ne vienne à échoir que le 31 décembre prochain, pour l'aider à supporter la dépense qu'il devra faire en conduisant ladite compagnie delà les monts.

30121. A Trojan Carrache (Caraccioli), lieutenant du prince de Melphe, son père, en la compagnie de cinquante lances dont il a charge du roi, 600 livres pour sa pension de ladite année, qui lui est payée tout de suite pour la même cause.

30122. Au s^r^ de Morette, 1,800 livres pour sa pension de la présente année 1537.

30123. A Léonard de Romulo, 400 livres pour sa pension de ladite année.

30124. A doña Agnès de Velasquez, demoiselle de la reine, 100 écus soleil pour distribuer à certaines autres demoiselles et femmes de chambre espagnoles de ladite dame, auxquelles le roi en fait don pour les aider à la dépense de leur retour en Espagne.

30125. A Jean de Paris, chevaucheur d'écurie, 81 livres pour aller en diligence de Chevagnes à Narbonne porter des lettres du roi au sénéchal de Toulouse, lieutenant au gouvernement du Languedoc, et en rapporter la réponse.

30126. A Antoine de Noailles, s^r^ dudit lieu, panetier[1] ordinaire du roi, 10 écus soleil pour un voyage en diligence de Lyon à Saint-Symphorien-de-Lay, où il porta au roi des lettres importantes de M. le Grand-maître qui était alors à Lyon.

30127. A Claude Dodieu, s^r^ d'Espercieu, 225 livres pour être allé, le 5 octobre, de Lyon en Espagne trouver Claude Dodieu, s^r^ de Vély, ambassadeur près de l'Empereur, afin de lui remettre des lettres du roi concernant les affaires de sa charge et en rapporter la réponse.

30128. A Jean de Montfaucon, 56 livres 5 sous pour être allé, le 5 octobre, de Lyon à Narbonne, vers le sénéchal de Toulouse, lieutenant au gouvernement de Languedoc, lui porter des lettres missives du roi concernant les affaires dudit pays.

30129. A François Gonnet, valet de pied de la duchesse de Ferrare, qui a apporté, au mois d'octobre, au roi à Lyon, des lettres missives de sa maîtresse et lui a rapporté la réponse, 22 livres 10 sous.

30130. A Guillaume de Bourdeaux, 180 livres pour être retourné en diligence, le 7 octobre, de Lyon à Venise porter des lettres du roi à l'évêque de Rodez, ambassadeur audit lieu.

[1] Le texte porte par erreur «painctre ordinaire du Roy». (Cf. ci-dessous, le n° 30183.)

30131. A Jean Torchon, chevaucheur d'écurie, 27 livres pour être allé en diligence, le 7 octobre, au pays d'Allemagne, porter des lettres du roi aux s[rs] de Boisrigault et de Gouzolles, chargés par le roi de lever 6,000 Suisses, afin de hâter ladite levée.

30132. A Jean Paris, chevaucheur d'écurie, 67 livres 10 sous pour être allé, le 8 octobre, de Lyon à Beaucaire, Tarascon ou autres villes où devait se trouver Nicolas de Rustici, dit « le Bossu », pour l'informer des lieux où il devra conduire les lansquenets dont il a le commandement.

30133. A Louis Acarie, trésorier des offrandes, 1,500 livres pour employer au fait de son office, durant le quartier d'avril, mai et juin dernier.

30134. A Jean Babou, maître de la garde-robe du dauphin et du duc d'Orléans, et à Tristan de Rostaing, leur valet de chambre, don de 900 livres en récompense de leurs services, à prendre sur les deniers provenant des compositions des offices et autres parties casuelles.

30135. Mandement aux trésoriers de France de faire dorénavant, et à partir du 1er janvier dernier, payer chaque année 200 livres, sur la recette ordinaire de Paris, à Guillaume Moisnier, tapissier du roi, pour la garde, nettoyage et entretien des meubles et riches tapisseries qui sont au château du Louvre.

30136. Lettres de naturalité pour les enfants nés et à naître de Claude Du Fresnoy, s[r] de Pierrefort, natif d'Anjou, deux de ses fils et deux de ses filles étant nés en Lorraine, sans payer aucune finance.

30137. A Pierre de Ruthie, gentilhomme de la chambre du roi, 22 livres 10 sous pour la nourriture d'une bande de chiens de la vénerie du roi, qu'il a été chargé, au mois de septembre dernier, de faire conduire de Chevagnes à Moulins et de leur faire faire un chenil audit lieu.

30138. A Jacques Du Villier, dit « la Fuye », André de Rubempré, dit « Bonneval », Guillaume d'Amenzay, Jean d'Ancézune, dit « Caderousse », et Maurice de Noyen, pages de MM. le Dauphin et duc d'Orléans, à chacun 30 écus soleil dont le roi leur a fait don en les mettant hors de page.

30139. A Edme de Courtenay, dit « Bléneau », remboursement de 34 écus soleil qu'il a avancés de ses deniers, par l'ordre du roi, savoir à Jean de Hurtebie, pour aller presser le départ en Piémont de la compagnie du comte de Tende, 30 écus, et à quatorze lansquenets qui vont rejoindre la bande du comte de Furstenberg, 4 écus, dont le roi leur a fait don en attendant qu'ils aient touché leur solde.

IMPRIMERIE NATIONALE.

30140. A Jean Carrichet, sommelier de M. le Légat d'Avignon, don de 45 livres en récompense du présent qu'il a fait au roi, de la part de son maître, de douze pièces de vin nouveau du cru d'Avignon.

30141. A Martin Sentinelle, courrier vénitien, 22 livres 10 sous pour l'aider à vivre en attendant que le roi l'expédie pour retourner à Venise d'où il a été envoyé naguère par l'évêque de Rodez, ambassadeur audit lieu.

30142. Mandement au trésorier de l'épargne de faire payer par Jean François, commis à la recette générale de Provence, des deniers provenant des exploits et amendes du Parlement d'Aix, à Thomas Piolenc, procureur général en ladite cour, la somme de 160 livres 13 sous 6 deniers complétant 295 livres 13 sous 6 deniers que le roi lui a ordonnés pour ses vacations en un voyage qu'il a fait à Lyon, l'an 1536, de l'ordonnance de la cour d'Aix, pour défendre au Grand conseil les droits du roi contre les s[rs] de Cadenet et de Glandèves.

30143. Mandement au trésorier de l'épargne de faire payer par Jean François, des deniers de sa recette de la présente année 1537, à Barthélemy de Chasseneuz, président au Parlement de Provence, et autres conseillers et clerc du greffe de ladite cour, la somme de 1,477 livres à eux ordonnée pour les causes contenues en deux déclarations attachées audit mandement.

30144. A Artus Prunier, 8,000 livres complétant la somme à lui ordonnée pour l'entier payement des cinquante lances des ordonnances de la compagnie du s[r] de Burye, durant les quartiers d'avril, juillet et octobre de l'année 1536.

30145. A François Chefdebien, 4,981 livres 5 sous pour employer au payement des cinquante lances de la compagnie du comte de Tende, durant le quartier de juillet 1536, à prendre des deniers que Jean François, commis à la recette générale de Provence, peut et pourra devoir de cette présente année et des précédentes.

30146. A Jean Carré, commis au payement des gages des officiers domestiques de la maison du roi, 300 livres en déduction du montant de l'assignation desdits officiers des quartiers d'avril et juillet derniers et du présent quartier d'octobre, somme que le roi veut être payée tout de suite au s[r] d'Essey, son panetier, qui va faire présentement le voyage de Piémont avec M. le Dauphin.

30147. A Gaspard Sormano, 300 livres pour sa pension du quartier de janvier de la présente année 1537.

30148. A Louis Chenu, chevaucheur d'écurie, pour être allé en diligence, le 12 octobre, de Lyon à Paris porter des lettres du cardinal de Tournon et du chancelier aux s[rs] de Saveuses et Jacques Marcel, commis au recouvrement des deniers de la généralité d'Outre-Seine, leur prescrivant de hâter ladite rentrée et d'envoyer au plus tôt lesdits deniers à Lyon.

30149. Aux religieuses du couvent de Sainte-Claire de Bourg en Bresse, don et aumône de 200 florins à prendre sur la recette générale du pays de Bresse, ainsi qu'il a été fait l'année passée.

30150. A Pierre de Monceaux, valet de pied en l'écurie du roi, omis sur l'état des officiers de l'hôtel, 120 livres pour ses gages dudit état de la présente année finissant le 31 décembre 1537.

30151. Aux Cordeliers de Loches, don et aumône de 60 livres pour les aider à acheter le bois nécessaire à leur couvent durant la présente année 1537.

30152. A M. l'amiral [Chabot], pour sa pension du quartier de juillet dernier, 3,000 livres, et pour son état de gouverneur de Bourgogne, 1,500 livres pour le même quartier, à prendre des deniers de la recette générale de Bourgogne à laquelle est commis Étienne Noblet.

30153. Au même, pour son état d'amiral de Guyenne, 750 livres, et pour son état d'amiral de Bretagne, 300 livres, durant le même quartier.

30154. Au même, pour la capitainerie de Brest durant ledit quartier, 250 livres.

30155. Au cardinal de Tournon, 1,009 livres 10 sous pour la valeur, façon et étui d'une coupe d'or à haut pied, garnie de son couvercle, sur lequel est gravé un lion portant un écusson plein non armorié, que le roi a acheté de lui en octobre 1537 et dont il a fait don au comte Guillaume de Furstenberg.

30156. A Jacques Leroy, payeur de la compagnie de cinquante lances du prince de la Roche-sur-Yon, 3,786 livres 15 sous sur la somme de 4,981 livres 5 sous, montant de la solde entière de ladite compagnie durant le quartier de juillet dernier.

30157. A Bénigne Serre, 2,395 livres pour employer au payement des gages des chantres, chapelains et autres officiers de la chapelle de musique du roi, durant le quartier d'avril dernier.

30158. Au même, 535 livres pour le payement des gages des autres chantres, chapelains et officiers de la chapelle de plain-chant du roi, durant ledit quartier.

30159. A Antoine Juge, trésorier de la reine, 10,000 livres pour la dépense ordinaire de la chambre aux deniers de ladite dame et en déduction de 16,250 livres, montant de l'assignation entière du quartier de juillet dernier.

30160. A Guy de La Maladière, trésorier des guerres, 2,163 livres 10 sous pour délivrer au payeur des cinquante lances de la compagnie du comte de Brienne, pour partie de leur solde du quartier de juillet dernier.

30161. A Jean Carré, 770 livres en déduction du montant de l'assignation des officiers domestiques de l'hôtel des quartiers de janvier, avril et juillet derniers, pour ladite somme être baillée tout de suite au s[r] de Dampierre, écuyer de l'écurie, à Jean de Nîmes et à François de Bouret, chapelain ordinaire, parce qu'ils s'en vont présentement au voyage de Piémont.

30162. Au maître de la chambre aux deniers, 5,000 livres sur la somme de 15,000 livres montant de l'ordinaire de ladite chambre pour le quartier de juillet dernier.

30163. Commission à Palamèdes Gontier pour tenir le compte de la marine de Ponant au lieu de Jean de Vimont, suspendu à cause des arriérés qu'il doit au roi, et aussi par suite de la démission volontaire de Claude Guyot, subséquemment commis à cette charge.

30164. Lettres adressées à la Chambre des Comptes, aux généraux des finances et de la justice des aides à Rouen, portant ratification des baux, fermes et engagements des quatrièmes, ventes de rentes sur iceux et sur le revenu des greniers de la généralité de Normandie, faites récemment par le premier président de Rouen, Claude Robertet, trésorier de France, et Jean de Croixmare, général des aides à Rouen, pour la somme de 12,000 livres, à certains bourgeois et marchands dudit pays.

(*Arch. nat.*, J. 961[11], n° 43, anc. J. 961, n° 100.)

30165. Lettres portant que la somme de 12,000 livres provenant de la composition faite par les enfants de Jean Lallemant, touchant les condamnations prononcées contre leur père, sera baillée à Emmanuel Riccio, en déduction de la somme de 10,000 écus soleil à lui due par le roi pour certaines bagues et marchandises qui ont été achetées de lui.

30166. Continuation pour six ans du don fait au s[r] de Ruffey du revenu des terres et seigneuries de Duesme, Villiers [-le-Duc] et Maisey-[sur-Ource], avec faculté audit de Ruffey ou ses gens d'assister aux baux dudit revenu qui seront passés à l'avenir.

30167. Mandement au trésorier de la vénerie de payer, sur les deniers qui lui ont été ordonnés pour employer à son office durant l'année 1536, à François de Beauvais, l'un des gentilshommes de ladite vénerie, la somme de 60 livres 3 sous restant de ce qui avait été porté sur les états au nom de feu Martin Du Teil, décédé le 28 août de cette année, en remplacement duquel ledit de Beauvais a été pourvu de cet office.

30168. Don fait à Fontainebleau, le 3 septembre dernier, à Villiers-Boivin, l'un des lieutenants des gardes, de l'office de capitaine de « Turlande », vacant par le décès de Claude de Laire.

(*Arch. nat.*, J. 961[11], n° 44, anc. J. 961, n° 103.)

[Septembre 1537.]

Mandements au trésorier de l'épargne de payer :

30169. A Bénigne Serre, 400 livres pour les menus voyages et diligences qu'il convient de faire ordinairement pour les affaires survenant autour de la personne du roi.

30170. A Pierre Boulle, dit « Moriçaut », huissier de salle du roi, 90 livres pour aller en diligence de Neufvy à la Rochelle chercher plusieurs sortes de poisson de mer pour le roi.

30171. A Raymond de « Royers », baron de Fourquevaux, 112 livres 10 sous pour être venu en poste de Languedoc apporter au roi à Sancerre des lettres du sénéchal de Toulouse et s'en être retourné avec la réponse.

30172. A Bernard de Saint-Boniface, gentilhomme italien, 225 livres pour un voyage qu'il est venu faire de Piémont, apportant au roi des nouvelles de la disposition de son armée qui est de present audit pays.

30173. A Jean-Jacques de Castion, gentilhomme italien, à présent ambassadeur du roi près des trois cantons des Ligues grises, 1,235 livres en remboursement de diverses sommes qu'il a avancées pour les affaires du roi audit pays.

30174. Au même, 300 livres pour son état, vacation et dépense en ladite charge durant soixante jours, commencés le 22 septembre 1537, qu'il a été expédié à Nevers pour retourner vers les Grisons, et qui finiront le 20 novembre suivant.

30175. A Martin de Troyes, commis au payement de l'extraordinaire des guerres, 84,461 livres 11 sous 9 deniers pour délivrer, savoir à Louis de Blanchefort et à Thomas de Dampont, capitaines de gens de pied, à chacun 300 livres pour la levée de deux mille hommes de pied; au s[r] de la Roche-du-Maine, 396 livres en remboursement de ce qu'il a déboursé pour voyages secrets et autres affaires à la dernière armée de Picardie; 6,750 livres pour envoyer en Suisse et employer à la levée de certain nombre de gens de guerre de ladite nation; et 76,715 livres 11 sous 9 deniers pour partie de la solde des lansquenets du comte Guillaume de Furstenberg, du mois d'octobre prochain.

30176. A Jean Vyon, commis au payement des frais extraordinaires de l'artillerie, 9,952 livres pour employer à la levée et dépense des chevaux nécessaires pour conduire en Piémont des pièces d'artillerie, poudre et boulets de canon, achat, renouvellement et radoub d'ustensiles et munitions, états du s[r] de Burye, de six commissaires, du contrôleur et de ses commis, soldes de canonniers et pionniers, durant quinze jours de ce présent mois de septembre.

30177. A Nicolas Hennequin, bourgeois de Paris, remboursement de 300 écus ou 675 livres qu'il a prêtés au roi et remis entre les mains de Martin de Troyes, le 9 mars dernier.

30178. A Jacob von Els, Hans von Seytlingen et Sigismond Stipintz, capitaines de lansquenets, don de 112 livres 10 sous pour les services que le roi attend d'eux au fait de ses guerres.

30179. A Guillot Vallot, chevaucheur d'écurie, 72 livres pour aller en diligence de Lyon à Narbonne porter des lettres au sénéchal de Toulouse, lieutenant au gouvernement de Languedoc.

30180. A Pierre de Ruthie, lieutenant de la vénerie, 225 livres pour distribuer à certains veneurs, valets de limiers et autres officiers, auxquels le roi en fait don pour les aider à supporter la dépense de leur retour chez eux.

30181. A Martin de Troyes, 21,535 livres pour la solde de deux mois de quatorze cent cinquante hommes de guerre à pied mis de renfort dans les villes et places fortes de Picardie et d'Artois, y compris les états de deux commissaires et de deux contrôleurs, et le « plat » du s[r] de La Rochepot à raison de 1,000 livres par mois.

30182. A Guillaume Durant, commis au payement de trois cent soixante-douze mortes-payes de Picardie, répartis ainsi qu'il suit : soixante-dix en la ville de Boulogne et trente au château, trente-quatre au château d'Abbeville, quatorze en celui du Crotoy, vingt-quatre au château de Péronne, cent à Thérouanne et cent à Doullens, 24,300 livres pour leur solde d'une année finie le 30 septembre 1537.

30183. A Antoine de Noailles, panetier du roi, 135 livres pour aller en diligence de Chevagnes à Briançon, vers le s[r] d'Humyères, lui remettre des lettres du roi et en rapporter la réponse.

30184. A Antoine Melin, banquier de Lyon, 14 livres 12 sous 6 deniers pour un voyage qu'il a fait à grandes journées, sur l'ordre du roi, de Nevers à Lyon, pour entendre aucunes choses dont il lui avait baillé charge et lui en faire tenir la réponse tout de suite sur le chemin de Lyon.

30185. A Blaise Guynier, chevaucheur d'écurie, 90 livres pour retourner en diligence de Lyon à Abbeville porter la réponse du roi à des lettres qu'il lui avait remises de la part du s[r] de La Rochepot, lieutenant au gouvernement de Picardie.

30186. A Côme Clausse, notaire et secrétaire du roi, 18 livres pour un voyage en diligence de Jaligny à Chevagnes où était le roi, afin de l'avertir de l'arrivée de l'ambassadeur de l'Empereur avec MM. le dauphin, le duc d'Orléans et le Grand-maître, et pour son retour à Jaligny, afin d'accompagner ledit ambassadeur.

30187. Au grand écuyer, 2,500 livres pour sa pension du quartier d'octobre 1536.

30188. A Jean Duval, trésorier de la maison du dauphin et du duc d'Orléans, 14,197 livres 10 sous, soit 14,437 livres 10 sous pour la dépense ordinaire de la chambre aux deniers de ladite maison, du quartier de juillet dernier, et 360 livres pour le louage et la dépense pendant le mois prochain de trente-deux chevaux destinés à porter les bagages des officiers de l'échansonnerie et de la fourrière du dauphin, au voyage qu'il va faire en Piémont; et 2,400 livres pour la dépense de la chambre aux deniers du duc d'Orléans durant ledit mois qu'il sera séparé de la compagnie du dauphin.

30189. Au même, 7,457 livres 10 sous pour l'écurie desdits princes durant le quartier de juillet, y compris 270 livres pour le louage et la dépense durant un mois de vingt-quatre chevaux de charroi pour porter les tentes et pavillons du dauphin et les meubles des pages de ladite écurie audit voyage de Piémont.

30190. Au même, 3,750 livres pour l'ordinaire de l'argenterie desdits princes durant ledit quartier de juillet.

30191. Au même, 3,015 livres 5 sous pour payer les draps d'or, d'argent et de soie, fil d'or, passementeries et autres choses nécessaires pour faire une casaque, caparaçon et couvertures de bardes de cheval du dauphin, pour lui servir à la guerre en Piémont.

30192. Au même, 1,500 livres pour la dépense des affaires de la chambre, aumônes, menus plaisirs, dons, voyages, etc., desdits princes durant ledit quartier de juillet.

30193. Au même, 16,322 livres 10 sous pour les gages des officiers domestiques desdits princes, durant le quartier de juillet.

30194. Au cardinal de Tournon, 3,780 livres 9 sous 9 deniers, savoir 3,180 livres 15 sous en remboursement de diverses espèces et vaisselle de vermeil et d'argent qu'il a prêtées au roi, et 508 livres 19 sous 2 deniers, estimation de la façon et des déchets de ladite vaisselle.

30195. Au même, 12,000 livres dont le roi lui fait don en récompense de ses services et pour l'indemniser de la dépense qu'il a faite durant un an entier et plus qu'il est resté à Lyon pour les affaires de l'État.

(*Arch. nat.*, J. 961[11], n° 45, anc. J. 961, n° 105.)

Mandements au maître de la chambre aux deniers et au commis à la recette générale des finances extraordinaires et parties casuelles de payer :

30196. Au s[r] d'Iverny, maître des requêtes, et à Jean Billon, maître des comptes, 500 livres tournois, outre la somme de 600 livres qu'ils ont déjà reçue, pour leurs peines, vacations et salaires dans l'affaire de l'échange du comté de Saint-Pol contre celui de Montfort-l'Amaury.

30197. Au cardinal Du Bellay, remboursement de 300 écus qu'il a avancés de ses deniers, suivant le commandement du roi, à plusieurs personnes d'Allemagne et pour diverses affaires audit pays, dont le roi ne veut qu'il soit fait aucune déclaration.

30198. A Laurent Bouzot, chevaucheur d'écurie, 140 écus soleil pour un voyage qu'il va présentement faire en poste de Paris à Venise, porteur de lettres adressées à l'évêque de Rodez, ambassadeur du roi en ladite ville.

30199. A Claude Chappuis, libraire du roi, 130 livres 10 sous, somme qu'il a avancée de ses deniers à un libraire de Paris, nommé Le Faucheur, qui avait, par ordre du roi, restauré, relié et doré plusieurs livres de sa bibliothèque, suivant le modèle d'un évangéliaire qu'il avait précédemment relié et doré.

30200. A Martin de Troyes, trésorier de l'extraordinaire des guerres, 3,000 livres tournois pour envoyer avec autre plus grande somme, de Paris aux camp et armée de Picardie, et les distribuer suivant les ordonnances du dauphin et du Grand-maître, lieutenants généraux du roi en ladite armée.

30201. Au même, 30,000 livres faisant moitié de la somme de

60,000 livres que les échevins, bourgeois et habitants d'Orléans ont accordée au roi pour obtenir la confirmation de leurs privilèges par lettres expédiées à Paris au mois d'août, ladite somme ordonnée audit de Troyes pour l'employer au fait de sa commission, l'envoyer en poste à Lyon et la distribuer selon et ainsi qu'il lui sera ordonné par le cardinal de Tournon, lieutenant général du roi en ladite ville.

30202. A Bernard Du Conte, gentilhomme, 164 écus pour le rembourser des sommes qu'il a avancées de ses deniers pour le service du roi.

30203. A Jean de Lagrange, commis aux réparations des villes et places de la frontière de Picardie, 10,000 livres pour employer au fait de sa commission, suivant ce que lui ordonnera M. de La Rochepot, lieutenant général audit pays.

30204. Audit Martin de Troyes, 150 écus soleil pour rembourser à San Pietro Corso, capitaine italien, qui les a avancés de ses deniers pour la fortification de la ville de « Savillan » (Savigliano), aux mois de mai et juin derniers.

30205. A Hans Cruser, ambassadeur du duc de Gueldres, 200 écus soleil, ordonnés par le roi audit duc sur ce qu'il prétend lui être dû de plusieurs parties secrètes qu'il aurait baillées et fournies, dont la déclaration ne doit être faite.

30206. A Alexandre de Court, gentilhomme milanais, 60 livres tournois pour l'aider à supporter la dépense qu'il devra faire à la suite du roi, jusqu'à ce qu'il lui ait été autrement pourvu.

30207. A Pierre de Versilly, 60 écus soleil pour un voyage qu'il va présentement faire en poste de ce lieu de Fontainebleau à Marseille, porteur de lettres secrètes du roi et de M. le Grand-maître, adressées au duc de Somma et au prince de Melphe.

30208. A Gilles Godet, s^r de Montizeaux, 96 livres 10 sous, outre la somme de 150 livres qu'il a ci-devant reçue, pour quatre-vingt-treize journées entières qu'il a vaqué avec le s^r de Laloue, en vertu d'une commission du roi, à la vente de bois de haute futaie dans les forêts du Bourbonnais.

30209. A Gervais du Molinet, procureur général en la Chambre des Comptes de Paris, 50 livres pour être allé de Paris à Rouen assister à l'exécution de l'arrêt rendu contre les marchands de sel pour raison du déchet qui s'est trouvé sur les comptes du grenier à sel de Rouen des années 1530 à 1535.

30210. A Guy de La Maladière, trésorier des guerres, la somme de

IMPRIMERIE NATIONALE.

36,250 livres tournois d'une part et 7,225 livres d'autre part, à lui ordonnées pour faire porter en Picardie et en Artois au camp de M. le Dauphin, lieutenant général du roi dans lesdits pays, et distribuer aux payeurs des compagnies d'ordonnances.

30211. A Jean Le Breton, archer de la garde du roi sous la charge de M. le sénéchal d'Agénais, 63 livres tournois à lui ordonnées, suivant la taxe qui lui en a été faite par le président Poyet et le trésorier Babou pour cent vingt-six journées qu'il a vaqué, tant à Bourg en Bresse qu'à Saint-Pol en Artois, pour faire construire des moulins à bras, outre la somme de 10 écus soleil qu'il a reçue pour la même cause.

30212. Audit Chappuis, libraire du roi, 19 livres 15 sous à lui ordonnés pour avoir fait porter plusieurs livres à la suite du roi au voyage de Dauphiné et de Forez, l'année dernière.

(*Arch. nat.*, J. 961[11], n° 46, anc. J. 961, n° 207.)

Mandements aux trésorier de l'épargne et autres comptables de payer :

30213. A Charles Mesnager, argentier de la reine, 4,000 livres pour employer au fait de son office durant le quartier de janvier, février et mars.

30214. Au même, 400 livres pour le quartier d'avril, mai et juin.

30215. A M. le Grand-maître, 4,500 livres, soit 3,000 pour sa pension du présent quartier de juillet, et 1,500 livres pour son état de gouverneur de Languedoc.

30216. Au même, 2,000 livres, quart de 8,000 livres dont le roi lui a fait don en compensation des 4,000 ducats briançonnais, et ce pour ledit quartier de juillet.

30217. Au même, 300 livres pour la capitainerie de la Bastille, 300 pour celle du Bois de Vincennes, 375 pour les ville et château de Nantes, et 100 livres pour Saint-Malo, durant le même quartier.

30218. A Laurent de Médicis, gentilhomme florentin, don de 900 livres en récompense des services et voyages faits pour le roi et des avertissements secrets qu'il lui a donnés.

30219. A Léonard de Romulo, gentilhomme italien, 200 livres en déduction de sa pension de la présente année, montant à 600 livres.

30220. A Isabeau de « Rotz », dite « [Mlle de] La Bâtie », femme de chambre des filles françaises de la reine, 112 livres 20 sous en don, outre ses gages, pour l'aider à s'entretenir plus honorablement en sondit état.

30221. A Jean Dubreuil, échanson ordinaire du roi, 22 livres 10 sous pour un voyage qu'il a fait en poste de Châtillon à Fontainebleau et retour, afin de s'informer des intentions de la reine.

30222. A Claude de Pérelles, commis aux réparations et fortifications des villes et places de Bresse, 1,200 livres pour employer, suivant l'ordonnance du comte de Montrevel, à la fonte de l'artillerie destinée à la garde et défense de la ville de Bourg, outre 2,000 livres à lui assignées pour la même cause.

30223. A Jacques de Gouzolles, écuyer d'écurie du roi, 225 livres pour un voyage en diligence de Châtillon en Suisse, afin de procéder à la levée de gens de guerre à pied de ladite nation.

30224. A Antoine Bullioud, général de Bretagne, 2,400 livres pour ses gages dudit office des années 1535 et 1536, et 1,600 livres en récompense de ses services, sur les deniers provenant des restes des officiers comptables de Bretagne.

30225. A Jacques Colombeau, naguère chantre de la chambre du roi, 36 livres pour son entretien aux écoles en l'Université de Paris, durant le premier semestre de l'année 1537.

30226. A Antoine Delahaye, organiste et joueur d'épinette du roi, 100 livres pour ses gages dudit semestre, parce qu'il n'a pas été inscrit sur l'état des officiers domestiques de la maison du roi de la présente année.

30227. A Adrien de Cappes, compagnon de guerre, don de 100 livres en récompense de ses services et pour l'aider à s'entretenir à la suite du roi, en attendant qu'il soit employé au fait de la guerre.

30228. A Guy de La Maladière, 30,000 livres pour distribuer aux payeurs de certaines compagnies des ordonnances qui ont servi dans les campagnes de Picardie et d'Artois, pour leurs gages des quartiers de juillet et octobre 1536 et celui d'avril 1537 dernier.

30229. A M. de Chabannes, s[r] de la Palice, 45 livres pour aller en poste de Châtillon à Fontainebleau prendre des nouvelles de la reine et les porter au roi où il se trouvera.

(*Arch. nat.*, J. 961[11], n° 47, anc. J. 961, n° 108.)

Mandements aux trésorier de l'épargne et autres comptables de payer :

30230. A Mme de Bressuire, 250 livres pour ses gages et entretien au service de la reine, et 50 livres pour le charroi de ses habillements et autres meubles à la suite de ladite dame, le tout durant le second semestre de l'année passée, que son nom a été omis sur l'état des dames et officiers de la maison de la reine.

30231. A Anne de Maubuisson, demoiselle de Mme de Roye, don de 500 livres pour l'aider à se marier.

30232. A Robert Dufresnoy, payeur des officiers du Grand conseil, 6,550 livres faisant le parfait de 6,900 livres pour les gages des gens dudit conseil durant le semestre fini le 31 mars dernier.

30233. A Adam Fumée, Jean Hurault, Girard Lecoq, Guillaume Budé, Claude Dodieu, André Guillart, Amaury Bouchart, Thibaut de Longuejoue, Pierre Fabri et Imbert de Saveuses, maîtres des requêtes ordinaires de l'hôtel, 2,750 livres, soit à chacun 250 livres pour leurs voyages et chevauchées de l'année finie le 31 décembre 1536.

30234. A François Olivier, aussi maître des requêtes, 239 livres pour ses voyages et chevauchées depuis le 17 janvier 1536 n. s. qu'il a été reçu audit office par M. le Chancelier, jusqu'au 31 décembre suivant.

30235. Au s[r] de Jarnac, 3,000 livres pour sa pension de l'année 1536.

30236. Au même, 300 livres pour la capitainerie du Ha durant ladite année.

30237. A Germain Lelieur, bourgeois de Paris, remboursement de 675 livres qu'il a prêtées au roi, le 10 mars dernier, et remises à Martin de Troyes pour les besoins de la guerre.

30238. A Robert Lelieur, l'aîné, 450 livres pour semblable remboursement.

30239. A Jean Lelieur, le jeune, 225 livres pour semblable remboursement.

30240. Mandement aux juges de la Tour carrée de faire payer par Nicolas Carat, huissier, ou tout autre commis à la recette des revenus des terres et immeubles de feu Jean de Poncher, à Jean Georget, écuyer de cuisine du dauphin et du duc d'Orléans, la somme de 631 livres 18 sous 10 deniers qui lui est redue par le roi sur le compte qu'il a naguère rendu de l'administration de certains deniers pour achat de blé et de vin à l'armée de Navarre, commandée par le s[r] d'Esparros, l'an 1521.

30241. Mandement à la Chambre des Comptes de faire payer à Gervais du Molinet, procureur du roi en ladite Chambre, la somme de 275 livres par an d'augmentation de pension, à dater du 1er janvier dernier, nonobstant la restriction que les gens des comptes ont faite en vérifiant la première provision qui lui avait été accordée à ce sujet.

30242. A Louise de Poisieu, femme d[Alof de L'Hôpital], s[r] de Choisy, capitaine de Fontainebleau, don de 225 livres pour l'aider à supporter les dépenses de nourriture des coqs et poules du roi audit lieu de Fontainebleau.

30243. A Gabriel Delaître, chantre de la chambre du roi, 200 livres pour sa pension et entretien durant la présente année 1537.

30244. A Florimond Le Charron, naguère commis au payement des officiers domestiques de la maison du roi, 160 livres pour les gages de Jean Salmonius, Guy Fleury, valets de chambre, et Jamet Clouet, peintre du roi, durant le quartier de janvier 1356 n. s.

30245. A Jean Carré, à présent commis audit payement, 480 livres pour les gages des susdits durant les quartiers d'avril, juillet et octobre 1536.

30246. A Jean-Francisque [d'Aquaviva], marquis de Bitonto, fils du duc d'Atri, don de 450 livres en récompense de ses services.

30247. Mandement au trésorier de l'épargne de recevoir de Pierre de Ruthie, lieutenant de la vénerie du roi, 42,000 livres montant de la mise à prix qu'il a faite de la terre et seigneurie de Cheverny, nonobstant l'ordonnance du Louvre.

30248. A Martin de Troyes, 2,372 livres pour la solde de cent dix-neuf chevau-légers de la compagnie du comte de Seinghen, pour un demi-quartier restant à leur payer de la montre qu'ils firent le 12 juillet dernier.

30249. Au même, 45,000 livres pour faire présentement porter de Fontainebleau à Lyon et employer cette somme au payement des gens de guerre et autres nécessités des armées de Piémont et de Dauphiné, suivant qu'il sera avisé par le cardinal de Tournon et le s[r] d'Humyères, à prendre sur l'épargne tant des deniers à distribuer autour de la personne du roi que de ceux de la mise à prix des terre et seigneurie de Cheverny, faite par Pierre de Ruthie.

30250. A François de Berjon, don de 112 livres 10 sous en récompense des agréables services et passe-temps qu'il fait chaque jour au roi et au dauphin.

30251. A Jean Duval, trésorier de la maison du dauphin et du duc d'Orléans, 5,322 livres 10 sous faisant le parfait de 16,322 livres 10 sous, montant des gages des officiers de ladite maison durant le quartier de janvier dernier [1537 n. s.].

30252. A Françoise, duchesse douairière de Vendôme, 500 livres en déduction de 6,375 livres lui restant dues de sa pension d'une année et demie finie le 31 décembre 1536, à raison de 6,000 livres par an.

30253. A Palvesin Visconte (Pallavicino Visconti), 300 livres en déduction de ce qui peut lui être dû de sa pension et entretien au service du roi des années passées et de la présente.

30254. Au trésorier Pierrevive, 450 livres pour être venu en poste de Piémont à Fontainebleau apporter au roi des nouvelles de l'armée dudit pays et s'en retourner en pareille diligence avec les instructions adressées au s^r d'Humyères.

(*Arch. nat.*, J. 961[11], n° 48, anc. J. 961, n° 111.)

[Septembre 1537.]

Mandements aux trésorier de l'épargne et autres comptables de payer :

30255. A Bénigne Serre, 2,758 livres 10 sous pour les gages de treize chevaucheurs établis en poste de Paris à Boulogne-sur-Mer, y compris les passagers de Saint-Leu-d'Esserent et d'Attin, du quartier d'avril dernier, à raison de 20 livres 12 sous 6 deniers à chacun par mois, et de 20 sous par mois à chacun desdits passagers, et pour ceux de dix-huit autres chevaucheurs et un aide à pied tenant la poste de Lyon à Suze, pour leurs gages de trois mois commencés le 24 mars dernier, à la raison que dessus, et pour les gages de treize autres chevaucheurs tenant la poste de Toulouse à Bayonne durant le mois d'août dernier, le présent mois de septembre et celui d'octobre, au même taux que les autres.

30256. Mandement à la Chambre des Comptes et au trésorier de l'épargne de permettre à Guillaume de Villemontée, trésorier de la vénerie, de prendre et retenir 1,500 livres par an pour ses gages, à dater du 1er janvier dernier, nonobstant l'ordonnance naguère rendue portant restriction desdits gages.

30257. A M. le Chancelier, 4,000 livres pour remboursement du prêt par lui fait au roi, le 19 juin dernier, et remis entre les mains de Jacques Bernard, commis à la recette générale des finances extraordinaires et parties casuelles, pour être employé aux affaires de la guerre.

30258. Au cardinal Le Veneur, 2,800 livres en remboursement d'un prêt semblable.

Pour pareille cause :

30259. Au cardinal de Givry, 4,000 livres.

30260. Au cardinal de Châtillon, 6,000 livres.

30261. Au cardinal Du Bellay, 3,010 livres 19 sous 8 deniers.

30262. A l'évêque de Soissons, 1,125 livres.

30263. A l'évêque de Tulle, 1,000 livres.

30264. A l'évêque de Châlons, 2,000 livres.

30265. Au s^r de Villeroy, 2,250 livres.

30266. Au trésorier Babou, 1,125 livres.

30267. Au s^r de Villandry, 1,125 livres.

30268. A Thomas Rapouël, s^r de Bandeville, 1,125 livres.

30269. A Jean de La Chesnaye, 1,125 livres.

30270. A Martin de Troyes, commis à l'extraordinaire des guerres, 1,125 livres.

30271. Au général de Normandie, 10,000 livres.

30272. Au s^r de Dampierre, lieutenant en la compagnie du comte de Nevers, 600 livres pour sa pension de l'année finie le 31 décembre 1536.

30273. A Louis de La Saigne, gentilhomme de la fauconnerie, 45 livres en remboursement de 20 écus soleil par lui baillés, du commandement du roi, en plusieurs fois à des charretiers qui conduisirent en la forêt de Bière les vieilles toiles de chasse.

30274. A Claus de Marsas, archer de la garde, 20 livres pour l'aider à supporter la dépense de la commission dont il est chargé de conduire en Bourgogne la compagnie de M. de Boisy.

30275. A Jean de Beaulieu, 33 livres 15 sous pour aller en poste de Fontainebleau au Hâvre-de-Grâce porter des lettres du roi au vice-amiral.

30276. A Adam Joseph, compagnon de guerre de Tournay, don de 45 livres en récompense de ses avertissements secrets, et en attendant qu'il soit pourvu d'une place de morte-paye au château d'Abbeville.

30277. A Jean Gonnet, dit « la Plume », chevaucheur d'écurie, 225 livres pour aller en poste de Fontainebleau en Piémont vers le s^r d'Humyères, et pour son retour en pareille diligence.

30278. A Martin de Troyes, 20,000 livres pour envoyer en Piémont et employer au payement des gens de guerre et autre dépense extraordinaire, suivant qu'il sera avisé par le cardinal de Tournon et M. d'Humyères.

30279. A Catherine de Croy, veuve du s^r de Sedan, 6,000 livres pour la pension de son feu mari, du 1er janvier au 7 août 1536, date de sa mort.

30280. A Guillemette de Sarrebrück, comtesse de Braine, veuve du feu sr de Fleuranges, 4,725 livres complétant la somme de 9,725 livres montant de la pension de son feu mari, du 1er janvier au 21 décembre 1536.

30281. A Jean de La Marck, sr de Jametz, 3,000 livres pour sa pension de ladite année 1536.

30282. A Jean Vanderhart, 400 livres, Guillaume Merbrich, 400 livres, Adolphe de Lyons, 300 livres, Gabriel de La Tour, 200 livres, et Tasquin Viron, 200 livres, pour la pension de l'année 1536 de ces gentilshommes et serviteurs de la maison de Sedan.

30283. A Jean Vyon, commis à l'extraordinaire de l'artillerie, 10,000 livres pour la fonte ordonnée à Paris par le roi, à prendre des deniers de la composition faite avec la veuve et les héritiers de Raoul Hurault, condamné par les juges de la Tour carrée à diverses amendes.

30284. A Jean Grossier, naguère payeur de la compagnie du sr de Sedan, 55 livres 10 sous sur ce qui lui est redû du compte par lui rendu de l'entremise qu'il a eue de ladite compagnie.

30285. Aux capitaines de Termes et d'Ossun, don de 1,350 livres, soit à chacun 300 écus soleil, en récompense de leurs services à la tête de deux compagnies de chevau-légers.

30286. A Villars, dit « Blancfossé », don de 225 livres en récompense de services rendus aux voyages de Suisse et d'Allemagne où il a été ci-devant employé.

30287. A Jean de Montfaucon, sr de Roquetaillade, 135 livres pour être venu apporter au roi, à Fontainebleau, de la part du sénéchal de Toulouse, lieutenant de M. le Grand-maître au gouvernement de Languedoc, certains avertissements qu'il avait eus des entreprises de l'empereur et des forces qu'il préparait pour descendre en Languedoc.

(*Arch. nat.*, J. 961[11], n° 49, anc., J. 961, n° 112.)

30288. Déclaration adressée à la Chambre des Comptes portant que le roi n'entend point faire état pour la présente année des officiers domestiques de la maison du dauphin et du duc d'Orléans, et qu'ils seront payés de leurs gages par Jean Duval suivant l'état de l'année dernière, avec indication des changements survenus depuis dans le personnel.

30289. Déclaration semblable en ce qui concerne l'écurie desdits princes.

(*Arch. nat.*, J. 961[11], n° 50, anc. J. 961, n° 113.)

[Août 1537.]

Mandements aux trésorier de l'épargne et autres comptables de payer:

30290. A Martin de Troyes, commis à l'extraordinaire des guerres, 115,222 livres pour la solde des lansquenets du comte Guillaume de Furstenberg et de dix commissaires et dix contrôleurs qui en feront les montres au mois de septembre prochain, et pour la solde des lansquenets du capitaine le Bossu, y compris 900 livres de remboursement à ce dernier de 400 écus qu'il a donnés au maréchal de Clèves.

30291. Au même, pour payer le s[r] de La Rochepot des grains par lui fournis pour le ravitaillement de Boulogne et de Montreuil, 1,277 livres 15 sous; pour payer le s[r] de Guyencourt de cinquante muids de froment destinés au ravitaillement de Thérouanne, 1,075 livres; pour les vacations de Jean Grossier au contrôle des réparations du château de Hesdin, 90 livres; et pour payer les habitants de l'élection d'Arques des farines par eux fournies à Hesdin, 299 livres 5 sous.

30292. A Jean Duval, receveur et payeur du Parlement de Paris, pour le parfait de 116,202 livres 1 sou 10 deniers, montant des gages de ladite cour de sept quartiers finissant le 30 septembre prochain, 114,250 livres 4 sous 9 deniers, à prendre, partie sur le revenu des greniers à sel de Languedoïl et d'Outre-Seine, partie sur les restes des comptes du changeur du trésor, et partie sur les amendes prononcées par les réformateurs de la gabelle.

30293. A Jean Vyon, commis à l'extraordinaire de l'artillerie, 685 livres, savoir 460 livres pour le salaire extraordinaire du commissaire La Rivière et de treize canonniers allant en Piémont, pour les mois de septembre et d'octobre prochains, et 225 livres pour la fonte d'artillerie de fer du baron de Baye.

30294. A Guillaume de Villemontée, trésorier de la vénerie et fauconnerie, 13,757 livres pour le parfait de 47,849 livres montant de l'état de la vénerie et fauconnerie de l'année dernière.

30295. Au même, 1,200 livres pour la dépense des chiens de la vénerie des quartiers de janvier et avril derniers, 1,539 livres 10 sous pour l'état des toiles de chasse dudit quartier de janvier, et 584 livres pour l'état des conducteurs desdites toiles dudit quartier d'avril.

30296. A Claude Guyot, commis au payement de la marine de Ponant, 2,700 livres pour la solde de la galère *L'Arbalétrière*, commandée par le capitaine Bonnebault, durant le quartier d'octobre dernier.

IMPRIMERIE NATIONALE.

30297. A Nicolas de Troyes, argentier du roi, pour payer Regnaut Danet, orfèvre, des chaînes, carcans et autres bagues fournis à la reine d'Écosse, 6,243 livres 9 sous 3 deniers; Marie la Genevoise, pour façon de linge, 675 livres 8 sous; Philippe Savelon, pour toiles, 1,307 livres; Marceau Goursault, tailleur, pour façon d'habillements, 120 livres 5 sous; Charles Lacquait, aussi tailleur, 37 livres; Jean Guesdon, pour crêpes et collets, 409 livres 10 sous; et Victor de Laval, pour passements, houppes, cordons et boutons de fil d'or et d'argent, 248 livres 7 sous, le tout pour les noces de ladite reine d'Écosse.

30298. Au même, pour payer Léonard Delaune, tailleur du roi, pour façon d'habillements de masque pour ledit seigneur, 80 livres; Victor de Laval, pour franges et ruban de fil d'or, d'argent et de soie pour le lit donné par le roi à la reine d'Écosse, 62 livres 10 sous; Guillaume Moynier et Guillaume Allard, tapissiers, pour parties de leurs gages, 496 livres 4 sous 6 deniers; et Hermant Therolde, pour coffres et malles destinés à la reine d'Écosse, 260 livres 10 sous.

30299. A Victor Barguin, trésorier de Mesdames, 1,280 livres 14 sous 7 deniers pour payer Thibaut Hotman, orfèvre, des façons et réparations de la vaisselle d'argent donnée par le roi à la reine d'Écosse, achat d'étuis et autres frais.

30300. A Laurent Leblanc, comptable de Bordeaux, 324 livres 15 sous 6 deniers pour frais de transport des meubles apportés d'Amboise et de Blois à Fontainebleau.

30301. A Gaspard de Saillans, trésorier des salpêtres en Languedoc, Provence et Dauphiné, 3,600 livres pour le payement de soixante milliers de salpêtre que l'on fabrique à Toulouse.

30302. A Antoine duc de Vendôme, 5,600 livres pour la pension du feu duc de Vendôme, son père, du 1er janvier dernier au 25 mars suivant, date de son décès, à raison de 24,000 livres par an, ladite somme à remettre entre les mains du cardinal de Bourbon, curateur ordonné par le roi audit duc Antoine.

30303. A Jean-Clément Stangue, 500 livres pour sa pension de la présente année, que le roi veut lui être payée dès à présent.

30304. A Hippolyte de Gonzague, 500 livres pour sa pension de l'année dernière.

30305. A Pompée Tarchon, 225 livres en payement de trois tableaux de marbre représentant sainte Anne, Pâris et Junon, achetés par le roi.

30306. A Jean de Saint-Remy, partant de Fontainebleau le 25 du présent mois d'août, se rendant en diligence à Marseille et à Narbonne, 225 livres pour son voyage.

30307. A François de La Parvillière, 22 livres 10 sous pour aller en diligence de Fontainebleau à Sézanne, vers le comte Guillaume [de Furstenberg] et ses lansquenets.

30308. A Pierre Duval, 162 livres pour aller en poste de Fontainebleau en Piémont trouver M. d'Humyères.

30309. A Aimé Dupont et Antoine de Pierrela, archers de la garde, allant conduire en Piémont les compagnies du s^r d'Aubigny et du prince de Melphe, 20 livres pour leur voyage.

30310. A Jean Champion et Louis Prévost, 507 livres pour leur payement des provisions de foin, avoine, paille et vin mises au chenil de Fontainebleau, pour les veneurs et leurs chevaux, en novembre et juin derniers.

30311. A M. le Dauphin, 2,250 livres en don pour ses plaisirs, outre l'ordinaire.

30312. A Siméon Brocquet, lieutenant général, Jean Dupré, procureur général, et Gilles de Saulcy, receveur général au comté de Saint-Pol, don de 300 livres pour les aider à vivre en attendant état ou pension du roi.

30313. A Guyon de Saint-Maury et Amaury Du Bec, gentilshommes de la fauconnerie, à chacun 100 écus soleil, et à Martin de Malignac, page en ladite fauconnerie, 20 écus en don à cause des perdreaux qu'ils ont pris au vol pour le roi.

30314. A la femme de Robert Féron, hôtelier du *Dauphin* au faubourg Saint-Honoré à Paris, 67 livres 10 sous pour la dépense de l'once du roi laissée en ladite maison par celui qui en avait la charge, et pour aider ledit Féron à se faire guérir d'une blessure que ladite once lui avait faite à la jambe.

30315. Aux capitaines Branda, Daguerre et San Pietro Corso, don à chacun de 100 écus soleil pour leurs services.

30316. A Martin de Troyes, décharge de 53,369 livres 19 sous provenant de l'emprunt de Paris et envoyés tant en Picardie qu'en Piémont pour être distribués, sur l'ordonnance du dauphin et de M. le Grand-maître, d'une part, et du cardinal de Tournon et du s^r d'Humyères, d'autre part.

30317. Au même, décharge de 35,000 livres par lui reçues tant de l'épargne que dudit emprunt de Paris et envoyées à Lyon et en Piémont, savoir 2,250 livres pour délivrer à Jean-Paul de Cere et le reste pour le fait de l'extraordinaire des guerres.

30318. A Jean Hasle, commis au payement de la compagnie du comte d'Aumale, 923 livres 15 sous pour parachever la solde des hommes d'armes et archers de ladite compagnie qui se trouvent au camp de Pernes, à prendre des deniers revenant bons de la compagnie de M. de Lorraine, du quartier de juillet 1536.

30319. A Jean Dolu, marchand de Paris, 77 livres 7 sous 9 deniers pour le parfait de 349 livres 5 deniers à lui dus par feu M. d'Albany, dont le surplus lui a été payé sur les biens dudit défunt, à prendre sur Jean Chambon, trésorier des terres de la maison de Boulogne, situées en Auvergne.

30320. A Antoine Bulioud, général de Bretagne, 4,000 livres pour ses gages des années 1535 et 1536, à prendre sur les restes des comptes dudit pays.

30321. Validation d'un état signé par le s[r] de Beaumont-Brisay, contenant les dépenses de plusieurs voyages faits en Bourgogne l'année dernière, montant à la somme de 305 livres 1 sou 8 deniers, payés par Étienne Noblet, commis à la recette générale dudit pays.

30322. A Antoine Juge, trésorier de la maison de la reine, 12,000 livres sur le montant des gages des dames, demoiselles, gentilshommes et officiers de ladite dame, du quartier de janvier dernier.

30323. A Jean Duval, trésorier de la maison du dauphin et du duc d'Orléans, 11,000 livres sur le montant des gages des officiers de ladite maison, du quartier de janvier dernier.

30324. A Victor Barguin, 7,250 livres sur le montant des gages des dames, demoiselles, gentilshommes et officiers de Mesdames, du quartier de janvier dernier.

30325. A Martin de Troyes, 10,386 livres 9 sous 5 deniers pour faire porter de Paris en Picardie et payer la solde des lansquenets du capitaine le Bossu, durant le mois d'août, et celle des autres gens de pied.

30326. A François Perdriel, maître de la Monnaie de Paris, 96 livres pour l'argent et la façon de quatre cents jetons destinés aux princes et gens du Conseil privé; à Noël Michel, 65 sous pour le velours vert de quatre bourses; et à Jeanne Mateliere, brodeuse, 50 sous pour la broderie desdites bourses.

30327. Au roi de Navarre, 6,000 livres pour sa pension du quartier de janvier dernier.

30328. A Jean Barjot, avocat au Parlement, remboursement de 450 livres qu'il a prêtées au roi et remises entre les mains de Martin de Troyes, le 6 mars dernier, à prendre sur les restes des décimes et dons gratuits.

30329. A Jean Le Charron, conseiller au Parlement de Paris, remboursement de 6,000 livres qu'il a prêtées au roi et remises entre les mains de Jean Prévost, commis à l'extraordinaire des guerres, le 31 octobre 1522, à prendre sur les amendes du Parlement.

30330. Mandement au receveur des amendes du Parlement de Paris de prélever, sur les premiers deniers de sa recette, 1,500 livres pour l'édifice de la chambre du conseil près la grande chambre dudit Parlement.

30331. Décharge à Jean François, commis à la trésorerie de Provence, de la somme de 7,000 livres tournois qu'il a fournie, par ordonnance du cardinal de Tournon, à Martin de Troyes, commis à l'extraordinaire des guerres, le 21 janvier 1537 n. s.

30332. Au même, autre décharge de la somme de 5,921 livres 8 sous qu'il a fournie audit de Troyes, par ordonnance du cardinal de Tournon, le 13 mai dernier.

30333. A Claude d'Asnières, commis au contrôle des réparations et ravitaillement des places de Picardie, 140 livres sur ses gages ou taxation de sadite commission, à recevoir des mains de Pierre Delagrange, commis au payement desdites réparations.

30334. A Martin de Troyes, 1,406 livres 5 sous pour le payement des charretiers et chevaux qui ont fait les charrois de vivres au camp de Picardie, à prendre sur les deniers des dons gratuits et restes des décimes.

30335. A Bertrand de La Borderie, 450 livres sur l'épargne pour aller en poste à Venise où il s'embarquera sur mer à la recherche du protonotaire La Forêt, auquel il doit remettre des lettres du roi.

30336. A François Bernardin, capitaine de chevau-légers, don de 675 livres sur l'épargne pour l'aider à payer sa rançon.

30337. A Claude Robertet, trésorier de France, pour ses gages, voyages, chevauchées, pension, droits de robe et bûche de deux années finies le 31 décembre 1536, 6,300 livres à prendre sur le changeur du trésor, des deniers qu'il recevra des restes des comptes de feu François Briçonnet, maître de la chambre aux deniers.

30338. Mandement à la Chambre des Comptes de passer aux comptes d'Étienne Noblet, commis à la recette générale de Bourgogne, de l'année 1534, la somme de 1,445 livres d'une part, rayée faute d'acquit suffisant sur le nom de Claude Patarin, premier président du Parlement de Dijon, qui lui avait été payée pour ses vacations de ladite année, et la somme de 730 livres, d'autre part, montant des vacations dudit Noblet, avec ordre de payer à ce dernier ladite somme chaque année, tant qu'il exercera ladite commission.

30339. A Guillaume de Panderia, payeur des gages de la Chambre des Comptes de Montpellier, la somme de 4,042 livres 10 sous pour le payement desdits gages durant un an et trois quartiers (du 1er janvier 1536 n. s. au 30 septembre 1537), à raison de 2,310 livres par an.

30340. A Honorat de Quais (Caix), ambassadeur en Portugal, 2,510 livres faisant le parfait de 8,810 livres pour son payement de huit cent quatre-vingt-un jours, à 10 livres par jour, du 3 avril 1535 au 31 août [1537], présent mois, laquelle somme Ruy Fernandez, ambassadeur de Portugal en France, lui fera tenir sur les deniers qui se distribuent autour de la personne du roi.

30341. A François de Marcillac, premier président du Parlement de Rouen, 96 livres; à Claude Robertet, trésorier de France, 114 livres; et à Jean Duderé, notaire et secrétaire du roi, 50 livres, pour leurs vacations en un voyage fait en juillet dernier et en ce présent mois d'août, auprès des habitants de certaines villes franches de Normandie, afin de les requérir de prêter au roi certaine somme destinée aux frais de la guerre.

30342. Mandement à Guillaume Guyot, payeur de la compagnie de M. de Nevers, de payer à ladite compagnie la somme de 4,981 livres 5 sous ordonnancée sur le trésorier de l'épargne dès le 9 décembre dernier, pour le quartier de juillet précédent, sans tenir compte qu'elle avait été payée déjà de la moitié de cette somme le 17 septembre [1536] au camp d'Avignon, par le trésorier de l'extraordinaire des guerres, soit de 2,400 livres, le roi ayant fait don de cette somme à ladite compagnie, en récompense des services qu'elle lui avait rendus en cette circonstance.

30343. A Alof de L'Hôpital, sr de Choisy, capitaine de Fontainebleau, 1,200 livres pour la garde dudit château durant l'année finie le 31 décembre 1536.

30344. A Antoine de Bayencourt, sr de Bouchavesne, gouverneur et capitaine de Doullens, 800 livres pour tout ce qui peut lui être dû de reste de sa pension de plusieurs années qu'il disait être de 800 livres par an, et dont il a été payé seulement à raison de 400 livres, à condition qu'il ne pourra plus rien réclamer jusqu'au 31 décembre dernier.

(*Arch. nat.*, J. 961[11], n° 51, anc. J. 961, n° 118.)

[Août 1537.]

Mandements aux trésorier de l'épargne et autres comptables de payer :

30345. A Henry Kuenet, gentilhomme de la chambre du roi d'Angleterre, don de 675 livres ou 300 écus soleil, à cause de la visite qu'il est venu faire au roi à Melun, à prendre sur les deniers de l'épargne.

30346. A Colle Cecilian, gentilhomme italien, don de 100 écus soleil sur l'épargne.

30347. Au cardinal de Bourbon, remboursement, sur les deniers du don gratuit de cette année, de la somme de 12,000 livres qu'il a prêtée au roi et remise à Jacques Bernard, le 20 juin dernier.

30348. A M. de Saint-Pol, 2,000 livres sur l'épargne pour partie de sa pension de la présente année.

30349. Au s[r] de Montpezat, 3,000 livres sur l'épargne pour sa pension de l'année dernière.

30350. Au s[r] de Brosse, 1,200 livres sur l'épargne pour son état de capitaine des ville et château de Loches de l'année dernière.

30351. A Laurent Seriau, valet de garde-robe du roi, don de 10 écus en récompense de ses services, et aux serviteurs du jardinier de Blois, qui ont apporté des fruits au roi à Melun, 3 écus, en tout 29 livres 5 sous.

30352. A Guillaume Bagot, artilleur du roi, 90 livres pour deux années de location de sa maison à Paris, finies le 30 juin dernier, suivant le don que le roi a accoutumé de lui en faire.

30353. A François Arnault, chevaucheur d'écurie, 72 livres pour être allé en poste de Meudon en basse Normandie touchant le fait de Cherbourg, y compris son retour auprès du roi.

30354. Au même, 18 livres pour être allé en poste de Chailly à Paris chercher le « renoueur » du roi, à cause de Mme la Dauphine qui s'était démis le bras, et de Melun à Paris pour faire venir les médecins Braillon et Morelly.

30355. A Richard James, chevaucheur, dépêché par M. le Grand-maître à Breteuil pour aller vers les lansquenets du comte Guillaume, 6 écus soleil; à Jean Gonnet, envoyé de Melun vers les lansquenets du capitaine le Bossu, 3 écus; à Blaise Guinchier, pour retourner en diligence de Melun à Amiens, auprès de M. de La Rochepot, 11 écus; à Jean Lebrun, envoyé de Fontainebleau à Amiens vers ledit sieur, 10 écus; et audit Guinchier, pour retourner aussi en poste de Fontainebleau à Amiens, auprès dudit de La Rochepot, 12 écus, soit au total 42 écus ou 94 livres 10 sous.

30356. A Jean Duval, trésorier de la maison du dauphin et du duc d'Orléans, 1,665 livres pour le payement des draps de soie et de laine et autres étoffes d'un petit lit à pavillon de velours et damas cramoisi, que le dauphin désire avoir pour lui servir au camp; six manteaux d'écarlate à collets de toile d'argent pour lui et cinq gentilshommes de sa chambre; et des habillements de velours qu'il donne à deux hérauts et à quatre trompettes du roi.

30357. A Bénigne Serre, 1,250 livres pour les menues affaires et nécessités de la chambre du roi, durant le quartier d'avril dernier.

30358. A Nicolas de Troyes, argentier du roi, 4,600 livres pour employer au fait de son office, durant ledit quartier.

30359. A Jean Duval, 1,500 livres pour les affaires de la chambre, aumônes et menus plaisirs du dauphin et du duc d'Orléans, durant le même quartier.

30360. Au même, 3,750 livres pour l'argenterie desdits princes, durant ledit quartier.

30361. A Bénigne Serre, receveur général, 787 livres 11 sous 3 deniers pour le payement des bateaux qui ont servi à transporter le roi sur la Seine, en juillet dernier et durant le présent mois d'août.

30362. A Claude Dodieu, 225 livres pour aller en poste de Fontainebleau à Narbonne accompagner le gentilhomme flamand qui va trouver l'Empereur.

30363. Commission à Pierre Delagrange pour tenir le compte et faire les payements des réparations et fortifications des villes, châteaux et places de Picardie, suivant les ordonnances et marchés du s[r] de La Rochepot, lieutenant général du roi, ou ses commis, et du ravitaillement desdites places, suivant les ordonnances et marchés du s[r] d'Estourmel, et sous le contrôle de Claude d'Asnières, à ce député.

30364. Audit Delagrange, 20,000 livres pour employer au fait des réparations et fortifications des places de Picardie, et 300 livres pour subvenir aux frais de sa commission, à déduire de ses gages, le tout à prendre sur les deniers de l'épargne.

(*Arch. nat.*, J. 961[11], n° 52, anc. J. 961, n° 119).

30365. Mandement aux généraux des finances de faire payer par le grènetier de Montereau-Faut-Yonne à Jacqueline de Rohan, marquise de Rothelin, dame de Montereau, tout le revenu, profit et émolument du grenier dudit Montereau depuis le 1er janvier 1537 n. s. dernier jusqu'à ce que la délivrance réelle de la terre et seigneurie de Montereau et de l'assiette d'une rente annuelle de 3,000 livres soit faite à ladite dame, suivant la teneur des lettres de don, cession et transport fait par le roi à ladite dame de cette terre et seigneurie.

30366. Mandement aux trésoriers de France et de l'épargne de faire payer et délivrer, par le receveur ordinaire de Meaux, à ladite marquise de Rothelin le montant du revenu de ladite terre et seigneurie de Montereau, depuis le 20 août 1536 que le roi lui a fait don et cession de cette terre, jusqu'à ce que l'assiette de 3,000 livres de rente promise à ladite dame soit fournie et accomplie.

30367. Mandement au trésorier de l'épargne de payer à la marquise de Rothelin la somme de 2,000 livres tournois pour sa pension du premier semestre de l'année 1537.

(*Arch. nat.*, J. 961[11], n° 53, anc. J. 961, n° 121.)

Mandements aux trésorier de l'épargne et autres comptables de payer :

30368. A Martin de Troyes, commis à l'extraordinaire des guerres, 10,000 livres pour envoyer en Piémont et employer au fait de l'extraordinaire de l'armée placée sous le commandement du s[r] d'Humyères, à prendre des deniers reçus par le trésorier de l'épargne de la veuve du général Hurault, sur l'amende prononcée contre le défunt.

30369. Au même, 15,000 livres pour l'extraordinaire de Piémont et de Picardie, sur les deniers qui doivent être distribués autour de la personne du roi.

30370. Au même, 17,273 livres 4 sous pour l'extraordinaire de Picardie et de Piémont, à prendre sur les deniers du don gratuit.

30371. Au même, 2,271 livres 1 sou 11 deniers pour l'extraordinaire de Picardie, sur les deniers du don gratuit mis au coffre du Louvre.

30372. Au même, 62,475 livres provenant des emprunts de Paris, pour envoyer au camp de Picardie et les employer à partie de la solde des gens de guerre, lansquenets et chevau-légers, conduite d'artillerie et de vivres, réparations et fortifications de villes et places, dépenses im-

IMPRIMERIE NATIONALE.

prévues, etc., selon les ordonnances du dauphin ou de M. de Montmorency, lieutenants généraux audit pays.

30373. Au même, 17,344 livres 15 sous 6 deniers qu'il a reçus de Thibaut Hotman, marchand bourgeois de Paris, des consignations à lui baillées par autorité de justice, pour envoyer au camp de Picardie et les employer à partie du payement des gens de guerre à pied, lansquenets, légionnaires, aventuriers et chevau-légers, munitions, vivres et salaires des commissaires, suivant les ordonnances du dauphin ou de M. de Montmorency.

30374. Au même, pour porter la somme de 15,000 livres, qui lui a été remise par Pierre Thiersault, examinateur au Châtelet de Paris, des deniers mis entre ses mains par autorité de justice, à Abbeville, et l'employer au payement des gens de guerre, des munitions et vivres, de l'artillerie, des réparations et fortifications de villes et d'autres dépenses.

30375. Au même, pour envoyer audit lieu d'Abbeville, la somme de 12,062 livres 2 sous 6 deniers, par lui reçue de Richard d'Elbène, banquier à Paris, des deniers baillés par René Gentil, conseiller au Parlement, et confiés à la garde dudit d'Elbène, et l'employer au payement des gens de guerre à pied, légionnaires, aventuriers français, chevau-légers, dépenses imprévues, frais de vivres et d'artillerie, etc.

30376. Au même, pour envoyer à Lyon, la somme de 51,156 livres 5 sous tournois par lui reçue, savoir du commis à la recette générale des parties casuelles 19,356 livres 5 sous, de Christophe de Thou 6,800 livres consignées entre ses mains par Jean Ruzé, conseiller au Parlement, du don gratuit du clergé de Chartres 14,000 livres, et des deniers de l'épargne 11,000 livres, et l'employer au fait de l'extraordinaire, suivant les ordonnances du cardinal de Tournon, lieutenant général à Lyon.

30377. Au même, pour envoyer au camp en Picardie, la somme de 3,000 livres reçue de Guillaume Bourgoing, conseiller au Parlement, provenant des restes de la terre et seigneurie de Belleperche en Bourbonnais.

30378. Au même, pour envoyer au camp de Picardie, la somme de 44,155 livres par lui reçue des prévôt des marchands et échevins de Paris, sur les 200,000 livres qu'ils ont promis de fournir au roi.

30379. Au même, pour envoyer au camp de Picardie, la somme de 9,000 livres qu'il a reçue de M. le Grand-maître, lequel l'a prêtée au roi.

30380. A Pierre Poussin, chevecier de la Sainte-Chapelle du Palais à Paris, 1,460 livres pour employer au fait de son office durant la présente année 1537.

30381. A Jean Thizart, 7,994 livres 10 sous pour la solde des archers écossais de la garde, durant le quartier de janvier dernier.

30382. A Jacques Richer, 7,240 livres 6 sous 3 deniers pour la solde des archers de la garde de la compagnie du s^r^ de Nançay, durant le même quartier.

30383. A Jean Chartier, 7,285 livres 6 sous 3 deniers pour la solde dudit quartier des archers de la garde, de la compagnie du sénéchal d'Agénais.

30384. A Jean de Vaulx, 7,285 livres 6 sous 3 deniers pour la solde dudit quartier des archers de la garde, de la compagnie du s^r^ de Chavigny.

30385. A Jean Cheylieu, 2,932 livres 10 sous pour les gages du prévôt de l'hôtel, ses lieutenant, greffier et archers, durant ledit quartier de janvier.

30386. A Guillaume Belliard, 4,100 livres pour le payement des Cent Suisses de la garde, durant le quartier d'avril dernier.

30387. A Poton Raffin, sénéchal d'Agénais, 1,200 livres; à Louis Le Roy, s^r^ de Chavigny, 1,200 livres; Jean Stuart, lieutenant en la bande des archers écossais, 600 livres; Jean Borthuyk, porte-enseigne, 300 livres; Jean Stuart, homme d'armes de ladite bande, 300 livres; Louis de Lage, lieutenant en la bande des archers du s^r^ de Nançay, 300 livres; Pierre de La Porte, porte-enseigne en ladite bande, 200 livres; Louis de Charmazel, lieutenant en la bande des archers du sénéchal d'Agénais, 300 livres; Raymond de Lisle, porte-enseigne en ladite bande, 200 livres; Louis de Thiville, s^r^ de la Rochevert, lieutenant des archers de la compagnie du s^r^ de Chavigny, 300 livres; et René du Rivau, porte-enseigne de ladite compagnie, 200 livres, pour leurs pensions de l'année dernière finie le 31 décembre 1536; et à Joachim de La Châtre, s^r^ de Nançay, 750 livres complétant la somme de 1,200 livres, montant de sa pension de ladite année.

30388. Aux gentilshommes napolitains ci-après nommés pour leur pension et entretien au service du roi : Alberic Caraffa, duc d'Ariano, 500 livres; Louis d'Almaigne, comte de Buccino, 200 livres; Georges d'Almaigne, 200 livres; Jean-François d'Almaigne, prince de Stigliano, 600 livres; César d'Almaigne, 200 livres; Robert de Saint-Séverin, 200 livres; Jean-Michel de Morra, baron de Favale, 200 livres; Lambert de Morra, 100 livres; Jacques Carassiola, 100 livres; Jean-Paul de

Pontheliano, 100 livres; Antoine de Aquino, marquis de Corato, 400 livres; César Caracciolo, comte de Nicastro, 300 livres; Marino Cariolo, 200 livres; Jean-Baptiste de Macédoine, 100 livres; Jean-Camille de Pontheliano, baron de Ricigliano, 100 livres; Jérôme Caramani, 100 livres; Étienne de Brée, dit « le capitaine Granine », 100 livres; Prosper de La Mare, 100 livres; François de Saint-Séverin, 400 livres; Jean-Baptiste Terelo, 100 livres; Jean-Thomas Terelo, 100 livres; et Marius Solimane, 100 livres.

30389. A Gabriel, baron de Lech, 600 livres pour sa pension de l'année 1536.

30390. A Claude de Savignac, receveur général de l'Hôtel-Dieu de Paris, 1,200 livres pour la nourriture et les besoins des pauvres malades qui y sont en traitement.

30391. A Gaspard de Saillans, trésorier des salpêtres en Languedoc, Provence et Dauphiné, 2,000 livres pour employer au fait de son office durant la présente année.

30392. A Nicolas Picart, commis au payement des édifices de Fontainebleau et Boulogne-lès-Paris, 2,000 livres pour la continuation des travaux d'un grand corps d'hôtel audit Fontainebleau.

30393. Mandement à la Chambre des Comptes de recevoir ledit Picart à compter de la recette et dépense des édifices et réparations de Villers-Coterets, nonobstant qu'il n'ait eu commission expresse.

30394. A Gabriel Marcelin, truchement suisse, 264 livres 19 sous 11 deniers, sur 400 livres montant de sa pension de l'année dernière, à prendre de Jean Hénard, commis au payement des pensions des Suisses.

30395. A Pierre Du Chastel, lecteur et valet de chambre du roi, don de 225 livres en récompense de ses services, à prendre sur les deniers de l'épargne.

30396. Au prince de Melphe, 2,000 livres sur les 10,000 montant de sa pension de la présente année.

30397. A Trajan et Antoine Carrache (Caraccioli), fils du prince de Melphe, à chacun 600 livres pour leur pension de l'année dernière.

30398. Au duc de Somma, 2,775 livres pour le parfait de 3,000 livres montant de sa pension de l'année dernière.

30399. Au même, 750 livres pour sa pension du quartier de janvier de la présente année.

30400. Au duc de Hatre (Atri), 1,000 livres sur la pension qu'il plaira au roi de lui ordonner, outre les 1,000 livres qu'il a ci-devant reçues pour semblable cause.

30401. A Bernard de Saint-Séverin, fils du duc de Somma, 800 livres pour sa pension de l'année dernière.

30402. Au duc d'Estouteville, comte de Saint-Pol, 2,000 livres sur les 20,000 montant de sa pension de la présente année.

30403. Au même, 450 livres pour distribuer à certains capitaines et gentilshommes italiens de la suite du roi, dont les noms doivent être tenus secrets, pour les aider à vivre.

30404. A Julien Bonacorsi, commis au payement des gentilshommes de l'hôtel sous le commandement du s[r] de Canaples, 400 livres pour les gages de l'année présente de César Cantelme, l'un desdits gentilshommes, à cause de certains voyages où le roi l'envoie.

30405. A Jean des Essarts, baron d'Aulnay, don de 112 livres 10 sous pour l'aider à nourrir et entretenir certains Allemands qui doivent découvrir des mines d'argent et autres métaux en Normandie.

30406. A Pierre Pompeio, gentilhomme vénitien, don de 450 livres en récompense de services de guerre tant en Italie qu'ailleurs.

30407. A Francisque de Clermont, autre gentilhomme italien, semblable don pour même cause.

30408. Permission aux Frères prêcheurs de Notre-Dame de Bonnes-Nouvelles près Rennes de tirer cinquante pipes de vin d'Anjou, Poitou, Orléans ou autres lieux, de la récolte de l'année commençant le 1er octobre prochain, pour la provision de leur couvent, sans payer aucun droit de traite, imposition foraine, etc.

30409. A Oudart Hennequin, contrôleur d'Outre-Seine, remboursement de 300 écus soleil ou 675 livres qu'il a prêtés au roi et remis entre les mains de Martin de Troyes, au mois de mars dernier.

30410. A Jean de Moussy, marchand de Paris, semblable remboursement de 225 livres prêtées de la même façon.

30411. A Nicolas Perrot, aussi marchand de Paris, remboursement de 225 livres.

30412. A François de Marcillac, premier président au Parlement de Rouen, 414 livres; au trésorier Robertet, 666 livres; à Jean de Croixmare, général de la justice des aides à Rouen, 276 livres; et à Jean Duderé, notaire et secrétaire du roi, 230 livres pour leurs vacations en la commission des engagements, constitutions de rentes et baux à ferme des domaines, aides et gabelles de Normandie, jusqu'à concurrence de 100,000 livres.

30413. A Robert Gérard, procureur du roi à Crécy-en-Brie, 120 livres pour achat et charroi de bois et autres matériaux par lui payés pour la réfection et la réparation du château de Becoiseau en l'année 1531, y compris ses vacations.

30414. A Jean de Montdoucet, trésorier ordinaire de l'artillerie, 9,000 livres pour employer au fait de son office durant le quartier de janvier dernier.

30415. Mandement à la Chambre des Comptes et au trésorier de l'épargne, portant que ledit de Montdoucet et ses successeurs, trésoriers de l'artillerie, doivent être exceptés de l'ordonnance réduisant de moitié les gages des officiers comptables, les gages accoutumés dudit office étant de 1,200 livres par an.

30416. A « Grandoyne » de Birague et Gabriel de Santal, pages de l'écurie, 30 écus soleil à chacun, à l'occasion de leur mise hors de page.

30417. A Jean Duthier, 100 livres sur ce qui lui sera taxé pour l'écriture et expédition de douze cents lettres missives touchant les emprunts.

30418. A Gaspard Sormano, 1,200 livres pour sa pension de l'année dernière.

30419. A la duchesse douairière de Vendôme, 500 livres sur ce qui peut lui être dû de sa pension des années passées, outre les sommes qu'elle a ci-devant reçues.

30420. A Jean Duthier, notaire et secrétaire du roi, 149 livres 7 sous 6 deniers pour ses gages et droits dudit office d'une année entière finie le 18 mai 1537.

30421. A Martin de Troyes, commis à l'extraordinaire des guerres, pour envoyer en Picardie et employer au payement de partie de la solde des lansquenets du capitaine le Bossu et autres gens de pied, 13,180 livres 1 sou 9 deniers à prendre sur les restes des décimes et dons gratuits des années passées.

30422. A Perrot de Ruthie, gentilhomme de la chambre et lieutenant en la vénerie, don de 22,000 livres en reconnaissance des services qu'il a rendus et rend chaque jour au roi, et pour l'aider à payer la somme de 42,000 livres, prix auquel lui ont été adjugés par décret, comme au plus offrant, les château, terre et seigneurie de Cheverny où le roi désire qu'il ait sa demeure.

(*Arch. nat.*, J. 961[11], n° 54, anc. J. 961, n° 122.)

30423. Don à Antoine Chabannes, dit « Chevreau », potager de la cuisine de bouche, de 40 écus soleil sur les deniers provenant de la vente et composition de l'office de sergent à verge au Châtelet de Paris, vacant par le décès de feu Pierre de Provence.

30424. Permission à Charles de Hays, gentilhomme de la vénerie, de résigner son office de gruyer en la forêt d'Orléans au profit de qui bon lui semblera, sans payer le quart accoutumé en cas de résignation, Paris, 10 janvier.

30425. Mandement à la Chambre des Comptes de Bretagne d'allouer purement et simplement aux comptes de Nicolas Simonnot, maître de la chambre aux deniers de la feue reine, les sommes qui lui ont été rayées et tenues en souffrance, savoir 500 livres pour ses gages d'août à décembre 1524, restant dues d'une année entière, dont ladite dame par son testament avait gratifié tous ses officiers, 3,000 dont la reine, peu avant sa mort, lui avait fait don pour le récompenser d'avoir acheté, pour lui faire plaisir, ledit office de maître de sa chambre aux deniers, et reconnaître les services qu'il lui avait rendus à elle et à sa mère la reine Anne.

(*Arch. nat.*, J. 961[11], n° 55, anc. J. 961, n° 124.)

[Août 1537.]

Mandements aux trésorier de l'épargne et autres comptables de payer :

30426. A Martin de Troyes, commis au payement de l'extraordinaire des guerres, pour envoyer en Piémont et employer à la solde des gens de guerres et autres dépenses de l'armée, 11,000 livres à prendre sur les deniers qui se distribuent autour de la personne du roi.

30427. Au même, pour envoyer au camp de Picardie et employer au payement des gens de guerre et autres dépenses, 50,000 livres sur les deniers susdits.

30428. Au même, pour employer aux affaires de la guerre, 19,653 livres 1 sou provenant de la vaisselle d'or que M. le Grand-maître [Anne de Montmorency] a naguère prêtée au roi et fait fondre en la Monnaie de Paris, à prendre des mains du trésorier de l'épargne qui en a fait recette.

30429. Au même, pour porter de Paris en Picardie et distribuer suivant qu'il sera avisé par M. le Dauphin, lieutenant général du roi, à l'armée chargée de la défense dudit pays, 15,000 livres à prendre sur les deniers qui se distribuent autour de la personne du roi.

30430. Au même, pour envoyer au camp de Picardie et employer au payement des gens de guerre, 22,500 livres à prendre comme dessus.

30431. Au même, pour partie de la solde des lansquenets du comte Guillaume de Furstenberg, durant un mois commençant le 25 juillet 1537, 71,229 livres 6 sous 7 deniers à prendre comme dessus.

30432. Au même, pour faire porter à Cherbourg et employer tant à la solde de cinq cents hommes de pied aventuriers mis en garnison dans ladite place, pour parer aux surprises de l'ennemi, que pour la remonte des pièces d'artillerie et autres frais extraordinaires, suivant les ordonnances du s[r] de Moy (*aliàs* Mouy), 3,000 livres à prendre comme dessus.

30433. A M. le Grand-maître, 21,973 livres 19 sous 1 denier en remboursement de la vaisselle d'or prêtée au roi et fondue en la Monnaie de Paris, y compris la tare et le déchet.

30434. Au même, 22,500 livres en remboursement de 10,000 écus soleil qu'il a prêtés au roi et versés entre les mains de Martin de Troyes et de Guy de La Maladière, trésorier des guerres, les 19 et 22 juin derniers.

30435. A Nicolas de Troyes, argentier du roi, 4,600 livres pour employer au fait de son office durant le quartier de janvier dernier.

30436. A Jean Duval, 3,750 livres pour employer au fait de l'argenterie du dauphin et du duc d'Orléans, durant ledit quartier.

30437. Au même, 3,000 livres pour le deuxième mois de la crue de dépense de la chambre aux deniers du dauphin, à cause de la maison qu'il tient au camp de Picardie.

30438. Validation servant à l'acquit dudit Duval des dépenses extraordinaires faites en l'écurie du dauphin et du duc d'Orléans, et qui seront payées par lui, bien qu'elles aient été faites avant ses provisions de l'office de receveur de ladite écurie.

30439. A Adrien Auger, payeur du Parlement de Bretagne, 8,702 livres 10 sous pour les officiers de ladite cour durant la présente année finissant le 31 décembre 1537, à prendre, partie sur la recette générale de Bretagne et partie sur les deniers distribués autour de la personne du roi.

30440. A Pierre Le Bossu, receveur des boîtes de la Monnaie du roi, commis au payement des officiers de la Cour des Monnaies, 6,000 livres pour leurs gages des deux années 1536 et 1537.

30441. A Gilles Gouy, receveur des amendes et exploits de la Cour des Monnaies à Paris, 400 livres pour employer aux frais de justice et menues nécessités de ladite juridiction.

30442. A César de Noble, ambassadeur du pape, don de 500 écus soleil que le roi lui fit en prenant congé de lui à Fontainebleau.

30443. A Thomas de Cardi, dit « le Chevalier », écuyer d'écurie du roi, don de 400 écus soleil pour l'aider à supporter les frais de voyage d'Italie en France de ses enfants et de sa maison, qu'il fait venir dans l'intention de se fixer dans le royaume.

30444. A François Perdriel, maître de la Monnaie de Paris, 462 livres pour la façon de deux mille deux cents jetons d'argent fabriqués en ladite Monnaie et distribués en ce présent mois d'août au roi, au dauphin, au duc d'Orléans, aux princes du sang et autres seigneurs du Conseil privé; plus 102 livres 7 sous 6 deniers pour la gravure du coin, le velours et les broderies de vingt-deux bourses, etc.

30445. A Georges de Colme, archer de la garde et concierge du château du Louvre, 226 livres 5 sous pour avoir gardé les coffres où ont été déposées les sommes envoyées par les receveurs généraux et commis aux recettes générales du royaume, durant le premier semestre de la présente année, à raison de 25 sous par jour.

30446. A Servais Courbenton, serviteur du jardinier de Blois, don de 10 écus soleil ou 22 livres 10 sous pour avoir apporté au roi, à Meudon, des asperges, des artichauts et autres légumes et fruits provenant dudit jardin.

30447. Au protonotaire de Saint-Julien, 135 livres pour aller en poste de Sailly à Revello, au marquisat de Saluces, trouver l'évêque d'Aire.

30448. A Jean Henry, marchand milanais, 146 livres 5 sous en payement de quatre épées, quatre poignards, quatre ceintures, deux masses d'armes et un chapeau de feutre couvert de satin brodé que le roi a achetés de lui.

30449. A Laurent Bourgeois, 27 livres en payement de deux tiercelets d'autour et un émouchet que le roi a achetés de lui.

30450. A Henri Maréchal, secrétaire du s[r] d'Annebaut, remboursement de 10 écus soleil qu'il avança, à Fontainebleau, au s[r] de Termes, pour payer les postes du voyage qu'il fit en diligence de Fontainebleau en Bourgogne, vers les bandes de chevau-légers qu'il avait charge de faire retourner en Picardie.

30451. A Luc d'Ansalde, 135 livres pour les dépenses d'un voyage en poste de Venise à Corbie, et de là à Fontainebleau, à la suite du roi, outre 75 écus soleil qu'il avait reçus à Venise de l'évêque de Rodez.

IMPRIMERIE NATIONALE.

30452. A François Bunot, serviteur du jardinier de Blois, don de 13 livres 10 sous pour avoir apporté au roi des fruits de ses jardins.

30453. A Pierre Jamet et Jean de Vernon, 47 livres 15 sous pour les frais de voiture et transport de la somme de 37,572 livres 13 sous 7 deniers qu'ils reçurent au Louvre et conduisirent à Amiens, au mois de mai dernier.

30454. A Louis Gayant, conseiller au Parlement de Paris, remboursement de 9,000 livres qu'il a prêtées au roi, dont 3,000 livres autrefois versées entre les mains de Jean Prévôt, alors commis à l'extraordinaire des guerres, et 3,000 livres qu'il remet présentement au commis à la recette générale des finances extraordinaires et parties casuelles, pour les affaires des guerres.

30455. A Antoine Malras, conseiller au Parlement de Toulouse, remboursement sur la recette des amendes et exploits de ladite cour, de 2,000 livres qu'il prêta au roi, lorsqu'il fut pourvu dudit office.

30456. A Nicolas Harnoys, conseiller au Parlement de Rouen, remboursement, sur les exploits et amendes de ladite cour, de 2,000 livres qu'il prêta au roi, lorsqu'il fut pourvu dudit office.

30457. A Jean Leclerc, procureur général à la Cour des Aides de Paris, don, en récompense des services rendus au roi en ladite charge, de 3,000 livres à répartir sur quatre années, par portions égales, sur les amendes, forfaitures et confiscations prononcées par les grènetiers, contrôleurs et réformateurs des gabelles dans les généralités de Languedoïl, Outre-Seine et Yonne.

30458. Mandement aux trésoriers de France et au maître particulier des eaux et forêts de faire jouir les religieux Minimes du couvent de Nigeon-lès-Paris, pendant dix ans, du bois pour leur usage et le chauffage de leur maison, à prendre en la forêt de Sénart.

30459. A Claude Guyot, 210 livres 16 sous 7 deniers qu'il a déboursés en avril dernier, sur ordonnance verbale de M. l'Amiral, pour le salaire des personnes qui ont conduit d'Arques et de Rouen au camp du roi en Artois trentre-quatre grandes caques de grosse poudre à canon.

30460. A Étienne Fleury, conseiller au Châtelet de Paris, 1,244 livres faisant le parfait de 1,533 livres pour cinq cent onze journées employées à deux voyages qu'il fit en Bretagne, à la prière de feu M. d'Albany, pour liquider et faire venir les deniers des droits seigneuriaux dus au roi et échus audit pays dans les trente années antérieures à 1527, dont le roi avait fait don audit défunt.

30461. Mandement à la Chambre des Comptes de rétablir au compte de Robert de Thumery, commis à la recette des francs-fiefs et nouveaux acquêts en Normandie, diverses sommes tenues en souffrance faute d'avoir fait apparaître que les feus s^rs^ de Saint-Séverin et de Lansac, à qui le roi avait fait don des deniers en question, avaient consenti le payement desdites sommes.

30462. A Nicolas Dupré, maître des comptes, et Pierre Le Maistre, greffier de la Chambre des Comptes, 130 livres 18 sous 6 deniers pour le payement des journées qu'ils ont passées, en janvier et février derniers, à Étampes, Dourdan et La Ferté-Aleps, pour s'informer de la valeur desdites terres et quel pourrait être le profit ou dommage du roi en les échangeant contre le comté de Penthièvre.

30463. A Nicolas Quélain, président de la chambre des enquêtes du Parlement de Paris, remboursement de 112 livres 10 sous qu'il a prêtés au roi, le 6 mars dernier, et versés entre les mains de Martin de Troyes, commis à l'extraordinaire des guerres.

30464. A Nicole Molé, conseiller en ladite cour, remboursement de 225 livres qu'il a prêtées au roi et remis audit Martin de Troyes, le même jour.

30465. A Nicole Thibault, procureur général en ladite cour, remboursement d'un prêt de 1,125 livres, fait à la même date.

30466. A Germain de Marle, remboursement d'un prêt de 562 livres 10 sous, fait le même jour.

30467. A Charles Michon, remboursement d'un prêt de 500 livres, fait le même jour.

30468. A Jean Chomedey, remboursement d'un prêt de 337 livres 10 sous, datant du même jour.

30469. Mandement à la Chambre des Comptes de rétablir au compte de Jacques Ragueneau, ci-devant commis au payement des pensions ordonnées aux princes et seigneurs d'Allemagne, des années 1520 et 1521, différentes sommes tenues en souffrance, qu'il avait portées au nom du marquis de Brandebourg, du duc de Mecklembourg, du comte Guillaume de Furstenberg et autres.

30470. Mandement à la Chambre des Comptes de rétablir au compte que ledit Ragueneau a rendu, en qualité de commis à la recette des deniers provenant de la vente des greffes érigés en offices, les sommes de 5,600 livres sous le nom de Lambert Meigret, commis à l'extraordinaire des guerres, et 27,910 livres sous le nom de Jean Prévot, son successeur, qui lui avaient été tenues en souffrance, parce que les deux quittances n'étaient pas scellées.

30471. Mandement à la Chambre des Comptes de rétablir au compte dudit Ragueneau, sur le fait des amortissements, la somme de 11,357 livres 11 sous 6 deniers par lui payée à plusieurs personnes nommées en un cahier signé du feu s[r] de Semblançay, et diverses autres sommes tenues en souffrance, parce qu'il n'avait fait apparaître du pouvoir dudit Semblançay.

30472. Mandement à ladite Chambre de rétablir aux comptes que ledit Ragueneau a rendus pour la trésorerie de la marine du Levant, toutes les sommes tenues en souffrance, qu'il a payées tant par les ordonnances du bâtard de Savoie, grand sénéchal et amiral de Provence, que de celles des s[rs] de La Fayette et Dumas, ses lieutenants.

30473. Mandement à ladite Chambre de rétablir aux comptes de ladite marine rendus par ledit Ragueneau, pour les années 1524 à 1528, les sommes portées sous les noms de plusieurs capitaines de galères, par lui payées tant en vertu des acquits du roi non scellés que des ordonnances de diverses personnes chargées d'ordonner desdits payements.

30474. Mandement à la Chambre des Comptes de rétablir sur les comptes rendus par ledit Ragueneau, tant du fait de la commission du payement des mortes-payes de Guyenne que de la recette des tailles en Poitou, les sommes tenues en souffrance pour les causes contenues dans les arrêts de ladite Chambre.

30475. Mandement à la Chambre des Comptes de rétablir au compte rendu par Pierre Potier, receveur et payeur du Parlement de Toulouse et auparavant receveur des exploits et amendes de ladite cour, pour l'année 1522, la somme de 900 livres à lui due pour ses gages et pour ses dépenses extraordinaires.

30476. Mandement à ladite Chambre de rétablir sur le même compte de Pierre Potier la somme de 120 livres parisis par lui payée à Étienne Sacaley, président des enquêtes au Parlement de Toulouse, suivant le don qui en avait été fait à celui-ci par le roi pendant dix années, qui lui avait été rayée parce que le temps susdit était expiré et que le comptable n'avait pas fait apparaître d'une prorogation accordée cependant audit Sacaley.

(*Arch. nat.*, J. 961[11], n° 56, anc. J. 961, n° 126.)

[Juillet 1537.]

Mandements aux trésorier de l'épargne et autres comptables de payer :

30477. A Jean Crosnier, trésorier de la marine du Levant, la somme de 263,089 livres 7 sous 4 deniers pour la solde de vingt-quatre galères que le roi entretient à son service en la mer du Levant, pour l'année finie le 31 mars 1537 n. s., à raison de 400 écus d'or soleil par mois pour chaque galère, y compris les gages du s[r] de Saint-Bonnet, commissaire, et dudit Crosnier.

30478. A Guy de La Maladière, 50,000 livres pour faire conduire en Picardie et distribuer aux payeurs des compagnies des gens de guerre de l'ordonnance du roi, sur les deniers provenant du don gratuit de l'année 1535 et sur les deniers de l'ordinaire des finances de la présente année.

30479. A Raoul Moreau, 4,981 livres 5 sous pour le payement de cinquante lances fournies de la compagnie du s[r] de Piennes, durant un quartier de la présente année.

30480. A François Gaudart, 4,981 livres 5 sous pour le payement d'un quartier de la compagnie de cinquante lances du s[r] de Sarcus.

30481. A Martin de Troyes, commis à l'extraordinaire des guerres, 100,000 livres pour la solde des lansquenets du duc de Wurtemberg envoyés en Piémont, et autres frais extraordinaires.

30482. Au même, 30,000 livres pour la solde du mois de juin des lansquenets du capitaine le Bossu.

30483. Au même, 4,500 livres pour la solde de cinq cents hommes de pied aventuriers mis à Doullens pour renforcer la garnison, et pour les réparations et fortifications des places de Picardie, suivant l'avis du s[r] de La Rochepot.

30484. Au même, 7,500 livres, savoir 6,000 livres pour la solde de mille hommes de guerre à pied aventuriers envoyés comme renfort à Hesdin, et 1,500 pour réparer les fortifications de ladite place.

30485. Au même, 5,000 livres pour la solde de certain nombre d'autres gens de guerre destinés à renforcer les garnisons de Montreuil et d'autres villes du pays, ainsi qu'il sera avisé par le s[r] de La Rochepot.

30486. Au même, 15,000 livres, savoir, sur les deniers des décimes dont Jean de Pierrefite a tenu le compte, 3,000 livres, et sur le don gratuit dû par le diocèse de Rodez pour la présente année 1537, 12,000 livres, pour le payement des chevaux rouliers et voitures qui doivent porter les vivres en Picardie et la solde des gens de guerre qui sont audit pays.

30487. A Jean Vyon, commis à l'extraordinaire de l'artillerie, 280 livres pour les frais et transport de cent arquebuses à croc et de deux milliers de poudre à canon en quatre-vingts caques, que le roi a ordonné de conduire de Paris à Amiens, pour les répartir où besoin sera.

30488. Au même, 12,022 livres 10 sous pour la solde d'un mois de certain nombre des commissaires de l'artillerie, canonniers, gens de métier, chirurgiens, apothicaires, chevaux rouliers, le tout servant à la conduite des grosses pièces d'artillerie, poudre et boulets que le roi, au mois de juin, a ordonné de mener de Paris en Picardie.

30489. Au même, 700 livres pour la fabrication de la poudre servant à ladite artillerie, qui se fait à Paris, et pour l'achat de caques.

30490. Au s^r de Castillon, l'un des gentilshommes de l'hôtel, 3,000 livres pour sa dépense de cent quatre-vingts jours à 20 livres par jour, du 16 juin au 12 décembre prochain, que durera le voyage où le roi l'envoie de Fontainebleau vers le roi d'Angleterre.

30491. A Jacques Lecoq, médecin de Paris, 450 livres sur ce qui lui sera dû pour le voyage qu'il va faire en Écosse auprès de la reine, fille du roi, dont on a reçu naguère de mauvaises nouvelles.

30492. A Blaise Maugué, commissaire de l'artillerie, 100 livres sur les journées qu'il vaquera à un voyage que le roi lui a ordonné de faire à Rouen, Cherbourg, le Mont-Saint-Michel et Pontorson, pour faire conduire en Picardie les poudres et boulets qu'il trouvera dans ces places.

30493. A Jehannot d'Andoyns, lieutenant à la garde de la ville et château de Saint-Malo, sous le s^r de Montmorency, 600 livres pour sa pension de l'année finie le 31 décembre 1536.

30494. Au comte de Petigliano, 1,200 livres sur les 4,000 livres de la pension que le roi lui a ordonnée chaque année.

30495. A Antoine Peche, gentilhomme siennois, don de 15 écus soleil en récompense des services qu'il a rendus au roi en Italie.

30496. Mandement à Guy de La Maladière de distribuer les deniers, que le roi a fait délivrer pour employer à la solde de sa gendarmerie en Picardie, aux clercs qui ont les commissions particulières de faire lesdits payements, ou, en leur absence, de les faire lui-même.

30497. Mandement à la Chambre des Comptes de recevoir Antoine de Monceau à compter de la somme de 3,125 livres 13 sous 3 deniers, qu'il a reçue de la vente de cent quarante arpents de bois situés au pays de Lauraguais, du vivant du duc d'Albany, et de lui allouer 2,469 livres 6 sous 3 deniers qu'il a versés entre les mains du trésorier de l'épargne, 400 livres de gages qui lui étaient dus à la mort dudit duc, 70 livres 15 sous pour vêtements de deuil et 50 livres pour frais de recouvrement des deniers de ladite vente.

30498. Au s[r] de La Fayette, 1,800 livres sur les arrérages de plusieurs années de sa pension qui est de 1,800 livres par an.

30499. A Martin de Troyes, commis à l'extraordinaire des guerres, 9,000 livres pour partie de la solde des lansquenets qui avaient suivi en Champagne les bandes du duc de Wurtemberg.

30500. A André de Fontville, 45 livres pour aller de Fontainebleau à Joinville ou ailleurs, où se trouve le duc de Guise, lui porter des lettres du roi au sujet de la montre et du payement desdits lansquenets.

30501. A Livio Crotto, 900 livres pour aller en diligence de Fontainebleau à Venise, en passant par la Suisse, et en autres lieux d'Italie où le roi l'envoie.

30502. Au receveur général Bénigne Serre, 800 livres pour le payement des menus voyages et diligences, port de dépêches et affaires qui se présentent autour de la personne du roi.

30503. A Pierre Chausset, trompette du roi, don de 225 livres en récompense des services et voyages qu'il fait souvent au camp des ennemis.

30504. A Jean Carré, marchand de chevaux, don de 10 écus soleil pour sa peine et dépense d'avoir amené du Lendit à Fontainebleau quatre grands chevaux que le roi voulait voir et qu'il n'a pas achetés.

30505. A Jean Berthelot, serviteur de l'évêque de Rodez, 135 livres pour retourner en demi-poste de Fontainebleau à Venise, porteur de lettres adressées par le roi à son maître.

30506. A Baptiste Canale, 337 livres 10 sous pour l'aider à supporter la dépense qu'il a faite pendant quelque temps à la suite du roi, et aller en poste de Fontainebleau à Venise et autre lieux d'Italie où le roi l'envoie.

30507. A Pierre Martinet, dit « Du Moulin », et Claude Gauldry, sommeliers d'échansonnerie du roi, 180 livres pour la dépense et entretien de deux haquenées portant les bouteilles de vin pour la bouche du roi et les tables du grand-maître et des chambellans, durant le premier semestre de la présente année.

30508. A Bénigne Serre, 185 livres 12 sous 6 deniers pour payer les trois chevaucheurs d'écurie qui tiennent les postes ordinaires de la cour, des mois d'avril, mai et juin derniers.

30509. A Raymond de L'Isle, porte-enseigne des archers de la garde sous le sénéchal d'Agénais, 62 livres 10 sous pour sa dépense et celle de deux archers que le roi a envoyés de Fontainebleau à Sens et environs, pour faire retirer des gens d'armes et autres tenant les champs.

30510. A Jean Hotman, orfèvre de Paris, 1,818 livres pour deux grands chandeliers d'argent donnés par le roi au chapitre de l'église de Notre-Dame du Puy pour placer sur le grand autel de la vierge, suivant le marché passé par Aymar Nicolaï et Nicole Viole.

30511. A Martin de Troyes, 8,000 livres pour faire porter de Paris en Picardie à M. le Dauphin, en ce présent mois de juillet, et distribuer par son ordonnance aux gens de guerre, lansquenets, aventuriers, artilleurs et autres de son armée.

30512. A Pierre Dauvet, remboursement de 675 livres qu'il a prêtées au roi, le 23 mars dernier, et remises à Martin de Troyes pour l'extraordinaire des guerres.

30513. A Nicole Brachet, remboursement de 225 livres prêtées dans les mêmes conditions, le 6 dudit mois.

30514. A Jean Hennequin, remboursement de 450 livres prêtées, le 9 dudit mois, et versées de même entre les mains de Martin de Troyes.

(*Arch. nat.*, J. 961[11], n° 57, anc. J. 961, n° 127.)

[Juin 1537.]

Mandements au trésorier de l'épargne de payer :

30515. Au duc d'Atri, 1,000 livres sur la pension qu'il plaira au roi de lui ordonner.

30516. A Martin de Troyes, commis à l'extraordinaire des guerres, 2,745 livres pour payer 600 livres au président Poyet qui a vaqué durant deux mois au fait des vivres du camp d'Artois; 300 livres au s[r] de Castillon, commissaire desdits vivres, durant un mois; 300 livres pour la solde d'un mois de cinquante arquebusiers étant à Montcornet et Arcy sous le comte de Seinghen; 45 livres à François de Brest, s[r] de Moran, pour avoir conduit mille hommes de pied au capitaine Blanchefort à Saint-Pol; et 1,500 livres au s[r] de Langey, pour son état de trois mois de la charge que le roi lui a baillée au marquisat de Saluces.

30517. Au receveur général Bénigne Serre, 500 livres pour le payement des menus voyages et expéditions des affaires survenant alentour du roi.

30518. A Jeannet de Bouchefort, chantre et valet de chambre du roi, don de 480 livres, parce qu'il a été omis sur les états de l'hôtel et n'a pas été payé de ses gages et livrée des années 1535 et 1536.

30519. A Blaise Guinchier, chevaucheur d'écurie, 27 livres pour retourner en poste de Fontainebleau à Amiens vers le s[r] de La Rochepot.

30520. A Jeanne Boucault, femme de Mᵉ Jehannet [Clouet], peintre du roi, don de 45 livres à cause du voyage qu'elle a fait de Paris à Fontainebleau, pour montrer au roi certaines œuvres de son mari.

30521. A Pierre Chausset, trompette du roi, don de 67 livres 10 sous pour s'habiller convenablement, suivre M. le Dauphin et se rendre au camp des ennemis en Artois.

30522. A Angrant Dumoulin, Jean Lecoq et René Soudain, valets de limiers, don de 135 livres pour l'entretien desdits limiers.

30523. A Jean Hénard, 9,000 livres pour deux termes de la pension de Messieurs de Berne, qu'ils réclament et qu'il conviendra de leur payer, si l'on ne peut montrer leurs quittances.

30524. A Charles de Chalet, gentilhomme de la vénerie, don de 45 livres pour avoir amené au roi les jeunes chiens élevés par Mˡˡᵉ de Guise.

30525. Au chapitre de la cathédrale de Lectoure, remboursement de 1,200 livres qu'ils ont prêtées au roi, moitié en 1521 et moitié la présente année.

30526. A Jean Terreny, curé d'« Amazan » et archidiacre de « Boulley », 810 livres en remboursement de 180 écus soleil qu'il prêta au roi, le 25 novembre 1521, et de pareille somme qu'il doit prêter le 31 juillet prochain.

30527. A Pierre Durand, marchand de Marseille, 3,264 livres 10 sous en payement de la viande et du vin qu'il a fournis aux équipages d'une galère et de quatre « fustes » de Turquie, au port de Marseille, du 15 octobre au 19 mars derniers.

30528. A Étienne Lapitte, receveur des amendes du Parlement de Paris, 1,000 livres qu'il emploiera au payement de la construction d'une chambre du conseil près la grand'chambre de ladite cour, suivant les marchés qui en seront passés par deux des présidents.

30529. A Martin de Troyes, 2,250 livres pour délivrer à Guyon Journée, Nicolas Guérin et Jacques Marent, marchands, le parfait payement de cinq cents muids de blé qu'ils ont fournis aux habitants d'Amiens.

30530. A Guillaume Quinette, payeur de la Cour des Aides de Paris, 10,283 livres 15 sous sur les amendes et confiscations adjugées au roi par les commissaires députés à la réformation des gabelles, pour les gages des officiers de ladite cour pendant dix-huit mois finissant le 30 du présent mois de juin 1537.

IMPRIMERIE NATIONALE.

30531. A René Paintret, barbier du roi, don de 46 livres pour l'aider à se faire guérir d'une maladie contractée dans son service.

30532. A Jean Carré, 50,877 livres pour le payement des officiers domestiques du roi, du quartier de janvier dernier, outre 3,000 livres qu'il a ci-devant reçues.

30533. A Jacques Bernard, 15,000 livres pour la chambre aux deniers du roi, du présent quartier d'avril, mai et juin.

30534. A François Malevault, 19,414 livres 9 sous 2 deniers pour la dépense de l'écurie du roi, durant ledit quartier.

30535. A Antoine Juge, 16,250 livres pour la chambre aux deniers de la reine, dudit quartier.

30536. Au même, 9,000 livres pour l'écurie de ladite dame, du même quartier.

30537. A Jean Duval, 11,437 livres 10 sous pour la chambre aux deniers du dauphin et du duc d'Orléans, durant ledit quartier.

30538. Au même, 7,187 livres 14 sous pour l'écurie desdits princes, durant le même quartier.

30539. A Victor Barguyn, 12,000 livres pour la chambre aux deniers de Mesdames, durant ledit quartier.

30540. Au même, 4,000 livres pour l'écurie de Mesdames, durant le même quartier.

(*Arch. nat.*, J. 961[11], n° 58, anc. J. 961, n° 129.)

[Avril, mai et juin 1537.]

Mandements au maître de la chambre aux deniers, commis à la recette générale des finances extraordinaires et parties casuelles, de payer :

30541. A Martin de Troyes, commis à l'extraordinaire des guerres, 1,692 livres tournois pour payer à Étienne Guérin, marchand demeurant à Melun, cent quatre-vingt-huit pièces de vin, à raison de 9 livres la pièce, par lui vendues au roi et livrées aux commissaires des vivres à Amiens, pour l'avitaillement des villes et châteaux de Saint-Pol et d'Hesdin.

30542. Au même, 1,200 livres pour employer aux frais, voitures et charrois des vivres qui se transportent chaque jour d'Amiens au camp sur les frontières de Picardie, suivant qu'il sera ordonné par les commissaires desdits vivres.

30543. Au s^r du Biez, chevalier de l'ordre et capitaine de cinquante lances des ordonnances, don de 400 écus soleil pour l'aider à supporter la dépense qu'il a dû faire au camp et armée qui étaient naguère en Artois.

30544. A Martin de Troyes, 4,000 livres faisant partie de la somme de 7,014 livres pour employer, savoir 6,014 livres à la solde de mille hommes de pied en garnison à Hesdin, sous le commandement du s[r] de Sarcus, pour un mois commençant le 11 du présent mois d'avril, et 1,000 livres pour les réparations et fortifications de ladite place.

30545. Au même, 3,375 livres à faire porter en poste de cette ville de Château-Thierry vers Reims, pour partie de la solde des lansquenets nouvellement arrivés dans le royaume, sous la conduite du capitaine Nicolas Rustici, dit «le Bossu», pour un mois commençant le 6 du présent mois de mai.

30546. Au même, 4,000 livres à faire porter en poste de Crécy-en-Brie à Abbeville pour achat de vivres et munitions destinés à l'avitaillement des villes et châteaux de Hesdin et de Saint-Pol, et pour leur transport.

30547. Au même, 6,015 livres pour la solde d'un mois de mille hommes de pied sous le commandement des s[rs] de Saisseval et d'Heilly, qui doivent renforcer les garnisons desdites deux villes.

30548. Au même, 5,000 livres faisant partie de 21,000 livres destinées, savoir 2,340 livres à la solde du mois de juin de trois cent cinquante-quatre hommes de pied qui se sont trouvés en plus de la bande de lansquenets du comte Guillaume de Furstenberg; 3,895 livres pour la solde de cent chevau-légers sous le commandement du s[r] de Villebon, le jeune, en garnison à Hesdin, durant trois mois entiers; et 14,265 livres pour la solde d'un mois des gens de pied des garnisons d'Hesdin, Saint-Pol, Thérouanne, Montreuil et autres places de Picardie, sous la conduite des s[rs] de Sarcus, de Blérencourt, d'Inville, de Saint-Aubin, de la Salle, du Biez et autres capitaines respectivement, suivant qu'il sera avisé par M. de La Rochepot, lieutenant général du roi audit pays.

30549. Au baron de Saint-Blancard, 150 livres, outre 250 écus qui lui ont été baillés ci-devant, sur ce qui pourra lui être dû pour la dépense des ambassadeurs venus du royaume d'Alger.

30550. A Toussaint Dufresne et Augustin Mullot, arquebusiers, Guillaume Driart, Jean Sanson, Jacques Labbé et Pierre Durand, arbalétriers, demeurant à Paris, la somme de 150 livres, soit à chacun 25 livres pour avoir, de l'ordonnance du cardinal du Bellay, alors lieutenant général du roi à Paris, conduit de cette ville à Valence, en Dauphiné, Jean-Louis de Saluces.

30551. A Vincent Maignan, 6,000 livres pour remboursement de ladite somme qu'il prêta au roi, lorsqu'il fut pourvu de l'un des quatre offices de conseiller nouvellement créés au Parlement de Toulouse.

30552. A Martin de Troyes, 7,720 livres pour la solde de deux mille deux cents chevau-légers sous le commandement du vidame d'Amiens, en garnison dans la ville de Guise et environs, durant trois mois entiers commençant le 7 de ce présent mois de juin.

30553. Au comte Glick, allemand, 600 livres tournois pour sa pension et entretien au service du roi, durant le premier semestre de la présente année.

30554. A Guy Chabot, s^r^ de Montlieu, don de 300 écus d'or soleil pour l'aider à supporter la dépense qu'il a dû faire au camp d'Artois dernièrement levé, et celle qu'il fera en l'armée que le roi prépare pour retourner audit pays.

30555. A Martin de Troyes, 450 livres pour distribuer par moitié à Blaise de Montluc et à Salvador Daguerre, s^r^ d'Helette, capitaines du pays de Gascogne, afin de les aider à supporter le voyage qu'ils vont présentement faire de ce lieu de Fontainebleau, le 14 juin, à Paris et aux environs pour lever mille hommes de pied, aventuriers, et les conduire en Picardie.

(*Arch. nat.*, J. 961[11], n° 59, anc. J. 961, n° 130.)

[Juin 1537.]

Mandements au trésorier de l'épargne de payer :

30556. A M. le Grand-maître, pour sa pension du présent quartier d'avril, mai et juin, 3,000 livres, et, pour son état de gouverneur de Languedoc, 1,500 livres.

30557. Au même, pour la capitainerie de la Bastille, 300 livres; pour celle du Bois de Vincennes, 300 livres; pour celle de Nantes, 375 livres, et pour celle de Saint-Malo, 100 livres, le tout durant le même quartier.

30558. Au même, le quart des 8,000 livres que le roi lui donne chaque année en compensation des 4,000 ducats de la composition du Briançonnais, que le roi lui avait promis et qui, depuis, ont été baillés au s^r^ de Saint-Pol.

30559. A François Saumaire, 13,320 livres pour le payement des mortes-payes de Bourgogne des quartiers de juillet et octobre derniers, à prendre sur les deniers de la recette d'Étienne Noblet, commis à la recette générale de Bourgogne.

30560. Aux pensionnaires du pays de Bourgogne, 7,870 livres, savoir au s[r] de Ruffey, capitaine de Beaune, 200 livres; au maire de Beaune, 50 livres; au s[r] de Beaumont-Brisay, lieutenant de M. l'Amiral, 2,000 livres; au s[r] de Pignan (*aliàs* de Pinen), capitaine du château de Dijon, 500 livres, et, pour sa pension, 400 livres; au capitaine du guet des portes de Dijon, 150 livres; à Jean Desmoulins, capitaine des arquebusiers de Dijon, 120 livres; au maire de Dijon, 100 livres; au capitaine de la ville d'Auxonne, 500 livres; au s[r] du Bois-des-Moulins, capitaine du château d'Auxonne, 400 livres; au maire d'Auxonne, 50 livres; à Simon de Sumerayne (*aliàs* Saumaire), capitaine du château de Talant, 400 livres; au s[r] de la Guillotière, capitaine de Saulx-le-Duc, 300 livres; au s[r] de Vatillieu, capitaine de Nuits, 80 livres, et pour sa pension comme lieutenant de la compagnie de M. l'Amiral, 600 livres; à Jean de Plaisance, capitaine des mortes-payes, 400 livres; à Antoine de Civry, capitaine des forêts d'Argilly, 200 livres; à Félix de Jonville, allemand, 200 livres; à Étienne Jacqueron, s[r] de la Motte-d'Argilly, 200 livres; au s[r] de Magny-Bastier, 120 livres; au s[r] des Barres, 100 livres; au s[r] de la Tour-Régnier, 400 livres, et à Virgile de Pavello, italien, 300 livres; tant pour la garde des places susdites que pour leurs pensions de l'année dernière.

30561. A Girard Sayve, 20,222 livres 6 sous 8 deniers pour le payement des cent lances sous le commandement de [Philippe Chabot], s[r] de Buzançais, amiral de France, des quartiers de juillet et octobre 1,536 derniers.

30562. A Claude de Lyon, 8,998 livres pour le payement des cinquante lances de la compagnie du s[r] de Beaumont-Brisay, desdits quartiers.

30563. A M. l'Amiral, pour sa pension du présent quartier d'avril, mai et juin, 3,000 livres, et pour son état de gouverneur de Bourgogne, 1,500 livres.

30564. Au même, pour l'amirauté de Guyenne, 750 livres, et pour celle de Bretagne, 300 livres, durant le même quartier.

30565. Au même, pour la capitainerie de Brest durant ledit quartier, 250 livres.

30566. A Étienne Noblet, 1,200 livres qu'il prendra sur sa recette de Bourgogne, pour le payement des cas imprévus et affaires qui surviendront audit pays, y compris l'entretien de certains chevaucheurs d'écurie, selon qu'il a été et sera ordonné par M. l'Amiral et, en son absence, par le s[r] de Beaumont-Brisay.

(*Arch. nat.*, J. 961[11], n° 60, anc. J. 961, n° 133.)

Mandements aux trésorier de l'épargne et autres comptables de payer :

30567. A Martin de Troyes, commis à l'extraordinaire des guerres, 36,000 livres sur les deniers de la recette d'Outre-Seine, pour partie de la solde des lansquenets du duc de Wurtemberg, des mois d'avril et mai.

30568. Au même, 2,000 livres pour les réparations de la place de Saint-Pol, et 1,000 livres pour celle d'Hesdin.

30569. Au même, pour la solde des gens de pied des garnisons de Saint-Pol et autres places de Picardie, de cent chevau-légers de la compagnie du s[r] de Villebon le jeune, et de trois cent cinquante lansquenets de crue des bandes du comte Guillaume de Furstenberg, 4,000 livres; pour le payement d'un mois de cinq cents aventuriers qui seront levés pour Mézières et Mouzon, 3,000 livres; et pour le payement d'un mois de cent autres aventuriers qui se trouvent déjà audit lieu de Mézières, 680 livres.

30570. Au s[r] de Bourran, pour son voyage en poste de Chantilly à Hesdin et Saint-Pol et son retour à Fontainebleau, 67 livres 10 sous.

30571. A Jean de Saint-Rémy, 63 livres pour être venu en poste de Doullens à Fontainebleau et s'en retourner à Doullens vers le comte de Furstenberg.

30572. A Antoine de Bussy, dit « Picquet », 67 livres 10 sous, pour aller en poste de Fontainebleau à Doullens, Saint-Pol et Hesdin et retourner à Fontainebleau.

30573. Au s[r] de Matignon, don de 675 livres à cause de sa dépense au fait des levées et montres de lansquenets, outre ses gages et taxations.

30574. Au s[r] de Bourran, aussi en don et pour pareille cause, 675 livres.

30575. Au même, 225 livres pour aller en poste de Fontainebleau à Lyon et là où se trouvera le duc de Wurtenberg, et ensuite à Turin près de M. d'Humyères.

30576. A Guillaume de Geys, pour retourner en poste de Fontainebleau à Turin, 225 livres.

30577. A Jean de La Personne, 67 livres 10 sous pour aller en poste de Fontainebleau en divers lieux sur la frontière de Champagne, et s'en revenir de même.

30578. A Pierre Chausset, trompette du roi, 67 livres 10 sous pour aller en poste à Amiens et de là en Artois, et pour son retour.

30579. A Antoine Huet, chevaucheur d'écurie, 30 livres pour aller en Quercy vers M. le Grand écuyer, y compris son retour.

30580. Au s^r de Renay, don de 225 livres pour ses dépenses de voyage, aller et retour, vers les bandes de lansquenets du capitaine le Bossu.

30581. A Bertrand d'« Arambulle » (d'Harambure), 50 livres pour être allé en poste de Fontainebleau au Pont-Faverger vers ledit le Bossu, et son retour.

30582. A Jean Duval, trésorier de la maison du dauphin et du duc d'Orléans, pour délivrer à François Regnard, naguère pourvoyeur de boucherie, 1,800 livres, et à Jean Cadre et Gatien Hautbois, poissonniers, 1,000 livres, en compensation des pertes qu'ils ont éprouvées dans leurs fournitures jusqu'au 31 décembre dernier.

30583. Déclaration portant que les vaisselles, chaînes et lingots d'or et d'argent que l'on prendra en payement des acheteurs des domaine, aides, gabelles et impositions seront apportés au Louvre et que les députés aux coffres du Louvre et l'un des contrôleurs de l'épargne, en présence d'experts, aviseront au plus prompt et meilleur moyen d'en tirer deniers, soit en les vendant argent comptant, soit en les faisant fondre et monnayer à la Monnaie de Paris, et que les deniers qui en proviendront seront mis aux coffres, après que le trésorier de l'épargne en aura délivré quittance aux commis des recettes générales.

30584. Au s^r de Saint-André, 2,000 livres pour sa pension de l'année dernière.

30585. A Jacques Bernard, maître de la chambre aux deniers du roi, 1,250 livres pour le payement du linge, habillements de galopins, radoub de vaisselle et autres affaires des offices de l'hôtel, durant le quartier de janvier dernier.

30586. A Louis Acarie, trésorier des offrandes et aumônes du roi 1,500 livres pour le même quartier.

30587. A Bénigne Serre, 1,250 livres pour les menues affaires et nécessités de la chambre du roi, durant le même quartier.

30588. A Jean Duval, 1,500 livres pour les aumônes, affaires de chambre, dons et menus plaisirs du dauphin et du duc d'Orléans, durant ledit quartier.

30589. A Guillaume de Villemontée, trésorier de la vénerie et fauconnerie, 120 livres pour payer Guillaume Martel, gentilhomme de ladite fauconnerie, de ses gages des quartiers de juillet et octobre derniers.

30590. A Louis de Lasaigne, gentilhomme de la vénerie, remboursement de 20 écus soleil qu'il a avancés pour distribuer aux gens du s[r] de La Rochepot, qui ont amené ses toiles d'Offémont à Fontainebleau, et de 10 livres 14 sous pour le transport des toiles du roi de Compiègne à Chauny.

30591. A Diego de Mendoza, don de 225 livres à cause de sa maladie.

30592. A Michelle Pelletier, femme de la marquise de Rothelin, don de 45 livres.

30593. A Antoine Rousseau, 360 livres pour le payement de deux mulets que le roi a achetés de lui pour porter sa litière.

30594. Au s[r] de La Ferté d'Usseau, don de 675 livres pour ses services et dépenses au fait de la guerre.

30595. A Jean Duval, receveur du Parlement de Paris, 1,951 livres 17 sous 1 denier pour payer au président Poyet ses gages et droits dudit office d'une année (1er septembre 1535-31 août 1536), bien qu'il n'ait point siégé à ladite cour durant ce temps.

30596. Décharge à Martin de Troyes de 77,927 livres 16 sous 8 deniers par lui payés, savoir 3,740 livres pour le complément de la solde du mois de mai des lansquenets du comte Guillaume de Furstenberg; 64,795 livres pour la solde des lansquenets du capitaine le Bossu, durant deux mois commencés le 7 mai, suivant les ordonnances des s[rs] de Renay, La Parvillière, Saint-Julien, Longueval et « d'Arambule » (d'Harambure); 3,009 livres 10 sous pour la solde de cinq cents légionnaires sous le commandement du s[r] d'Heilly, mis en garnison, trois cents à Péronne, cent à Ancre et cent à Corbie, durant un mois; 168 livres 6 sous pour la solde de cent pionniers envoyés à Doullens, durant dix jours; 3,865 livres pour la solde de cent chevau-légers de la compagnie de Paul de Termes, durant trois mois commencés le 1er avril dernier; 600 livres pour les dépenses imprévues ordonnées par le s[r] de Saint-Pol; 750 livres pour ses gages d'avril et première quinzaine de mai; et 1,000 livres pour son état de lieutenant général en Picardie, du 15 mai au 15 juin.

30597. Mandement à la Chambre des Comptes d'allouer aux comptes dudit de Troyes 1,327 livres 5 sous 8 deniers, montant de plusieurs menues dépenses de munitions nécessaires pour les châteaux d'Hesdin et de Saint-Pol, délivrés à Simon Briquet et à François de Canteleu, commis à la garde desdites munitions.

30598. Mandement à la Chambre des Comptes d'allouer audit de Troyes 16,657 livres 5 sous, payés par ordonnance du s[r] de Bourran, tant pour les frais de la levée que pour la solde du mois de mars des lansquenets dernièrement venus au service du roi par l'entremise du comte Guillaume de Furstenberg.

30599. A François Mahieu, commis au payement des trois cent trente-neuf mortes-payes de Normandie, 7,067 livres pour leur solde du quartier de juillet dernier.

30600. A Thibaut Rouault, s[r] de Riou, 67 livres 10 sous pour être venu en poste d'Amiens à Fontainebleau et retourner audit Amiens vers le s[r] de La Rochepot.

30601. A Jean Duval, 8,049 livres pour le parfait payement de l'argenterie ordinaire du dauphin et du duc d'Orléans de l'année dernière, ainsi que pour leurs habillements des fiançailles, festins et tournois des noces de la reine d'Écosse.

30602. A M. le Grand écuyer, 2,500 livres pour sa pension du quartier d'octobre dernier.

30603. Au comte de Seinghen, 1,200 livres pour sa pension d'une année sur ce qui lui est dû.

30604. A Jean Duval, 60 livres pour payer Pierre de Juglard, secrétaire de MM. le Dauphin et le duc d'Orléans, du second semestre de l'année dernière que son nom ne fut point porté sur les états de la maison des princes.

30605. Audit Pierre de Juglard, 165 livres 5 sous pour le parfait de son voyage de Ferrare et Venise à Fère-en-Tardenois, outre 100 écus soleil que lui a baillés à Venise M. l'évêque de Rodez.

30606. Aux pensionnaires de Bretagne (dont les noms), 10,000 livres pour leur pensions de l'année dernière, à prendre de la recette de Michel Cosson, commis à la trésorerie de Bretagne, des deniers de ce présent quartier d'avril, mai et juin.

30607. Mandement à la Chambre des Comptes d'allouer à Martin de Troyes toutes les sommes qu'il a payées, suivant les ordonnances de M. le Grand-maître, durant le temps qu'il a été lieutenant général en Picardie et en Artois, nonobstant que le roi y fût présent et que certaines sommes par lui assignées aient été affectées à un autre usage par ledit Grand-maître.

IMPRIMERIE NATIONALE.

30608. A Jean-François Rossi, commissaire des ponts de bateaux, don de 25 écus soleil, afin de se préparer à aller en Picardie avec M. le Grand-maître.

30609. Au s[r] de Sansac, 90 livres pour aller en poste de Fontainebleau en Picardie.

(*Arch. nat.*, J. 961[11], n° 61, anc. J. 961, n° 134.)

[Avril et mai 1537.]

Mandements au maître de la chambre aux deniers du roi, commis à la recette générale des finances extraordinaires et parties casuelles, de payer :

30610. A Martin de Troyes, commis à l'extraordinaire des guerres, 2,250 livres pour employer aux réparations et fortifications de la ville de « Villane ».

30611. Au même, 8,500 livres pour employer, savoir 7,870 livres moitié du montant de la composition faite avec certains cantons des ligues de Suisse et des Grisons pour tout ce qu'ils pouvaient réclamer au roi; 810 livres à trois ambassadeurs des Grisons avec lesquels ladite composition a été traitée; et 4,500 livres pour distribuer en Suisse, suivant les ordonnances du s[r] de Boisrigault, ambassadeur du roi audit pays; le surplus, c'est-à-dire 4,680 livres, devant être appointé audit de Troyes sur les deniers des emprunts particuliers de la ville de Paris.

30612. A Jean Hénard, notaire et secrétaire du roi, et trésorier des Ligues des cantons suisses, 45 écus pour un voyage qu'il va présentement faire en poste, sur l'ordre du roi, d'Amiens à Lyon, porter des lettres au cardinal de Tournon touchant certaines affaires du pays de Suisse.

30613. A Martin de Miraumont et Jacques de Baille, notaires royaux à Amiens, 13 livres 10 sous pour un voyage par eux fait d'Amiens au camp du Mesnil-lès-Hesdin, afin de recevoir de M. le Grand-maître deux procurations touchant l'octroi caritatif du clergé de France.

30614. A Jean Vyon, commis à l'extraordinaire de l'artillerie, 1,000 livres pour délivrer, savoir 500 livres à André Borna et Henri Gimbre sur le prix de quinze mille boulets qu'ils doivent fournir à Lyon, des calibres à double canon serpentin, grandes couleuvrines et couleuvrines bâtardes, et 500 livres à Antoine Tissue et Étienne de Noble, canonniers fabricants de poudre d'artillerie, pour faire dix ou douze milliers de poudres grenées qu'ils doivent fournir de même.

30615. A Jean Secrétain, Jean Briant et Pierre Hastery, chevaucheurs d'écurie, 41 livres pour différents voyages faits par les deux premiers d'Amiens au camp du Mesnil-lès-Hesdin et dudit camp à Amiens, et par le troisième, d'Amiens en Normandie, afin de porter des lettres patentes et missives aux baillis dudit pays, concernant des affaires secrètes du roi.

30616. A Martin Gauvain, 16 écus soleil pour deux voyages en poste par lui faits, les 6 et 10 avril, d'Amiens au camp près Hesdin, afin de porter des lettres du chancelier à M. le Grand-maître et autres membres du Conseil privé et en rapporter les réponses.

30617. Au même, 24 écus soleil pour deux autres voyages en poste faits, les 18 et 20 dudit mois d'avril, d'Amiens au camp de Pernes, afin de porter des lettres de M. le Chancelier à M. le Grand-maître et au général de Normandie, et en rapporter les réponses.

30618. A Jean Prévost, naguère général de Guyenne, 100 livres sur ce qui lui sera ci-après ordonné par le roi pour ses peines, salaire et vacations de plusieurs voyages en poste d'Amiens à Paris et de Paris à Amiens, touchant le fait du procès du président Gentils.

30619. A Pierre Turpin, chevaucheur ordinaire d'écurie, 25 écus soleil pour aller en poste, le 11 dudit mois d'avril, d'Amiens en Berry, porter des lettres du roi à M. de Vatan, maître d'hôtel ordinaire.

30620. Au maître de la chambre aux deniers, 2,000 livres qu'il retiendra de sa recette et commission des parties casuelles, pour subvenir à partie de la dépense de bouche et autres menues affaires du roi et de la reine d'Écosse et de leur suite.

30621. Mandement à la Chambre des Comptes d'allouer aux comptes dudit maître de la chambre aux deniers toutes les sommes s'élevant à 2,878 livres 6 sous, par lui payées suivant le commandement du roi et les ordonnances de Jean Luillier, président des comptes, et de Philibert Babou, s[r] de la Bourdaisière, trésorier de France, ci-devant commis par le roi pour faire disposer et arranger la grande salle du Palais, la salle du Louvre, et les lices des joutes et tournois pour les noces du roi d'Écosse et de Madeleine de France.

30622. A Guillaume Gendrot, huissier du Grand conseil, 10 livres tournois sur un voyage qu'il va présentement faire, le 12 de ce mois d'avril, d'Amiens à Boulogne-sur-Mer, pour exécuter certaine commission concernant les affaires du roi, dont le chancelier lui a donné charge.

30623. A Armand Crusar, secrétaire du duc de Gueldres, 200 écus soleil dont le roi lui a fait don, en récompense de ses services et pour l'aider à supporter la dépense du voyage qu'il est venu faire au camp de la part de son maître, et les frais de son retour.

30624. Au s[r] de Brissac, gentilhomme de la chambre, 1,000 écus soleil dont le roi lui a fait don pour l'aider à supporter la dépense du voyage de Piémont où il se rend de la part du roi pour affaires urgentes et secrètes.

30625. A Blaise Guinchier, chevaucheur d'écurie, 17 écus soleil pour trois voyages en poste d'Amiens, le premier le 4 mai, allant à Abbeville, porter des lettres du Conseil privé établi à Amiens au s[r] de Huppy, capitaine de ladite place, l'invitant à se rendre près des gens dudit Conseil; les deux autres au camp d'Auxey, puis d'Hesdin, de la part et suivant l'ordonnance du duc de Vendôme.

30626. Au s[r] d'Iverny, maître des requêtes de l'hôtel, et à Jean Billon, maître des comptes, 300 livres à chacun sur ce qui pourra leur être dû pour leurs salaires et vacations en exécutant leur commission relative à l'échange du comté de Saint-Pol contre celui de Montfort-l'Amaury.

(*Arch. nat.*, J. 961[11], n° 62, anc. J. 961, n° 135.)

30627. Mandement au trésorier de l'épargne de payer comptant, sur les deniers ordonnés pour distribuer alentour du roi, la somme de 1,000 livres tournois au sénéchal d'Agénais, capitaine de Cherbourg, à cause de la garde de ladite place durant l'année échue le 31 décembre 1536.

(*Arch. nat.*, J. 961[11], n° 63, anc. J. 961, n° 137.)

Mandements au trésorier de l'épargne de payer :

30628. Au dauphin, 4,500 livres de menus plaisirs pour les dons qu'il lui plaira de faire à la guerre en Picardie, outre les 1,000 écus soleil qui lui sont payés à chaque quartier.

30629. A Jean Duval, 3,000 livres pour la crue de la dépense de la chambre aux deniers du dauphin durant un mois, à cause de la maison qu'il devra tenir au camp.

30630. Au même, 3,000 livres pour la dépense de la chambre aux deniers du duc d'Orléans.

30631. Au même, 776 livres afin de payer les habillements que le dauphin fait faire pour le camp.

30632. Au même, 811 livres pour le transport et charroi des tentes, pavillons, harnais et meubles de l'écurie du dauphin.

30633. Aux s[rs] de Coucy et de Barreneuve, gentilshommes de la fauconnerie, 675 livres dont le roi leur fait don.

(*Arch. nat.*, J. 961[11], n° 64, anc. J. 961, n° 139.)

30634. Lettres ordonnant que le payement des mille hommes de pied que le roi veut faire lever promptement en Languedoc, si l'affaire le requiert, sera pris sur les deniers provenant des nouvelles impositions mises sur le vin et autres marchandises qui sortiront dudit pays pour être menés hors du royaume.

(*Arch. nat.*, J. 961[11], n° 65, anc. J. 961, n° 143.)

[Juin 1537.]

Mandements au trésorier de l'épargne de faire payer par le receveur des exploits et amendes du Parlement de Paris :

30635. A Nicole Lesueur, lieutenant général au bailliage de Meaux, 1,500 écus soleil en remboursement de cette somme qu'il a, ce jour 3 juin, prêtée au roi pour subvenir aux dépenses de la guerre, à l'occasion de ses provisions de l'office de conseiller lai au Parlement de Paris, du nombre des vingt nouvellement créés.

30636. A Philippe Rumet, élu de Meaux, 1,500 écus en remboursement de cette somme qu'il a prêtée, ledit 3 juin, au roi, pour les dépenses de guerre, à l'occasion de ses provisions de l'office de lieutenant général au bailliage de Meaux, en remplacement de Nicole Lesueur.

30637. Mandement au trésorier de l'épargne de faire rembourser par le receveur des exploits et amendes du Parlement de Toulouse, à Antoine de Paulo, docteur ès droits, la somme de 6,000 livres tournois qu'il a prêtée de même au roi, le 30 mai dernier, en recevant ses provisions de l'office de conseiller laï au Parlement de Toulouse, du nombre des quatre nouvellement créés.

(*Arch. nat.*, J. 961[11], n° 66, anc. J. 961, n° 145.)

[Mai-juin 1537.]

Mandements aux trésorier de l'épargne et autres comptables de payer :

30638. A Raymond Forget, 3,000 livres pour délivrer à Antoine de Troyes sur ce qui pourra lui être dû à cause du marché par lui fait, de l'ordonnance du roi, avec le s[r] de la Bourdaisière pour les terrains et autres édifices de Chambord.

30639. A Nicolas Picart, 2,000 livres pour les travaux les plus urgents de Fontainebleau.

30640. A Guillaume de Villemontée, payeur de la vénerie et fauconnerie, 1,150 livres pour les gages des six derniers mois de l'année 1536 des fauconniers dont les noms suivent : à Raoul de Coucy, 200 livres; à Fiacre de Forges, dit « Barreneuve », 200 livres; à Jean de Neufville, Antoine de Veillan, Vincent Bernard, dit « Tourault », Philibert Le Vasseur, Samson Charron, Nicolas Herberay, dit « le More », Jean de Montbaton, François de Neufville, à chacun 80 livres, et à Guillaume de Beaussefer, dit « la Roche », 100 livres.

30641. A Martin de Troyes, commis à l'extraordinaire des guerres, 7,467 livres 9 deniers pour partie de la solde des lansquenets du duc de Wurtemberg des mois d'avril et mai, sur les deniers d'Étienne Noblet, commis à la recette générale de Bourgogne.

30642. Au même, 7,280 livres à prendre sur les coffres du Louvre pour le même objet.

30643. Au même, 4,342 livres 10 sous, soit 2,745 livres pour la solde d'un mois de trois cents hommes de pied à Bayonne et de deux cents à Dax, et 1,597 livres 10 sous pour le parfait de 960 écus d'or soleil montant du payement au trésorier de Navarre de ses voyages et parties secrètes, durant une année finissant le 31 mai, à raison de 80 écus par mois.

30644. A Claude Perronnier, commis au payement des mortes-payes de Guyenne, 4,395 livres pour employer au fait de sa commission durant le quartier de juillet dernier.

30645. Au s[r] de Saint-Bonnet, gouverneur de Bayonne, 2,000 livres pour sa pension de l'année dernière.

30646. Au s[r] de Frécillon, capitaine de Dax, 1,200 livres pour sa pension de l'année dernière.

30647. Au s[r] de Luxe, 1,200 livres, à Jean de Luxe, son fils, 600 livres, et à Jean de Caumont, son neveu, 400 livres pour une année de leur pension en déduction de ce qui peut leur être dû.

30648. A Sanche de Yessa, trésorier de Navarre, 800 livres pour sa pension de l'année dernière.

30649. A la maréchale de La Marck, 5,000 livres en déduction de la somme de 10,000 livres, montant de la pension du feu maréchal, son mari, durant l'année dernière.

30650. A Jacques Bernard, maître de la chambre aux deniers,

4,421 livres 13 sous 9 deniers, pour le parfait de sa dépense du quartier de janvier et le dédommagement des bouchers de la maison du roi qui ont éprouvé des pertes sur leurs fournitures en Bourgogne, Lyonnais, Dauphiné et Provence, l'année dernière.

30651. A Jean Badonvillier, maître des comptes, 450 livres en remboursement du prêt qu'il a fait au roi.

30652. Au s^r de la Mothe-Gondrin, 225 livres en don pour l'aider à supporter les frais de la levée de cent chevau-légers.

30653. A Pierre Cordier, conseiller au Grand conseil, 500 livres pour avoir servi au lieu des conseillers absents durant un semestre fini le 30 septembre dernier.

30654. Validation du rôle des Cent-Suisses de la garde qui ont servi durant l'année dernière, signé de Ludovic Serter, sous-lieutenant de ladite compagnie, n'ayant pu l'être par le maréchal de La Marck, décédé.

30655. A Michel Cosson, payeur de la compagnie du s^r de Montejean, pour la solde des hommes d'armes et autres qui se sont trouvés à la montre faite au camp de Pernes, 4,297 livres 15 sous à prendre sur les deniers revenant bons des payeurs des compagnies du feu duc de Vendôme, des s^rs d'Annebaut, de La Meilleraye, de Villebon, de Boisy, de La Rochepot et de M. le Dauphin, des quartiers d'avril et juillet 1536.

30656. A Laurent d'Aymar, 90 livres pour retourner en diligence de Fère à Bayonne.

30657. A Jean de Quincampoix, porte-guidon de la compagnie de M. de Boisy, don de 450 livres en récompense de ses services à la guerre.

30658. A Jean d'Estrée, lieutenant en la compagnie de M. d'Étampes, 135 livres pour être venu en diligence de Saint-Pol à Jouarre, vers le roi, et s'en retourner de même.

30659. A Hubert, comte de Bethling, allemand, 300 livres pour sa pension du quartier de janvier dernier.

30660. Au receveur général Bénigne Serre, 400 livres pour le payement des menus voyages et diligences à l'entour du roi.

30661. A Jean du Maine, trompette du roi, 45 livres en don pour l'aider à supporter la dépense par lui faite au camp en Artois.

30662. A Antoine de Bussy, dit « Picquet », commissaire ordinaire des guerres, 56 livres 5 sous pour son voyage en diligence à Doullens, Saint-Pol et Hesdin, et son retour à Fontainebleau, près du roi.

30663. A Étienne Noblet, pour la solde des cent lances de la compagnie du maréchal d'Aubigny, durant le quartier de juillet dernier, 10,842 livres 10 sous, sur lesquels il y a à déduire 276 livres 1 sou 8 deniers qui lui restent de revenant bon du quartier précédent.

30664. A Antoine Péchet, pour la solde des cinquante lances de la compagnie du s[r] de La Fayette, du quartier de juillet dernier, 5,141 livres 5 sous dont il convient de déduire 407 livres qu'il a de revenant bon sur le quartier précédent.

30665. A Claude de Pérelles, pour la solde des cinquante lances de la compagnie du comte de Montrevel, durant ledit quartier, 4,981 livres 5 sous.

30666. A Denis Le Prince, pour la solde des cinquante lances de la compagnie du prince de Melphe, d'un quartier, 4,981 livres 5 sous, sur lesquels il a entre les mains 90 livres provenant du revenant bon du quartier précédent.

30667. A Jean Duval, trésorier de la maison du dauphin et du duc d'Orléans, 1,860 livres, savoir 1,440 livres pour payer neuf courtauts, trois haquenées et un mulet de litière achetés pour lesdits princes; 180 livres pour les lances, armures et haubergeons fournis pour leur servir au camp en Artois; et 240 livres pour douze couvertures de leurs mulets.

30668. A Martin de Troyes, commis à l'extraordinaire des guerres, 12,000 livres pour partie de la solde d'un mois des gens de pied en garnison à Saint-Pol et autres places de la frontière de Picardie.

Rôle non daté autrefois joint à ceux de l'année 1537.

(*Arch. nat.*, J. 962[12], n° 36, anc. J. 961, n° 106.)

[Juin 1537.]

Mandements au maître de la chambre aux deniers du roi, commis à la recette générale des finances extraordinaires et parties casuelles, de payer :

30669. A Pierre d'Aux, chevalier de Rhodes, la somme de 450 livres dont le roi lui a fait don en récompense de plusieurs voyages secrets qu'il a faits pour les affaires de l'État en divers lieux du royaume, et de ses services de guerre.

30670. A Démétrius Paléologue, grec, 100 écus soleil pour un voyage qu'il va présentement faire de Fontainebleau à Marseille et autres lieux de la région, touchant les urgentes et secrètes affaires du roi.

30671. A Joseph de La Molle, seigneur du lieu, 100 écus soleil en don, afin de l'aider à supporter la dépense d'un voyage qu'il va présentement faire en Italie pour le service du roi.

30672. Au baron de Saint-Blancard, 870 livres 10 sous tournois pour le parfait payement de la somme de 703 écus soleil à 45 sous pièce, à lui ordonnée par le roi pour la dépense de bouche et autres menus frais par lui faits, depuis le 8 janvier dernier jusqu'au 20 de ce présent mois de juin, à l'occasion des ambassadeurs turcs du royaume « d'Agée » (Alger) venus de la part de leur maître vers le roi « pour aucuns secretz affaires ».

30673. A Jean-Paul de Cere, 1,200 livres tournois pour ses gages et son entretien au service du roi, en qualité de gentilhomme de la chambre, durant l'année échue le 31 décembre 1536, son nom ayant été omis sur l'état général des officiers de la maison du roi de ladite année.

30674. Au susdit Paléologue, 120 écus soleil en déduction de la dépense que le roi lui a ordonné de faire pour reconduire les ambassadeurs turcs du royaume « d'Agée » (Alger) de Fontainebleau à Marseille, où ils se doivent embarquer, à commencer du 20 dudit mois de juin, outre la somme de 100 écus soleil qui lui a été assignée pour ledit voyage.

30675. A « Steph Cunicq » (Stephan Kœnig), allemand, 20 écus soleil en don pour avoir apporté au roi des lettres du landgrave de Hesse, son maître, et pour s'en retourner avec la réponse.

30676. Au capitaine Thomas Dario, albanais, 100 écus soleil en don et récompense de ses services et pour l'aider à supporter une partie de la dépense du voyage qu'il va présentement faire de Fontainebleau en Italie auprès du s[r] d'Humyères, lieutenant général audit pays, touchant les secrètes affaires du roi.

30677. A César Frégose, chevalier de l'ordre, la somme de 2,000 livres tournois sur sa pension de l'année échue le 31 décembre dernier.

30678. A Charles de Marillac, 400 écus soleil pour un voyage qu'il va présentement faire de Fontainebleau dans les pays du Levant, où le roi l'envoie trouver le s[r] de La Forêt, son ambassadeur près du Grand Seigneur, et pour « aucuns secretz affaires ».

30679. A Camille de Seez, lieutenant dudit Frégose, 60 écus soleil pour un voyage en poste qu'il va présentement faire de Fontainebleau en Italie, afin de remettre à son maître des lettres du roi « concernant aucuns secretz affaires d'importance ».

30680. A Pierre de La Burthe, capitaine de gens de pied, 30 écus

IMPRIMERIE NATIONALE.

soleil pour un voyage en poste de Fontainebleau à Lyon, où il doit retrouver la bande par lui levée du capitaine La Blancque, dont il est lieutenant, afin de la conduire en Piémont, suivant l'ordonnance du roi.

30681. A Martin de Troyes, trésorier de l'extraordinaire des guerres, 600 écus à délivrer au s^r^ Livio Lymano, italien, pour faire la levée d'une compagnie de deux cents chevau-légers en Piémont, dont il a charge du roi.

30682. Au même, 18,000 livres pour employer à la levée de dix-huit mille Suisses, hommes de guerre à pied, dont le roi a donné charge au s^r^ de Boisrigault, son ambassadeur audit pays, afin de les envoyer servir en Picardie, plus 755 livres pour autres dépenses se rapportant à cette affaire.

30683. Au même, 18,000 livres pour envoyer en poste de Paris en Picardie, au lieu où se trouvera M. le Grand-maître [Anne de Montmorency], ladite somme devant être distribuée et employée suivant les ordonnances dudit seigneur.

30684. Au même, 2,250 livres tournois pour la même destination et le même emploi.

30685. Au même, 19,356 livres 5 sous tournois pour faire porter avec d'autres plus grandes sommes de Paris à Lyon et les employer au fait de la guerre, selon qu'il sera commandé par le cardinal de Tournon, lieutenant général du roi à Lyon.

30686. A Pierre Brosse, chevaucheur d'écurie, la somme de 65 écus soleil sur un voyage qu'il va faire en poste de Paris à Bordeaux, pour remettre des lettres du roi concernant ses secrètes affaires aux s^rs^ d'Âges, maître d'hôtel, et de La Chassagne, conseiller.

30687. A Jean Hénard, trésorier des Ligues, 200 écus soleil pour délivrer à Guillaume Maillart, truchement en Suisse, en déduction de ce qui peut lui être dû de sa pension de plusieurs années échues.

30688. Audit Guillaume Maillart, 60 écus soleil pour un voyage qu'il va présentement faire en poste de Paris en Suisse, porteur des lettres du roi adressées au s^r^ de Boisrigault, son ambassadeur audit pays.

30689. Mandement au trésorier de l'épargne de faire payer par le receveur des exploits et amendes du Parlement de Rouen, et des deniers provenant desdites amendes, à Nicole Harnois 2,000 livres tournois, en remboursement de pareille somme qu'il prêta au roi pour subvenir aux nécessités des guerres, lorsqu'il fut pourvu de l'office de conseiller lai en ladite cour, en remplacement d'Eustache Chambon.

30690. A Charles Boisset, héraut d'armes du titre d'Angoulême, la somme de 94 livres tournois à lui taxée et ordonnée pour quarante-sept journés qu'il vaqua, à la suite de M. de Saint-Pol, durant le voyage qu'il fit naguère à Tarentaise, aux sommations adressées aux habitants de ladite ville, au comte de Chalant, aux manants et habitants du Val-d'Aoste et autres villes, ainsi qu'il appert par le certificat dudit s^r de Saint-Pol et par la taxe faite par MM. de Soissons et de Bandeville.

30691. A Martin de Troyes, trésorier susdit, 900 livres tournois pour remettre au duc de Wurtemberg, en dédommagement de la dépense qu'il a récemment dû faire en Allemagne pour la levée des lansquenets qu'il a amenés au service du roi.

30692. Au s^r de Nançay, 450 livres à lui ordonnées par le roi sur ce qui peut lui être dû de sa pension de l'année dernière.

30693. A Martin Gauvin, clerc de M. le Chancelier, 6 écus pour un voyage qu'il va présentement faire de Paris à Chailly, porteur de lettres dudit chancelier au s^r de Villandry touchant les affaires du roi.

30694. Aux Turcs ci-après nommés, la somme de 1,080 écus soleil, savoir au capitaine Caramany, 500 écus soleil, à Sanz, son fils, 100 écus, au lieutenant dudit capitaine, 100 écus, à son secrétaire, 40 écus, et, à quatre janissaires, à chacun 30 écus, dont le roi leur a fait don; et 260 écus pour leur dépense depuis Paris jusqu'à Lyon et à Marseille où ils se doivent embarquer, outre la somme de 120 écus ci-devant baillée, à Fontainebleau, par le maître de la chambre aux deniers à Démétrius Paléologue, pour semblable cause, et dépensée depuis, le départ desdits ambassadeurs ayant été retardé. Cette somme de 1,080 livres leur sera distribuée et baillée à chacun en particulier, en présence de Jean Lascaris, grec, sans leur demander de quittance, et par suite le s^r Bernard, maître de la chambre aux deniers, ne justifiera de ce payement que par un certificat que lui délivrera ledit Lascaris.

30695. Mandement au trésorier de l'épargne de faire rembourser par le receveur général ou le commis à la recette de la généralité de Dauphiné, des deniers provenant des exploits et amendes du Parlement de Grenoble, à Antoine de La Court, vice-bailli de Viennois, la somme de 200 écus soleil qu'il a prêtée au roi pour subvenir aux nécessités de la guerre, lorsqu'il fut admis à bénéficier de la résignation à survivance dudit office de vice-bailli, faite à son profit par Jean Palmier.

30696. A Guillaume de Gez, valet de chambre du dauphin, 100 écus soleil pour un voyage qu'il va présentement faire de Paris en Piémont, s'en retournant près du s^r d'Humyères, lieutenant général audit pays, avec des lettres du roi en réponse à celles qu'il avait apportées touchant les affaires de la guerre.

30697. A Claude de Villiers, chevaucheur d'écurie, 10 écus d'or soleil pour un voyage qu'il va présentement faire en poste de Paris à Reims vers les s[rs] de Longueval et Bouchart, afin de leur remettre des lettres missives du roi.

30698. A Emmanuel Riccio, génois, citoyen d'Anvers, 300 écus soleil sur la somme de 1,927 écus à lui ordonnée par le roi pour le marché qu'il a fait en personne avec lui de dix-neuf boutons de rubis et diamant, enchâssés d'or, soixante-quatorze perles à 6 écus pièce, quarante et une perles à 15 écus pièce, et quinze autres perles de 30 écus pièce; pour le surplus de laquelle somme montant à 1,600 écus soleil, en considération de l'attente que subira ledit Riccio, le roi lui a octroyé le second office de notaire et secrétaire de la maison de France qui viendra à vaquer ci-après, une autre personne ayant déjà promesse du premier vacant.

30699. Au capitaine Jean-Francisque Corbette, gentilhomme napolitain, la somme de 400 livres tournois pour sa pension et son entretien au service du roi, durant l'année échue le 31 décembre 1536.

30700. A François Lamy, valet de chambre ordinaire du roi, 365 livres tournois à lui taxées pour ses journées et vacations à la capture et à la garde d'un prisonnier, nommé le Gallois, depuis le 9 mars 1537 n. s. jusqu'au 28 juillet dernier.

30701. Mandement à Jacques Bernard de payer 5,000 livres tournois dont le roi a fait don à M. de Piennes, pour l'aider à payer sa rançon, sur les premiers deniers qu'il recevra des parties casuelles.

30702. Don au chapitre de Notre-Dame de Thérouanne de soixante-dix chênes en la forêt et parc d'Hesdin, aux endroits les plus rapprochés de ladite ville de Thérouanne, des plus beaux et des mieux venus, pour la réparation de ladite église.

30703. Don au chapitre de ladite église de soixante-douze pièces de bon vin, que le s[r] d'Estourmel, maître d'hôtel du roi, commis au ravitaillement de Thérouanne, est chargé de lui faire délivrer, en retour de la même quantité de vin d'Auxerrois que ledit chapitre avait baillé pour la provision de la maison du roi.

Rôles non datés qui se trouvaient joints d'ancienneté aux acquits de 1538.

(*Arch. nat.*, J. 962[14], n° 1, anc. J. 961, n° 149.)

Mandements aux trésorier de l'épargne et autres comptables de payer :

30704. A Mme de Vendôme, 4,000 livres sur les 6,000 montant de sa pension de l'année 1537.

30705. A M. de Vendôme, 9,000 livres, savoir pour sa pension du second semestre de l'année 1538, 6,000 livres, et pour son état de gouverneur de Picardie, 3,000 livres.

30706. A M. d'Enghien, 2,000 livres pour sa pension du même semestre.

30707. A César Frégose, 10,000 livres sur ce qui peut lui être dû pour sa pension, montant à 6,000 écus soleil par an, depuis qu'il est au service du roi.

30708. Au prince de Melphe, 4,000 livres pour le parfait de sa pension de l'année dernière.

30709. Au duc d'Atri, 2,500 livres sur ce qui peut lui être dû de sa pension qui n'a pas encore été fixée.

30710. Au duc d'Arienne (Ariano), 500 livres pour son entretien, en attendant que le roi ait autrement ordonné de ses état et pension.

30711. Au duc de Wurtemberg, 3,000 livres pour sa pension du semestre échu le 31 décembre dernier.

30712. Mandement à la Chambre des Comptes de passer aux comptes de Jean Godet, naguère commis à l'extraordinaire des guerres, la somme de 400 écus soleil, valant 900 livres, qu'il a payée à Jean de Langeac, évêque de Limoges, lorsqu'il était ambassadeur en Suisse, en déduction de ce qui lui était dû pour ses voyages et vacations.

30713. Mandement au trésorier de l'épargne de faire payer par le receveur général de Bourgogne, des deniers de l'aide qui sera accordée au roi, en cette présente année commencée le 1er janvier dernier [1539 n. s.], par les États dudit pays, pourvu que ledit octroi monte à 60,000 livres, à Jacques Godran, président au Parlement de Dijon, 6,000 livres pour son remboursement de pareille somme qu'il a prêtée en deux fois au roi, et versée entre les mains de Jean Laguette, receveur général des parties casuelles.

30714. A François Marjot, procureur commun au Parlement de Rouen, 90 livres en déduction des journées qu'il a vaqué et vaquera aux voyages de Paris à Rouen et autres villes de Normandie, pour une enquête dont le roi l'a chargé.

30715. A François Du Bourg, évêque de Rieux, maître des requêtes ordinaire de l'hôtel, 69 livres 17 sous 2 deniers pour ses voyages et chevauchées à cause dudit office, depuis le 20 septembre jusqu'au 31 décembre derniers, soit cent deux jours à raison de 250 livres par an.

30716. A Pierre Gronneau, payeur des œuvres de maçonnerie, charpenterie et autres édifices de la ville de Paris, 1,200 livres pour employer aux réparations nécessaires au donjon du château de Vincennes et aux murs d'enclos de ladite place, suivant l'ordonnance du connétable de Montmorency, capitaine dudit château.

30717. A Jean Goret, remboursement de 188 livres 1 sou 3 deniers qu'il a payés à l'audience de la chancellerie pour sceller cinquante-neuf lettres d'offices, tant de notaires que de sergents, de nouvelle création, en Provence, à raison de 63 sous 9 deniers par sceau, qui n'ont pu être délivrées aux titulaires, les uns étant décédés, les autres tombés en grande pauvreté par suite de la guerre qui a désolé ledit pays; ainsi qu'il résulte d'un certificat de la Chambre des Comptes de Provence.

30718. A Nicolas de Neufville, s[r] de Villeroy, 3,000 livres, au nom et comme procureur des héritiers de feu Pierre Legendre, trésorier de France, en remboursement auxdits héritiers de cette somme que le défunt avait prêtée au roi, dès le 9 août 1524, et versée entre les mains de Pierre d'Apestigny, alors receveur général des finances extraordinaires et parties casuelles.

30719. Au commandeur de Trinquetaille, remboursement de 82 livres 9 sous 9 deniers par lui payés en juillet dernier, sur la requête verbale de M. le Connétable, pour faire préparer des bateaux appartenant au roi sur le Rhône, devant Arles, qui devaient conduire d'Arles à Aiguesmortes le roi allant au-devant de l'Empereur, mais qui n'ayant pu servir à cet effet, à cause des vents contraires, ont été utilisés au transport d'Aiguesmortes à Lyon des meubles ayant servi à l'entrevue des souverains.

30720. Aux gardes des forêts d'Évreux, de Breteuil, Conches et Beaumont-le-Roger, 480 livres, savoir à Philippe de Chevillé, Nicolas Lièvre, Martin Bourgeois, Jean Cordier, Claude de Monseil, Guillaume Housdu, Jean Delaroche et Pierre Nicole, à chacun 60 livres, pour leurs gages et entretien durant l'année échue le 31 décembre dernier.

30721. Au s[r] de Dampierre, lieutenant de la compagnie de M. de Nevers, 1,200 livres pour sa pension des deux années dernières, 1537 et 1538.

30722. A Nicolas de Troyes, argentier du roi, 970 livres 13 sous 6 deniers pour le payement des toiles d'or et d'argent faux, draps de soie, houppes et boutons d'or faux et autres étoffes et façons de deux accoutrements de masques que le roi a fait faire, pour servir au festin des noces de M. de Nevers.

30723. Mandement à la Chambre des Comptes de valider la dépense ordinaire de l'écurie du roi, certifiée par M. le Grand écuyer, qui a été payée par feu François Malevault, receveur de ladite écurie, durant six mois échus le 31 décembre 1538, montant à la somme de 34,104 livres 12 sous 4 deniers.

30724. Mandement à la Chambre des Comptes de valider la dépense payée par ledit Malevault, de l'ordonnance du grand écuyer, pour l'entretien et approvisionnement du haras du roi durant le même temps, montant à 2,590 livres 5 sous 6 deniers.

30725. Mandement à la Chambre des Comptes de valider la dépense de 13,237 livres 14 sous 7 deniers faite par ledit Malevault, de l'ordonnance du grand écuyer, durant l'année 1538, pour les livrées des journades et hoquetons d'orfèvrerie, plumets, trousses, brigandines, salades et gorgerettes des archers écossais et français, Suisses de la garde, fourriers et portiers de la maison du roi.

30726. Aux gardes de la forêt de Bière, 1,140 livres pour leurs gages et entretien de l'année finie le 31 décembre 1538, savoir à Guillaume Ballin, principal conducteur, 120 livres, et à Martin Goppil, Pierre Rivière, Jean Travers, Louis Saulnier, Macé Guyot, Denis Pasquier, Jean Ménard, Dominique de Vieure, Philippe de La Garenne, Jean Joanne, Étienne Drouyn, Gauvain des Aires, Jean Delanoue, Joachim Vernier, Philippe Gohet, Geoffroy Guisier et Claude Panier, à chacun 60 livres.

30727. A François Valet, huissier du Conseil privé, ayant la charge des ustensiles dudit Conseil, 360 livres, savoir, pour ses gages ordinaires, 120 livres, et pour l'entretien d'un homme, d'une charrette et de chevaux pour le transport desdits ustensiles, 240 livres, le tout durant la présente année commencée le 1er janvier dernier [1539 n. s.].

30728. A Guillaume Béliard, pour la solde des Suisses de la garde, durant le quartier d'octobre, novembre et décembre dernier, 4,100 livres.

30729. Au s[r] de Liancourt, 300 livres, et à Jacques Lelieur, maître particulier des Eaux et forêts de France, 200 livres, pour leurs voyages et vacations en exécutant la commission de procéder aux ventes de bois extraordinaires dans les forêts de Bière, Laye, Cruye (Marly), Fresnes, Dourdan, Halatte, la Pommeraye près Creil, et Monfort-l'Amaury, et à Guillaume Le Prévost, greffier des Eaux et forêts, 200 livres, tant pour ses vacations à 20 sous par jour que pour les menus frais desdites ventes.

30730. A Jean Proust, chevaucheur d'écurie, parti de Paris, le 24 janvier dernier, pour aller en Espagne porter des lettres du roi à l'évêque de Tarbes, son ambassadeur audit pays, et pour en rapporter la réponse, 405 livres.

30731. Au receveur général Bénigne Serre, 2,995 livres 7 sous 3 deniers pour les dix-huit postes et un aide à pied de Lyon à Suze, pendant six mois et sept jours, et les cinq postes de Suze à Turin, durant six mois entiers échus le 31 décembre dernier.

30732. A Jean Carré, 900 livres pour payer Bertrand et Jean Le Bailleul, valets de chambre du roi, de leurs gages de dix-huit mois échus le 31 décembre 1538 dernier, à raison de 300 livres à chacun par an, nonobstant qu'ils n'aient été inscrits sur les états de la maison du roi pour ledit temps.

30733. A Christophe Luillier, maître particulier des Eaux et forêts de France, Champagne et Brie, et à François Marette, s^r du Buisson, à chacun 300 livres pour leurs voyages et vacations en exécutant la commission de faire procéder aux ventes de bois extraordinaires dans les forêts de la Traconne, du Gault, de Crécy-en-Brie, de Rye et de Wassy, près Château-Thierry, dans les bois adjugés au roi contre l'abbé d'Auvillier et contre le baron de Baye, etc., et à Pierre Le Caron, greffier des Eaux et forêts, 250 livres pour ses vacations, à 20 sous par jour, et pour les menus frais desdites ventes.

30734. A Jean-Jacques de Castion, 3,375 livres complétant 4,350 livres pour sa vacation et dépense de quatre cent trente-cinq journées, du 22 septembre 1537 au 31 novembre 1538, en la charge d'ambassadeur du roi au pays des Grisons, tant pour son état et dépense ordinaire que pour tous autres frais extraordinaires.

30735. Décharge à Martin de Troyes, commis à l'extraordinaire des guerres, de la somme de 2,000 livres qu'il a remise au trésorier de l'épargne des deniers revenant bons de ce qu'il avait reçu pour la sûreté de Cherbourg.

30736. Décharge au même de 26,225 livres par lui payées à l'abbé de Bourgarel pour les vivres qu'il a fournis en Piémont, selon le marché fait avec lui le 3 mars dernier.

30737. A [Georges de Selve], évêque de Lavaur, 910 livres pour sa vacation et dépense en la charge d'ambassadeur près du pape, durant quatre-vingt-onze jours, échus le 30 juin dernier.

30738. Don au même de 2,035 livres pour lui parfaire ses gages jusqu'à 20 livres par jour, durant le temps qu'il a exercé ladite charge d'ambassadeur.

30739. Au même, 476 livres 14 sous pour remboursement de

voyages de courriers et autres dépenses extraordinaires, durant ledit temps.

30740. A Antoine de Heu, chevaucheur d'écurie, 157 livres 10 sous pour aller en poste de Fontainebleau en Angleterre, y compris son retour.

30741. A Jean de Vichy, dit « Pontgibault », sommelier d'échansonnerie du roi, 67 livres 10 sous pour aller en poste de Fontainebleau à Mirefleurs en Auvergne, goûter, choisir et faire amener soixante pièces de vin destinées à la maison du roi.

30742. A Guillaume Lemoyne, jardinier de Villers-Cotterets, don de 100 livres pour son entretien en attendant que le roi ait ordonné de ses gages.

30743. A Marin, grec, 185 livres 12 sous 6 deniers en payement de cinq sacres et un sacret que le roi a fait prendre chez lui pour envoyer à M. de Lorraine.

30744. A Amadour de Courcy, 56 livres 5 sous pour faire un voyage à Linchamp et à Jametz, afin de juger des réparations nécessaires auxdites places et en faire rapport au roi.

30745. A André de La Caille, valet de limiers, don de 27 livres en récompense de ses services.

30746. A Louis de Lasaigne, gentilhomme de la vénerie, 450 livres pour employer à l'achat de quarante pièces de toiles pour ladite vénerie.

30747. A Alexandre Scot, gentilhomme de Plaisance, don de 1,200 livres en récompense de services militaires.

30748. A Jean Mallart, écrivain, 45 livres pour avoir écrit un livre d'heures en parchemin présenté au roi, et pour le faire enluminer.

30749. A Francisque de Corse, 450 livres comme avance sur le prix de douze aunes de drap d'argent frisé et de douze aunes de drap d'or frisé que le roi lui a commandé de faire à Tours, pour mettre en ses coffres.

30750. Aux gardes des forêts d'entre les deux rivières de Bourbonnais, savoir à Robert de Grosseuve, principal conducteur, 120 livres, et à Claude du Thouin, Pierre Barraut, Étienne Richier, Marc Delabrosse, Étienne Bureaux et Jean Dubouz, à chacun 60 livres, soit en tout 480 livres, pour leurs gages et entretien durant l'année échue le 31 décembre dernier.

30751. A Denis Débonnaire, 5,625 livres en payement d'une chaîne

IMPRIMERIE NATIONALE.

d'or garnie de quatorze rubis et douze diamants, avec un ordre pendant au bout de ladite chaîne.

30752. A Nicolas Picart, commis au payement des édifices de Villers-Cotterets, 600 livres pour les frais du jardin que le roi a ordonné de faire audit lieu.

30753. A Sylvestre Vaiglate, serviteur de Jean-Ambroise Cassul, milanais, 2,590 livres 7 sous 6 deniers en payement de marchandises vendues au roi, telles que épées, manchons, pièces de toile d'or et d'argent, de velours et de satin, devants de cottes, étriers dorés, etc.

(*Arch. nat.*, J. 962[14], n° 2, anc. J. 961, n° 151.)

Mandements au trésorier de l'épargne de payer :

30754. A l'évêque de Tarbes, don de 6,000 livres en récompense de services rendus en divers voyages et ambassades.

30755. A Jean Perdre, capitaine de la Ligue grise, don de 225 livres en récompense de ses services militaires.

30756. A François de Saint-Marsault, page de l'écurie, et à François de Villeneuve, page de la vénerie, don de 30 écus à chacun, à l'occasion de leur mise hors de page.

30757. A Charles Mauvoisin, page de la vénerie, don de 45 livres pour l'aider à acheter un cheval, en remplacement de celui qu'il a perdu.

30758. Au s[r] de La Ferté-aux-Ognons, 2,000 livres pour sa pension de l'année dernière 1538.

30759. A Jean Secrétain, chevaucheur d'écurie, 18 livres pour le parfait de son payement d'un voyage en poste qu'il a fait en Bourgogne vers le duc de Guise.

30760. A Jean Geuffroy, 90 livres pour aller chercher en Provence et faire apporter dans les jardins de Fontainebleau et de Villers-Cotterets des orangers et autres arbres.

(*En tête de ce rôle se trouvent les n°s 10772 et 10774 du* CATALOGUE, *datés des 3 et 5 février 1539 n. s.*)

(*Arch. nat.*, J. 962[14], n° 3, anc. J. 961, n° 153.)

[Mars 1539 n. s.]

Mandements au trésorier de l'épargne de payer :

30761. A Mme d'Étampes, don de 11,000 livres en récompense des services qu'elle a faits à feu Madame, mère du roi, et fait chaque jour à Mesdames, filles dudit seigneur, outre ses gages et pensions.

30762. A Guillaume Rivière, 6,950 livres pour le payement des gages des conseillers et autres officiers du Grand conseil, durant un semestre finissant le 31 du présent mois de mars.

30763. A Pierre d'Aymar, lieutenant, concierge et garde du château de Saint-Germain-en-Laye, 300 livres pour ses peines et salaire, et les gages des personnes qu'il a dû prendre avec lui pour garder audit château deux officiers de la maison des princes, que le roi ne veut être nommés ici, et pour la nourriture et dépense desdits deux prisonniers.

30764. A Robert Fournier, receveur des tailles de Caen, 5,565 livres pour employer aux fortifications du donjon et du château de ladite ville, suivant les devis qui ont été faits par le maréchal d'Annebaut et les marchés qui en seront passés par le capitaine dudit château ou son lieutenant.

30765. A Jean Lefebvre, receveur des tailles de Valognes, 5,299 livres 15 sous pour employer aux fortifications de la place et château de Cherbourg, selon les devis dudit s^r^ d'Annebaut et les marchés qui en seront passés par le capitaine du lieu.

30766. A Jean Henry, receveur des tailles de Coutances, 1,340 livres pour employer aux fortifications de la place et château de Granville, suivant les devis dudit s^r^ d'Annebaut et les marchés qui en seront passés par le capitaine du château.

30767. Commission auxdits receveurs des tailles de Caen, Valognes et Coutances pour tenir le compte et faire les payements des travaux de réparations, fortifications et emparements desdites places.

30768. Mandement aux commissaires chargés par le roi de vérifier les comptes des décimes, croisade et dons gratuits du clergé, de voir les comptes de tous les commis aux recettes générales et autres qui en ont reçu les deniers, et de leur taxer leurs frais et vacations.

30769. Mandement au trésorier de l'épargne de délivrer à Jean Testu, ci-devant argentier du roi, la somme de 3,520 livres 3 sous 4 deniers que le roi auparavant lui avait ordonné de remettre entre les mains de Guillaume Ruzé, trésorier de feu Madame, pour payer à Jean Drouyn, marchand de Tours, à cause des marchandises fournies au voyage d'Ardres, certifiées par le s^r^ de la Bourdaisière.

30770. Au trésorier de Bourbonnais, 1,106 livres pour les vacations de feu Jean Fragier et de Pierre Regnault, auditeurs des comptes, à l'audition et clôture des comptes des receveurs particuliers de Bourbonnais, Auvergne, Forez, Beaujolais et la Marche, taxés à ladite somme par André Guillart, maître des requêtes, et Thomas Rappouel.

30771. Déclaration portant que la somme de 101,045 livres 4 sous 9 deniers due aux officiers du Parlement de Paris, de reste de leurs gages de sept quartiers échus le 31 décembre 1537, leur sera payée par les receveurs généraux ou commis aux recettes générales de Languedoïl, Outre-Seine et Picardie, sur les deniers revenant bons de la crue de 15 livres par muid de sel dans les greniers et chambres à sel desdites généralités, excepté ceux de Languedoïl et le quart du sel de Poitou, sur lesquels le Parlement de Bordeaux prend son assignation ordinaire.

30772. Au receveur général de Bourgogne, 7,785 livres 1 sou 7 deniers pour les gages du Parlement de Dijon, de sept quartiers échus le 30 septembre 1537, à prendre sur les deniers revenant bons de la crue de 15 livres par muid de sel vendu dans les greniers de ladite généralité.

30773. Aux gardes de la forêt de Rets, 480 livres pour leurs gages de l'année dernière, à prendre sur les deniers de l'épargne, savoir à Louis de Lasaigne, capitaine, 120 livres, et à Noël Delavoye, Charles Drouyn, Philippe de Thésac, Gabriel Dusable, Antoine de Chavigny et Robert Pellu, gardes, à chacun 60 livres.

30774. A Antoine de La Vergne, gentilhomme de la vénerie, don de 67 livres 10 sous pour l'aider à acheter un cheval.

30775. A Pierre Loret, gentilhomme de la vénerie, don de 67 livres 10 sous pour le même effet.

30776. A Louis de Lasaigne, gentilhomme de la vénerie, 45 livres en remboursement de ce qu'il a avancé pour le charroi des vieilles toiles de chasse transportées de Fontainebleau en divers lieux de la forêt de Bière.

30777. A Pierre de Sers, valet de limiers du roi, don de 45 livres pour aller à Saint-Hubert, parce qu'il a été mordu par un limier enragé.

30778. A Pierre de Chavannes, gentilhomme de la fauconnerie, demeurant en Suisse, don de 200 livres en récompense de ses services.

30779. Au s[r] de Boisy, 3,000 livres pour sa pension de l'année dernière, 1538.

30780. Au même, 600 livres pour son état de capitaine des ville et château d'Amboise, de ladite année.

30781. A Perrot de Ruthie, 400 livres pour son état de capitaine du château neuf de Bayonne, de ladite année 1538.

30782. Au s[r] de Bersac, 1,200 livres pour son état de capitaine de Narbonne, de ladite année.

30783. Au s[r] d'Avaugour, 1,500 livres sur ce qui lui est dû pour sa pension de la présente année et des précédentes.

30784. A Jérôme della Robbia, sculpteur et émailleur du roi, 960 livres pour ses gages de quatre années échues le 31 décembre 1538, à raison de 240 livres par an.

30785. A Louis Ponchon, 270 livres pour trois miroirs de cristal que le roi a achetés de lui.

30786. A Jean Carré, 600 livres pour payer les gages de Jean de Senicourt, s[r] de Saisseval, maître d'hôtel du roi, durant l'année écoulée.

30787. A René Paintret, barbier et valet de chambre du roi, don de 225 livres en récompense de ses services.

30788. A Nicolas Picart, 10,000 livres pour les édifices de Fontainebleau, et 2,000 pour ceux de Boulogne près Paris.

30789. Audit Picart, qne le roi commet à tenir les comptes des achats, façons, réparations, voitures et autres dépenses des meubles de Fontainebleau, 2,000 livres pour employer au fait de sa commission, suivant les ordonnances du s[r] de la Bourdaisière.

30790. Audit Picart, que le roi commet à tenir le compte des édifices de Saint-Germain-en-Laye, 2,000 livres pour le fait de ladite commission, suivant les ordonnances des s[rs] de Villeroy et de la Bourdaisière et sous le contrôle de Pierre Des Hôtels.

30791. Au même, 2,000 livres pour les édifices de Villers-Cotterets.

30792. A Charles de Marillac, 900 livres pour son entretien en la charge d'ambassadeur en Angleterre pendant quatre-vingt-dix jours, commençant le 11 de ce présent mois de mars [1539 n. s.].

30793. Au même, 900 livres pour ses frais de représentation en ladite charge et le payement des postes et de sa traversée.

30794. A Jean Thizart, 9,118 livres 1 sou 3 deniers pour le payement des archers écossais de la garde durant le quartier d'octobre, novembre et décembre dernier.

30795. A François Huré, 8,317 livres 7 sous 6 deniers pour le payement des archers de la garde de la compagnie du s[r] de Nançay, durant ledit quartier.

30796. A Jean Chartier, 8,651 livres 2 sous 6 deniers pour le payement des archers de la garde de la compagnie du sénéchal d'Agénais, durant ledit quartier.

30797. A Jean de Vaux, 8,609 livres 2 sous 6 deniers pour le payement des archers de la garde de la compagnie du s[r] de Chavigny, durant ledit quartier.

30798. A Denis Fleury, 2,150 livres pour le payement du prévôt de l'hôtel, ses lieutenant, greffier et archers, durant ledit quartier.

(*Arch. nat.*, J. 962[14], n° 4, anc. J. 961, n° 155.)

[Janvier 1539 n. s.]

Mandements aux trésorier de l'épargne et autres comptables de payer :

30799. A Pierre Dancart, fauconnier du duc de Prusse, qui a offert au roi, à Saint-Germain-en-Laye, douze faucons de la part de son maître, don de 100 écus soleil ou 225 livres à prendre sur les deniers qui se distribuent autour de la personne du roi.

30800. A Bénigne Serre, 185 livres 12 sous 6 deniers pour payer les gages de Jean Angilbert, Hercule Félyault et Jean Dumas, chevaucheurs d'écurie tenant les postes à la suite de la cour, pour le port des lettres expédiées en Picardie, Angleterre, Languedoc, Dauphiné, Piémont, Suisse, Savoie, Lyon et autres lieux, du 1er octobre au 31 décembre derniers, à raison de 20 livres 12 sous 6 deniers à chacun par mois, à prendre des deniers susdits.

30801. A Pierre Lizet, François de Montholon et François de Saint-André, présidents au Parlement de Paris, à chacun 500 livres pour leur pension ordinaire, outre leurs gages, durant l'année échue le 31 décembre 1538.

30802. A Jacques Cappel et Pierre Raymond (*aliàs* Rémon), avocats du roi, et à Nicole Thibault, procureur général en ladite cour, à chacun 500 livres pour leur pension ordinaire de ladite année, outre leurs gages.

30803. A Jean Maignet, l'un des chantres de la chambre du roi, 200 livres pour sa pension de ladite année.

30804. A Antoine Delahaye, autre chantre et organiste de ladite chambre, 100 livres pour sa pension du second semestre 1538.

30805. A Jacques Colombeau, naguère chantre de ladite chambre, à présent étudiant en l'Université de Paris, don de 22 livres 10 sous pour l'aider à se faire soigner d'une maladie.

30806. A Odet Durant, procureur du roi sur le fait des aides et tailles au bailliage et élection de Périgord, 45 livres en déduction des journées qu'il vaquera à un voyage qu'il fait, de la part du roi, de Paris en Périgord et en Agénais, pour faire exécuter certaines lettres patentes et signifier aux personnes qui y sont nommées de comparaître devant le roi ou son Conseil privé, durant tout le présent mois de janvier.

30807. A Jean Barville et Martin Cœuret, clercs de Gilbert Bayart, secrétaire des finances, 157 livres 3 sous pour les écritures et expéditions des lettres concernant les affaires du roi, depuis le 12 avril 1536 jusqu'au 20 juin 1538, suivant la taxe qui leur en a été faite par ordonnance du Conseil privé.

30808. A Jean Macyot, trésorier et garde des salpêtres de la généralité d'Outre-Seine et de Picardie, 4,000 livres pour employer au fait de sa commission, durant l'année échue le 31 décembre 1538.

30809. Au changeur du trésor, 13,866 livres 17 sous 10 deniers complétant la somme de 14,618 livres 9 sous 4 deniers pour le payement des fiefs, aumônes, rentes amorties et autres charges ordinaires dues chaque année et habituellement payées par ledit trésor, y compris les gages et droits des conseillers, procureur, avocat, greffier, contrôleur, changeur, huissiers et autres officiers du trésor, bois, papier parchemin et menues nécessités, pour le reste des assignations des années finies la veille de Noël 1536 et 1537.

30810. A César Cantelme, l'un des cent gentilshommes de l'hôtel du roi, don de 225 livres pour l'aider à supporter la dépense qu'il a dû faire depuis deux mois qu'il est venu de Constantinople apporter au roi des lettres du s[r] de Raincon, chargé de traiter audit pays diverses affaires importantes, et en attendant qu'il s'en retourne avec la réponse du roi.

30811. A Thibaut de Rueil, drapier de Paris, 317 livres complétant la somme de 517 livres à lui due pour fourniture de drap noir destiné au deuil des gentilshommes et serviteurs de feu Maximilien Sforza, ladite somme de 517 livres adjugée audit Thibaut, dès le 31 mai 1533, par arrêt des commissaires chargés de liquider les dettes du défunt, les autres 200 livres lui ayant été payées par Louis Le Blanc, alors receveur ordinaire de Paris, sur les deniers provenant des condamnations des hérétiques.

30812. Mandement à la Chambre des Comptes de valider la dépense de bouche faite du temps que la reine douairière de Hongrie résida en ce royaume, payée par le maître de la chambre aux deniers du roi, suivant les ordonnances des maîtres d'hôtel Montchenu, Fosseuse et La Pommeraye, et revenant à la somme de 20,638 livres 13 sous 3 deniers.

(*Ici se trouve le n° 10626 du* Catalogue, *daté du 5 janvier 1539 n. s.*)

30813. Mandement à la Chambre des Comptes de passer aux comptes du trésorier de l'épargne de la présente année finissant le 31 décembre 1539, la somme de 48 livres 10 sous 2 deniers, qu'il a payée à Pierre Mangot, orfèvre, à Robert Duluz, brodeur, et à Pierre Gallant, marchand, pour une bourse de velours violet semée de petites fleurs de lis d'or, où se met le cachet, réparation du petit coffre d'argent doré destiné à recevoir ladite bourse, et achat d'un étui de cuir semé de fleur de lis pour enfermer ledit coffre.

30814. A Jean Hurault, Girard Le Cocq, Guillaume Budé, Claude Dodieu, André Guillart, Amaury Bouchard, Thibaut de Longuejoue, Martin Fumée, Pierre Fabry, Imbert de Saveuses, François Olivier et Lazare de Baïf, 3,000 livres, soit à chacun 250 livres, pour leurs voyages et chevauchées de l'année échue le 31 décembre 1538, à cause de leurs états de maîtres des requêtes.

30815. Au trésorier de Pierrevive, 400 livres pour ses gages de commis à la garde des vaisselles d'or et d'argent, reliquaires et joyaux précieux du roi, durant ladite année 1538.

30816. A François de Signac, héraut d'armes du titre de Dauphiné, 450 livres pour un voyage qu'il va faire en Italie, partant de Paris le 5 janvier 1539 n. s., porteur de lettres de créance du roi adressées à divers seigneurs dudit pays touchant certaines affaires d'importance qui ne doivent être autrement spécifiées, pour son équipement et pour son retour.

30817. Don au dauphin et au duc d'Orléans de 8,000 écus soleil ou 18,000 livres pour leurs menus plaisirs durant la présente année finissant le 31 décembre 1539, dont ils seront payés chacun 1,000 écus par quartier.

(*Arch. nat.*, J. 962[14], n° 5, anc. J. 961, n° 156.)

Mandements aux trésorier de l'épargne et autres comptables de payer :

30818. A Catherine de Charais, dame de Matha, don de 300 écus ou 675 livres en récompense de ses services près la personne de la reine, à prendre sur les deniers qui se distribuent autour du roi.

30819. A « Marchione Daniquo », gentilhomme, ingénieur du royaume de Naples, 250 livres pour ses pension, gages et entretien au service du roi, durant l'année échue le 31 décembre 1538.

30820. A Alexandre Bourdich, archer de la garde écossaise, remboursement de 112 livres 10 sous qu'il a avancés à un fauconnier du roi d'Écosse qui a apporté au roi, à Saint-Germain-en-Laye, au mois de décembre dernier, un grand nombre de faucons de la part de son maître.

30821. A Christophe Leprêtre, 45 livres pour être allé, le 29 décembre dernier, de Saint-Germain-en-Laye en Picardie recevoir cent chevau-légers commandés par le s[r] de Sansac et les conduire en Piémont.

30822. Aux Frères minimes du couvent d'Amboise, 60 livres en don et aumône pour leur chauffage de l'année 1538, au lieu du bois que le roi leur donnait chaque année en la forêt d'Amboise et qui leur a été supprimé par l'ordonnance relative à la réformation des forêts.

30823. Mandement à Pierre Le Vassor, commis à la recette générale de Normandie, de payer, au lieu de Claude Guyot, receveur des tailles de Rouen, sur les deniers de ladite recette, 4,431 livres 2 sous 9 deniers pour quarante couleuvrines de fer faites en Normandie et leur transport à Guise, à Saint-Quentin et à Péronne.

30824. A Nicolas Picart, commis à tenir le compte des édifices de Fontainebleau et de Boulogne près Paris, 6,000 livres, soit 3,600 livres pour les ouvriers employés à Fontainebleau, 600 livres pour ceux de Boulogne et 1,800 livres pour les gages dudit Picart et ceux de Pierre Des Autels (*aliàs* Des Hôtels), contrôleur desdits bâtiments, durant l'année 1537.

30825. Don au connétable [de Montmorency] de tout le revenu de la chambre à sel de Fère-en-Tardenois, dépendant du grenier de Château-Thierry, y compris les amendes et confiscations, les gages d'officiers et autres charges préalablement payés, pour l'année échue le 31 décembre 1538.

30826. Au même, semblable don pour l'année 1539.

30827. A Mathieu Guynel, auteur d'épîtres et dizains « et autres œuvres en rhétorique », don de 50 écus soleil pour plusieurs compositions offertes au roi, qui y a pris grand plaisir.

(*Ici se trouve le n° 10596 du* Catalogue, *daté du 31 décembre 1538.*)

30828. A Jean Brinon et Nicolas Viole, maîtres des comptes, à chacun 300 livres, à Jacques Luillier, auditeur, 250 livres, et à Gervais du Moulinet, 61 livres 5 sous, pour avoir vaqué en présence de Louis Caillaut, conseiller au Parlement de Paris, à l'examen et clôture des comptes des clercs du feu receveur Besnier, à la vérification des payements des archers de la garde de la compagnie du s[r] de Chavigny, des années 1528 à 1532, et à l'inventaire de plusieurs cédules et obligations trouvées en la possession dudit Besnier et baillées à un nommé Bazannier, pour en recouvrer le montant, lesdites sommes à prendre sur les finances extraordinaires et parties casuelles.

30829. Mandement à Jean Carré de payer au s[r] Du Biez 926 livres

IMPRIMERIE NATIONALE.

13 sous 4 deniers pour son état de gentilhomme de la chambre, depuis le 22 mars 1537 n. s. qu'il en a été pourvu jusqu'au 31 décembre suivant, au s[r] de Fosseuse, 600 livres pour ses gages de maître d'hôtel durant ladite année entière, et à Jacques Martignac, sommelier de chapelle du roi, 90 livres pour ses gages des quartiers de juillet et octobre 1537.

30830. A Nicolas de Troyes, argentier du roi, 4,600 livres pour employer au fait de son office durant le quartier de juillet dernier, à prendre sur les deniers qui se distribuent autour de la personne du roi.

30831. A Julien Baugé, apothicaire de la feue reine et à présent du dauphin et du duc d'Orléans, 4,160 livres 18 sous 6 deniers, savoir 3,720 livres 2 sous 4 deniers complétant la somme de 5,120 livres 2 sous 4 deniers à lui due pour fournitures faites à ladite dame depuis le 1er janvier 1523 n. s. jusqu'au 26 juillet 1534, jour de son décès, y compris 500 livres pour ses gages de l'année 1524, et 440 livres pour autres fournitures livrées à la maison desdits princes pendant les années 1525 et 1526.

30832. A Jean Moussigot, prêtre, demeurant à Saint-Germain-en-Laye, 20 livres pour ses peines d'avoir, depuis quatre ans, monté et remonté chaque jour l'horloge du château dudit lieu.

(*Ici se trouve le n° 10613 du* Catalogue, *daté du 2 janvier 1539 n. s.*)

(*Arch. nat.*, J. 962, n° 6, anc. J. 961, n° 157.)

Rôle des payements faits comptant par Jean Laguette, trésorier et receveur général des finances extraordinaires et parties casuelles, sur mandements du roi :

30833. A Florentin Tairie et Guillaume Boureau, notaires royaux au bailliage d'Amboise, la somme de 75 livres tournois pour leurs salaires et vacations d'être venus, d'Amboise à Paris, porter témoignage devant les commissaires du roi Bertrandi et Cotel.

30834. A Claude de Hacqueville, maître ordinaire des comptes, 430 livres 8 sous, complétant la somme de 610 livres 8 sous pour quatre-vingt-quinze muids trois setiers de froment, mesure de Noyon, lui appartenant, qui avaient été réquisitionnés le 12 août 1536, à Pont-l'Évêque près Noyon, par Alpin de Béthune, baron de Baye, commissaire du duc de Vendôme, alors lieutenant général en Picardie, pour le ravitaillement de Saint-Quentin.

30835. A René Pinterel, barbier et valet de chambre ordinaire du roi, don de 100 écus soleil ou 225 livres en récompense de ses services et pour le dédommager de dépenses faites à la suite du roi au voyage de Nice.

30836. A Jean de Montolieu, conseiller au Grand conseil, et à René Chesneau, 284 livres 4 sous 6 deniers pour avoir instruit le procès de certains habitants de Berre, Fos et Marignane en Provence, prisonniers à la Conciergerie du Palais à Aix, suivant la taxation qui leur a été faite par les maîtres des requêtes de l'hôtel Hurault et Longuejoue.

30837. A Alexandre de Court, gentilhomme milanais, don de 20 écus soleil pour son entretien à la suite et au service du roi.

30838. A Claude Bellièvre, procureur général en Dauphiné, 535 livres à lui ordonnées, soit 35 livres pour le parfait de sa pension de neuf mois douze jours échus le 31 décembre 1536, et 500 livres pour sa pension des deux années suivantes.

30839. A Jean Gonnet, dit « la Plume », et à Thomas David, chevaucheurs d'écurie, 75 livres tournois, soit au premier 47 livres pour un voyage de Paris en Languedoc et en Dauphiné, et au second 28 livres pour être allé, de Paris en Touraine et en Bretagne, porter des lettres du roi aux généraux des finances et commissaires chargés du recouvrement des deniers.

30840. A Claude Chapuis, libraire du roi, 33 livres 5 sous pour la « garniture » et le transport à Fontainebleau, à Paris et à Saint-Germain-en-Laye, des livres que le roi a fait venir de Turin.

(*Arch. nat.*, J. 962[14], n° 7, anc. J. 961, n° 158.)

Payements par le même Jean Laguette, sur mandements du roi :

30841. A Guillaume Moynier, tapissier ordinaire du roi, 1,212 livres 4 sous 10 deniers, restant de 1,764 livres 14 sous 7 deniers, en payement de divers ouvrages et marchandises de son métier faits et livrés pour les tapisseries du roi.

30842. A Maubuisson, lieutenant du château du bois de Vincennes pour le connétable [de Montmorency], 20 écus soleil employés en achat de foin pour la nourriture des daims et autres bêtes sauvages entretenus au parc dudit lieu.

30843. A Mathurin Rivery, chargé du soin du lion du roi, 118 livres 10 sous pour avoir conduit ledit lion à la suite du roi, du 25 juin au 29 novembre 1538, à raison de 15 sous par jour.

30844. A Jean Le Valois et Pierre Martinet, archers de la garde de la compagnie du s[r] de Nançay, 139 livres 10 sous pour avoir mené prisonnier Bénigne Serre, s[r] des Barres, de la ville de Chevagnes à Montrichard, puis à Blois.

30845. A André de Fontville, 500 écus soleil ou 1,125 livres à prendre des 6,000 livres ordonnées en l'année 1529 pour employer aux fortifications de Provence, dont était comptable ledit Laguette, alors trésorier de l'extraordinaire des guerres, sur ce qui peut être dû audit de Fontville pour deux mille piques en bois de frêne qu'il a fournies en ladite année à la ville de Marseille et pour les frais de transport de quatre-vingt-dix-neuf caques de poudre à canon, qu'il fit conduire de Lyon audit lieu de Marseille.

30846. A Pierre Madrènes, messager ordinaire de Nîmes, 25 livres tournois pour être venu dudit lieu à Saint-Germain-en-Laye apporter au connétable un paquet de lettres et procédures concernant les affaires du roi, de la part du juge-mage de Nîmes.

30847. A Raymond Arnault, juge de la «part antique» de Montpellier, adjoint de Pierre Barbier, président des généraux de la justice des aides audit lieu, commissaire sur le fait des salines de Languedoc, 50 écus soleil ou 112 livres 10 sous à lui ordonnés sur ses salaire et vacations au fait desdites salines où il est encore employé.

30848. A Baptiste d'Alvergne, tireur d'or du roi, 600 livres tournois pour ses gages de l'année échue le 31 décembre 1538.

30849. A Bertrand de La Bourdairie, don de 1,000 écus soleil ou 2,250 livres, en considération des services rendus au roi dans le Levant où il avait été envoyé vers Jean de La Forêt, alors ambassadeur audit pays, qu'il trouva décédé quand il arriva, et pour les frais extraordinaires qu'il dut faire pendant ce voyage qui dura dix mois entiers, durant lequel temps il suppléa ledit s[r] de La Forêt, et aussi pour l'aider à supporter sa dépense à la suite du roi, en attendant qu'il soit porté sur l'état de sa chambre auquel il a été retenu.

30850. Mandement à la Chambre des Comptes de faire porter sur l'état final des comptes ci-devant rendus par Jean Laguette de sadite recette générale, des années 1531, 1532 et 1533, ceux qu'il rendra ci-après, et de lui allouer les voyages et frais extraordinaires faits durant lesdites années pour le recouvrement des deniers d'emprunts et autres.

30851. A François de Marcillac, premier président du Parlement de Rouen, remboursement de 12,000 livres tournois qu'il a prêtées au roi, le 22 mars 1523 n. s., et remise entre les mains de Jean Prévost, alors commis au payement de l'extraordinaire des guerres.

30852. Au maréchal d'Annebaut, 3,000 écus soleil provenant de l'office d'auditeur des comptes à Paris, vacant par le décès de Jean Fraguier, dont le roi lui a fait don en considération de ses services militaires et autres.

30853. A Jean de Lescarperie, conducteur des travaux de réparations de la ville de Bourg-en-Bresse, 80 livres pour le reste de ses gages des années 1536, 1537 et 1538.

30854. A Claude Mauperlier (*aliàs* Montparlier), général des monnaies, 522 livres 1 sou, dont 423 livres pour cent quarante et une journées qu'il a vaqué à visiter les ouvrages des Monnaies de Limoges, Villefranche, Toulouse, Bordeaux, Bayonne, la Rochelle et Poitiers, à raison de 60 sous par jour, et 99 livres 1 sou en remboursement des frais occasionnés par l'exercice de sadite commission.

(*Arch. nat.*, J. 962[14], n° 8, anc. J. 961, n° 160.)

Mandements aux trésorier de l'épargne et autres comptables de payer :

30855. A la reine, 10,000 livres en don sur les deniers de l'épargne pour l'aider à recouvrer « certaines bagues » et meubles qui lui sont nécessaires.

30856. Au marquis de Rothelin, 4,000 livres pour sa pension de l'année dernière 1538.

30857. Au cardinal de Gaddi, don de 2,250 livres en récompense de ses services.

30858. A Vincent Arnoulfin (Arnolfini), 20,837 livres 10 sous en payement de treize cent deux marcs deux onces six gros de vaisselle d'argent par lui mise entre les mains du trésorier Pierrevive, à raison de 17 livres le marc.

30859. Au trésorier de la maison du dauphin et du duc d'Orléans, 6,423 livres 15 sous 6 deniers pour la dépense par eux faite aux derniers tournois à Paris, au « bastillon » à Fontainebleau et en habillements de masques.

30860. Au même, 500 livres pour bailler au capitaine du charroi desdits princes, en payement de ce qui peut lui être dû pour l'entretien d'un chariot d'armes, et en compensation des pertes et dommages qu'il a éprouvés à leur service durant les guerres et voyages lointains pour tout le temps passé.

30861. Au s[r] d'Essay, lieutenant de la compagnie du duc de Montpensier, 500 livres pour sa pension de l'année 1538.

30862. A Pierre Bolioud, greffier du Parlement de Turin, 300 livres pour ses gages des trois premiers quartiers de la présente année que le roi veut lui faire payer d'avance.

30863. A François Marjot, procureur commun à Rouen, 45 livres pour certains voyages qu'il a faits en Normandie, outre 40 écus soleil qu'il a déjà reçus.

30864. A Eustache Dallière, 472 livres 10 sous en payement de deux paires de patenôtres et piliers d'agates rondes, garnies d'or, un parangon de turquoise enchâssé en un anneau d'or, un « parfum » de bronze et une pièce de taffetas de diverses couleurs.

30865. Acquit du remboursement fait par Martin de Troyes, au nom du trésorier de l'épargne, sur les deniers de la généralité de Languedoc, des emprunts faits de plusieurs marchands de Lyon, aux mois de mai et juin de l'année dernière, montant à 74,200 livres, que le roi veut être allouées au compte de l'épargne de la présente année, nonobstant que les quittances soient datées de l'année dernière.

30866. Provision à Philibert Babou, s[r] de la Bourdaisière, commis à la surintendance des bâtiments de Fontainebleau, Boulogne et autres, pour être payé par les trésoriers desdits édifices de 1,200 livres par an à cause de sadite charge, à commencer de l'année échue le 31 décembre 1537.

30867. Aux trois huissiers du Conseil privé, Christophe Daresse, Pierre Lalouete et François Vallet, 360 livres pour leurs gages de l'année dernière, soit 120 livres à chacun.

30868. A Dominique Lerte, portugais, qui a offert au roi certains parfums et autres nouveautés apportés de Portugal, don de 225 livres tournois.

30869. A Robert de Lesprande, 45 livres pour aller trouver certains aventuriers qui tiennent les champs près de Gien et les conduire en Bretagne.

30870. A Jean-Jacques de Castion, 225 livres à valoir sur le voyage qu'il va faire à la Ligue grise.

30871. A Simon de Musocq, de ladite Ligue grise, don de 67 livres 10 sous en considération de ses services et pour l'aider à retourner audit pays.

30872. A Jean Fessart, chevaucheur d'écurie, 31 livres 10 sous pour être allé en diligence de Fontainebleau à Paris chercher les médecins Braillon et Morelly, et jusqu'à Chantilly pour en rapporter des grenades et oranges douces.

30873. A Antoine de Heu, autre chevaucheur d'écurie, 18 livres pour être allé en diligence de Fontainebleau à Paris vers monseigneur le chancelier et pour son retour à Fontainebleau.

30874. A Jacques de Maubuisson, lieutenant du connétable au Bois de Vincennes, 67 livres 10 sous pour acheter du foin destiné aux daims et connins (lapins) du parc dudit lieu.

30875. A Jean André de Plaisance, don de 135 livres en récompense de ses services à la guerre et pour son retour en Italie.

30876. A Jean Carré, 960 livres pour payer les gages de Jeannet Bouchefort, chantre et valet de chambre du roi, des deux années dernières, et ceux de Clément Marot, autre valet de chambre, et d'Antoine Poinsson, joueur de cornet, de l'année dernière.

30877. A Nicolas Picart, commis au payement des édifices de Fontainebleau, 1,000 livres pour bailler à Francisque Cibec, menuisier, sur le prix du lambris de la grande galerie du château.

(*Arch. nat.*, J. 962[14], n° 9, anc. J. 961, n° 161.)

[Février 1539 n. s.]

Mandements aux trésorier de l'épargne et autres comptables de payer :

30878. A Jacques Bernard, 3,070 livres 8 sous 4 deniers pour la passe et augmentation de la dépense de la chambre aux deniers du roi, durant l'année 1538, à prendre sur les deniers de l'épargne.

30879. Au même, 1,250 livres pour les habillements des galopins, achat de linge, radoub de vaisselle et autres affaires nécessaires aux offices de l'hôtel du roi, durant le quartier de juillet dernier.

30880. A Nicolas de Troyes, 4,600 livres pour l'argenterie ordinaire du roi, du quartier d'octobre dernier.

30881. Au receveur général Bénigne Serre, 1,250 livres pour les menues affaires et nécessités de la chambre du roi, durant ledit quartier.

30882. A Charles Mesnagier, 4,000 livres pour l'argenterie ordinaire de la reine, durant le quartier de juillet dernier.

30883. A Jean Dessouslefour, 4,500 livres pour les menus plaisirs et affaires de chambre de la reine, y compris l'apothicairerie, durant le quartier d'octobre dernier.

30884. Au même, 1,800 livres pour délivrer à la marquise de Rothelin, à la comtesse de Saint-Aignan, sa sœur, et à la veuve du feu s[r] de Bressuire, pour leurs gages et conduite de leur charroi, de l'année dernière, à chacune 600 livres.

30885. A Jean Duval, 3,750 livres pour l'argenterie ordinaire de la maison du dauphin et du duc d'Orléans, du quartier d'octobre dernier.

30886. Au même, 1,500 livres pour les menus plaisirs, affaires de chambre, voyages, dons, etc., desdits princes, durant le même quartier.

30887. Au même, 1,460 livres pour les messes et services que l'on a célébrés chaque jour, l'an 1538, en l'église Saint-Julien de Tournon, pour feu M. le Dauphin.

30888. A Victor Barguin, 4,000 livres pour l'argenterie de Mesdames la Dauphine et Marguerite de France, et aux filles et demoiselles de leur maison, y compris l'apothicairerie, durant le quartier de juillet dernier.

30889. A Alard Plommier, marchand joaillier, 3,555 livres en payement d'un collet de velours noir enrichi de rubis, perles rondes et chaînes d'or, d'un livre d'heures manuscrit sur parchemin, enrichi de rubis et turquoises, couvert de deux grandes cornalines, avec un rubis au fermoir, d'un autre petit livre d'heures en parchemin, enrichi de diamants, rubis et émeraudes, d'un miroir d'argent doré, enrichi de plusieurs pierres et plumes, d'une chaîne d'or enrichie de cent vingt-quatre perles rondes, et de cent vingt-quatre patenôtres d'or émaillées de rouge clair, le tout acheté par le roi qui en a lui-même passé marché.

30890. A Jean Grec, marchand d'oiseaux, 826 livres 17 sous 6 deniers en payement de vingt-quatre sacres et un sacret que le roi a achetés de lui, à raison de 15 écus soleil par sacre et de 7 écus et demi pour le sacret.

30891. Au comte de Montrevel, 3,000 livres pour sa pension de l'année dernière 1538.

30892. Mandement à Georges Aliod, trésorier de Bresse, de payer audit comte de Montrevel naguère bailli et gouverneur dudit pays, les gages appartenant audit office, pour le temps qu'il l'a exercé, à raison de 1,000 florins de Savoie par an, c'est-à-dire les mêmes que prenait le s[r] de Montfalconet, lequel a été depuis peu rétabli audit office.

30893. A Jacques Colet, don de 180 livres en récompense de certains voyages secrets qu'il a faits en Italie.

30894. A Jacques Guyot, dit « le duc d'Urbin », vivandier, don de 10 écus pour la peine qu'il prend de trouver des fruits nouveaux pour le roi.

30895. A Charles Des Hayes et Alain de La Coste, gentilshommes de la vénerie, don de 30 écus soleil à chacun, pour services rendus dans l'exercice de leurs charges.

30896. Mandement à la Chambre des Comptes d'allouer aux comptes du receveur de l'écurie du dauphin et du duc d'Orléans la dépense des pages et chevaux de ladite écurie durant l'année dernière, à raison de 6 sous tournois chaque jour par page et de 5 sous par cheval, qui sont les prix de l'écurie du roi, nonobstant que l'état ne porte que 5 sous pour chaque page et 4 sous par cheval.

30897. A Martin de Troyes, commis au payement de l'extraordinaire des guerres, 6,750 livres pour envoyer en Piémont et être employées aux affaires concernant la sûreté du pays, ainsi qu'il sera avisé par M. de Montejean.

30898. Au s[r] de Saint-Julien, 337 livres 10 sous pour aller en poste de Fontainebleau en Piémont, vers ledit s[r] de Montejean, et après au marquisat de Saluces, où il résidera un certain temps pour les affaires du roi.

30899. A Guillaume de Saint-Martin, s[r] de Faurie, don de 500 écus soleil (1,125 livres) en considération de ses services de guerre en Italie et pour le dédommager des pertes qu'il a subies en ses maisons dudit pays.

30900. A Pierre Travers, louvetier, don de 400 livres pour ses services à la capture des loups et louves de la forêt de Bière et autres bois du domaine royal.

30901. A Gaillard de Moncamp, juge-mage de Nîmes, 300 livres, et au s[r] de Borchenu, 157 livres 10 sous, sur leurs voyages et vacations en Savoie et en Piémont, où ils ont été envoyés pour l'ordre de la justice et police desdits pays.

30902. Au s[r] de Cormettes, 225 livres en récompense de ses services de guerre en Picardie et dans l'Artois.

30903. A Antoine de Pierrevive, contrôleur de l'argenterie du roi, remboursement de 81 livres qu'il a payées pour l'achat d'un miroir de cristal taillé « à la damasquine », enchâssé en bois d'ébène, retenu par le roi.

30904. A Guillaume Hérondelle, orfèvre de Paris, 450 livres pour faire un collier d'or que le roi lui a commandé, où il mettra en œuvre plusieurs diamants et autres pierreries.

30905. A San Pietro Corso, capitaine des gens de pied, 112 livres 10 sous tant pour l'aider à supporter ses dépenses à la suite de la cour que pour retourner en Piémont, près du s[r] de Montejean.

30906. A Jean Ragot, valet de chambre de la reine de Navarre,

IMPRIMERIE NATIONALE.

30 écus soleil que le roi a voulu remettre entre ses mains pour être baillés en don et aumône à certain personnage qui ne doit être nommé.

30907. A Antoine Durand, « tendeur aux milans », don de 20 écus soleil pour avoir offert au roi plusieurs milans qu'il avait pris au filet.

30908. A Bernardin Bourrilly, greffier des États de Provence, 100 livres pour trente jours qu'il a vaqué à faire réparer les chemins et ponts depuis Aix jusqu'à Antibes, pour le fait de l'entrevue du pape et du roi à Nice, suivant la taxe qui lui en a été faite par le comte de Tende.

30909. A Jean Le Velu, dit « le Buisson », portemanteau du roi, don de 225 livres, en récompense des soins qu'il a donnés à certains oiseaux de la chambre du roi pour la fauconnerie.

30910. A Jean Proust, chevaucheur d'écurie, 22 livres 10 sous pour la dépense qu'il a faite à Calais et à Douvres en attendant que la mer fût calme pour son passage en Angleterre, outre 123 livres qui lui furent délivrées lors de son départ.

30911. Au même, 437 livres 10 sous pour se rendre en poste de Fontainebleau en Espagne, vers l'évêque de Tarbes, et retourner auprès du roi.

30912. A Toussaint de Radepont, Hector de La Haye, Jean Blanchard et Jacques de La Faye, gardes de la forêt de Bord près le Pont-de-l'Arche, 240 livres tournois pour leurs gages et entretien durant l'année dernière 1538, soit à chacun 60 livres.

30913. A frère Gosselin Sert, religieux de Tournay, 30 livres pour sa pension de ladite année 1538.

30914. A Catherine Gayant, dite la « Cadraniere », mercière demeurant à Paris, 270 livres en payement de trois paires de manchons et d'un collet de toile d'or riche, achetés par le roi.

30915. A Jean Hénard, commis au payement des pensions générales et particulières de Suisse, 88,709 livres 8 sous 9 deniers pour employer ainsi qu'il suit : pour les pensions générales des treize Cantons du terme de la Chandeleur dernière, 36,000 livres; pour autres pensions dues audit terme aux alliés des Cantons, 6,200 livres; aux héritiers de feu Georges de Sobresax, 2,000 livres sur 10,774 livres 10 sous restant à leur payer; à dix-huit chevaucheurs d'écurie faisant le service de la poste entre Lyon et Lucerne, pour les mois de novembre, décembre et janvier derniers, 1,080 livres; aux pontonniers, passagers et portiers de service sur ladite route, durant le même temps, 100 livres; au s[r] de Boisrigault, ambassadeur audit pays, pour son état de décembre et janvier derniers et du présent mois de février, 1,200 livres; au s[r] de Blancfossé, pour son état desdits trois mois, 180 livres; au même pour ce qui lui restait dû des termes précédents, 240 livres; à diverses personnes de Lucerne, pour augmentation de leurs pensions du terme de novembre, 100 livres; à Gabriel Marcelin, truchement, pour sa pension de la présente année 1539, 400 livres; pour le rachat de 826 écus soleil de rente servie à ceux desdites Ligues, 37,203 livres 15 sous; pour les arrérages de ladite rente jusqu'à ladite Chandeleur, 1,860 livres 3 sous 9 deniers; pour lesdits arrérages de la même rente, depuis la Chandeleur jusqu'au 31 mars prochain, que le payement dudit rachat pourra tarder à être effectué, 300 livres; pour le «renfort» de 9,900 florins d'or, dont 4 valent plus que 3 écus soleil, à raison de 2 écus pour 100 florins, 445 livres 10 sous; pour la dépense de ceux des Cantons qui viendront recouvrer les sommes du rachat et des arrérages susdits, 400 livres; et audit Hénard, pour le port et recouvrement des sommes ci-dessus et pour en tenir le compte, 1,000 livres tournois.

30916. A François Errault, président au Parlement de Turin, 1,350 livres; à Barthélemy Aymé, Antoine Corlier et Jacques Morin, conseillers, à chacun 375 livres; et à Louis Jaquelot, l'un des huissiers de ladite cour, 37 livres 10 sous, pour leurs gages de trois quartiers à partir du 1er janvier dernier, que le roi veut leur être ainsi avancés.

30917. A François de La Colombière, trésorier et receveur général de Savoie et Piémont, 2,658 livres 15 sous pour payer les gages de certains officiers du Parlement de Turin, savoir à François Andricy, Jean Joussault et Étienne de Forges, conseillers français, à chacun 375 livres pour trois quartiers à dater du 1er janvier dernier; à Nicolas Caboret, Antoine de Andreis et Marcial Guerry, conseillers italiens, à chacun 273 livres 15 sous, pour les mêmes quartiers; à Miffray Grasi, de Piémont, avocat fiscal, 150 livres; à Étienne Morin, procureur général, 450 livres; à Simon Massolant, premier huissier, 75 livres, et au troisième huissier, 37 livres 10 sous, tous pour le même temps, que le roi a ordonné de leur payer d'avance.

30918. Provision au s[r] de Lameth, général des finances, pour être payé par Philippe Le Tirant, à présent commis à la recette générale d'Outre-Seine, de la somme de 3,000 livres portée en un mandement adressé à Jacques Marcel, ancien commis à ladite recette, pour ses gages de dix-huit mois échus le 31 décembre 1536.

30919. Mandement à la Chambre des Comptes d'allouer audit Marcel 850 livres 19 sous payés par ordonnance du s[r] de Longueval et du maître des requêtes Bouchard, tant pour leur dépense que pour autres frais en la commission qu'ils eurent de faire des emprunts particuliers et de procéder à la rentrée par anticipation des deniers du quartier d'octobre 1537 et du don gratuit en la généralité d'Outre-Seine.

30920. A Florimond Le Charron, ci-devant commis au payement des officiers domestiques du roi, 150 livres pour les gages du s^r^ de Fors, maître d'hôtel, du quartier de janvier 1536 n. s.

30921. A Jean Carré, à présent commis audit payement, 450 livres pour les gages dudit s^r^ de Fors, des quartiers d'avril, juillet et octobre 1536.

30922. A Jean Crespin, 180 livres en payement de cinq miroirs de cristal, couverts de velours et enrichis de broderie que le roi a achetés de lui.

30923. A Roux de Rousse (Rosso), peintre, 1,400 livres pour ses gages et entretien d'une année sur plusieurs qu'il prétend lui être dues.

30924. A Nicolas Picart, 2,000 livres pour les édifices de Fontainebleau.

30925. A Florentin de Bougrinval, gentilhomme de la fauconnerie, don de 78 livres 15 sous pour subvenir pendant un mois à sa dépense et à celle de plusieurs fauconniers qui dressent les oiseaux du roi.

30926. Aux enfants de la cuisine de bouche et du commun, don de 22 livres 10 sous pour le jour de Carême prenant, en la manière accoutumée.

30927. A frère Pierre, joueur de flûte, don de 45 livres.

30928. Don de 20,000 livres à M. de Nevers et à Marguerite de Bourbon, sa femme, en considération de leur mariage, ladite somme à prendre sur l'épargne en quatre parts égales, aux quatre quartiers de la présente année.

30929. A Martin de Troyes, 20,233 livres 10 sous pour l'état de Piémont du mois de mars prochain, savoir pour la solde de deux mille hommes de pied, 16,143 livres 10 sous; pour les gages du maréchal de Montejean, des gouverneurs et capitaines des places du pays et autres personnages, 2,840 livres; pour l'artillerie, 750 livres; et pour les dépenses imprévues, 500 livres, à prendre sur la recette de Languedoc de l'année dernière.

30930. Au même, pour délivrer au capitaine Nicolas de Rustici, dit « le Bossu », 3,000 écus soleil (7,150 livres) afin de demeurer quitte envers lui de 8,064 livres qu'il réclamait pour l'entretien de douze capitaines et de trente-deux gentilshommes à cheval qui avaient accoutumé d'avoir vingt-huit payes chaque mois, en chacune des huit bandes placées sous les ordres dudit Rustici, et ne furent compris sur les rôles des six derniers mois de leur service, aussi pour tout ce qui pouvait lui être dû de sa pension jusqu'au 31 décembre dernier, et en outre pour délivrer 400 livres en don à Ludovic de Salzbourg, à Cornélius Van Cassel, à « Jors » Joncker et à Hans Seins, capitaines de quatre desdites bandes.

(*Arch. nat.*, J. 962[14], n° 10, anc. J. 961, n° 168.)

[Mars 1539.]

Mandements aux trésorier de l'épargne et autres comptables de payer :

30931. A M. le connétable [Anne de Montmorency], 24,000 livres pour ses gages dudit état de la présente année finissant le 31 décembre 1539, à prendre sur les deniers de l'épargne par les quatre quartiers.

30932. Au même, pour sa pension, 12,000 livres, et pour son état de gouverneur de Languedoc de ladite année, 6,000 livres, à prendre comme dessus.

30933. Au même, don de 8,000 livres en compensation des 4,000 ducats briançonnais, pour ladite année.

30934. Au même, pour la capitainerie de la Bastille, 1,200 livres; pour celle du bois de Vincennes, 1,200 livres; pour celle de Nantes, 500 livres, et pour Saint-Malo, 400 livres, durant la même année.

30935. Au maréchal de Montejean, 10,000 livres pour sa pension de ladite année, dont il sera payé comme dessus.

30936. A Christophe Hérouart, lieutenant général au bailliage de Chartres, remboursement de 6,000 livres qu'il avait prêtées, le 23 mars 1524 n. s., pour les affaires du roi et versées entre les mains de Philibert Babou, alors trésorier de l'épargne, ladite somme à prendre sur les amendes du Parlement de Paris.

30937. A Jacques Bernard, 15,000 livres pour la dépense ordinaire de la chambre aux deniers du roi, durant le présent quartier de janvier, février et mars, sur les deniers de l'épargne.

30938. A Jean Lyonne, 19,414 livres 9 sous 2 deniers pour la dépense ordinaire de l'écurie du roi, durant ledit quartier, sur l'épargne.

30939. A Jean Dessouslefour, 16,250 livres pour la dépense ordinaire de la chambre aux deniers de la reine, du même quartier, comme dessus.

30940. Au même, 9,000 livres pour la dépense ordinaire de l'écurie de ladite dame, durant ledit quartier.

30941. A Jean Duval, 11,437 livres 10 sous pour la dépense ordinaire de la chambre aux deniers du dauphin et du duc d'Orléans, durant ledit quartier, comme dessus.

30942. Au même, 7,187 livres 14 sous pour la dépense ordinaire de l'écurie desdits princes, durant ledit quartier, comme dessus.

30943. Au même, 6,327 livres 1 sou 5 deniers pour le parfait payement de ladite écurie de l'année dernière 1538, y compris les augmentations des pages et chevaux nécessitées par les lointains voyages accomplis durant cette année.

30944. Lettres adressées à la Chambre des Comptes déclarant que le roi n'ayant pas voulu faire état des officiers domestiques de la maison du dauphin et du duc d'Orléans, pour l'année 1538, il entend qu'ils soient payés en la forme et manière qu'ils l'ont été en 1537, tant en vertu de l'état de l'année 1536 que des provisions et acquits depuis expédiés; les nouveaux pourvus percevront leurs gages à dater du décès de leurs prédécesseurs, tels Aymar Tiercelin, nommé à la place de feu René de Cossé, panetier; Jacques Girard, au lieu de feu Pierre Baufrais, clerc de chapelle; Nicolas Lavernot, au lieu de feu Nicolas Girardeau, chirurgien; Charles Le Prévost et François Pavée, au lieu de feu Louis Queret, dit «Isieux», et de Jean Montjoie, valets de chambre; Guillaume Desjardins, au lieu de feu Louis Le Mignon, huissier de chambre; Zacharie Hardy, au lieu de feu Louis Mabille, sommelier de paneterie; Claude de Conteville, au lieu dudit Hardy; Pierre Pineau, au lieu de feu Denis Raveau, sommelier d'échansonnerie; Mathurin Morillon, au lieu de feu Jean Georget, écuyer de cuisine; Claude Mareschal, au lieu de feu Durand Gallois, valet de fourrière; Jean de Boisrobin, au lieu de feu François de Quiévy, maréchal des logis; Guillaume Gallois, clerc de chapelle, pour les gages de l'année entière, au lieu d'Antoine Anselme, destitué à cause d'un meurtre dont il s'est rendu coupable; Jean et Guillaume Drouet, sommeliers d'échansonnerie, qui servent en l'absence l'un de l'autre, seront payés par moitié des gages dudit état.

30945. A Victor Barguin, 12,000 livres pour la dépense ordinaire de la chambre aux deniers de Mesdames la dauphine et Marguerite de France, durant le présent quartier de janvier, février et mars.

30946. Au même, 4,000 livres pour la dépense ordinaire de l'écurie desdites dames, durant le même quartier.

30947. Au même, 6,685 livres 6 sous 9 deniers pour le parfait payement de la chambre aux deniers de Mesdames, de l'année dernière 1538.

30948. Au même, 9,144 livres 14 sous 1 denier pour le parfait payement de leur écurie, de ladite année 1538.

30949. A Jean Seigneuret, 1,500 livres pour les offrandes et aumônes du roi de ce présent quartier de janvier.

30950. A Melchior Baldi, facteur de Marc Coëte (*aliàs* Coëtif), marchand de Bruxelles, 3,993 livres 15 sous en payement de cinq pièces de tapisserie or et soie, où sont représentés les Cinq âges du Monde, mesurant ensemble quatre-vingt-huit aunes trois quarts, dont le roi a lui-même fait marché pour l'ameublement de Fontainebleau.

30951. Au capitaine Bonneval, 1,500 livres pour sa pension de l'année 1538.

30952. Au s^r de La Guiche, lieutenant de la compagnie de M. le Connétable, 1,200 livres pour sa pension de ladite année.

30953. Au s^r de Morette, 1,800 livres aussi pour sa pension de l'année 1538.

30954. A Guillaume Vandrimpel, capitaine gueldrois, 500 livres pour sa pension de ladite année.

30955. A Jeanne Houelle, femme de Nicolas de Canlers, naguère morte-paye du château de Hesdin, 67 livres 10 sous en don et aumône, pour l'aider à vivre et faire soigner son mari de plusieurs blessures qu'il a reçues en Piémont, au service du roi.

30956. A Claude Yon, marchand, 1,012 livres 10 sous en payement de cent grosses perles qu'il a vendues au roi.

30957. Au s^r de Savonnières, 121 livres 11 sous 6 deniers en remboursement de ses frais pour faire porter des lettres du roi, les unes concernant les provisions de salpêtre en Languedoc et en Guyenne, et les autres relatives à la réduction des notaires et sergents dudit pays de Languedoc.

30958. Lettres de décharge à Étienne Noblet, naguère commis à la recette générale de Bourgogne, de la somme de 340 livres 2 sous 8 deniers qu'il a délivrée à Oudart Drouet, sommelier d'échansonnerie du roi, pour achat de vin d'Arbois et transport dudit vin à Paris pour la provision de l'hôtel.

30959. Aux héritiers de Louis Dodieu, marchand fournisseur de l'argenterie du roi, 3,135 livres pour reste de marchandises livrées durant les quartiers d'octobre 1514 et janvier 1515, dont ils rapportent décharges au nom de feu Morelet, alors argentier, à prendre sur les biens dudit Morelet par les mains de Jean Bazanier, commis à l'administration de ces biens.

30960. Décharge à Claude Guyot, naguère commis à la trésorerie de la marine de Ponant, et à Pierre Le Vassor, commis à la recette générale de Normandie, d'une somme de 6,395 livres 11 sous 7 deniers délivrée, en mars 1537 n. s., par ledit Le Vassor audit Guyot, et par ce dernier employée aux dépenses du voyage de la feue reine d'Écosse, et de Madame Marguerite, de Compiègne au Havre, et du passage en Écosse de ladite feue reine, suivant les ordonnances de l'amiral de Brion.

30961. Aux religieuses de Sainte-Claire de Montbrison, 100 livres d'aumône ordinaire annuelle, à prendre sur la recette ordinaire de Forez, pour la présente année.

30962. A Florentin de Bougrainval, gentilhomme de la fauconnerie, don de 78 livres 15 sous pour sa dépense et celle de plusieurs fauconniers chargés de dresser les oiseaux du roi, outre semblable somme reçue pour un autre mois.

30963. A Jean de Dampont, 22 livres 10 sous en don pour avoir rapporté à Montereau-Faut-Yonne un sacre perdu à la volerie, qu'il a trouvé près de Chantilly.

30964. A Hans Ber, Hans Turiq et Peter Zich, don de 225 livres pour eux et leurs compagnons, Suisses de la garde, en récompense du passe-temps qu'ils donnèrent au roi en dansant en sa présence, le jour des Rois dernier.

30965. Au duc de Guise, 12,000 livres pour sa pension de l'année dernière 1538, et 6,000 livres pour son état de gouverneur de Champagne et de Brie.

30966. Au comte d'Aumale, son fils, 2,000 livres pour sa pension de six mois échus le 31 décembre 1538.

30967. Aux s[rs] de Nançay, de Chavigny et au sénéchal d'Agénais, capitaines des gardes, à chacun 1,200 livres; à Juan Stuart, lieutenant de la compagnie de la garde écossaise dont est capitaine le s[r] d'Aubigny, 600 livres; à Jean Borthinc, porte-enseigne, et à Jean Stuart, homme d'armes de ladite compagnie, à chacun 300 livres; à Louis de « Cleuregnault », porte-enseigne de la compagnie du s[r] de Nançay, 200 livres; à Louis de Laage, lieutenant de la même compagnie; à Louis de Charmazel, lieutenant, et à Raymond de Lisle, porte-enseigne de la compagnie du sénéchal d'Agénais, 300 livres au premier et 200 au second; à Louis de Thiville, s[r] de la Rochevert, lieutenant, et à René du Rivol, porte-enseigne de la compagnie du s[r] de Chavigny, 300 livres au premier et 200 au second, en tout, 6,300 livres, pour leurs pensions de l'année dernière 1538.

30968. A Bernard Salviati, prieur de Rome, 4,500 livres pour sa pension de dix-huit mois échus le 31 décembre 1538.

30969. A Pomponio Trivulce, gouverneur de Lyon, 2,500 livres pour sa pension de ladite année 1538.

30970. Au comte Jean Trivulce, son neveu, 400 livres pour sa pension de ladite année.

30971. Au comte Guillaume de Biandra, don de 500 livres en considération de ses services et pour se rendre en Piémont.

30972. A Alexandre de Court, italien, don de 200 livres en récompense de ses services et pour retourner en Italie.

30973. A Jérome Sourd, napolitain, don de 67 livres 10 sous pour l'aider à vivre.

30974. A Fabrice Cecilian, 200 livres pour aller en Guyenne visiter les fortifications de Bayonne et autres places, et faire les devis des réparations nécessaires.

30975. Au duc de Somma, 2,113 livres pour la pension du feu duc son père, du 1er janvier 1538 jusques et y compris le 13 septembre suivant, à raison de 3,000 livres par an.

30976. Au même, 800 livres pour sa pension de l'année 1538, qu'il avait dès le vivant de son père.

30977. A Jean Vasson, don de 45 livres pour avoir rapporté au roi, à l'abbaye de Vauluisant, un sacre perdu à la volerie et trouvé près Attigny en Champagne.

30978. A Guillaume Belliard, 4,100 livres pour le payement des gages des Cent-Suisses de la garde, durant le présent quartier de janvier-mars [1539 n. s.].

30979. Mandement à la Chambre des Comptes de rétablir les gages dudit Belliard, sans qu'il soit tenu de bailler caution, ce dont le roi le dispense, parce qu'il a avancé de ses deniers les gages et solde desdits Cent-Suisses pour un quartier.

30980. A Jean Carré, 21,923 livres 5 sous sur le montant des gages des officiers de la maison du roi, durant le présent quartier de janvier-mars, à prendre au trésor de l'épargne.

30981. A Jean Dessouslefour, 8,000 livres sur ce qui est dû aux officiers domestiques de la reine, de l'année dernière 1538.

30982. A Jean Duval, 8,000 livres sur ce qui reste dû de l'année dernière aux officiers domestiques du dauphin et du duc d'Orléans.

IMPRIMERIE NATIONALE.

30983. A Victor Barguin, 6,000 livres sur ce qui reste dû de l'année dernière aux officiers domestiques de Mesdames la Dauphine et Marguerite de France.

30984. Au s[r] du Puy-du-Fou, lieutenant de M. le Connétable au château de Nantes, 4,000 livres pour tout ce qui peut lui être dû de sa pension, portée de 600 à 1,000 livres par an, de tout le temps passé jusqu'au 31 décembre 1538, à recevoir des mains de Jean Berthon, receveur des restes des officiers comptables en Bretagne.

30985. A Raymond Forget, 15,000 livres pour employer aux édifices des château et parc de Chambord, durant la présente année, à prendre sur l'épargne.

30986. Au capitaine Poulain, 675 livres pour ce qui peut lui être dû de son état de capitaine de cinq cents hommes de guerre qu'il avait en Piémont, l'an 1537, et pour avoir entretenu cinquante hommes de guerre à Château-Dauphin, durant trois mois de ladite année.

30987. Mandement au trésorier de l'épargne de faire payer par Clérambault Leclerc, à présent commis à la recette générale de Languedoïl, au s[r] de Montejean 6,000 livres qui lui restent dues de la somme de 12,000, dont le roi lui a fait don l'année dernière pour payer sa rançon, à prendre aux quatre quartiers de la présente année des deniers provenant de l'émolument de la ferme et traite du sel des Ponts-de-Cé et d'Ingrande.

30988. Au prévôt Genton, 150 écus soleil (337 livres 10 sous) en déduction des journées qu'il pourra vaquer, avec certains archers de sa bande, en un voyage que le roi lui a ordonné de faire de Paris en certains lieux du royaume et dont on ne doit faire plus ample déclaration.

30989. Mandement au trésorier de l'épargne de faire payer par Étienne Noblet et Antoine Le Maçon, receveur général de Bourgogne, des deniers revenant bons de la crue de 15 livres par muid de sel vendu aux greniers de Bourgogne, affectés au payement des gages du Parlement de Dijon, la somme de 7,128 livres 12 sous due de reste à ladite cour pour sept quartiers de gages, du 1er janvier 1536 au 30 septembre 1537, à raison de 1,590 livres 5 sous par quartier, sur lesquels ils ont cidevant reçu 4,003 livres 3 sous.

30990. A Louis Le Roy, s[r] de Chavigny, capitaine et principal garde de la forêt de Chinon, 120 livres; à Jean Lavolle, René Vallée, Jean Gaultier et André Ripault, gardes de ladite forêt, à chacun 60 livres pour leurs gages de l'année échue le 31 décembre 1538.

30991. A Raoul Burgensis, Jean Regnard, Fernand Desforges, Louis

Faraon et Salomon Cottereau, sommeliers de bouche du roi, don de 337 livres 10 sous (150 écus soleil), en récompense de leurs services.

30992. A Jean-Clément Stanga, don de 500 livres en considération de ses services et pour toutes les pensions et appointements qu'il pourrait prétendre lui être dus de tout le temps passé.

30993. A Antoine de Rincon, ambassadeur du roi dans les pays du Levant, 6,000 écus soleil (13,500 livres), tant sur son état et vacation que pour certaines affaires secrètes, laquelle somme sera mise entre les mains du vice-président Octavien Grimaldi, chargé de la faire parvenir à Constantinople.

30994. A l'évêque de Raguse, 1,000 écus soleil (2,250 livres) pour certaines affaires secrètes, ladite somme à remettre entre les mains dudit Grimaldi, qui la lui fera tenir à Raguse.

30995. Audit Grimaldi, 2,538 livres pour les frais de port à Constantinople et à Raguse desdites sommes de 6,000 écus et de 1,000 écus, et de celle de 11,800 écus en remboursement de 10,000 ducats prêtés au baron de Saint-Blancard dans lesdits pays du Levant.

30996. A César Cantelme, 1,350 livres pour son voyage auprès d'Antoine Rincon et ailleurs dans les pays du Levant, où le roi l'envoie en diligence.

30997. Au receveur ordinaire d'Orléans, 6,000 livres pour la vacation des commissaires et autres frais de la réformation de la forêt d'Orléans, selon les taxes du s[r] de Warty, grand-maître des Eaux et forêts, et autres commissaires royaux, à prendre sur les amendes et confiscations prononcées par les réformateurs, outre 6,000 livres ci-devant ordonnées pour semblable cause.

30998. A Antoine de Heu, Guillaume Bazille et Jean Fressart, chevaucheurs d'écurie, servant près de M. le Connétable à faire les voyages pour les affaires du roi, 93 livres pour le service durant ce présent mois de mars, à raison de 20 sous par jour, à recevoir des mains de Bénigne Serre, la taxe ordinaire des chevaucheurs, soit 13 sous 9 deniers par jour, ayant été élevée en leur faveur à cause de la cherté des vivres à la suite de la cour.

30999. A Antoine Delahaye, organiste du roi, don de 45 livres sur l'épargne.

31000. Aux héritiers du comte Guy de Rangone, 4,620 livres pour le parfait de la pension du défunt montant à 10,000 livres par an, depuis le 23 juillet 1536 qu'il entra au service du roi, jusqu'au 9 janvier

1539 n. s., date de sa mort, à prendre sur les revenus de Piémont de la présente année.

31001. Au s[r] Palvesin Visconte (Pallavicini Visconti), 3,000 livres sur ce qui peut lui être dû de sa pension, à prendre sur l'épargne.

31002. Au comte de Petigliano, 3,863 livres pour le parfait de sa pension montant à 4,000 livres par an, depuis le 15 juillet 1536 jusqu'au 30 juin 1538.

31003. A Henri Maréchal, 15,800 livres pour la solde de trois cent soixante chevau-légers servant en Piémont, durant le présent quartier de janvier-mars, y compris 500 livres pour les frais de sa commission.

31004. A Louise de Clermont, dite «Tallard», demoiselle de la maison de Mesdames, à l'occasion de son mariage avec le s[r] du Bellay, don de 10,000 livres à prendre des deniers de l'épargne, la moitié sur le présent quartier et l'autre moitié sur les trois autres quartiers, par portions égales.

31005. A Jean Carré, 2,800 livres pour les gages de MM. de La Roche-sur-Yon, gentilhomme de la chambre, et du s[r] de Chambret, panetier, durant l'année dernière, parce qu'ils n'ont pas été inscrits sur l'état de ladite année.

31006. Aux sœurs de Sainte-Claire de Grenoble, don et aumône de cent livres pour leurs nécessités de la présente année, à prendre sur le trésorier du Dauphiné.

31007. Aux abbé, religieux et couvent de Saint-Hubert dans les Ardennes, 200 livres pour deux années du don ordinaire que le roi leur fait, à prendre sur l'épargne.

31008. A Toussaint Breconnyer, don de 45 livres pour avoir amené deux limiers dont l'abbé dudit lieu de Saint-Hubert a fait présent au roi.

31009. Au s[r] de Castillon, 648 livres en remboursement de voyages de courriers et autres frais par lui faits en Angleterre.

(*Arch. nat.*, J. 962[14], n° 11, anc. J. 961, n° 169.)

[Janvier 1539.]

Mandements au trésorier de l'épargne de payer :

31010. A Martin de Troyes, commis à l'extraordinaire des guerres, 22,435 livres 10 sous, savoir pour la solde de deux mille hommes de pied en Piémont durant le mois de février prochain, 16,143 livres 10 sous; pour la solde d'un mois une fois payé de cent vingt hommes outre ledit nombre, 1,012 livres; pour les états et entretien du lieutenant général, des gouverneurs de places et autres personnages au service du roi dans ledit pays, durant ledit mois de février, y compris les sommes dues aux s[rs] d'Ambres et Pescheray, pour le présent mois de janvier, 3,080 livres; pour l'état et entretien des officiers de l'artillerie audit pays, durant lesdits mois de janvier et février, 1,500 livres; et pour les dépenses imprévues de février, 700 livres outre les 300 déjà fournies.

31011. A Jean Verdet, dit « la Plume », chevaucheur d'écurie, allant de Paris en Écosse, 270 livres pour son voyage en poste par terre et pour les frais de traversée, tant de l'allée que du retour.

31012. A Jean Pechet, portugais, expert en la marine, don de 450 livres pour aller en Portugal chercher sa femme, ses enfants et ses cartes, et s'établir en France pour servir dans la marine.

31013. A Jean-Marie Benedict, de Sienne, capitaine de navires, don de 90 livres pour l'aider à vivre à la suite de la cour.

31014. A Antoine Tholozan, capitaine italien, don de 450 livres pour services de guerre.

31015. A Jean de Languetot, aumônier du feu duc de Bourbon, don de 225 livres en récompense de voyages et services secrets.

31016. A Louis de Piennes, don de 225 livres pour l'aider à supporter la dépense de plusieurs voyages et affaires, où il a été employé par le roi et M. le Connétable, outre ce qui lui a été ordonné ci-devant.

31017. A Martin de Troyes, 855 livres 12 sous 8 deniers pour remettre entre les mains du prévôt de Paris et être par celui-ci distribués à plusieurs personnes de Thérouanne, pour la dépense de trois cents hommes de pied qui y étaient en garnison durant le mois de juillet et jusqu'au 4 août derniers et n'ont eu aucune solde pendant ce temps.

31018. A Raoul de Marteau, dit « Villette », don de 1,125 livres en récompense de ses services.

31019. Au s[r] de Piennes, 1,200 livres pour sa pension de l'année dernière.

31020. A François de Vivonne, s[r] de la Châtaigneraie, don de 450 livres en récompense de ses services.

31021. A Mme la marquise de Rothelin, don de 1,350 livres pour les services qu'elle rend à la reine et pour l'aider à supporter sa dépense à la cour.

31022. Don au roi et à la reine de Navarre du revenu et émolument des greniers et chambres à sel d'Alençon, Verneuil, Bellême, Exmes et Argentan, des quint et gabelle de Domfront, et des amendes, forfaitures et confiscations qui y écherront durant la présente année finissant le 31 décembre 1539, comme ils en ont joui les années précédentes.

(*Arch. nat.*, J. 962[14], n° 12, anc. J. 961, n° 170.)

Sommes payées du commandement du roi par Jean Laguette, trésorier et receveur général des finances extraordinaires et parties casuelles, aux personnes qui suivent :

31023. A Pierre Lalouette et François Valet, huissiers de salle et du Conseil privé, 207 livres pour leurs peines, journées et vacations d'avoir fait faire les bateaux qui ont servi à mener le roi sur le Rhône et la Saône, aller et retour, durant le voyage en Provence, lors de l'entrevue avec le Pape et l'Empereur, et aussi les ponts de bateaux jetés sur le Var pour le passage du roi et de son train de Provence à Nice, suivant la taxe qui leur en a été faite par l'évêque de Soissons et Thomas Rapouel, secrétaire de la chambre.

31024. A Jean de Menucourt, écuyer, 171 livres pour ses peines, journées et vacations à la conduite des bandes de lansquenets commandés par le baron « de Flestin et Bastien de Wolsabiot », venus d'Allemagne en la ville de Langres pour le service du roi, et pour plusieurs voyages effectués afin de leur faire porter des vivres et des munitions, suivant la taxe faite par Claude Dodieu, maître des requêtes, et Thomas Rapouel, secrétaire des commandements.

31025. A Nicolas de La Chesnaye, 6,750 livres pour son remboursement d'un prêt fait au roi, le 15 janvier 1523 n. s., mis entre les mains de Jean Prevôt, alors commis de l'extraordinaire des guerres.

31026. Mandement au Parlement de Paris de faire mettre entre les mains de Jean Laguette, receveur général des finances extraordinaires et parties casuelles, tous les deniers provenant de la publication de certaines bulles, pardons et indulgences, faite par Antoine Brisset, doyen de Gaillac, et autres des églises de Sainte-Foy et de Saint-Michel de Gaillac, saisis par arrêt de ladite cour, du 17 décembre 1538.

31027. Mandement audit Laguette de fournir et mettre entre les mains de Claude de Savignac, receveur de l'Hôtel-Dieu de Paris, des premiers deniers provenant de la publication desdites bulles, pardons et indulgences, la somme de 2,000 livres pour employer en achat de vin pour l'entretien des pauvres, durant cette présente année.

(*Arch. nat.*, J. 962[14], n° 13, anc. J. 961, n° 171.)

Mandements au trésorier de l'épargne de payer, sur les deniers ordonnés pour être distribués autour de la personne du roi :

31028. A Pierre de Lagrange, commis à tenir le compte des réparations et fortifications des places de Picardie, 60,000 livres, pour employer au fait de sa commission durant la présente année, savoir à Thérouanne, 6,000 livres; à Boulogne, 3,000 livres; à Montreuil, 12,000 livres; à Doullens, 18,000 livres; à Péronne, 3,000 livres; à Guise, 15,000 livres, et aux autres places dudit pays, ainsi qu'il sera avisé par M. de La Rochepot, 3,000 livres.

31029. A Nicole et Théodore de Candie, 1,338 livres 15 sous pour leur payement de quarante-deux sacres et un sacret que le roi a achetés moyennant 14 écus le sacre et 7 écus le sacret.

31030. Au président Jean Bertrandi, 1,438 livres 7 sous pour le parfait de 2,788 livres 7 sous, montant de ses vacations et autres frais par lui payés au voyage qu'il fit en Allemagne, l'année dernière.

31031. A Nicolas Dupré, maître des comptes, 675 livres sur ses vacations à l'instruction des procès criminels du président Gentils et de feu Ravier, outre 500 écus soleil ci-devant délivrés sur les biens dudit Gentils.

31032. Aux religieuses du couvent de Gien, 270 livres en don et aumône pour cette présente année, savoir 20 écus pour lesdites sœurs et 100 écus pour Marguerite de Vaupargue, religieuse audit couvent.

31033. A Antoine Chabannes, dit « Chevreau », hâteur de cuisine de bouche du roi, 49 livres 10 sous en don pour l'aider à acheter un cheval.

31034. A Robert Villamoine, écuyer de cuisine du commun, don de 112 livres 10 sous en récompense de ses services.

31035. A la veuve du feu s[r] de Castelpers, don de 450 livres.

31036. A Claude Lelieur, 225 livres en remboursement de 100 écus soleil par lui avancés pour le roi à une dame espagnole qui est venue trouver ledit sieur à Vauluisant, où elle a amené une sienne fille pour être touchée et guérie des écrouelles.

31037. A Jacques Ticquet, tapissier, 112 livres 10 sous pour aller en poste porter des lettres du roi, en Flandre, aux commissaires chargés du rachat des terres restant à dégager, et pour choisir et faire apporter au roi certaines tapisseries dudit pays.

31038. A Jules de Pise, 22 livres 10 sous pour un voyage qu'il fit en poste, de Fontainebleau à Paris, au mois de février dernier.

31039. A Jean Gonnet, dit « la Plume », chevaucheur d'écurie, qui a été envoyé en poste de Vauluisant sur le chemin de Rouen au-devant du cardinal de Saint-André et du s^r de Lassigny, 18 livres pour son voyage.

31040. A Philippe de Pontlevoy, gentilhomme de la fauconnerie, don de 30 écus soleil (67 livres 10 sous) pour avoir dressé des oiseaux du roi.

31041. A Pierre Roland, gentilhomme de la maison de la reine douairière de Hongrie, 112 livres 10 sous en don pour avoir fait apporter et présenter au roi deux loups de mer envoyés par ladite dame.

31042. A la dame de Lestrange, don de 500 écus d'or (1,125 livres) en récompense de services rendus à la reine.

(*Arch. nat.*, J. 962[14], n° 14, anc. J. 961, n° 172.)

31043. Mandement au trésorier de l'épargne de payer comptant ou d'appointer à Audebert Catin, payeur de la compagnie de M. le Connétable, la somme de 13,380 livres 16 sous 8 deniers pour le parfait de 13,422 livres 10 sous, savoir 9,962 livres 10 sous pour le payement de cent lances sous la charge dudit connétable, y compris les officiers et ses gages à lui du quartier de juillet 1538; 160 livres pour les gages du commissaire et du contrôleur qui en feront la montre, soit 100 livres pour le commissaire et 60 livres pour le contrôleur; 1,975 livres pour la solde de cinquante archers ordonnés pour l'exercice de la justice de mondit sieur le connétable, sous François Patault, dit « La Voute », son prévôt; 1,325 livres pour trente-cinq hommes de guerre albanais montés sur chevaux légers, sous le commandement du capitaine Jean Boué.

(*Arch. nat.*, J. 962[14], n° 17, anc. J. 961, n° 183.)

[Février 1539 n. s.]

Mandements aux trésorier de l'épargne et autres comptables de payer :

31044. A Martin de Troyes, commis au payement de l'extraordinaire des guerres, 2,700 livres pour délivrer au s^r de Saint-Julien, qui sera tenu d'acquitter le roi envers les communautés de « Verzeul » (Vercelli, Verceil), Manta, Villanova, Costigliole, Venasca, Brossasco, San Pietro, Brondello, Prazzo, Castellar et autres, des dépenses faites à la fortification du château de « Verzeul », vivres et munitions dudit château, du 1er octobre 1536 au 25 juin 1537, pendant lequel temps ledit de Saint-Julien garda ladite place, nonobstant qu'il ne rapporta ni états, ni inventaires, ni récépissés desdites dépenses.

31045. A l'évêque de Tarbes, ambassadeur près de l'empereur, 3,600 livres pour son état de cent quatre-vingts jours, du 18 de ce présent mois de février jusqu'au 16 août prochain, à raison de 20 livres par jour.

31046. A Christophe de Siresmes, 18 livres pour un voyage en poste de Fontainebleau à Paris, auprès de M. le Chancelier, y compris son retour.

31047. Au même, 675 livres pour aller en poste de Fontainebleau en Espagne, près de l'Empereur, y compris son retour auprès du roi.

31048. Au même, don de 1,125 livres en considération de services rendus en plusieurs voyages effectués en Espagne, Italie, Allemagne et autres lieux, outre ce qui lui a été délivré pour ses frais.

31049. Au protonotaire Montluc, 600 livres pour sa pension et son entretien à Rome, près le Saint-Père, pour les affaires du roi durant une demi-année finissant le 30 juin prochain.

31050. A Jacques Ticquet, 112 livres 10 sous pour aller en poste, de Fontainebleau en Flandre, porter la ratification du traité conclu entre le roi et l'Empereur, y compris son retour en pareille diligence.

31051. Aux gardes de la forêt de Loches, 360 livres pour leurs gages de l'année dernière 1538, savoir à Christophe Daresse, principal garde, 120 livres, et à Jean Gaultier, Thomas Leconte, Nicolas Cantreau et Christophe Féchet, à chacun 60 livres.

31052. A Jean Bouchart, pour ses frais et salaire, et ceux de trois hommes, d'avoir amené de Toulouse à Fontainebleau frère Vidal de Beccanis, religieux jacobin.

31053. A San Pietro Corso, capitaine italien, don de 450 livres pour services de guerre.

31054. Au président Jean Bertrandi, 2,000 livres de pension, outre ses gages, à commencer du 2 novembre dernier qu'il fut reçu du Conseil privé, et pour l'avenir, ladite somme à prendre sur les deniers des traite et imposition foraine d'Anjou.

31055. Au sr de Jametz, 6,000 livres pour sa pension de l'année dernière 1538.

IMPRIMERIE NATIONALE.

(*Arch. nat.*, J. 962[14], n° 18, anc. J. 961, n° 184.)

Pour le payement de la gendarmerie de Piémont :

31056. Mandement au trésorier de l'épargne de payer comptant ou d'appointer à Michel Cosson, payeur de la compagnie du maréchal de Montejean, 8,851 livres 18 sous 8 deniers complétant la somme de 9,702 livres 10 sous pour employer, savoir 8,102 livres 10 sous au payement des quatre-vingts lances de ladite compagnie, du quartier de juillet 1538, y compris les officiers et ses gages à lui; 160 livres pour les gages dudit quartier d'un commissaire et d'un contrôleur; 1,440 livres pour la solde des quartiers d'avril et de juillet, même année, des vingt archers ordonnés pour l'exercice de la justice de MM. les Connétable et Maréchaux de France, sous le s[r] Jean Boynier, dit «d'Asti», l'un de leurs prévôts.

31057. Mandement au trésorier de l'épargne de payer comptant ou d'appointer à Pierre Raymond, payeur de la compagnie du s[r] de Langey, 4,021 livres 5 sous complétant la somme de 4,051 livres 5 sous pour les gages de ladite compagnie, du quartier d'octobre 1538.

31058. Mandement au trésorier de l'épargne de payer comptant ou d'appointer à Étienne Gallois, payeur de la compagnie de César Fregose, 5,231 livres 5 sous pour le payement des gages d'un quartier de ladite compagnie, y compris 500 livres pour l'état dudit capitaine, que le roi a voulu lui être payées, comme s'il avait la charge de cent lances.

(*Arch. nat.*, J. 962[14], n° 19, anc. J. 961, n° 186.)

31059. Mandement au receveur des aides de Chartres de payer à Claude Haligre (*alias* Aligre), valet de chambre ordinaire du roi, la somme de 200 livres tournois par an, pour ses gages dudit état de valet de chambre, tant des années passées, omises sur l'état des officiers de la maison du roi, que pour l'avenir, à commencer du jour de son institution audit office, et ce des deniers revenant bons au roi sur lesdites aides échues et à échoir, Mme Renée de France, duchesse de Ferrare et de Chartres préalablement payée de la somme qui lui est allouée annuellement sur lesdites aides jusqu'au parfait payement de sa dot, soit 25,600 livres, nonobstant les ordonnances contraires.

(*Arch. nat.*, J. 962[14], n° 20, anc. J. 961, n° 189.)

Mandements à Jean Laguette, trésorier et receveur général des finances extraordinaires et parties casuelles, de payer :

31060. A Pierre Du Gard, tapissier ordinaire du roi, la somme de

837 livres à lui ordonnée, savoir 432 livres pour les ouvrages, étoffes et marchandises de son métier, fournies et livrées pour les tapisseries du roi, et 405 livres pour ses gages de cinq quartiers restant des années 1521, 1522 et 1524 et de toute l'année 1525, à raison de 180 livres par an, dont il n'avait eu aucune assignation sur les états des officiers domestiques de la maison du roi.

31061. A Francisque de Carpi, italien, menuisier du roi, 1,600 livres pour son état et entretien au service dudit seigneur, des années 1535 à 1538, à raison de 400 livres par an.

31062. A Mathurin Le Hucher, s[r] d'Eguzon, 45 livres pour avoir ramené de Piémont en France, par ordre du s[r] de Montejean, lieutenant général en Piémont, le reste des chevau-légers du s[r] de la Herbaudière, au nombre de cent cinquante salades, afin de diminuer les charges des populations.

31063. Mandement à la Chambre des Comptes d'allouer aux comptes dudit Jean Laguette de la présente année la somme de 600 écus soleil, valant 1,350 livres, par lui payés, du commandement verbal du roi, le 28 avril 1532, au chevalier Thomas Cardi, écuyer d'écurie, dont il lui fut fait don à cette époque, et que ledit Laguette avait omis de comprendre dans ses comptes de ladite année.

(*Arch. nat.*, J. 962[15], n° 21, anc. J. 961, n° 195.)

[Mars 1539 n. s.]

Mandements au trésorier de l'épargne et à d'autres comptables de payer :

31064. A Symphorien de Durfort, s[r] de Duras, 14,000 livres dont le roi lui fait don à l'occasion de son mariage avec Barbe de Maupas, à prendre sur les deniers de l'épargne de la présente année commencée le 1er janvier 1539 n. s., savoir 1,200 livres comptant, 2,300 livres le 15 mai prochain, et le reste par égale portion sur les trois derniers quartiers, six semaines après leur échéance.

31065. A César Fregose, 21,750 livres pour le parfait de 33,750 livres, montant de sa pension de deux années et demie échues le 31 décembre dernier, à raison de 6,000 écus soleil par an à prendre sur les deniers de l'épargne.

31066. A Jean-Paul de Cère, 6,000 livres pour sa pension de l'année dernière 1538.

31067. A Charles Vaignon, gouverneur de Montdevis (Mondovi) et maître d'hôtel du roi, 1,200 livres pour tout ce qui peut et pourra lui

25.

être dû de ses gages de maître d'hôtel des deux années dernières, pour lesquelles son nom a été omis sur l'état des officiers de l'hôtel, et pour sa charge de gouverneur de Montdevis de tout le temps passé jusqu'au 31 décembre 1538.

31068. A Perceval Dodde, capitaine italien, 300 livres en don pour services de guerres et afin de l'aider à se rendre en Piémont auprès du s[r] de Montejean.

31069. A Jacques Bernard, maître de la chambre aux deniers, 630 livres pour délivrer à Bernard Tudelle, de Saint-Jean-d'Angély, ladite somme à lui due de reste pour les huîtres, rougets, palourdes, couteaux, jambes de mer et moules qu'il a fait apporter en diverses fois de la Rochelle aux lieux où séjourna le roi, l'année dernière.

31070. A Artus de Cossé, fils du s[r] de Brissac, don de 450 livres pour services de guerre et autres.

31071. A Guillaume Bagot, artilleur du roi, don de 225 livres en récompense du présent qu'il fit au roi, en octobre dernier, d'arbalètes, traits, arcs et flèches dont ledit seigneur fit don à la reine de Hongrie, lors de leur entrevue.

31072. A Robert Dumesnil, arbalétrier du roi, don de 450 livres en récompense de douze belles arbalètes que ledit seigneur a reçues de lui, pendant les années 1537 et 1538.

31073. A Guillaume Postel, que le roi a retenu pour lecteur ès lettres grecques, hébraïques et arabiques, don de 225 livres pour ladite lecture et des traductions d'ouvrages et de lettres dans lesdites langues, et afin de l'aider à se pourvoir de livres pour ses lectures ordinaires à l'Université de Paris.

31074. A Robert Villamoine, écuyer de cuisine de la maison du roi, 128 livres 14 sous, dont 112 livres 10 sous pour achat de carpes et brochets destinés à deux viviers et réservoirs à poissons sous l'étang de Fontainebleau, et 16 livres 4 sous pour les mnœuvres chargés de nettoyer les immondices des basses-cours dudit Fontainebleau.

31075. A Héluin Du Lin, receveur du Parlement de Rouen, 10,534 livres en déduction de 53,013 livres 15 sous restant à payer aux officiers de ladite cour pour leurs gages de plusieurs années jusqu'au 30 septembre 1537, ladite somme à prendre sur les deniers provenant de la crue de 15 livres par muid de sel distribué dans les greniers de la généralité de Normandie.

31076. A Guillaume Lesueur, receveur de la Cour des Aides de Rouen, 4,907 livres 13 sous 5 deniers pour le payement des gages des officiers de ladite cour, qui leur sont dus de sept quartiers échus le 30 septembre 1537, à raison de 701 livres 1 sou 11 deniers par quartier.

31077. Au s[r] de Sourdis, capitaine, à son lieutenant et aux autres officiers du Plessis-du-Parc-lès-Tours, 930 livres, dont 480 audit capitaine, pour leurs pensions, gages et entretien durant l'année dernière 1538.

31078. Mandement à la Chambre des Comptes de Paris de rétablir aux comptes de feu Nicolas Fournier, receveur des tailles à Caen, 450 livres pour avoir tenu le compte des réparations des ville et château de Caen, et 284 livres 10 sous en remboursement d'un prêt fait au roi et mis entre les mains de Jean Carré, receveur général de Normandie.

31079. Mandement à ladite Chambre d'allouer à Martin de Troyes, commis à la trésorerie de l'extraordinaire des guerres, la somme de 8,557 écus soleil 5 sous, montant de la dépense arrêtée au Conseil privé et signée Rapouël, pour la conservation des places de la Mirandole et de Concordia en l'année 1537.

31080. A Claude Yon, marchand, 450 livres en payement de cent grosses perles que le roi a achetées de lui et retenues en ses mains.

31081. A Bénédict Ramel, de Ferrare, 450 livres en payement d'une masse de fer dorée et damasquinée et d'un poignard aussi damasquiné avec manche de jaspe gravé et doré, que le roi a achetés de lui.

31082. Au receveur général Bénigne Serre, 600 livres pour les menus voyages et diligences que font ordinairement les chevaucheurs de l'écurie près la personne du roi.

31083. A Claude de L'Aubespine, 104 livres pour l'écriture et grosse de plusieurs lettres patentes et missives expédiées sous Guillaume Bochetel, secrétaire des finances, suivant la taxe faite par le président Bertrandi et le s[r] de Bandeville.

31084. A Varennes, Louis Daguerre, Jean de Vieilleville, Antoine Gannes, Quirio Carousi et Jehan de Bassompierre, archers de la garde, pour leur dépense durant dix-huit jours qu'ils ont vaqué à un voyage de Paris à Arques et à Caen, pour prendre certains prisonniers et les conduire à Saint-Germain-en-Laye, à chacun 9 livres, soit 54 livres en tout.

31085. A Jacques Noyret, 45 livres pour aller en poste de Fontainebleau aux environs de Gien, afin de faire rompre et départir certains aventuriers naguère revenus de Piémont qui pillaient le pauvre peuple.

31086. A Jean Ticquet, 112 livres 10 sous pour aller en poste de

Fontainebleau en Flandre, auprès du conseiller Hélin, et revenir en pareille diligence vers le roi.

31087. A Juste de Juste, sculpteur en marbre du roi, 960 livres pour ses gages et entretien durant quatre années, échues le 31 décembre 1538, à raison de 240 livres par an.

31088. A François Perrin, gentilhomme aveugle, ci-devant homme d'armes des ordonnances, 90 livres pour sa pension et entretien en sa maison durant ladite année 1538.

31089. A Étienne et Jean Meré, tendeurs aux renards, don de 45 livres pour la prise de plusieurs renards en divers bois et forêts du domaine.

31090. A Louise de Polignac, veuve du s^r^ du Vigean, 6,666 livres 13 sous 4 deniers pour le parfait payement d'un acquit levé sur les coffres du Louvre en l'année 1534, montant à 10,000 livres pour tout ce qui était dû à feu son mari à cause de sa pension et autres états qu'il avait du roi, des années précédentes, sur lequel il ne fut payé alors que 3,333 livres 6 sous 8 deniers.

31091. A Antoine Bonacorsi, 163 livres 12 sous 6 deniers pour ses gages de l'office de notaire et secrétaire du roi durant quatre cent trois jours, du 13 janvier 1538 n. s. au 19 février 1539 n. s.

31092. A Gabriel de Russy, René de Champdamour, Laurent Senet et Louis Merveille, armuriers, 355 livres 10 sous pour leur payement de trois harnais de guerre que le roi donna, l'an 1536, au cardinal de Lorraine, au duc de Guise et au s^r^ de Montmorency.

31093. A Michel Chappuis, capitaine en la mer de Ponant, don de 250 livres pour deux voyages auprès du roi, qui l'avait fait mander « pour aucunes entreprinses sur ladicte mer ».

31094. A Antoine de Louvain, s^r^ de Rognac, don de 450 livres à cause d'un voyage qu'il a fait à la cour.

31095. A Nicolas Petit, gentilhomme du comte de Saint-Pol, don de 200 livres à cause de la perte de ses biens audit comté.

31096. A Antoine Escalin, dit « le capitaine Poulain », 225 livres pour le séjour qu'il a fait à la cour et pour son retour en poste vers le s^r^ de Montejean.

31097. Mandement au maître de la chambre aux deniers de bailler aux bouchers fournissant la maison du roi 2,000 livres d'avance sur le marché dernièrement passé avec eux pour trois années commencées à Pâques 1538.

31098. A Hubert, comte de « Begthling », 1,200 livres pour sa pension de l'année dernière 1538.

31099. Au s^r^ de Choisy, capitaine de Fontainebleau et de la forêt de Bière, 2,400 livres pour son état et entretien des deux années dernières.

31100. A François de Rigault, s^r^ de Frécillon, capitaine de Dax, 1,200 livres pour son état et entretien de l'année dernière 1538.

31101. A Jean Dessouslefour, commis à la trésorerie de la reine, 800 livres pour payer les gages d'Hilaire de Marconnay, dite « de la Berlandière », et de Bonne Cottereau, demoiselles de la maison de ladite dame, durant la même année 1538.

31102. A Victor Barguin, trésorier de Mesdames, 400 livres pour payer ses gages de ladite année à la femme du médecin Burgensis, demoiselle de la maison desdites dames.

31103. A Francisque de Primadicis (le Primatice), de Bologne, peintre et valet de chambre du roi, 1,026 livres 13 sous 4 deniers pour le parfait de ses gages des années 1537 et 1538, à raison de 600 livres par an.

31104. A Matteo del Nassaro, autre peintre, graveur et valet de chambre du roi, 1,400 livres pour le parfait de ses gages des années 1536, 1537 et 1538, à raison de 600 livres par an.

31105. A Augustin Michon, facteur d'Emmanuel Riccio, 14,949 livres en payement de quatre cent dix-sept marcs une once sept gros de vaisselle d'argent dorée, mise entre les mains du trésorier Pierrevive, de cent dix grosses perles à 7 écus soleil pièce, et d'une bordure d'or garnie de douze tables et d'une rose de diamants, lesdites perles et bordure livrées au roi lui-même.

31106. Aux religieuses de Sainte-Claire de Moulins, en don et aumône pour la présente année, 150 livres comptant, soixante-quinze setiers deux quarts de froment à la mesure de Moulins et dix tonneaux de vin, le tout rendu en leur couvent.

31107. Mandement à la Chambre des Comptes de taxer à Pierre de La Grange, commis au payement des réparations et avitaillement de Picardie, telles sommes qu'ils jugeront raisonnables pour le fait de sa commission, tant du passé que pour l'avenir.

31108. Au s^r^ de La Chatière, lieutenant de Brest, 1,200 livres pour sa pension des années 1535 à 1538, à raison de 300 livres par an, à prendre sur les rachats et autres droits seigneuriaux et deniers casuels de l'évêché de Léon, non compris en l'état ordinaire des finances de Bretagne.

31109. A Florimond Le Charron, 100 livres pour payer le s[r] de Vieilleville, panetier du roi, de ses gages du quartier de janvier 1536 n. s.

31110. A Jean Carré, 300 livres pour payer les gages dudit de Vieilleville des trois derniers quartiers de l'année 1536.

31111. Au même, 6,000 livres pour ce qui est dû des gages des officiers de la maison du roi de l'année 1537.

31112. Au même, 20,000 livres pour les gages desdits officiers de l'année 1538.

31113. Audit Dessouslefour, 12,000 livres sur ce qui est dû des gages des officiers de la maison de la reine de ladite année 1538.

31114. Au trésorier du dauphin et du duc d'Orléans, 12,000 livres sur ce qui est dû des gages de leurs officiers pour ladite année 1538.

31115. Audit Barguin, 7,250 livres pour le parfait des gages des officiers de la maison de Mesdames de l'année 1536.

31116. A Bénigne Serre, 2,395 livres pour les gages des chantres et officiers de la chapelle de musique du roi, durant le quartier d'octobre 1538.

31117. Au même, 535 livres pour les gages des chantres et officiers de la chapelle de plain-chant du roi, durant ledit quartier.

31118. A Jean-Joachim [de Passano], s[r] de Vaux, ambassadeur du roi à Venise, 2,320 livres, savoir pour son état de cent quatre-vingt-deux jours (du 1er octobre 1538 au 31 du présent mois de mars 1539 n. s.), à raison de 10 livres par jour, 1,820 livres, et pour location de maison, achat de meubles et passage de la mer, durant ledit temps, 500 livres.

31119. Au même, 675 livres pour remboursement de 300 écus soleil par lui baillés à Venise, suivant les lettres du roi, à Me Jérôme « Fondulus », pour achat de livres et antiquités.

31120. A René du Règne, huissier de chambre du roi, don de 225 livres en récompense de ses services.

31121. A Adam Deshayes, barbier du roi, don de 225 livres en récompense de ses services.

31122. Au trésorier de la vénerie et fauconnerie du roi, 22,771 livres 2 sous 2 deniers pour parfaire le payement de l'état de ladite vénerie de l'année 1538.

(*Arch. nat.*, J. 962[14], n° 22, anc. J. 961, n° 196.)

31123. Mandement à la Chambre des Comptes d'allouer au compte que Jean du Tillet, greffier civil du Parlement de Paris, tuteur de Marie, Françoise et Anne du Tillet, filles et héritières de feu Séraphin du Tillet, est prêt de rendre de la charge que le défunt a eue du payement des officiers de la maison du roi pendant quinze mois ou environ (5 février 1515 n. s.-mai 1516), toutes les sommes que ledit Séraphin a payées auxdits officiers, pourvu qu'elles se trouvent couchées en l'état signé par le roi à Lyon, l'an 1515, lorsqu'il se rendait à la conquête du duché de Milan, et en outre 1,800 livres pour les gages dudit Séraphin du Tillet de l'année 1515 entière, nonobstant qu'il n'ait eu assignation que pour les trois premiers quartiers.

31124. Mandement aux gens des comptes de taxer « en leurs avis et consciences » les journées employées tant par feu Hélie du Tillet, receveur général, avant ledit Séraphin, des finances de feu Madame, mère du roi, et dudit seigneur, antérieurement à son avènement au trône, que par ledit Séraphin du Tillet, Jacques Lesmerie et autres personnes nommées en un extrait de compte de celui-ci, pour la reddition des comptes desdits feu Hélie et Séraphin, et d'allouer les sommes ainsi taxées en la dépense du compte rendu du fait de ladite trésorerie par ledit Séraphin, pour l'année échue le 31 décembre 1517.

31125. Mandement aux gens des comptes de rétablir au compte que Séraphin du Tillet, trésorier susdit, a rendu du fait de ladite charge pour l'année 1517, la somme de 144 livres 9 sous 11 deniers par lui payée à Alexandre Pontanier, avocat, Guillaume Calluau, procureur de feu Madame en Angoumois, Guy Delacroix, procureur aux aides, et autres personnes, par ordonnance de feu Gilles Berthelot, à ce commis par ladite dame, nonobstant que ledit défunt n'ait fait apparoir que ledit Berthelot eût pouvoir d'ordonner desdits deniers.

31126. Mandement aux gens des comptes de rétablir au compte que ledit feu Séraphin du Tillet, trésorier et receveur général, a rendu de sa trésorerie pour l'année 1517, la somme de 2,827 livres 19 sous 6 deniers portée en dépense sous le nom de feu Jean de La Barre, en son vivant prévôt de Paris, pour son remboursement de semblable somme employée pour les affaires de la duchesse d'Angoulême et du roi, avant son avènement, suivant un rôle certifié par Nicolas Barbier, alors contrôleur général des finances de ladite dame, et les quittances dudit de La Barre.

31127. Mandement aux gens des comptes de passer aux comptes de Pierre Le Vassor, commis à la recette générale de Normandie, la somme

IMPRIMERIE NATIONALE.

de 2,000 livres tournois qu'il a payée, des deniers de sa commission du quartier d'octobre 1537, par ordonnance de M. l'Amiral, à Jean Minier, bourgeois de Rouen, pour employer à la dépense de la chambre aux deniers du roi d'Écosse, de la feue reine, sa femme, et de Madame Marguerite de France, durant le temps qu'ils séjournèrent à Rouen et au Havre-de-Grâce, en attendant le vent propice pour passer en Écosse.

31128. Mandement aux gens des comptes de passer aux comptes dudit Le Vassor la somme de 317 livres 5 sous 10 deniers qu'il a payée pour l'achat de 26,894 écus soleil, ainsi qu'il conste d'un certificat signé de René Becdelièvre, naguère commis à faire le recouvrement, avec ledit Le Vassor, des deniers de la charge de Normandie.

31129. Mandement aux gens des comptes de passer aux comptes dudit Le Vassor la somme de 266 livres 14 sous qu'il a payée pour achat de fer, plomb, marteaux et autres ustensiles nécessaires pour les réparations des ville et château de Cherbourg, suivant un rôle signé du s[r] de Mouy, à ce commis et député.

31130. Mandement aux gens des comptes de passer aux comptes dudit Le Vassor la somme de 175 livres 8 sous 6 deniers qu'il a payée pour les frais, voyages, vacations, façons et port des deniers et vaisselle d'argent provenant de la vente des domaine, aides et gabelles faite en la généralité de Normandie par les commissaires à ce députés, suivant un état signé par eux et une estimation de ladite vaisselle faite par Jean Poullain et François Dupuy, orfèvres de Dieppe.

31131. Mandement au trésorier de l'épargne de faire payer par ledit Le Vassor, des deniers de sa commission de l'année 1537, à René Becdelièvre, conseiller au Parlement de Rouen, naguère député avec ledit Le Vassor à faire le recouvrement des deniers de la généralité de Normandie, la somme de 995 livres pour cent quatre-vingt-dix-neuf jours qu'il a vaqué, l'an 1537, à ladite commission, à raison de 100 sous par jour.

31132. Mandement aux gens des comptes d'allouer aux comptes de Martin de Troyes, commis à la recette générale de Languedoc, Lyonnais, Forez et Beaujolais, et au payement de l'extraordinaire des guerres, la somme de 553,097 livres 17 sous par lui prise et retenue, en diverses fois, des deniers de ladite recette générale de l'année échue le 31 décembre 1537, par les ordonnances du cardinal de Tournon, alors lieutenant général du roi dans le Lyonnais, tant de l'octroi des tailles, aides, huitièmes, équivalents, greniers, tirage du sel et domaine, que des ventes et engagements du domaine, plus-values et restes des années passées et don caritatif octroyé au roi en ladite année par le clergé desdits pays de Languedoc, Lyonnais, Forez et Beaujolais, Dauphiné et Bourgogne, pour employer au fait de sa commission de l'extraordinaire des guerres.

31133. Mandement aux gens des comptes d'allouer aux comptes dudit de Troyes la somme de 91,697 livres 14 sous 7 deniers, par lui prise et retenue en plusieurs fois des deniers de ladite recette générale de l'année 1537, et par ordonnance verbale du Conseil privé, alors établi et résidant en la ville de Lyon, tant des aides, tailles, huitièmes, équivalents et greniers, que des ventes et aliénations du domaine et octroi caritatif du clergé de Languedoc et de Dauphiné, pour employer au fait de sadite commission de l'extraordinaire des guerres.

31134. Mandement au trésorier de l'épargne de faire payer par le receveur et payeur du Parlement de Dijon, des deniers provenant des consignations faites entre ses mains par jugements de ladite cour, à Philibert Berbis, conseiller audit Parlement, 81 livres, à Étienne Sayve, autre conseiller, 27 livres, à Catherine Billon, veuve de Claude de Tournon, aussi conseiller en ladite cour, 54 livres, et à Jeanne Vyon, veuve de Jacques Girard, autre conseiller dudit Parlement, 66 livres, pour les journées qu'ils ont vaqué à faire demande aux nobles du duché de Bourgogne de la dixième partie de leurs fiefs et arrière-fiefs, afin de subvenir au payement de la rançon du roi.

(*Arch. nat.*, J. 962[14], n° 23, anc. J. 961, n° 200.)

[Janvier 1539.]

Mandements au trésorier de l'épargne et à d'autres comptables de payer :

31135. A Honorat de Queys (Caix), ambassadeur en Portugal, 2,395 livres faisant le parfait de 5,770 livres, montant de sa vacation depuis le 1er septembre 1537 jusqu'au 31 mars 1539 n. s. prochain, à raison de 10 livres tournois par jour, ladite somme complémentaire devant être mise, sur l'ordre du roi, entre les mains de Ruiz Fernandez d'Almeida, ambassadeur de Portugal en France, qui la fera tenir audit de Queys, à prendre sur les deniers de l'épargne.

31136. Au trésorier des offrandes du roi, 3,000 livres pour employer au fait de son office durant le dernier semestre de 1538.

31137. Aux gardes de la forêt d'Amboise, Montrichard et autres bois voisins, savoir à Louis Thibault, dit « Bresseau », ayant la principale charge desdites forêts, 200 livres; à Roland de Boutenay, Nicolas du Monceau, Jacques du Monceau, Jean Deleau, François Gibourt, François Bourgault, Robert Hiron, Mathurin Fortier et Hottin Bonnelle, gardes, à chacun 60 livres pour leurs gages de l'année échue le 31 décembre 1538, soit en tout 740 livres.

31138. Aux gardes des forêts, buissons et garennes de Bourbon-Lancy, savoir à Gacien de Vallore (*aliàs* Balorre), capitaine desdites forêts, 120 livres; à Jean Gassion, Benoit Bailly, Jean Moreau, Gonnin Bailly, Benoit Larcher et Pierre Cretault, gardes, à chacun 60 livres, soit en tout 480 livres, pour leurs gages de ladite année.

31139. Aux gardes des forêts de Rouvray, Roumare, Brotonne, la Londe et Mauny, savoir à Jean Colas, capitaine, 120 livres; à Jean Debourg, Jacques de Vauderets, Antoine Delalande, Pierre Duchesne, Noël Delamare et Bernardin Loyal, gardes, à chacun 60 livres, soit en tout 480 livres, pour leurs gages de ladite année.

31140. Aux six gardes des forêts de Brix, Valognes et Gavray, Richard Lesperon, Jean Bunets, Antoine Forel, Pierre de Hecquets, Raoul de Hecquets et Jean Billon, 360 livres, soit à chacun 60 livres, pour leurs gages de ladite année.

31141. A Jean Proust, chevaucheur d'écurie, 31 livres 10 sous pour son voyage en diligence à la Fère-sur-Oise, partant de Paris le 13 janvier, porteur de lettres adressées à la duchesse douairière de Vendôme, l'aînée, afin de la faire venir à Paris pour assister au mariage du comte de Nevers avec Mlle de Vendôme, qui doit avoir lieu en ce présent mois de janvier.

31142. Mandement au trésorier de l'épargne de faire payer par Adrien Auger, commis à la recette des gages du Parlement de Bretagne, à François Tavel, conseiller en ladite cour, 243 livres 15 sous, montant de ses gages de l'année finie le 31 décembre 1538, quoiqu'il n'ait pas assisté audit Parlement tenu à Nantes, aux mois de septembre et octobre de ladite année, le roi l'ayant employé en ses autres affaires.

31143. Au s[r] de Sourdis, capitaine de Tombelaine, 360 livres pour ses gages de l'année 1538.

31144. Permission à Palamède Gontier, notaire et secrétaire du roi, de résigner cet office au profit de Louis Prudhomme, fils du général de Normandie, sans payer aucune somme pour le droit de quart, accordée à la requête dudit général, le roi étant à Paris, le 17 du présent mois de janvier.

31145. A Jacques de Maurin, gentilhomme devenu aveugle au service du roi, 100 livres par manière de pension pour l'année finie le 31 décembre 1538.

31146. A Claude Dodieu, 900 livres pour un voyage en diligence à Rome, partant de Paris le 16 janvier, afin de porter au Pape des lettres de créance concernant certaines affaires importantes.

31147. A Claude de Grantval, piqueur en la fauconnerie, 450 livres pour un voyage en diligence à Dijon, partant de Paris le 7 janvier, afin de porter au duc de Guise huit sacres et deux sacrets que le roi lui envoie pour les faire dresser.

31148. A Jacques Bernard, 15,000 livres pour employer à la dépense ordinaire de la chambre aux deniers du roi, durant le quartier d'octobre dernier.

31149. A Jean Lyonne, 19,414 livres 9 sous 2 deniers pour employer à la dépense ordinaire de l'écurie du roi, durant ledit quartier.

31150. A Jean Dessouslefour, trésorier de la reine, 16,250 livres pour employer à la dépense ordinaire de la chambre aux deniers de ladite dame, durant le même quartier.

31151. Au même, 9,000 livres pour la dépense ordinaire de l'écurie de ladite dame, durant ledit quartier.

31152. A Jean Duval, trésorier de la maison du dauphin et du duc d'Orléans, 11,437 livres 10 sous pour employer à la dépense ordinaire de leur chambre aux deniers, durant ledit quartier d'octobre.

31153. Au même, 7,187 livres 14 sous pour la dépense ordinaire de l'écurie desdits princes, durant le même quartier.

31154. A Victor Barguin, trésorier de la maison de Mesdames, 12,000 livres pour la dépense ordinaire de la chambre aux deniers desdites dames, du même quartier.

31155. Au même, 4,000 livres pour la dépense ordinaire de l'écurie desdites dames, durant le même quartier.

(*Arch. nat.*, J. 962[14], n° 24, anc. J. 961, n° 205.)

[Décembre 1538.]

31156. Mandement à la Chambre des Comptes de procéder à l'entérinement des lettres de relief et décharge obtenues par le s[r] de Nantouillet pour raison de 4,500 livres, pour lesquelles il est en procès devant ladite Chambre, sans avoir égard à l'injonction qui lui a été faite de prouver que cette somme était comprise dans celle de 25,000 livres reçue par feu Jean Rosselet, alors commis à l'extraordinaire des guerres.

Mandements aux trésorier de l'épargne et autres comptables de payer :

31157. A Jean Carré, 48,463 livres 13 sous 4 deniers en déduction de ce qui peut être dû des gages des officiers domestiques de la maison du roi, de l'année finie le 31 décembre 1537.

31158. Au même, 43,509 livres en déduction des gages desdits officiers, de la présente année [1538].

31159. A Christophe Diefstotter, marchand de la ville d'Augsbourg, 2,250 livres en payement de deux timbres de martre zibeline qu'il a vendus au roi.

31160. A Philibert Séguin, dit « Trébuchet », de Saint-Nicolas en Lorraine, 180 livres en payement d'une chaîne d'or « sirellée à l'ouvrage d'Allemagne », qu'il a vendue au roi.

31161. Au maître de la chambre aux deniers, 2,038 livres 13 sous 3 deniers pour la dépense de bouche extraordinaire faite en cette présente année, à l'occasion de la venue de la reine de Hongrie et de sa suite dans le royaume.

31162. A Martin de Troyes, commis à l'extraordinaire des guerres et à la recette générale de Languedoc, 5,279 livres, dont 5,000 livres pour délivrer au s[r] de Langey, gouverneur de Turin, en déduction des sommes qu'il a avancées pour le service du roi, et le reste pour le parfait payement de dix-huit charretées de vin fournies par l'abbé de Bourgarel pour l'avitaillement de la ville de Verolengo en Piémont.

31163. A Henri Maréchal, commis au payement des chevau-légers au service du roi, 1,530 livres pour la solde d'un quartier de quarante hommes de la compagnie de cent quarante placée sous le commandement de César Frégose en Piémont, outre l'assignation qui lui a été baillée pour le payement des cent autres.

31164. A Marin de Pescheray, commissaire des guerres, don de 675 livres pour l'aider à supporter la dépense qu'il a dû faire à la suite de la cour depuis trois mois, en attendant sa dépêche pour retourner en Piémont, où le roi le renvoie afin de faire casser et retirer une partie des gens de guerre qui s'y trouvent.

31165. A Madame de Vendôme, 2,225 livres pour le parfait de 12,000, montant de sa pension durant les années 1535 et 1536.

31166. A Jean Vyon, commis au payement de l'extraordinaire de l'artillerie, 1,775 livres 8 sous, faisant le parfait de 2,285 livres, pour distribuer à dix-sept canonniers et à quatre charretiers, tant pour leurs gages que pour la nourriture d'un certain nombre de chevaux qu'ils ont entretenus au service du roi en Piémont, durant les mois de juillet, août, septembre et octobre derniers.

31167. A Jean Dessouslefour, commis à la trésorerie de la maison de la reine, 1,800 livres pour le payement des gages des officiers de la maison de ladite dame, en déduction de ce qui peut et pourra leur être dû de l'année finissant le 31 du présent mois de décembre 1538, à prendre des deniers revenant bons restés entre les mains d'Antoine Juge, prédécesseur dudit Dessouslefour.

31168. Au s^r de Sedan, 7,800 livres qui lui restent dues de sa pension de l'année 1537.

31169. A Jean Vanderhart, 400 livres, à Guillaume Myrebric, 400 livres, à Adolphe de Lihons, 300 livres, à Gabriel de La Tour, 200 livres et à Tasquin Viron, 200 livres, tous gentilshommes de la maison dudit s^r de Sedan, pour leurs pensions de ladite année 1537.

31170. Au s^r de Lassigny, écuyer d'écurie du dauphin, se rendant en diligence de Saint-Germain-en-Laye, le 24 décembre, au pays de Flandre, porteur de lettres de créance pour la reine douairière de Hongrie, et de là en Écosse afin de remettre de la part du roi d'autres lettres concernant certaines affaires importantes au roi et à la reine d'Écosse et séjourner quelque temps auprès de leurs personnes, 1,350 livres tant pour ledit voyage que pour sa traversée à l'aller et au retour.

31171. A Madame de Nevers, 6,000 livres pour sa pension de la présente année 1538.

31172. A M. de Nevers, son fils, 4,000 livres pour sa pension de ladite année.

31173. A Louis de Clèves, 5,000 livres faisant le parfait de 8,000, montant de sa pension de la même année.

31174. A Jean Barbedor, 10,237 livres 10 sous pour le payement des cent gentilshommes de la maison du roi sous le commandement dudit de Clèves, durant le quartier d'octobre 1537.

31175. A Julien Bonacorsi, 10,487 livres 10 sous pour le payement des cent autres gentilshommes de la maison du roi commandés par le s^r de Canaples, durant le même quartier.

31176. A Jean Thizart, 7,994 livres 10 sous pour le payement des archers écossais sous le commandement du s^r d'Aubigny, durant le quartier de juillet dernier.

31177. A François Huré, 7,240 livres 6 sous 3 deniers pour le payement des archers français de la compagnie du s^r de Nançay, du même quartier.

31178. A Jean Chartier, 7,285 livres 6 sous 3 deniers pour le payement des archers français de la compagnie du sénéchal d'Agénais, dudit quartier.

31179. A Jean de Vaulx, 7,285 livres 6 sous 3 deniers pour le payement des autres cent archers de la compagnie du s[r] de Chavigny, dudit quartier.

31180. A Denis Fleury, 2,150 livres pour le payement des gages du prévôt de l'hôtel, ses lieutenant, greffier et archers, du même quartier de juillet.

31181. A Jean de Montdoucet, 9,000 livres pour le payement des officiers ordinaires de l'artillerie, du même quartier.

31182. A Jean Dessouslefour, commis à la trésorerie de la maison de la reine, 20,000 livres en déduction de ce qui peut être dû des gages des dames, demoiselles, gentilshommes et autres officiers de ladite maison, de la présente année 1538.

31183. A Charles Mesnager, argentier de ladite dame, 4,000 livres pour employer au fait de son office, durant le quartier d'avril, mai et juin dernier.

31184. Audit Dessouslefour, 9,000 livres pour employer aux menus plaisirs, affaires de chambre et apothicairerie de ladite dame, durant les quartiers d'avril et de juillet derniers.

31185. A Jean Duval, trésorier du dauphin et du duc d'Orléans, 23,290 livres en déduction du montant des gages des officiers de la maison desdits princes, durant la présente année 1538.

31186. Au même, 3,750 livres pour la dépense ordinaire de l'argenterie desdits princes, durant le quartier de juillet de ladite année.

31187. Au même, 1,500 livres pour le payement des aumônes, affaires de chambre, voyages, dons, menus plaisirs desdits princes, durant ledit quartier de juillet.

31188. A Victor Barguin, trésorier de la maison de Mesdames, 14,155 livres pour le payement des officiers domestiques desdites dames, sur ce qui pourra leur être dû de la présente année 1538.

31189. Au même, 4,000 livres pour l'argenterie desdites dames, y compris l'apothicairerie, durant le quartier d'avril dernier.

31190. A Guillaume de Villemontée, trésorier de la vénerie et fauconnerie, 12,000 livres pour employer au fait de son office, durant ledit quartier.

31191. A Pierre de Ruthie, capitaine de la forêt de Saint-Germain-en-Laye, 120 livres, et à Jean d'Arsuquin, Michel Legrand, Jean Maréchal, Claude Chefdeville, Pierre Péronny et Jean de Cailly, gardes, à chacun 60 livres, pour leurs gages de la présente année 1538, soit en tout 480 livres.

31192. Au même, capitaine des forêts de Livry et Bondy, 100 livres; à Jean et Philippe de La Flocellière, Regnaut Delamothe et Nicolas Delaplace, gardes, à chacun 60 livres, pour leurs gages de la même année, soit en tout 340 livres.

31193. Au même, capitaine de la forêt de Crécy, 120 livres, et à Jean Drouyn, Jacques Huguet, Étienne Huguet et Antoine Hérault, dit «Picart», gardes, à chacun 60 livres pour leurs gages de ladite année 1538, soit en tout 360 livres.

31194. À Bénigne Serre, receveur général des finances, 400 livres pour délivrer à Jean Pointet, contrôleur des postes et chevaucheurs d'écurie du roi, pour ses gages de l'année 1538.

31195. À Pierre Martinet, dit «Dumoulin», sommelier d'échansonnerie du roi, 90 livres, et à Pierre de Lestang, dit «Pinton», autre sommelier, 180 livres, pour l'entretien, nourriture et conduite de trois haquenées servant à porter les bouteilles de vin à la suite du roi, tant pour sa table que pour celle de ses chambellans, et ce durant les six derniers mois de 1538.

31196. À Vespasien Carvoisin, écuyer d'écurie du roi, 137 livres 5 sous en remboursement de ce qu'il avait avancé, de l'ordonnance du roi, pour le payement d'une mule de poil bai achetée au mois de juin dernier en la ville d'Aix.

31197. Don à Mlle de Givry des terres et seigneuries d'Asey (*aliàs* Arnay-le-Duc) et de Bar-sur-Seine, et du grenier à sel du lieu, dont a joui ci-devant Mme de Givry, sa mère, à quelque somme que le tout puisse monter.

(*Arch. nat.*, J. 962[14], n° 25, anc. J. 961, n° 207.)

[Décembre 1538.]

Mandements aux trésorier de l'épargne et autres comptables de payer :

31198. Au changeur du trésor, 720 livres pour le payement des gages de douze mortes-payes chargés de la garde de la Bastille à Paris, durant l'année finissant le 31 du présent mois de décembre 1538, à raison de 100 sous à chacun par mois.

31199. À Jean Picart, 12,078 livres pour le payement des mortes-payes de Picardie, durant les quartiers de juillet et octobre derniers.

31200. À Jean Godet, 1,950 livres pour le payement des mortes-payes de Champagne, des quartiers d'avril et de juillet derniers.

31201. À Jean Durand, 13,320 livres pour les mortes-payes de Bourgogne, des mêmes quartiers.

31202. Au receveur général de Provence, 1,200 livres, savoir pour les mortes-payes de la tour d'If, y compris le capitaine et les autres officiers, du quartier de juillet dernier, 690 livres, et pour ceux de la tour de Toulon, y compris aussi le capitaine et les officiers, durant les quartiers d'avril et de juillet, 510 livres.

31203. A Martin de Troyes, commis à la recette générale de Languedoc, 1,200 livres pour les mortes-payes dudit pays, des mêmes quartiers d'avril et de juillet.

31204. A Claude Péronnier, pour le payement des mortes-payes de Guyenne, desdits deux quartiers, 8,790 livres.

31205. A Robert Main, pour ceux de Bretagne, des mêmes quartiers, 6,736 livres.

31206. A François Mahieu, pour ceux de Normandie, des mêmes quartiers, 10,134 livres.

31207. A Jean Vyon, commis à l'extraordinaire de l'artillerie, 3,552 livres 11 sous pour délivrer à Pierre Durier et à Pierre Bory, marchands fabricants d'arquebuses à Saint-Étienne de « Suran[1] » en Forez, en payement des marchandises de leur métier qu'ils ont fournies pour le service du roi, contenues en une déclaration arrêtée par ordonnance du Conseil privé.

31208. A Pierre Ducastel (*alias* Duchâtel, Castellanus), lecteur du roi, don de 1,125 livres en récompense de ses services.

31209. A Charles de Saint-Martin, comte de Visque, 450 livres pour tous les frais qu'il peut avoir faits en certains voyages, contenus en trois déclarations de lui certifiées.

31210. A Hans Berlinger, capitaine suisse, don de 90 livres en récompense d'un voyage qu'il est venu faire près du roi.

31211. A Bernardin Massin, gentilhomme milanais, don de 400 livres en récompense de ses services durant la guerre de Piémont.

31212. A M. d'Estouteville, comte de Saint-Pol, 3,576 livres en compensation du revenu du comté de Saint-Pol de six mois finissant la veille de Noël 1538, ledit revenu montant à 7,153 livres 4 sous 10 deniers par an, suivant le certificat de Thibaut de Longuejoue, maître des requêtes, et de Jean Billon, maître des comptes, députés par le roi à faire la liquidation dudit revenu.

31213. Au s^r de La Rochepot, lieutenant général au gouvernement

[1] *Sic*, sans doute pour Furens, nom du torrent ou rivière qui coule à Saint-Étienne, aujourd'hui chef-lieu du département de la Loire.

de Paris et de l'Ile-de-France, 6,000 livres pour sa pension et 6,000 livres pour son état de gouverneur durant la présente année finissant le 31 décembre 1538, quoiqu'il n'ait été pourvu dudit gouvernement que le 10 février de ladite année, le roi lui faisant don du surplus.

31214. A Christophe de Siresmes, élu d'Avranches, partant en poste de Paris, le 17 du présent mois de décembre, pour l'Espagne, porteur de lettres du roi à l'Empereur concernant des affaires importantes, 675 livres pour son voyage, y compris le retour.

31215. A Francisque de Valerio, abbé de Saint-Pierre-le-Vif-lès-Sens, don de 500 écus (1,125 livres) en récompense de ses services en certaine mission de grande importance dont le roi l'a chargé en Italie.

31216. A Pierre d'Aux, chevalier de Rhodes, 270 livres pour être venu en diligence de la ville de Nice à Paris, en ce présent mois de décembre, apporter des lettres et avertissements du s[r] de La Cra qui se trouve avec Charles de Savoie, concernant les affaires dudit pays, et pour porter la réponse du roi audit de La Cra.

31217. Mandement à la Chambre des Comptes de Grenoble et au général des finances de Dauphiné de donner charge à Artus Prunier, receveur général dudit pays, de tenir quitte François Rousselet de 500 livres qu'il peut devoir au roi à cause de l'acquisition par lui faite de la seigneurie de Saint-Denis de Bron en Dauphiné, le roi lui faisant don desdits droits.

31218. Permission accordée, sur la requête de M. le Connétable, à Jacques Habert de résigner l'office du greffe du bailliage d'Auxerre au profit de Nicolas Robot, sans rien payer pour le droit de quart dudit office, le roi étant à Paris, le 12 décembre 1538.

31219. Au changeur du trésor, 300 livres pour délivrer à l'abbesse et aux religieuses de Maubuisson, somme qui leur est due entre autres aumônes payables sur ledit trésor, à cause de la fondation et dotation de ladite abbaye, pour les termes échus aux jours de Saint-Jean, Saint-Michel et Saint-Denis derniers.

31220. A M. le Chancelier, 431 livres 9 sous 8 deniers pour sa pension depuis le 1er janvier 1538 n. s. jusques et y compris le 11 novembre dernier qu'il a servi en la charge de président au Parlement de Paris, à raison de 500 livres par an.

31221. A Mathieu de Longuejoue, évêque de Soissons, remboursement de la somme de 5,000 livres qu'il a prêtée au roi au mois de janvier 1524 n. s., ladite somme faisant partie de 15,000 livres dont le trésorier Babou a fait recette sous le nom dudit de Longuejoue, en son compte de l'épargne, pour l'office de maître des requêtes de l'hôtel dont il fut pourvu alors, les 10,000 livres restant ayant été fournies pour l'office de conseiller au Parlement de Paris, dont ledit de Longuejoue se démit au profit de Julien de Bourgneuf.

31222. A Louis de Creville, don de 95 livres 5 sous pour être venu de Languedoc à Saint-Germain-en-Laye apporter au roi douze faucons qu'il avait pris par engins et rets audit pays, y compris le salaire de deux hommes qui l'ont accompagné et aidé.

31223. A Thibaut Rouault, s[r] de Riou, porte-enseigne de la compagnie de M. le Connétable, remboursement de 90 livres qu'il a avancées de ses deniers, par commandement du roi, à deux personnages dont les noms doivent être tenus secrets, auxquels ledit sieur fait don de cette somme pour certaines causes.

31224. A Jean Dufau, serviteur de Franc-Conseil, demeurant à Aigues-Mortes, 45 livres pour avoir apporté au roi en présent, de la part de son maître, un faucon et un tiercelet à Saint-Germain-en-Laye.

31225. A Jean Prost, chevaucheur d'écurie du roi, 123 livres 15 sous pour un voyage en diligence de Saint-Germain-en-Laye en Angleterre, où il porte des lettres du roi au s[r] de Castillon, son ambassadeur audit pays, et pour en rapporter la réponse.

31226. A Marie Guilhem, génevoise, lingère du roi, 100 livres par manière de gages et pension durant l'année finissant le 31 décembre 1538.

31227. Au s[r] de Canaples, 4,000 livres pour sa pension de la présente année 1538.

(*Arch. nat.*, J. 962[15], n° 26, anc. J. 961, n° 209.)

31228. Mandement pour payer au prévôt de Paris, gouverneur de Thérouanne, pour son chauffage, quatre mesures de bois par an, comme à ses deux prédécesseurs, les s[rs] du Fresnoy et de Bernieules.

31229. Audit capitaine de Thérouanne, ses gages, à raison de 200 livres par an, à commencer du 1er octobre dernier, à prendre sur la recette ordinaire de Ponthieu par quartier et en quatre portions égales, comme font les s[rs] Du Biez et d'Estourmel.

31230. Mandement pour faire payer ledit prevôt de ce qui lui est dû de sa pension et de son état de gouverneur de Thérouanne durant trois mois, le tout montant à 2,400 livres.

31231. Permission à Nicolas de Renes (*aliàs* Rennes et Resnes) de résigner son office de garde des menus engins de la ville de Paris, au profit de Guillaume Delalande, sans payer le droit de quart.

31232. Don à Simon Robin et Jeannot du Francastel, maîtres queux du commun, Vincent Diligent, potager, et Jacques Royer, porteur de ladite cuisine, de la somme de 120 écus soleil, soit à chacun 30 écus, à prendre des deniers de la composition du quart de la résignation de l'office d'élu en l'élection de Gisors, que fait Eustache Gason au profit de Nicolas Lemoyne.

(*Arch. nat.*, J. 962[14], n° 27, anc. J. 961, n° 210.)

[Janvier 1539 n. s.]

Mandements aux trésorier de l'épargne et autres comptables de payer :

31233. A M. d'Humyères, 6,000 livres pour sa pension de l'année échue le 31 décembre 1538, à prendre sur les deniers qui se distribuent autour de la personne du roi.

31234. Au s[r] de Warty, 4,000 livres tant pour ses gages et pension que pour son état de grand-maître enquêteur et réformateur des Eaux et forêts durant l'année susdite.

31235. Au premier président de Rouen, 500 livres pour sa pension de ladite année, à prendre sur les deniers provenant des amendes dudit Parlement.

31236. A Mme la comtesse des Vertus, don de 900 livres en récompense de services rendus à la reine et à Mesdames.

31237. A l'argentier du roi, 500 livres pour employer à l'achat de draps de soie de diverses nuances, dont le roi a fait présent à Trezay, l'une des demoiselles de Mesdames.

31238. Aux filles de joie suivant la cour, don de 90 livres tant à cause du bouquet qu'elles ont offert au roi le 1er mai dernier, que pour leurs étrennes du 1er de ce présent mois, comme il est accoutumé.

31239. A Jean Damours, allemand, marchand d'oiseaux, 51 livres 15 sous en payement d'un tiercelet de gerfaut, d'un faucon et de deux tiercelets de faucon que le roi a achetés de lui en ce présent mois de janvier, à Paris, et qu'il a remis aux gentilshommes de la fauconnerie, chargés de les dresser.

31240. Mandement à la Chambre des Comptes de Paris et aux commissaires députés de ladite ville, pour clore les comptes des décimes et dons gratuits octroyés par le clergé du royaume, de passer aux comptes que Guillaume Prudhomme, trésorier de l'épargne, doit rendre pour l'année échue le 31 décembre 1538, les sommes qui suivent, savoir sur l'ordinaire de l'épargne 6,985 livres 9 sous 8 deniers, d'une part, et

1,663 livres 17 sous 7 deniers, d'autre, qui se sont trouvées de faute et mécompte dans les coffres du Louvre et dont Philippe Le Tirant, alors commis dudit trésorier de l'épargne au Louvre, est demeuré en reste; après enquête et rapport, il a été fait don et remise à celui-ci desdites sommes qui peuvent avoir été comptées ou payées en trop, ou dérobées.

31241. A Louis de Laage, lieutenant des archers de la garde de la compagnie du s[r] de Nançay, 67 livres 10 sous pour distribuer à plusieurs archers de ladite compagnie qui vont conduire, de Paris en divers lieux du royaume, certains personnages dont le roi ne veut faire connaître les noms et qu'il a ordonné de placer sous bonne garde, en attendant qu'il soit statué sur leur sort.

31242. Au grand prieur de l'abbaye de Saint-Claude en Bourgogne, 900 livres aumônées à ladite église à cause d'une grand'messe fondée par le roi Louis XI et continuée par ses successeurs, que les religieux dudit couvent sont tenus de célébrer chaque jour devant le grand autel, et ce pour trois années échues le 31 décembre 1538.

31243. A Louis de Lasseigne, capitaine et principal garde de la forêt de Sénart, 120 livres, à quatre gardes, 240 livres, soit 60 livres à chacun, et à trois autres gardes anciennement en exercice, 105 livres, soit à chacun 35 livres, en tout 465 livres pour leurs gages de ladite année 1538.

31244. Audit de Lasseigne, principal garde des forêts de Chizé et d'Aulnay, 120 livres, et à quatre gardes sous ses ordres, 240 livres, soit à chacun 60 livres, en tout 360 livres pour leurs gages de ladite année.

31245. Au s[r] de Lamet, général des finances, 675 livres en déduction de ce qui peut lui être dû et qui lui sera taxé pour les journées et vacations de la commission dont il a été chargé touchant l'aliénation et engagement des domaine, aides et gabelles en la généralité d'Outre-Seine et Yonne, en la compagnie d'André Guillart, maître des requêtes de l'hôtel, et pour le recouvrement par ledit de Lamet de 20,000 écus soleil de la consignation faite par le s[r] de Rouville pour le retrait de la terre de Méru, ci-devant mise entre les mains du trésorier de l'extraordinaire des guerres.

31246. Audit André Guillart, 450 livres en déduction de ce qui peut lui être dû et sera taxé de ses voyages en la compagnie dudit de Lamet, pour ladite aliénation.

31247. Audit de Lamet, 225 livres sur ses vacations d'un voyage qu'il va présentement faire de Paris à Soissons pour la liquidation des compensations que l'on devra payer à certains sujets de l'Empereur à cause du revenu des bénéfices et héritages qu'ils possèdent en France.

31248. Audit Guillart, 100 écus soleil, à Imbert de Saveuses, aussi maître des requêtes de l'hôtel, 100 écus soleil, à Germain de Marle, secrétaire du roi, 50 écus soleil, à Mauparlier, général des monnaies, 50 écus, et à Michel Guilhen, maître de la Monnaie de Lyon, 50 écus, en déduction de leurs vacations au voyage qu'ils vont présentement faire de Paris à Cambrai, afin de procéder, avec les députés de l'Empereur qu'ils doivent rencontrer en ladite ville, à la réformation et au cours des monnaies tant de ce royaume que des pays soumis à l'Empereur.

31249. A Philippe Du Chesne, gentilhomme de la maison de la reine douairière de Hongrie, don de 450 livres pour avoir apporté de Flandre à Paris, en ce présent mois de janvier, des faucons dont ladite dame fait présent au roi.

31250. A Louis de Piennes, 270 livres pour aller en Flandre trouver ladite reine de Hongrie et lui remettre, de la part du roi, un certain nombre de sacres et sacrets et pour les frais de conduite desdits oiseaux.

31251. Décharge à Bénigne Serre de la somme de 314 livres 5 sous qu'il a payée, savoir aux chevaucheurs d'écurie suivant M. le Connétable, ci-après nommés, sur ce qui leur est dû de leurs gages, 240 livres; à Antoine du Heu et Louis Dumoulin, pour deux mois, à chacun 60 livres; à Jean Gonnet et Jean Decaze, pour un mois et demi, à chacun 45 livres; à Hugues Vigier, pour un mois, 30 livres, nonobstant que le salaire ordinaire des chevaucheurs d'écurie ne soit que de 13 sous 9 deniers par jour; audit Vigier, pour avoir été en poste de Villers-Cotterets à Crépy, Senlis, Compiègne, Noyon, Chauny, La Fère et autres lieux voisins, à la recherche d'un sacre du roi perdu à la volerie, 22 livres 10 sous; au même, pour un autre voyage en poste de Saint-Quentin à Crèvecœur et à Cambrai, vers les officiers chargés de préparer les logis du roi audit Cambrai, 6 livres 15 sous; audit du Heu, pour un voyage de Saint-Quentin à Aspres, afin de rapporter des nouvelles de la venue de la reine de Hongrie, 9 livres; à Jean Vigier, autre chevaucheur, pour aller de Blois en Gascogne faire venir à la cour le vicomte et la vicomtesse de Lauzun, 18 livres; et à Jean Decaze, pour avoir porté en poste de Paris à La Fère-sur-Oise deux chaînes d'or restant de celles que le roi a dernièrement fait faire pour donner en présent aux étrangers.

31252. Mandement à Jean Duval, trésorier de la maison du dauphin, de payer à Georges Rainssant, demeurant à Reims, la somme de

632 livres 13 sous 9 deniers pour bois, cordages et nattes employés en un « bastillon » que feu M. le Dauphin fit élever près de ladite ville de Reims.

31253. A Martin de Troyes, commis au payement de l'extraordinaire des guerres, 720 livres pour délivrer au s[r] Du Biez, naguère capitaine de trois cents légionnaires qui étaient en garnison à Thérouanne, faisant le parfait de 900 livres pour sondit état de capitaine durant neuf mois, du 1er septembre 1537 au 31 mai 1538.

31254. Au receveur de l'écurie du roi, 1,457 livres 12 sous 6 deniers pour délivrer à Pierre Mangot, orfèvre, à cause des tares et pertes qu'il a éprouvées au surachat de l'or et de l'argent blanc par lui employés à l'orfèvrerie des « journades des hocquetons » tant des capitaines, archers écossais et français des compagnies des s[rs] d'Aubigny et de Nançay, que des fourriers, portiers, lieutenant et prévôt de l'hôtel, durant les années 1529, 1530 et 1533.

(*Arch. nat.*, J. 962[14], n° 28, anc. J. 961, n° 211.)

Mandements à expédier aux payeurs de la gendarmerie, tant pour les prêts et avances par eux faits en leurs compagnies, particulièrement aux nouveaux enrôlés, que pour le payement des gages de certains quartiers des commissaires et contrôleurs des guerres.

Pour les prêts :

31255. A Bonnet Moireau, payeur de la compagnie du duc de Lorraine, 2,243 livres 15 sous, soit 362 livres 10 sous pour prêt fait à cinq hommes d'armes et dix-neuf archers nouvellement enrôlés en ladite compagnie, et 1,881 livres 5 sous pour un autre prêt de demi-quartier sur les états des capitaine, lieutenant, enseigne, guidon et gages du payeur, et de 20 livres par homme d'armes et de 10 livres par archer, à ceux de ladite compagnie qui se trouvèrent, au mois d'octobre 1537 dernier, auprès de Lyon pour faire le voyage de Piémont, dont ils eurent contre-ordre du roi et furent renvoyés en leurs garnisons.

31256. A Hector Personne, payeur de la compagnie de M. de Saint-Pol, la somme de 100 livres pour prêt fait à un homme d'armes et six archers, nouvellement enrôlés.

31257. A Guillaume Guyot, payeur de la compagnie de M. de Nevers, 212 livres 10 sous pour prêt fait à cinq hommes d'armes et cinq archers, nouvellement enrôlés, y compris 25 livres avancées au porte-enseigne, l'un desdits nouveaux enrôlés.

31258. A Alain Veau, payeur de la compagnie de M. de La Rochepot, 162 livres 10 sous pour prêt fait à un homme d'armes et onze archers, nouveaux enrôlés.

31259. A François Chefdebien, payeur de la compagnie du comte de Tende, 362 livres 10 sous pour prêt fait à neuf hommes d'armes et onze archers, nouveaux enrôlés.

31260. A Étienne Noblet, payeur de la compagnie de M. d'Aubigny, 612 livres 10 sous pour prêt fait à neuf hommes d'armes et trente et un archers, nouveaux enrôlés.

31261. A Jérôme Pajonnet, payeur de la compagnie de M. d'Annebaut, 187 livres 10 sous pour prêt fait à quinze archers, nouveaux enrôlés.

31262. A Adam Pinceverre, payeur de la compagnie de M. de Boisy, 275 livres pour prêt fait à quatre hommes d'armes et quatorze archers, nouveaux enrôlés.

31263. A Guillaume Fauvelet, payeur de la compagnie de M. de Sedan, 112 livres 10 sous pour prêt fait à trois hommes d'armes et trois archers, nouveaux enrôlés.

31264. A Pierre Godefroy, payeur de la compagnie de M. Du Biez, 262 livres 10 sous pour prêt à quatre hommes d'armes et treize archers, nouveaux enrôlés.

31265. A Pierre François, payeur de la compagnie de M. de Créquy, 387 livres 10 sous pour prêt à dix hommes d'armes et onze archers, nouveaux enrôlés.

31266. A Pierre Le Vassor, payeur de la compagnie de M. de la Meilleraye, 350 livres pour prêt à cinq hommes d'armes et dix-huit archers, nouveaux enrôlés.

31267. A Claude du Lyon, payeur de la compagnie de M. de Beaumont-Brizay, 300 livres pour prêt à six hommes d'armes et douze archers, nouveaux enrôlés.

31268. A Bertrand Delamothe, payeur de la compagnie de M. d'Assier, 525 livres pour prêt à sept hommes d'armes et vingt-huit archers, nouveaux enrôlés.

31269. Audit Bertrand Delamothe, payeur de la compagnie de M. de Crussol, 425 livres pour prêt à huit hommes d'armes et dix-huit archers, nouveaux enrôlés.

31270. A Raoul Moreau, payeur de la compagnie de M. de Torcy, 325 livres pour prêt à sept hommes d'armes et douze archers, nouveaux enrôlés.

IMPRIMERIE NATIONALE.

31271. A Antoine Béchet, payeur de la compagnie de M. de la Fayette, 425 livres pour prêt à dix hommes d'armes et à quatorze archers, nouveaux enrôlés.

Mandements aux payeurs de la gendarmerie de payer, des deniers revenant bons au roi qu'ils auront entre leurs mains, aux commissaires et contrôleurs ci-après nommés leurs gages des quartiers y déclarés, nonobstant qu'ils n'aient servi durant ledit temps, ce dont le roi les relève, parce que, au moment où les montres ont été faites, les uns étaient retenus par maladie et les autres occupés ailleurs pour son service.

Commissaires :

31272. A Borran, pour juillet et octobre 1531, 200 livres;

31273. A Chamaigre, pour janvier 1536 n. s., 100 livres;

31274. A La Perye, pour octobre 1536, 100 livres;

31275. A Livio Crotto, pour octobre 1537 et janvier 1538 n. s., 200 livres;

31276. Aux héritiers de feu Picquet, pour lesdits deux quartiers et pour avril 1538, 300 livres;

31277. A Villemontée, pour lesdits deux quartiers, 200 livres;

31278. Aux héritiers de feu Jacques Deschamps et à ceux du feu s[r] des Armoises, son successeur, pour juillet 1536, janvier 1537 n. s., avril et juillet 1537, 400 livres;

31279. A Guichard de Thou, pour le quartier d'octobre 1537, 100 livres;

31280. A d'Ossun et à Pescheray son successeur, pour octobre 1537, janvier et avril 1538, 300 livres.

Contrôleurs :

31281. A Jean Breton, contrôleur général des guerres, pour janvier, avril et juillet 1537, 900 livres;

31282. A Thibaut Minier, pour octobre 1535, 60 livres;

31283. A Jean Laloyau, pour juillet 1536, 60 livres;

31284. A Pierre Hauron, pour octobre 1536, 60 livres;

31285. A Claude Morin, pour juillet et octobre 1536, 120 livres;

31286. A Jean Bennerel, pour octobre 1537, 60 livres;

31287. A Jean Vigenere, pour ledit quartier, 60 livres;

31288. A Nicolas Robot, pour octobre 1536, octobre 1537, janvier et avril 1538, 240 livres;

31289. A Artus Lepère, pour octobre 1536 et avril 1538, 120 livres.

31290. Mandement auxdits payeurs de la gendarmerie de payer, des deniers revenant bons qu'ils auront entre les mains, à Pierre Godefroy, payeur de la compagnie de M. Du Biez, 600 livres tournois pour bailler par moitié aux s[rs] de Martigny et de Bourret, porte-enseigne et guidon du feu s[r] Du Fresnoy, pour la pension à eux ordonnée par le roi jusqu'à ce qu'ils aient autre charge ou appointement, durant une année et demie échue le 30 juin dernier [1538].

31291. Mandement auxdits payeurs de la gendarmerie de payer, desdits deniers, à René Tardif, marchand de l'argenterie du roi, 1,475 livres à lui dues par le s[r] de Boutières pour la fourniture de quarante-neuf sayes d'hommes d'armes et soixante-quinze d'archers de sa compagnie, livrées lorsque ledit s[r] de Boutières en était lieutenant sous M. le Dauphin, alors duc d'Orléans, desquels hoquetons le roi a voulu qu'il soit fait don auxdits hommes d'armes et archers, sans qu'il leur soit rien retenu sur leur solde.

31292. Mandement à la Chambre des Comptes d'allouer à Raoul Moreau, payeur de la compagnie de M. de Torcy, 60 livres tournois qu'il a payées, par ordonnance de M. le Connétable, à Ludovic de Rivez, homme d'armes de la compagnie de feu M. le duc de Vendôme, pour ses gages du quartier de janvier 1537 n. s., bien qu'il n'ait été fait montre ni payement de ladite compagnie pour ledit quartier.

31293. Mandement à la Chambre des Comptes de taxer et ordonner à Guy de La Maladière, trésorier des guerres, telle somme qu'elle jugera raisonnable pour les commissions qui lui ont été baillées, depuis qu'il a cessé d'exercer sondit office, à la suite du roi et de ses lieutenants généraux, tant dans les camps et armées de Provence, Piémont, Picardie et Artois, que, depuis le retour desdites armées, à Leucate, Nice, Aiguesmortes et audit pays de Picardie, en ayant égard aux dépenses qu'il a dû faire durant trois desdits voyages aux pays de Picardie, Artois, Piémont et Leucate, tant pour le recouvrement, port, voiture et garde des deniers qu'il a fait conduire à la suite desdits camps et armées, que pour salaires, nourriture et entretien de clercs et autres personnes, et aussi pour deux voyages qu'il a faits en poste, pour porter lesdits deniers en plus grande diligence, l'un en Picardie et l'autre en Piémont, vers M. le Connétable.

(*Arch. nat.*, J. 962[14], n° 29, anc. J. 961 n° 214.)

[Janvier 1539 n. s.]

Mandements aux trésorier de l'épargne et autres comptables de payer :

31294. Au roi de Navarre, 6,000 livres pour sa pension du quartier d'octobre 1538, à prendre sur les deniers qui se distribuent autour de la personne du roi.

31295. A Étienne Martineau, commis au payement de l'extraordinaire de l'artillerie, 3,288 livres 18 sous pour achat de cuivre et autres choses nécessaires à une fonte de pièces d'artillerie que le roi a l'intention de faire faire prochainement à Paris.

31296. A Antoine Du Castel, 625 livres complétant la somme de 2,000 livres que le roi lui a ordonnée pour sa pension de deux années échues le 31 décembre 1537, le surplus lui ayant été payé en plusieurs fois.

31297. A Ponce de Ballayer, dit « Savognac », chevalier de l'ordre de Saint-Jean de Jérusalem, don de 225 livres pour avoir, en ce présent mois de janvier, apporté au roi, à Paris, de la part du grand-maître de Rhodes, six sacres, trois sacrets et deux faucons pèlerins.

31298. A Claude de Bombelles, s[r] de Lavau, 81 livres pour un voyage en diligence de Paris à Aubigny où il se rend, le 8 dudit mois de janvier afin de remettre au seigneur du lieu des lettres du roi et en rapporter la réponse.

31299. A Guy de La Maladière, 720 livres pour le payement des gages et soldes du quartier de juillet dernier de Jean de Pommereu, prévôt des maréchaux de France et de vingt archers sous ses ordres, y compris 20 livres pour les gages du clerc qui fera le payement.

31300. A Yvon Pierres, principal garde de la forêt de Halatte, 120 livres; à Simon de Bury, Lorin Dubot, François Minot et Martin de Silly, à chacun 60 livres, en tout 360 livres pour leurs gages de l'année échue le 31 décembre 1538.

31301. A Guillaume Perrault, Hervé Nocart, Simon Delahaye, Jean Bucquet, Jean Baudriet et N. (*nom en blanc*), gardes de la forêt de Cuise, 360 livres, soit à chacun 60, pour leurs gages de ladite année.

31302. A Toussaint Loyer et Jean Canu, gardes de la forêt de Carnelle, 60 livres à chacun pour leurs gages de la même année.

31303. Prorogation pour dix ans des pensions que le premier président, le président des enquêtes, le premier huissier et le receveur des exploits et amendes du Parlement de Bordeaux ont accoutumé de prendre sur les exploits et amendes de ladite cour, soit 300 livres au premier président et 75 livres à chacun des trois autres.

31304. Confirmation en faveur de Jean Dinet, avocat du roi en la sénéchaussée de Bourbonnais, de la pension de 100 livres par an à lui ordonnée par feu Anne de France, duchesse de Bourbon, comme maître des requêtes de ladite dame, ladite pension confirmée déjà par la duchesse d'Angoulême, à condition que ses successeurs audit office d'avocat ne pourront se prévaloir de ce précédent.

31305. Confirmation pour le receveur ordinaire d'Angoulême d'une pension de 40 livres par an que feu la duchesse d'Angoulême lui a ordonnée, outre ses gages qui sont de 60 livres, eu égard à l'augmentation de sa recette, à commencer du jour du décès de ladite dame.

31306. Décharge au receveur d'Orléans de la somme de 249 livres 10 deniers par lui payée de l'ordonnance des s^rs^ de Nançay et de Dampierre, commissaires du roi pour les ventes extraordinaires faites en la forêt d'Orléans, tant pour dépenses de bouche que pour les menus frais de mesurage et autres.

31307. Permission audit receveur, commis à la recette des amendes provenant de la réformation des forêts du duché d'Orléans, de prendre sur les deniers de la recette ordinaire d'Orléans la somme de 6,000 livres pour le payement des commissaires chargés de ladite réformation, somme qu'il sera tenu de porter en recette sur son compte desdites amendes.

31308. Assignation à Jacques Hurault, audiencier de France, sur l'émolument du sceau de la chancellerie, de la somme de 1,859 livres 7 sous 6 deniers pour le payement de deux cent quatre-vingt-seize aunes trois quarts de tapisserie, au prix de 110 sous l'aune, la façon des patrons et garniture de ladite tapisserie, et de quatre grandes garde-robes livrées à feu M. le Chancelier, pour le service de la chancellerie.

31309. Confirmation pour Bernard de Marcillac, s^r^ de Vouillac, gruyer des bois et forêts d'Angoulême, de 20 livres de gages et de 30 livres de pension à lui ordonnées par feu Madame, mère du roi, pour sondit office.

31310. Au s^r^ de Senlis, maître d'hôtel du roi, dont le nom a été omis sur l'état de la maison du roi, 600 livres de pension et gages pour l'année 1538, à prendre sur l'épargne.

31311. Au s^r^ de Vervins, 400 livres pour sa pension de l'année finie le 31 décembre 1537.

31312. A M. le cardinal de Macon, 164 livres 15 sous pour faire tenir au protonotaire de Monluc à Rome, en remboursement de pareille somme par lui avancée à un courrier venu de Rome à Lyon, apporter à la poste dudit lieu des lettres qui devaient être remises au roi, quelque part qu'il fût.

31313. A Jean Secrestain, chevaucheur d'écurie, partant en poste de Paris, le 10 du présent mois de janvier, pour porter au duc de Guise, audit lieu, des lettres du roi et en rapporter la réponse, 56 livres 5 sous.

31314. A Francisque de Plaisance, gentilhomme italien, don de 200 livres pour services rendus dans les guerres d'Italie, et pour l'aider à s'entretenir à la suite du roi.

31315. A Gabriel Suavis, piémontais, l'un des huissiers de salle du roi, 112 livres 10 sous pour l'aider à supporter la dépense d'un voyage qu'il va présentement faire de Paris à Turin, où se trouvent sa maison et son ménage, d'où il reviendra ensuite reprendre son service lorsqu'il sera en quartier.

31316. A Pierre Clausel, autre huissier de salle, don de 45 livres pour l'aider à supporter la dépense qu'il a dû faire en l'année 1538 dans l'exercice de son office, son nom ayant été omis sur l'état des officiers de la maison du roi.

31317. A Fabrice Cecilian, gentilhomme et ingénieur du royaume de Naples, don de 100 livres pour l'aider à s'entretenir au service du roi et à supporter la dépense d'un voyage à Boulogne-sur-Mer, où il doit aller visiter les fortifications en compagnie du s[r] Du Biez, capitaine de ladite ville.

31318. Mandement à la Chambre des Comptes d'allouer aux comptes de Jean Hénard, commis à faire le payement des pensions générales et particulières de Suisse, 2,052 livres 9 sous qu'il a payés des deniers de sa commission, par ordonnance du s[r] de Boisrigault, ambassadeur du roi audit pays, savoir à Ulmann Tettreman, de Fribourg, 874 écus d'or soleil, faisant le parfait de 1,274 écus montant des frais et dépenses de Wolfgang Stroly, fils et héritier de feu l'advoyer Stroly, pour la poursuite du recouvrement de 16,000 florins dus de principal, auxquels frais ledit Tettreman, comme pleige dudit sieur, a été condamné par les seigneurs de Fribourg; et à Bapt de Lutternon, d'Aarau, 85 livres 19 sous pour la cense de 1,000 florins d'or à lui dus de principal.

31319. Mandement audit Hénard de payer, des deniers de sa commission, 1,200 livres audit de Boisrigault pour son état et entretien en Suisse, durant les mois de mai, juin et juillet 1538, et 180 livres à

Jean de Villars, s[r] de Blancfossé, autre chargé des affaires du roi en Suisse, pour son état durant les mêmes mois.

31320. Mandement au trésorier de l'épargne de faire payer par Antoine Béchet, commis au payement de la compagnie du feu duc d'Albany, commandée à présent par les s[rs] de La Fayette et le baron de Curton, sur les deniers revenant bons de ladite compagnie des quartiers passés et à venir, à Jean Chambon, son prédécesseur, 91 livres 16 sous 4 deniers qui lui restent dus de ses comptes.

31321. A Jean Crosnier, trésorier de la marine du Levant, 67,500 livres pour la solde de vingt-cinq galères au service du roi, durant le quartier d'octobre 1537, à raison de 900 livres par mois et par galère, 100 livres pour les gages du commissaire pendant ledit quartier, et, pour ceux dudit Crosnier, 908 livres 13 sous 5 deniers, qui est à raison de 143 livres 7 sous 9 deniers par galère et par an, ladite somme à prendre sur la recette générale de Languedoc, du terme de la taille payable le 1er du présent mois de janvier.

31322. Au même, pour la solde de ces vingt-cinq galères, des quartiers de janvier et avril 1538, la somme de 137,017 livres 6 sous 10 deniers, à prendre sur la recette générale de Languedoc et sur le même terme de la taille.

31323. A Marin «Deufterено», grec, marchand d'oiseaux de leurre, 3,375 livres en payement de cent sacres, à 15 écus soleil chaque, que le roi a achetés de lui en ce présent mois de janvier.

31324. Au même, don de 225 livres pour la diligence dont il a fait preuve en venant le premier du pays de Grèce apporter au roi lesdits sacres.

31325. Au même, 225 livres par manière de gages et pension durant la présente année commencée le 1er de ce mois de janvier, que le roi ordonne de lui payer d'avance.

31326. A Jean «Deufterено», autre marchand d'oiseaux du pays de Grèce, 185 livres 12 sous 6 deniers en payement de quatre sacres à 15 écus pièce et trois sacrets à 7 écus et demi.

31327. Mandement au trésorier de l'épargne de faire payer par Robert Dufresnoy, naguère commis au payement des gages du Grand conseil, des deniers provenant de l'assignation qu'il a eue pour les quartiers d'octobre 1536 et janvier 1537, à Jean Belot, conseiller au Grand conseil, 500 livres pour avoir servi en ladite cour, durant ces deux quartiers, au lieu de feu Léonard Gay.

31328. A Jacques Colombeau, 36 livres pour son entretien à l'Université de Paris, durant le second semestre de l'année 1538.

(*Arch. nat.*, J. 962[14], n° 30, anc. J. 961, n° 219.)

[Avril 1538.]

Mandements aux trésorier de l'épargne et autres comptables de payer :

31329. Au roi d'Écosse, 100,000 livres montant de la dot que le roi s'est engagé à payer à la duchesse de Longueville par le traité du mariage entre Jacques V et ladite dame.

31330. Au roi d'Écosse, pour la pension que le roi donne à la duchesse de Longueville, 20,000 livres par an, payables en quatre quartiers, six semaines après leur échéance, à prendre sur les deniers de l'épargne.

31331. A Martin de Troyes, commis à l'extraordinaire des guerres, 69,012 livres 10 sous, savoir pour la solde des lansquenets servant en Piémont sous le capitaine le Bossu, pour le présent mois d'avril, 30,000 livres; pour les réparations de Moncalieri, 6,000 livres; pour celles de Turin, 2,000 livres; pour le reste du payement des vivres que l'abbé Bourgarel a fait apporter à Turin, 13,012 livres 10 sous; pour d'autres vivres qui se pourront trouver en Piémont pour l'avitaillement desdites places de Turin et de Moncalieri, 13,500 livres; et pour l'achat et transport des grains que le roi fait prendre en Dauphiné pour la même destination, 4,500 livres.

31332. Au même, 3,577 livres pour la solde d'un mois de cinquante hommes de pied, aventuriers français, en garnison à Marseille, sous le capitaine La Molle, y compris les états et gages d'un commissaire et d'un contrôleur, à prendre sur le reste des décimes et dons gratuits des années passées.

31333. Au même, 870 livres pour la solde de trente arquebusiers en garnison à Bourg en Bresse, des mois de janvier, février et mars derniers, y compris les états et gages d'un commissaire et d'un contrôleur, à prendre sur les deniers de l'épargne.

31334. A Jean Hénard, commis au payement des pensions de Suisse, 300 livres pour payer la pension du capitaine Hans Kalschmidt, de Baden, de l'année finie à la Chandeleur 1536 n. s.

31335. A Jean Duval, changeur du Trésor, 480 livres pour le parfait de 720 livres, montant de la solde des douze mortes-payes de la Bastille de Paris, de l'année 1536.

31336. A Nicolas de Troyes, argentier du roi, 4,600 livres pour l'ordinaire de l'argenterie du quartier d'octobre dernier.

31337. Au même, 4,498 livres 2 sous 6 deniers pour le payement des draps et toiles d'or, d'argent et de soie, que le roi a achetés et fait mettre dans ses coffres en ce présent mois d'avril.

31338. A François Malevault, receveur de l'écurie du roi, 10,000 livres en déduction de la somme qui sera due pour les journades des capitaines et hoquetons des archers des gardes du roi et de ses fourriers et portiers, pour la présente année, par mandement sur Étienne Trotereau, des deniers de la recette générale de Languedoïl, du quartier de janvier dernier.

31339. A Jean Bellavoine, receveur de Chaumont-en-Bassigny, 4,000 livres pour les réparations nécessaires des villes et places de la frontière de Champagne, ainsi qu'il sera avisé par le duc de Guise, gouverneur de la province.

31340. A Jean Carré, 3,000 livres pour le payement de partie des gages des officiers domestiques du roi, du quartier de janvier dernier, à prendre sur les restes des décimes et dons gratuits des années passées.

31341. A Antoine Juge, trésorier de la reine, 2,500 livres en déduction de ce qui reste à payer des gages des officiers de ladite dame, de l'année dernière, à prendre comme dessus.

31342. A Victor Barguin, trésorier de Mesdames, 2,500 livres en déduction de ce qui reste à payer des gages des officiers desdites dames, de l'année dernière, à prendre comme dessus.

31343. A Bénigne Serre, 500 livres pour le payement des menus voyages et diligences ordinaires que font les chevaucheurs d'écurie pour les affaires du roi, à prendre des deniers de l'épargne.

31344. A Jean Thizart, 9,118 livres 1 sou 3 deniers pour la solde des archers écossais, du quartier d'octobre dernier, à prendre sur l'épargne.

31345. A Jacques Richier, 8,317 livres 7 sous 6 deniers pour la solde des archers français de la garde, de la compagnie du s[r] de Nançay, pendant le même quartier, à prendre sur l'épargne.

31346. A Jean Chartier, 8,651 livres 2 sous 6 deniers pour la solde des archers français de la compagnie du sénéchal d'Agénais, durant ledit quartier, à prendre sur l'épargne.

31347. A Jean de Vaulx, 8,606 livres 2 sous 6 deniers pour la solde des archers français de la garde, de la compagnie du s[r] de Chavigny, durant ledit quartier, à prendre sur l'épargne.

IMPRIMERIE NATIONALE.

31348. A Jean de Crèvecœur, bourgeois de Paris, remboursement de 225 livres par lui prêtées au roi, le 6 mars 1537 n. s., et mise entre les mains de Martin de Troyes.

31349. A Guillaume Belliard, 4,100 livres pour la solde des Cent-Suisses de la garde, du quartier de janvier dernier.

31350. A M. le Connétable, 6,000 livres pour ses gages et entretien à cause dudit état, durant le quartier de janvier, février et mars dernier, bien qu'il n'ait été institué que le 10 février [(1)], à raison de 24,000 livres par an.

31351. Au même, pour sa pension ordinaire dudit quartier, 3,000 livres, et pour son état de gouverneur de Languedoc, 1,500 livres.

31352. Au même, pour les capitaineries du château de la Bastille, 300 livres, du Bois de Vincennes, 300 livres, des ville et châteaux de Nantes, 375 livres, et de Saint-Malo, 100 livres, soit 1,075 livres durant ledit quartier.

31353. Au même, en compensation des 4,000 ducats de la composition du Briançonnais, dont le roi lui fait don chaque année, 2,000 livres pour ledit quartier de janvier.

31354. Au s^r^ d'Aubigny, maréchal de France, 6,000 livres pour le parfait de sa pension de l'année 1536, montant à 10,000 livres.

31355. Au s^r^ de Boisy, 1,500 livres pour sa pension des six derniers mois de l'année passée.

31356. Au s^r^ de Canaples, 2,000 livres pour sa pension desdits six mois.

31357. Au prince de Melphe, 6,000 livres pour le parfait de sa pension de l'année 1537, montant à 10,000 livres.

31358. A Pomponio Trivulce, gouverneur de Lyon, 1,250 livres pour sa pension des six derniers mois de l'année 1536, à prendre sur les restes des décimes et dons gratuits des années passées.

31359. Au duc d'Atri, 1,000 livres sur la pension qu'il plaira au roi de lui ordonner, tant pour le passé que pour la présente année, outre ce qu'il a reçu.

31360. A Pallavicini Visconti, 1,000 livres sur ce qui peut lui être dû de sa pension, tant des années passées que de la présente.

(1) Le 10 février 1538 n. s., date des lettres de provisions d'Anne de Montmorency (n° 9642 du *Catalogue*).

31361. A Bernard Salviati, grand prieur de Rome, 1,500 livres pour sa pension des quartiers de janvier et avril 1537.

31362. A Philibert Berbis, conseiller au Parlement de Dijon, 671 livres 8 sous 7 deniers pour les gages fixés par arrêt du Grand conseil, que lui devait Claude Duchamp, avant que ce dernier fut privé de son office de receveur de ladite cour.

31363. Aux Minimes des couvents du Plessis-lès-Tours et d'Amboise, pour leur don annuel et aumône ordinaire, 1,000 livres, soit au premier 700 livres et au second 300, pour les fondations de messes durant la présente année.

31364. Au cardinal de Carpi, don de 4,500 livres en récompense de ses services et pour l'aider à supporter ses dépenses à la suite du roi, pour le fait des traités de paix dont le Pape dirige les négociations, à prendre sur les restes des décimes et dons gratuits des années passées.

31365. A Girard Frault, serviteur du duc de Mantoue, don de 225 livres pour avoir présenté au roi un cheval de poil moreau, offert par son maître.

31366. A Mathurin Barres, valet de fourrière du roi, don de 45 livres en récompense de ses services.

31367. A Jean Poifille, sommelier de paneterie du commun de la maison du roi, don de 45 livres pour l'aider à se guérir d'une jambe qu'il s'est cassée.

31368. A Jacques Stelle, capitaine suisse, don de 90 livres pour l'aider à supporter la dépense qu'il a faite à la suite du roi, depuis le retour de l'expédition de Piémont.

31369. A Gilbert de La Garde, page de l'écurie, don de 67 livres 10 sous pour l'aider à se monter et armer en la compagnie des ordonnances où le roi l'envoie servir, en le mettant hors de page.

31370. A Claude Gaudry, sommelier d'échansonnerie du roi, don de 225 livres pour l'aider à se monter d'un bon sommier et de paniers et bouteilles neuves pour le service de M. le Connétable et des chambellans du roi.

31371. A Pierre de Sers, valet de limiers du roi, don de 22 livres 10 sous en récompense de ses services.

31372. A Claude de Bombelles, s[r] de Lavau, 225 livres pour aller en diligence de Lyon en Béarn, vers le roi de Navarre, lui faire de la part du roi certaines communications importantes et revenir en semblable diligence.

31373. A Antoine de Hu, chevaucheur d'écurie, 63 livres, savoir pour un voyage de Lyon à Mâcon, vers le comte Guillaume de Furstenberg, et pour son retour, 15 écus d'or; pour un autre voyage de Saint-Rambert à Châtillon en Bresse, où il porta des lettres du roi au s[r] de La Parvillière, commissaire des lansquenets, et revint vers le roi, à Chazelles, 13 écus soleil; et à Laurent Bouzot, autre chevaucheur d'écurie, pour un voyage de Saint-André à Lyon, où il porta des lettres au légat de Carpi, et un autre voyage de Lyon à Yzeron, vers ledit sieur, 18 livres.

31374. A Antoine de Bussy, commissaire ordinaire des guerres, 225 livres pour aller en poste de la Balme en Piémont, vers le s[r] de Montejean, lieutenant général audit pays, lui faire de la part du roi une communication importante.

31375. A Jean Bertrandi, premier président du Parlement de Toulouse, 1,350 livres sur son état et les vacations et dépenses du voyage qu'il va faire présentement en Lorraine et autres lieux, pour affaires d'importance concernant le service du roi.

31376. Aux lieutenants et porte-enseignes des gardes du roi ci-après nommés, 1,600 livres pour leurs pensions de l'année 1537, savoir à Jean Stuart, lieutenant des archers écossais, 600 livres; à Louis de Charmazel, lieutenant de la compagnie du sénéchal d'Agénais, 300 livres; à Louis de Thiville, s[r] de la Rochevert, lieutenant de la compagnie du s[r] de Chavigny, 300 livres; au porte-enseigne du s[r] de Nançay, 200 livres; et à Raymond de Lisle, porte-enseigne du sénéchal d'Agénois, 200 livres.

31377. A Pierre Godefroy, payeur de la compagnie du s[r] Du Biez, 600 livres pour la pension du s[r] d'Outreleau, vicomte de Thérouanne, d'une année et demie échue le 31 mars dernier.

31378. A Jean-Clément Stangue (*aliàs* Stanga), 500 livres pour une année de sa pension sur ce qui peut et pourra lui être dû tant du passé que de l'avenir.

31379. Mandement pour payer à l'évêque de Tarbes, conseiller au Grand conseil, ses gages du semestre échu le 30 septembre dernier, bien qu'il n'ait servi en ladite cour, étant ambassadeur du roi en Angleterre.

31380. Mandement pour payer à Jean de Morvillier ses gages de conseiller au Grand conseil, du semestre échu le 31 mars dernier, bien qu'il n'ait servi en ladite cour durant tout ce temps, à cause d'un voyage qu'il a fait en Angleterre en compagnie de l'évêque de Tarbes.

31381. A François Lamy, valet de chambre du roi, don de 225 livres en récompense de ses services.

31382. A Jean Leprestre, barbier et valet de chambre du roi, don de 112 livres 10 sous en récompense de ses services.

31383. A Jean d'Outreleau, vicomte de Thérouanne, don de 450 livres pour services de guerre sur la frontière de Picardie et d'Artois, et pour l'aider à supporter les pertes qu'il a éprouvées, ayant été fait prisonnier l'année dernière, alors qu'il était lieutenant du s^r de Sarcus.

31384. Audit d'Outreleau, 112 livres 10 sous pour un voyage en poste de Crémieu à Amiens ou en tout autre lieu où se pourra trouver le s^r de La Rochepot, afin de lui faire entendre de la part du roi certains avis importants touchant la défense du pays de Picardie.

31385. A Louis de Soignes, Adam de Lestang, Antoine de Martien et Jean de Rides, dit « Savoie », pages sortant de l'écurie du roi, à chacun 30 écus soleil, soit une somme de 270 livres, pour les aider à se monter et armer dans les compagnies d'ordonnances où ils vont servir.

31386. Aux religieuses du couvent de Sainte-Claire de Grenoble, don de 100 livres pour les aider à subvenir à leurs nécessités et les rendre plus disposées à prier Dieu pour la prospérité du roi.

31387. A Guillaume Dupont, maître arquebusier que le roi a retenu à son service, don de 67 livres 10 sous pour l'aider à supporter la dépense qu'il fera à la suite de la cour.

31388. A Oudart de Villemor, serviteur du s^r de Vély, ambassadeur près de l'Empereur, 90 livres pour aller de la Côte-Saint-André audevant de son maître revenant d'Espagne, lui porter une réponse du roi concernant des affaires importantes.

31389. A Charles de Saint-Martin, comte de Visque, 180 livres pour aller en diligence de la Côte-Saint-André à Langres ou autre lieu de Champagne ou de Lorraine, où se trouvera le comte Guillaume de Furstenberg, afin de lui transmettre les instructions du roi touchant la levée de huit mille lansquenets dont il a été chargé.

31390. A Jacques Venarvon, gueldrois, don de 22 livres 10 sous pour avoir apporté au roi certains avertissements d'importance de la part de personnages qui se trouvent au pays de Gueldres.

31391. A Guillaume Vallette, chevaucheur d'écurie, 146 livres 5 sous pour aller en poste de la Côte-Saint-André en Angleterre, vers le s^r de Castillon, ambassadeur du roi audit pays, lui porter des instructions touchant certaines affaires secrètes.

31392. A Martin Sentinelle, courrier italien, pour aller en poste de la Côte-Saint-André à Plaisance ou autre lieu où se trouvera le Pape, porter au cardinal de Mâcon et à l'évêque de Lavaur, ambassadeurs, des lettres du roi touchant l'entrevue qu'il doit avoir prochainement, à Nice, avec le Saint-Père.

31393. A Jacques de Croixmare, maréchal des logis du roi, 225 livres pour aller en poste de la Côte-Saint-André à Nice et aux environs, afin de s'occuper des préparatifs de ladite entrevue.

31394. Au s^r de Créquy, 1,200 livres pour sa pension de l'année 1537.

31395. Au s^r de Bernieulles, gouverneur de Thérouanne, 2,000 livres pour sa pension de l'année 1537.

31396. A Philippe-Michel Cossé, de la Côte-Saint-André, remboursement de 617 livres 3 sous 8 deniers qu'il a avancés pour les réparations nécessaires au château de cette ville, suivant les avis des s^rs de Marieu, de La Perrière et du châtelain dudit lieu.

31397. A François Maillard, truchement du roi en langue germanique, don de 67 livres 10 sous pour l'aider à se monter d'un bon cheval pour suivre le roi.

31398. Au duc de Wurtemberg, 1,500 livres pour sa pension du quartier de janvier, février et mars dernier.

31399. A François de Bourbon, comte d'Enghien, 3,000 livres pour sa pension de trois quartiers échus le 31 décembre dernier.

31400. A François de Lorraine, comte d'Aumale, 2,000 livres pour sa pension du second semestre de l'année dernière.

31401. A Jean de La Marck, s^r de Jametz, 6,000 livres pour sa pension de l'année dernière.

31402. A Antoine Juge, trésorier de la reine, 6,000 livres pour ce qui est dû des gages des dames, demoiselles et officiers de ladite dame, de l'année dernière, à prendre sur les restes des décimes et dons gratuits.

31403. A douze brasseurs de Rouen, 500 livres pour leurs salaire et dépense d'un voyage de Rouen en Piémont, où ils vont brasser la bière destinée à l'avitaillement des places, soit à chacun 40 livres, plus 20 livres à l'un d'eux qui a un cheval portant les bagages.

31404. A Jérôme Stangue, chargé de conduire lesdits brasseurs de la Côte-Saint-André à Turin, 56 livres 5 sous pour son voyage aller et retour.

31405. A Marie de Guillin, génevoise, lingère du roi, don de 35 livres 5 sous pour aider à la dépense du voyage qu'elle a fait pour apporter le linge du roi et pour s'en retourner à Paris.

31406. A Martin de Troyes, pour le parfait payement des gens de pied français servant en Piémont, durant le mois d'avril, 15,538 livres; pour le parfait payement des lansquenets du Bossu, des mois de janvier, février et mars et du présent mois d'avril, 6,000 livres; pour le parfait de l'état de l'artillerie de Piémont, durant lesdits quatre mois, 4,488 livres; pour les états qui restent à payer audit pays, y compris les commissaires et contrôleurs et les dépenses imprévues jusqu'au 30 de ce mois d'avril, 3,974 livres, soit en tout 30,000 livres, à prendre des deniers de l'épargne.

31407. Audit de Troyes, pour l'avance accordée à Thomas d'Estrac sur la fourniture de deux cent cinquante charretées de vin pour l'approvisionnement de Moncalieri, 3,375 livres; pour bailler à l'inspecteur Claude de Bourges sur ses vacations en Piémont, 800 livres; et pour l'état d'un mois du s^r de la Roche-Pozay en la commission des vivres, 300 livres, en tout 4,475 livres.

31408. Au même, 40,000 livres pour la solde des lansquenets du comte Guillaume de Furstenberg, du mois de mai prochain, outre les deniers revenant bons du mois précédent.

31409. Au même, pour la solde de quatorze cent cinquante hommes des garnisons de Picardie, durant deux mois, 18,335 livres; pour le «plat» du s^r de La Rochepot, des mois de mars et avril, 2,000 livres; et pour dépenses imprévues, 1,200 livres, soit 21,535 livres en tout.

31410. A Pierre de Lagrange, 12,000 livres pour les réparations et fortifications des places de Picardie, à prendre sur Pierre Le Vassor, des deniers de la taille de Normandie, du terme de ce mois d'avril.

31411. A Jean Picart, 6,247 livres 10 sous pour la solde des mortes-payes de Picardie du quartier de janvier dernier, y compris 127 livres 10 sous restant à assigner du quartier précédent, à prendre sur Jacques Marcel, des deniers de la généralité d'Outre-Seine, du présent quartier d'avril.

31412. A Jean Crosnier, 65,772 livres 6 sous 10 deniers pour le payement de douze galères étant au port de Marseille, des quartiers d'avril et juillet 1537, à prendre sur l'épargne.

31413. A Jean-Paul de Cère, 10,500 livres pour le parfait de sa pension des années 1536 et 1537, à raison de 6,000 livres par an.

31414. A la duchesse d'Étampes, don de 20,000 livres pour l'aider à payer la dot qu'elle a promise à sa sœur en la mariant avec le comte de Vertus, fils du seigneur d'Avaugour.

(*Arch. nat.*, J. 962[14], n° 31, anc. J. 961, n° 223.)

31415. Don au s[r] de Lésigny, trésorier de France, de la somme de 2,000 écus d'or soleil à prendre des mains du receveur ordinaire de Toulouse, sur les deniers des amendes de la cour du sénéchal de Toulouse et des autres juges de ladite sénéchaussée, tant des années passées, présente, que futures, nonobstant que tous dons excédant 1,000 écus se dussent payer en fin d'année seulement et n'être admis que pour la moitié, nonobstant aussi l'ordonnance des coffres du Louvre et l'édit réservant les deniers casuels et extraordinaires pour les réparations et fortifications des villes et places de la frontière.

(*Arch. nat.*, J. 962[14], n° 32, anc. J. 961, n° 224.)

Mandements au trésorier de l'épargne pour le payement des compagnies des ordonnances du quartier d'avril 1538 dernier, sur les deniers des recettes générales du présent quartier de juillet.

Compagnies de cent lances.

31416. A André Blondel, pour le payement de la compagnie de M. le Dauphin, y compris les gages d'un commissaire et d'un contrôleur, 10,122 livres 10 sous, sur lesquels il a entre les mains 105 livres provenant des revenant bons des quartiers précédents.

31417. A Jacques Arnoul, pour le payement de la compagnie du roi de Navarre, y compris les gages d'un commissaire et d'un contrôleur, 10,122 livres 10 sous, dont il convient de déduire 1,743 livres 5 sous, montant des revenant bons des quartiers précédents.

31418. A Audebert Catin, pour le payement de la compagnie de M. le Connétable, y compris les gages d'un prévôt et de cinquante archers sous ses ordres, d'un commissaire et d'un contrôleur, 11,872 livres 10 sous, moins 807 livres 10 sous, montant des revenant bons des quartiers précédents.

31419. A Claude Grandin, pour le payement de la compagnie du duc d'Estouteville, y compris les gages d'un commissaire et d'un contrôleur, 10,122 livres 10 sous, moins 1,676 livres 16 sous 8 deniers, montant des revenant bons des quartiers précédents.

31420. A Bonnet Moireau, pour le payement de la compagnie du duc de Lorraine, 9,962 livres 10 sous, moins 143 livres 16 sous 8 deniers, montant des revenant bons des quartiers précédents.

31421. A Jacques Marcel, pour le payement de la compagnie du duc de Guise, y compris les gages d'un commissaire et d'un contrôleur, 10,122 livres 10 sous, moins 375 livres revenant bons des quartiers précédents.

31422. A Girard Sayve, pour le payement de la compagnie de M. l'Amiral, y compris un commissaire et un contrôleur, 10,122 livres 10 sous, moins 2,256 livres, montant des revenant bons des quartiers précédents.

31423. A Alain Veau, pour le payement de la compagnie du s[r] de La Rochepot, y compris les gages d'un commissaire et d'un contrôleur, 10,122 livres 10 sous, moins 1,511 livres 3 sous 4 deniers, montant des revenant bons des quartiers précédents.

31424. A Michel Cosson, pour le payement de la compagnie du maréchal de Montejean, y compris les gages d'un commissaire et d'un contrôleur, 10,122 livres 10 sous, moins 700 livres 13 sous 4 deniers, montant des revenant bons des quartiers précédents.

Compagnies au-dessous de cent lances et au-dessus de cinquante.

31425. A Macé Bourget, pour le payement des soixante-dix lances de la compagnie du duc de Vendôme, y compris les gages d'un commissaire et d'un contrôleur, 7,422 livres 10 sous.

31426. A Jacques Gervain, pour le payement des soixante lances de la compagnie de Jean-Paul de Cère, 6,362 livres 10 sous, moins 90 livres montant des revenant bons du quartier précédent.

Compagnies de cinquante lances.

31427. A Jean Gaultier, pour le payement de la compagnie du duc d'Orléans, 4,981 livres 5 sous.

31428. A Jacques Leroy, pour le payement de la compagnie du prince de la Roche-sur-Yon, 4,981 livres 5 sous, moins 120 livres montant des revenant bons du quartier précédent.

31429. A Jérôme Pajonnet, pour le payement de la compagnie du maréchal d'Annebaut, y compris les gages d'un prévôt des maréchaux de vingt archers sous ses ordres, d'un commissaire et d'un contrôleur, 5,861 livres 5 sous, moins 216 livres montant des revenant bons des quartiers précédents.

31430. A Guillaume Guyot, pour le payement de la compagnie du comte de Nevers, y compris les gages d'un commissaire et d'un contrôleur, 5,141 livres 5 sous, moins 1,016 livres 6 sous 8 deniers montant des revenant bons des quartiers précédents.

31431. A René de Fontenay, pour le payement de la compagnie du

IMPRIMERIE NATIONALE.

duc d'Étampes, 4,981 livres 3 sous, moins 95 livres montant des revenant bons du quartier précédent.

31432. A Nicolas Lejay, pour le payement de la compagnie du marquis de Rothelin, y compris les gages du contrôleur général de la guerre, 5,281 livres 3 sous, sur lesquels il faut déduire 120 livres montant des revenant bons du quartier précédent.

31433. A François Chefdebien, pour le payement de la compagnie du comte de Tende, 4,981 livres, moins 644 livres 11 sous 8 deniers revenant bons des quartiers précédents.

31434. A Blaise de Cormicé, pour le payement de la compagnie du comte de Brienne, 4,981 livres 5 sous.

31435. A Claude de Pérelles, pour le payement de la compagnie du comte de Montrevel, 4,981 livres 5 sous, moins 45 livres montant des revenant bons du quartier précédent.

31436. A Denis Leprince, pour le payement de la compagnie du prince de Melphe, 4,981 livres 5 sous, moins 390 livres montant des revenant bons du quartier précédent.

31437. A Claude Dulyon, pour le payement de la compagnie du s[r] de Saint-André, 4,981 livres 5 sous, moins 515 livres revenant bons du quartier précédent.

31438. A Adam Pinceverre, pour le payement de la compagnie du s[r] de Boisy, 4,981 livres 5 sous, moins 635 livres montant des revenant bons des quartiers précédents.

31439. A Guillaume de Moraines, pour le payement de la compagnie du s[r] de Montpezat, 4,981 livres 5 sous, moins 142 livres 10 sous revenant bons du quartier précédent.

31440. A Pierre Godefroy, pour le payement de la compagnie du s[r] Du Biez, 4,981 livres 5 sous.

31441. A Pierre François, 4,981 livres 5 sous pour le payement de la compagnie du s[r] de Créquy.

31442. A Étienne Trotereau, pour le payement de la compagnie du s[r] de Bonneval, 4,981 livres 5 sous, moins 106 livres 15 sous 6 deniers revenant bons des quartiers précédents.

31443. A Claude Dulyon, pour le payement de la compagnie du s[r] de Beaumont-Brizay, 4,981 livres 5 sous, moins 19 livres montant du revenant bon du quartier de janvier précédent.

31444. A Raoul Moreau, pour le payement de la compagnie du

s[r] de Torcy, 4,981 livres 5 sous, moins 150 livres montant des revenant bons du quartier précédent.

31445. A François Chefdebien, pour le payement de la compagnie du sénéchal de Toulouse, y compris les gages d'un commissaire et d'un contrôleur, 5,141 livres 5 sous, dont 571 livres à déduire, montant des revenant bons des quartiers précédents.

31446. A Mathurin Beheu, pour le payement de la compagnie du s[r] de Burie, 4,981 livres 5 sous, moins 925 livres revenant bons du quartier précédent.

31447. A Jacques Boursault, pour le payement de la compagnie du s[r] de la Roche-du-Maine, 4,981 livres 5 sous, moins 60 livres revenant bons des quartiers précédents.

31448. A Pierre Le Vassor, pour le payement de la compagnie du s[r] de La Meilleraye, 4,981 livres 5 sous.

31449. Au même, pour le payement de la compagnie du s[r] de Villebon, 4,981 livres 5 sous.

31450. A Raoul Moreau, pour le payement de la compagnie du s[r] de Piennes, 4,981 livres 5 sous.

31451. A Guillaume Fauvelet, pour le payement de la compagnie du s[r] de Sedan, 4,981 livres 5 sous, moins 241 livres 6 sous 8 deniers revenant bons des quartiers précédents.

31452. A Nicolas de Saimbault, pour le payement de la compagnie du s[r] de Sancy, 4,981 livres 5 sous, moins 14 livres 1 sou 8 deniers revenant bons des quartiers précédents.

31453. A Gabriel Leroy, pour le payement de la compagnie du s[r] de Boutières, y compris les gages d'un contrôleur, 5,041 livres 5 sous, moins 157 livres 10 sous revenant bons du quartier de janvier précédent.

31454. A Nicolas de Saimbault, pour le payement de la compagnie du vicomte d'Estoges, 4,981 livres 5 sous, moins 458 livres 4 sous revenant bons du quartier précédent.

31455. A Antoine Béchet, pour le payement de la compagnie du baron de Curton, 4,981 livres 5 sous, moins 165 livres revenant bons du quartier précédent.

31456. Au même, pour le payement de la compagnie du s[r] de La Fayette, 4,981 livres 5 sous.

31457. A Nicolas Hervoët, pour le payement de la compagnie du s[r] de La Ferté, 4,981 livres 5 sous.

31458. Mandement portant que les commissaires des guerres et les commis du contrôleur général des guerres, qui n'ont été payés de leurs gages des quartiers retranchés à la gendarmerie, le seront par les mains des payeurs des compagnies des s[rs] d'Aubigny, d'Assier et de Crussol, des deniers revenant bons sur les payements ci-devant faits auxdites compagnies, ou autres payeurs, sauf ceux ci-dessus, qui auront des revenant bons entre leurs mains.

(*Arch. nat.*, J. 962[14], n° 34, anc. J. 961, n° 228.)

[Juillet 1538.]

Mandements aux trésorier de l'épargne et autres comptables de payer :

31459. A Pierre de Lagrange, 32,000 livres pour employer aux réparations et fortifications des villes et places de Picardie, outre les deniers qui lui ont été déjà ordonnés à même fin.

31460. A Balthazar Janys, s[r] du Mas-la-Reine, demeurant à Arles, 225 livres pour le dédommager de la ruine et des dégâts faits à sa maison du Mas-la-Reine par les gens de guerre à pied revenant du voyage de Nice.

31461. A Charles de Saint-Martin, comte de Visque, 67 livres 10 sous; à Robert Morgant, archer de la garde, 40 livres, et à Jean de Maufrenys, lieutenant de robe longue du prévôt La Voute, 30 livres, pour un voyage que leur a commandé le roi, en ce présent mois de juillet, de Tarascon en différents lieux de Provence, jusqu'à Antibes, pour s'informer des malversations imputées aux bandes de chevau-légers des s[rs] de Brissac, de Taix et de Sansac, et en faire leur rapport au Conseil du roi, et aussi, en ce qui concerne les deux premiers, pour être allé conduire lesdites bandes jusqu'à Barcelonne en Terre-Neuve (Barcelonnette), pays de Savoie, où elles doivent tenir garnison.

31462. Au cardinal Gaddi, don de 2,250 livres en récompense de ses services et pour l'aider à supporter la dépense qu'il devra faire près la personne du roi.

31463. A Guillaume Vallette, chevaucheur d'écurie, 33 livres 15 sous pour aller en poste de Vauvert à Marseille, vers le comte de Tende et les capitaines de galères, pour le fait de la réception de l'Empereur audit lieu et sa conduite à Aigues-Mortes, où doit avoir lieu son entrevue avec le roi.

31464. A Jean Gonnet, dit « la Plume », chevaucheur d'écurie, 225 livres pour aller en poste de Vauvert auprès du Pape, porter des lettres du roi au protonotaire de Monluc, par lesquelles il lui donne charge de faire part à Sa Sainteté de ladite entrevue.

31465. A Charles de Vaulx, viguier d'Uzès, 56 livres 5 sous pour aller en poste d'Aigues-Mortes à Perpignan, chercher diverses sortes de fruits et primeurs pour les festins qui se feront lors de ladite entrevue.

31466. A Jean Du Thier, secrétaire du roi et du connétable, 18 livres pour aller de Vauvert à Avignon, vers les ambassadeurs des ducs de Clèves et de Gueldres, leur porter des lettres de créance du roi, s'informer de l'objet de leur ambassade et les faire séjourner audit lieu d'Avignon, en attendant l'expédition de leur affaire.

31467. A René Pintret, barbier et valet de chambre du roi, don de 225 livres en récompense de divers services et pour l'aider à supporter la dépense qu'il a faite pendant les voyages de Provence et de Languedoc, à l'occasion de l'entrevue du Pape, de l'Empereur et du roi.

31468. A Martin Habert, valet de garde-robe du roi, don de 112 livres 10 sous pour pareille cause.

31469. A Jean Champion, autre valet de garde-robe, don de 112 livres 10 sous pour semblable cause.

31470. A Guillaume Arnault, maître-queux de la cuisine de bouche, don de 45 livres pour pareille cause.

31471. A Étienne Rigault, maître charpentier fabricant de galères, demeurant à Marseille, don de 200 livres pour services rendus dans l'exercice de son état.

31472. A Jean d'Orbais, naguère venu vers le roi de la part du duc de Clèves, don de 225 livres en considération dudit voyage et pour son retour avec la réponse du roi.

31473. A Martin de Troyes, commis à l'extraordinaire des guerres, 7,112 livres pour la solde d'un mois entier de mille hommes de guerre à pied, y compris les gages d'un commissaire et d'un contrôleur, sous la charge du s^r d'Arques, au pays de Languedoc, moyennant lequel payement ils ne pourront plus rien réclamer de ce qu'ils prétendaient leur être dû pour le passé.

31474. A Hotin Bonnelle, dit « Labbé », concierge de la maison du Plessis-du-Parc-lès-Tours, don de 80 livres pour les peines qu'il prend à la conservation et entretien des bêtes rousses et noires, hérons et autres gibiers dudit parc.

31475. A la marquise de Rothelin, don de 4,000 livres pour ses services en la maison de la reine.

31476. A François Patault, dit « La Voute », prévôt des maréchaux, don de 670 livres en récompense de ses services en Languedoc et en Provence, durant le temps de l'entrevue entre le Pape, l'Empereur et le roi.

31477. A Jean de Villiers, gentilhomme de la maison du s^r de Canaples, qui a offert au roi de la part dudit sieur un sacret bâtard d'étrange et beau plumage, don de 112 livres 10 sous.

31478. A Tristan Gouffier, dit « le bâtard de Boisy », don de 225 livres pour l'aider à se remonter de chevaux qu'il a naguère perdus à la suite du roi.

31479. A Martin de Troyes, 18,816 livres pour délivrer au gouverneur du marquisat de Saluces en remboursement de pareille somme qu'il dit avoir fournie pour la solde de huit mois entiers, commencés le 1er avril 1537, de trois cents hommes de guerre entretenus pour la garde et sûreté des places dudit marquisat.

31480. Au même, 4,500 livres pour délivrer audit gouverneur en parfait payement de quinze cents sacs de blé, mesure de Piémont, qu'il dit avoir fournis pour l'approvisionnement de Turin.

31481. A Izernay, valet de chambre du roi, don de 2,000 livres en récompense de ses services.

31482. A Claude de La Fayette, s^r de Saint-Romain, 22 livres 10 sous pour aller en poste de Tarascon à Salon-de-Crau, vers M. le duc d'Orléans, porter des lettres du roi et en rapporter la réponse.

31483. A Huguenin Thibault et Nicolas Varèse, habitants de Marseille, 75 livres 15 sous pour leur payement de deux fours de chaux employés à la réparation de la tour de Notre-Dame-de-la-Garde, de l'ordonnance du feu s^r de Barbezieux.

31484. A Mathurin Joubert, 4,081 livres 5 sous pour le payement de quarante lances de la compagnie du s^r de Maugiron, durant le présent quartier de juillet, y compris tous états et les gages dudit payeur.

31485. A Pierre Raymond, 4,081 livres 5 sous pour le payement des quarante lances de la compagnie du s^r de Langey, durant le même quartier, y compris les gages dudit payeur et tous autres états.

31486. A Hébert Goboret, maître charpentier fabricant de navires, don de 112 livres 10 sous pour un voyage qu'il est venu faire, de Normandie en Provence et en Languedoc, pour recevoir les ordres du roi sur certains vaisseaux dont il lui a fait les devis.

31487. Au s[r] « Cappin de Cap[(1)] », 2,250 livres pour sa pension de l'année échue le 30 juin 1538.

31488. A Jean Picart, 3,574 livres 10 sous 2 deniers pour le payement des frais nécessités par l'entrevue du roi et de l'Empereur en la ville d'Aigues-Mortes, suivant les ordonnances des s[rs] de la Bourdaisière et de Lésigny, trésoriers de France, et du prévôt La Voute.

31489. Validation des sommes dépensées par ledit Picart, tant pour les préparatifs de ladite entrevue que pour l'avitaillement des galères de l'Empereur et autres frais ordonnés par lesdits s[rs] de la Bourdaisière et de Lésigny, montant en tout à 3,074 livres 10 sous 2 deniers.

31490. Au lieutenant d'Arles et au viguier de Nîmes, à chacun 100 livres pour leurs salaires et vacations aux préparatifs de ladite entrevue.

(*Arch. nat.*, J. 962[14], n° 35, anc. J. 961, n° 231.)

31491. Déclaration portant que par les saisies faites sur la baronnie de Conty, fiefs tenus et mouvant d'icelle, appartenances et dépendances, mouvant du roi à cause de son comté de Clermont, ladite baronnie appartenant à Madeleine de Mailly, femme de Charles de Roye, le roi n'entend qu'aucun autre droit ne lui ait été acquis, ni à feu Madame, sa mère, lorsqu'elle vivait, que les profits de fiefs et reliefs dont ladite dame, dès le mois de février 1530 n. s., avait fait don à Louise de Montmorency, mère de ladite de Mailly, et confirmation dudit don en faveur dudit Charles de Roye et de Madeleine de Mailly, bien que la valeur des fruits qui pourraient être acquis au roi ne soit spécifiée, et nonobstant toutes ordonnances contraires.

31492. Don au s[r] de la Bourdaisière de la somme de 2,000 livres pour et au lieu des droits et chevauchées appartenant à son office de trésorier de France, tant de l'année passée que de la présente, à raison de 1,000 livres par an, en considération des bons services faits au roi par ledit sieur, qui a été ordinairement occupé pendant lesdites années en voyages lointains, plus onéreux pour lui que n'eussent été lesdites chevauchées.

31493. Lettres ordonnant (en conseil tenu à Chevagnes, le 9 août 1537 [*corr.* 1538]) que Jacques Bernard, maître de la chambre aux deniers, naguère commis à la recette générale des finances extraordinaires et parties casuelles, sera payé, depuis qu'il fut commis à ladite recette jusqu'au temps que Jean Laguette rentra audit office, à raison de 2,500 livres par an.

(1) Cf. « Capino Capinis » (n° 18702 du *Catalogue*) et « J.-F. de Cappe, dit « Cappiné » (n° 31636 ci-dessous).

(*Arch. nat.*, J. 962[14], n° 36, anc. J. 961, n° 233.)

[Décembre 1538.]

Mandements aux trésorier de l'épargne et autres comptables de payer :

31494. Au s^r de Montpezat, 3,000 livres pour sa pension de l'année courante, finissant le 31 du présent mois de décembre 1538, à prendre sur les deniers des décimes et dons gratuits.

31495. A Pierre Le Bossu, 2,400 livres pour employer au payement des gages des présidents et généraux maîtres des Monnaies à Paris, de la présente année, dont le total s'élève à 3,000 livres, le surplus, soit 600 livres, devant leur être payé sur le revenu des boîtes desdites Monnaies.

31496. Mandement au trésorier de l'épargne de permettre à Étienne Noblet, commis à la recette générale de Bourgogne, de prendre et retenir, sur sa recette du présent quartier d'octobre, novembre et décembre, 2,600 livres pour employer à la culture des vignobles du roi à Germolles, Beaune, Chenoves et Talant, aux journées des vignerons et vendangeurs, achat de tonneaux, etc., durant l'année commencée le 1er octobre dernier.

31497. A François Vatable, lecteur de langue hébraïque à l'Université de Paris, 975 livres, valeur de 433 écus soleil, pour son entretien en ladite Université durant deux années et deux mois, du 1er novembre 1534 au 31 décembre 1536, à raison de 200 écus soleil par an.

31498. Au même, 900 livres pour sa pension des deux années suivantes, 1537 et 1538.

31499. A Agathias Guidacerius, lecteur ès lettres grecques, 975 livres pour sa pension depuis le 1er novembre 1534 jusqu'au 31 décembre 1536, à raison de 200 écus soleil par an.

31500. Au même, 900 livres pour sa pension des deux années suivantes 1537 et 1538.

31501. A Jacques Touzart (*aliàs* Tousac, Touzac), autre lecteur de grec, 975 livres pour sa pension depuis le 1er novembre 1534 jusqu'au 31 décembre 1536.

31502. Au même, 900 livres pour sa pension des deux années suivantes 1537 et 1538.

31503. A Jean Stracelle (*aliàs* Strazel), autre lecteur de grec, 900 livres pour sa pension desdites années 1537 et 1538.

31504. A Barthélemy Lathomus, lecteur ès lettres latines, 975 livres pour sa pension depuis le 1er novembre 1534 jusqu'au 31 décembre 1536.

31505. Au même, 900 livres pour sa pension des deux années suivantes 1537 et 1538.

31506. A Paul Paradis, dit «de Canossa», lecteur de langue hébraïque, 450 livres pour sa pension de la présente année, finissant le 31 décembre 1538.

31507. A Oronce Finé, lecteur ès sciences mathématiques, 450 livres pour sa pension de ladite présente année.

31508. A Alonse de Civille, vicomte de Rouen, et à Simon Le Gras, marchand de Troyes, 10,000 livres tournois, complétant la somme de 20,000 livres, pour leur remboursement des frais et dépenses par eux faits tant en achat, radoub, avitaillement et équipage de quatre navires pour un voyage en certaines îles inconnues dans les Indes dont le roi avait chargé feu Jean Barrassonne, voyage qui n'eut pas lieu, le roi, lorsque lesdits navires étaient prêts à mettre à la voile, les ayant retenus et employés à combattre ses ennemis sur les côtes de Normandie et de Picardie.

31509. A Geoffroy de Vigné, lieutenant du châtelain de Souvigny, seul héritier de feu Michel de Vigné, receveur ordinaire de ladite châtellenie, 251 livres 7 sous 4 deniers à lui dus pour la clôture de son compte de l'année 1522, rendu en la Chambre des Comptes de Moulins, à prendre sur la recette ordinaire de Bourbonnais de l'année 1539.

31510. A Jean Dessouslefour, commis à la trésorerie de la maison de la reine, 1,800 livres pour le payement des gages des dames, demoiselles et autres officiers de ladite maison, en déduction du montant desdits gages pour la présente année, finissant le 31 décembre 1538.

31511. A Henri Maréchal, commis au payement des chevau-légers, 18,440 livres faisant le parfait de 19,700 livres, pour employer, savoir au payement d'un quartier entier des cent hommes de la compagnie de César Fregose, 3,870 livres; pour la solde des quatre cents hommes des compagnies des srs d'Ossun, de Termes, de Maure, de Nouâtre et Francisque Bernardin, durant le présent quartier d'octobre, novembre et décembre [1538], 15,480 livres; et pour les gages dudit payeur de faire recouvrer lesdites sommes à Lyon et conduire en Piémont, 350 livres; le surplus des 19,700 livres, soit 1,260 livres, étant entre les mains dudit Maréchal, revenant bon des assignations précédentes. En faisant le présent payement, le roi a ordonné la complète dissolution de la com-

IMPRIMERIE NATIONALE.

pagnie dudit Fregose et la réduction des autres compagnies à soixante hommes.

31512. A Martin de Troyes, commis à la trésorerie de l'extraordinaire des guerres et à la recette générale de Languedoc, Lyonnais, Forez et Beaujolais, 23,453 livres 10 sous, à prendre des deniers de ladite recette de l'année susdite, pour employer à la solde du mois de janvier prochain de trois mille neuf cent soixante hommes de pied établis pour la garde et sûreté des villes et places fortes du Piémont, et aux états du lieutenant général, des capitaines, gens de conseil, commissaires, contrôleurs et autres dépenses imprévues.

31513. A Bénigne Serre, 1,744 livres 10 sous pour le payement des quatorze chevaucheurs d'écurie tenant la poste de Paris à Boulogne-sur-Mer, y compris les gardes des passages de Saint-Leu-d'Essérent et d'Attin, pour les quartiers d'avril et juillet derniers, à raison de 20 livres 12 sous 6 deniers par mois et par chevaucheur, et de 20 sous tournois pour chacun desdits gardes aussi par mois.

31514. A Nicolas Picart, 1,000 livres pour employer aux édifices de Fontainebleau, outre les sommes à lui ci-devant délivrées pour le même objet.

(*Arch. nat.*, J. 962[14], n° 37, anc. J. 961, n° 234.)

31515. Commission à Charles du Plessis, s[r] de Savonnières, pour procéder à la réformation et à la réduction du nombre des notaires en Languedoc. 1538. (*Pièce mutilée.*)

(*Arch. nat.*, J. 962[14], n° 39, anc. J. 961, n° 238.)

[Juin 1538.]

Mandements aux trésorier de l'épargne et autres comptables de payer :

31516. Au roi de Navarre, 12,000 livres pour sa pension de six mois échus le 31 décembre dernier.

31517. Au grand écuyer, 5,000 livres pour sa pension desdits six mois.

31518. A Nicolas de Troyes, argentier du roi, 4,600 livres pour l'ordinaire de l'argenterie du quartier de janvier, février et mars dernier.

31519. Au même, 3,890 livres 15 sous 7 deniers pour les habillements de quatre-vingts Suisses de la garde, cinq hérauts, onze trompettes et dix joueurs de violon, dont le roi leur a fait don à cause du voyage de Nice.

31520. Au même, 5,787 livres 13 sous 4 deniers pour les draps et toiles d'or, d'argent et de soie et autres étoffes, garnitures et façons des habillements donnés par le roi à plusieurs dames et demoiselles des maisons de la reine et de Mesdames, à cause dudit voyage.

31521. A Jean Duval, 3,750 livres pour l'ordinaire de l'argenterie du dauphin et du duc d'Orléans, dudit quartier de janvier dernier.

31522. Au s[r] de Sedan, 1,000 livres sur sa pension de l'année dernière.

31523. A Bénigne Serre, 3,247 livres 10 sous 10 deniers, savoir pour payer les postes de Lyon à Suze, de trois mois échus le 23 mars dernier, 1,143 livres 15 sous; celles de Lyon à Marseille, des mois de janvier et mars derniers, 1,173 livres 15 sous; celle d'Aix à Nice, de trois mois commencés le (*blanc*) mai dernier, 804 livres 7 sous 6 deniers; et la poste tenant la traverse de la Tour-du-Pin à Chambéry, de douze mois dix-sept jours échus le 7 dudit mois de mai, 125 livres 13 sous 4 deniers.

31524. A Martin de Troyes, commis à l'extraordinaire des guerres, 3,464 livres pour payer le duc de Wurtemberg et certains capitaines et gentilshommes allemands de leurs états et solde du mois de septembre dernier, à cause de la charge des lansquenets qu'ils avaient amenés en Piémont.

31525. A Palamède Gontier, commis au payement de la marine de Ponant, 6,000 livres pour le radoub, équipage et avitaillement des galéasses et autres vaisseaux que le roi fait préparer pour le passage de la reine d'Écosse.

31526. A Robert Albisse, don de 900 livres en récompense de ses peines pour trouver des deniers à Lyon et pour entretenir son crédit à l'égard de ceux qui ont prêté de l'argent au roi par son intermédiaire.

31527. A Pierre de La Marche, écuyer tranchant, et à Antoine Gaultier, valet de chambre du dauphin, au premier 45 livres et au second 30 livres, pour aller de Saint-Maximin à Chambéry recevoir cinq cents lansquenets à la solde du roi.

31528. A Jean Florentin, serviteur de l'évêque de Lavaur, 67 livres 10 sous pour être venu en poste de Nice à Saint-Maximin et retourner à Nice.

31529. A Jean de Boisgaudry, 67 livres 10 sous pour retourner de Villeneuve-de-Tende à Langres, vers le premier président de Toulouse.

31530. A Michel Chappuis, capitaine de navires, 301 livres 10 sous pour être venu en poste du Havre-de-Grâce à Fréjus et retourner de

Villeneuve-de-Tende au Havre, pour ce qui concerne le passage de la reine d'Écosse.

31531. A Barnabé de Vore, s[r] de la Fosse, 450 livres pour aller en poste dudit Villeneuve en Allemagne.

31532. A Louis Dumoulin, chevaucheur d'écurie, 30 livres pour être allé de Moulins à la Flèche en Anjou, vers la duchesse douairière de Vendôme et le duc son fils, et de là en Basse-Normandie, vers M. de Saint-Pol, leur porter des lettres du roi, dont il rapporta la réponse à la Côte-Saint-André.

31533. A Charles Mesnager, argentier de la reine, 4,000 livres pour l'ordinaire de ladite argenterie, du quartier de juillet dernier.

31534. A Jean Maigneur, valet de pied du roi, don de 10 écus ou 22 livres 10 sous pour l'aider à se faire guérir d'une blessure à la jambe.

31535. A Jean Soudain, huissier de salle de MM. les Connétable et chambellans du roi, don de 67 livres 10 sous en récompense de ses services.

31536. A Albéric Caraffa, duc d'Ariano, don de 200 livres pour l'aider à vivre à la suite du roi.

31537. A Angelo Felice et autres trompettes du Pape et du marquis del Guasto [(1)], don de 45 livres pour être venus à Villeneuve saluer le roi.

31538. A Pierre de Mantoue et ses compagnons, autres trompettes de la cour du Pape, don de 45 livres pour pareille cause.

31539. A Jean Jacques et ses compagnons, joueurs de hautbois du Pape, don de 45 livres pour semblable cause.

31540. A Francisque de Mante et ses compagnons, autres joueurs de hautbois, don de 45 livres pour semblable cause.

31541. A Pierre Antoine et ses compagnons, joueurs de hautbois du duc de Mantoue, don de 45 livres pour pareille cause.

31542. A Thimodio dell' Acqua et ses compagnons, joueurs de violon de l'ambassadeur de Venise, don de 45 livres pour pareille cause.

31543. Au s[r] de La Vauguyon, 1,200 livres pour sa pension de l'année échue le 31 décembre 1536.

31544. A Pierre Carré et Pierre Marchant, 472 livres 10 sous en

(1) Alfonse d'Avalos, marquis del Vasto ou del Guasto, capitaine général des forces impériales en Italie.

payement de trois mulets que le roi a achetés d'eux, 70 écus soleil chacun.

31545. A l'évêque de Lavaur, ambassadeur près du Pape, don de 2,925 livres en récompense de ses services et pour l'aider à supporter ses dépenses à la cour du Saint-Père, outre ses gages ordinaires de 10 livres par jour.

31546. Au s[r] de Vély, ambassadeur près de l'Empereur, 4,265 livres 5 sous tant pour le parfait payement de son état et dépense ordinaire en ladite charge, depuis le 1er octobre dernier jusqu'au 30 de ce présent mois de juin, à raison de 20 livres par jour, que pour son remboursement des frais et dépenses extraordinaires des voyages qu'il a fait faire pour le service du roi.

31547. A diverses personnes, savoir à Guillaume de Moraines, trésorier de Bourbonnais, 10 livres pour avoir envoyé, le 5 mai dernier, par courrier exprès de Moulins à Tours, une lettre du roi adressée à Ponce Brandon, conseiller au Parlement de Paris, et à Étienne Trotereau, commis à partie de la recette de Languedoïl, pour faire convertir en or les deniers de ladite recette et les apporter au roi; à Mathurin Landais, 67 livres 10 sous pour un voyage en poste de Lyon à Tours, où il porta auxdits Brandon et Trotereau d'autres lettres du roi au sujet de la même affaire; à Pierre Le Picard, 11 livres 5 sous pour avoir porté de Lyon à Agen des lettres du roi, pour semblable cause, à Mathurin de La Chassagne, conseiller au Parlement de Bordeaux, et à Jacques Arnoul, commis à la recette générale de Guyenne; et à Guillaume Thoret, 67 livres 10 sous pour l'emballage, port et voiture, de Lyon à Aix, de la somme de 70,750 livres provenant des emprunts que le roi a naguère fait faire à Lyon, soit en tout 156 livres 5 sous.

31548. A Olivier Molan, grènetier de Tours, commis au payement des frais de voiture des meubles que le roi fait apporter de Paris à Nice pour son entrevue avec le Pape, 800 livres, outre les 1,000 livres qu'il a eues précédemment pour la même cause.

31549. A Guillaume Marchant, chevaucheur d'écurie, 34 livres pour un voyage en poste qu'il a fait naguère de Paris à Abbeville et de là à Famechon, porteur de lettres du roi, de la reine et du connétable à Mme la maréchale de La Palice, dame dudit Famechon.

31550. Au s[r] de Lavau, valet de chambre du roi, 144 livres pour le parfait payement des postes de trois voyages qu'il a faits par commandement du roi.

31551. A Marguerite de Vaupergue, religieuse de l'ordre de Sainte-

Claire du couvent de Gien, don et aumône de 225 livres pour ses menues nécessités de la présente année 1538.

31552. A François de Canonna, joueur de luth du Pape, don de 225 livres en récompense du plaisir qu'il a procuré au roi avec son instrument.

31553. A Jean de Languetot, 225 livres pour l'aider à supporter la dépense qu'il a faite en certains voyages secrets.

31554. A Jacques Bernard, maître de la chambre aux deniers du roi, 1,000 livres pour la crue et passe de la dépense ordinaire de ladite chambre, à cause des visites des cardinaux et autres personnages chargés des négociations de la paix.

31555. A Jean Carré, 5,000 livres en déduction de ce qui reste à payer aux officiers domestiques du roi de leurs gages de l'année 1537.

31556. Au même, 6,000 livres en déduction du montant des gages desdits officiers, du quartier de janvier dernier.

31557. A Antoine Juge, 4,000 livres en déduction de ce qui reste à payer aux officiers domestiques de la reine pour leurs gages de l'année 1537.

31558. A Victor Barguin, 4,000 livres en déduction de ce qui reste à payer aux officiers de Mesdames de leurs gages de ladite année 1537.

31559. A Jean Barbedor, 10,237 livres 10 sous pour les gages et solde des cent gentilshommes de l'hôtel de la compagnie de Louis de Nevers, durant le quartier de juillet dernier.

31560. A Julien Bonacorsi, 10,487 livres 10 sous pour le payement des cent gentilshommes de l'hôtel de la compagnie du s[r] de Canaples, durant ledit quartier de juillet.

31561. A Martin de Troyes, commis à la trésorerie de l'extraordinaire des guerres, 1,062 livres pour parfaire la solde du mois de juin dernier des lansquenets du comte Guillaume de Furstenberg au service du roi à Saint-Laurent près Villeneuve-de-Tende, à la montre desquels il s'est trouvé cent soixante et un hommes de plus qu'à la montre précédente.

31562. Au même, 2,055 livres pour le parfait de 5,632 livres, montant de la solde de sept cent soixante hommes de pied sous le capitaine La Molle, qui se sont trouvés à la montre faite près Villeneuve-de-Tende, pour un mois commencé le 7 dudit mois de juin, dont le surplus a été naguère délivré audit de Troyes, pour le payement de cinq cents hommes de ladite compagnie nouvellement levés.

31563. Au même, 67,500 livres pour faire porter en Piémont et employer à la solde des gens de pied français, gascons et lansquenets, durant ce présent mois de juin, état des officiers de l'artillerie et autres dépenses les plus urgentes.

31564. A Jean de Montdoucet, trésorier ordinaire de l'artillerie, 9,000 livres pour les gages des officiers de l'artillerie, du quartier d'octobre dernier.

31565. A Henri Maréchal, commis au payement des bandes des chevau-légers, 30,130 livres, savoir pour la solde de sept cent dix-neuf hommes qui se sont trouvés aux montres des bandes étant de présent à l'entour du roi, pour le présent quartier d'avril, mai et juin, 27,620 livres; pour l'état du s^r d'Annebaut, capitaine général desdits chevau-légers, tant de ce quartier que du précédent, 2,400 livres; et pour l'état de deux commissaires et d'un contrôleur qui ont vaqué auxdites montres, 110 livres.

31566. A Robert Albisse, remboursement de prêts qu'il a faits au roi, et délivrés entre les mains du trésorier de l'épargne, savoir, le 6 mai dernier, 27,000 livres, et le 13 dudit mois, 3,300 livres.

31567. A M. le Connétable, 6,000 livres pour ses gages dudit office durant le présent quartier d'avril, mai et juin, à raison de 24,000 livres par an.

31568. Au même, 4,500 livres, savoir pour sa pension dudit quartier, 3,000 livres, et pour ses gages de gouverneur de Languedoc, 1,500 livres.

31569. Au même, 1,075 livres pour ses gages dudit quartier, savoir 300 livres pour la garde et capitainerie de la Bastille, 300 livres pour la capitainerie du bois de Vincennes, 375 livres pour celle de Nantes et 100 livres pour celle de Saint-Malo.

31570. Au même, 2,000 livres en compensation des 4,000 ducats briançonnais dont le roi lui fait don chaque année, pour ledit quartier d'avril.

31571. A Jean Hotman, orfèvre de Paris, 1,383 livres 7 sous 4 deniers en payement de soixante-douze marcs six onces de vaisselle d'argent doré dont le roi a fait don à l'évêque de Mirepoix, ambassadeur du roi d'Écosse.

31572. A Martin de Troyes, commis à l'extraordinaire des guerres, 1,500 livres pour le remontage, les affûts et autres choses nécessaires à la conservation des pièces d'artillerie qui sont en Picardie.

31573. A Gervais Larcher, bourgeois de Paris, 300 livres en remboursement du prêt par lui fait au roi, le 12 mars 1537.

31574. A Pierre Delacroix, maître des comptes à Montpellier, 180 livres pour ses vacations et dépenses en deux voyages qu'il fit, l'année 1524, par commission du feu s[r] de Chabannes et du sénéchal de Carcassonne, de Montpellier à Aigues-Mortes et autres lieux, pour procéder à l'inventaire et à la vente des marchandises prises en mer à cette époque sur les Espagnols par « Andrinotte Servian ».

31575. A Jean Budé, trésorier des chartes, remboursement de 337 livres 10 sous qu'il prêta au roi et remit entre les mains de Martin de Troyes, le 6 mars 1537 n. s.

31576. A Alart Plommier, 14,625 livres pour un collier d'or taillé à la damasquine, garni et semé de rubis et turquoises; un « thoret » d'or garni de même façon; une ceinture d'or garnie de diamants, rubis et perles; un dizain de grosses perles à canons de grenat avec un saphir pendant au bout; une chaîne d'or ornée de boutons, les uns de rubis, les autres de turquoises, avec lanternes garnies de perles où pend une tortue incrustée de rubis et turquoises; une chaîne d'or garnie de grenades et perles; une petite chaîne d'or à piliers, garnie de trois petites épingles d'or; une autre chaîne d'or, garnie de plusieurs tables de Moïse en triangle, incrustées de perles; une autre chaîne de perles et de boutons de rubis; une paire d'heures d'or taillé de « basse taille »; deux enseignes, l'une garnie de deux diamants, d'une émeraude et d'un rubis, et l'autre d'un diamant et d'un grenat; et une croix d'ébène à crucifix avec une Madeleine au pied, le tout acheté par le roi et remis entre ses mains.

31577. A Pierre Guérin, chevaucheur d'écurie, 160 livres pour aller en poste de « Muytz[1] » en Picardie, vers M. de La Rochepot.

31578. A Bénigne Serre, 1,250 livres pour les menues affaires et nécessités de la chambre du roi, du quartier de janvier, février et mars dernier.

31579. A Jean Duval, 1,500 livres pour les aumônes, affaires de chambre, dons, voyages et menus plaisirs du dauphin et du duc d'Orléans, durant ledit quartier.

31580. A Laurent Bouzot, chevaucheur d'écurie, 225 livres pour aller en poste de Villeneuve-de-Tende en Angleterre.

31581. A Jacques Bernard, 15,000 livres pour la dépense ordinaire

[1] Sans doute le Muy, canton de Fréjus (Var).

de la chambre aux deniers du roi, durant le quartier d'avril, mai et juin.

31582. A François Malevault, 19,414 livres 9 sous 2 deniers pour la dépense ordinaire de l'écurie du roi durant ledit quartier d'avril.

31583. A Jean Dessouslefour, commis à l'office de trésorier de la reine, 16,250 livres pour la dépense ordinaire de la chambre aux deniers de ladite dame, durant le même quartier d'avril.

31584. Au même, 9,000 livres pour la dépense ordinaire de l'écurie de la reine, durant ledit quartier.

31585. A Jean Duval, 11,437 livres 10 sous pour la dépense ordinaire de la chambre aux deniers du dauphin et du duc d'Orléans, durant ledit quartier d'avril.

31586. Au même, 7,187 livres 14 sous pour la dépense ordinaire de l'écurie desdits princes, durant le même quartier.

31587. A Victor Barguin, 12,000 livres pour la dépense ordinaire de la chambre aux deniers de Mesdames, durant ledit quartier d'avril.

31588. Au même, 4,000 livres pour la dépense ordinaire de l'écurie de Mesdames, durant le même quartier.

31589. A Louis Acarie, 1,500 livres pour les offrandes et aumônes du roi, du quartier de janvier, février et mars dernier.

31590. A Jean Duval, 6,180 livres pour payer les habillements que MM. le Dauphin et le duc d'Orléans ont portés lors de l'entrevue avec le Pape à Villeneuve-de-Tende.

31591. A Victor Barguin, 717 livres 2 sous pour payer les habillements de Mesdames, lorsqu'elles ont accompagné la reine à son entrevue avec l'Empereur.

31592. A Pallavicini Visconti, 1,000 livres sur ce qui peut lui être dû de sa pension des années passées et de la présente.

31593. A la marquise de Rothelin, 1,000 livres pour sa pension du quartier d'avril, mai et juin dernier, à raison de 4,000 livres par an.

31594. A Giraud Bertrand, l'un des muletiers du roi, don de 225 livres pour l'aider à supporter la dépense du voyage de Nice et se pourvoir de bons mulets.

31595. A Jean Delaplume, chevaucheur, 13 livres 10 sous pour être allé en poste de la Balme à Lyon chercher des tentes pour servir d'église à Pâques fleuries, et de Fréjus à Nice prier le cardinal de Lorraine et le connétable d'aller trouver le roi à Cannes; et à Guillaume Dufau,

IMPRIMERIE NATIONALE.

22 livres 10 sous pour avoir apporté de la marée d'Aiguesmortes à la Côte-Saint-André, et pour son retour.

31596. A Gabriel Dumas, pour son voyage en poste de Vienne à Villeneuve, aller et retour, touchant le fait des lansquenets.

31597. A Antoine de Pons, 112 livres 10 sous pour aller en poste de Villeneuve à Narbonne faire retirer trois bandes de gens de pied que le roi avait fait lever en Languedoc.

31598. A Jean Buatier, maître des comptes en Bresse, 250 livres pour avoir fait le contrôle des réparations et fortifications de Bourg, depuis le 2 septembre 1536 jusqu'au 1er avril 1538 n. s., suivant la taxe des présidents Poyet et Bertrandi.

31599. A Pierre Guérin, chevaucheur, qui se rend de Villeneuve à Moncalieri vers M. de Montejean, 135 livres pour son voyage en poste, aller et retour.

31600. A Jean Vyon, commis au payement de l'extraordinaire de l'artillerie, 861 livres pour payer les états et gages d'un mois de sept commissaires, soixante-quinze canonniers et un commis du contrôleur de l'artillerie, qui ont servi le roi au voyage de Nice et qu'on renvoie dans leurs foyers.

31601. A Florentin Fortin, sommelier d'échansonnerie du commun, don de 45 livres pour l'aider à s'acheter un cheval en remplacement de celui qu'il a perdu à la suite de la cour.

31602. A Martin de Troyes, 164,000 livres pour la solde de deux mois des lansquenets naguère venus au service du roi à Vienne ou en Bresse et qu'on renvoie dans leurs foyers.

31603. Au même, 41,280 livres pour la solde d'un mois des lansquenets sous les ordres du comte Guillaume de Furstenberg.

31604. Au même, 1,350 livres pour les vivres desdits lansquenets à Saint-Laurent, près Nice; 1,097 livres pour la solde de quinze jours de deux cent cinquante-cinq hommes sous le capitaine Thaurines; 512 livres pour la solde de deux mois de soixante-quatre hommes revenus avec le baron de Saint-Blancard du voyage du Levant; 180 livres pour les gages de Laurent Bouzot, chevaucheur d'écurie, pendant six mois qu'il a servi en Italie avec les srs des Chênets et de « Thetz » (s. d. de Taix), l'an 1536; et 195 livres pour les vacations de Nicolas de Longuejoue au contrôle des réparations de Hesdin durant six mois et demi; en tout, 3,324 livres.

31605. Au cardinal de Trani (Jean-Dominique Cuppi), don de 6,750 livres en reconnaissance des services qu'il a faits et pourra faire pour le bien de la paix, le roi ayant ordonné de remettre ladite somme entre les mains de Valentin Serignot et de Camille de Bello, secrétaires et chambrier dudit cardinal pour les lui porter.

31606. A Michel Servinus, secrétaire du Pape, 500 écus soleil; à Durand de Durantibus, son premier chambrier, 400 écus; à Bernardin Delacroix, aussi chambrier, 200 écus; à Aurelio Scalo et Jean de Molue, chambriers, à chacun 200 écus; audit de Durantibus, pour distribuer aux autres chambriers, 200 écus; à Jean-Francisque, maître des cérémonies, 100 écus; à Alfonse Olive, sacriste, 100 écus; à Bernard de Paulis, pour lui et ses compagnons, chantres du Pape, 120 écus; à Dominique Decani, pour lui et ses compagnons, palefreniers, 100 écus; à Claude Graveni, pour lui et ses compagnons, fourriers, 100 écus; et à Angelo de Villaqua, pour lui et ses compagnons, massiers, 30 écus soleil, soit, en tout, 2,250 écus soleil ou 5,062 livres 10 sous.

31607. A Olivier Molan, 1,200 livres pour le transport des meubles apportés de Paris et autres lieux à Nice, que le roi ordonne de rapporter où ils ont été pris.

31608. A Victor Barguin, 4,000 livres pour l'argenterie de Mesdames et des filles et damoiselles de leur maison, y compris l'apothicairerie, durant le quartier d'avril, mai et juin 1537.

31609. A Jean Thizart, 7,994 livres 10 sous pour la solde des archers de la garde écossaise, du quartier de janvier dernier.

31610. A André Rageau, 7,240 livres 6 sous 3 deniers pour la solde des archers de la garde de la compagnie du s^r de Nançay, durant le même quartier.

31611. A Jean Chartier, 7,285 livres 6 sous 3 deniers pour la solde des archers de la garde de la compagnie du sénéchal d'Agénais, du même quartier.

31612. A Jean de Vaulx, 7,285 livres 6 sous 3 deniers pour la solde des archers de la garde de la compagnie du s^r de Chavigny, durant ledit quartier.

31613. A Michel-Ange Romain, capitaine de chevau-légers, 225 livres sur ce qui peut lui être dû de sa pension des années passées et de la présente, ladite somme devant être mise entre les mains de Paul Spello, son lieutenant, pour la lui porter en Piémont.

31614. A François Maillard, truchement du roi en langue germanique, don de 67 livres 10 sous pour subvenir à sa dépense à la suite de la cour, outre sa pension ordinaire.

31615. A Christophe de Siresmes, élu d'Avranches, 67 livres

10 sous pour aller par mer d'Antibes à Savone ou à Gênes, près du Pape, et revenir à Marseille.

31616. Au même, 450 livres pour distribuer en don aux menus officiers de la maison du Pape, sans leur demander quittance.

31617. A Martin de Troyes, 2,025 livres pour la solde du mois de mai dernier de dix-sept enseignes de lansquenets, depuis peu descendus à Langres.

31618. Au même, pour bailler à quatorze cents Gascons récemment levés par les capitaines Monin, La Mothe-Gondrin et Launay, à chacun 30 sous, en les renvoyant dans leurs foyers, plus les états des capitaines, lieutenants et porte-enseignes, 3,073 livres 10 sous; pour délivrer au comte de Visque sur son voyage en poste de Vienne à Villeneuve-de-Tende pour le fait des lansquenets, et de là près d'Avignon et Beaucaire où se trouvent lesdits Gascons, 112 livres 10 sous; à un gentilhomme qui conduira les autres lansquenets du comte Guillaume de Furstenberg, de Saint-Laurent près Nice à Sisteron, 25 livres; et pour l'état d'un mois du s^r de la Roche-Pozay, commissaire des vivres, 300 livres.

31619. A Dominique Reote, de Venise, 675 livres sur ce qui lui peut et pourra être dû de sa pension des années passées et de la présente.

31620. A Bénédict Ramel, 562 livres 10 sous en payement d'un manche de poignard de jaspe gravé et incrusté d'or, d'un grand camaïeu « de mers et undes », un autre camaïeu de Galatée, un autre de Neptune, un autre de saint Michel et un portrait du roi.

31621. A Bertrand de La Borderie, 225 livres sur ce qui peut lui être dû de ses voyages et vacations au pays du Levant, et pour l'aider à s'entretenir à la suite de la cour.

31622. A la dame douairière de Gyé, don de 450 livres pour l'aider à supporter la dépense du voyage qu'elle a fait à Nice et qu'elle va faire à Naples, Antoine Turpin, dit « l'Estang », devant lui porter ladite somme.

31623. A Jean Duval, 3,000 livres pour distribuer et faire prêt aux menus officiers de la maison du dauphin et du duc d'Orléans, sur leurs gages du quartier dernier.

31624. A Martin de Troyes, 1,380 livres pour la solde des capitaine, vingt-six mortes-payes, quatre canonniers et quatre mariniers de la tour d'If pendant six mois échus le 30 juin 1538.

31625. Au même, 32,089 livres pour envoyer en Piémont le parfait des payements de tous les gens de pied, réparations de places, artillerie, états, dépenses imprévues et autres dudit pays pour le mois de juin.

31626. A l'amiral [Chabot], gouverneur de Bourgogne, 9,000 livres, savoir pour sa pension de six mois échus le 30 juin 1538 dernier, 6,000 livres, et pour son état de gouverneur pendant le même temps, 3,000 livres.

31627. Au même, 2,100 livres, soit 1,500 livres pour son état d'amiral de Guyenne, et 600 livres pour son état d'amiral de Bretagne, durant la même période.

31628. Au même, 500 livres pour ses gages de capitaine de Brest, durant les six mois susdits.

31629. A Nicolas Picart, 6,000 livres pour employer au parachèvement d'un grand corps de bâtiment que le roi a naguère ordonné de construire à Fontainebleau.

31630. A Raymond Forget, 1,300 livres dont 1,000 pour délivrer à Antoine de Troyes sur le marché qu'il a conclu pour les terrasses de Chambord, et 300 à Pierre Tricqueau, commis au contrôle desdits édifices, sur ses gages.

31631. A Guillaume de Moraines, receveur ordinaire du Bourbonnais, 1,200 livres pour employer aux édifices et réparations ordonnées par le roi à Chevagnes.

31632. A Jean Albe, fabricant d'horloges, demeurant à Aix, don de 112 livres 10 sous pour l'aider à supporter la dépense d'un voyage d'Aix à Fontainebleau, où le roi l'envoie pour faire une horloge au château dudit lieu.

31633. A Aymar Nicolaï, premier président de la Chambre des Comptes, 3,500 livres pour sa pension de sept années, du 1er janvier 1531 n. s. au 31 décembre 1537.

31634. Mandement à Étienne Noblet, commis à la recette générale de Bourgogne, de payer, sur les deniers de ladite recette de l'année finie le 31 décembre 1537, à Pierre d'Apestigny, général des finances audit pays, 2,400 livres, savoir 1,600 pour ses gages des années 1535 et 1536, et 800 livres dont le roi le gratifie en récompense de ses services.

31635. Mandement à la Chambre des Comptes de Paris de rétablir aux comptes des trésoriers et receveurs ordinaires du Boulonnais les gages de l'office de sénéchal dudit Boulonnais rayés et tenus en souffrance au sr Du Biez, pour plusieurs années passées, parce qu'il n'avait fait le serment dudit office à la Chambre des Comptes, mais seulement au Parlement.

31636. Mandement à Martin de Troyes, commis à l'extraordinaire des guerres, de payer à Jean-Francisque de Cappe, dit « Cappine », gentilhomme italien, 500 écus soleil (1,125 livres) pour sa pension de l'année échue le 31 décembre 1537, outre les autres dons à lui faits par le roi.

31637. Mandement audit Martin de Troyes de payer, des deniers provenant de la vente et aliénation de la châtellenie de Lanières en Forez, à André de Marcel, capitaine de la tour d'If, 501 livres en remboursement de ce qu'il a payé à certains hommes de guerre l'an 1537 et durant le temps que l'Empereur et son armée étaient en Provence, y compris l'achat de vingt-sept « strapotins » qui ont servi à coucher lesdites gens.

31638. A Guillaume de Bordeaux, serviteur de l'évêque de Rodez, 216 livres pour s'en retourner par mer et par terre de Saint-Tropez à Venise, porteur de lettres du roi à son maître concernant le fait de son ambassade, et pour l'aider à supporter la dépense qu'il a faite à la suite de la cour en attendant d'être expédié; et 67 livres 10 sous pour distribuer en don aux huissiers de salle du Pape.

31639. A Jean Valette, valet de chambre du roi, don de 67 livres 10 sous pour l'aider à se guérir des fièvres qu'il a contractées à Fréjus.

31640. A Jean Arbingue, patron d'une frégate, 27 livres pour être allé de Saint-Tropez à Nice porter des lettres du roi au président Poyet et en rapporter la réponse.

31641. A François Chanal, dit « Villefranche », 22 livres 10 sous pour aller en poste de Saint-Tropez à Aix porter des lettres du roi à M. le Chancelier.

31642. A Guillaume Sallevert, 92 livres 5 sous pour aller de Toulon à Fréjus prendre des nouvelles du dauphin et de la dauphine, et de là à Nice porter des lettres du roi au président Poyet et en rapporter la réponse.

31643. A Jacques Martin, marinier, 22 livres 10 sous pour avoir mené en barque d'Antibes à Marseille une mule et un mulet appartenant au roi.

31644. A Claude de La Rochandry, 27 livres pour aller en poste de Toulon à Aix et à Tarascon contremander les trains qui devaient se rendre à Marseille près du roi.

31645. A Philippe Avrillet, chevaucheur d'écurie du roi, tenant la poste de Marseille, 49 livres 10 sous pour se rendre à Nice avec des lettres du roi adressées au président Poyet et en rapporter la réponse.

31646. Au capitaine Christophe de Lubiano, 354 écus soleil, savoir

150 pour distribuer aux cent cinquante forçats de la galère *La Réale;* 100 à répartir entre les officiers, en souvenir du voyage que le roi a fait sur ladite galère; 50 pour l'entretien d'une frégate appartenant audit s^r de Lubiano, durant deux mois; 30 pour une autre frégate envoyée dans les ports le long de la côte et jusqu'à Arles, porter des lettres du roi au commandeur de Trinquetaille, lui ordonnant de faire préparer les barques pour les meubles du roi, et 24 écus pour deux autres frégates prises à Antibes et chargées de guider les galères le long de la côte.

31647. A Claude Liobart, s^r de Latra, panetier ordinaire du roi, 225 livres pour se rendre à Nice et y résider, afin d'avertir le roi des affaires qui y surviendront.

31648. A Antoine de Chabanes, dit « Chevreau », enfant de cuisine de bouche du roi, don de 67 livres 10 sous pour l'aider à se monter d'un cheval.

31649. Au s^r de « Chosmes », 125 livres pour aller de Tarascon en Piémont porter des lettres du roi aux s^rs de Montejean et de Langey, et en rapporter les réponses.

(*Arch. nat.*, J. 962[14], n° 40, anc. J. 961, n° 247.)

31650. Don à Jean Le Poulcre, écuyer, Denis, Louis et Jacques Mareschal, maîtres queux de la cuisine de bouche, à chacun 30 écus soleil sur les deniers provenant de la vente et composition de l'office de notaire au Châtelet de Paris, vacant par le décès de Nicolas Thamenay.

31651. Don fait à la requête du cardinal de Lorraine, au capitaine Pierre Bon, du revenu de la terre de Mévouillon en Dauphiné, pendant dix ans commençant à la Saint-Jean-Baptiste dernière.

31652. Don fait le 7 février dernier, à la demoiselle de Trezay, des droits de rachat et autres devoirs seigneuriaux advenus au roi, soit par le mariage de Louise de Faye, dame de Chavagne, terre mouvant de Loudun, soit par suite du décès de son père, seigneur dudit lieu, ou de toute autre façon que le rachat de ladite terre puisse être dû au roi.

31653. Don au s^r d'Harambures, le roi étant à Chambord, de tout ce qui proviendra du quart de la résignation de l'office de receveur de Valois faite par Jean Vyon.

(*Arch. nat.*, J. 962[14], n° 41, anc. J. 961, n° 242.)

Mandements aux trésorier de l'épargne et autres comptables de payer :

31654. A Jean Thizart, 9,118 livres 1 sou 3 deniers pour le payement des gages et solde des archers de la garde écossaise du quartier d'avril, mai et juin dernier, y compris le quart des montures et robes de livrée desdits archers.

31655. A Jean Huré, 8,317 livres 7 sous 6 deniers pour la solde des archers français de la garde de la compagnie du sieur de Nançay, durant ledit quartier d'avril.

31656. A Jean Chartier, 8,651 livres 2 sous 6 deniers pour le payement des archers de la garde de la compagnie du sénéchal d'Agénais, durant ledit quartier.

31657. A Jean de Vaulx, 8,606 livres 2 sous 6 deniers pour le payement des archers de la garde de la compagnie du s[r] de Chavigny, durant le même quartier.

31658. A Guillaume de Villemontée, 26,825 livres pour le parfait payement de la vénerie et de la fauconnerie du roi, de l'année dernière 1537.

31659. A Bénigne Serre, 1,565 livres pour payer les dix-huit chevaucheurs d'écurie tenant la poste de Lyon à Marseille, y compris la traverse de Bagnols pour la poste de Languedoc et les passagers de l'Isère et de la Durance, de leurs gages des mois d'avril, mai, juin et juillet derniers, à raison de 20 livres 12 sous 6 deniers à chacun par mois.

31660. Au même, 1,856 livres 5 sous pour payer les gages de dix-huit autres chevaucheurs d'écurie tenant la poste de Narbonne à Bayonne durant cinq mois échus le 30 juin dernier, à raison de 20 livres 12 sous 6 deniers par mois à chacun.

31661. Au même 1,744 livres 10 sous pour payer les gages de quatorze autres chevaucheurs d'écurie tenant la poste de Paris à Boulogne-sur-Mer, durant six mois échus le 31 mars dernier, à la raison susdite.

31662. Au même, 2,395 livres pour le payement des gages des chantres et autres officiers de la chapelle de musique du roi, durant le quartier d'avril, mai et juin dernier.

31663. Au même, 535 livres pour le payement des gages des chantres et officiers de la chapelle de plain-chant du roi, durant le même quartier.

31664. A Nicolas Picart, 7,600 livres pour employer au payement des édifices de Fontainebleau et de Boulogne près Paris.

31665. Au même, 3,000 livres pour employer au payement de l'édifice de Villers-Cotterets.

31666. A Adrien Auger, receveur du Parlement de Bretagne, 6,875 livres, partie de la somme de 8,653 livres 10 sous, montant des gages et droits des officiers de ladite cour durant cette présente année 1538, à prendre sur Michel Cosson, commis à la recette générale de Bretagne, des deniers du quartier de juillet dernier.

31667. Au même, 1,778 livres 15 sous, complément de ladite somme, à prendre des deniers de l'épargne qui se distribuent à l'entour du roi.

31668. A Jean Duval, trésorier de la maison du dauphin et du duc d'Orléans, 3,900 livres pour bailler aux marchands pourvoyeurs de ladite maison, savoir aux bouchers, 3,000 livres, au poissonnier, 500 livres, et au boulanger, 400 livres, en dédommagement des pertes qu'ils ont subies par suite de la cherté des vivres dans les pays où lesdits princes ont voyagé.

31669. A Victor Barguyn, trésorier de la maison de Mesdames la Dauphine et Marguerite de France, 4,000 livres pour dédommager les pourvoyeurs de ladite maison, savoir au boucher, 3,000 livres, et au poissonnier, 1,000 livres, des pertes qu'ils ont éprouvées à cause de plusieurs voyages lointains, festins du mariage de la feue reine d'Écosse, et séparation desdites dames.

31670. A Jean Vyon, commis à l'extraordinaire de l'artillerie, 888 livres 9 sous tant pour le payement du charroi et transport de trente et un milliers huit cents de poudres portées de Tours à Paris, au mois de mai dernier, que de plusieurs voyages et autres menus frais touchant le fait de l'artillerie.

31671. Au même, 364 livres 5 sous 6 deniers pour le radoub et accoutrement de plusieurs tentes et pavillons que le roi fait mener en Picardie, pour la venue de la reine douairière de Hongrie.

31672. A Jean Balavoine, receveur de Chaumont-en-Bassigny, 2,000 livres pour les réparations et fortifications de la ville de Mouzon.

31673. A Martin de Troyes, commis à l'extraordinaire des guerres, 5,000 livres pour délivrer à Macé Papillon et à Jean Basin, marchands, sur ce qui peut leur être dû pour les vins qu'ils ont fournis au camp de Picardie, pendant les mois de juin et juillet de l'année dernière 1537.

31674. A Jacques Bernard, maître de la chambre aux deniers du roi, 500 livres pour employer en achat de vins d'Ay dont le roi veut avoir provision à Compiègne et autres lieux où la reine douairière de Hongrie le doit venir voir.

31675. A Georges Vezeler, marchand demeurant à Anvers, 6,300 livres en payement d'un carcan d'or fait à feuillage frisé et émaillé de noir, garni d'un grand diamant taillé à facettes et de quatre tables d'autres diamants, de dix petites émeraudes, de six perles rondes et d'une perle en poire pendant au milieu dudit carcan, et d'une ceinture d'or de semblable façon, garnie de six tables de diamants, de cinq cailloux de rubis, de cinq émeraudes, d'un cœur de rubis et d'émeraudes au fermail de ladite ceinture, et de neuf perles rondes, dont le roi a lui-même fait le prix.

31676. A Guillaume Hérondelle, marchand orfèvre de Paris, 5,850 livres en payement d'une oreillette d'or garnie de dix-neuf diamants, de trois rubis et un diamant et d'une chaîne d'or à double épargne, dont le roi a fait marché lui-même.

31677. A Denis Débonnaire, marchand joaillier, 1,170 livres en payement d'un tableau « de deux chênes et de deux pommes de senteur », le tout d'or, dont le roi a fait prix et marché.

31678. A Antoine de Boulogne, marchand demeurant à Paris, 450 livres en payement d'une grande améthiste orientale, garnie d'or et d'une grosse perle au bout, et de trois paires de bracelets d'or, l'une garnie de roses de rubis, l'autre à la mauresque garnie de deux petits camaïeux de Turquie, la troisième garnie de petites vermeilles rondes, achetées par le roi en personne.

31679. A Jean Hotman, marchand orfèvre de Paris, 2,668 livres 18 sous 3 deniers en payement de cent quarante marcs trois onces six gros de vaisselle d'argent dorée, dont le roi a fait don à l'évêque de Winchester, ambassadeur du roi d'Angleterre, et à Thomas « Thiolobée, archidiacre d'Hlay », qui l'accompagnait, pour le maintien de l'alliance entre la France et l'Angleterre.

31680. A Mathurin Rivery, 22 livres 10 sous pour subvenir à la dépense et à l'entretien du lion du roi dont il a la charge.

31681. Au duc de Somma, 2,250 livres pour sa pension durant neuf mois échus le 31 décembre 1537.

31682. A Bernard de Saint-Séverin, comte de Mentoulles, fils dudit duc de Somma, 800 livres pour sa pension de l'année 1537.

31683. Au duc d'Atri, 2,500 livres en déduction de ce qui lui est dû de sa pension de l'année passée et de la présente.

31684. Au s^r de la Roche-du-Maine, 1,200 livres pour sa pension de l'année 1537.

31685. Au s^r de Taix, 1,000 livres pour sa pension de la présente année 1538, que le roi a voulu lui être dès à présent avancée, ayant égard aux frais qu'il doit faire chaque jour pour son service.

31686. Au s[r] de Sérignan, 1,200 livres pour sa pension de l'année 1537.

31687. A Jehannot d'Andouins, lieutenant à la capitainerie de Saint-Malo sous le connétable [de Montmorency], 900 livres pour ses gages de dix-huit mois échus le 30 juin 1538 dernier.

31688. A Jean Alerguy, gentilhomme de la maison du roi, 400 livres pour tout ce qu'il prétendait lui être dû de sa pension jusqu'au 31 décembre 1537.

31689. A Jean-Baptiste Azeret, s[r] de « Saint-Ranal », écuyer d'écurie du roi, 600 livres pour tout ce qu'il prétendait lui être dû de sa pension, montant à ladite somme chaque année, jusqu'au 31 décembre 1537.

31690. A Oronce Finé, lecteur ès sciences mathématiques en l'Université de Paris, 450 livres pour sa pension de l'année 1537.

31691. A Jacques Colombeau, naguère chantre de la chambre du roi, 72 livres pour sa pension et son entretien aux études en l'Université de Paris, durant une année échue le 30 juin dernier.

31692. Aux écoliers de Suisse, étudiants en l'Université de Paris, 450 livres pour leur pension et entretien durant le quartier de juillet, août et septembre dernier.

31693. A Jean de Saint-Rémy, venu de la part du comte de Tende, 45 livres tant pour son voyage que pour subvenir à la dépense qu'il fera à la suite du roi, en attendant sa dépêche pour retourner en Provence.

31694. A Jean Gonnet, dit « La Plume », chevaucheur d'écurie, 158 livres 10 sous en compensation de la dépense qu'il a faite pour payer les postes en un voyage qu'il fit de Vauvert à Viterbe et pour son retour vers le roi, outre 100 écus qu'il avait reçus à son départ pour faire ledit voyage vers le Pape, retournant à Rome, que le roi ne pensait pas être déjà si loin que Viterbe, et auquel il avait porté des lettres lui rendant compte de l'entrevue du roi avec l'Empereur.

31695. A Pierre Guérin, chevaucheur d'écurie, 38 livres 5 sous pour aller en poste d'Artenay à Oiron, près de Thouars, vers M. de Boisy, et pour son retour.

31696. A Jean Durand, chevaucheur d'écurie, 45 livres pour l'aider à supporter la dépense de son retour en poste d'Angerville en Piémont, où il porte des lettres du roi au s[r] de Montejean.

31697. A Guillaume de Geys, valet de chambre du roi, 1,350 livres pour aller en poste, d'Angerville en Hongrie, porter des lettres du roi au roi dudit pays et autres princes.

31698. A Antoine de Sivry (*aliàs* Civry), 135 livres pour être allé en Bourgogne chercher vingt-quatre mâtins et dix dogues destinés au vautrait du roi, et les avoir menés à Compiègne.

31699. A Charles de Saint-Martin, comte de Visque, 135 livres pour aller en poste, de Saint-Germain-en-Laye en Bourgogne, faire la montre de la bande de chevau-légers du s^r de Taix.

31700. A Antoine de Villars, dit « Glene », 135 livres tant pour retourner en poste de Saint-Germain-en-Laye en Piémont porter des lettres du roi aux s^rs de Montejean et de Langey, que pour la dépense qu'il a faite durant dix jours à la suite de la cour, en attendant sa dépêche.

31701. A Pierre Martinet, dit « Du Moulin », sommelier d'échansonnerie du roi, 135 livres pour aller en poste, dudit Saint-Germain en Provence et en Languedoc, choisir des meilleurs vins qu'il y pourra trouver pour la provision de la maison du roi.

31702. A Livio Crotto, 161 livres 8 sous complétant la somme de 836 livres 8 sous qu'il a certifié au roi avoir déboursée en un voyage qu'il fit de Montpellier à Venise, au mois de janvier dernier, dont le surplus lui a été payé lors de son départ de Montpellier.

31703. A Guyot de Mesmes, porte-table du roi, don de 45 livres pour l'aider à acheter un cheval de somme pour porter ladite table.

31704. A Jeanne Chevreau, veuve du chapelier du roi, don de 45 livres tant pour l'aider à vivre, elle et ses enfants, que pour l'indemniser de la valeur d'une mante de soie piquée qu'elle a donnée au roi.

31705. A Robine Delaporte, pauvre femme vieille et impotente, don et aumône de 45 livres pour l'aider à vivre.

31706. A Guillaume Dupont, arquebusier et arbalétrier du roi, don de 112 livres 10 sous pour l'aider à s'entretenir à la suite du roi, en attendant qu'il soit porté sur les états des officiers de l'hôtel.

31707. A Jacob Folgsberger, capitaine allemand, 90 livres tant en don pour ses services de guerre que pour ses réclamations au roi de la solde qu'il prétendait être due à plusieurs soldats de sa compagnie.

31708. A Éléonore d'Albany, demoiselle de la maison de Madame la Dauphine, don de 225 livres pour l'aider à s'habiller et à racheter les objets qui lui furent dérobés à Chevagnes.

31709. A Guillaume Bochetel, secrétaire des finances, don de 2,250 livres pour ses dépenses à la suite du roi et pour l'aider à mieux marier l'une de ses filles.

31710. A Guillaume du Perray, gentilhomme de la vénerie, don de

50 livres pour l'aider à se faire guérir d'une maladie qui lui est survenue à la suite du roi.

31711. A Nicolas du Monceau, portier du château d'Amboise, don de 100 livres, parce que depuis longtemps il n'a pas été payé de ses gages, dont il ne pourra plus rien réclamer jusqu'à ce jour.

31712. A Felise de Savray, demoiselle de la duchesse d'Étampes, don de 112 livres 10 sous pour l'aider à se mettre en plus honnête état à l'entour de ladite duchesse, en la maison de Mesdames la Dauphine et Marguerite de France.

31713. A Louis de La Rachie, naguère revenu de Hongrie, don de 45 livres en récompense des nouvelles qu'il a apportées dudit pays, et pour se retirer à Thérouanne, d'où il est natif.

31714. A Jean Gatignon, apothicaire de Mesdames, don de 100 livres en récompense des services rendus à la feue reine d'Écosse et à mesdites Dames, et pour l'aider à supporter la dépense qu'il a faite à son retour d'Écosse.

31715. A André de La Caille, valet de limiers de M. de Guise, don de 22 livres 10 sous en récompense de ses services à la vénerie.

31716. A frère Gabriel Gusman, jacobin, natif d'Espagne, don de 67 livres 10 sous pour l'aider à la dépense de son voyage de retour de France en Espagne.

31717. A Robert Cressart que le roi a naguère retenu en qualité de valet de pied, don de 45 livres pour l'aider à s'entretenir en attendant qu'il soit porté sur l'état de l'écurie.

31718. A Claude de Grimart, dit « Peray », valet de chambre du roi, don de 112 livres 10 sous pour l'aider à se faire guérir d'une maladie contractée au service du roi, ladite somme mise entre les mains de Jules de Pise pour la lui faire tenir.

31719. A Jacques Bernard, maître de la chambre aux deniers du roi, 1,250 livres pour le payement des habillements des galopins de cuisine, radoub de vaisselle, achat de linge et autres nécessités de l'hôtel du roi, durant le quartier d'avril, mai et juin dernier.

31720. A Bénigne Serre, 1,250 livres pour les menues nécessités et affaires de la chambre du roi, durant ledit quartier.

31721. A Jean Duval, 1,500 livres pour les aumônes, affaires de chambre, voyages, dons, récompenses et menus plaisir de MM. les Dauphin et duc d'Orléans, durant ledit quartier.

31722. A Nicolas de Troyes, 4,600 livres pour la dépense ordinaire de l'argenterie du roi, pendant ledit quartier d'avril, mai et juin.

31723. A Jean Duval, 3,750 livres pour l'argenterie ordinaire du dauphin et du duc d'Orléans, durant le même quartier.

31724. Au s[r] d'Estourmel, commissaire chargé de l'avitaillement des villes et places de la frontière de Picardie, 1,500 livres faisant le parfait de 2,000 livres pour son état à cause de ladite charge durant dix mois (1er septembre 1537-30 juin 1538), à raison de 200 livres par mois en temps de guerre, ladite somme devant lui être payée malgré la trêve.

31725. Au comte de Sancerre, lieutenant de la compagnie du duc d'Orléans, 600 livres pour sa pension des six derniers mois de l'année 1537.

31726. Au roi de Navarre, 12,000 livres pour sa pension du semestre échu le 30 juin 1538.

31727. A M. d'Aubigny, 10,000 livres pour sa pension de l'année 1537.

31728. Au s[r] de Burie, 600 livres pour sa pension de six mois échus le 31 décembre 1537.

31729. A Hubert, comte de « Begthling », 900 livres pour sa pension de neuf mois échus le 31 décembre 1537.

31730. A Claude Du Thouyn, lieutenant des gardes des forêts sises entre la Loire et l'Allier en Bourbonnais, 225 livres en déduction de ce qui peut lui être dû, à lui et aux capitaine et gardes desdites forêts, pour leurs gages des années passées et de la présente.

31731. A Louis Nepveu, gouverneur des limiers de la chambre du roi, don de 45 livres pour l'aider à s'habiller de neuf.

31732. A Dominique Perret, qui a la garde des fortifications de Turin, don de 157 livres 10 sous en récompense de ses services et pour l'aider à supporter la dépense de faire porter à la suite du roi « ung pourtraict eslevé en boys dudict Thurin », et aussi pour l'aider à y retourner.

31733. A Guillaume Guyot, payeur de la compagnie de M. de Nevers, 521 livres 19 sous 2 deniers pour le parfait de la solde de ladite compagnie, du quartier d'avril, mai et juin dernier, montant à la somme de 5,141 livres 5 sous.

31734. A Jean Picart, 1,500 livres pour le payement des cent mortes-payes établis récemment à Hesdin, du quartier de juillet 1538 dernier.

31735. A Martin de Troyes, 466 livres pour délivrer à Catherine de Mathefelon, veuve du feu capitaine René de Quenquelin, ladite somme due au défunt pour son état et double paye de la bande d'aventuriers français qu'il commandait à Turin, au mois d'octobre 1536.

31736. A Guillaume de Villemontée, trésorier de la vénerie et de la fauconnerie, 2,123 livres 10 sous pour payer l'état des toiles de chasse du roi du quartier de janvier dernier et celui de Philippe Maudet, conducteur des chevaux et chariots desdites toiles, du quartier d'avril 1538 suivant.

31737. A Henri Maréchal, 1,275 livres pour le payement de la solde d'un mois de la bande de cent chevau-légers du s[r] de Taix, qui a été licenciée par ordre du roi.

31738. A Jean Vyon, 3,035 livres pour délivrer à Jean Allais, sommelier d'armes du roi, faisant le parfait de 4,035 livres montant de dix-neuf cent vingt lances et demi-lances et de quatre mille sept cents piques ferrées qu'il a fournies aux munitions des villes de Lyon, Amiens et Abbeville, au prix de 20 sous chaque lance et demi-lance et de 9 sous chaque pique.

31739. Mandement à Jean Duval, trésorier de la maison du dauphin et du duc d'Orléans, de payer à François de Boucart, leur échanson, au lieu et place de feu Claude de Pontbriant, dit « Montréal », la somme de 464 livres montant des gages dudit office depuis le 2 novembre 1536, date du décès dudit Pontbriant, jusqu'au 31 décembre 1537, bien que ledit Boucart n'ait pas été porté sur l'état des officiers desdits princes.

31740. Provision à Jean Duval, receveur au Parlement de Paris, pour être payée sur Étienne Trotereau, commis à partie de la recette générale de Languedoc, des deniers des amendes, forfaitures, condamnations et restitutions des gabelles des années passées, présente et à venir, de la somme de 3,794 livres 15 sous 8 deniers restant à acquitter de 5,000 livres dont il avait été appointé sur Guillaume de Moraines, commis à l'autre portion de ladite recette générale, qui n'a pu fournir ladite somme, pour le payement des gages de ladite cour des années passées.

31741. A François Malevault, receveur de l'écurie du roi, 4,912 livres 7 sous 10 deniers pour le parfait de 20,912 livres 7 sous 10 deniers montant des journades des capitaines et hoquetons des archers des gardes, fourriers et portiers du roi, durant cette présente année, dont Jean Delys et la veuve de Jean Estienne prennent 7,635 livres 2 sous 10 deniers pour ceux des compagnies des s[rs] d'Aubigny et de Chavigny.

31742. A Jean Pachet, portugais, don de 90 livres en récompense de ses services dans la marine et pour l'aider à supporter sa dépense à la suite de la cour.

31743. A Antoine Delahaye, organiste du roi, 49 livres 10 sous pour son remboursement d'une épinette neuve qu'il a achetée et du racoutrement d'une autre vieille.

31744. A Marthe Fernandez, femme de chambre de la reine, don de 225 livres pour lui permettre de faire meilleure figure auprès de ladite dame.

31745. A Thomas d'Arry, albanais, 112 livres 10 sous pour la dépense qu'il fera en un voyage secret dont le roi l'a chargé.

31746. A Guillaume Hérondelle, orfèvre, 450 livres en déduction de ce qui pourra lui être ordonné par le roi pour l'or, ouvrage et façon d'une layette en forme d'écritoire, sur laquelle le roi fait adapter une grande pièce d'agate taillée.

31747. A Laurent Seriau, porteur de chaise des affaires du roi, don de 45 livres pour l'aider à supporter sa dépense à la suite de la cour.

31748. A Martin de Troyes, 22,500 livres pour envoyer en Piémont et délivrer ainsi qu'il sera avisé par le s^r de Langey, pour l'acquisition qui sera faite, au nom du roi, de la place de Cahours (Caorso), audit pays.

31749. A Jacques Bernard, maître de la chambre aux deniers, 2,500 livres pour délivrer aux marchands pourvoyeurs de l'hôtel du roi, soit aux bouchers 2,000 livres et au poissonnier 500 livres, à valoir sur le montant de la dépense extraordinaire et passe de l'ordinaire de ladite chambre, à cause de l'entrevue du roi et de la reine douairière de Hongrie.

31750. A Jean Duval, 4,000 livres pour le payement de certains habillements que le dauphin et le duc d'Orléans désirent avoir à l'occasion de ladite entrevue.

31751. A Guillaume Béliard, 4,100 livres pour le payement des gages et solde des Cent-Suisses de la garde, du quartier de juillet, août et septembre 1538.

31752. A Louis Acarie, 1,500 livres pour les offrandes et aumônes du roi, du quartier d'avril, mai et juin de ladite année.

31753. A la marquise de Rothelin, 1,000 livres pour sa pension du quartier de juillet, août et septembre 1538.

31754. A Jacques Bernard, 15,000 livres pour la dépense ordinaire de la chambre aux deniers du roi, dudit quartier de juillet.

31755. A François Malevault, 19,414 livres 9 sous 2 deniers pour la dépense ordinaire de l'écurie du roi, durant ledit quartier.

31756. A Jean Dessouslefour, 16,250 livres pour la dépense ordinaire de la chambre de la reine, durant ledit quartier.

31757. Au même, 9,000 livres pour la dépense ordinaire de l'écurie de ladite dame, durant le même quartier.

31758. A Jean Duval, 11,437 livres 10 sous pour l'ordinaire de la chambre aux deniers du dauphin et du duc d'Orléans, durant ledit quartier.

31759. Au même, 7,187 livres 14 sous pour la dépense ordinaire de l'écurie desdits princes, durant ledit quartier de juillet 1538.

31760. A Victor Barguin, 12,000 livres pour la dépense ordinaire de la chambre aux deniers de Mesdames la Dauphine et Marguerite de France, durant ledit quartier.

31761. Au même, 4,000 livres pour la dépense ordinaire de l'écurie desdites dames, durant le même quartier.

31762. A Pierre Le Bégat, gentilhomme de la vénerie, don de 450 livres en récompense de ses services à la conduite des chiens de la « bande blanche ».

(*Arch. nat.*, J. 962[14], n° 42, anc. J. 961, n° 251.)

[Octobre 1538.]

Mandements aux trésorier de l'épargne et autres comptables de payer :

31763. A Raymond Forget, commis au payement des édifices de Chambord, 10,000 livres pour les provisions de pierres, chaux et autres matériaux qui doivent être préparés cet hiver, suivant la volonté du roi, à prendre sur Étienne Trotereau, commis à partie de la recette de Languedoil, des deniers du quartier de juillet 1538.

31764. A Nicolas Picart, 1,500 livres pour l'édifice du corps d'hôtel que le roi fait construire à Fontainebleau, à prendre sur les deniers de l'épargne.

31765. A Madame de Vendôme, 3,600 livres sur ce qui peut lui être dû de sa pension.

31766. A M. le Connétable [Anne de Montmorency], 6,000 livres pour ses gages dudit office, du quartier de juillet, août et septembre dernier.

IMPRIMERIE NATIONALE.

31767. Au même, pour sa pension, 3,000 livres, et pour son état de gouverneur de Languedoc, 1,500 livres, durant ledit quartier.

31768. Au même, pour son état de capitaine de la Bastille, 300 livres; pour le bois de Vincennes, 300 livres; pour Nantes, 375 livres, et pour Saint-Malo, 100 livres, le tout durant ledit quartier.

31769. Au même, 2,000 livres pour ledit quartier de juillet, en compensation des 4,000 ducats de la composition du Briançonnais, pour laquelle le roi lui ordonne chaque année 8,000 livres.

31770. A M. l'Amiral [Chabot], 4,500 livres, soit 3,000 livres pour sa pension dudit quartier et 1,500 livres pour son état de gouverneur de Bourgogne.

31771. Au même, pour son état d'amiral de Guyenne, 750 livres, et pour celui d'amiral de Bretagne, 300 livres, durant ledit quartier.

31772. Au même, 250 livres pour son état de capitaine de Brest, dudit quartier.

31773. Au prince de la Roche sur-Yon, 4,000 livres, et à M. de Champigny, son frère, 2,000 livres pour leurs pensions de cette présente année 1538, à prendre sur Étienne Noblet, des deniers de sa recette de Bourgogne du présent quartier d'octobre, novembre et décembre.

31774. Au prince de Melphe, 4,000 livres pour le parfait de sa pension du semestre fini le 30 juin dernier.

31775. Au comte Guy de Rangone, 5,625 livres sur ce qui peut et pourra lui être dû de sa pension.

31776. A Jean Cheylieu, 2,150 livres pour le payement des gages du prévôt de l'hôtel, ses lieutenant, greffier et archers, durant le quartier d'avril, mai et juin dernier.

31777. A Jacques Bernard, maître de la chambre aux deniers du roi, 412 livres 17 sous 6 deniers pour le parfait payement du transport des vins du roi apportés de Moulins et de Fontainebleau à Compiègne.

31778. A Antoine Juge, trésorier de la reine, 400 livres pour payer Mlle de la Berlandière de ses gages de l'année dernière.

31779. Au s^r de Brissac, 1,125 livres pour aller en poste de la Fère-sur-Oise jusqu'en Espagne vers l'Empereur et retourner près du roi en semblable diligence.

31780. A Christophe de Siresmes, 450 livres pour le parfait payement du voyage en poste qu'il a fait en Hongrie, en divers lieux d'Allemagne et d'Italie, outre 400 écus soleil qu'il eut à son départ de Nîmes.

31781. A Jean Decaze, chevaucheur d'écurie, 99 livres pour les voyages en poste ci-dessous déclarés : de Montrichard à Villesavin, vers M. de Villandry, prendre certains extraits nécessaires pour expédier l'assignation de la gendarmerie, qu'il apporta à Amboise, 8 écus soleil; de Meung-sur-Loire à Paris et à Rouen, porter des lettres du roi aux commissaires chargés du recouvrement des deniers d'Outre-Seine et de Normandie, 12 écus; de Coucy à Paris et de Paris à Saint-Quentin et retour, tant pour faire hâter la livraison des chaînes d'or que le roi veut donner à divers personnages de la suite de la reine de Hongrie, que pour faire tenir prêtes les chaînes données aux s[rs] de Pellou et de Silly, gentilshommes de l'Empereur, 24 écus.

31782. A François Perrin, aveugle, ci-devant homme d'armes, 90 livres pour une année de sa pension, sur ce qui lui en peut être dû.

31783. A Jean d'Alman, espagnol, don de 225 livres en récompense du passe-temps qu'il donne au roi « au subtil maniment des cartes ».

31784. A Guillaume de Louviers, « plaisant », don de 22 livres 10 sous pour le passe-temps qu'il donne au roi.

31785. Au maître de la chambre aux deniers du roi, 10,000 livres pour l'extraordinaire de ladite chambre à cause de la nourriture de la reine de Hongrie et de son train, outre 2,500 livres qu'il a ci-devant reçues.

31786. A Pierre de La Grange, 10,000 livres pour payer les frais des logis, chevaux et autres dépenses de la reine de Hongrie et de sa suite, avec commission audit de La Grange pour en faire les payements suivant les ordonnances des maîtres d'hôtel du roi.

31787. A Jean Carré, 6,000 livres sur ce qui est dû des gages des officiers domestiques du roi, de l'année dernière.

31788. Au même, 10,000 livres sur ce qui est dû desdits gages de la présente année.

31789. A Jean Dessouslefour, 6,000 livres sur les gages des officiers de la maison du dauphin et du duc d'Orléans, pour la présente année.

31790. A Jean Duval, 6,000 livres sur les gages des officiers de la maison du dauphin et du duc d'Orléans, pour la présente année.

31791. A Victor Barguin, 6,000 livres sur les gages des officiers domestiques de Mesdames, pour la présente année.

(*Arch. nat.*, J, 962[14], n° 43, anc. J. 961, n° 251.)

[Octobre 1538.]

Mandements aux trésorier de l'épargne et autres comptables de payer :

31792. A Jean Hotman, orfèvre de Paris, 3,512 livres 7 sous 9 deniers pour son payement, déchet et façon de deux chaînes d'or, l'une pesant 1,200 écus donnée à François de Pellou, gentilhomme de la chambre de l'Empereur, et l'autre 300 écus au s[r] de Silly, autre gentilhomme de l'Empereur, qui sont venus en ce présent mois d'octobre, de la part de leur maître, pour faire entendre au roi certaines affaires de grande importance.

31793. A Louis de Nevers, 2,000 livres en déduction de 7,000 livres restant à payer de la somme de 8,000 livres montant de sa pension de la présente année, finissant le 31 décembre 1538.

31794. A Jean Vyon, commis au payement de l'extraordinaire de l'artillerie, 205 livres 1 sou 8 deniers pour délivrer à Gilles Maillard, Jean Coquet et Philippe de Fontaines, canonniers établis à la garde de Thérouanne, en payement des munitions d'artillerie qu'ils ont fournies à ladite ville.

31795. A Nicole Malon, greffier criminel du Parlement de Paris, 225 livres en remboursement d'un prêt qu'il a fait au roi le 7 mars 1537 n. s., entre les mains de Martin de Troyes, commis à l'extraordinaire des guerres.

31796. A Pierre Poussin, chevecier de la Sainte-Chapelle du Palais à Paris, 1,460 livres pour employer durant la présente année, soit pour les dépenses de ladite chevecerie, 600 livres; pour la nourriture du maître de chapelle et des enfants de chœur, 500 livres; pour l'habillement desdits enfants de chœur, tant d'hiver que d'été, 240 livres; et pour l'entretien du pain du chapitre, 120 livres.

31797. A Jean de Maynier, conseiller au Parlement de Provence, 450 livres pour ses vacations à la commission dont il a été chargé, l'an 1535, pour le recouvrement des deniers de ladite généralité, à prendre sur Jean François, commis à la recette générale dudit pays.

31798. Lettres patentes adressées aux trésoriers de France et aux généraux des finances, permettant au roi de Navarre de tirer du cru de Nérac et autres lieux de Guyenne deux cents pipes de vin et les faire mener à Paris et autres endroits du royaume, pour la provision de sa maison durant la présente année, sans payer aucun droit.

31799. A Jacques Bernard, maître de la chambre aux deniers du roi, 4,000 livres pour délivrer aux pourvoyeurs de l'hôtel, soit aux bouchers, 3,000 livres, au poissonnier, 500 livres, aux fruitiers, 400 livres, et au boulanger, 200 livres, en compensation des pertes qu'ils ont éprouvées dans leurs fournitures, pendant les voyages de Languedoc et de Provence.

31800. A Jean Dessouslefour, commis à la trésorerie de la maison de la reine, 3,500 livres pour délivrer aux pourvoyeurs de ladite maison, soit aux bouchers, 3,000 livres, et au poissonnier, 500 livres, pour les dédommager de leurs pertes pendant lesdits voyages.

31801. A Jacques Bernard, 6,000 livres pour l'extraordinaire et la passe de ladite chambre aux deniers, à cause des livraisons de viandes et autres vivres que le roi fait faire chaque jour à la reine de Hongrie et aux personnages de sa suite, outre 12,500 livres qu'il a ci-devant reçues pour la même cause.

31802. A Pierre Delagrange, 10,000 livres pour défrayer les gens, chevaux et logis de la reine de Hongrie et de ceux de sa suite, outre pareille somme qu'il a déjà reçue pour la même cause.

31803. A Olivier Molan, commis au payement des voitures des meubles du roi, 1,200 livres pour le transport des meubles rapportés de Provence à Compiègne et autres lieux.

31804. A Bénigne Serre, 185 livres 13 sous 6 deniers pour le payement des gages de Jean Angilbert, Hercules Feliault et Jean Dumas, chevaucheurs d'écurie, tenant la poste ordinaire à la suite de la cour, pour leurs services des mois de juillet, août et septembre derniers.

31805. A Jean Cheylieu, receveur du prévôt de l'hôtel, 864 livres pour délivrer à Jean Delaborne, François Chabart, Pierre Arnault, Jean Cluset, dit « Colombières », Pierre Barray et Jean Lebouc, dit « Le Pray », archers dudit prévôt, du nombre des vingt qui lui avaient été donnés de crue et ont été depuis supprimés, pour leurs gages et services durant les voyages de Piémont, Languedoc et Provence.

31806. A Jean Crosnier, trésorier de la marine du Levant, 16,418 livres 1 sou 7 deniers pour la solde et entretien de trois galères que le baron de Saint-Blancard a ramenées des pays du Levant, durant les quartiers d'avril et de juillet 1537, y compris les gages dudit trésorier.

31807. A Henri Maréchal, commis au payement des chevau-légers au service du roi, 1,350 livres à remettre au capitaine Théode, albanais, pour faire le prêt aux hommes de sa bande et les entretenir, en attendant qu'il ait été pourvu à leur montre et à leur payement.

31808. A Guillaume Hérondelle, orfèvre de Paris, 3,982 livres

7 sous 6 deniers en payement d'un grand chandelier d'argent, garni d'une chaîne et d'un crochet pour le suspendre, pesant le tout deux cent quatre marcs deux onces, remis à Charles de Pierrevive, trésorier de France, ayant la garde des vaisselles du roi.

31809. A Simon Lefebvre, 18 livres en payement de dix-huit faisans vivants que le roi a achetés de lui à Chantilly, au mois de septembre dernier.

31810. A Yvon Pierre, dit « Torcou », 181 livres qu'il a déboursées pour l'habillement de vingt archers des toiles de chasse qui ne font pas partie de la vénerie du roi, comprenant pour chacun un pourpoint de futaine cotonné, une paire de chausses, l'une jaune, l'autre violet et incarnat, une paire de bottines de cuir, un collet de cuir à grandes « tassettes », un chapeau jaune et une ceinture, pour servir aux chasses données en l'honneur de la reine de Hongrie.

31811. A Augustin Voisin, l'un des archers des toiles, 720 livres qu'il a déboursées, par le commandement du roi, pour l'habillement de quatre-vingts archers desdites toiles de chasse, semblable à celui des vingt susdits, à raison de 9 livres pour chacun.

31812. A Antoine de Conflans, vicomte d'Oulchy-le-Château, 135 livres pour subvenir à la dépense de trente-trois archers des toiles de chasse et de cinq chariots qui portent lesdites toiles, lesquels archers et toiles ne font point partie de la vénerie du roi et ont été réunis de divers endroits pour donner plus de « récréation » à la reine de Hongrie.

31813. A Edme de Courtenay, s^r de Bléneau, 112 livres 10 sous pour délivrer à plusieurs veneurs et conducteurs de chiens qui ne sont pas de la vénerie du roi et que M. le Connétable a fait venir pour les chasses données en l'honneur de ladite reine.

31814. A François Dujardin, facteur de Pierre Mangot, orfèvre du roi, 607 livres 7 sous 9 deniers en payement d'un grand collier de l'ordre pesant trois marcs trois onces six gros et demi d'or d'écus, et d'un étui garni d'un bourrelet de taffetas, donnés au duc d'Estouteville en remplacement du sien qu'il avait remis au duc de Somma, lorsque celui-ci fut créé chevalier dudit ordre.

31815. Au même, 13 livres 10 sous en payement d'une image d'or vendue au roi à Villeneuve de Tende, au mois de juin dernier, et donnée au « plaisant du Pape », nommé Le Roux.

31816. Décharge à Pierre Le Vassor, commis à la recette générale de Normandie, de la somme de 327 livres 4 sous 4 deniers qu'il a payée, du commandement du roi, pour l'achat, voiture et conduite de seize cents livres de houblon et de douze pots de levure pour brasser de la bière, portés de Rouen à Turin, où le tout a été délivré au s[r] de Langey, gouverneur de cette place.

31817. A Jacques de Maurain (*aliàs* Morin), gentilhomme aveugle, ci-devant archer de la garde du roi, 60 livres pour une année de sa pension, en déduction de ce qui peut lui être dû.

31818. A Antoine Pousson, joueur de cornet du roi, 240 livres par manière de gages et pour son entretien, parce qu'il n'a pas été porté sur l'état durant l'année échue le 31 décembre 1537.

31819. Au s[r] de Mormoulin, capitaine de navires, don de 200 livres pour ses services au fait de la marine et pour l'aider à supporter la dépense de deux voyages qu'il a faits sur mer en Écosse, pour le passage audit pays de la feue reine, fille du roi, et de celle qui est à présent, à prendre sur Palamèdes Gontier, trésorier de la marine de Ponant.

31820. A Jean Gringot, Étienne Dupré, Grégoire Delavigne et Nicolas de Beaurain, don de 9 livres pour avoir apporté à Chantilly des fruits du verger de Fontainebleau.

31821. A Jacques Loye, don de 22 livres 10 sous pour le plaisir que le roi prend à le voir parfois jouer à la paume.

31822. A Mathurin Girard et Antoine Rohart, valets de garde-robe, Jean Le Velu, dit « Le Buisson, », portemanteau, et Fernand Deforges, sommelier de paneterie de bouche du roi, don de 180 livres en récompense de leurs services.

31823. A Pierre Le Camus, valet de chambre du comte d'Aumale, don de 45 livres pour avoir rapporté l'un des sacrets du roi perdu à la volerie.

31824. A Marie Besançon, pauvre folle, don de 45 livres pour l'aider à vivre.

31825. Au s[r] de Beaumont-Brizay, 147 livres 14 sous pour plusieurs voyages et dépenses qu'il a fait faire pour le service du roi.

31826. A Antoine de Villars, dit « Glene », 22 livres 10 sous pour retourner en poste de Saint-Germain-en-Laye en Piémont, vers M. de Montejean, outre 60 écus soleil qu'il a déjà reçus pour le même voyage.

31827. Au s[r] de Vély, maître des requêtes de l'hôtel, 1,805 livres 15 sous tant pour son état d'ambassadeur du roi près l'Empereur, durant tout le mois de juillet dernier, à raison de 20 livres par jour, qu'en remboursement de dépenses extraordinaires.

31828. A Guillaume Le Fort, s[r] de Juranville, 18 livres pour deux voyages en poste, l'un de Blois à la Ferté-aux-Oignons et l'autre de Saint-Germain-en-Laye à l'Isle-Adam, au mois de septembre dernier.

31829. A Laurence Néronne, vivandière suivant la cour, don de 22 livres 10 sous pour l'aider à se marier et « la retirer du mauvais gouvernement de sa personne ».

31830. A Christophe de Siresmes, élu d'Avranches, 13 livres 10 sous en payement de six postes qu'il a courues de Saint-Quentin à Cambrai et de Cambrai à Ronsoy et audit Saint-Quentin.

31831. A François Fourchelles, 18 livres pour aller en poste, de la Fère à Compiègne et à Chantilly, avertir les veneurs et conducteurs des toiles de tenir prêt leur équipage pour se rendre à Compiègne.

31832. A Félix de Jonville, capitaine allemand, 225 livres pour aller en poste, de Compiègne en Espagne, accompagner le duc Philippe de Bavière qui se rend près de l'Empereur.

31833. A Bernard de Ruthie, abbé de Saint-Pierre de « Lesve », remboursement de 225 livres prêtées au roi et remises entre les mains de Jacques Marcel, le 30 juillet 1537.

31834. Au comte d'Aumale, 2,000 livres pour sa pension d'un semestre échu le 30 juin dernier.

31835. A Guillaume Rivière, receveur et payeur du Grand conseil, 4,000 livres sur l'assignation de ladite cour du semestre échu le 30 septembre dernier.

31836. A Jean Dessouslefour, commis à la trésorerie de la reine, 3,000 livres pour les menus plaisirs de ladite dame, du quartier de janvier dernier.

31837. Au même, 1,500 livres pour les menues affaires et nécessités de la chambre de ladite dame, durant le même quartier.

31838. A Bénigne Serre, 600 livres pour le payement des voyages que font les chevaucheurs d'écurie concernant les affaires ordinaires survenant près la personne du roi.

31839. Au s^r de Bonneval, 750 livres pour sa pension des six derniers mois de l'année 1537.

31840. A Simon Gaudin, 562 livres 10 sous en payement d'une chaîne d'or et de grenats, et d'une tête de « dieu aiguemarine » garnie d'or et de diamants et d'une perle au bout, ainsi que d'une image d'or émaillée représentant une bataille, que le roi a lui même achetées et retenues par devers lui.

31841. A l'écuyer Pommereul, 270 livres pour en faire don de par le roi, savoir à un gentilhomme de la maison du s[r] de Bures qui a offert au roi, à la Fère-sur-Oise, de la part de son maître, un traquenard[1] de poil moreau, 225 livres, et au palefrenier dudit s[r] de Bures, présent à la délivrance dudit cheval, 45 livres.

31842. A Louis de Lensaigne (*aliàs* Lasaigne), gentilhomme de la vénerie, et à Antoine de Sivry (*aliàs* de Civry), capitaine du château d'« Ardilly » (*corr.* Argilly), don de 360 livres pour les peines qu'ils ont prises lors des chasses données en divers lieux à la reine douairière de Hongrie.

31843. A Claude de Bournonville et à Nicolas de Brussac, naguère pages de l'écurie, don de 30 écus soleil à chacun, afin de les aider à se monter et à s'équiper pour aller servir le roi en ses ordonnances.

31844. A Antoine de Chabannes, dit « Chevreau », hâteur en la cuisine de bouche du roi, don de 45 livres pour l'aider à s'acheter un cheval, afin de suivre plus facilement la cour.

31845. Au bailli de Vitry, 500 livres pour le parfait de 1,000 livres montant de sa pension de l'année échue le 31 décembre 1537.

31846. A M. d'Humyères, don de 10,000 livres en récompense de ses services, pour l'aider à payer la dot de sa fille fiancée à [Guillaume de Balzac], s[r] d'Entragues.

31847. Au changeur du trésor, 720 livres pour la solde de douze mortes-payes chargés de la garde de la Bastille à Paris durant l'année échue le 31 décembre 1537, à raison de 100 sous par mois à chacun.

31848. A Jean Hux, receveur de Nantes, 1,000 livres pour employer à la couverture et aux autres réparations du château royal de ladite ville, à prendre sur Michel Cosson, commis à la recette générale de Bretagne, des deniers du présent quartier d'octobre, novembre et décembre.

31849. A Jean Moussecadel, joueur de cornet de la reine de Hongrie, don de 450 livres tant pour lui que pour ses compagnons, en récompense des passe-temps qu'ils ont donnés du roi avec leurs instruments, pendant le séjour de ladite dame dans le royaume.

31850. A Nicolas Hunault, valet de chiens du s[r] du Puy-du-Fou, don de 22 livres 10 sous pour avoir amené de Bretagne des chiens courants dont son maître a fait présent au roi.

[1] Cheval qui a l'allure appelée traquenard.

IMPRIMERIE NATIONALE.

(*Arch. nat.*, J. 962^{16}, n° 44, anc. J. 961, n° 255.)

[Septembre 1538.]

Mandements à Jean Laguette, receveur général des finances extraordinaires et parties casuelles, de payer :

31851. A Aymar de Bourchenu, chevalier, gouverneur des Terres-Neuves, 90 livres pour le voyage qu'il est allé faire à Barcelonne en Savoie (Barcelonnette), afin d'informer sur des crimes et délits commis par des habitants de cette localité contre les officiers du roi.

31852. A Alexandre de Côme, gentilhomme milanais, don de 45 livres pour l'aider à vivre et s'entretenir au service du roi.

31853. A Guy Karruel, s^r de Bourran, 225 livres pour un voyage qu'il a fait en diligence aux pays de Bugey et de Faucigny, afin d'informer sur les violences, pillages et exactions dont se sont rendus coupables les gens d'armes logés audit pays.

31854. A Jean de Menucourt, don de 56 livres 5 sous pour plusieurs voyages par lui faits du temps qu'il était avec les bandes du comte Guillaume de Furstenberg.

31855. A François Lamy, valet de chambre du roi, 225 livres pour le dédommager des dépenses qu'il a faites à la suite du roi, au voyage de Nice.

31856. A René de Birague, maître des requêtes en Piémont, don de 400 livres en récompense des services qu'il a rendus au roi dans ce pays.

31857. A Pierre Martinet et Jean Levallois, archers de la garde de la compagnie du s^r de Nançay, à chacun 10 écus pour conduire, de Moulins aux prisons de Montrichard, Bénigne Serre, s^r des Barres, sur l'ordre du roi.

31858. A Georges Luc, comte de « Glic », 1,125 livres en récompense de ses services et pour subvenir à la dépense d'un voyage qu'il est allé faire en Allemagne.

31859. A Vespasien de Carvoisin, écuyer ordinaire de l'écurie, 2,400 livres pour le parfait de sa pension de cinq années échues le 31 décembre 1537, à raison de 800 livres par an.

31860. A Jean Chandon et Jean Defruies, sergents royaux du duché de Bourbonnais, qui ont mené prisonnier, avec deux aides, un nommé « dom Louis de Burgya », de Cusset à Moulins où le roi se trouvait, et de Moulins à Blois, 56 livres tournois pour leurs salaires et vacations.

31861. A Louis Lenepveu, conducteur du lion du roi, 18 livres tournois pour la dépense et nourriture dudit lion, durant le voyage que le roi fait présentement de la ville de Lyon à Saint-Germain-en-Laye.

31862. A Jean Bonvoisin, 11 livres 5 sous pour deux voyages en diligence de Moulins, où était M. le Chancelier, à Chevagnes et à Contres, où il porta des lettres dudit sieur à M. le Connétable, pour les affaires du roi.

31863. A Jean de Lescorcerie, conducteur des réparations de la ville de Bourg-en-Bresse, 240 livres sur ce qui peut lui être dû de son état des années 1536, 1537 et 1538.

31864. A Guillaume Dallemes (*aliàs* Dalmes et d'Allemetz), héraut d'armes du roi du titre de Valois, 135 livres pour un voyage d'Amboise aux pays de Faucigny, Génevois et Bresse, où étaient les compagnies des s^rs de « Lanoux »[1], écossais, de Crussol et d'Assier, afin de mettre à exécution le décret et l'ordonnance du roi sur les informations qui ont été faites et les charges relevées contre les hommes d'armes et archers desdites compagnies.

31865. A Amaury Bouchard, maître des requêtes ordinaire de l'hôtel, 200 livres pour un voyage qu'il est allé faire, de l'ordonnance du roi, de Blois en Saintonge et au gouvernement de la Rochelle, au sujet des salins desdits pays.

31866. A Barthélemy Aymé, conseiller au Conseil établi à Turin, 200 livres tournois pour ses frais et dépenses en un voyage qu'il a fait de Turin en ce lieu de Saint-Germain-en-Laye, pour les affaires du roi audit pays.

31867. A Jean Munoys, 1,350 livres en remboursement de l'office d'élu à Coutances et Carantan, vacant par le décès de Jean Constantin, qu'il avait acheté, le roi en ayant fait don auparavant au s^r de Lasaigne, l'un de ses veneurs.

31868. A Alexandre de Beauvillier, comte de Saint-Aignan, 15,000 livres sur les deniers qui proviendront de l'office de maître des comptes à Paris, vacant par le décès de Jacques Boucher, dont le roi lui a fait don pour ses services et en récompense de plusieurs voyages qu'il a faits depuis dix ou douze ans en Italie, à Naples et autres lieux pour le fait des guerres.

[1] Sans doute Mathieu Stuart, comte de Lennox.

31869. A Martin de Troyes, commis à la trésorerie de l'extraordinaire des guerres, 6,125 livres pour employer au fait de sa commission, particulièrement pour délivrer à Mainfroy Chandelle, marchand et bourgeois de Moncalieri, pour le parfait d'une somme de 7,475 livres, prix de onze cent cinquante sacs de froment, mesure de Turin, qu'il a fournis pour l'avitaillement dudit Moncalieri, suivant le marché conclu avec Antoine Bullioud, général de Bretagne, ledit froment livré à Claude de Bourges, receveur des munitions des villes et places fortes de Piémont.

31870. Au capitaine Marc-Jean Teste, 90 livres pour un voyage qu'il va présentement faire de ce lieu de Saint-Germain-en-Laye au comté de Champagne, afin de s'informer où en sont les réparations que le roi a ordonné de faire audit pays.

31871. A Jean Robillart, dit « Tondu », 13 livres 10 sous pour ses peines et vacations d'avoir conduit et amené, de la Meilleraye en Normandie à Saint-Germain-en-Laye, un mouton des Indes, dont le seigneur dudit lieu de la Meilleraye a fait présent au roi.

31872. A Sever de Brandas, naguère capitaine de gens de pied, don de 67 livres 10 sous pour subvenir à la dépense qu'il a faite et fait journellement à la suite du roi.

31873. A Jérôme Fondeul (*aliàs* Fondulle et Fondulus), natif de Milan, secrétaire de la chambre du roi, 450 livres pour un voyage qu'il va présentement faire de Saint-Germain-en-Laye à Milan, afin d'acheter des livres et pour autres affaires dont le roi l'a chargé et qui doivent rester secrètes.

(*Arch. nat.*, J. 962[14], n° 45, anc. J. 961, n° 259.)

[Novembre-décembre 1538.]

Mandements aux trésorier de l'épargne et autres comptables de payer :

31874. Au comte de Furstenberg, 6,750 livres pour sa pension de l'année échue le 31 décembre 1537.

31875. A Pierre de La Grange, 1,800 livres pour employer, savoir 500 livres au payement de ce qui reste dû des ouvrages faits, pendant la présente année, en la ville de Guise; 300 livres pour achat de paille et chaume destinés à couvrir durant l'hiver les murs desdits ouvrages; 1,000 livres pour bailler au s[r] de Saint-Rémy, montant de ce qui lui est dû de dix mois qu'il a vaqué tant à faire les devis et marchés desdits ouvrages qu'à autres affaires dont il a été chargé, savoir, le mois de décembre 1537, à la conduite des lansquenets du comte Guillaume de Furstenberg, de Carmagnole à Gap, et les autres neuf mois échus le 31 octobre dernier, auxdits ouvrages et édifices de Guise.

31876. A Charles Mesnagier, argentier de la reine, 4,000 livres pour employer au fait de son office, durant le quartier de janvier dernier.

31877. A Bénigne Serre, 1,250 livres pour les menues affaires et nécessités de la chambre du roi, du quartier de juillet dernier.

31878. Au même, 2,395 livres pour les gages des chantres et autres officiers de la chapelle de musique du roi, dudit quartier de juillet.

31879. Au même, 535 livres pour les gages d'autres chantres et officiers de la chapelle de plain-chant, dudit quartier de juillet.

31880. Au même, 666 livres 13 sous pour la construction de deux ponts de bateaux, faits au mois d'octobre dernier à Choisy et à Verrines[1] sur l'« Aire » (*corr.* Aisne) et l'Oise, qui ont servi à passer le train de la reine de Hongrie.

31881. Mandement aux gens des comptes de passer aux comptes de Bénigne Serre ladite somme de 666 livres 13 sous.

31882. A M. le Chancelier [Poyet], naguère premier président au Parlement de Bretagne, 1,242 livres 10 sous pour ses gages et pension dudit état, durant la présente année 1538; à André Guillard, maître des requêtes ordinaire de l'hôtel, 292 livres 10 sous; à Ponce Brandon, conseiller au Parlement de Paris, 243 livres 15 sous; et à Jean Cotel, conseiller au Grand conseil et au Parlement de Bretagne, 243 livres 15 sous, pour leurs gages desdits états de conseillers de Bretagne, de la présente année, bien qu'ils n'aient pas siégé audit Parlement, retenus ailleurs pour le service du roi.

31883. A Francisque Lançon, gentilhomme de la maison du duc de Mantoue, 450 livres, et à Antony Nanin, fauconnier dudit duc, 45 livres, pour être venus à Chantilly, au mois de novembre, offrir au roi quatorze laniers et trois faucons de la part de leur maître.

31884. Aux trésorier et chanoines de l'église du Bois de Vincennes, 160 livres pour compléter la somme de 1,500 livres montant annuel de la fondation allouée à ladite église, et ce pour l'année finissant le 31 décembre 1538.

31885. Aux gardien et religieux du couvent des Cordeliers de Loches, don et aumône de 60 livres pour les aider à s'approvisionner de bois de chauffage et autres nécessités, en cette présente année.

[1] Il faut probablement corriger Varennes, village sur l'Oise. Il n'y a point de localité du nom de Vérines, ni sur l'Aisne ni sur l'Oise.

31886. A Nicolas de Neufville, Jean Breton et Gilbert Bayard, secrétaires des finances, 4,869 livres 7 sous 6 deniers, soit à chacun 1,623 livres 2 sous 6 deniers, savoir pour leur pension, 1,200 livres à chacun, et pour leurs gages ordinaires et droits de manteaux, 423 livres 2 sous 6 deniers, le tout durant la présente année.

31887. A Guillaume Bochetel, secrétaire des finances, pour sa pension, ses gages ordinaires et droits de manteaux de la présente année, 1,623 livres 2 sous 6 deniers.

31888. A Philibert Babou, autre secrétaire des finances, 1,000 livres pour sa pension de la présente année.

31889. A Gilbert Bayard, Jean Duval, Florimond Dorne et Jean Duthier, secrétaires ordinaires du roi, pour leurs gages et droits de manteaux de la présente année, 597 livres 10 sous, soit à chacun 149 livres 7 sous 6 deniers.

31890. A Simon de Machault, auditeur des comptes à Paris, don de 225 livres pour avoir vaqué cent vingt journées à examiner, calculer et arrêter les états de certains comptables, afin de se rendre compte de ce qui était dû des charges qu'ils avaient administrées.

31891. A Jean de Villars, dit « Blancfossé », 225 livres pour retourner en poste, au mois de novembre 1538, de Chantilly auprès du s^r de Boisrigault, lui porter la réponse aux lettres qu'il avait apportées de sa part au roi.

31892. A Jean Grossier, l'un des commis du contrôleur général des guerres, 225 livres pour ses vacations, durant les mois d'avril, mai, juin et juillet derniers, à faire le contrôle des montres des lansquenets des bandes du comte Guillaume de Furstenberg et du baron de Fleckstein.

(*Arch. nat.*, J. 962[14], n° 47, anc. J. 961, n° 265.)

[Août 1538.]

Mandements aux trésorier de l'épargne et autres comptables de payer :

31893. A Martin de Troyes, commis à la trésorerie de l'extraordinaire des guerres, 37,351 livres 6 sous, savoir pour le parfait payement de la solde des lansquenets dernièrement venus au service du roi sous le commandement du baron de Flestin (*aliàs* Fleckstein) des mois de mai, juin et juillet derniers, 11,230 livres 10 sous; pour la dépense des bateaux et salaires des bateliers qui ont amené lesdits lansquenets par la Saône et le Rhône, jusqu'à Vienne, 2,772 livres; pour la solde de trois cents hommes de pied sous le capitaine René de Guelphe (*aliàs* de Goulf), durant un mois commencé le 10 juin dernier, 2,280 livres; pour la solde de trente arquebusiers en garnison à Bourg-en-Bresse durant les mois d'avril et mai derniers, 590 livres; pour les réparations de Turin, 4,775 livres; pour achat de sacs de toile destinés aux grains et autres provisions pour l'avitaillement des villes et places que le roi fait fortifier en Piémont, 329 livres 16 sous; pour l'état de Raymond Pellisson, président en Savoie, durant la seconde quinzaine de mai, 150 livres; et pour la solde de mille hommes de pied sous le s[r] d'Arques, qui étaient en garnison à Narbonne et places voisines, durant les mois de janvier et février derniers, 14,224 livres.

31894. Au même, 1,737 livres 5 sous pour le parfait payement des intérêts et prix des vivres fournis aux lansquenets du comte Guillaume de Furstenberg, pendant leur séjour près de Nice, et des dommages qu'ils ont causés aux propriétés de certains habitants de Saint-Laurent-lès-Nice, ainsi que pour acquitter des frais de voyages et autres dépenses ordonnées par M. le Connétable pour les affaires du voyage de Nice.

31895. Au même, pour le parfait payement de la solde des lansquenets qui servent en Piémont sous le capitaine le Bossu, tant de ce qui leur est dû des mois passés que de ce présent mois d'août, afin qu'ils retournent en leur pays, 95,865 livres 10 sous; et pour les frais de la commission dudit de Troyes, à déduire de ce qui lui est taxé, 675 livres.

31896. Au même, 37,016 livres, savoir pour le payement des gens de pied, aventuriers français et gascons qui sont en garnison dans les places fortes du Piémont, durant ce présent mois d'août, y compris six commissaires et six contrôleurs qui en feront les montres, 30,616 livres; pour la dépense des bateaux et salaires des bateliers qui menèrent les bandes de lansquenets du comte Guillaume de Furstenberg, par la Saône et le Rhône, de Villefranche à Avignon, au mois de mai dernier, 2,400 livres; et pour les frais de la commission dudit de Troyes, à déduire de ce qui lui est taxé, 4,000 livres.

31897. Au receveur général Bénigne Serre, 2,596 livres 15 sous 6 deniers tant pour le payement des constructions et entretien des ponts de bateaux qui ont été jetés sur la Durance et le Var, pour le passage du roi et de sa suite au voyage de Nice, que pour la réparation et aménagement d'une maison que ledit sieur fit préparer hors la ville de Nice où il reçut la visite du Pape.

31898. Au même, 185 livres 12 sous 6 deniers pour les gages dus à Jean Engilbert, Hercules Féliault et Jean Dumas, chevaucheurs d'écurie, tenant ordinairement les postes à la suite de la cour, pour leurs services des mois d'avril, mai et juin derniers.

31899. Au même, 545 livres 5 sous, soit pour la dépense et conduite d'un bateau qui mena le roi de Lyon à Villefranche, 132 livres 15 sous, et pour délivrer à quatre chevaucheurs d'écurie tenant la poste de Suze à Moncalieri, 412 livres 10 sous, montant de leurs gages des mois de février, mars, avril, mai et juin derniers.

31900. A Jean Vyon, commis à la trésorerie de l'extraordinaire de l'artillerie, 468 livres pour le payement des gages de vingt-quatre canonniers qui ont servi aux galères du roi durant un mois, lors des voyages que le roi et la reine ont faits sur la mer du Levant, y compris le service des aides du contrôleur et des clercs et commis dudit Vyon, durant les mois d'avril, mai et juin derniers.

31901. Au même, 593 livres 12 sous 6 deniers pour le payement de douze mortiers de fer que le roi a fait apporter de Bourgogne à Lyon, des réparations faites à l'atelier de l'artillerie à Paris qui avait été frappé par la foudre, des frais de remise en état de diverses munitions à la suite dudit incendie, de certains voyages entrepris vers le roi par les salpêtriers de Sarlat, et des gages du commis du contrôleur général de l'artillerie, qui est chargé de la surveillance des munitions en la ville de Paris, durant l'année dernière.

31902. A Nicolas de Troyes, argentier du roi, 3,213 livres 11 sous 8 deniers pour le payement des draps et toiles d'or, d'argent et de soie qui ont servi à faire les habillements donnés par le roi, à Villeneuve de Tende et à Aiguesmortes, tant à Mesdames la Dauphine et Marguerite de France qu'à plusieurs dames et demoiselles de leur maison, au « plaisant » du Pape, nommé Le Roux, aux valets de chambre Brives et Sanson, à Jean Le Prêtre, son barbier, au capitaine Villiers et au fou Briandas, y compris deux pièces d'« enfumat » d'or mises aux coffres du roi et douze saute-en-barques avec douze haut-de-chausses à la marinade de damas donnés à douze « tirots » servant à mener les barques dans lesquelles le roi allait rendre visite à l'Empereur jusque sur la mer, au port où se trouvaient ses galères.

31903. A Jean Crosnier, trésorier de la marine du Levant, 450 livres pour bailler au comte de Tende, à Christophe de Lubiano, à Magdelon d'Ornezan et à André de Marsay, capitaines de galères, soit à chacun 50 écus, sur la solde et entretien des frégates qu'ils ont employées au service desdites galères, durant le récent voyage du roi en Provence.

31904. A Pierre Ancel, que le roi commet au lieu d'Olivier Molan, grènetier de Tours, à tenir le compte et faire le payement des voitures des meubles du roi portés à Nice et à Aiguesmortes, que ledit sieur a ordonné de ramener à Paris et autres lieux où ils ont été pris, 2,000 livres pour employer au payement desdites voitures et autres frais y relatifs.

31905. A René Paintret (*aliàs* Pintret), barbier du roi, 81 livres pour le récompenser d'une chaîne d'or estimée 36 écus, que Madame la Dauphine a prise de lui et donnée à un gentilhomme espagnol par lequel l'Empereur envoya, à Villeneuve de Tende, un présent à ladite dame.

31906. A Diego de Çayas, 112 livres 10 sous en payement d'un poignard à manche et fourreau d'acier damasquiné et incrusté d'or qu'il a vendu au roi.

31907. A Rosso Moro, l'un des «forsaires» de la galère de l'Empereur, don de 112 livres 10 sous pour le présent qu'il a fait au roi d'une petite caisse remplie de bourses, chausses, ceintures, aiguillettes et autres ouvrages fabriqués à la façon de Barbarie.

31908. Au «plaisant» de l'Empereur, nommé Perricquou, 100 écus et à un trompette dudit Empereur, nommé Sépulchre, 50 écus tant pour lui que pour ses compagnons, sommes que le roi leur a données à Aiguesmortes où ils se trouvèrent, lors de l'entrevue avec l'Empereur, soit en tout 337 livres 10 sous.

31909. A Pierre de Bellissant, viguier de Carcassonne, remboursement de 45 livres par lui avancées à un sommelier d'échansonnerie de l'Empereur à Aiguesmortes, auquel le roi en a fait don.

31910. A Jean Veillac, joueur de violon, et à Melchior de Milan, joueur de hautbois du roi, don de 225 livres, tant pour eux que pour leurs compagnons, en récompense de leurs services, et pour les défrayer de ce qu'ils ont déboursé au voyage d'Aiguesmortes.

31911. A Pierre Du Castel (*aliàs* Du Châtel), dit «Castellanus», lecteur ordinaire du roi, don de 225 livres pour l'aider à se faire guérir d'une maladie qui lui est survenue à Arles, ladite somme mise, par ordre du roi, entre les mains de frère Robert de Roquemartine, commandeur de Trinquetaille.

31912. A Guillaume Bagot, artilleur du roi, don de 45 livres pour l'aider à payer le loyer de la maison qu'il habite à Paris, durant une année échue le 30 juin dernier.

31913. A Christophe de Siresmes, élu d'Avranches, 180 livres, outre 30 écus qui lui ont été payés à son départ, pour la dépense de son voyage d'Antibes à Gênes, vers le Pape et l'Empereur, et son retour à Marseille où se trouvait le roi, et pour un autre voyage de Tarascon jusqu'au lieu où était l'Empereur sur la mer, afin d'être fixé sur le jour de l'entrevue qui devait avoir lieu à Aiguesmortes entre François Ier et Charles-Quint.

31914. Au s^{r} de Brissac, 787 livres 10 sous pour aller en poste de

IMPRIMERIE NATIONALE.

Nîmes à Barcelonne ou autre lieu d'Espagne où se trouvera l'Impératrice et pour son retour vers le roi, en semblable diligence.

31915. Au s[r] de Cany, 337 livres 10 sous pour aller en poste de Nîmes en Flandre vers la reine douairière de Hongrie et pour son retour auprès du roi.

31916. Au s[r] de Lassigny, 675 livres pour aller en poste de Nîmes en Angleterre et en Écosse.

31917. Au s[r] de Taix, 144 livres pour un voyage qu'il a fait dernièrement de Vauvert jusqu'en la mer du Levant pour trouver l'Empereur qu'il rencontra près de Toulon, et 900 livres pour aller en poste de Montélimart à Rome et s'en retourner en semblable diligence auprès du roi.

31918. Au cardinal de Geniciis (s. d. Jérôme Ghinucci), don de 2,250 livres en récompense des services qu'il a rendus au roi près du Pape pour les affaires de la paix, ladite somme confiée audit s[r] de Taix qui la remettra au destinataire à Rome.

31919. Au protonotaire Monluc, chambrier du Pape, ambassadeur du roi à Rome, 450 livres en déduction de sa dépense en ladite charge, laquelle somme ledit s[r] de Taix lui fera de même tenir.

31920. A Christophe de Siresmes, élu d'Avranches, 900 livres pour aller en poste de Nîmes en Piémont vers le s[r] de Montejean, à Ferrare vers le duc de Ferrare, puis à Venise, et de là en Hongrie, auprès du roi dudit pays, et pour son retour en semblable diligence au lieu où sera le roi.

31921. A Guillaume Rivière, receveur et payeur du Grand conseil, 6,950 livres pour employer au fait de sa charge durant les six mois échus le 31 mars 1538 n. s. dernier.

31922. A Victor Barguin, 4,000 livres pour les payements de l'argenterie ordinaire de Mesdames la Dauphine et Marguerite de France, et des filles et demoiselles de leur maison, y compris l'apothicairerie, durant le quartier de juillet, août et septembre 1537.

31923. A Jean Geoffroy, « arboriste », don de 45 livres pour faire un voyage de Provence à Fontainebleau, avec diverses sortes d'arbres fruitiers dudit pays qu'il fera planter au jardin de Fontainebleau.

31924. A Emmanuel Riccio, marchand demeurant à Anvers, 10,500 livres complétant la somme de 22,500 livres que le roi lui avait ci-devant ordonnée en payement d'une grande table de diamant enchâssée en un anneau d'or, une autre table de diamant aussi enchâssée en un anneau émaillé de noir, et un « rondeau de Biblis », avec une autre table de diamant en guise de fontaine et quatre tables de rubis au bout dudit rondeau, le tout acheté pour le prix susdit par le roi qui se trouvait alors à Fontaine-Française, le 28 septembre 1535.

31925. A Martin de Troyes, 2,528 livres 12 sous 6 deniers pour rembourser à Guillaume de Dinteville, s^r des Chênets, le reste des frais et dépenses qu'il fit l'année dernière pour la garde et défense de la place de la Mirandole, le recouvrement de celle de « la Concorde » (Concordia) et autres affaires concernant le service du roi en Italie.

31926. A Jean de Calvimont, président au Parlement de Bordeaux, 600 livres et à Bertrand de Montcamp, autre président en ladite cour, 400 livres, en déduction de leurs vacations à la commission qu'ils ont eue du roi d'aller à Bayonne et autres lieux de Guyenne, s'entendre avec les députés du roi de Portugal pour régler certains différends entre les sujets desdits pays, à l'occasion des courses et prises opérées sur mer.

31927. A Guillaume Belliard, 4,100 livres pour la solde des Cent Suisses de la garde, durant le quartier d'avril, mai et juin dernier.

31928. Au duc d'Atri, 1,000 livres en déduction de ce qui lui peut et pourra être dû de sa pension, tant des années passées que de la présente.

31929. Au s^r d'Avaugour, 1,000 livres en déduction de ce qui peut et pourra lui être dû des années passées et présente sur sa pension montant à 2,000 livres par an.

31930. A Pomponio Trevolce (Trivulce), gouverneur de Lyon, 2,500 livres pour sa pension de l'année dernière 1537.

31931. A Prosper de La Mare, napolitain, 100 livres pour son entretien au service du roi, en attendant qu'il soit pourvu d'un état.

31932. Au capitaine Antoine de Rincon, 4,500 livres sur son état, vacation, dépense et frais qu'il pourra faire en certains voyages dans le Levant, où le roi l'a envoyé.

31933. A Gilbert Coëffier, secrétaire du s^r de Montejean, 90 livres pour s'en retourner en poste, de Beaujeu jusqu'en Piémont, porter réponse du roi audit s^r de Montejean.

31934. Au comte Guy de Rangone, 6,750 livres en déduction de sa pension tant des années passées que de la présente.

31935. Au comte de Brienne, 2,000 livres pour sa pension de six mois échus le 31 décembre 1537.

31936. Au s^r de Saint-André, 1,000 livres pour sa pension du même semestre.

31937. Au s^r de Warty, grand-maître des Eaux et forêts de France,

4,000 livres pour ses gages et pension dudit office de l'année 1537 dernière.

31938. Au s[r] de Brosse, capitaine des ville et château de Loches, 1,200 livres pour ses gages dudit état, durant la même année 1537.

31939. Au sénéchal d'Agénais, capitaine de Cherbourg, 1,000 livres pour son état de capitaine, durant ladite année.

31940. Au s[r] de Castillon, ambassadeur en Angleterre, 3,600 livres pour son état, vacation et dépense en ladite charge, durant cent quatre-vingts journées commencées le 11 juin dernier et qui finiront le 7 décembre prochain, à raison de 20 livres tournois par jour.

31941. A Jean Carré, 2,250 livres pour distribuer aux menus officiers domestiques du roi qui ont fait le voyage de Nice, en dédommagement de leur dépense extraordinaire.

31942. Au maître de la chambre aux deniers du roi, 600 livres pour employer au payement du transport de deux cent quarante pipes de vin, tant de Languedoc, Beaune qu'autres lieux, de Moulins jusqu'au Louvre à Paris, pour la provision de l'hôtel du roi.

31943. Audit s[r] de Castillon, 1,153 livres 4 sous 6 deniers, en remboursement de frais et dépenses extraordinaires, tant pour le deuil de la feue reine d'Angleterre qu'il a dû faire porter à ses gens, que pour plusieurs voyages en poste qu'il a fait effectuer pour les affaires du roi.

31944. A Claude Gaudry et Pierre Dumoulin, sommeliers d'échansonnerie de bouche du roi, 180 livres pour l'entretien, nourriture et conduite de deux haquenées portant les bouteilles destinées à la table du roi et à celle de ses chambellans, durant six mois échus le 30 juin 1538.

31945. A Jean Maillard, don de 45 livres en récompense des « compositions qu'il a faictes en rithme de plusieurs matières facétieuses et plaisantes », rédigées en un livre qu'il a présenté au roi.

31946. Au s[r] de Fontaines, 18 livres 10 sous 6 deniers pour aller en poste de Vauvert à Salon de Crau vers M. le Dauphin, et pour son retour.

31947. A Jean Le Velu, dit « le Buisson », portemanteau du roi, don de 112 livres 10 sous en récompense de ses services.

31948. A Pierre de Sers, valet de limiers du roi, don de 22 livres 10 sous en récompense du soin qu'il prend au traitement et pansement desdits limiers.

31949. A Étienne Rigault, maître de hache de Provence, 50 livres pour aller choisir en Bourgogne des bois propres à la construction des galères et galéasses.

31950. A Pierre Guyot, dit « le duc d'Urbin », vivandier suivant la cour, don de 45 livres en récompense du présent qu'il a fait au roi de plusieurs grosses tortues et artichaux.

31951. A Jean Coullange, 45 livres pour avoir rechassé les cerfs des buissons du pays de Bourbonnais.

31952. A Augustin Wolff, messager de Cologne, 22 livres 10 sous pour s'en retourner vers le capitaine allemand André Peninghen.

31953. A Louis Le Mineur, chevaucheur d'écurie, 11 livres 5 sous pour aller en poste de la Clayette porter des lettres du roi aux s[rs] de la Bourdaisière, de la Bretonnière et de Lenseigne qui étaient à Chevagnes, et en rapporter la réponse.

31954. A Jean-Baptiste d'Arconnat, écuyer d'écurie du roi, don de 225 livres pour son entretien, en attendant qu'il soit inscrit sur l'état des officiers de la maison du roi.

31955. A Martin Sentinelle, courrier vénitien, 180 livres pour s'en retourner en poste, de Sancoins à Venise, porter des lettres du roi à l'évêque de Rodez.

31956. A Guyon de Saint-Mory, fauconnier du roi, don de 225 livres en récompense de ses services.

31957. Au vicaire d'Asti, 112 livres 10 sous pour s'en retourner en poste de Sancoins en Piémont.

31958. A Jean Le Bailly, truchement des ambassadeurs de Danemark, don de 112 livres 10 sous pour avoir rapporté dudit pays un sacre appartenant au roi.

31959. A Maury du Bec, s[r] de Bois-d'Illiers, fauconnier du roi, don de 225 livres en récompense de ses services.

31960. A Pierre Tessier, chevaucheur d'écurie du roi, 18 livres pour aller en poste de Sancoins à Bourbon-Lancy vers les ambassadeurs d'Allemagne.

31961. A Audebert Catin, payeur de la compagnie de M. le Connétable, 662 livres 10 sous pour le prêt qu'il a fait à trois hommes d'armes et quarante-sept archers nouvellement enrôlés en ladite compagnie.

31962. Au duc de Wurtemberg, 1,500 livres pour sa pension du quartier d'avril, mai et juin dernier.

31963. A Louis de Nevers, 1,000 livres en déduction de sa pension de l'année présente.

31964. Au s[r] de Sedan, 1,200 livres pour pareille cause.

31965. A Pierre Fougeret, chevaucheur d'écurie du roi, 29 livres 5 sous pour aller en poste vers les s[rs] de la Bourdaisière et de la Bretonnière, à Chevagnes.

31966. A Robert Villamoine, écuyer de cuisine du commun du roi, don de 112 livres 10 sous pour l'aider à racheter un cheval, au lieu de celui qu'il a perdu à la suite du roi, au voyage de Nice.

31967. A Jacques de La Roche, 40 livres 10 sous pour aller en poste de Vauvert à Trets vers M. le duc d'Orléans et s'en retourner en semblable diligence.

31968. A Louis Perrinet, dit « Lehoust », valet de garde-robe du roi, don de 67 livres 10 sous en dédommagement de la dépense qu'il a faite au voyage de Nice.

31969. A Jean Marc, milanais, 27 livres pour s'en retourner de Chevagnes vers le s[r] de Montejean, lieutenant général en Piémont, pour lui faire connaître l'intention du roi au sujet de la fourniture des vivres dans les places dudit pays.

31970. A Pierre de Villeneuve, gouverneur de Montpellier, remboursement de 100 livres qu'il a fournies de ses deniers pour faire conduire l'artillerie de Montpellier à Aiguesmortes, achat de vivres, location de bateaux, port de radeaux de bois, pour les préparatifs de l'entrevue avec l'Empereur.

31971. A Christophe de Holdenberg, don de 22 livres 10 sous pour l'aider à supporter la dépense de son retour vers le landgrave de Hesse.

31972. A Guillaume Valette, chevaucheur d'écurie, 247 livres 10 sous pour aller en poste de Paray-le-Monial en Angleterre et retour.

31973. A Jean de Granges et Antoine de Bailleur, archers de la garde des compagnies du sénéchal d'Agénais et du s[r] de Nançay, 80 livres pour leurs vacations et dépenses d'aller conduire les bandes de chevau-légers des s[rs] de Brissac et de Sansac en Champagne et en Picardie, où le roi leur a assigné garnison.

31974. A Pierre d'Avisay, archer de la garde de la compagnie du s[r] de Chavigny, 20 livres pour aller conduire la bande de chevau-légers du s[r] de Taix en Bourgogne, pour y tenir garnison.

31975. A Jean Thibault, dit « Berceau », gentilhomme de la vénerie du roi, don de 225 livres en récompense de ses services.

31976. A Hugues de La Loire, archer des toiles de chasse du roi, don de 45 livres en récompense de ses services.

31977. A Jean de Villars, s^r^ de Blancfossé, 67 livres 10 sous pour s'en retourner en poste de Sancoins vers le s^r^ de Boisrigault, ambassadeur en Allemagne.

31978. A Louis d'Avillé, gentilhomme de la chambre de l'Empereur, 1,000 écus soleil et au garde des bagues et joyaux dudit Empereur, 300 écus, dont le roi leur fait don pour avoir apporté à Villeneuve de Tende les présents envoyés par ledit prince à la Reine, à Messeigneurs et à Mesdames; et à Perricquou, plaisant de l'Empereur, 100 écus aussi en don pour la récréation par lui donnée au roi, en tout 3,150 livres.

31979. A dix-neuf canonniers du pays de Languedoc que le roi fit venir à Aiguesmortes, lors de l'entrevue avec l'Empereur, pour dresser les pièces d'artillerie, savoir Pierre Sablé, François Suriau, dit « la Forêt », Henri de Mirepoix, Jean Rousseau, Guilhem Esgret, Michel Notin, Étienne Laget, Pierre Figuier, Guillaume du Toux, Étienne Bourret, Pierre Gazeau, Jean de La Marche, Antoine Vallant, Léonard Burot, Pierre Marin, dit « Pietre », Louis Chenu, Jean de Ruilly, François Du Rozelet Antoine Desgros, dit « le Mineur », 95 livres, soit à chacun 100 sous en faveur dudit voyage et service.

31980. Aux allemands ci-après nommés, savoir Jean baron de Haydek, lieutenant général du comte Guillaume de Furstenberg, 600 écus soleil; Fritz Watsel, de Marseille, Langs Hans, Jacob von Ouxenbourg, Nicolas von Venchenon, Melchior von Rottenbourg, Félix von Rendorff, Conrad von Heulstadt, Hans von Reutlinger, Hero von Peningligen, dit « von Fenet », Martin von Lumpsik, Jong von Ourgseuffourt, Werric von Derfeltz, Henric von Rossa et Thomas Mandt, tous quinze capitaines de lansquenets, 3,000 écus, soit à chacun 200 écus, et audit comte de Furstenberg, 2,000 écus que le roi a voulu être mis entre ses mains pour distribuer à Hero von Heberstein, Daniel Saulter, Berthelin Haytzler, Urbain von Wersserhorn et Melchior Dietrich von Truanner, autres capitaines de lansquenets qui se trouvent encore en Allemagne, et à cinq autres personnages que le roi ne veut être ici nommés et dont ledit comte Guillaume a seulement donné les noms à M. le Connétable, ce qui fait aussi 200 livres à chacun desdits cinq capitaines et cinq autres personnages, le tout payé d'avance aux dessusdits pour leur pension et entretien au service du roi, durant un an commençant le 1er du présent mois d'août, et montant à 12,600 livres.

31981. A « Esche de Vylde, s^r^ d'Aiche », gentilhomme de la maison du roi de Danemark, 500 écus soleil; Petre Schenabe, secrétaire dudit roi, 300 écus; Jonc de Han, gentilhomme du duc de Saxe, 400 écus; Basilius Nouver, docteur, secrétaire dudit duc, 300 écus, et Ludovic de Bannebach, conseiller du landgrave de Hesse, 400 écus en don à l'occasion du voyage qu'ils sont venus faire de la part de leurs maîtres vers le roi, pour certaines affaires d'importance, soit 4,275 livres.

31982. Aux capitaines italiens ci-après nommés, savoir à Guillaume comte de Vyandra, 600 livres; Moran Carbon, 400 livres, et Gérard Frascare, d'Alexandrie, 300 livres, pour tout ce qui peut leur être dû de leurs pensions de tout le temps passé jusqu'au 11 de ce présent mois d'août; au chevalier Balthazar Azal, 1,000 livres pour tout ce qui peut lui être dû de sa pension et des dépenses qu'il a faites au service du roi, jusqu'à la même date; à Francisque de Clermont, 400 livres; au comte « Berguinliere de Caldroy », 600 livres; Balthazar de Saint-Nazar, 300 livres, et Nicolas de « Plombyn » (Piombino), 300 livres, pour leurs pensions d'une année commençant ledit jour, que le roi a voulu leur être avancées; et au s[r] Galéas de Casal, 100 livres pour un semestre de sa pension commençant à la même date, soit en tout 4,000 livres.

31983. Au s[r] de Châteaubriant, gouverneur de Bretagne, 16,000 livres, soit, pour sa pension de l'année dernière 1537, 10,000 livres et pour son état de gouverneur durant ladite année, 6,000 livres.

31984. A Dauphin de Saint-Polgue, 171 livres, pour avoir vaqué trente-huit journées à divers voyages en Savoie et en Bresse, tant pour asseoir les garnisons des compagnies d'ordonnances et bandes de chevau-légers que pour s'enquérir des exactions qu'y commettaient certaines gens desdites bandes et compagnies.

31985. A François Malevault, receveur de l'écurie du roi, 6,000 livres en déduction du montant des journades des capitaines et hoquetons des archers de la garde et des fourriers et portiers, durant la présente année 1538.

31986. Mandement à la Chambre des Comptes de Paris d'allouer les gages du trésorier de la maison du dauphin et du duc d'Orléans, tels qu'ils sont inscrits sur les états signés de la main du roi, nonobstant que l'on n'ait ci-devant pris validation desdits gages par lettres patentes.

31987. A Jean de Montdoucet, 9,000 livres pour le payement des gages des officiers de l'artillerie, du quartier de janvier, février et mars dernier.

31988. A François Oudin, trésorier et garde des salpêtres dans les généralités de Languedoïl, Guyenne et Bretagne, 4,000 livres pour employer au fait de son office, durant une année échue le 30 juin 1538 dernier.

31989. A Gaspard de Saillans, trésorier des salpêtres dans les généralités de Languedoc, Provence et Dauphiné, 4,000 livres pour employer au fait de son office, durant la présente année qui finira le 31 décembre 1538.

31990. A Raymond Pellisson, président en Savoie, 1,800 livres pour son état, durant six mois à échoir le 30 novembre prochain, qu'il vaquera au fait de la justice et police dans ledit pays.

31991. Au s[r] de Grignan, 1,800 livres pour cent quatre-vingts jours qu'il pourra vaquer au voyage qu'il va présentement faire en Piémont et à Rome pour les affaires du roi, à raison de 10 livres par jour, à dater du 4 de ce présent mois d'août.

31992. Au même, don de 1,800 livres en récompense de ses services, pour se mettre en état et train honnête pour faire ledit voyage et subvenir à sa dépense, en plus de la taxe ci-dessus.

31993. A l'évêque de Tarbes [Antoine de Castelnau], 1,800 livres pour son état et dépense durant cent quatre-vingts jours, commençant le 22 de ce présent mois d'août, qu'il pourra vaquer à la charge d'ambassadeur auprès de l'Empereur où le roi l'envoie présentement.

31994. Au même, don de 1,800 livres en plus de ladite taxe, en récompense de ses services et afin qu'il puisse se mettre en train honnête pour ledit voyage.

31995. Au duc de Vendôme, 9,000 livres, savoir pour sa pension, 6,000 livres, et pour son état de gouverneur de Picardie, 3,000 livres, durant les six mois échus le 30 juin dernier.

31996. A M. le comte d'Enghien, son frère, 2,000 livres pour sa pension, durant le même semestre.

31997. A Pallavicini Visconti, 1,000 livres sur ce qui peut et pourra lui être dû de sa pension, tant des années passées que de la présente.

31998. A Jean Carré, 600 livres pour délivrer à Jean-Jacques de Barbe, maître d'hôtel du roi, montant de ses gages de l'année dernière 1537.

31999. A Gabriel Delaistre, chantre de la chambre du roi, 200 livres pour sa pension de cette présente année 1538.

32000. A Antoine Delahaye, organiste du roi, 200 livres pour sa pension de ladite présente année.

32001. A Jules de Pise, valet de chambre du roi, don de 225 livres en récompense de ses services.

32002. Au comte Francisque Ziliache, don de 225 livres en récompense de ses services au fait des guerres en Italie.

IMPRIMERIE NATIONALE.

32003. A Jean Boullet, sommelier d'échansonnerie du roi, 45 livres pour un voyage qu'il va faire à Cahors, afin de choisir des vins pour la provision de l'hôtel du roi.

32004. A Nicolas de Sainte-Catherine, 135 livres pour aller en poste, de Romorantin en Piémont, porter des lettres du roi au s[r] de Montejean.

32005. A Pierre et Nicolas Le Begat frères, gentilshommes de la vénérie, don de 135 livres en récompense de leurs services, soit au premier 40 écus soleil et 20 au second.

32006. A François de Byn, dit « la Bresle », 112 livres 10 sous pour aller en poste de Romorantin en Angleterre, vers le s[r] de Castillon, ambassadeur du roi audit pays, lui porter des lettres relatives au fait de sa charge.

32007. A Jeanne Laurence, nourrice de M. le Dauphin, 180 livres en dédommagement d'une chaîne d'or que ledit prince prit d'elle à Aiguesmortes, pour en faire don au « plaisant » de l'Empereur.

32008. A Jean Le Prêtre, barbier, 50 écus; Gabriel Suavy, huissier de salle, 30 écus; Mathurin Barres, valet de fourrière, 25 écus, et Geoffroy Gilbert, dit « Cicero », autre valet de fourrière du roi, 20 écus, soit en tout 281 livres 5 sous dont il leur est fait don pour leurs services.

32009. A Georges Hoppmann, allemand, don de 67 livres 10 sous pour un voyage qu'il est venu faire vers le roi, afin de lui donner certains avertissements.

32010. Au s[r] de Sansac, écuyer d'écurie de M. le Dauphin, 270 livres pour aller en poste de Contres jusqu'en Flandre, vers la reine douairière de Hongrie.

32011. Mandement à la Chambre des Comptes de rétablir aux comptes d'Étienne Trotereau, commis à partie de la recette générale de Languedoïl, la somme de 157 livres 4 sous 6 deniers à lui tenue en souffrance, qu'il avait employée en achat d'écus envoyés en poste à Lyon, l'an 1535, selon le certificat de Ponce Brandon.

32012. Mandement portant modération à Jeanne Carrel, veuve d'Odras Bourcier, receveur de Belleperche en Bourbonnais, de la somme de 130 livres 15 sous sur 280 livres 15 sous qu'elle doit au roi de reste des comptes de son mari, avec délai de payer le surplus en trois années, commencées le 22 mars dernier.

32013. A Charles de La Bretonnière, gentilhomme de la vénerie, don de 225 livres pour l'aider à se faire guérir d'une maladie dont il est atteint, ladite somme mise entre les mains de Louis de Lasaigne, aussi gentilhomme de la vénerie, pour la lui faire tenir.

32014. A Guillaume Dufresne et Jean Devaulx, chantres de la chambre du roi, 144 livres pour leur pension et entretien aux études en l'Université de Paris, durant une année qui commencera le 1er octobre prochain.

32015. A Artus Prunier, trésorier et receveur général de Dauphiné, 1,000 livres pour délivrer à Jean-Jacques de Barbe, gouverneur du marquisat de Saluces, pour son payement du don que le roi lui a fait, et ce pour la première année commencée le 25 novembre dernier.

32016. A Guillaume Houesson, marchand, demeurant à Paris, 2,574 livres en payement d'une ceinture et d'une houppe d'or et de rubis et de perles, cinq chaînes d'or et de perles, trois autres petites houppes d'or et de rubis et perles, six chaînes de « turquain » garnies d'or et de perles, et de douze onces d'ambre gris, que le roi a achetées de lui à la Côte-Saint-André, au mois d'avril dernier.

32017. Au sr de Villebon, prévôt de Paris, don de 1,600 livres en récompense de ses services au fait des guerres et pour l'aider à supporter la dépense qu'il a faite à Thérouanne, où il est resté pour la défense de la place, depuis le mois de mars dernier jusqu'à présent.

32018. Aux doyen, chanoines, chantres et chapitre de l'église Saint-Jean-l'Évangéliste du Plessis-lès-Tours, 600 livres pour l'entretien durant la présente année des messes et services qu'ils sont tenus de célébrer chaque année en leur église, par fondation royale.

32019. Au sr de Boisdauphin, 337 livres 10 sous pour aller en poste de Chenonceaux à Nancy, vers le duc de Lorraine, et pour son retour.

32020. A Martin de Malignac, page de l'écurie, don de 45 livres pour ses services à la volerie des perdreaux.

32021. A Jean Le Poulcre, écuyer de cuisine du roi, don de 56 livres 5 sous en récompense de ses services audit état.

32022. A Jean Picart, 6,309 livres pour le payement des mortes-payes de Picardie au nombre de trois cent quatre-vingts, durant le quartier d'avril, mai et juin dernier, y compris 240 livres pour les gages du commissaire, du contrôleur et ceux dudit Picart; et 45 livres qui lui restaient à assigner du quartier d'octobre précédent, à prendre sur Jacques Marcel, commis à la recette générale d'Outre-Seine.

32023. A Jean Cheylieu, 2,275 livres pour le payement des gages du prévôt de l'hôtel, ses lieutenant, greffier et autres, du quartier de janvier, février et mars dernier, y compris 125 livres restant à lui assigner des quartiers de juillet et octobre 1537.

32024. A Palamèdes Gontier, 2,700 livres pour la solde de la galère *Arbalétrière*, du quartier d'avril 1537.

32025. A Charles du Sault et Antoine de Perricart, pages de l'écurie, don de 135 livres pour les aider à se monter et équiper, à l'occasion de leur mise hors de page.

32026. A l'évêque de Tarbes, 900 livres pour payer les postes de son voyage et sa dépense en Espagne, en attendant son train qui le suit à petites journées.

32027. A Philippe de La Loue, don de 900 livres pour l'aider à supporter la dépense d'une bande de chiens du roi qu'il a entretenus depuis trois ans.

32028. A Jean de Gagny, docteur en théologie, don de 225 livres pour ses services à la suite du roi.

32029. A Pierre Martinet, dit « Dumoulin », sommelier d'échansonnerie de bouche, don de 157 livres 10 sous pour l'aider à acheter deux haquenées chargées de porter les bouteilles de vin du roi.

32030. Au s[r] de La Châtaigneraye, don de 225 livres pour l'aider à se faire guérir des blessures qu'il a reçues d'un cerf.

32031. A M. le Chancelier, don de 27,000 livres en compensation d'un autre don que le roi lui avait fait de son droit et action en la baronnie de Castelnau-d'Estretefonds en la sénéchaussée de Toulouse, dont il n'a joui parce que, depuis, il a été adjugé par décret à Michel de Vabres pour ladite somme, qui fut reçue, du consentement dudit chancelier, par le trésorier de l'épargne et employée à l'extraordinaire de Piémont et au payement des lansquenets du comte Guillaume de Furstenberg, du mois de février dernier.

32032. A Jean Carré, 20,000 livres sur ce qui reste à assigner des gages des officiers domestiques du roi, de l'année dernière.

32033. Au même, 20,000 livres sur le payement des gages desdits officiers de cette présente année, outre 9,000 livres ci-devant reçues.

32034. A Antoine Juge, trésorier de la maison de la reine, 22,500 livres pour les menus plaisirs et affaires de chambre, compris l'apothicairerie de ladite dame, durant quinze mois échus le 31 décembre dernier.

32035. Au même, 4,000 livres sur ce qui reste à assigner des gages des officiers domestiques de ladite dame, de ladite année dernière.

32036. A Jean Dessouslefour, commis à l'office de trésorier de la maison de la reine, 15,000 livres sur les gages desdits officiers de cette présente année.

32037. A Charles Mesnager, argentier de ladite dame, 4,000 livres pour l'ordinaire de ladite argenterie, du quartier d'octobre dernier.

32038. A Jean Duval, trésorier de la maison du dauphin et du duc d'Orléans, 13,000 livres sur le payement des gages de leurs officiers domestiques de cette présente année.

32039. A Victor Barguin, trésorier de la maison de Mesdames, 9,170 livres pour le parfait des gages de leurs officiers domestiques de l'année dernière.

32040. Au même, 10,300 livres sur lesdits gages de cette présente année.

32041. Au même, 2,800 livres pour les gages et états entiers des s[r] et dame de Grignan de cette présente année.

32042. Au même, 4,000 livres pour l'ordinaire de l'argenterie de mesdites dames, du quartier d'octobre dernier.

32043. A Martin de Troyes, 3,868 livres 4 sous pour parachever le payement de quinze cents sacs de froment et trois cents «ruptz» de lard, fournis à Pignerol par Gabriel de Vacher, six cents sacs de froment et huit sacs d'orge, fournis par Jean-Marie de Guillestre.

32044. Au même, 3,500 livres pour payer M. de La Rochepot de son état et «plat» de lieutenant général du roi en Picardie, de tout le temps passé jusqu'au 31 juillet 1538 dernier.

32045. A Pierre de La Grange, 13,000 livres, savoir pour les réparations de Guise, 8,000 livres; pour Thérouanne, 2,000 livres, et pour Chauny, 3,000 livres.

(*Arch. nat.*, J. 964[14], n° 48, anc. J. 961, n° 268.)

[Mai 1538.]

Mandements aux trésorier de l'épargne et autres comptables de payer :

32046. A Martin de Troyes, commis à la trésorerie de l'extraordinaire des guerres, 4,432 livres 7 sous 6 deniers, savoir pour payer Raymond Pellisson, président en Savoie, de son état de trois mois finissant le 16 de ce présent mois de mai, 900 livres; pour les états des capitaines suisses suivant la cour, durant le mois de mars dernier, 986 livres 12 sous 6 deniers; pour la solde de soixante hommes à Montmélian, durant trois mois commencés le 6 janvier dernier, 1,030 livres;

pour les frais de la levée, conduite et dépense, durant quinze jours, de trois cents chevaux de charroi pour le Piémont, 1,255 livres 15 sous; pour quatre cents sacs de toile à porter blé et avoine, 90 livres; pour trois cents faulx et deux grosses et demie de faucilles destinées au Piémont, 90 livres.

32047. Au même, 627 livres 15 sous pour les réparations ci-devant faites à Savillan (Savigliano).

32048. Au même, 900 livres pour rembourser Pallavicini Visconti de 400 écus d'or soleil qu'il prêta en Italie, le 30 avril 1536, pour le fait de la guerre.

32049. Au même, 6,649 livres pour dépenses ci-devant faites à Turin, tant pour le fait de l'extraordinaire des guerres que pour réparations.

32050. Au même, 2,000 livres pour payer l'état du s[r] de Langey, gouverneur de Turin, de ce présent mois de mai et des mois de juin, juillet et août prochains.

32051. Au même, 2,155 livres 10 sous pour payer les états des capitaines suisses suivant la cour, du mois d'avril dernier et du présent mois de mai.

32052. Au même, 9,000 livres pour le parfait payement de 8,400 écus d'or du second et dernier marché passé avec l'abbé Bourgarel pour fournitures de vivres en Piémont.

32053. A Jean Bonguillaume, marchand florentin, demeurant à Lyon, 9,000 livres pour un remboursement de prêt fait, le 10 décembre dernier, entre les mains de Martin de Troyes.

32054. A Henri Halais (*aliàs* Allais), sommelier d'armes du roi, 1,825 livres pour mil huit cent vingt-cinq lances fournies aux tournois faits à Paris en janvier 1537 n. s. et à Moulins, au mois de mars dernier, à raison de 20 sous par lance.

32055. Au s[r] de Piennes, 1,200 livres pour sa pension de l'année dernière.

32056. A « Pandolphe de la Staphe », écuyer d'écurie de Mme la Dauphine, 800 livres; à Jean-Baptiste Seguysse, son maître d'hôtel, 600 livres, et à Jean André, son panetier, 400 livres, pour leurs pensions des deux années 1536 et 1537.

32057. A Mme de Sarcus, 928 livres pour la pension du feu s[r] de Sarcus, du 1er janvier 1537 n. s. au 5 décembre suivant, jour de son décès.

32058. A Guillaume Vandrimpel, capitaine gueldrois, 750 livres pour sa pension de dix-huit mois échus le 31 décembre dernier.

32059. Au s[r] de « Favoy », don de 600 livres pour tout ce qui peut lui être dû de son état et charge de capitaine de gens de pied, de tout le temps passé jusques et y compris le 30 avril dernier.

32060. A Ludovic de Birago, 600 livres en don pour les mêmes causes.

32061. A Jérôme de Birago, don de 300 livres pour semblable cause, somme que le roi a voulu être mise entre les mains dudit Ludovic.

32062. A Michel Van Brimbergh et Otto Sponin, capitaines allemands venus vers le roi pour lui offrir les services de six mille lansquenets, don de 225 livres en dédommagement de leur voyage.

32063. A Tristan de Monnin, don de 675 livres en récompense de ses services et pour l'aider à supporter la dépense de la levée et conduite de six cents hommes de guerre, qu'il doit réunir en Guyenne et faire marcher en Piémont.

32064. A François de La Parvillière, don de 450 livres en récompense de ses services, à la conduite des lansquenets du comte Guillaume de Furstenberg.

32065. Au s[r] des Roys, lieutenant de la compagnie de feu s[r] de Barbezieux, don de 500 livres pour ses services.

32066. A Vincent de Massy, gentilhomme de Bresse, don de 675 livres en récompense de services secrets.

32067. A Valentin de Beauvois et Thadée de Blet, fauconniers du s[r] de Châteaubriant, de la part duquel ils ont présenté au roi un sacre et un gerfaut, don de 67 livres 10 sous.

32068. A Jean Haudineau et Guillaume de Beausefait, valets de garde-robe du roi, don de 135 livres pour les aider à se monter de chevaux.

32069. A Guillaume Dufresne et Jean Devaulx, chantres de la chambre du roi, don de 90 livres pour les aider à acheter des livres et aller étudier à Paris.

32070. A Charles de Saint-Aubin, Antoine de Lachaulx, Denis d'Ivignac et N. de Chezelles, pages du dauphin et du duc d'Orléans, don de 270 livres à l'occasion de leur mise hors de page.

32071. A Jean-Baptiste, courrier, 90 livres pour aller en poste de la Côte-Saint-André à Plaisance, vers MM. le cardinal de Mâcon et l'évêque de Lavaur.

32072. A Jacques Séguier, 27 livres pour aller en poste dudit lieu de la Côte-Saint-André à Avignon, vers le s[r] de Vély, son maître, pour le faire venir auprès du roi.

32073. A Tristan de Monnin, 112 livres 10 sous pour aller en poste de la Côte-Saint-André en Guyenne.

32074. A Antoine de Heu, chevaucheur d'écurie, 123 livres 15 sous pour aller en poste dudit lieu jusqu'en Champagne, vers M. de Guise, et revenir près du roi en passant par Langres.

32075. A l'évêque de Lavaur, 270 livres en remboursement de ce qu'il avait baillé à trois courriers dépêchés vers le même, savoir le 23 mars à Rome, le 8 avril à Lucques et le 22 du même mois à Plaisance, lesquels ont apporté des lettres au roi.

32076. A Vincent de Massy, 67 livres 10 sous en remboursement des postes qu'il a payées pour venir de Paris à la Côte-Saint-André.

32077. Au s[r] de Renay, 225 livres pour son voyage de la Côte-Saint-André à Langres, pour la réception et montre de dix-sept enseignes de lansquenets.

32078. A Gabriel Marcelin, truchement du roi en Allemagne, 45 livres pour aller à Langres avec ledit s[r] de Renay.

32079. Au s[r] de Piennes, 225 livres pour retourner en poste de la Côte-Saint-André en Picardie.

32080. A Palamèdes Gontier, commis à la trésorerie de la marine de Ponant, 3,000 livres pour le radoub, équipage et avitaillement de trois galéasses destinées à la traversée de la future reine d'Écosse.

32081. Au même, 2,700 livres pour la solde de la galère *Arbalétrière* dont Bonnebault a la charge, durant le quartier de janvier 1537 n. s.

32082. A Guillaume de Villemontée, trésorier de la vénerie et fauconnerie, 10,000 livres sur ce qui reste à lui assigner de l'année dernière.

32083. Au même, 600 livres pour bailler à Philippe Maudet, conducteur des chevaux et chariots des toiles de chasse du roi, sur son état de la présente année.

32084. A Pierre de La Grange, commis à tenir le compte des réparations, fortifications et avitaillement des places de Picardie, 12,000 livres pour employer au fait desdites réparations.

32085. Au s[r] de Bouchavesne, capitaine de Doullens, 800 livres pour sa pension de l'année dernière.

32086. Au s[r] d'« Estanaye », 300 livres pour sa pension de l'année dernière.

32087. A Martin de Troyes, 1,125 livres pour délivrer au comte Guillaume de Furstenberg pour les frais de la levée d'une nouvelle bande de lansquenets.

32088. Au même, 31,126 livres pour la solde des gens de guerre à pied français et gascons qui sont en Piémont durant ce mois de mai, y compris tous états, gages de commissaires et de contrôleurs.

32089. Au même, 35,000 livres, savoir pour la solde des lansquenets du capitaine le Bossu durant cedit mois de mai, 29,000 livres; pour les réparations de Moncalieri 4,000 livres, et pour celles de Turin, 2,000 livres.

32090. Au même, 68,000 livres pour la solde durant un mois de dix-sept enseignes de lansquenets que le roi a fait lever et venir à Langres, y compris tous états, gages de commissaires et de contrôleurs.

32091. Au même, 5,000 livres pour les réparations de Turin, à prendre sur les deniers des restes des décimes et dons gratuits des gens d'église.

32092. Au même, 6,000 livres pour mettre entre les mains du duc de Wurtemberg et être par lui distribuées à vingt capitaines allemands retenus au service du roi et qui ont promis de lever et amener des lansquenets, quand il lui plaira, à prendre sur lesdits restes des décimes et dons gratuits.

32093. A Jean Hénard, 580 livres pour payer Gabriel Marcelin de sa pension commencée à la Chandeleur dernière, 400 livres, et « Christ Fritbord » de sa pension de l'année commencée à la Chandeleur 1536 n. s., 180 livres.

32094. A Christophe de Siresmes, élu d'Avranches, 22 livres 10 sous pour un voyage en diligence qu'il a fait de la Côte-Saint-André à Vienne vers l'ambassadeur du Pape, et à Lyon vers l'ambassadeur de l'Empereur, y compris son retour à la Côte-Saint-André.

32095. Au même, 27 livres pour un autre voyage de Bressieu à Lyon vers l'ambassadeur d'Angleterre et le comte Guy de Rangone, y compris son retour à Saint-Antoine-de-Viennois.

32096. A Paul de Rimini, envoyé du Pape, don de 13 livres 10 sous parce qu'il a apporté au roi un paquet du cardinal de Mâcon et de l'évêque de Lavaur, et leur en a porté un autre du roi.

32097. A Martin Sentinelle, courrier, 135 livres pour aller en poste

IMPRIMERIE NATIONALE.

de Saint-Antoine-de-Viennois jusqu'en Lombardie, vers le Pape, y compris son retour.

32098. A Pierre de Varennes, Regnault de Rieux et Jean de Fermery, dit « La Fosse », archers de la garde, 67 livres 10 sous pour aller en Piémont faire déloger et amener en Provence les bandes de chevau-légers des s^rs de Brissac, de Sansac et de Taix.

32099. A Joseph Ragot, courrier, 49 livres 10 sous pour retourner en poste de Saint-Antoine-de-Viennois à Moncalieri, vers le s^r de Montejean.

32100. A Charles de Saint-Martin, comte de Visque, 180 livres pour aller en poste dudit Saint-Antoine à Langres pour le fait de la réception et montre des lansquenets nouvellement levés.

32101. A Pierre de Thorines (*aliàs* Taurines), porte-guidon de la compagnie du comte de Tende, 67 livres 10 sous pour retourner en poste de Romans à Marseille.

32102. Au s^r de La Guiche, 337 livres 10 sous pour aller en poste de Valence à Nice, vers le Pape.

32103. A Jacques de Croixmare, maréchal des logis du roi, 112 livres 10 sous pour aller en poste de Valence à Villeneuve-de-Tende et autres lieux près Nice, pour aviser à faire les logis dudit sieur.

32104. A Blaise de Pardaillan, s^r de La Mothe-Gondrin, 225 livres pour subvenir à la dépense de son voyage en Gascogne pour lever des gens de pied et les mener en Piémont.

32105. A Jean de La Perie, commissaire des guerres, don de 225 livres en récompense de ses services.

32106. A Marin de Pescheray, commissaire des guerres, 225 livres pour être venu en poste de Piémont à Valence et retourner audit pays.

32107. A Jean-Antoine Goasi, capitaine italien, 112 livres 10 sous pour l'aider à supporter la dépense qu'il a faite à la suite du roi et pour retourner en Piémont.

32108. A Louis Nepveu, valet de fourrière du roi, 13 livres 10 sous pour son voyage et la dépense, tant de lui que d'un lion et d'un grand lévrier, envoyés de Tarascon en une maison du légat d'Avignon.

32109. A Louis Laignel, prévôt des maréchaux en Picardie, 112 livres 10 sous pour retourner en poste de Seron-de-Croz (Salon-de-Crau) en Picardie, vers M. de La Rochepot.

32110. A Jean Berthelot, serviteur de l'évêque de Rodez [Georges d'Armagnac], 270 livres tant pour sa dépense à la suite de la cour que pour retourner en poste d'Aix à Venise.

32111. A Antoine de Heu, chevaucheur d'écurie, 24 livres 15 sous pour aller en poste de Salon-de-Crau vers le comte Guillaume à Orange, et pour son retour en pareille diligence.

32112. A Démétrius Paléologue, grec, 27 livres pour être venu en poste de Marseille à Saint-Maximin, et retourner à Marseille à cause de la venue en cette ville de trois « fustes turquesques ».

32113. A Pierre de Thorines (*aliàs* Taurines), 67 livres 10 sous pour retourner en poste d'Aix à Nice.

32114. A Waldo de Hander, capitaine de lansquenets, don de 225 livres pour l'aider à s'entretenir au service du roi, en attendant qu'il soit pourvu d'un emploi.

32115. A Pierre de Varennes, archer de la garde, 45 livres pour aller en diligence d'Aix à Avignon faire hâter et diriger sur Nice les bandes de chevau-légers des s[rs] de Brissac, de Taix et de Sansac.

32116. A Jacques de Londe, gentilhomme de la maison du roi d'Écosse, 300 livres sur ce qui lui pouvait être dû par le feu duc d'Albany, à prendre de Jean Chambon, trésorier des terres de la maison de Boulogne situées en Auvergne.

32117. A Jean Duval, 4,056 livres 10 sous 1 denier pour les dépenses que le dauphin et le duc d'Orléans ont faites au dernier tournoi à Moulins, harnais de guerre et de joûte, achat de deux mulets de litière, y compris 1,949 livres 10 sous 1 denier pour la passe de la dépense des pages et chevaux de leur maison, durant les années 1536 et 1537.

32118. A Nicolas de Troyes, argentier du roi, 201 livres 19 sous pour délivrer à Louis Thomas, tailleur de la feue reine d'Écosse, pour façons d'habillements tant de ladite feue dame que de la dauphine et de Marguerite de France, à l'occasion des fiançailles de ladite défunte.

32119. Mandement à la Chambre des Comptes de rétablir aux comptes de la recette des aides de Berry, savoir de l'année 1523, 81 livres 15 sous 8 deniers sous les noms d'Antoine Gougnon, François Chambellan et Nicolas Penin, élus dudit pays, pour leurs frais aux baux des fermes des aides, en l'année 1529, 100 livres sous le nom dudit Gougnon, faute d'avoir signé l'assiette, et, en l'année 1531, 100 livres sous le nom de l'élu nommé d'Orléans pour pareille cause; et aux comptes des tailles dudit pays de l'année 1527, 65 livres, et de l'année

1529, 70 livres sous le nom du greffier Bochetel, faute d'avoir signé l'assiette ou d'avoir fourni des lettres de non-résidence.

32120. Au président Poyet, 9,000 livres en remboursement de 4,000 écus qu'il prêta pour la solde des gens de guerre au camp de Picardie, le 29 juin dernier, entre les mains du trésorier Martin de Troyes.

32121. Au s[r] de Boisy, 600 livres pour son état à cause de la capitainerie des villes et château d'Amboise, durant l'année dernière.

32122. Au cardinal de Mâcon [Charles Hémard de Denonville], 4,240 livres pour son état et entretien à la cour du Pape, où il réside pour le service du roi, pendant deux cent douze journées, commencées le 1er novembre dernier et finissant le 31 de ce présent mois de mai.

32123. A Bénigne Serre, 723 livres 10 sous pour la dépense des bateaux qui ont servi au voyage du roi de Valence à Avignon.

32124. Au même, 2,395 livres pour les gages des chantres et officiers de la chapelle de musique du roi, durant le quartier de janvier dernier.

32125. Au même, 535 livres pour les gages des chantres et officiers de la chapelle de plain-chant durant ledit quartier.

32126. A Jacques Bernard, 1,839 livres 12 sous 1 denier pour la passe de la chambre aux deniers du roi, dudit quartier de janvier.

32127. Au même, 1,250 livres pour le payement du linge, habillements de galopins, radoub de vaisselle et autres affaires des offices de l'hôtel du roi, durant ledit quartier de janvier.

32128. A Martin de Troyes, 5,977 livres, savoir pour la solde d'un mois de cinq cents hommes en garnison à Marseille, sous le capitaine La Molle, 3,577 livres; pour la solde de sept mortes-payes étant à Miolans, durant trois mois, 120 livres; pour la solde de cinquante archers à cheval sous le prévôt La Voute, durant un mois, commençant le 20 du présent mois de mai, 2,080 livres, et pour les frais nécessités par le transport des vivres près de Nice, suivant les avis des s[rs] de La Rochepozay et de Lézigny.

32129. A Jean Vyon, 761 livres pour payer les états d'un mois de sept commissaires et soixante-trois canonniers suivant le roi, y compris le commis du contrôleur.

32130. A Raoulet Coëffier, 180 livres, prix d'achat d'une mule de poil noir que le roi a prise de lui.

32131. A Jean Boullet, sommelier du roi, 450 livres pour aller à Marseille acheter des vins dont le roi veut faire présent au Pape.

32132. Au s[r] de Brissac, premier panetier, don de 1,125 livres en récompense de ses services au fait de la guerre.

32133. Aux lieutenants des gens de pied de Piémont, Grange, Montauran, Sauvarge, Charruault, Novesan, Margerye et le Basque, à chacun 20 écus soleil, et aux sergents de bandes Lévesque, Devès, Billon et Marcateur, à chacun 15 écus, en don pour services de guerre, soit en tout 200 écus ou 450 livres.

32134. Au s[r] de La Guiche, 500 livres pour sa pension de six mois échus le 31 décembre dernier.

32135. Au même, 225 livres pour son retour en poste de Saint-Maximin à Nice, et les dépenses dudit voyage.

32136. A Martin de Troyes, 3,577 livres pour la solde de cinq cents hommes que lève de nouveau le s[r] de La Molle.

32137. Au même, 40,890 livres pour la solde des lansquenets du comte Guillaume de Furstenberg, durant le mois de juin prochain.

32138. A Jean Crosnier, 54,826 livres 18 sous 5 deniers pour le parfait payement de vingt-deux galères, des quartiers d'avril et juillet 1537.

32139. A Martin de Troyes, 3,000 livres pour les frais qu'il conviendra de faire près la personne de M. le Connétable, en son voyage à Nice.

32140. Au s[r] de Taix, don de 1,125 livres en récompense de ses services au fait de la guerre.

(*Arch. nat.*, J. 962[14], n° 49, anc. J. 961, n° 274.)

[Décembre 1538.]

Mandements aux trésorier de l'épargne et autres comptables de payer :

32141. A Henri Maréchal, commis au payement des chevau-légers au service du roi, 16,614 livres, savoir pour le payement d'un quartier entier fait, sur l'ordre du roi, à quatre cents hommes des compagnies des s[rs] de Brissac, Martin Du Bellay, Sansac, Théode, 15,580 livres, les deux premières de ces compagnies devant être entièrement licenciées, et les deux dernières réduites à soixante hommes; pour les vacations de quatre commissaires qui feront les montres desdites compagnies, 160 livres, soit à chacun 40 livres; pour quatre contrôleurs, à chacun 30 livres, 120 livres; et audit payeur pour ce qui lui a manqué des précédentes assignations des sommes à payer aux bandes opérant delà les monts, 454 livres; plus au même pour tenir ledit compte et en déduction de ce qui lui pourra être ordonné à cause de l'exercice de sadite charge, 300 livres.

32142. A Jean de Montdoucet, trésorier de l'artillerie, 9,000 livres pour employer au fait de son office durant le quartier d'avril, mai et juin 1538 dernier.

32143. A Jean Tirement (Tirmann), allemand, marchand d'oiseaux de leurre, en payement de trois faucons à 7 écus soleil pièce et de cinq tiercelets de faucon à 3 écus pièce, 86 livres 12 sous 6 deniers; à Henri de Mores, autre marchand d'oiseaux, en payement de quatre faucons à 7 écus pièce et de dix tiercelets à 3 écus et demi, 141 livres 15 sous; et à Simon de Dornay, en payement d'un faucon « garni de sonnettes », 10 écus, d'un autre à 7 écus, et de trois tiercelets à 3 écus et demi pièce, 61 livres 17 sous 6 deniers; oiseaux que le roi a achetés au mois de novembre dernier, à Chantilly, montant à la somme totale de 290 livres 5 sous.

32144. A Emmanuel Riccio, marchand d'Anvers, 13,190 livres 12 sous 6 deniers, faisant le parfait de 15,440 livres 12 sous 6 deniers, en payement de huit pièces de fine tapisserie de l'histoire de Josué, contenant cent soixante et une aunes un seizième, que le roi a achetées de lui à Compiègne, au mois de novembre dernier, lesdites tapisseries données en garde à Guillaume Moynier, tapissier du roi, qui les a aunées en présence du contrôleur général de l'argenterie.

32145. Mandement portant que Pierre Lizet, premier président du Parlement de Paris, sera payé désormais, à partir du 1er janvier 1539 n. s. prochain, de 2,000 livres par an de pension, à prendre sur les deniers de l'épargne, en quatre quartiers, payables six semaines après l'échéance, outre les gages, droits et pensions accoutumés.

32146. Au s[r] de Châteaubriant, lieutenant général au gouvernement de Bretagne, 10,000 livres pour sa pension et 6,000 livres pour son état de gouverneur de l'année finissant le 31 de ce présent mois de décembre 1538, à prendre sur les deniers du quartier de janvier prochain de la recette générale de Bretagne, à laquelle Michel Cosson est commis.

32147. A Étienne de Sainte-Mesme, Barthélemy de Conforgien, Adam du Courty, Michel de Longjumeau, François de Tortone et Claude de Rozière, pages de l'écurie, 405 livres, soit à chacun 30 écus, dont le roi leur fait don en les mettant hors de page, afin de les aider à se monter pour servir dans les compagnies d'ordonnances.

32148. A Jean Dupuy, huissier au Parlement de Paris, 30 livres en déduction des journées qu'il pourra vaquer en un voyage de Paris en Champagne, sur les frontières de la Lorraine, pour mettre à exécution certain arrêt de la cour contre les officiers du duc de Lorraine, coupables d'entreprises sur l'autorité du roi.

32149. A Christophe de Siresmes, élu d'Avranches, 450 livres pour faire tenir à Nice au s[r] de Latra, panetier du roi, envoyé en cette ville pour les affaires du roi, près la personne de Charles de Savoie, ladite somme en déduction de ce qui pourra lui être dû à cette occasion.

32250. A Robert Croissart, valet de pied du roi, don de 22 livres 10 sous en attendant qu'il soit porté sur le prochain état de l'écurie.

32151. A Josse Kalbermater, allemand, don de 45 livres en récompense du présent fait au roi de deux boucs d'étrange pelage qu'il a fait amener du pays de Valais à Paris.

32152. A Pierre de La Oultre, maître compositeur et joueur de farces et moralités, don de 112 livres 10 sous, tant pour lui que pour ses compagnons qui ont joué plusieurs fois devant le roi.

32153. A « don Juan d'Alman », gentilhomme espagnol, inventeur de plusieurs jeux de cartes subtils dont il donne souvent récréation au roi, 225 livres pour sa pension et entretien à la cour durant six mois, commençant le 1er janvier prochain.

32154. A Jean, bâtard Du Fay, capitaine ayant la garde de la ville de Verdun, pour ses gages de l'année échue le 31 décembre 1537, 500 livres à prendre sur le receveur de Vitry.

32155. Lettres données, à la relation du grand écuyer, ordonnant la validation des comptes des années 1536 et 1537, tant de la dépense de l'écurie et du haras que des livrées des journades et hoquetons d'orfèvrerie des capitaines et archers de la garde, pour être expédiée à la veuve et aux héritiers de feu François Malevault, receveur de ladite écurie, pour servir à la reddition des comptes du défunt.

32156. A Victor Barguin, trésorier de la maison de Mesdames, 4,000 livres pour employer au payement de l'argenterie de Mesdames et des filles et damoiselles de leur maison, y compris l'apothicairerie, durant le premier quartier de la présente année 1538, à prendre des deniers provenant des restes des dons gratuits et décimes du clergé.

32157. A Jean Hotman, orfèvre de Paris, 2,990 livres 12 sous 6 deniers, en payement de cent quatre marcs sept onces et demie de vaisselle d'argent pour la cuisine, à 15 livres 15 sous le marc, et de quatre-vingt-douze marcs cinq gros d'autre vaisselle d'argent, à 16 livres 5 sous le marc, qu'il a fournies suivant l'état certifié par les s[rs] de Montchenu et de Fosseux, maîtres d'hôtel ordinaires du roi, et Claude de Seurre, commis du contrôleur de la dépense de l'hôtel, qui les ont réparties dans les divers services de l'hôtel.

32158. Mandement à la Chambre des Comptes de Paris de faire porter sur les comptes que Guillaume Ruzé doit rendre de la recette générale des traites et impositions foraines d'Anjou, 1,799 livres 13 sous 11 deniers qui lui sont dus pour fin de compte de la trésorerie générale des finances qu'il a eue de feu Madame, mère du roi, et de le recevoir à compter desdites traites, nonobstant que les acquits de la dépense qu'il en a faite, du vivant de ladite dame, fussent adressés aux gens des comptes d'Angoulême, ladite Chambre des Comptes d'Angoulême ayant été supprimée et réunie à celle de Paris, après la mort de ladite dame.

32159. A Jean Haudineau et Guillaume de Beausefait, valets de garde-robe du roi, ayant la charge de partie des oiseaux de leurre de sa chambre, don de 135 livres pour les peines qu'ils prennent chaque jour au traitement de ces oiseaux, outre les gages de leursdits états.

32160. Mandement aux trésoriers de France et au trésorier de l'épargne de faire payer par Antoine Gondi, receveur ordinaire de Lyon, et des deniers qu'il a encore entre ses mains, adjugés au roi par arrêt du Grand conseil à l'encontre de Simon Perret, Oudet de Sens et consorts, à cause de certains billons pris en fraude par le maître et garde des portes de Lyon, à Guillaume de Nobili, maître et garde desdites portes, la somme de 265 livres 10 sous à lui ordonnée, suivant la taxe qui lui en a été faite par le président Bertrandi et le conseiller Coutel (*aliàs* Cotel), tant pour quarante-six journées qu'il a assisté audit procès que pour son retour de Paris à Lyon.

32161. Mandement auxdits trésoriers de faire payer des mêmes deniers, par le receveur ordinaire de Lyon, à Mathieu Achiaud, conseiller de Dombes, la somme de 204 livres tournois pour avoir vaqué quarante-six journées audit procès, et pour son retour à Lyon, suivant la taxe qui lui en a été faite par lesdits s[rs] Bertrandi et Coutel.

(*Arch. nat.*, J. 962[14], n° 50, anc. J. 961, n° 277.)

[Novembre 1538.]

Mandement à Jean Laguette,
receveur général des finances extraordinaires et parties casuelles, de payer :

32162. A Baptiste Dalvergne, tireur d'or, 600 livres à lui ordonnées pour ses gages et son entretien au service du roi, durant l'année échue le 31 décembre 1537.

32163. A Malon Dasse, charpentier, 11 livres 17 sous pour plusieurs menues parties de son métier par lui faites et fournies au château et au parc de Saint-Germain-en-Laye, lesdits travaux vérifiés par le s[r] de Montchenu, premier maître d'hôtel du roi.

32164. A Georges Antiochia, médecin ordinaire du roi et ambassadeur près de lui des États du pays de Piémont, 450 livres en don, tant en récompense de plusieurs services rendus que pour subvenir à partie des frais d'un voyage qu'il va présentement faire pour les affaires du roi en Piémont.

32165. A Martin de Troyes, commis à la trésorerie de l'extraordinaire des guerres, 225 livres pour bailler à Laurent Auguste de Lucerne, capitaine de Suisses qui sont en Piémont pour le service du roi, sur ce qui peut lui être dû de sondit état de capitaine.

32166. A Jean de Bagis, conseiller au Grand conseil, 400 livres tournois en déduction de ce qui peut lui être dû de ses journées et vacations au procès de René Gentils, président des enquêtes au Parlement de Paris.

32167. A Jacques Cartier, pilote du roi en la marine de Ponant, demeurant à Saint-Malo, en Bretagne, 112 livres 10 sous sur ce qui peut lui être dû tant de ses salaires et vacations que de la nourriture et entretien d'un certain nombre de sauvages qui sont à sa charge depuis deux ans.

32168. A Robert Féron, hôtelier, demeurant à Paris, 117 livres pour la garde, nourriture et entretien de « l'once » du roi depuis le 24 août 1537 jusqu'au 20 septembre 1538, à raison de 10 sous par jour.

32169. A Alexandre de Gourt, gentilhomme milanais, don de 30 livres tournois pour son entretien au service du roi, outre les autres sommes qui lui ont été ci-devant ordonnées pour semblable cause.

32170. A André Chapperon, commissaire ordinaire de l'artillerie, 67 livres 10 sous pour un voyage qu'il est allé faire par commission du roi en Bretagne, partant de Chantilly, pour faire apporter au roi des joyaux qui ont été découverts audit pays.

32171. A Pierre Jourdieu, maire de Coucy, 120 livres pour employer à certaines réparations que le roi a ordonné de faire au château du lieu.

32172. A Georges Connegran, italien, 450 livres, prix de la rançon d'un soldat piémontais qu'il avait pris auprès de « Quiers » (Chieri), ledit prisonnier lui ayant été réclamé par le s[r] de Langey, alors gouverneur de Turin, pour lui faire faire son procès.

IMPRIMERIE NATIONALE.

32173. A Martin de Troyes, commis à la trésorerie de l'extraordinaire des guerres, 120 livres qu'il baillera à Rostain de La Chaberterie pour avoir servi de commissaire des vivres au camp de Piémont, durant les mois d'avril à septembre 1537, dont il n'a pas été payé, ayant été fait prisonnier par les ennemis.

(*Arch. nat.*, J. 962[14], n° 51, anc. J. 961, n° 278.)

Mandements aux trésorier de l'épargne et autres comptables de payer :

32174. Au duc d'Estouteville, comte de Saint-Pol, lieutenant général au gouvernement de Dauphiné, 12,000 livres faisant le parfait de 20,000 livres pour sa pension de cette année, finissant le 31 décembre 1538, le surplus lui ayant été assigné sur les deniers provenant de la composition du Briançonnais.

32175. Au maréchal de Montejean, 10,000 livres pour sa pension de ladite année 1538.

32176. Au maréchal d'Annebaut, 10,000 livres pour sa pension de la même année.

32177. Au sénéchal d'Agénais, capitaine de Cherbourg, 1,000 livres pour son état à cause de la garde de ladite place, durant la même année.

32178. Au même, don de 2,250 livres en récompense de ses services, outres ses gages, pension et les autres bienfaits qu'il a reçus du roi.

32179. A Claude Delacroix, maître des comptes, 1,275 livres en remboursement d'un prêt fait en deux fois à la ville de Paris pour les affaires des guerres, dont ceux de ladite ville lui avaient constitué une rente de 106 livres 5 sous sur les deniers des aides octroyées par le roi, ladite rente ainsi transportée au roi, et ladite somme de 1,275 livres à prendre sur les 15,000 livres restant à payer sur 40,000 livres que les héritiers de feu Jean de Poncher se sont engagés par composition à payer au roi.

32180. A Raoul de Coucy et Fiacre de Forges, dit « Barreneuve », gentilshommes de la fauconnerie, don à chacun de 200 écus soleil, soit en tout 450 livres, en récompense de leurs services audit état et pour l'entretien et nourriture de partie des oiseaux de la chambre du roi, qu'ils sont chargés de mettre en mue.

32181. Au s[r] « de Lezart », don de 450 livres pour l'aider à supporter la dépense et nourriture d'un grand nombre de lévriers, dogues, mâtins et autres chiens que le roi lui a commandé d'entretenir pour la destruction des loups de la forêt de Bière, et pour acheter des « carnages propres à apasteller » lesdits loups, afin de rendre leur prise plus facile.

32182. A Martin de Troyes, commis à la trésorerie de l'extraordinaire des guerres, 1,113 livres 10 sous pour rembourser le bâtard Du Fay de ce qu'il a avancé pour la solde de trois mois de cent hommes de pied, aventuriers, chargés de la défense de Mézières, pour leurs vivres, entretien d'espions et pour les frais d'un voyage qu'il a fait faire de Mézières à Lyon, afin d'avertir le roi du payement desdits aventuriers.

32183. Acquit aux héritiers du s[r] Viart, receveur ordinaire de Blois, pour délivrer au trésorier de l'épargne la somme de 12,000 livres en déduction de ce que le défunt était redevable sur ladite recette.

32184. Mandement à la Chambre des Comptes de Montpellier de permettre à Étienne Dumois, commis par le roi au payement des travaux et fortifications des villes et places fortes de la frontière de Languedoc, de recevoir des procureurs des trois États dudit pays, ou bien des receveurs particuliers de la taille et de l'octroi du clergé de la province, la somme de 20,000 livres que les délégués desdits États, assemblés à Albi, ont octroyée au roi pour employer auxdits travaux et fortifications, selon l'ordonnance du connétable [de Montmorency], gouverneur de Languedoc.

32185. A Nicolas Picart, 2,000 livres pour employer aux édifices de Fontainebleau, outre les autres sommes à lui délivrées ci-devant pour pareille cause.

MENTIONS DIVERSES.

32186. Lettres d'évocation au Conseil du roi des procès pendants à la Cour des Aides de Paris entre les fournisseurs des greniers à sel de Bourgogne et le procureur du roi près le Parlement de Dijon. (*Enregistré à la Cour des Aides de Paris, Arch. nat.*, Recueil Cromo, U. 665, p. 260.)

32187. Lettres ordonnant à Jean Godon, chevalier, et à Jean de Montaulieu, conseillers au Grand conseil, la somme de 166 livres 13 sous 4 deniers à chacun, payable par Jean Prévost, commis au payement des officiers de cette cour, pour leur service à Calais où étaient le chancelier et le Conseil, pendant les mois d'octobre et novembre 1521. (*Men-*

tion dans l'attache des généraux des finances, Bibl. nat., ms. fr. 5086, fol. 56.)

32188. Don à Jean d'Essart, dit « de Périgord », valet de chambre ordinaire du roi, de l'office de capitaine et concierge de la grosse tour neuve d'Orléans. (*Mention dans un mandement du chancelier au bailli d'Orléans, daté de Fontainebleau, le 11 décembre 1530. Bibl. nat.*, ms. fr. 5086, fol. 63.)

32189. Mandement pour le payement à Guy Pignard, notaire et secrétaire du roi, d'une somme de 1,587 livres tournois qui lui est due pour ses voyages et ses dépenses dans l'accomplissement de la commission qu'il a reçue au sujet de la fourniture des greniers à sel de la généralité d'Outre-Seine. Paris, 22 avril... (*Pièce mutilée, Bibl. nat.*, ms. fr. 25723, n° 1025.)

(*Bibl. nat.*, ms. latin 9242.)

32190. Permission de transporter trois cents charges de blé de Dauphiné à Grignan, sans payer de droits. 1528. (Fol. 9.)

32191. Lettres portant règlement pour les secondes appellations de Grignan. 1536. (Fol. 9.)

32192. Commission à Louis d'Adhémar, s^r de Grignan, de faire vivre en bon ordre les gens de guerre qui sont en Provence et de punir ceux qui lui désobéiront. 1540. (Fol. 16.)

32193. Déclaration portant que le s^r de Grignan ne relève point du comte de Tende en son gouvernement de Marseille, du château d'If et de Notre-Dame-de-la-Garde, non plus qu'en la surintendance des mers du Levant. 1540. (Fol. 17.)

32194. Commission au s^r de Grignan, lieutenant général pour le roi en Provence et gouverneur de Marseille, de lever deux mille hommes. 1541. (Fol. 9.)

32195. Commission au même d'augmenter la garnison de Marseille de deux cents hommes. 1541. (Fol. 16.)

32196. Commission au même pour lever la solde de deux mille hommes en Provence. 1541. (Fol. 16.)

32197. Commission au même pour affermer les galéasses et galères qui sont à Marseille. 1541. (Fol. 18.)

32198. Commission au même pour faire la répartition des contributions imposées aux villes de Provence pour l'entretien des gens de guerre. 1542. (Fol. 16.)

32199. Commission au même pour faire des provisions de bois nécessaires aux vaisseaux et galères. 1542. (Fol. 17.)

32200. Lettres de provisions de l'intendance des ports de mer de Provence à Louis d'Adhémar, s[r] de Grignan, lieutenant général audit pays. 1543. (Fol. 10.)

32201. Lettres accordant une pension annuelle de 2,000 livres au s[r] de Grignan. 1543. (Fol. 15.)

32202. Permission au même de donner commission à telle personne que bon lui semblera, pour faire porter des blés à Marseille. 1543. (Fol. 16.)

32203. Commission à tous les lieutenants du roi de faire l'inventaire des grains qui se recueilleront dans un rayon de dix lieues de la frontière. 1543. (Fol. 16.)

32204. Commission au s[r] de Grignan pour punir les exactions des gens de guerre. 1543. (Fol. 17.)

32205. Commission au même de faire descendre du bois de Dauphiné pour les vaisseaux et galères de Marseille. 1543. (Fol. 17.)

32206. Commission au même pour demander aux États de Provence de faire lever 800,000 livres sur ledit pays. 1544. (Fol. 16.)

32207. Commission au même pour la convocation du ban et de l'arrière-ban de Provence. 1544. (Fol. 17.)

32208. Commission au même pour la levée d'une somme de 600,000 livres sur les habitants de la Provence. 1545. (Fol. 17.)

32209. Brevet d'une compagnie au régiment des gardes pour Philippe d'Adhémar de Grignan. 1546. (Fol. 15.)

32210. Commission au s[r] de Grignan, lieutenant général en Provence, de réformer les abus qui s'étaient glissés dans l'arrière-ban. 1546. (Fol. 17.)

(*Arch. départ. de l'Hérault*, reg. B. 5.)

32211. Ordonnance fixant le taux des logis des gens à cheval à 10 sous par jour, homme et cheval compris. 1540. (Fol. 688.)

32212. Lettres portant défenses au maître des ports de prendre le droit de 5 sous pour l'attache des bateaux sur le Rhône. (Fol. 694.)

32213. Lettres ordonnant de mettre en ordre et d'inventorier les papiers des archives de Nîmes. (Fol. 694.)

32214. Commission pour faire payer au roi les droits de lods et censives dus par certains prêtres de Villeneuve-lès-Avignon, à cause de l'acquisition faite par Jean Cabassolle d'une île du Rhône. (Fol. 695.)

32215. Lettres portant main levée de la place de Villevieille au profit du s^{r} de Pavée. (Fol. 696.)

32216. Lettres portant que les lods excédant 25 livres seront perçus par les receveurs et trésoriers du domaine et que les investitures seront faites au bureau des finances, avec défenses aux clavaires de recevoir lesdits lods et aux officiers des lieux de procéder aux investitures. 1543. (Fol. 706.)

32217. Don, en faveur de l'église de Bourges, d'un droit de sel sur les greniers de Normandie et de Languedoc. (*Arch. départ. de l'Hérault*, B. 455.)

32218. Lettres enjoignant au Parlement de Paris de casser et annuler les contrats par lesquels Germaine de Foix, veuve de Ferdinand le Catholique, douairière d'Aragon, avait aliéné les biens qu'elle possédait en France, et de mettre en possession de ces biens Henri II, roi de Navarre, moyennant le remboursement par ce prince à l'acquéreur Charles de Croy, s^{r} de Chièvres et marquis d'Arschot, de la somme de 45,000 ducats. (*Copie du* XVIe *siècle, sans date. Arch. des Basses-Pyrénées*, E. 571.)

32219. Lettres portant création de foires à Nogent-sur-Loir, à la requête de René de Luré, seigneur dudit lieu. (*Mention sans date, dans l'acte de publication de ces lettres du 15 juillet 1538. Arch. départ. de la Sarthe*, E. 260.)

ADDITIONS ET CORRECTIONS.

TOME I.

1. *Add. : Arch. communales de Rouen*, A. 10, fol. 353 v°. (Cet acte est une missive.)

6. *Corr. :* cote Z. 4573, *nunc* Z[1c] 316.

10. *Add. : Bibl. nat.*, ms. lat. 5981, fol. 18 v°. (*Mention*, avec la date du 6 janvier 1514.)

Tassereau, *corr.* Tessereau.

12. *Au lieu de* X[1a] 8614, *lisez* X[1a] 8611.

Add. : Copie collationnée. Bibl. nat., Coll. du Parlement, vol. 453, fol. 64.

Copie du XIXe siècle. Bibl. de la ville de Versailles, ms. 412 F, fol. 21.

13. Le vol. 162 de la collection Fontanieu ne donne pas une copie, mais une simple mention des provisions d'Artus Gouffier.

14. *Add. : Copie du XVIe siècle. Bibl. nat.*, ms. fr. 5500, fol. 318 v°. (*La date manque.*)

17. *Add. : Copie du XVIIIe siècle. Bibl. nat.*, ms. Clairambault 952, p. 263.

20. *Add. :* Jean d'Aumont, s[r] de Couches et de Châteauroux.

Copie du XVIIIe siècle. Bibl. nat., ms. Clairambault 952, p. 269.

21. *Add. : Copie. Bibl. nat.*, ms. fr. 4604, fol. 63.

22. *Add. : Copie du XVIe siècle en tête des Comptes de Jean Sapin. Arch. de la Côte-d'Or*, B. 1828, fol. 1. 3 pages.

25. *Add. :* Imp. Dom Vaissète, *Hist. du Languedoc*, 1745, in-fol., t. V, col. 78.

29. *Add. : Enreg. à la sénéchaussée de Rouergue, le 27 mars 1519 n. s.*

Registre G de la Cour des Monnaies. Arch. nat., Z[1b] 61, fol. 76. 2 pages.

(La réception à la Chambre des Comptes est du 30 avril 1515, et non pas 1519.)

35. *Add. : Copie du XVIIIe siècle. Bibl. nat.*, coll. Moreau, vol. 261, fol. 77. (Sous la date du 10 janvier.)

36. *Add. : Arrêt d'enregistrement au Parl. du 14 mars 1515 n. s. Arch. nat.*, X[1a] 4858 (à la date).

40. Ligne 4, *au lieu de* « Mersen, Vimeu », *corr.* « Mers-en-Vimeu ».

41. *Add. : Copie du XVIe siècle. Arch. du château de M. Pereire, à Armainvilliers (Seine-et-Marne).*

43. *Add. : Copie du XVIe siècle. Arch. nat.*, ms. fr. 5500, fol. 317 *bis*. (*La date manque.*)

Copie du XVIIe siècle. Bibl. de l'Arsenal à Paris, ms. 3722, fol. 46.

Copie du XVIIe siècle. Bibl. de Carpentras, mss. de Peiresc, LVII, 2e vol.

52. *Add. : Arrêt d'enregistr. au Parl., le 19 février 1515 n. s. Arch. nat.*, X[1a] 4858 (à la date).

58. *Add. : Reçu au Parl., à la place de feu Michel Bignet, le 24 mars 1515 n. s. Arch. nat.*, X[1a] 1517, fol. 120.

61. Date. *Au lieu de* « Paris, janvier 1514. » *lisez* « Aix, janvier 1515. » (Cf. le n° 16100.)

65. *Add. : Enreg. à la Chambre des Comptes de Paris, le 19 mars 1515 n. s.*
Copie du 16 avril 1532. Arch. nat., K. 1200, cahier de parchemin portant l'indication de l'ancienne cote K. 1157. 1 page 1/2.
Enreg. à la Cour des Aides de Normandie, le 31 juillet 1515. Arch. de la Seine-Inférieure, Expéditions de la Cour des Aides, reg. de 1515, fol. 348 v°. 1 page 1/2.

67. *Add. : Enreg. à la Cour des Aides de Normandie, en 1560. Arch. de la Seine-Inférieure*, Mémoriaux, 5e vol., fol. 272. 2 pages 1/2.

74 et 75. *Add. : Arrêts d'enregistr. du Parl., du 12 mars 1515 n. s. Arch. nat.*, X1a 4858 (à la date).

76. *Add. : Arrêt d'enregistr. du Parl., du 12 mars 1515 n. s. Arch. nat.*, X1a 4858 (à la date).
Imp. Le P. Anselme, *Hist. généal.*, 1728, t. III, p. 112. (D'après l'original appartenant à Clairambault.)

80. Cote KK. 349, *au lieu de* « fol. 7 v° », *lisez* « fol. 36 v° ».

83. *Add. : Arch. nat.*, Z1b 61, fol. 30. 2 pages.

86. *Add. : Arrêt d'enreg. du Parl., 14 mars 1515 n. s. Arch. nat.*, X1a 4858 (à la date).
Enreg. au Bureau de la ville de Paris, le 11 février 1517 n. s. Arch. nat., H. 1778, fol. 313 v°.
Imp. *Reg. des délibérations du Bureau de la ville de Paris.* Paris, gr. in-4°, t. Ier, 1883, p. 237.

87. Cote P. 2303, p. 71, *corr.* p. 761.

89. *Add. : Original. Bibl. de l'Arsenal à Paris*, ms. 6937, pièce 15.

91. Cet acte confirme ceux de Louis VII (1143), Charles V (1364), Charles VI (1380), Louis XI (1464), Charles VIII (1488 et 1492), Louis XII (1498).
Add. : Enreg. à la Chambre des Comptes de Paris, le 16 février 1739.
Original. Arch. de Seine-et-Oise, série H, fonds d'Yerres, ch. I, art. 8.

100. *Add. : Arrêt d'enreg. du Parl., 12 mars 1515 n. s. Arch. nat.*, X1a 4858 (à la date).
Copie du XVIe *siècle. Arch. départ. des Basses-Pyrénées*, E. 103.
Imp. Le P. Anselme, *Hist. généal.*, in-fol. 1728, t. III, p. 111[1].

102. *Add. : Opposition reçue au Parl., le 1er mars 1515 n. s. Arch. nat.*, X1a 4858 (à la date).

106. *Add. : Arrêt d'enreg. du Parl., 4 avril 1515 n. s. Arch. nat.*, X1a 4858 (à la date).
Imp. Le P. Anselme, *Hist. généal.*, 3e édit., t. III, p. 470.
Mémoires de la Société des Antiquaires de l'Ouest, 2e série, t. IX, ann. 1886. Poitiers, in-8°, 1887, p. 240.

107. *Add. : Arrêt d'enreg. du Parl., 4 avril 1515 n. s. Arch. nat.*, X1a 4858 (à la date).
Copie du XVIe *siècle. Arch. départ. du Calvados*, H, registre non classé de copies de chartes concernant la ville de Caen et l'abbaye de Saint-Étienne. 10 pages.
Copie du XVIIIe *siècle. Arch. nat., Châtelet de Paris*, Y. 17134.

108. *Add. : Arrêt d'enreg. du Parl., 14 mars 1515 n. s. Arch. nat*, X1a 4858 (à la date).
Copie du XVIe *siècle. Arch. départ. des Basses-Pyrénées*, E. 887.
Imp. Le P. Anselme, *Hist. généal.*, 3e édit., in-fol., t. III, p. 466.

109. *Add. : Original scellé. Arch. nat.*, K. 88, n° 22[1].
Vidimus du prévôt de Paris, en date de janvier 1521 n. s. Arch. nat., M. 39, n° 16.

[1] Le P. Anselme dit que l'original se trouvait dans le cabinet de Clairambault.

Vidimus du prévôt de Paris, en date du 2 décembre 1524. Arch. nat., M. 17, n° 9.

Vidimus du même, en date du 20 avril 1542. Arch. nat., M. 8, n° 9.

Six autres vidimus du XVIe siècle. Id., M. 8, n°s 10 à 15.

Vidimus de Jean d'Estouteville, Prévôt de Paris, du 25 mars 1538 n. s. Bibl. nat., ms. lat. 9748 (rouleau de parchemin).

Vidimus de 1515. Arch. des Bouches-du-Rhône, H (Ordre de Malte), liasse 43.

Copie collationnée du XVIIIe siècle, d'après un vidimus du prévôt de Paris, en date du 13 juin 1515. Arch. nat., MM. 3.

Copie. Arch. de la Haute-Garonne, série H (fonds de Malte, non inventorié).

IMP. D'Escluseaux, *Privilèges de l'ordre Saint Jean de Hiérusalem*. Paris, 1700, in-fol., p. 34.

110. Date, *add.* : Paris.

Références, *add.* : IMP. Poquet de Livonière, *Privilèges de l'Université d'Angers*, 1636, in-4°, p. 46.

113. *Add. : Enreg. à la Chambre des Comptes de Provence. Arch. des Bouches-du-Rhône*, B. reg. 41 (Hyrundo), fol. 396. 3 pages 1/2.

114. *Add. : Enreg. à la Chambre des Comptes de Paris, le 4 février 1517 n. s.*

Original. Arch. comm. de Beauvais, AA. 5.

115. *Add. : Arrêt d'enreg. du Parl., 4 avril 1515 n. s. Arch. nat.*, X[1a] 4858 (à la date).

Copie du XVIIIe siècle. Arch. nat., R[1] 262.

Copie. Arch. de la ville de Cognac (Charente), Extraits du Livre rouge.

120. Les *Recherches hist. sur l'origine de la chirurgie en France*, Paris, Osmont, 1744, in-4°, ont pour auteur Fr. Quesnay, suivant le *Dict. des anonymes de Barbier*, t. IV, col. 19. — L'exemplaire de la Bibl. nat. porte la cote Td 69/2.

134. *Add. : Enreg. au Parl. de Dijon, le 20 mars suivant. Arch. de la Côte-d'Or, Parl.*, reg. I, fol. 128.

136. *Add. : Enreg. à la Cour des Aides de Normandie, le 30 avril 1515. Arch. de la Seine-Inférieure*, Expéditions de la Cour des Aides, reg. de 1515, fol. 192 v°. 3 pages.

141. *Add. : Copie du XVIIe siècle. Bibl. nat.*, mss. de Brienne, vol. 78.

Copie du XVIIe siècle, donnant pour l'acte la date du 17 mars, au lieu du 12, et pour l'enregistrement à la Chambre des Comptes, celle du 28 octobre 1517. *Bibl. de l'Arsenal à Paris*, ms. 4730, fol. 271. 4 pages.

Autre copie du XVIIe siècle. Bibl. de l'Arsenal, ms. 4731, fol. 138. 4 pages.

143. A la manchette, *au lieu de* « 12 mars », *corr.* « 14 mars ».

Add. : Copie du XVIe siècle. Arch. nat., J. 920, n° 8.

146. *Add. : Copie du XIXe siècle. Bibl. de la ville de Versailles*, ms. 412 F, fol. 23. 3 pages.

150. *Add. : Original. Arch. départ. des Basses-Pyrénées*, E. 555.

151. Le comte de Guise dont il s'agit en cet endroit est Claude de Lorraine.

152. *Add. : Arrêt d'enreg. du Parl., 26 avril 1515. Arch. nat.*, X[1a] 4859 (à la date).

IMP. Dom Morice, *Hist. de Bretagne*, in-fol., Preuves, t. III, col. 927.

160. *Add. : Copie du XVIe siècle. Bibl. nat.*, ms. fr. 5500, fol. 148 v°. (*La date manque.*)

163. *Add. : Arch. municipales de Dijon*, H. 128.

Arch. municipales de Romorantin (Loir-et-Cher), BB. 2.

164. *Add.* : IMP. Dom Plancher, *Hist. générale et particulière de Bourgogne*. Dijon, 1781, in-fol., t. IV, Preuves, p. CDXXII.

165. *Add. : Vidimus du prévôt de Paris, en date du 11 décembre 1539. Arch.*

de Seine-et-Oise, série H, fonds des Célestins de Limay.

168. *Add. : Original. Caen, Musée de la Société des antiquaires de Normandie*, n° 1000.

169. *Add. : Arch. de l'Hôtel de Ville d'Amiens*, registre aux chartes coté P., fol. 8 v°.

Copie. Bibl. nat., coll. de Picardie, vol. 4, fol. 76 v°. 3 pages.

Cf. *Arch. nat.*, X[1a] 4866, *au 30 juillet 1520.*

Imp. Aug. Thierry, *Monuments de l'histoire du Tiers-État*, in-4°, t. II, p. 561. (*Analyse.*)

170. *Add. : Arrêt d'enreg. du Parl., 26 avril 1515. Arch. nat.*, X[1a] 4859 (à la date).

171. *Add. : Arrêt d'enreg. du Parl., 24 juillet 1515. Arch. nat.*, X[1a] 4859 (à la date).

171 *bis.* Confirmation des statuts des menuisiers et charpentiers d'Angers. Paris, mars 1514.

Imp. *Revue de l'Anjou*, 4e série, tome XVIII (1877), p. 210.

172. *Add. : Copie sur parchemin. Arch. de la ville d'Angoulême (Charente)*, AA. 4, n° 5.

182. *Add. : Copie collationnée du 21 novembre 1754. Arch. nat.*, R[4*] 655, fol. 151.

Copie du XVIII*e siècle. Arch. nat.*, AD. IX 1 *bis*, non folioté.

187. *Add. : Enreg. à la Prévôté de Blois. Arch. départ. de Loir-et-Cher*, registre de la Prévôté, fol. 112.

Imp. A. Bourgeois, *Les métiers de Blois*, in-8°, 1892.

189. *Add. : Copie du* XVII*e siècle. Arch. nat.*, S* 6757[2], fol. 7 v°.

190. *Add. : Autre copie. Arch. nat.*, K. 216, n° 162.

191. *Add. : Copie du temps, signée Dutillet. Arch. nat.*, K. 1223.

192. *Add. : Original en mauvais état. Arch. de la ville de Romorantin (Cher)*, CC. 47.

193. La copie de K. 81 n'est pas de 1516, mais du XVIIe siècle.

Add. : Autre copie du XVII*e siècle. Arch. nat.*, K. 165, n° 10.

195. *Au lieu de* « K. 81 », *lisez* « K. 82 ».

212. *Add. : Copie du temps. Arch. nat.*, M. 180, n° 24.

214. *Autre enreg. à la Cour des Monnaies. Arch. nat.*, Z[1b] 61, fol. 29. 1 page.

221. *Add. : Copie du* XIX*e siècle. Bibl. de la ville de Versailles*, ms. 412 F, fol. 33. 3 pages.

223. *Au lieu de* « Charles de Rohan », *lisez* « Claude de Lorraine ».

237. *Add. : Copie authentique du greffe criminel du Parl. de Paris. Arch. nat.*, U. 446, fol. 131. 3 pages.

240. *Add. : Vidimus du prévôt de Paris, en date du 31 mars 1543. Arch. nat.*, M. 66[b], n° 38.

Copie collationnée dudit vidimus (XVIII*e siècle*). *Arch. nat.*, K. 180, n° 8.

241. *Add. : Arrêt d'enreg. du Parl., 15 mai 1515. Arch. nat.*, X[1a] 4859 (à la date).

245. *Add. : Copie du* XVII*e siècle. Arch. nat., Cartul. du Val-de-Grâce*, LL. 1614, fol. 4. 11 pages.

246. *Add. : Enreg. à la Chambre des Comptes de Provence. Arch. des Bouches-du-Rhône*, B. 25 (Cygni), fol. 359.

Copie du 29 janvier 1759. Arch. nat., K. 1219.

Copie. Bibl. de la ville d'Aix (Bouches-du-Rhône), ms. 752 (RA. 13), n° 37.

250. *Analyse rectifiée :*

Confirmation des privilèges accordés par les rois de France aux Chartreux de Bourgfontaine, dans la forêt de Rets. Paris, avril 1515.

Add. : Copie collationnée du XVIII*e s. Arch. nat.*, K. 185, n° 171.

Mention dans un arrêt de la Cour des

Aides de Paris, en date du 1er mars 1521 n. s. Arch. nat., Z¹ᵃ 526.

255. *Add. : Arrêt d'enreg. du Parl., 12 janvier 1517. Arch. nat.*, X¹ᵃ 4862 (à la date).

Copie collationnée du XVIIIe siècle. Arch. nat., K. 186, n° 129.

256. Supprimer cet article, les lettres en question étant de Louis XII, et non de François Ier. (Cf. ci-après, au 18 septembre 1518, le n° 16799.)

261. *Add. : Original. Arch. nat., suppl. du Trésor des chartes*, J. 1044, n° 32.

267. *Analyse rectifiée :*

Mandement à Jacques Trivulce, lieutenant général, de faire exécuter à Lyon les travaux de voirie prescrits par les lettres de Louis XII, du 1er avril 1509. Blois, 24 mai 1515.

Add. : Copie du XVIe siècle. Arch. du Rhône, reg. des insinuations de la sénéchaussée, Livre du roi, fol. 212 v°.

269*bis*. Confirmation en faveur de Jean de Lévis, seigneur de Mirepoix, chambellan du roi, du paréage existant entre les rois de France et les seigneurs de Mirepoix, au sujet de l'exercice de la justice dans la terre de Mirepoix, tel qu'il a été approuvé par les rois Charles VIII et Louis XII. Blois, 28 mai 1515.

Original. Arch. de M. le duc de Mirepoix, au château de Léran (Ariège).

277. *Add. :* Imp. *Bulletins de la Société des antiquaires de l'Ouest*, 2e série, t. VIII, 2e trimestre de 1896. Poitiers, in-8°, 1896, p. 305.

286. *Add. : Autre texte. Arch. nat.*, Z¹ᵇ 61, fol. 31 v°.

291. *Add. : Arch. de l'Isère*, B. 2907, fol. 85. (D'après *Arch. nat.*, K. 1157.)

295. *Corr. :* Lettres accordant une crue de gages aux conseillers lais des chambres du Parlement de Paris, qui iront siéger à la Tournelle.

Add. : Copie authentique du greffe criminel du Parl. Arch. nat., U. 446, fol. 129. 2 pages.

297. *Add. : Copie collat. du 9 mars 1538 n. s. Arch. nat., Suppl. du Trésor des chartes*, J. 749, n° 9.

321. *Au lieu de* «KK. 394», *corr.* «KK. 349».

322. *Add. : Original. Arch. comm. de Rouen*, tiroir 147, n° 1.

Autre expédition orig. Id., tiroir 148, n° 2.

Copie du temps. Arch. comm. de Rouen, tiroir 131, n° 2. 7 pages.

Cet acte est la prorogation pour quatre ans d'un semblable octroi précédemment concédé par Louis XII (Blois, 22 avril 1512).

331. *Add. : Original. Arch. nat.*, L. 1034, n° 111.

338 *bis*. Mandement de payer au duc de Longueville 10,000 écus sur les 20,000 que le roi lui a promis pour la rançon du comte Pèdre de Navarre. Grenoble, 8 août 1515.

Original mentionné dans l'Amateur d'autographes, ann. 1866, p. 263.

346. *Add. :* Imp. Courtaud, *Monspeliensis medicorum universitas, oratio pronunciata à Curtaudo*, Montpellier, 1645, in-4°, p. 86. (*Mention.*)

351. *Add. : Copie du XVIe siècle. Ancien Trésor des chartes de Lorraine*, cartulaire Liber omnium. *Arch. de Meurthe-et-Moselle*, B. 416, fol. 186.

357. *Add. : Renvoi au conseil du Parl. de Paris, le 22 janvier 1517 n. s. Arch. nat.*, X¹ᵃ 4860 (à la date).

361. *Add. : Copie du XVIIIe siècle. Bibl. nat.*, ms. lat. 12802, n° 22. 6 p.

362. *Add. : Copie du temps, avec la date du 4 octobre. Bibl. nat.*, ms. Moreau 735 (Portef. Fontette 1 A), fol. 150 v°. 3 pages.

Autre copie. Bibl. nat., ms. lat., 12802, n° 20. 8 pages.

Copie du XVIIe siècle. Bibl. de l'Arsenal à Paris, ms. 3838, fol. 21. 9 pages.

363. *Add. : Copie collationnée du XVIIIe siècle. Arch. nat.*, K. 190, n° 5.

376. *Add. : Copie collationnée par ordre de la Cour des Aides de Paris, d'après le recueil des Privilèges..., le 8 janvier 1776. Arch. nat.*, Z[1a] 526.

Copies du XVIIIe *siècle. Arch. nat.*, S. 6192.

379. *Add. : Arrêt d'enreg. du Parl.*, 9 *février 1517 n. s. Arch. nat.*, X[1a] 4860 (à la date).

Copie collationnée du 11 janvier 1518 n. s. Arch. de Seine-et-Oise, série H, fonds de Saint-Cyr, 7e carton de la Grande-Aulne.

Copie. Bibl. de Carpentras, mss. de Peiresc, LVII, 2e vol.

Imp. Le P. Anselme, *Hist. généal.*, 3e édit., in-fol., t. III, p. 472.

380. *Add. : Copie du* XIXe *siècle. Bibl. de la ville de Versailles*, ms. 412 F, fol. 25. 8 pages.

381. *Add.* : Tremblevif (auj. Saint-Viatre.

« Au comte Wolfgang », *add.* : « Eberhard de Lupfen, qui avait amené un contingent de lansquenets au siège de Milan. »

Confirmation de la reine Claude. Lyon, avril 1516.

Imp. *Mone's Zeitschrift*, tome XVII, p. 313, *d'après l'original conservé aux Arch. de Carlsruhe.*

385. *Add. : Enreg. au Châtelet de Paris, le 26 août 1536. Arch. nat.*, Bannières, Y. 9, fol. 61 v°. 2 pages 1/2.

397. *Add. : Copie du* XVIe *siècle. Arch. du Rhône, reg. des insinuations de la sénéchaussée*, Livre du roi, fol. 345.

398. *Add. : Copie du temps. Bibl. nat.*, ms. fr. 5503, fol. 93 v°. 3 pages 1/2. (*Sans date.*)

416 *bis.* Lettres de ratification de l'assignation faite sur l'ordre du roi par Thomas Bohier, receveur général de Normandie, au profit de Jean de Castillon, d'une rente de 4,000 livres sur divers revenus du domaine du duché de Milan. Avignon, 6 février 1515.

Copie du XVIe *siècle. Milan, Archivio di Stato. Registre Panigarola*, K., p. 282 et suiv. (Avec l'acte d'assignation).

*418. Jean Calvau, *corr.* Caluau ou Calluau. — (Même correction au n° 441.)

437. *Add. : Délibérations de la ville de Paris sur lesdites lettres. Arch. nat.*, H. 1778, fol. 307.

Imp. *Reg. des délibérations du Bureau de la ville de Paris.* Paris; t. Ier, gr. in-4°, 1883, p. 233.

442 *bis.* Confirmation des lettres patentes de Louis XI du 26 septembre 1467, octroyant au duc de Savoie le droit de prélever deux pour cent sur toutes les marchandises venant de Corse et de Sardaigne à destination de la France. 24 mars 1516.

Turin. Archivio di Stato, Citta e contado de Nizza, Dritto di Villafranca, mazzo I, n° 4. (*Mention.*)

443. *Add. : Copie du* XVIe *siècle. Arch. départ. du Nord, Trésor des chartes*, carton 555, n° 16757.

Enreg. au Parl. de Rouen, sauf plusieurs modifications, le 5 février 1518 n. s.

Copie du XVIIe *siècle. Arch. nat.*, U. 757, 2e partie, p. 131.

445. Date, *au lieu de* « Lyon, mars 1515 », *corr.* « Paris, mars 1514 ».

446. *Add. : Original. Arch. de Seine-et-Oise*, série H., fonds de Livry, 6e carton.

448. *Add. : Copie collationnée du* XVIIe *siècle. Arch. nat.*, MM. 8, fol. 24 v°, 3 pages 1/2.

486. *Add. : Copie du* XVIe *siècle. Bibl. nat.*, ms. fr. 5500, fol. 211. (*La date manque.*)

489. *Add. : Copie collationnée du* XVIIIe *siècle. Arch. nat.*, K. 180, n° 62.

492. *Add. : Arch. nat.*, Z[1a] 61, fol. 50 v°. 2 pages.

498. *Add.* : Noms des commissaires : le s[r] Gouffier de Boisy, grand maître de France, Étienne de Poncher, évêque de Paris, et Jacques Olivier, président

au Parlement de Paris, chargés de se rendre à Noyon, le 1er août.

Copie du XVIe siècle. Arch. départ. des Basses-Pyrénées, cahier de 22 feuillets, E. 557, fol. 1.

503. *Add.: Copie du XVIe siècle. Arch. départ. des Basses-Pyrénées*, E. 557, cahier de 22 feuillets.

511. *Add. : Arrêt d'enreg. du Parl., le 3 juin 1521. Arch. nat.*, X1a 4868 (à la date).

520. *Add. : Copie du XVIe siècle. Arch. départ. des Basses-Pyrénées*, E. 556.

Copie du XVIe siècle. Arch. départ. du Nord, Documents diplomatiques.

528. *Add. : Copie du XVIIe siècle. Bibl. de l'Arsenal à Paris*, ms. 4730, fol. 273. 2 pages.

532. *Add. : Arch. nat.*, Z1b 61, fol. 86. 2 pages.

533. Date : 20 octobre, *au lieu de* « 1561 », *lisez* « 1516 ».

541. *Add. : Arch. départ. de la Côte-d'Or*, B. 458.

551. *Add. : Copie collat. du 15 mars 1522 n. s., annexée à ladite bulle. Arch. nat.*, J. 905B, n° 6².

552. *Add. : Copie. Bibl. de Carpentras. Manuscrits de Peiresc*, LVII, 2e vol.

554. *Add. : Autres textes. Arch. nat.*, Z1B 61, fol. 37 et 47 v°. 2 pages.

556. *Add. : Copie du XVIe siècle. Arch. nat., supplément du Trésor des Chartes*, J. 935, n° 5.

Copie du 18 mai 1518. Arch. nat., K. 1482 (anc. cote B. 1), n° 37.

Copie du XVIe siècle. Bibl. nat., ms. fr. 4597, fol. 64.

557. *Add. : Chambre des Comptes de Paris*, anc. mém. 2 O, fol. 301 et 306. *Copie collationnée du XVIIIe siècle. Arch. nat.*, P. 2308, p. 261. 24 pages.

558. *Add. : Enreg. à la Chambre des Comptes de Paris, le 2 mai 1517*; anc. mém. 2 A, fol. 33.

Copie du XVIIe siècle par Menant. Bibl. de Rouen, ms. Leber 5870, tome XII, fol. 103. 6 pages 1/2.

N. B. Le ms. Leber 5870 (t. XIV, fol. 48) mentionne, d'après l'anc. mém. 2 A, fol. 243, le « transport fait par le roi à Jacques de Genouilhac, dit Galyot, de partie de l'hôtel Saint-Paul à Paris, le 12 décembre 1518 ».

560. La mention du recueil Cromo (*Arch. nat.*, U. 665, p. 214) donne le 16 décembre 1516 comme date de l'enregistrement à la Cour des Aides de Paris.

Add. : Enreg. à la Cour des Aides de Normandie, le 18 décembre 1516. Arch. de la Seine-Inférieure, Expéd. de la Cour des Aides, reg. de 1516, fol. 575 v°. 1 page 1/2.

561. *Add. : Copie du XVIe siècle. Bibl. nat.*, ms. fr. 5500, fol. 291. (*La date manque.*)

Arrêt d'enreg. du Parl. de Paris, le 19 janvier 1517 n. s. Arch. nat., X1a 4860 (à la date).

577. *Add. : Copie du XVIe siècle. Arch. nat.*, J. 742, n° 11.

578. *Add. : Bibl. de Rouen*, ms. Leber 5870, t. XIV, fol. 47 (*Mention*, d'après l'anc. mém. Z, fol. 299). — Cf. même ms., fol. 47 v°. « Déclaration pour jouir par Madame de Taillebourg du duché de Valois, nonobstant la surannation, 1517. » (D'après l'anc. mém. 2 A, fol. 62.)

579. *Add. : Copie du XVIe siècle. Arch. départ. des Basses-Pyrénées*, E. 275.

580. *Add. : Renvoi de ces lettres au Conseil du Parl., le 19 mars 1517 n. s. Arch. nat.*, X1a 4861 (à la date).

581. *Add. : Original. Arch. de la ville d'Angoulême (Charente)*, AA. 1, n° 17.

Enreg. à la Chambre des Comptes de Paris. Arch. nat., P. 2306, fol. 615. 5 pages 1/2.

Copies collationnées du XVIIIe siècle. Arch. nat., K. 176, n° 115 et R1 262.

582. *Add. : Original. Arch. de la ville d'Angoulême (Charente)*, AA. 1, n° 16.

589. *Add. : Vérif. par les généraux des finances, le 26 février 1517 n. s.*

Vidimus du vicomte de Rouen, le 7 mars 1517 n. s. Arch. de Seine-et-Oise, série H, fonds des Cordeliers de Pontoise.

Analyse dans le sommaire du Chartrier des Dominicains de la rue Saint-Jacques. Arch. nat., S. 4237, p. 234.

Imp. sur vélin, Paris, Étienne Pépingué, 1663, in-4°, p. 1. *Arch. nat.,* K. 81, n° 16.

592 bis. Lettres permettant à Antonio Feruffino, chevalier de l'ordre de Saint-Jean de Jérusalem, pour l'aider à payer sa rançon, d'aliéner le château de « Serezade » et la ville de « Castrospina », concédés en fief, l'an 1489, à Jean et Dominique Feruffino par Guillaume, marquis de Montferrat, alors gouverneur d'Alexandrie. Paris, 4 février 1516.

Enreg. au Sénat de Milan. Milan, Archivio di Stato, reg. du Sénat, lib. D (1516-1517), p. 1427.

596. *Add. : Original. Arch. de la ville du Havre (Seine-Inférieure).*

599. Cote Z^{1b} 62, *au lieu de* « fol. 263 v° », *lisez* « fol. 283 v° ».

603. *Add. : Copie collationnée du XVIIIe siècle. Arch. nat.,* K. 190, n° 5.

606. *Add. : Arrêt d'enreg. du Parl. de Paris, le 6 mars 1544 n. s. Arch. nat.,* X^{1a} 4921 (à la date).

608. *Add. : Autre copie. Arch. nat.,* K. 216, n° 163.

614. *Add. : Arch. nat.,* Z^{1b} 61, fol. 56. 2 pages.

616. Lettres d'abolition accordées par François Ier « à Galeas Visconti, duc de Milan », *corr.* « à Galeas Visconti par François Ier, duc de Milan ».

Add. : Enreg. au Sénat de Milan, le 16 juin 1517. Milan, Archivio di Stato, Registri del antico Senato, fol. 1468 v°.

618. *Add. : Arch. nat.,* Z^{1b} 61, fol. 39 v°.

620. *Add. : Copie du XVIe siècle. Bibl. nat.,* ms. fr. 5500, fol. 292.

623. *Add. : Arch. nat.,* Z^{1b} 61, fol. 93. 2 pages.

624. *Add. : Arch. nat.,* Z^{1b} 61, fol. 59. 2 pages.

626. *Add. : Cf. aussi au 11 août 1517. Arch. nat.,* X^{1a} 4861 (à la date).

628. *Au lieu de* « *Arch. de Reims* », *corr.* « *Original. Arch. de la Marne, série H,* fonds de Saint-Thierry, liasse 1, n° 13. »

Add. : Copie collationnée du XVIIIe siècle. Arch. nat., K. 216, n° 164.

641. *Add. : Voir au 25 mai 1517. Arch. nat.,* X^{1a} 4861 (à la date).

Enreg. à la Cour des Aides de Paris. Arch. nat., recueil Cromo, U. 665, p. 217. (*Mention.*)

645. A la date, *au lieu de* « 1516 », *lisez* « 1517 ».

648. *Add. : Copie du XVIe siècle. Arch. départ. des Basses-Pyrénées,* E. 107.

651. *Add. :* « qui avait épousé Souveraine d'Orléans, sœur naturelle du roi, par l'entremise de Louise de Savoie ».

Autre expédition originale. Bibl. nat., Pièces originales, Gaillard (dossier 28389), vol. 1265, p. 80.

655. *Add. : Ajournement de la vérification, le 18 mai 1517. Arch. nat.,* X^{1a} 4861 (à la date).

Copie du XVIe siècle. Arch. du Calvados, H (reg. non classé de copies de chartes concernant la ville de Caen et l'abbaye de Saint-Étienne). 6 pages.

Copie du XVIIIe siècle. Arch. nat., Châtelet de Paris, Y. 17072.

659. *Add. : Arrêt d'enreg. du Parl. de Paris, le 22 mars 1518 n. s. Arch. nat.,* X^{1a} 4862 (à la date).

Imp. *Concordata inter sanctissimum dominum nostrum papam Leonem decimum et christianissimum dominum nostrum regem Franciscum...* Paris, 1518, in-4°.

Concordata inter sanctissimum dominum nostrum papam Leonem decimum et christianissimum dominum nostrum regem Franciscum... Toulouse, « exaratum per J. Magni-Joannis » s. d., in-4°.

Concordata in vicem seu locum Pragmaticæ sanctionis habentia inter, etc... Toulouse «impressa per Jacobum Colomies», 1524, in-4°.

Concordata inter sanctissimum, etc... Paris, 1532, in-8°.

Concordata inter sanctissimum, etc... Lyon, 1535, in-8°.

Concordata inter sanctissimum dominum, etc... cum interpretationibus egregii viri D. Petri Rebuffi de Montepessulano... Paris, 1re édition, 1536; autres éditions, 1538, 1539, etc.

661. *Add. : Voir aussi au 25 mai 1517. Arch. nat.*, X1a 4861 (à la date).

663. *Add. : Voir aussi au 25 mai 1517. Arch. nat.*, X1a 4861 (à la date).

671. «Terrier de Condé», *corr.* «Conde».

672. *Add. : Original. Arch. de Seine-et-Oise*, série H, fonds de Saint-Martin de Pontoise, 1er carton.

684. *Add. : Expéd. orig. Arch. des Bouches-du-Rhône*, B. carton 3296, pièce 4.

695. *Add. : Copie du XVIe siècle certifiée par Michel Brinon, greffier de la Cour des Aides. Bibl. nat.*, ms. fr. 5297, fol. 1 à 25.

Enreg. à la Cour des Aides de Normandie, en octobre 1517. Arch. de la Seine-Inférieure, Expéditions de la Cour des Aides, reg. de 1517, fol. 327. (Le commencement en déficit par suite de la lacération des feuillets 317 à 326.)

696. Les lettres de surannation sont enregistrées au *Livre rouge. Arch. nat.*, Y. 6b, fol. 54. 2 pages.

697. *Add. : Copie collationnée du XVIIIe siècle. Arch. nat.*, K. 187, n° 169.

699. *Corr. la date ainsi :* Le Verger, 17 juillet 1518. (L'acte se trouve sous le n° 859, avec la cote, la date et l'analyse exactes.)

716. *Add. : Arrêt d'enreg. du Parl., le 14 juin 1519 n. s. Arch. nat.*, X1a 4863 (à la date).

Copie du XVIe siècle. Bibl. nat., ms. fr. 4788, fol. 48 v°.

720. *Add. :* Imp. Teulet, *Papiers d'État, pièces et documents inédits relatifs à l'histoire d'Écosse au XVIe siècle.* Paris, Plon, in-4°, t. I, p. 39.

722. Le bâtard de Vendôme, *add. :* «Jacques, seigneur de Bonneval».

«Pont-Saint-Ouen», *corr.* «Port-Saint-Ouen».

Add. : Reçu au Parl. de Paris, le 7 septembre 1517. Arch. nat., X1a 4861, fol. 308 v°.

725. *Add. : Arch. nat.*, Z1b 61, fol. 57. 2 pages 1/2.

Enreg. au Parl. de Rouen, le 11 janvier 1518. Arch. de la Cour, à Rouen, registre secret du Parlement pour 1518, fol. 2. 4 pages 1/2.

729. *Add. : Arch. nat.*, Z1b 61, fol. 49. 2 pages.

737. *Add. : Arch. de Venise, Patti*, série 1, n° 768.

737*bis*. Mandement au Sénat de Milan pour l'entérinement et l'exécution des lettres du don fait à Pierre-François de Noceto, écuyer ordinaire du roi, de 40 écus de rente annuelle, somme accordée d'abord à Jean-Marie de Soncino, en vertu d'un traité avec Maximilien Sforza, et depuis confisquée pour cause de rébellion. Argentan, 2 octobre 1517.

Enreg. au Sénat de Milan. Milan, Archivio di Stato, ant. Senato, lib. D, Decreti, p. 1516.

738. *Add. : Enreg. à la Cour des Aides de Normandie, le 27 avril 1518. Arch. de la Seine-Inférieure*, expéditions de la Cour des Aides, reg. de 1518, fol. 159 v°. 3 pages.

Imp. A.-E. Borély, *Histoire de la ville du Havre et de son ancien gouvernement.* Le Havre, 1880-1881, 3 vol. in-8°, t. I, p. 479.

742. *Add. : Arrêt d'enreg. du Parl., le 4 février 1518 n. s. Arch. nat.*, X1a 4862 (à la date).

746. *Add. :* Imp. *Annuaire de la So-*

ciété d'émulation de la Vendée, 1869, in-8°, p. 172. (D'après l'original conservé dans le chartrier de Thouars.)

755. *Add. : Original. Arch. de la ville d'Angoulême (Charente)*, AA. 1, n° 18.

Copie du XVIIIe siècle. Arch. nat., R^1 262.

757. *Add. : Original. Arch. départ. de l'Isère*, B. 3186.

758. *Add. : Autre expédition originale. Bibl. nat.*, Pièces orig., vol. 1208, Fou (dossier 27198), p. 11.

766. *Add. : Arrêt d'enreg. du Parl., le 12 janvier 1518 n. s. Arch. nat.*, X^{1a} 4862 (à la date).

Copie collationnée du XVIIIe siècle. Arch. nat., K. 186, n° 129.

767. *Add. : Vérif. à la Cour des Aides de Normandie, le 5 décembre 1520. Arch. de la Seine-Inférieure*, Expéditions de la Cour des Aides, reg. de 1520, fol. 418 v°.

779. Cet article et le n° 1463 (27 janvier 1522 n. s.) doivent être fondus en un seul. La date du premier (27 janvier 1518 n. s.) est la véritable.

789. Châtellenie « du Val de Ruel », *corr.* « de Vaudreuil ».

793. *Add. : Arch. nat.*, Z^{1b} 61, fol. 51 v°. 1 page.

807. Date « 12 avril », *corr.* « 14 avril ».

Add. : Original et copie du XVIe siècle. Arch. nat., J. 942.

Enreg. au Parl. de Bordeaux, le 31 mai 1518.

Enreg. au Parl. de Toulouse, le 10 mai 1518.

Imp. *Concordata inter Leonem X Pont. Max. et Franciscum I.* Paris, Galyot du Pré, 1551, in-8°, fol. 28 et 31.

812. *Add. : Acte de réception dudit Tertereau à la Chambre des Comptes de Paris. Arch. nat.*, P. 2304, fol. 149.

L'acte de François Ier, 23 avril 1518, était daté d'Amboise.

823. *Add. : Arrêt d'enreg. du Parl., le 14 mars 1519 n. s. Arch. nat.*, X^{1a} 4863 (à la date).

827. *Add. : Arch. nat.*, Z^{1b} 61, fol. 53 v°. 1 page.

829. *Add. :* Imp. Dom Morice, *Hist. de Bretagne*. Preuves, t. III, col. 943.

832. Cote « J. 995, n° 2 », *corr.* « J. 995^b, n° 2 ».

833 *bis*. Mandement à Jean de Lévis, s^r de Châteaumorant, de punir avec toute la sévérité requise certains révoltés du pays de Rouergue qui avaient résisté en armes à l'exécution d'arrêts concernant le bien commun du pays. Chinon, 26 mai 1518.

Original. Arch. de M. le duc de Mirepoix, au château de Léran (Ariège).

834. *Add. :* Amboise, 19 mai 1518.

Bibl. nat., ms. Clairambault 782, p. 269. (*Mention.*)

837. *Add. : Copie collationnée du XVIIIe siècle. Arch. nat.*, K. 180, n° 89.

850. *Modifier comme suit :*

Création de chambres à sel à Nogent-le-Rotrou et à Montmirail [Sarthe], dépendant du grenier à sel de la Ferté-Bernard..... (D'après le *recueil Cromo.*)

864. *Add. : Copie du XVIe siècle. Arch. nat.*, J. 920, n° 13.

885. *Add. : Original. Arch. nat.*, J. 920, n° 18. (Cf. aussi n° 21.)

886. A la date, *add.* : « Ancenis ».

888. Jean Calvau, *corr.* J. Caluau ou Calluau.

889 à 891. *Add. :* Imp. *Concordata inter Leonem X, Pont. Max., et Franciscum I.* Paris, Galyot du Pré, in-8°, 1551, fol. 31 v° à 37 v°.

897. « Moranvillier », *corr.* « Guillaume de Morainvillier, s^r de Flacourt ».

A la date, *add.* : Paris.

Bibl. nat., ms. fr. 21405, p. 277. (*Mention.*)

908. *Modifier ainsi qu'il suit :*

Lettres autorisant provisoirement, en attendant la décision du Parlement de Paris, les capitaine, maire et pairs de Beauvais à continuer les travaux de fortification de leur ville, sans demander l'autorisation de l'évêque. Paris, 14 décembre 1518.

Présentées au conseil de ville de Beauvais, le 20 décembre 1518. Arch. comm. de Beauvais, BB. 13, fol. 4 v°. 1 page.

915. *Add. : Copie de l'arrêt d'enreg. à la Cour des Aides, du 21 mars 1519 n. s. Arch. de l'assistance publique à Paris*, fonds de l'Hôtel-Dieu, layette 170, liasse 900, n° 1.

918. *Au lieu de* « Y. 8, fol. 72 v° », *lisez* « fol. 74 ».

919. *Add. : Voir aux 9 et 11 août 1519. Arch. nat., Parl.*, X^{1a} 4864.

Copie du XVIe *siècle. Bibl. nat.*, ms. fr. 5085, fol. 297 v°.

Copie du XVIe *siècle, d'après l'original. Bibl. de l'Arsenal à Paris*, ms. 5169, fol. 50. 12 pages.

(L'enregistrement de ces lettres à la Chambre des Comptes est du 17 mars 1520 n. s.)

922. *Add. : Original. Arch. départ. du Cher, abbaye de Saint-Sulpice, privilèges royaux*, liasse 4, n° 1.

925. *Arch. nat.*, P. 2304, *au lieu de* « p. 698 », *lisez* « p. 689 ».

931. *Add. : Vidimus du* XVIe *siècle. Arch. nat.*, J. 650^b, n° 24.

934. L'original était en vente chez M. Eug. Charavay, en mars 1891.

938. Jean Calvau, *corr.* J. Caluau ou Calluau.

949. *Add. :* Imp. A. Berty, *Topographie historique du vieux Paris*. Paris, 2e édition, in-4°, 1885, t. Ier, p. 332.

953. *Add. :* « Capdenac en Rouergue, sur la requête de Jacques Galyot de Genouilhac, maître de l'artillerie. Paris, 16 février 1518. »

Copie collationnée du XVIIIe *siècle. Arch. nat.*, P. 2308, p. 1039. 2 pages.

957. La pièce 34 du carton K. 81 n'est pas un original, mais un vidimus de l'élection de Poitou, en date du 24 mars 1519 n. s.

959. *Add. : Enreg. au bailliage de Senlis, le 17 mai 1519.*

Original. Arch. de Seine-et-Oise, série H, fonds de Saint-Martin de Pontoise, 1er carton.

961. Date. *Add. :* « Paris ».

Bibl. nat., ms. fr. 21405, p. 280. (*Mention*.)

965. *Add. : Arrêt d'enreg. du Parl., le 6 juin 1519. Arch. nat.*, X^{1a} 4864 (à la date).

967. *Add. : Copie collationnée du* XVIIIe *siècle. Arch. nat.*, K. 185, n° 172.

976. Les actes de François Ier mentionnés dans cet acte étaient datés d'avril 1515 et du 2 mars 1519 n. s.

976 *bis*. Mandement au Procureur général du Parlement de Toulouse et aux officiers de la sénéchaussée de Carcassonne de ne pas s'opposer à l'exécution des lettres du 28 mai 1515 (ci-dessus, n° 269 *bis*) concernant le paréage de Mirepoix confirmé au profit de Jean de Lévis, s^r de Mirepoix. Saint-Germain-en-Laye, 22 mars 1518.

Original. Arch. de M. le duc de Mirepoix, au château de Léran (Ariège).

983. *Add. : Enreg. au Châtelet de Paris, le 14 juin 1548. Arch. nat.*, Bannières, Y. 10, fol. 20 v°.

986. *Add. : Arrêt d'enreg. du Parl., le 29 mars 1519 n. s. Arch. nat.*, X^{1a} 4863 (à la date).

987. Les lettres de relief de surannation sont du 27 juin, et non du mois d'août 1520.

Add. : Publiées à son de trompe, le 18 août 1520, à Charenton, Maisons, Villeneuve-Saint-Georges et Crosnes, le 19, à Yerres, Brunoy, Montgeron, Draveil, Soisy, Étiolles, Corbeil, Lieusaint, Combs-la-Ville, Evry et Grisy, le 20, à Brie-Comte-Robert, Presles, Tournan, Ozouer-la-Ferrière, la Queue-en-Brie, Sucy et Créteil.

Original. Arch. de Seine-et-Oise, série H, fonds d'Yerres, chap. 111, art. 25.

IMPRIMERIE NATIONALE.

990. *Add. : Arch. nat.*, Z[1b] 61, fol. 61. 2 pages.
Copie du XVIe siècle. Bibl. nat., ms. fr. 5500, fol. 121. 2 pages.

994. *Add. : Arch. nat.*, Z[1b] 61, fol. 63 v°. 1 page.

995. *Add. : Arrêt d'enreg. du Parl., le 10 mai 1519. Arch. nat.*, X[1a] 4864 (à la date).

997. *Add. : Arch. nat.*, Z[1b] 61, fol. 62 v°. 2 pages.

1005. *Add. : Arrêt d'enreg. au Parl., le 19 mai 1519. Arch. nat.*, X[1a] 4864 (à la date).
Deux copies collationnées. Bibl. nat., ms. fr. 25720, n°s 137 *bis* et 138 *bis*.
Enreg. à la Cour des Aides de Normandie, le 27 mai 1519. Arch. de la Seine-Inférieure, Expéditions de la Cour des Aides, reg. de 1519, fol. 237 v°. 5 pages.

1008. *Add. : Vidimus du garde du sceau de la vicomté d'Évreux. Bibl. nat.*, ms. fr. 23951, n° 3.

1015. *Add. : Arrêt d'enreg. au Parl., le 6 mai 1519. Arch. nat.*, X[1a] 4864 (à la date).

1022. *Article à supprimer.* — Voir au Suppl. du *Catalogue*, à cette date du 12 mai (n° 17100), l'analyse des actes. *Arch. nat.*, J. 995[A], n°s 22, 23.

1027. *Add. : Arch. nat.*, Z[1b] 61, fol. 64 v°. 2 pages.

1031. *Add. : Opposition à l'enreg. au Parl. de Paris, le 6 juin 1519. Arch. nat.*, X[1a] 4864 (à la date).

1035. *Add. : Arrêt d'enreg. au Parl., le 21 juin 1519. Arch. nat.*, X[1a] 4864 (à la date).

1039. *Modifier ainsi qu'il suit :*
Lettres de naturalité pour Laurent de Médicis, duc d'Urbin, et sa fille Catherine de Médicis. Saint-Germain-en-Laye, mai 1519.
Add. : Copie du XVIe siècle. Turin, Archivio di Stato, Corti estere, Francia.
Copie du XVIIIe siècle. Arch. nat., O[1*] 345, fol. 3.

1041. *Add. : Copie collationnée du XVIIIe siècle. Arch. nat.*, K. 180, n° 33.

1051. *Add. : Arrêt d'enreg. au Parl., le 7 juillet 1519. Arch. nat.*, X[1a] 4864 (à la date).

1054. *Add. : Arch. nat.*, Z[1b] 61, fol. 65 v°. 1 page.

1056. *Add. : Copie collationnée contemporaine sur le registre du Greffe criminel du Parl. de Paris. Arch. nat.*, U. 446, fol. 133 v°. 4 pages.
Copie du XVIe siècle. Arch. départ. des Basses-Pyrénées, A. 1.

1060. *Add. : Arch. nat.*, Z[1b] 61, fol. 66. 2 pages.

1069. *Add. à la date :* Saint-Germain-en-Laye.
Mention dans des lettres du 28 août 1520. Arch. de la ville de Cherbourg (Manche), AA. 11.
Copie moderne, d'après les Arch. municipales de Cherbourg, à la Bibl. de ladite ville, ms. 104 *ter*.

1071. *Add. : Copie du XVIIIe siècle. Bibl. nat.*, Coll. du Parlement, ms. 320, fol. 94 v°. 4 pages.

1073. *Add. :* Imp. *Collection de documents pour servir à l'hist. des hôpitaux de Paris*, publ. par l'Administration de l'Assistance publique (L. Brièle, archiviste). Paris, *Impr. nat.*, in-4°, 1883, t. III, p. 163.

1077. *Add. : Copie du XVIIIe siècle. Bibl. nat.*, Coll. du Parlement, ms. 320, fol. 114 v°.

1079. *Add. : Copie collationnée du XVIe siècle. Bibl. de la ville du Mans*, ms. 239, fol. 97.

1083. *Add. : Copie du XVIe siècle. Bibl. nat.*, ms. fr. 5500, fol. 213. (*La date manque.*)

1087. *Add. : Copie du XVIe siècle. Bibl. nat.*, ms. fr. 5501, fol. 231 v°. (*La date manque.*)

1096. *Add. : Vérif. par les généraux des finances, le 12 décembre 1519.*

Enreg. en mars 1577 à la Cour des Aides de Normandie. Arch. de la Seine-Inférieure, Mémoriaux, 6e vol., fol. 379 v°. 3 pages.

Copie du XVIe siècle. Bibl. de l'Arsenal à Paris, ms. 5169, fol. 56 v°. 7 pages.

1125. *Add. : Arch. nat.*, Z[1b] 61, fol. 68 v°. 1 page.

1158 *bis*. Déclaration de foi et hommage rendue par Guillaume de Lévis, seigneur de Villeneuve-la-Crémade, près Béziers, pour les terres qu'il tient de la couronne dans la sénéchaussée de Carcassonne, la viguerie de Béziers, le comté de Castres et les sénéchaussées de Quercy et de Rouergue. Angoulême, 17 mars 1519.

Original. Arch. de M. le duc de Mirepoix, au château de Léran (Ariège).

1163. *Add. : Arch. départ. de la Côte-d'Or*, États de Bourgogne, C. 2978, fol. 156.

1178. *Add. : Copie du XVIe siècle. Arch. départ. des Basses-Pyrénées*, E. 133.

1181. *Add. : Copie. Bibl. nat.*, ms. fr. 4605, fol. 15.

1185. *Add. : Arrêt d'enreg. au Parl., le 17 juillet 1520. Arch. nat.*, X[1a] 4866 (à la date).

1186. *Add. : Copie du temps. Arch. nat.*, KK. 1007 (Musée AE. II, 434), fol. 158. 2 pages 1/2.

1192. Date. « Dijon, 3 juin 1520 », *corr.* « 1521 ».

1193. *Add. : Copie contemporaine. Arch. nat.*, J. 920, n° 32.

Ratification d'Henri VIII, roi d'Angleterre. Original, ibid., n° 33.

1197. Cote J. 916, n° 2, *nunc*, n° 25.

Add. : Copie collationnée dans le procès-verbal desdits commissaires. Arch. nat., J. 916, n° 27.

Enreg. au Châtelet de Paris, Livre rouge. Arch. nat., Y. 6[4], fol. 44 v°. 2 pages 1/2.

1199. *Add. : Imp.* Augustin Thierry, *Monuments de l'histoire du Tiers-État*, in-4°, t. II, p. 561.

1201. *Add. : Arch. nat.*, Z[1b] 61, fol. 100 v°. 1 page 1/2.

1204. *Add. : Copie du XVIe siècle. Bibl. nat.*, ms. fr. 5500, fol. 185. (*La date manque.*)

1206. *Add. à la date* : Paris.

Original. Bibl. nat., ms. Moreau, t. 1048, n° 10.

1208. *Au lieu de* « Charles de Rohan », *lisez* « Claude de Lorraine ».

(Charles de Rohan et Claude de Lorraine portaient tous deux le titre de comte de Guise; mais le premier ne possédait Guise qu'en usufruit, tandis que la nue propriété de ce comté appartenait au second. [*Arrêt du Parl., en date du 1er février 1513. Arch. nat.*, X[1a] 152, fol. 57 à 64 v°.] — Charles de Rohan ne pouvait, à aucun titre, être appelé à nommer aux offices de la Ferté-Bernard et de Joinville, tandis que Claude de Lorraine possédait ces deux seigneuries.)

1212. *Add. : Expéd. orig. Arch. commun. de Rouen*, tiroir 148, n° 2.

[Cet acte est la prorogation pour quatre ans de l'octroi précédemment concédé à la ville de Rouen, par les lettres du 26 juillet 1515 (n° 322)].

1219. *Add. : Copie moderne à la Bibl. de la ville de Cherbourg (Manche)*, ms. 104 *ter*, d'après les *Arch. municip. de ladite ville.*

Bibl. nat., ms. Moreau, t. 342, fol. 212 v°. (*Mention.*)

1226. *Add. : Copie du XVIIe siècle. Bibl. nat.*, ms. fr. 6760, fol. 26 v°.

1228. L'enreg. à la Chambre des Comptes de Paris est du 12 octobre 1520.

1231. *Add. : Original. Arch. de la ville du Havre (Seine-Inférieure).*

N. B. Cet original était resté entre les mains du s[r] du Chillou; il a été retrouvé dans les archives du château d'Azay-le-Rideau (Indre-et-Loire).

Copie du 16 avril 1532. Arch. nat., K. 1200, cahier portant l'indication de l'anc. cote K. 1157. 3 pages.

Imp. A.-E. Borély, *Histoire de la ville du Havre et de son ancien gouvernement* Le Havre, 1880-1881, 3 vol. in-8°, t. I, p. 482.

1233. *Add. : Copie collationnée du 21 novembre 1754. Arch. nat.*, R⁴* 655, fol. 76.

1236. « Chauvigny », *corr.* « Chavigny ». Date, *add.* « Saint-Germain-en-Laye ».

Bibl. nat., ms. fr. 21405, p. 303. (*Mention.*)

1237. *Add. : Copie. Arch. de l'État, à Gand (Belgique)*, coll. van Steenberghe, F, fol. 107 v°.

1241. *Add. :* « en Languedoc ».

Vidimus. Arch. de la ville de Nîmes, JJ. 4, n° 1.

1245. *Add. : Arrêt d'enreg. au Parl.*, *le 5 février 1521 n. s. Arch. nat.*, X¹ᵃ 4867 (à la date).

1258. *Add. : Copie collationnée du 8 juillet 1522, suivie du procès-verbal des opérations des commissaires pour l'abbaye de Saint-Antoine. Arch. nat.*, S. 4357.

Copie du XVIᵉ *siècle, suivie des procès-verbaux des commissaires pour les Célestins de Paris. Arch. nat.*, R²* 302, fol. 1; R²* 303, fol. 1.

Copie collationnée du temps, en tête de la déclaration des biens de l'abbaye de Landèves. Arch. des Ardennes, H. 127, fol. 1. 6 pages.

Copie du XVIᵉ *siècle. Arch. départ. de l'Aveyron*, H, fonds de l'abbaye de Bonnecombe, dans un registre concernant l'amortissement des biens de ladite abbaye, fol. 1.

Copie collationnée du XVIᵉ *siècle. Arch. de Seine-et-Oise*, série H, fonds de Gercy, 16ᵉ carton. (C'est d'après cette copie qu'a été exécutée, en 1740, celle qui est insérée dans les *Mémoriaux reconstitués de la Chambre des Comptes. Arch. nat.*, P. 2304.)

Copie du XVIᵉ *siècle. Arch. hospitalières de Reims*, fonds de l'Hôtel-Dieu, A. 1.

Copie du temps. Bibl. municipale de Tonnerre, ms. C. 5, vol. 8, fol. 9. 10 p.

Copie du XVIIIᵉ *siècle. Arch. nat.*, *Cartulaire de Saint-Magloire de Paris*, LL. 41, fol. 13. 5 pages.

1259. *Add. : Présenté au Parl. de Paris, qui demande que ledit règlement soit réformé, 13 août 1526. Arch. nat.*, X¹ᵃ 4879 (à la date).

Enreg. à la Cour des Monnaies. Arch. nat., Z¹ᵇ 61, fol. 78. 5 pages.

1264. *Add. : Arrêt d'enreg. au Parl. de Paris, le 23 février 1522 n. s. Arch. nat.*, X¹ᵃ 4869 (à la date).

- *Copie. Arch. de Meurthe-et-Moselle*, H. 663.

Copies du 4 septembre 1573. Arch. des Ardennes, H. 277, fol. 424, 2 pages, et fol. 432, 1 page 1/2. — (Cette copie est suivie de l'arrêt d'entérinement par la *Cour des Aides de Paris, en date du 30 janvier 1522 n. s.*)

1269. *Add. : Copie tirée des Arch. municipales à la Bibl. de Cherbourg (Manche)*, ms. 104 *ter.*

1284. *Au lieu de* « Mémoriaux, 2ᵉ vol. », *lisez* « Mémoriaux, 1ᵉʳ vol. ».

Vérif. par les généraux des finances, le 22 décembre 1520, et par la Cour des Aides de Normandie, le 18 janvier 1521 n. s.

1285. *Add. : Copie du 26 juin 1548. Arch. des Bouches-du-Rhône*, B. carton 3294, pièce 5 *bis.* 7 pages.

1286. *Date.* Le registre porte non Pullay, mais Pully, qui paraît être lui-même une mauvaise lecture pour Rilly (Rilly-sur-Loire, canton de Montrichard, arr. de Blois).

1289. *Add. : Copie du* XVIᵉ *siècle. Bibl. de l'Arsenal à Paris*; ms. 2462, fol. 167. 13 pages.

Copie du XVIᵉ *siècle. Arch. des Bouches-du-Rhône*, B. reg. 231, fol. 9 v°. 7 pages.

Copie du 9 mai 1549. Arch. des Bouches-du-Rhône, B. carton 3294, pièce 5. 4 pages.

1300. *Add. : Copie du XVIe siècle. Bibl. nat.*, ms. fr. 5086, fol. 124 v°. 3 pages.

1303. *Add. : Enreg. à la Cour des Monnaies, le 1er mai 1521. Arch. nat.*, Z1b 61, fol. 85. 2 pages 1/2.

1313. *Add. :* Imp. Plaquette, in-4°. *Bibl. de l'Arsenal à Paris*, ms. 4040.

1315. *Add. : Enreg. à la Cour des Monnaies. Arch. nat.*, Z1b 61, fol. 81. 2 pages.

1318. *Add. : Arch. nat.*, S4 9724, reg. non folioté. (*Analyse.*)

1318 *bis*. Lettres d'exemption de toutes charges publiques, en faveur des massiers de la Sainte-Chapelle de Dijon. Paris, 2 février 1520 (1521 n. s.).

Archives de la Côte-d'Or, G. 1142, *fonds du chapitre de la Sainte-Chapelle.*

1322. L'acte est daté de Romorantin. Ph. Le Tirant est nommé en remplacement de Pierre Le Grieu, décédé.

Add. : Enreg. au Parl. de Rouen, le 1er juillet 1522. Arch. de la Cour à Rouen, reg. du Parl. pour juin-juillet 1522. 2 pages.

1324. *Add. : Voir au 1er juillet 1521, Arch. nat.*, X1a 4868.

1345. *Add. : Arch. de la Côte-d'Or*, G. 1126, *fonds du chapitre de la Sainte-Chapelle de Dijon.*

1346. *Add. : Enreg. à la Chambre des Comptes de Paris, le 19 janvier 1548 n. s. Copie du XVIIIe siècle. Arch. nat.*, P. 2308, p. 203. 3 pages.

1348. *Add. : Copie du XVIe siècle. Arch. nat., Suppl. du Trésor des Chartes*, J. 935, n° 8.

Traductions italienne et allemande. Arch. nat., K. 1482 (anc. cote B. 1), n° 39.

1353. *Add. : Arrêt d'enreg. au Parl., le 17 juin 1521. Arch. nat.*, X1a 4868 (à la date).

Expéd. orig. Arch. des Bouches-du-Rhône, B. carton 3296, pièce n° 7.

1358. « Louis XIII », *corr.* « Louis XII ».

Add. : Arch. de Seine-et-Oise, série D, fonds de Saint-Cyr, Inventaire des titres de l'abbaye de Saint-Denis, dressé en 1681 par Locquet, t. I, fol. 105 v°. (*Mention.*)

1362. *Add. : Enreg. à la Cour des Monnaies. Arch. nat.*, Z1b 61, fol. 87. 1 page 1/2.

1363 *bis*. Lettres portant autorisation au chapitre de la Sainte-Chapelle de Dijon de continuer à prendre du sel aux salines de Salins, sans payer aucun droit de gabelle. Dijon, 6 juin 1521.

Arch. de la Côte-d'Or, G. 1132, *fonds du chapitre de la Sainte-Chapelle.*

1366. *Add. : Copie du XVIe siècle. Turin, Archivio di Stato*, Raccolta Balbo, t. 37, fol. 92.

1377. A la quatrième référence, *au lieu de* « Y. 63 », *lisez* « Y. 65 ».

Add. : Enreg. à la Chambre des Comptes de Bretagne. Arch. de la Loire-Inférieure, B. Mandements royaux, II, fol. 274.

Copie du XVIe siècle. Bibl. nat., ms. fr. 5086, fol. 178. 4 pages.

1378. *Add. : Copie du XVIe siècle. Bibl. nat.*, ms. fr. 5503, fol. 89. 2 pages.

1386. *Add. : Arrêt d'enreg. au Parl. de Paris, le 20 avril 1523. Arch. nat.*, X1a 4872 (à la date).

Copie du XVIe siècle. Arch. de la Côte-d'Or, G. 1161, *fonds du chapitre de la Sainte-Chapelle de Dijon.*

Copie collationnée du 16 octobre 1614, d'après un vidimus du 10 janvier 1522 n. s. Arch. nat., K. 1148, n° 45.

Copie du XVIIIe siècle collationnée sur un vidimus du 1er octobre 1524. Arch. nat., K. 171, n° 57.

Copie. Arch. de la ville d'Autun, Livre noir (Cartulaire municipal), fol. 50.

1390. *Arch. de la Côte-d'Or*, B. 72, fol. 4, *corr.* « fol. 48 ».

1396. *Add. : Arrêt d'enreg. au Parl. de Paris, le 7 septembre 1521. Arch. nat.*, X1a 4868 (à la date).

Copie du XVIe siècle. Bibl. nat., ms. fr. 5500, fol. 312 v°. (La date manque.)
IMP. Le P. Anselme, *Hist. généal.*, in-fol., 3e édit., t. III, p. 476. (Avec la date erronée du 11 août).

1398. *Add. : Copie du XVIe siècle. Arch. des Bouches-du-Rhône*, B. reg. 1247, fol. 14 v°. 4 pages 1/2.

1399. *Add. : Copie du XVIe siècle. Arch. des Bouches-du-Rhône*, B. reg. 1247, fol. 16 v°. 5 pages.

1411. *Add. : Arrêt d'enreg. à la Cour des Monnaies. Arch. nat.*, Z[1b] 61, fol. 90. 2 pages.
Copie collationnée du XVIe siècle. Arch. des Bouches-du-Rhône, B. reg. 187, fol. 25 v°. 2 pages 1/3.

1412. *Add. : Arch. des Bouches-du-Rhône*, B. reg. 187, fol. 26. (*Mention.*)

1413. *Add. : Copie collationnée sur l'original par Robertet. Bibl. nat.*, ms. fr. 2963, fol. 45. (Sous la date du 10 septembre 1521.)

1414. Ms. fr. 5503, *au lieu de* «fol. 125», *corr.* «fol. 125 v°».

1416. *Rectifier ainsi les noms géographiques :* Villiers-le-Châtel (Seine-et-Oise, arr. de Versailles, c^on de Palaiseau, c^ne de Nozay); Vayres (Seine-et-Oise, arr. d'Étampes, c^on de la Ferté-Alais); D'huison, même canton; Bel-Ébat (Seine-et-Oise, arr. de Rambouillet, c^on de Limours, c^ne de Marcoussis).

1424. *Add. : Copie collationnée du 11 octobre suivant. Arch. nat.*, J. 920, n° 35.

N. B. Dans cette copie, la date de lieu du traité est «Mons-en-Hainaut» et non «Calais».

1426 et 1427. *Add. : Voir au reg. de Plaidoiries du Parl., le 6 février 1522 n. s. Arch. nat.*, X[1a] 4869.
Add. : IMP. Le P. Anselme, *Hist. généal.*, in-fol., 3e édit., t. III, p. 444. (L'éditeur a par erreur, dans la suscription, substitué Louis à François.)

1431. *Add. à la date :* «Au camp de Saint-Hilaire».
Enreg. à la Chambre des Comptes de Paris. Arch. nat., P. 2304, p. 669.
Bibl. nat., ms. fr. 21405, p. 282. (*Mention.*)

1449. *Corr. :* Exemption de tailles et subsides accordée aux habitants de Mézières-sur-Meuse, pour dix ans, commençant au 1er janvier 1522 n. s. Amiens, 14 décembre 1521.
Vérif. par les généraux des finances, le 1er février 1522 n. s., et par les élus de Rethélois, le 18 mars 1522 n. s.
Original. Arch. commun. de Mézières, AA. 5.

1452. *Add. : Enreg. à la Cour des Monnaies. Arch. nat.*, Z[1b] 61, fol. 94. 1 page.

1453. *Add. : Vidimus de la prévôté de Paris, du 18 juillet 1524. Arch. nat.*, K. 1160, n° 18.
Copie collat. du XVIIIe siècle. Bibl. nat., mss. Moreau, t. 529, fol. 74. 8 pages.

1458. *Add. : Arrêt d'enreg. au Parl., le 17 mars 1522 n. s. Arch. nat.*, X[1a] 4869 (à la date).

1463. Cet article doit être fondu dans le n° 779 (27 janvier 1518 n. s.). Il s'agit du même acte dont la date exacte est 27 janvier 1517 (1518 n. s.).

1467. *Add. : Copie du temps. Bibl. nat.*, ms. fr. 5503, fol. 95. 3 pages 1/2.

1469. *Add. à la date :* Saint-Germain-en-Laye.
Arrêt d'enreg. à la Chambre des Comptes. Arch. nat., P. 2304, p. 421.

1470. *Add. : Copie du XVIIIe siècle. Arch. nat.*, H. 3612.

1471 *bis*. Lettres d'évocation au Grand conseil du procès intenté par le Parlement de Toulouse, à Jean de Lévis, s^r de Châteaumorant, au sujet d'une contrainte exercée par celui-ci contre des officiers dudit Parlement pour obtenir, sous forme de prêts, des subventions en argent pour la défense du royaume. Saint-Germain-en-Laye, 2 février 1521.

Original. Arch. de M. le duc de Mirepoix, au château de Léran (Ariège).

1472. *Add. : Arrêt d'enreg. au Parl. de Paris, le 3 mars 1522 n. s. Arch. nat.*, X^{1a} 4869 (à la date).

Enreg. au Parl. de Rouen, le 27 février 1522 n. s. Arch. de la Cour, à Rouen, reg. du Parl. pour février-avril 1522 n. s. 9 pages.

Vidimus de la vicomté de Rouen, en date du 26 mai 1542. Arch. de la Seine-Inférieure, G. 3701.

1476. *Add. : Copie collationnée par ordre de la Cour des Aides de Paris, le 21 janvier 1778. Arch. nat.*, Z^{1a} 526.

1479 et 1480. *Add. : Voir au 23 février 1522 n. s. Arch. nat.*, X^{1a} 4869.

Arrêt d'enreg. au Parl., le 29 avril 1522. Arch. nat., X^{1a} 4870 (à la date).

1490. *Add. : Vidimus de la vicomté de Rouen, en date du 26 mai 1542. Arch. de la Seine-Inférieure*, G. 3701.

1498. Reg. 3, *add.* : fol. 107.

1506. C'est une copie qui se trouve aux *Archives de Laon*, AA. 1 (voir l'inventaire), tandis que la pièce contenue dans HH. 14 pourrait être l'original.

Add. : Copie du XVIII*e siècle. Bibl. nat.*, coll. de Picardie, vol. 267, fol. 391.

1507. *Add. : Copie du* XVIII*e siècle. Arch. comm. de Rouen*, tiroir 93, n° 2. 7 pages.

Arch. comm. de Rouen, U. 1, fol. 71. (*Mention.*)

1513. *Add. : Autre copie collationnée du* XVIII*e siècle. Arch. nat.*, K. 180, n° 63.

1520. *Add.* : Imp. Dumoulin, *Le grand coutumier général*, 1567, t. II.

1527. *Add. : Voir le reg. de Plaidoiries du Parl., au 7 mars 1522 n. s. Arch. nat.*, X^{1a} 4869.

1541. *Add.* : « en remplacement de Pierre Garbot, office créé sous Louis XI ».

Copie du XVI*e siècle. Bibl. nat.*, ms. fr. 5086, fol. 34. 1 page 1/2.

1549. *Au lieu de* « fol. 26 », *corr.* « fol. 62 ».

1552. L'original de cette pièce paraît exister aux Archives de l'hospice général de Dijon (A. 12, n° 1). Cf. *Arch. nat.*, F. 89026², p. 67.

1561. *Add. : Copie collationnée du* XVI*e siècle. Bibl. nat.*, *Pièces orig.*, Presteseille, vol. 2376, p. 2.

1562. *Add. : Arrêt d'enreg. au Parl. de Paris, le 16 juin 1522. Arch. nat.*, X^{1a} 4870 (à la date).

1574. *Add. : Enreg. à la Cour des Monnaies. Arch. nat.*, Z^{1b} 61, fol. 95 v°. 2 pages.

1577. « Louis de Gastineau » *add.* : « seigneur de Saint-Bonnet ».

1584. *Au lieu de* « 20,000 livres tournois », *lisez* « 240,000 ».

Add. : Arrêt d'enreg. au Parl., le 27 juin 1522. Arch. nat., X^{1a} 4870 (à la date).

1586. *Add. : Copie du* XVI*e siècle. Arch. départ. du Doubs*, B. 64.

1588. Les lettres indiquées en seconde ligne sont des missives.

1594. *Add. : Florence, Archivio di Stato, Lettere esterne alla signoria* dal 1517 al 1522, classe X, distinzione 2, num. 79, fol. 250.

1602. *Add. : Copie du* XVI*e siècle. Bibl. nat.*, ms. fr. 5086, fol. 43 v° (sans la date). 1 page.

1606. *Add. : Arrêt d'enreg. au Parl., le 8 juin 1523. Arch. nat*, X^{1a} 4872 (à la date).

1608. *Add. : Arrêt d'enreg. au Parl., le 17 juillet 1522. Arch. nat.*, X^{1a} 4870 (à la date).

Copie du XVI*e siècle. Bibl. nat.*, ms. fr. 5086, fol. 96 v°. 3 pages.

Enreg. au Parl. de Rouen, le 24 juillet

1522. Arch. de la Cour à Rouen, reg. du Parl. pour juin-juillet 1522, à la date du 24 juillet.

Copie collationnée du temps. Arch. de la Seine-Inférieure, G. 1920.

Vidimus de la chancellerie royale de Rouen, en date du 2 août 1522. Arch. de la Seine-Inférieure, G. 3689.

Vidimus d'Alonse de Civille, vicomte de Rouen, en date du 28 avril 1541. Arch. de la Seine-Inférieure, G. 3689.

Copie collationnée dudit vidimus, en date du 2 janvier 1549 n. s. Arch. de la Seine-Inférieure, ibid.

Autre copie du 21 juin 1586, signée Fautret, *ibid.*

Copie collationnée du 11 janvier 1523 n. s., signée Prudhomme. *Arch. de Seine-et-Oise*, série H, fonds des Célestins de Limay, cote 136.

Vidimus du Parl. de Rouen, en date du 10 janvier 1523 n. s., ibid.

1618. *Add. : Copie. Turin, Archivio di Stato*, Raccolta Balbo, t. XXXVII, fol. 106.

1625. *Add. : Ratification de l'Empereur, à Valladolid, le 13 décembre 1522. Original. Arch. nat.*, J. 821, n° 7.

1626. *Enreg. à la Chambre des Comptes de Paris*, anc. mém. 2 C, fol. 38, le 3 septembre 1522.

Vidimus du bailli de Chartres, en date du 23 février 1523 n. s. Arch. de Seine-et-Oise, série H, fonds d'Abbecourt, 8e carton.

Copie collationnée, signée : J. de Guigne, *d'après un vidimus du prévôt d'Orléans, en date du 18 juillet 1532. Arch. de Seine-et-Oise*, série H, fonds de la Joie-Villiers, liasse 9, n° 4.

Copie du XVIe siècle, d'après un vidimus du bailli de Chartres, en date du 24 mars 1540 n. s. Arch. de Seine-et-Oise, série B, fonds du bailliage d'Étampes, liasse intitulée ban et arrière-ban.

1628. *Add. : Plaquette imprimée.* Paris, 1649, in-4°. *Arch. nat.*, O1 3700.

1635. La copie de P. 2304, p. 737, porte la date du 9, et non du 19 août. L'enregistrement est du 20 août.

1638. *Add. : Enreg. à la Cour des Monnaies. Arch. nat.*, Z1b 61, fol. 161 v°, 1 page. (Avec la date du 26, au lieu du 25 août.)

1648. Date, *au lieu de* « Paris », *corr.* « Blois ».

Add. : Enreg. à la Chambre des Comptes, le 14 janvier 1523 n. s. Copie collationnée du 27 juin 1539. Arch. nat., R4 8.

1653. *Date corrigée :* « Saint-Germain-en-Laye, septembre 1522. »

Add. : Bibl. nat., ms. Clairambault 782, p. 274. (*Mention.*)

Bibl. nat., ms. fr. 21405, p. 285. (*Mention.*)

1657. *Add. : Arrêt d'enreg. du Parl. de Paris, le 9 février 1523 n. s. Arch. nat.*, X1a 4871 (à la date).

Copie du XVIIe siècle. Bibl. de Carpentras, mss. de Peiresc, LVII, 2e vol.

1660. *Add. : Arrêt d'enreg. du Parl. de Paris, le 12 janvier 1523 n. s. Arch. nat.*, X1a 4871 (à la date).

1661. *Add. : Copie du XVIe siècle. Arch. des Bouches-du-Rhône*, B. reg. 1235, fol. 132 v°. 5 pages.

1663. *Add. : Copie du temps. Bibl. nat.*, ms. fr. 5503, fol. 126. 3 pages.

1665. Date, *add. :* « Saint-Germain-en-Laye ».

Bibl. nat., ms. fr. 21405, p. 289. (*Mention.*)

1670. *Add. : Arrêt d'enreg. du Parl. de Paris, le 9 décembre 1522. Arch. nat.*, X1a 4871 (à la date).

1682. *Add. : Copie. Arch. départ. du Cher, Sainte-Chapelle de Bourges*, C. 4.

1688. *Add. : Arch. hospitalières de Reims*, fonds de l'Hôtel-Dieu, A. 1.

Copie du XVIe siècle. Bibl. de la ville de Tonnerre, ms. C. 5, vol. 8, fol. 14. 5 pages.

Copie collationnée du XVIIIe siècle. Arch. nat., K. 171, n° 63.

1693 *bis*. Commission au sr de Chevrières, capitaine de la garde du roi, d'établir et faire loger, dans le pays de Vivarais, mille hommes de pied sous le commandement du capitaine Louis « Escalampe. » Saint-Germain-en-Laye, 22 novembre 1522.

Présentée aux États du Vivarais par Charles de Chambereau, s^r de la Bernardière, archer de la garde, commissaire subrogé, le 29 décembre 1522. Arch. de l'Ardèche, registre des États, C. 329, fol. 103. (*Mention.*)

1694. *Add. : Arrêt d'enreg. du Parl. de Paris, le 11 décembre 1522. Arch. nat.*, X^{1a} 4871 (à la date).

1705. *Add. : Original. Arch. de la ville du Havre (Seine-Inférieure).*

1708. *Add. : Copie. Turin, Archivio di Stato*, Raccolta Balbo, t. XXXVII, fol. 70 *bis*.

1721. *Add. : Opposition du Procureur général au Parl. de Paris, les 25 et 26 janvier 1523 n. s. Arch. nat.*, X^{1a} 4871 (aux dates).

1724. *Add. : Original. Arch. départ. de l'Isère*, B. 3186.

1727. *Add. : Voir, le reg. de Plaidoiries du Parl. de Paris, au 26 février 1523 n. s. Arch. nat.*, X^{1a} 4871.

1736. Il existe deux copies de cet acte dans P. 2304. La première, p. 901 (6 pages), la seconde, p. 907, mentionnée au *Catalogue*.

Copie du XVIe siècle. Bibl. nat., ms. fr. 4594, fol. 64.

1748. *Add. : Original. Arch. départ. de l'Isère*, B. 3186.

1756. *Add. : Voir, au 16 février 1523 n. s., le reg. des Plaidoiries du Parl. de Paris. Arch. nat.*, X^{1a} 4871.

1765. *Add. : Enreg. avec le texte de la coutume. Bibl. de la ville de Blois*, ms. 56.

1768. *Add. : Voir le reg. de Plaidoiries du Parl. de Paris, aux 2, 5 et 9 mars 1523 n. s. Arch. nat.*, X^{1a} 4871.

Enreg. au Châtelet de Paris, Bannières, IV, fol. 7. *Bibl. nat.*, ms. nouv. acq. fr. 3651, p. 707. (*Mention.*)

1770. *Add. : Minute. Bibl. nat.*, ms. fr. 3295, fol. 120 (sans la date).

Copie du XVIe siècle. Bibl. nat., ms. fr. 5500, fol. 158. 10 pages. (*La date manque.*)

1775. *Add. : Enreg. à la Cour des Monnaies. Arch. nat.*, Z^{1b} 61, fol. 105 v°. 2 pages.

1787. *Add. : Arrêt d'enreg. du Parl. de Paris, le 11 mai 1523. Arch. nat.*, X^{1a} 4872 (à la date).

1788. *Add. :* Imp. Dom Vaissète, *Hist. du Languedoc*, in-fol. 1745, t. V, col. 80.

1789. *Add. : Voir le reg. de Plaidoiries du Parl. de Paris, au 14 avril 1523. Arch. nat.*, X^{1a} 4872.

1790. *Add. : Enreg. à la Cour des Monnaies. Arch. nat.*, Z^{1b} 61, fol. 112. 4 pages 1/2.

1792. *Add. : Deux copies du XVIe s., dont l'une a servi à reconstituer lesdites lettres sur les Mémoriaux de la Chambre des Comptes. Arch. nat.*, carton S. 80. (Chapitre de Paris).

1794. *Add. : Vidimus du garde des sceaux de la Prévôté d'Épernay, XVIe siècle. Bibl. de la ville d'Épernay*, ms. 55, t. II, fol. 202.

Bibl. nat., ms. fr. 21405, p. 288. (*Mention.*)

1797. *Add. : Copie du XVIIe siècle. Arch. nat.*, R^2 490.

Trois copies du XVIIe siècle. Arch. nat., R^2 491.

1800. *Add. : Copie. Arch. comm. de Grenoble*, AA. 4.

1802. *Add. : Copie du temps. Arch. nat.*, R^2 212.

Vidimus du XVIe siècle. Arch. du château de Penhoët, près Josselin (Morbihan), propriété de Mme la vicomtesse de Noday, née de Colbert.

1805. Date. *Au lieu de* « 26 avril », *corr.* « 29 avril ».

1809. Avant « baron de Crissé », *add.* « Jacques Turpin ».

Add. : Imp. *Revue de l'Anjou*, 1re série, 1854 (1re partie), p. 230.

1812. *Add.* : *Arrêt d'enreg. du Parl. de Paris, le 18 juillet 1523. Arch. nat.*, X1a 4872 (à la date).

1815. *Add.* : *Arrêt d'enreg. du Parl. de Paris, le 18 mai 1523. Arch. nat.*, X1a 4872 (à la date).

1818. *Add.* : *Vidimus de l'époque. Arch. de la ville de Nîmes*, NN. 4, n° 1.

1825. *Au lieu de* « Z. 4575, fol. 227 v° », *lisez* « Z1c 327, fol. 225 ».

Add. : *Arrêt d'enreg. du Parl. de Paris, le 3 août 1523. Arch. nat.*, X1a 4872 (à la date).

Imp. Rousseau, *Édits sur les Eaux et forêts*, p. 144.

Durant, *Édits et ordonnances des Eaux et forêts*, etc. Paris, Cramoisy, 1621, in-8°, 1re partie, p. 178.

1826. *Add.* : « natif de Seyssel au pays de Savoie. »

1833. *Add.* : *Copie du* XVIe *siècle. Bibl. nat.*, ms. fr. 5086, fol. 42. 1 page 1/2. (Avec la date erronée du 20 janvier 1522.)

1838. Date, *au lieu de* « 26 », *lisez* « 25 juin 1523 ».

1840. *Add.* : *Arrêt d'enreg. du Parl. de Paris, le 9 juillet 1523. Arch. nat.*, X1a 4872 (à la date).

1842. *Add.* : *Voir le reg. des Plaidoiries du Parl. de Paris, au 7 juillet 1523. Arch. nat.*, X1a 4872.

1846. *Add.* : *Enreg. à la Chancellerie de France. Arch. nat.*, Trésor des Chartes, JJ. 236, n° 161, fol. 142 v°. 3 pages.

1850. *Add.* : *Mention dans un arrêt du Grand conseil, en date du 26 novembre 1526. Arch. nat.*, V5 1045.

1851. *Add.* : *Arch. départ. de la Côte-d'Or*, États de Bourgogne, C. 5349.

1861. *Add.* : *Bibl. nat.*, ms. Clairambault 782, p. 277. (*Mention.*)

1864. *Add.* : *Arrêt d'enreg. du Parl. de Paris, le 6 août 1523. Arch. nat.*, X1a 4872 (à la date).

Copie collationnée du XVIIIe *siècle. Arch. nat., Châtelet de Paris*, Y. 17262. (Sous la date du 11, au lieu du 20 juillet.)

1865. *Add.* : « Adrien Tiercelin, sr de Brosses, gentilhomme de la chambre du roi, au lieu de feu Jean Picart, maître d'hôtel du roi. »

Bibl. nat., ms. fr. 21405, p. 289. (*Mention.*)

1872. *Copie du* XVIe *siècle. Bibl. nat.*, ms. fr. 5086, fol. 82. 2 pages 1/2.

1876. « Perrin Doarcy ». *Peut-être faut-il corr.* « d'Ouarty », *aliàs* de Warty.

1881. *Add.* : *Enreg. de nouveau au Parl. de Paris, avec le traité de Madrid, le 19 novembre 1529. Arch. nat.*, X1a 8612, fol. 171.

Copie sans date. Bibl. nat., ms. fr. 14368, fol. 67. 4 pages.

1882. *Add.* : *Copie du* XVI *es. Arch. du château de Chantilly*, ms. 750, intitulé : *Ordonnances sur le faict de la gendarmerie*, n° 5.

1883. *Add.* : *Copie du* XVIIe *siècle. Turin, Archivio di Stato*, Materie economiche.

1886. *Add.* : *Copie du* XVIIe *siècle. Bibl. nat.*, ms. Clairambault 952, p. 273.

1894. *Add.* : *Copie du 16 avril 1716, d'après une autre copie du 8 juillet 1711. Arch. nat.*, F12 827. 3 pages.

1899. *Add.* : *Original. Turin, Archivio di Stato*, Trattati, mazzo 6, n° 7.

Copie du XVIIIe *siècle. Idem*, Negoziazione, Francia, mazzo 1, n° 27.

1901. *Add.* : *Copie. Bibl. nat.*, ms. Brienne 144, fol. 243.

1903. *Add.* : *Original en mauvais état. Bibl. nat., Pièces originales*, Machault, vol. 1786, p. 3.

1907. *Add.* : *Autre copie collationnée, signée* : Malon, greffier criminel du Parl.

de Paris. *Arch. nat.*, U. 446, fol. 135. 7 pages.

1908. *Analyse rectifiée* : Confirmation et renouvellement des traités d'alliance conclus, le 17 juillet 1512, entre le roi Louis XII et Jean et Catherine, roi et reine de Navarre, et, le 23 mars 1515 n. s., entre François Ier et les mêmes princes de Navarre. Lyon, 26 septembre 1523.

Add. : Original. Arch. départ. des Basses-Pyrénées, E. 565.

1909. *Add. : Reçu le 14 décembre 1533 au Parl. de Paris. Arch. nat.*, X1a 4873 (à la date).

1915. *Add. : Voir le reg. des Plaidoiries du Parl. de Paris, au 7 janvier 1524 n. s. Arch. nat.*, X1a 4873.

1922. *Add. : Arrêt d'enreg. du Parl. de Paris, le 4 février 1524 n. s. Arch. nat.*, X1a 4873 (à la date).

1935. *Add. : Opposition de la ville d'Aurillac à l'enreg., reçue au Parl. de Paris, le 17 décembre 1523. Arch. nat.*, X1a 4873 (à la date).

1953. *Add. : Copie du XVIe siècle, anc. reg. de la Chambre des Comptes. Arch. nat.*, KK. 889 (Musée AE. II. 523), fol. 115. 16 pages.

Copie du XVIe siècle. Bibl. de l'Arsenal à Paris, ms. 2462, fol. 173 v°. 16 pages.

Copie du XVIe siècle. Bibl. nat., ms. fr. 5269, fol. 106 v°.

Copie du XVIe siècle. Bibl. imp. de Vienne (Autriche), ms. 6979, fol. 139 v°.

1963. *Add. : Autre copie. Bibl. de Nîmes*, ms. 3041, fol. 116.

1975. *Add. : Bibl. nat.*, ms. fr. 21405, p. 291. (*Mention.*)

1979. *Add. : Copie du XVIe siècle. Bibl. nat.*, ms. fr. 5086, fol. 66. 1 page 1/2.

1980. *Add. : Copie du XVIe siècle. Bibl. nat.*, ms. fr. 5109, fol. 286. 1 page 1/2.

IMP. G. Guiffrey, *Procès de Jehan de de Poitiers, sr de Saint-Vallier.* Paris, in-8°, p. 146.

1981. *Add. : Copie du XVIe siècle. Bibl. imp. de Vienne (Autriche)*, ms. 6979, fol. 160.

1986. *Add. : Original. Arch. nat.*, M. 8, n° 18.

Copie collationnée du XVIIIe siècle. Arch. nat., MM. 3.

1987. *Add. : Arch. de la Haute-Garonne*, H, fonds de Malte.

IMP. D'Escluseaux, *Privilèges de l'ordre Saint-Jehan de Hiérusalem.* Paris, 1700, in-fol. p. 39.

1988. Cote U. 665, p. 224, *corr.* p. 244.

Add. : Arrêt d'enreg. du Parl. de Paris, le 12 juillet 1524. Arch. nat., X1a 4874 (à la date).

1989. *Add. : Copie du XVIe siècle. Arch. nat.*, M. 8, n° 21.

Copie collationnée du XVIe siècle à la Chambre des Comptes de Paris. Arch. nat., P. 2308, p. 953.

Copie du 4 novembre 1551. Arch. nat., M. 9, n° 51, fol. 19 v°.

Copie collationnée du XVIIIe siècle, d'après un vidimus du 5 janvier 1548 n. s. Arch. nat., MM. 3.

Vidimus du sénéchal de Beaucaire et de Nîmes. Arch. départ. des Basses-Pyrénées, E. 119.

Vidimus du viguier royal d'Arles. Arch. de la Haute-Garonne, H, fonds de Malte.

IMP. *Privilèges concedez par les roys très chrestiens de France et de Navarre et autres princes souverains à l'ordre de Saint-Jean de Hiérusalem...* 1619, in-4°, p. 48. (*Arch. nat.*, M. 9, n° 61.)

1998. *Add. : Copies du XVIIIe siècle. Arch. nat.*, S. 6192.

2004. *Add. : Arrêt d'enreg. du Parl. de Paris, le 7 mai 1524. Arch. nat.*, X1a 4874 (à la date).

2009 *bis*. Don d'un métier de megissier juré à Paris, à l'occasion de la naissance de Marguerite de France. Blois, 9 mai 1524.

IMP. E. Coyecque, *Invent. somm. d'un chartrier parisien pendant le cours du XVIe siècle*, 10, n° 8.

2010. *Add.* : Imp. Le comte H. de Chabannes, *Histoire de la maison de Chabannes*, Dijon, in-4°, 1892, t. I, p. 459.

2014. *Add.* : *Transcription du temps. Bibl. nat.*, ms. fr. 5109, fol. 374 v°. 1 page.

2016. *Add.* : *Mention dans un arrêt du Grand conseil, en date du 28 septembre 1530. Arch. nat.*, V⁵ 1047. — La seigneurie en question est appelée Gauvrey. (Gavray, Manche, arr. de Coutances.)

2017. *Add.* : *Enreg. à la Chambre des Comptes de Paris*, anc. mém. 2 D, fol. 286. *Mention d'inventaire. Arch. nat.*, PP. 119.

Imp. Le P. Anselme, *Hist. généal.*, 3ᵉ éd., t. V, p. 385ᵇ. (*Mention.*)

2018. *Add.* : *Copie du* xvɪᵉ *siècle. Arch. départ. de l'Hérault*, C. Recueil des lettres et actes des commissaires du roi aux États, 1524. 1 page.

2023. *Add.* : *Enreg. au Parl. de Paris. Arch. nat.*, U. 446, fol. 147. *Copie collationnée, signée* : « Malon », greffier criminel. 3 pages.

Copie du xvɪᵉ *siècle. Bibl. imp. de Vienne (Autriche)*, ms. 6979, fol. 161 v°.

2029. *Add.* : Une copie de ces lettres faisait partie du cabinet de M. Jules Desnoyers, de l'Académie des inscriptions et belles-lettres. (*Catal. dressé par Charavay*, n° 105.)

2062. Date, *add.* : « Montélimart. » *Bibl. nat.*, ms. fr. 21405, p. 291. (*Mention.*)

2063. *Add.* : *Copie du temps. Arch. comm. de Rouen*, tiroir 131, n° 1. 4 pages 1/2. (L'acte est daté de Rouen.)

2065. *Analyse complétée* : Don à Jeanne d'Arces, en récompenses des services rendus au roi et à son prédécesseur par « le feu chevalier Blanc », frère de ladite damoiselle, tant au royaume d'Écosse que pendant les guerres, de la terre du Bois-d'Oingt en Beaujolais, confisquée sur Jean de Vitry, dit Laliere, et de ses frères, complices du connétable de Bourbon. Valence, août 1524.

Enreg. à la Chancellerie de France. Arch. nat., Trésor des Chartes, JJ. 237, n° 128, fol. 20. 1 page 1/2.

2071. *Cote changée* : J. 921, *nunc* J. 922, n° 2.

2082. *Add.* : *Original. Turin, Archivio di Stato*, Princes de Genevois et de Nemours, 5ᵉ catégorie, paquet 24, n° 31.

Arrêt d'enreg. du Parl. de Paris, le 28 novembre 1524. Arch. nat., X¹ᵃ 4875 (à la date).

2085. *Add.* : *Voir le reg. de Plaidoiries du Parl. de Paris, au 22 novembre 1524. Arch. nat.*, X¹ᵃ 4875.

2087. *Add.* : *Bibl. nat.*, ms. fr. 5779 (reg. de Florimond Robertet), fol. 2. (*Mention.*)

2088. *Add.* : Imp. J. Corbin, *Nouveau recueil des édits... de la juridiction des Cours des Aides*. Paris, 1623, in-4°, p. 829.

2090. *Add.* : *Bibl. nat.*, ms. fr. 5779 (reg. de Florimond Robertet), fol. 6 v°. (*Mention.*)

2092. *Add.* : *Copie du* xvɪɪɪᵉ *siècle. Bibl. nat.*, Coll. de Picardie, vol. 267, fol. 141.

2095. *Add.* : *Enreg. à la Chancellerie de France. Arch. nat., Trésor des Chartes*, JJ. 237, n° 132, fol. 21 v°. 2 pages.

Bibl. nat., ms. fr. 5779, fol. 14 v°. (*Mention.*)

2096. *Add.* : *Bibl. nat.*, ms. fr. 5779, fol. 10 v°. (*Mention.*)

2098. *Add.* : *Copie du* xvɪᵉ *siècle. Arch. départ. de l'Hérault, États de Languedoc*, C. Recueil des lettres et actes des commissaires du roi aux États, 1524. 9 pages.

2104. *Add.* : *Bibl. nat.*, ms. fr. 5779, fol. 32. (*Mention.*)

2105. *Add.* : *Bibl. nat.*, ms. fr. 5779, fol. 24. (*Mention.*)

2107. *Add.* : *Copie du* xvɪᵉ *siècle.*

Arch. nat., R¹ 212. (Avec la date du 16, au lieu du 6 janvier.)

Vidimus du XVIᵉ siècle. Arch. du château de Penhoët près Josselin (*Morbihan*), appartenant à Mᵐᵉ la vicomtesse de Noday, née de Colbert.

2112. *Add.* : *Bibl. nat.*, ms. fr. 5779, fol. 49 vᵒ. (*Mention.*)

2120. *Add.* : *Arrêt d'enreg. du Parl. de Paris, le 21 mars 1525 n. s. Arch. nat.*, X¹ᵃ 4876 (à la la date).

2121. *Add.* : *Bibl. nat.*, ms. fr. 5779, fol. 65. (*Mention*, sous la date du 27 février.)

2122. *Add.* : Sauvegarde et exemption de loger les gens de guerre, accordées aux habitants de Saint-Just, et de Saint-Irigny (Irénée), lès-Lyon.

Bibl. nat., ms. fr. 5779, fol. 65 vᵒ. (*Mention.*)

2125. *Add.* : *Bibl. nat.*, ms. fr. 5779, fol. 58 vᵒ. (*Mention.*)

2129. *Add.* : *Bibl. nat.*, ms. fr. 5779, fol. 72 vᵒ. (*Mention.*)

2130. *Add.* : *Copie du XVIᵉ siècle. Arch. nat.*, M. 8, nᵒ 21.

Copie collationnée du XVIIIᵉ siècle. Arch. nat., MM. 3.

2131. *Add.* : Imp. Dom Morice, *Hist. de Bretagne*, Preuves, t. III, col. 964.

2133. *Add.* : *Bibl. nat.*, ms. fr. 5779, fol. 74 vᵒ. (*Mention.*)

2134. *Add.* : *Bibl. nat.*, ms. Clairambault 782, p. 277. (*Mention.*)

2137. *Add.* : *Original. Turin, Archivio di Stato*, Bridiers, Maleval, Maulévrier, paquet 4, nᵒ 27.

2141. *Add* : *Bibl. nat.*, ms. fr. 5779, fol. 80. (*Mention.*)

2151. Date. *Corr.* « 9 mai » *au lieu de* « 7 mai ».

Add. : *Copie du XVIIᵉ siècle. Bibl. nat.*, ms. Clairambault 954, fol. 145.

2154. *Au lieu de* « La Varde », *lisez* « Labarde ».

2155. *Add.* : *Bibl. nat.*, ms. fr. 5779, fol. 116 vᵒ. (*Mention.*)

2166. *Add.* : *Bibl. nat.*, ms. fr. 5779, fol. 108. (*Mention.*)

2168. *Cote changée* : « J. 921, nᵒ 9 », *nunc* « J. 922, nᵒ 10⁸ ».

2179. *Add.* : *Bibl. nat.*, ms. fr. 5779, fol. 120 vᵒ. (*Mention.*)

2180. *Add.* : *Bibl. nat.*, ms. fr. 5779, fol. 122. (*Mention.*)

2182. *Add.* : « en remplacement de Pierre Anthoine, pourvu d'un office de maître des requêtes ».

Date : « 13 juillet », *corr.* « 10 juillet ».

Add. : *Bibl. nat.*, ms. fr. 5779, fol. 123. (*Mention.*)

2183. *Copie. Arch. de la ville de Gand*, reg. A, fol. 19 vᵒ. (Sous la date du 17 au lieu du 14 juillet).

2189. *Add.* : *Bibl. nat.*, ms. fr. 5779, fol. 128. (*Mention.*)

2191. *Add.* : *Copie du XVIIᵉ siècle. Bibl. nat.*; ms. fr. 4587, fol. 64.

Imp. Le P. Anselme, *Hist. généal.*, in-fol., 1730, t. V, p. 797.

2200. *Add.* : *Minute signée. Arch. nat.*, J. 922, nᵒ 15.

2204. Date. *Au lieu de* « 1526 », *corr.* « 1525 ».

Add. : *Arrêt d'enreg. du Parl. de Paris, le 29 août 1525. Arch. nat.*, X¹ᵃ 4877 (à la date).

2209. *Add.* : *Ratification par François Iᵉʳ, minute sans date. Arch. nat.*, J. 922, nᵒ 6.

2212. *Add.* : *Copie du XVIᵉ siècle. Arch. nat.*, J. 922, nᵒ 4.

2217. *Add. Copie. Bibl. nat.*, ms. fr. 5112, fol. 23 vᵒ.

2218. Cet acte est du 10 septembre, d'après le recueil Cromo. (*Arch. nat.*, U. 665, p. 244.)

2224. Des lettres semblables, adressées aux prévôt des marchands et échevins de Paris sont mentionnées dans le n° 24 du carton K. 953 des *Arch. nat.*

2226. *Add. : Copie du XVIe siècle. Ancien trésor des Chartes de Lorraine, cartulaire France. Arch. de Meurthe-et-Moselle*, B. 402 *bis*, fol. 27.

2236. *Analyse rectifiée :* Lettres de la régente permettant aux habitants de Chaource, ville appartenant à Lautrec, de faire relever leurs murs et fortifications tombés en ruine, et, pour les aider, les autorisant à lever pendant dix ans un double octroi : l'apetissement ou quatrième denier du vin vendu en détail dans la ville, et douze deniers tournois sur chaque queue de vente en gros.

2243. *Au lieu de* « Bernardin de Vaux », *lisez* « Bernardin des Baux ».

2259. *Add. : Copie. Bibl. nat.*, ms. Brienne 144, fol. 258.

2266. *Add. : Arrêt d'enreg. du Parl. de Paris, le 22 mars 1526 n. s. Arch. nat.*, X^1a 4878 (à la date).

2280. *Add. : Copie. Arch. départ. de l'Hérault*, C. *États de Languedoc*, Recueil des lettres et actes des commissaires du roi aux États, 1525. 10 pages.

2283 *bis*. Don d'un métier de chaussetier juré à Rouen. 13 janvier 1525.

2283 *ter*. Don d'un métier de barbier juré à Harfleur. 13 janvier 1525.

Imp. E. Coyecque, *Invent. somm. d'un chartrier parisien pendant le cours du XVIe siècle*, 10, n° 8. (*Mentions*.)

2284. *Add. : Copie du XVIe siècle en 28 feuillets in-4°. Turin, Archivio di Stato*, Trattati, mazzo 6, n° 9.

2288. Date. *Au lieu de* « 27 janvier », *lisez* « 26 janvier ».

2295. *Add. :* Imp. *Registres des délibérations du Bureau de la ville de Paris*. Paris, gr. in-4°, t. Ier, 1883, p. 306.

2298. Joindre aux noms des commissaires celui de l'archevêque de Rouen.

Add. : Original. Bibl. nat., ms. fr. 10206, n° 1.

2299 *bis*. Lettres de Louise de Savoie, régente, prorogeant pour six ans, en faveur de la ville de Romorantin, l'octroi du huitième denier sur le vin vendu au détail. Blois, 16 février 1525.

Original. Arch. municipales de Romorantin (Loir-et-Cher), CC. 47.

2305. *Add. : Bibl. nat.*, ms. fr. 20873, fol. 285. (*Mention*.)

2307. *Add. :* Imp. Dom Vaissète, *Hist. du Languedoc*, in-fol., 1745, t. V, col. 83.

2313. *Add. : Copie collationnée du XVIe siècle. Arch. nat., Suppl. du Trésor des Chartes*, J. 737, n° 40.

2322. *Add. : Copie du XVIIIe siècle. Bibl. de la ville d'Arles (Bouches-du-Rhône)*, ms. 111, n° 13.

2327. *Add. : Bibl. nat.*, ms. fr. 5502, fol. 19 v°. (*Mention*.)

2328. *Add. : Bibl. nat.*, ms. fr. 5502, fol. 9 v°. (*Mention*.)

2329. *Add. : Original scellé. Arch. des Bouches-du-Rhône*, H (ordre de Malte), liasse 43.

Copie collationnée du XVIe siècle. Arch. nat., M. 8, n° 23.

2333. *Autre copie de l'acte de réception* (anc. mém. 2 D, fol. 138 v°). *Arch. nat.*, P. 2304, p. 1167. — La date de l'acte royal est, d'après ce texte, du 20, et non du 26 avril. D'autre part, la date d'année est bien 1526, ce qui rend inutile la note portée à cet endroit du *Catalogue*.

2339. « La Rocque-de-Than », *corr.* « la Roque-de-Thau » (auj. c^ne de Bayon, Gironde).

2347. *Add. : Bibl. nat.*, ms. fr. 5502, fol. 8 v°. (*Mention*.)

2349. *Add. : Copie du XVIe siècle. Bibl. nat.*, ms. fr. 4604, fol. 65.

Copie du XVIIIe siècle. Bibl. nat., ms. Clairambault 952, p. 277.

2350. *Add. : Copies collationnées des*

xvie et xviie siècles. Arch. nat., M. 8, n°s 24, 25 et 26.

Copie. Arch. de la Haute-Garonne, H (fonds de Malte).

2356. Cette nomination a été faite sur la résignation de Jacques Challenge. L'acte est daté de Cognac.

Add. : Enreg. au Parl. de Rouen, le 8 juin 1526. Arch. de la Cour, à Rouen, reg. du Parl. pour avril-septembre 1526. 2 pages 1/2.

2357. *Add. : Arch. de Venise*, Patti, série I, n° 816.

2360. *Add. : Arch. de Venise*, Patti, série I, n° 817.

2380. Date. *Au lieu de* « 1525 », *corr.* « 1526 ».

Add. : Enreg. à la Chancellerie de France. Arch. nat., Trésor des Chartes, JJ. 239, n° 96, fol. 27 v°. 1 page.

2391. *Add. : Copie du xvie siècle. Arch. de Venise*, Commemoriali 21, fol. 19 v°. (Sous la date d'Angoulême, 21 juin 1526.)

2393. *Analyse rectifiée :* Mandement au lieutenant général Trivulce de faire exécuter à Lyon les travaux de voirie prescrits par les lettres de Louis XII, du 1er avril 1509. Angoulême, 26 juin 1526.

Add. : Copie du xvie siècle. Arch. du Rhône, reg. des insinuations de la sénéchaussée, Livre du roi, fol. 212 *bis*.

2397. *Add. : Bibl. nat.*, ms. Clairambault 1215, fol. 64. (*Mention.*)

2406. *Add. : Arch. nat.*, P. 2881², fol. 141. 4 pages.

2408. *Add. : Copie. Bibl. nat.*, ms. fr. 4604, fol. 68.

Copie du xviiie siècle. Bibl. nat., ms. Clairambault 952, p. 281.

2409. *Add. : Arrêt d'enreg. du Parl. de Paris, le 13 août 1526. Arch. nat.*, X^1a 4879 (à la date).

2410. *Add. : Enreg. à la Chambre des Comptes de Paris, le 12 septembre suivant*, anc. mém. 2 D, fol. 155-157. *Arch. nat.*, P. 2304, p. 1203. 2 pages.

2415. *Add. : Copie du xvie siècle. Arch. nat.*, T. 159¹, dossier 30, pièce 1re.

2419. *Add. : Arrêt d'enreg. du Parl. de Paris, le 26 juillet 1526. Arch. nat.*, X^1a 4879 (à la date).

2440. *Add. : Copie du xviie siècle. Bibl. nat.*, ms. Clairambault 953, fol. 19.

2445. Le nom de lieu « Caraye » paraît devoir être identifié avec Corrèze, chef-lieu de canton de l'arr. de Tulle.

Au lieu de « Voir ci-dessous, n° 2516 », *corr.* « n° 2520 ».

2447. *Au lieu de* « JJ. 239, n° 175 », *lisez* « n° 194 ».

2448. *Au lieu de* « JJ. 239, n° 195*bis* », *lisez* « n° 195 ».

2451. *Add. : Deux vidimus de 1527 et de 1531, et copie collationnée de 1532. Arch. départ. d'Ille-et-Vilaine*, 1 H. 5, n° 10.

2455. A la date : *au lieu de* « Montfranc », *lisez* « Montfraut ».

Montfraut était un petit château anciennement fortifié par les comtes de Blois et qui, au commencement du xvie siècle, était utilisé surtout pour les déplacements de chasse. Situé dans la partie de la forêt de Boulogne prise pour former le parc de Chambord, il fut détruit lors de la construction du grand château de ce nom.

2458. *Add. à la 2e référence : Arch. nat.*, Z^1b 61, fol. 115. 1 page 2/3.

2459. *Au lieu de :* « Arscot », *lisez* « Aerschot ».

Add : Enreg. à la Chambre des Comptes de Paris, anc. mém. 2 D, fol. 161 v°. *Mention d'inventaire. Arch. nat.*, PP. 119.

Imp. Le P. Anselme, *Hist. généal.*, 3e édit., t. V, p. 639 C. (*Mention.*)

2464. *Add. : Enreg. à la Chancellerie de France. Arch. nat., Trésor des Chartes*, JJ. 243, n° 224, fol. 54 v°.

2473. *Add. : Enreg. à la Chambre des*

Comptes de Paris, anc. mém. 2 D, fol. 365 v°. *Arch. nat.*, PP. 111, p. 133, et PP. 119, p. 58. (*Mentions*).

Bibl. nat., ms. fr. 21405, p. 302. (*Mention.*)

2491. « Berthon-en-Bourbonnais », *corr.* « Le Brethon-en-Bourbonnais. »

2494. *Add. : Enreg. le 17 décembre suivant à la Chambre des Comptes de Paris*, anc. mém. 2 D, fol. 165. *Arch. nat.*, PP. 119, p. 29. (*Mention.*)

Bibl. nat., ms. fr. 21405, p. 295. (*Mention.*)

2503. *Add. : Bibl. nat.*, ms. fr. 5502, fol. 36 v°. (*Mention*, sous la date du 9 décembre.)

2514. *Add. : Original. Arch. municipales de Bourges*, AA. 209.

2518. *Add. : Bibl. nat.*, ms. fr. 5502, fol. 48. (*Mention.*)

2531. *Add. : Original. Arch. du château de Chantilly*, K. 57, n° 15.

Copie collationnée du XVIe siècle. Arch. nat., R^{4*} 1024, fol. 4.

2534. *Add. :* pour s'opposer aux entreprises des Turcs.

Original. Bibl. nat., ms. fr. 25720, n° 261.

Placard imprimé. Arch. nat., J. 1037, n° 12°.

2538. *Add. : Bibl. nat.*, ms. lat. 10963. (*Mention.*)

2541. *Add. : Original. Arch. départ. de l'Isère*, B. 3187.

2555. *Au lieu de* « Novion, Hérisson », *lisez* « Nouvion-en-Thiérache, Hirson ».

2563. *Au lieu de* « Jean, roi de Navarre », *lisez* « Henri. . . . . ».

Cote changée : « J. 935, n° 4 », *nunc* « J. 934, n° 14 ».

2571. *Add. à la 2e référence : Arch. nat.*, Z^{1b} 61, fol. 116. 2 pages.

2573. *Add. : Vidimus du XVIe siècle. Arch. municipales de Béziers.* — D'après une communication de M. Soucaille au *Comité des travaux historiques. Bulletin de 1887*, n°s 3-4, p. 196.

2574. *Add. :* Imp. *Bulletin historique et philologique du Comité des travaux historiques*, ann. 1887, n°s 1-2. Paris, in-8°, p. 135.

2579. *Add. à la référence : Arch. nat.*, Z^{1b} 61, fol. 118. 2/3 de page.

2580. *Add. : Bibl. nat.*, ms. fr. 21405, p. 302. (*Mention.*)

2583. *Add. : Autre copie. Arch. nat.*, P. 2304, p. 1229. 3 pages.

2585. *Add. : Enreg. à la Chancellerie de France. Arch. nat.*, *Trésor des Chartes*, JJ. 243, n° 242, fol. 60.

2595. *Au lieu de* « Jean de Sérins », *lisez* « de Sercus (Sarcus) ».

2602 *bis*. Traité d'alliance entre François Ier et Charles III, duc de Savoie. 11 mars 1527.

Copie du XVIe siècle. Turin, Archivio di Stato, Protocolli, t. 210, fol. 65.

2613. *Add. : Copie du XVIe siècle. Bibl. nat.*, ms. fr. 5501, fol. 380. 4 p.

2619. *Add. : Copie du XVIe siècle. Arch. municipales de Cognac* (*Charente*). *Extrait du Livre rouge.*

2625. *Add. : Enreg. à la Chancellerie de France. Arch. nat.*, *Trésor des Chartes*, JJ. 243, n° 253, fol. 63.

2645. *Add. : Original. Arch. départ. de l'Isère*, B. 3187.

2650. *Add. : Enreg. au Châtelet de Paris, le 13 avril 1527 n. s. Arch. nat.*, Bannières, Y. 8, fol. 220 v°. 1 page.

2654 *bis*. Mandement de faire délivrer, pour la transmettre à Pierre d'Apestigny, receveur général de l'extraordinaire des guerres, qui l'emploiera aux besoins urgents de l'État, la somme de 1,000 livres déposée entre les mains de Jean Michaëlis, greffier criminel, à l'occasion d'un procès entre Jean de Lévis, s^r de Mirepoix, d'une part, le procureur général du Parlement de

Toulouse et les habitants de Mirepoix, d'autre. Bois de Vincennes, 25 avril 1527.

Original. Arch. de M. le duc de Mirepoix, au château de Léran (Ariège).

2670. *Add.* : Imp. H. Joly, *Traité de la Chambre des comptes de Dijon.* Dijon, 1653, 2e édit., p. 42.

2671. *Add.* : *Original. Arch. du château de Chantilly*, ms. 750, n° 9, fol. 48.

2684. *Add.* : *Mention dans un arrêt du Grand conseil, en date du 20 août 1529. Arch. nat.*, V[6] 1049.

2695. *Add.* : *Enreg. à la Chambre des Comptes de Paris, le 15 septembre 1529.*

Copie du XVIIIe siècle. Bibl. nat., ms. fr. 16835, fol. 2.

2704. *Add.* : *Copie. Arch. départ. de l'Hérault*, C. *États de Languedoc, Recueil des lettres et actes des commissaires du roi aux États*, 1527. 2 pages.

2708. *Add.* : *Copie collationnée par le greffier criminel du Parl., Malon. Arch. nat.*, U. 446, fol. 146 v°.

Copie du XVIe siècle. Arch. nat., R[4] 1023.

2709. *Add.* : *Expéd. orig. Arch. des Bouches-du-Rhône*, B, carton 3296, n° 6.

2711. *Add.* : *Expéd. orig. Arch. des Bouches-du-Rhône*, B, carton 3296, n° 5.

2713. Date, *add.* : « Paris ».

Enreg. à la Chambre des Comptes de Paris, anc. mém. 2 D, fol. 311 v°. *Arch. nat.*, P. 2304, p. 1423.

Bibl. nat., ms. fr. 21405, p. 301. (*Mention.*)

2714. *Add.* : *Autre copie. Arch. nat.*, P. 2304, p. 1332. 4 pages.

2719. « Fleuri Colin », *corr.* « Flour Colin ».

2732. *Add.* : Imp. Aug. Thierry, *Recueil des monuments inédits de l'hist. du Tiers-État.* Paris, in-4°, t. II, 1853, p. 573.

2733 et 2739. *Cote changée* : « J. 921 », *nunc* « J. 922 ».

2740. *Add.* : *Arrêt d'enreg. du Parl. de Paris, le 5 mars 1528 n. s. Arch. nat.*, X[1a] 4883 (à la date).

2745. *Add.* : Imp. G. Guiffrey, *Procès de Jean de Poitiers, seigneur de Saint-Vallier.* Paris, in-8°, p. 155.

2746. *Add.* : *Copie du XVIe siècle. Bibl. nat.*, ms. fr. 5086, fol. 60 v°. 2 p.

2757. *Add.* : *Copie du XVIIe siècle. Arch. nat.*, Q[1] 390.

Copie du XVIIe siècle. Arch. de l'Isère, Bureau des finances, reg. des aliénations (1685), fol. 129 v°. 2 pages.

2760. *Add.* : *Arrêt d'enreg. du Parl. de Paris, le 24 février 1528 n. s. Arch. nat.*, X[1a] 4883 (à la date).

2762. *Add.* : *Autre enreg. à la Chambre des Comptes de Paris. Arch. nat.*, P. 2305, p. 1193 (sous la date du 2 août). 2 pages.

2787. *Add.* : *Voir l'opposition à l'enreg. au Parl., à la date du 3 décembre 1527. Arch. nat.*, X[1a] 4882.

2800. *Add.* : *Copie du XVIIIe siècle. Arch. nat., Châtelet de Paris*, Y. 17343.

2810. « Jean Edevyn » peut être « Edouyn », pour « Hédouin ».

N. B. Louise de Savoie est qualifiée à tort « reine-mère », ainsi que dans quelques autres endroits de ce volume.

2813. *Cote changée* : « K. 541 », *nunc* « K. 538, n° 22 ».

2822. *Add.* : *Original. Modène. Archivio di Stato, Archivio ducale secreto, Stato.*

Imp. Lünig, *Codex Italiæ diplomaticus*, t. IV, col. 225.

2830. *Add.* : Imp. Joseph de Croy, *Nouveaux documents pour l'histoire de la création des résidences royales des bords de la Loire.* Paris, Blois, 1894, in-8°, p. 200.

2852. *Add.* : *Original. Modène, Ar-*

IMPRIMERIE NATIONALE.

chivio di Stato, Archivio ducale secreto, Casa.

2857. *Add. : Arrêt d'enreg. du Parl. de Paris, le 13 août 1528. Arch. nat.*, X[1a] 4884 (à la date).

Copie du XVIe siècle. Arch. départ. des Basses-Pyrénées, E. 570.

Anc. arch. de la Chambre des Comptes de Joinville (pièce cotée 63). *Arch. nat.*, KK. 906, fol. 220. (*Mention.*)

N. B. Cet acte porte incorporation au duché de Guise des seigneuries d'Aubenton, Rumigny, Martigny, Watphal[1], Condé, Hirson et du Nouvion-en-Thiérache.

2882. *Add. : Promulgation desdites lettres par Philippe Chabot, gouverneur de Bourgogne, en date du 14 avril suivant. Arch. nat.*, M. 17, n° 14.

2890. *Add. : Copie collationnée du XVIIIe siècle. Arch. nat.*, K. 216, n° 167.

N. B. Ce sont des lettres, non de sauvegarde, mais de garde-gardienne.

2893. *Add. :* Imp. *Bibl. nat.*, coll. des 500 Colbert, vol. 203, fol. 351 v°. (*Mention.*)

2915. *Add. : Original. Arch. nat., Chambre des Comptes de Paris*, P. 10, n° 3463.

2916. *Add. : Original scellé. Arch. nat.*, M. 8, n°s 27 et 29 (Double).

Copie du XVIe siècle. Ibid., n° 28.

Copie collationnée du XVIIIe siècle. Arch. nat., MM. 3.

Copie. Arch. de la Haute-Garonne, H, fonds de Malte.

Imp. D'Escluseaux, *Privilèges de l'ordre Saint-Jean de Hiérusalem.* Paris, 1700, in-fol., p. 40.

2923. *Add. : Vérif. à la Chambre des Comptes de Blois, le 30 septembre 1528.*

Arch. de la Chambre des Comptes de Blois, layette dite : «Pour la Chambre des Comptes de Blois». *Bibl. nat.*, ms. Moreau 406, fol. 367. (*Mention.*)

2931. *Add. : Original signé et scellé. Arch. nat.*, J. 1100, n° 13.

2933. *Add. : Enreg. à la Chancellerie de France. Arch. nat., Trésor des Chartes*, JJ. 243, n° 412, fol. 122.

2935 et 2938. *Add. : Enreg. à la Chambre des Comptes de Dijon. Arch. de la Côte-d'Or*, B. 72, fol. 119.

2941. *Add. :* «François» de La Trémoïlle.

Original. Chartrier de Thouars, appartenant à M. le duc de La Trémoïlle.

Imp. *Les La Trémoïlle, pendant cinq siècles*, t. III. Charles, François et Louis III (1485-1577). Nantes, in-4°, 1894, p. 62.

N. B. Le lieu de la date est Anet et non Saint-Germain-en-Laye.

2943. *Add. : Copie du XVIIIe siècle. Bibl. nat.*, ms. fr. 18478, fol. 34 v°. 2 pages.

2945. *Add. : Enreg. à la Chambre des Comptes de Paris*, anc. mém. 2 F, fol. 18 v°. *Arch. nat.*, P. 2305, p. 7 et 813. 1 page 1/2.

2952. *Add. : Enreg. au Grand conseil, le 20 juillet 1528. Arch. nat.*, V[5] 1046. 2 pages 1/2.

2953. *Add. : Arrêt d'enreg. du Parl. de Paris, le 13 août 1528. Arch. nat.*, X[1a] 4884 (à la date).

Copie du temps, sans date. Bibl. nat., ms. fr. 5503, fol. 91 v°. 4 pages.

2958. *Add. : Arrêt d'enreg. du Parl. de Paris, le 25 mai 1528. Arch. nat.*, X[1a] 4884 (à la date).

2965. *Add. : Arrêt d'enreg. du Parl. de Paris, le 25 mai 1528. Arch. nat.*, X[1a] 4884 (à la date).

2991. *Add. : Reçu au Parl. de Paris, le 11 août 1528. Arch. nat.*, X[1a] 4884 (à la date).

3029. *Add. : Arrêt d'enreg. du Parl.*

[1] Château auj. détruit, dont l'emplacement se trouve dans la commune de Saint-Marcel (canton de Renwez, arr. de Mézières, Ardennes). Le moulin qui en dépendait existe encore et a conservé le nom de Watphal.

de Paris, le 2 juillet 1528. Arch. nat., X[1a] 4884 (à la date).

3031. *Add. : Copie in-extenso. Arch. nat.*, P. 2305, p. 187. 2 pages 1/2.

3035. *Add. : Arrêt d'enreg. du Parl. de Paris, le 11 août 1528. Arch. nat.*, X[1a] 4884 (à la date).

Copie du XVIIe siècle. Bibl. nat., ms. fr. 4587, fol. 68.

3038. *Add. : Original. Turin, Archivio di Stato*, Princes de Génevois et de Nemours, 5e catégorie, paquet 24, n° 7.

Autre expéd. orig. Modène, Archivio di Stato, Arch. ducale secreto, Casa.

Copie du XVIe siècle. Arch. départ. d'Eure-et-Loir, G. 533.

Arrêt d'enreg. du Parl. de Paris, le 30 juillet 1528. Arch. nat., X[1a] 4884 (à la date).

IMP. Le P. Anselme, *Hist. généal.*, in-fol., 1730, t. V, p. 539.

3042 *bis*. Lettres de naturalité et permission d'acquérir et posséder dans le royaume de France, octroyées à Hercule d'Este, fils du duc de Ferrare, à l'occasion de son mariage avec Renée de France, et aux enfants qui leur surviendront. Paris, juin 1528.

Original. Modène, Archivio di Stato, Arch. ducale secreto, Casa.

3050. *Add. : Bibl. nat.*, ms. fr. 10406, fol. 54. (*Mention plus développée.*)

3052. *Add. : Bibl. nat.*, ms. fr. 10406, fol. 55 v°. (*Mention plus développée.*)

3055. *Add. : Bibl. nat.*, ms. fr. 10406, fol. 56 v°. (*Mention plus développée.*)

3058. *Add. : Bibl. nat.*, ms. fr. 10406, fol. 57 v°. (*Mention.*)

3059. *Add. : Bibl. nat.*, ms. fr. 10406, fol. 58 v°. (*Mention.*)

3061. *Minute sur papier, sans la date. Bibl. nat.*, ms. fr. 3002, fol. 23.

3063. *Add. :* IMP. Pièce in-4° de 4 pages. *Arch. nat.*, MM. 220, fol. 1.

3070. *Add. :* IMP. Le P. Anselme, *Hist. généal.*, in-fol., 1730, t. V, p. 544.

3072. *Add. : Bibl. nat.*, ms. fr. 10406, fol. 59. (*Mention.*)

3074. *Add. : Original. Turin, Archivio di Stato*, Princes de Génevois et de Nemours, 5e catégorie, paquet 24, n° 8.

Traduction en italien du XVIe siècle. Modène, Archivio di Stato, Archivio ducale secreto, Casa.

Arrêt d'enreg. du Parl. de Paris, le 30 juillet 1528. Arch. nat., X[1a] 4884 (à la date).

Enreg. au Parl. de Rouen, le 7 août 1528. Copie du XVIIIe siècle. Bibl. de l'Arsenal à Paris, ms. 6029, fol. 7.

IMP. Le P. Anselme, *Hist. généal.*, in-fol., 1730, t. V, p. 541.

3077. Lettres de légitimation accordées à Jean Petit, *add. :* « fils naturel de Louis Petit et d'Antonia Morel, de la sénéchaussée de Beaucaire. Paris, juillet 1528 ».

Add. : Enreg. à la Chancellerie de France. Arch. nat., Trésor des Chartes, JJ. 241, n° 187, fol. 205 v°. 1 page.

3085. Loré doit être identifié avec Lorrez-le-Bocage (auj. canton de l'arr. de Fontainebleau, Seine-et-Marne).

3101. *Add. : Bibl. nat.*, ms. fr. 10406, fol. 68 v°. (*Mention.*)

3103. La date assignée à cet acte dans P. 2305 est le « 21 août », *au lieu du* « 20 août ».

3105. *Enreg. à la Chambre des Comptes de Paris. Arch. nat.*, P. 2305, p. 1135. 2 pages.

(Cet acte est daté de Coucy.)

3125. *Add. : Original en mauvais état. Arch. départ. des Basses-Pyrénées*, E. 573.

3136. *Add. : Copie du XVIe siècle. Arch. nat.*, K. 84, n° 4, fol. 3. 2 pages.

Traduction en italien du XVIe siècle. Modène, Archivio di Stato, Archivio ducale secreto, Casa.

3147. *Add. : Réception dudit Hérouart*

au Parl., le 22 décembre 1528. Arch. nat., X^1a 4885 (à la date).

3167. *Au lieu de* « P. 2305, p. 153 », *lisez* « p. 253 ».

Add. : Original. Modène, Archivio di Stato, Archivio ducale secreto, Casa.

Copie du XVIe *siècle. Arch. nat.*, K. 84, n° 4, fol. 9 v°. 2 pages. (Cette copie assigne à l'attache de la Chambre des Comptes la date du 19 octobre 1528.)

3177. *Add. : Original. Modène, Archivio di Stato, Archivio ducale secreto, Casa.*

Copie du XVIe *siècle. Arch. nat.*, K. 84, n° 4, fol. 12. 3 pages 1/2.

3181. *Add. : Copie in-extenso. Arch. nat.*, P. 2305, p. 179. 2 pages.
(Cet acte est daté de Paris.)

3189. *Add. : Copie in-extenso. Arch. nat.*, P. 2305, p. 181. 2 pages.
(Cet acte est daté de Paris.)

3196. *Add. : Original. Modène, Archivio di Stato, Archivio ducale secreto, Casa.*

Copie du XVIe *siècle. Arch. nat.*, K. 84, n° 4, fol. 6 v°. 5 pages.

3197. *Add. : Enreg. à la Cour des Aides de Normandie, le 26 février 1530 n. s. Arch. de la Seine-Inférieure*, Mémoriaux, 2e vol., fol. 21. 25 pages.

3203. « Guy de Bretay », *corr.* « Breslay ».

3217. *Add. : Entérinées à la Cour des Aides de Normandie, le 19 novembre suivant.*

Original. Arch. de la ville du Havre (Seine-Inférieure).

Enreg. à la Chambre des Comptes de Paris, le 9 novembre 1528. Copie du 16 avril 1532. Arch. nat., K. 1200 (cahier de parchemin portant l'indication de l'anc. cote K. 1157). 1 page 1/3.

Enreg. de nouveau à la Cour des Aides de Normandie, le 2 mars 1543 n. s., avec les lettres de Louis XI (Eu, 26 septembre 1463), *relatives aux privilèges de Dieppe. Arch. de la Seine-Inférieure*, Mémoriaux, 2e vol., fol. 278. 3 pages.

3230. *Add. : Copie du* XVIe *siècle. Bibl. nat.*, ms. fr. 5501, fol. 383 v°. 2 pages.

3235. *Add. : Comptes de Guy Milletot, receveur général de Bourgogne. Arch. de la Côte-d'Or*, B. 1837, fol. 142, 143. (*Mentions.*)

3241. *Add. : Copie du* XVIe *siècle. Bibl. nat.*, ms. fr. 5501, fol. 384. (*La date manque.*)

3245 *bis*. Lettres accordant une prolongation de quatre ans pour les franchises des foires du Liège et de Saint-Gilles, à Dinan, concédées en 1510 par Anne, duchesse du Bretagne. Saint-Germain-en-Laye, 29 novembre 1528.

Imp. *Fragments historiques sur Dinan et les environs, extraits des manuscrits de M. Mahéo.* Dinan, 1854, in-12, p. 12. (*Mention.*)

3257. *Add. : Arrêt d'enreg. du Parl. de Paris, le 15 décembre 1528. Arch. nat.*, X^1a 4885 (à la date).

3259. *Add. : Voir le reg. de Plaidoiries du Parl. de Paris, au 31 décembre 1528. Arch. nat.*, X^1a 4885.

3269. *Add. : Arrêt d'enreg. du Parl. de Paris, le 4 février 1529 n. s. Arch. nat.*, X^1a 4885 (à la date).

3270. *Add. : Original. Turin, Archivio di Stato*, Princes de Génevois et Nemours, 5e catégorie, paquet 24, n° 9.

Arrêt d'enreg. du Parl. de Paris, le 4 février 1529 n. s. Arch. nat., X^1a 4885 (à la date).

Copie du XVIe *siècle. Bibl. nat.*, ms. fr. 5043, fol. 247.

Imp. Dom Guill. Morin, *Histoire générale des pays de Gastinois, Senonois et Hurepoix...* Paris, Chevalier, 1630, in-fol., p. 329.

Le P. Anselme, *Hist. généal.*, 3e édit., in-fol., t. III, p. 503.

3277. « Saigues », *corr.* « Saignes ».

Add. : Imp. Cte H. de Chabannes, *Preuves pour servir à l'histoire de la maison de Chabannes.* Dijon, in-4°, 1893, t. II, p. 940.

3281. *Add.* : « en Languedoc ». « Fol. 211 », *corr.* « 210 ».

3284. *Add.* : Imp. Saintyon, *Eaux et forêts, chronologie*, p. 8. (*Arrêt d'enreg. par les Trésoriers de France, janvier 1529 n. s.*)

3296. *Add.* : *Copie du XIXe siècle. Bibl. de la ville de Versailles*, ms. 412 F, fol. 61. 2 pages.

3297. *Add.* : *Copie du XIXe siècle. Bibl. de la ville de Versailles*, ms. 412 F, fol. 59.

3301. *Add.* : *Original. Arch. départ. des Basses-Pyrénées*, E. 570.

3322, 3353 et *aliàs*. *Au lieu de* « Charles de Coucy, sr de Bury », *lisez* « Ch. de Coucys ou Coucis, sr de Burie ».

Nota. — Ce célèbre capitaine n'appartenait pas à la famille des sires de Coucy; il était originaire de Saintonge. (Burie, canton de l'arrondissement de Saintes, Charente-Inférieure.) Cf. *Revue de Saintonge et d'Aunis*, t. III, p. 17.

3333. *Add.* : *Enreg. à la Chancellerie de France. Arch. nat.*, *Trésor des Chartes*, JJ. 244, no 59, fol. 80 vo. 2 pages.

3352. *Add.* : *Enreg. à la Chancellerie de France. Arch. nat.*, *Trésor des Chartes*, JJ. 243, no 568, fol. 173 vo.

3355. *Add. à la référence* : *Arch. nat.*, Z1b 61, fol. 121. 1 page 1/2.

3387. « Beauvais », cne d'Azay-sur-Cher (Indre-et-Loire), dont le château appartenait à cette époque à Gabriel Miron, premier médecin de François Ier.

3397. *Add.* : *Copie du XVIe siècle. Arch. imp. de Vienne* (*Autriche*), non cotée.

3398. *Add.* : *Arrêt d'enreg. du Parl. de Paris, le 26 juillet 1529. Arch. nat.*, X1a 4886 (à la date).

3399. *Add.* : *Original scellé. Anc. Trésor des Chartes de Lorraine, lay. Mercœur, no 6. Bibl. nat.*, ms. Lorraine 218, fol. 14.

Copie du XVIe siècle. Anc. Trésor des Chartes de Lorraine, cartulaire Mercœur. Arch. de Meurthe-et-Moselle, B. 410, fol. 13 vo.

3414. *Add.* : « octroyés par Louis XII à Accurse Maynier, confirmés en faveur de son fils Jean Maynier d'Oppède, docteur ès droits, conseiller au Parlement de Provence ».

3425. *Add.* : *Original. Anc. Trésor des Chartes de Lorraine, lay. Mercœur, no 56. Bibl. nat.*, ms. Lorraine 219, fol. 200. 3 peaux de parchemin.

Copie du XVIe siècle. Anc. Trésor des Chartes de Lorraine, cartulaire Mercœur. Arch. de Meurthe-et-Moselle, B. 410, fol. 1.

3428. *Add.* : *Copie du XVIIIe siècle. Bibl. d'Auxerre*, ms. intitulé : *Histoire et cartulaire de Pontigny*, par l'abbé Depaquit, t. II, p. 305.

3431. *Add.* : *Enreg. à la Chambre des Comptes de Blois, le 30 mai 1560. Arch. nat.*, P. 28813, fol. 177. 3 pages.

3436. *Add.* : *Original scellé, signé* : « Marguerite et Louise ». *Bibl. nat.*, mélanges de Colbert, vol. 365, no 310.

Copie du XVIe siècle. Anc. Trésor des Chartes de Lorraine, cartulaire Bourgogne-Autriche. Arch. de Meurthe-et-Moselle, B. 406, fol. 27.

Copie du XVIe siècle en 22 feuilles. Turin, Archivio di Stato, mazzo 6, no 11.

Voir les reg. de Plaidoiries du Parl. de Paris, aux 18 et 19 novembre 1529. Arch. nat., X1a 4887.

3437. *Add.* : *Copie du XVIIIe siècle, Mémorial reconstitué de la Chambre des Comptes. Arch. nat.*, P. 2305, p. 877. 3 pages.

(Cet acte est daté de Saint-Quentin.)

3438. *Cote changée* : J. 921, « *nunc* » « J. 922 ».

Add. : *Texte du traité du 6 août, original et copie. Idem*, J. 922, no 20 et 20 *bis*.

3480. *Add.* : *Copie du XVIe siècle. Bibl. nat.*, ms. fr. 14368, fol. 199. 1 page.

3483. *Cote changée :* « K. 554 », *nunc* « 538, n° 24 ».

3487. *Add. : Enreg. à la Chambre des Comptes de Paris*, anc. mém. 2 F, fol. 70 v°. *Arch. nat.*, P. 2305, p. 881. 3 pages.

3496. *Add. : Placards en vélin du* XVI*e* *siècle. Arch. nat.*, J. 939, n° 10 à 13, et *Bibl. nat.*, nouv. acquisit. franç., ms. 1483, n° 53.

Copie du XVI*e* *siècle. Arch. départ. de la Gironde*, série G, reg. 922.

Imp. *Archives hist. du départ. de la Gironde*, t. XXVIII, 1893, in-4°, p. 334.

3500. *Duplicata scellé. Bibl. nat.*, Mélanges de Colbert, vol. 368, n° 343.

3513. *Add. : Copie du* XVIII*e* *siècle. Bibl. nat.*, Portefeuilles Fontette, *Pièces historiques*, vol. 2, p. 112.

3529. *Add. : Original. Arch. du Palais de Monaco*, A. 24, n° 28.

Imp. G. Saige, *Documents hist. relatifs à la principauté de Monaco.* Imp. de Monaco, in-8°, t. II, 1890, p. 425.

3536-3537. Ces deux numéros sont deux analyses du même acte.

Add. : Imp. *Bulletin historique et philologique du comité des travaux historiques*, ann. 1887, n°s 1-2. Paris, in-8°, p. 10. 2 pages.

3548. *Add. : Copie du* XIX*e* *siècle. Bibl. de la ville de Versailles*, ms. 412 F, fol. 77. 2 pages.

3562. *Add. : Copie collationnée du 23 janvier 1530 n. s., signée :* Robertet.[1] *Arch. nat.*, K. 1643 (anc. cote D 7), n° 28.

3570. *Add. : Copie du* XIX*e* *siècle. Bibl. de la ville de Versailles*, ms. 412 F, fol. 80. 2 pages.

3579. Pérac, *corr.* Pérat au ressort de Montmorillon. (Peyrat, Haute-Vienne.)

3584. *Add. : Reçu au Parl. de Paris, le 10 janvier 1530 n. s. Arch. nat.*, X^{1a} 1533, fol. 53 v°.

3586. *Add. : Original. Arch. départ. des Basses-Pyrénées*, E. 570.

Arrêt d'enreg. au Parl. de Paris, le 20 janvier 1530 n. s. Arch. nat., X^{1a} 4887 (à la date).

3587. *Add. : Deux copies du* XVI*e* *siècle. Arch. départ. du Nord*, Documents diplomatiques.

3601. *Modifier ainsi :* Édit de suppression de l'office d'usager dans les forêts du comté de Blois, — lequel distribuait le bois aux usagers, — et limitant les droits d'usage dans lesdites forêts.

Add. : Visées dans une sentence des Eaux et forêts du 28 avril 1543. Arch. nat., Z^{1e} 328, fol. 185.

Enreg. à la Chambre des Comptes de Blois. Arch. nat., KK. 902, fol. 112. (*Mention.*)

3615. *Add. : Original. Bibl. nat.*, ms. fr. 20856, n° 63.

Vidimus du 22 mai 1530. Arch. nat., K. 1641 (anc. cote D 4 *bis*).

3616. *Add. : Copie collationnée du 25 octobre 1603. Arch. nat.*, J. 1018, n° 108.

3623. *Add. : Enreg. sur l'ancien mémorial de la Chambre des Comptes* 2 F, fol. 10. *Copie collationnée du* XVIII*e* *siècle (mém. reconstitué). Arch. nat.*, P. 2305, p. 482 et 787. 3 pages.

Copie du XVIII*e* *siècle. Bibl. nat.*, Portefeuilles Fontanieu, vol. 222.

3624. *Cote changée :* « J. 921, n° 29 », *nunc* « J. 922, n° 28 ».

3627. *Add. : Enreg. au Parl. de Dijon, le 2 juin 1530. Arch. de la Côte-d'Or, Parl.*, reg. II, fol. 163.

3637. *Add. : Original scellé et signé. Arch. nat.*, K. 1640 (anc. cote D. 4), n° 9).

3649. *Add. : Copie collationnée du* XVI*e* *siècle. Arch. nat.*, J. 934, n° 7.

3651. *Add. : Arrêt d'enreg. du Parl.*

[1] Cette copie donne aux lettres la date du 15 décembre.

de Paris, le 29 mars 1530 n. s. Arch. nat., X[1a] 4887 (à la date).

3662. *Add. : Arrêt d'enreg. du Parl., le 21 avril 1530. Arch. nat.*, X[1a] 4888 (à la date).

3663. *Add. : Original. Arch. nat.*, J. 507, n° 21.

Enreg. à la Chambre des Comptes de Paris, anc. mém. 2 E, fol. 261. *Arch. nat.*, P. 2305 (mém. reconstitué), p. 501. 5 pages.

3666 à 3670. *Add. : Arrêts d'enreg. du Parl. de Paris, le 21 avril 1530. Arch. nat.*, X[1a] 4888 (à la date).

3668. *Au lieu de* « Tournant », *lisez* « Tournan ».

3671. *Add. : Enreg. au Parl. de Paris, le 2 mars 1531 n. s. Arch. nat.*, X[1a] 4889, Plaidoiries, à la date. (*Mention.*)

Enreg. à la Chambre des Comptes de Paris. Arch. nat., P. 2305, p. 1325. (*Mention.*)

3682. *Add. : Copie du XIXe siècle. Bibl. de la ville de Versailles*, ms. 412 F, fol. 86. 2 pages.

3683. Cet acte est du 6 mai et non du 7 mai.

3689. *Add. : Arrêt d'enreg. du Parl. de Paris, le 21 mai 1530. Arch. nat.*, X[1a] 4888 (à la date).

3692. *Add. : Vidimus original sous le sceau de la ville de Valenciennes, du 25 août 1531. Arch. départ. du Nord*, Documents diplomatiques.

3697. *Add. :* Cl. de Beauvillier « s[r] de la Ferté, en remplacement du feu s[r] de Valençay ».

Enreg. au Parl. de Paris, le 2 mars 1531 n. s. Arch. nat., X[1a] 4889, Plaidoiries, à la date. (*Mention.*)

3698. *Add. : Arrêt d'enreg. du Parl. de Paris, le 21 mai 1530. Arch. nat.*, X[1a] 4888 (à la date).

3699. *Add. : Arrêt d'enreg. du Parl. de Paris, le 4 juin 1530. Arch. nat.*, X[1a] 4888 (à la date).

Imp. Le comte de Soultrait, *Inventaire des titres de Nevers de l'abbé de Marolles*. Nevers, 1873, in-4°, col. 406. (*Mention* à la date inexacte du 11 mars 1530.)

3704. *Add. : Copie du XVIe siècle. Bibl. nat.*, ms. fr. 5086, fol. 59 v°. 2 pages.

3717. *Add. : Arch. municipales de Dijon*, G. 233.

3732. *Add. : Original. Arch. du château de Chantilly*, ms. 750, n° 10, fol. 51.

3736. *Add. : Compte de Guy Milletot, receveur général de Bourgogne. Arch. de la Côte-d'Or*, B. 1838, fol. 118 v°. (*Mention.*)

3739. *Add. :* Imp. *Arch. municipales de Bordeaux*, t. II. *Livre des privilèges*. Bordeaux, Gounouilhou, in-4°, p. 267.

3749. *Add. : Original. Arch. départ. de l'Isère*, B. 3187.

3754. Cote J. 922, n°s 1 et 2, *corr.* « n° 17 ».

3766. « Ms. fr. 2782 », *corr.* « 2702 ».

3773. L'acte est daté de « Pontlevoy, le 23 septembre 1530 ».

Mention dans l'acte de réception. Arch. nat., P. 2305, p. 1171.

Bibl. nat., ms. fr. 21405, p. 308. (*Mention.*)

3774. L'acte est daté d'« Amboise, le 26 septembre 1530 ».

Copie collationnée du XVIIIe siècle. Arch. nat., mém. reconstitué de la Chambre des Comptes, P. 2305, p. 1173. 2 pages 1/2.

Bibl. nat., ms. fr. 21405, p. 309. (*Mention.*)

3784. *Au lieu de* « Joursanvault, n° 1651 », *lisez* « n° 1631 ».

3788. *Add. : Original. Arch. du château de Chantilly*, ms. 750, n° 11, fol. 54.

3800. L'acte est daté de « Blois, le 12 novembre 1530 ».

Copie collationnée du XVIIIe siècle dans les mém. reconstitués de la Chambre des Comptes. Arch. nat., P. 2305, p. 1175. 3 pages.

3828. *Add. à la référence : Arch. nat.*, Z^{1b} 61, fol. 122 v°. 2 pages.

3829. *Add. : Copie authentique sur le reg. criminel du greffe du Parl. de Paris. Arch. nat.*, U. 446, fol. 179. 1 page.

3832. *Add. : Copie du XVIe siècle. Modène, Archivio di Stato, Cancellaria ducale, Documenti di Stati esteri.*

3832 *bis.* Mandement à Jean Briçonnet, Mathieu de Longuejoue, Louis Picot et Jean Viole, commissaires du roi, chargés de la réunion du domaine aliéné, leur notifiant que la mère du roi, la reine de Navarre et la duchesse de Chartres ne doivent pas être comprises parmi les personnes visées par l'édit de révocation des dons et aliénations du domaine. Saint-Germain-en-Laye, 29 décembre 1530.

Copie du XVIe siècle. Modène, Archivio di Stato, Cancellaria ducale, Documenti di Stati esteri, Francia.

TOME II.

3842. Date. *Add.* : « Saint-Germain-en-Laye ».

Copie collationnée du XVIIIe siècle dans les mém. reconstitués de la Chambre des Comptes. Arch. nat., P. 2305, p. 891. 2 pages.

Bibl. nat., ms. Clairambault 782, p. 288. (*Mention.*)

Bibl. nat., ms. fr. 21405, p. 308. (*Mention.*)

3845. *Add. : Original. Arch. de la ville du Havre (Seine-Inférieure)*, avec pièces annexées.

3852. *Add. : Acquits sur l'épargne. Arch. nat.*, J. 960^1^, n° 29, anc. 60. (*Mention.*)

3859. *Add. : Acquits sur l'épargne. Arch. nat.*, J. 960^1^, n° 29, anc. 60. (*Mention.*)

3890. *Add. : Acquits sur l'épargne. Arch. nat.*, J. 960^1^, n° 27, anc. 57. (*Mention.*)

3891. *Add. : Acquits sur l'épargne. Arch. nat.*, J. 960^1^, n° 29, anc. 60. (*Mention.*)

3920. *Add. : Copie du temps. Anc. Trésor des Chartes de Lorraine, lay. Mercœur*, n° 55. *Bibl. nat.*, ms. de Lorraine 219, fol. 194. 3 pages et 1 page.

Copie du XVIe siècle. Anc. Trésor des Chartes de Lorraine, cartulaire Mercœur, Arch. de Meurthe-et-Moselle, B. 410, fol. 18 v° et 20.

Copie du XVIIe siècle. Anc. Trésor des Chartes de Lorraine, lay. Mercœur, n° 18. *Bibl. nat.*, ms. Lorraine 218, fol. 32. 3 pages.

3923. *Add. : Texte. Arch nat.*, Papiers du P. Léonard, M. 752.

3928. *Au lieu de :* « au s^r^ de Villiers les pots que », etc., *corr.* « de Villers-les-Pots ce que », etc.

3941. Nicolas de Rusti, *corr.* « Rustici ».

3949. *Add. : Original. Arch. départ. de l'Isère*, B. 3187.

3957. *Original. Arch. nat.*, *au lieu de* « J. 955 », *corr.* « J. 958, n° 43 ».

Add. : Copie du XVIe siècle. Bibl. de l'Arsenal à Paris, ms. 2462, fol. 196 v°. 5 pages.

3959. *Add. : Acquits sur l'épargne. Arch. nat.*, J. 960^1^, n° 23, anc. 47. (*Mention.*)

3960. *Add. : Copie du XVIe siècle. Arch. départ. du Nord*, Documents diplomatiques.

3963. *Add : Enreg. à la Chambre des Comptes de Provence. Arch. des Bouches-du-Rhône*, B. reg. 41 (*Hyrundo*), fol. 394. 4 pages.

3970. *Add. : Acquits sur l'épargne. Arch. nat.*, J. 960[1], n° 23, anc. 47. (*Mention.*)

3971. L'acte est daté de Paris.

Add. : Copie collationnée du XVIII*e siècle. Mémorial de la Chambre des Comptes reconstitué. Arch. nat.*, P. 2305, p. 1255. 4 pages.

3974. *Add. : Original. Londres, British Museum*, Add. Charters 13951.

Acquits sur l'épargne. Arch. nat., J. 960[1], n° 19, anc. 41. (*Mention.*)

3975. *Add. : Acquits sur l'épargne. Arch. nat.*, J. 960[1], n° 19, anc. 41. (*Mention.*)

3997. *Add. :* IMP. *Édits et ordonnances des rois de France.* Lyon, 1573, in-fol., p. 24.

4001. *Add. : Acquits sur l'épargne. Arch. nat.*, J. 960[1], n° 18, anc. 39. (*Mention.*)

4002. L'acte est daté de Saint-Cloud.

Add. : Copie collationnée du XVIII*e siècle dans les mémoriaux reconstitués de la Chambre des Comptes. Arch. nat.*, P. 2305, p. 1179. 1 page 1/2. — (Le personnage y est nommé Eustache Pillois.)

4018. Cet acte est du 29 mai, et non du 19 mai.

4041. *Add. : Acquits sur l'épargne. Arch. nat.*, J. 960[1], n° 10, anc. 24. (*Mention.*)

4088. *Add. : Copie du* XVII*e siècle. Bibl. nat.*, ms. fr. 953, fol. 29.

4089. *Add. : Acquits sur l'épargne. Arch. nat.*, J. 960[1], n° 13, anc. 28. (*Mention.*)

4106. *Add. : Copie du* XVI*e siècle. Bibl. nat.*, ms. fr. 14368, fol. 202. 1 page.

4115. *Add. : Arch. départ. de l'Hérault*, B. 455. (*Mention.*)

4134. *Add. à la référence : Arch. nat.*, Z[1b] 61, fol. 130. 2 pages.

4136. *Add. : Acquits sur l'épargne, Arch. nat.*, J. 960[3], n° 38, anc. J. 960, n° 10. (*Mention.*)

4156 et 4158. *Add. : Acquits sur l'épargne. Arch. nat.*, J. 960[2], n° 9, anc. J. 960, n° 1. (*Mention.*)

4162. *Add. : Copie du* XVI*e siècle. Bibl. de l'Arsenal à Paris*, ms. 2462, fol. 202 v°. 4 pages 1/2.

4181. *Add. : Enreg. à la Chambre des Comptes de Paris*, anc. mém. 2 F, fol. 320. *Arch. nat.*, P. 2305, p. 1267. 2 pages 1/2.

4186. *Add. : Autre copie. Arch. nat.*, K. 176, n° 40.

4200. *Add. : Copie du* XVII*e siècle. Bibl. nat.*, ms. Clairambault 958, fol. 133.

4209. *A l'indication* V[5] 1049, *add. la mention :* sous la date du 19 août 1532.

4218. *Add. : Enreg. au Châtelet de Paris, Livre vert. Arch. nat.*, Y. 4, fol. 1.

4231. *Add. : Copie du temps. Bibl. nat.*, ms. fr. 5503, fol. 204. 1 page.

4245. *Add. : Copie du* XVI*e siècle. Arch. de la ville de Narbonne*, AA. 105, fol. 109.

4247. *Add. : Acquits sur l'épargne. Arch. nat.*, J. 960[1], n° 63, anc. 107. (*Mention.*)

4251. *Add. : Acquits sur l'épargne. Arch. nat.*, J. 960[1], n° 62, anc. 106. (*Mention.*)

4254. *Add. : Arrêt du Grand conseil, en date du 15 septembre 1531, portant avis favorable audit établissement. Arch. nat.*, V[5] 1048 [(1)].

4256. *Add. : Copie collationnée du 21 novembre 1537. Arch. nat.*, J. 972, n° 2.

Autre copie du XVI*e siècle. Bibl. nat.*, ms. fr. 5124, fol. 113 v°. 6 pages.

[(1)] L'acte de François Ier n'étant, d'après le Catalogue, connu que par des mentions, il importe de signaler l'arrêt du Grand conseil, où l'on trouve la nomenclature des paroisses qui devaient être comprises dans la circonscription de la chambre à sel de Brie-Comte-Robert.

IMPRIMERIE NATIONALE.

4257. *Add. : Vidimus de l'époque. Arch. de la ville de Nîmes*, NN. 4, n° 3.
Copie. Bibl. de la ville de Narbonne, ms. 7, fol. 278. (Sous la date du 8 septembre.)

4259. *Add. : Vidimus de l'époque. Arch. de la ville de Nîmes*, NN. 4, n° 5.

4261. *Add. : Copie du* XVI*e siècle. Arch. nat.*, LL. 560, fol. 269.

4262. *Add. : Acquits sur l'épargne. Arch. nat.*, J. 960[1], n° 55, anc. 99. (*Mention.*)

4264. *Add. : Acquits sur l'épargne. Arch. nat.*, J. 960[1], n° 53, anc. 97. (*Mention.*)

4265. L'acte est daté de Villemomble.
Add. : Copie collationnée du XVIII*e s. dans les Mémoriaux reconstitués de la Chambre des Comptes. Arch. nat.*, P. 2305, p. 1195. 2 pages.
Bibl. nat., ms. fr. 21405, p. 309. (*Mention.*)
Bibl. nat., ms. Clairambault 782, p. 288. (*Mention.*)

4268. *Add. : Mention dans un arrêt du Grand conseil du 26 mai 1536. Arch. nat.*, V[5] 1051. (Sous la date du 4 octobre 1531.)

4269. *Add. : Original. Arch. départ. de l'Isère*, B. 3187.
Copie du XVI*e siècle. Arch. nat.*, R[2] 47.
Copie du XVIII*e siècle. Bibl. nat.*, mss. de dom Grenier, t. XXVIII (4e paquet, n° 4), p. 203.
Imp. Aug. Thierry, *Monuments de l'hist. du Tiers-État*, in-4°, t. IV, p. 784.

4277. *Add. : Copie collationnée du 13 juin 1549 d'après le Livre rouge de la Chambre des Comptes de Bretagne. Arch. nat.*, R[1] 212.
Arch. départ. de l'Aveyron, G. 54. *Lettres émanées des commissaires sur le fait de la réunion du domaine.* (*Mention.*)

4287. *Add.* : en récompense des continuels et laborieux services qu'il rend chaque jour en instruisant dans les bonnes lettres les deux fils du roi.
Imp. *Catalogue des curiosités autographiques de feu le Dr J...* Vente le 26 novembre 1876, par Gabriel Charavay, n° 70. (*Mention.*)

4289. Les offices dont il est question sont ceux de viguiers, juges et sous-viguiers en Provence. Ces lettres révoquent un édit de 1529 qui rendait ces offices perpétuels.
Add. : Arch. de la ville de Toulon (*Var*), série FF, n° 4.

4290. L'acte est daté de Compiègne.
Add. : Copie collationnée du XVIII*e s. dans les Mémoriaux reconstitués de la Chambre des Comptes. Arch. nat.*, P. 2305, p. 1251. 2 pages 1/2.
Bibl. nat., ms. fr. 21405, p. 309. (*Mention.*)
Bibl. nat., ms. Clairambault 782, p. 288. (*Mention.*)

4292. Cote changée. *Au lieu de* Z. 4581, fol. 46 v°, *lisez* Z[1c] 324, fol. 47.

4293. L'acte est daté de La Fère-sur-Oise.
Add. : Copie faite sur l'original, le 23 février 1543. Bibl. nat., Pièces orig., vol. 308 (dossier 6775), pièce 42.

4295. L'acte est daté de Marle.
Add. : Copie collationnée du XVIII*e s. dans les Mémoriaux reconstitués de la Chambre des Comptes. Arch. nat.*, P. 2305, p. 1263. 2 pages.

4326. *Add. : Présentée au Parl. de Paris. Enquête de commodo vel incommodo, prescrite le 27 novembre 1531. Arch. nat.*, Plaidoiries, X[1a] 4891 (à la date).

4377. Date. *Au lieu de* « 2 janvier », *lisez* « 3 janvier ».
Add. : Arch. nat., Z[1c] 321, fol. 157 v°. 2 pages.

4384. *Add. : Original. Anc. Trésor des Chartes de Lorraine*, lay. Mercœur, n° 57. *Bibl. nat.*, ms. Lorraine 219, fol. 206.
Copie du XVI*e siècle. Anc. Trésor des Chartes de Lorraine*, cartulaire Mercœur. *Arch. de Meurthe-et-Moselle*, B. 410, fol. 46.

Copie de l'arrêt d'enreg. à la Chambre des Comptes. Arch. nat., P. 2305, p. 1373.

4388. Un acte de teneur presque identique fut enregistré au *Grand conseil le 15 février 1532 n. s. Arch. nat.*, V^5 1048.

4389. « JJ. 246, n° 227 », *corr.* « n° 127 ».

4390. *Add. : Copie du temps. Arch. nat.*, K. 84, n° 21.

4394. *Add. : Expéd. orig. Arch. des Bouches-du-Rhône*, B. carton 3296, pièce n° 8.

4403. Cote J. 958, *add. :* n° 44.
Add. : Autre copie du XVIe siècle. Arch. nat., anc. reg. de la Chambre des Comptes, KK. 889 (Musée AE II. 523), fol. 149. 14 pages.

4409. *Add. : Comptes d'Antoine Le Maçon, receveur général de Bourgogne. Arch. de la Côte-d'Or*, B. 1840, fol. 80 v° et 81. (*Mentions.*)

4410. *Add. : Original. Modène, Archivio di Stato, Archivio ducale secreto, Casa.*

4428. *Add. : Copie du XVIIIe siècle. Bibl. nat.*, coll. de Picardie, vol. 89, fol. 374. 2 pages.

4433. *Add. : Original. Arch. départ. de l'Orne*, H. 13.

4462. *Add. :* Imp. Aug. Chaverondier, *Inventaire des titres du comté de Forez fait en 1532 par Jacques Luillier.* Roanne, 1880, in-8°, p. 1.

4474. *Add. : Acquits sur l'épargne. Arch. nat.*, J. 960^1, n° 56, anc. 100. (*Mention.*)

4491. *Add. : Expéd. orig. Anc. Trésor des Chartes de Lorraine*, lay. France II, n° 25. *Bibl. nat.*, ms. Lorraine 202, fol. 145.

4494. *Enreg. au Parl. de Paris, le 23 avril 1532. Arch. nat.*, U. 446, fol. 151. *Copie collationnée, signée :* « Malon », greffier criminel. 2 pages.

4500. *Add. : Copie du XVIe siècle. Arch. nat.*, Z^{1e} 322, fol. 3.

4512. *Add. : Original. Anc. Trésor des Chartes de Lorraine*, lay. Mercœur, n° 56. *Bibl. nat.*, ms. Lorraine 219, fol. 199.

4534. *Add. : Enreg. au Parl. de Rouen, le 14 novembre 1532. Arch. de la Cour, à Rouen, reg. crim.* dit *Livre rouge*, fol. 31 v°. 2 pages.
Copie du XVIIe siècle. Arch. nat., U. 754, fol. 33 v°. 3 pages.

4537. *Add. : Original. Arch. de la ville du Havre (Seine-Inférieure)*, avec pièces annexées.
Enreg. à la Cour des Aides de Normandie, le 24 janvier 1537 n. s. Arch. de la Seine-Inférieure, Mémoriaux, 2e vol., fol. 128 v°. 2 pages.
Imp. A.-E. Borély, *Hist. de la ville du Havre et de son ancien gouvernement.* Le Havre, 3 vol. in-8°, 1880-1881, t. I, p. 492.

4538. « Jacqueline Bouton », *corr.* « Boutou ou Boutoul ».

4540. Foires de la Ferrière (paroisse de Caumont), *add. :* et d'un marché hebdomadaire le jeudi.
Add. : Copie collationnée du 24 juillet 1724. Arch. communales de Caumont (Calvados).
Copie moderne. Monographie manuscrite de Caumont, par l'instituteur de cette commune.

4566. L'acte est daté de Châteaubriant.
Add. : Copie collationnée du XVIIIe s. dans les Mémoriaux reconstitués de la Chambre des Comptes. Arch. nat., P. 2306, p. 39. 3 pages 1/2.

4597. *Add. : Copie du XVIIIe siècle. Turin, Archivio di Stato*, Pinerolo, paquet 25, n° 2.

4600. *Add. : Original. Arch. départ. de l'Isère*, B. 3188.

4606. *Add. : Acquits sur l'épargne. Arch. nat.*, J. 960^6, fol. 6 v°. (*Mention développée.*)

4614 et 4615. *Add.* : *Arch. nat.*, J. 961⁸, n° 107, anc. J. 962, n° 237. (*Mention.*)

4619 à 4623. *Add.* : *Arch. nat.*, *Acquits sur l'épargne*, J. 961⁸, n° 107, *anc.* J. 962, n° 237. (*Mentions.*)

4644. *Add.* : *Enreg. à la Chambre des Comptes*, anc. mém. 2 G, fol. 8. *Arch. nat.*, PP. 119, p. 1. (*Mention.*)
Bibl. nat., ms. fr. 21405, p. 309. (*Mention.*)

4671. *Add.* : *Acquits sur l'épargne. Arch. nat.*, J. 960⁴, n° 33, anc. J. 962, n° 72. (*Mention.*)

4683 à 4700. *Add.* : *Acquits sur l'épargne. Arch. nat.*, J. 960⁴, n° 26, anc. J. 962, n° 65. (*Mention.*)

4708. *Add.* : *Acquits sur l'épargne. Arch. nat.*, J. 960⁴, n° 24, anc. J. 962, n° 63. (*Mention.*)

4717. *Add.* : *Acquits sur l'épargne. Arch. nat.*, J. 960⁴, n° 21, anc. J. 962, n° 60. (*Mention.*)

4718. *Add.* : *Acquits sur l'épargne. Arch. nat.*, J. 960⁴, n° 25, anc. J. 962, n° 64. (*Mention.*)

4720. L'acte est daté de Rochefort.
Add. : *Enreg. à la Chambre des Comptes de Paris, le 22 août suivant*, anc. mém. 2 F, fol. 382 v°. *Arch. nat.*, P. 2305, p. 1365. 2 p. 1/2.
Double, ibid., p. 1369. 2 pages.

4720 *bis.* Lettres de renvoi à la Cour des Aides de Paris pour le recouvrement des sommes dues au trésor par la succession de Morelet du Museau, général des finances, jadis comptable des deniers du roi, « tant au pays de Suisse qu'autrement ». 31 juillet 1532.
Enreg. à la Cour des Aides de Paris, le 9 août 1532. Arch. nat., recueil Cromo, U. 665, p. 258. (*Mention.*)

4728. *Add.* : *Enreg. à la Chambre des Comptes de Paris*, anc. mém. 2 G, fol. 25 v°. *Arch. nat.*, PP. 119, p. 2. (*Mention.*)
Bibl. nat., ms. fr. 21405, p. 310. (*Mention.*)

4730. *Add.* : *Enreg. à la Chambre des Comptes de Paris*, anc. mém. 2 G, fol. 51. *Arch. nat.*, PP. 119, p. 5. (*Mention.*)
Bibl. nat., ms. fr. 21405, p. 311. (*Mention.*)

4731. *Add* : *Enreg. à la Chambre des Comptes de Paris*, anc. mém. 2 G, fol. 48. *Arch. nat.*, PP. 119, p. 4. (*Mention.*)
Bibl. nat., ms. fr. 21405, p. 311. (*Mention.*)

4734. *Add.* : *Copie collationnée du* XVIII*e siècle, dans les Mémoriaux reconstitués de la Chambre des Comptes. Arch. nat.*, P. 2306, p. 27. 2 pages.

4739. *Add.* : *Comptes de Guy Milletot, receveur général de Bourgogne. Arch. de la Côte-d'Or*, B. 1839, fol. 121 v°. (*Mention.*)

4765. *Add.* : *Acquits sur l'épargne. Arch. nat.*, J. 960⁴, n° 14, anc. J. 962, n° 52. (*Mention.*)

4767. *Add.* : *Arch. départ. de la Drôme*, E. 3720.
Arch. de la ville de Valence (*Drôme*), CC. 74.

4790. *Add.* : *Réception au Parl. de Paris, le 9 janvier 1533 n. s. Arch. nat.*, X¹ᵃ 4893, Plaidoiries (à la date).

4791. *Add.* : *Enreg. à la Chambre des Comptes*, anc. mém. 2 G, fol. 26 v°. *Bibl. nat.*, PP. 119, p. 2. (*Mention.*)
Arch. nat., ms. fr. 21405, p. 310. (*Mention.*)

4824. *Add.* : Imp. A. de La Gibonays, *Recueil des édits concernant la Chambre des Comptes de Bretagne*. Nantes, 1721, t. II, 4ᵉ partie, p. 39.

4825. *Add.* : Imp. A. de La Gibonays, *Recueil des édits concernant la Chambre des Comptes de Bretagne*. Nantes, 1721, t. II, 4ᵉ partie, p. 42.

4827. *Add.* : *Enreg. à la Chambre des Comptes de Paris*, anc. mém. 2 G, fol. 38 v°. *Arch. nat.*, PP. 119, p. 3. (*Mention.*)

Bibl. nat., ms. fr. 21405, p. 310. (*Mention.*)

4864. *Bibl. nat.*, ms. fr. 10389, *corr.* ms. fr. 10388.

4919. *Add.* : ... portant en particulier qu'il ne sera pas levé d'impôt en Bretagne, qui n'ait été consenti par les États. Le Plessis-Macé, septembre 1532. *Copie collationnée du 13 mai 1575. Arch. nat.*, J. 934, n° 7.
Imp. A. de La Gibonays, *Recueil des édits concernant la Chambre des Comptes de Bretagne.* Nantes, 1721, t. II, 4e partie, p. 43.

4941. *Corr.* : Imp. Bacquet, *Œuvres.* Paris, 1664, 4 tomes en un vol. in-fol., t. IV, p. 76.

4942. *Add.* : *Réception au Parl. de Paris, le 2 décembre 1532. Arch. nat.*, X1a 4893, Plaidoiries (à la date).

4954. *Bibl. nat.*, ms. fr. 10389, *corr.* ms. fr. 10388.

4980. Cet acte est daté de Boulogne, le 23 octobre 1532.

5002 à 5005. *Add.* : *Acquits sur l'épargne. Arch. nat.*, J. 961[8], n° 73, anc. J. 962, n° 203. (*Mention.*)

5068. *Add.* : *Enreg. à la Chambre des Comptes de Paris*, anc. mém. 2 G, fol. 39 v°. *Arch. nat.*, PP. 119, p. 4. (*Mention.*)
Bibl. nat., ms. fr. 21405, p. 311. (*Mention.*)

5076. *Add.* : *Autre exemplaire imprimé. Arch. nat.*, P. 2306, p. 43. 2 pages.

5085 à 5088. *Add.* : *Acquits sur l'épargne. Arch. nat.*, J. 961[8], n° 79, anc. J. 962, n° 209. (*Mention.*)

5090. *Add.* : *Acquits sur l'épargne. Arch. nat.*, J. 961[8], n° 108, anc. J. 962, n° 238. (*Mention.*)

5121. *Add.* : *Copie collationnée du* XVIIIe *siècle dans les Mémoriaux reconstitués de la Chambre des Comptes. Arch. nat.*, P. 2306, p. 49.

5131 à 5144. *Add.* : *Acquits sur l'épargne. Arch. nat.*, J. 961[8], n° 70, anc. J. 962, n° 200. (*Mentions.*)

5155. *Add.* : *Copie collat. Comptes d'Étienne Noblet, commis à la recette des finances de Bourgogne. Arch. de la Côte-d'Or*, B. 1843, fol. 1. 8 pages.

5157 à 5163. *Add.* : *Acquits sur l'épargne. Arch. nat.*, J. 961[8], n° 108, anc. J. 962, n° 238. (*Mentions.*)

5183 et 5186. *Add.* : *Acquits sur l'épargne. Arch. nat.*, J. 961[8], n° 85, anc. J. 962, n° 215. (*Mentions.*)

5203 et 5207. *Add.* : *Acquits sur l'épargne. Arch. nat.*, J. 961[8], n° 84, anc. J. 962, n° 214. (*Mentions.*)

5204. *Add.* : *Acquits sur l'épargne. Arch. nat.*, J. 961[8], n° 85, anc. J. 962, n° 215. (*Mention.*)

5208. *Add.* : *Original. Arch. départ. de l'Isère*, B. 3188.

5212 et 5213. *Add.* : *Acquits sur l'épargne. Arch. nat.*, J. 961[8], n° 84, anc. J. 962, n° 214.

5217 et 5218. *Add.* : *Acquits sur l'épargne. Arch. nat.*, J. 961[8], n° 84, anc. J. 962, n° 214. (*Mentions.*)

5251. *Add.* : *Enreg. à la Chambre des Comptes de Paris*, anc. mém. 2 G, fol. 59. *Arch. nat.*, PP. 119, p. 5. (*Mention.*)
Bibl. nat., ms. fr. 21405, p. 311. (*Mention.*)

5253 et 5254. *Add.* : *Acquits sur l'épargne. Arch. nat.*, J. 960[6], fol. 89. (*Mentions.*)

5255. *Add.* : *Acquits sur l'épargne. Arch. nat.*, J. 960[6], fol. 14 v°. (*Mention.*)

5271 à 5275. *Add.* : *Acquits sur l'épargne. Arch. nat.*, J. 960[6], fol. 66 v°. (*Mentions.*)

5292 à 5300. *Add.* : *Acquits sur l'épargne. Arch. nat.*, J. 960[6], fol. 8. (*Mentions.*)

5308. *Au lieu de* « Artus Sorlin », *lisez* « Artus Scolin ».

5322 et 5324. *Add. : Acquits sur l'épargne. Arch. nat.*, J. 960[c], fol. 8. (*Mentions.*)

5334. Ms. fr. 5124, *au lieu de* « fol. 158 », *lisez* « fol. 58 ».

5336. *Add. : Enreg. à la Chambre des Comptes de Paris*, anc. mém. 2 G, fol. 51. *Arch. nat.*, PP. 119, p. 5. (*Mention.*)
Bibl. nat., ms. fr. 21405, p. 311. (*Mention.*)

5337 à 5339. *Add. : Acquits sur l'épargne. Arch. nat.*, J. 960[c], fol. 8. (*Mentions.*)

5362. *Add. : Acquits sur l'épargne. Arch. nat.*, J. 960[c], fol. 149 v°, et J. 961[8], n° 79, anc. J. 962, n° 209. (*Mention développée.*)

5366. *Add. à la note :* Le même arrêt a été enregistré au *Châtelet de Paris, le 27 mars 1533 n. s. Arch. nat.*, Bannières, Y. 9, fol. 18 v°. 1 page 1/2.

5381. « Le s[r] d'Agey », *corr.* « d'Ages ».

5389. *Add. : Copie du XVIe siècle. Bibl. nat.*, ms. fr. 5503, fol. 49. 1 page.

5502. *Add. : Vidimus de l'époque. Arch. de la ville de Nîmes*, NN. 4, n° 7.

5541. *Add. :* Imp. Dupuy, *Commentaire sur le traité des libertez de l'Église gallicane de Mre Pierre Pithou.* Paris, J. Musier, 1715, in-4°, t. II, p. 106. (Sous la date inexacte du 12 mai 1532.)

5578. *Add. : Enreg. à la Chambre des Comptes*, anc. mém. 2 G, fol. 62. *Arch. nat.*, PP. 119, p. 6. (*Mention.*)
Bibl. nat., ms. fr. 21405, p. 311. (*Mention.*)

5603. *Add. : Vidimus de l'époque. Arch. de la ville de Nîmes*, NN. 4, n° 6.

5642. *Add. : Reçu à la Chambre des Comptes de Paris, le 11 décembre 1533*, anc. mém. 2 G, fol. 86. *Arch. nat.*, PP. 119, p. 19. (*Mention.*)
Bibl. nat., ms. fr. 21405, p. 312. (*Mention.*)

5657. *Add. : Enreg. à la Chancellerie de France. Arch. nat.*, *Trésor des Chartes*, JJ. 246, n° 406, fol. 125.
L'acte est daté de Meaux, avril 1532 avant Pâques.

5674. *Au lieu de* « U. 665, fol. 184 », *lisez* « U. 665, p. 284 ».

5718. *Add. : Expédition authentique. Arch. de l'Assistance publique.*
Imp. *Inventaire des Arch. hospitalières de Paris.* Paris, 1886, in-4°, t. III, p. 189, n° 59.

5737 et 5739. *Add. : Acquits sur l'épargne. Arch. nat.*, J. 960[c], fol. 68. (*Mentions.*)

5738, 5740 à 5742 et 5745. *Add. : Acquits sur l'épargne. Arch. nat.*, J. 960[c], fol. 65. (*Mentions.*)

5747 et 5751. *Add. : Acquits sur l'épargne. Arch. nat.*, J. 960[c], fol. 68. (*Mentions.*)

5801. *Add. : Placard imprimé sur vélin. Arch. nat., Suppl. du Trésor des Chartes*, J. 937, n° 21.
Autre exemplaire de ce placard, accompagné d'un vidimus, aussi imprimé sur vélin, de la bulle de Clément VII (Bologne, 4 des ides de février). *Arch. de la Seine-Inférieure*, G. 5490.

5844. A la manchette, *au lieu de* « 17 mai », *lisez* « 16 mai ».

5867. *Add. : Enreg. à la Chancellerie de France. Arch. nat.*, *Trésor des Chartes*, JJ. 246, n° 283, fol. 85.
L'acte est daté de Lyon, mai 1533.

5870. *Add. : Acquits sur l'épargne. Arch. nat.*, J. 960[c], fol. 80 v°. (*Mention.*)

5874. *Add. : Original. Arch. municipales de Bourges*, AA. 26.

5902. *Add. : Acquits sur l'épargne. Arch. nat.*, J. 960[c], fol. 84 v°. (*Mention.*)

5910. *Add. : Enreg. à la Chambre des Comptes*, anc. mém. 2 G, fol. 125 v°. *Arch. nat.*, PP. 119, p. 29. (*Mention.*)
Bibl. nat., ms. fr. 21405, p. 329. (*Mention.*)

5911. *Add. : Acquits sur l'épargne. Arch. nat.*, J. 960[6], fol. 83. (*Mention.*)

5915. *Add. : Copie du XVIe siècle. Arch. départ. des Alpes-Maritimes*, H. 64.

5934. *Add. : Acquits sur l'épargne. Arch. nat.*, J. 960[6], fol. 101. (*Mention développée.*)

5972. *Add. : Copie collationnée du 13 juin 1549, d'après le Livre rouge de la Chambre des Comptes de Bretagne. Arch. nat.*, R[1] 212.

5979. *Add. : Enreg. à la Chancellerie de France. Arch. nat., Trésor des Chartes*, JJ. 246, n° 297, fol. 89.

L'acte est daté de Lyon, juin 1533.

5991. *Add. : Original. Arch. départ. de l'Isère*, B. 3188.

6070. *Add. : Enreg. à la Chambre des Comptes*, anc. mém. 2 G, fol. 83. *Arch. nat.*, PP. 119, p. 18. (*Mention.*)

Bibl. nat., ms. fr. 21405, p. 311. (*Mention.*)

6074. D'après un arrêt du Grand conseil, en date du 1er juillet 1536 (*Arch. nat.*, V[5] 1051), les lettres ordonnant la saisie en question étaient datées du 11 juillet 1533.

6088. *Add. : Enreg. à la Chambre des Comptes de Paris*, anc. mém. 2 G, fol. 76. *Arch. nat.*, PP. 119, p. 16. (*Mention.*)

Bibl. nat., ms. fr. 21405, p. 311. (*Mention.*)

6117. *Add.* : Adrien Tiercelin, s[r] de Brosses, gentilhomme de la chambre du roi.

Enreg. à la Chancellerie de France. Arch. nat., Trésor des Chartes, JJ. 246, n° 316, fol. 95.

6161. *Add. : L'original de ce mandement a figuré dans le Catalogue des livres, etc.*, vendus le 10 avril 1885 par A. Voisin, sous le n° 169.

6191. *Add. : Vidimus du juge mage de la sénéchaussée d'Agénais. Arch. de la ville de Rodez*, fonds de la cité, CC. 361.

6206. Saint-Thomas, *add.* « au comté de Comminges ».

6207. *Add. : Enreg. à la Chancellerie de France. Arch. nat., Trésor des Chartes*, JJ. 246, n° 310, fol. 93.

Copie du XVIe siècle. Bibl. nat., ms. fr. 5124, fol. 109 v°. 2 pages 1/2.

6235. *Add. : Copie du XIXe siècle. Bibl. de la ville de Versailles*, ms. 412 F, fol. 89. 2 pages 1/2.

6262. *Add. : Copie du XVIe siècle. Arch. des Bouches-du-Rhône*, B. reg. 1246, fol. 54. 10 pages.

6266. Alaigne, *add.* « en la sénéchaussée de Carcassonne ».

6273. Saint-Gervais, *add.* « au comté de Nébouzan ».

6276. *Add. : Enreg. à la Chancellerie de France. Arch. nat., Trésor des Chartes*, JJ. 246, n° 387, fol. 117.

6326. *Add. : Original. Arch. du château de Chantilly*, ms. 750, n° 12, fol. 60.

Copie du XVIe siècle. Bibl. nat., ms. fr. 5295, fol. 100 v°.

6370. *Add. : Original et copie. Arch. nat., Suppl. du Trésor des Chartes*, J. 934, n°s 16 et 16 *bis*.

6411. *Au lieu de* « Nyons en Dauphiné », *lisez* « Mison en Provence ».

C'est le même acte que le précédent, n° 6410.

6414. Après « Pargues », *add.* « au bailliage de Troyes ».

6421 à 6423. *Add. : Arch. nat., Acquits sur l'épargne*, J. 961[8], n° 119, anc. J. 962, n° 249. (*Mentions.*)

6426. *Add. : Acquits sur l'épargne. Arch. nat.*, J. 960[6], fol. 152 v°. (*Mention.*)

Au lieu de « Jean-Joachim de Passano », *on lit* « Nicolas Hardy ».

6430. *Add. : Original. Bibl. nat.*, Pièces originales, Béraudière, vol. 294, n° 36.

6436. *Add. : Acquits sur l'épargne.*

Arch. nat., J. 961⁸, n° 17, anc. J. 962, n° 147. (*Mention.*)

6440. *Add. : Arch. nat.*, *Acquits sur l'épargne*, J. 961⁸, n° 119, anc. J. 962, n° 249. (*Mention.*)

6442. *Add. : Arch. nat.*, *Acquits sur l'épargne*, J. 961⁸, n° 119, anc. J. 962, n° 249. (*Mention.*)

6448. *Add. : Arch. nat.*, *Acquits sur l'épargne*, J. 961⁸, n° 119, anc. J. 962, n° 249. (*Mention.*)

6452 à 6464. *Add. : Arch. nat.*, *Acquits sur l'épargne*, J. 961⁸, n° 119, anc. J. 962, n° 249. (*Mentions.*)

6470. *Add. : Arch. nat.*, *Acquits sur l'épargne*, J. 961⁸, n° 119, anc. J. 962, n° 249. (*Mention.*)

6486 à 6490. *Add. : Arch. nat.*, *Acquits sur l'épargne*, J. 961⁸, n° 119, anc. J. 962, n° 249. (*Mentions.*)

6495 à 6498. *Add. : Arch. nat.*, *Acquits sur l'épargne*, J. 961⁸, n° 119, anc. J. 962, n° 249. (*Mentions.*)

6503. *Add. : Acquits sur l'épargne. Arch. nat.*, J. 961⁸, n° 90, anc. J. 962, n° 220. (*Mention plus développée.*)

6511. *Add. : Acquits sur l'épargne. Arch. nat.*, J. 961⁸, n° 90, anc. J. 962, n° 220. (*Mention plus développée.*)

6513, 6514, 6516 et 6517. *Add. : Acquits sur l'épargne. Arch. nat.*, J. 961⁸, n° 120, anc. J. 962, n° 250. (*Mentions.*)

6521 et 6522. *Add. : Acquits sur l'épargne. Arch. nat.*, J. 961⁸, n° 124, anc. J. 962, n° 254. (*Mentions.*)

6523 à 6527. *Add. : Arch. nat.*, *Acquits sur l'épargne*, J. 961⁸, n° 121, anc. J. 962, n° 251. (*Mentions.*)

6531. *Add. : Copie du XVIᵉ siècle. Bibl. nat.*, ms. fr. 5503, fol. 73 v°. 2 pages.

6533. *Add. : Acquits sur l'épargne. Arch. nat.*, J. 961⁸, n° 129, anc. J. 962, n° 260. (*Mention.*)

6534. *Add. : Acquits sur l'épargne. Arch. nat.*, J. 961⁸, n° 124, anc. J. 962, n° 254. (*Mention.*)

6542. Confirmation des privilèges des habitants de Gap. . . , *corr.* « des habitants du château et de la châtellenie de Serres, au comté de Gap. . . »

6551. *Add. : Acquits sur l'épargne. Arch. nat.*, J. 961⁸, n° 124, anc. J. 962, n° 254. (*Mention.*)

6552. L'acte est daté de Crémieu, 4 décembre 1533.

Add. : Copie collationnée du XVIIIᵉ s. dans les Mémoriaux reconstitués de la Chambre des Comptes. Arch. nat., P. 2306, p. 63. 3 pages.

6560 à 6562. *Add. : Acquits sur l'épargne. Arch. nat.*, J. 961⁷, n° 2, anc. J. 962, n° 77. (*Mentions.*)

6563 et 6564. *Add. : Acquits sur l'épargne. Arch. nat.*, J. 961⁸, n° 124, anc. J. 962, n° 254. (*Mentions.*)

6565 et 6566. *Add. : Arch. nat.*, *Acquits sur l'épargne*, J. 961⁸, n° 125, anc. J. 962, n° 254. (*Mentions.*)

6567 à 6571. *Add. : Acquits sur l'épargne. Arch. nat.*, J. 961⁸, n° 124, anc. J. 962, n° 254. (*Mentions.*)

6572 à 6579. *Add. : Acquits sur l'épargne. Arch. nat.*, J. 961⁷, n° 2, anc. J. 962, n° 77. (*Mentions.*)

6580 à 6582. *Add. : Acquits sur l'épargne. Arch. nat.*, J. 961⁸, n° 129, anc. J. 962, n° 260. (*Mentions.*)

6583. *Add. : Acquits sur l'épargne. Arch. nat.*, J. 961⁸, n° 91, anc. J. 962, n° 221. (*Mention.*)

6586. *Add. : Acquits sur l'épargne. Arch. nat.*, J. 961⁸, n° 18, anc. J. 962, n° 148, et J. 961⁸, n° 89, anc. J. 962, n° 219. (*Mentions.*)

6587 à 6589. *Add. : Acquits sur l'épargne. Arch. nat.*, J. 961⁸, n° 126, anc. J. 962, n° 256. (*Mentions.*)

6591. *Add. : Acquits sur l'épargne. Arch. nat.*, J. 961⁸, n° 89, anc. J. 962, n° 219. (*Mention.*)

6616. *Add. : Acquits sur l'épargne. Arch. nat.*, J. 961[8], n° 129, anc. J. 962, n° 260. (*Mention.*)

6617 à 6619. *Add. : Acquits sur l'épargne. Arch. nat.*, J. 961[8], n° 127, anc. J. 962, n° 258. (*Mentions.*)

6620 à 6622. *Add. : Arch. nat.*, *Acquits sur l'épargne*, J. 961[8], n° 128, anc. J. 962, n° 259. (*Mentions.*)

6623 et 6624. *Add. : Acquits sur l'épargne. Arch. nat.*, J. 961[8], n° 129, anc. J. 962, n° 260. (*Mentions plus développées.*)

6625. *Add. : Arch. nat.*, *Acquits sur l'épargne*, J. 961[8], n° 128, anc. J. 962, n° 259. (*Mentions.*)

6626. *Add. : Acquits sur l'épargne. Arch. nat.*, J. 961[8], n° 129, anc. J. 962, n° 260. (*Mention.*)

6627. *Add. : Acquits sur l'épargne. Arch. nat.*, J. 961[8], n° 126, anc. J. 962, n° 256. (*Mention.*)

Au lieu de « Gaguin de Baugy », *on y lit* « Canin de Baugé » (Canino, marquis de Bagé).

6644 à 6646, 6652. *Add. : Acquits sur l'épargne. Arch. nat.*, J. 961[8], n° 86, anc. J. 962, n° 216. (*Mentions.*)

6658 à 6663. *Add. : Acquits sur l'épargne. Arch. nat.*, J. 961[8], n° 114, anc. J. 962, n° 244. (*Mentions.*)

6665. *Analyse rectifiée* : Don à Suzanne de Bourbon, veuve de Claude de Rieux, comte d'Harcourt, du droit de garde durant la minorité de Claude, son fils.

Add. : Enreg. à la Chambre des Comptes de Paris, anc. mém. 2 G, fol. 86 v°. *Arch. nat.*, PP. 119, p. 19. (*Mention.*)

Bibl nat., ms. fr. 21405, p. 312. (*Mention.*)

6666 et 6667. *Add. : Acquits sur l'épargne. Arch. nat.*, J. 961[8], n° 114, anc. J. 962, n° 244. (*Mentions.*)

6669. *Add. : Acquits sur l'épargne. Arch. nat.*, J. 961[7], n° 4, anc. J. 962, n° 80. (*Mention.*)

6670. *Add. : Acquits sur l'épargne. Arch. nat.*, J. 961[8], n° 114, anc. J. 962, n° 244. (*Mention.*)

6671. *Add. : Acquits sur l'épargne, Arch. nat.*, J. 961[7], n° 4, anc. J. 962, n° 80. (*Mention.*)

6672. *Add. : Acquits sur l'épargne. Arch. nat.*, J. 961[8], n° 87, anc. J. 962, n° 217. (*Mention.*)

6673 à 6675. *Add. : Acquits sur l'épargne. Arch. nat.*, J. 961[7], n° 4, anc. J. 962, n° 80. (*Mentions.*)

6676. *Add. : Acquits sur l'épargne. Arch. nat.*, J. 961[8], n° 114, J. 962, n° 244. (*Mention.*)

6677. *Add. : Copie du* XVI*e siècle. Bibl. nat.*, ms. fr. 5503, fol. 66. 2 pages 1/2.

Copie du XVI*e siècle. Bibl. impériale de Vienne* (Autriche), ms. 6979, fol. 92 v°.

6678. *Add. : Acquits sur l'épargne. Arch. nat.*, J. 961[8], n° 88, anc. J. 962, n° 218. (*Mention.*)

6684 à 6692, 6695. *Add. : Acquits sur l'épargne. Arch. nat.*, J. 961[8], n° 114, anc. J. 962, n° 244. (*Mentions.*)

6696. *Add. : Acquits sur l'épargne. Arch. nat.*, J. 961[8], n° 92, anc. J. 962, n° 222. (*Mention.*)

6698. *Add. : Autre copie de l'acte d'enreg. à la Chambre des Comptes de Paris*, anc. mém. 2 G, fol. 103. *Arch. nat.*, P. 2306, p. 101.

Acquits sur l'épargne. Arch. nat., J. 961[8], n° 92, anc. J. 962, n° 222. (*Mention.*)

6699. *Add. : Acquits sur l'épargne. Arch. nat.*, J. 961[8], n° 92, anc. J. 962, n° 222. (*Mention.*)

6701. *Add. : Acquits sur l'épargne. Arch. nat.*, J. 961[8], n° 130, anc. J. 962, n° 261. (*Mention.*)

6706, 6707 et 6710. *Add. : Acquits sur l'épargne. Arch. nat.*, J. 961[8], n° 115, anc. J. 962, n° 245. (*Mentions.*)

6711. *Add. : Copie du* XVI*e siècle.*

IMPRIMERIE NATIONALE.

Bibl. nat., ms. fr. 5503, fol. 64 v°. 1 page.

Copie du XVIe siècle. Bibl. impériale de Vienne (Autriche), ms. 6979, fol. 91 v°.

6716 à 6719. *Add. : Acquits sur l'épargne. Arch. nat.*, J. 961[8], n° 118, anc. J. 962, n° 248. (*Mentions.*)

6720. *Add. : Arch. nat., Acquits sur l'épargne*, J. 961[8], n° 24, anc. J. 962, n° 154. (*Mention.*)

6722. *Add. : Enreg. à la Chambre des Comptes de Paris*, anc. mém. 2 G, fol. 88. *Arch. nat.*, PP. 119, p. 19. (*Mention.*)

Bibl. nat., ms. fr. 21405, p. 312. (*Mention.*)

6727 à 6729. *Add. : Arch. nat., Acquits sur l'épargne*, J. 961[8], n° 24, anc. J. 962, n° 154. (*Mentions.*)

6730. *Add. : Arch. nat., Acquits sur l'épargne*, J. 961[8], n° 23, anc. J. 962, n° 153. (*Mention.*)

6734 *bis*. Lettres rétablissant le chapitre de la Sainte-Chapelle de Dijon dans le droit de percevoir la moitié de l'émolument des chartes et des lettres de grâces perpétuelles, expédiées en la chancellerie du duché de Bourgogne. Paris, 12 février 1533 (1534 n. s.).

Original. Arch. de la Côte-d'Or, G. 1153, *fonds de la Sainte-Chapelle de Dijon.*

6737. *Add. : Arch. nat., Acquits sur l'épargne*, J. 961[8], n° 23, anc. J. 962, n° 153. (*Mention.*)

6738. *Add. : Arch. nat., Acquits sur l'épargne*, J. 961[8], n° 25, anc. J. 962, n° 155. (*Mention.*)

6740. *Add. : Arch. nat., Acquits sur l'épargne*, J. 961[8], n° 26, anc. J. 962, n° 156. (*Mention.*)

6741. *Add. : Arch. nat., Acquits sur l'épargne*, J. 961[8], n° 23, anc. J. 962, n° 153. (*Mention.*)

6752. *Add. : Arch. nat., Acquits sur l'épargne*, J. 961[8], n° 26, anc. J. 962, n° 156. (*Mention.*)

6757. *Add. : Arch. nat., Acquits sur l'épargne*, J. 961[8], n° 29, anc. J. 962, n° 159. (*Mention.*)

6758 et 6759. *Add. : Arch. nat., Acquits sur l'épargne*, J. 961[8], n° 26, anc. J. 962, n° 156. (*Mention.*)

6761. *Add. : Original. Bibl. nat., Pièces originales*, Béraudière, vol. 294, p. 37.

6762. *Add. : Acquits sur l'épargne. Arch. nat.*, J. 961[8], n° 29, anc. J. 962, n° 159. (*Mention.*)

6776. *Add. : Acquits sur l'épargne. Arch. nat.*, J. 961[8], n° 31, anc. J. 962, n° 161. (*Mention.*)

6777 et 6778. *Add. : Acquits sur l'épargne*, J. 961[8], n° 29, anc. J. 962, n° 159. (*Mentions.*)

6779. *Add. : Copie collationnée du XVIIIe siècle dans les Mémoriaux reconstitués de la Chambre des Comptes. Arch. nat.*, P. 2306, p. 69. 5 pages.

6781. *Add. : Acquits sur l'épargne. Arch. nat.*, J. 961[8], n° 29, anc. J. 962, n° 159. (*Mention.*)

6786. *Add. : Enreg. à la Chambre des Comptes de Paris*, anc. mém. 2 G, fol. 169. *Arch. nat.*, PP. 119, fol. 25. (*Mention.*)

6795. *Add. : Acquits sur l'épargne. Arch. nat.*, J. 961[7], n° 4, anc. J. 962, n° 80. (*Mention.*)

6796 et 6797. *Add. : Acquits sur l'épargne. Arch. nat.*, J. 961[8], n° 33, anc. J. 962, n° 163. (*Mentions.*)

6800 à 6803. *Add. : Acquits sur l'épargne. Arch. nat.*, J. 961[8], n° 33, anc. J. 962, n° 163. (*Mentions.*)

6803. Georges de Colme, *add.* « *aliàs* Colyne ». (*Arch. nat.*, J. 961[8], n° 33.)

6804. *Add. : Acquits sur l'épargne. Arch. nat.*, J. 961[7], n° 3, anc. J. 962, n° 78. (*Mention.*)

6806 à 6810. *Add. : Acquits sur*

l'épargne. Arch. nat., J. 961⁷, n° 3, anc. J. 962, n° 78. (*Mentions.*)

6811. *Add. : Acquits sur l'épargne. Arch. nat.*, J. 961⁸, n° 112, anc. J. 962, n° 242. (*Mention.*)

6812 à 6827. *Add. : Acquits sur l'épargne. Arch. nat.*, J. 961⁷, n° 3, anc. J. 962, n° 78. (*Mentions.*)

6833. *Add. : Acquits sur l'épargne. Arch. nat.*, J. 961⁷, n° 3, anc. J. 962, n° 78. (*Mention.*)

6846. *Add. : Copie collationnée du* XVIII*e siècle dans les Mémoriaux reconstitués de la Chambre des Comptes de Paris. Arch. nat.*, P. 2306, p. 79. 3 pages.

6847. L'acte est daté de Fontainebleau.

Add. : Copie collationnée du XVIII*e s. dans les Mémoriaux reconstitués de la Chambre des Comptes de Paris. Arch. nat.*, P. 2306, p. 111. 3 pages.

6850. *Add. : Acquits sur l'épargne. Arch. nat.*, J. 961⁷, n° 3, anc. J. 962, n° 78. (*Mentions.*)

6854. *Add. : Acquits sur l'épargne. Arch. nat.*, J. 961⁷, n° 3., anc. J. 962, n° 78. (*Mentions.*)

6863, 6864, 6868. *Add. : Acquits sur l'épargne. Arch. nat.*, J. 961⁸, n° 212, anc. J. 962, n° 242. (*Mentions.*)

6877. *Add. : Enreg. à la Chambre des Comptes de Paris*, anc. mém. 2 G, fol. 98 v°. *Arch. nat.*, PP. 119, p. 22. (*Mention.*)

Bibl. nat., ms. fr. 21405, p. 329. (*Mention.*)

6878. *Add. : Arch. nat., Acquits sur l'épargne*, J. 961⁸, n° 11, anc. J. 962, n° 139. (*Mention.*)

6880 à 6883. *Add. : Arch. nat., Acquits sur l'épargne*, J. 961⁸, n° 11, anc. J. 962, n° 139. (*Mention.*)

6884. *Add. : Acquits de l'épargne. Arch. nat.*, J. 961⁸, n° 14, anc. J. 962, n° 142. (*Mention.*)

6885 à 6887. *Add. : Arch. nat., Acquits sur l'épargne*, J. 961⁸, n° 11, anc. J. 962, n° 139. (*Mentions.*)

6888. *Add. : Copie du* XIX*e siècle. Bibl. de la ville de Versailles*, ms. 412 F, fol. 87. 2 pages 1/2.

6903, 6904 et 6906. *Add. : Arch. nat., Acquits sur l'épargne*, J. 961⁸, n° 13, anc. J. 962, n° 141. (*Mentions plus développées.*)

6907. *Add : Arch. nat., Acquits sur l'épargne*, J. 961⁸, n° 11, anc. J. 962, n° 139. (*Mention.*)

6908. *Add. : Copie du* XIX*e siècle. Bibl. de la ville de Versailles*, ms. 412 F, fol. 85. 2 pages.

6914 et 6916. *Add. : Acquits sur l'épargne. Arch. nat.*, J. 961⁸, n° 14, anc. J. 962, n° 142. (*Mentions.*)

6918 à 6921, 6923 et 6925. *Add. : Acquits sur l'épargne. Arch. nat.*, J. 961⁸, n° 16, anc. J. 962, n° 144. (*Mentions.*)

6927 à 6933. *Add. : Acquits sur l'épargne. Arch. nat.*, J. 961⁸, n° 14, anc. J. 962, n° 142. (*Mentions.*)

6937 et 6939 à 6941. *Add. :* Même référence.

6945. *Add. : Acquits sur l'épargne, Arch. nat.*, J. 961⁸, n° 15, anc. J. 962, n° 143. (*Mention.*)

6946, 6948. *Add. : Acquits sur l'épargne. Arch. nat.*, J. 961⁸, n° 7, anc. J. 962, n° 135. (*Mentions.*)

6950 à 6953. *Add. : Acquits sur l'épargne. Arch. nat.*, J. 961⁸, n° 7, anc. J. 962, n° 135. (*Mentions.*)

6977. *Au lieu de* « Liéramont », *lisez* « Lyoremont ».

[*Cote nouvelle :* J. 961¹⁰, n° 2, anc. J. 962, n° 101.]

6991. *Add. : Enreg. à la Chambre des Comptes de Paris*, anc. mém. 2 G, fol. 347. *Arch. nat.*, PP. 111, fol. 279, et PP. 119, fol. 79. (*Mentions.*)

6995. *Add. : Acquits sur l'épargne.*

Arch. nat., J. 961[8], n° 7, anc. J. 962, n° 135. (*Mention.*)

6999 et 7000. *Add.* : *Acquits sur l'épargne. Arch. nat.*, J. 961[8], n° 8, anc. J. 962, n° 136. (*Mentions.*)

7005. *Add.* : *Copie collationnée du temps, signée Du Tillet, tirée des registres du Parl. de Paris. Arch. comm. de Rouen*, tiroir 6, n° 23.

7008 et 7009. *Add.* : *Acquits sur l'épargne. Arch. nat.*, J. 961[8], n° 133, anc. J. 962, n° 264. (*Mentions.*)

7014, 7015 et 7019. *Add.* : *Acquits sur l'épargne. Arch. nat.*, J. 961[8], n° 9, anc. J. 962, n° 137. (*Mentions.*)

7024. *Add.* : *Copie du* XVIe *siècle. Bibl. nat.*, ms. Moreau 796, fol. 211.

7025. *Add.* : *Acquits sur l'épargne. Arch. nat.*, J. 961[8], n° 66, anc. J. 962, n° 196. (*Mention.*)

7028. *Add.* : *Original. Bibl. nat.*, *Pièces originales*, vol. 1478, Haraucourt, p. 43.

Acquits sur l'épargne. Arch. nat., J. 961[8], n° 136, anc. J. 962, n° 267. (*Mention.*)

7030. *Add.* : *Acquits sur l'épargne. Arch. nat.*, J. 961[8], n° 131, anc. J. 962, n° 262. (*Mention.*)

7031. *Add.* : *Acquits sur l'épargne. Arch. nat.*, J. 961[8], n° 69, anc. J. 962, n° 199. (*Mention.*)

7032 et 7033. *Add.* : *Acquits sur l'épargne. Arch. nat.*, J. 961[8], n° 131, anc. J. 962, n° 262. (*Mentions.*)

7034. *Add.* : *Acquits sur l'épargne. Arch. nat.*, J. 961[8], n° 60, anc. J. 962, n° 190. (*Mention.*)

7042. *Add.* : *Acquits sur l'épargne. Arch. nat.*, J. 961[8], n° 61, anc. J. 962, n° 191. (*Mention.*)

7045. *Add.* : *Autre copie de l'arrêt d'enregistrement à la Chambre des Comptes de Paris. Arch. nat.*, P. 2306, p. 119.

7047 à 7049. *Add.* : *Acquits sur l'épargne. Arch. nat.*, J. 961[8], n° 61, anc. J. 962, n° 191. (*Mentions.*)

7054 à 7057. *Add.* : *Acquits sur l'épargne*, J. 961[8], n° 60, anc. J. 962, n° 190. (*Mentions.*)

7059. *Add.* : *Acquits sur l'épargne. Arch. nat.*, J. 961[8], n° 63, anc. J. 962, n° 193. (*Mention.*)

7060 à 7079. *Add.* : *Acquits sur l'épargne. Arch. nat.*, J. 961[8], n° 64, anc. J. 962, n° 194. (*Mentions.*)

7081. Date : « mai 1535 », *corr.* « 1534 ».

7089. *Add.* : *Acquits sur l'épargne. Arch. nat.*, J. 961[8], n° 56, anc. J. 962, n° 186. (*Mention.*)

7098. *Add.* : *Acquits sur l'épargne. Arch. nat.*, J. 961[8], n° 57, anc. J. 962, n° 187. (*Mention.*)

7099. *Add.* : *Enreg. à la Chambre des Comptes de Paris*, anc. mém. 2 G, fol. 125. *Arch. nat.*, PP. 119, p. 29. (*Mention.*)

Bibl. nat., ms. fr. 21405, p. 329. (*Mention.*)

7100. *Add.* : *Acquits sur l'épargne. Arch. nat.*, J. 961[8], n° 53, anc. J. 962, n° 183. (*Mention plus développée.*)

7101. *Add.* : *Acquits sur l'épargne. Arch. nat.*, J. 961[8], n° 57, anc. J. 962, n° 187. (*Mention.*)

7114 à 7116. *Add.* : *Acquits sur l'épargne. Arch. nat.*, J. 961[8], n° 53, anc. J. 962, n° 183. (*Mentions.*)

7126. *Add.* : *Acquits sur l'épargne. Arch. nat.*, J. 961[8], n° 53, anc. J. 962, n° 183. (*Mention.*)

7130. *Add.* : *Arch. nat.*, *Acquits sur l'épargne*, J. 961[8], n° 5, anc. J. 962, n° 133. (*Mention plus développée.*)

7140. *Add.* : *Arch. nat.*, *Acquits sur l'épargne*, J. 961[8], n° 4, anc. J. 962, n° 132. (*Mention plus développée.*)

7146. *Add.* : Imp. *Bulletins de la Société des antiquaires de l'Ouest*, 2e série,

t. VIII, 2e trimestre de 1896, Poitiers, in-8°, 1896, p. 306.

7147. *Add.* : Imp. *Pièce in-4°*. Paris, ve Saugrain, 1723. *Arch. nat.*, AD IX 1 *bis*, non folioté.

7162. *Add.* : *Acquits sur l'épargne. Arch. nat.*, J. 961[8], n° 36, anc. J. 962, n° 166. (*Mention.*)

7163. *Add.* : *Arch. nat.*, *Acquits sur l'épargne*, J. 961[8], n° 4, anc. J. 962, n° 132. (*Mention plus développée.*)

7164 et 7165. *Add.* : *Acquits sur l'épargne. Arch. nat.*, J. 961[8], n° 37, anc. J. 962, n° 167. (*Mentions.*)

7166. *Add.* : *Acquits sur l'épargne. Arch. nat.*, J. 961[8], n° 36, anc. J. 962, n° 166. (*Mention.*)

7167 à 7173. *Add.* : *Acquits sur l'épargne. Arch. nat.*, J. 961[8], n° 37, anc. J. 962, n° 167. (*Mentions.*)

7174. *Add.* : *Arch. nat.*, *Acquits sur l'épargne*, J. 961[8], n° 4, anc. J. 962, n° 132. (*Mention plus développée.*)

7175. *Add.* : *Arch. nat.*, *Acquits sur l'épargne*, J. 961[8], n° 4, anc. J. 962, n° 132. (*Mention plus développée.*)

7176. *Add.* : *Arch. nat.*, *Acquits sur l'épargne*, J. 961[8], n° 4, anc. J. 962, n° 132. (*Mention plus développée.*)

7177 et 7178. *Add.* : *Acquits sur l'épargne. Arch. nat.*, J. 961[8], n° 37, anc. J. 962, n° 167. (*Mentions.*)

7179. *Add.* : *Arch. nat.*, *Acquits sur l'épargne*, J. 961[8], n° 4, anc. J. 962, n° 132. (*Mention plus développée.*)

7187. *Add.* : *Arch. nat.*, *Acquits sur l'épargne*, J. 961[8], n° 4, anc. J. 962, n° 132. (*Mention plus développée.*)

7189. *Add.* : Imp. Paulin Paris, *Études sur François Ier*. Paris, Techener, 1885, in-8°, t. II, p. 250.

7202. *Add.* : *Enreg. à la Chancellerie de France. Arch. nat.*, *Trésor des Chartes*, JJ. 247, n° 81, fol. 55 v°.

7204. L'acte est daté de Paris, juin 1534.

Add. : *Enreg. à la Chancellerie de France. Arch. nat.*, *Trésor des Chartes*, JJ. 247, n° 84, f°. 56.

7205. *Add.* : *Acquits sur l'épargne. Arch. nat.*, J. 961[8], n° 8, anc. J. 962, n° 131. (*Mention.*)

7208. *Add.* : *Enreg. à la Chancellerie de France. Arch. nat.*, *Trésor des Chartes*, JJ. 247, n° 149, fol. 87 v°. — (Saint-Germain-en-Laye, juillet 1534.)

7212. *Add.* : *Acquits sur l'épargne. Arch. nat.*, J. 961[8], n° 3, anc. J. 962, n° 131. (*Mention.*)

7213. *Add.* : *Enreg. à la Chambre des Comptes de Paris*, anc. mém. 2 G, fol. 134. *Arch. nat.*, PP. 119, p. 31. (*Mention.*)

Bibl. nat., ms. fr. 21405, p. 329. (*Mention.*)

7214. *Add.* : *Acquits sur l'épargne. Arch. nat.*, J. 961[8], n° 3, anc. J. 962, n° 131. (*Mention.*)

7215 et 7216. *Add.* : *Acquits sur l'épargne. Arch. nat.*, J. 961[8], n° 2, anc. J. 962, n° 130. (*Mentions.*)

7218. *Add.* : *Copie collationnée du XVIIIe siècle dans les Mémoriaux reconstitués de la Chambre des Comptes de Paris. Arch. nat.*, P. 2306, p. 135. 2 pages.

7219. L'acte est daté de Saint-Germain-en-Laye.

Add. : *Copie collat. du XVIIIe siècle dans les Mémoriaux reconstitués de la Chambre des Comptes. Arch. nat.*, P. 2306, p. 131. 2 pages 1/2.

7220. *Add.* : *Acquits sur l'épargne. Arch. nat.*, J. 961[8], n° 39, anc. J. 962, n° 169. (*Mention.*)

7223. *Add.* : *Enreg. à la Chancellerie de France. Arch. nat.*, *Trésor des Chartes*, JJ. 247, n° 147, fol. 86 v°. — (Saint-Germain-en-Laye, juillet 1534.)

7244. *Add.* : *Acquits sur l'épargne. Arch. nat.*, J. 961[7], n° 1, anc. J. 962, n° 76. (*Mention.*)

7253. *Add. : Acquits sur l'épargne. Arch. nat.*, J. 961⁸, n° 41, anc. J. 962, n° 171. (*Mention.*)

7266. *Add. : Acquits sur l'épargne. Arch. nat.*, J. 961⁸, n° 52, anc. J. 962, n° 182. (*Mention détaillée.*)

7267. *Add. : Acquits sur l'épargne. Arch. nat.*, J. 961⁸, n° 46, anc. J. 962, n° 177. (*Mention.*)

7279. « Jean Calvau », *corr.* « Caluau ou Calluau »

7287. *Add. : Acquits sur l'épargne. Arch. nat.*, J. 961⁸, n° 82, anc. J. 962, n° 212. (*Mention plus développée.*) — Il est question de l'ambassade du s^r de Langey, non en Angleterre, mais en Allemagne.

7291. *Add. : Acquits sur l'épargne. Arch. nat.*, J. 961⁸, n° 46, anc. J. 962, n° 176. (*Mention.*)

7310 à 7313. *Add. : Acquits sur l'épargne. Arch. nat.*, J. 961⁸, n° 54, anc. J. 962, n° 184. (*Mentions.*)

7314. *Suppr.* « (*Mention.*) ». Le texte est transcrit sur le registre X^1a 1537.

7318 et 7319. *Add. : Acquits sur l'épargne. Arch. nat.*, J. 961⁸, n° 48, anc. J. 962, n° 179. (*Mentions.*)

7326. *Add. : Acquits sur l'épargne. Arch. nat.*, J. 961⁸, n° 100, anc. J. 962, n° 230. (*Mention plus développée.*)

7328. *Add. : Acquits sur l'épargne. Arch. nat.*, J. 961⁸, n° 100, anc. J. 962, n° 230. (*Mention plus développée.*)

7347. Cote J. 964, *add. :* n° 34.

Au lieu de « *Arch. nat.*, P. 2304, p. 139 », *lisez* « p. 1397 ».

7373. *Add. : Transcrit dans un acte original du 17 octobre suivant. Arch. nat.*, fonds de Mercurol, J. 1141, n° 14¹.

Copie du XVIe siècle. Arch. nat., KK. 1227, fol. 36. 7 pages.

7380. *Add. : Copie du XVIe siècle. Bibl. impériale de Vienne* (*Autriche*), ms. 6979, fol. 100.

7384. *Add. : Original. Arch. nat.*, fonds de Mercurol, J. 1141, n° 14¹.

Copie du XVIe siècle. Arch. nat., KK. 1227, fol. 11 et fol. 39 v°. 46 pages.

7408. *Au lieu de* « de Gigny », *lisez* « du Guiny ». (Cf. n° 1802.)

Add. : Copie collationnée du 18 décembre 1546. Arch. nat., R¹ 212.

7410. *Add. : Bibl. nat.*, ms. lat. 10963. (*Mention.*)

7424. *Add. : Copie collationnée du 26 août 1535. Arch. nat.*, J. 1102, n° 16.

7429. *Add. : Enreg. à la Chambre des Comptes de Paris*, anc. mém. 2 G, fol. 170. *Arch. nat.*, PP. 119, p. 39. (*Mention.*)

Bibl. nat., ms. fr. 21405, p. 330. (*Mention.*)

7437. *Add. : Original. Arch. nat.*, fonds de Mercurol, J. 1141, n° 14².

7438. *Add. : Bibl. nat.*, ms. lat. 10963. (*Mention.*)

7445. *Add. : Copie du XVIe siècle s. d. Bibl. nat.*, ms. fr. 5503, fol. 72 v°. 1/2 page.

Copie du XVIe siècle s. d. Bibl. impériale de Vienne (*Autriche*), ms. 6979, fol. 98.

TOME III.

7478. *Add. : Original. Arch. nat.*, R² 212.

7486. *Add. : Copie collationnée, signée Malon, greffier criminel du Parl. de Paris Arch. nat.*, U. 446, fol. 155. 1 p.

7490. *Add. : Expédition authentique. Arch. de l'Assistance publique à Paris*, Carton des Enfants-Rouges.

7495. *Enreg. au Parl. de Paris, le 11 janvier 1535 n. s. Copie collationnée, signée Malon, greffier criminel du Parl. Arch. nat.*, U. 446, fol. 154. 2 pages 1/2.

Enreg. au Parl. de Rouen, le 18 février 1535 n. s. Arch. de la Cour à Rouen, reg. criminel dit Livre rouge, fol. 62 v°. 3 pages 1/2.

Copie du XVIIe siècle, d'après le reg. du Parl. de Rouen. Arch. nat., U. 754, fol. 69. 3 pages.

7499. *Add. : Enreg. au bailliage royal de Reims, le 23 décembre 1535.*

Anc. archives de l'abbaye de Saint-Rémy de Reims, liasse 115, n° 4. *Mention de l'inventaire de Lemoine. Bibl. de l'Arsenal*, ms. 6028, t. II, p. 112.

7519. *Add. : Bibl. nat.*, ms. lat. 9242, p. 8. (*Mention.*)

7537. *Add. : Copie du temps. Arch. nat.*, M. 17, n° 16.

N. B. Le 8 mars 1535 n. s., des copies collationnées de ces lettres furent remises au sous-bailli de Poissy et aux prévôts de Montlhéry, Corbeil, Châteaufort, Tournan, Torcy, Gonesse et Gournay. (*Arch. nat.*, Y. 9, fol. 46 v°.)

7546. *Add. en note :* Le 11 mars 1535 n. s., des copies collationnées de cet acte furent remises au sous-bailli de Poissy et Saint-Germain, et aux prévôts de Montlhéry, Corbeil, Châteaufort, Tournan, Torcy, Gonesse et Gournay. (*Arch. nat.*, Y. 9, fol. 47.)

7582. *Add. : Enreg. à la Chambre des Comptes*, anc. mém. 2 G, fol. 201 v°. *Arch. nat.*, PP. 119, p. 45. (*Mention.*)

Bibl. nat., ms. fr. 21405, p. 330. (*Mention.*)

7583. *Add. à la note :* à moins qu'il n'y ait erreur dans la date d'année. On a précisément un acte du 6 mars 1533 n. s., donné à Vanves (n° 6845).

7602. *Corr.* Charles Brisset est dit commis au payement de la légion de Dauphiné; toutefois la somme de 8545 l. n'est point destinée à la solde des légionnaires, mais à celle de cinq cents hommes de guerre à pied, en garnison à Marseille, à la Tour d'If et à Toulon.

7603. De même, la somme de 8550 l. allouée à François Marette, commis au payement des légionnaires de Guyenne, n'est point destinée à ceux-ci, mais à la solde des garnisons de Bayonne et de Dax, pour plusieurs mois de l'année 1534.

7614. « Jean-Jacques de Castron », *corr.* « Castion (*aliàs* Castillon) ».

7622. *Add. : Arrêt d'enregistr. à la Chambre des Comptes de Paris, en date du 19 décembre 1536*, anc. mém. 2 G, fol. 349 v°. *Arch. nat.*, P. 2306, fol. 328.

7737. *Modifier ainsi l'analyse :*

Déclaration portant que les marchands florentins allant aux foires de Lyon ne sont pas visés par les lettres de marque octroyées à l'encontre de leurs compatriotes.

Add. à la référence :

Enreg. au Grand conseil, le 19 juillet 1535. Arch. nat., V^5 1051, à la date du 23 août 1536. (*Mention.*)

7826. *Add. : Arch. municipales de Dijon*, H. 128.

7842. *Add. :* IMP. L'abbé C. Chevalier, *Archives royales de Chenonceau. Pièces historiques relatives à la châtellenie de Chenonceau.* Paris, J. Techener, 1864, in-8°, p. 91.

7880. *Add. : Original. Arch. comm. de Rouen*, tiroir 148, n° 4.

Vidimus de la prévôté de Rouen, en date du 14 juillet 1542, id., ibid.

7890. *Add. : Original, pancarte parchemin. Arch. de la Haute-Garonne*, H, fonds de Malte.

7904. *Add. : Enreg. à la Chambre des Comptes de Paris*, anc. mém. 2 G, fol. 234 v°. *Arch. nat.*, PP. 119, p. 50. (*Mention.*)

Bibl. nat., ms. fr. 21405, p. 330. (*Mention.*)

7989. *Add. : Original. Arch. départ. de l'Isère*, B. 3188.

Copie. Arch. communales de Dijon, B. 179.

7990. *Add. : Original. Arch. départ. de l'Isère*, B. 3188.

7996. *Add. : Copie du XIXe siècle. Bibl. de la ville de Versailles*, ms. 412 F, fol. 111. 2 pages 1/2.

8011. *Add. : Original. Arch. départ. de l'Isère*, B. 3188.

8025. *Add. : Enreg. à la Chambre des Comptes*, anc. mém. 2 G, fol. 244. *Arch. nat.*, PP. 119, p. 53. (*Mention.*).
Bibl. nat., ms. fr. 21405, p. 331. (*Mention.*)

8040. *Add. : Copie collationnée du XVIIIe siècle dans les mém. reconstitués de la Chambre des Comptes de Paris. Arch. nat.*, P. 2306, fol. 227. 3 pages 1/2.
L'acte est daté de Bar-le-Duc.

8054. *Add. : Enreg. à la Chambre des Comptes de Paris, le 19 janvier 1548 n. s. Arch. nat.*, P. 2308, p. 207. 3 pages.

8064. *Add. : Original. Arch. comm. de Sedan*, AA. 2.
Plaquettes imprimées in-4°, aux *Arch. nat.*, AD IX 1 *bis* (non folioté); aux *Arch. des Ardennes*, A. 2 et A. 19; et aux *Arch. comm. de Sedan*, AA. 3.
Privilèges de la souveraineté de Sedan. Sedan, Adrien Thésin, 1724, in-4°, p. 1. (*Arch. départ. des Ardennes*, A. 20.)

8086. *Au lieu de* « Z. 4580, fol. 211 v° », *lisez* « fol. 211 ».

8087. Z. 4580, *au lieu de* « fol. 251 », *lisez* « fol. 201 v° ».

8118. *Add. : Copie du temps. Anc. Trésor des Chartes de Lorraine*, lay. Mercœur, n° 55. *Bibl. nat.*, ms. Lorraine, 219, fol. v°. 2 pages.
Copie du XVIe siècle. Anc. Trésor des Chartes de Lorraine, cartulaire Mercœur. *Arch. de Meurthe-et-Moselle*, B. 410, fol. 12 v°.

8120. *Add. : Copie collationnée du XVIIIe siècle dans les mémoriaux reconstitués de la Chambre des Comptes de Paris. Arch. nat.*, P. 2306, fol. 285. 3 pages.

8137. *Add.* : Imp. L'abbé C. Chevalier, *Arch. royales de Chenonceau. Pièces historiques relatives à la châtellenie de Chenonceau.* Paris, J. Techener, 1864, in-8°, p. 111.

8141. *Add. : Expéd. orig. Arch. des Bouches-du-Rhône*, B. reg. 275, pièce ajoutée au reg. *in fine*.
Copie du XVIIe siècle. Bibl. de la ville d'Aix (Bouches-du-Rhône), ms. 830, n° 13.
Copie du XVIe siècle, non datée. Arch. nat., J. 846, n° 11[25].
Imp. *Lesdites ordonnances imp. à Lyon*, par Denis de Harsy, l'an 1536, au moys de mars, in-4°, gothique.

8142. *Add. : Original. Arch. départ. de l'Isère*, B. 3188.
Expéd. originale. Arch. nat., *suppl. du Trésor des Chartes*, J. 882, n° 5.

8152. L'acte est daté d'Is-sur-Tille.
Add : Copie collationnée du XVIIIe siècle dans les mémoriaux reconstitués de la Chambre des Comptes de Paris. Arch. nat., P. 2306, fol. 239 3 pages 1/2.

8153. *Add. : Original. Arch. départ. de l'Isère*, B. 3188.

8155. *Add. : Original. Arch. départ. de l'Isère*, B. 3188.
Vidimus du XVIe siècle. Arch. municipales de Dijon, G. 256.

8162. *Add. : Copie du XVIIIe siècle. Bibl. nat.*, ms. Moreau 778 (portefeuille 25 de Fontanieu), fol. 138. 5 pages.

8175. *Add. : Copie du XVIe siècle certifiée par la Chambre des Comptes de Provence. Arch. des Bouches-du-Rhône*, B. reg. 275, 151 pages. — (Cette ordonnance a toute l'étendue du registre.)

8184. Antoine Donat, *corr.* Donati.
Add. : Copie du XVIe siècle. Arch. des Bouches-du-Rhône, B. reg. 186, fol. 8 v°. 1 page 1/3.

8186. L'acte est daté de Dijon.
Add. : Arrêt d'enreg. à la Chambre des Comptes de Paris. Arch. nat., P. 2306, fol. 281.

8192. *Add. : Copie du XVIe siècle.*

Arch. des Bouches-du-Rhône, B. reg. 186, fol. 105 v°. 2 pages 1/2.

8193. *Add. : Copie du* XVI*e siècle. Arch. des Bouches-du-Rhône*, B. reg. 186, fol. 107. 3 pages.

8234. *Add. : Copie du* XVI*e siècle. Arch. des Bouches-du-Rhône*, B. reg. 186, fol. 104 v°. 2 pages.

8242. *Au lieu de* «U. 665, fol. 226», *lisez* «U. 665, p. 266».

8249. *Add. : Copie du* XVIII*e siècle. Bibl. de Rouen*, ms. Montbret 108, fol. 168 v°. 6 pages.

8258. *Add. : Copie du* XVI*e siècle. Arch. des Bouches-du-Rhône*, B. reg. 1266, fol. 2. 2 pages.

8259. *Add. : Original. Arch. départ. de l'Isère*, B. 3188.

Expéd. originale. Arch. des Bouches-du-Rhône, B. carton 3296, pièce n° 10.

Copie du XVI*e siècle. Arch. du Rhône, reg. des insinuations de la sénéchaussée*, Livre du roi, fol. 47 v°.

8278. *Var.* «de Mousy,» *au lieu de* «Musy».

Add. : Enreg. à la Chancellerie de France. Arch. nat., Trésor des Chartes, JJ. 249[1], n° 17, fol. 6 v°.

8287. *Corr. :* Don à Philibert de Nagu, huissier de la chambre du roi, et lieutenant de la porte, de 300 livres tournois sur les exploits et amendes du Parlement.

Add. : Enreg. à la Chambre des Comptes de Paris, anc. mém. 2 G, fol. 295. *Arch. nat.*, PP. 119, p. 63. (*Mention.*)

Bibl. nat., ms. fr. 21405, p. 331. (*Mention.*)

8303. *Add. : Copie du* XVI*e siècle. Bibl. de l'Arsenal à Paris*, ms. 5169, fol. 80. 11 pages.

8311. *Add. : Enreg. à la Chambre des Comptes*, anc. mém. 2 H, fol. 179. *Arch. nat.*, PP. 119, p. 23. (*Mention.*)

Bibl. nat., ms. fr. 21405, p. 334. (*Mention.*)

8314 *bis*. Lettres portant confirmation au chapitre de la Sainte-Chapelle de Dijon de son droit sur l'émolument du sceau à la chancellerie du duché de Bourgogne, et fixation de ce droit à 52 sous 6 deniers par lettre de grâce. Lyon, 21 février 1535 (1536 n. s.).

Original. Arch. de la Côte-d'Or, G. 1155, *fonds de la Sainte-Chapelle de Dijon*.

8315. Le texte des lettres était enregistré au mémorial de la Chambre des Comptes de Paris 2 G, fol. 310.

Autre texte de l'arrêt d'enregistrement. Arch. nat., P. 2306, fol. 299.

8317. *Add. : Copie du* XVI*e siècle. Bibl. impériale de Vienne (Autriche)*, ms. 6979, fol. 106 v°.

8319. *Add. : Copie du* XVII*e siècle. Bibl. de l'Arsenal à Paris*, ms. 4767, fol. 11. 4 pages 1/2.

8326. *Add. : Original. Arch. de Seine-et-Oise*, série D, fonds de Saint-Cyr, 40e liasse de Charny, n° 254.

8330. *Add. : Enreg. à la Chancellerie de France. Arch. nat., Trésor des Chartes*, JJ. 249[1], n° 80, fol. 26. (Sous la date de Lyon, mars 1535.)

8331. *Add. : Enreg. à la Chancellerie de France. Arch. nat., Trésor des Chartes*, JJ. 249[1], n° 36, fol. 11 v°.

8339. *Add. :* IMP. Teulet, *Papiers d'État, pièces et documents inédits, relatifs à l'histoire d'Écosse au* XVI*e siècle*. Paris, Plon, in-4°, p. 112.

8379. *Add. :* IMP. Teulet, *Papiers d'État, pièces et documents inédits, relatifs à l'histoire d'Écosse au* XVI*e siècle*. Paris, Plon, in-4°, t. I, p. 109.

8380. *Add. : Copie du temps. Arch. de la Seine-Inférieure*, G. 1903. 3 pages 1/2.

8389. *Add. : Enreg. à la Chancellerie de France. Arch. nat., Trésor des Chartes*, JJ. 249[1], n° 79, fol. 25 v°.

8393. *Add. : Original. Arch. départ. de l'Isère*, B. 3188.

IMPRIMERIE NATIONALE.

8401. *Add. : Original. Arch. départ. de l'Isère*, B. 3187.

8402. *Add. : Copie du XVIe siècle. Bibl. nat.*, ms. fr. 5086, fol. 158 v°. 2 pages.

8418. *Add.* : réduction opérée par Jean Feu, commissaire délégué pour la réforme de la justice en Provence.

Copie du XVIe siècle. Arch. des Bouches-du-Rhône, B. reg. 186, fol. 112 v°. 2 pages.

8419. *Add.* : Voir le n° 7622.

8429. *Add. : Copie du XVIe siècle. Arch. du Rhône, reg. des insinuations de la sénéchaussée*, Livre du roi, fol. 49 v°.

8447. *Add.* : IMP. A. de Boislisle, *Chambre des Comptes de Paris. Pièces justificatives pour servir à l'histoire des premiers présidents.* Nogent-le-Rotrou, 1873, in-4°, p. 51.

8460. *Add. : Vérifié au greffe de la grurie de Saint-Germain-en-Laye, le 17 août 1536. Arch. de Seine-et-Oise*, série B, fonds de la prévôté de Saint-Germain-en-Laye. (*Mention.*)

8466. *Add. : Autre copie de l'arrêt d'enreg. Arch. nat.*, P. 2306, fol. 223.

8476. *Add. : Original. Arch. départ. de l'Isère*, B. 3188.

Enreg. au Parl. de Paris, le 31 juillet 1536. Arch. nat., U. 446, fol. 164. 3 pages.

8479. *Add. : Copie du XVIe siècle. Arch. du Rhône, reg. des insinuations de la sénéchaussée*, Livre du roi, fol. 50.

8480. *Add. : Copie en tête du procès-verbal dressé par Geoffroy de la Chassagne. Arch. nat.*, J. 1100, n° 16. 4 pages 1/2.

8525. *Add. : Copie du XVIe siècle. Bibl. de la ville de Troyes*, ms. n° 1291, fol. 42.

Enreg. à la Cour des Aides de Paris. Copie collationnée du XVIIIe siècle, faite par ordre de ladite Cour. Arch. nat., Z^1a 526.

IMP. In-8° de 47 pages. Orléans, Éloy Gibier, 1585.

8527. *Add. : Copies du temps, sur parchemin. Ancien Trésor des Chartes de Lorraine*, lay. Neutralités, n° 2. *Bibl. nat., coll. de Lorraine*, vol. 232, fol. 2, et vol. 469¹, fol. 148.

Copie. Arch. départ. de la Meuse, B. 2931.

Copie du XVIIIe siècle, d'après un vidimus du prévôt de Sainte-Menehould, en date du 18 juillet 1536. Bibl. de Nancy, ms. 848 (167), fol. 154. 6 pages.

8540. *Add. : Copie collationnée du XVIIIe siècle, dans les mémoriaux reconstitués de la Chambre des Comptes de Paris. Arch. nat.*, P. 2306, fol. 319. 3 pages.

8541. *Ibid.*, P. 2306, fol. 335. 3 pages.

8562. *Add. : Enreg. au Parl. de Paris, le 4 octobre 1536. Arch. nat.*, U. 446, fol. 165 v°. 2 pages 1/2.

Enreg. à la Cour des Monnaies. Arch. nat., Z^1b 61, fol. 132 v°. 2 pages.

Enreg. au Parl. de Rouen, le 5 décembre 1536. Arch. de la Cour à Rouen, reg. criminel dit Livre rouge, fol. 36. 3 pages 1/2.

Copie du XVIIe siècle, d'après le reg. du Parl. de Rouen. Arch. nat., U. 754, fol. 37 v°.

8574. « Jean Daphis », *corr.* « Daffis ».

8577. *Add. : Copie du XVIIe siècle. Bibl. nat.*, ms. Clairambault 960, fol. 391.

8581. *Var.* Gaspard de Roucoules.

Add. : Bibl. nat., ms. lat. 9242, p. 18. (*Mention.*)

8588. *Add* : Voir le n° 8466.

8593. *Add. : Enreg. à la Chancellerie de France. Arch. nat., Trésor des Chartes*, JJ. 249¹, n° 147, fol. 50 v°.

8598. *Add. : Copie du XVIIIe siècle. Bibl. nat.*, ms. fr. 18478, fol. 36. (Sous la date inexacte du 5 août « 1537 ».)

8603. *Add. : Copie. Bibl. de l'Arsenal à Paris*, ms. 4940, p. 30. 1 page 1/2.

8613. *Add. : Original. Arch. départ. de l'Isère*, B. 3188.

8626. *Add. : Enreg. à la Chancellerie de France. Arch. nat., Trésor des Chartes*, JJ. 249[1], n° 148, fol. 51.

8665. *Add. : Original. Arch. départ. de l'Isère*, B. 3188.
Copie du XVI*e siècle. Arch. du Rhône, reg. des insinuations de la sénéchaussée*, Livre du roi, fol. 54. (Sous la date du 2 octobre.)
Copie collationnée par le garde du sceau royal de la sénéchaussée de Lyon, le 20 janvier 1537. Arch. des Bouches-du-Rhône, B. liasse 723.
IMP. Ch. Fleury, *Histoire du cardinal de Tournon*, p. 146.

8684. *Add. : Enreg. à la Chancellerie de France. Arch. nat., Trésor des Chartes*; JJ. 249[1], n° 170, fol. 59.

8706. *Add. : Enreg. à la Chambre des Comptes de Paris*, anc. mém. 2 H, fol. 1 (d'après *Arch. nat.*, KK. 939, p. 2).

8708. *Add. : Délibérations des États de Provence. Arch. des Bouches-du-Rhône*, C. reg. 1, fol. 6. (*Mention.*)

8714. *Add. : Copie du* XVIII*e siècle. Bibl. nat.*, ms. Clairambault 957, fol. 169.

8721. *Add. : Copie du* XVI*e siècle. Arch. nat., Cartulaire de l'Hôtel de Ville de Paris*, KK. 1012, fol. 34. 8 pages 1/2.

8746. *Add. : Copie du* XVI*e siècle. Arch. du Rhône, reg. des insinuations de la sénéchaussée*, Livre du roi, fol. 54.

8749. *Add. :* IMP. Lunig, *Deutsches Reichsarchiv*, t. XIV, 9e section, p. 48.

8758. *Add. : Copie du temps. Bibl. nat.*, ms. fr. 5503, fol. 138. 1 page 1/2.

8764. *Add. : Enreg. à la Chambre des Comptes*, anc. mém. 2 J, fol. 36. *Arch. nat.*, PP. 119, p. 5. (*Mention.*)
Bibl. nat., ms. fr. 21405, p. 337. (*Mention.*)

8769. *Add. : Copie collationnée du* XVIII*e siècle. Arch. nat.*, K. 180, n° 141.

8771. *Add. : Copie collationnée du* XVII*e siècle. Arch. nat.*, L. 1018.

8772. *Add. : Copie informe. Arch. de Seine-et-Oise*, série H, fonds de Gif, 9e carton.

8781. *Add. : Enreg. à la Chancellerie de France. Arch. nat., Trésor des Chartes*, JJ. 252, n° 13, fol. 4 v°. — (P. Belut est qualifié procureur et non conseiller au Parlement.)

8785. *Add. : Enreg. à la Chancellerie de France. Arch. nat., Trésor des Chartes*, JJ. 252, n° 5, fol. 2.

8786. *Au lieu de* « Gonnea », *lisez* « Gouvea ».
Add. : Enreg. à la Chancellerie de France. Arch. nat., Trésor des Chartes, JJ. 252, n° 4, fol. 1 v°.

8787. *Add. : Enreg. à la Chancellerie de France. Arch. nat., Trésor des Chartes*, JJ. 252, n° 2, fol. 1. — (Ce texte porte Guillemin et non Guillermin.)

8808. L'acte est daté de Compiègne.
Add. : Copie collationnée du XVIII*e siècle dans les Mémoriaux reconstitués de la Chambre des Comptes de Paris. Arch. nat.*, PP. 2306, fol. 463. 3 pages.

8812. *Add. : Copie du* XVI*e siècle. Comptes d'Étienne Noblet, commis à la recette générale de Bourgogne. Arch. de la Côte-d'Or*, B. 1849, fol. 5. 11 pages.

8824. *Add. : Enreg. à la Cour des Aides de Normandie. Arch. de la Seine-Inférieure*, Mémoriaux, 2e vol., fol. 143. 6 pages. — (Cet acte a été enregistré au Parlement de Rouen, le 12 et non le 22 mars.)

8825. *Add. : Enreg. au Parl. de Normandie, le 22 mars 1537 n. s.*
Copie du XVII*e siècle. Arch. nat.*, U. 757, 2e partie, p. 183. 3 pages.
Enreg. à la Cour des Aides de Normandie, le 22 mars 1537 n. s. Arch. de la Seine-Inférieure, Mémoriaux, 2e vol., fol. 146. 4 pages.

8828. *Add. : Copie collationnée du* XVIII*e siècle. Arch. nat.*, K. 187, n° 170.

8829. *Cote changée.* « J. 992, n° 35 », *nunc* « J. 850, n° 35 ».
« J. 993 », *add. :* n° 8[1].

8832. *Add. : Copie collationnée du* XVIII*e siècle. Arch. nat.*, K. 191, n° 213.

8834. *Add. : Comptes d'Étienne Noblet, commis à la recette générale de Bourgogne. Arch. de la Côte-d'Or*, B. 1849, fol. 244. (*Mention.*)

8851. *Add. : Enreg. à la Chambre des Comptes de Paris, le 20 juin 1537*, anc. mém. 2 H, fol. 138 v°. *Arch. nat.*, P. 2306, fol. 485. 4 pages.

8862. *Add. : Enreg. à la Chancellerie de France. Arch. nat., Trésor des Chartes*, JJ. 250, n° 30, fol. 12.

8898. *Add. : Bibl. nat.*, ms. fr. 21405, p. 333. (*Mention.*)

8903. *Add. : Enreg. à la Chambre des Comptes*, anc. mém. 2 J, fol. 12 v°. *Arch. nat.*, PP. 119, p. 2. (*Mention.*)
Bibl. nat., ms. fr. 21405, p. 337. (*Mention.*)

8933. *Add. : Enreg. à la Chancellerie de France. Arch. nat., Trésor des Chartes*, JJ. 250, n° 86, fol. 30. — (Date : avril 1537, sans quantième.)

8958. *Add. : L'original a figuré dans le Catalogue des chartes du cabinet de M. de M.* (*Magny*). Vente du 18-22 mars 1867, par Jacques Charavay, n° 1273. — Il était de nouveau en vente chez M. Eugène Charavay en mars 1891. (*Catalogue de cette maison.*)

8985. *Add. : Arch. départ. de l'Isère, Invent. ms. des titres de Saluces.* (*Mention.*)

9007. *Add. : Comptes d'Étienne Noblet, commis à la recette générale de Bourgogne. Arch. de la Côte-d'Or*, B. 1849, fol. 245 v°. (*Mention.*)

9028. *Add. : Enreg. au Parl. de Paris, le 12 juin, reg. criminel. Arch. nat.*, U. 446, fol. 166 v°. 4 pages 1/2. — (Supprimer la note.)

9030. *Add. : Copie du* XVIII*e siècle. Bibl. nat.*, coll. de Picardie, vol. 159, fol. 74. 1 page.

9035. *Add. : Arch. de la ville de Toulon* (*Var*), série HH, n° 2.

9039. « Pierre de la Bretonnière », *add.* : « dit de Warty, seigneur dudit lieu et fief de Warty ».

9066. *Add. : Enreg. à la Chancellerie de France. Arch. nat., Trésor des Chartes*, JJ. 250, n° 99, fol. 33 v°. — (Date : juin 1537, sans quantième.)

9079. *Add. : Enreg. à la Chambre des Comptes de Paris*, anc. mém. 2 H, fol. 129. *Arch. nat.*, PP. 119, p. 17. (*Mention.*)
Bibl. nat., ms. fr. 21405, p. 333. (*Mention.*)

9085. *Add. : Enreg. à la Chambre des Comptes de Paris*, anc. mém. 2 H, fol. 114 v°. *Arch. nat.*, PP. 119, p. 15. (*Mention.*)
Bibl. nat., ms. fr. 21405, p. 333. (*Mention.*)

9094 et 9095. Deux légitimations au nom de « de Coppens », *au lieu de* « de Coppène ».
Add. : Enreg. à la Chancellerie de France. Arch. nat., Trésor des Chartes, JJ. 250, n°s 109 et 110. — (Date : juin 1537, sans quantième.)

9126. *Add.* : « Serviteur du cardinal de Châtillon. »
Enreg. à la Chancellerie de France. Arch. nat., Trésor des Chartes, JJ. 250, n° 108, fol. 35 v°. — (Date : juin 1537, sans quantième.)

9133. Acte daté de Fontainebleau.
Add. : Copie collationnée du XVIII*e s. dans les Mémoriaux reconstitués de la Chambre des Comptes de Paris. Arch. nat.*, P. 2306, fol. 505. 6 pages.

9147. *Add. : Enreg. à la Chancellerie de France. Arch. nat., Trésor des Chartes*, JJ. 250, n° 93, fol. 32. — (Date : juin 1537, sans quantième.)

9149. *Add. : Enreg. à la Chambre des Comptes de Paris*, anc. mém. 2 H, fol. 136. *Arch. nat.*, PP. 119, p. 18. (*Mention.*)
Bibl. nat., ms. fr. 21405, p. 334. (*Mention.*)

9150. *Add. : Enreg. à la Chambre des*

Comptes de Paris, anc. mém. 2 H, fol. 167 v°. *Arch. nat.*, PP. 119, p. 22. (*Mention.*)

Bibl. nat., ms. fr. 21405, p. 334. (*Mention.*)

9162. *Add. : Acte de réception à la Chambre des Comptes du 6 juillet 1537*, anc. mém. 2 H, fol. 164. *Arch. nat.*, P. 2306, fol. 497.

9163. *Add. : Enreg. au Parl. de Normandie, le 15 septembre 1537.*

Copie du XVIIe siècle. Arch. nat., U. 757 (2e partie), p. 190. 5 pages.

9169. *Au lieu de* « Arch. de la ville de Lyon », *lisez* « de Laon ».

9173. *Add. : Enreg. à la Chancellerie de France. Arch. nat.*, *Trésor des Chartes*, JJ. 250, n° 96, fol. 32 v°.

9175. Acte daté de Fontainebleau.

Add. : Copie collationnée du XVIIIe s. dans les Mémoriaux reconstitués de la Chambre des Comptes de Paris. Arch. nat., P. 2306, fol. 501. 2 pages.

9183. *Add. : Copie collationnée du 26 juin 1539. Comptes d'Étienne Noblet. Arch. de la Côte-d'Or*, B. 1849, fol. 15 v°. 5 pages.

9187. *Add. : Copie du XVIe siècle. Arch. nat.*, *Cartulaire de l'Hôtel de Ville de Paris*, KK. 1012, fol. 44. 2 pages 1/2.

9220. *Add. : Enreg. à la Chambre des Comptes de Paris*, anc. mém. 2 H, fol. 216 v°. *Arch. nat.*, PP. 119, p. 29. (*Mention.*)

Bibl. nat., ms. fr. 21405, p. 335. (*Mention.*)

9248. *Add. : Autre enreg. aux Eaux et forêts, du 13 septembre 1537. Arch. nat.*, Z^1e^ 869, fol. 72 v°. 2 pages.

9256. *Add. : Copie collationnée du 21 novembre 1754. Arch. nat.*, R^4^* 655, fol. 152.

Cahier de parchemin. Arch. de la ville d'Orléans, AA. 2.

Copie du XVIIIe siècle. Arch. nat., AD IX 1 *bis*, non folioté.

9264. *Add. : Copie du XVIe siècle. Bibl. impériale de Vienne* (Autriche), ms. 6979, fol. 124.

9278. *Add. : Copie collationnée du XVIIIe siècle. Arch. nat.*, *Châtelet de Paris*, Y. 17213.

9312. *Au lieu de* « Antoine Du Prat », *corr.* « Jean d'Estouteville », prévôt de Paris.

Add. : Enreg. à la Chambre des Comptes de Paris, anc. mém. 2 J, fol. 72 v°. *Arch. nat.*, PP. 111, p. 321, et PP. 119, p. 12.

9336. *Add. : Copie du XVIe siècle. Bibl. de l'Arsenal à Paris*, ms. 5169, fol. 61 v°. 6 pages.

9340. *Add. : Copie collationnée du 26 juin 1539. Comptes d'Étienne Noblet. Arch. de la Côte-d'Or*, B. 1849, fol. 18. 4 pages.

Copie du XVIe siècle. Arch. communales d'Avallon (Yonne), BB. 1, fol. 88. 1 page.

9343. *Add. : Original. Arch. départ. de l'Isère*, B. 3189.

9349. *Add. : Original. Arch. départ. de l'Isère*, B. 3189.

9416. *Add. : Enreg. à la Chancellerie de France. Arch. nat.*, *Trésor des Chartes*, JJ. 254, n° 45, fol. 12 v°. — (Date : « Briançon, novembre 1537 », sans quantième.)

9418. *Add. : Enreg. à la Chambre des Comptes de Paris*, anc. mém. 2 H, fol. 311 v°. *Arch. nat.*, PP. 119, p. 35. (*Mention.*)

Bibl. nat., ms. fr. 21405, p. 335. (*Mention.*)

9443. *Analyse rectifiée :* Don à Paul de Cajare de la haute justice que possédait Jean d'Albière au lieu de Vaux.

Add. : Enreg. à la Chambre des Comptes de Paris, anc. mém. 2 J, fol. 139 v°. *Arch. nat.*, PP. 119, p. 23. (*Mention.*)

Bibl. nat., ms. fr. 21405, p. 339. (*Mention.*)

9448. Acte daté d'Embrun, le 11 décembre, suivant la mention du registre du Parlement.

L'itinéraire suivi par François Ier, tel qu'il est établi par les textes, rendrait plus vraisemblable le séjour du roi à Embrun, en 1537, dans les trois ou quatre premiers jours de décembre.

9476. *Add. : Copie dépourvue de formules et de date, mais contemporaine de l'original. Bibl. nat.*, ms. fr. 5503, fol. 76. 2 pages.

9516. *Add. : Enreg. à la Chancellerie de France. Arch. nat., Trésor des Chartes*, JJ. 254, n° 34, fol. 10.

9518. *Add. :* Imp. *Remontrances du Parlement de Provence pour la réunion de la vallée de Barcelonnette à son ressort.* Pièce in-4° de 16 pages. *Arch. nat.*, K. 551, p. 4. (*Mention.*)

9520. *Add. : Enreg. à la Chancellerie de France. Arch. nat., Trésor des Chartes*, JJ. 254, n° 26, fol. 7 v°. — (Date : « Montpellier, janvier 1537 », sans quantième.)

9562. *Add. : Copie du XVIIe siècle. Bibl. de l'Institut de France*, ms. Godefroy 73, fol. 113. 3 pages.

9580. « Jean Levin, sr de Loussart », *corr.* « sr de Longsart ».

9602. *Add. : Original. Arch. de M. le duc de Mirepoix, au château de Léran* (Ariège).

9612. *Add. : Copie du temps. Bibl. nat.*, ms. fr. 5503, fol. 119 v°. 2 pages 1/2.
Copie du XVIe siècle. Bibl. de l'Arsenal à Paris, ms. 5169. 3 pages.

9642. *Add. : Enreg. au Parl. de Normandie, le 21 mars 1538 n. s.*
Copie du XVIIe siècle. Arch. nat., U. 757 (2e partie), p. 186. 4 pages.
Copie du XVIe siècle. Bibl. nat., ms. fr. 5503, fol. 144. 2 pages 1/2.
Copie du XVIe siècle. Bibl. impériale de Vienne (Autriche), ms. 6979, fol. 182 v°. 3 pages 1/2.

9680. L'acte est daté de Moulins.
Add. : Copie collat. du XVIIIe siècle dans les Mémoriaux reconstitués de la Chambre des Comptes de Paris. Arch. nat., P. 2306, fol. 589. 5 pages.

9695. *Add. : Enreg. à la Chancellerie de France. Arch. nat., Trésor des Chartes*, JJ. 254, n° 53, fol. 14 v°. — (Date : « Moulins, février 1537 », sans quantième.)

9712. *Add. : Copie collationnée du XVIIIe siècle dans les Mémoriaux reconstitués de la Chambre des Comptes de Paris. Arch. nat.*, P. 2306, fol. 553. 3 pages 1/2.

9714. Cote P. 2306, *au lieu de* « fol. 64 », *lisez* « fol. 645 ».

9768. *Add. : Enreg. à la Chancellerie de France. Arch. nat., Trésor des Chartes*, JJ. 254, n° 35, fol. 10, et n° 54, fol. 14 v°.

9783. *Add. : Présentées au Parl. de Paris, le 16 mars 1538 n. s.*
Copie du 16 mars 1538 n. s. Arch. nat., K. 954, n° 75, fol. 2. 5 pages.

9791. *Add. : Vidimus de l'époque. Arch. de la ville de Nîmes*, NN. 4, n° 9.

9815. « Jean Brisart », *corr.* « Boisart ».
Add. : Enreg. à la Chancellerie de France. Arch. nat., Trésor des Chartes, JJ. 254, n° 82, fol. 20. — (Date : « Moulins, mars 1537 », sans quantième.)

9816. *Add. :* « natif de Florence.. »
Enreg. à la Chancellerie de France. Arch. nat., Trésor des Chartes, JJ. 254, n° 73, fol. 18 v°. — (Date : « Moulins, mars 1537 », sans quantième.)

9819. *Add. : Acquits sur l'épargne. Arch. nat.*, J. 961[11], n° 18, anc. J. 961, n° 38. (*Mention.*)

9837. *Add. : Enreg. à la Chancellerie de France. Arch. nat., Trésor des Chartes*, JJ. 254, n° 69, fol. 18. — (Date : « Moulins, mars 1537 », sans quantième.)

9852. *Add. : Acquits sur l'épargne. Arch. nat.*, J. 961[11], n° 18, anc. J. 961, n° 38. (*Mention.*)

9854. *Add. : Copie du XVIe siècle.*

Arch. du Rhône, reg. des insinuations de la sénéchaussée, Livre du roi, fol. 54.

9855. *Add. : Enreg. à la Chambre des Comptes de Paris*, anc. mém. 2 J, fol. 110. *Arch. nat.*, PP. 119, p. 18. (*Mention.*)

Bibl. nat., ms. fr. 21405, p. 338. (*Mention.*)

9879. *Add. : Copie. Arch. de la Côte-d'Or*, G. 1164, *fonds de la Sainte-Chapelle de Dijon.*

9880. L'acte est daté de Montbrison.

Add. : Copie collat. du XVIIIe *siècle dans les Mémoriaux reconstitués de la Chambre des Comptes de Paris. Arch. nat.*, P. 2306, fol. 669. 4 pages 1/2.

9904. *Add. : Original. Arch. de la ville d'Angoulême (Charente)*, AA. 1, n° 21.

Copie du XVIIIe *siècle. Arch. nat.*, R¹ 262.

9989. *Add. : Enreg. à la Chambre des Comptes de Paris*, anc. mém. 2 J, fol. 29 v°. *Arch. nat.*, PP. 111, fol. 315, et PP. 119, fol. 3. (*Mentions.*)

9998. *Add. : Enreg. à la Chancellerie de France. Arch. nat., Trésor des Chartes*, JJ. 254, n° 124, fol. 29.

10106. *Add. : Comptes d'Étienne Noblet, commis à la recette générale de Bourgogne. Arch. de la Côte-d'Or*, B. 1850, fol. 150. (*Mention développée.*)

10109. *Add. : Original. Arch. de M. le duc de Mirepoix, au château de Léran (Ariège).*

Copie du XVIe *siècle. Bibl. nat.*, ms. fr. 5503, fol. 133. 1 page.

Copie du XVIe *siècle. Bibl. impériale de Vienne (Autriche)*, ms. 6979, fol. 172. 1 page 1/2.

10122. *Add. :* Imp. *d'après les Arch. commun. de Colmars*, AA. 10. *Annales des Basses-Alpes*, nouvelle série. *Bulletin de la Société scientifique et littéraire des Basses-Alpes*, t. II (1884-1886), p. 388.

10123. *Add. : Original. Arch. de la ville de Grasse (Alpes-Maritimes)*, AA. 3.

10124. *Add. :* Imp. P. Sénéquier, *Notice sur Saint-Vallier.* Grasse, 1891, in-8°, p. 17. (*Mention analytique.*)

10167. *Add. : Copie du* XVIe *siècle. Arch. de la ville de Toulon (Var)*, série AA, n° 2.

10234. *Add. : Enreg. à la Chancellerie de France. Arch. nat., Trésor des Chartes*, JJ. 254, n° 183, fol. 38 v°.

10247. *Add. : Enreg. à la Chambre des Comptes de Paris*, anc. mém. 2 J, fol. 51. *Arch. nat.*, PP. 119, p. 7. (*Mention.*)

Bibl. nat., ms. fr. 21405, p. 337. (*Mention.*)

10261. *Add. : Original. Arch. de la ville de Vannes (Morbihan).*

10264. *Add. : Copie collationnée du* XVIIIe *siècle dans les Mémoriaux reconstitués de la Chambre des Comptes de Paris. Arch. nat.*, P. 2306, fol. 659. 3 pages.

10285. *Add. :* « . . . des droits seigneuriaux dus pour la terre de Coucy. »

Enreg. à la Chambre des Comptes de Paris, anc. mém. 2 J, fol. 54 v°. *Arch. nat.*, PP. 119, p. 8. (*Mention.*)

Bibl. nat., ms. fr. 21405, p. 337. (*Mention.*)

10290. *Add. : Enreg. à la Chancellerie de France. Arch. nat., Trésor des Chartes*, JJ. 254, n° 210, fol. 42 v°. — (Date : « Saint-Germain, septembre 1538 », sans quantième.)

10314. *Add. : Copie du* XVIe *siècle. Bibl. nat.*, ms. fr. 5058, fol. 59. 1 page.

10320. A la date, *au lieu* « d'Hardeluy » *corr.* « Herbellay » (Herblay, c^on^ d'Argenteuil, Seine-et-Oise).

Add. : Enreg. à la Chancellerie de France. Arch. nat., Trésor des Chartes, JJ. 254, n° 213, fol. 43 v°. — (Supprimer la note.)

10323. *Add. : Copies. Bibl. nat.*, fonds du Vexin, vol. 16, fol. 245, et vol. 60, fol. 59 v°. 3 pages.

10327. *Add. : Enreg. à la Chancellerie de France. Arch. nat., Trésor des Chartes*, JJ. 254, n° 214, fol. 43 v°.

10330. *Add. : Enreg. à la Chancellerie de France. Arch. nat., Trésor des Chartes*, JJ. 254, n° 233, fol. 46. — (Date sans quantième.)

10332. *Add. : Enreg. à la Chancellerie de France. Arch. nat., Trésor des Chartes*, JJ. 254, n° 234, fol. 46. — (Date : « Saint-Quentin, octobre 1538.)

10358. *Add. : Copie du XVIe siècle. Bibl. nat.*, ms. fr. 5503, fol. 32 v°. 1 page.

Copie du XVIe siècle. Bibl. impériale de Vienne (Autriche), ms. 6979, fol. 61 v°.

10366. *Add. : Copie sans date du XVIe siècle. Bibl. nat.*, ms. fr. 5085, fol. 260 v°. 2 pages 1/2.

10369. *Add. : Anc. Arch. de la Chambre des Comptes de Joinville*, pièce cotée 1170. *Arch. nat.*, KK. 906, fol. 407 v°. (*Mention.*)

10371. *Add. : Enreg. à la Chancellerie de France. Arch. nat., Trésor des Chartes*, JJ. 254, n° 218, fol. 44 v°. — (Date sans quantième.)

10404. *Add. : Enreg. à la Chancellerie de France. Arch. nat., Trésor des Chartes*, JJ. 254, n° 226, fol. 45 v°.

10420. *Au lieu de* « Longuenée », *lisez* « forêt de Longaunay ».

10426. *Add. : Acquits sur l'épargne. Arch. nat.*, J. 961[8], n° 20, anc. J. 962, n° 150. (*Mention.*)

10434. *Add. : Un exemplaire de cette ordonnance a passé, sous le n° 203, dans le Catalogue de vente*, du 31 mars 1884, par A. Voisin.

10439. *Add. : Enreg. à la Chancellerie de France. Arch. nat., Trésor des Chartes*, JJ. 251, n° 460, fol. 146 v°. — (Date : « Chantilly, novembre 1538 », sans quantième.)

10440. *Add. : Enreg. à la Chancellerie de France. Arch. nat., Trésor des Chartes*, JJ. 251, n° 459, fol. 146. — (Date : « Chantilly, novembre 1538 », sans quantième.)

10460 et 10468. *Add. : Acquits sur l'épargne. Arch. nat.*, J. 961[8], n° 20, anc. J. 962, n° 150. (*Mentions.*)

10472. Soulains (*var.* Feulain, PP. 119); 1,019 livres 5 sous, *add.* « sur l'ordinaire du Beaujolais ».

Add. : Enreg. à la Chambre des Comptes de Paris, anc. mém. 2 J, fol. 69 v°. *Arch. nat.*, PP. 119, p. 11. (*Mention.*)

Bibl. nat., ms. fr. 21405, p. 338. (*Mention.*)

10477. *Add. : Enreg. à la Chancellerie de France. Arch. nat., Trésor des Chartes*, JJ. 251, n° 446, fol. 142.

10509. *Add. : Copie du temps. Bibl. nat.*, ms. fr. 5503, fol. 129. 3 pages.

10521. *Add. : Enreg. à la Chancellerie de France. Arch. nat., Trésor des Chartes*, JJ. 251, n° 523, fol. 166 v°. — (Date : « Saint-Germain-en-Laye, décembre 1538 », sans quantième.)

10531. *Add. : Traduction espagnole du temps. Arch. nat.*, K. 1484 (anc. cote B. 3), n° 88.

10542. *Add. : Enreg. à la Chambre des Comptes de Paris*, anc. mém. 2 J, fol. 75. *Arch. nat.*, PP. 119, p. 12. (*Mention.*)

Bibl. nat., ms. fr. 21405, p. 338. (*Mention.*)

10572. *Add. : Enreg. à la Chancellerie de France. Arch. nat., Trésor des Chartes*, JJ. 251, n° 524, fol. 166 v°. — (Date : « Saint-Germain-en-Laye, décembre 1538 », sans quantième.)

10583. *Add. : Enreg. à la Chambre des Comptes de Paris, le 7 janvier 1539 n. s.*

Copie du temps. Bibl. nat., ms. fr. 5503, fol. 136. 2 pages 1/2.

10596. *Add. : Acquits sur l'épargne. Arch. nat.*, J. 962[14], n° 5, anc. J. 961, n° 156. (*Mention.*)

10608. *Add. : Copie du XVIe siècle. Arch. du Rhône*, *reg. des insinuations de la sénéchaussée*, Livre du roi, fol. 72 v°.

10612. *Add. : Arch. nat.*, Z^{1c} 1, fol. 75 v°. 1 page 1/2. — (Claude est dit fils de Michel.)

10613. *Add. : Acquits sur l'épargne. Arch. nat.*, J. 962^{14}, n° 5, anc. J. 961, n° 156. (*Mention.*)

10614. *Add. : Enreg. à la Chancellerie de France. Arch. nat., Trésor des Chartes*, JJ. 253^1, n° 20, fol. 5 v°. — (Date sans quantième.)

10615. *Add. : Enreg. à la Chancellerie de France. Arch. nat., Trésor des Chartes*, JJ. 253^1, n° 19, fol. 5 v°. — (Date sans quantième.)

10626. *Add. : Acquits sur l'épargne. Arch. nat.*, J. 962^{14}, n° 4, anc. J. 961, n° 155. (*Mention.*)

10635. L'acte est daté de Paris.
Add. : Copie collat. du XVIIIe *siècle dans les Mémoriaux reconstitués de la Chambre des Comptes de Paris. Arch. nat.*, P. 2306, fol. 675. 3 pages.

10638. *Add. : Copie du* XVIe *siècle. Bibl. de l'Arsenal, à Paris*, ms. 5169, fol. 107 v°. 3 pages.

10668. *Add. : Copie du* XVIe *siècle. Bibl. impériale de Vienne (Autriche)*, ms. 6979, fol. 171. 2 pages.

10677. Jean de Constantin, *add.* : «natif de Mantoue».
Enreg. à la Chancellerie de France. Arch. nat., Trésor des Chartes, JJ. 253^1, n° 58, fol. 17 v°. — (Date sans quantième).

10693. L'acte est daté de Paris.
Add. : Copie collationnée du XVIIIe *siècle, dans les Mémoriaux reconstitués de la Chambre des Comptes de Paris. Arch. nat.*, P. 2306, fol. 699. 2 pages.

10710. *Add.* : «Bertrand de Simiane» s^r de Gordes.
Enreg. à la Chancellerie de France. Arch. nat., Trésor des Chartes, JJ. 253^1, n° 2, fol. 1. — (Date sans quantième.)

10712. *Add. : Autre enreg. aux Eaux et forêts du 11 février 1539 n. s. Arch. nat.*, Z^{1e} 869, fol. 172. 1 page 1/2.

10739. L'acte est daté de Fontainebleau.
Add. : Copie collationnée du XVIIIe *siècle, dans les Mémoriaux reconstitués de la Chambre des Comptes de Paris. Arch. nat.*, P. 2306, fol. 679. 3 pages.

10760. *Add. : Copie du* XVIe *siècle. Bibl. impériale de Vienne (Autriche)*, ms. 6979, fol. 201. 2 pages.

10771. *Add. : Original. Arch. de M. le duc de Mirepoix, au château de Léran (Ariège).*

10779. Z^{1e} 326, *au lieu de* «fol. 105», *lisez* «fol. 104 v°».
Add. : Enreg. aux prévôtés de Corbeil, le 11 juillet, de Villeneuve-Saint-Georges, le 4 juillet 1539, et de Sucy, le 22 novembre 1540.
Publiées à son de trompe à Melun, le 6, à Brunoy et à Yerres, le 7 septembre 1539.
Copie informe du temps. Arch. de Seine-et-Oise, série H, fonds d'Yerres.

10794. *Add. : Enreg. à la Chambre des Comptes de Paris*, anc. mém. 2 J, fol. 117 v°. *Arch. nat.*, PP. 111, p. 326, et PP. 119, p. 19. (*Mentions.*)

10811. *Add. : Copie du 29 janvier 1759. Arch. nat.*, K. 1219.

10834 *bis.* Mandement à François de La Colombière de payer les gages des officiers du Parlement de Piémont. Fontainebleau, 20 février 1538.
Turin. Archivio di Stato, citta e provincia di Saluzzo, Conti de Tesorieri, n° 3, fol. 140^b-142^b.

10837. *Add. : Enreg. à la Chambre des Comptes de Paris*, anc. mém. 2 J, fol. 115 v°. *Arch. nat.*, PP. 119, p. 19. (*Mention.*)
Bibl. nat., ms. 21405, p. 338. (*Mention.*)

10840. *Add. : Copie du* XVIe *siècle. Délibérations des États de Provence. Arch. des Bouches-du-Rhône*, C. reg. 1, fol. 53. 4 pages.

10857. *Add. : Enreg. à la Chancellerie*

IMPRIMERIE NATIONALE.

de France. *Arch. nat., Trésor des Chartes*, JJ. 253¹, n° 92, fol. 32. — (Date sans quantième.)

10869. *Add. : Enreg. au Parl. de Grenoble. Arch. départ. de l'Isère*, B. 2994.

10875. Cote P. 2306, *au lieu de* « fol. 77 », *lisez* « fol. 775 ».
Add. : Copie collationnée du XVIe siècle. Arch. nat., R⁴ 1041.

10876. *Add. : Enreg. au Parl. de Grenoble. Arch. départ. de l'Isère*, B. 2994, fol. 50.

10885. *Au lieu de* « Jeanne du Désert », *lisez* « de Dezest ».
Add. : Enreg. à la Chancellerie de France. Arch. nat., Trésor des Chartes, JJ. 253¹, n° 119, fol. 41.

10892. Fr. Imperat, *add. :* « valet de chambre ordinaire du roi ».
Enreg. à la Chancellerie de France. Arch. nat., Trésor des Chartes, JJ. 253¹, n° 149, fol. 53. — (Date sans quantième).

10893. *Add. : Enreg. à la Chancellerie de France. Arch. nat., Trésor des Chartes*, JJ. 253¹, n° 147, fol. 53. — (Date sans quantième.)

10937. *Au lieu de* « Z¹ᶜ 326, fol. 167 v° », *lisez* « 168 ».

10950. « Incourt », *var.* « Encourt ».
Add. : Enreg. à la Chancellerie de France. Arch. nat., Trésor des Chartes, JJ. 253¹, n° 150, fol. 53 v°. — (Date sans quantième.)

10968. *Add. :* « Jean » Delagarde, et « Charles » Delaborde. . . « Donné à Vauluisant. . . »
Enreg. à la Chancellerie de France. Arch. nat., Trésor des Chartes, JJ. 253¹, n° 145, fol. 52 v°.

10976 *bis*. Mandement portant mainlevée, en faveur du chapitre de la Sainte-Chapelle de Dijon, de la portion du péage de Dijon qui avait été saisie pour en employer le produit aux réparations des ponts et chaussées. Abbaye de Vauluisant, 31 mars 1538 (1539 n. s.).
Copie du XVIe siècle. Arch. de la Côte-d'Or, G. 1218, fol. 28; *fonds du chapitre de la Sainte-Chapelle de Dijon.*

10977. *Note.* Un exemplaire de l'ouvrage intitulé : *Privilèges concedez. . .* se trouve aux *Arch. des Ardennes*, H. 392.
L'acte en question a été publié dans cet ouvrage d'après l'original, conservé au monastère du Plessis-lès-Tours.
Il a été enregistré à la Chambre des Comptes de Paris, le 29 avril 1539.

10981. *Add. : Enreg. à la Chancellerie de France. Arch. nat., Trésor des Chartes*, JJ. 253¹, n° 181, fol. 63.

11011. *Add. : Vidimus et copie de l'époque. Arch. de la ville de Nîmes*, NN. 4, n° 14.

11017. *Add. : Copie. Arch. départ. de la Meuse*, B. 2931.
Copie du XVIIe siècle. Bibl. nat., Cinq cents de Colbert, ms. 78, fol. 230.
Copie du XVIIe siècle. Arch. de Lorraine, à Metz, B. 42. — Cf. des lettres d'Antoine, duc de Lorraine, du 15 novembre 1541, relatives à un acte analogue. (*Arch. nat.*, K. 171, n° 19.)

TOME IV.

11026. *Add. : Original. Arch. départ. de l'Isère*, B. 3189.

11060. *Add. : Enreg. au Parl. de Rouen, le 25 juin suivant. Arch. de la Cour à Rouen*, reg. criminel, dit *Livre rouge*, fol. 47. 2 pages 1/2.

11061. *Add. : Original. Arch. nat.*, R¹ 212.

11062. *Add. : Copie du XVIe siècle. Arch. nat.*, Cartulaire de l'Hôtel de Ville de Paris, KK. 1012, fol. 1. 6 pages 1/2.

Imp. Plaquette in-4°. *Arch. nat.*, AD IX. 1bis, non folioté.

11065. *Add. : Copie du temps. Arch. nat.*, KK. 1007, Musée AE II. 434, fol. 187 (nouvelle foliotation). 2 pages.

11073. *Add. : Anc. arch. de la Chambre des Comptes de Joinville*, pièce cotée 882. *Arch. nat.*, KK. 906, fol. 407. (*Mention.*)

11077. *Add. : Copie collationnée du XVIIIe siècle. Arch. nat.*, K. 171, n° 18.

11083. *Add. : Copie collationnée du XVIe siècle. Turin, Archivio di Stato*, sezione 3[a], invent. 4, seria 1, fol. 3.

Autre. Idem, Città e provincia di Saluzzo, Conti de tesorieri del re di Francia, n° 3, fol. 2.

11097. *Add. :* Imp. Plaquette in-4°. *Arch. nat.*, AD IX. 1bis, p. 13.

Autre pièce, in-4°, *idem*, non folioté. (Sous la date du 1er juillet 1539.)

11099. *Add. : Enreg. à la Chambre des Comptes de Paris*, anc. mém. 2 J, fol. 186 v°. *Arch. nat.*, PP. 119, p. 33. (*Mention.*)

Bibl. nat., ms. fr. 21405, p. 341. (*Mention.*)

11124. *Add. : Mentionnées dans des lettres de Henri II, en date du 4 novembre 1556, enreg. à la Chambre des Comptes de Blois. Arch. nat.*, P. 2881[2], fol. 377 v°.

11138. *Add. : Original. Arch. communales de Montfort (Ille-et-Vilaine)*, EE. 2.

11143. *Add. : Original. Arch. départ. de l'Isère*, B. 3189.

11161. *Add. : Copie du XVIe siècle. Arch. des Bouches-du-Rhône*, B. reg. 1252, fol. 2. 4 pages 1/2.

11163. *Add. : Enreg. à la Chambre des Comptes*, anc. mém. 2 J, fol. 217 v°. *Arch. nat.*, PP. 119, p. 40. (*Mention.*)

Bibl. nat., ms. fr. 21405, p. 342. (*Mention.*)

11164. *Add. : Deux copies du XVIe siècle. Arch. des Bouches-du-Rhône*, B. reg. 223, fol. 2 et fol. 55.

11171. *Add. : Original. Arch. départ. de l'Isère*, B. 3189.

11174. *Add. : Copie du XVIIe siècle. Arch. municipales de Baugé (Maine-et-Loire)*, DD. 2.

11195. Ces lettres sont datées de Villers-Cotterets.

Add. : Copie collationnée du XVIIIe siècle, dans les Mémoriaux reconstitués de la Chambre des Comptes de Paris. Arch. nat., P. 2306, p. 1107. 2 pages.

11220. Église paroissiale de Blois, *add. :* « de Saint-Martin ».

11224. *Add. : Arrêt d'enreg. à la Chambre des Comptes de Paris. Arch. nat.*, P. 2306, p. 773.

11234 *bis*. Mandement au bailli de Dijon de tenir le chapitre de la Sainte-Chapelle de Dijon quitte de l'emprunt de l'année 1537, pour lequel il a versé la somme de 300 écus. Loches, 8 décembre 1539.

Original. Arch. de la Côte-d'Or, G. 1164, *fonds de la Sainte-Chapelle de Dijon.*

11237. *Add. : Copie du XVIe siècle. Arch. du Rhône, reg. des insinuations de la sénéchaussée*, Livre du roi, fol. 63.

11243. *Add. : Copie du XVIIIe siècle. Bibl. nat.*, coll. de Picardie, vol. 100, p. 162.

Enreg. au bailliage d'Amiens, le 22 septembre 1540.

Copie du XVIIIe siècle, d'après un cartulaire de l'hôtel de ville d'Amiens. Arch. nat., F[14] 609.

11246. *Enreg. à la Chambre des Comptes de Paris*, anc. mém. 2 J, fol. 221 v°. *Arch. nat.*, PP. 119, p. 41. (*Mention.*)

Bibl. nat., ms. fr. 21405, p. 342. (*Mention.*)

11248. *Add. : Arch. municipales de Dijon*, G. 233.

11260. *Add. : Original. Arch. départ. de l'Isère*, B. 3189.

11261. *Add. : Copie du XVIe siècle. Bibl. nat.*, ms. fr. 2702, fol. 242 v°.

11265. *Add. : Enreg. à la Chambre des Comptes de Paris*, anc. mém. 2 J, fol. 270.

Original. Ancien Trésor des Chartes de Lorraine, lay. Nancy II, n° 27. *Arch. de Meurthe-et-Moselle*, B. 823, n° 27.

Copie du XVIe siècle. Anc. Trésor des Chartes de Lorraine, cartulaire France. Arch. de Meurthe-et-Moselle, B. 402bis, fol. 46 v°. 3 pages.

11281 *bis*. Commission au juge ordinaire et viguier de Limoux pour l'exécution d'un arrêt du Conseil privé en date du 8 juin précédent, en vertu duquel Philippe de Lévis, s^r de Mirepoix, est obligé de remettre le roi en possession de la moitié de la justice en la terre de Mirepoix et ses dépendances. Paris, 8 novembre 1539.

Original. Arch. de M. le duc de Mirepoix au château de Léran (Ariège).

11290. *Add. : Comptes d'Antoine Le Maçon, receveur général de Bourgogne. Arch. de la Côte-d'Or*, B. 1851, fol. 124. (*Mention.*)

11293. *Add. : Original. Arch. départ. de l'Isère*, B. 3189.

11294. *Add. : Copie collationnée du XVIIIe siècle. Arch. nat.*, K. 180, n° 44.

11302. *Add. : Copie collationnée du XVIIIe siècle. Arch. nat.*, K. 180, n° 9.

11344. L'acte est daté de la Fère-sur-Oise.

Add. : Enreg. à la Chambre des Comptes de Paris, anc. mém. 2 K, fol. en blanc. *Copie collationnée du XVIIIe siècle. Arch. nat.*, P. 2306, p. 1034. 3 pages 1/2.

11363. *Add. : Deux copies du temps. Bibl. nat.*, ms. fr. 5503, fol. 159 v° et 176 v°. 1 page 1/2.

11374. *Add. :* Imp. *Nouvelles archives de l'art français*, 3e série, t. IV, ann. 1888. Paris, in-8°, p. 1.

11376. *Add. : Copie du XVIIIe siècle. Arch. nat., Châtelet de Paris*, Y. 17075.

11379 *bis*. Lettres instituant l'office de juge du paréage de Mirepoix pour Ponce de Varrides. Abbeville, 21 février 1539.

Original. Arch. de M. le duc de Mirepoix, au château de Léran (Ariège).

11380. *Add. : Original. Arch. départ. de l'Isère*, B. 3189.

11388. *Add. : Original. Arch. départ. de l'Isère*, B. 3189.

11393. *Add. : Autre enreg. à la Chambre des Eaux et forêts, du 5 décembre 1541. Arch. nat.*, Z^1e 869, fol. 305 v°. 3 pages 1/2.

11400. *Add. : Original faisant partie du chartrier du château de Châteaumorand, à Saint-Martin-d'Estréaux (Loire).*

11405. A la dernière ligne, *au lieu de* « s^r de Lormigny », *lisez* « de Louvigny ».

Add. : Copie du XVIe siècle. Bibl. nat., ms. fr. 5503, fol. 162 v°. 1 page.

Copie du XVIe siècle. Arch. départ. du Calvados, série H, reg. non classé, contenant des copies de chartes concernant la ville de Caen et l'abbaye de Saint-Étienne. 2 pages 1/2.

11418. *Analyse rectifiée :* Don à Nectaire de Senneterre, bailli des Montagnes d'Auvergne, de 260 livres tournois par an, outre ses gages ordinaires, sur le revenu du domaine dudit bailliage. Noyon, 8 mars 1539.

Add. : Enreg. à la Chambre des Comptes de Paris, le 28 juin 1541, anc. mém. 2 K, fol. 44 v°. *Arch. nat.*, PP. 119, p. 8. (*Mention.*)

Bibl. nat., ms. fr. 21405, p. 344. (*Mention.*)

11422. *Add. : Enreg. à la Chambre des Comptes de Provence. Arch. des Bouches-du-Rhône*, B. 1249.

11453. L'original était en vente chez M. Eug. Charavay, en mars 1891.

La somme en question formait le complément d'une somme de 3600 livres assignée audit ambassadeur pour cent quatre-vingts jours de vacation, à raison de 20 livres par jour.

11468. *Add.* : Imp. *Arch. municipales de Bordeaux*, t. II, *Livre des privilèges*, Bordeaux, Gounouilhou, in-4°, 1878, p. 270.

11470. *Add.* : *Comptes d'Antoine Le Maçon, receveur général de Bourgogne. Arch. de la Côte-d'Or*, B. 1853, fol. 100. (*Mention.*)

11482. *Add.* : *Enreg. à la Chambre des Comptes de Paris*, anc. mém. 2 J, fol. 289. *Arch. nat.*, PP. 111, p. 350, et PP. 119, p. 54. (*Mentions.*)

11483. *Add.* : *Original, jadis scellé sur lacs de soie. Arch. comm. de Rouen*, tiroir 168, n° 1.

11494. *Add.* : *Copie collationnée du* XVIII*e siècle, dans les Mémoriaux reconstitués de la Chambre des Comptes de Paris. Arch. nat.*, P. 2306, p. 813. 3 pages.

11496. *Add.* : *Arch. municipales de Dijon*, G. 256.

11502. *Au lieu de* « ms. fr. 6458, n° 57 », *lisez* « 4658, n° 37 ».

11506. *Add.* : *Original. Arch. de la ville du Havre* (*Seine-Inférieure*).

Imp. A.-E. Borély, *Histoire de la ville du Havre et de son ancien gouvernement*. Le Havre, 3 vol. in-8°, 1880-1881, t. I, p. 500.

11520. *Add.* : *Copie du* XVI*e siècle. Turin, Archivio di Stato*, sezione III*a*, inventorio 4, seria 1*a*, fol. 3.

Copie du XVI*e siècle. Idem, Città et provincia di Saluzzo, Conti de tesorieri del re di Francia*, n° 3, fol. 34.

11528. *Add.* : *Copie du* XVI*e siècle. Arch. nat.*, KK. 273, fol. 9. 14 pages.

Copie du XVI*e siècle. Bibl. impériale de Vienne* (*Autriche*), ms. 6979, fol. 290. 7 pages.

Copie collationnée du XVIII*e siècle. Arch. nat.*, R4*. 585, fol. 38.

11540. *Add.* : *Enreg. à la Chambre des Comptes de Provence. Arch. des Bouches-du-Rhône*, B. reg. 41 (Hyrundo), fol. 178. 2 pages.

11542. *Autre texte de l'arrêt d'enreg. Arch. nat.*, P. 2306, p. 811.

11547. *Add.* : *Copie collationnée du* XVIII*e siècle, dans les Mémoriaux reconstitués de la Chambre des Comptes de Paris. Arch. nat.*, P. 2306, p. 807. 3 pages.

11566. « R. Guillotte », *add.* : « sr de Franquetot ».

Enreg. à la Chambre des Comptes de Paris, anc. mém. 2 K, fol. 3 v°. *Arch. nat.*, PP. 119, p. 1. (*Mention.*)

Bibl. nat., ms. fr. 21405, p. 343. (*Mention.*)

11584. *Add.* : *Original. Arch. départ. de l'Isère*, B. 3189.

11591. *Add.* : *Copie du* XVI*e siècle. Bibl. nat.*, ms. fr. 5503, fol. 178. 1 page 1/4.

Copie du XVI*e siècle. Bibl. impériale de Vienne* (*Autriche*), ms. 6979, fol. 208 v°.

11604. Don au sr Delage, *add.* : [*aliàs* d'Ages].

11620. *Add.* : *Copie. Bibl. de la ville de Soissons*, fonds Périn, ms. 1803.

11621. Gilles de Coutances, *add.* : [*aliàs* de Conteville]. *Arch. nat.*, PP. 119, p. 54, anc. mém. de la Chambre des Comptes, 2 J, fol. 286.

11626. *Add.* : *Arch. départ. du Cher, abbaye de Saint-Sulpice. Arts et métiers*, L. 13.

Placard imprimé. Arch. municipales de Bourges, HH. 24.

11630. *Add.* : *Vidimés dans l'acte d'acquisition de ladite maison, dressé par Nicole Le Febvre, prévôt de Morel, le 18 décembre 1540. Bibl. de l'Institut de France*, ms. Godefroy 137, fol. 246.

11630 *bis*. Mandement au sénéchal d'Anjou, lui enjoignant de retirer au chapitre d'Angers la tombe de marbre faite pour François de Rohan, archevêque de Lyon. Mauny, 3 septembre 1540.

Imp. *Revue de l'Anjou*, 4e série, t. XXII (1879), p. 225.

11637. *Add.* : *Copie du XVIe siècle. Bibl. de la ville à Troyes*, ms. n° 1291, fol. 58 v°.

11651. *Add.* : *Copie du XVIe siècle. Bibl. de l'Arsenal de Paris*, ms. 5169, fol. 57 v°. 7 pages.

11652. *Add.* : *Copie collationnée du XVIIIe siècle, dans les Mémoriaux reconstitués de la Chambre des Comptes de Paris. Arch. nat.*, P. 2306, p. 911. 2 pages 1/2.

11653. *Add.* : *Idem. Arch. nat.*, P. 2306, p. 913. 3 pages.

11655 *bis*. Lettres de prolongation pour six ans, en faveur de la ville de Romorantin, de l'octroi du huitième denier sur le vin vendu en détail. Mauny, 27 septembre 1540.

Original. Arch. municipales de Romorantin (Loir-et-Cher), CC. 47.

11677. *Add.* : *Arch. municipales de Dijon*, G. 233.

11679. *Add.* : *Copie du temps. Bibl. nat.*, ms. fr. 5503, fol. 197.

11680. Ms. fr. 5503, *au lieu de* « fol. 197 », *lisez* « fol. 190 ».

Add. : Imp. Lescarbot, *Histoire de la Nouvelle France*, édit. de 1611, p. 411.

11710. *Add.* : *Enreg. à la Chambre des Comptes de Paris*, mém. 2 K, fol. 1.

Bibl. de l'Arsenal, ms. 2436, fol. 36 v°. (*Mention.*)

11728 (1). *Add.* : *Copie du XVIe siècle. Bibl. de l'Arsenal à Paris*, ms. 5169, fol. 88 v°. 7 pages.

11729. *Add.* : *Original. Arch. départ. de l'Isère*, B. 3189.

11731. *Add.* : *Original. Arch. départ. de l'Isère*, B. 3189.

Copie collationnée. Comptes de Jean Bonneau, receveur de la recette générale de l'inspection foraine en Bourgogne. Arch. de la Côte-d'Or, B. 1855, fol. 1. 7 pages.

11736. *Add.* : *Copie du temps. Arch. nat.*, KK. 1007, Musée AE II. 434, fol. 189 (nouvelle foliotation). 2 pages.

11789. *Add.* : *Enreg. à la Chambre des Comptes de Paris, le 29 janvier 1541 n. s.*, anc. mém. 2 K, fol. 12 v°. *Arch. nat.*, PP. 119, p. 3. (*Mention.*)

Bibl. nat., ms. fr. 21405, p. 343. (*Mention.*)

11804. *Add.* : *Arch. de la Cour à Rouen, reg. criminel du Parl.* dit *Livre rouge*, fol. 52 v°. 8 pages.

Vidimus du prévôt de Paris, en date du 18 février 1541 n. s. Bibl. de l'Arsenal à Paris, ms. 6771, fol. 31.

Imp. *Collection de manuscrits contenant lettres, mémoires et autres documents relatifs à la Nouvelle-France.* Québec, in-4°, t. I, 1883, p. 30.

11805. *Add.* : *Arch. de la Cour, à Rouen, reg. criminel* dit *Livre rouge*, fol. 49 v°. 1 page 1/4.

11822. *Add.* : *Arrêt d'enreg. au Parl. de Paris, le 26 février 1541 n. s. Arch. nat.*, X^{1a} 91 (à la date).

Enreg. au Parl. de Rouen. Arch. de la Cour à Rouen, reg. criminel dit *Livre rouge*, fol. 50 v°. 4 pages.

Vidimus du Prévôt de Paris, en date du 18 février 1541 n. s. Bibl. de l'Arsenal, à Paris, ms. 6771, fol. 30.

Imp. Harrisse, *Notes sur la Nouvelle France*, Paris, Tross, 1872, in-8°, p. 277.

11826. *Add.* : *Copie du XVIIe siècle. Arch. nat.*, U. 828, fol. 6.

Copie du XVIIIe siècle. Bibl. de la ville d'Aix (Bouches-du-Rhône), ms. 774.

11831. *Add.* : *Copie collationnée du XVIIIe siècle, dans les Mémoriaux reconstitués de la Chambre des Comptes de Paris. Arch. nat.*, P. 2306, p. 921. 3 pages.

11858. *Add.* : *Arch. de la Cour, à Rouen, reg. criminel du Parl.* dit *Livre rouge*, fol. 58 v°. 2 pages.

11860. *Add.* : *Original. Arch. départ. de l'Isère*, B. 3189.

11862. *Add.* : *Copie du XVIe siècle.*

(1) T. IV, p. 158 bas. *Au lieu de* « 11278 », *lisez* « 11728 ».

Arch. impériales de Vienne (Autriche), Rép. P, a 41.

11926. *Add. : Arch. du Sénat de Savoie, à Chambéry*, reg. des édits, bulles, lettres patentes, t. I, fol. 20.

11937 *bis*. Mandement aux généraux de la justice des aides d'entériner les confirmations de privilèges accordées par les rois à la ville de Poitiers et particulièrement les lettres octroyant la noblesse aux maires et échevins. Châtellerault, 22 mai 1541.

Copie du XVIe siècle. Arch. de la ville de Poitiers, reg. 23 des Délibérations du corps de ville, p. 294.

IMP. *Bulletins de la Société des antiquaires de l'Ouest*, 2e série, t. VIII, 2e trimestre de 1896. Poitiers, in-8°, 1896, p. 308.

11946. *Add. : Original et expédition. Arch. de l'assistance publique, à Paris*, carton des Enfants-Rouges.

11970. *Add. : Arch. municipales de Dijon*, G. 233.

11977. *Add. : Copies du XIXe siècle. Bibl. de la ville de Versailles*, ms. 412 F, fol. 120, et 414 F, fol. 32. 8 pages.

11984. *Add. : Copie du XVIIIe siècle. Bibl. nat.*, coll. de Picardie, vol. 89, fol. 275. 2 pages.

12032. *Add. : Copie du XVIIIe siècle. Bibl. nat.*, coll. du Parlement, ms. 320, fol. 215.

12034. *Add. : Original. Arch. départ. de l'Isère*, B. 3190.

12048. *Add. : Copie collationnée du XVIIIe siècle, dans les Mémoriaux reconstitués de la Chambre des Comptes de Paris. Arch. nat.*, P. 2306, p. 979. 2 pages.

12057. *Add. : Copie du XVIIIe siècle. Bibl. nat.*, coll. du Parlement, ms. 320, fol. 218 v°.

12061. *Add. : Original. Arch. de la ville de Bayonne*, AA. 6.

12064. *Add. : Original mentionné dans le Catalogue périodique de lettres autographes d'A. Laverdet*, septembre-novembre 1857, n° 2232.

Bibl. nat., ms. lat. 9242, p. 11. (*Mention.*)

12074. *Add. : Bibl. de Rouen*, ms. Leber 5870, t. XIV, fol. 64. (*Mention.*)

12126. *Add. : Enreg. à la Chambre des Comptes de Grenoble. Arch. départ. de l'Isère*, B. 2334, fol. 233. 1 page.

12142. *Add. : Original. Arch. comm. de Grenoble*, AA. 2.

12168 *bis*. Édit touchant le rachat des rentes constituées sur les maisons des villes et bourgs du royaume. Dijon, 29 octobre 1541.

Copie. Arch. de la Côte-d'Or, G. 1164, *fonds du chapitre de la Sainte-Chapelle de Dijon.*

12171. *Add. : Arch. du Sénat de Savoie, à Chambéry*, reg. des édits, bulles, lettres patentes, t. I, fol. 97.

12182. *Add. : Bibl. nat.*, ms. lat. 9242, p. 17. (*Mention.*)

12187. *Add. : Autre mention. Arch. nat.*, P. 2306, p. 993.

12200. *Add. : Enreg. à la Chambre des Comptes de Paris*, anc. mém. 2 K, fol. 146. *Arch. nat.*, PP. 119, p. 25. (*Mention.*)

Bibl. nat., ms. fr. 21405, p. 347. (*Mention.*)

12201. *Add. : Arch. du Sénat de Savoie, à Chambéry*, reg. des édits, bulles, lettres patentes, t. I, fol. 65.

12202. *Add. : Arch. du Sénat de Savoie, à Chambéry*, reg. des édits, bulles, lettres patentes, t. I, fol. 63 v°.

12203. *Add. : Arch. du Sénat de Savoie, à Chambéry*, reg. des édits, bulles, lettres patentes, t. I, fol. 54 v°.

12214. *Add. : Original. Arch. nat., Suppl. du Trésor des Chartes*, J. 995^b, n° 21.

12223. *Add. : Copie collationnée du*

xviiie siècle, dans les Mémoriaux reconstitués de la Chambre des Comptes de Paris. Arch. nat., P. 2306, p. 1041. 3 pages.

12253. *Add. : Copie du xvie siècle. Bibl. de l'Arsenal, à Paris*, ms. 5169, fol. 74 v°. (Sous la date inexacte du 27 septembre.)

12268. *Add. : Enreg. à la Chambre des Comptes de Paris*, anc. mém. 2 K, fol. 81. *Arch. nat.*, PP. 119, p. 15. (*Mention.*)

Bibl. nat., ms. fr. 21405, p. 345. (*Mention.*)

12280. *Add. à la date* : « Fontainebleau. »

Original. Chartrier de Thouars, appartenant à M. le duc de La Trémoïlle.

Imp. : *Les La Trémoïlle pendant cinq siècles*, t. III, *Charles, François et Louis III* (1485-1577). Nantes, in-4°, 1894, p. 156.

12341. *Add. : Enreg. à la Chambre des Comptes de Paris*, anc. mém. 2 J, fol. 259. *Arch. nat.*, PP. 111, fol. 345, PP. 119, p. 48. (*Mentions.*)

N. B. D'après cette mention d'enregistrement, la date des provisions de Nicolas de Neufville doit être antérieure d'environ deux ans au 18 février 1542 n. s.

Bibl. nat., ms. fr. 21405, p. 346. (*Mention.*)

12343. *Add. : Deux copies collationnées du xviiie siècle, dans les Mémoriaux reconstitués de la Chambre des Comptes de Paris. Arch. nat.*, P. 2306, p. 999 et p. 1003. 4 pages.

12349. *Add. : Copie collationnée du xviiie siècle, dans les Mémoriaux reconstitués de la Chambre des Comptes. Arch. nat.*, P. 2306, p. 1021. 2 pages.

12350. *Add. : Enreg. au Parl. de Rouen, le 13 mars 1542 n. s. Arch. de la Cour à Rouen*, reg. du Parl. pour février-mars 1542 n. s. 3 pages.

12358. *Add. : Enreg. à la Chambre des Comptes de Paris*, anc. mém. 2 K, fol. 100 v°. *Arch. nat.*, PP. 119, p. 19. (*Mention.*)

Bibl. nat., ms. fr. 21405, p. 346. (*Mention.*)

12360. *Au lieu de* « P. 2306, p. 1031 », *lisez* « p. 1013 ».

12377. *Add. : Original. Arch. de la ville de Bayonne*, AA. 6.

12378. *Add. : Copie collationnée du xviiie siècle, dans les Mémoriaux reconstitués de la Chambre des Comptes. Arch. nat.*, P. 2306, p. 1017. 3 pages 1/2.

12390. Il se peut que Villenouvelle soit une mauvaise lecture et qu'il s'agisse de Villemomble (Seine, arr. de Sceaux, c^on de Vincennes), où le roi passa d'ailleurs à diverses dates.

12418. *Add. : Enreg. à la Chambre des Comptes de Blois. Arch. nat.*, KK. 897, fol. 321. 1 page 1/2.

12436. *Add. : Copie du xvie siècle, d'après les registres de la Cour des Aides de Normandie. Bibl. de Rouen*, ms. Y. 172, fol. 292. 3 pages.

12437. *Add. : Bibl. de Clermont-Ferrand*, mss. Papiers Crouzet, n° 54e.

Imp. : Cte H. de Chabannes, *Preuves pour servir à l'histoire de la maison de Chabannes*. Dijon, in-4°, t. III (1895), p. 47.

12450. *Add. : Autre enreg. à la même Chambre, du 26 avril 1542. Arch. nat.*, Z^1a 869, fol. 340 v°. 2 pages.

12456. *Add. : Enreg. au Parl. de Rouen, le 4 juillet 1542. Arch. de la Cour, à Rouen*, reg. du Parl. pour juin-juillet 1542. 56 pages.

Enreg. à la Chambre des Comptes de Provence. Arch. des Bouches-du-Rhône, B. reg. 1271, fol. 324. 42 pages.

12457. *Add. : Enreg. au Parl. de Rouen, le 4 juillet 1542. Arch. de la Cour, à Rouen*, reg. du Parl. pour juin-juillet 1542. 2 pages.

12461. *Add. : Arch. du Sénat de Savoie, à Chambéry*, reg. des édits, bulles, lettres patentes, t. I. fol. 49 v°.

12506. *Note.* La liasse DD. 42 des

Archives d'Avallon contient deux exemplaires de cet acte : 1° l'original (DD. 42, n° 4); 2° une copie collationnée (DD. 42, n° 5).

12513. *Au lieu de* « ms. fr. 6458 », *lisez* « 4658 ».

Add. : Copie du XIXe siècle. Bibl. de la ville de Versailles, ms. 412 F, fol. 125. 3 pages.

12525. *Add. :* Imp. *Annuaire de l'Aube*, ann. 1888, 2e partie, p. 153.

12539. *Add. : Enreg. à la Cour des Monnaies. Arch. nat.*, Z^1b 63, fol. 42 v°. 1 page 1/2. (Ce texte porte « mai » et non « mars ».)

12545. « Bénédict Clésis ». Ce nom est écrit une première fois « Clesys », puis un peu plus loin « Clesze ». Cette dernière forme paraît préférable. (Cf. *Arch. de l'art français*, 1re série, t. III, et 2e série, t. II.)

12561. *Add. : Enreg. à la Cour des Aides de Normandie. Arch. de la Seine-Inférieure*, Mémoriaux, 2e vol., fol. 365. 4 pages 1/2.

12566. *Add. : Copie du XVIe siècle. Comptes des deniers du pays de Provence pour les années 1541 et 1542. Arch. des Bouches-du-Rhône*, B. reg. 1531, fol. 1. 3 pages.

12571. *Au lieu de* « 17 juin », *lisez* « 15 juin ».

12575. *Add. :* Imp. *Lettres patentes en forme de déclaration pour l'exemption du baon et arrière-baon, en faveur de Messieurs de la cour du Parl. de Rouen.* S. l. n. d., 20 pages in-4°, p. 13. (*Arch. comm. de Rouen*, 6e tiroir, n° 28-29.)

12576. *Add. : Original. Arch. départ. de l'Isère*, B. 3190.

12605. *Add. : Original scellé sur lacs de soie, et copie collat. du 28 octobre 1628, d'après un vidimus de l'officialité de Toul, en date du 8 juillet 1542. Arch. départ.*, à *Metz*, H. 4.

12638. *Add. : Copie collationnée du XVIe siècle, dans les Mémoriaux reconstitués de la Chambre des Comptes. Arch. nat.*, P. 2306, p. 1089. 2 pages.

12641. *Add. : Arch. du Sénat de Savoie, à Chambéry*, reg. des édits, bulles, lettres patentes, t. I, fol. 81.

12643. *Add. : Copie du XVIe siècle. Bibl. de l'Arsenal, à Paris*, ms. 5169, fol. 105. 4 pages.

12650. *Add. :* . . . « contrôleur des tailles et des aides ».

Copie du XVIe siècle. Arch. du Rhône, reg. *des insinuations de la sénéchaussée*, Livre du roi, fol. 79 v°.

12656 *bis*. Lettres portant pouvoir à François, cardinal de Tournon, lieutenant général du roi dans le Lyonnais, la Savoie, etc., de conclure un traité de trêve pour deux ans avec les députés des habitants du Val-d'Aoste. Argilly, 27 juillet 1542.

Copie du XVIe siècle. Turin, Archivio di Stato, Protocolli, t. 168, fol. 136.

12674. *Add. : Arch. du Sénat de Savoie, à Chambéry*, reg. des édits, bulles, lettres patentes, t. I, fol. 108.

Idem, reg. des arrêts, t. IV, fol. 72. (*Mention.*)

12714. *Add. : Copie du XVIIe siècle. Arch. nat.*, T. 152^3-4.

12738. « *Arch. de la Haute-Garonne*, édits, reg. 5 », *add. :* « fol. 38 ».

12744 *bis*. Traité de trêve pour deux ans, conclu par le cardinal de Tournon, représentant le roi de France, avec les députés du Val-d'Aoste. Saint-Just-sur-Lyon, 16 septembre 1542.

Copie du XVIe siècle. Turin. Archivio di Stato, Protocolli, t. 168, fol. 136.

12753. *Add. à la date :* « Sallèles,... »

Arch. nat., P. 2306, p. 1105. (*Mention développée*, d'après l'anc. mém. 2 K, fol. 177 et non 147.)

12832. *Add. : Enreg. à la Chambre des Comptes de Paris*, anc. mém. 2 K, fol. 197. *Arch. nat.*, PP. 119, p. 35. (*Mention.*)

IMPRIMERIE NATIONALE.

Bibl. nat., ms. fr. 21405, p. 347. (*Mention.*)

12834. *Add.* : *Enreg. à la Connétablie. Arch. nat.*, Z¹ᵉ 5, fol. 181 v°. 2 pages.

12847. Les lettres de nomination de Jean Volland comme receveur général de Rouen (4 février 1543 n. s.) mentionnent en outre les recettes générales d'Aix, Grenoble et Dijon, soit en tout seize recettes générales.

12860. La copie de P. 2307, p. 51, porte la date du 20 janvier.

12866. *Add.* : *Enreg. au Châtelet de Paris*, Bannières IV, fol. 10. *Bibl. nat.*, ms. nouv. acq. fr. 3651, p. 708. (*Mention.*)

12867. *Add.* : *Copie du XVIIIᵉ siècle. Bibl. nat.*, coll. de Picardie, vol. 4, fol. 78. 3 pages.

12872. *Add.* : *Enreg. au Châtelet de Paris*, Bannières IV, fol. 8. *Bibl. nat.* ms. nouv. acq. fr. 3651, p. 707. (*Mention.*)

12873. *Add.* : *Copie du XVIᵉ siècle. Arch. de la ville de Nîmes*, NN. 4, n° 14.

12875. *Add.* : La somme à répartir est de 21,600 livres.

Original. Arch. de la ville du Havre (Seine-Inférieure).

12895. *Add.* : *Vidimus donné par le Garde de la prévôté de Paris. Arch. de la Haute-Garonne*, H, fonds de Malte.

12900. *Add.* : *Copie du XVIᵉ siècle. Arch. nat.*, cartulaire de l'Hôtel de Ville de Paris, KK. 1012, fol. 57. 5 pages.

12928. *Add.* : *Original. Arch. de M. le duc de Mirepoix, au château de Léran (Ariège).*

12933. *Corr.* « HH. 9 », *au lieu de* « HH ».

12938. *Add.* : *Original. Arch. départ. de l'Isère*, B. 3190.

12939. *Add.* : *Enreg. au Parl. de Rouen, le 2 avril 1543. Arch. de la Cour à Rouen*, reg. du Parl. pour avril-mai 1543. 2 pages 1/2.

12955. *Au lieu de* « 5000 », *lisez* « 50000 ».

Add. : *Copie du XVIᵉ siècle, d'après l'original. Bibl. de l'Arsenal, à Paris*, ms. 5169, fol. 72. 5 pages.

12964. *Add.* : *Vérifiées au Parl. de Provence, le 1ᵉʳ juin 1543. Copie du XVIIᵉ siècle. Bibl. de l'Arsenal à Paris*, ms. 3722, fol. 216. 5 pages.

12981. *Add.* : *Enreg. au Châtelet de Paris*, Bannières IV, fol. 26. *Bibl. nat.*, ms. nouv. acq. fr. 3651, p. 712. (*Mention.*)

12999. *Add.* : *Enreg. à la Chambre des Comptes de Paris*, anc. mém. 2 L, fol. 16. *Arch. nat.*, PP. 119, p. 2. (*Mention.*)

Bibl. nat., ms. fr. 21405, p. 348. (*Mention.*)

13028. *Add.* : *Original. Arch. départ. de l'Isère*, B. 3190.

13032. *Add.* : *Original. Arch. départ. de l'Isère*, B. 3190.

13038. *Add.* : *Copie du XVIᵉ siècle. Arch. nat.*, *cartulaire de l'Hôtel de Ville de Paris*, KK. 1012, fol. 9. 12 pages.

Copie collationnée du XVIᵉ siècle, d'après les reg. du Parl. de Paris, signée du Tillet. *Arch. communales de Rouen*, tiroir 131, n° 1.

Imp. Plaquette in-4°. *Arch. nat.*, AD IX. 1 *bis*, p. 16.

13043. *Add.* : *Copie du XVIᵉ siècle. Arch. nat.*, cartulaire de l'Hôtel de Ville de Paris, KK. 1012, fol. 15. 1 page.

13060. *Add.* : *Enreg. au Parl. de Rouen, le 6 juin 1543. Arch. de la Cour, à Rouen*, reg. crim. de 1539-1558, fol. 32 v°. 3 pages.

13069. *Add.* : *Copie du XVIᵉ siècle. Arch. du Rhône, reg. des insinuations de la sénéchaussée*, Livre du roi, fol. 86 v°.

Enreg. à la Cour des Aides de Normandie, le 4 décembre 1543. Arch. de la Seine-Inférieure, Mémoriaux, 3ᵉ vol., fol. 158 v°. 5 pages.

13096. *Add. : Copie du XVIᵉ siècle. Arch. de la Somme, Cartulaire de l'abbaye du Gard*, p. 193.

13098. *Add. : Original. Bibl. nat.*, ms. Moreau 1048, n° 13.

13100. *Add. : Enreg. au Châtelet de Paris*, Bannières IV, fol. 127. *Bibl. nat.*, ms. nouv. acq. fr. 3651, p. 731. (*Mention.*)

13104. *Add. : Enreg. au Parl. de Rouen, le 5 octobre 1543. Bibl. de Rouen*, ms. E. 57, fol. 8 v°. (*Mention.*)

13108. *Add. : Deux expéditions originales. Arch. commun. de Rouen*, tiroir 9, n° 8; tiroir 6, n° 23[1].

Copie du XVIIᵉ siècle. Bibl nat., ms. latin 10057, fol. 78 v°. 6 pages.

13117. *Add. : Imp.* L.-A. Beaucousin, *Histoire de la principauté d'Yvetot*, p. 314.

13120. *Add. : Traduction italienne du XVIᵉ siècle, Modène, Arch. di Stato*, Cancellaria ducale, Documenti di Stati esteri.

13140. *Au lieu de* « Z¹ᵉ 328, fol. 199 », *lisez* « Z¹ᵉ 328, fol. 200 ».

13169. *Add. : Vidimus d'un secrétaire du roi. Bibl. nat.*, ms. fr. 23951, n° 8.

13173. *Add. : Reçu au Parl. de Paris, le 4 janvier 1544 n. s. Arch. nat.*, X¹ᵃ 1553, fol. 592 v°.

13193. *Add. : Enreg. à la Chambre des Comptes de Provence. Arch. des Bouches-du-Rhône*, B. reg. 1271, fol. 121 v°. 3 pages.

13200. *Add. : Vérif. à la Chambre des Comptes de Blois, le 2 août 1543. Arch. nat.*, KK. 902, fol. 210 v°. (*Mention.*)

[1] La première de ces deux expéditions porte seule la signature du roi et la mention d'enregistrement au Parlement de Rouen; de plus, le texte en est légèrement différent de celui de la seconde.

13211. *Add. : Enreg. au Parl. de Provence, le 28 juillet 1543.*

Copie du XVIIᵉ siècle. Bibl. de l'Arsenal à Paris, ms. 3722, fol. 219. 8 pages.

13216. 19 juillet 1543, *corr.* 20 juillet.

Add. : Original. Arch. départ. de l'Isère, B. 3190.

13224. *Add. : Enreg. au Parl. de Rouen, le 15 novembre 1543. Arch. de la Cour, à Rouen, reg. du Parl.* pour novembre-décembre 1543. 9 pages 1/2.

13225. *Add. : Enreg. au Parl. de Rouen, le 22 novembre 1543. Arch. de la Cour, à Rouen, reg. du Parl.* pour novembre-décembre 1543. 4 pages 1/2.

13226. *Add. : Copie du XVIᵉ siècle. Bibl. de l'Arsenal à Paris*, ms. 5169, fol. 101 v°. 7 pages.

13233. *Au lieu de* « Z¹ᵇ 63, fol. 61 v° », *lisez* « Z¹ᵇ 63, fol. 62 ».

Add. : Enreg. au Châtelet de Paris, Bannières IV, fol. 22. *Bibl. nat.*, ms. nouv. acq. fr. 3651, p. 711. (*Mention.*)

13245. *Add. : Enreg. à la Chambre des Comptes de Provence. Arch. des Bouches-du-Rhône*, B. reg. 1271, fol. 35. 6 pages.

13259. *Add. à la date : « aliàs* 7 août. »

Arch. nat., anc. mém. 2 L, fol. 243 v°, invent. PP. 119, p. 31. (*Mention.*)

Bibl. nat., ms. fr. 21405, p. 352. (*Mention.*)

Imp. Le P. Anselme, *Hist. généal.*, in-fol., t. VIII, p. 256. (*Mention.*)

13265. *Add. : Enreg. à la Chambre des Comptes de Paris*, anc. mém. 2 L, fol. 174 v°. *Arch. nat.*, PP. 119, p. 22. (*Mention.*)

Bibl. nat., ms. fr. 21405, p. 349. (*Mention.*)

13267. *Add. : Vidimus du sénéchal de Beaucaire et de Nîmes. Bibl. nat.*, ms. fr. 23951, n° 7.

13269. *Add. : Original. Arch. de la Manche*, H. 2050.

13273. *Add. : Copie collationnée du*

XVIe siècle. Comptes de Girard Sayve, receveur général de Bourgogne. Arch. de la Côte-d'Or, B. 1856, fol. 2. 3 pages.

13294. *Add. : Acte d'enregistrement à la Chambre des Compte de Paris. Arch. nat.*, P. 2307, p. 257.

(D'après cet acte, les lettres patentes étaient datées de Prunay.)

13297. *Add. : Expédition. Arch. de la Manche*, H. 2050.

Enreg. au Châtelet de Paris, Bannières IV, fol. 23. *Bibl. nat.*, ms. nouv. acq. fr. 3651, p. 711. (*Mention.*)

13310. *Add. : Copie du XVIe siècle. Bibl. impériale de Vienne (Autriche)*, ms. 6979, fol. 330. 5 pages.

Enreg. à la Chambre des Comptes de Paris, anc. mém. 2 L, fol. 253. *Arch. nat.*, PP. 119, p. 33. (*Mention.*)

Bibl. nat., ms. fr. 21405, p. 353. (*Mention.*)

13311. *Add. : Original. Arch. des Bouches-du-Rhône*, C. liasse 1425.

13322. *Corr. ainsi :* Lettres accordant à Jacques d'Escars, sénéchal de Périgord, un délai de huit mois pour prêter serment dudit office à la Chambre des Comptes.

Add. : Enreg. à la Chambre des Comptes, anc. mém. 2 L, fol. 192. *Arch. nat.*, PP. 119, p. 25. (*Mention.*)

Bibl. nat., ms. fr. 21405, p. 350. (*Mention.*)

13327. *Corr. ainsi :* Délai d'un an accordé à Jacques de Brisay de Beaumont pour prêter serment au Parlement et à la Chambre des Comptes de son office de sénéchal de la Marche.

Add. : Enreg. à la Chambre des Comptes de Paris, anc. mém. 2 L, fol. 232. *Arch. nat.*, PP. 119, p. 29. (*Mention.*)

Bibl. nat., ms. fr. 21405, p. 352. (*Mention.*)

13330. *Add. : Original. Arch. départ. de l'Isère*, B. 3190.

13331. *Add. : Copie du XVIe siècle. Bibl. nat.*, Cinq cents Colbert, vol. 493, fol. 33. 4 pages.

Copie du XVIIe siècle. Arch. de Seine-et-Oise, série D, fonds de Saint-Cyr, 13e liasse de Charny, n° 90.

Enreg. au Châtelet de Paris, Bannières IV, fol. 37. *Bibl. nat.*, nouv. acq. fr. ms. 3651, p. 715. (*Mention.*)

13336. *Add. : Enreg. à la Chambre des Comptes de Paris*, anc. mém. 2 L, fol. 204. *Arch. nat.*, PP. 119, p. 26. (*Mention.*)

Bibl. nat., ms. fr. 21405, p. 351. (*Mention.*)

13349 et 13350. A la manchette, *au lieu de* «Décembre», *lisez* «Septembre».

13359. *Add. : Enreg. au Châtelet de Paris*, Bannières IV, fol. 59. *Bibl. nat.*, ms. nouv. acq. fr. 3651, p. 719. (*Mention.*)

13362. *Add : Copie du XVIe siècle. Arch. nat., Cartulaire de l'Hôtel de Ville de Paris*, KK. 1012, fol. 83. 1 page 1/2.

13372. «Jean Mages», *corr.* «Moges».

Add. : Enreg. à la Chambre des Comptes de Paris, le 26 septembre 1543, anc. mém. 2 L, fol. 198 v°. *Arch. nat.*, PP. 119, p. 25. (*Mention.*)

Bibl. nat., ms. fr. 20405, p. 351. (*Mention.*)

13374. *Add. : Enreg. à la Chambre des Comptes de Provence. Arch. des Bouches-du-Rhône*, B. reg. 1271, fol. 124 v°. 5 pages.

13386. *Add. : Enreg. à la Chambre des Comptes de Provence. Arch. des Bouches-du-Rhône*, B. reg. 1271, fol. 123 v°. 3 pages.

13388 *bis*. Lettres de jussion au Parlement de Toulouse pour l'enregistrement et l'exécution des lettres patentes du 19 mars 1543 n. s. (n° 12928), concernant le don du paréage de Mirepoix à Philippe de Levis, seigneur de Mirepoix. Coucy, 12 octobre 1543.

Original. Arch. du château de Léran (Ariège), appartenant à M. le duc de Mirepoix.

13414. A la date. «Castres-soubs-

Oyze » est peut-être une mauvaise lecture pour « La Fère-sur-Oise ». On trouve cependant une localité du nom de Castres à trois lieues de La Fère, mais en s'éloignant de la rivière d'Oise.

13419. *Add.* : Imp. *Arch. municip. de Bordeaux*, t. II. *Livre des privilèges.* Bordeaux, Gounouilhou, in-4°, 1878, p. 272.

13433. *Add.* : *Copie collationnée du XVIIIe siècle*, Y. 17264.

13438. *Add.* : *Enreg. à la Chambre des Comptes de Paris, le 28 novembre suivant*, anc. mém. 2 L, fol. 245. *Arch. nat.*, PP. 119, p. 32. (*Mention.*)

Bibl. nat., ms. fr. 21405, p. 352. (*Mention.*)

Imp. Le P. Anselme, *Hist. généal.*, in-fol., 1728, t. VII, p. 142. (*Mention.*)

13454. *Add.* : *Double. Arch. nat.*, P. 2307, p. 273. 3 pages.

13455 *bis.* Déclaration exceptant de la révocation générale des aliénations du domaine le don fait à Charlotte d'Orléans, duchesse de Nemours, tante du roi, des châtellenies, terres et seigneuries de la Mure, Theys, la Pierre, Domène, Valbonnais et Oisans. 26 novembre 1543.

Vue au Conseil d'État, le 5 novembre 1771. Arch. nat., E. 1472, à la date, n° 4 *bis.* (*Mention.*)

13458. *Add.* : *Enreg. au Châtelet de Paris*, Bannières IV, entre les fol. 37 et 43. *Bibl. nat.*, ms. nouv. acq. fr. 3651, p. 715. (*Mention.*)

13461. *Enreg. à la Cour des Aides de Normandie*, Mémoriaux, 2e vol., *au lieu de* « fol. 273 v° », *lisez* « 373 v° ».

13462. *Add.* : *Copie du XVIe siècle. Bibl. de l'Arsenal à Paris*, ms. 5169, fol. 115 v°. 9 pages.

13476. *Add.* : *Enreg. à la Chambre des Comptes de Paris*, anc. mém. 2 L, fol. 338 v°. *Arch. nat.*, PP. 119, p. 42. (*Mention.*)

Bibl. nat., ms. fr. 21405, p. 354. (*Mention.*)

13478. *Add.* : *Enreg. au Parl. de Rouen, le 18 décembre 1543. Arch. de la Cour à Rouen, reg. du Parl.* pour novembre-décembre 1543. 2 pages.

13480. *Add.* : *Enreg. au Châtelet de Paris*, Bannières IV, fol. 72. *Bibl. nat.*, ms. nouv. acq. fr. 3651, p. 720. (*Mention.*)

13481. *Add.* : Imp. E. Charrière, *Négociations de la France dans le Levant.* Documents inédits, in-4°. Paris, 1848, t. I, p. 571.

13490. *Add.* : Imp. Teulet, *Papiers d'État, pièces et documents inédits relatifs à l'histoire d'Écosse au XVIe siècle.* Paris, Plon, in-4°, p. 137.

13494. *Add.* : *Copie du XVIe siècle non datée. Bibl. nat.*, ms. fr. 5503, fol. 46. 1 page.

Copie du XVIe siècle non datée. Bibl. impériale de Vienne (Autriche), ms. 6979, fol. 75 v°.

13500. *Add.* : *Copie du XVIIe siècle. Arch. de Seine-et-Oise*, série D, fonds de Saint-Cyr, 13e liasse de Charny, n° 91.

13501. *Add.* : *Copie dans les anciennes archives de l'archevêché de Paris*, 4e tablette, 33e liasse, 8e pièce. *Arch. nat.*, LL. 11, fol. 198 v°. (*Mention.*)

Copie du XVIe siècle. Bibl. de la ville de Valognes (Manche), ms. 17, fol. 49. (Provenant des Cordeliers de Valognes.)

13512. *Add.* : *Copie collationnée du XVIe siècle. Arch. de la ville de Châlons (Marne)*, FF. Juridictions.

13514. *Add.* : *Enreg. au Châtelet de Paris*, Bannières IV, fol. 68. *Bibl. nat.*, ms. nouv. acq. fr. 3651, p. 720. (*Mention.*)

13522. *Add.* : *Enreg. au Parl. de Rouen, le 18 décembre 1543. Arch. de la Cour à Rouen, reg. du Parl.*, pour novembre-décembre 1543. 10 pages.

13551. *Add.* : *Vérifié à la Chambre des Comptes de Blois, le 6 mars 1544 n. s. Arch. nat.*, KK. 902, fol. 218. (*Mention.*)

13557. *Add. : Original. Arch. départ. de l'Isère*, B. 3190.

13561. *Vidimus signé Michel Du Faur, vendu les 18-22 mars 1867, avec les chartes de M. de M. (de Magny)*, par Jacques Charavay aîné (n° 1290 du catalogue du cabinet de M. de M.).

13562. *Au lieu de* « à Sens », *lisez* « en l'élection de Sens et châtellenie de Courtenay ».
Add. : Enreg. à la Connétablie de France, le 20 février 1544 n. s. Arch. nat., Z[1c] 5, fol. 301. 4 pages.

13575. *Add. : Traduction italienne du XVIe siècle. Modène, Arch. di Stato*, Cancellaria ducale, Documenti di Stati esteri.

13586. *Corr. ainsi* : Lettres de mainlevée octroyées à Madeleine Picot, veuve de Jean Le Bossu, en son nom et comme tutrice de ses enfants, avec décharge de toutes poursuites, pour raison du trafic du sel fait par son mari.
Add. : Enreg. à la Chambre des Comptes de Paris, anc. mém. 2 L, fol. 270. *Arch. nat.*, PP. 119, p. 35. (*Mention.*)
Bibl. nat., ms. fr. 21405, p. 353. (*Mention.*)

13590. *Add.* : « Jeanne Saulsaye, veuve de François Durand ».
Enreg. à la Chambre des Comptes de Paris, anc. mém. 2 L, fol. 274 v°. *Arch. nat.*, PP. 119, p. 35. (*Mention.*)
Bibl. nat., ms. fr. 21405, p. 353. (*Mention.*)

13609. *Add. : Arch. de la Cour à Rouen, reg. du Parl.* d'août-septembre 1546. 3 pages 1/2.

13611. *Add. : Enreg. au Châtelet de Paris*, Bannières IV, fol. 75. *Bibl. nat.*, ms. nouv. acq. fr. 3651, p. 722. (*Mention.*)

13619. *Add. : Enreg. à la Chambre des Comptes de Paris*, anc. mém. 2 L, fol. 360. *Arch. nat.*, PP. 119, p. 46. (*Mention.*)
Bibl. nat., ms. fr. 21405, p. 354. (*Mention.*)

13622. *Add. : Enreg. au Châtelet de Paris*, Bannières IV, fol. 80. *Bibl. nat.*, Nouv. acquisitions franç., ms. 3651, p. 724. (*Mention.*)

13636. *Add. : Copie du XVIIIe siècle. Bibl. de la ville de Grenoble*, ms. 1429, fol. 11.

13644. Cote Z[1b] 63, *au lieu de* « fol. 134 v° », *lisez* « 139 ».

13654. *Add. : Enreg. à l'Amirauté de France (Siège de la Table de Marbre), le 31 juillet 1559. Arch. nat.*, Z[1d] 1, fol. 7. 16 pages.

13666. *Add. : Copie collationnée du XVIe siècle. Arch. nat.*, R[4] 1041.

13700. *Add. à la date* : « Meudon ».
L'original fait partie de la collection de M. Morin-Pons, banquier à Lyon.
Bibl. nat., ms. lat. 9242, p. 17. (*Mention.*)

13703. *Analyse corrigée* : Lettres octroyées à Jean Richer, contrôleur du domaine du roi en la recette ordinaire de la sénéchaussée de Toulouse, pour l'exercice de son office.

13719. *Add. : Copie du XVIe siècle. Arch. nat., Cartulaire de l'Hôtel de Ville de Paris*, KK. 1012, fol. 52. 6 pages.

13721. *Add. : Copie du XVIe siècle. Arch. nat., Cartulaire de l'Hôtel de Ville de Paris*, KK. 1012, fol. 55 v°. 2 pages.

13722. *Add. : Arch. de la Chambre de commerce de Marseille*, HH. art. 58.

13739. *Add. : Enreg. au Châtelet de Paris, avec les provisions dudit office en faveur de Jean Lombart*, Bannières IV, fol. 101 et 106. *Bibl. nat.*, ms. nouv. acq. fr. 3651, p. 728. (*Mention.*)

13745. *Add. : Enreg. au Châtelet de Paris*, Bannières IV, fol. 84. *Bibl. nat.*, ms. nouv. acq. fr., p. 725. (*Mention.*)

13749. *Add. : Enreg. au Châtelet de Paris, le 2 décembre 1553. Arch. nat.*, Bannières, Y. 10, fol. 240 v°.

13752. A Chaumont-en-Vexin, *add.* et Magny.
(D'après *Arch. nat.*, Z[1a] 147, p. 67.)

13774. *Add. : Enreg. à la Chambre des Comptes de Paris*, anc. mém. 2 M, fol. 11. *Arch. nat.*, PP. 119, p. 1. (*Mention.*)
Bibl. nat., ms. fr. 21405, p. 355. (*Mention.*)

13780. *Add. : Copie collationnée du temps. Arch. de la Seine-Inférieure*, G. 5663, fol. 4. 2 pages.

13787. *Corr. ainsi :* Lettres de ratification du bail des gabelles et impositions sur toutes les épiceries et drogueries entrant en France par Rouen, Marseille et Lyon, au profit de Jean-Baptiste Gondi, etc., pour cinq ans, moyennant une somme de 40,000 livres.
Add. : Enreg. à la Chambre des Comptes de Paris, anc. mém. 2 M, fol. 214 v°. *Arch. nat.*, PP. 119, p. 26. (*Mention.*)
Bibl. nat., ms. fr. 21405, p. 359. (*Mention.*)

13793. *Add. : Enreg. au Parl. de Rouen, le* **21** *avril, et à la Chambre des Comptes, le* **16** *mai* **1544**.
Copies collationnées des **24** *mai et* **15** *juin* **1544**, *signées Le Lieur. Bibl. de Rouen*, ms. Y. 29, t. VI, n°s 29 et 36.
Copie collationnée du temps, d'après une autre copie, signée Le Lieur, du **21** *mai* **1544**. *Arch. de la Seine-Inférieure*, série H, cartulaire de l'hôpital général, fol. 2. 3 pages 1/2.
Transcr. du temps dans les reg. de délibérations de la ville et Rouen. Arch. com. de Rouen, A. 15, fol. 177 v°.

13795. *Add. : Enreg. à la Chambre des Comptes de Paris*, anc. mém. 2 M, fol. 3 v°. *Arch. nat.*, PP. 119, p. 1. (*Mention.*)
Bibl. nat., ms. fr. 21405, p. 355. (*Mention.*)

13801. *Add. : Original. Arch. de la ville de Bayonne*, AA. 15.

13810. *Add. : Bibl. nat.*, ms. fr. 21405, p. 362. (*Mention.*)

13815. *Add. : Enreg. au Châtelet de Paris*, Bannières IV, fol. 110. *Bibl. nat.*, ms. nouv. acq. fr. 3651, p. 729. (*Mention.*)

13821. *Add. : Vidimus du prévôt de Paris, en date du* **31** *janvier* **1545** *n. s. Arch. nat.*, K. 898, n° 9.

13826. *Add. : Enreg. à la Chambre des Comptes de Paris*, anc. mém. 2 M, fol. 55 v°. *Arch. nat.*, PP. 119, p. 6. (*Mention.*)
Bibl. nat., ms. fr. 21405, p. 356. (*Mention.*)

13827. *Add. : Enreg. à la Connétablie de France. Arch. nat.*, Z[1c] 5, fol. 326. 4 pages.

13828. *Add. : Enreg. à la Chambre des Comptes de Paris*, anc. mém. 2 M, fol. 46 v°. *Arch. nat.*, PP. 119, p. 5. (*Mention.*)
Bibl. nat., ms. fr. 21405, p. 256. (*Mention.*)

13842. *Corriger ainsi l'analyse :* Assignation sur la recette générale de Paris de la rente de 411 livres 15 sous 4 deniers obole parisis, que les religieuses de Gercy-en-Brie touchaient précédemment sur la recette ordinaire de Paris.
Add. : Original. Arch. de Seine-et-Oise, série H, fonds de Gercy.

13843. *Add. : Arch. de la Chambre des Comptes de Joinville, pièce cotée* **1175**. *Arch. nat.*, KK. 906, fol. 409 v°. (*Mention.*)

13887. *Add. : Enreg. au Châtelet de Paris*, Bannières IV, fol. 97. *Bibl. nat.*, ms. nouv. acq. fr. 3651, p. 727. (*Mention.*)

13888. *Add. : Enreg. au Châtelet de Paris*, Bannières IV, fol. 100. *Bibl. nat.*, ms. nouv. acq. fr. 3651, p. 728. (*Mention.*)

13889. *Add. : Enreg. au Châtelet de Paris*, Bannières IV, fol. 99. *Bibl. nat.*, ms. nouv. acq. fr. 3651, p. 727. (*Mention.*)

13893. *Add. : Enreg. au Châtelet de*

Paris, Bannières IV, fol. 92. *Bibl. nat.*, ms. nouv. acq. fr. 3651, p. 726. (*Mention.*)

13900. *Add. : Enreg. aux Requêtes de l'hôtel, le 26 juin 1544, et à la Chambre des Comptes de Paris, le 30 décembre suivant. Copie collationnée du XVIIIe siècle. Arch. nat.*, K. 180, n° 34.

Deux copies du XVIe siècle. Arch. de la Seine-Inférieure, G. 3690.

13916. *Add. : Original. Arch. de la ville du Havre (Seine-Inférieure).*

Imp. A.-E. Borély, *Hist. de la ville du Havre et de son ancien gouvernement.* Le Havre, 1880-1882, 3 vol. in-8°, t. I, p. 506.

13927. *Add. : Enreg. à la Chambre des Comptes de Paris*, anc. mém. 2 M, fol. 56 v°. *Arch. nat.*, PP. 119, p. 7. (*Mention.*)

Bibl. nat., ms. fr. 21405, p. 356. (*Mention.*)

13935. *Add. : Copie collationnée du XVIIIe siècle dans les Mémoriaux reconstitués de la Chambre des Comptes de Paris. Arch. nat.*, P. 2307, p. 503. 2 pages.

13938. *Add. : Enreg. à la Chambre des Comptes de Paris*, anc. mém. 2 M, fol. 58. *Arch. nat.*, PP. 119, p. 7. (*Mention.*)

Bibl. nat., ms. fr. 21405, p. 356. (*Mention.*)

13966. *Add. : Copie collationnée du XVIe siècle, d'après un vidimus du prévôt de Paris, en date du 20 août 1544. Arch. de la Seine-Inférieure*, G. 5492. 7 pages.

Vidimus de la prévôté de Vernon, en date du 13 décembre 1544, d'après un autre vidimus du 2 octobre 1544, donné par le vicomte de Breteuil, reproduisant lui-même un vidimus du prévôt de Paris, en date du 19 juillet 1544. Arch. de la Seine-Inférieure, G. 5490.

Copie. Arch. de l'hospice de Tonnerre, A. 3, n° 25 *bis*.

13978. Cet acte est du 15, et non du 25 juin. Il est scellé.

13984. *Add. : Bibl. nat.*, coll. de Picardie, vol. 4, fol. 103; vol. 112 *bis*, fol. 118 v°. (*Mentions.*)

14006. *Add. : Plaquette imprimée.* Paris, 1649, in-4°. *Arch. nat.*, O¹ 3700.

14016. *Add. : Original. Arch. départ. de l'Isère*, B. 3190.

14021. *Add. : Autre exemplaire du placard imprimé. Arch. nat.*, K. 88, n° 5².

14026. *Add. : Enreg. à la Chambre des Comptes de Paris*, anc. mém. 2 N, fol. 138 v°. *Arch. nat.*, PP. 119, p. 19. (*Mention.*)

Bibl. nat., ms. fr. 21405, p. 363. (*Mention.*)

14051. *Add. : Copies. Bibl. nat.*, fonds du Vexin, vol. 26; *ibid.*, *vol. 16*, fol. 271. (3 pages.)

14065. *Add. : Bibl. de Rouen*, ms. E. 57, fol. 9. (*Mention*, sous la date du 15 juillet, d'après les *Arch. du Parl. de Rouen.*)

14066. *Add. : Enreg. au Châtelet de Paris*, Bannières IV, fol. 148. *Bibl. nat.*, ms. nouv. acq. fr. 3651, p. 739. (*Mention.*)

14095. *Add. : Comptes de Girard Sayve, receveur général de Bourgogne. Arch. de la Côte-d'Or*, B. 1862, fol. 280 v°. (*Mention.*)

14100. *Add. : Enreg. à la Chambre des Comptes de Paris*, anc. mém. 2 M, fol. 179. *Arch. nat.*, PP. 119, p. 20. (*Mention.*)

Bibl. nat., ms. fr. 21405, p. 358. (*Mention.*)

14104. *Add. : Enreg. à la Chambre des Comptes de Paris*, anc. mém. 2 M, fol. 180. *Arch. nat.*, PP. 119, p. 20. (*Mention.*)

Bibl. nat., ms. fr. 21405, p. 358. (*Mention.*)

14120. *Add. :* Autre exemplaire du placard imprimé. *Arch. nat.*, K. 88, n° 5².

14140. *Add. : Copie du XVIIe siècle.*

Paris, *Bibl. de l'Arsenal*, ms. 3721, fol. 136. 10 pages.

14142. *Add. : Original. Bibl. nat.*, mss. Moreau, t. 1048, n° 14.

14155. *Add. : Copie collationnée du XVIIIe siècle, Arch. nat.*, K. 180, n° 45.
IMP. *avec l'arrêt d'enreg. au Bureau de la ville de Paris*, plaquette in-4°. *Arch. nat.*, AD IX. 1 *bis*, p. 29.

14160. *Corr. ainsi :* Lettres exemptant les Frères prêcheurs et mineurs de Grenoble du devoir des décimes, tant pour le passé que pour l'avenir.
Add. : Vidimus délivré par le garde de la Prévôté de Paris, le 11 octobre 1544. Arch. départ. d'Ille-et-Vilaine, 1. H. 5, n° 9.

14164. *Add. : Enreg. à la Chambre des Comptes de Paris*, anc. mém. 2 M, fol. 201 v°. *Arch. nat.*, PP. 119, p. 24. (*Mention.*)
Bibl. nat., ms. fr. 21405, p. 358. (*Mention.*)

14170. *Add. : Copie du XVIe siècle. Bibl. de l'Arsenal à Paris*, ms. 5169, fol. 122. 12 pages.

14196. *Add. : Enreg. au Châtelet de Paris*, Bannières IV, fol. 140. *Bibl. nat.*, ms. nouv. acq. fr. 3651, p. 736. (*Mention.*)

14197. *Add. : Enreg. au Châtelet de Paris*, Bannières IV, fol. 141. *Bibl. nat.*, ms. nouv. acq. fr. 3651, p. 733. (*Mention*[1].)

14207. *Add. : Original. Arch. départ. de l'Isère*, B. 3190.

14215. *Add. : Enreg. au Châtelet de Paris*, Bannières IV, fol. 143. *Bibl. nat.*, ms. fr. nouv. acq. 3651, p. 733. (*Mention.*)

14221. *Add. : Enreg. au Châtelet de Paris*, Bannières IV, fol. 168. *Bibl. nat.*, ms. fr. nouv. acq. 3651, p. 737. (*Mention.*)

[1] Cette mention donne la date du 7 novembre, au lieu du 6.

14241. *Add. :* IMP. *Archives hist. du départ. de la Gironde*, t. XXVIII, 1893, in-4°, p. 462.

14254. *Add. : Arch. de Seine-et-Oise*, série D, fonds de Saint-Cyr. *Inventaire des titres de l'abbaye de Saint-Denis*, dressé en 1681 par Locquet, t. I, fol. 120. (*Mention.*)

14278. *Add. : Copie du XVIIIe siècle. Arch. de Seine-et-Oise*, E. 2668.

14296. *Note.* La copie de Z[1a] 527 a été exécutée d'après un imprimé ayant pour titre : *Édits et règlemens sur le fait des tailles*, t. I, p. 63.

14302 *bis*. Lettres de jussion adressées aux Parlement, Chambre des Comptes et général des finances de Dauphiné, pour l'exécution des lettres du 26 novembre 1543 (ci-dessus n° 13455 *bis*), en faveur de la duchesse de Nemours. 2 janvier 1544.
Vues au Conseil d'État, le 5 novembre 1771. Arch. nat., E. 1472, à la date, n° 4 *bis*. (*Mention.*)

14310. Cet acte est du 14 janvier et non pas du 15.

14311. *Add. : Enreg. à la Chambre des Comptes de Paris*, anc. mém. 2 M, fol. 278 v°. *Arch. nat.*, PP. 119, p. 31. (*Mention.*)
Bibl. nat., ms. fr. 21405, p. 359. (*Mention.*)

14329. *Add. : Copie du XVIe siècle. Bibl. impériale de Vienne* (*Autriche*), ms. 6979, fol. 317 v°. 2 pages 1/2.

14334. *Add. :* IMP. *Papiers d'État du cardinal de Granvelle* (coll. des doc. inéd.), t. III, p. 38[1].

14351. *Add. : Original. Arch. de la ville de Nîmes*, DD. 6.

14369. A la date : *au lieu de* « Montfranc », *lisez* « Montfraut ».

14387. *Au lieu de* « 22 mars », *lisez*

[1] Imprimé sous la date du 13 janvier, au lieu du 3.

IMPRIMERIE NATIONALE.

« 23 mars 1544 ». — *Au lieu de* « fol. 131 v° », *lisez* « fol. 136 v° ».

14401. *Note.* Le ms. Leber 5870, t. XIV, de la *Bibl. de Rouen* mentionne fol. 68, d'après l'ancien mém. 2 N, fol. 49 de la *Chambre des Comptes de Paris*, une « composition faite avec Guillaume Poyet, chancelier de France, touchant sa condamnation. 15 août 1545. »

14402. *Add. : Copie du XVIe siècle. Bibl. de Paris*, ms. 5169, fol. 128 v°. 9 pages.

14411. *Au lieu de* « fol. 324 v° », *lisez* « fol. 524 v° ».

14422. *Add. : Original. Arch. départ. de la Marne*, série E, liasse 1013.

14438. *Add. : Copie du XVIe siècle. Arch. hosp. de Tonnerre*, A. 3, n° 25 *bis*.

14444. *Add. : Copie du XVIe siècle. Bibl. de l'Arsenal à Paris*, ms. 5169, fol. 133. 6 pages.

Copie du XVIIIe siècle. Arch. nat., K. 88, n° 15 *bis*.

14445. Date. *Au lieu de* « 12 mai », *corr.* « 16 mai ».

14463. *Add. : Arch. départ. de la Marne*, série E, liasse 1013.

14486. *Add. :* Imp. Dom Morice, *Hist. de Bretagne*. Preuves, t. III, col. 1057. (D'après une expédition originale conservée aux archives de Penthièvre.)

14541. *Add. : Original scellé. Arch. départ. du Nord à Lille*, carton 706, n° 17314.

Copie du XVIe siècle. Ancien Trésor des Chartes de Lorraine, cartulaire France pour les régales du Barrois. Arch. de Meurthe-et-Moselle, B. 402, fol. 404.

14593. *Add. : Vérif. à la Chambre des Comptes de Paris, le 13 octobre 1545.*

Enreg. au Châtelet de Paris, le 9 novembre suivant. Arch. nat., Y. 91, fol. 180 v°. 4 pages 1/2.

14599. *Add. : Copie collationnée du XVIIIe siècle. Arch. nat.*, K. 171, n° 22.

14607. *Add. : Enreg. à la Connétablie de France, le 31 octobre suivant. Arch. nat.*, Z^{1e} 6, fol. 195 v°. 7 pages.

14615. *Add. : Enreg. à la Chambre des Comptes de Paris*, anc. mém. 2 N, fol. 179. *Arch. nat.*, PP. 119, p. 25. (*Mention.*)

Bibl. nat., ms. fr. 21405, p. 363. (*Mention.*)

14621. *Add. :* L'acte est également adressé au Parlement de Rouen ; il porte que les galères du sieur de Villegagnon étaient, l'une trirème, l'autre quadrirème.

Enreg. au Parl. de Rouen. Arch. de la Cour à Rouen, reg. crim. de 1539-1558, fol. 29 v°. 2 pages.

14622. *Add. à la date :* Folembray.

Enreg. à la Chambre des Comptes de Blois. Arch. nat., KK. 902, fol. 282. 3 pages.

14626. *Add. : Enreg. au Châtelet de Paris*, Bannières IV, fol. 187. *Bibl. nat.*, ms. fr., nouv. acq. 3651, p. 741. (*Mention.*)

Enreg. à la Prévôté de Blois. Arch. départ. de Loir-et-Cher, reg. de la Prévôté, fol. 190 v°.

Imp. A. Bourgeois, *Les métiers de Blois*. In-8°, 1892.

TOME V.

14681. *Add. : Copie. Archives de la Monnaie à Paris*, ms. in-4°, n° 28.

14685. *Add. : Enreg. au Parl. de Rouen, le 7 mars 1545 n. s.*

Imp. *Police générale du bureau des pauvres valides, hôpital général de la ville de Rouen.* Rouen, J.-B. Machuel, 1701, in-4°, p. 18. (*Arch. comm. de Rouen*, tiroir 264, n° 7.)

14709. *Add. : Copie du XVIe siècle.*

Bibl. impériale de Vienne (Autriche), ms. 6979, fol. 319. 2 pages.

14724. *Add. : Copie de 1697. Arch. municipales de Beaufort-en-Vallée (Maine-et-Loire).*

IMP. G. Denais, *Revue de l'Anjou*. Nouvelle série, t. XIX, année 1889, p. 175.

14743. *Add. : Enreg. à la Chambre des Comptes de Grenoble, le 18 décembre 1546. Arch. de l'Isère*, B. 2996, cah. 49. 7 pages.

14749. *Add. : Enreg. à la Chambre des Comptes de Paris*, reg. 15, fol. 60. *Bibl. de l'Arsenal*, ms. 4903, p. 125. (*Mention.*)

14764. *Add. : Copie. Archives de la Monnaie à Paris*, ms. in-4°, n° 28.

14769. *Add. : Copie. Archives de la Monnaie à Paris*, ms. in-4°, n° 28.

14791. *Analyse complétée :*

Édit de création de quatre offices de sergents à cheval, un dans chacune des quatre vicomtés d'Évreux, Conches, Orbec et Beaumont, avec pouvoir de mettre tous actes à exécution dans l'étendue desdites vicomtés, comme les autres sergents à cheval du Châtelet de Paris, ledit édit rendu sur la requête de M° Jean d'Avrilly. Paris, février 1545.

Add. : Copie collationnée du XVII° siècle. Arch. nat., R² 256.

14794. *Add. : Enreg. au Châtelet de Paris*, Bannières IV, fol. 200. *Bibl. nat.*, ms. fr. nouv. acq. 3651, p. 744. (*Mention.*)

14806. *Add. : Expédition originale. Arch. des Bouches-du-Rhône*, B. liasse 730.

14821. *Add. : Anc. arch. de la Chambre des Comptes de Joinville*, pièce cotée 1175. *Arch. nat.*, KK. 906, fol. 409 v°, et KK. 908, fol. 35 v°. (*Mentions.*)

14857. Ces lettres sont au 3° et non au 2° vol. des *Mémoriaux de la Cour des Aides de Normandie.*

14865. *Add. : Enreg. au Châtelet de Paris*, Bannières IV, fol. 201. *Bibl. nat.*, ms. fr. nouv. acq. 3651, p. 744. (*Mention.*)

14907. *Add. : Original. Arch. nat.*, K. 1150, n° 54.

14999. *Add. : Copie. Archives de la Monnaie à Paris*, ms. in-4°, n° 28.

15124. Cet acte est au 3° et non au 2° vol. *des Mémoriaux de la Cour des Aides de Normandie.*

15132 *bis*. Mandement donné à la requête du syndic des « pariers » du moulin du Bazarle sur la Garonne à Toulouse, pour citer devant le Conseil privé le prieur et les religieux bénédictins de la Daurade, afin de certifier la validité des titres, en vertu desquels ils ont inféodé ledit moulin depuis trois cents ans ou plus et dont la production est exigée par les trésoriers de France, commissaires députés à la réformation du domaine royal en Languedoc. Fontainebleau, 17 juin 1546.

Original. Arch. particulières de l'administration du moulin du Bazarle à Toulouse.

15176. *Add. : Enreg. aux Eaux et forêts, le 12 août 1546. Arch. nat.*, Z^{1e} 1, fol. 93 v°. 1 page 1/2.

15204. *Add. : Copie. Arch. de la Monnaie à Paris*, mss in-4°, n° 28.

15219. « Livio Trotti, » *add. : « aliàs* Livio Crotto ». (*Arch. nat.*, PP. 119, anc. mém. 2 N, p. 23.)

15227 *bis*. Lettres portant prorogation (*terme laissé en blanc*), en faveur de la ville de Romorantin, de l'octroi du huitième denier sur le vin vendu en détail. Fontainebleau, 15 juillet 1546.

Original. Arch. municipales de Romorantin (Loir-et-Cher), CC. 47.

15228. *Add. : Copie du XVI° siècle. Arch. du Rhône, reg. des insinuations de la sénéchaussée*, Livre du roi, fol. 96.

Enreg. au Châtelet de Paris. Bannières IV, entre les fol. 206 et 210. *Bibl. nat.*, ms. fr. nouv. acq. 3651, p. 746. (*Mention.*)

15236. *Add. : Copie collationnée du 19 août 1546. Arch. nat., Suppl. du Trésor des Chartes*, J. 796, n° 2³.

Copie. Bibl. nat., fonds du Vexin, vol. 16, fol. 277. 6 pages.

15284. *Add. : Enreg. au Parl. de Rouen, le 13 août 1546. Arch. de la Cour à Rouen*, reg. du Parl. pour août-septembre 1546. 1 page 1/4.

15307. *Add. : Enreg. au Parl. de Rouen, le 7 septembre 1546. Arch. de la Cour à Rouen*, reg. du Parl. pour août-septembre 1546. 3 pages.

15340. *Add. : Enreg. au Parl. de Rouen, le 27 août 1546. Arch. de la Cour à Rouen*, reg. du Parl. pour août-septembre 1546. 7 pages.

15392. *Add. : Copie du XVIᵉ siècle. Arch. de la Haute-Saône*, E. 818.

15395 *bis.* Commission donnée pour la reconstitution de la forêt royale de Graule en Bourgogne, qui avait été envahie par les riverains, et pour son repeuplement en gibier. Prauthoy, 14 octobre 1546.

Copie. Arch. de la Côte-d'Or, G. 1510, *fonds du chapitre de la Sainte-Chapelle de Dijon.*

15398. *Add. : Traduction en italien s. d. Modène, Archivio di Stato, Cancellaria ducale, Documenti di Stati esteri.*

15404 *bis.* Mandement au général des finances de Bourgogne de faire payer aux gens des comptes de Dijon leurs gages de l'année 1546, tant sur les produits de la crue levée avec cette assignation spéciale sur les magasins à sel, que sur les deniers ordinaires provenant des gabelles de la généralité de Bourgogne. Joinville, 28 octobre 1546.

Comptes de Girard Sayve, receveur général de Bourgogne. Arch. de la Côte-d'Or, B. 1860, fol. 212. (*Mention.*)

15404 *ter.* Mandement à Philippe Marlain, général des finances de Bourgogne, d'assigner, sur la recette générale de Bourgogne, aux gens de la Chambre des Comptes de Dijon, la somme de 687 livres 19 sous 4 deniers tournois, complétant le payement de leurs gages. Joinville, 28 octobre 1546.

Comptes de Girard Sayve, receveur général de Bourgogne. Arch. de la Côte-d'Or, B. 1861, fol. 153 v°, B. 1862, fol. 293 v°. (*Mentions.*)

15406. *Add. : Autre enreg. aux Eaux et Forêts. Arch. nat.*, Z¹ᵉ 870, fol. 81 v°. 2 pages.

15437. *Add. : Copie du XVIᵉ siècle. Bibl. nat.*, Coll. du Parl., vol. 453, fol. 93.

Enreg. au Châtelet de Paris, Bannières IV, fol. 210. *Bibl. nat.*, ms. fr. nouv. acq. 3651, p. 746. (*Mention.*)

N. B. La copie du *Livre jaune grand*, donne la date du 20 novembre, au lieu du 26.

15444. *Add. : Bibl. nat.*, ms. fr. 21405, p. 363. (*Mention.*)

15460. *Add. : Copie du XVIᵉ s. Arch. nat.*, KK. 1007, Musée AE II, 434, fol. 175. 1 page.

Copie du XVIᵉ siècle. Arch. nat., Cartulaire de l'Hôtel de Ville de Paris, KK. 1012, fol. 61 v°. 1 page 1/2.

15499. *Add. : Enreg. à la Chambre des Comptes de Paris*, anc. mém. 2 N, fol. 210. *Arch. nat.*, PP. 119, p. 28. (*Mention.*)

Bibl. nat., ms. fr. 21405, p. 363. (*Mention.*)

15501. *Au lieu de* « U. 665, fol. 322 », *lisez* « p. 321 ».

15502. *Add. : Autre expédition originale. Arch. nat.*, P. 725², cote 277.

15516. *Add. : Bibl. nat.*, Coll. de Picardie, vol. 112 *bis*, fol. 136. (*Mention.*)

15543. *Add. : Enreg. aux Eaux et forêts de France, le 23 février 1547 n. s. Arch. nat.*, Z¹ᵉ 1, fol. 106 v°. 1 page.

15558. *Add. :* L'acte est également adressé au Parlement de Rouen.

Enreg. au Parl. de Rouen. Arch. de la Cour à Rouen, reg. crim. de 1539-1558, fol. 38. 2 pages.

15560. De Baudran, *corr.* « de Vaudray ».
Add. : Enreg. au Châtelet de Paris, Bannières IV, fol. 229. *Bibl. nat.*, ms. fr. nouv. acq. 3651, p. 749. (*Mention.*)

15580. *Add. : Copie du* XVIII*e siècle. Arch. nat.*, K. 551.

15618. *Add. : Enreg. au Châtelet de Paris,* Bannières IV, fol. 220. *Bibl. nat.*, ms. fr. nouv. acq. 3651, p. 747. (*Mention.*)

15670. *Add. : Enreg. au Parl. de Normandie, le 25 janvier 1515 n. s. Bibl. de Rouen*, ms. E. 57, fol. 4 v°. *Mention avec la date du 1er janvier, au lieu du 7.*)

15707. *Add. : Bibl. nat.*, ms. Moreau 406, fol. 369. (*Mention.*)

15727. *Add. : Original scellé. Arch. de Seine-et-Oise*, A. 898.
Vérif. à la Chambre des Comptes de Paris, le 20 mars 1515 n. s. Arch. de Seine-et-Oise, A. 1129. (*Mention.*)

15732. *Add. : Reçu au Parl. de Paris, au lieu de Guillaume Aymeret, son père, le 21 novembre 1515. Arch. nat.*, X1a 1518, fol. 7.

15733. *Add. : Reçu au Parl. de Paris, le 8 février 1515 n. s. Arch. nat.*, X1a 4858 (à la date).

15828. *Add. : Copie du* XVI*e siècle. Bibl. nat.*, ms. fr. 5500, fol. 301 v°. (*La date manque.*)

15836. *Add. : Copie. Bibl. nat.*, Cinq Cents de Colbert, ms. 136, fol. 142. 2 pages.

15845. *Add. : Reçu au Parl. de Paris, le 4 avril 1515 n. s. Arch. nat.*, X1a 4858 (à la date).

15859. *Add. : Enreg. à la Chambre des Comptes de Paris*, anc. mém. Z, fol. 86. *Arch. nat.*, PP. 110 et 118.

15904. Lettres portant « établissement... », (*il fallait lire* « abolissement »); *corr.* : Lettres portant suppression....

15905. *Add. : Reçu au Parl. de Paris, les 14 juin et 5 août 1515. Arch. nat.*, X1a 4859 (à la date).

15940. *Add. : Copie collationnée du 6 août 1515, par Guillaume Prudhomme. Arch. comm. de Rouen*, tiroir 5, n° 7.

15941. *Add. : Copie du* XVII*e siècle. Bibl. de Rouen*, ms. Y. 214, t. I, p. 163. 8 pages 1/2.

15975. *Add. : Copie du* XIX*e siècle. Bibl. de la ville de Versailles*, ms. 412 F, fol. 35. 2 pages.

16052. Date. *Au lieu de* « 20 novembre 1515 », *lisez* « 20 octobre ».

16080. *Add. : Copie du* XVII*e siècle. Bibl. de l'Arsenal à Paris*, ms. 4725, fol. 49. 16 pages.

16157. *Add. : Reçu au Parl. de Paris, le 4 décembre 1516. Arch. nat.*, X1a 4860, à la date. — Il est prénommé « Jacques » et non « Jean ».

16162. *Add. : Original. Arch. comm. de Rouen*, tiroir 5, n° 2.
Copie collationnée du 16 mars 1548 n. s. par Bageau, secrétaire royal. Arch. comm. de Rouen, tiroir 2, n° 2, pièce 5.
Copie collationnée du XVI*e siècle. Bibl. de l'Arsenal à Paris*, ms. 3895, fol. 67. 2 pages.
Copie du XVII*e siècle. Bibl. nat.*, ms. lat. 10057, fol. 67. 2 pages.

16165. *Add. : Copie du* XVI*e siècle. Bibl. nat.*, ms. fr. 5500, fol. 279 v°. (Avec la date : « Cremieu, le .... jour de mai 1517[1] ».)

16201. *Add. : Copie du* XVI*e siècle. Bibl. nat.*, ms. fr. 5501, fol. 264 v°. (*La date manque.*)

16206. *Add. : Copie du* XVI*e siècle. Bibl. nat.*, ms. fr. 5500, fol. 123 v°.

16246. *Add. : Reçu au Parl. de Paris, le 22 janvier 1517 n. s. Arch. nat.*, X1a 4860 (à la date).

16268. Cette pièce est la même que le n° 556, malgré les indications différentes.

[1] C'est en 1516 que François Ier séjourna à Crémieu, au mois de mai.

16281. *Add. : Copie du* XVIe *siècle. Bibl. nat.*, ms. fr. 5451, fol. 2.

16290. *Add. :* Imp. Joseph de Croy, *Nouveaux documents pour l'histoire de la création des résidences royales des bords de la Loire.* Paris-Blois, 1894, in-8°, p. 169.

16293. Le texte de ces lettres n'a pas été retrouvé aux Archives de la Nièvre.

16305. « Aigrefin », *corr.* « les Egreffins [1] ».

16332. *Add. : Copie. Bibl. nat.*, ms. lat. 12802, n° 19.

16334. *Au lieu de* « Cousnon », *lisez* « Conon, comm. de Cellettes, Loir-et-Cher ».

Add. : Anc. arch. de la Chambre des Comptes de Blois, lay. C. *Arch. nat.*, P. 1479, fol. 95. (*Mention.*)

16348. *Add. : Enreg. au Parl. de Rouen, le 3 avril 1517 n. s. Arch. de la Cour à Rouen*, reg. crim. dit Livre rouge, fol. 12. 5 pages.

16378. *Add. : Enreg. à la Chambre des Comptes de Paris*, reg. 11, fol. 89.

Bibl. de l'Arsenal, ms. 4903, p. 119. (*Mention.*)

16550. *Add. : Copie du* XVIe *siècle. Bibl. nat.*, ms. fr. 5500, fol. 299 v°. (*La date manque.*)

16778 *bis*. Déclaration de foi et hommage par Yves Brinon, procureur en Parlement, pour le fief de Gallie à Guyancourt, à lui échu par le décès de Guillaume Brinon, son frère, et pour le fief de Richard Bailly, sis audit lieu, provenant de l'héritage de feu Guillemette Brinon, sa sœur, fiefs tenus du roi à cause du château de Châteaufort. 4 août 1518.

Imp. Coyecque, *Invent. somm. d'un chartrier parisien pendant le cours du* XVIe *siècle*, 10, n° 29. (*Mention.*)

16788. *Add. : Enreg. à la Chambre des Comptes de Paris*, anc. mém. 2 A, fol. 256 v°, *le 21 janvier 1519 n. s.*

Copie du XVIIe *siècle, par Menant. Bibl. de Rouen*, ms. Leber 5870, t. XII, fol. 111. 1 page 1/2.

16799. « Pierre Berthonnier », *corr.* « Berthomier ». — (Cf. Inventaire après décès de P. Berthomier. E. Coyecque, *Invent. somm. d'un chartrier parisien*, 6, n° 22.

16866. *Add. : Vidimus du prévôt de Chaumont en Bassigny, du 11 février 1519. Bibl. nat.*, ms. fr. 18874, fol. 87. 1 page 1/4.

16935. Date. *Au lieu de* « 19 », *lisez* « 2 janvier 1518 (1519 n. s.) ».

16964. *Add. : Enreg. au Parl. de Rouen, le 3 mars 1519 n. s. Arch. de la Cour à Rouen*, reg. crim. dit Livre rouge, fol. 19. 2 pages 1/2.

17023. *Add. : Enreg. à la Cour des Aides de Normandie, le 29 novembre 1521. Arch. de la Seine-inférieure*, Mémoriaux, 1er volume, fol. 11. 4 pages.

N. B. D'après cette copie, l'enreg. des lettres à la Chambre des Comptes est du 19 octobre 1521. — Le nom est écrit Siville.

17041. *Add. : Expéd. orig., retenue par l'abbaye. Arch. de Seine-et-Oise*, série H, fonds des Augustines de Versailles et de l'abbaye de Malnoue y réunie.

17069. *Add. : Enreg. au Parl. de Rouen, le 14 avril 1519 n. s.*

Deux expéditions originales. Arch. comm. de Rouen, tiroir 5, n°s 2 et 9.

Copie du XVIIe *siècle. Bibl. nat.*, ms. lat. 10057, fol. 68. 4 pages.

17096. *Add. : Reçu au Parl. de Paris, le 13 mai 1519. Arch. nat.*, X^1a 1521, fol. 190.

17108. *Add. : Copie en tête de l'inventaire de l'argent monnayé et de la vaisselle d'Artus Gouffier, dressé le 8 juin 1519. Arch. nat.*, T. 153^67.

17110. *Add. : Enreg. au Parl. de Rouen, le 31 mai 1519. Arch. de la Cour à Rouen*, reg. crim. dit Livre rouge, fol. 17. 4 pages 1/2.

17113. Date inexacte. *Au lieu de*

[1] Localité près Villeneuve-le-Comte, du côté de la forêt de Crécy.

« Saint-Germain, mai 1519 », *lisez* « Crémieu, mai 1516 ».

17151. A la référence, *au lieu de* « Strozzioni », *lisez* « Strozziane ».

17208. *Add. : Copie du XVIe siècle. Bibl. nat.*, ms. fr. 18874, fol. 89.

17221. Date. *Au lieu de* « janvier », *lisez* « 28 janvier 1519 ».

17254. Supprimer cet article, qui doit être remplacé par celui qui figure dans le 2e supplément sous la date d'avril 1522 n. s. (n° 23703).

17283. *Add. : Copie du XVIe siècle. Bibl. nat.*, ms. fr. 18874, fol. 91. 1 page 1/4.

17320. *Add. : Copie du XVIe siècle. Bibl. nat.*, ms. fr. 5500, fol 286 v°. (*La date manque.*)

17325. *Analyse rectifiée :*

Lettres d'anoblissement accordées à Jean Quevret, seigneur de la Roque, âgé de soixante ans, en considération des services rendus à la couronne par son père et ses ancêtres, lors des guerres contre les Anglais en Normandie. Paris, octobre 1520.

Enreg. à la Chambre des Comptes de Paris, le 30 août 1521, et à la Cour des Aides de Normandie[1], *le 10 décembre suivant. Arch. de la Seine-Inférieure*, Mémoriaux, 1er vol., fol. 15.

17366. *Supprimer cet article, et le reporter à avril 1522* (n° 17472 *bis*) *n. s. sous la forme suivante :*

Lettres d'anoblissement en faveur d'Olivier Baudoin, seigneur de La Mothe (bailliage et élection d'Alençon). Lyon, avril 1521, avant Pâques.

Enreg. à la Chambre des Comptes de Paris, le 5 mai 1522.

Enreg. à la Cour des Aides de Normandie, le 13 décembre 1522. Arch. de la Seine-Inférieure, Mémoriaux, 1er vol. fol. 47. 6 pages.

[1] Nonobstant l'opposition des habitants de Sainte-Honorine du Fay et de Lassy.

17401. *Add. : Copie du XVIIIe siècle. Arch. des Bouches-du-Rhône*, B. carton 3294, pièce n° 6. 2 pages.

17428. La date est du 15 décembre et non du 15 novembre.

17433. *Add. : Copie du XVIe siècle. Bibl. nat.*, ms. fr. 5500, fol. 181 v°. (*La date manque.*)

17435. *Add. : Copie du XVIe siècle. Bibl. nat.*, ms. fr. 5500, fol. 175 v°. (*La date manque.*)

17462. *Add. : Copie du XVIe siècle. Bibl. nat.*, ms. fr. 5500, fol. 174. (*La date manque.*)

17502. *Add. : Copie du XVIe siècle. Bibl. nat.*, ms. fr. 5503, fol. 80. 2 pages.

17512. *Add. : Copie du XVIe siècle. Arch. nat.*, LL. 560, fol. 233.

17535. *Add. : Vérifiée à la Chambre des Comptes de Paris, le 29 octobre 1522. Arch. de Seine-et-Oise*, série D, fonds de Saint-Cyr, 18e carton de Chevreuse, Inventaire des titres de Châteaufort et Jouy-en-Josas, dressé en 1549, fol. 1 v°. (*Mention*[1].)

17537. *Add. : Copie du XVIe siècle. Bibl. nat.*, ms. fr. 5086, fol. 45 v°. 1 page.

17543. *Analyse rectifiée :*

Lettres d'anoblissement, moyennant 600 livres tournois, en faveur de Pierre et Jacques Le Roy, frères, seigneurs de Bacqueville et de la Poterie, le premier marié et père d'un enfant de trois à quatre ans, le second célibataire. Saint-Germain-en-Laye, octobre 1522.

Enreg. à la Chambre des Comptes de Paris, le 19 décembre 1522.

Enreg. à la Cour des Aides de Normandie, le 12 juin 1523. Arch. de la Seine-Inférieure, Mémoriaux, 1er vol., fol. 116. 6 pages 1/2.

[1] Louis de Poncher avait acquis cette rente de Jean Olivier, qui l'avait acquise lui-même de Jean de Laval, seigneur de Châteaubriant. (*Renseignement fourni par le même inventaire.*)

17544. *Add. à la date :* « Saint-Germain-en-Laye ».

Enreg. à la Cour des Aides de Normandie, le 16 janvier 1523 n. s. Arch. de la Seine-Inférieure, Mémoriaux, 1er vol., fol. 52 v°. 5 pages 1/2.

N. B. L'origine espagnole de Pierre Saldaigne est attestée, non par les lettres de François Ier, mais par les lettres de naturalité que ce personnage avait obtenues de Charles VIII. Ces lettres, données à Amboise, en mars 1498 n. s., furent, elles aussi, enregistrées à la Cour des Aides de Normandie, le 16 janvier 1523 n. s. (*Arch. de la Seine-Inférieure,* Mémoriaux, 1er vol., fol. 55 v°.) — De ces deux documents, il ressort que P. Saldaigne, né en Espagne en 1469, était établi marchand à Rouen dès 1488.

17545. *Analyse rectifiée :*

Anoblissement, moyennant 500 livres, de Jean Maillet, seigneur d'Ouville, demeurant à Friardel (élection de Lisieux). Saint-Germain-en-Laye, octobre 1522.

Enreg. à la Cour des Aides de Normandie, le 5 août 1524. Arch. de la Seine-Inférieure, Mémoriaux, 1er vol., fol. 208. 8 pages.

17546. *Analyse rectifiée :*

Anoblissement, moyennant 800 livres, de Denis Alexandre, âgé de soixante-huit ans, demeurant à Saint-Gilles (élection de Montivilliers). Saint-Germain-en-Laye, octobre 1522.

Enreg. à la Chambre des Comptes de Paris, le 19 décembre suivant, et à la Cour des Aides de Normandie, le 10 septembre 1523. Arch. de la Seine-Inférieure, Mémoriaux, 1er vol., fol. 177. 5 pages 1/2.

17547. *Analyse rectifiée :*

Anoblissement de Jean Aubert, seigneur de Viéville (bailliage de Caen), âgé de soixante-dix ans, moyennant la somme de 1,500 livres. Saint-Germain-en-Laye, octobre 1522.

Add. : Enreg. à la Chambre des Comptes de Paris, le 19 décembre 1522, et à la Cour des Aides de Normandie, le 24 juillet 1523. Arch. de la Seine-Inférieure, Mémoriaux, 1er vol., fol. 142 v°. 6 pages.

17548. L'acte est daté de Saint-Germain-en-Laye.

Add. : Enreg. à la Cour des Aides de Normandie, le 26 février 1523 n. s. Arch. de la Seine-Inférieure, Mémoriaux, 1er vol., fol. 79. 8 pages 1/2.

17549. *Analyse rectifiée :*

Anoblissement, moyennant 500 livres, de Richard Le Large, de la paroisse de Cricqueville (bailliage de Rouen, élection de Lisieux), âgé de dix-huit à dix-neuf ans, demeurant en communauté de biens avec Michel Le Large, son oncle. Saint-Germain-en-Laye, octobre 1522.

Add. : Enreg. à la Chambre des Comptes de Paris, le 15 décembre 1522, et à la Cour des Aides de Normandie, le 24 juillet 1523. Arch. de la Seine-Inférieure, Mémoriaux, 1er vol., fol. 162 v°. 8 pages.

17550. *Au lieu de* « Sauvage », *lisez* « Salvage ».

L'acte est daté de Saint-Germain.

Au lieu de « juin 1523 », *lisez* « 19 décembre 1522 ».

Add. : Enreg. à la Cour des Aides de Normandie, le 26 juin 1523. Arch. de la Seine-Inférieure, Mémoriaux, 1er vol., fol. 123.

17551. *Add. : Enreg. à la Chambre des Comptes de Paris, le 16 février 1539.*

Original. Arch. de Seine-et-Oise, série H, fonds d'Yerres, ch. XXVI, art. 38.

17552. *Add. : Reçu au Parl. de Paris, le 18 novembre 1522. Arch. nat.,* X[1a] 4871 (à la date).

17560. *Analyse rectifiée :*

Lettres d'anoblissement en faveur de Pierre Langlois, âgé de cinquante ans, demeurant à Gournay (bailliage de Caux, élection de Gisors), moyennant 550 livres tournois. Saint-Germain-en-Laye, novembre 1522.

Add. : Enreg. à la Chambre des Comptes de Paris, le 23 décembre 1522.

Enreg. à la Cour des Aides de Normandie, le 17 juillet 1523. Arch. de la Seine-Inférieure, Mémoriaux, 1er vol., fol. 126. 5 pages.

17615. *Enreg. à la Chambre des*

Comptes. Au lieu de «le 4 juin 1523», *lisez* «le 27 février 1523 n. s.».

Add. : Enreg. à la Cour des Aides de Normandie, le 9 juin 1523. Arch. de la Seine-Inférieure, Mémoriaux, 1er vol., fol. 109. 10 pages.

17616. *Corriger et compléter ainsi l'analyse :*

Lettres d'anoblissement, en faveur d'Henri Filleul, seigneur de Saint-Martin-de-la-Lieue, demeurant à Rouen, fils aîné de feu Michel Filleul, moyennant 400 livres tournois. Saint-Germain-en-Laye, mars 1522.

Add. : Enreg. à la Chambre des Comptes de Paris, le 22 avril 1523, après Pâques.

Enreg. à la Cour des Aides de Normandie, le 27 avril 1523. Arch. de la Seine-Inférieure, Mémoriaux, 1er vol., fol. 104 v°. 4 pages.

17617. *Rectifier ainsi l'analyse :*

Anoblissement, moyennant 500 livres, de Jean Le François, âgé de quarante à quarante-cinq ans, fils de feu Pierre Le François, marchand, demeurant à Bernay (bailliage d'Évreux). Paris, février 1522.

Add. : Enreg. à la Chambre des Comptes de Paris, le 27 février 1523 n. s., et à la Cour des Aides de Normandie, le 21 août suivant. Arch. de la Seine-Inférieure, Mémoriaux, 1er vol., fol. 173. 6 pages 1/2.

17618. *Développer ainsi l'analyse :*

Lettres d'anoblissement, moyennant 600 livres, en faveur de Jean Le Vallois, âgé de quarante-trois ans, demeurant à Lisieux, fils de feu Nicolas Le Vallois, seigneur de Putot (vicomté d'Auge), du Mesnil-Guillaume, de Bonneville-la-Louvet et de la Rosière. Paris, février 1522.

Add. : Enreg. à la Chambre des Comptes de Paris, le 27 février 1523 n. s.

Enreg. à la Cour des Aides de Normandie, le 16 avril 1523, après Pâques. Arch. de la Seine-Inférieure, Mémoriaux, 1er vol., fol. 99. 9 pages.

17666. *Add. : Enreg. à la Cour des Aides de Normandie, le 20 juillet suivant. Arch. de la Seine-Inférieure,* Mémoriaux, 1er vol., fol. 137 v°. 7 pages. — (L'enreg. de ces lettres à la Chambre des Comptes de Paris est du 9 juillet, et non du 13 juillet 1523.)

17667. *Rectifier ainsi l'analyse :*

Lettres d'anoblissement, moyennant 500 livres, en faveur de Guillaume Labbé, seigneur de la Rosière et du Prestal, demeurant au Merlerault (bailliage et élection d'Alençon). Saint-Germain-en-Laye, juin 1523.

Add. : Enreg. à la Chambre des Comptes de Paris, le 9 juillet 1523.

Enreg. à la Cour des Aides de Normandie, le 20 juillet 1523. Arch. de la Seine-Inférieure, Mémoriaux, 1er vol., fol. 130. 6 pages.

17668. *Analyse rectifiée :*

Anoblissement, moyennant 500 livres, de Guillaume Durevie, fils de Roger Durevie, demeurant à Saint-Lô-d'Urville (vicomté de Valognes), et de Marie de Convers. Saint-Germain-en-Laye, juin 1523.

Add. : Enreg. à la Chambre des Comptes de Paris, le 9 juillet 1523, et à la Cour des Aides de Normandie, le 28. Arch. de la Seine-Inférieure, Mémoriaux, 1er vol., fol. 167 v°. 8 pages.

17669. *Analyse rectifiée :*

Anoblissement, moyennant la somme de 400 livres tournois, de Pierre(1) Le Chevalier, demeurant à Saint-Pierre-de-Touques (bailliage de Rouen, élection de Lisieux), âgé de quarante-cinq à cinquante ans, marié depuis dix ou douze ans à la veuve de Pierre Pinain, en son vivant avocat du roi à la vicomté d'Auge. Saint-Germain-en-Laye, juin 1523.

Add. : Enreg. à la Chambre des Comptes de Paris, le 9 juillet 1523, et à la Cour des Aides de Normandie, le 24 juillet. Arch. de la Seine-Inférieure, Mémoriaux, 1er vol., fol. 147. 8 pages 1/2.

17693. *Analyse rectifiée :*

Anoblissement, moyennant 300 livres,

(1) On avait écrit d'abord Guillaume, qui a été effacé et remplacé par Pierre.

IMPRIMERIE NATIONALE.

de Jacques Le Bignetier, seigneur des Pintreaux, demeurant à Saint-Aubin-de-Scellon, père de deux fils de son mariage avec Jeanne, fille de Robert Le Gros. Saint-Germain-en-Laye, juillet 1523.

Add. : Enreg. à la Chambre des Comptes de Paris, le 11 août 1523, et à la Cour des Aides de Normandie, le 19 juillet 1524. Arch. de la Seine-Inférieure, Mémoriaux, 1er vol., fol. 201 v°. 7 pages.

17702. Ms. fr. 5109, *au lieu de* « fol. 129 », *lisez* « fol. 139 ».

17815. *Add. : Copie du XVIe siècle. Bibl. nat.*, ms. fr. 14368, fol. 200.

17908. *Add. : Comptes de Bénigne Serre, receveur général de Bourgogne. Arch. de la Côte-d'Or*, B. 1833, fol. 108. (*Mention.*)

18043. L'acte est au nom de la régente.

Add. : Enreg. au Parl. de Rouen, le 20 mars 1525 n. s. Arch. de la Cour à Rouen, reg. du Parl. pour mars-avril 1525 n. s.

18046. L'acte est au nom de la régente.

Add. : Enreg. au Parl. de Rouen, le 16 mars 1525 n. s. Arch. de la Cour à Rouen, reg. du Parl. pour mars-avril 1525 n. s.

18097. *Add. : Vérifiées par la Chambre des Comptes de Paris, le 10 avril 1525 n. s. Duplicata. Arch. nat.*, T. 191[10].

18163. *Add. : Copie du XVIe siècle. Bibl. nat.*, ms. fr. 5500, fol. 334 v°. (*La date manque.*)

18224. *Add. : Comptes de Bénigne Serre, receveur général de Bourgogne. Arch. de la Côte-d'Or*, B. 1833, fol. 102. (*Mention.*)

18277. *Add. : Enreg. à la Chambre des Comptes d'Aix. Arch. des Bouches-du-Rhône*, B. 28 (*Pacis*), fol. 69. 2 pages.

18305. *Add. : Comptes de Bénigne Serre. Arch. de la Côte-d'Or*, B. 1834, fol. 90 v°. (*Mention.*)

18328. « *Vidimus du XVe siècle* », *corr.* « *du XVIe siècle* ».

18387. *Add. : Copie du XIXe siècle. Bibl. de la ville de Versailles*, ms. 412 F, fol. 46. 2 pages.

18398. *Add. : Comptes de Bénigne Serre, receveur général de Bourgogne. Arch. de la Côte-d'Or*, B. 1834, fol. 97. (*Mention.*)

18423. *Add. : Copie collationnée du XVIIIe siècle. Arch. nat.*, Y. 17212.

18463. *Add. : Enreg. au Parl. de Rouen, le 17 août 1525. Arch. de la Cour à Rouen*, reg. du Parl. pour août-septembre 1525. 2 pages 1/2.

18477. *Add. : Copie. Bibl. nat.*, coll. de Périgord, vol. 24, fol. 373.

18515. *Add. : Enreg. au Parl. de Rouen. Arch. de la Cour à Rouen*, reg. criminel dit *Livre rouge*, fol. 33. 2 pages 1/2.

18563. *Add. : Copie du XIXe siècle. Bibl. de la ville de Versailles*, ms. 412 F, fol. 47. 2 pages.

18577. *Add. : Reçu au Parl. de Paris, le 29 mai 1526. Arch. nat.*, X[1a] 1529, fol. 264.

18627. *Add. : Enreg. au Parl. de Rouen, le 7 juin 1526. Arch. de la Cour à Rouen*, reg. du Parl. pour avril-septembre 1526. 3 pages.

18658. *Add. : Enreg. aux Mémoriaux de la Sainte-Chapelle de Paris. Arch. nat.*, LL. 625, fol. 40. 1 page 1/2.

18711. *Add. : Transcrit le 22 février 1530 n. s., au registre des réformations des forêts d'Amboise, Montrichard, Crécy-en-Brie et Blois. Arch. nat.*, Z[1e] 1134, fol. 34 v°. 1 page 1/2.

18713. *Add. : Copie du XVIe siècle. Bibl. nat.*, ms. fr. 5500, fol. 335. (*La date manque.*)

18726. *Add. : Comptes de Bénigne*

Serre, receveur général de Bourgogne. Arch. de la Côte-d'Or, B. 1835, fol. 97. (*Mention.*)

18797. *Add. : Comptes de Bénigne Serre, receveur général de Bourgogne. Arch. de la Côte-d'Or*, B. 1835, fol. 100. (*Mention.*)

18808. *Add. : Comptes de Bénigne Serre. Arch. de la Côte-d'Or*, B. 1835, fol. 101. (*Mention.*)

TOME VI.

18829. *Rectifier ainsi l'analyse :*

Lettres autorisant Charles de Croy, encore mineur, à jouir de ses comtés et seigneuries de Porcien, Montcornet, Croy, Bar-sur-Aube et Airaines, qui lui appartiennent en vertu du partage fait à Valenciennes, le 28 juillet précédent, entre lui et son frère aîné, Philippe de Croy, marquis d'Ærschot.

Copie du XVIe siècle. Bibl. nat., ms. fr. 14368, fol. 188. 1 page 1/2.

18917. *Add. : Transcrit le 28 février 1530, au registre de la réformation des forêts d'Amboise, Montrichard, etc. Arch. nat.*, Z[1e] 134, fol. 38. 1 page.

18934. *Add. : Comptes de Bénigne Serre, receveur général de Bourgogne. Arch. de la Côte-d'Or*, B. 1835, fol. 81 et 106. (*Mentions.*)

19151 et 19152. Pierre « Cozural », *corr.* « Cosnoal ».

19487. *Add. : Enreg. à la Chambre des Comptes d'Aix. Arch. des Bouches-du-Rhône*, B. 28 (*Pacis*), fol. 285 v°. 2 pages.

19576. *Add. : Copie du XVIe siècle. Bibl. nat.*, ms. fr. 14368, fol. 191. 1/2 page.

19591. Article à réunir au n° 3078. Poncet Gentil ou Gentils était le fils cadet d'Élie Gentils (cf. le n° 23365).

19598. *Add. : Bibl. nat.*, coll. de Picardie, vol. 112 *bis*, fol. 158. (*Mention.*)

19660. *Add. : Copie collationnée du 11 mars 1530. Comptes de Guy Milletot, receveur général de Bourgogne. Arch. de la Côte-d'Or*, B. 1837, fol. 4 v°. 3 pages.

19717. *Add. : Vérifié à la Chambre des Comptes de Paris, le 11 février 1529 n. s. Duplicata. Arch. nat.*, T. 191[10].

19773. *Add. : Enreg. à la Chambre des Comptes d'Aix. Arch. des Bouches-du-Rhône*, B. 28 (*Pacis*), fol. 369. 2 pages.

19784. A la date : *au lieu de* « Montfranc », *lisez* « Montfraut ».

19885. *Add. : Copie du XVIIe siècle. Bibl. nat.*, coll. Dupuy, vol. 466, fol. 35.

19928. *Add. : Copie du XVIe siècle. Arch. nat.*, MM. 711, p. 465.

19982. *Add. : Copie du XVIe siècle. Bibl. nat.*, ms. fr. 14368, fol. 109. 2 pages. (*La date manque.*)

20023. *Enreg. à la Chambre des Comptes d'Aix. Arch. des Bouches-du-Rhône*, B. 32 (*Scorpionis*), fol. 129 v°. 2 pages.

20093. *Add. : Copie du XVIe siècle. Bibl. nat.*, ms. fr. 14368, fol. 19 v°. 1/2 page.

20150. *Add. : Acquits sur l'épargne. Arch. nat.*, J. 960[1], n° 27, anc. 57. (*Mention.*)

20180. *Add. : Acquits sur l'épargne. Arch. nat.*, J. 960[1], n° 21, anc. 44. (*Mention.*)

20195. *Add. : Copie du XVIe siècle. Bibl. nat.*, ms. fr. 14368, fol. 203 v°. 1/2 page.

20226. *Add. : Copie du XVIe siècle. Bibl. nat.*, ms. fr. 5503, fol. 105 v°. 2 pages.

20227. *Add. : Copie collationnée du 7 janvier 1745, d'après les Arch. de l'hôtel de ville de Caen. Arch. nat.*, F14 142. — (Cet acte mentionne une enquête faite par René Becdelièvre, conseiller au Parlement de Rouen, sur commission datée du 13 février 1531 n. s.)

20256. *Add. : Acquits sur l'épargne. Arch. nat.*, J. 960[1], n° 67, anc. 111. (*Mention.*)

20257. *Add. : Acquits sur l'épargne. Arch. nat.*, J. 960[1], n° 66, anc. 110. (*Mention.*)

20276. *Add. : Acquits sur l'épargne. Arch. nat.*, J. 960[1], n° 51, anc. 95. (*Mention.*)

20279. *Add. : Acquits sur l'épargne. Arch. nat.*, J. 960[1], n° 50, anc. 94. (*Mention.*)

20285. *Add. : Enreg. à la Chambre des Comptes d'Aix. Arch. des Bouches-du-Rhône*, B. 32 (*Scorp.*), fol. 112. 1 page.

20301. *Add. : Acquits sur l'épargne. Arch. nat.*, J. 960[1], n° 60, anc. 104. (*Mention.*)

20306 et 20307. *Add. : Acquits sur l'épargne. Arch. nat.*, J. 960[1], n° 41, anc. 80. (*Mentions.*)

20312. *Add. : Acquits sur l'épargne. Arch. nat.*, J. 960[1], n° 44, anc. 86. (*Mention.*)

20395. Note de la page 293. *Au lieu de* « Saint-Martin de Limoges », *lisez* « Saint-Martial ».

20447. *Add. : Acquits sur l'épargne. Arch. nat.*, J. 960[4], n° 14, anc. J. 962, n° 52, et J. 960[4], n° 22, anc. J. 962, n° 61. (*Mentions.*)

20454. *Add. : Arch. nat.*, J. 960[4], n° 14, anc. J. 962, n° 52. (*Mention.*)

20461. *Add. : Copie non datée. Bibl. nat.*, ms. fr. 4587, fol. 90.

20487. *Add. : Acquits sur l'épargne. Arch. nat.*, J. 960[4], n° 1, anc. J. 962, n° 38. (*Mention.*)

20497. *Add. : Acquits sur l'épargne. Arch. nat.*, J. 961[8], n° 80, anc. J. 962, n° 210. (*Mention.*)

20528. *Add. : Copie du XVIe siècle. Bibl. nat.*, coll. des Cinq cents Colbert, vol. 493, fol. 25. 3 pages.

20529. *Add. : Acquits sur l'épargne. Arch. nat.*, J. 960[6], fol. 14 v°. (*Mention.*)

20583. *Add. : Original. Arch. de Thiers*, CC IX, n° 1.

IMP. Hubert Jacqueton, *Études sur la ville de Thiers*. Paris, Picard, in-8°, 1894, p. 329.

20590. *Copie du XVIe siècle. Bibl. nat.*, ms. fr. 5124, fol. 63 v°. 3 pages.

20666. *Add. : Acquits sur l'épargne. Arch. nat.*, J. 961[8], n° 87, anc. J. 962, n° 217. (*Mention.*)

20784. *Au lieu de* « P. 556[1], cote 756 », *lisez* « cote 755 *bis* ».

21054. *Add. : Copie du XVIIe siècle. Bibl. nat.*, ms. lat. 10057, fol. 292. 2 pages.

21281. *Add. : Enreg. à la Chambre des Comptes d'Aix. Arch. des Bouches-du-Rhône*, B. 37 (*Stella*), fol. 233 v°. 2 pages.

21348. *Add. : Copie du XVIe siècle. Bibl. nat.*, ms. fr. 5503, fol. 123 v°.

Copie du XVIe siècle. Bibl. impériale de Vienne (*Autriche*), ms. 6979, fol. 174 v°. 2 pages.

21566 *bis*. Mandement au Parlement de Bordeaux, aux sénéchaux de Guyenne et d'Agenais, aux prévôts des maréchaux et autres justiciers du ressort de ladite cour, de mettre à la disposition du baron de Saint-Blancard, capitaine des galères royales, les prisonniers de leurs juridictions condamnés aux galères.

Saint-Germain-en-Laye, 27 décembre 1538.

Copie du XVIe siècle. Arch. communales de Grenade (Haute-Garonne).

21575. *Add. : Enreg. à la Chambre des Comptes d'Aix. Arch. des Bouches-du-Rhône,* B. 34 (*Fenix*), fol. 203. 1 page.

21588. L'original était en vente en décembre 1896, chez Mme Vve Charavay, 34, rue du Faubourg-Poissonnière. (*Revue des Autographes*, 31e année, n° 193, décembre 1896.)

21619. *Add. : Copie du XVIe siècle. Bibl. nat.,* ms. fr. 5503, fol. 164 v°. 1/2 page.

21654. « Jacques Marin », *corr.* « Morin ».

21657. « Martial Garret », *corr.* « Garril ».

21836. « Jean Peytière », *corr.* « Peylieu ».

21905. *Add. : Enreg. à la Chambre des Comptes d'Aix. Arch. des Bouches-du-Rhône,* B. 34 (*Fenix*), fol. 146 v°. 1 page.

22094. *Add. : Enreg. à la Chambre des Comptes d'Aix. Arch. des Bouches-du-Rhône,* B. 35 (*Solis*), fol. 61 v°. 1 page.

22096. *Add. : Enreg. à la Chambre des Comptes d'Aix. Arch. des Bouches-du-Rhône,* B. 35 (*Solis*), fol. 9 v°. 2 pages.

22106. *Add. : Enreg. à la Chambre des Comptes d'Aix. Arch. des Bouches-du-Rhône,* B. 35 (*Solis*), fol. 185 v°. 2 pages.

22116. *Add. : Enreg. à la Chambre des Comptes d'Aix. Arch. des Bouches-du-Rhône,* B. 35 (*Solis*), fol. 352. 1 page.

22117. *Add. : Enreg. à la Chambre des Comptes d'Aix. Arch. des Bouches-du-Rhône,* B. 35 (*Solis*), fol. 70 v°. 2 pages.

22118. *Add. : Enreg. à la Chambre des Comptes d'Aix. Arch. des Bouches-du-Rhône,* B. 35 (*Solis*), fol. 215. 1 page 1/2. — Cet acte porte sur ce registre la date de janvier.

22131. *Corr. :* Le Quartier, ancien fief de la ville de Blois.

22134. *Add. : Enreg. à la Chambre des Comptes d'Aix. Arch. des Bouches-du-Rhône,* B. 35 (*Solis*), fol. 17 v°. 2 pages.

22135. *Add. : Enreg. à la Chambre des Comptes d'Aix. Arch. des Bouches-du-Rhône,* B. 35 (*Solis*), fol. 32 v°. 2 pages.

22136. *Add. : Enreg. à la Chambre des Comptes d'Aix. Arch. des Bouches-du-Rhône,* B. 34 (*Fenix*), fol. 279 v°. 2 pages.

22137. *Add. : Enreg. à la Chambre des Comptes d'Aix. Arch. des Bouches-du-Rhône,* B. 35 (*Solis*), fol. 97. 2 pages.

22138. *Add. : Enreg. à la Chambre des Comptes d'Aix. Arch. des Bouches-du-Rhône,* B. 35 (*Solis*), fol. 117 v°. 2 pages.

22139. *Add. : Enreg. à la Chambre des Comptes d'Aix. Arch. des Bouches-du-Rhône,* B. 35 (*Solis*), fol. 350. 2 pages.

22153. *Add. : Enreg. à la Chambre des Comptes d'Aix. Arch. des Bouches-du-Rhône,* B. 35 (*Solis*), fol. 362. 2 pages.

22166. *Add. : Enreg. à la Chambre des Comptes d'Aix. Arch. des Bouches-du-Rhône,* B. 35 (*Solis*), fol. 40. 1 page.

22167. *Add. : Enreg. à la Chambre des Comptes d'Aix. Arch. des Bouches-du-Rhône,* B. 35 (*Solis*), fol. 35. 1 page 1/2. — L'acte porte, dans ce registre, la date de juin.

22168. *Add. : Enreg. à la Chambre des Comptes d'Aix. Arch. des Bouches-du-Rhône,* B. 35 (*Solis*), fol. 149. 2 pages.

22170. *Add. : Enreg. à la Chambre des Comptes d'Aix. Arch. des Bouches-du-Rhône*, B. 35 (*Solis*), fol. 270. 2 pages.

22177. *Add. : Enreg. à la Chambre des Comptes de Provence. Arch. des Bouches-du-Rhône*, B. 41 (*Hirundo*), fol. 297. 1 page.

22178. *Add. : Enreg. à la Chambre des Comptes d'Aix. Arch. des Bouches-du-Rhône*, B. 35 (*Solis*), fol. 236 v°. 1 page 1/2. — L'acte porte, dans cet enregistrement, la date d'août.

22179. *Add. : Enreg. à la Chambre des Comptes d'Aix. Arch. des Bouches-du-Rhône*, B. 35 (*Solis*), fol. 204 v°. 2 pages.

22189. *Add. : Bibl. nat.*, ms. lat. 9242, p. 17. (*Mention.*)

22212. *Add. : Enreg. à la Chambre des Comptes d'Aix. Arch. des Bouches-du-Rhône*, B. 35 (*Solis*), fol. 327 v°. 2 pages.

22213. *Add. : Enreg. à la Chambre des Comptes d'Aix. Arch. des Bouches-du-Rhône*, B. 35 (*Solis*), fol. 266. 1 page 1/2.

22216. *Add. : Enreg. à la Chambre des Comptes d'Aix. Arch. des Bouches-du-Rhône*, B. 36 (*Luna*), fol. 54 v°. 2 pages.

22218. *Add. : Enreg. à la Chambre des Comptes d'Aix. Arch. des Bouches-du-Rhône*, B. 35 (*Solis*), fol. 336 v°. 2 pages.

22220. *Add. : Enreg. à la Chambre des Comptes d'Aix. Arch. des Bouches-du-Rhône*, B. 36 (*Luna*), fol. 8. 2 pages.

22221. *Add. : Enreg. à la Chambre des Comptes d'Aix. Arch. des Bouches-du-Rhône*, B. 36 (*Luna*), fol. 181. 2 pages.

22223. *Add. : Enreg. à la Chambre des Comptes d'Aix. Arch. des Bouches-du-Rhône*, B. 35 (*Solis*), fol. 190 v°. 1 page 1/2.

22224. *Add. : Enreg. à la Chambre des Comptes d'Aix. Arch. des Bouches-du-Rhône*, B. 37 (*Stella*), fol. 45. 1 page 1/2.

22237. *Add. : Enreg. à la Chambre des Comptes d'Aix. Arch. des Bouches-du-Rhône*, B. 35 (*Solis*), fol. 172. 1 page 1/2.

22238. *Add. : Enreg. à la Chambre des Comptes d'Aix. Arch. des Bouches-du-Rhône*, B. 35 (*Solis*), fol. 184. 2 pages.

22239. *Add. : Enreg. à la Chambre des Comptes d'Aix. Arch. des Bouches-du-Rhône*, B. 35 (*Solis*), fol. 335. 2 pages.

22244. *Add. : Enreg. à la Chambre des Comptes d'Aix. Arch. des Bouches-du-Rhône*, B. 37 (*Stella*), fol. 60. 2 pages.

22250. *Add. : Enreg. à la Chambre des Comptes d'Aix. Arch. des Bouches-du-Rhône*, B. 35 (*Solis*), fol. 333 v°. 1 page 1/2.

22251. *Add. : Enreg. à la Chambre des Comptes d'Aix. Arch. des Bouches-du-Rhône*, B. 35 (*Solis*), fol. 303. 1 page 1/2.

22273. *Add. : Bibl. nat.*, coll. du Vexin, vol. 16, fol. 248, 261. (*Mentions.*)

22285. *Add. : Enreg. à la Chambre des Comptes d'Aix. Arch. des Bouches-du-Rhône*, B. 35 (*Solis*), fol. 326. 1 page.

22286. *Add. : Enreg. à la Chambre des Comptes d'Aix. Arch. des Bouches-du-Rhône*, B. 36 (*Luna*), fol. 36. 2 pages.

22287. *Add. : Enreg. à la Chambre des Comptes d'Aix. Arch. des Bouches-du-Rhône*, B. 36 (*Luna*), fol. 1. 2 pages.

22288. *Add. : Enreg. à la Chambre des Comptes d'Aix. Arch. des Bouches-du-Rhône*, B. 36 (*Luna*), fol. 2 v°. 2 pages.

22289. *Add. : Enreg. à la Chambre des Comptes d'Aix. Arch. des Bouches-du-Rhône*, B. 35 (*Solis*), fol. 354. 1 page 1/2.

22290. *Add. : Enreg. à la Chambre des Comptes d'Aix. Arch. des Bouches-du-Rhône*, B. 35 (*Solis*), fol. 355 v°. 1 page 1/2.

22307. *Add. : Enreg. à la Chambre des Comptes d'Aix. Arch. des Bouches-du-Rhône*, B. 35 (*Solis*), fol. 329. 1 page 1/2.

22322. *Add. : Enreg. à la Chambre des Comptes d'Aix. Arch. des Bouches-du-Rhône*, B. 36 (*Luna*), fol. 66 v°. 1 page 1/2.

22325. *Add. : Enreg. à la Chambre des Comptes d'Aix. Arch. des Bouches-du-Rhône*, B. 37 (*Stella*), fol. 162. 2 pages.

22328. *Add. : Enreg. à la Chambre des Comptes d'Aix. Arch. des Bouches-du-Rhône*, B. 36 (*Luna*), fol. 281 v°. 1 page 1/2.

22329. *Add. : Enreg. à la Chambre des Comptes d'Aix. Arch. des Bouches-du-Rhône*, B. 36 (*Luna*), fol. 73 v°. 2 pages.

22330. *Add. : Enreg. à la Chambre des Comptes d'Aix. Arch. des Bouches-du-Rhône*, B. 36 (*Luna*), fol. 38. 2 pages.

22331. *Add. : Enreg. à la Chambre des Comptes d'Aix. Arch. des Bouches-du-Rhône*, B. 36 (*Luna*), fol. 69. 1 page 1/2.

22346. *Add. : Enreg. à la Chambre des Comptes d'Aix. Arch. des Bouches-du-Rhône*, B. 36 (*Luna*), fol. 225 v°. 2 pages.

22347. *Add. : Enreg. à la Chambre des Comptes d'Aix. Arch. des Bouches-du-Rhône*, B. 36 (*Luna*), fol. 227. 2 pages.

22348. *Add. : Enreg. à la Chambre des Comptes d'Aix. Arch. des Bouches-du-Rhône*, B. 36 (*Luna*), fol. 224. 2 pages.

22349. *Add. : Enreg. à la Chambre des Comptes d'Aix. Arch. des Bouches-du-Rhône*, B. 36 (*Luna*), fol. 63. 2 pages.

22350. *Add. : Enreg. à la Chambre des Comptes d'Aix. Arch. des Bouches-du-Rhône*, B. 35 (*Luna*), fol 76 v°. 1 page 1/2.

22359. *Add. : Enreg. à la Chambre des Comptes d'Aix. Arch. des Bouches-du-Rhône*, B. 37 (*Stella*), fol. 82. 1 page 1/2.

22361. *Add. : Enreg. à la Chambre des Comptes d'Aix. Arch. des Bouches-du-Rhône*, B. 36 (*Luna*), fol. 68. 1 page 1/2.

22362. *Add : Enreg. à la Chambre des Comptes d'Aix. Arch. des Bouches-du-Rhône*, B. 36 (*Luna*), fol. 65. 1 page 1/2.

22363. *Add. : Enreg. à la Chambre des Comptes d'Aix Arch. des Bouches-du-Rhône*, B. 36 (*Luna*), fol. 160. 2 pages.

22381. *Add. : Enreg. à la Chambre des Comptes d'Aix. Arch. des Bouches-du-Rhône*, B. 36 (*Luna*), fol. 228 v°. 2 pages. — L'acte, dans cet enregistrement, porte la date de mai.

22388. *Add. : Enreg. à la Chambre des Comptes d'Aix. Arch. des Bouches-du-Rhône*, B. 36 (*Luna*), fol. 230. 1 page. — L'acte, dans cet enregistrement, porte la date de mai.

22389. *Add. : Enreg. à la Chambre des Comptes d'Aix. Arch. des Bouches-du-Rhône*, B. 36 (*Luna*), fol. 175. 2 pages. — L'acte, dans cet enregistrement, porte la date de mai et d'Éclaron.

22390. *Add. : Enreg. à la Chambre des Comptes d'Aix. Arch. des Bouches-du Rhône*, B. 36 (*Luna*), fol. 221. 2 pages — L'acte, dans cet enregistrement, porte la date « Montieramey, mai 1542 ».

22401. *Add. : Enreg. à la Chambr*

des Comptes d'Aix. Arch. des Bouches-du-Rhône, B. 37 (*Stella*), fol. 165 v°. 1 page 1/2.

22402. *Add. : Enreg. à la Chambre des Comptes d'Aix. Arch. des Bouches-du-Rhône*, B. 37 (*Stella*), fol. 6 v°. 1 page 1/2. — La date du lieu est Montieramey, au lieu d'Éclaron, dans cet enregistrement.

22412. *Add. : Enreg. à la Chambre des Comptes d'Aix. Arch. des Bouches-du-Rhône*, B. 36 (*Luna*), fol. 140. 1 page.

22415. *Add. : Copie collationnée du 28 août 1542. Arch. de Lorraine, à Metz*, B. 42.

Imp. Ch. Weiss, *Papiers d'État du cardinal de Granvelle* (Documents inédits), in-4°, t. II, p. 624.

22427. *Add. : Enreg. à la Chambre des Comptes d'Aix. Arch. des Bouches-du-Rhône*, B. 37 (*Stella*), fol. 269. 2 pages.

22429. *Add. : Enreg. à la Chambre des Comptes d'Aix. Arch. des Bouches-du-Rhône*, B. 36 (*Luna*), fol. 217. 1 page 1/2.

22430. *Add. : Enreg. à la Chambre des Comptes d'Aix. Arch. des Bouches-du-Rhône*, B. 37 (*Stella*), fol. 124 v°. 1 page 1/2.

22433. *Add. : Enreg. à la Chambre des Comptes d'Aix. Arch. des Bouches-du-Rhône*, B. 37 (*Stella*), fol. 150. 2 pages.

22434. *Add. : Enreg. à la Chambre des Comptes d'Aix. Arch. des Bouches-du-Rhône*, B. 37 (*Stella*), fol. 147 v°. 1 page 1/2.

22447. *Add. : Enreg. à la Chambre des Comptes d'Aix. Arch. des Bouches-du-Rhône*, B. 36 (*Luna*), fol. 252. 1 page 1/2. — L'acte, dans ce registre, porte la date d'août.

22450. *Add. : Enreg. à la Chambre des Comptes d'Aix. Arch. des Bouches-du-Rhône*, B. 36 (*Luna*), fol. 216. 2 pages.

22452. *Add. : Enreg. à la Chambre des Comptes d'Aix. Arch. des Bouches-du-Rhône*, B. 37 (*Stella*), fol. 216 v°. 1 page.

22453. *Add. : Enreg. à la Chambre des Comptes d'Aix. Arch. des Bouches-du-Rhône*, B. 37 (*Stella*), fol. 207. 1 page.

22462. *Add. : Enreg. à la Chambre des Comptes d'Aix. Arch. des Bouches-du-Rhône*, B. 37 (*Stella*), fol. 174 v°. 1 page 1/2.

22520. Ces lettres sont datées du 22 février 1542 (1543 n. s.), 29e année du règne, ce qui est contradictoire. La date de lieu, les mentions d'enregistrement et de vidimus indiquent qu'on doit corriger 1543 (1544 n. s.).

22612. *Add. : Vidimus du bailli de Neauphle-le-Château. Arch. départ. du Calvados*, E. 644.

22656. *Add. : Enreg. à la Chambre des Comptes de Paris*, anc. mém. coté 2 L, fol. 183. *Arch. nat.*, PP. 111, p. 403, et PP. 119, p. 23. (*Mentions.*)

22743. *Add. : Copie du XVIIe siècle. Bibl. nat.*, ms. lat. 10057, fol. 81 v°. 3 pages.

22778. *Corr. :* « Jacques Coquereau », *au lieu de* « Jacob ».

22888. *Nota.* Le nom est mentionné dans l'acte : c'est Paul l'Italien.

22958. *Add. : Enreg. à la Chambre des Comptes d'Aix. Arch. des Bouches-du-Rhône*, B. 39 (*Virgo*), fol. 112 v°. 1 page.

23082. *Corr. :* D'Alesso, *au lieu de* « Dalesso » ; « Grenaisie », *au lieu de* « Grenasie ».

23172. *Corr. :* « Solliciteur en Parlement pour les affaires du comté de Blois. »

23176. *Add. : Bibl. nat.*, ms. lat. 10963. (*Mention.*)

TOME VII.

23283 *bis*. Lettres confirmant et renouvelant la commission donnée par Louis XII à Adam Fumée, s[r] des Roches, maître des requêtes de l'hôtel, de se rendre dans les bailliages et sénéchaussées du royaume, pour procéder à l'exécution de l'édit ordonnant la réduction du nombre des notaires. Paris, 23 mars 1514.

Copie du temps, dans des procédures faites à ce sujet par le seigneur de Parthenay. Arch. nat., R[1] 187.

23348 *bis*. Mandement au sénéchal de Poitou de faire exécuter dans son ressort l'ordonnance prescrivant la réduction du nombre des notaires des baronnies et châtellenies du royaume, ainsi que de celui des notaires royaux. Amboise, 7 septembre 1515.

Copie du temps, dans des procédures faites à ce sujet par le seigneur de Parthenay, Arch. nat., R[1] 187.

Acte intitulé : *François, par la grâce de Dieu*, et non : *Louise, régente.*

23365. Ces lettres sont de la régente et datées de Lyon, décembre 1515.

Add. : Texte. Bibl. nat., Dossier Gentils, dans la coll. des Carrés d'Hozier, vol. 291, *ou Cabinet d'Hozier*, vol. 159.

23470. *Add. : Copie du XVIe siècle. Bibl. nat.*, ms. fr. 5500, fol. 129 v°.

23492 *bis*. Lettres portant nomination comme ambassadeurs auprès d'Henri VIII, roi d'Angleterre, d'Étienne de Poncher, évêque de Paris, et de Pierre de La Guiche, bailli de Mâcon, pour négocier le rachat de Tournai et du Tournaisis, de l'abbaye de Saint-Amand et de Mortagne en Flandre. Évreux, 10 septembre 1517. (Texte latin.)

Copie du XVIe siècle. Bibl. nat., ms. fr. 5500, fol. 298. 1 page 1/2.

23512. *Add. : Copie du XVIe siècle. Bibl. nat.*, ms. fr. 5500, fol. 300 v°. (*La date manque.*)

23513. *Add. : Copie du XVIe siècle. Bibl. nat.*, ms. fr. 5500, fol. 130.

23660 *bis*. Ordonnance touchant les gages des officiers du duché de Bourgogne. Blois (*sic*), 15 février 1520.

Copie du XVIe siècle. Bibl. nat., ms. fr. 5501, fol. 243 v°. 6 pages.

23851 *bis*. Provisions par la régente, en faveur de Palamèdes Gontier, d'un office de notaire et secrétaire ordinaire du roi, vacant par la résignation de Guillaume Bochetel. Lyon, 2 juin 1525.

Original. Archives de la Seine, 133. (Papiers Gontier).

23894. *A supprimer*. Le texte porte : « le s[r] Domptezat de Bouta, prochain parent du Pape ». Il faut donc rejeter Montpezat, l'identification proposée.

La date fournie par le registre doit être fausse. Il s'agit vraisemblablement de l'érection en duché du comté de Valentinois et Diois en faveur de César Borgia, neveu d'Alexandre VI (« domp Cezar de Bourja » pour « don César de Borgia ») par lettres données à Vieuxvy, en octobre 1498. (Cf. le P. Anselme, t. V, p. 517.)

23933 *bis*. Mandement de payer à Gaillard Spifame, commis à l'extraordinaire des guerres, 18,450 livres pour la solde des gens de pied et de l'armée que le seigneur de Lautrec commande en Italie. Saint-Germain-en-Laye, 24 janvier 1527.

Bibl. nat., ms. fr. 6762, fol. 115 v°. (*Mention.*)

23934 *bis*. Mandement de payer à Gaillard Spifame, commis à l'extraordinaire des guerres, 12,000 livres pour employer à la solde des gens de pied et de l'armée que M. de Lautrec commande en Italie, en sus des sommes déjà ordonnées. Saint-Germain-en-Laye, 25 janvier 1527.

IMPRIMERIE NATIONALE.

Bibl. nat., ms. fr. 6762, fol. 116. (*Mention.*)

23934[3]. Mandement de payer à Gaillard Spifame, commis à l'extraordinaire des guerres, 20,500 livres pour employer au payement de l'armée que M. de Lautrec commande en Italie, en sus des sommes déjà ordonnées. Saint-Germain-en-Laye, 27 janvier 1527.

Bibl. nat., ms. fr. 6762, fol. 116 v°. (*Mention.*)

23934[4]. Mandement de payer à Gaillard Spifame, commis à l'extraordinaire des guerres, 12,000 livres pour employer au ravitaillement de Bayonne et de Dax. Saint-Germain-en-Laye, 15 février 1527.

Bibl. nat., ms. fr. 6762, fol. 118. (*Mention.*)

23934[5]. Mandement de payer à Gaillard Spifame, commis à l'extraordinaire des guerres, 205,600 livres (partie de 240,000 livres) pour employer au payement de l'armée de M. de Lautrec. Saint-Germain-en-Laye, 19 février 1527.

Bibl. nat., ms. fr. 6762, fol. 117. (*Mention.*)

23934[6]. Mandement de payer au trésorier des guerres, Jean Grolier, 5,647 livres 10 sous, sur 220,621 livres 7 sous 6 deniers à payer, pour le quartier d'avril 1527, aux 2,315 lances des ordonnances et à 72 archers. Saint-Germain-en-Laye, 23 février 1527.

Bibl. nat., ms. fr. 6762, fol. 91 v°. (*Mention.*)

23934[7]. Mandement au trésorier de l'épargne de fournir au trésorier des guerres 74,980 livres 8 sous 9 deniers tournois, formant partie de la somme à employer au payement du quartier de juillet 1527 de 2,275 lances des ordonnances et des 72 archers commandés par les prévôts des maréchaux. Saint-Germain-en-Laye, 23 février 1527.

Bibl. nat., ms. fr. 6762, fol. 91. (*Mention.*)

23934[8]. Mandement de payer à Gaillard Spifame, commis à l'extraordinaire des guerres, 2,963 livres tournois: 1° pour la solde des gens de pied tenant garnison en Guyenne (savoir: 300 à Bayonne, 60 à Dax) et des canonniers du même pays; 2° pour la pension des seigneurs de Saint-Bonnet et de Hautbourdin et du trésorier de Navarre; 3° pour les réparations de Bayonne et de Dax, l'artillerie de ces villes et une subvention à leur fournir pour leur garde; 4° pour divers voyages du sénéchal d'Agénais, etc. Saint-Germain-en-Laye, 27 février 1527.

Bibl. nat., ms. fr. 6762, fol. 120. (*Mention.*)

23934[9]. Mandement de payer à Gaillard Spifame, commis à l'extraordinaire des guerres, 21,300 livres pour employer à l'entretien et aux fortifications des villes frontières du Languedoc, à la solde du trimestre d'octobre des 600 hommes de pied de leur garnison et à celle de 600 hommes levés en surplus; au payement de l'état du seigneur de Clermont; aux dépenses du voyage fait à Narbonne vers celui-ci par François de La Parvillière, pour lui porter des instructions du roi. Saint-Germain-en-Laye, 6 mars 1527.

Bibl. nat., ms. fr. 6762, fol. 121. (*Mention.*)

23939 *bis*. Mandement de payer à Gaillard Spifame, commis à l'extraordinaire des guerres, 31,410 livres 17 sous 6 deniers pour délivrer au comte de Carpi, en complément des 67,604 livres 15 sous qui lui sont dus pour ses dépenses durant le siège de Pavie. Paris, 30 mai 1528.

Bibl. nat., ms. fr. 6762, fol. 103 v°. (*Mention.*)

24039 *bis*. Acte de la célébration du mariage de François Ier, représenté par François, vicomte de Turenne, avec Éléonore d'Autriche. La Torre de Langóne, 20 mars 1530.

Expéd. orig. intercalée dans un exemplaire de l'Hist. de la maison de la Tour-d'Auvergne, par Justel, interfolié et annoté par Clérambault. *Bibl. nat.*, L m³ 39, Réserve.

Autre expéd. orig. Arch. nat., K 1641, n° 14.

IMP. E. Labeyrie, *Étude hist. sur le mariage de François Ier avec Éléonore d'Autriche* Paris, 1873, in-8°, p. 16.

24064 *bis*. Lettres portant autorisation du roi à la reine Éléonore, sa femme, de renoncer aux successions de ses père et mère et de son aïeul paternel. Amboise, 16 octobre 1530.

IMP. Ch. Weiss, *Papiers d'État du cardinal de Granvelle*, in-4° (Documents inédits), t. I, p. 484.

24071 *bis*. Lettres commettant Jean d'Humyères, Jean d'Albon, seigneur de Saint-André, et René de Cossé, seigneur de Brissac, pour ordonner des frais et dépenses de l'argenterie, aumônerie, affaires de chambre, voyages, dons et menus plaisirs de la maison du dauphin, du duc d'Orléans et du duc d'Angoulême. Saint-Germain-en-Laye, 21 janvier 1530.

Arch. nat., KK. 230, fol. 35. (*Mention.*)

24173 *bis*. Provisions pour Louis Prévost, dit « de Sansac », de l'office de grand fauconnier des dauphins, duc d'Orléans et duc d'Angoulême, en remplacement de feu Jean de La Chesnaye. Saint-Germain-en-Laye, 24 juillet 1534.

Arch. nat., KK. 230, fol. 45 v°. (*Mention.*)

24414. Cet acte doit être classé au 10 avril 1540, et non au 10 avril 1539.

24419. Date : « Abbaye de Chailly », *identifier* : « les Escharlis, cne de Villefranche, Yonne ».

24535 *bis*. Mandement au trésorier de l'épargne de payer à Jean Duval, changeur du trésor, la somme de 360 livres tournois pour les quartiers d'avril-juin et juillet-septembre 1539, de douze mortes-payes, chargés de la garde, sûreté et défense de la Bastille de Paris. Abbaye de Bonport, 12 avril 1540.

Original. *Arch. de la Seine*, 132. (Lieutenance de police, Prisons.)

24578 *bis*. Traité d'alliance et d'amitié entre François Ier et Guillaume, duc de Juliers, de Gueldre et de Clève. Rouen, 10 septembre 1540.

IMP. Dr Lacomblet, *Urkundenbuch für die Geschichte des Niederrheins*, in-4°, 1858, p. 668.

24623 *bis*. Déclaration de foi et hommage fait au chancelier par René de Batarnay, comte du Bouchage, pour la terre et seigneurie de Dargies au bailliage d'Amiens. Blois, 8 mars 1540.

Original. Arch. nat., P. 1155, fol. 45 v°. — Cet acte est mentionné au *Catalogue*, n° 24947, sous la date inexacte du 8 mars 1543 n. s.

25082 *bis*. Confirmation des lettres d'anoblissement octroyées par la régente à Élie Gentils, en décembre 1515 (n° 23365). Conches, avril 1543 (1544 n. s.).

Texte. Bibl. nat., *Dossier Gentils dans la coll. des Carrés d'Hozier*, vol. 291, *ou Cabinet d'Hozier*, vol. 159.

25086 *bis*. Lettres de commission touchant la levée du ban et de l'arrière-ban du comté de Laval. 4 mai 1544.

Arch. du château de Léran (*Ariège*), appartenant à M. le duc de Lévis-Mirepoix. (Fonds Montmorency-Laval.)

25088 *bis*. Lettres de don en faveur de Jacques d'Escars, chevalier, gentilhomme de la chambre du dauphin, sénéchal de Périgord, d'une compagnie nouvelle de cinquante lances françaises des ordonnances. Saint-Germain-en-Laye, 18 mai 1544.

Copie. Arch. de la famille des Cars.

25129 *bis*. Lettres autorisant Jacques d'Escars, chevalier, sénéchal de Périgord, à accepter une somme de 4,000 livres tournois que lui ont octroyée les

États de Périgord. Nanteuil [-le-Haudouin], 6 août 1544.

Copie. Arch. de la famille des Cars.

25169 *bis*. Lettres portant que le roi s'engage à rechercher et à restituer au duc de Lorraine les lettres du transport qu'il lui avait fait de la terre et seigneurie de Stenay. Fontainebleau, 13 janvier 1544.

Imp. Ch. Weiss, *Papiers d'États du cardinal de Granvelle* (Documents inédits), in-4°, t. III, p. 38.

NOUVELLES ADDITIONS ET CORRECTIONS.

400. *Add. : Enreg. à la Chambre des Comptes d'Aix. Arch. des Bouches-du-Rhône*, B. 29 (*Sagitt.*), fol. 312 v°. 3 pages.

541. Cet article paraît se rapporter au même acte que le n° 445.

562. *Add. : Copie du XVIe siècle. Bibl. nat.*, ms. fr. 14368, fol. 167 v°.

630. *L'analyse doit être ainsi rectifiée :* « Lettres de surannation pour l'enregistrement de lettres de Louis XII, d'août 1514, accordant à la ville de Draguignan le droit de substituer les termes de consuls à ceux de syndics. »

811. Date : *Au lieu de* « Blois, 22 avril », *corr.* « Blain, 22 août », BB. 18, *corr.* BB. 17.

1005. *Add. : Enreg. à la Chambre des Comptes d'Aix. Arch. des Bouches-du-Rhône*, B. 26 (*Magdal.*), fol. 367 v°. 3 pages.

1043. *Add. : Copie du XVIe siècle. Bibl. nat.*, ms. fr. 14368, fol. 188 v°. 1/2 page.

1046, 1047. Ces deux articles se rapportent au même acte.

1244. *Add. : Copie du XVIe siècle. Bibl. nat.*, ms. fr. 14368, fol. 158 v°.

1251. *L'analyse doit être ainsi rectifiée :* « Mandement au comte de Tende de procéder à une information relative aux franchises de gabelle de la ville d'Arles. »

1278. *Add. : Copie du XVIe siècle. Bibl. nat.*, ms. lat. 14368, fol. 158. 1 page.

1296. *Add. : Copie du XVIe siècle. Bibl. nat.*, ms. fr. 14368, fol. 77 v°. 1 page.

1327. *Add. : Copie du XVIe siècle. Bibl. nat.*, ms. fr. 14368, fol. 161 v°. 1 page.

1582. *L'analyse doit être ainsi rectifiée :* « Édit portant création de quatre offices de maîtres des requêtes ordinaires du roi et réservant à Denis Poillot un de ces nouveaux offices. »

Add. : Bibl. nat., ms. lat. 14368, fol. 195. 1 page.

1596. Cet acte est du 2 septembre 1522. (Cf. le n° 23734 du *Catalogue*.)

1779. Cet acte se trouve aussi à la date du 19 mars suivant (n° 17623). Il est mentionné dans deux mémoriaux de la Chambre des Comptes de Paris à des dates différentes.

2130. *Add. : Enreg. à la Chambre des Comptes d'Aix. Arch. des Bouches-du-Rhône*, B. 32 (*Scorp.*), fol. 342, et B. 34 (*Fenix*), fol 124 v°. 3 pages.

2422. L'acte ainsi analysé est du 25 mai 1526. (Cf. le n° 23881 du *Catalogue*.)

2478. *Add. : Copie du XVIe siècle. Bibl. nat.*, ms. fr. 14368, fol. 117 v°. 1 page.

2851. *Add. : Copie du XVIe siècle.*

Bibl. nat., ms. fr. 14368, fol. 146. 2 pages.

3412. *Add.* : *Copie du* XVI*e siècle. Arch. municipales du Mans* (*Sarthe*), n° 393. — Sous la date de mai 1529, au lieu de juin.

IMP. *Revue hist. et archéologique du Maine*, t. XLIII, année 1898, 2e livraison, p. 181.

3519. *Add.* : *Copie du* XVI*e siècle. Bibl. nat.*, ms. fr. 5086, fol. 32 v°. 2 pages.

3643. *Add.* : *Traduction espagnole. Arch. nat.*, K. 1641, n° 6.

3802. *Add.* : *Enreg. à la Chambre des Comptes d'Aix. Arch. des Bouches-du-Rhône*, B. 29 (*Sagitt.*), fol. 171 v°. 3 pages.

4195. *Add.* : *Enreg. à la Chambre des Comptes d'Aix. Arch. des Bouches-du-Rhône*, B. 29 (*Sagitt.*), fol. 239 v°. 4 pages.

4209. *Add.* : *Enreg. à la Chambre des Comptes d'Aix. Arch. des Bouches-du-Rhône*, B. 29 (*Sagitt.*), fol. 173. 2 pages.

4252. *Add.* : *Enreg. à la Chambre des Comptes d'Aix. Arch. des Bouches-du-Rhône*, B. 37 (*Stella*), fol. 12. 2 pages.

4645. *Add.* : *Enreg. à la Chambre des Comptes d'Aix. Arch. des Bouches-du-Rhône*, B. 29 (*Sagitt.*), fol. 363 v°.

6545. *Add.* : *Enreg. à la Chambre des Comptes d'Aix. Arch. des Bouches-du-Rhône*, B. 33 (*Arietis*), fol. 164 v°. 1 page.

7856. *Add.* : *Enreg. à la Chambre des Comptes d'Aix. Arch. des Bouches-du-Rhône*, B. 32 (*Scorpionis*), fol. 115 v°. 1 page.

8156. *Add.* : *Enreg. à la Chambre des Comptes d'Aix. Arch. des Bouches-du-Rhône*, B. 34 (*Fenix*), fol. 219 v°. 1 page.

8201. *Add.* : *Enreg. à la Chambre des Comptes d'Aix. Arch. des Bouches-du-Rhône*, B. 32 (*Scorpionis*), fol. 255. 2 pages 1/2.

8205. *Add.* : *Enreg. à la Chambre des Comptes d'Aix. Arch. des Bouches-du-Rhône*, B. 33 (*Arietis*), fol. 123. 1 page 1/2.

8207. *Add.* : *Enreg. à la Chambre des Comptes d'Aix. Arch. des Bouches-du-Rhône*, B. 32 (*Scorp.*), fol. 258. 1 page 1/2.

8213. *Add.* : *Enreg. à la Chambre des Comptes d'Aix. Arch. des Bouches-du-Rhône*, B. 33 (*Arietis*), fol. 382 v°. 1 page.

8214. *Add.* : *Enreg. à la Chambre des Comptes d'Aix. Arch. des Bouches-du-Rhône*, B. 32 (*Scorp.*), fol. 370. 1 page 1/2.

8232. *Add.* : *Enreg. à la Chambre des Comptes d'Aix. Arch. des Bouches-du-Rhône*, B. 32 (*Scorp.*), fol. 273 v°. 1 page 1/2.

8239. *Add.* : *Enreg. à la Chambre des Comptes d'Aix. Arch. des Bouches-du-Rhône*, B. 32 (*Scorp.*), fol. 372 v°. 1 page 1/2; et fol. 391, 2 pages.

8252. *Add.* : *Enreg. à la Chambre des Comptes d'Aix. Arch. des Bouches-du-Rhône*, B. 35 (*Solis*), fol. 95. 1 page.

8368. *Add.* : *Enreg. à la Chambre des Comptes d'Aix. Arch. des Bouches-du-Rhône*, B. 32 (*Scorp.*), fol. 278 v°. 2 pages.

8413. *Add.* : *Enreg. à la Chambre des Comptes d'Aix. Arch. des Bouches-du-Rhône*, B. 32 (*Scorpionis*), fol. 270. 5 pages.

8415. *Add.* : *Enreg. à la Chambre des Comptes d'Aix. Arch. des Bouches-du-Rhône*, B. 32 (*Scorp.*), fol. 321. 1 page 1/2.

8431. *Add.* : *Enreg. à la Chambre des Comptes d'Aix. Arch. des Bouches-du-Rhône*, B. 34 (*Fenix*), fol. 103. 2 pages.

8496. *Add.* : *Enreg. à la Chambre des Comptes d'Aix. Arch. des Bouches-du-Rhône*, B. 32 (*Scorp.*), fol. 271 v°. 2 pages.

8513. *Add.* : *Enreg. à la Chambre des Comptes d'Aix. Arch. des Bouches-du-Rhône*, B. 32 (*Scorp.*), fol. 265. 2 pages.

8523. *Add.* : *Enreg. à la Chambre des Comptes d'Aix. Arch. des Bouches-du-*

Rhône, B. 32 (*Scorp.*), fol. 259 v°. 2 pages.

8567. *Add. : Enreg. à la Chambre des Comptes d'Aix. Arch. des Bouches-du-Rhône*, B. 32 (*Scorp.*), fol. 282. 1 page 1/2.

8738. *Add. : Enreg. à la Chambre des Comptes d'Aix. Arch. des Bouches-du-Rhône*, B. 32 (*Scorp.*), fol. 347. 1 page.

8739. *Add. : Enreg. à la Chambre des Comptes d'Aix. Arch. des Bouches-du-Rhône*, B. 32 (*Scorp.*), fol. 385. 1 page.

9055. *Add. : Vidimus du garde du sceau royal des bailliage de Mâcon et sénéchaussée de Lyon. Arch. des Bouches-du-Rhône*, B. 33 (*Arietis*), fol. 194 v°. 2 pages 1/2.

9253. *Add. : Enreg. à la Chambre des Comptes d'Aix. Arch. des Bouches-du-Rhône*, B. 33 (*Arietis*), fol. 200. 2 pages 1/2.

9342. *Add. : Enreg. à la Chambre des Comptes d'Aix. Arch. des Bouches-du-Rhône*, B. 33 (*Arietis*), fol. 344 v°.

9418. *Add. : Enreg. à la Chambre des Comptes d'Aix. Arch. des Bouches-du-Rhône*, B. 33 (*Arietis*), fol. 201 v°. 4 pages.

9449. *Add. : Original. Arch. de la ville de Cavaillon* (*Vaucluse*), FF. 2, n° 19.

La date est du 11 et non du 13 décembre 1537.

9517. *Add. : Enreg. à la Chambre des Comptes d'Aix. Arch. des Bouches-du-Rhône*, B. 33 (*Arietis*), fol. 262 et fol. 266 v°. 3 pages.

9621. *Add. : Enreg. à la Chambre des Comptes d'Aix. Arch. des Bouches-du-Rhône*, B. 38 (*Serena*), fol. 247. 1 page 1/2.

9885. *Add. : Enreg. à la Chambre des Comptes d'Aix. Arch. des Bouches-du-Rhône*, B. 33 (*Arietis*), fol. 304. 1 page.

9951. *Add. : Copie du* XVI*e siècle. Bibl. nat.*, ms. fr. 5124, fol. 162 v°. 3 pages.

10027. *Add. : Enreg. à la Chambre des Comptes d'Aix. Arch. des Bouches-du-Rhône*, B. 33 (*Arietis*), fol. 299 v°. 2 pages.

10167. *Add. : Enreg. à la Chambre des Comptes d'Aix. Arch. des Bouches-du-Rhône*, B. 39 (*Virgo*), fol. 151. 1 page.

10509. *Add. : Copie du* XVI*e siècle. Bibl. nat.*, ms. fr. 14368, fol. 194. 1 page.

10780. *Add. : Enreg. à la Chambre des Comptes d'Aix. Arch. des Bouches-du-Rhône*, B. 34 (*Fenix*), fol. 142. 2 pages.

10850. *Add. : Enreg. à la Chambre des Comptes d'Aix. Arch. des Bouches-du-Rhône*, B. 34 (*Fenix*), fol. 76. 1 page 1/2.

11167. *Add. : Enreg. à la Chambre des Comptes d'Aix. Arch. des Bouches-du-Rhône*, B. 34 (*Fenix*), fol. 105. 7 pages 1/2.

11323. *Add. :* IMP. *Recueil de documents relatifs à l'histoire des Monnaies*, par F. de Saulcy (*Coll. des doc. inéd.*), Mâcon, 1892, in-4°, t. IV, p. 341.

11331. *Add. : Enreg. à la Chambre des Comptes d'Aix. Arch. des Bouches-du-Rhône*, B. 34 (*Fenix*), fol. 141. 1 page.

11382. *Add. :* IMP. F. de Saulcy, *Recueil de documents relatifs à l'histoire des monnaies* (*Coll. des doc. inéd.*). Mâcon, 1892, in-4°, t. IV, p. 345.

11516. *Add. : Enreg. à la Chambre des Comptes d'Aix. Arch. des Bouches-du-Rhône*, B. 35 (*Solis*), fol. 347. 1 page 1/2.

11589. Date. *Au lieu de* « 19 juillet 1540 », *corr.* « 19 août 1540 ».

11792. *Add. : Enreg. à la Chambre des Comptes d'Aix. Arch. des Bouches-du-Rhône*, B. 35 (*Solis*), fol. 251 v°. 2 pages.

11817. *Add. : Enreg. à la Chambre des Comptes d'Aix. Arch. des Bouches-du-Rhône*, B. 35 (*Solis*), fol. 65. 1 page 1/2.

11845. *Add. : Enreg. à la Chambre*

des Comptes d'Aix. Arch. des Bouches-du-Rhône, B. 35 (*Solis*), fol. 153 v°. 1 page 1/2.

11847. *Add.* : *Enreg. à la Chambre des Comptes d'Aix. Arch. des Bouches-du-Rhône*, B. 35 (*Solis*), fol. 357. 2 pages.

11892. *Add.* : *Enreg. à la Chambre des Comptes d'Aix. Arch. des Bouches-du-Rhône*, B. 35 (*Solis*), fol. 203. 2 pages. L'acte porte dans cet enregistrement la date de mars.

11894. *Add.* : *Enreg. à la Chambre des Comptes d'Aix. Arch. des Bouches-du-Rhône*, B. 35 (*Solis*), fol. 77 v°. 2 pages.

11910. *Add.* : *Enreg. à la Chambre des Comptes d'Aix. Arch. des Bouches-du-Rhône*, B. 35 (*Solis*), fol. 82 v°. 2 pages.

11911. *Add.* : *Enreg. à la Chambre des Comptes d'Aix. Arch. des Bouches-du-Rhône*, B. 35 (*Solis*), fol. 75 v°. 1 page 1/2.

11913. *Add.* : *Enreg. à la Chambre des Comptes d'Aix. Arch. des Bouches-du-Rhône*, B. 35 (*Solis*), fol. 179 v°. 2 pages.

11914. *Corr.* «pour 201 jours», *au lieu de* «220».

11929. *Add.* : *Enreg. à la Chambre des Comptes d'Aix. Arch. des Bouches-du-Rhône*, B. 35 (*Solis*), fol. 321 v°. 2 pages.

11954. *Add.* : *Enreg. à la Chambre des Comptes d'Aix. Arch. des Bouches-du-Rhône*, B. 35 (*Solis*), fol. 253. 1 page.

11955. *Add.* : *Enreg. à la Chambre des Comptes d'Aix. Arch. des Bouches-du-Rhône*, B. 35 (*Solis*), fol. 292. 2 pages.

12007. *Add.* : *Enreg. à la Chambre des Comptes d'Aix. Arch. des Bouches-du-Rhône*, B. 35 (*Solis*), fol. 126 v°. 1 page 1/2. — *Ibid.*, fol. 161. 2 pages.

12009. *Add.* : *Enreg. à la Chambre des Comptes d'Aix. Arch. des Bouches-du-Rhône*, B. 35 (*Solis*), fol. 247. 1 page 1/2.

12010. *Add.* : *Enreg. à la Chambre des Comptes d'Aix. Arch. des Bouches-du-Rhône*, B. 35 (*Solis*), fol. 197. 1 page 1/2.

12042. *Add.* : *Enreg. à la Chambre des Comptes d'Aix. Arch. des Bouches-du Rhône*, B. 35 (*Solis*), fol. 235. 2 pages.

12064. *Add.* : *Enreg. à la Chambre des Comptes d'Aix. Arch. des Bouches-du-Rhône*, B. 35 (*Solis*), fol. 101. 2 pages. — Cf. *id.*, B. 34 (*Fenix*), fol. 275, des provisions semblables, avec la date : «Chambord, 21 février 1540». 2 pages.

12090. *Add.* : *Enreg. à la Chambre des Comptes d'Aix. Arch. des Bouches-du-Rhône*, B. 35 (*Solis*), fol. 264 v°. 1 page 1/2.

12095. *Add.* : *Enreg. à la Chambre des Comptes d'Aix. Arch. des Bouches-du-Rhône*, B. 36 (*Luna*), fol. 70 v°. 2 pages.

12097. *Add.* : *Enreg. à la Chambre des Comptes d'Aix. Arch. des Bouches-du-Rhône*, B. 36 (*Luna*), fol. 6 v°. 2 pages.

12131. *Add.* : *Enreg. à la Chambre des Comptes d'Aix. Arch. des Bouches-du-Rhône*, B. 35 (*Solis*), fol. 181. 2 pages.

12134. *Add.* : *Enreg. à la Chambre des Comptes d'Aix. Arch. des Bouches-du-Rhône*, B. 35 (*Solis*), fol. 286 v°. 1 page 1/2.

12136. *Add.* : *Enreg. à la Chambre des Comptes d'Aix. Arch. des Bouches-du-Rhône*, B. 35 (*Solis*), fol. 229. 1 page 1/2.

12168. *Add.* : *Enreg. à la Chambre des Comptes d'Aix. Arch. des Bouches-du-Rhône*, B. 35 (*Solis*), fol. 210. 2 pages.

12175. *Add.* : *Enreg. à la Chambre des Comptes d'Aix. Arch. des Bouches-du-Rhône*, B. 35 (*Solis*), fol. 308. 2 pages.

12215. *Add.* : *Enreg. à la Chambre des Comptes d'Aix. Arch. des Bouches-du-Rhône*, B. 36 (*Luna*), fol. 129. 2 pages.

12221. *Add.* : *Enreg. à la Chambre des Comptes d'Aix. Arch. des Bouches-du-Rhône*, B. 35 (*Solis*), fol. 344 v°. 1 page.

12267. *Add.* : *Enreg. à la Chambre des Comptes d'Aix. Arch. des Bouches-du Rhône*, B. 35 (*Solis*), fol. 299. 2 pages.

12269. *Add. : Enreg. à la Chambre des Comptes d'Aix. Arch. des Bouches-du-Rhône*, B. 36 (*Luna*), fol. 203. 3 pages.

12271. *Add. : Enreg. à la Chambre des Comptes d'Aix. Arch. des Bouches-du-Rhône*, B. 36 (*Luna*), fol. 35. 2 pages.

12304. *Add. : Enreg. à la Chambre des Comptes d'Aix. Arch. des Bouches-du-Rhône*, B. 36 (*Luna*), fol. 238 v°. 1 page 1/2.

12318. *Add. : Enreg. à la Chambre des Comptes d'Aix. Arch. des Bouches-du-Rhône*, B. 37 (*Stella*), fol. 92. 2 pages.

12366. *Add. : Enreg. à la Chambre des Comptes d'Aix. Arch. des Bouches-du-Rhône*, B. 36 (*Luna*), fol. 23. 2 pages.

12367. *Add. : Enreg. à la Chambre des Comptes d'Aix. Arch. des Bouches-du-Rhône*, B. 36 (*Luna*), fol. 21 v°. 2 pages.

12368. *Add. : Enreg. à la Chambre des Comptes d'Aix. Arch. des Bouches-du-Rhône*, B. 36 (*Luna*), fol. 30 v°. 2 pages.

12374. *Add. : Enreg. à la Chambre des Comptes d'Aix. Arch. des Bouches-du-Rhône*, B. 37 (*Stella*), fol. 119. 2 pages.

12375. *Add. : Enreg. à la Chambre des Comptes d'Aix. Arch. des Bouches-du-Rhône*, B. 36 (*Luna*), fol. 58 v°. 2 pages.

12414. *Add. : Enreg. à la Chambre des Comptes d'Aix. Arch. des Bouches-du-Rhône*, B. 36 (*Luna*), fol. 192. 2 pages.

12423. *Add. : Enreg. à la Chambre des Comptes d'Aix. Arch. des Bouches-du-Rhône*, B. 36 (*Luna*), fol. 72. 1 page 1/2.

12440. *Add. : Enreg. à la Chambre des Comptes d'Aix. Arch. des Bouches-du-Rhône*, B. 36 (*Luna*), fol. 112 v°. 2 pages.

12441. *Add. : Enreg. à la Chambre des Comptes d'Aix. Arch. des Bouches-du-Rhône*, B. 36 (*Luna*), fol. 134 v°. 1 page 1/2.

12443. *Add. : Enreg. à la Chambre des Comptes d'Aix. Arch. des Bouches-du-Rhône*, B. 37 (*Stella*), fol. 134. 2 pages.

12444. *Add. : Enreg. à la Chambre des Comptes d'Aix. Arch. des Bouches-du-Rhône*, B. 36 (*Luna*), fol. 136. 1 page 1/2.

12481. *Add. : Enreg. à la Chambre des Comptes d'Aix. Arch. des Bouches-du-Rhône*, B. 36 (*Luna*), fol. 173. 1 page.

12486. *Add. : Enreg. à la Chambre des Comptes d'Aix. Arch. des Bouches-du-Rhône*, B. 36 (*Luna*), fol. 182 v°. 2 pages.

Cet acte porte ici la date : « Éclaron, mai 1542 ».

12488. *Add. : Enreg. à la Chambre des Comptes d'Aix. Arch. des Bouches-du-Rhône*, B. 37 (*Stella*), fol. 37 v°. 2 pages.

La date de lieu est ici « Montréal », au lieu de « Tonnerre ».

12489. *Add. : Enreg. à la Chambre des Comptes d'Aix. Arch. des Bouches-du-Rhône*, B. 36 (*Luna*), fol. 187. 1 page 1/2.

12493. *Add. : Enreg. à la Chambre des Comptes d'Aix. Arch. des Bouches-du-Rhône*, B. 37 (*Stella*), fol. 112. 2 pages.

12494. *Add. : Enreg. à la Chambre des Comptes d'Aix. Arch. des Bouches-du-Rhône*, B. 36 (*Luna*), fol. 267. 1 page 1/2.

L'acte porte dans cet enregistrement la date de mai 1542.

12554. *Add. : Enreg. à la Chambre des Comptes d'Aix. Arch. des Bouches-du-Rhône*, B. 36 (*Luna*), fol. 166 v°. 1 page 1/2.

12556. *Add. : Enreg. à la Chambre des Chambres d'Aix. Arch. des Bouches-du-Rhône*, B. 37 (*Stella*), fol. 168 v°. 2 pages.

12559. *Add. :* Imp. F. de Saulcy, *Recueil de documents relatifs à l'histoire des monnaies* (*Coll. des Doc. inéd.*). Mâcon, 1892, in-4°, t. IV, p. 394.

12599. *Add.* : *Enreg.* à la *Chambre des Comptes d'Aix. Arch. des Bouches-du-Rhône*, B. 37 (*Stella*), fol. 123. 1 page 1/2.

12600. *Add.* : *Enreg.* à la *Chambre des Comptes d'Aix. Arch. des Bouches-du-Rhône*, B. 36 (*Luna*), fol. 222. 2 pages. *Id.*, fol. 231 v° (avec la date de mai).

12612. *Add.* : *Enreg.* à la *Chambre des Comptes d'Aix. Arch. des Bouches-du-Rhône*, B. 37 (*Stella*), fol. 154 v°. 2 pages.

12667. *Add.* : *Enreg.* à la *Chambre des Comptes d'Aix. Arch. des Bouches-du-Rhône*, B. 37 (*Stella*), fol. 135. 1 page 1/2.

12673. *Add.* : *Enreg.* à la *Chambre des Comptes d'Aix. Arch. des Bouches-du-Rhône*, B. 37 (*Stella*), fol. 156. 3 pages.

12677. *Add.* : *Enreg.* à la *Chambre des Comptes d'Aix. Arch. des Bouches-du-Rhône*, B. 37 (*Stella*), fol. 218. 1 page.

12678. *Add.* : *Enreg.* à la *Chambre des Comptes d'Aix. Arch. des Bouches-du-Rhône*, B. 37 (*Stella*), fol. 219 v°. 1 page.

12679. *Add.* : *Enreg.* à la *Chambre des Comptes d'Aix. Arch. des Bouches-du-Rhône*, B. 37 (*Stella*), fol. 170. 2 pages.

12720. *Add.* : *Enreg.* à la *Chambre des Comptes d'Aix. Arch. des Bouches-du-Rhône*, B. 36 (*Luna*), fol. 273 v°. 1 page 1/2.

12721. *Add.* : *Enreg.* à la *Chambre des Comptes d'Aix. Arch. des Bouches-du-Rhône*, B. 37 (*Stella*), fol. 119. 2 pages.

12722. *Add.* : *Enreg.* à la *Chambre des Comptes d'Aix. Arch. des Bouches-du-Rhône*, B. 36 (*Luna*), fol. 275. 1 page 1/2.

12762. *Add.* : *Enreg.* à la *Chambre des Comptes d'Aix. Arch. des Bouches-du-Rhône*, B. 37 (*Stella*), fol. 1. 2 pages. Cet enregistrement donne à l'acte la date du 30 septembre.

12795. *Add.* : *Enreg.* à la *Chambre des Comptes d'Aix. Arch. des Bouches-du-Rhône*, B. 37 (*Stella*), fol. 277. 2 pages.

12897. *Add.* : *Enreg.* à la *Chambre des Comptes d'Aix. Arch. des Bouches-du-Rhône*, B. 37 (*Stella*), fol. 315 v°. 2 pages.

12964. *Add.* : *Enreg.* à la *Chambre des Comptes d'Aix. Arch. des Bouches-du-Rhône*, B. 37 (*Stella*), fol. 254 v°. 2 pages.

13021. *Add.* : *Enreg.* à la *Chambre des Comptes d'Aix. Arch. des Bouches-du-Rhône*, B. 37 (*Stella*), fol. 300 v°. 4 pages.

13190. *Add.* : *Enreg.* à la *Chambre des Comptes d'Aix. Arch. des Bouches-du-Rhône*, B. 37 (*Stella*), fol. 282. 2 pages.

13211. *Add.* : *Enreg.* à la *Chambre des Comptes d'Aix. Arch. des Bouches-du-Rhône*, B. 37 (*Stella*), fol. 255 v°. 3 pages.

13219. *Add.* : *Enreg.* à la *Chambre des Comptes d'Aix. Arch. des Bouches-du-Rhône*, B. 37 (*Stella*), fol. 296. 2 pages.

13245. *Add.* : *Enreg.* à la *Chambre des Comptes d'Aix. Arch. des Bouches-du-Rhône*, B. 37 (*Stella*), fol. 278 v°. 3 pages.

13263. *Add.* : *Enreg.* à la *Chambre des Comptes d'Aix. Arch. des Bouches-du-Rhône*, B. 37 (*Stella*), fol. 302 v°. 1 page 1/2.

13371. *Add.* : *Enreg.* à la *Chambre des Comptes d'Aix. Arch. des Bouches-du-Rhône*, B. 38 (*Serena*), fol. 182 v°. 2 pages.

13374. *Add.* : *Enreg.* à la *Chambre des Comptes d'Aix. Arch. des Bouches-du-Rhône*, B. 37 (*Stella*), fol. 298. 3 pages.

13481. *Add.* : *Enreg.* à la *Chambre des Comptes d'Aix. Arch. des Bouches-du-Rhône*, B. 38 (*Serena*), fol. 64. 2 pages.

13754. *Add.* : *Enreg.* à la *Chambre des Comptes d'Aix. Arch. des Bouches-du-Rhône*, B. 39 (*Virgo*), fol. 52. 1 page 1/2.

IMPRIMERIE NATIONALE.

13787. *Add. : Enreg. à la Chambre des Comptes d'Aix. Arch. des Bouches-du-Rhône*, B. 38 (*Serena*), fol. 196 v°. 9 pages.

13796. *Add. : Copie du temps. Bibl. nat.*, ms fr. 5085, fol. 267. 4 pages.

14049. *Add. : Enreg. à la Chambre des Comptes d'Aix. Arch. des Bouches-du-Rhône*, B. 38 (*Serena*), fol. 231 v°. 1 page 1/2.

14400. *Add. : Enreg. à la Chambre des Comptes d'Aix. Arch. des Bouches-du-Rhône*, B. 40 (*Corvus*), fol. 110 v°. 2 pages.

14746. *Add. : Enreg. à la Chambre des Comptes d'Aix. Arch. des Bouches-du Rhône*, B. 39 (*Virgo*), fol. 190. 2 pages.

14747. *Add. : Enreg. à la Chambre des Comptes d'Aix. Arch. des Bouches-du-Rhône*, B. 39 (*Virgo*), fol. 139 v°. 1 page.

14959. *Add. : Enreg. à la Chambre des Comptes d'Aix. Arch. des Bouches-du-Rhône*, B. 39 (*Virgo*), fol. 199. 1 page 1/2.

15046. *Add. : Enreg. à la Chambre des Comptes d'Aix. Arch. des Bouches-du-Rhône*, B. 39 (*Virgo*), fol. 169. 1 page 1/2.

15228. *Add. : Enreg. à la Chambre des Comptes d'Aix. Arch. des Bouches-du-Rhône*, B. 39 (*Virgo*), fol. 182. 1 page 1/2.

15393. *Add. : Original. Arch. de la Seine*, 133. (Papiers Gontier.)

15534. *Add. : Enreg. à la Chambre des Comptes d'Aix. Arch. des Bouches-du-Rhône*, B. 39 (*Virgo*), fol. 235 v°. 1 page.

15748. *Add. : Enreg. à la Chambre des Comptes d'Aix. Arch. des Bouches-du-Rhône*, B. 25 (*Cygni*), fol. 256. 1 page 1/2.

16166. Date. *Au lieu de* « 1516 », *corr.* « 1515 ».

17315. *Add. : Enreg. à la Chambre des Comptes d'Aix. Arch. des Bouches-du-Rhône*, B. 27 (*Tartar*), fol. 69. 1 page 1/2.

17353. *Add. : Copie du* XVIe *siècle. Bibl. nat.*, ms. fr. 14368, fol. 80. 1 page.

17531. *Add. : Enreg. à la Chambre des Comptes d'Aix. Arch. des Bouches-du-Rhône*, B. 27 (*Tartar*), fol. 207 v°. 1 page.

23748 *bis*. Lettres de naturalité en faveur de Jean de Diesbach, chevalier, conseiller et maître d'hôtel du roi, lui octroyant le pouvoir d'acquérir et de posséder des biens en France. Paris, décembre 1522.

Imp. *Chartrier de la maison de Diesbach* (publié par le comte de Ghelleinck d'Elseghem). Gand, S. Leliaert, 1889, in-fol., p. 132.

23838 *bis*. Lettres donnant à Jean de Diesbach, chevalier, l'administration des terre et seigneurie de Vodable en Auvergne, confisquées sur le connétable de Bourbon. Abbaye de Saint-Lanfranc près Pavie, 17 janvier 1524 (1525 n. s.).

Imp. Même ouvrage.

ITINÉRAIRE
DE LA CHANCELLERIE ROYALE
PENDANT LE RÈGNE DE FRANÇOIS Ier.

La majeure partie des éléments de cet *Itinéraire* a été empruntée au *Catalogue* même des actes de François Ier. On l'a complété, dans la mesure du possible, à l'aide de diverses catégories de documents. Les chroniques contemporaines contiennent parfois des mentions de séjour du roi, que l'on a eu soin d'y recueillir, quand elles présentent les caractères de la certitude ou peuvent être facilement contrôlées. C'est ainsi que l'on a mis à contribution le *Journal* de Louise de Savoie, le *Journal* de Jean Barrillon, secrétaire du chancelier Du Prat, récemment publié, les *Mémoires* de Guillaume et de Martin Du Bellay, le *Journal d'un bourgeois de Paris*, la *Chronique de François Ier* éditée par M. G. Guiffrey, etc.

Les dates des lettres de cachet et des lettres missives, quoique souvent la mention de l'année y soit omise, fournissent des indications de lieux absolument sûres. Rechercher toutes celles qui sont conservées dans les diverses collections de manuscrits et les dépôts d'archives exigerait un temps considérable, des collaborations nombreuses et un travail hors de proportion avec le résultat à atteindre. Il n'y fallait pas songer. On a dû se contenter de relever les renseignements contenus dans des recueils imprimés, tels que les *Mémoires d'État* de G. de Ribier, les documents relatifs à la *Captivité de François Ier*, les *Négociations dans le Levant au XVIe siècle*, etc., et surtout dans le *Catalogue des manuscrits* de l'ancien fonds français de la Bibliothèque nationale. Quant aux lettres conservées dans des collections manuscrites, l'on n'a pu y avoir recours que dans le cas, assez rare, où des inventaires analytiques en facilitent la recherche.

Si les registres de comptes des divers services de la Maison du roi avaient été conservés dans leur intégralité, ils eussent permis d'établir une liste absolument complète des séjours royaux. Malheureusement, il n'en subsiste qu'un très petit nombre. Ceux que renferment les Archives et la Bibliothèque nationales ont été consultés et, pour quelques années du règne de François Ier, ils ont fourni des renseignements abondants.

L'Itinéraire de la Chancellerie, du 1er janvier 1515 au 31 mars 1547, s'est enrichi, de cette façon, d'un certain nombre de mentions complémentaires. On trouvera indiqués, à leur suite, les titres ou les cotes des documents imprimés ou manuscrits auxquels elles sont empruntées. Les localités qui ne sont accompagnées d'aucune référence sont celles qui figurent aux dates, dans les articles du *Catalogue* et de ses deux suppléments.

1515

JANVIER.

1. Paris. — *Avènement.*
2. Paris.
3. Paris.
4. Paris.
5. Paris.
6. Paris.
7. Paris.
8. Paris.
9. Paris.
10. Paris.
12. Paris.
14. Paris.
15. Paris.
16. Paris.
17. Paris.
18. Paris.
20. Lagny-sur-Marne.

(Lettre missive du roi à M. de La Fayette. *Bibl. nat.*, ms. fr. 3057, fol. 17.)

Id. La-Ferté-sous-Jouarre.
Château-Thierry. Sans quantième.

(Fleurange, *Mém.*, coll. Petitot, p. 276.)

24. Reims.
25. Reims. — *Sacre du roi.*
26. Reims.
27. Reims.
Saint-Thierry (près Reims). Sans quantième.

(Fleurange, *Mémoires*, p. 276.)

Cormicy (Marne). Sans quantième.
Saint-Marcou [de Corbeny] (Aisne). Entre le 28 et le 30.

(*Journal* de Jean Barrillon, t. I, p. 23.)

28. Notre-Dame-de-Liesse.

(*Arch. nat.*, X[1a] 9322, fol. 45.)

31. Noyon.

(*Arch. nat.*, Comptes, KK. 94, fol. 15.)

FÉVRIER.

1. Compiègne.
2. Compiègne.
4. Compiègne.
5. Compiègne.
6. Compiègne.
7. Compiègne.

Le *Journal* de Barrillon (t. II, p. 31) dit que François Ier partit de Compiègne le 7 février et vint à Saint-Denis, où il résida quelques jours, en attendant les préparatifs de l'entrée à Paris. (*Id.* et *Journal d'un bourgeois de Paris*, p. 3.)

8. Paris.
9. Paris.
10. Paris.
11. Paris.
13. Paris.
14. Paris.
15. Paris. — *Entrée solennelle du roi.*
16. Paris.
17. Paris.
18. Paris.
19. Paris.
20. Paris.
21. Paris.
22. Paris.
23. Paris.
24. Paris.
25. Paris.
26. Paris.
27. Paris.
28. Paris.

MARS.

1. Paris.
2. Paris.
3. Paris.
4. Paris.
5. Paris.
6. Paris.
7. Paris.

(Lettre du roi au Parlement. *Arch. nat.*, X[1a] 9322, fol. 46.)

8. Paris.
9. Paris.
10. Paris.
11. Paris.
12. Paris.
13. Paris.
14. Paris.
15. Paris.
16. Paris.
17. Paris.
18. Paris.
19. Paris.
20. Paris.

23. Paris.

(*Catalogue* et Champollion-Figeac, *Documents historiques extraits des collections manuscrites de la Bibl. nat.*, t. III, p. 514.)

24. Paris. — *Traité de Paris, avec Charles d'Autriche.*

26. Paris.
28. Paris.
29. Paris.
30. Paris.
31. Paris.

AVRIL.

1. Paris.
2. Paris.
3. Paris.
4. Paris.
5. ..... — *Traité de Londres.*
6. Paris.
8. Paris. — *Pâques.*

(*Journal* de Jean Barrillon, I, 56.)

10. Paris.
11. Paris.
12. Paris.
13. Paris.
14. Paris.
15. Paris.
16. Paris.
17. Paris.
18. Paris.
19. Paris.
20. Paris.
21. Paris.
22. Paris.
23. Paris.
24. Paris.

Date du départ de cette ville, suivant Barrillon (*Journal*, t. I, p. 60).

25. Paris.
26. Paris.
27. Melun.
29. « Chamoiz » (Samois, c^on de Fontainebleau).

Lettre du roi au Parlement. (*Arch. nat.*, X^1a 1517, fol. 148.)

30. Montereau.

MAI.

1. Montereau.
3. Égreville.[1]
4. Égreville.

Lettre du roi au Parl. de Bordeaux. (*Arch. de la Gironde*, B. 30, fol. 205.)

Ferrières [-en-Gâtinais]. Sans quantième.

(*Catalogue*, n° 270.)

4. Montargis[2].
8. Montargis.

(*Catalogue* et *Arch. nat.*, X^1a 9322, fol. 47.)

11. Châtillon-sur-Loing.

(*Catalogue* et *Arch. nat.*, X^1a 9322, fol. 50.)

12. Châtillon-sur-Loing.
Id. Gien.

De Montargis, le roi vint à Gien et de là, par la Loire, à Blois. (Barrillon, *Journal*, I, 61.)

13-15. Briare.

(*Bibl. nat.*, ms. fr. 5118, fol. 44.)

16. Châteauneuf-sur-Loire.

Lettre du roi au Parlement. (*Arch. nat.*, X^1a 9322, fol. 52.)

19. Montpipeau (c^ne d'Huisseau-sur-Mauves, Loiret).
20. Montpipeau.
21. Montpipeau.
22. Montpipeau.
23. Blois.

Arrivée du roi en cette ville, où il séjourne quinze jours. (Barrillon, *Journal*, I, 61.)

24. Blois.
26. Blois.
28. Blois.
29. Blois.

Lettre du roi au Parlement. (*Arch. nat.*, X^1a 9322, fol. 57.)

30. Blois.
31. Blois.

(*Arch. nat.*, KK. 94, fol. 16 v°.)

[1] Ce nom, défiguré par le scribe, est devenu sur le registre du Parlement de Bordeaux *Grenelle* ou *Grenoble* (n° 259 du *Catalogue*). On voit, par le séjour du lendemain, 4 mai, qu'il s'agit bien d'Égreville (c^on de Lorrez-le-Bocage, Seine-et-Marne), localité qui se trouve sur la route de Montereau à Ferrières et à Montargis. D'ailleurs, la *Chronique du roy Françoys Ier*, éditée par G. Guiffrey (Paris, 1860, in-8°, p. 6), dit que, le 1er mai 1515, le roi, la reine et Louise de Savoie «partirent de Paris et s'en allèrent à Amboise par Égreville, Montargis, Blois et autres villes».

[2] Cette date, ne se trouvant que dans une mention d'inventaire d'actes enregistrés à la Chambre des Comptes (n° 15929 du *Catalogue*), n'est pas absolument sûre. Peut-être faudrait-il corriger 5 ou 6 mai, au lieu de 4. Toutefois il n'est pas impossible que le roi se soit trouvé, le même jour 4, à Égreville, à Ferrières et à Montargis.

JUIN.

1. Blois.
3. Blois.
4. Blois.

Le roi part de Blois pour Amboise, où il séjourne trois semaines. (*Journal* de Barrillon, I, 62.)

5. Amboise.

Arrivée de François Ier, venant de Chaumont. (*Journal* de Louise de Savoie.)

7. Amboise.
8. Amboise.

Lettre du roi au Parlement. (*Arch. nat.*, X[1a] 9322, fol. 60.)

9. Amboise.
10. Amboise.
12. Amboise.
13. Amboise.
15. Amboise.
16. Amboise.
17. Amboise.
18. Amboise.
19. Amboise.
20. Amboise.
21. Amboise.
23. Amboise.
24. Amboise.
25. Amboise.
26. Amboise. — *Lettres nommant Louise de Savoie régente.*

Mariage du duc de Lorraine avec Mlle de Montpensier. (Barrillon, I, 63, 64.)

27. Amboise.
28. Amboise.
30. Château de Romorantin.

(*Arch. nat.*, KK. 94, fol. 17, et *Journal* de Louise de Savoie.)

JUILLET.

1. Romorantin.

Lettre du roi au Parlement. (*Arch. nat.*, X[1a] 9322, fol. 68.)

2. Romorantin.
3. Romorantin.
4. Romorantin.

Le roi quitte cette ville pour se rendre en Italie. (*Journal* de Louise de Savoie.)

5. Bourges.
8. Moulins.
12. Lyon.

Entrée du roi dans cette ville. (*Journal* de Barrillon, I, 64, 65.)

15. Lyon.
16. Lyon.
17. Lyon.
18. Lyon.
20. Lyon.
22. Lyon.
23. Lyon.
24. Lyon.
25. Lyon.
26. Lyon.
28. Lyon.
29. Lyon.
30. Lyon.

Départ de cette ville. (*Journal* de Louise de Savoie, et Barrillon, I, 66.)

31. Vienne.
Id. La Côte-Saint-André.

(*Arch. nat.*, KK. 94, fol. 17.)

La régente.

29. Amboise.

Lettre au Parlement. (*Arch. nat.*, X[1a] 9322, fol. 72.)

AOÛT.

1. Moirans.

Arrivée du roi à Grenoble, où il séjourne huit jours. (Barrillon, I, 66.)

3. Grenoble.
4. Grenoble.
5. Grenoble.
7. Grenoble.
8. Grenoble.
11. Embrun.
12. Embrun.
13. Embrun.

Départ de cette ville. (*Journal* de Barrillon, I, 78.)

14. Guillestre (Hautes-Alpes).

(*Journal* de Barrillon, I, 78, et *Chronique du roy Françoys Ier*, p. 7.)

15. Saint-Paul-sur-Ubaye (Basses-Alpes).

(Barrillon, *Journal*, I, 78).

Id. Larche (Basses-Alpes).

Le roi y couche. (Barrillon, I, 81.)

16. Demonte.
Id. Coni.

(*Journal* de Barrillon, I, 81, 83.)

17. Lagnasco.
18. Scarnafigi.

(*Id.*, I, 84.)

19. Carmagnola.

(*Id.*, I, 84.)

20. Turin.

(*Journal* de Barrillon, I, 84.)

21. Settimo Torinese.

(*Id.*, I, 84.)

22. Chivasso.

Et de là à Saluggia et à Cigliano. (Barrillon, *Journal*, I, 85, 86.)

23. Chivasso et Pavie.

Lettres du roi au Parl. (*Arch. nat.*, X[1a] 1517, fol. 293, et X[1a] 9322, fol. 116.)

26. Camp près Saint-Germain. (San Germano Vercellese, prov. de Novare.)

27. Montanaro et Vercelli.

(*Journal* de Barrillon, I, 90, 91.)

28. Cameriano.

(*Id.*, I, 91.)

30. Novare.

(*Id.*, I, 91.)

31. « Camp de la Serre sur le Therin. »

(N° 16001 du *Catalogue*.) — Identifié à tort avec Cerro sur le Tanaro; c'est plutôt Cerano sur le Tessin.

Id. « Camp du passage de Turin. »

(*Arch. nat.*, KK 94, fol. 17 v°.)

Id. Bufalora.

(*Journal* de Barrillon, I, 92.)

La régente.

16. Amboise.

Lettre au Parlement. (*Arch. nat.*, X[1a] 9322, fol. 73.)

18. Amboise.
19. Amboise.
20. Amboise.

Lettre au Parlement. (*Arch. nat.*, X[1a] 9322, fol. 74.)

Le conseil.

18. Lyon.
20. Lyon.
23. Lyon.

SEPTEMBRE.

Le roi.

4. Turbigo.

Entre le 4 et le 8, François Ier passa à Robecchino, Abbiategrasso, Binasco et Lacchiarella (Barrillon, I, 101.)

8. Gallarate.
13-14. Bataille de Marignan (Melegnano).
16. Sainte-Brigitte (Santa Brigida).
Id. Milan.
17. Chiaravalle.

Le roi y séjourne jusqu'au 22, suivant Barrillon. (*Journal*, I, 137.)

24. Pavie.

Le roi y demeure environ trois semaines. (Barrillon, I, 139.)

27. Pavie.
28. Pavie.
30. Pavie.

(*Arch. nat.*, Comptes, KK. 94, fol. 17 v°.)

La régente.

2. Amboise.
4. Amboise.
7. Amboise.
10. Amboise.
11. Amboise.
13. Amboise.

La régente se rend à pied d'Amboise à Notre-Dame de Fontaines. (*Journal* de Louise de Savoie.)

15. Amboise.
22. Amboise.
25. Amboise.
26. Amboise.
27. Amboise.

Réjouissances. (*Journal d'un bourgeois de Paris*, p. 27.)

Le Conseil (?)

6. Lyon.
14. Lyon.

OCTOBRE.

Le roi.

1. Pavie.
4. Pavie.
5. Pavie.
7. Pavie.
10. Pavie.

Le roi quitte cette ville. (*Journal* de Barrillon, I, 160.)

11. Milan.

Entrée du roi. (*Id.*, I, 160.)

13. Milan.
14. Pavie.
15. Milan.
16. Milan.

17. Milan.
19. Milan.
20. Milan.
21. Milan.
24. Milan.
26. Milan.
28. Milan.
31. Vigevano.

(*Arch. nat.*, KK. 94, fol. 18.)

La régente.

1. Amboise.
7. Amboise.
8. Amboise.
9. Amboise.

Lettre à la Cour des Monnaies. (*Arch. nat.*, Z[1b] 61, fol. 32 v°.)

15. Amboise.
16. Amboise.
22. Blois.
25. Mézières-en-Brenne.
31. Hérisson.

NOVEMBRE.

Le roi.

4. Vigevano.

Barrillon dit que François Ier y séjourna environ trois semaines. (I, 163.)

6. Vigevano.
7. Vigevano. — *Date du traité de Genève avec les Suisses.*
10. Milan.

Séjour du 10 novembre au 3 décembre. (Barrillon, I, 164.)

12. Milan.
14. Milan.
15. Milan.
18. Milan.
19. Milan.
20. Milan.
22. Milan.
25. Milan.
26. Milan.
30. Milan.

La régente.

6. Moulins.
7. Moulins.
20. Lyon.
22. Lyon.
23. Lyon.

DÉCEMBRE.

Le roi.

1. Milan.
3. Milan.

Départ pour Bologne, passant par San Angelo (province de Lodi), Plaisance, Borgo San Donnino. (*Journal* de Barrillon, I, 164.)

6. Parme.

Entrée du roi. (Barrillon, I, 165.)

7. Pavie (*sic*).
8. Reggio.

(Barrillon. I, 165.)

9. Modène.

(*Id.*, I, 165.)

11. Bologne. — *Entrevue avec le Pape.*

Arrivée de François Ier dans cette ville. (*Journal* de Louise de Savoie et Barrillon, I, 166.)

13. Bologne.

(*Journal* de Barrillon, I, 174.)

14. Bologne.
15. Bologne.

Départ pour Milan. (*Id.*, I, 174.)

22. Milan.

Arrivée du roi. (*Id.*, I, 175.)

24. Milan.
27. Milan.
28. Milan.
30. Milan.
31. Milan.

La régente.

1. Lyon.
9. Lyon.
10. Lyon.

Lettre au Parlement. (*Arch. nat.*, X[1a] 9322, fol. 84.)

13. Lyon.

Id. (*Arch. nat.*, X[1a] 9322, fol. 86.)

20. Montélimart.
21. Pont-Saint-Esprit.

Id. (*Arch. nat.*, X[1a] 9322, fol. 85.)

22. Lyon.
23. Blois, *sic.* (*Le Conseil?*)
24. Tarascon.
26. Marseille.
30. Aix.

1516

JANVIER.

Le roi.

2. Milan.
3. Milan.
4. Milan.
5. Milan.
7. Milan.
8. Milan.

Départ du roi pour la Provence, en passant par Abbiategrasso, Novare, Verceil, Turin. (Barrillon, I, 186.)

10. Pavie.
13. Sisteron.

François Ier s'y rencontre avec sa mère. (*Journal* de Louise de Savoie.)

14. Sisteron.

(*Arch. nat.*, X[1a] 9322, fol. 93.)

La Sainte-Baume. Sans quantième.

(Barrillon, I, 193.)

21. Saint-Maximin.
23. Marseille.

Barrillon dit que le roi y séjourna quatre jours. (*Id.*, I, 193.)

24. Marseille.
25. Marseille.
26. Marseille.
27. Aix.
28. Aix.
29. Aix.

Salon-de-Crau. Sans quantième.

31. Arles.

(*Arch. nat.*, Reg. de comptes, KK. 94, fol. 37 v°.)

La régente.

2. La Sainte-Baume, près Saint-Maximin.
6. Marseille.
8. Aix.
9. Aix.
10. Aix.
11. Aix.
13. Sisteron.

FÉVRIER.

Arles. Sans quantième.
Salon-de-Crau. Sans quantième.

3. Tarascon.

(*Journal* de Louise de Savoie.)

4. Tarascon.

Id. Avignon.

Entrée du roi, à 6 heures du soir. (*Journal* de Louise de Savoie.)

5. Avignon.
6. Avignon.
7. Avignon.
9. Avignon.

Départ du roi. (Barrillon, I, 195.)

10. Orange et le Pont-Saint-Esprit.

(Barrillon, I, 195.)

11. Montélimart.

Entrée du roi. (*Journal* de Louise de Savoie.)

13. Valence.

Lettre missive. (Champollion-Figeac, *Documents historiques extraits des coll. manuscrites de la Bibl. nat.*, t. III, p. 571.)

14. Valence.

Entrée du roi. (*Journal* de Louise de Savoie.)

15. Avignon.

Saint-Vallier. Sans quantième.

(Barrillon, I, 193.)

19. Tournon.

Lettre du roi au Parlement. (*Arch. nat.*, X[1a] 9322, fol. 94.)

22. Vienne.
23. Vienne.
24. Lyon.

Arrivée du roi. (*Journal d'un bourgeois de Paris*, p. 35.)

25. Lyon.

(*Id.*, p. 35.)

27. La Guillotière-lès-Lyon.
28. La Guillotière et Lyon.
29. La Guillotière.

(*Arch. nat.*, KK. 94, fol. 37 v°.)

MARS.

1. Lyon.

Lettre du roi au s[r] de La Fayette. (*Bibl. nat.*, ms. fr. 3057, fol. 33.)

3. Lyon.
4. Lyon.

IMPRIMERIE NATIONALE.

6. Lyon.
7. Lyon.

Lettre du roi au s[r] de La Fayette. (*Bibl. nat.*, ms. fr. 3057, fol. 41.)

8. Lyon.
9. Lyon.
10. Lyon.
11. Lyon.
12. Lyon.
13. Lyon.
14. Lyon.
16. Lyon.
17. Lyon.
18. Lyon.
19. Lyon.
20. Lyon.
22. Lyon.
23. .... — *Pâques*.
27. Lyon.
28. Lyon.
30. Lyon.
31. Lyon.

AVRIL.

2. Lyon.
3. Lyon.
6. Lyon.
8. Lyon.
9. Lyon.
10. Lyon.
11. Lyon.
12. Lyon.
14. Lyon.
16. Lyon.
17. Lyon.

Lettre du roi au s[r] de La Fayette. (*Bibl. nat.*, ms. fr. 3057, fol. 85.)

18. Lyon.
19. Lyon.

Lettre du roi au Parlement. (*Arch. nat.*, X[1a] 9322, fol. 104.)

20. Lyon.
24. Crémieu.

Lettre du roi à la ville de Poitiers. (*Arch. hist. du Poitou*, IV, 280.)

28. Lyon.
29. Lyon.
30. Colombier (Isère).

(*Catalogue* et *Arch. nat.*, KK. 94, fol. 38.)

MAI

1. Lyon.

Lettre du roi au Parlement. (*Arch. nat.*, X[1a] 9322, fol. 107.)

2. Crémieu (Isère).
4. Crémieu.
7. Crémieu.
8. La Roche de la Balme (à deux lieues de Crémieu).

(*Journal* de Louise de Savoie.)

9. Crémieu.
10. Crémieu.

Id. Lyon. (Sans doute le *Conseil*).

14. Crémieu.
17. Crémieu.
18. Crémieu.
23. Crémieu.
25. Crémieu.

Id. Lyon.

26. Lyon.
27. Lyon.
28. Lyon.

Le roi quitte cette ville et se rend à pied au Saint-Suaire, à Chambéry. (*Journal* de Louise de Savoie.)

31. Heyrieux (Isère).

(*Arch. nat.*, KK. 94, fol. 38 v°.)

JUIN.

5. La Verpillière (Isère).
7. La Tour-du-Pin.

(*Journal* de Louise de Savoie.)

9. La Tour-du-Pin.

Lettre du roi au s[r] de La Fayette. (*Bibl. nat.*, ms. fr. 3057, fol. 129.)

12. Pont-de-Beauvoisin.

Lettre du roi à M. de La Fayette. (*Bibl. nat.*, ms. fr. 3057, fol. 129.)

15. Chambéry.

Arrivée du roi. (Barrillon, I, 218.)

16. Chambéry.
17. Chambéry.
18. Chambéry.

Lettre du roi au Parlement. (*Arch. nat.*, X[1a] 9322, fol. 110.)

Grenoble. Sans quantième.

Arrivée des députés de Milan. (Barrillon, I, 218, 219.)

23. Grenoble.

Lettre du roi au Parlement. (*Arch. nat.*, X[1a] 9322, fol. 111.)

25. Voreppe (Isère).
30. Artas (Isère).

(*Arch. nat.*, KK. 94, fol. 59.)

Id. Lyon.

JUILLET.

3. Lyon.
4. Lyon.
6. Lyon.
7. Lyon.
8. Lyon.
9. Lyon.
10. Lyon.

Lettre du roi au Parl. de Bordeaux. (*Arch. de la Gironde*, B. 30, fol. 172.)

12. Tarare.
16. Lyon.

Lettre du roi au Parlement. (*Arch. nat.*, X[1a] 9322, fol. 112.)

19. Changy (Saône-et-Loire).

Lettre du roi au Parlement. (*Arch. nat.*, X[1a] 9322, fol. 113.)

27. Lyon.
29. Moulins.
31. «Espremont». (Sans doute Apremont, c[on] de La Guerche, Cher.)

(*Arch. nat.*, KK. 94, fol. 39.)

AOÛT.

3. Cosne-sur-Loire.
5. Châteauneuf-sur-Loire.
Montils-lès-Tours. Sans quantième.

(Barillon, I, 245.)

12. Tours.
13. Tours. — *Traité de Noyon.*
16. Amboise. — *Traité de Cambrai, entre Maximilien Ier, empereur, et le roi d'Espagne.*
17. Le Plessis-lès-Tours.
18. Amboise.
Id. Tours. — *Date du Concordat.*
20. Tours.
22. Tours.
26. Amboise.
28. Amboise.
30. Amboise.
31. Amboise.

(*Catalogue* et *Arch. nat.*, KK 94, fol. 39 v°.)

SEPTEMBRE.

1. Amboise.
2. Amboise.

Catalogue et lettre du roi au s[r] de La Fayette. (*Bibl. nat.*, ms. fr. 3057, fol. 189.)

3. Amboise.
4. Amboise.

Catalogue et lettre du roi à La Fayette. (*Bibl. nat.*, ms. fr. 3057, fol. 181.)

5. Amboise.
Les Roches-Saint-Quentin (château, c[ne] de Saint-Quentin, Indre-et-Loire). Sans quantième.
9. Bléré.
10. Bléré.
12. Bléré.
13. Amboise.
17. Amboise.
19. Amboise.
25. Amboise.
29. Amboise.
30. Amboise.

Départ pour Paris. (Barrillon, I, 247.)

Id. Blois.

(*Arch. nat.*, KK. 94, fol. 40.)

OCTOBRE.

4. Paris.

Arrivée de la cour. (Barrillon, I, 247.)

5. Paris.
Id. Saint-Denis.

(Barrillon, I, 248, et *Journal d'un bourgeois de Paris*, p. 43.)

6. Saint-Denis.

(*Chronique du roy Françoys Ier*, p. 25.)

7. Paris.
8. Paris.
9. Paris.
11. Paris.
14. Paris.
15. Paris.

Assemblée des députés des villes. (*Journal* de Barillon, I, 248.)

16. Paris.
17. Paris.
18. Paris.
19. Paris.
20. Paris.
21. Paris.
23. Anet.
25. Amboise.

Naissance de Charlotte de France. (*Journal* de Barrillon, I, 249.)

31. Amboise.

NOVEMBRE.

1. Amboise.
2. Amboise.
3. Amboise.
4. Amboise.
6. Amboise.
7. Amboise.
8. Amboise.
12. Amboise.
13. Amboise.

Lettre du roi au Parlement. (*Arch. nat.*, X[1a] 9322, fol. 119.)

15. Amboise.

(*Journal* de Barrillon, I, 250, et lettre missive impr. dans Charrière, *Négociations de la France dans le Levant*, t. I, p. 16.)

18. Amboise.
20. Amboise.
21. Amboise.
24. Amboise.
26. Amboise.
27. Amboise.
28. Amboise.
29. Amboise.

Lettre du roi au Parlement. (*Arch. nat.*, X[1a] 9322, fol. 120.)

30. Amboise.

(*Arch. nat.*, KK. 94, fol. 40 v°.)

DÉCEMBRE.

1. Amboise.
2. Amboise.
3. Amboise. — *Traité de Bruxelles avec l'empereur Maximilien.*
4. Amboise.
5. Amboise.
7. Amboise.
8. Amboise.
9. Amboise.
10. Amboise.
11. Amboise.
12. Amboise.
14. Amboise.
16. Amboise.

(*Catalogue* et lettre de François Ier à Léon X, impr. dans Charrière, *Négociations de la France dans le Levant*, t. I, p. 41.)

17. Amboise.
18. Amboise.
20. Amboise.
22. Amboise.
23. Amboise.
24. Amboise.

Départ pour Blois. (Barrillon, I, 252.)

28. Blois.
29. Blois.
30. Blois.
31. Amboise.

(*Arch. nat.*, KK. 94, fol. 41, et Barrillon, I, 262.)

1517

JANVIER.

1. Amboise.
2. Amboise.
4. Amboise.
8. Romorantin.

Le roi y séjourne deux ou trois jours, suivant le *Journal* de Barrillon, I, 262.

9. Paris (*sic*).
10. Paris (*sic*).
13. Paris (*sic*).
17. Saint-Mesmin près Orléans.

(*Journal* de Louise de Savoie.)

18. Orléans.

Entrée du roi dans cette ville. (*Journal* de Louise de Savoie.)

23. Janville en Beauce.

(*Journal d'un bourgeois de Paris*, p. 46.)

25. Paris.
26. Paris.
27. Paris.
28. Paris.
30. Paris.
31. Paris.

FÉVRIER.

1. Paris.
3. Paris.
4. Paris.
5. Paris.
6. Paris.
7. Paris.

8. Paris.
9. Paris.
10. Paris.
11. Paris.
12. Paris.
13. Paris.
16. Paris.
17. Paris.
18. Paris.
21. Paris.
23. Paris.
25. Paris.
26. Paris.
28. Paris.

MARS.

1. Paris.
2. Paris.
3. Paris.
4. Paris.
5. Paris.
6. Paris.
8. Paris.
10. Paris.
11. Bois de Vincennes. — *Date du traité de Cambrai avec l'empereur Maximilien et Charles, roi d'Espagne.*
14. Paris.
Id. Bois de Vincennes.

Lettre du roi au s^r de La Fayette. (*Bibl. nat.*, ms. fr. 3057, fol. 49.)

15. Bois de Vincennes.

(*Journal* de Barillon, I, 275.)

16. Paris.
17. Paris.
18. Vincennes.
19. Bois de Vincennes.
20. Bois de Vincennes.
21. Paris.

Assemblée des députés des villes devant le roi. (Barrillon, I, 275.)

23. Paris.
Id. Villeneuve-Saint-Georges.

Lettre du roi au s^r de La Fayette. (*Bibl. nat.*, ms. fr. 3057, fol. 65.)

24. Villeneuve-Saint-Georges.
Id. Paris.
26. Ablon-sur-Seine.
28. Paris.
31. Saint-Maur-les-Fossés.

AVRIL.

2. Paris.
3. Paris.
4. Paris.
6. Saint-Maur-les-Fossés.
7. Saint-Maur.
8. Saint-Maur.
11. Saint-Maur.
13. .... — *Pâques.*
14. Saint-Maur.
15. Saint-Maur.
17. Paris.
19. Saint-Maur-les-Fossés.
21. Paris.
22. Paris.
23. Paris.
24. Paris.
25. Paris.
26. Paris.
27. Paris.
30. Paris.

MAI.

1. Paris.
2. Paris.
3. Paris.
5. Paris.
6. Paris.
8. Paris.
9. Paris.
10. Saint-Denis.

Couronnement de la reine Claude. (Barrillon, I, 308.)

11. Saint-Denis.
12. Paris.
13. Paris. — *Déclaration pour la publication du Concordat.*
15. Paris.
16. Paris.
17. Paris.
18. Paris.
19. Paris.

Ce jour-là, le roi aurait quitté Paris pour se rendre en Picardie, suivant le *Journal* de Barrillon, I, 309.

Id. Écouen.

(*Journal d'un bourgeois de Paris*, p. 54.)

20. Paris.
22. Paris.
23. Paris.
25. Paris.
26. Paris.
Id. Compiègne.
28. Compiègne.
29. Compiègne.
31. Compiègne.

(*Arch. nat.*, KK. 94, fol. 52 v°.)

JUIN.

1. Compiègne.
2. Compiègne.
3. Compiègne.
Lettre du roi au s[r] de La Fayette. (*Bibl. nat.*, ms. fr. 3057, fol. 121.)

4. Compiègne.
5. Compiègne.
7. Amiens.
9. Saint-Quentin.
Lettre du roi au s[r] de La Fayette. (*Bibl. nat.*, ms. fr. 3057, fol. 125.)

10. Saint-Quentin.
13. Paris (*sic*).
18. Amiens.
19. Amiens.
20. Amiens.
21. Amiens.
Lettre du roi au Parlement. (*Arch. nat.*, X[1a] 1519, fol. 203.)

23. Abbeville.
24. Abbeville.
26. Abbeville.
27. Abbeville.
(*Arch. nat.*, J. 995[a].)

30. Montreuil-sur-Mer.
Id. Étaples.
(*Arch. nat.*, KK. 94, fol. 53.)

JUILLET.

2. Boulogne-sur-Mer.
D'où le roi retourne à Montreuil. (Barrillon, I, 311.)

Montreuil et Thérouanne. Sans quantième.
(*Journal d'un bourgeois de Paris*, p. 54.)

4. Moreuil.
Lettre missive du roi. (*Bibl. nat.*, ms. fr. 2972, fol. 30.)

10. Saint-Quentin.
Id. Abbeville.
11. Abbeville.
13. Abbeville.
Le Crotoy. Sans quantième.
(*Journal d'un bourgeois de Paris*, p. 54.)

20. Arques.
22. Dieppe.
23. Dieppe.
24. Dieppe.
25. Longueville.
Lettre du roi au s[r] de La Fayette. (*Bibl. nat.*, ms. fr. 3057, fol. 153.)

27. Clères en Normandie.
Lettre du roi au sénéchal de Poitou. (*Arch. hist. du Poitou*, IV, 281.)

29. Rouen.
31. Croisset.

AOÛT.

1. Rouen.
2. Rouen.
Le roi y séjourne environ trois semaines. (Barrillon, I, 316.)

4. Rouen.
6. Rouen.
7. Rouen.
8. Rouen.
11. Rouen.
12. Rouen.
13. Rouen.
14. Rouen.
15. Rouen.
16. Rouen.
17. Rouen.
18. Rouen.
19. Rouen.
20. Rouen.
21. Mauny.
22. Mauny.
24. Rouen.
26. Rouen.
28. Mauny.
30. Port-Saint-Ouen.
Id. Rouville.
31. Rouville.
(*Arch. nat.*, KK. 94, fol. 53 v°.)

SEPTEMBRE.

1. Pont-de-l'Arche.
Lettre du roi au s[r] de La Fayette. (*Bibl. nat.*, ms. fr. 3057, fol. 169.)

3. Louviers.
Id. Gaillon.
Lettre du roi au s[r] de La Fayette. (*Bibl. nat.*, ms. fr. 3057, fol. 173.)

4. Gaillon.
5. Gaillon.
6. Louviers.

Pont-de-l'Arche. Sans quantième.
(Barrillon, I, 323.)

9. Évreux.
10. Évreux.
Lettre missive. (Champollion-Figeac, *Documents hist. extraits des coll. manuscrites de la Bibl. nat.*, in-4°, IV, 398.)

11. Évreux.
14. Évreux.
Beaumont-le-Roger. Sans quantième.
17. Bernay.
20. Lisieux.
21. Lisieux.
24. Orbec.
26. Vimoutiers.
27. Argentan.
30. Argentan.
(*Arch. nat.*, KK. 94, fol. 54.)

OCTOBRE.

1. Argentan.
Suivant le *Journal* de Louise de Savoie, le roi y fait son entrée ce jour-là.

2. Argentan.
3. Argentan.
5. Argentan.
6. Argentan.
8. Argentan. — *Traité d'alliance avec Venise.*
10. Argentan.
11. Argentan.
18. Argentan.
22. «Noues [1].»
24. Le Mesle-sur-Sarthe.
31. Moulins-la-Marche.

NOVEMBRE.

1. Moulins-la-Marche.
(Barrillon, I, 324.)

3. Moulins-la-Marche.
6. «Suilly [2].»
(*Arch. de la Côte-d'Or*, B. 1829, fol. 250 v°.)

14. La Ferté-Bernard.
15. La Ferté-Bernard.
Lettre du roi au Parlement. (*Arch. nat.*, X[1a] 9322, fol. 128.)

Blois. Sans quantième.
(Barrillon, I, 324.)

24. Amboise.
D'où le roi se rend à pied à Saint-Martin de Tours. (*Journal* de Louise de Savoie.)

25. L'Angennerie (c^ne^ de Chanceaux-sur-Croisille, Indre-et-Loire).
Lettre missive du roi au Grand-maître. (*Bibl. nat.*, ms. fr. 3032, fol. 82.)

Tours. Sans quantième.
30. Le Plessis-lès-Tours.

DÉCEMBRE.

3. Le Plessis-lès-Tours.
4. Le Plessis-lès-Tours.
Id. Tours.
5. Le Plessis-lès-Tours.
6. Le Plessis-lès-Tours.
Lettre missive du roi au s^r^ de La Fayette. (*Bibl. nat.*, ms. fr. 3057, fol. 253.)

7. Le Plessis-lès-Tours.
8. Le Plessis-lès-Tours.
9. Tours.
10. Amboise.
Arrivée du roi dans cette ville. (Barrillon, I, 325.)

12. Amboise.
13. Amboise.
14. Amboise.
16. Amboise.
17. Amboise.
18. Saint-Aignan.
19. Amboise.
21. Amboise.
22. Amboise.
24. Amboise.
26. Amboise.
31. Amboise.

(1) Les Noës, château, c^ne^ de Saint-Léger-sur-Sarthe.
(2) Peut-être Silli-en-Gouffern, c^ne^ d'Exmes, arr^t^ d'Argentan (Orne).

1518

JANVIER.

1. Amboise.
2. Amboise.
3. Amboise.
4. Amboise.

Lettre du roi au Parlement. (*Arch. nat.*, X[1a] 9322, fol. 129.)

5. Amboise.
8. Amboise.
9. Amboise.
11. Amboise.
12. Amboise.
13. Amboise.
14. Amboise.
15. Amboise.
16. Amboise.
17. Amboise.
18. Amboise.
19. Amboise.
20. Amboise.
21. Amboise.

Lettre du roi au Parlement. (*Arch. nat.*, X[1a] 9322, fol. 130.)

22. Amboise.
23. Amboise.
24. Amboise.
25. Amboise.
26. Amboise.
27. Amboise.
28. Amboise.
29. Amboise.

Lettres au Parlement. (*Arch. nat.*, X[1a] 9322, fol. 132, 133.)

31. Amboise.
Id. Blois.

(*Arch. nat.*, KK. 94, fol. 68 v°.)

FÉVRIER.

1. Amboise.
3. Marchenoir.
4. Amboise.
7. Amboise.
8. Amboise.
9. Amboise.
10. Amboise.
12. Amboise.
14. Amboise.
18. Amboise.
23. Amboise.
25. Amboise.
26. Amboise.
27. Amboise.
28. Amboise.

Naissance du dauphin François. (*Journal de Louise de Savoie*, et Barrillon, t. II.)

MARS.

1. Amboise.
2. Amboise.
3. Amboise.
5. Amboise.
6. Amboise.

Catalogue et lettres missives au Parlement des 2, 3, 5 et 6 mars. (*Arch. nat.*, X[1a] 9322, fol. 138-144.)

7. Amboise.
8. Amboise.
9. Amboise.
10. Amboise.
11. Amboise.
12. Amboise.
13. Amboise.
14. Amboise.
15. Amboise.
Id. Blois.
16. Amboise.
17. Amboise.
18. Amboise.
19. Amboise.

Catalogue et lettres missives au Parlement des 15, 17 et 19 mars. (*Arch. nat.*, X[1a] 9322, fol. 149-151.)

20. Amboise.
21. Amboise.
22. Amboise.
24. Amboise.

Lettres du roi au s[r] de La Fayette. (*Bibl. nat.*, ms. fr. 3057, fol. 69.)

25. Amboise.

Baptême du dauphin. (*Journal d'un bourgeois de Paris*, p. 63.)

26. Amboise.
27. Amboise.
28. Amboise.
29. Amboise.
30. Amboise.
31. Amboise.

(*Arch. nat.*, KK. 94, fol. 69.)

AVRIL.

2. Amboise.
4. Amboise. — *Pâques.*
5. Amboise.
6. Amboise.

Lettre du roi au Parlement. (*Arch. nat.*, X¹ᵃ 9322, fol. 153.)

7. Amboise.

Lettre du roi au sʳ de La Fayette. (*Bibl. nat.*, ms. fr. 3057, fol. 77.)

8. Amboise.
9. Amboise.
10. Amboise.
11. Amboise.
12. Amboise.
14. Amboise.
15. Amboise.
16. Amboise.

Lettres du roi au Parlement. (*Arch. nat.*, X¹ᵃ 9322, fol. 155, 156.)

17. Amboise.
18. Amboise.
20. Amboise.
22. Amboise.
Id. Blois.
23. Amboise.
24. Amboise.
25. Amboise.

Baptême du dauphin. (*Journal* de Barrillon, II.)

26. Amboise.
27. Amboise.
28. Amboise.
30. Amboise.

MAI.

1. Amboise.
2. Amboise.

(Barrillon, II.)

3. Amboise.
4. Amboise.
5. Amboise.
6. Amboise.
7. Amboise.
8. Amboise.
10. Amboise.
11. Amboise.
12. Amboise.

Catalogue et lettre missive à la Cour des Monnaies. (*Arch. nat.*, Z¹ᵇ 61, fol. 54.)

13. Amboise.
14. Amboise.
15. Amboise.
16. Amboise.
17. Amboise.

Catalogue et lettre missive à la Cour des Monnaies. (*Arch. nat.*, Z¹ᵇ 61, fol. 54.)

18. Amboise.
19. Amboise.
20. Amboise.
22. Amboise.
23. Chinon.
24. Chinon.
26. Chinon.
27. Chinon.
29. Chinon.
31. Abbaye de Turpenay.

(*Arch. nat.*, KK. 94, fol. 69 vº.)

JUIN.

1. Turpenay.
2. Amboise.
3. Angers.
4. Angers.
6. Angers.
7. Angers.
8. Angers.
9. Angers.
10. Angers.
12. Angers.
13. Angers.
14. Angers.
15. Angers.
18. Angers.
20. Angers.
22. Angers.
23. Angers.
24. Angers.
25. Angers.
26. Angers.
27. Angers.

Lettre du roi à M. du Bouchage. (*Bibl. nat.*, ms. fr. 2990, fol. 1.)

28. Angers.
29. Angers.
30. Angers.

M. C. Port dit qu'en ce mois de juin, François Iᵉʳ, la reine et Louise de Savoie furent au château du Plessis-Macé, où le seigneur leur donna des fêtes. (*Dict. hist. géogr. de Maine-et-Loire*, III, 123.)

JUILLET.

3. Angers.
4. Angers.

IMPRIMERIE NATIONALE.

6. Angers.
7. Angers.
9. Angers.
10. Le Plessis-Macé.
15. Angers.
16. Le Verger (château de Charles de Rohan, c^ne de Seiches, Maine-et-Loire).
17. Le Verger.
18. Le Verger.
19. Le Verger.
22. Angers.
27. Angers.
28. Angers.
29. Angers.
31. Angers.

AOÛT.

1. Angers.

Le roi part de cette ville au commencement d'août. (Barrillon, II.)

8. Nantes.

Pendant que le roi visite la Bretagne, la reine, Madame et le chancelier restent au Plessis-du-Ver et à Ancenis. (Barrillon, II.)

10. Nantes.
11. Nantes.
12. Nantes.
13. Nantes.
15. Nantes.
16. Blain.
19. Nantes.
20. Blain.
21. Blain.
22. Blain.
27. Nantes.
28. Savenay.
30. Rochefort-en-Terre (Morbihan).
31. Trédion (Morbihan).

(*Arch. nat.*, KK. 94, fol. 70 v°.)

SEPTEMBRE.

3. Vannes.
5. Vannes.
6. Vannes.
7. Vannes.
Id. Auray.
8. Auray.
21. Lesneven.
Id. Saint-Pol-de-Léon.
28. Saint-Brieuc.
30. La Hunaudaye.

OCTOBRE.

2. . . . . . — *Traité de Londres; alliance avec Henri VIII.*
5. Ancenis. — (*Il faudrait sans doute corriger 15 au lieu de 5.*)
6. Dol.
7. Pontorson.
11. Rennes.
Id. Bain-de-Bretagne.
15. Ancenis.
16. Le Plessis-du-Ver.

(Barrillon, II.)

Id. Ruzebourg ou Ruseboue[1].

Deux missives de François Ier au s^r de La Fayette. (*Bibl. nat.*, ms. fr. 3057, fol. 193 et 205.)

21. Baugé.
22. Baugé.
24. Baugé.
25. Baugé.
28. La Châtre.
31. Vendôme.

(*Arch. nat.*, KK. 94, fol. 71.)

NOVEMBRE.

1. Vendôme.

(Barrillon, II.)

8. Paris (*sic*).
13. Chartres.

Catalogue et missive du roi au s^r de La Fayette. (*Bibl. nat.*, ms. fr. 3057, fol. 241.)

16. Saint-Clair (auj. Gometz).
17. Paris.
18. Paris.
19. Paris.

Entrée du Légat. (*Journal d'un bourgeois de Paris*, p. 73.)

20. Paris.
22. Paris.
23. Paris.

[1] Aujourd'hui La Pointe, c^ne de Bouchemaine (Maine-et-Loire), anc. Ruseboue, Ruzebourg ou la Pointe de Ruzebourg, à l'embouchure de la Maine. Voir C. Port, *Dict. de Maine-et-Loire*, v° Pointe (La).

24. Paris.
27. Paris.
28. Paris.
29. Paris.
30. Paris.

DÉCEMBRE.

2. Paris.
3. Paris.
6. Paris.
7. Bois de Vincennes.
10. Vincennes et Paris.
11. Paris.
12. Paris.
13. Paris.
14. Paris.
15. Paris.
16. Paris.
18. Paris.
19. Paris.
20. Paris.
21. Paris.
22. Paris.
23. Paris.
24. Paris.
27. Paris.
28. Paris.
29. Paris.
30. Paris.
31. Paris.

1519

JANVIER.

1. Paris.
3. Paris.
4. Paris.
5. Paris.
6. Paris.
8. Paris.
9. Paris.
10. Paris.
11. Paris.
12. Paris.
13. Paris.
14. Paris.
15. Paris.
17. Paris.
18. Paris.
19. Paris.
21. Paris.
23. Paris.
24. Paris.
25. Paris.
27. Paris.
28. Paris.
29. Paris.
30. Paris.
31. Chantilly.

(*Arch. nat.*, KK. 94, fol. 95 v°.)

FÉVRIER.

2. Paris.

Catalogue et lettre missive à la Cour des Monnaies. (*Arch. nat.*, Z[1b] 61, fol. 60 v°.)

3. Paris.
5. Paris.
6. Paris.
7. Paris.
8. Paris.
9. Paris.
10. Paris.
11. Paris.
12. Paris.
13. Paris.
14. Paris.
15. Paris.
16. Paris.
17. Paris.
18. Paris.
20. Paris.
21. Paris.

A Notre-Dame, cérémonie des obsèques de l'empereur Maximilien. (*Journal d'un bourgeois de Paris*, p. 79.)

23. Paris.
25. Paris.
26. Paris.
27. Paris.
28. Paris.
Id. Villeneuve-Saint-Georges.

(*Arch. nat.*, KK. 94, fol. 95 v°.)

MARS.

1. Paris.
2. Paris.
3. Paris.
4. Paris.
5. Paris.
7. Paris.

8. Paris.
10. Paris.
11. Paris.
12. Paris.

Départ pour Saint-Germain-en-Laye. (Barrillon, II.)

13. Port de Neuilly.
14. Paris.
15. Paris.
Id. Saint-Germain-en-Laye.
22. Saint-Germain-en-Laye.
23. Saint-Germain-en-Laye.
24. Saint-Germain-en-Laye.
Id. Carrières[1].
26. Saint-Germain-en-Laye.
27. Saint-Germain.
Id. La Roche-Guyon.
28. Saint-Germain-en-Laye.
29. Carrières.
30. Carrières.
Id. Saint-Germain-en-Laye.
31. Saint-Germain-en-Laye.

Naissance de Henri de France, deuxième fils du roi. (*Journal* de Louise de Savoie, et Jean Barrillon, II.)

AVRIL.

1. Saint-Germain-en-Laye.
2. Carrières.
Id. Saint-Germain-en-Laye.
3. Saint-Germain-en-Laye.
4. Saint-Germain-en-Laye.
Id. Carrières.
5. Saint-Germain-en-Laye.
6. Saint-Germain-en-Laye.
Id. Carrières.
7. Saint-Germain-en-Laye.
Id. Carrières.
8. Saint-Germain-en-Laye.
11. Carrières.
12. Carrières.
13. Carrières.
15. Carrières.
Id. Saint-Germain-en-Laye.
16. Saint-Germain-en-Laye.
18. Saint-Germain-en-Laye.
Id. Carrières.
19. Saint-Germain-en-Laye.
Id. Carrières.
21. Saint-Germain-en-Laye.

Lettre du roi au Parlement. (*Arch. nat.*, X¹ᵃ 1521, fol. 183.)

24. ....— *Pâques.*
27. Saint-Germain-en-Laye.
29. Saint-Germain-en-Laye.
30. Saint-Germain-en-Laye.

(*Arch. nat.*, KK. 94, fol. 96 v°.)

MAI.

1. Saint-Germain-en-Laye.
3. Saint-Germain-en-Laye.
5. Carrières.
6. Carrières.
Id. Saint-Germain-en-Laye.
7. Saint-Germain-en-Laye.

Instructions signées de la main du roi. (*Bibl. nat.*, ms. fr. 3021, fol. 76.)

8. Saint-Germain-en-Laye.
11. Carrières.
12. Saint-Germain-en-Laye.
15. Saint-Germain-en-Laye.
16. Saint-Germain-en-Laye.
17. Saint-Germain-en-Laye.
Id. Carrières.
18. Carrières.
Id. Saint-Germain-en-Laye.
20. Saint-Germain-en-Laye.
22. Saint-Germain-en-Laye.
23. Saint-Germain-en-Laye.
24. Saint-Germain-en-Laye.
25. Saint-Germain-en-Laye.
Id. Carrières.
28. Saint-Germain-en-Laye.
29. Saint-Germain-en-Laye.
31. Saint-Germain-en-Laye.

Lettre du roi au Parl. (*Arch. nat.*, X¹ᵃ 1521, fol. 205.)

Id. Carrières.
Id. Saint-Prix.

(*Arch. nat.*, KK. 94, fol. 97.)

JUIN.

1. Saint-Germain-en-Laye.
7. Saint-Germain-en-Laye.
8. Saint-Germain-en-Laye.
11. Saint-Germain-en-Laye.
12. Saint-Germain-en-Laye.
13. Saint-Germain-en-Laye.
Id. Carrières.
14. Carrières.
Id. Saint-Germain-en-Laye.
15. Saint-Germain-en-Laye.
21. Saint-Germain-en-Laye.

[1] Carrières-sous-Poissy, ou bien Carrières-sous-Bois, commune du Mesnil-le-Roi (Seine-et-Oise).

22. Carrières.
25. Carrières.
26. Melun.
28. Fontainebleau.
30. Fontainebleau.

(*Arch. nat.*, KK. 94, fol. 97.)

JUILLET.

1. Carrières (*sic*).
2. Carrières.
8. Saint-Germain-en-Laye.
12. Saint-Germain-en-Laye.
14. Saint-Germain-en-Laye.
18. Carrières.
20. Saint-Germain-en-Laye.
21. Saint-Germain-en-Laye.
Id. Carrières.
24. Saint-Germain-en-Laye.
25. Paris.
27. Paris.
30. Paris.
31. Bois de Vincennes.

(*Arch. nat.*, KK. 94, fol. 97 v°.)

AOÛT.

7. Corbeil.

Lettre du roi au s[r] de La Fayette. (*Bibl. nat.*, ms. fr. 3057, fol. 157.)

9. Corbeil.
10. Corbeil.
11. Corbeil.
13. Corbeil.
Id. Paris.
19. Fontainebleau.
21. Saint-Mathurin de Larchant.
22. Malesherbes.

Catalogue et lettre missive du roi à M. du Bouchage. (*Bibl. nat.*, ms. fr. 3051, fol. 7.)

29. Blois.
30. Blois.
31. Blois.

(*Arch. nat.*, KK. 94, fol. 98.)

SEPTEMBRE.

1. Blois.
5. Blois.
6. Blois.
7. Blois.
10. Blois.
11. Blois.
12. Blois.
13. Blois.
15. Blois.
20. Blois.

Lettre missive. (*Arch. de la Côte-d'Or*, B. 1831, fol. 213 v°.)

22. Blois.
23. La Chapelle-Vendômoise.

Chasse. (*Journal* de Louise de Savoie.)

26. Blois.
30. Blois.

(*Arch. nat.*, KK. 94, fol. 98 v°.)

OCTOBRE.

1. Blois.
3. Blois.
8. Chambord.

(*Journal* de Louise de Savoie.)

12. Blois.
16. Amboise.
19. Amboise.
20. Amboise.

Lettre du roi au s[r] de La Fayette. (*Bibl. nat.*, ms. fr. 3057, fol. 197.)

21. Amboise.
22. Amboise.
25. Amboise.
27. Amboise.

Lettre du roi au s[r] de La Fayette. (*Bibl. nat.*, ms. fr. 3057, fol. 221.)

29. Amboise.
30. Amboise.
31. Amboise.

NOVEMBRE.

1. Blois.
3. Amboise.
8. Amboise.
9. Blois.
11. Blois.
15. Blois.
16. Blois.
21. Blois.
27. Blois.

Lettre du roi au Parlement. (*Arch. nat.*, X[1a] 9322, fol. 158.)

29. Blois.
30. Blois.

(*Arch. nat.*, KK. 94, fol. 99, et X[1a] 9322, fol. 159.)

DÉCEMBRE.

1. Blois.
2. Blois.
3. Blois.
4. Blois.
5. Blois et Amboise.
7. Blois.
8. Blois.
10. Blois.

Départ de Blois pour Cognac. (*Journal* de Louise de Savoie.)

14. Chambord.
16. Cheverny (Loir-et-Cher).
Id. Blois.

Lettre du roi au Parlement. (*Arch. nat.*, X[1a] 9322, fol. 161.)

Saint-Aignan-sur-Cher. Sans quantième.

20. Blois.
21. Les Roches-Saint-Quentin (château, commune de Saint-Quentin, Indre-et-Loire.
21. Montrésor.

Lettre au Parlement. (*Arch. nat.*, X[1a] 9322, fol. 162.)

24. Châtellerault.

Lettre au Parlement. (*Arch. nat.*, X[1a] 9322, fol. 164.)

25. Châtellerault.

(Jean Barrillon, II.)

26. Blois (*sic*).
27. Blois.

Date d'une lettre du roi à l'évêque de Cologne. (Lacomblet, *Urkundenbuch der Nieder-Rheins*, t. IV, p. 638.)

29. Châtellerault.
31. Le Fou (commune de Vouneuil-sur-Vienne, Vienne).

(*Arch. nat.*, KK. 94, fol. 99 v°.)

1520

JANVIER.

1. Châtellerault.
5. Poitiers.

Entrée dans cette ville. (*Journal* de Louise de Savoie.)

8. Poitiers.
9. Poitiers.
10. Lusignan.
11. Lusignan.
16. Melle.
23. Paris (*sic*).
27. Cognac.
31. Saint-Jean-d'Angély.

FÉVRIER.

1. La Rochelle.

Entrée du roi. (Marquis d'Aubais, *Pièces fugitives*, etc., in-4°, t. II, p. 102.)

3. La Rochelle.
7. Cognac.
9. Saint-Jean-d'Angély.
10. Saint-Jean-d'Angély.
11. Saint-Jean-d'Angély.
12. Saint-Jean-d'Angély.
13. Saint-Jean-d'Angély.
14. Saint-Jean-d'Angély.
15. Saint-Jean-d'Angély.
17. Saint-Jean-d'Angély.
18. Cognac.
19. Cognac.

(Jean Barrillon, II.)

21. Cognac.
22. Cognac.
23. Cognac.
24. Cognac.
25. Cognac.
26. Cognac.
27. Cognac.

MARS.

1. Cognac.
4. Cognac.
6. Cognac.
7. Cognac.

Catalogue et lettre du roi à la Chambre des Comptes. (*Arch. nat.*, P. 2535, fol. 286 v°.)

8. Cognac.
9. Cognac.
11. Jarnac.
15. Angoulême.
16. Angoulême.
17. Angoulême.
18. Angoulême.

19. Angoulême.
26. Châtellerault.

AVRIL.

2. Amboise.
4. Blois.
5. Blois.
Lettre missive de François Ier. (Champollion-Figeac, *Documents historiques extraits des coll. manuscrites de la Bibl. nat.*, in-4°, t. II, p. 395.)

8. Blois.
12. Blois.
13. Blois.
14. Blois.
15. Blois.
16. Blois.
17. Blois.
Gien. Sans quantième.
(Jean Barrillon, II.)

26. Paris.
27. Paris.

MAI.

2. Nantouillet.
4. Paris.
5. Paris.
6. Paris.
7. Paris.
8. Paris.
9. Paris.
12. Paris.
13. Beauvais.
21. Montreuil[-sur-Mer].
22. Forestmontiers.
(*Journal* de Louise de Savoie.)

24. Montreuil.
26. Montreuil.
27. Montreuil.
28. Montreuil.
30. Marquise.
(Barrillon, II.)

31. Ardres.
(*Journal* de Louise de Savoie.)

JUIN.

1 à 5. Ardres.
(Barrillon, II.)

6. Ardres.
7. Ardres.
Entrevue de François Ier avec Henri VIII à Guines. (*Journal* de Louise de Savoie.)

9. Ardres.
11. *Tournoi entre Ardres et Guines.*
(Barrillon, II.)

12. Ardres.
Lettre du roi à la Chambre des Comptes. (*Arch. nat.*, P. 2304, p. 488.)

13. Ardres.
14. Ardres.
17. Ardres.
(*Journal* de Louise de Savoie.)

18. Ardres.
23. Ardres.
(*Arch. de la Côte-d'Or*, B. 1831, fol. 257.)

24. Ardres.
Les deux rois prennent congé. (*Journal* de Louise de Savoie.)

25. Ardres.
Départ. (*Journal* de Louise de Savoie.)

Id. Thérouanne (coucher).
26. Desvres.
(*Journal* de Louise de Savoie.)

27. Dîner à Boulogne, coucher à Étaples.
(*Journal* de Louise de Savoie.)

28. Forestmontiers.
D'où le roi se rend à Abbeville, Flixecourt et Daours. (*Journal* de Louise de Savoie.)

JUILLET.

4. Saint-Germain-en-Laye.
Lettre du roi à la Chambre des Comptes. (*Arch. nat.*, P. 2535, fol. 296 v°.)

10. Paris.
11. Paris et Saint-Germain-en-Laye.
17. Carrières et Saint-Germain-en-Laye.
18. Saint-Germain-en-Laye.
19. Saint-Germain-en-Laye.
20. Saint-Germain-en-Laye et Carrières.
21. Saint-Germain-en-Laye.
22. Saint-Germain-en-Laye.
23. Saint-Germain-en-Laye.
24. Saint-Germain-en-Laye et Paris.

AOÛT.

2. La Mailleraye[-sur-Seine, Seine-Inférieure].

7. Mauny.
10. Rouen.

Naissance de Madeleine de France à Saint-Germain-en-Laye. (Barrillon, II.)

11. Saint-Germain-en-Laye.
12. Rouen.
14. Saint-Germain-en-Laye.
15. Saint-Germain-en-Laye.
20. Saint-Germain-en-Laye.
22. Carrières.
23. Saint-Germain-en-Laye.
24. Paris.
28. Saint-Germain-en-Laye.
29. Paris.
31. Paris.

Port-de-Grâce (Le Havre). Sans quantième.

SEPTEMBRE.

3. Paris.
4. Paris et Saint-Germain-en-Laye.
6. Saint-Germain-en-Laye.
7. Saint-Germain-en-Laye.
8. Saint-Germain-en-Laye.
9. Paris.
10. Saint-Germain-en-Laye.
13. Paris.
16. Saint-Germain-en-Laye.

Catalogue et lettre du roi à la Chambre des Comptes. (*Arch. nat.*, P. 2535, fol. 282.)

17. Paris.
18. Paris.
19. Paris.
21. Paris.
28. Carrières.

OCTOBRE.

1. Paris.
4. Paris.
5. Paris.
6. Paris.
8. Paris.
13. Paris.

Le roi quitte Paris et va à Amboise où il séjourne quelque temps, puis à Blois où il reste jusqu'après Noël. (Jean Barrillon, II.)

15. Fontainebleau.
17. Fontainebleau.
23. Milly-en-Gâtinais.

Neuville (s. d. Neuville-aux-Bois, Loiret). Sans quantième.

26. Blois.
29. Blois.
30. Blois.

NOVEMBRE.

9. Amboise.
10. Amboise.
12. Amboise.
14. Amboise.
16. Amboise.
20. Amboise.
28. Blois.
30. Blois.

(*Arch. nat.*, KK. 349, 9e compte d'Ant. Bohier.)

DÉCEMBRE.

1. Blois.

Lettre du roi au Parlement. (*Arch. nat.*, X1a 9322, fol. 170.)

3. Blois.
4. Blois.
6. Blois.
7. Blois.
11. Blois.
19. Rilly-sur-Loire.
21. Blois.
24. Blois.
27. Blois.

Après Noël, le roi quitte Blois pour Romorantin. (Jean Barrillon, II.)

28. Blois.

Lettre du roi au Parlement. (*Arch. nat.*, X1a 9322, fol. 175.)

1521

JANVIER.

1. Montfraut (ancien château, depuis englobé dans le parc de Chambord).

Lettre du roi au Parlement. (*Arch. nat.*, X1a 9322, fol. 176.)

2. Romorantin.
3. Fontaines (Fontaine-en-Sologne, canton de Bracieux, Loir-et-Cher).
6. Romorantin.

François Ier, dans un divertissement, est grièvement blessé à la tête et reste deux mois malade dans cette ville. (Jean Barrillon, II.)

7. Romorantin.
11. Romorantin.
14. Romorantin.
17. Romorantin.
18. Romorantin.
21. Romorantin.
22. Romorantin.
26. Romorantin.
28. Romorantin.
29. Romorantin.

Lettre du roi au Parlement. (*Arch. nat.*, X[1a] 9322, fol. 177.)

31. Romorantin.

FÉVRIER.

1. Romorantin.
2. Romorantin.
3. Romorantin.
4. Romorantin.

Lettre du roi au Parlement. (*Arch. nat.*, X[1a] 9322, fol. 180.)

6. Romorantin.
8. Romorantin.
9. Romorantin.
10. Romorantin.
12. Romorantin.
13. Romorantin.
14. Romorantin.
15. Romorantin.
19. Romorantin.
22. Romorantin.
24. Romorantin.
27. Romorantin.
28. Romorantin.

Lettre du roi au Parlement. (*Arch. nat.*, X[1a] 9322, fol. 182.)

MARS.

2. Romorantin.
4. Romorantin.

Lettre du roi au Parlement. (*Arch. nat.*, X[1a] 9322, fol. 183.)

7. Romorantin.
8. Romorantin.
12. Romorantin.
16. Romorantin.
18. Romorantin.
20. Romorantin.
21. Romorantin.

Le roi part de cette ville pour se rendre en Bourgogne. (Jean Barrillon, II.)

27. Sancerre.

Lettre du roi à la Chambre des Comptes. (*Arch. nat.*, P. 2304, p. 633.)

31. Sancerre. — *Pâques.*

(*Journal* de Barrillon, II.) — Ce jour, on annonce à Avallon l'entrée prochaine du roi, venant de Sancerre. (*Invent. des arch. comm. d'Avallon*, in-4°, p. 3, 104.)

AVRIL.

1. Sancerre.

Défi adressé au roi par l'Empereur. (*Journal* de Jean Barrillon, II.)

2. Dijon.

Deux actes du *Catalogue* portent cette date (n°s 1352, 17357). Si ce n'est pas une erreur de quantième, il faut admettre que le Conseil avait devancé le roi dans cette ville.

4. Donzy.
8. Avallon.

(*Les La Trémoille pendant cinq siècles*, t. II, *Louis Ier, Louis II, Jean et Jacques*, Nantes, in-4°, 1892, p. 131.)

9. Saulieu (coucher).

(*Id.*, *ibid.*)

10. Torcy (coucher.)

(*Id.*, *ibid.*)

11. Villeneuve [-sur-Vingeanne].

Lettre du roi au Parlement. (*Arch. nat.*, X[1a] 9322, fol. 186.)

12. Dijon.
14. Villeneuve [-sur-Vingeanne].

Catalogue et lettre missive du roi à Montmorency. (*Bibl. nat.*, ms. fr. 3068, fol. 13.)

16. Dijon.

Entrée du roi dans cette ville. (*Journal* de Louise de Savoie.)

19. Dijon.
22. Troyes.

Entrée de François Ier. (*Journal* de Louise de Savoie.)

23. Troyes.

Le roi rejoint, dans cette ville, la reine et Madame, venant de Paris, et les emmène à Dijon. (Barrillon, II.)

26. Troyes.

Lettre à la Chambre des Comptes. (*Arch. nat.*, P. 2304, p. 642.)

27. Troyes.

IMPRIMERIE NATIONALE.

MAI.

5. Bar-sur-Seine.
7. Mussy-l'Évêque. — *Date du traité de Lucerne.*
9. Mussy-l'Évêque.
11. Châtillon-sur-Seine.

   Lettre de François Ier à l'évêque de Cologne. (Lacomblet, *Urkundenbuch der Nieder-Rheins*, t. IV, p. 641.)

20. Dijon.
23. Dijon.
24. Dijon.
29. Dijon.
30. Dijon.
31. Dijon.

JUIN.

2. Dijon.
3. Dijon.

   (*Arch. nat.*, KK. 349, 10e compte d'Ant. Bohier.)

4. Dijon.
5. Dijon.
6. Dijon.
11. La Margelle (canton de Saint-Seine, Côte-d'Or).
15. La Margelle.

   Lettre du roi au Parlement. (*Arch. nat.*, X1a 9322, fol. 192.)

18. Vergy.
19. Vergy.

   Lettre missive de François Ier au comte de Carpi. (Ch. Weiss, *Papiers d'État du cardinal de Granvelle*, t. I, p. 116.)

Id. Dijon.
21. Argilly.
24. Cîteaux.

   Lettre du roi à la Chambre des Comptes. (*Arch. nat.*, P. 2304, p. 642.)

26. Argilly.
29. Argilly.
30. Argilly.

JUILLET.

1. Argilly.
2. Argilly.
4. Argilly.
5. Argilly.

   (*Journal* de Louise de Savoie.)

7. Argilly.
8. Argilly.
12. Vergy.

   Lettre du roi au Parlement. (*Arch. nat.*, X1a 9322, fol. 195.)

13. Dijon.
14. Dijon.
15. Dijon.
16. Dijon.
17. Dijon.

   (*Journal* de Louise de Savoie.)

18. Dijon.
19. Dijon.

   Sommation adressée par François Ier à Henri VIII. (Jean Barrillon, II.)

20. Dijon.
21. Dijon.
22. Dijon.
25. Dijon.

   Lettre du roi au sénéchal de Lyon. (*Bibl. nat.*, ms. fr. 3087, fol. 35.)

29. Dijon.
30. Commarin (Côte-d'Or).

AOÛT.

2. Troyes (*sic*).
3. Autun.

   Lettre du roi à la Chambre des Comptes. (*Arch. nat.*, P. 2304, p. 647.)

6. Autun.
8. Autun.
9. Autun.

   Lettre du roi au Parlement. (*Arch. nat.*, X1a 1523, fol. 322 v°.)

10. Autun.
11. Autun.
20. Autun.

   Catalogue et missive du roi. (*Arch. nat.*, K. 83, n° 1.)

23. Lucenay-l'Évêque.
28. Mussy-l'Évêque.

   Lettre close de François Ier. (*Arch. de la Côte-d'Or*, G. 1164.)

30. Troyes.

SEPTEMBRE.

1. Troyes.
4. Troyes.
6. Troyes.
7. Troyes.
9. Troyes.

10. Troyes.
11. Troyes.
12. Troyes.
15. Troyes.
16. Troyes.

Le roi quitte Troyes allant à Reims et la reine retourne à Paris. (Barrillon, II.)

19. Reims.
21. Saint-Thierry-lès-Reims.
23. Saint-Thierry.
26. Saint-Thierry.

Lettre du roi à Montmorency. (*Bibl. nat.*, ms. fr. 3032, fol. 7.)

29. Saint-Thierry.
30. Pont-Faverger.

Lettre du roi à M. de Lamet. (*Bibl. nat.*, ms. fr. 2994, fol. 1.)

OCTOBRE.

1. Pont-Faverger.
2. Pont-Faverger. — *Traité de commerce avec Charles-Quint, daté de Calais.*

Lettre du roi à sa mère. (*Bibl. nat.*, ms. fr. 2978, fol. 1.)

6. Rethel.
8. Château-Porcien.
10. Liesse.

(*Bibl. nat.*, ms. fr. 3002, fol. 80.)

11. Notre-Dame-de-Liesse.
12. Camp d'Origny en Cambrésis.
Guise. Sans quantième.

(*Mémoires* de Du Bellay, édit. Michaud et Poujoulat, p. 143.)

15. Mont-Saint-Martin.

A 4 lieues de Saint-Quentin en Vermandois. (*Journal* de Louise de Savoie.)

16. Mont-Saint-Martin.
18. Élincourt.
19. Câteau-Cambrésis.

Camp. (Barrillon, II.)

Camp de Marquette. Sans quantième.
22. Camp de Saint-Hilaire.
23. *Bataille où fut le roi, entre Valenciennes et Saint-Hilaire, près d'une abbaye de femmes.*

(*Journal* de Louise de Savoie.)—Du Bellay (*Mémoires*, p. 145) dit à Haspres.

24. *Bouchain se rend au roi.*

(*Journal* de Louise de Savoie.)

25. Escaudain.

(*Journal* de Louise de Savoie.)

26. « Camp de Caudan » (Escaudain, c^on de Bouchain, Nord).

Lettre du roi à la Cour des Monnaies. (*Arch. nat.*, Z^1B 61, fol. 91 v°.)
A la fin d'octobre, François Ier, à la tête de l'armée en Hainaut, ne pouvant ravitailler Tournai, qui était son but, revient par l'Artois en Picardie. (Barrillon, II.)

31. Lécluse, à 2 lieues de Douai.

(*Mémoires* de Du Bellay, p. 146.)

NOVEMBRE.

1. Saudemont en Artois.

(*Journal* de Louise de Savoie.)

4. Camp de Monchy-le-Preux.
6. Doullens.

Ce jour, prise d'Hesdin par le connétable. (*Journal* de Louise de Savoie et Barrillon, II.)

14. Amiens.
15. Amiens.
18. Amiens.
19. Amiens.
20. Amiens.

Le 22, les ambassadeurs de François Ier partent de Calais, où ils étaient depuis 4 mois, et viennent, par Boulogne, à Compiègne, où se trouvait la cour. (Barrillon, II.)

26. Compiègne.
27. Compiègne.
28. Compiègne.
29. Compiègne.
30. Compiègne.

DÉCEMBRE.

2. Compiègne.
3. Compiègne.

(*Catalogue* et *Bibl. nat.*, ms. fr. 3060, fol. 106 et 107.)

9. Paris.
10. Paris.
12. Paris.
14. Amiens (*sic*).
Id. Paris.
15. Paris.
17. Paris.
18. Paris.
20. Paris.
21. Paris.
23. Paris.
27. Paris.
28. Paris.

1522

JANVIER.

2. Paris.
7. Paris.
10. Saint-Germain-en-Laye.
11. Saint-Germain-en-Laye.
16. Saint-Germain-en-Laye.
19. Paris.
22. Saint-Germain-en-Laye.

Naissance de Charles, troisième fils du roi. (*Journal* de Louise de Savoie.)

24. Saint-Germain-en-Laye.
27. Saint-Germain-en-Laye.
29. Saint-Germain-en-Laye.
31. Saint-Germain-en-Laye.

FÉVRIER.

2. Saint-Germain-en-Laye.
3. Saint-Germain-en-Laye.
4. Saint-Germain-en-Laye.
5. Paris.
6. Saint-Germain-en-Laye.
7. Saint-Germain-en-Laye.
8. Paris.
10. Saint-Germain-en-Laye.
12. Paris.
13. Paris.
14. Paris.
15. Paris.
16. Paris.
17. Paris.
18. Paris.
20. Saint-Germain-en-Laye.
23. Saint-Germain-en-Laye.
28. Saint-Germain-en-Laye.

MARS.

2. Saint-Germain-en-Laye.
4. Saint-Germain-en-Laye.
7. Paris.
8. Paris.

Lettre du roi à la Cour des Monnaies. (*Arch. nat.*, Z[1B] 61, fol. 95.)

13. Fontainebleau.
14. Fontainebleau.
15. Fontainebleau.
20. Troyes.
21. Troyes.
28. Langres.
29. Langres.

Lettre du roi à Montmorency. (*Bibl. nat.*, ms. fr. 3032, fol. 53.)

AVRIL.

2. Beaune.
3. Beaune.

Lettre du roi au Parl. (*Arch. nat.*, X[1A] 1524, fol. 213 v°.)

7. Lyon.
8. Lyon.
11. Lyon.
12. Lyon.
18. Lyon.
19. Lyon.
20. ..... — *Pâques.*
21. Lyon.
22. Lyon.

Lettre du roi à la ville de Poitiers. (*Arch. hist. du Poitou*, IV, 283 *n.*)

28. Lyon.
29. Lyon.
30. Lyon.

MAI.

1. Lyon.
2. Lyon.
3. Lyon.
4. Lyon.
5. Lyon.
6. Lyon.
8. Lyon.
9. Lyon.
10. Lyon.
13. Lyon.
14. Lyon.
15. Lyon.
16. Lyon.
17. Lyon.
18. Lyon.
21. Lyon.
22. Lyon.
23. Lyon.

Lettre du roi au Parl. (*Arch. nat.*, X[1A] 1524, fol. 246 v°.)

24. Lyon.
25. Lyon.

26. Lyon.
27. Lyon.

Défi porté à François Ier par un héraut du roi d'Angleterre. (*Journal d'un bourgeois de Paris*, p. 128.)

29. Lyon.

(*Catalogue* et *Journal* de Louise de Savoie.)

30. Lyon.
31. Lyon.

JUIN.

1. Lyon.
2. Lyon.
3. Lyon.
4. Lyon.
7. Lyon.
8. Lyon.
9. Crémieu.
11. Crémieu.
13. Lyon.
14. Lyon.
15. Lyon.
16. Lyon.
17. Lyon.
18. Lyon.
19. Lyon.
20. Lyon.
21. Lyon.
23. Lyon.

Lettre du roi au Parl. (*Arch. nat.*, X 1A 1524, fol. 273 v°.)

27. Lyon.
28. Lyon.

JUILLET.

2. Lyon.
3. Lyon.
9. Lyon.
14. Lyon.
17. La Côte-Saint-André.
20. Saint-Jean en Dauphiné.
21. Lyon.
22. Lyon.
24. Roanne.

AOÛT.

4. Blois.
5. Blois.
6. Blois.
7. Blois.
10. Blois.
12. Blois.
13. Blois.
14. Blois.
16. Artenay en Beauce.
18. Paris.

Arrivée du roi. (*Journal d'un bourgeois de Paris*, p. 164.)

19. Paris.
22. Paris.
24. Paris.
25. Paris.
28. Paris.
30. Paris.
31. Paris.

SEPTEMBRE.

1. Paris.
2. Paris.
7. Saint-Germain-en-Laye.
10. Saint-Germain-en-Laye.
12. Paris.
Id. Saint-Germain-en-Laye.

Lettre du roi à la Cour des Monnaies. (*Arch. nat.*, Z 1B 61, fol. 102 v°.)

13. Saint-Germain-en-Laye.
18. Saint-Germain-en-Laye.
23. Saint-Germain-en-Laye.

(*Journal d'un bourgeois de Paris*, p. 158.)

25. Saint-Germain-en-Laye.
30. Saint-Germain-en-Laye.
Id. Nanterre.

(*Journal* de Louise de Savoie.)

OCTOBRE.

1. Saint-Germain-en-Laye.
2. Saint-Germain-en-Laye.
4. Saint-Germain-en-Laye.
5. Saint-Germain-en-Laye.
7. Saint-Germain-en-Laye.
9. Saint-Germain-en-Laye.
10. Saint-Germain-en-Laye.
14. Saint-Germain-en-Laye.
15. Saint-Germain-en-Laye.

(*Journal* de Louise de Savoie.)

16. Saint-Germain-en-Laye.
20. Saint-Germain-en-Laye.
21. Saint-Germain-en-Laye.
22. Saint-Germain-en-Laye.
23. Saint-Germain-en-Laye.
24. Saint-Germain-en-Laye.
27. Bois de Vincennes.
31. Saint-Germain-en-Laye.

NOVEMBRE.

2. Saint-Germain-en-Laye.
3. Saint-Germain-en-Laye.
4. Saint-Germain-en-Laye.
5. Saint-Germain-en-Laye.
9. Maisons-sur-Seine.
16. Saint-Germain-en-Laye.
17. Saint-Germain-en-Laye.
18. Saint-Germain-en-Laye.
20. Saint-Germain-en-Laye.
22. Saint-Germain-en-Laye.
23. Saint-Germain-en-Laye.
26. Saint-Germain-en-Laye.
29. Paris.
30. Paris.

DÉCEMBRE.

1. Paris.
4. Paris.
7. Paris.
8. Paris.
10. Paris.
11. Paris.
15. Paris.
16. Paris.
17. Paris.
18. Paris.
20. Paris.
21. Paris.
22. Paris.
23. Bois de Vincennes.
24. Bois de Vincennes.
27. Vincennes.
28. Vincennes.
Livry. Sans quantième.
30. Paris.
31. Paris.

1523

JANVIER.

1. Paris.
2. Paris.
4. Paris.
5. Paris.
6. Paris.
7. Paris.
8. Paris.
9. Paris.
10. Paris.
11. Paris.
12. Paris.
14. Paris.
15. Paris.
16. Paris.
17. Paris.
18. Paris.
19. Paris.
20. Paris.
21. Paris.
23. Paris.
24. Paris.
26. Paris.
27. Paris.
31. Paris.

FÉVRIER.

1. Paris.
2. Paris.
4. Paris.
5. Paris. — *Traité de Coire avec les Grisons.*
6. Paris.
8. Saint-Germain-en-Laye.
9. Saint-Germain-en-Laye.
18. Saint-Germain-en-Laye.
20. Saint-Germain-en-Laye.
21. Magny.
25. Saint-Germain-en-Laye.
26. Saint-Germain-en-Laye.

MARS.

1. Saint-Germain-en-Laye.
Lettre du roi à la Chambre des Comptes. (*Arch. nat.*, P. 2304, p. 878.)
4. Saint-Germain-en-Laye.
7. Saint-Germain-en-Laye.
8. Saint-Germain-en-Laye.
9. Saint-Germain-en-Laye.
10. Saint-Germain-en-Laye.
11. Saint-Germain-en-Laye.
13. Saint-Germain-en-Laye.
15. Saint-Germain-en-Laye.
18. Saint-Germain-en-Laye.
20. Saint-Germain-en-Laye.
21. Saint-Germain-en-Laye.
Lettre du roi à la Cour des Monnaies. (*Arch. nat.*, Z[1b] 61, fol. 103.)
22. Saint-Germain-en-Laye.
23. Saint-Germain-en-Laye.
24. Saint-Germain-en-Laye.

26. Paris.
29. Saint-Germain-en-Laye.

AVRIL.

1. Paris.
5. ..... — *Pâques.*
12. Saint-Germain-en-Laye.
13. Saint-Germain-en-Laye.
15. Saint-Germain-en-Laye.
17. Saint-Germain-en-Laye.
18. Saint-Germain-en-Laye.
20. Saint-Germain-en-Laye.
21. Saint-Germain-en-Laye.
24. Saint-Germain-en-Laye.
25. Saint-Germain-en-Laye.
26. Saint-Germain-en-Laye.
28. Saint-Germain-en-Laye.
29. Saint-Germain-en-Laye.

MAI.

1. Vanves.
3. Saint-Germain-en-Laye.

Lettre du roi à la Chambre des Comptes. (*Arch. nat.*, P 2304, p. 849.)

6. Saint-Germain-en-Laye.
7. Saint-Germain-en-Laye.
8. Saint-Germain-en-Laye.
9. Saint-Germain-en-Laye.
12. Saint-Germain-en-Laye.
13. Saint-Germain-en-Laye.
14. Saint-Germain-en-Laye.
15. Saint-Germain-en-Laye.
16. Saint-Germain-en-Laye.

Lettre du roi à la Cour des Monnaies. (*Arch. nat.*, Z[1B] 61, fol. 109.)

17. Paris.
18. Longjumeau.
24. Blois.
25. Blois.

Lettre du roi à la Cour des Monnaies. (*Arch. nat.*, Z[1B] 61, fol. 110 v°.)

26. Blois.
27. Blois.
31. Blois.

JUIN.

4. Saint-Germain-en-Laye.
5. Saint-Dié-sur-Loire[1].
7. Saint-Germain-en-Laye.
9. Saint-Germain-en-Laye.
13. Saint-Germain-en-Laye.
14. Saint-Germain-en-Laye.
15. Saint-Germain-en-Laye.
18. Stains et Paris.
20. Paris.
Id. Stains.

Lettre du roi à la ville de Poitiers. (*Arch. hist. du Poitou*, IV, 286.)

21. Saint-Germain-en-Laye.
22. Saint-Germain-en-Laye.

Lettre du roi à la Cour des Monnaies. (*Arch. nat.*, Z[1B] 61, fol. 111 v°.)

23. Saint-Germain-en-Laye.
Id. Paris.
24. Saint-Germain-en-Laye.
25. Saint-Germain-en-Laye.
26. Saint-Germain-en-Laye.

Catalogue et lettre missive du roi. (*Bibl. nat.*, ms. fr. 2973, fol. 1.)

27. Saint-Germain-en-Laye.
28. Saint-Germain-en-Laye.
30. Saint-Germain-en-Laye.

JUILLET.

2. Saint-Germain-en-Laye.
3. Saint-Germain-en-Laye.
4. Saint-Germain-en-Laye.
5. Saint-Germain-en-Laye.
6. Saint-Germain-en-Laye.
7. Saint-Germain-en-Laye.
9. Saint-Germain-en-Laye.
10. Saint-Germain-en-Laye.
11. Saint-Germain-en-Laye.
13. Saint-Germain-en-Laye.
14. Saint-Germain-en-Laye.
16. Saint-Germain-en-Laye.
17. Saint-Germain-en-Laye.
18. Saint-Germain-en-Laye.

[1] A la fin de mai et au commencement de juin, des localités des bords de la Loire sont intercalées entre des dates de Saint-Germain-en-Laye. Ces dernières indiquent probablement des actes émanés du Conseil, qui sans doute était demeuré dans cette résidence pendant que François Ier était allé à Blois et aux environs. C'est à cette époque vraisemblablement que doit se placer un autre voyage que le roi fit en grande diligence du côté de la Picardie, voyage dont parlent les *Mémoires* de Du Bellay, sans en préciser la date. De Chambord où il se trouvait, François Ier, dans l'intention d'assister à une opération militaire qui devait avoir lieu sous Guise, où l'on avait espéré faire tomber l'armée impériale dans un piège, partit en poste et arriva «environ minuit, à Genlis près Chauny». De là il se dirigea sur Péronne, puis se retira vers Paris. (Édit. Michaud et Poujoulat, p. 169.)

20. Saint-Germain-en-Laye.
Id. Paris.
21. Saint-Germain-en-Laye.
22. Saint-Germain-en-Laye.
23. Saint-Germain-en-Laye.
Id. Paris.
Id. Saint-Denis.

(*Journal d'un bourgeois de Paris*, p. 139.)

24. Paris.
25. Paris.
27. Paris.
Fontainebleau. Sans quantième.

(*Journal d'un bourgeois de Paris*, p. 140.)

AOÛT.

2. Fontainebleau.
3. Fontainebleau.

Lettre du roi à la ville de Poitiers. (*Arch. hist. du Poitou*, IV, 290.)

4. Fontainebleau.

Lettre à la Chambre des Comptes. (*Arch. nat.*, P. 2304, p. 930.)

Id. Briarres[-sur-Essonne].

Lettre du roi à M. le Grand-maître. (*Bibl. nat.*, ms. fr. 3897, fol. 135.)

7. Abbaye de Ferrières.

Lettre du roi à Montmorency. (*Bibl. nat.*, ms. fr. 3044, fol. 44.)

8. Montargis.

Catalogue et deux missives du roi. (*Bibl. nat.*, ms. fr. 3044, fol. 32 et 41.)

11. Gien-sur-Loire.
12. Gien-sur-Loire. — *Lettres déclarant Louise de Savoie régente.*
13. Bonny[-sur-Loire].

Lettre du roi à Bonnivet. (*Bibl. nat.*, ms. fr. 3044, fol. 37.)

15. Nevers.

Lettre du roi au maréchal de Montmorency. (*Bibl. nat.*, ms. fr. 3068, fol. 11.)

Saint-Pierre-le-Moutier. Sans quantième.

Procès du duc de Bourbon. (*Arch. curieuses de l'hist. de France*, t. II, p. 208.)

Moulins. Sans quantième.

Procès du duc de Bourbon. (*Id. ibid.*)

20. Roanne.

Lettre du roi au maréchal de Montmorency. (*Bibl. nat.*, ms. fr. 3044, fol. 54.)

22. Lyon.
25. Lyon.
27. Lyon.
29. Lyon.

La régente.

15. Cléry.

Procès du duc de Bourbon. (*Id.*, II, 209.)

24. Blois.

SEPTEMBRE.

Le roi.

2. Lyon.
6. Lyon.
8. Lyon.
10. Lyon.
11. Lyon.
12. Lyon.
14. Lyon.
20. Lyon.
24. Avignon.
25. Lyon.
26. Lyon.
27. Lyon.

La régente.

1. Blois.
2. Blois.
3. Blois.
4. Blois.
5. Blois.
7. Blois.
8. Blois.
10. Blois.
13. Blois.
14. Blois.
15. Blois.
17. Blois.
18. Blois.
20. Blois.
27. Blois.

OCTOBRE.

Le roi.

1. Lyon.
7. Lyon.
9. Lyon.
11. Lyon.
15. Lyon.
23. Lyon.
24. Lyon.
26. Lyon.
27. Lyon.
28. Lyon.

La régente.

1. Blois.
8. Blois.

NOVEMBRE.

Le roi.

2. Lyon.
3. Lyon.
6. Lyon.
7. Lyon.
8. Lyon.
13. Lyon.
14. Lyon.
15. Lyon.
20. Lyon.

Le roi part malade de cette ville, pour se rendre à Blois. (*Journal d'un bourgeois de Paris*, p. 147.)

22. Saint-Just-sur-Lyon.
28. Lyon (*sic*).

La régente.

23. Blois.
24. Blois.
30. Blois.

DÉCEMBRE.

1. Blois.
3. Blois.
4. Blois.
6. Blois.
8. Blois.
11. Blois.
12. Blois.
14. Blois.
15. Blois.
17. Blois.
19. Blois.
20. Blois.
21. Blois.
22. Blois.
23. Blois.
24. Blois.
27. Blois.
28. Blois.
30. Blois.
31. Blois.

Catalogue et lettre du roi au Parlement. (*Arch. nat.*, X[1a] 9322, fol. 205.)

1524

JANVIER.

4. Blois.
5. Blois.
8. Blois.
9. Blois.
11. Blois.
13. Blois.
14. Blois.
18. Blois.

(*Catalogue* et *Bibl. nat.*, ms. fr. 3897, fol. 140.)

21. Blois.
22. Blois.
23. Blois.
28. Blois.
29. Blois.

FÉVRIER.

1. Blois.
4. Blois.
5. Blois.
13. Paris (*sic*).
17. Blois.

(*Chronique du roy Françoys I*[er], p. 39, note.)

19. Nantouillet.
23. Saint-Germain-en-Laye[(1)].
27. Cléry.

Catalogue et lettre missive du roi. (*Bibl. nat.*, ms. fr. 3032, fol. 107.)

Id. Paris[(2)].

MARS.

1. Angerville (c[on] de Méréville, Seine-et-Oise).
3. Paris.
5. Paris.
8. Paris. — *Lit de justice au Parlement.*
9. Paris.
10. Paris.

(1) Les actes datés de Nantouillet et de Saint-Germain-en-Laye ne peuvent impliquer la présence de François Ier dans ces localités.

(2) Le roi ne dut arriver à Paris que le 3 mars.

IMPRIMERIE NATIONALE.

11. Paris.

Le roi assiste à une procession à Notre-Dame. (*Journal d'un bourgeois de Paris*, p. 148.)

14. Paris.
15. Paris.
16. Paris.
17. Paris.
25. Blois.
26. Paris (*sic*).
28. Blois.
31. Blois.

Lettre du roi au Parl. (*Arch. nat.*, X[1a] 1526, fol. 210.)

AVRIL.

4. Blois.
5. Blois.
6. Blois.

Lettre du roi au Parlement. (*Arch. nat.*, X[1a] 9322, fol. 206.)

7. Paris.

François Ier y arrive, venant de Blois. (*Journal d'un bourgeois de Paris*, p. 194.)

8. Creil.

(*Journal d'un bourgeois de Paris*, p. 194.)

9. Noyon.

(*Journal d'un bourgeois de Paris*, p. 194.)

Id. Blois (*sic*). — (Le Conseil était sans doute resté dans cette ville.)

La Fère et Coucy. Sans quantième.

(*Journal d'un bourgeois de Paris*, p. 194.)

15. Coucy.
18. Paris (*sic*).
20. Varesnes (c[on] de Noyon, Oise).

Lettre missive. (*Arch. nat.*, KK. 104, fol. 2.)

28. Amiens.
29. Amiens.

MAI.

1. Amboise. — (Sans doute le *Conseil* ou la *régente*.)
3. Paris.

Arrivée du roi, venant de Picardie. (*Journal d'un bourgeois de Paris*, p. 185.)

4. Blois. — (Le *Conseil* ou la *régente*.)
6. Paris.

Le roi part de cette ville pour se rendre à Blois. (*Journal d'un bourgeois de Paris*, p. 186.)

8. Blois.
9. Blois.
10. Blois.
15. Blois.
16. Blois.
17. Blois.
24. Amboise.

Lettre missive de François Ier. (Champollion-Figeac, *Documents historiques extraits des coll. manuscrites de la Bibl. nat.*, in-4°, t. IV, p. 396.)

25. Amboise.

JUIN.

2. Tours.
3. Le Plessis-lès-Tours.
6. Tours.
7. Le Plessis-lès-Tours.
8. Le Plessis-lès-Tours.
10. Amboise.

Lettre citée. (Procès du duc de Bourbon, *Arch. curieuses de l'hist. de France*, t. II, p. 220.)

15. Veretz.
18. Amboise.
19. Amboise.
21. Amboise.
22. Amboise.

Lettre du roi à Montmorency. (*Bibl. nat.*, ms. fr. 3021, fol. 82.)

23. Amboise.
24. Amboise.
26. Amboise.
27. Amboise.
28. Amboise.
29. Amboise.
30. Amboise.

JUILLET.

1. Amboise.
4. Blois.
5. Blois.
8. Blois.
9. Blois.

Lettre du roi au Parlement. (*Arch. nat.*, X[1a] 9322, fol. 210.)

13. Romorantin.
14. Romorantin.
15. Romorantin.
16. Romorantin.
17. Romorantin.
18. Amboise (*sic*.) — (Sans doute la *régente*.)

24. Bourges.
26. .... — *Mort de la reine Claude à Blois.*
29. Cérilly.
Id. Cosne en Bourbonnais (Cosne-sur-l'Œil).

Lettre missive du roi au maréchal de Montmorency. (*Bibl. nat.*, ms. fr. 3058, fol. 21.)

AOÛT.

1. « Port de Guyerton. »

Lettre missive du roi. (*Arch. nat.*, KK. 104, fol. 3.)

7. Lyon.
8. Lyon.
9. Lyon.
11. Lyon.
Id. Vienne.

Lettre du roi au maréchal de Montmorency. (*Bibl. nat.*, ms. fr. 3044, fol. 62.)

12. Vienne.
13. Tournon.

Lettre missive du roi. (*Arch. nat.*, KK. 104, fol. 5.)

17. Valence.
18. Valence.
20. Donzère.
26. Montélimart.
Caderousse. (Entre le 27 et le 31.)
30. « Le Mont-aux-Moines. » — (*Louise de Savoie.*)

(A. Champollion, *Captivité de François Ier*, 1847, in-4°, p. 11.)

SEPTEMBRE.

2. Caderousse.
4. Caderousse.
5. Caderousse.
6. Caderousse.
8. Caderousse.

Lettre du roi au Parlement. (*Arch. nat.*, X^1a^ 9322, fol. 213.)

14. Avignon.

Entrée solennelle du roi. (*Journal d'un bourgeois de Paris*, p. 214.)

16. Avignon.
20. .... — *Le duc de Bourbon lève le siège de Marseille.*
22. Avignon.
23. Avignon.
25. Avignon.
27. Avignon.
28. Avignon.
29. Avignon.
30. Avignon.

OCTOBRE.

Le roi.

2. Aix-en-Provence.
4. Aix.
5. Aix.

Lettre missive. (Champollion, *Captivité de François Ier*, p. 16.)

6. Manosque.

(Champollion, *Captivité de François Ier*, p. 19, et *Bibl. nat.*, ms. fr. 3058, fol. 1.)

8. Sisteron.

(Champollion, *Captivité*, p. 20, et *Bibl. nat.*, ms. fr. 3032, fol. 80.)

10. Tallart.
11. Chorges.
12. Chorges.

(Champollion, *Captivité de François Ier*, p. 26, et *Bibl. nat.*, ms. fr. 3034, fol. 88.)

14. Briançon.

(*Captivité de François Ier*, p. 28.)

15. « Pragelle » (Pragelas ou Pragelato).

(*Captivité de François Ier*, p. 29.)

17. Pignerol.
18. Turin.
Vers le 20. Abbiategrasso et Milan.

Prise de Milan par le roi. (Champollion, *Captivité de François Ier*, p. 32-33.)

24. Camp du pont de « Corsequé » (Corsico).

Cris de par le roi. (Milan, Gride, Lettere ducali, 1524-1526, fol. 22 v°.)

27. La Chartreuse près Pavie.

(Champollion, *Captivité de François Ier*, p. 35, et *Mémoires* de Du Bellay, p. 188.)

28. La Chartreuse-lès-Pavie.

Commencement du siège de Pavie. (*Captivité de François Ier*, p. 36.)

31. La Chartreuse-lès-Pavie.

La régente.

4. Avignon.
6. Avignon.
8. Avignon.
17. Saint-Just-sur-Lyon.
20. Saint-Just-sur-Lyon.
22. Saint-Just-sur-Lyon.
23. Saint-Just-sur-Lyon.
25. Lyon.
26. Lyon.

27. Lyon.
28. Saint-Just-sur-Lyon.
29. Saint-Just-sur-Lyon.
30. Saint-Just-sur-Lyon.
31. Saint-Just-sur-Lyon.

NOVEMBRE.

Le roi.

2. La Chartreuse-lès-Pavie.
4. La Chartreuse.
7. Saint-Lanfranc.

Cri de par le roi. (Milan, *Archivio di Stato*, Lettere ducali, 1524-26.)

11. Abbaye de Saint-Lanfranc, près Pavie.
12. Abbaye de Saint-Lanfranc.
19. Saint-Lanfranc.

Lettre missive du roi. (Milan, *Archivio storico, Governo politico*, Lettere ducali, 1524-26, fol. 26.)

20. Abbaye de Saint-Lanfranc.
21. Camp devant Pavie.
23. Camp devant Pavie.
29. Camp devant Pavie.

Lettre missive du roi. (Milan, Lettere ducali, 1524-26, fol. 27.)

La régente.

1. Lyon.
2. Saint-Just-sur-Lyon.
4. Saint-Just-sur-Lyon.
6. Saint-Just-sur-Lyon.
8. Saint-Just-sur-Lyon.
9. Saint-Just-sur-Lyon.
10. Saint-Just-sur-Lyon.
11. Saint-Just-sur-Lyon.
12. Saint-Just-sur-Lyon.
14. Saint-Just-sur-Lyon.
15. Saint-Just-sur-Lyon.
18. Lyon.
Id. Saint-Just-sur-Lyon.
21. Lyon.
22. Saint-Just-sur-Lyon.
23. Lyon.
Id. Saint-Just-sur-Lyon.
24. Saint-Just-sur-Lyon.
26. Saint-Just-sur-Lyon.
28. Saint-Just-sur-Lyon.
29. Saint-Just-sur-Lyon.
30. Saint-Just-sur-Lyon.

DÉCEMBRE.

Le roi.

1. Abbaye de Saint-Lanfranc.

(Champollion, *Captivité de François Ier*, p. 39.)

15. Abbaye de Saint-Lanfranc.
19. Camp devant Pavie.
28. Abbaye de Saint-Lanfranc.

(*Bibl. nat.*, ms. fr. 3015, fol. 5.)

La régente.

2. Saint-Just-sur-Lyon.
3. Saint-Just-sur-Lyon.
4. Saint-Just-sur-Lyon.
5. Saint-Just-sur-Lyon.
6. Saint-Just-sur-Lyon.
9. Saint-Just-sur-Lyon.
10. Saint-Just-sur-Lyon.
11. Saint-Just-sur-Lyon.
12. Saint-Just-sur-Lyon.
13. Saint-Just-sur-Lyon.
14. Saint-Just-sur-Lyon.
15. Saint-Just-sur-Lyon.
16. Saint-Just-sur-Lyon.
17. Saint-Just-sur-Lyon.
19. Saint-Just-sur-Lyon.
20. Saint-Just-sur-Lyon.
21. Saint-Just-sur-Lyon.
22. Saint-Just-sur-Lyon.
23. Saint-Just-sur-Lyon.
24. Saint-Just-sur-Lyon.
27. Saint-Just-sur-Lyon.
28. Saint-Just-sur-Lyon.
29. Saint-Just-sur-Lyon.
31. Saint-Just-sur-Lyon.

1525

JANVIER.

Le roi.

8. Abbaye de Saint-Lanfranc.

(Champollion, *Captivité de François Ier*, p. 45.)

10. Saint-Lanfranc-lès-Pavie.
13. Saint-Lanfranc-lès-Pavie.
17. Abbaye de Saint-Lanfranc.
19. Camp devant Pavie.
25. Camp devant Pavie.
31. Camp devant Pavie.

(Champollion, *Captivité de François Ier*, p. 50.)

La régente.

1. Saint-Just-sur-Lyon.
2. Saint-Just.
3. Saint-Just.
4. Saint-Just.
5. Saint-Just.
6. Saint-Just.
7. Saint-Just.
8. Saint-Just.
9. Saint-Just.
10. Saint-Just.
11. Saint-Just.
12. Saint-Just.
13. Saint-Just.
15. Saint-Just.
17. Saint-Just.
18. Saint-Just.
19. Saint-Just.
20. Saint-Just.
21. Saint-Just.
23. Saint-Just.
25. Saint-Just.
27. Saint-Just.
28. Saint-Just.
29. Saint-Just.
30. Saint-Just.
31. Saint-Just.

FÉVRIER.

Le roi.

2. Camp devant Pavie.
3. « Myrabel », Mirabello devers le parc de Pavie.

(Champollion, *Captivité de François Ier*, p. 62.)

20. Camp devant Pavie.
21. Camp devant Pavie.
24. Bataille de Pavie. — *Le roi prisonnier.*
24-25. Orio.
25-28. Pizzighitone.

(Champollion, *Captivité*, p. 131.)

La régente.

1. Saint-Just-sur-Lyon.
2. Saint-Just.
3. Saint-Just.
4. Saint-Just.
5. Saint-Just.
6. Saint-Just.
7. Saint-Just.
8. Saint-Just.
9. Saint-Just.
10. Saint-Just.
11. Saint-Just.
12. Saint-Just.
13. Saint-Just.
14. Saint-Just.
15. Saint-Just.
16. Saint-Just.
17. Saint-Just.
18. Saint-Just.
19. Saint-Just.
20. Saint-Just.
22. Saint-Just.
25. Saint-Just.
26. Saint-Just.
27. Saint-Just.

MARS.

Le roi.

Pizzighitone. — *Tout le mois.*

(Champollion, *Captivité de François Ier*, p. 131.)

La régente.

1. Saint-Just-sur-Lyon.
2. Saint-Just.

(*Arch. nat.*, KK. 351, fol. 34 et 35 v°.)

4. Saint-Just.

(*Id.*, fol. 34 v°.)

5. Saint-Just.
7. Saint-Just.
8. Saint-Just.
9. Saint-Just.
11. Saint-Just.
12. Saint-Just.
13. Saint-Just.
14. Saint-Just.
15. Saint-Just.
16. Saint-Just.

(*Arch. nat.*, KK. 351, fol. 36 v°.)

18. Saint-Just.
19. Saint-Just.
20. Saint-Just.
21. Saint-Just.
22. Saint-Just.
23. Saint-Just.
24. Saint-Just.
25. Saint-Just.
26. Saint-Just.
27. Saint-Just.
28. Saint-Just.
Id. Lyon.
29. Lyon.
30. Saint-Just.

(*Arch. nat.*, KK. 351, fol. 38.)

31. Saint-Just.

AVRIL.

Le roi.

Pizzighitone. — *Tout le mois.*

La régente.

1. Lyon.
2. Saint-Just-sur-Lyon.
4. Saint-Just.
5. Saint-Just.
6. Saint-Just.
7. Saint-Just.
8. Saint-Just.
10. Saint-Just.
11. Saint-Just.
14. Saint-Just.
15. Saint-Just.
16. .... — *Pâques.*
17. Lyon.
18. Lyon.
20. Lyon.
21. Lyon.
23. Lyon.
24. Lyon.
25. Lyon.
26. Lyon.
27. Lyon.
28. Lyon.
29. Lyon.
30. Lyon.

MAI.

Le roi.

Du 1er au 18. Pizzighitone.

12. Pizzighitone.

Date d'une lettre du roi à sa mère. (Champollion, *Captivité de François Ier*, p. 180.)

18. Pizzighitone.

Départ de cette ville pour Gênes (Champollion, *Captivité de François Ier*, p. 183), en passant par Bergame (*Journal d'un bourgeois de Paris*, p. 248.)

24. Gênes.

Arrivée dans cette ville. (*Captivité de François Ier*, p. 182.) Séjour jusqu'au 8 juin (*Id.*, p. 210, 212).

La régente.

1. Lyon.
3. Lyon.
4. Lyon.
5. Lyon.
6. Lyon.
7. Lyon.
8. Lyon.
9. Lyon.
10. Lyon.
11. Lyon.
13. Lyon.

(*Arch nat.*, KK. 351, fol. 43.)

15. Lyon.
16. Lyon.
17. Lyon.
18. Lyon.
19. Lyon.
20. Lyon.

Id. Saint-Just-sur-Lyon.

21. Saint-Just.

Id. Lyon.

22. Lyon.
23. Lyon.
24. Lyon.
25. Lyon.
26. Lyon.
28. Lyon.
29. Lyon.
30. Lyon.

JUIN.

Le roi.

1 au 8. Gênes. — *Départ pour l'Espagne.*

22. Barcelone.

Il se rembarque ledit jour pour Valence. Lettre de la Barre à la régente. (*Captivité de François Ier*, p. 221.)

28. Valence.

Départ pour « Venyssolo » (peut-être Benisoalo), à 3 ou 4 lieues de Valence. (*Captivité de François Ier*, p. 236.)

La régente.

1. Lyon.
2. Lyon.
4. Lyon.
6. Lyon.
7. Lyon.
8. Lyon.
9. Lyon.
10. Lyon.
11. Lyon.
12. Lyon.
14. Lyon.
16. Lyon.
18. Lyon.
19. Lyon.
20. Lyon.
21. Lyon.

22. Lyon.
23. Lyon.
24. Lyon.
26. Lyon.
27. Lyon.
28. Lyon.
29. Lyon.
30. Lyon.

JUILLET.

Le roi.

1 au 20. « Venyssolo ».

Le 20, on annonce le prochain départ du roi pour Madrid. (Champollion, *Captivité de François Ier*, p. 254, 262, 263.)

La régente.

1. Lyon.
4. Lyon.
5. Lyon.
7. Lyon.
8. Lyon.
10. Lyon.
11. Lyon.
12. Montélimart.
14. Lyon.
15. Lyon.
16. Lyon.
17. Lyon.
18. Lyon.
19. Lyon.
20. Lyon.
22. Lyon.
23. Lyon.
24. Lyon.
25. Lyon.
27. Lyon.
28. Lyon.
29. Lyon.
30. Lyon.
31. Lyon.

AOÛT.

Le roi.

4. Santoriaz.

(*Captivité de François Ier*, p. 294.)

11. .... — *Trève de trois mois conclue à Tolède.*
16. Château de Madrid. — *Protestation de François Ier au sujet des négociations poursuivies à Madrid.*
17-31. Madrid.

La régente.

1. Lyon.
2. Lyon.
5. Lyon.
6. Lyon.
7. Lyon.
8. Lyon.
13. Tournon.
15. Tournon.
16. Tournon.
Donzère. Sans quantième.
18. Montélimart.
20. Montélimart.
24. Montélimart.
25. Montélimart.
26. Montélimart.
27. Montélimart.
30. .... — *Traité de Moore avec Henri VIII.*

SEPTEMBRE.

Le roi.

Madrid. — *Tout le mois.*

La régente.

Pont-Saint-Esprit. Sans quantième.

La régente y accompagne sa fille Marguerite se rendant en Espagne. (Champollion, *Captivité de François Ier*, p. 308.)

7. Tournon.
9. Tournon.
10. Tournon.
14. Roussillon en Dauphiné.

Lettre au Prévôt des marchands. (*Délibérations du Bureau de la ville de Paris*, t. I, p. 298.)

Id. Condrieu.

Lettre missive de Louise de Savoie (*Délibérations du Bureau de la ville de Paris*, t. I, p. 319.)

17. Condrieu.
20. Condrieu.
22. Condrieu.

Départ de la régente pour retourner à Lyon. (Champollion, *Captivité de François Ier*, p. XLVI, 326.)

25. Lyon.
30. Lyon.

OCTOBRE.

Le roi.

Madrid. — *Tout le mois.*

10. Madrid.

(*Captivité de François Ier*, p. 369.)

24. Madrid.

Lettre de François Ier au roi de Portugal. (*Captivité de François Ier*, p. 382.)

La régente.

1. Lyon.
2. Lyon.
4. Lyon.
5. Lyon.
12. Lyon.
14. Lyon.

Lettre de la régente au Parlement. (*Captivité de François Ier*, p. 378.)

15. Lyon.
17. Lyon.
18. Lyon.
20. Lyon.
23. Lyon.
24. Lyon.
26. Lyon.
29. Lyon.
30. Lyon.

NOVEMBRE.

Le roi.

Madrid. — *Tout le mois.*

12. Madrid.

Madrid. Sans quantième. — *Déclaration de François Ier portant que le dauphin prendra le titre de roi, sera sacré et que Louise de Savoie restera régente.*

28. Madrid.

Créance du roi à Ph. Babou, envoyé à Paris. (Champollion, *Captivité de François Ier*, p. 432.)

La régente.

1. Lyon.
2. Lyon.
3. Lyon.

Lettre au maréchal de Montmorency (*Captivité de François Ier*, p. 389.)

4. Saint-Just-sur-Lyon.
5. Lyon.
8. Lyon.

Id. Saint-Just-sur-Lyon.

13. Saint-Just.
15. Saint-Just.
18. Saint-Just.
20. Lyon.
22. Saint-Just-sur-Lyon.
23. Saint-Just.
27. Lyon.
28. Saint-Just-sur-Lyon.

DÉCEMBRE.

Le roi.

Madrid. — *Tout le mois.*

19. Madrid.

Injonction aux ambassadeurs de la régente de signer le traité de Madrid. (Champollion, *Captivité de François Ier*, p. 441.)

La régente.

1. Saint-Just-sur-Lyon.
4. Saint-Just.
5. Saint-Just.
6. Saint-Just.
7. Saint-Just.
9. Saint-Just.
11. Saint-Just.
12. Saint-Just.
15. Saint-Just.
16. Saint-Just.

Lettre à Montmorency. (*Captivité de François Ier*, p. 431.)

18. Saint-Just.
20. Saint-Just.
21. Saint-Just.
22. Saint-Just.
23. Saint-Just.
26. Saint-Just.
29. Saint-Just.

1526

JANVIER.

Le roi.

Madrid. — *Tout le mois.*

13. Madrid. — *Protestation de François Ier contre le traité qu'il allait être obligé de signer.*

14. Traité de Madrid.

17. Madrid.

Lettre du roi à Montmorency. (Champollion, *Captivité de François Ier*, p. 482.)

La régente.

1. Auberive.

Id. Roussillon en Dauphiné.

7. Roussillon.
8. Roussillon.
10. Roussillon.
11. Roussillon.
17. Saint-Just-sur-Lyon.
19. Saint-Just.
25. Saint-Just.
26. Saint-Just.
27. Saint-Just.
28. Saint-Just.
29. Saint-Just.
30. Saint-Just.

Lettre missive au Parlement. (*Captivité de François I*er, p. 486.)

31. Saint-Just.

FÉVRIER.

Le roi.

Du 1 au 15. Madrid.
16. « Yestaphe, » (Getafe.)
Id. Torrijos.

En compagnie de l'Empereur. (Champollion, *Captivité de François I*er, p. 503, 508.)

17. Torrijos et Illescas.

Visite à la reine Éléonore. (Champollion, *Captivité de François I*er, p. 503, 508.)

18. Illescas et Torrijos.

(Champollion, *Captivité de François I*er, p. 504, 509.)

19. Madrid. — *Retour du roi.*
21. Madrid.

Départ de cette ville pour la frontière française. (Champollion, *Captivité de François I*er, p. 504, 509.)

Id. San Augustin.

Coucher. (Champollion, *Captivité de François I*er, p. 504.)

22. « Guitragni. »

(Champollion, *Captivité de François I*er, p. 504.)

Burgos. Sans quantième.

(Champollion, *Captivité de François I*er, p. 504.)

La régente.

1. Saint-Just.

12[1]. Autun (*sic*).

Deux missives de Louise de Savoie de cette date. (Champollion, *Captivité de François I*er, p. 498, 499.)

12. Meung-sur-Loire.
14. Blois.
15. Blois.
16. Blois.
17. Blois.
18. Amboise.
19. Amboise.
22. Châtellerault.

MARS.

Le roi.

Vittoria. Sans quantième.

Lettre à la régente. (Champollion, *Captivité de François I*er, p. 502.)

12. Saint-Sébastien.

(Champollion, *Captivité de François I*er, p. 515, 517.)

17. Matin, sur la Bidassoa, entre Fontarabie et Hendaye.
18. Le roi, échangé contre ses deux fils, va dîner à Saint-Jean-de-Luz et arrive à Bayonne sur les 4 heures après midi.

(Champollion, *Captivité de François I*er, p. 518.)

19. Bayonne.
20. Bayonne.

(Champollion, *Captivité de François I*er, p. 522.)

22. Dax.
23. Dax.
26. « Gesmaulx » (Hagetmau, canton de l'arr. de Saint-Sever, Landes.)
29. Mont-de-Marsan.
31. Mont-de-Marsan.

La régente.

3. Barbezieux.
13. Dax.
17. Bayonne.
18. Bayonne. — *Réunion avec François I*er.

AVRIL.

1. .... — *Pâques.*
3. Mont-de-Marsan.

[1] Peut-être faudrait-il corriger 7 au lieu de 12. On aurait pris *VII*, pour *XII*.

IMPRIMERIE NATIONALE.

5. Roquefort (Landes).
Id. Bazas.
6. Bazas.
9. Bordeaux.
10. Bordeaux.
11. Bordeaux.
12. Bordeaux.
13. Bordeaux.
14. Bordeaux.
15. Bordeaux.
16. Bordeaux.
17. Bordeaux.
18. Bordeaux.
20. Bordeaux.
21. Bordeaux.
22. Bordeaux.
27. Cognac.
30. Cognac.

MAI.

1. Cognac.
2. Cognac.
3. Cognac.
5. Cognac.
6. Cognac.
7. Cognac.
8. Cognac.
9. Cognac.
10. Cognac.
11. Cognac.
12. Cognac.
14. Cognac.
15. Cognac.
16. Cognac.
17. Cognac.
18. Cognac.
19. Cognac.
20. Cognac.
21. Cognac.
22. Cognac. — *Ligue contre Charles-Quint conclue avec les États d'Italie.*
23. Cognac.
24. Cognac.
25. Cognac.
26. Cognac.
28. Cognac.
30. Angoulême.
31. Angoulême.

JUIN.

1. Angoulême.
3. Angoulême.
4. Angoulême.
6. Angoulême.
8. Angoulême.
11. Angoulême.
12. Angoulême.
13. Angoulême.
15. Angoulême.
16. Angoulême.
20. Angoulême.
21. Angoulême.
22. Angoulême.
23. Angoulême.
24. Angoulême.
25. Angoulême.
26. Angoulême.
27. Angoulême.
28. Angoulême.
29. Angoulême.

JUILLET.

1. Angoulême.
2. Angoulême.
4. Angoulême.
   Lettre du roi. (Sattler, *Geschichte von Wurtemberg*, t. III, Zweite Theil, p. 12, n° 127.)
7. Nanteuil[-en-Vallée] (Charente).
18. Châtellerault.
19. Châtellerault.
21. Châtellerault.
22. « Longueval. »
30. Amboise.
31. Amboise.

AOÛT.

1. Amboise.
2. Amboise.
4. Amboise.
6. Amboise.
7. Amboise.
8. Amboise. — *Traité d'Hampton-Court, avec Henri VIII.*
9. Amboise.
10. Amboise.
11. Amboise.
14. Amboise.
15. Amboise.
16. Amboise.
17. Amboise.
18. Amboise.
Id. Tours.
19. Amboise.
20. Amboise.
21. Amboise.
22. Amboise.
23. Amboise.
24. Amboise.

27. Amboise.
28. Bléré.
29. Bléré.
30. Chenonceaux.

Lettre du roi à la Chambre des Comptes. (*Arch. nat.*, P. 2536, fol. 54 v°.)

31. Chenonceaux.

SEPTEMBRE.

3. Amboise.
Id. Bléré.
Id. Chenonceaux.
4. Chenonceaux.
5. Chenonceaux.
Id. Bléré.
6. Chenonceaux.
8. Amboise.
9. Amboise.
10. Amboise.
11. Amboise.
12. Amboise.
13. Amboise.
18. Chambord.
20. Montfraut (parc de Chambord).
22. Chambord.
24. Chambord.
26. Chambord.
27. Chambord.
28. Chambord.

(*Catalogue* et lettre missive publiée par Champollion, *Documents hist. extraits des coll. manuscrites de la Bibl. nat.*, in-4°, t. IV, p. 387.)

Id. «Réaudun[1].»
30. Chambord.

OCTOBRE.

1. Chambord.
- Saint-Laurent-des-Eaux. Sans quantième.

(Séb. Mareau, *Prinse et delivrance de François Ier.— Arch. curieuses de l'hist. de France*, t. II, p. 340.)

3. Beaugency.

Instructions signées du roi. (*Bibl. nat.*, ms. fr. 5123, fol. 2-5.)

4. Beaugency.
6. Beaugency.
8. Beaugency.
14. Beaugency.
15. Beaugency.
20. Montpipeau.
21. Montpipeau.
22. Montpipeau.
Notre-Dame-de-Cléry. Sans quantième.

(Séb. Mareau, *Prinse et delivrance de François Ier. — Arch. curieuses de l'hist. de France*, t. II, p. 340.)

Orléans. Sans quantième.

(*Id. ibid.*)

Chartres. Sans quantième.

(*Id. ibid.*)

Étampes. Sans quantième.
Montlhéry. Sans quantième.

(Séb. Mareau, *Prinse et delivrance de François Ier. — Arch. curieuses de l'hist. de France*, t. II, p. 340, 341.)

29. Marcoussis.

Lettre du roi à Montmorency. (*Bibl. nat.*, ms. fr. 3021, fol. 80.)

31. Nantouillet.

NOVEMBRE.

3. Nantouillet.
7. Paris.
Id. Villemomble.
8. Paris.
Id. Bois de Vincennes.

(*Journal d'un bourgeois de Paris*, p. 299.)

Id. Saint-Denis.

(*Id.*, p. 300.)

9. Paris.
Id. Argenteuil.

Lettre du roi au Parlement. (*Arch. nat.*, X^1a^ 1530, fol. 2 v°.)

Écouen. Vers le 10.

(*Journal d'un bourgeois de Paris*, p. 299.)

12. Saint-Germain-en-Laye.
13. Saint-Germain-en-Laye.
15. Saint-Germain-en-Laye.
16. Saint-Germain-en-Laye.
18. Saint-Germain-en-Laye.
19. Saint-Germain-en-Laye.
20. Saint-Germain-en-Laye.
21. Saint-Germain-en-Laye.
23. Saint-Germain-en-Laye.

[1] *Aliàs* «Ruaudin», anc. maison seigneuriale, enclavée quelques années plus tard dans le parc de Chambord. (J. de Croy, *Résidences royales des bords de la Loire*, in-8°, 1894, p. 171.)

24. Saint-Germain-en-Laye.
25. Saint-Germain-en-Laye.
26. Saint-Germain-en-Laye.
27. Saint-Germain-en-Laye.
28. Saint-Germain-en-Laye.
30. Saint-Germain-en-Laye.

DÉCEMBRE.

1. Saint-Germain-en-Laye.
2. Saint-Germain-en-Laye.
3. Saint-Germain-en-Laye.
4. Saint-Germain-en-Laye.
5. Saint-Germain-en-Laye.
6. Saint-Germain-en-Laye.
7. Saint-Germain-en-Laye.
8. Saint-Germain-en-Laye.
9. Saint-Germain-en-Laye.
10. Saint-Germain-en-Laye.
11. Paris.
Id. Saint-Germain-en-Laye.
12. Saint-Germain-en-Laye.
Id. Paris.
15. Saint-Germain-en-Laye.
18. Paris.
19. Paris.
20. Saint-Germain-en-Laye.
21. Saint-Germain-en-Laye.
Id. Chailly (*sic*).
22. Saint-Germain-en-Laye.
24. Saint-Germain-en-Laye.
27. Saint-Germain-en-Laye.
28. Saint-Germain-en-Laye.
29. Saint-Germain-en-Laye.
31. Saint-Germain-en-Laye.

1527

JANVIER.

2. Saint-Germain-en-Laye.
3. Saint-Germain-en-Laye.
4. Saint-Germain-en-Laye.
5. Saint-Germain-en-Laye.
6. Saint-Germain-en-Laye.
7. Saint-Germain-en-Laye.
8. Saint-Germain-en-Laye.
9. Saint-Germain-en-Laye.
10. Saint-Germain-en-Laye.
11. Saint-Germain-en-Laye.

Ce jour, le roi se rend en pèlerinage à Notre-Dame-de-Liesse. (*Journal d'un bourgeois de Paris*, p. 310-311.)

13. Saint-Germain-en-Laye.
14. Saint-Germain-en-Laye.
15. Saint-Germain-en-Laye.
17. Saint-Germain-en-Laye.
20. Senlis [1].
Id. Saint-Germain-en-Laye.
21. Saint-Germain-en-Laye.
22. Saint-Germain-en-Laye.
25. Saint-Germain-en-Laye.
26. Saint-Germain-en-Laye.
27. Saint-Germain-en-Laye.
28. Saint-Germain-en-Laye.
29. Saint-Germain-en-Laye.
30. Saint-Germain-en-Laye. — *Mariage du roi de Navarre avec Marguerite, sœur du roi.*
31. Saint-Germain-en-Laye.

FÉVRIER.

1. Saint-Germain-en-Laye.
2. Saint-Germain-en-Laye.
3. Saint-Germain-en-Laye.
6. Saint-Germain-en-Laye.
7. Saint-Germain-en-Laye.
9. Saint-Germain-en-Laye.
10. Saint-Germain-en-Laye.
11. Saint-Germain-en-Laye.
13. Saint-Germain-en-Laye.
14. Saint-Germain-en-Laye.
15. Saint-Germain-en-Laye.
17. Saint-Germain-en-Laye.
18. Saint-Germain-en-Laye.
19. Saint-Germain-en-Laye.
20. Saint-Germain-en-Laye.
21. Saint-Germain-en-Laye.
22. Saint-Germain-en-Laye.
24. Saint-Germain-en-Laye.

Lettre de François Ier à Jean, roi de Hongrie. (Charrière, *Négociations de la France avec le Levant*, t. I, p. 155.)

25. Saint-Germain-en-Laye.
26. Saint-Germain-en-Laye.
27. Saint-Germain-en-Laye.
28. Saint-Germain-en-Laye.

MARS.

1. Saint-Germain-en-Laye.

[1] Sans doute, passage du roi à son retour de N.-D. de Liesse. Les actes des jours précédents émaneraient du Conseil, demeuré à Saint-Germain.

2. Saint-Germain-en-Laye.
3. Paris.
Id. Saint-Germain-en-Laye.
4. Saint-Germain-en-Laye.
5. Saint-Germain-en-Laye.
6. Saint-Germain-en-Laye.
7. Saint-Germain-en-Laye.
8. Saint-Germain-en-Laye.
9. Saint-Germain-en-Laye.
10. Saint-Germain-en-Laye.
12. Saint-Germain-en-Laye.
13. Saint-Germain-en-Laye.
14. Saint-Germain-en-Laye.
15. Saint-Germain-en-Laye.
16. Saint-Germain-en-Laye.
17. Saint-Germain-en-Laye.
18. Paris.
19. Saint-Germain-en-Laye.
20. Saint-Germain-en-Laye.
21. Saint-Germain-en-Laye.
24. Saint-Germain-en-Laye.
25. Saint-Germain-en-Laye.
26. Paris.
Id. Saint-Germain-en-Laye.
29. Saint-Germain-en-Laye.
31. Saint-Germain-en-Laye.

AVRIL.

1. Saint-Germain-en-Laye.
2. Saint-Germain-en-Laye.
3. Saint-Germain-en-Laye.
4. Saint-Germain-en-Laye.
5. Saint-Germain-en-Laye.
6. Saint-Germain-en-Laye.
7. Saint-Germain-en-Laye.
8. Saint-Germain-en-Laye.
11. Saint-Germain-en-Laye.
12. Saint-Germain-en-Laye.
13. Saint-Denis.

(*Journal d'un bourgeois de Paris*, p. 317.)

14. Paris.

Entrée du roi dans cette ville. (*Journal d'un bourgeois de Paris*, p. 318.)

15. Saint-Germain-en-Laye.
16. Saint-Germain-en-Laye.
Id. Paris.
19. Bois de Vincennes.
20. Bois de Vincennes.
Id. Paris.
21. Bois de Vincennes. — *Pâques.*

(*Journal d'un bourgeois de Paris*, p. 319.)

23. Bois de Vincennes.
25. Vincennes.
26. Bois de Vincennes.
27. Bois de Vincennes.
28. Vincennes. — *Ligue entre François Ier, Venise et Florence.*
29. Vincennes.
30. Bois de Vincennes. — *Traité de Westminster avec Henri VIII.*

MAI.

1. Bois de Vincennes.
2. Bois de Vincennes.
3. Bois de Vincennes.
4. Bois de Vincennes.
5. Bois de Vincennes.
6. Bois de Vincennes.
7. Bois de Vincennes.
Id. Paris.
9. Bois de Vincennes.
10. Bois de Vincennes.
12. Bois de Vincennes.
13. Bois de Vincennes.
15. Bois de Vincennes.
16. Bois de Vincennes.
17. Bois de Vincennes.
18. Vincennes.
19. Vincennes.
20. Bois de Vincennes.
21. Bois de Vincennes.
23. Bois de Vincennes.
24. Bois de Vincennes.
25. Vincennes.
26. Bois de Vincennes.
27. Bois de Vincennes.
28. Bois de Vincennes.
29. ..... — *Traité de Westminster, avec l'Angleterre.*
30. Bois de Vincennes.

JUIN.

1. Paris.
3. Paris.
5. Paris.
6. Paris.
7. Paris.
8. Paris.

Réception par le roi, au Palais, des ambassadeurs d'Angleterre, Venise et Portugal. (*Chr. du roy Françoys Ier*, p. 58.)

9. Paris.

Le roi assiste à une cérémonie à Notre-Dame, avec les ambassadeurs d'Angleterre. (*Journal d'un bourgeois de Paris*, p. 320.)

10. Paris.
11. Paris.

12. Paris.

Banquet au Palais, offert aux ambassadeurs du roi Henri VIII. (*Journal d'un bourgeois de Paris*, p. 321.)

13. Paris.
14. Paris.
15. Paris.
16. Paris.
17. Paris.
18. Paris.
19. Paris.
Id. Saint-Denis.
20. Saint-Denis.
21. Saint-Denis.
22. Saint-Denis.
23. Saint-Denis.
24. Saint-Denis.
25. Saint-Denis.
26. Saint-Denis.
28. Saint-Denis.
29. Saint-Denis.
Id. Saint-Germain-en-Laye.
30. Saint-Denis.

JUILLET.

1. Saint-Denis.
2. Saint-Denis.
4. Saint-Denis.
5. Saint-Denis.
6. Paris.
7. Saint-Denis.

Catalogue et lettre close de François Ier. (*Bibl. nat.*, ms. fr. 3039, fol. 118.)

8. Paris.
Id. Écouen.
9. Écouen.
11. Écouen.
12. Écouen.
13. Écouen.
14. Écouen.
15. Écouen.
17. Sarcelles (c^{on} d'Écouen, Seine-et-Oise).
19. Paris.
20. Paris.
23. Paris.
24. Paris.
25. Paris.
26. Paris.

Départ du roi pour Amiens. (*Journal d'un bourgeois de Paris*, p. 322.) La *Chronique de Françoys Ier*, p. 58, dit que le départ eut lieu environ le 27 juillet.

27. Paris.
Id. Saint-Denis.
28. Bois de Vincennes.
29. Paris.

AOÛT.

4. Amiens.

Entrée du cardinal d'Yorck. (*Journal d'un bourgeois de Paris*, p. 322.)

5. Amiens.
7. Amiens.
8. Amiens.
9. Amiens.
10. Amiens.
21. Amiens. — *Supplice de Semblançay à Paris.*
13. Amiens.
14. Amiens.
15. Amiens.
16. Amiens.
17. Amiens.
18. Amiens. — *Traité avec l'Angleterre, signé à Amiens.*
19. Amiens.

Catalogue et lettre close du roi. (*Bibl. nat.*, ms. fr. 3014, fol. 101.)

Péronne. Sans quantième.
22. Saint-Quentin.
25. La Fère-sur-Oise.
29. La Fère-sur-Oise.
30. Coucy.
31. Coucy.

SEPTEMBRE.

6. Compiègne.
10. Compiègne.
11. Compiègne.
13. Compiègne.
14. Compiègne.
15. Compiègne.
17. Compiègne.
18. Compiègne.
19. Compiègne.
21. Compiègne.
22. Compiègne.
23. Compiègne.
24. Compiègne.
25. Compiègne.
26. Compiègne.
27. Compiègne.
28. Compiègne.
29. Compiègne.

OCTOBRE.

10. Chantilly.

Lettre du roi à M. le Grand-maître. (*Bibl. nat.*, ms. fr. 3055, fol. 111.)

16. Compiègne.
Id. Nantouillet.
23. Paris.
Id. Saint-Germain-en-Laye.
24. Saint-Germain-en-Laye.
26. Saint-Germain-en-Laye.
27. Paris.
31. Paris.

NOVEMBRE.

2. Paris.
Saint-Germain-en-Laye. Sans quantième.
5. Paris.
6. Paris.
7. Paris.
8. Paris.
9. Paris.
10. Paris.
12. Paris.
13. Paris.
14. Paris.
15. Paris.
16. Paris.
18. Paris.
22. Paris.
23. Paris.
25. Paris.
26. Paris.
27. Paris.
29. Paris.
30. Paris.

DÉCEMBRE.

1. Paris.
2. Paris.

Lettre missive du roi. (Champollion-Figeac, *Documents historiques extraits des coll. manuscrites de la Bibl. nat.*, in-4°, t. IV, p. 388.)

5. Paris.
7. Paris.
8. Paris.
9. Paris.
12. Paris.
13. Paris.
14. Paris.
15. Paris.
16. Paris.

Assemblée des notables au Palais royal. (*Reg. des délibérations du Bureau de la ville de Paris*, t. II, p. 1.)

17. Paris.
18. Villemomble.
19. Paris.
20. Paris.
21. Paris.
22. Paris.
24. Paris.
25. Saint-Germain-en-Laye.
26. Saint-Germain-en-Laye.
28. Saint-Germain-en-Laye.
29. Saint-Germain-en-Laye.
31. Saint-Germain-en-Laye.

1528

JANVIER.

1. Saint-Germain-en-Laye.
2. Saint-Germain-en-Laye.
3. Saint-Germain-en-Laye.
4. Saint-Germain-en-Laye.
5. Saint-Germain-en-Laye.
7. Saint-Germain-en-Laye.
8. Saint-Germain-en-Laye.
10. Saint-Germain-en-Laye.
13. Saint-Germain-en-Laye.
14. Saint-Germain-en-Laye.
15. Saint-Germain-en-Laye.
16. Saint-Germain-en-Laye.
18. Paris.
19. Saint-Germain-en-Laye.
20. Saint-Germain-en-Laye.
22. Saint-Germain-en-Laye.
23. Saint-Germain-en-Laye.
24. Saint-Germain-en-Laye.
25. Saint-Germain-en-Laye.
27. Saint-Germain-en-Laye.
28. Saint-Germain-en-Laye.
29. Saint-Germain-en-Laye.

FÉVRIER.

2. Saint-Germain-en-Laye.
3. Saint-Germain-en-Laye.
4. Saint-Germain-en-Laye.
5. Paris.
9. Saint-Germain-en-Laye.
10. Saint-Germain-en-Laye. — *Traité de mariage de Renée de France avec Hercule d'Este, duc de Ferrare.*
11. Saint-Germain-en-Laye.
12. Saint-Germain-en-Laye.

13. Saint-Germain-en-Laye.
14. Saint-Germain-en-Laye.
15. Saint-Germain-en-Laye.
17. Saint-Germain-en-Laye.
19. Saint-Germain-en-Laye.
20. Saint-Germain-en-Laye.
21. Saint-Germain-en-Laye.
22. Saint-Germain-en-Laye.

Lettre du roi à la Cour des Monnaies. (*Arch. nat.*, Z¹ᴮ 61, fol. 119.)

23. Saint-Germain-en-Laye.
26. Saint-Germain-en-Laye.
27. Saint-Germain-en-Laye.
28. Saint-Germain-en-Laye.

MARS.

1. Saint-Germain-en-Laye.
2. Saint-Germain-en-Laye.
3. Saint-Germain-en-Laye.
4. Saint-Germain-en-Laye.
5. Saint-Germain-en-Laye.
6. Saint-Germain-en-Laye.
7. Saint-Germain-en-Laye.
9. Saint-Germain-en-Laye.
10. Saint-Germain-en-Laye.
11. Saint-Germain-en-Laye.
13. Saint-Germain-en-Laye.
15. Saint-Germain-en-Laye.
16. Saint-Germain-en-Laye.
17. Saint-Germain-en-Laye.
18. Saint-Germain-en-Laye.
19. Saint-Germain-en-Laye.
20. Saint-Germain-en-Laye.

(*Arch. de Marburg*, liasse «France».)

27. Saint-Germain-en-Laye.
Id. Paris.
28. Paris.

Défi du roi à l'Empereur. (Du Bellay, *Mémoires*, édit. Michaud et Poujoulat, p. 210; Séb. Moreau, *Prinse et délivrance de François Iᵉʳ*. — *Arch. curieuses de l'hist. de France*, t. II, p. 352.)

29. Paris.
30. Paris.
31. Saint-Germain-en-Laye.

Lettre du roi à La Pommeraye. (*Bibl. nat.*, ms. fr. 5123, fol. 8.)

AVRIL.

1. Saint-Germain-en-Laye.
3. Paris.
4. Anet.
6. Anet.
7. Anet.
8. Anet.

Lettre du roi au sʳ d'Izernay. (*Bibl. nat.*, ms. fr. 3032, fol. 78.)

9. Anet.
10. Anet.
12. . . . . . — *Pâques*.
13. Paris.
14. Anet.

Lettre du roi à La Pommeraye. (*Bibl. nat.*, ms. fr. 5123, fol. 16.)

15. Nantouillet.
Id. Saint-Germain-en-Laye.

Présence du roi. (*Journal d'un bourgeois de Paris*, p. 342.)

18. Anet.
19. Anet.

Lettre missive du roi. (*Bibl. nat.*, ms. fr. 2980, fol. 13.)

20. Anet.
21. Anet.

(*Arch. nat.*, KK. 352, fol. 82.)

24. Anet.
25. Paris.
28. Paris.

(*Arch. nat.*, KK. 352, fol. 83.)

MAI.

1. Saint-Germain-en-Laye.
2. Saint-Germain-en-Laye.
3. Saint-Germain-en-Laye.
4. Saint-Germain-en-Laye.
5. Saint-Germain-en-Laye.
6. Saint-Germain-en-Laye.
7. Saint-Germain-en-Laye.

Lettre missive du roi. (*Bibl. nat.*, ms. fr. 5123, fol. 21.)

8. Saint-Germain-en-Laye.
11. Saint-Germain-en-Laye.
12. Saint-Germain-en-Laye.
13. Saint-Germain-en-Laye.
14. Saint-Germain-en-Laye.
15. Saint-Germain-en-Laye.
16. Saint-Germain-en-Laye.
17. Saint-Germain-en-Laye.
18. Saint-Germain-en-Laye.
19. Saint-Germain-en-Laye.
20. Saint-Germain-en-Laye.
Id. Paris.

Arrivée d'Hercule d'Este, duc de Ferrare. (*Chronique du roy Françoys Iᵉʳ*, p. 66.)

21. Saint-Germain-en-Laye.

22. Saint-Germain-en-Laye.
23. Saint-Germain-en-Laye.
25. Saint-Germain-en-Laye.
26. Saint-Germain-en-Laye.
28. Saint-Germain-en-Laye.

(*Catalogue* et *Arch. nat.*, KK. 352, fol. 85.)

29. Saint-Germain-en-Laye.

(Compte de l'Aumônerie, *Bibl. nat.*, ms. fr. 6762, fol. 62 v°. Ce registre mentionne le séjour continu du roi à Saint-Germain du 1er au 29 mai.)

Id. Paris.
30. Paris.
31. Paris.

JUIN.

1. Paris.

(*Arch. de Marburg*, liasse «France».)

Id. Corbeil.

(*Bibl. nat.*, ms. fr. 6762, fol. 65.)

2. Fontainebleau.

(*Id.*, fol. 65 v°.)

3. Fontainebleau.

(*Id.*, fol. 65 v°.)

4. Fontainebleau.

(*Catalogue* et *Bibl. nat.*, ms fr. 6762, fol. 65 v°.)

5. Fontainebleau.

(*Id.*, fol. 65 v°.)

6. Fontainebleau.

(*Id.*, fol. 65 v°.)

7. Chaumes en Brie.

(*Bibl. nat.*, ms. fr. 6762, fol. 66 v°.)

8. Becoiseau (anc. château royal, cne de Mortcerf, Seine-et-Marne).
9. Becoiseau.

(*Bibl. nat.*, ms. fr. 6762, fol. 66 v°.)

10. Lagny-sur-Marne.

(*Id.*, fol. 66 v°.)

Id. Paris.

(*Catalogue.*)

11. Paris. — *Fête-Dieu.*

Le roi en procession à Saint-Paul. (*Journal d'un bourgeois de Paris*, p. 348.)

12. Paris.

Le roi entend la messe à Sainte-Catherine du Val-des-Écoliers. (*Bibl. nat.*, ms. fr. 6762, fol. 67.)

13. Saint-Germain-en-Laye.
14. Saint-Germain-en-Laye.
15. Saint-Germain-en-Laye.

(*Bibl. nat.*, ms. fr. 6762, fol. 67 v°.)

16. Saint-Denis en France.
17. Saint-Denis.

(Ms. fr. 6762, fol. 67 v°.)

Id. La Courneuve.

Lettre du roi à Montmorency. (*Bibl. nat.*, ms. fr. 3016, fol. 4.)

18. Saint-Denis.

(*Bibl. nat.*, ms. fr. 6762, fol. 67 v°.)

Id. Paris.

(*Catalogue.*)

19. Paris.

(*Arch. nat.*, KK. 352, fol. 87.)

20. Paris.

(*Bibl. nat.*, ms. fr. 6762, fol. 67 v°, du 19 au 30 juin.)

21. Paris.
22. Paris.
23. Paris.
24. Paris.
25. Paris.
26. Paris.
27. Paris.
28. Paris.

Mariage de Renée de France avec le duc de Ferrare. (*Journal d'un bourgeois de Paris*, p. 362; *Chronique du roy Françoys Ier*, p. 68.)

29. Paris.
30. Paris.

JUILLET.

1. Paris.

Id. Corbeil.

(*Bibl. nat.*, ms. fr. 6762, fol. 69 v°.)

2. Fontainebleau.
3. Fontainebleau.
4. Fontainebleau.
5. Fontainebleau.
6. Fontainebleau.
7. Fontainebleau.
8. Fontainebleau.
9. Fontainebleau.
10. Fontainebleau.
11. Fontainebleau.
12. Fontainebleau.
13. Fontainebleau.

(*Arch. nat.*, KK. 352, fol. 89.)

14. Fontainebleau.

IMPRIMERIE NATIONALE.

15. Fontainebleau.

(*Arch. nat.*, KK. 101, fol. 23. D'après ce registre, le roi séjourna à Fontainebleau du 2 au 31 juillet[1].)

16. Fontainebleau.
17. Fontainebleau.

(*Arch. nat.*, KK. 101, fol. 23.)

18. Fontainebleau.
19. Fontainebleau.
20. Fontainebleau.
21. Fontainebleau.
22. Fontainebleau.
23. Fontainebleau.
24. Fontainebleau.

(*Bibl. nat.*, ms. fr. 3001, fol. 15, et *Arch. nat.*, KK. 101, fol. 23.)

25. Fontainebleau.

(*Arch. nat.*, KK. 101, fol. 23.)

26. Fontainebleau.

(*Arch. nat.*, KK. 101, fol. 23.)

27. Fontainebleau.

(*Arch. nat.*, KK. 101, fol. 23.)

28. Fontainebleau.
29. Fontainebleau.
30. Fontainebleau.
31. Fontainebleau.

(*Arch. nat.*, KK. 101, fol. 23.)

AOÛT.

1. Fontainebleau.

(*Catalogue* et C. Weiss, *Papiers d'État du cardinal de Granvelle*, t. I, p. 421.)

2. Fontainebleau.

(*Arch. nat.*, KK. 101, fol. 25.)

3. Prieuré de Notre-Dame-des-Champs-lès-Corbeil.

(*Arch. nat.*, KK. 101, fol. 25 v°.)

4. Fontainebleau.
5. Fontainebleau.
6. Fontainebleau.
7. Fontainebleau.
8. Fontainebleau.
9. Fontainebleau.
10. Fontainebleau.
11. Fontainebleau.
12. Fontainebleau.
13. Fontainebleau.

(*Catalogue*; C. Weiss, *Papiers d'État du cardinal de Granvelle*, t. I, p. 422; *Arch. nat.*, KK. 101, fol. 25.)

14. Fontainebleau.
15. Fontainebleau.

(*Arch. nat.*, KK. 101, fol. 25.)

16. Fontainebleau.
17. Fontainebleau.

(*Arch. nat.*, KK. 101, fol. 25.)

18. Corbeil.

(*Arch. nat.*, KK. 101, fol. 26.)

19. Paris.

(*Arch. nat.*, KK. 101, fol. 26.)

20. Paris.
21. Paris.
22. Paris.
23. Paris.
24. Paris.
25. Paris.

Id. Saint-Germain-en-Laye.

(*Arch. nat.*, KK. 101, fol. 27.)

26. Saint-Germain-en-Laye.

(*Arch. nat.*, KK. 352, fol. 92.)

27. Saint-Germain-en-Laye.
28. Saint-Germain-en-Laye.
29. Saint-Germain-en-Laye.
30. Saint-Germain-en-Laye.
31. Saint-Germain-en-Laye.

(*Arch. nat.*, KK. 101, fol. 27.)

SEPTEMBRE.

1. Saint-Germain-en-Laye.
2. Saint-Germain-en-Laye.
3. Saint-Germain-en-Laye.

4 et 5. Beynes.

Le roi entend la messe à l'église paroissiale Saint-Martin. (*Arch. nat.*, KK. 101, fol. 31.)

5. Saint-Germain-en-Laye.
6. Saint-Germain-en-Laye.
7. Saint-Germain-en-Laye.

Id. Paris.

8. Paris.
9. Paris.

[1] Cependant le *Catalogue* cite des actes datés de Saint-Germain-en-Laye, les 5, 8 et 30 et plusieurs sans quantième; de Paris, le 25 et plusieurs de juillet sans quantième. Le manuscrit français 6762 de la *Bibl. nat.* dit que le roi entendit la messe les 17 et 18 juillet à l'église Saint-Martin de Beynes (fol. 70 v°).

10. Paris.

Réception par le roi de l'ambassade de Hongrie et d'un hérault de l'Empereur au Palais. (*Chronique du roy Françoys Ier*, p. 74.)

11. Paris.
12. Paris.
14. Paris.
15. Paris.
16. Paris [1].
17. Saint-Germain-en-Laye.
Id. Corbeil (Saint-Spire).

(*Arch. nat.*, KK. 101, fol. 32 v°.)

Melun. Sans quantième.

18. Fontainebleau.

(*Arch. nat.*, KK. 101, fol. 32 v°.)

19. Fontainebleau.

(*Arch. nat.*, KK. 101, fol. 32 v°.)

20. Fontainebleau.

(*Arch. nat.*, KK. 101, fol. 32 v°.)

21. Fontainebleau.
22. Fontainebleau.
23. Fontainebleau.
24. Fontainebleau.

(*Arch. nat.*, KK. 101, fol. 32 v°.)

25. Corbeil (Notre-Dame).

(*Arch. nat.*, KK. 101, fol. 33.)

Id. Paris.

(*Catalogue.*)

26. Paris.
27. Paris.
28. Paris.
29. Paris.

(*Arch. nat.*, KK. 101, fol. 33.)

30. Paris.

OCTOBRE.

1. Saint-Germain-en-Laye.

(*Arch. nat.*, KK. 101, fol. 36.)

2. Villemomble (Prieuré.)

(*Arch. nat.*, KK. 101, fol. 36 v°.)

3. Saint-Germain-en-Laye.

(*Arch. nat.*, KK. 101, fol. 36.)

4. Paris.

(*Catalogue* et *Arch. nat.*, KK. 101, fol. 36 v°; KK. 362, fol. 97 v°.)

5. Paris.
6. Paris.
7. Paris.
Id. Villemomble.
8. Villemomble (Prieuré).

(*Arch. nat.*, KK. 101, fol. 36 v° et 37.)

9. Villemomble.

(*Arch. nat.*, KK. 101, fol. 37.)

10. Chailly (église Saint-Paul).

(*Arch. nat.*, KK. 101, fol. 37.)

11. Fontainebleau.
12. Fontainebleau.
13. Fontainebleau.

(*Arch. nat.*, KK. 101, fol. 37 v°; du 11 au 31 sans interruption.)

14. Fontainebleau.
15. Fontainebleau.
16. Fontainebleau.
17. Fontainebleau.

(*Arch. nat.*, KK. 101, fol. 37 v°.)

18. Fontainebleau.
19. Fontainebleau.

(*Arch. nat.*, KK. 101, fol. 37 v°.)

20. Fontainebleau.
21. Fontainebleau.

(*Arch. nat.*, KK. 101, fol. 37 v°.)

22. Fontainebleau.

(*Arch. nat.*, KK. 101, fol. 37 v°.)

Id. Melun.

(*Catalogue*, à cette date et sans quantième.)

23. Fontainebleau.
24. Fontainebleau.

(*Arch. nat.*, KK. 101, fol. 37 v°.)

25. Fontainebleau.
26. Fontainebleau.

(*Arch. nat.*, KK. 101, fol. 37 v°.)

27. Fontainebleau.
28. Fontainebleau. — *Traité d'alliance avec Jean, roi de Hongrie, daté de Paris.*
29. Fontainebleau.

(*Arch. nat.*, KK. 101, fol. 37 v°.)

30. Fontainebleau.

(*Arch. nat.*, KK. 101, fol. 37 v°.)

31. Fontainebleau.

(*Arch. nat.*, KK. 101, fol. 37 v°.)

[1] Les dates de Paris, du 7 au 16 septembre, sont mentionnées dans le Catalogue. Le registre de la Grande Aumônerie indique, du 6 au 16 sans interruption, le séjour du roi à Saint-Germain-en-Laye. (*Arch. nat.*, KK. 101, fol. 31 v°, 32.)

NOVEMBRE.

1. Fontainebleau.
2. Fontainebleau.
(*Arch. nat.*, KK. 101, fol. 40 v°.)

3. Fontainebleau.
(*Arch. nat.*, KK. 101, fol. 40 v°.)

4. Fontainebleau.
5. Fontainebleau.
6. Fontainebleau.
7. Fontainebleau.
(*Arch. nat.*, KK. 101, fol. 40 v°.)

8. Fontainebleau.
9. Fontainebleau.
10. Fontainebleau.
(*Arch. nat.*, KK. 101, fol. 40 v°.)

11. Fontainebleau.
12. Fontainebleau.
(*Arch. nat.*, KK. 101, fol. 40 v°.)

13. Fontainebleau.
(*Arch. nat.*, KK. 101, fol. 40 v°.)

14. Fontainebleau.
Lettre missive. (Champollion-Figeac, *Doc. hist. extraits des coll. manusc. de la Bibl. nat.*, t. IV, p. 390; et *Arch. nat.*, KK. 101, fol. 40 v°.)

Id. Vanves.
(*Catalogue.*)

15. Melun.
(*Arch. nat.*, KK. 101, fol. 41.)

16. Paris.
17. Paris.
Id. Saint-Germain-en-Laye.
(*Arch. nat.*, KK. 101, fol. 41 v°.)

18. Saint-Germain-en-Laye.
(*Arch. nat.*, KK. 101, fol. 41 v°.)

19. Saint-Germain-en-Laye.
20. Saint-Germain-en-Laye.
21. Saint-Germain-en-Laye.
(*Arch. nat.*, KK. 101, fol. 41 v°, et KK. 352, fol. 98 v°.)

22. Saint-Germain-en-Laye.
23. Saint-Germain-en-Laye.
24. Saint-Germain-en-Laye.
25. Saint-Germain-en-Laye.
26. Saint-Germain-en-Laye.
27. Saint-Germain-en-Laye.
28. Saint-Germain-en-Laye.
Lettre du roi à Montmorency. (*Bibl. nat.*, ms. fr. 3001, fol. 18.)

29. Saint-Germain-en-Laye.

30. Saint-Germain-en-Laye.
(*Arch. nat.*, KK. 101, fol. 41 v°.) D'après ce registre, le roi résida à Fontainebleau, du 1er au 14 novembre, et à Saint-Germain, du 17 au 30.

DÉCEMBRE.

1. Saint-Germain-en-Laye.
2. Saint-Germain-en-Laye.
(*Arch. nat.*, KK. 101, fol. 46.)

3. Paris.
(*Arch. nat.*, KK. 101, fol. 46 v°.)

4. Paris.
(*Arch. nat.*, KK. 101, fol. 46 v°.)

5. Saint-Germain-en-Laye.
6. Saint-Germain-en-Laye.
(*Arch. nat.*, KK. 101, fol. 46.)

7. Saint-Germain-en-Laye.
(*Arch. nat.*, KK. 101, fol. 46.)

8. Saint-Germain-en-Laye.
9. Saint-Germain-en-Laye.
10. Saint-Germain-en-Laye.
11. Saint-Germain-en-Laye.
12. Saint-Germain-en-Laye.
(*Arch. nat.*, KK. 101, fol. 46, et X[1a] 9322, fol. 215.)

13. Saint-Germain-en-Laye.
14. Saint-Germain-en-Laye.
(*Arch. nat.*, KK. 101, fol. 46.)

15. Saint-Germain-en-Laye.
16. Saint-Germain-en-Laye.
(*Arch. nat.*, KK. 101, fol. 46.)

17. Paris.
18. Beynes.
19. Saint-Germain-en-Laye.
(*Arch. nat.*, KK. 101, fol. 46.)

20. Saint-Germain-en-Laye.
21. Saint-Germain-en-Laye.
(*Arch. nat.*, KK. 101, fol. 46.)

22. Saint-Germain-en-Laye.
23. Saint-Germain-en-Laye.
25. Paris.
26. Paris.
27. Saint-Germain-en-Laye.
(*Arch. nat.*, KK. 101, fol. 46.)

28. Saint-Germain-en-Laye.
(*Arch. nat.*, KK. 101, fol. 46.)

29. Saint-Germain-en-Laye.
30. Saint-Germain-en-Laye.
31. Saint-Germain-en-Laye.

1529

JANVIER.

1. Saint-Germain-en-Laye.
2. Saint-Germain-en-Laye.
3. Saint-Germain-en-Laye.
4. Saint-Germain-en-Laye.
5. Saint-Germain-en-Laye.
6. Saint-Germain-en-Laye.
   (*Bibl. nat.*, ms. fr. 6762, fol. 74 v°, du 1er au 14 consécutivement.)
7. Saint-Germain-en-Laye.
8. Paris.

Id. Saint-Germain-en-Laye.
   (*Bibl. nat.*, ms. fr. 6762, fol. 74 v°.)

9. Saint-Germain-en-Laye.
   (*Bibl. nat.*, ms. fr. 6762, fol. 74 v°.)
10. Saint-Germain-en-Laye.
   (*Bibl. nat.*, ms. fr. 6762, fol. 74 v°.)
11. Saint-Germain-en-Laye.
   (*Bibl. nat.*, ms. fr. 6762, fol. 74 v°.)
12. Saint-Germain-en-Laye.
   (*Bibl. nat.*, ms. fr. 6762, fol. 74 v°.)
13. Saint-Germain-en-Laye.
14. Saint-Germain-en-Laye.
15. Paris.
   (*Catalogue.*)

Id. Mantes.
   (*Bibl. nat.*, ms. fr. 6762, fol. 74 v°.)

16. Mantes.
   (*Bibl. nat.*, ms. fr. 6762, fol. 74 v°.)
17. Mantes.
   (*Bibl. nat.*, ms. fr. 6762, fol. 74 v°.)
18. Saint-Germain-en-Laye.
19. Saint-Germain-en-Laye.
20. Saint-Germain-en-Laye.
21. Saint-Germain-en-Laye.
22. Saint-Germain-en-Laye.
23. Saint-Germain-en-Laye.
   Lettres du roi aux gens des Comptes et au Parlement. (*Bibl. nat.*, ms. fr. 2977, fol. 17; *Arch. nat.*, X1a 9322, fol. 219.)
24. Saint-Germain-en-Laye.
   (*Bibl. nat.*, ms. fr. 6782, fol. 74 v°.)
25. Saint-Germain-en-Laye.
   (*Bibl. nat.*, ms. fr. 6762, fol. 74 v°.)
26. Saint-Germain-en-Laye.
   (*Bibl. nat.*, ms. fr. 6762, fol. 74 v°.)
27. Argenteuil.
   (*Bibl. nat.*, ms. fr. 6762, fol. 75 v°.)
28. Paris.
29. Paris.
   (*Bibl. nat.*, ms. fr. 6762, fol. 75 v°.)
30. Paris.
   (*Bibl. nat.*, ms. fr. 6762, fol. 76.)
31. Paris.

FÉVRIER.

1. Saint-Germain-en-Laye.

Id. Paris.

2. Paris.
3. Paris.
4. Paris.

Id. Saint-Germain-en-Laye.
   Lettre missive. (Champollion, *Doc. hist. extraits des coll. manuscr. de la Bibl. nat.*, t. IV, p. 389.)

5. Paris.
   (*Bibl. nat.*, ms. fr. 6762, fol. 77, 78, du 1er au 5.)
6. Villemomble.
   (*Bibl. nat.*, ms. fr. 6762, fol. 78, du 6 au 13.)
7. Paris.
   (*Catalogue.*)
8. Paris.
   (*Catalogue.*)
9. Villemomble.
   (*Bibl. nat.*, ms. fr. 6762, fol. 78.)
10. Paris.
   (*Catalogue.*)

Id. Saint-Germain-en-Laye.
   (*Catalogue.*)

11. Paris.
   (*Catalogue.*)
12. Paris.
   (*Catalogue.*)
13. Villemomble.
   (*Bibl. nat.*, ms. fr. 6762, fol. 78.)

14. Paris.
(*Bibl. nat.*, ms. fr. 6762, fol. 79.)

15. Paris.
16. Paris.
17. Paris.
18. Paris.
(*Bibl. nat.*, ms. fr. 6762, fol. 79.)

19. Paris.
(*Bibl. nat.*, ms. fr. 6762, fol. 79.)

20. Paris.
21. Paris.
(*Bibl. nat.*, ms. fr. 6762, fol. 79.)

22. Paris.
23. Montmorency.
(*Bibl. nat.*, ms. fr. 6762, fol. 79.)

24. Montmorency.
(*Bibl. nat.*, ms. fr. 6762, fol. 79.)

25. Vanves.
(*Catalogue.*)

Id. Chantilly.
(*Bibl. nat.*, ms. fr. 6762, fol. 79 v°.)

26. Chantilly.
(*Bibl. nat.*, ms. fr. 6762, fol. 79 v°.)

27. Saint-Germain-en-Laye.
28. Saint-Germain-en-Laye.
(*Bibl. nat.*, ms. fr. 6762, fol. 79 v°.)

MARS.

1. Paris.
Id. Saint-Germain-en-Laye.
(*Bibl. nat.*, ms. fr. 6762, fol. 80 v°.)

2. Saint-Germain-en-Laye.
(*Bibl. nat.*, et lettre du roi au roi d'Angleterre, *Bibl. nat.*, ms. fr. 3005, fol. 1.)

3. Saint-Germain-en-Laye.
(*Bibl. nat.*, ms. fr. 6762, fol. 80 v°.)

4. Paris.
5. Paris.
6. Paris.
(*Bibl. nat.*, ms. fr. 6762, fol. 81.)

7. Paris.
8. Paris.
9. Paris.
10. Paris.
11. Paris.
(*Bibl. nat.*, ms. fr. 6762, fol. 81 v°.)

12. Fontainebleau.
(*Bibl. nat.*, ms. fr. 6762, fol. 81 v°.)

13. Fontainebleau.
(*Bibl. nat.*, ms. fr. 6762, fol. 81 v°.)

14. Fontainebleau.
(*Bibl. nat.*, ms. fr. 6762, fol. 81 v°.)

15. Fontainebleau.
16. Fontainebleau.
(*Bibl. nat.*, ms. fr. 6762, fol. 81 v°.)

17. Fontainebleau.
18. Puiseaux (Loiret).
(*Bibl. nat.*, ms. fr. 6762, fol. 81 v°.)

19. Abbaye de la Cour-Dieu (c^ne d'Ingrannes, Loiret).
(*Bibl. nat.*, ms. fr. 6762, fol. 81 v°.)

20. Cléry.
(*Bibl. nat.*, ms. fr. 6762, fol. 82.)

Id. Blois.
(*Catalogue.*)

21. Notre-Dame de Bourgmoyen ou Usseau, près Blois.
(*Bibl. nat.*, ms. fr. 6762, fol. 82 v°.)

22. Château de Blois.
(*Bibl. nat.*, ms. fr. 6762, fol. 82 v°.)

23. Blois.
(*Catalogue* et Charrière, *Négociations de la France dans le Levant*, t. I, p. 168.)

Id. Usseau près Blois.
(*Bibl. nat.*, ms. fr. 6762, fol. 82 v°.)

24. Blois.
25. Blois.
(C. Weiss, *Papiers d'État du cardinal de Granvelle*, t. I, p. 458.)

26. Château de Blois.
(*Bibl. nat.*, ms. fr. 6762, fol. 83.)

27. Blois.
28. Blois. — *Pâques.*
29. Château de Blois.
(*Bibl. nat.*, ms. fr. 6762, fol. 83 v°.)

30. Château de Bury (paroisse de Saint-Secondin-des-Vignes, près Blois).
(*Bibl. nat.*, ms. fr. 6762, fol. 83 v°.)

31. Bury.

AVRIL.

1. Château de Bury.
(*Arch. nat.*, KK. 101, fol. 65.)

2. Château de Bury.
(*Arch. nat.*, KK. 101, fol. 65.)

3. Château de Bury.
(*Arch. nat.*, KK. 101, fol. 65.)

4. Château de Bury.
(*Arch. nat.*, KK. 101, fol. 65.)

5. Château de Bury.
(*Arch. nat.*, KK. 101, fol. 65.)

6. Château de Bury.
(*Arch. nat.*, KK. 101, fol. 65.)

7. Blois.
8. Blois.
9. Blois.
(*Arch. nat.*, KK. 101, fol. 65 v°.)

10. Blois.
11. Montfrault (paroisse de Thoury, près Blois.)
(*Arch. nat.*, KK. 101, fol. 66.)

12. Montfrault.
(*Arch. nat.*, KK. 101, fol. 66.)

13. Montfrault.
(*Arch. nat.*, KK. 101, fol. 66.)

Id. Blois.
14. Blois.
Id. Montfrault.
(*Arch. nat.*, KK. 101, fol. 66.)

15. Montfrault.
16. Montfrault.
(*Arch. nat.*, KK. 101, fol. 66.)

Id. Mont près Blois (canton de Bracieux).
(*Catalogue.*)

17. Montfrault.
(*Arch. nat.*, KK. 101, fol. 66.)

18. Mont près Blois.
(*Arch. nat.*, KK. 101, fol. 66.)

Id. Amboise.
(*Catalogue.*)

19. Blois.
(*Catalogue.*)

Id. Montfrault.
(*Arch. nat.*, KK. 101, fol. 66.)

20. Blois.
(*Arch. nat.*, KK. 101, fol. 66 v°.)

21. Blois.
(*Arch. nat.*, KK. 101, fol. 66 v°.)

22. Blois.
(*Arch. nat.*, KK. 101, fol. 66 v°.)

23. Chambord.
(*Arch. nat.*, KK. 101, fol. 66 v°.)

24. Blois.
25. Blois.
(*Arch. nat.*, KK. 101, fol. 67.)

26. Blois.
27. Amboise.
(*Arch. nat.*, KK. 101, fol. 67.)

28. Amboise.
29. Amboise.
30. Véretz.
(*Arch. nat.*, KK. 101, fol. 67.)

MAI.

1. Amboise.
2. Amboise.
4. La Bourdaisière (château, c^ne de Montlouis, Indre-et-Loire).
6. La Bourdaisière.
7. La Bourdaisière.
11. La Bourdaisière.
12. La Bourdaisière.
17. La Bourdaisière.
18. La Bourdaisière.
19. La Bourdaisière.
20. La Bourdaisière.
21. Beauvais (château, c^ne d'Azay-sur-Cher, Indre-et-Loire).
22. Beauvais.
Id. La Bourdaisière.
23. La Bourdaisière.
26. Amboise.
30. Romorantin.
31. Romorantin.
Lettre missive du roi. (*Bibl. nat.*, ms. fr. 2977, fol. 31.)

JUIN.

1. Romorantin.
2. Romorantin.
3. La Ferté-Nabert (auj. La Ferté-Saint-Aubin, Loiret).
(*Arch. nat.*, KK. 101, fol. 95 v°.)

4. La Ferté-Nabert.
(*Arch. nat.*, KK. 101, fol. 95 v°.)

5. Jargeau.
(*Arch. nat.*, KK. 101, fol. 96.)

6. Boiscommun.
(*Arch. nat.*, KK. 101, fol. 96.)

7. Puiseaux.
(*Arch. nat.*, KK 101, fol. 96.)

8. Fontainebleau.
9. Fontainebleau.
10. Fontainebleau.
11. Fontainebleau.
(*Arch. nat.*, KK. 101, fol. 96 v°, du 8 au 11 juin.)

12. Boissise (c^on de Melun).
(*Arch. nat.*, KK 101, fol. 96 v°.)

13. Paris.
14. Paris.
15. Paris.
(*Arch. nat.*, KK. 101, fol. 97.)

16. Paris.
(*Arch. nat.*, KK. 101, fol. 97.)

17. Paris.
(*Catalogue.*)

Id. Écouen.
(*Arch. nat.*, KK. 101, fol. 97 v°.)

18. Chantilly.
19. Nantouillet.
(*Catalogue.*)

Id. Chantilly.
(*Arch. nat.*, KK. 101, fol. 97 v°.)

20. Chantilly.
(*Arch. nat.*, KK. 101, fol. 97 v°.)

21. Verberie.
(*Arch. nat.*, KK. 101, fol. 97 v°.)

22. Compiègne.
(*Arch. nat.*, KK. 101, fol. 98.)

23. Compiègne.
24. Compiègne.
(*Arch. nat.*, KK 101, fol. 98.)

25. Compiègne.
Id. Noyon.
26. Noyon.
27. Noyon.
(*Arch. nat.*, KK. 101, fol. 98.)

28. Coucy-le-Château.
(*Arch. nat.*, KK. 101, fol. 98 v°.)

29. Coucy.
30. Coucy-le-Château.
(*Arch. nat.*, KK. 101, fol. 98 v°.)

JUILLET.

1. Coucy-le-Château.
(*Arch. nat.*, KK. 101, fol. 122 v°, et *Bibl. nat.*, ms. fr. 3001, fol. 79.)

2. Coucy-le-Château.
(*Arch. nat.*, KK. 101, fol. 122 v°.)

3. Coucy.
4. Coucy.
5. Coucy.
6. La Fère.
(*Arch. nat.*, KK. 101, fol. 123.)

7. La Fère.
(*Arch. nat.*, KK. 101, fol. 123, et *Bibl. nat.*, ms. fr. 3001, fol. 81.)

8. Coucy-le-Château.
(*Arch. nat.*, KK. 101, fol. 123 v°, et *Bibl. nat.*, ms. fr. 3001, fol. 83.)

9. Coucy.
10. Coucy-le-Château.
(*Arch. nat.*, KK. 101, fol. 123 v°, et *Bibl. nat.*, ms. fr. 3001, fol. 85.)

11. Coucy-le-Château.
(*Arch. nat.*, KK. 101, fol. 123 v°.)

Id. La Fère-sur-Oise.
12. Coucy.
13. La Fère.
(*Arch. nat.*, KK. 101, fol. 124.)

14. La Fère.
(*Arch. nat.*, KK. 101, fol. 124.)

15. La Fère.
(*Arch. nat.*, KK. 101, fol. 124.)

16. Coucy.
17. Coucy-le-Château.
(*Arch. nat.*, KK. 101, fol. 124, et *Bibl. nat.*, ms. fr. 3001, fol. 87.)

18. Coucy-le-Château.
(*Arch. nat.*, KK. 101, fol. 124.)

19. Coucy-le-Château.
(*Arch. nat.*, KK. 101, fol. 124.)

20. Coucy.
21. Coucy-le-Château.
(*Arch. nat.*, KK. 101, fol. 124.)

22. Coucy-le-Château.
(*Arch. nat.*, KK. 101, fol. 124, et *Bibl. nat.*, ms fr. 3001, fol. 92.)

23. La Fère.
(*Arch. nat.*, KK. 101, fol. 124.)

24. La Fère.
(*Arch. nat.*, KK. 101, fol. 124.)

25. La Fère.
(*Arch. nat.*, KK. 101, fol. 124.)

26. La Fère.
27. La-Fère-sur-Oise.

28. Crécy-sur-Serre.
(*Arch. nat.*, KK. 101, fol. 124 v°.)

29. Crécy-sur-Serre.
(*Arch. nat.*, KK. 101, fol. 124 v°.)

30. Laon.
(*Arch. nat.*, KK. 101, fol. 125.)

31. La Fère.
(*Arch. nat.*, KK. 101, fol. 125, et *Catalogue.*)

AOÛT.

1. La Fère-sur-Oise.
2. La Fère.
3. La Fère.
4. La Fère.
(*Arch. nat.*, KK. 101, fol. 137.)

5. Saint-Quentin. — *Traité de Cambrai.*
(*Arch. nat.*, KK. 101, fol. 137 v°.)

6. Saint-Quentin.
7. Abbaye de Saint-Martin, près Saint-Quentin.
(*Arch. nat.*, KK. 101, fol. 138.)

Id. Beaurevoir (c^ne^ du Câtelet, Aisne).
(*Catalogue.*)

8. Beaurevoir.
(*Arch. nat.*, KK. 101, fol. 138.)

Id. Crèvecœur (c^ne^ de Marcoing, Nord).
(*Catalogue.*)

9. Crèvecœur.
(*Arch. nat.*, KK. 101, fol. 138 v°.)

Id. Cambrai.
10. Cambrai.
11. Cambrai.
12. Cambrai.
13. Saint-Quentin.
14. Saint-Quentin.
15. Saint-Quentin.
16. Saint-Quentin.
Id. La Fère-sur-Oise.
17. La Fère.
(*Arch. nat.*, KK. 101, fol. 139 v°.)

18. La Fère.
19. Coucy.
(*Arch. nat.*, KK. 101, fol. 160.)

20. Coucy.
21. Coucy.
22. Coucy.
23. Coucy.
24. Abbaye de Prémontré, près Coucy.
(*Arch. nat.*, KK. 101, fol. 160.)

Folembray. Sans quantième.
25. Soissons.
(*Arch. nat.*, KK. 101, fol. 160 v°.)

26. Abbaye de Saint-Médard, près Soissons.
(*Arch. nat.*, KK. 101, fol. 160 v°.)

27. Compiègne.
(*Arch. nat.*, KK. 101, fol. 161.)

Id. Nantouillet.
(*Catalogue.*)

28. Compiègne.
29. Compiègne.
(*Arch. nat.*, KK. 101, fol. 161.)

30. Compiègne.
(*Arch. nat.*, KK. 101, fol. 161.)

31. Compiègne.
(*Arch. nat.*, KK. 101, fol. 161.)

SEPTEMBRE.

3. Chantilly.
5. Chantilly.
(*Arch. nat.*, KK. 101, fol. 193.)

Id. Paris.
(*Catalogue.*)

6. Paris.
(*Catalogue.*)

Id. Senlis.
(*Arch. nat.*, KK. 101, fol. 193 v°.)

7. Chantilly.
(*Catalogue.*)

Id. Écouen.
(*Arch. nat.*, KK. 101, fol. 194.)

11. Paris.
12. Paris.
13. Paris.
14. Paris.
15. Paris.
16. Paris.
17. Paris.
18. Paris.
19. Paris.
20. Paris.
21. Paris.
22. Paris.
25. Paris.
27. Paris.

IMPRIMERIE NATIONALE.

28. Paris.

Assemblée de la noblesse à l'hôtel de Bourbon. (*Bibl. nat.*, ms. fr. 2980, fol. 103.)

30. Paris.

N. B. Un acte de ce mois, mentionné dans le *Catalogue*, est daté de Fontainebleau, sans quantième.

OCTOBRE.

1. Paris.

(*Arch. nat.*, KK. 101, fol. 205 v°. Ce registre indique le séjour du roi à Paris les 1er, 2, 4 à 15, 17 à 21 et 23, 24, 25 octobre.)

2. Paris.
3. Paris.
Id. Boulogne.

(*Arch. nat.*, KK. 101, fol. 206.)

4. Paris.
5. Paris.
6. Paris.
7. Paris.

(*Arch. nat.*, KK. 101, fol. 205 v°.)

8. Paris.
9. Paris.

(*Arch. nat.*, KK. 101, fol. 205 v°.)

10. Paris.

(*Arch. nat.*, KK. 101, fol. 205 v°.)

11. Paris.

(*Arch. nat.*, KK. 101, fol. 205 v°.)

12. Paris.
13. Paris.
14. Paris.

(*Arch. nat.*, KK. 101, fol. 205 v°.)

15. Paris.
16. Villemomble.

(*Arch. nat.*, KK. 101, fol. 207.)

17. Paris.

(*Arch. nat.* KK. 101, fol 205 v°.

18. Paris.
19. Paris.
20. Paris.
21. Paris.

(*Arch. nat.*, KK. 101, fol. 205 v°.)

22. Villemomble.

(*Arch. nat.*, KK. 101, fol. 206 v°.)

23. Paris.

Arch. nat., KK. 101, fol. 205 v°.)

24. Paris.

(*Arch. nat.*, KK. 101, fol. 205 v°.)

25. Paris.
26. Paris.
Id. Villemomble.

(*Arch. nat.*, KK. 101, fol. 207 v° et r°.)

27. Villemomble.

(*Arch. nat.*, KK. 101, fol. 207 r° et v°.)

28. Villemomble.

(*Arch. nat.*, KK. 101, fol. 207 r° et v°.)

29. Villemomble.

Catalogue, et lettre missive du roi à M. d'Humyères. (*Bibl. nat.*, ms. fr. 3008, fol. 1.)

30. Villemomble.

(*Arch. nat.*, KK. 101, fol. 207 v°.)

31. Villemomble.

(*Arch. nat.*, KK. 101, fol. 107 v°.)

NOVEMBRE.

3. Bailly, près Meaux.
6. Villemomble.
7. Paris.
8. Paris.
9. Paris.
10. Paris.

Lettre missive du roi. (*Bibl. nat.*, ms. fr. 3008, fol. 182.)

11. Paris.

(*Journal d'un bourgeois de Paris*, p. 397.)

12. Paris.
13. Paris.
14. Paris.
15. Paris.
18. Paris.
19. Paris.
20. Paris.
21. Paris.
22. Paris.
23. Paris.
24. Paris.
27. Vauves.
30. Fontainebleau.

DÉCEMBRE.

4. Fontainebleau.
5. Fontainebleau.
10. Fontainebleau.
11. Fontainebleau.

12. Fontainebleau.
13. Fontainebleau.
14. Fontainebleau.
15. Fontainebleau.
16. Fontainebleau.
17. Fontainebleau.
18. Montereau-Faut-Yonne.
(*Arch. nat.*, KK. 101, fol. 265 v°.)

19. Donnemarie-en-Montois.
(*Arch. nat.*, KK. 101, fol. 265 v°.)

20. Provins.
(*Arch. nat.*, KK. 101, fol. 266.)

21. Nogent-sur-Seine.
(*Arch. nat.*, KK. 101, fol. 267.)

24. Nogent-sur-Seine.
28. Nogent-sur-Seine.
29. Nogent-sur-Seine.
(*Catalogue* et *Bibl. nat.*, ms. fr. 3001, fol. 99.)

30. Vauluisant.
(*Arch. nat.*, KK. 101, fol. 269 v°.)

31. Nogent-sur-Seine.
(*Arch. nat.*, KK. 101, fol. 269 v°, et *Catalogue*.)

1530

JANVIER.

1. Pont-sur-Seine.
(*Arch. nat.*, KK. 101, fol. 270 v°.)

Id. Château de Fougeon (c^{ne} de Pont-sur-Seine, Aube).
(*Arch. nat.*, KK. 101, fol. 270 v°.)

2. Marigny-le-Châtel.
(*Arch. nat.*, KK. 101, fol. 271.)

3. Notre-Dame-du-Pavillon, près Troyes.
(*Arch. nat.*, KK. 101, fol. 271.)

Id. Troyes.
4. Troyes.
5. Troyes.
6. Troyes.
Id. Château de Pougy [-sur-Aube].
(*Arch. nat.*, KK. 101, fol. 271 v°.)

7. Sommevoire (Haute-Marne).
(*Arch. nat.*, KK. 101, fol. 271 v°.)

8. Joinville.
(*Arch. nat.*, KK. 101, fol. 272.)

9. Joinville.
(*Arch. nat.*, KK. 101, fol. 272.)

10. Joinville.
(*Arch. nat.*, KK. 101, fol. 272.)

11. Joinville.
(*Arch. nat.*, KK. 101, fol. 272.)

12. Joinville.
(*Arch. nat.*, KK. 101, fol. 272.)

13. Joinville.
(*Arch. nat.*, KK. 101, fol. 272.)

14. Joinville.
(*Arch. nat.*, KK. 101, fol. 272.)

15. Joinville.
(*Arch. nat.*, KK. 101, fol. 272.)

16. Joinville.
(*Arch. nat.*, KK. 101, fol. 272.)

17. Chaumont-en-Bassigny.
(*Arch. nat.*, KK. 101, fol. 272.)

18. Langres.
(*Arch. nat.*, KK. 101, fol. 272 v°.)

19. «Trichastel.» Sans doute Thil-Châtel (Côte-d'Or).
(*Arch. nat.*, KK. 101, fol. 272 v°.)

Id. Dijon.
(*Catalogue.*)

20. Dijon.
(*Arch. nat.*, KK. 101, fol. 273.)

21. Dijon.
22. Dijon.
(*Arch. nat.*, KK. 101, fol. 273.)

23. Dijon.
24. Dijon.
25. Dijon.
26. Dijon.
27. Dijon.
(*Arch. nat.*, KK. 100, 2e partie, fol. 10 v°; KK 101, fol. 273.)

28. Dijon.
29. Dijon.
30. Dijon.
(*Arch. nat.*, KK. 101, fol. 273.)

31. Dijon.
(*Arch. nat.*, P. 2536, fol. 300 v°.)

FÉVRIER.

1. Dijon.
2. Dijon.
4. Dijon.
5. Dijon.
7. Dijon.

Le roi quitte cette ville et prend le chemin du Verger, du Vergey, *aliàs* Vergy[1]. (*Arch. nat.*, KK. 101, fol. 299.)

8. « Le Verger » (Vergy).
9. « Le Verger » (Vergy).

(*Arch. nat.*, KK. 101, fol. 299 v°.)

10. « Le Verger » (Vergy).

(*Arch. nat.*, KK. 101, fol. 299 v°.)

11. Châteauneuf (Côte-d'Or).

(*Arch. nat.*, KK. 101, fol. 300.)

13. Autun.
14. Autun. — *Traités conclus à Londres avec Henri VIII, les 14 et 18.*

Départ de cette ville. (*Arch. nat.*, KK. 101, fol. 300 v°.)

15. Luzy.

(*Arch. nat.*, KK. 101, fol. 300 v°.)

16. Bourbon-Lancy.

(*Arch. nat.*, KK. 101, fol. 301.)

17. Chevagnes.

(*Arch. nat.*, KK. 101, fol. 302.)

18. Chevagnes.

(*Arch. nat.*, KK. 101, fol. 302.)

19. Moulins.
20. Moulins.
21. Moulins.
22. Moulins.
23. Chevagnes.

(*Arch. nat.*, KK. 101, fol. 204 v°, 205.)

24. Chevagnes.

(*Arch. nat.*, KK. 101, fol. 204 v°, 205.)

Id. Moulins.
25. Moulins.
26. Moulins.

Départ de cette ville. (*Arch. nat.*, KK. 101, fol. 205.)

27. Le Veurdre.

(*Arch. nat.*, KK. 101, fol. 307 v°.)

28. La Charité.

(*Arch. nat.*, KK. 101, fol. 308.)

MARS.

1. Saint-Satur [-sous-Sancerre].

(*Arch. nat.*, KK. 101, fol. 309.)

Id. Sancerre.

(*Arch. nat.*, KK. 101, fol. 311 v°.)

2. Gien-sur-Loire.

(*Arch. nat.*, KK. 101, fol. 309 v°.)

3. Jargeau.

(*Arch. nat.*, KK. 101, fol. 309 v°.)

4. Muides (c^{on} de Bracieux, Loir-et-Cher).

(*Arch. nat.*, KK. 101, fol. 310.)

Id. Chambord.

(*Arch. nat.*, KK. 101, fol. 310 et 312 v°.)

5. Blois.
6. Blois.

(*Arch. nat.*, KK. 101, fol. 310.)

7. Blois.
8. Blois.

Lettres missives du roi. (*Bibl. nat.*, ms. fr. 3052, fol. 3, 9.)

9. Blois.
10. Blois.
11. Blois.

(*Arch. nat.*, KK. 101, fol. 310.)

12. Blois.

(*Arch. nat.*, KK. 101, fol. 310.)

13. Blois.
14. Blois.
15. Blois.
16. Blois.

(*Arch. nat.*, KK. 101, fol. 310.)

17. Blois.

(*Arch. nat.*, KK. 101, fol. 310.)

18. Blois.

(*Arch. nat.*, KK. 101, fol. 310, et *Bibl. nat.*, ms. fr. 3044, fol. 11.)

19. Blois.

(*Arch. nat.*, KK. 101, fol. 310; P. 2305, p. 491, et P. 2536, fol. 304.)

20. Blois.
21. Blois.
22. Amboise.

(*Arch. nat.*, KK. 101, fol. 310 v°.)

23. Chaumont-sur-Loire.

(*Arch. nat.*, KK. 101, fol. 310 v°.)

[1] C'est le château de Vergy, détruit en 1609, auj. c^{ne} de Reulle-Vergy, c^{on} de Gevray, arr. de Dijon. En 1790, Vergy était un chef-lieu de canton.

23. Blois.
Lettre missive du roi à Montmorency. (*Bibl. nat.*, ms. fr. 3007, fol. 1) et lettre à la Chambre des Comptes) *Arch. nat.*, P. 2305, fol. 495; P. 2536, fol. 306).

24. Blois.
(*Arch. nat.*, KK. 101, fol. 310 v°, et *Bibl. nat.*, ms. fr. 3001, fol. 33.)

25. Blois.
26. Blois.
27. Chaumont-sur-Loire.
(*Arch. nat.*, KK. 101, fol. 311.)

28. Blois.
29. Blois.
30. Blois.
(*Arch. nat.*, KK. 101, fol. 310 v°.)

31. Amboise.
(*Arch. nat.*, KK. 101, fol. 310 v°.)

AVRIL.

1. Amboise.
(*Arch. nat.*, KK. 101, fol. 325.)

2. Amboise.
(*Arch. nat.*, KK. 101, fol. 325.)

Id. Tours.
Lettre du roi au cardinal de Tournon. (*Bibl. nat.*, ms. fr. 3001, fol. 45.)

3. Tours.
4. Tours.
5. « Veré » (Véretz).
(*Arch. nat.*, KK. 101, fol. 326.)

6. Sainte-Maure.
(*Arch. nat.*, KK. 101, fol. 326.)

7. Port-de-Piles.
(*Arch. nat.*, KK. 101, fol. 326 v°.)

Châtellerault. Sans quantième.
(*Catalogue.*)

8. « Saint-Pierre de Seure », Saire (c^on de Monts-sur-Guesnes, Vienne).
(*Arch. nat.*, KK. 101, fol. 326 v°.)

9. Dissay.
(*Arch. nat.*, KK. 101, fol. 326 v°, et *Bibl. nat.*, ms. fr. 3001, fol. 57.)

10. Dissay.
(*Arch. nat.*, KK. 101, fol. 326 v°, et *Bibl. nat.*, ms. fr. 3001, fol. 65.)

11. Dissay.
(*Arch. nat.*, KK. 101, fol. 326 v°, et *Bibl. nat.*, ms. fr. 3001, fol. 70.)

12. Montreuil-Bonnin.
(*Arch. nat.*, KK. 101, fol. 326 v°.)

13. Lusignan.
14. Lusignan.
15. Lusignan.
16. Lusignan.
Id. Pranzay (anc. paroisse sur le territoire de Lusignan).
(*Arch. nat.*, KK. 101, fol. 327 v°.)

17. Lusignan. — *Pâques.*
(*Arch. nat.*, KK. 101, fol. 327 v°.)

18. Lusignan.
19. Lezay.
(*Arch. nat.*, KK. 101, fol. 327 v°, et *Bibl. nat.*, ms. fr. 3017, fol. 47.)

20. Chefboutonne.
(*Arch. nat.*, KK. 101, fol. 328.)

21. Anville.
(*Arch. nat.*, KK. 101, fol. 328.)

22. Angoulême.
(*Arch. nat.*, KK. 101, fol. 328 v°.)

23. Angoulême.
24. Angoulême.
25. Angoulême.
26. Angoulême.
27. Angoulême.
Lettre missive du roi au s^r d'Escars. (*Arch. nat.*, K. 84, n° 14.)

28. Angoulême.
(*Arch. nat.*, KK. 101, fol. 329.)

29. Angoulême.
Lettre du roi au cardinal de Tournon. (*Bibl. nat.*, ms. fr. 3017, fol. 68.)

30. Angoulême.
(*Catalogue* et *Bibl. nat.*, KK. 101, fol. 329.)

MAI.

1. Angoulême.
Catalogue et lettre missive du roi. (*Bibl. nat.*, ms. fr. 3017, fol. 71.)

6. Angoulême.
7. Angoulême.
8. Angoulême.
9. Angoulême.
10. Angoulême.
11. Angoulême.
12. Angoulême.
14. Angoulême.
Id. Saint-Cloud.

15. Angoulême.

Lettre missive du roi au cardinal de Tournon. (*Bibl. nat.*, ms. fr. 3052, fol. 20.)

16. Angoulême.
17. Angoulême.
18. Angoulême.

(*Arch. nat.*, KK. 101, fol. 356.)

19. Angoulême.
20. Angoulême.
21. Angoulême.

(*Arch. nat.*, KK. 101, fol. 357 v°, et *Bibl. nat.*, ms. fr. 3017, fol. 8.)

22. Angoulême.
23. Angoulême.
24. Angoulême.
25. Angoulême.
Id. Montignac.

(*Arch. nat.*, KK. 101, fol. 359 r° et v°.)

26. Angoulême.

(*Arch. nat.*, KK. 101, fol. 360.)

27. Angoulême.
28. Angoulême.

(*Arch. nat.*, KK. 101, fol. 360 v°.)

29. Châteauneuf-sur-Charente.

(*Arch. nat.*, KK. 101, fol. 361.)

30. Barbezieux.

(*Arch. nat.*, KK. 101, fol. 361, et *Catalogue.*)

31. Archiac.

(*Arch. nat.*, KK. 101, fol. 361 v°.)

JUIN.

1. Jonzac.

(*Arch. nat.*, KK. 101, fol. 368, et *Bibl. nat.*, ms. fr. 3037, fol. 1.)

2. Mirambeau (Charente-Inférieure).

(*Arch. nat.*, KK. 101, fol. 363.)

3. Étauliers (Gironde).

(*Arch. nat.*, KK. 101, fol. 364 et 367.)

4. Blaye.

(*Arch. nat.*, KK. 101, fol. 364.

5. Bourg-sur-Gironde.

(*Arch. nat.*, KK. 101, fol. 364.)

6. Bourg-sur-Gironde.

(*Arch. nat.*, KK. 101, fol. 364.)

7. Bourg-sur-Gironde.

(*Arch. nat.*, KK. 101, fol. 364.)

7. Bordeaux.

(*Catalogue.*)

8. Bordeaux.

(*Arch. nat.*, KK. 101, fol. 364 v°.)

9. Bordeaux.

(*Arch. nat.*, KK. 101, fol. 364 v°.)

10. Bordeaux.

(*Arch. nat.*, KK. 101, fol. 364 v°.)

11. Bordeaux.

(*Arch. nat.*, KK. 101, fol. 364 v°, et *Catalogue.*)

12. Bordeaux.

(*Arch. nat.*, KK. 101, fol. 364 v°.)

13. Bordeaux.

(*Catalogue.*)

Id. Talence.

(*Arch. nat.*, KK. 101, fol. 365.)

14. Talence.

(*Arch. nat.*, KK. 101, fol. 365.)

Id. Thouars-lès-Bordeaux.

Entre Talence et Gradignan (carte de Cassini).

15. Bordeaux.
16. Bordeaux.
17. Thouars-lès-Bordeaux.
Id. Talence.

(*Arch. nat.*, KK. 101, fol. 365.)

18. Bordeaux.

(*Catalogue.*)

Id. Thouars-lès-Bordeaux.

Lettre du roi au Grand-maître. (*Bibl. nat.*, ms. fr. 3017, fol. 40.)

Id. Talence.

(*Arch. nat.*, KK. 101, fol. 365.)

19. Talence.

(*Arch. nat.*, KK. 101, fol. 365.)

20. Bordeaux.
21. Bordeaux.
22. Bordeaux.

(*Arch. nat.*, KK. 101, fol. 364 v°.)

23. Bordeaux.
24. Bordeaux.

(*Arch. nat.*, KK. 101, fol. 364 v°.)

25. Bordeaux.

(*Arch. nat.*, KK. 101, fol. 364 v°.)

26. Bordeaux.

(*Arch. nat.*, KK. 101, fol. 364 v°.)

27. Bordeaux.
(*Arch. nat.*, KK. 101, fol. 364 v°.)

28. Bordeaux.

29. Bordeaux.
(*Arch. nat.*, KK. 101, fol. 364 v°, 365 v°.)

30. Bordeaux.
(*Arch. nat.*, KK. 101, fol. 364 v°, 365 v°.)

JUILLET.

Bordeaux.
(*Arch. nat.*, KK. 101, fol. 377.)

2. Bordeaux.
(*Arch. nat.*, KK. 101, fol. 377.)

3. Bordeaux.

4. Bordeaux.

5. Preignac.
(*Arch. nat.*, KK. 101, fol. 377), et lettre du roi à Montmorency. (*Bibl. nat.*, ms. fr. 3032, fol. 68.)

6. Captieux.
(*Arch. nat.*, KK. 101, fol. 377 v°.)

7. « Saint-Laurent de Bery ».
Saint-Laurent de Beyries[1], anc. couvent de l'ordre de Sainte-Claire (c^ne du Frèche-et-Saint-Vidou; à 8 kil. de Villeneuve-de-Marsan (Landes), où, ledit jour 7, François Ier épousa Eléonore, qui ramenait en France les fils du roi, mis en liberté par Charles-Quint. (*Arch. nat.*, KK. 101, fol. 377 v°.)

8. Roquefort (église Notre-Dame).
(*Arch. nat.*, KK. 101, fol. 378.)

9. Captieux.
(*Arch. nat.*, KK. 101, fol. 377 v°.)

10. Saint-Macaire.
(*Arch. nat.*, KK. 101, fol. 378.)

11. Podensac.
(*Arch. nat.*, KK. 101, fol. 377 v°.)

12. Bordeaux.
(*Arch. nat.*, KK. 101, fol. 377.)

13. Bordeaux.
(*Arch. nat.*, KK. 101, fol. 377.)

14. Bordeaux.
(*Arch. nat.*, KK. 101, fol. 377.)

15. Bordeaux.
(*Arch. nat.*, KK. 101, fol. 377.)

16. Bourg-sur-Gironde (abbaye de Saint-Vincent).
(*Arch. nat.*, KK. 101, fol. 378 v°.)

17. Bourg (abbaye de Saint-Vincent).
(*Arch. nat.*, KK. 101, fol. 378 v°.)

Id. Saint-André de Bordeaux (*sic*).
(*Catalogue.*)

18. Bourg (abbaye de Saint-Vincent).
(*Arch. nat.*, KK. 101, fol. 378 v°.)

19. « Saint-André-du-Nom-de-Dieu. »
(*Arch. nat.*, KK. 101, fol. 378 v°.)

20. Saint-Laurent-du-Roc[2].
(*Arch. nat.*, KK. 101, fol. 379.)

Id. Montlieu.
(*Arch. nat.*, KK. 101, fol. 379 et 392 v°.)

21. Barbezieux.
(*Arch. nat.*, KK. 101, fol. 379.)

22. Châteauneuf-sur-Charente.
(*Arch. nat.*, KK. 101, fol. 379 v°.)

23. Angoulême.
(*Arch. nat.*, KK. 101, fol. 379 v°, et *Catalogue.*)

24. Angoulême.
(*Arch. nat.*, KK. 101, fol. 379 v°, et *Catalogue.*)

25. Angoulême.
(*Arch. nat.*, KK. 101, fol. 379 v°.)

26. Jarnac.
(*Arch. nat.*, KK. 101, fol. 379 v°.)

27. Cognac.
(*Arch. nat.*, KK. 101, fol. 380.)

28. Cognac.
(*Arch. nat.*, KK. 101, fol. 380.)

[1] Sébastien Mareau appelle ce lieu l'abbaye de « Verrières ». (*Prinse et délivrance de François Ier*, Arch. curieuses de l'histoire de France, t. II, p. 447.) Du Bellay (*Mémoires*, édit. Michaud et Poujoulat, p. 229) dit que, le 7 juillet, le roi rencontra ses enfants rendus à la liberté et épousa la sœur de Charles-Quint, entre Roquefort-de-Marsan et Captieux (*sic*), en une petite abbaye. — Cf. *Journal d'un bourgeois de Paris*, p. 412, 414, 415; *Chronique du roy Françoys Ier*, p. 84, et principalement Em. Labeyrie, *Étude historique sur le mariage de François Ier avec Eléonore d'Autriche*, Paris, 1873, in-8° de 44 p., intéressante dissertation sur le lieu et la date de cet événement.

[2] Le Roc figure sur la carte de Cassini, à 1 kil. nord-est de Montlieu (chef-lieu de canton, arr. de Jonzac, Charente-Inférieure).

29. Jarnac.
(*Arch. nat.*, KK. 101, fol. 379 v°.)

30. Cognac.
(*Arch. nat.*, KK. 101, fol. 380.)

31. Cognac.
(*Arch. nat.*, KK. 101, fol. 380.)

AOÛT.

1. Cognac.
2. Cognac.
3. Cognac.
(*Arch. nat.*, KK. 101, fol. 399.)

4. Cognac.
(*Arch. nat.*, KK. 101, fol. 399.)

5. Cognac.
(*Arch. nat.*, KK. 101, fol. 399.)

6. Cognac.
7. Cognac.
8. Cognac.
9. Cognac.
10. Matha.
(*Catalogue* et *Arch. nat.*, KK. 101, fol. 399 v°.)

11. Aulnay.
(*Arch. nat.*, KK. 101, fol. 400.)

12. Saint-Séverin (Charente-Inférieure).
(*Arch. nat.*, KK. 101, fol. 400.)

13. Saint-Séverin.
(*Arch. nat.*, KK. 101, fol. 400.)

14. Saint-Séverin.
(*Arch. nat.*, KK. 101, fol. 400.)

15. Saint-Séverin.
(*Arch. nat.*, KK. 101, fol. 400.)

16. Saint-Séverin.
(*Arch. nat.*, KK. 101, fol. 400.)

17. Saint-Séverin.
(*Arch. nat.*, KK. 101, fol. 400.)

18. Saint-Jean-d'Angély.
(*Arch. nat.*, KK. 101, fol. 400 v°, et *Catalogue.*)

19. Saint-Jean-d'Angély.
(*Arch. nat.*, KK. 101, fol. 400 v°, et *Catalogue.*)

20. Aulnay.
(*Arch. nat.*, KK. 101, fol. 400 v°.)

21. Brioux (Deux-Sèvres).
(*Arch. nat.*, KK. 101, fol. 401.)

21. Abbaye de Notre-Dame de Celles.
Lettre du roi au prévôt des marchands. (*Délibérations du Bureau de la ville de Paris*, t. II, p. 73.)

22. Abbaye de Notre-Dame de Celles.
(*Arch. nat.*, KK. 101, fol. 401, et *Catalogue.*)

23. La Mothe-Saint-Hérayc.
(*Arch. nat.*, KK. 101, fol. 401 v°.)

24. Sanxay.
(*Arch. nat.*, KK. 101, fol. 401 v°.)

Id. Montreuil-Bonnin.
25. Montreuil-Bonnin.
(*Arch. nat.*, KK. 101, fol. 401 v°.)

26. Dissay.
(*Arch. nat.*, KK. 101, fol. 402.)

27. Dissay.
(*Arch. nat.*, KK. 101, fol. 402.)

28. Dissay.
(*Arch. nat.*, KK. 101, fol. 402.)

29. Dissay.
(*Arch. nat.*, KK. 101, fol. 402.)

30. Dissay.
(*Arch. nat.*, KK. 101, fol. 402.)

31. Dissay.
(*Arch. nat.*, KK. 101, fol. 402.)

SEPTEMBRE.

Dissay. Sans quantième.
La Carte. Sans quantième.
13. Véretz.
Lettre du roi au pape Clément VII. (*Bibl. nat.*, ms. fr. 2991, fol. 5.)

Loches. Sans quantième.
(*Journal d'un bourgeois de Paris*, p. 417.)

19. Chenonceaux.
23. Pontlevoy.
26. Amboise.
29. Amboise.

OCTOBRE.

1. Amboise.
(*Arch. nat.*, KK. 101, fol. 435 v°, 436.)

2. Amboise.
(*Arch. nat.*, KK. 101, fol. 435 v°, 436.)

3. Amboise.
(*Arch. nat.*, KK 101, fol. 435 v°, 436.)

5. Amboise.
(*Arch. nat.*, KK 101, fol. 437.)

6. Fontaines.
(*Arch. nat.*, KK 101, fol. 437.)

7. Amboise.
(*Catalogue.*)

8. Chambord.
(*Arch. nat.*, KK 101, fol. 437 v° et 438.)

9. Chambord.
(*Arch. nat.*, KK 101, fol. 437 v° et 438.)

10. Chambord.
(*Arch. nat.*, KK 101, fol. 437 v° et 438.)

11. Beauregard.
(*Arch. nat.*, KK 101, fol. 438 v°.)

12. Amboise.
(*Arch. nat.*, KK 101, fol. 439, et *Catalogue.*)

13. Amboise.
(*Arch. nat.*, KK 101, fol. 439, et *Catalogue.*)

14. Amboise.
(*Arch. nat.*, KK 101, fol. 440.)

15. Amboise.
(*Arch. nat.*, KK 101, fol. 441, et *Catalogue.*)

16. Amboise.
(*Arch. nat.*, KK 101, fol. 441, et *Catalogue.*)

17. Chenonceaux.
(*Arch. nat.*, KK 101, fol. 442 v°.)

18. Aiguesvives (c^ne de Faverolles, Loir-et-Cher).
(*Arch. nat.*, KK 101, fol. 442 v°.)

20. Aiguesvives.
(*Arch. nat.*, KK 101, fol. 442 v°.)

Id. Amboise.
(*Catalogue.*)

21. Amboise.
(*Arch. nat.*, KK 101, fol. 443.)

22. Amboise.
(*Arch. nat.*, KK 101, fol. 444, 445, 446, et *Catalogue.*)

23. Amboise.
(*Arch. nat.*, KK 101, fol. 444, 445, 446, et *Catalogue.*)

24. Amboise.
(*Arch. nat.*, KK 101, fol. 444, 445, 446, et *Catalogue.*)

25. Amboise.
26. Onzain.
(*Arch. nat.*, KK 101, fol. 449.)

27. Bury.
(*Arch. nat.*, KK 101, fol 449 et v°.)

28. Bury.
(*Arch. nat.*, KK 101, fol. 449 et v°.)

29. Fréchine (château, paroisse de Villefrancœur, Loir-et-Cher).
(*Arch. nat.*, KK 101, fol. 435 et 449, v°.)

30. Bury.
(*Arch. nat.*, KK 101, fol. 450.)

31. Bury.
(*Arch. nat.*, KK 101, fol. 450.)

NOVEMBRE.

1. Blois.
2. Blois.
(*Arch. nat.*, KK 101, fol. 453.)

Id. Aiguesvives.
(*Arch. nat.*, KK 101, fol. 456 v°.)

3. Bury.
(*Arch. nat.*, KK 101, fol. 453 v°.)

4. Morée.
(*Arch. nat.*, KK 101, fol. 454.)

5. Bury.
(*Arch. nat.*, KK 101, fol. 453 v°.)

6. Bury.
(*Arch. nat.*, KK 101, fol 453 v°.)

7. Bury.
(*Arch. nat.*, KK 101, fol. 453 v°.)

8. Bury.
(*Arch. nat.*, KK 101, fol. 453 v°.)

9. Bury.
(*Arch. nat.*, KK 101, fol. 453 v°, et *Catalogue.*)

10. Bury.
(*Arch. nat.*, KK 101, fol. 453 v°.)

11. Bury.
(*Arch. nat.*, KK 101, fol. 453 v°, et *Catalogue.*)

12. Blois.
(*Arch. nat.*, KK 101, fol. 454.)

IMPRIMERIE NATIONALE.

13. Blois.
(*Arch. nat.*, KK 101, fol. 454.)

14. Blois.
(*Arch. nat.*, KK 101, fol. 454.)

15. Blois.
(*Arch. nat.*, KK 101, fol. 454.)

16. Beauregard (château, c^ne de Cellettes, Loir-et-Cher).
(*Arch. nat.*, KK 101, fol. 454.)

Id. Blois.
17. Blois.
18. Blois.
19. Blois.
20. Blois.
21. Blois.
22. Blois.
Id. Chambord.
(*Arch. nat.*, KK 101, fol. 454 v°.)

23. Chambord.
(*Arch. nat.*, KK 101, fol. 454 v°.)

24. Chambord.
(*Arch. nat.*, KK 101, fol. 454 v°.)

25. Chambord.
(*Arch. nat.*, KK 101, fol. 454 v°.)

26. Saint-Laurent-des-Eaux.
(*Arch. nat.*, KK 101, fol. 455.)

27. Notre-Dame de Cléry.
(*Arch. nat.*, KK 101, fol. 455.)

28. Cléry.
(*Arch. nat.*, KK 101, fol. 455, et *Catalogue.*)

29. Cléry.
(*Arch. nat.*, KK 101, fol. 455.)

30. Orléans.
(*Arch. nat.*, KK 101, fol. 455.)

DÉCEMBRE.

1. Orléans.
(*Catalogue* et *Arch. nat.*, KK 101, fol. 477.)

2. Chilleurs-aux-Bois.
(*Arch. nat.*, KK 101, fol. 477 v°.

Id. Chamerolles.
(*Arch. nat.*, KK 101, fol. 481 v°.)

3. Malesherbes.
(*Arch. nat.*, KK 101, fol. 477 v°.)

4. Milly en Gâtinais.
(*Arch. nat.*, KK 101, fol. 478.)

5. Fontainebleau.
(*Arch. nat.*, KK 101, fol. 478.)

6. Fontainebleau.
(*Arch. nat.*, KK 101, fol. 478.)

7. Fontainebleau.
(*Arch. nat.*, KK 101, fol. 478.)

8. Fontainebleau.
(*Arch. nat.*, KK 101, fol. 478, et *Catalogue.*)

9. Fontainebleau.
(*Arch. nat.*, KK 101, fol. 478.)

10. Fontainebleau.
(*Arch. nat.*, KK 101, fol. 478.)

11. Milly-en-Gâtinais.
(*Arch. nat.*, KK 101, fol. 478.)

12. Fontainebleau.
Catalogue et lettres missives du roi. (*Bibl. nat.*, ms. fr. 3091, fol. 3 et 5.)

13. Melun.
(*Catalogue.*)

Id. Fontainebleau.
(*Arch. nat.*, KK 101, fol. 478.)

14. Fontainebleau.
(*Arch. nat.*, KK 101, fol. 478, et *Catalogue.*)

15. Fontainebleau.
(*Arch. nat.*, KK 101, fol. 478.)

16. Fontainebleau.
(*Arch. nat.*, KK 101, fol. 478, et *Catalogue.*)

17. Melun.
(*Arch. nat.*, KK 101, fol. 478.)

18. Corbeil.
(*Arch. nat.*, KK 101, fol. 478 v°.)

19. Corbeil.
(*Arch. nat.*, KK 101, fol. 478 v°.)

20. Bois de Vincennes.
(*Arch. nat.*, KK 101, fol. 478 v°, et *Catalogue.*)

21. Bois de Vincennes.
(*Arch. nat.*, KK 101, fol. 478 v°.)

Id. Paris.
(*Catalogue.*)

22. Saint-Cloud.
(*Arch. nat.*, KK 101, fol. 479.)

23. Saint-Cloud.
(*Arch. nat.*, KK 101, fol. 479.)

24. Paris.
(*Arch. nat.*, KK 101, fol. 479.)

25. Paris.
(*Arch. nat.*, KK 101, fol. 479.)

26. Paris.
(*Catalogue.*)

Id. Saint-Germain-en-Laye.
27. Saint-Germain-en-Laye.
(*Arch. nat.*, KK 101, fol. 480.)

28. Saint-Germain-en-Laye.
(*Arch. nat.*, KK 101, fol. 480.)

29. Saint-Germain-en-Laye.
(*Arch. nat.*, KK 101, fol. 480, et *Catalogue.*)

30. Saint-Germain-en-Laye.
(*Arch. nat.*, KK 101, fol. 480.)

31. Saint-Germain-en-Laye.
(*Arch. nat.*, KK 101, fol. 480.)

1531

JANVIER.

3. Saint-Germain-en-Laye.
4. Saint-Germain-en-Laye.
7. Saint-Germain-en-Laye.
8. Saint-Germain-en-Laye.
9. Paris.
10. Saint-Germain-en-Laye.

Lettre du roi au prévôt des marchands. (*Délibérations du Bureau de la ville de Paris*, t. II, p. 102.)

15. Saint-Germain-en-Laye.
21. Saint-Germain-en-Laye.
(*Arch. nat.*, KK 280, fol. 35.)

26. Saint-Germain-en-Laye.
Id. Paris.
28. Paris.
Id. Saint-Germain-en-Laye.
31. Saint-Germain-en-Laye.

FÉVRIER.

2. Saint-Germain-en-Laye.
3. Saint-Germain-en-Laye.
4. Saint-Germain-en-Laye.
7. Saint-Germain-en-Laye.

Lettre du roi à la Cour des Monnaies. (*Arch. nat.*, Z[1b] 61, fol. 125.)

9. Paris.
12. Paris.
13. Paris.
15. Paris.
21. Saint-Germain-en-Laye.
24. Paris.
25. Paris.
27. Paris.
28. Paris.

MARS.

1. Paris.
3. Paris.
5. Paris.

Couronnement à Saint-Denis de la reine Éléonore. (*Chronique du roy Françoys I*[er], p. 86.)

7. Paris.
8. Paris.
10. Paris.

Lettre du roi au prévôt des marchands. (*Délibérations du Bureau de la ville de Paris*, t. II, p. 109.)

12. Paris.
13. Paris.
14. Paris.
15. Paris.
16. Paris.

Entrée de la reine Éléonore à Paris. (*Délibérations du Bureau de la ville de Paris*, t. II, p. 86.)

18. Paris.
20. Paris.
21. Paris.
22. Paris.
24. Paris.
25. Paris.
26. Paris.
27. Paris.
28. Paris.
31. Paris.

AVRIL.

1. Paris.
2. Paris.
4. Paris.
5. Paris.
6. Paris.

9. ..... — *Pâques.*
10. Paris.
11. Paris.
12. Paris.
13. Paris.
14. Paris.
15. Paris.
16. Paris.
17. Paris.
18. Paris.
19. Paris.
21. Paris.

(*Arch. de Weimar*, reg. H, p. 51, n° 6, fol. 17, *orig.*)

22. Anet.
26. Paris.
28. Anet.

MAI.

2. Vanves.
5. Saint-Cloud.
7. Paris.
8. Paris.
9. Saint-Cloud.
10. Paris.
11. Pont de Saint-Cloud.
12. Saint-Cloud.
14. Saint-Cloud.
16. Pont de Saint-Cloud.
17. Pont de Saint-Cloud.
18. Pont de Saint-Cloud.

Id. Saint-Cloud.

Lettre du roi au prévôt des marchands. (*Délibérations du Bureau de la ville de Paris*, t. II, p. 121.)

Id. Paris.

19. Paris.
20. Pont de Saint-Cloud.
22. Paris.
23. Saint-Cloud.
25. Saint-Germain-en-Laye.

Lettre de créance du roi. (*Arch. de Marburg*, liasse «France».)

26. Saint-Cloud.

Lettre du roi au Parlement. (*Arch. nat.*, X[1a] 1534, fol. 246 v°.)

27. Pont de Saint-Cloud.

Saint-Germain-en-Laye. Sans quantième.

JUIN.

1. Saint-Germain-en-Laye.
2. Saint-Germain-en-Laye.
4. Saint-Germain-en-Laye.
5. Saint-Germain-en-Laye.

Id. Paris.

7. Saint-Germain-en-Laye.
9. L'Isle-Adam.
10. Chantilly.
12. Chantilly.
15. Chantilly.
18. Saint-Germain-en-Laye.
20. Paris.
21. Paris.
22. Paris.

Catalogue et lettre du roi à l'empereur. (C. Weiss, *Papiers d'État du cardinal de Granvelle*, in-4°, t. I, p. 549.)

24. Paris.
26. Paris.
28. Becoiseau (anc. château royal, c[ne] de Mortcerf, Seine-et-Marne.)

Fontainebleau. Sans quantième.

JUILLET.

4. Fontainebleau.
6. Fontainebleau.
8. Fontainebleau.
10. Fontainebleau.
11. Fontainebleau.
12. Fontainebleau.
13. Fontainebleau.
14. Fontainebleau.
15. Fontainebleau.
16. Fontainebleau.
17. Fontainebleau.

Catalogue et lettres missives du roi. (*Bibl. nat.*, ms. fr. 3069, fol. 96, et 3081, fol. 96.)

18. Fontainebleau.
20. Fontainebleau.
21. Fontainebleau.
22. Fontainebleau.
24. Fontainebleau.
26. Fontainebleau.
28. Fontainebleau.
29. Fontainebleau.
30. Fontainebleau.

AOÛT.

1. Fontainebleau.
2. Fontainebleau.
3. Fontainebleau.
5. Fontainebleau.
7. Fontainebleau.
8. Fontainebleau.

9. Fontainebleau.
10. Fontainebleau.

Catalogue et lettre du roi à Montmorency. (*Bibl. nat.*, ms. fr. 3039, fol. 1.)

11. Fontainebleau.
21. Fontainebleau.
22. Fontainebleau.
24. Fontainebleau.
26. Fontainebleau.
28. Fontainebleau.
29. Fontainebleau.
31. Fontainebleau.

SEPTEMBRE.

1. Fontainebleau.
4. Paris.
5. Paris.
6. Paris.
8. Villemomble.
Id. Écouen.
12. Chantilly.
14. .....— *Mort de Louise de Savoie à Grez en Gâtinais.*

La *Chronique du roy Françoys Ier* rapporte cet événement au 22.

18. Compiègne.
19. Compiègne.
Nantouillet. Sans quantième.
22. Paris.
25. Chantilly.

Lettre missive du roi. (*Bibl. nat.*, ms. fr. 2947, fol. 16.)

26. Chantilly.

Id. (*Bibl. nat.*, ms. fr. 2947, fol. 17.)

28. Chantilly.
29. Chantilly.

Lettre missive du roi (*Bibl. nat.*, ms. fr. 2947, fol. 19.)

Coucy. Sans quantième.

OCTOBRE.

6. Villemomble.
8. Croissy en Brie.
10. Villemomble.
12. Villemomble.
13. Pont de Gournay.
24. Chantilly.
28. Compiègne.
29. Compiègne.
30. Compiègne.
31. Compiègne.
Id. La Fère-sur-Oise.

NOVEMBRE.

2. Compiègne.
3. Compiègne.
4. Compiègne.
5. Compiègne.
6. Compiègne.
7. Compiègne.
11. Prémontré.
Folembray. Sans quantième.
14. La Fère-sur-Oise.
15. La Fère-sur-Oise.

Lettre missive du roi. (*Bibl. nat.*, ms. fr. 2947, fol. 41.)

16. La Fère.
17. La Fère.

Lettre du roi à M. d'Humyères. (*Bibl. nat.*, ms. fr. 3035, fol. 2.)

18. La Fère.
19. Marle.
20. Marle.
21. Marle.

Lettre missive du roi. (*Bibl. nat.*, ms. fr. 2947, fol. 43.)

22. Marle.
23. Guise.
24. Guise.
26. Guise.
27. Guise.
29. La Fère-sur-Oise.
30. La Fère-sur-Oise.

DÉCEMBRE.

1. La Fère-sur-Oise.
Péronne. Sans quantième.
10. Amiens.
11. Amiens.
12. Amiens.
13. Amiens.
15. Amiens.

(*Arch. d'État de Marburg*, liasse « France ».)

20. Abbeville.
21. Abbeville.
22. Abbeville.
23. Abbeville.

Lettre de créance du roi. (*Arch. de Marburg*, liasse « France. »

29. Abbeville.
31. Amiens.

1532

JANVIER.

1. Abbeville.
2. Abbeville.
3. Abbeville.
5. Rue. (Deux actes sont aussi datés de cette localité, sans indication de quantième.)
6. Abbeville.
7. Abbeville.
8. Abbeville.
13. Dieppe.
14. Dieppe.
15. Dieppe.
16. Dieppe.
19. Dieppe.
20. Dieppe.
25. La Mailleraye[-sur-Seine.]

Lettre du roi à l'évêque d'Auxerre. (Charrière, *Négociations de la France dans le Levant*, t. I, p. 190, et *Bibl. nat.*, ms. fr. 3091, fol. 9.)

27. Rouen.
28. Rouen.
30. La Mailleraye-sur-Seine.

FÉVRIER.

2. Rouen.

(*Catalogue* et Charrière, *Négociations de la France dans le Levant*, t. I, p. 192.)

3. Rouen.
7. Rouen.
8. Rouen.
10. Rouen.
11. Rouen.

Catalogue et lettre missive du roi. (*Bibl. nat.*, ms. fr. 2947, fol. 47.)

13. Rouen.
14. Rouen.
15. Rouen.
17. Rouen.
18. Rouen.
19. Rouen.
20. Rouen.
21. Rouen.
22. Rouen.
23. Rouen.
24. Rouen.
25. Rouen.
26. Rouen.
27. Rouen.
28. Rouen.
29. Mauny.

MARS.

1. Mauny.
2. Mauny.
4. Vatteville.
5. Vatteville.
8. Pont-Audemer.
11. Honfleur.
12. Honfleur.
13. Honfleur.
16. Argentan.
17. Argentan.
19. Argentan.
21. Argentan.
22. Argentan.
23. Argentan.
24. Argentan.
27. Argentan.
28. Argentan.
29. Argentan.
31. ..... — *Pâques.*

AVRIL.

2. Argentan.
4. Caen.
5. Caen.
6. Caen.
7. Caen.
8. Caen.
11. Caen.
12. Caen.
13. Caen.
15. Bayeux.

Id. Saint-Lô.

Réception du roi dans cette ville, le 15. (*Bibl. de Cherbourg*, ms. 63.)

16. Coutances.
18. « La Mothe-l'Évêque. »

Id. Hambye.

19. Hambye.
22. Coutances.
23. Coutances.

(*Catalogue* et Charrière, *Négociations de la France dans le Levant*, t. I, p. 200.)

24. Coutances.
26. Vierville.
Id. Briquebec.
27. Coutances (*sic*).
28. Bricquebec.
Id. Cherbourg.

Arrivée du roi dans cette ville, le dimanche 28 avril. (Procès-verbaux et discours, *Arch. de la ville de Cherbourg*, AA 58.)

30. Valognes.

MAI.

2. Abbaye d'Essay.
3. Coutances.
4. Coutances.
Id. «Rossay» (sans doute Roncey, à 12 kilomètres de Coutances).
5. Granville.
6. Cérences.
Id. Avranches.
7. Avranches.
8. Mont-Saint-Michel.
12. Marcillé[-Robert].

Lettre du roi à la duchesse de Chartres. (*Bibl. nat.*, ms. fr. 2991, fol. 3.)

14. Châteaubriant.
15. Châteaubriant.
16. Châteaubriant.
17. Châteaubriant.
18. Châteaubriant.
21. Châteaubriant.
22. Châteaubriant.
23. Châteaubriant.
24. Châteaubriant.
25. Châteaubriant.
26. Châteaubriant.

(*Catalogue* et Charrière, *Négociations de la France dans le Levant*, t. I, p. 203.)

28. Châteaubriant.
29. Châteaubriant.
31. Châteaubriant.

JUIN.

1. Châteaubriant.
2. Châteaubriant.
3. Châteaubriant.
4. Châteaubriant.
5. Châteaubriant.
6. Châteaubriant.
7. Châteaubriant.
8. Châteaubriant.
11. Châteaubriant.
12. Châteaubriant.
14. Châteaubriant.
15. Châteaubriant.
17. Châteaubriant.
18. Châteaubriant.
20. Châteaubriant.
22. Châteaubriant.
23. .... — *Traité d'alliance avec Henri VIII, signé à Londres.*
25. Villocher (auj. Ville-au-Chef-en-Rozay, Loire-Inférieure).
26. Villocher.
28. Villocher.
30. Villocher.

JUILLET.

2. Villocher.
3. Villocher.
4. Villocher.
5. Villocher.
9. La Hardouinaye.
10. La Hardouinaye.
11. La Hardouinaye.
14. La Hunaudaye.
16. La Hunaudaye.
18. La Hunaudaye.
19. Rennes.
20. Rennes.
Id. La Hunaudaye.
23. La Hardouinaye.
30. Rochefort[-en-Terre].
31. Rochefort[-en-Terre].

AOÛT.

2. Suscinio.
4. Suscinio.
7. Vannes.
8. Vannes.
11. Ancenis.

Missive du roi au Parl. (*Arch. nat.*, X[1a] 1535, fol. 376 v°.)

12. Ancenis.
13. Nantes.
14. Nantes.
16. Nantes.
17. Nantes.
18. Nantes.
19. Nantes.
20. Nantes.
21. Nantes.
22. Nantes.
23. Nantes.
24. Nantes.

(*Catalogue* et Charrière, *Négociations de la France dans le Levant*, t. I, p. 214.)

25. Nantes.
26. Nantes.
27. Nantes.
28. Nantes.
29. Nantes.
30. Nantes.

SEPTEMBRE.

3. Le Plessis-Macé.
4. Angers.
5. Angers.
6. Le Verger.
Id. Beaufort-en-Vallée.
7. Beaufort-en-Vallée.
Id. Longué.
9. Benais.
10. Abbaye de Turpenay.
11. Turpenay.
12. Turpenay.
Id. Amboise.
13. Fresnaye (peut-être c^ne^ de Monts, Indre-et-Loire).
15. Amboise.
16. Amboise.
Id. Blois.
17. Chenonceaux.
19. Saint-Aignan[-sur-Cher].
22. Amboise.
24. Chambord.
27. Chamerolles (château, c^ne^ de Chilleurs-aux-Bois, Loiret).
28. Fontainebleau.
29. Fontainebleau.
30. Fontainebleau.

Lettre du roi au s^r^ d'Izernay. (*Bibl. nat.*, ms. fr. 3004, fol. 3.)

OCTOBRE.

1. Paris.
2. Paris.
3. Paris.
4. Paris.
6. Chantilly.
7. Chantilly.
10. Villers-Cotterets.
13. Fresnoy.
14. Amiens.

(*Arch. d'État de Marburg*, liasse «France»).

15. Saint-Esprit de Rue.
19. Étaples.

Lettre du roi à Gervais Waïn. (*Bibl. nat.*, ms. fr. 3058, fol. 17.)

20. Boulogne-sur-Mer.

Réception de Henri VIII par François Ier. (*Mémoires* de Du Bellay, p. 241.)

22. Boulogne.
23. Boulogne.
24. Boulogne.
25. Boulogne.
26. Calais.
27. Calais.
28. Calais. — *Traité d'alliance avec Henri VIII.*
29. Calais.
Id. Saint-Ilvert (entre Calais et Boulogne).

Henri VIII prend congé du roi. (*Mémoires* de Du Bellay, p. 244, 289.)

30. Boulogne-sur-Mer.
31. Étaples.

Lettre du roi à l'évêque d'Auxerre (Charrière, *Négociations de la France dans le Levant*, t. I, p. 233), et lettre du roi à Izernay (*Bibl. nat.*, ms. fr. 3004, fol. 5).

NOVEMBRE.

6. Amiens.
7. Amiens.
8. Amiens.
9. Amiens.
10. Amiens.
12. Boves.
13. Amiens.

(Charrière, *Négociations de la France dans le Levant*, t. I, p. 235.)

14. Compiègne.
15. Compiègne.
17. Compiègne.

Catalogue, et lettre du roi à Izernay. (*Bibl. nat.*, ms. fr. 3004, fol. 7.)

19. Compiègne.
23. Compiègne.
24. Villers-Cotterets.
26. Crépy-en-Valois.
27. Chantilly.

Catalogue et lettre miss. à la Chambre des Comptes. (*Arch. nat.*, P. 2306, p. 44.)

28. Chantilly.

DÉCEMBRE.

3. Paris.
4. Paris.
6. Paris.
8. Paris.
9. Paris.

10. Paris.
11. Paris.
12. Paris.
13. Paris.
14. Paris.
17. Paris.
18. Paris.
19. Paris.
20. Paris.
21. Paris.
22. Paris.
23. Paris.
24. Paris.
25. Paris.
26. Paris.
27. Paris.
28. Paris.
29. Paris.
30. Paris.
31. Paris.

1533

JANVIER.

1. Paris.
2. Paris.
3. Paris.
4. Paris.
5. Paris.
6. Paris.
7. Paris.
9. Paris.
10. Paris.
15. Paris.
16. Paris.
17. Paris.
18. Paris.
20. Paris.
21. Paris.
22. Paris.
24. Paris.
25. Paris.
27. Anet.
29. Anet.
30. Paris.
31. Paris.

FÉVRIER.

1. Houdan.
3. Beynes.

Lettre de créance du roi. (*Arch. de Marburg*, liasse «France».)

4. Paris.
5. Paris.
6. Paris.
7. Paris.
10. Paris.
11. Paris.
12. Paris.
13. Paris.
14. Paris.
15. Paris.
16. Paris.
17. Paris.
18. Paris.
19. Paris.
20. Paris.
21. Paris.
22. Paris.
23. Paris.
24. Paris.
25. Paris.
27. Paris.
28. Paris.

MARS.

1. Paris.
2. Paris.
3. Villemomble.
4. Paris.
Id. Nantouillet.
5. Nantouillet.
6. Paris.
7. La Ferté-Milon.
9. Abbaye de Longpont.
10. Abbaye de Longpont.
Id. Fère-en-Tardenois.
12. Fère-en-Tardenois.
14. Fère-en-Tardenois.
15. Soissons.
17. Coucy.
20. Marle.
Id. La Fère.
21. Ribemont.
22. Guise.
23. Guise.
24. Guise.
Id. Marle.
25. Marle.
26. Marle.
28. Saint-Marcoul [de Corbény].
29. Cormicy.
30. Reims.
31. Reims.

AVRIL.

1. Reims.
Id. Courville.
3. Fère-en-Tardenois.
Id. Château-Thierry.
5. Château-Thierry.
6. Château-Thierry.
Id. Abbaye de Jouarre.
7. Meaux.
9. Meaux.
10. Meaux.
11. Meaux.

Catalogue et lettre du roi au Parl. (*Arch. nat.*, X[1a] 1536, fol. 222.)

12. Meaux.
13. ..... — Pâques.
14. Meaux.
17. Vanves.
19. Fontainebleau.
20. Fontainebleau.
21. Fontainebleau.
22. Fontainebleau.
23. Fontainebleau.
24. Fontainebleau.
26. Montargis.
27. Châtillon-sur-Loing.
Id. Gien-sur-Loire.
28. Gien.
29. Gien.
Id. Aubigny-sur-Nère.
30. Aubigny-sur-Nère.

MAI.

1. Neuvy [-sur-Barangeon].
Id. Mehun-sur-Yèvre.
2. Bourges.
3. Bourges.
4. Bourges.
5. Le Coudray.
6. Issoudun.
7. Issoudun.
8. Lignières.
9. Lignières.
10. Lignières.
11. Meillant.
12. Ainay-le-Château.
13. Cérilly en Bourbonnais.
Id. Beauregard en Auvergne.
Id. La Chaussière (château, c[ne] de Vieure, Allier).
14. La Chaussière.

Catalogue et lettre du roi à Charles-Quint. (Dr Lanz, *Correspondenz des Kaisers Karl V*, t. II, p. 64).

Id. Bourbon-l'Archambault.
16. Moulins.
17. Moulins.
18. Moulins.
19. Moulins.
Id. Varennes-sur-Allier.
Id. La Palisse.
22. Argentières.
23. Roanne.
24. L'Arbresle.
26. Lyon.
28. Lyon.
29. Lyon.
30. Lyon.
31. Lyon.

JUIN.

1. Lyon.
2. Lyon.
5. Colombier en Dauphiné.
6. Lyon.
7. Lyon.
8. Lyon.
9. Lyon.
11. Saint-Chef.
15. Saint-Chef.
16. Montplaisant (près Vénérieu, Isère).
17. Crémieu.
18. Colombier.
Id. Lyon.
19. Lyon.
20. Lyon.
21. Lyon.
22. Lyon.
23. Lyon.
24. Lyon.
25. Lyon.
26. Lyon.
27. Lyon.
28. Lyon.

JUILLET.

3. Chamousset.
5. Chamousset.
6. Feurs en Forez.
9. Lyon (*sic*).
10. Clermont en Auvergne.

(Délibération du Conseil de ville de Clermont-Ferrand sur l'entrée du roi, 10 juillet. *Bibl. de la ville*, ms. 572, fol. 60, et ms. 644.)

Id. Riom.
12. Issoire.
Id. Vic en Auvergne.

14. Vic en Auvergne.
Id. Issoire.
15. Issoire.

Lettre du roi au prévôt des marchands. (*Délibérations du Bureau de la ville de Paris*, t. II, p. 166.)

17. Château de Polignac (c^{on} du Puy, Haute-Loire). Coucher.

(Mis d'Aubais, *Pièces fugitives*, etc., in-4°, t. II, p. 104.)

18. Allègre.
Id. Le Puy en Velay.
19. Le Puy en Velay.
20. Montgieux (c^{ne} de Mercœur, Haute-Loire).
Id. Langeac.
22. L'Hôpital d'Aubrac.
23. L'Hôpital d'Aubrac.
Id. Lioujas (c^{ne} de La Loubière, Aveyron). Coucher.

(*Arch. de Rodez*, BB 4 (cité), fol. 322; BB 8 (bourg), fol. 45.)

24. Rodez [1].

(*Arch. de la ville*, AA 7 (fonds du bourg, fol. 300; BB 4 (cité), fol. 322; BB 8, Bourg, fol. 45).

25. Le Lac (c^{ne} de Vors, Aveyron). Dîner.

(*Arch. de Rodez*, BB 4, fol. 322; BB 8, fol. 45.)

28. Montréal.
31. Balma près Toulouse.

AOÛT.

1. Toulouse.
2. Toulouse.
3. Toulouse.
4. Toulouse.
5. Toulouse.
6. Toulouse.
Id. Montgiscard.
7. Toulouse [2].
9. Carcassonne.
10. « Ryou » (s. d. Rieux-Minervois, Aude).

Lettre du roi au Parl. (*Arch. nat.*, X^{1a} 1536, fol. 392 v°.)

Bize. Sans quantième.
13. Narbonne.
14. Béziers.
16. Loupian.
18. Montpellier.

Catalogue et lettre du roi à Charles-Quint. (Dr Lanz, *Correspondenz des Kaisers Karl V*, t. II, p. 86.)

19. Montpellier.
20. Montpellier.
21. Montpellier.
22. Montpellier.
23. Montpellier.
24. Montpellier.
26. Nîmes [3].
27. Nîmes.
28. Nîmes.
29. Nîmes.
Id. Avignon.

SEPTEMBRE.

1. Avignon.
2. Avignon.
3. Avignon.
4. Avignon.

Catalogue et lettre du roi au prévôt des marchands. (*Délibérations du Bureau de la ville de Paris*, t. II, p. 171.)

5. Avignon.
6. Avignon.
8. Avignon.
9. Avignon.
10. Avignon.
11. Avignon.
15. Arles.
16. Arles.
17. Arles.
18. Arles.
19. Arles.
Id. Saint-Chamas.

Lettre du roi au duc d'Albany. (*Arch. nat.*, K 84, n° 27^3.)

21. Martigues.
22. Marignane.
26. Marignane.
28. Marignane.

[1] Des lettres du 24 juillet 1533 sont mentionnées dans un registre du Parlement de Paris avec la date de « La Grange de Langeac » (n° 6097 du *Catalogue*). Ce doit être une erreur, au lieu du 20 ou du 21 juillet.

[2] Le m^{is} d'Aubais (*Pièces fugitives*, etc., in-4°, t. II, p. 104) indique pour le 7 le séjour du roi à Castelnaudary et dit qu'il coucha le 8 à Carcassonne. Il a noté aussi, au mois d'août, sans quantième, le passage de François Ier à Maguelonne et à Lunel.

[3] Cf. A. Bardon, *Ce que coûta l'entrée de François Ier à Nîmes (1533)*. Nîmes, 1894, in-8°, p. 53.

OCTOBRE.

2. Gardanne.
3. Gardanne.
4. Marseille.
5. Saint-Maximin.
6. Saint-Maximin.
8. Marseille.
11. Aubagne.
14. Marseille.
15. Marseille.
16. Marseille.
17. Marseille.
18. Marseille.
19. Marseille.
21. Marseille.
22. Marseille.
24. Marseille.
26. Marseille.
27. Marseille.
28. Marseille.
30. Marseille.
31. Marseille.

NOVEMBRE.

1. Marseille.
2. Marseille.
3. Marseille.
4. Marseille.
5. Marseille.
6. Marseille.
7. Marseille.
8. Marseille.
9. Marseille.
10. Marseille.
11. Marseille.
12. Marseille.
13. Marseille.
14. Marseille.
15. Avignon.
16. Avignon.
17. Caderousse.
18. Donzère.
21. Romans.
22. Romans.
23. Saint-Antoine de Vienne.
25. La Côte-Saint-André.
26. La Côte-Saint-André.
28. La Côte-Saint-André.
29. La Côte-Saint-André.
Id. Bourgoin.

DÉCEMBRE.

1. Bourgoin.
5. Crémieu.
6. Pont-de-Chéruy.
8. Lyon.
9. Lyon.

Catalogue et lettre du roi à la duchesse de Chartres. (*Bibl. nat.*, ms. fr. 2991, fol. 7.)

10. Lyon.
11. Lyon.
12. Lyon.
13. Lyon.
15. Mâcon.
18. Chalon-sur-Saône.
21. Pagny.
23. Pagny.
24. Pagny.

Lettre du roi à Montmorency. (*Bibl. nat.*, ms. fr. 3044, fol. 23.)

25. Pagny.
26. Pagny.
30. Vergy.
31. Vergy.

1534

JANVIER.

1. Dijon.
2. Dijon.
4. Dijon.
5. Dijon.
6. Dijon.
7. Dijon.
8. Dijon.
10. Fontaine-Française.
12. Langres.
15. Joinville.
16. Joinville.
17. Joinville.
18. Joinville.
19. Joinville.
22. Bar-le-Duc.
23. Bar-le-Duc.
24. Bar-le-Duc.
27. Bar-le-Duc.
28. Joinville.
31. Thennelières et Troyes.

(*Arch. nat.*, KK 230, fol. 37 v°.)

FÉVRIER.

1. Troyes.
2. Troyes.
5. Bray-sur-Seine.
9. Vanves.
Id. Paris.
10. Paris.
11. Paris.
12. Paris.
13. Paris.
14. Paris.
16. Paris.
17. Paris.
18. Paris.
19. Paris.
20. Paris.
21. Paris.
22. Paris.
23. Paris.
24. Paris.
25. Paris.
26. Paris.
28. Paris.

MARS.

1. Paris.
2. Paris.
3. Paris.
4. Paris.
Id. Vincennes.
5. Panfou-lès-Brie-Comte-Robert.
6. Vanves.
7. Fontainebleau.
8. Fontainebleau.
10. Fontainebleau.
11. Corbeil.
Id. Vanves.
12. Paris.
13. Paris.
14. Paris.
15. Paris.
16. Paris.
17. Paris.
18. Paris.
19. Paris.
20. Paris.
Id. Saint-Germain-en-Laye.
21. Saint-Germain-en-Laye.
Id. Paris.
26. Saint-Germain-en-Laye.
27. Saint-Germain-en-Laye.
Id. Nantouillet.
28. Saint-Germain-en-Laye.
30. Saint-Germain-en-Laye.
Id. Chantilly.
31. Chantilly.

(*Arch. nat.*, KK. 230, fol. 38 v°.)

AVRIL.

2. Chantilly.
Id. Senlis.
5. . . . . . — Pâques.
6. Senlis.
8. Chantilly.

Lettre missive du roi. (*Arch. d'État de Marburg*, liasse «Wurtemberg».)

11. Compiègne.
12. Compiègne.
13. Compiègne.
14. Compiègne.
15. Compiègne.
16. Compiègne.
17. Compiègne.
20. Coucy.
21. Coucy.
22. Coucy.
23. Coucy.
24. Coucy.
29. Braine.
30. Muret (Muret-et-Crouttes, c^on d'Oulchy, Aisne).

(*Arch. nat.*, KK 230, fol. 39.)

Id. Abbaye de Longpont.

(*Arch. nat.*, KK 230, fol. 39.)

MAI.

1. Braine.
Id. Longpont.
2. Abbaye de Longpont.

Lettre missive du roi sans adresse. (*Bibl. nat.*, ms. fr. 3045, fol. 3.)

4. Abbaye de Longpont.
7. Nantouillet.
11. Paris.
12. Paris.
13. Paris.
14. Paris.
15. Paris.
16. Paris.
17. Paris.
18. Paris.
20. Paris.
22. Paris.
23. Paris

24. Paris.
25. Paris.
29. Paris.

JUIN.

1. Paris.
2. Paris.
3. Paris.
4. Paris.
5. Paris.
6. Paris.
7. Paris.
8. Paris.
9. Paris.
10. Paris.
11. Paris.
12. Paris.
13. Paris.
14. Paris.
15. Paris.
16. Paris.
17. Paris.
18. Paris.
20. Vanves.
22. Chantilly.
23. Chantilly.
27. Paris.
28. Paris.
Id. Saint-Germain-en-Laye.
29. Saint-Germain-en-Laye.
30. La Muette (dîner).

(*Arch. nat.*, KK 230, fol. 40.)

Id. Saint-Germain (gîte).

(*Arch. nat.*, KK 230, fol. 40.)

JUILLET.

2. Saint-Germain-en-Laye.
3. Saint-Germain-en-Laye.
4. Saint-Germain-en-Laye.
5. Saint-Germain-en-Laye.
8. Saint-Germain-en-Laye.

Lettre missive du roi. (*Arch. d'État de Marburg*, liasse « Wurtemberg ».)

9. Saint-Germain-en-Laye.
10. Saint-Germain-en-Laye.

Lettre missive du roi. (*Arch. d'État de Marburg*, liasse « France ».)

11. Saint-Germain-en-Laye.
13. Saint-Germain-en-Laye.
14. Saint-Germain-en-Laye.
16. Saint-Germain-en-Laye.
18. Saint-Germain-en-Laye.
22. Saint-Germain-en-Laye.
23. Saint-Germain-en-Laye.
24. Saint-Germain-en-Laye.
25. Saint-Germain-en-Laye.
26. Saint-Germain-en-Laye.
27. Saint-Germain-en-Laye.
28. Saint-Germain-en-Laye.
31. Paris.

(*Arch. nat.*, KK 230, fol. 40 v°.)

AOÛT.

1. Paris.
2. Paris.
4. Paris.

Lettre missive du roi. (*Bibl. nat.*, ms. fr. 2980, fol. 11.)

5. Paris.
6. Paris.
7. Paris.
8. Paris.
9. Fontainebleau.
10. Fontainebleau.
11. Fontainebleau.
12. Fontainebleau.

Catalogue et lettre du roi au Parl. (*Arch. nat.*, X^{1a} 1537, fol. 433.)

13. Fontainebleau.
14. Fontainebleau.
16. Fontainebleau.
17. Fontainebleau.
18. Fontainebleau.
19. Fontainebleau.
20. Fontainebleau.
21. Fontainebleau.
22. Fontainebleau.
24. Fontainebleau.
25. Fontainebleau.
26. Fontainebleau.
29. Fontainebleau.
30. Fontainebleau.
31. Fontainebleau.
Id. Brie [-Comte-Robert] (dîner).

(*Arch. nat.*, KK 230, fol. 41 v°.)

Id. Le Bois-Malesherbes (gîte).

(*Arch. nat.*, KK 230, fol. 41 v°.)

SEPTEMBRE.

4. Montpipeau.
13. Chambord.
15. Chambord.
16. Chambord.

21. Blois.
22. Bury.
25. Bury.
26. Bury.
27. Bury.

Lettre missive du roi. (*Arch. d'État de Marburg*, liasse «France».)

28. Blois.
29. Blois.
30. Blois.
Id. Pontlevoy.

(*Arch. nat.*, KK 230, fol. 42.)

OCTOBRE.

1. Pontlevoy.
3. Amboise.
4. Amboise.
7. Amboise.
10. Amboise.
12. Amboise.
13. Amboise.
16. Amboise.
17. Amboise.
18. Amboise.
19. Amboise.
20. Saint-Aignan en Berry.
21. Saint-Aignan.
23. Saint-Aignan.

Lettre du roi au prévôt des marchands. (*Délibérations du Bureau de la ville de Paris*, t. II, p. 194.)

28. Montrésor.
31. Loches.

(*Catalogue* et *Arch. nat.*, KK 230, fol. 42 v°.)

NOVEMBRE.

2. Loches.
4. Loches.
7. Châtellerault.
9. Châtellerault.
11. Châtellerault.
13. Châtellerault.
14. Châtellerault.
15. Châtellerault.
16. Châtellerault.
21. Châtellerault.
22. Châtellerault.
26. Le Liget (anc. abbaye, c[ne] de Chemillé-sur-Indrois, Indre-et-Loire).
28. Amboise.
30. La Croix de Saint-Amand (Saint-Amand, Loir-et-Cher) (dîner).

(*Arch. nat.*, KK 230, fol. 43.)

Id. Vendôme (gîte).

(*Arch. nat.*, KK 230, fol. 43.)

DÉCEMBRE.

1. Vendôme
3. Vendôme.
8. Châteaudun.
10. Bonneval.
13. Dreux.
20. Saint-Germain-en-Laye.
21. Saint-Germain-en-Laye.
28. Saint-Germain-en-Laye.
29. Saint-Germain-en-Laye.
30. Saint-Germain-en-Laye.
31. Saint-Germain-en-Laye.

(*Catalogue* et *Arch. nat.*, KK 230, fol. 43 v°.

1535

JANVIER.

1. Saint-Germain-en-Laye.
2. Saint-Germain-en-Laye.
3. Saint-Germain-en-Laye.
5. Paris.
6. Paris.
9. Paris.
10. Villeneuve-Saint-Georges.
11. Paris.

(*Journal d'un bourgeois de Paris*, p. 452.)

12. Paris.
13. Paris.
14. Paris.
15. Paris.
16. Villeneuve-Saint-Georges.
17. Paris.
18. Paris.
19. Paris.
21. Paris.
23. Villeneuve-Saint-Georges.
25. Paris.
26. Paris.
27. Paris.
28. Paris.
29. Paris.
31. Paris.

FÉVRIER.

1. Paris.
2. Paris.
3. Paris.
4. Paris.
5. Paris.
6. Paris.
7. Paris.
8. Paris.
9. Paris.
10. Paris.
11. Paris.
(*Catalogue* et Charrière, *Négociations de la France dans le Levant*, t. I, p. 258, 263.)
12. Paris.
13. Paris.
18. Saint-Germain-en-Laye.
19. Saint-Germain-en-Laye.
20. Saint-Germain-en-Laye.
21. Saint-Germain-en-Laye.
Lettre du roi au maréchal de Montmorency. (*Bibl. nat.*, ms. fr. 3058, fol. 23.)
22. Saint-Germain-en-Laye.
23. Saint-Germain-en-Laye.
24. Saint-Germain-en-Laye.
25. Saint-Germain-en-Laye.
27. Saint-Germain-en-Laye.

MARS.

2. Mantes.
3. Mantes.
6. La Roche-Guyon.
7. Pacy[-sur-Eure].
9. Anet.
10. Anet.
Lettre du roi au maréchal de Montmorency. (*Bibl. nat.*, ms. fr. 3058, fol. 25.)
11. Anet.
12. Anet.
13. Anet.
14. Évreux.
15. Évreux.
16. Évreux.
17. Évreux.
18. Condé.
21. Neubourg.
23. Le Bec-Hellouin.
24. Le Bec-Hellouin.
25. Le Bec-Hellouin.
26. Le Bec-Hellouin.
27. Le Bec-Hellouin.
28. ..... — *Pâques.*
29. Le Bec-Hellouin.
30. Elbeuf.

AVRIL.

2. Abbaye de Bonport (près le Pont-de-l'Arche, Eure).
3. Bourgthéroulde.
5. «Teillé», Tilly (anc. château-fort, auj. Boissey-le-Châtel, c[on] de Bourgthéroulde, Eure).
6. Bourgthéroulde.
Id. Le Bec-Hellouin.
7. Vatteville.
8. Vatteville.
9. Vatteville.
10. Vatteville.
12. Vatteville.
15. Villefrançoise de Grâce (Le Havre).
16. Villefrançoise de Grâce.
17. Villefrançoise de Grâce.
18. Villefrançoise de Grâce.
19. Villefrançoise de Grâce.
20. Villefrançoise de Grâce.
22. ..... — *Traité de rétrocession du comté de Montbéliard, signé à Langres.*
23. Routot (Eure).
24. Le Bec-Hellouin.
26. Bourgthéroulde.
Id. Rouen.
27. Rouen.
28. Rouen.
Id. Croisset-lès-Rouen.
29. Croisset.
Id. Rouen.
30. Rouen.

MAI.

1. Mauny.
2. Mauny.
3. Mauny.
Id. Saint-Julien près Rouen.
4. Saint-Julien près Rouen.
5. Mauny.
6. Mauny.
7. Mauny.
8. Rouen.
Id. Vatteville.
9. Vatteville.
10. Vatteville.
11. Vatteville.
12. Vatteville.
13. Vatteville.
15. Vatteville.
16. Caudebec.
20. Arques.
21. Arques.
22. Arques.
23. Arques.

24. Eu.
28. Abbeville.
29. Rue.
30. Rue.

JUIN.

1. Rue en Picardie.
2. Rue.
3. Rue.
4. Rue.
5. Rue.
6. Abbeville.
9. Amiens.
10. Amiens.
11. Amiens.
12. Amiens.
13. Amiens.
14. Amiens.
16. Boves (c^on de Sains, Somme).
17. Amiens.
18. Amiens.
19. Amiens.
20. Amiens.
21. Amiens.
25. Péronne.
Id. Saint-Quentin.
27. Saint-Quentin.
28. Guise.

JUILLET.

2. La Fère-sur-Oise.
3. La Fère.
4. La Fère.
5. La Fère.
6. La Fère.
7. La Fère.
8. La Fère. — *Mort du cardinal Du Prat à Nantouillet.*
9. La Fère.
10. La Fère.
11. La Fère.
12. Coucy.
13. Coucy.
14. Coucy.
15. Coucy.
16. Coucy.
17. Coucy.
18. Coucy.
19. Coucy.
23. Villers-Cotterets.
24. Villers-Cotterets.
25. Villers-Cotterets.
26. Villers-Cotterets.
27. Villers-Cotterets.
28. Villers-Cotterets.
29. Villers-Cotterets.
30. Fère-en-Tardenois.

AOÛT.

1. Fère-en-Tardenois.
4. Reims.
5. Reims.
6. Reims.
7. Reims.
8. Reims.
Mouzon. Sans quantième.
19. Bar-le-Duc.
20. Bar-le-Duc.
21. Bar-le-Duc.
22. Bar-le-Duc.
23. Bar-le-Duc.
25. Les Roches, près Saint-Dizier.
26. Éclaron.
27. Saint-Dizier.
28. Éclaron.
29. Éclaron.
30. Éclaron.
31. Éclaron.
Id. Saint-Dizier.

SEPTEMBRE.

1. Éclaron.
4. Joinville.
5. Joinville.
6. Joinville.
8. Joinville.
9. Joinville.
10. Joinville.
11. Joinville.
12. Joinville.
14. Joinville.
15. Joinville.
16. Joinville.
17. Joinville.
18. Joinville.
19. Joinville.
21. Chaumont-en-Bassigny.
22. Chaumont-en-Bassigny.
25. Langres.
27. Fontaine-Française.
28. Fontaine-Française.

OCTOBRE.

2. Dijon.
Id. Bèze.
Id. Is-sur-Tille.

IMPRIMERIE NATIONALE.

3. Is-sur-Tille.
6. Is-sur-Tille.
7. Is-sur-Tille.
8. Is-sur-Tille.
10. Is-sur-Tille.
11. Is-sur-Tille.
12. Is-sur-Tille.
13. Is-sur-Tille.
21. Dijon.
Id. Pont de Norges (auj. Norges-le-Pont).
28. Pont de Norges.
29. Pont de Norges.
31. Dijon.

NOVEMBRE.

2. Dijon.
3. Dijon.
4. Dijon.
6. Dijon.
7. Dijon.
9. Dijon.
10. Dijon.
12. Dijon.
13. Dijon.
14. Dijon.
15. Dijon.
16. Dijon.
17. Dijon.
18. Dijon.
19. Dijon.
20. Dijon.
21. Dijon.
22. Dijon.
23. Dijon.
25. Rouvres-lès-Dijon.
26. Rouvres.
27. Rouvres.
28. Rouvres.
29. Rouvres.
Pagny. Sans quantième.

DÉCEMBRE.

2. La Bruyère (c^on de Seurre, Côte-d'Or).
3. Pagny.
7. Pagny.
Id. La Bruyère.
9. Pagny.
10. Pagny.
11. Pagny.
15. Pagny.
16. Pagny.
21. Pagny.
23. Pagny.
24. Pagny.
Id. La Bruyère.
26. Pagny.
31. Pagny.
Chalon. Sans quantième.

1536

JANVIER.

1. Tournus.
Cuisery. Sans quantième.
8. Mâcon.
10. Mâcon.
Id. L'Abergement (Sans doute l'Abergement Clemenciat, Ain).
12. Trévoux.
14. Lyon.
15. Lyon.
16. Lyon.
Catalogue et lettre close au prévôt des marchands de Paris. (*Arch. nat.*, K. 84, n° 33.)
17. Lyon.
18. Lyon.
22. Colombier (Isère).
24. Lyon.
25. Lyon.
Id. Meyzieux, près Lyon.
26. Lyon.
27. Lyon.
Id. Meyzieux.
Lettres du roi à Montmorency. (*Bibl. nat.*, ms. fr. 3046, fol. 3; ms. fr. 3051, fol. 5.)
29. Lyon.
30. Lyon.
31. Lyon.

FÉVRIER.

1. Lyon.
2. Lyon.
3. Lyon.
4. Lyon.
5. Lyon.
7. Lyon.
8. Lyon.
9. Lyon.
10. Lyon.

11. Lyon.
12. Lyon.
13. Lyon.
14. Lyon.
16. Lyon.
17. Lyon.
18. Lyon.
19. Lyon.
20. Lyon.
21. Lyon.
22. La Verpillière.
23. Crémieu.
24. Lyon.
26. Crémieu.
27. Crémieu. — *Traité d'alliance entre François Ier et le sultan Soliman II, à Constantinople.*

MARS.

1. Crémieu.
2. Crémieu.
3. Crémieu.
4. Crémieu.
5. Crémieu.
6. Crémieu.
7. Crémieu.
9. Crémieu.
11. Crémieu.
12. Crémieu.
13. Crémieu.
14. Crémieu.
15. Crémieu.
16. Meyzieux.
18. Crémieu.
19. Crémieu.
20. Crémieu.
21. Crémieu.
22. Crémieu.
23. Crémieu.
25. Crémieu.
27. Crémieu.
29. Crémieu.
31. Lyon.

AVRIL.

3. Saint-Chef (con de Bourgoin, Isère).
4. Saint-Chef.
5. Saint-Chef.
6. Saint-Chef.
Id. Vignieu (con de la Tour-du-Pin, Isère).
7. Saint-Chef.
8. Saint-Chef.
9. Saint-Chef.
10. Saint-Chef.
11. Lyon (*sic*).
13. Saint-Chef.
14. Saint-Chef.
15. Saint-Chef.
16. . . . . . — *Pâques.*
19. Lyon.
20. Montbrison.
23. Saint-Rambert-en-Forez.
29. Montbrison.

Catalogue et lettre missive du roi. (*Bibl. nat.*, ms. fr. 3021, fol. 53.)

30. Montbrison.

MAI.

1. Montbrison.
2. Montbrison.
4. Montbrison.
5. Montbrison.
6. Montbrison.
8. Montbrison.
9. Montbrison.
11. Montbrison.
Id. Pommiers.
12. Pommiers.
15. Montbrison.
16. Montbrison.
17. Saint-Rambert.

(*Catalogue* et *Mémoires* de G. Du Bellay, p. 336.)

18. Saint-Rambert.
19. Saint-Rambert.

Lettre du roi au sieur de La Rochepot. (*Bibl. nat.*, ms. fr. 3008, fol. 30.)

Id. Montbrison.
20. Saint-Rambert.

Lettre du roi au Parl. (*Arch. nat.*, X1a 1539, fol. 336.)

23. Lyon.
24. Lyon.
25. Lyon.
26. Lyon.
27. Lyon.
29. Lyon.
30. Lyon.

Trois lettres missives du roi. (*Bibl. nat.*, ms. fr. 3008, fol. 34, 35, 36.)

31. Lyon.

Deux lettres missives du roi. (*Bibl. nat.*, ms. fr. 3008, fol. 37, 38; ms. fr. 3088, fol. 176.)

JUIN.

2. Lyon.
3. Lyon.

4. Lyon.
5. Lyon.
6. Lyon.
7. Meyzieux.
8. Lyon.

Lettre du roi à l'archevêque d'Aix. (*Bibl. nat.*, ms. fr. 3058, fol. 11.)

10. Lyon.
11. Meyzieux.

Catalogue et deux lettres missives du roi. (*Bibl. nat.*, ms. fr. 3008, fol. 43, 44.)

13. Crémieu.
14. Crémieu.

Catalogue et lettre du roi à M. d'Humyères. (*Bibl. nat.*, ms. fr. 3008, fol. 50.)

15. Crémieu.
16. Crémieu.

Catalogue et deux lettres du roi à M. d'Humyères. (*Bibl. nat.*, ms. fr. 3008, fol. 52, 53.)

17. Crémieu.

Deux lettres du roi à M. d'Humyères. (*Bibl. nat.*, ms. fr. 3008, fol. 58, 61.)

Id. Saint-Rambert (*sic*).
18. Crémieu.

Lettre du roi à M. d'Humyères. (*Bibl. nat.*, ms. fr. 3008, fol. 63.)

19. Crémieu.
20. Crémieu.

Quatre lettres closes du roi. (*Bibl. nat.*, ms. fr. 3008, fol. 69, 70, 72, 73.)

21. Crémieu.
22. Meyzieux.

Lettre du roi à M. d'Humyères. (*Bibl. nat.*, ms. fr. 3008, fol. 76.)

23. Meyzieux.

Lettre missive du roi. (*Bibl. nat.*, ms. fr. 3008, fol. 77), et Champollion-Figeac, *Doc. hist. extraits des collections manuscrites de la Bibl. nat.*, t. IV, p. 391.

Id. Crémieu.
25. Lyon.
26. Lyon.

Lettre du roi à M. d'Humyères. (*Bibl. nat.*, ms. fr. 3008, fol. 83.)

27. Lyon.

Lettres du roi à M. de Montmorency. (*Bibl. nat.*, ms. fr. 2973, fol. 19; ms. fr. 3008, fol. 86.)

28. Lyon.
29. Lyon.
30. Lyon.

JUILLET.

1. Lyon.
2. Lyon.
3. Lyon.
4. Lyon.
5. Lyon.

Lettre du roi à M. d'Humyères. (*Bibl. nat.*, ms. fr. 3061, fol. 179.)

7. Lyon.
8. Lyon.
9. Lyon.

Catalogue et lettre du roi au sieur de La Rochepot. (*Bibl. nat.*, ms. fr. 3008, fol. 110.)

10. Lyon.
11. Lyon.
12. Lyon.
13. Lyon.
14. Lyon.
15. Lyon.

Catalogue et lettre missive publiée dans la *Chronique du roy Françoys I*[er], p. 173.

16. Lyon.

Catalogue et lettre du roi au sieur de La Rochepot. (*Bibl. nat.*, ms. fr. 3008, fol. 115.)

17. Lyon.
18. Lyon.
19. Lyon.
20. Lyon.
21. Lyon.
22. Lyon.

Lettre du roi au prévôt des marchands. (*Délibérations du Bureau de la ville de Paris*, t. II, p. 245.)

23. Lyon.
25. Lyon.
26. Lyon.

Catalogue et lettre du roi à MM. de Beauvais, de Boisrigault, etc. (*Bibl. nat.*, ms. fr. 3061, fol. 7.)

27. Lyon.
28. Lyon.
29. Lyon.
30. Lyon.
31. Lyon.

Catalogue et lettre du roi à M. de Montmorency. (*Bibl. nat.*, ms. fr. 3052, fol. 54.)

AOÛT.

1. Lyon.
2. Lyon.

4. Vienne.

Lettre du roi à M. d'Humyères. (*Bibl. nat.*, ms. fr. 3008, fol. 121.)

5. Vienne.

Deux lettres du roi à M. de Montmorency. (*Bibl. nat.*, ms. fr. 3061, fol. 25 et 35.)

Id. Saint-Vallier.
7. Tournon.

Catalogue et lettre du roi à M. de Montmorency. (*Bibl. nat.*, ms. fr. 3061, fol. 53.)

8. Valence.
9. Valence.
10. Valence.
11. Valence. — *Mort du dauphin François, à Tournon.*
12. Valence.
13. Valence.
14. Valence.

Lettres du roi à M. d'Humyères. (*Bibl. nat.*, ms. fr. 3008, fol. 127); à M. de Montmorency (ms. fr. 3061, fol. 43.)

16. Valence.
17. Valence.

Catalogue et lettre du roi à M. de Montmorency. (*Bibl. nat.*, ms. fr. 3061, fol. 47.)

19. Valence.

(*Bibl. nat.*, ms. fr. 3061, fol. 65.)

20. Valence.
21. Valence.
23. Valence.

Lettre du roi au prévôt des marchands. (*Délibérations du Bureau de la ville de Paris*, t. II, p. 284.)

25. Valence.
26. Valence.
28. Valence.
29. Valence.

Trois lettres du roi à M. d'Humyères. (*Bibl. nat.*, ms. fr. 3008, fol. 136, 138, 140.)

30. Valence.
31. Valence.

Le Conseil.

14. Lyon.
16. Lyon.
26. Lyon.

SEPTEMBRE.

1. Valence.
2. Valence.

Lettre du roi à M. de Vendôme. (*Délibérations du Bureau de la ville de Paris*, t. II, p. 293.)

4. Valence.
5. Valence.
7. Valence.

Deux lettres missives du roi. (*Bibl. nat.*, ms. fr. 3008, fol. 147, 148.)

10. Valence.
Id. Montélimart.
12. Camp près Avignon.
13. Camp près Avignon.

Lettre missive du roi. (*Bibl. nat.*, ms. fr. 3008, fol. 155.)

14. Camp près Avignon.
15. Camp près Avignon.
16. Camp près Avignon.
19. Arles.

Lettre du roi à M. de La Rochepot. (*Bibl. nat.*, ms. fr. 3008, fol. 162.)

24. Avignon.
25. Avignon.

L'empereur ayant levé le siège de Marseille (25 septembre), François Ier alla, si l'on en croit Du Bellay, visiter cette ville, puis Arles et revint à Avignon. Avant de retourner à Lyon, il se rendit d'abord à Tarascon, à Beaucaire et à Valence. (*Mémoires*, édit. Michaud et Poujoulat, p. 430, sans indication de jours.). Ce renseignement paraît en contradiction avec les séjours indiqués ci-après.

26. Avignon.

Catalogue et lettre missive du roi. (*Bibl. nat.*, ms. fr. 3008, fol. 163.)

28. Avignon.
Id. Caderousse.

Le 28, François Ier part, après quatre heures, d'Avignon et va coucher à Caderousse. (*Arch. nat.*, J. 968, n° 2[10].)

29. Donzère (Drôme).

Le roi arrive le soir, après six heures, au château de « Donzaires », où la foudre venait de tomber dans la chambre qu'il devait occuper. (J. 968, n° 2[10].)

30. Montélimart (dîner).
Id. Loriol (coucher).

(*Arch. nat.*, J. 968, n° 2[10].)

Le Conseil.

2. Lyon.
6. Lyon.
13. Lyon.

20. Lyon.
22. Lyon.
30. Lyon.

OCTOBRE.

2. Lyon.
5. Lyon.
6. Lyon.
7. Lyon.
8. Lyon.
9. Lyon.
10. Lyon.
12. Lyon.
13. Tarare.

Lettre du roi au prévôt des marchands. (*Délibérations du Bureau de la ville de Paris*, t. II, p. 300.)

Le roi ayant quitté Lyon, sur le chemin entre Tarare et «Saint-Saphorin», en un lieu appelé la Chapelle, rencontra, à l'heure du dîner, Jacques V, roi d'Écosse, qui venait à son secours. (*Mémoires* de M. Du Bellay, édit. Michaud et Poujoulat, p. 436. — Cf. Francisque Michel, *Les Écossais en France*, 2 vol. in-8°, t. I, p. 401.)

14. Roanne.
15. Roanne.
16. La Palisse.
19. Moulins.
20. Moulins.
21. Moulins.
22. Moulins.
23. Moulins.
27. Bourges.
29. Amboise.
31. Châtellerault.

NOVEMBRE.

2. Châtellerault.
3. Châtellerault.

(*Catalogue* et *Bibl. nat.*, ms. fr. 3916, fol. 306.)

4. Châtellerault.
8. Loches.
10. Loches.
11. Loches.
12. Loches.

Lettre missive du roi. (Champollion-Figeac, *Doc. hist. extraits des coll. manuscrites de la Bibl. nat.*, t. IV, p. 392.)

13. Bléré.
16. Blois.
17. Amboise.
18. Amboise.
19. Amboise.

Bury. Sans quantième.

23. Blois.
24. Blois.
25. Blois.

Catalogue et lettre missive du roi. (*Bibl. nat.*, ms. fr. 3008, fol. 166.)

27. Blois.

Catalogue et lettre missive du roi. (*Bibl. nat.*, ms. fr. 3008, fol. 164.)

DÉCEMBRE.

3. Chamerolles.
5. Fontainebleau.
7. Fontainebleau.
9. Fontainebleau.
10. Fontainebleau.
11. Fontainebleau.

Lettre missive du roi. (*Bibl. nat.*, ms. fr. 3008, fol. 170).

14. Fontainebleau.

Lettre du roi à M. de La Rochepot. (*Bibl. nat.*, ms. fr. 3008, fol. 171.)

15. Fontainebleau.
16. Fontainebleau.
18. Fontainebleau.
20. Fontainebleau.
21. Fontainebleau.
22. Fontainebleau.
23. Fontainebleau.
24. Fontainebleau.
26. Fontainebleau.

Lettre du roi au prévôt des marchands. (*Délibérations du Bureau de la ville de Paris*, t. II, p. 314.)

27. Fontainebleau.
29. Paris.
30. Paris.

Id. Saint-Maur-les-Fossés.

(*Chronique du roy Francoys Ier*, édit. G. Guiffrey, p. 201.)

31. ...... — *Entrée du roi d'Écosse à Paris.*

1537

JANVIER.

1. Paris. — *Mariage de Jacques V, roi d'Écosse, avec Madeleine de France.*
2. Paris.
4. Paris.
5. Paris.
6. Paris.
7. Paris.
8. Paris.
Id. Chantilly.
10. Paris.
11. Paris.
13. Paris.
14. Paris.
15. Paris. — *Lit de justice au Parlement.*
16. Paris.
17. Paris.
18. Paris.
19. Paris.
20. Paris.
21. Paris.

Catalogue et Articles accordés par le roi au duc de Wurtemberg. (*Bibl. nat.*, ms. fr. 3069, fol. 138.)

22. Paris.
24. Paris.
25. Paris.
28. Saint-Germain-en-Laye.
29. Saint-Germain-en-Laye.
30. Saint-Germain-en-Laye.
31. Saint-Germain-en-Laye.

FÉVRIER.

1. Saint-Germain-en-Laye.
Id. L'Isle-Adam.
3. Saint-Germain-en-Laye.
4. Chantilly.
5. Chantilly.
6. Chantilly.
7. Chantilly.

Abbaye de Saint-Nicolas-aux-Bois. Sans quantième.

11. Villers-Cotterets.
16. Compiègne.
17. Compiègne.
18. Compiègne.
19. Compiègne.
21. Compiègne.
23. Compiègne.
24. Compiègne.
25. Compiègne.
26. Compiègne.
27. Compiègne.

Catalogue et lettre du roi à M. de La Rochepot. (*Bibl. nat.*, ms. fr. 3069, fol. 151.)

28. Compiègne.

MARS.

1. Compiègne.
2. Compiègne.

Lettres missives du roi. (*Arch. de la Côte-d'Or*, B. 1848, fol. 87 v°, et B. 1849, fol. 256.)

6. Compiègne.
7. Compiègne.
8. Compiègne.
9. Compiègne.
10. Monchy.

Catalogue et lettre missive du roi. (*Bibl. nat.*, ms. fr. 3069, fol. 161.)

16. Amiens.

Catalogue et lettre du roi au sieur d'Izernay. (*Bibl. nat.*, ms. fr. 3052, fol. 1.)

17. Amiens.

Catalogue et lettre du roi au sieur d'Humyères. (*Bibl. nat.*, ms. fr. 3008, fol. 9.)

19. Saint-Riquier.
Id. Camp devant Hesdin.

Le roi arrive au camp devant Hesdin, à une lieue de cette ville. (*Arch. nat.*, J. 968, n° 2[II].)

20. Camp de Chériennes.

Prise de la ville de Hesdin. (*Chronique du roy Françoys Ier*, p. 207.)

Id. Camp de Fillièvres.

(N° 29325 du *Catalogue*.)

Id. Camp près Hesdin.

Lettre du roi à M. de La Rochepot. (*Bibl. nat.*, ms. fr. 3008, fol. 19.)

21. Camp près Hesdin.
25. Camp près Hesdin.
26. Camp de Hesdin.

29. Camp du Mesnil-le-Châtel, près Hesdin.
31. Amiens. — (*Le Conseil.*)

AVRIL.

1. .... — *Pâques.*
2. Camp près Hesdin.
3. Camp du Mesnil, près Hesdin.
5. Camp près Hesdin.
7. Camp du Mesnil, près Hesdin.

Capitulation du château d'Hesdin. (*Chronique du roy Françoys Ier*, p. 209.)

9. Camp du Mesnil, près Hesdin.
13. Camp près Hesdin.
14. Camp près Hesdin.
15. Hesdin.

Lettre du roi à M. d'Humyères. (*Bibl. nat.*, ms. fr. 3088, fol. 79.)

16. Hesdin.
17. Hesdin.

La reine et Mesdames doivent partir demain d'Hesdin pour retourner à Amiens, tandis que la cour prendra un peu plus tard le chemin de Saint-Pol. (*Arch. nat.*, J. 968, n° 2[24].)

18. Hesdin.
Id. Monchy-Cayeux.
19. Camp de Pernes.

(*Bibl. nat.*, ms. fr. 3088, fol. 81.)

20. Camp de Monchy.

Lettre du roi au cardinal de Tournon. (*Bibl. nat.*, ms. fr. 3088, fol. 86.)

Id. Camp de Pernes.

Lettre du roi à M. de La Rochepot. (*Bibl. nat.*, ms. fr. 3088, fol. 89.)

22. Camp de Pernes.
25. Camp de Pernes.
26. Camp de Pernes.
27. Camp de Pernes.
28. Camp de Pernes.

Lettre du roi à M. d'Humyères. (*Bibl. nat.*, ms. fr. 3088, fol. 91.)

29. Camp de Pernes.

Catalogue et lettre close de François Ier. (*Bibl. nat.*, ms. fr. 3058, fol. 82.)

30. Camp de Pernes.

Le Conseil.

13. Amiens.
20. Amiens.
24. Amiens.

MAI.

1. Camp de Pernes.

Lettre du roi à M. d'Humyères. (*Bibl. nat.*, ms. fr. 3088, fol. 93.)

2. Camp de Pernes.
3. Camp de Contes.
4. Camp de «la Conte» [1].

Lettre du roi à M. d'Humyères. (*Bibl. nat.*, ms. fr. 3088, fol. 97.)

5. Camp de Contes.
6. Camp de «la Conte».

Lettre du roi à M. d'Humyères. (*Bibl. nat.*, ms. fr. 3088, fol. 100.)

7. Camp de Contes.

Le roi part de «la Conte» et vient mettre le camp à Saint-Martin, à une demi-lieue de Saint-Pol. (*Arch. nat.*, J. 968, n° 20[30].)

Camp de Saint-Martin ou Saint-Martin-de-Bailleul (Bailleul-aux-Cornailles, près Saint-Pol, Pas-de-Calais). Sans quantième.

(*Mémoires* de Du Bellay, p. 444, et *Catalogue*).

[9]. Cercamp.

Du Bellay indique ce séjour la veille de l'arrivée à Doullens. (*Mémoires*, p. 445.)

10. Doullens.
11. Corbie.
12. Corbie.
13. Corbie.

Catalogue et plusieurs missives du roi. (*Bibl. nat.*, ms. fr. 3088, fol. 109-116.)

14. Corbie.
17. La Fère-sur-Oise.
18. La Fère.
19. La Fère.

Lettre du roi à M. d'Humyères. (*Bibl. nat.*, ms. fr. 3008, fol. 176.)

20. La Fère.
21. La Fère.
22. Coucy.
24. Coucy.
Id. Soissons.
26. Fère-en-Tardenois.

Catalogue et lettre du roi à M. de La Rochepot. (*Bibl. nat.*, ms. fr. 3058, fol. 33.)

27. Fère-en-Tardenois.

[1] «La Contey», suivant les *Mémoires* de Du Bellay. Ce lieu paraît être Contes, con d'Hesdin (Pas-de-Calais).

28. Fère-en-Tardenois.
Jouarre. Sans quantième.
(N° 30658 du *Catalogue*.)

30. Crécy.
Lettre du roi à M. d'Heilly. (*Bibl. nat.*, ms. fr. 2973, fol. 5.)

31. Crécy-en-Brie.

Le Conseil.

2. Amiens.
5. Amiens.
6. Amiens.
7. Amiens.

JUIN.

1. Villeneuve-le-Comte en Brie.
Lettre du roi à M. d'Humyères. (*Bibl. nat.*, ms. fr. 3035, fol. 17.)

2. Tournan en Brie.
Id. Guignes (ou Guignes-Rabutin, c^{on} de Mormant, Seine-et-Marne).
3. Melun.
4. Crécy-en-Brie.
5. Fontainebleau.
7. Fontainebleau.
8. Fontainebleau.
Lettre du roi à M. d'Humyères. (*Bibl. nat.*, ms. fr. 3088, fol. 123.)

9. Fontainebleau.
Lettre du roi au sieur de La Fontaine. (*Bibl. nat.*, ms. fr. 2973, fol. 11; autre ms. fr. 3035, fol. 21.)

10. Fontainebleau.
11. Fontainebleau.
12. Fontainebleau.
13. Fontainebleau.
14. Fontainebleau.
15. Fontainebleau.
Prise d'assaut de Saint-Pol par les Impériaux. (*Mémoires* de Du Bellay, p. 447-449.)

16. Fontainebleau.
18. Fontainebleau.
19. Fontainebleau.
20. Fontainebleau.
Capitulation de Montreuil. (*Mémoires* de Du Bellay, p. 450.)

21. Fontainebleau.
22. Fontainebleau.
Lettre du roi à M. d'Humyères. (*Bibl. nat.*, ms. fr. 3061, fol. 123.)

23. Fontainebleau.
24. Fontainebleau.
25. Fontainebleau.
26. Fontainebleau.
Trois lettres missives de François Ier. (*Bibl. nat.*, ms. fr. 3035, fol. 28, 30, 31.)

27. Fontainebleau.
28. Fontainebleau.
30. Fontainebleau.

JUILLET.

1. Fontainebleau.
2. Fontainebleau.
3. Fontainebleau.
Lettre du roi à M. de Guise. (*Bibl. nat.*, ms. fr. 3061, fol. 11.)

6. Chailly[-en-Bière].
7. Chailly. — *Mort de Madeleine de France, reine d'Écosse.*
8. Chailly.
9. Ablon.
11. Paris.
Id. Meudon.
12. Meudon.
13. Paris.
Id. Meudon.
Lettre du roi à M. d'Humyères. (*Bibl. nat.*, ms. fr. 3061, fol. 143.)

14. Meudon.
15. Paris.
16. Paris.
17. Paris.
18. Paris.
Id. Meudon.
19. Paris.
20. Paris.
21. Meudon.
François Ier malade à Meudon. (*Chronique du roy Françoys Ier*, p. 216.)

22. Meudon.
Lettre du roi à M. d'Humyères. (*Bibl. nat.*, ms. fr. 3061, fol. 87; ms. fr. 3088, fol. 149.)

23. Meudon.
24. Meudon.
25. Meudon.
Articles signés de la main du roi. (*Bibl. nat.*, ms. fr. 3044, fol. 39), et lettre missive (ms. fr. 3055, fol. 97).

26. Meudon.
27. Paris.
29. Paris.
30. . . . . . . — *Trêve de Bomy, près Thérouanne, avec l'empereur.*

IMPRIMERIE NATIONALE.

31. Meudon.

Lettre missive du roi. (*Bibl. nat.*, ms. fr. 3088, fol. 162, et G. Ribier, *Lettres et mémoires d'État*, 2 vol. in-fol., 1666, t. I, p. 49.)

AOÛT.

2. Meudon.

Lettre du roi à M. d'Humyères. (*Bibl. nat.*, ms. fr. 3035, fol. 36.)

Paris. Sans quantième.

(Trois actes du *Catalogue.*)

4. Meudon.
Id. Fontainebleau (*sic*).
5. Paris.
Ablon. Sans quantième.
6. Corbeil.
7. Fontainebleau.
8. Melun.

Lettre du roi à M. d'Humyères. (*Bibl. nat.*, ms. fr. 3035, fol. 37.)

10. Melun.

Lettre au même (ms. fr. 3061, fol. 153).

13. Melun.
14. Melun.

Catalogue et lettres missives du roi. (*Bibl. nat.*, ms. fr. 3035, fol. 38; ms. fr. 3055, fol. 101.)

15. Melun.

Catalogue et lettre du roi à M. d'Humyères. (*Bibl. nat.*, ms. fr. 3035, fol. 42.)

16. Melun.
17. Melun.
20. Melun.
Id. Fontainebleau.
21. Fontainebleau.
23. Fontainebleau.

Lettre du roi à M. d'Humyères. (*Bibl. nat.*, ms. fr. 3035, fol. 54.)

24. Fontainebleau.
25. Fontainebleau.
27. Fontainebleau.
28. Fontainebleau.
29. Fontainebleau.
31. Fontainebleau.

SEPTEMBRE.

1. Fontainebleau.

Lettre du roi à M. d'Humyères. (*Bibl nat.*, ms. fr. 3088, fol. 166.)

2. Fontainebleau.
3. Fontainebleau.
4. Fontainebleau.

Lettre du roi à M. de La Rochepot. (*Bibl. nat.*, ms. fr. 3035, fol. 64.)

5. Fontainebleau.
6. Fontainebleau.

Catalogue et lettre du roi à M. d'Humyères. (*Bibl. nat.*, ms. fr. 3088, fol. 170.)

7. Fontainebleau.
9. Ferrières.
10. Ferrières.
12. Châtillon[-sur-Loing].
14. Châtillon-sur-Loing.
15. Châtillon-sur-Loire (*aliàs* Châtillon tout court).
17. Neuvy[-sur-Loire].
Id. Sancerre.

Lettres du roi à M. d'Humyères. (*Bibl. nat.*, ms. fr. 3008, fol. 178; ms. fr. 3088, fol. 174.)

19. Sancerre.
Saint-Satur-sous-Sancerre. Sans quantième.
21. Nevers.

Catalogue et lettre du roi à M. de La Rochepot. (*Bibl. nat.*, ms. fr. 3035, fol. 66.)

22. Nevers.
Chevagnes. Sans quantième.
29. Saint-André.

OCTOBRE.

1. Tarare.
Id. Lyon.
2. Lyon.

Lettre du roi à M. de La Rochepot. (*Bibl. nat.*, ms. fr. 3035, fol. 67.)

3. Lyon.
4. Lyon.
5. Lyon.
6. Lyon.
7. Lyon.
8. Lyon.
9. Lyon.
11. Lyon.
Id. Vienne.
12. La Côte-Saint-André.
13. La Côte-Saint-André.

Catalogue et lettre missive du roi. (*Bibl. nat.*, ms. fr. 3035, fol. 69.)

Saint-Symphorien-de-Lay. Sans quantième.

(N° 30126 du *Catalogue.*)

18. Sillans.

Catalogue et lettre missive du roi. (*Bibl. nat.*, ms. fr. 2973, fol. 9.)

19. Sillans.
Id. Moras en Dauphiné.
21. Grenoble.

Lettre du roi à M. de Montmorency. (*Bibl. nat.*, ms. fr. 3055, fol. 121.)

22. Grenoble.

Lettre au même. (Ms. fr. 3016, fol. 51.)

23. Grenoble.
24. Grenoble.
25. Grenoble.

Lettre du roi à M. de Montmorency. (*Bibl. nat.*, ms. fr. 3055, fol. 137.)

Id. Vizille.
26. Vizille.
Id. La Mure.

Lettre du roi à M. de Montmorency. (*Bibl. nat.*, ms. fr. 3044, fol. 26.)

28. Chorges.

Lettres missives du roi. (*Bibl. nat.*, ms. fr. 3035, fol. 75; ms. fr. 3055, fol. 105.)

29. Embrun.

Catalogue et lettre du roi à M. de Montmorency. (*Bibl. nat.*, ms. fr. 3055, fol. 141.)

30. Guillestre.

Lettre au même. (*Bibl. nat.*, ms. fr. 3055, fol. 155.)

31. Briançon.

Lettre au même. (Ms. fr. 3056, fol. 5.)

Le Conseil.

26. Lyon.
27. Lyon.
28. Lyon.
30. Lyon.

NOVEMBRE.

1. Briançon.

Lettre du roi à Montmorency. (*Bibl. nat.*, ms. fr. 3056, fol. 11.)

2. Briançon.

Lettre au même. (*Bibl. nat.*, ms. fr. 3056, fol. 101.)

3. Briançon.
4. Briançon.

Lettre du roi à M. de La Rochepot. (*Bibl. nat.*, ms. fr. 3044, fol. 20.)

5. Briançon.

Lettre du roi à Montmorency. (*Bibl. nat.*, ms. fr. 3056, fol. 27.)

6. Briançon.

Lettre au même. (*Bibl. nat.*, ms. fr. 3056, fol. 39.)

7. Briançon.

Lettre au même. (*Bibl. nat.*, ms. fr. 3056, fol. 49) et à La Rochepot (ms. fr. 3044, fol. 8).

8. Briançon.

Lettre du roi à Montmorency. (Ms. fr. 3056, fol. 61.)

9. Briançon.

Lettre au même. (Ms. fr. 3056, fol. 77.)

10. Briançon [(1)].

Lettre au même. (Ms. fr. 3056, fol. 83.)

12. «Suzanne» (Cesana Torinese).

Lettre au même. (Ms. fr. 3056, fol. 129.)

13. «Suzanne» (Cesana Torinese).
15. «Javannes» (Giaveno).
16. ..... — *Trève de Monçon en Aragon avec l'Empereur.*
18. Cesana Torinese.
19. Carignan.
21. Carignan.

Lettre du roi à M. de La Rochepot. (*Bibl. nat.*, ms. fr. 3058, fol. 3.)

22. Carignan.
Fenestrelles. Sans quantième.

(N° 30041 du *Catalogue*.)

24. Carmagnole.

Lettre du roi à M. de La Rochepot. (*Bibl. nat.*, ms. fr. 3056, fol. 137.)

25. Carmagnole.
26. Carmagnole.
27. Carmagnole.
28. Carmagnole.

Le 28, trève conclue à Carmagnole jusqu'au 22 février 1538. (Du Bellay, *Mémoires*, p. 466.)

Id. Pignerol.
29. Pignerol.

(1) Martin Du Bellay dit que quelques jours avant la Saint-Martin (11 nov.), le roi fut à «Bossolin», puis à Saint-Antonin près Saint-Ambroise, passa après dîner dans Villana, vint coucher à Javen (Giaveno), d'où il prit le lendemain le chemin de Carignan. (*Mémoires*, édit. Michaud et Poujoulat, p. 465.)

Le Conseil.

2. Lyon.
3. Lyon.
6. Lyon.
7. Lyon.
8. Lyon.
10. Lyon.
16. Lyon.
19. Lyon.
20. Lyon.
21. Lyon.
23. Lyon.

DÉCEMBRE.

2. Embrun [1].
5. Chorges.
(N° 29704 du *Catalogue.*)

7. Talart.
(N° 29913 du *Catalogue.*)

9. Manosque.
(N°s 29910, 29911 du *Catalogue.*)

11. Lourmarin.
(N° 29917 du *Catalogue.*)

Id. Cavaillon [2].
14. Avignon.
Catalogue et lettre du roi au dauphin. (Ribier, *Lettres et mémoires d'État*, t. I, p. 76.)

15. Avignon.
16. Arles.
17. Arles.
Id. Saint-Gilles (la Commanderie).
(*Arch. nat.*, J. 966, n° 12^{8}.)

18. Saint-Gilles.
(*Arch. nat.*, J. 966, n° 12^{8}, et n° 29902 du *Catalogue.*)

21. Montpellier.
22. Montpellier.
23. Montpellier.
24. Montpellier.
25. Montpellier.
Mémoire signé de la main du roi. (*Bibl. nat.*, ms. fr. 3056, fol. 141.)

28. Montpellier.
29. Montpellier.
Lettre du roi au cardinal de Lorraine. (*Bibl. nat.*, ms. fr. 3056, fol. 1.)

31. Montpellier.

Le Conseil.

1. Lyon.
3. Lyon.
4. Lyon.
6. Lyon.
7. Lyon.

1538

JANVIER.

1. Montpellier.
2. Montpellier.
5. Montpellier.
6. Montpellier.
7. Montpellier.
8. Montpellier.
10. Montpellier. — *Traité de Tolède avec l'Empereur.*
11. Montpellier.
Prorogation de trêve, aux Cabanes de Fitou (entre Narbonne et Perpignan).

12. Montpellier.
13. Montpellier.
15. Montpellier.
16. Montpellier.
Lettre du roi à M. de La Rochepot. (*Bibl. nat.*, ms. fr. 3044, fol. 17.)

17. Montpellier.
24. Saint-Vallier.
25. Saint-Vallier.
27. Lyon.
28. Lyon.
29. Lyon.

FÉVRIER.

7. Moulins.
8. Moulins.
9. Moulins.
10. Moulins.

[1] Le *Catalogue* mentionne des lettres datées d'Embrun, le 11 décembre (n° 9448), d'après le reg. du Parl. X^{1a} 1540. Vraisemblablement le clerc du greffe a lu «XII» au lieu de «II».
[2] Et non le 13, comme le porte par erreur le n° 9449 du *Catalogue.*

11. Moulins.
12. Moulins.
13. Moulins.

Lettre du roi à M. de La Rochepot. (*Bibl. nat.*, ms. fr. 3044, fol. 14.)

14. Moulins.
15. Moulins.
16. Moulins.

Lettre au même. (Ms. fr. 3058, fol. 29.)

17. Moulins.
18. Moulins.
19. Moulins.
20. Moulins.
21. Moulins.
22. Moulins.
23. Moulins.
25. Moulins.
27. Moulins.
28. Moulins.

MARS.

1. Moulins.
2. Moulins.
4. Moulins.
6. Moulins.
7. Moulins.
8. Moulins.
9. Moulins.
10. Moulins.
11. Moulins.
12. Moulins.

Lettre du roi à M. de La Rochepot. (*Bibl. nat.*, ms. fr. 2978, fol. 81.)

Id. Le Parc-lès-Moulins.
13. Le Parc-lès-Moulins.
Id. Moulins.
14. Le Parc-lès-Moulins.
16. Le Parc-lès-Moulins.
17. Varennes.
18. La Palisse.
22. Pommiers.
25. Montbrison.
26. Montbrison.

Lettre du roi à M. de La Rochepot. (*Bibl. nat.*, ms. fr. 3035, fol. 10.)

27. Montbrison.
28. Saint-Rambert-en-Forez.
29. Saint-Rambert.

AVRIL.

1. Lyon.
2. Lyon.
3. Lyon.
4. Lyon.
8. Crémieu.
9. Crémieu.

Deux lettres du roi à M. de La Rochepot. (*Bibl. nat.*, ms. fr. 3035, fol. 12, 13.)

La Vallière. Sans quantième.
13. La Balme en Dauphiné.
15. La Balme.
16. La Balme.
17. La Côte-Saint-André.
18. La Côte-Saint-André.
20. La Côte-Saint-André.
21. ..... — *Pâques.*
22. La Côte-Saint-André.

(*Catalogue* et *Bibl. nat.*, ms. fr. 3062, fol. 4.)

23. La Côte-Saint-André.
24. La Côte-Saint-André.

(*Catalogue* et *Bibl. nat.*, ms. fr. 3088, fol. 1.)

25. La Côte-Saint-André.

(*Catalogue* et *Bibl. nat.*, ms. fr. 3044, fol. 29.)

26. La Côte-Saint-André.
28. La Côte-Saint-André.
29. La Côte-Saint-André.
30. La Côte-Saint-André.

MAI.

1. La Côte-Saint-André.
2. La Côte-Saint-André.

Lettre du roi à M. de La Rochepot. (*Bibl. nat.*, ms. fr. 3088, fol. 7.)

3. La Côte-Saint-André.
4. La Côte-Saint-André.
5. Bressieux.
6. Saint-Antoine-de-Viennois.
8. Saint-Antoine-de-Viennois.

Catalogue et lettre du roi à M. de La Rochepot. (*Bibl. nat.*, ms. fr. 3088, fol. 13.)

9. Saint-Antoine-de-Viennois.
Id. Romans.
11. Valence.
13. Avignon.

Lettre du roi à M. de La Rochepot. (*Bibl. nat.*, ms. fr. 3088, fol. 15.)

15. Avignon.

Catalogue et lettre du roi au même. (Ms. fr. 3008, fol. 179.)

16. Tarascon.

Catalogue et lettre close du roi. (*Bibl. nat.*, ms. fr. 3897, fol. 92 *ter.*)

18. Salon-de-Crau.

Catalogue et lettre du roi à M. de La Rochepot. (*Bibl. nat.*, ms. fr. 3088, fol. 20.)

20. Aix-en-Provence.
21. Aix.
22. Aix.
23. Le Luc en Provence.
Id. Saint-Maximin.
24. Saint-Maximin.
25. Brignoles.

Catalogue et lettre missive du roi. (*Bibl. nat.*, ms. fr. 3088, fol. 22.)

Id. Le Luc en Provence.

Lettre du roi au s[r] de La Rochepot. (*Bibl. nat.*, ms. fr. 3088, fol. 24, 26.)

27. Fréjus.
31. Villeneuve.

JUIN.

1. Villeneuve.

Lettre missive du roi. (*Arch. Ernest de Weimar*, reg. H, p. 163, n° 77).

2. Nice.

Entrevue du roi et du pape. (*Chronique du roy Françoys Ier*, p. 241.)

3. Villeneuve près Nice.

Lettre du roi à M. de La Rochepot. (*Bibl. nat.*, ms. fr. 3088, fol. 29.)

4. Antibes.
5. Villeneuve près Nice.
7. Villeneuve.
9. Villeneuve.
Id. Antibes.
11. Villeneuve.
12. Villeneuve en Provence.
13. Villeneuve-de-Tende, ou Villeneuve en Provence.

Lettre du roi à M. de La Rochepot. (*Bibl. nat.*, ms. fr. 3088, fol. 39.)

15. Villeneuve-de-Tende.
16. Villeneuve-de-Tende.
18. Villeneuve en Provence. — *Trêve de dix ans avec l'Empereur, signée à Nice.*
19. Villeneuve-de-Tende.

(*Catalogue.*)

Id. Villeneuve près Nice.

Lettre du roi à M. de La Rochepot. (*Bibl. nat.*, ms. fr. 3088, fol. 45.)

20. Villeneuve-de-Tende.
21. Villeneuve.

(*Arch. nat.*, X[1a] 1541, fol. 484, et Charrière, *Négociations de la France dans le Levant*, t. I, p. 283 note.)

22. Villeneuve en Provence.
23. Fréjus.
24. Fréjus.
26. Fréjus.
Id. Villeneuve.
29. Aix.

JUILLET.

1. Marseille (coucher).

(Le marquis d'Aubais, *Pièces fugitives*, etc. in-4°, t. II, p. 105.)

4. Marseille (départ). *Id.*
5. Tarascon.
6. Tarascon.
8. Vauvert.
10. Saint-Gilles.
11. Vauvert, près Aigues-Mortes.

Lettre du roi à M. de La Rochepot. (*Bibl. nat.*, ms. fr. 3088, fol. 54.)

12. Vauvert.
14. Aigues-Mortes.

Entrevue de François Ier et de Charles-Quint. (*Chronique du roy Françoys Ier*, p. 252.)

15. Aigues-Mortes.

(*Chronique du roy Françoys Ier*, p. 252.)

16. Aigues-Mortes.

Lettre du roi au prévôt des marchands. (*Délibérations du Bureau de la ville de Paris*, t. II, p. 373.)

17. Aigues-Mortes.
18. Vauvert.

Lettre du roi à M. de La Rochepot. (*Bibl. nat*, ms. fr. 3088, fol. 56.)

Id. Nîmes.
20. Remoulins.
22. Montélimart.
23. Montélimart.
Id. Loriol.
24. Pouzol (c[ne] d'Étoile, c[on] de Valence, Drôme).

Lettre du roi au s[r] de La Hargerie. (*Bibl. nat.*, ms. fr. 3000, fol. 83.)

25. Valence.

Lettre du roi à M. de La Rochepot. (*Bibl. nat.*, ms. fr. 3088, fol. 59.)

26. Valence.

27. Saint-Vallier.
30. Lyon.
31. Lyon.

AOÛT.

3. Paray-le-Monial.
La Clayette (Saône-et-Loire). Sans quantième.
6. Dompierre[-sur-Bèbre, Allier].
7. Chevagnes.
8. Chevagnes.
9. Chevagnes.
10. Chevagnes.
11. Chevagnes.

Catalogue et lettre du roi à M. de La Rochepot. (*Bibl. nat.*, ms. fr. 3088, fol. 67, 70.)

Sancoins. Sans quantième.

(N° 31955 du *Catalogue*.)

17. Bourges.
19. Romorantin.
20. Romorantin.
21. Romorantin.
Id. Contres.
22. Pontlevoy.
24. Chenonceaux.
26. Amboise.
27. Chaumont-sur-Loire.
28. Blois.
29. Blois.
30. Blois.

Catalogue et deux lettres du roi à M. de La Rochepot. (*Bibl. nat.*, ms. fr. 3088, fol. 72, 74.)

SEPTEMBRE.

3. Meung-sur-Loire.

Catalogue et lettre du roi à M. de La Rochepot. (*Bibl. nat.*, ms. fr. 3088, fol. 77.)

6. Étampes.
7. Saint-Germain-en-Laye.
8. Saint-Germain-en-Laye.
11. Saint-Germain-en-Laye.
12. Saint-Germain-en-Laye.
14. Saint-Germain-en-Laye.
15. Saint-Germain-en-Laye.
16. Saint-Germain-en-Laye.
17. Saint-Germain-en-Laye.
18. Saint-Germain-en-Laye.
19. Saint-Germain-en-Laye.
20. Saint-Germain-en-Laye.
21. Saint-Germain-en-Laye.
22. Saint-Germain-en-Laye.
Herblay (c[on] d'Argenteuil, Seine-et-Oise). Sans quantième.
26. Chantilly.
27. Chantilly.

Catalogue et lettre du roi au Parl. (*Arch. nat.*, X[1a] 1541, fol. 697.)

28. Saint-Nicolas-lès-Senlis, prieuré.
29. Chantilly.
30. Chantilly.

OCTOBRE.

3. Villers-Cotterets.
4. Soissons.
6. Vic-sur-Aisne.

Lettre du roi au Grand-maître. (*Bibl. nat.*, ms. fr. 3032, fol. 61.)

Id. La Fère-sur-Oise.
7. Saint-Quentin en Vermandois.
9. Compiègne.
11. La Fère.
12. Coucy.
14. Compiègne.

Lettre du roi au prévôt des marchands. (*Délibérations du Bureau de la ville de Paris*, t. II, p. 391.)

17. Compiègne.
18. Compiègne.
19. Compiègne.
21. Compiègne.
22. Compiègne.
Id. Noyon.
Id. La Fère-sur-Oise.
23. La Fère-sur-Oise.

(*Catalogue* et G. Ribier, *Lettres et mémoires d'Estat*, in-fol, 1666, t. I, p. 245.)

28. La Fère.

NOVEMBRE.

1. Villers-Cotterets.
5. Villers-Cotterets.
7. Villers-Cotterets.
8. Villers-Cotterets.
9. Villers-Cotterets.
11. Crépy-en-Valois.
12. Nanteuil-le-Haudouin.
15. Chantilly.
18. Chantilly.
19. Chantilly.
20. Chantilly.

21. Chantilly.

(*Catalogue* et *Bibl. nat.*, ms. fr. 3916, fol. 232.)

24. Chantilly.
25. Chantilly.
26. Chantilly.

Lettre du roi à la reine de Hongrie. (*Bibl. nat.*, ms. fr. 3045, fol. 23.)

Id. L'Isle-Adam.
27. Paris.
28. Paris.
29. Paris.
30. Paris.

DÉCEMBRE.

1. Paris.
2. Paris.
3. Paris.
4. Paris.
5. Paris.
6. Paris.
7. Paris.
8. Paris.
10. Paris.
11. Paris.
12. Paris.
13. Paris.
14. Paris.
15. Paris.
16. Paris.
17. Paris.

Catalogue et lettre du roi à M. Hélin. (*Bibl. nat.*, m. fr. 3913, fol. 1.)

18. Paris.
19. Paris.
21. Saint-Germain-en-Laye.
22. Saint-Germain-en-Laye.
23. Saint-Germain-en-Laye.
26. Saint-Germain-en-Laye.
27. Saint-Germain-en-Laye.
28. Saint-Germain-en-Laye.
30. Paris.
31. Paris.

1539

JANVIER.

1. Paris.
2. Paris.
4. Paris.
5. Paris.
6. Paris.

Lettre du roi à M. Hélin. (*Bibl. nat.*, ms. fr. 3913, fol. 2.)

7. Paris.
9. Paris.
10. Paris.
11. Paris.
12. Paris.
13. Paris.
14. Meudon.
15. Paris.
16. Paris.
17. Paris.
18. Paris.
19. Paris.
20. Paris.
21. Paris.
22. Paris.

Catalogue et lettre du roi à M. Hélin. (*Bibl. nat.*, ms. fr. 3913, fol. 6.)

23. Paris.
24. Paris.
25. Villeneuve-Saint-Georges.
27. Paris.
29. Fontainebleau.
31. Fontainebleau.

FÉVRIER.

1. Fontainebleau.
2. Fontainebleau.
3. Fontainebleau.
4. Fontainebleau.

Catalogue et lettre du roi à M. Hélin. (*Bibl. nat.*, ms. fr. 3913, fol. 10.)

5. Fontainebleau.
6. Fontainebleau.
7. Fontainebleau.
8. Fontainebleau.
10. Fontainebleau.
12. Fontainebleau.
13. Fontainebleau.

État signé du roi. (*Turin*, *Arch. di Stato*, Citta e provincia di Saluzzo, Conte de Tesorieri, n° 3, fol. 65*.)

14. Fontainebleau.
16. Fontainebleau.
18. Fontainebleau.

Catalogue et lettre du roi à M. Hélin. (*Bibl. nat.*, ms. fr. 3913, fol. 17.)

19. Fontainebleau.
20. Fontainebleau.
22. Fontainebleau.
23. Fontainebleau.
25. Fontainebleau.
26. Fontainebleau.
28. Fontainebleau.

Catalogue et lettre du roi à M. Hélin. (*Bibl. nat.*, ms. fr. 3913, fol. 18.)

N. B. Beaucoup d'actes de ce mois et des mois de mars et avril 1539, indiqués dans le *Catalogue* avec ou sans quantième, sont datés de Paris, mais cette mention n'implique pas le séjour du roi dans cette ville. Ce sont des lettres patentes émanant du Conseil ou du chancelier.

MARS.

5. Fontainebleau.
6. Fontainebleau.
8. Fontainebleau.
9. Fontainebleau.
10. Fontainebleau.
11. Fontainebleau.

Catalogue et lettre du roi à M. de La Rochepot. (*Bibl. nat.*, ms. fr. 3088, fol. 5.)

12. Montereau-faut-Yonne.
14. Montereau-faut-Yonne.
20. Fontainebleau.
21. Vauluisant.
Id. Nogent-sur-Seine.
22. Nogent-sur-Seine.
24. Nogent-sur-Seine.
25. Abbaye de Vauluisant (c^ne^ de Courgenay, Yonne).
26. Abbaye de Vauluisant.
Id. Nogent-sur-Seine.
27. Abbaye de Vauluisant.
29. Abbaye de Vauluisant.
31. Abbaye de Vauluisant.

AVRIL.

4. Abbaye de Vauluisant.
6. .... — *Pâques.*
7. Vauluisant.
12. Abbaye de Vauluisant.
14. Aix-en-Champagne (auj. Aix-en-Othe, Aube).
19. Romilly [-sur-Seine].
20. Romilly.
26. Fleurigny, près Sens.

(*Chronique du roy Françoys Ier*, édit. G. Guiffrey, p. 261).

27. Fleurigny.

(*Chronique du roy Françoys Ier*, édit. G. Guiffrey, p. 261.)

Id. Sens.

Entrée du roi dans cette ville. (*Chronique du roy Françoys Ier*, édit. G. Guiffrey, p. 261.)

28. Sens.
Id. Villeneuve-le-Roi (ou Villeneuve-sur-Yonne).

Le roi y couche, puis se rend à Châtillon-sur-Loing, où il réside quelque temps, et s'en retourne à Fontainebleau. (*Chronique du roy François Ier*, édit. G. Guiffrey, p. 268.)

30. Abbaye de «Chailly» (des Escharlis, c^ne^ de Villefranche, Yonne).

Lettre du roi à M. de La Rochepot. (*Bibl. nat.*, ms. fr. 3008, fol. 181.)

MAI.

2. Abbaye de «Chailly» (des Escharlis).
Château-Renard. Sans quantième.
7. Châtillon-sur-Loing.
9. Châtillon-sur-Loing.
10. Châtillon-sur-Loing.
Id. Grignon (c^ne^ de Vieilles-Maisons, Loiret).
12. Grignon.
14. Montargis.
15. Montargis.

Lettre missive du roi. (*Arch. de Marburg*, liasse «France»).

18. Montargis.

(*Catalogue* et *Bibl. nat.* ms. fr. 3916, fol. 246.)

19. Fontainebleau.
20. Fontainebleau.
22. Fontainebleau.
23. Fontainebleau.
24. Fontainebleau.
25. Fontainebleau.
26. Fontainebleau.
27. Fontainebleau.

Catalogue et lettre du roi au Parlement. (*Arch. nat.*, X^1a^ 1543, fol. 485 v°.)

28. Fontainebleau.
30. Fontainebleau.
31. Fontainebleau.

JUIN.

2. Paris.
4. Paris.

IMPRIMERIE NATIONALE.

6. Paris.
7. Paris.
8. Paris.
9. Paris.
10. Paris.
11. Paris. — *Traité de Berne.*
12. Paris.
13. Paris.
14. Saint-Prix, près Paris.
15. Saint-Prix.

Catalogue et état signé du roi. (*Turin, Arch. di Stato*, Citta e provincia di Saluzzo, Conte de Tesorieri, n° 3, fol. 32.)

16. Paris.
17. Paris.
18. Paris.
19. Paris.
20. Paris.
Id. Meudon.
21. Paris.
22. Paris.
24. Paris.
25. Paris.
26. Paris.
27. Paris.
28. Vincennes.
Corbeil. Sans quantième.
30. Paris.

JUILLET.

1. Paris.
2. Paris.
3. Paris.
7. Paris.
8. Paris.
9. Paris.
10. Paris.

Lettre missive du roi. (*Arch. de Marburg*, liasse «France», n° 15.)

11. Paris.
14. Paris.
15. Paris.
16. Paris.
17. Brie-Comte-Robert.
18. Paris.
20. Paris.
22. Paris.
23. Becoiseau en Brie.
25. Becoiseau.
Id. Meaux.
26. Meaux.
Id. Crécy en Brie.
Tournan. Sans quantième.
29. Nantouillet.
Royaumont (c^ne^ d'Asnières-sur-Oise, Seine-et-Oise). Sans quantième.
31. Chantilly.

AOÛT.

1. Chantilly.
3. Chantilly.
4. Chantilly.
5. Chantilly.

(G. Ribier, *Lettres et mémoires d'Estat*, in-fol., 1666, t. I, p. 468.)

10. Villers-Cotterets.
13. Villers-Cotterets.

Lettre du roi à Rincon. (Charrière, *Négociations de la France dans le Levant*, t. I, p. 413.)

14. Villers-Cotterets.
15. Villers-Cotterets.
16. Villers-Cotterets.
17. Villers-Cotterets.
18. Villers-Cotterets.
20. Villers-Cotterets.
21. Villers-Cotterets.
22. Villers-Cotterets.

Catalogue et lettre du roi à Rincon. (*Bibl. nat.*, ms. fr. 3091, fol. 49.)

23. Villers-Cotterets.
25. Villers-Cotterets.
27. Villers-Cotterets.
28. Villers-Cotterets.
30. Villers-Cotterets.
31. Villers-Cotterets.

SEPTEMBRE.

1. Villers-Cotterets.
2. Villers-Cotterets.
4. Villers-Cotterets.
6. Villers-Cotterets.
7. Villers-Cotterets.
8. Villers-Cotterets.
9. Villers-Cotterets.
11. Villers-Cotterets.
12. Villers-Cotterets.
15. Villers-Cotterets.
16. Villers-Cotterets.
17. Villers-Cotterets.
18. Villers-Cotterets.
19. Villers-Cotterets.
20. Compiègne.
21. Compiègne.
22. Compiègne.
23. Compiègne.
24. Compiègne.

26. Compiègne.
28. Compiègne.
29. Compiègne.

OCTOBRE.

5. Compiègne.
9. Compiègne.
11. Compiègne.
12. Compiègne.
14. Compiègne.
15. Compiègne.
16. Compiègne.
17. Compiègne.
18. Compiègne.
20. Compiègne.
21. Compiègne.
22. Compiègne.
24. Compiègne.
27. Compiègne.
28. Compiègne.
29. Compiègne.
30. Compiègne.
31. Compiègne.

NOVEMBRE.

1. Compiègne.
2. Compiègne.
3. Compiègne.
4. Compiègne.
Id. Pont-Sainte-Maxence.
8. Maisons-sur-Seine.
12. Paris.

Le roi entend la messe à la Sainte-Chapelle et part en barque sur la Seine. (*Rome, Archivio Vaticano, Nunziatura gallica sub Paulo III*, vol. 3, fol. 206.)

15. Melun.

Lettre du roi au connétable. (G. Ribier, *Lettres et mémoires d'Estat*, t. I, p. 488.) Autre lettre missive du roi. (*Bibl. nat.*, ms. fr. 3021, fol. 6.)

18. Fontainebleau.
19. Fontainebleau.
20. Fontainebleau.
21. Fontainebleau.
22. Fontainebleau.

Catalogue et lettre du roi à Montmorency. (*Bibl. nat.*, ms. fr. 3021, fol. 7.)

23. Fontainebleau.
24. Fontainebleau.
26. Fontainebleau.
28. Orléans.

DÉCEMBRE.

1. Blois.

Catalogue et lettre missive du roi. (*Bibl. nat.*, ms. fr. 3021, fol. 9.)

4. Chenonceaux.
5. Chenonceaux.
6. Loches.

Lettre du roi à Montmorency. (*Bibl. nat.*, ms. fr. 3021, fol. 16.)

8. Loches.

Amboise et Chambord. Entre le 10 et le 15.

François Ier et Charles-Quint ensemble. (*Chronique du roy Françoys Ier*, p. 278.)

16. Blois.
17. Blois.
19. Notre-Dame de Cléry.

(*Chronique du roy Françoys Ier*, p. 278.)

Id. Orléans.
20. Orléans.

Entrée du roi et de l'empereur. (*Chronique du roy Françoys Ier*, p. 279.)

21. Orléans.

Départ de cette ville, pour prendre, à Artenay, le chemin de Fontainebleau. (*Chronique du roy Françoys Ier*, p. 289.)

25. Fontainebleau.
26. Fontainebleau.
28. Nogent-sur-Seine.
30. Paris.
31. Château de Vincennes.

(*Chronique du roy Françoys Ier*, p. 291.)

1540

JANVIER.

1. Paris.

Entrée du roi et de Charles-Quint. (*Registres du Bureau de la ville de Paris*, t. III, p. 7; *Chronique du roy Françoys Ier*, p. 291 et suiv.)

3. Paris.
4. Paris.
5. Paris.
6. Paris.
7. Paris.
Id. Saint-Denis.

Le roi et l'empereur y couchent. (*Journal*

de Vendenesse, cité par Gachard, *Relation des troubles de Gand sous Charles-Quint*, p. 51.)

8. Chantilly.

(*Journal de Vendenesse, id.*, p. 51.)

10. Chantilly.

(*Chronique du roy Françoys Ier*, p. 318.)

12. Villers-Cotterets.
13. Soissons.

(*Journal de Vendenesse, id.*, p. 51.)

14. Soissons.
Coucy. Sans quantième.
16. La Fère-sur-Oise.
18. La Fère.
19. Saint-Quentin.

Où l'empereur prend congé du roi et de la reine et continue sa route vers les Pays-Bas. (*Journal de Vendenesse, op. cit.*, p. 51.)

20. La Fère-sur-Oise.
21. La Fère.
23. La Fère.
24. La Fère.

(*Rome, Archivio Vaticano, Nunziatura gallica sub Paulo III*, 3e vol., fol. 220.)

25. La Fère.
26. La Fère.
27. La Fère.
28. La Fère.
29. La Fère.
30. Péronne.

Nuit du 30 au 31 janvier. (*Rome, Archivio Vaticano, Nunziatura gallica sub Paulo III*, vol. 3, fol. 243.)

31. Amiens.

FÉVRIER.

1. Amiens.
2. Corbie.

Catalogue et lettre du roi au général de Normandie. (*Bibl. nat.*, ms. fr. 3005, fol. 115.) Le soir du 2, le roi chasse à un château à 2 lieues d'Amiens. (*Archivio Vaticano, Nunziatura gallica sub Paulo III*, vol. 3, fol. 245.)

5. Saint-Fuscien, près Amiens.
6. Saint-Fuscien.
7. Saint-Fuscien.
Id. Amiens.
8. Amiens.
9. Amiens.
10. Amiens.
11. Amiens.

La nuit du 11 au 12, le roi, en chasse, couche dans une abbaye voisine d'Amiens. (*Archivio Vaticano, Nunziatura gallica sub Paulo III*, vol. 3, fol. 249-250.)

13. Doullens.
15. Doullens.
16. Doullens.
Hesdin. Sans quantième.
19. Abbeville.
21. Abbeville.
Id. Hesdin.

Lettre du roi au Parlement. (*Arch. nat.*, X^1a^ 1544, p. 204.)

23. Abbeville.
24. Abbeville.
25. Abbeville.
26. La Fère-sur-Oise.
27. Noyon.
28. Noyon.

Le Conseil.

14. Amiens.
18. Amiens.

MARS.

1. Noyon.
2. Noyon.
3. Noyon.
6. Noyon.

Catalogue et lettre du roi au Parlement. (*Arch. nat.*, X^1a^ 1544, fol. 229.)

7. Noyon.
8. Noyon.
9. Noyon.
10. Noyon.
12. Noyon.
13. Noyon.
14. Noyon.
15. Noyon.
16. Rue.
19. Boulogne.
Étaples. Sans quantième.
24. Noyon.
25. Noyon.

Lettre du roi au Parlement. (*Arch. nat.*, X^1a^ 1544, fol. 270 v°.)

27. Noyon.
28. . . . . — *Pâques.*
29. Noyon.

Le Conseil.

4. Abbeville.
7. Abbeville.

AVRIL.

2. Aumale.
3. Aumale.
Id. « Dernicourt. »
4. Aumale.

(*Catalogue* et *Bibl. nat.*, ms. fr. 3916, fol. 289.)

5. Aumale.
6. Aumale.
8. Écouis (c^on de Fleury-sur-Andelle, Eure).
9. Rouville (c^ne d'Alizay, c^on du Pont-de-l'Arche, Eure).
10. Rouville[1].
Id. Écouis.
Id. Elbeuf.
12. Abbaye de Bonport, près le Pont-de-l'Arche.
14. « Marseille » (*sic*).
15. Rouville.
16. Abbaye de Bonport.
17. Abbaye de Bonport.
18. Abbaye de Bonport.
19. Abbaye de Bonport.
Id. Elbeuf.
Condé en Normandie (Condé-sur-Risle, Eure). Sans quantième.
21. Brionne.
22. Brionne.
24. Abbaye du Bec-Hellouin.

(*Catalogue* et *Bibl. nat.*, ms. fr. 3916, fol. 297.)

25. Le Neubourg.
26. Évreux.
28. Abbaye de Saint-Sauveur, près Évreux.
29. Évreux.

MAI.

1. Évreux.
4. Oulins (c^on d'Anet, Eure-et-Loir).
5. Anet.
6. Anet.

Catalogue et lettre du roi à l'évêque de Rodez. (G. Ribier, *Lettres et mémoires d'Estat*, in-fol., 1666, t. I, p. 526.)

7. Anet.
15. Saint-Germain-en-Laye.

(*Arch. nat.*, KK. 273, fol. 29.)

16. Saint-Germain-en-Laye.
17. Saint-Germain-en-Laye.
19. Limours.
20. Limours.

(*Catalogue* et *Bibl. nat.*, ms. fr. 3916, fol. 302.)

21. Bonnelles.
22. Rochefort [-en-Yvelines] (c^on de Dourdan, Seine-et-Oise).
23. Sainte-Mesme (c^on de Dourdan, Seine-et-Oise).
Beynes. Sans quantième.
27. Fontainebleau.
28. Fontainebleau.
29. Fontainebleau.
31. Fontainebleau.

JUIN.

1. Fontainebleau.
2. Fontainebleau.
3. Fontainebleau.
4. Fontainebleau.
5. Fontainebleau.
6. Fontainebleau.
7. Fontainebleau.
8. Fontainebleau.
11. Fontainebleau.
12. Fontainebleau.
13. Fontainebleau.
14. Fontainebleau.
15. Fontainebleau.

(*Catalogue* et *Bibl. nat.*, ms. fr. 3020, fol. 77).

17. Fontainebleau.
18. Fontainebleau.
19. Fontainebleau.
20. Fontainebleau.
21. Fontainebleau.
23. Melun.

(*Arch. nat.*, KK. 273, 2e partie, fol. 65.)

26. Paris.

Arrivée du roi dans cette ville. (*Archiv. Vaticano, Nunziatura gallica sub Paulo III*, vol. 3, fol. 317.)

28. Paris.
30. Paris.

JUILLET.

1. Paris.
2. Paris.

[1] Voir le n° 24414 du *Catalogue* (t. VII). L'acte mentionné en cet endroit aurait dû être classé au 10 avril 1540 et non au 10 avril 1539.

3. Paris.
4. Paris.
5. Paris.
7. Meudon.
9. Paris.
Limours. Sans quantième.
13. Houdan.
14. Anet.
16. Anet.
17. Anet.
18. Anet.
20. Évreux.
22. Le Neubourg.
23. Le Neubourg.
24. Le Neubourg.
25. Le Bec-Hellouin.
30. Vatteville.

AOÛT.

1. Vatteville.

(*Rome, Archivio Vaticano, Nunziatura gallica sub Paulo III*, vol. 3, fol. 354.)

2. Vatteville.
3. Vatteville.
4. Vatteville.
5. Vatteville.
6. Vatteville.
7. Vatteville.
8. Vatteville.
10. Vatteville.
11. Vatteville.
12. Vatteville.
14. Vatteville.

Lettre du roi au Parlement. (*Arch. nat.*, X[1a] 1544, fol. 601.)

16. Vatteville.
17. Vatteville.
19. La Mailleraye [-sur-Seine] (1).
26. Mauny.
28. Mauny.
29. Mauny.
31. Mauny.

SEPTEMBRE.

1. Mauny.
3. Mauny.
5. Rouen.
6. Rouen.
8. Rouen.
9. Rouen.
10. Rouen.
11. Rouen.
12. Rouen.
15. Louviers.
16. Évreux.
17. Évreux.
21. Anet.
22. Anet.
23. Anet.
24. Anet.
26. Mantes.
27. Mantes.
Id. La Roche-Guyon.

OCTOBRE.

2. Paris.
5. Saint-Germain-en-Laye.
6. Saint-Germain-en-Laye.
7. Saint-Germain-en-Laye.
8. Saint-Germain-en-Laye.
9. Saint-Germain-en-Laye.
10. Saint-Prix.
11. Saint-Prix.
12. Saint-Prix.
14. Saint-Prix.
15. Sannois.
16. Saint-Prix.
17. Saint-Prix.
Id. Sannois-lès-Saint-Prix.
18. Saint-Prix.
20. Maisons-sur-Seine.
24. Saint-Prix.
26. Maisons.
27. Paris.
30. Paris.

N. B. Deux actes de ce mois mentionnés dans le *Catalogue* sont datés de Fontainebleau, sans indication de quantième.

NOVEMBRE.

2. Paris.
3. Paris.
4. Paris.
5. Fontainebleau (*sic*).
6. Paris.
7. Yerres.
8. Paris.
Id. Saint-Germain-en-Laye.
Milly[-en-Gâtinais]. Sans quantième.
11. Fontainebleau.
12. Fontainebleau.
13. Fontainebleau.

(1) Voir le n° 11589 du *Catalogue*. La date de cet acte est le « 19 août 1540 » et non le « 19 juillet »

14. Fontainebleau.
15. Fontainebleau.
16. Fontainebleau.
18. Fontainebleau.
19. Fontainebleau.
22. Fontainebleau.
23. Fontainebleau.
24. Fontainebleau.

Catalogue et lettre missive du roi. (G. Ribier, *Lettres et mémoires d'Estat*, t. I, p. 547.)

25. Fontainebleau.
26. Fontainebleau.
27. Fontainebleau.
28. Fontainebleau.
30. Fontainebleau.

DÉCEMBRE.

2. Fontainebleau.
3. Fontainebleau.
4. Fontainebleau.
6. Fontainebleau.
7. Fontainebleau.
11. Fontainebleau.
12. Fontainebleau.
13. Fontainebleau.
14. Fontainebleau.
15. Fontainebleau.

(*Arch. nat.*, KK. 273, fol. 72 v°.)

16. Fontainebleau.
17. Fontainebleau.
20. Fontainebleau.
21. Fontainebleau.
Id. Nemours.
24. Fontainebleau.
27. Fontainebleau.
28. Fontainebleau.
29. Fontainebleau.
31. Fontainebleau.

1541

JANVIER.

1. Fontainebleau.
4. Fontainebleau.
7. Fontainebleau.
8. Melun.
9. Fontainebleau.
11. Fontainebleau.
12. Fontainebleau.

(*Arch. nat.*, KK. 273, fol. 72.)

13. Fontainebleau.
15. Fontainebleau.
16. Fontainebleau.

(*Arch. nat.*, KK. 273, fol. 80 v°.)

17. Nemours.
18. Fontainebleau.
19. Fontainebleau.
20. Fontainebleau.
24. Fontainebleau.
26. Fontainebleau.
29. Fontainebleau.

(*Arch. nat.*, KK. 273, fol. 85.)

FÉVRIER.

1. Fontainebleau.
Melun. Sans quantième.
3. Fontainebleau.
4. Fontainebleau.
5. Fontainebleau.
6. Fontainebleau.
7. Fontainebleau.
8. Fontainebleau.

Ce jour le roi part de Fontainebleau pour se rendre à Blois. (*Chronique du roy Françoys Ier*, p. 363.)

9. Saint-Mathurin de Larchant.
14. Cléry.
15. Cléry.

(*Arch. nat.*, KK. 273, fol. 83 v°.)

17. Cléry.
21. Chambord.
22. Chambord.
24. Chambord.
26. Villesavin (cne de Vernou, Loir-et-Cher).
27. Blois.
28. Blois.

MARS.

1. Blois.
3. Blois.
4. Blois.
5. Blois.
7. Blois.
8. Blois.

9. Blois.
10. Blois.
12. Blois.
14. Blois.
15. Blois.
16. Blois.
18. Le Logis (château, c^ne de Saint-Bohaire, Loir-et-Cher).
Id. Blois.
19. Blois.

Catalogue et lettre du roi au Parlement. (*Arch. nat.*, X^1a 1546, fol. 254 v°.)

21. Blois.
26. Blois.
Le Tertre. Sans quantième.
Amboise. Sans quantième.

(Plusieurs actes.)

30. Vendôme.
31. Vendôme.

AVRIL.

1. Blois.
2. Vendôme.

(*Arch. nat.*, KK. 273, fol. 52 v°.)

5. Amboise.

(*Bibl. nat.*, ms. fr. 3005, fol. 111.)

7. Amboise.
8. Amboise.
10. Amboise.
11. Amboise.
12. Amboise.
14. Amboise.
15. Amboise.
16. Amboise.

(*Arch. nat.*, KK. 273, 2° partie, fol. 51 v°.)

17. .... — *Pâques.*
18. Amboise.
19. Amboise.
20. Amboise.
24. Chenonceaux.
25. Chenonceaux.
27. Pontlevoy.
30. Pontlevoy.

MAI.

3. Amboise.
4. Amboise.
5. Amboise.
7. Amboise.
8. Amboise.
9. Amboise.

Lettre du roi à M. de Ruffec. (*Bibl. nat.*, ms. fr. 3036, fol. 41.)

13. Le Coudray.
21. Châtellerault.
22. Châtellerault.
23. Châtellerault.
24. Châtellerault.
26. Châtellerault.
27. Châtellerault.
28. Châtellerault.
29. Le Fou (château, c^ne de Vouneuil-sur-Vienne, Vienne).
30. Châtellerault.
31. Châtellerault.

JUIN.

1. Châtellerault.
2. Châtellerault.
4. Dissay.
6. Dissay.

Lettre du roi au Parlement. (*Arch. nat.*, X^1a 1547, fol. 83.)

Id. Châtellerault.
8. Châtellerault.
9. La Berlandière (château, c^ne de Naintré, Vienne).

(*Chronique du roy Françoys Ier*, p. 365-366.)

10. Châtellerault.
11. Châtellerault.
12. Châtellerault.
13. La Berlandière.
14. Châtellerault.

Du 14 au 20, fêtes des fiançailles du duc de Clèves et de la princesse de Navarre. (*Chronique du roy Françoys Ier*, p. 367 et suiv.)

16. Châtellerault.
17. La Berlandière.

Le roi y couche. (*Chronique du roy François Ier*, p. 383.

18. Châtellerault.
19. Châtellerault.
20. Châtellerault.
21. Châtellerault.
24. Chauvigny.
25. Chauvigny.
28. Lussac.
29. Laleu.

JUILLET.

Lussac. Sans quantième.

2. Laleu.
4. Le Vigean.
5. Le Vigean.

(*Arch. nat.*, KK. 273, fol. 68 v°.)

6. Persac.
10. Le Blanc en Berry.
12. Le Bouchet[-en-Brenne].
13. Le Bouchet.
14. Le Bouchet.
16. Châteauroux.
17. Châteauroux.
21. Châtellerault (*sic*).

Il faut sans doute corriger Châteauroux.

Id. Lignières (Cher).

Lettre du roi au Parl. (*Arch. nat.*, X[1a] 1547, fol. 157 v°.)

22. Saint-Amand.
26. La Chaussière (château, c[ne] de Vieure, Allier).
27. La Chaussière.
28. Bourbon [-l'Archambault].
29. Moulins.
30. Moulins.
31. Moulins.

AOÛT.

1. Moulins.
2. Moulins.
3. Moulins.

(*Arch. nat.*, KK. 273, fol. 70 v°.)

4. Moulins.
5. Moulins.
6. Moulins.
7. Moulins.
Id. Le Parc-les-Moulins.
8. Moulins.
10. Chevagnes.
11. Chevagnes.
12. Chevagnes.
15. Bourbon-Lancy.
16. Bourbon-Lancy.
17. Bourbon-Lancy.
18. Bourbon-Lancy.
19. Bourbon-Lancy.
Id. Saint-Nazaire-du-Bourg (prieuré près Bourbon-Lancy).
21. Decize.
22. Decize.
23. Decize.
Id. Chevagnes.
24. Moulins.
25. Chevagnes.
26. Chevagnes.
27. Chevagnes.
28. Chevagnes.
Id. «Breulhes» (s. d. Breuil, château, c[ne] de Lusigny, Allier).
29. Jaligny.
30. Jaligny.
31. Jaligny.

SEPTEMBRE [(1)].

1. Jaligny.
4. Cluny.
5. Cluny.
7. Mâcon.
11. L'Abergement.
13. Saint-Trivier-en-Dombes.
14. Châtillon-en-Bresse.
18. Pont-d'Ain.
19. Pont-d'Ain.
Id. Bourg-en-Bresse.
20. «Saint-Germain en Savoie.»
24. Lyon.
25. Lyon.
27. Lyon.
28. Chazay (c[on] d'Anse, Rhône).

OCTOBRE.

1. Bourg-en-Bresse.
2. Bourg-en-Bresse.
6. Cuisery.
10. Cuisery.
11. Cuisery.
Chalon-sur-Saône. Sans quantième.
13. La Bruyère, près Pagny.
15. Pagny.
16. Pagny.
17. Pagny.
20. Pagny.
22. La Bruyère.
23. Pagny.
24. Pagny.
25. Auxonne.

Première entrée du roi dans cette ville. (*Arch. nat.*, JJ. 256[1], n° 14.)

26. Dijon.
27. Dijon.

(*Arch. nat.*, KK. 273, 2e partie, fol. 63.)

[(1)] Un acte de ce mois mentionné au *Catalogue* (n° 12131) est daté de Cosne, localité qui ne peut cadrer avec l'itinéraire, que ce soit Cosne-sur-Loire (Nièvre), ou Cosne-sur-l'Œil (Allier).

IMPRIMERIE NATIONALE.

28. Dijon.
29. Dijon.
31. Dijon.

NOVEMBRE.

1. Is-sur-Tille.
2. Dijon.
(*Arch. nat.*, KK. 273, 2e partie, fol. 67 v°.)
3. Dijon.
4. Dijon.
(*Arch. nat.*, KK. 273, 2e partie, fol. 48 v°.)
5. Vergy.
6. Vergy.
7. Vergy.
8. Châteauneuf.
10. Villeneuve-en-Auxois.
12. Cravant.
Auxerre. Sans quantième.
Entrée du roi, qui séjourne un jour seulement dans cette ville. (*Chronique du roy Françoys Ier*, p. 384.)
Villeneuve-la-Guyard. Sans quantième.
Le roi passe devant Sens, allant à Fontainebleau. (*Chronique du roy Françoys Ier*, p. 384.)
16. Fontainebleau.
17. Fontainebleau.
18. Fontainebleau.
19. Fontainebleau.
20. Fontainebleau.
21. Fontainebleau.
22. Fontainebleau.
23. Fontainebleau.
24. Fontainebleau.
25. Fontainebleau.
26. Fontainebleau.
27. Fontainebleau.
28. Fontainebleau.
29. Fontainebleau.

DÉCEMBRE.

1. Fontainebleau.
2. Fontainebleau.
3. Fontainebleau.
4. Fontainebleau.
5. Fontainebleau.
6. Fontainebleau.
9. Fontainebleau.
10. Fontainebleau.
11. Fontainebleau.
12. Fontainebleau.
13. Fontainebleau.
14. Fontainebleau.
15. Fontainebleau.
16. Fontainebleau.
18. Fontainebleau.
Id. Échou (auj. Échouboulains, Seine-et-Marne).
19. Échou.
La Grande-Paroisse. Sans quantième.
24. Fontainebleau.
25. Fontainebleau.
26. Fontainebleau.
27. Fontainebleau.
28. Fontainebleau.
30. Fontainebleau.
31. Fontainebleau.

1542

JANVIER.

4. Fontainebleau.
5. Fontainebleau.
6. Fontainebleau.
7. Fontainebleau.
8. Fontainebleau.
11. Fontainebleau.
12. Brie-Comte-Robert.
Yerres. Sans quantième.
17. Paris.
18. Paris.
19. Paris.
20. Paris.
21. Paris.
22. Paris.
23. Paris.
24. Paris.
25. Paris.
26. Paris.
28. Paris.
31. Saint-Germain-en-Laye.

FÉVRIER.

1. Saint-Germain-en-Laye.
2. Saint-Germain-en-Laye.
3. Saint-Germain-en-Laye.
4. Saint-Germain-en-Laye.
6. Saint-Germain-en-Laye.
Id. Beynes.

9. Montfort-l'Amaury.
11. Rambouillet.
13. Dourdan.
Id. Saint-Arnoult-en-Yvelines.
15. Limours.
Id. Rambouillet.
18. Paris.
20. Paris.
21. Paris.
22. Paris.
23. Paris.
24. Paris.
25. Paris.
26. Paris.
27. Meudon.
28. Paris.

MARS.

1. Meudon.
Id. Paris.
2. Paris.
3. Paris.
4. Paris.
5. Bois de Vincennes.
6. Bois de Vincennes.
Conflans (c^ne de Charenton, Seine). Sans quantième.
8. Bois de Vincennes.
9. « Villenouvelle ».

(Peut-être Villelouvette, c^ne d'Egly, Seine-et-Oise, ou mauvaise lecture pour Villemonble.)

11. Bois de Vincennes.
12. Bois de Vincennes.
13. Charonne.
15. Villeneuve-le-Comte.
16. Villeneuve-le-Comte.
18. Villeneuve-le-Comte.
19. Paris.
La Guette en Brie (château, c^ne de Villeneuve-Saint-Denis, Seine-et-Marne). Sans quantième.
22. Chaumes en Brie.
23. Chaumes en Brie.
25. Nangis.
27. Nogent-sur-Seine.
28. Nogent-sur-Seine.
29. Nogent-sur-Seine.
31. Vauluisant.

AVRIL.

1. Vauluisant.
3. Abbaye de Vauluisant.
6. Vauluisant.
7. Vauluisant.
8. Vauluisant.
Id. Villeneuve-l'Archevêque.
9. . . . . . . — *Pâques.*
11. Coulours.
12. Brienon [-l'Archevêque].

Lettre missive du roi. (*Arch. Ernest. de Weimar*, reg. C, p. 236, n° 37.)

Pontigny (Yonne). Sans quantième.
14. Tonnerre.
16. Tonnerre.
17. Tonnerre.
18. Tonnerre.
19. Tonnerre.
20. Tonnerre.
21. Tonnerre.
Vausse, prieuré (c^ne de Châtel-Gérard, Yonne). Sans quantième.
23. Châtel-Gérard.
24. Châtel-Gérard.
25. Châtel-Gérard.
26. Montréal [-en-Auxois].
27. Montréal.
28. Montréal.
30. Montréal.

MAI.

2. Montréal-en-Auxois.
3. Chérisy (anc. Cérisy, c^ne de Montréal).
Id. Montréal (c^on de Guillon, Yonne).
4. Montréal.
5. Montréal.
6. Montréal.
Cisery (« Chizery », c^on de Guillon, Yonne). Sans quantième.
8. Rochefort-sur-Armançon.
Id. Nuits-sous-Ravière.
11. Bar-sur-Seine.
12. Bar-sur-Seine.
14. Montiéramey.
15. Montiéramey.
16. Montiéramey.
17. Montiéramey.
20. Brienne.
21. Brienne.
23. Montiérender.
Id. Éclaron.

Où le roi fait son entrée. (*Arch. nat.*, JJ. 256[1], fol. 69, n° 191.)

24. Éclaron.
26. Saint-Dizier.
Id. Éclaron.
27. Éclaron.
28. Éclaron.
29. Éclaron.
31. Éclaron.

JUIN.

1. Éclaron.
2. Éclaron.

Lettre du roi au Parl. (*Arch. nat.*, X[1a] 1549, fol. 168.)

3. Éclaron.
4. Éclaron.
5. Éclaron.
6. Saint-Dizier-en-Perthois.
9. Épineuseval (Prieuré détruit, sur le territoire de Villiers-aux-Bois, c[on] de Vassy, Haute-Marne).
10. Saint-Dizier.
Id. Éclaron.
11. Éclaron.
12. Éclaron.
15. Joinville.
17. Joinville.
18. Joinville.
19. Joinville.
21. Joinville.
22. Joinville.
23. Joinville.
24. Joinville.
25. Joinville.
26. Joinville.
27. Joinville.
28. Montiers-sur-Saulx.
29. Montiers-sur-Saulx.

JUILLET.

1. Montiers-sur-Saulx.
2. Montiers-sur-Saulx.
3. Montiers-sur-Saulx.

Catalogue et lettre missive du roi. (*Arch. de Marburg*, liasse «France».)

4. Montiers-sur-Saulx.
Id. Abbaye d'Écurey-en-Barrois.
6. Ligny-en-Barrois.
7. Ligny-en-Barrois.
8. Ligny-en-Barrois.
9. Ligny-en-Barrois.
10. Montiers-sur-Saulx.
Id. Ligny-en-Barrois.
11. Ligny-en-Barrois.
13. Gondrecourt.
15. Renay (auj. Reynel, c[on] d'Andelot, Haute-Marne).
16. Mareilles (c[on] d'Andelot, Haute-Marne).

Catalogue et lettre du roi au Parl. (*Arch. nat.*, X[1a] 1549, fol. 291.)

17. Grancey[-le-Château, Côte-d'Or].
19. Saulx-le-Duc.
20. Diénay.
21. Messigny.
22. Messigny.
Vergy. Sans quantième.
25. Argilly.
26. Argilly.
27. Argilly.
29. Argilly.
31. Argilly.

AOÛT.

1. Argilly.
2. Argilly.
3. Argilly.
Bourbon-Lancy. Sans quantième.
6. Mâcon.
8. Trévoux.

Lettre du roi aux habitants de la Rochelle. (*Chronique du roy Françoys Ier*, p. 401.)

9. Lyon.
10. Lyon.
11. Lyon.
12. Lyon.

Lettre du roi au Parl. (*Arch. nat.*, X[1a] 1549, fol. 385 v°.)

14. Saint-Vallier.

Lettre du roi à la Cour des Monnaies. (*Arch. nat.*, Z[1b] 63, fol. 61 v°.)

Valence. Sans quantième.
22. Montpellier.
23. Montpellier.
25. Pézenas.
29. Béziers.
30. Béziers.
31. Béziers.

Le Conseil.

23. Saint-Just-sur-Lyon.
Saint-Irénée-sur-Lyon. Sans quantième.
29. Saint-Just-sur-Lyon.
30. Lyon.
31. Lyon.
Id. Saint-Just-sur-Lyon.

SEPTEMBRE.

2. Béziers.
4. Béziers.
5. Béziers.
10. Sallèles près Narbonne.
14. Sallèles.
15. Sallèles.
16. Sallèles.

20. Sallèles.
23. Sallèles.
24. Sallèles.

(*Arch. nat.*, KK. 273, 3e partie, fol. 60 v°.)

27. Sallèles.
28. Sallèles et Béziers.

(Mis d'Aubais, *Pièces fugitives*, etc., in-4°, t. II, p. 106.)

29. Béziers.

Le Conseil.

2. Lyon et Saint-Just.
5. Saint-Just-sur-Lyon.
6. Saint-Just-sur-Lyon.
7. Saint-Just-sur-Lyon.
11. Lyon.
12. Saint-Just-sur-Lyon.
16. Saint-Just-sur-Lyon.
Saint-Irénée. Sans quantième.
23. Saint-Just-sur-Lyon.
25. Saint-Just-sur-Lyon.

OCTOBRE.

2. Poussan (con de Mèze, Hérault).
3. Montpellier.
4. Montpellier.
6. Montpellier.
9. Montpellier.
10. Montpellier.
12. Montpellier.
13. Montpellier.
17. Montpellier.
18. Frontignan (Hérault).
Villepinte (con de Castelnaudary, Aude). Sans quantième.
23. Carcassonne.
27. Toulouse.
30. Nérac.

Le Conseil.

2. Saint-Just-sur-Lyon.
3. Saint-Just-sur-Lyon.
4. Saint-Just-sur-Lyon.
6. Saint-Just-sur-Lyon.
Lyon. Sans quantième.
17. Colombier (con de la Verpillière, Isère).

NOVEMBRE.

7. Angoulême.
8. Angoulême.
9. Angoulême.
10. Angoulême.
11. Angoulême.
12. Angoulême.
17. Angoulême.
18. Angoulême.
19. Angoulême.
20. Angoulême.
21. Angoulême.
22. Angoulême.
25. La Rochefoucauld.
27. Angoulême.

DÉCEMBRE.

2. Angoulême.
6. Cognac.
7. Cognac.
8. Cognac.
10. Cognac.
11. Cognac.
13. Cognac.
Id. Aulnay (Charente-Inférieure).
Saint-Jean-d'Angély. Sans quantième.
19. Chizé (Deux-Sèvres).
21. Chizé.
22. Chizé.
23. Aulnay.
27. Aulnay.
Id. Chizé.
28. « Agure. » Peut-être Curé, cne de Saint-Georges-du-Bois (Charente-Inférieure).

(*Chronique du roy Françoys Ier*, p. 413.)

29. La Jarrie.

Le roi y couche. (*Chronique du roy Françoys Ier*, p. 413.)

30. La Rochelle.

(*Chronique du roy Françoys Ier*, p. 413-414.)

31. La Rochelle.

(*Chronique du roy Françoys Ier*, p. 413-414.)

1543

JANVIER.

1. La Rochelle.
2. La Rochelle.
3. La Jarrie.

(*Voyage du roy François Ier en sa ville de la Rochelle*, Archives curieuses de l'hist. de France, t. III, p. 35 et suiv.)

11. La Ferrière.
17. Coulombiers (anc. nom de Villandry, con et arr. de Tours).
19. Amboise.
21. Amboise.
25. Chambord.
Id. Saint-Laurent[-des-Eaux].
31. Paris.

FÉVRIER.

2. Paris.
4. Paris.
5. Paris.
6. Paris.
7. Paris.
9. Saint-Germain-en-Laye.
10. Paris.
13. Fontainebleau.
16. Fontainebleau.
17. Fontainebleau.
18. Fontainebleau.
19. Fontainebleau.
21. Fontainebleau.
22. Fontainebleau.
23. Fontainebleau.
24. Fontainebleau.
25. Fontainebleau.
26. Fontainebleau.
28. Fontainebleau.

MARS.

1. Fontainebleau.
2. Fontainebleau.
4. Fontainebleau.
5. Fontainebleau.
6. Fontainebleau.
7. Fontainebleau.
8. Fontainebleau.
10. Fontainebleau.
11. Fontainebleau.
12. Fontainebleau.
13. Fontainebleau.
14. Fontainebleau.
15. Fontainebleau.
16. Fontainebleau.

Lettre missive du roi. (*Arch. de Marburg*, liasse « France ».)

17. Fontainebleau.
18. Fontainebleau.
19. Fontainebleau.
20. Fontainebleau.
22. Fontainebleau.
23. Fontainebleau.
25. . . . . — *Pâques*.
26. Fontainebleau.
27. Fontainebleau.
28. Fontainebleau.
29. Fontainebleau.
30. Fontainebleau.
31. Fontainebleau.

AVRIL.

1. Fontainebleau.
2. Echou (Echouboulains, Seine-et-Marne).

Lettre du roi au Parl. (*Arch. nat.*, X1a 1550, fol. 355 v°.)

4. Chaumes en Brie.
6. Fontenay-en-Brie.
8. Villemomble.
9. Vincennes.
10. Vincennes.
11. Paris.
12. Paris.
13. Paris.
14. Paris.
15. Paris.
16. Paris.
17. Paris.
Id. Meudon.
18. Paris.
Id. Paris.
19. Paris.
20. Paris.
Id. Saint-Germain-en-Laye.
21. Saint-Germain-en-Laye.
22. Saint-Germain-en-Laye.
23. Saint-Germain-en-Laye.
24. Saint-Germain-en-Laye.

25. Saint-Germain-en-Laye.
26. Saint-Germain-en-Laye.
27. Saint-Germain-en-Laye.
28. Saint-Germain-en-Laye.
29. Saint-Germain-en-Laye.
30. Saint-Germain-en-Laye.

MAI.

1. Saint-Germain-en-Laye.
2. Saint-Germain-en-Laye.
3. Saint-Germain-en-Laye.
4. Saint-Germain-en-Laye.
5. Paris.
6. Saint-Germain-en-Laye.
7. Saint-Germain-en-Laye.
8. Saint-Germain-en-Laye.
10. Saint-Germain-en-Laye.
12. Saint-Germain-en-Laye.
13. Saint-Germain-en-Laye.
14. Saint-Germain-en-Laye.
15. Saint-Germain-en-Laye.
16. Saint-Germain-en-Laye.
17. Saint-Germain-en-Laye.
18. Saint-Germain-en-Laye.
19. Saint-Germain-en-Laye.
20. Paris.
21. Meudon.
22. Meudon.
Id. Paris.
23. Paris.
24. Paris.
25. Paris.
26. Paris.
27. Paris.
Id. Aulnay[-lès-Bondy].

Lettre missive du roi. (*Arch. de Marburg*, liasse « France ».)

28. Tremblay (c^on de Gonesse, Seine-et-Oise).
Id. Nanteuil-le-Haudoin.
30. Paris (*sic*).

JUIN.

2. Villers-Cotterets.
3. Villers-Cotterets.
4. Villers-Cotterets.
5. Villers-Cotterets.
6. Villers-Cotterets.
7. Villers-Cotterets.
8. Villers-Cotterets.
10. Villers-Cotterets.
11. Villers-Cotterets.
12. Villers-Cotterets.
18. Le Câtelet (Aisne).

Câteau-Cambrésis. Sans quantième.

(Martin Du Bellay, *Mémoires*, p. 509.)

21. Maroilles en Hainaut.
22. Camp de Maroilles.
23. Camp de Maroilles.
25. Camp de Maroilles.
26. Camp de Maroilles.
29. Camp de Maroilles.
30. Camp de Maroilles.

Catalogue et lettre du roi au Parl. (*Arch. nat.*, X^1a 1551, fol. 228 v°.)

Le Conseil.

4. Paris.
15. Paris.
16. Paris.
17. Paris.
19. Paris.
21. Paris.
22. Paris.
23. Paris.
25. Paris.
28. Paris.
30. Paris.

JUILLET.

1. Camp de Maroilles.
6. Camp de Maroilles.
8. Maroilles en Hainaut.
10. Camp de Maroilles.
11. Camp de Maroilles.
12. Camp de Maroilles.

Lettre de créance du roi. (*Arch. d'État de Marburg*, liasse « France ».)

13. Camp de Maroilles.
15. Camp de Maroilles.
16. Maroilles.
22. Camp de Câtillon en Cambrésis.
24. Camp de Câtillon.
26. Camp de Câtillon.
Guise. Sans quantième.

Fin du mois. (Martin Du Bellay, *Mémoires*, p. 512, 513.)

Le Conseil.

1. Paris.
2. Paris.

(Acte souscrit : *Par le roy, en son conseil estably à Paris.*)

3. Paris.
4. Paris.
5. Paris.
6. Paris.
7. Paris.

12. Paris.
13. Paris.
14. Paris.
16. Paris.
18. Paris.
19. Paris.
20. Paris.
21. Paris.
22. Paris.
23. Paris.
24. Paris.
25. Paris.

AOÛT.

1. La Fère-sur-Oise.
2. La Fère.
3. La Fère.
4. Folembray-lès-Coucy.

Catalogue et lettre missive du roi. (*Bibl. nat.*, ms. fr. 3051, fol. 6.)

5. Folembray.
6. Folembray.
7. Folembray.
8. Folembray.
9. Folembray.
10. Folembray.
11. Folembray.
12. Folembray.
13. Folembray.

Id. Nizy-le-Comte.

14. Nizy-le-Comte.
15. Marchais.
16. Marchais.
17. Marchais.
18. Saint-Marcoul de Corbény.
19. Saint-Marcoul de Corbény.
20. Reims.
23. Avenay près Reims.
24. Avenay.
25. Avenay.
26. Louvois.
27. Louvois.
28. Louvois.

Id. Prunay (c^on de Beine, Marne).

30. Chamery-lès-Reims.

Catalogue et lettres missives de François Ier. (*Arch. de Weimar*, reg. C, p. 236, n° 38; *Archives de Marburg*, liasse « France ».)

31. Reims.

SEPTEMBRE.

1. Chamery en Champagne.
2. Louvois.
3. Reims.
4. Reims.
5. Reims.
8. Vienne-le-Château (Marne).
9. Vienne-le-Château.

Id. Sainte-Menehould.

10. Sainte-Menehould.

Lettre du roi à l'Empereur (Dr Lanz, *Correspondenz des Kaisers Karl V*, t. II, p. 645).

11. Sainte-Menehould.
12. Sainte-Menehould.
13. Sainte-Menehould.
14. Reims.
15. Sainte-Menehould.
16. Sainte-Menehould.
17. Sainte-Menehould.
18. Sainte-Menehould.
19. Sainte-Menehould.
20. Sainte-Menehould.
21. Sainte-Menehould.
22. Sainte-Menehould.
24. Stenay (Meuse).
25. Reims [1].
26. Reims.

Id. Louvois.

27. Reims.
30. Coucy (*sic*).

OCTOBRE.

1. Reims.
2. Reims.
3. La Fère-sur-Oise.

Notre-Dame-de-Liesse. Sans quantième. (*Mémoire de M. Du Bellay*, édit. Michaud et Poujoulat, p. 518.)

Pierrepont [-en-Laonnois]. Sans quantième. (*Mémoire de M. Du Bellay*, p. 518.)

Marle. Sans quantième. (*Mémoires de M. Du Bellay*, p. 518.)

6. Laon.
8. Coucy.
9. Coucy.

[1] Suivant Martin Du Bellay, le 25 septembre, le roi partit de Sainte-Menehould, passant par Stenay, Jametz, Longwy, et arriva en son camp au-dessus de Mont-Saint-Jean. Le lendemain, veille de saint Michel (28), il s'en alla au gîte à Luxembourg, auquel lieu il fit la fête de saint Michel et la cérémonie de l'ordre. (*Mémoires*, édit. Michaud et Poujoulat, p. 518.) Les noms de lieux qui suivent sont donc vraisemblablement des dates d'actes émanés du Conseil.

12. Coucy.
13. Coucy.
Id. Folembray.
14. Folembray.
15. Folembray.
16. Folembray.
18. La Fère-sur-Oise.
19. La Fère.
21. La Fère[1].
22. La Fère.
23. La Fère.
24. La Fère.
25. La Fère.
27. La Fère.
28. «S. Suplain les Cambresis» (Saint-Souplet en Cambresis c^{on} Le Câteau, Nord).
Lettre missive du roi. (*Arch. nat.*, KK. 1117, fol. 74 v°.)
29. «Castres-sous-Oise» (probablement mauvaise lecture pour la Fère-sur-Oise).
31. La Fère-sur-Oise.

NOVEMBRE.

2. *Le roi fait sa retraite sur Guise et se retire à la Fère.*
(M. Du Bellay, *Mémoires*, p. 524, 525.)
4. La Fère-sur-Oise.
8. La Fère.
9. La Fère.
10. La Fère.
11. La Fère.
12. La Fère.
13. La Fère.
14. La Fère.
15. La Fère.
Id. Coucy.
17. Braisne (Aisne).
Lettre missive du roi. (*Arch. d'État de Marburg*, liasse «France».)
19. Coucy.
21. Paris.
22. Paris.
23. Paris.
25. Fontainebleau.
26. Fontainebleau.
28. Fontainebleau.
29. Fontainebleau.
30. Fontainebleau.
Lettre missive du roi. (*Arch. Ernest. de Weimar*, reg. C, p. 236, n° 38.)

DÉCEMBRE.

1. Fontainebleau.
2. Fontainebleau.
3. Fontainebleau.
4. Fontainebleau.
5. Fontainebleau.
6. Fontainebleau.
7. Fontainebleau.
8. Fontainebleau.
9. Fontainebleau.
10. Fontainebleau.
11. Fontainebleau.
Id. Échou (auj. Échouboulains).
12. Fontainebleau.
14. Fontainebleau.
15. Fontainebleau. — *Traité d'alliance, conclu à Édimbourg, avec Marie Stuart, reine d'Écosse.*
17. Fontainebleau.
18. Fontainebleau.
19. Fontainebleau.
20. Fontainebleau.
21. Fontainebleau.
22. Fontainebleau.
25. Fontainebleau.
26. Fontainebleau.
27. Fontainebleau.
29. Fontainebleau.
31. Fontainebleau.

1544

JANVIER.

1. Fontainebleau.
3. Fontainebleau.
4. Fontainebleau.
5. Fontainebleau.
6. Fontainebleau.
7. Fontainebleau.

[1] Après le 20 octobre, dit M. Du Bellay, l'empereur assiégeant Landrecies, le roi se rendit à Saint-Quentin où il resta un jour; le lendemain, il campa à Prémont, gros village hors les bois de Bohain, et le jour suivant, il logea à Saint-Souplet, au-dessus de Saint-Martin-la-Rivière. (*Mémoires*, p. 521.) Il fut aussi à Câteau-Cambrésis, avant la Toussaint. (*Id.*, p. 522.)

IMPRIMERIE NATIONALE.

8. Fontainebleau.
9. Fontainebleau.
11. Nemours.
12. Nemours.
14. Fontainebleau.
17. Fontainebleau.
19. Fontainebleau.
20. Fontainebleau.
21. Fontainebleau.
22. Fontainebleau.
23. Fontainebleau.
26. Fontainebleau.
Id. Brie-Comte-Robert.
27. Brie-Comte-Robert.
29. Yerres.
30. Corbeil.

FÉVRIER.

2. Fontainebleau.
3. Fontainebleau.
5. Fontainebleau.
6. Fontainebleau.
7. Fontainebleau.
10. Fontainebleau.
11. Fontainebleau.
12. Fontainebleau.
13. Fontainebleau.
14. Fontainebleau.
15. Fontainebleau.
18. Fontainebleau.
20. Paris.
21. Paris.
22. Paris.
23. Paris.

Lettre du roi à la ville de Paris. (*Délibérations du Bureau de la ville*, t. III, p. 29.)

24. Paris.
25. Paris.
26. Paris.
27. Paris.
28. Paris.
29. Paris.

MARS.

1. Paris.
2. Paris.
3. Paris.
4. Paris.
5. Paris.
6. Paris.
7. Paris.
8. Paris.
9. Meudon.
10. Paris.
11. Paris.
12. Paris.
13. Saint-Germain-en-Laye.
15. Saint-Germain-en-Laye.
17. Saint-Germain-en-Laye.
18. Saint-Germain-en-Laye.
19. Saint-Germain-en-Laye.
20. Saint-Germain-en-Laye.
22. Beynes.
23. Montfort-l'Amaury.
24. Houdan.
25. Anet.
26. Anet.
27. Anet.
28. Évreux.
30. Évreux.
31. Évreux.

AVRIL.

1. Évreux.
2. Évreux.
3. Évreux.
Id. Abbaye de Bonport.
4. Conches.
5. Conches.
6. Conches.
7. Beaumont-le-Roger.
8. Abbaye du Bec-Hellouin.
9. Abbaye du Bec-Hellouin.
10. Brionne.
11. Abbaye du Bec-Hellouin.
12. Abbaye du Bec-Hellouin.
13. .... — *Pâques.*
14. Abbaye du Bec-Hellouin. — *Bataille de Cérisolles.*
16. Abbaye du Bec-Hellouin.

Catalogue et lettre du roi au Parlement. (*Arch. nat.*, X^{1a} 1552, fol. 411.)

Id. Montfort-sur-Risle.
17. Montfort-sur-Risle.
18. Montfort-sur-Risle.
19. Pont-Audemer.
20. Pont-Audemer.
Id. Grestain (c^ne^ de Fatouville-Grestain, Eure).
21. Honfleur.
23. Vatteville.
26. Mauny.
28. Rouen.
29. Rouen.
30. Rouen.
Id. Abbaye de Bonport.

MAI.

Abbaye de Bonport. Sans quantième.

2. Gaillon.
Id. Vernon.
3. Heubécourt (c^ne^ d'Écos, Eure).
5. Mantes.
6. Mantes.
Id. La Roche-Guyon.
7. Saint-Germain-en-Laye.
8. Saint-Germain-en-Laye.
9. Saint-Germain-en-Laye.
10. Saint-Germain-en-Laye.
11. Saint-Germain-en-Laye.
13. Saint-Germain-en-Laye.
Id. Paris.
14. Saint-Germain-en-Laye.
15. Saint-Germain-en-Laye.
16. Saint-Germain-en-Laye.
17. Saint-Germain-en-Laye.
18. Saint-Germain-en-Laye.
19. Saint-Germain-en-Laye.
Id. Paris.
Id. Meudon.
20. Meudon.
21. Meudon.
22. Saint-Germain-en-Laye.
23. Saint-Germain-en-Laye.
24. Paris.
Id. Saint-Germain-en-Laye.

Lettre du roi au Parlement. (*Arch. nat.*, X^1a^ 1553, fol. 86.)

26. Saint-Germain-en-Laye.
27. Saint-Germain-en-Laye.
28. Paris.
29. Paris.
30. Paris.
31. Paris.

JUIN.

1. Paris.
2. Paris.
3. Paris.
4. Paris.
5. Paris.
6. Paris.
7. Paris.
8. Paris.

Lettres missives du roi. (*Arch. nat.*, X^1a^ 1553, fol. 140, et Champollion-Figeac, *Doc. hist. extraits des coll. manuscrites de la Bibl. nat.*, t. IV, p. 394.)

9. Paris.
10. Paris.
Id. Saint-Maur-les-Fossés.
11. Paris.
12. Paris.
13. Paris.
14. Paris.
15. Paris.
16. Villeneuve-le-Comte.
17. Paris.
18. Paris.
19. Chaumes en Brie.
20. Paris.
21. Paris.
22. Fontainebleau.

Lettre du roi à Mlle de Villandry. (*Bibl. nat.*, ms. fr. 3091, fol. 2.)

23. Paris.
24. Paris.
25. Paris.
Villemomble. Sans quantième.
27. Paris.
29. Paris.
30. Paris.

JUILLET.

1. Paris.
Id. Yerres.
2. Yerres.
Id. Paris.
3. Paris.
4. Paris.
6. Paris.
7. Saint-Maur-les-Fossés.
9. Paris.
10. Saint-Maur-les-Fossés.
11. Saint-Maur-les-Fossés.
12. Saint-Maur-les-Fossés.
14. Saint-Maur-les-Fossés.
15. Charentonneau.
Id. Saint-Maur-les-Fossés.
16. Saint-Maur-les-Fossés.
17. Saint-Maur-les-Fossés.
18. Saint-Maur-les-Fossés.
19. Saint-Maur-les-Fossés.
20. Paris.
Id. Saint-Maur-les-Fossés.

Lettre du roi au cardinal de Meudon. (*Délibérations du Bureau de la ville de Paris*, t. III, p. 35.)

21. Saint-Maur-les-Fossés.
22. Saint-Maur-les-Fossés.
23. Paris.
Id. Saint-Maur-les-Fossés.
24. Saint-Maur-les-Fossés.
26. Yerres.
28. Yerres.
Id. Paris.
29. Saint-Maur-les-Fossés.
30. Saint-Maur-les-Fossés.
Id. Paris.
Id. Saint-Prix.

31. Saint-Prix.
Id. Boulogne-lès-Paris.
Id. Saint-Cloud.

AOÛT.

1. Paris.
2. Saint-Prix.
3. Paris.
4. Presles près Beaumont [-sur-Oise].
6. Nanteuil-le-Haudoin.
7. Nanteuil-le-Haudoin.
8. Villers-Cotterets.
9. Villers-Cotterets.
10. Villers-Cotterets.
11. Villers-Cotterets.
12. Villers-Cotterets.
13. Villers-Cotterets.
14. Villers-Cotterets.
16. Villers-Cotterets.
17. Villers-Cotterets. — *Prise de Saint-Dizier par l'empereur.*
18. Villers-Cotterets.
20. Villers-Cotterets.
21. Villers-Cotterets.
Id. Passy-en-Valois.
22. Coincy-l'Abbaye.
24. Coincy-l'Abbaye.
Reims. Sans quantième.
29. Courtagnon (c^om^ de Châtillon-sur-Marne, Marne).

SEPTEMBRE.

2. Étoges (c^on^ de Montmort, Marne).
4. Saudoy (c^on^ de Sézanne, Marne).

Lettre du roi au cardinal de Meudon. (*Délibérations du Bureau de la ville de Paris*, t. III, p. 41.)

6. Épernay.
7. « Le Boc » (*sic*).
10. Paris.

Le roi reçoit au Louvre une députation du Parlement. (*Arch. nat.*, X^1a^ 1553, fol. 487.)

11. Paris.
14. Paris.
15. Paris.
17. Paris.
18. .... — *Traité de Crépy.*
19. Meudon.
21. Paris.

Lettre du roi au Parlement. (*Arch. nat.*, X^1a^ 1553, fol. 493.)

23. Amiens.
25. Folleville.

Lettre missive du roi. (Dusevel, *Lettres sur le département de la Somme*, p. 394.)

26. Saint-Fuscien.
27. Amiens.
28. Amiens.
29. Amiens.
30. Amiens.

OCTOBRE.

1. Amiens.
2. Amiens.
3. Amiens.
4. Amiens.
5. Amiens.
6. Amiens.
7. Saint-Fuscien-lès-Amiens.
8. Saint-Fuscien.
10. Saint-Fuscien.

Lettres du roi au Parlement et au Prévôt des marchands. (*Arch. nat.*, X^1a^ 1553, fol. 545 v°, et *Délibérations du Bureau de la ville de Paris*, t. III, p. 43.)

11. Saint-Fuscien.
14. Gamaches.
16. Arques.
17. Arques.
20. Dieppe.
23. Rouen.
24. Rouen.
25. Vernon-sur-Seine.
26. Vernon.
Id. Mantes.
28. Saint-Germain-en-Laye.
30. Saint-Germain-en-Laye.
31. Saint-Germain-en-Laye.

NOVEMBRE.

1. Saint-Germain-en-Laye.
2. Saint-Germain-en-Laye.
3. Saint-Germain-en-Laye.

Catalogue et lettre du roi au Parlement. (*Arch. nat.*, X^1a^ 1553, fol. 591.)

4. Saint-Germain-en-Laye.
5. Beynes.
6. Beynes.
7. Beynes.
8. Fresnes.
9. Fresnes.
Id. Saint-Germain-en-Laye.
10. Saint-Germain-en-Laye.
11. Saint-Germain-en-Laye.

12. Saint-Germain-en-Laye.
14. Saint-Germain-en-Laye.
16. Saint-Germain-en-Laye.
17. Saint-Germain-en-Laye.
18. Poissy.
Id. Saint-Germain-en-Laye.
19. Saint-Germain-en-Laye.
20. Saint-Germain-en-Laye.
21. Paris.
23. Meudon.
24. Meudon.
Id. Paris.
25. Paris.
27. Paris.
29. Corbeil.
30. Melun.

DÉCEMBRE.

2. Fontainebleau.
3. Fontainebleau.
4. Fontainebleau.
5. Fontainebleau.
6. Fontainebleau.
8. Challeau (c^ne de Dormelles, Seine-et-Marne).
10. Nanteau.
Id. Fontainebleau.
11. Fontainebleau.
12. Fontainebleau.
13. Fontainebleau.
14. Fontainebleau.
15. Fontainebleau.
16. Fontainebleau.
17. Fontainebleau.
18. Fontainebleau.
19. Fontainebleau.
20. Fontainebleau.
22. Fontainebleau.
23. Fontainebleau.
24. Fontainebleau.
26. Fontainebleau.
28. Fontainebleau.
29. Fontainebleau.

1545

JANVIER.

1. Fontainebleau.
2. Fontainebleau.
3. Fontainebleau.
4. Fontainebleau.
5. Fontainebleau.
6. Fontainebleau.
7. Fontainebleau.

Catalogue et lettre du roi au Parlement. (*Arch. nat.*, X^1a 1554, fol. 174.)

8. Fontainebleau.
9. Fontainebleau.
12. Fontainebleau.
13. Fontainebleau.
15. Fontainebleau.
16. Fontainebleau.
17. Fontainebleau.
18. Fontainebleau.
19. Fontainebleau.
20. Fontainebleau.
21. Fontainebleau.
22. Fontainebleau.
23. Fontainebleau.
25. Fontainebleau.
27. Fontainebleau.
30. Fontainebleau.

FÉVRIER.

1. Fontainebleau.
2. Fontainebleau.
3. Fontainebleau.
4. Fontainebleau.
5. Fontainebleau.
7. Ferrières.
Id. Montargis.
11. Montargis.
12. Montargis.
17. Orléans.
18. Cléry.
19. Cléry.
21. Saint-Laurent-des-Eaux.
22. Chambord.

Lettre du roi au Prévôt de Paris. (*Délibérations du Bureau de la ville de Paris*, t. III, p. 49.)

23. Chambord.
25. Chambord.
26. Chambord.
27. Chambord.

MARS.

2. Chambord.

3. Chambord.
4. Chambord.
5. Chambord.
6. Chambord.
8. Chambord.
10. Chambord.
11. Montfraut.
13. Chambord.
14. Chambord.
15. Blois.
16. Blois.
17. Blois.
18. Blois.
19. Blois.
20. Blois.
21. Blois.
22. Amboise.
23. Amboise.

Lettre du roi à Mlle de Villandry. (*Bibl. nat.*, ms. fr. 3091, fol. 1.)

25. Amboise.
27. Amboise.
28. Amboise.
31. La Bourdaisière.

AVRIL.

1. La Bourdaisière.
2. La Bourdaisière.
4. Le Plessis-lès-Tours.
5. .... — *Pâques.*
7. Tours.
8. Tours.
12. Amboise.
13. Chenonceaux.
14. Chenonceaux.
16. Aiguesvives.

Lettre missive du roi au Parlement de Paris. (*Arch. nat.*, X1a 1555, fol. 16.)

18. Romorantin.
20. Romorantin.
22. Blois.
23. Blois.
Id. Romorantin.
24. Romorantin.
25. Romorantin.
26. Romorantin.
27. Romorantin.
28. Romorantin.

Deux missives du roi au Parlement. (*Arch. nat.*, X1a 1555, fol. 44 v°.)

29. Romorantin.
30. Romorantin.

MAI.

1. Romorantin.
4. Blois.
5. Blois.
6. Blois.
7. Blois.
8. Blois.
9. Bury.
12. Bury.
Id. Morée.
14. Pezou.
18. Morée.
19. Morée.
21. Cloyes.
22. Châteaudun.
23. Châteaudun.
26. Bonneval.
27. Villebon (dîner);
Chuisnes (souper);
Pontgouin (coucher).

La reine y demeure quinze jours souffrante et va retrouver le roi à Argentan. (*Arch. d'Eure-et-Loir*, E. 2304, registre.)

28. Pontgouin.
29. Longny au Perche.
30. Longny.

Missive du roi au Parlement. (*Arch. nat.*, X1a 1555, fol. 176 v°.)

JUIN.

1. Mortagne [-sur-Huine].
Essai (con du Mesle-sur-Sarthe, Orne). Sans quantième.
Séez. Sans quantième.
4. Argentan.
5. Argentan.
6. Argentan.
7. Argentan.

Lettre du roi à M. de La Guiche. (*Bibl. nat.*, ms. fr. 3046, fol. 5.)

8. Argentan.
9. Argentan.
10. Argentan.
11. Argentan.
12. Argentan.
14. Argentan.
15. Argentan.
16. Falaise.
20. Falaise.
21. Barbery (con de Bretteville, Calvados).
23. Abbaye de Troarn.
24. Abbaye de Troarn.
26. Abbaye de Troarn.
27. Touques.
28. Touques.
29. Touques.
30. Touques.

JUILLET.

1. Touques.
3. Touques.
4. Touques.
5. Touques.

Lettre du roi au prévôt des marchands. (*Délibérations du Bureau de la ville de Paris*, t. III, p. 58.) Autre au Parlement de Paris. (*Arch. nat.*, X[1a] 1555, fol. 332.)

6. Chef-de-Caux.

Départ de l'armée navale pour l'île de Wight. (M. Du Bellay, *Mémoires*, p. 553.)

10. Harfleur.
11. Harfleur.
12. Harfleur.
13. Harfleur.
14. Harfleur.
15. Harfleur.
17. Harfleur.
20. Vatteville.
22. Vatteville.
23. Vatteville.
25. Vatteville.
27. Vatteville.
31. Jumièges.

AOÛT.

1. Jumièges.
2. Jumièges.
3. Jumièges.
5. Jumièges.
8. Saint-Wandrille.
10. Bacqueville.
12. Arques.
13. Arques.
17. Arques.
18. Arques.
20. Longueville.
21. Saint-Saens.
23. Aumale.
24. Aumale.
26. Sénarpont.
27. Sénarpont.
29. Sénarpont.
31. Pont-Rémy (c[on] d'Ailly-le-Haut-Clocher, Somme).

SEPTEMBRE.

1. Pont-Rémy.

Id. « Saint-Fulcrand. » (Peut-être Saint-Vulfran, à Abbeville.)

3. Forestmontiers.
4. Forestmontiers.
7. Forestmontiers.
9. ..... — *Mort de Charles de France, duc d'Orléans, fils du roi.*
11. Abbaye du Gard (c[ne] de Crouy, Somme).
15. Abbaye du Gard.
18. Picquigny.
20. Picquigny.

Id. Amiens.

21. Saint-Fuscien (abbaye).
22. Amiens.
23. Lihons [-en-Santerre].
25. Saint-Fuscien.
26. Saint-Fuscien.
27. Saint-Fuscien.
29. Saint-Fuscien.

Id. Amiens.

30. Amiens.

Id. Saint-Fuscien.

OCTOBRE.

3. Corbie.
4. Corbie.
6. Lihons [-en-Santerre].
9. La Fère-sur-Oise.
10. La Fère.
11. La Fère.
12. La Fère.
13. La Fère.
15. Folembray.
16. Marchais.
18. Laon.
20. Folembray.
25. Folembray.

Catalogue et lettre missive du roi. (*Arch. d'État de Marburg*, liasse « France ».)

26. Folembray.
28. Folembray.
29. Folembray.
30. Folembray.
31. Folembray.

Instructions signées de la main du roi. (*Bibl. nat.*, ms. fr. 3916, fol 320.)

NOVEMBRE.

5. Folembray.
7. Folembray.
9. Folembray.
12. Compiègne.
13. Compiègne.
16. Compiègne.
18. Compiègne.

23. Compiègne.
24. Compiègne.
26. Compiègne.
30. Compiègne.

DÉCEMBRE.

4. Villers-Cotterets.
6. Villers-Cotterets.
7. Villers-Cotterets.
9. Villers-Cotterets.
10. Villers-Cotterets.
11. Villers-Cotterets.
12. Villers-Cotterets.
13. Villers-Cotterets.
14. Villers-Cotterets.
15. Villers-Cotterets.

Catalogue et lettre missive du roi. (*Arch. d'État de Marburg*, liasse «France».)

16. Villers-Cotterets.
17. Villers-Cotterets.
Id. Nanteuil [-le-Haudouin].
22. Villemomble.
25. Paris.
26. Paris.
27. Paris.
28. Paris.
30. Paris.

1546

JANVIER.

2. Paris.
4. Paris.

Lettre du roi à M. de La Guiche. (*Bibl. nat.*, ms. fr. 3089, fol. 2.)

Id. Saint-Germain-en-Laye.
5. Paris.
6. Paris.
Id. Boulogne-lès-Paris. Sans quantième.
9. Saint-Germain-en-Laye.

Lettre missive du roi. (*Arch. Ernest. de Weimar*, reg. H, fol. 263, fol. 266, n° 206.)

10. Saint-Germain-en-Laye.
11. Saint-Germain-en-Laye.
12. Saint-Germain-en-Laye.
14. Saint-Germain-en-Laye.
15. Saint-Germain-en-Laye.
16. Saint-Germain-en-Laye.
17. Saint-Germain-en-Laye.
20. Saint-Germain-en-Laye.
21. Saint-Germain-en-Laye.
22. Saint-Germain-en-Laye.
23. Saint-Germain-en-Laye.
24. Saint-Germain-en-Laye.
26. Saint-Germain-en-Laye.
27. Saint-Germain-en-Laye.
28. Saint-Germain-en-Laye.
29. Paris.
30. Saint-Germain-en-Laye.
31. Saint-Germain-en-Laye.

FÉVRIER.

1. Saint-Germain-en-Laye.
2. Saint-Germain-en-Laye.
3. Saint-Germain-en-Laye.
4. Saint-Germain-en-Laye.
5. Saint-Germain-en-Laye.
6. Paris.
8. Paris.
12. Fresnes.
Id. La Roche-Guyon.
14. Leuville [1].
15. Heubécourt.
17. Leuville.
18. Heubécourt.
19. Vernon.
20. Paris.
21. Paris.
Id. Saint-Germain-en-Laye.
22. Paris.
23. Paris.
Id. Garennes. (Sans doute Varennes-sur-l'Yerres.)
25. Paris.
27. Paris.
Id. Beynes.
28. Saint-Germain-en-Laye.

MARS.

1. Saint-Germain-en-Laye.
2. Saint-Germain-en-Laye.

[1] Leuville près Montléry était la résidence du chancelier Ollivier. Des actes datés de ce lieu, alors que François Ier s'acheminait dans la direction de Vernon (Eure), méritent d'être signalés particulièrement.

3. Paris.
Id. Saint-Germain-en-Laye.
4. Saint-Germain-en-Laye.
5. Saint-Germain-en-Laye.
6. Saint-Germain-en-Laye.

Lettre missive du Roi. (Champollion-Figeac, *Doc. hist. extraits des coll. manuscrites de la Bibl. nat.*, t. III, p. 604.)

Id. Paris.
7. Meudon.
8. Paris.
9. Paris.
10. Paris.
11. Paris.
13. Montfort-l'Amaury.
Id. Rambouillet.
15. Rambouillet.
Id. Saint-Arnoult [-en-Yvelines].

Lettre du Roi à M. d'Izernay. (*Bibl. nat.*, ms. fr. 3061, fol. 161.)

16. Saint-Arnoult-en-Yvelines.
17. Saint-Arnoult-en-Yvelines.
18. Limours.
19. Limours.
20. Limours.
21. Chanteloup (c^ne de Saint-Germain-lès-Arpajon, Seine-et-Oise).
22. Yerres.
23. Yerres.
25. Brie-Comte-Robert.

Catalogue et lettre missive du Roi au prévôt des marchands. (*Délibérations du Bureau de la ville de Paris*, t. III, p. 63.)

26. Brie-Comte-Robert.
27. Fontainebleau.
28. Fontainebleau.
29. Fontainebleau.
30. Fontainebleau.
31. Fontainebleau.

AVRIL.

1. Fontainebleau.
2. Fontainebleau.
3. Fontainebleau.
4. Fontainebleau.
5. Fontainebleau.
6. Fontainebleau.
7. Fontainebleau.
8. Fontainebleau.
9. Fontainebleau.
Id. Challeau.
10. Challeau.
11. Challeau.
12. Challeau.
13. Nemours.

Catalogue et lettre missive du Roi. (*Arch. d'État de Marburg*, liasse «France».)

14. Ferrières.
15. Ferrières.
16. Montargis.
17. Montargis.
18. Montargis.
19. Montargis.
20. Montargis.
Id. Ferrières.
21. Ferrières.
24. Ferrières.
25. ..... — *Pâques.*
Villemaréchal (c^on de Lorrez-le-Bocage, Seine-et-Marne). Sans quantième.
29. Fontainebleau.
30. Fontainebleau.

MAI.

1. Fontainebleau.
2. Fontainebleau.
3. Fontainebleau.
5. Fontainebleau.
7. Fontainebleau.
8. Fontainebleau.
9. Fontainebleau.
10. Fontainebleau.
15. Fontainebleau.
16. Fontainebleau.
18. Fontainebleau.
19. Fontainebleau.
Échou (Échouboulains). Sans quantième.
28. Beaulieu (château, c^ne de Pécy, Seine-et-Marne).
29. Le Vivier-en-Brie (c^ne de Fontenay-Trésigny, Seine-et-Marne).
Id. Fontenay.

Lettre missive du Roi au Parlement. (*Arch. nat.*, X^1a 1558, fol. 141.)

JUIN.

1. Fontenay [-Trésigny].
2. Fontaines-en-Brie.
La Guette. Sans quantième.
Chaumes en Brie. Sans quantième.
5. Villeneuve-le-Comte.
6. Villeneuve-le-Comte.
7. ..... — *Traité d'Ardres avec Henri VIII.*
8. Villeneuve-le-Comte.
13. Paris.
14. Paris.

IMPRIMERIE NATIONALE.

15. Paris.
16. Paris.
17. Corbeil.
18. Leuville.
20. Melun.
22. Barbeaux (anc. abbaye, c^{ne} de Fontaine-le-Port, Seine-et-Marne).

Instructions signées de la main de François Ier. (*Bibl. nat.*, ms. fr. 3916, fol. 386.)

23. Abbaye de Barbeaux.
24. Abbaye de Barbeaux.

Lettre du Roi au prévôt des marchands. (*Délibérations du Bureau de la ville de Paris*, t. III, p. 64.)

26. Fontainebleau.
27. Fontainebleau.
28. Fontainebleau.
29. Fontainebleau.
30. Fontainebleau.

JUILLET.

1. Fontainebleau.
2. Fontainebleau.
3. Fontainebleau.
4. Fontainebleau.
5. Fontainebleau.
6. Fontainebleau.
7. Fontainebleau.
8. Fontainebleau.
9. Fontainebleau.
10. Fontainebleau.
11. Challeau.
12. Challeau.
15. Fontainebleau.
16. Fontainebleau.
17. Fontainebleau.
18. Fontainebleau.
20. Milly-en-Gâtinais.
21. Milly-en-Gâtinais.

Catalogue et lettre missive du Roi. (*Arch. d'Ille-et-Vilaine*, 2H2/17.)

22. Courances (c^{on} de Milly, Seine-et-Oise).
23. Courances.
24. Le Coudray [-sur-Seine], ou le Coudray-Montceaux (c^{on} de Corbeil, Seine-et-Oise).
Corbeil. Sans quantième.
28. Yerres.
29. Savigny-le-Temple.
30. Melun.
31. Melun.
Id. Fontainebleau.

AOÛT.

1. Fontainebleau.
2. Fontainebleau.
3. Fontainebleau.
4. Fontainebleau.
5. Paris.

Lettre du Roi au Parlement. (*Arch. nat.*, X^{1a} 1558, fol. 432 v°.)

6. Pithiviers.
9. La Cour-Dieu (château, c^{ne} d'Ingrannes, Loiret).
14. Sancerre.
15. Sancerre.
16. Sancerre.
Nevers. Sans quantième.
19. Moulins.
20. Moulins.
21. Moulins.
23. Moulins.
26. Chevagnes.
28. Chevagnes.
31. Paray-le-Monial.

SEPTEMBRE.

Châtillon (s. d. Châtillon-sur-Chalaronne, Ain). Sans quantième.
6. L'Abergement.
7. L'Abergement.
8. Bourg-en-Bresse.
10. Cuisery.
11. Cuisery.
13. Cuisery.
Loisy (c^{on} de Cuisery, Saône-et-Loire). Sans quantième.
15. Sennecey.
16. Chalon-sur-Saône.
17. Verdun [-sur-Saône].
Seurre. Sans quantième.

(M. Du Bellay, *Mémoires*, p. 567.)

21. Argilly.
24. Argilly.
25. Argilly.
26. Argilly.
28. Argilly.
Rouvres. Sans quantième.
29. Cîteaux.

(Charrière, *Négociations de la France dans le Levant*, t. I, p. 626.)

30. Cîteaux.

OCTOBRE.

1. Rouvres.
3. Rouvres-lès-Dijon.
5. Fontaines-lès-Dijon.
6. Messigny.
7. Messigny.
8. Is-sur-Tille.
9. Is-sur-Tille.
11. Diénay.
14. Prauthoy (Haute-Marne).

(*Catalogue*, *Add.*, n° 15395 *ter.*)

15. Langres.
Id. Luzy (c^on^ de Chaumont, Haute-Marne).
16. Luzy.

Lettre du Roi à M. d'Humyères. (*Bibl. nat.*, ms. fr. 3008, fol. 193.)

Chaumont-en-Bassigny. Sans quantième.

(M. Du Bellay, *Mémoires*, p. 567.)

21. Ligny-en-Barrois.
22. Ligny-en-Barrois.
23. Bar-le-Duc.
Saint-Dizier. Sans quantième.

(M. Du Bellay, *Mémoires*, p. 567.)

Roches-sur-Marne (ou sur-Rognon). Sans quantième.
26. Aulnois-en-Perthois (Meuse).
28. Joinville.
29. Thonnance-lès-Joinville.
30. Thonnance.
31. Thonnance.
Id. Joinville.

(Charrière, *Négociations de la France dans le Levant*, t. I, p. 626.)

NOVEMBRE.

1. Joinville.
2. Joinville.
3. «Urville». (Eurville, c^on^ de Chevillon, Haute-Marne.)
4. Ancerville (Meuse).
Vitry-le-François. Sans quantième.

(M. Du Bellay, *Mémoires*, p. 567.)

9. Sainte-Menehould.
Villefranche-sur-Meuse (c^ne^ de Saulmory, Meuse). Sans quantième.

(M. Du Bellay, *Mémoires*, p. 567.)

Mouzon. Sans quantième.

(M. Du Bellay, *Mémoires*, p. 567.)

Sedan. Sans quantième.

(M. Du Bellay, *Mémoires*, p. 567.)

Mézières. Sans quantième.

(M. Du Bellay, *Mémoires*, p. 567.)

Maubert-Fontaine (c^on^ de Rocroy, Ardennes). Sans quantième.

(M. Du Bellay, *Mémoires*, p. 567.)

Montcornet en Ardenne (c^on^ de Renwez, Ardennes). Sans quantième.

(M. Du Bellay, *Mémoires*, p. 567.)

15. Remilly (Remilly-lès-Pothées, Ardennes). Notre-Dame-de-Liesse. Sans quantième.

(M. Du Bellay, *Mémoires*, p. 567.)

17. Marchais.
18. Marchais.
19. Coucy.
23. Folembray.

Catalogue, Du Bellay, *Mémoires*, p. 567, et lettre du Roi à M. d'Humyères. (*Bibl. nat.*, ms. fr. 3008, fol. 197.)

25. Folembray.
26. Folembray.
27. Folembray.
30. Folembray.

DÉCEMBRE.

5. Folembray.
8. Folembray.
Le Pavillon près Coucy. Sans quantième.
Prémontré (c^on^ de Coucy, Aisne). Sans quantième.
12. Compiègne.
14. Compiègne.
15. Compiègne.
16. Compiègne.
17. Compiègne.
19. Compiègne.
22. Compiègne.
23. Compiègne.
24. Compiègne.
25. Compiègne.
27. Compiègne.
28. Compiègne.

(Charrière, *Négociations de la France dans le Levant*, t. I, p. 632, 634.)

29. Compiègne.
30. Compiègne.
31. Compiègne.

1547

JANVIER.

1. Compiègne.
2. Pierrefonds.
Id. Villers-Cotterets.
5. Villers-Cotterets.
6. Villers-Cotterets.

(Charrière, *Négociations de la France dans le Levant*, t. I, p. 640.)

8. Villers-Cotterets.
11. Villers-Cotterets.
13. Villers-Cotterets.

Lettre missive du Roi. (*Arch. d'État de Marburg*, liasse «France».)

16. Villers-Cotterets.
19. Villers-Cotterets.
20. Villers-Cotterets.
21. Villers-Cotterets.
22. Villers-Cotterets.
23. Villers-Cotterets.
25. Villers-Cotterets.
28. Nanteuil [-le-Haudoin].
29. Saint-Germain-en-Laye.
31. Saint-Germain-en-Laye.

FÉVRIER.

1. Saint-Germain-en-Laye.
2. Saint-Germain-en-Laye.
3. Saint-Germain-en-Laye.
4. Saint-Germain-en-Laye.
5. Saint-Germain-en-Laye.
6. Saint-Germain-en-Laye.
7. Saint-Germain-en-Laye.
8. Saint-Germain-en-Laye.
9. Saint-Germain-en-Laye.
10. Saint-Germain-en-Laye.
12. Saint-Germain-en-Laye.

Lettre du Roi au prévôt des marchands. (*Délibérations du Bureau de la ville de Paris*, t. III, p. 70.)

13. Saint-Germain-en-Laye.

Catalogue et lettre missive du Roi. (*Bibl. nat.*, ms. fr. 3036, fol. 38.)

15. La Muette-lès-Saint-Germain.
16. La Muette-lès-Saint-Germain.
Id. Saint-Germain-en-Laye.
17. Saint-Germain-en-Laye.
Id. La Muette-lès-Saint-Germain.

Partant de la Muette, le Roi se rend à Villepreux, Dampierre-lès-Chevreuse et Limours. (M. Du Bellay, *Mémoires*, p. 567.)

18. Villepreux (c^on^ de Marly-le-Roi, Seine-et-Oise).

Lettre missive de François Ier. (G. Ribier, *Lettres et mémoires d'Estat*, t. I, p. 617.)

19. Limours.
20. Limours.
21. Limours.
22. Limours.
Leuville. Sans quantième.
25. Rochefort près Rambouillet.
26. Rochefort.
27. Rochefort.
Id. Rambouillet.
28. Rambouillet.
Id. Meudon.

Lettre missive du Roi à M. de La Rochepot. (*Bibl. nat.*, ms. fr. 3089, fol. 1.)

MARS.

1. Rambouillet.
2. Rambouillet.
3. Rambouillet.
4. Rambouillet.
5. Rambouillet.
6. Rambouillet.
7. Rambouillet.
8. Rambouillet.
9. Rambouillet.
10. Rambouillet.
11. .... — *Traité de Londres.*
12. Rambouillet.
13. Rambouillet.

Lettre du Roi à son ambassadeur à Rome. (G. Ribier, *Lettres et mémoires d'Estat*, t. I, p. 623.)

14. Rambouillet.
15. Rambouillet.
16. Rambouillet.
17. Rambouillet.
18. Rambouillet.
19. Rambouillet.
21. Rambouillet.

Lettre du Roi à M. de Bassefontaine. (G. Ribier. *Lettres et mémoires d'Estat*, t. I, p. 630.)

23. Rambouillet.

24. Rambouillet.

Catalogue et lettre missive du Roi au Parlement de Paris. (*Arch. nat.*, X[1a] 1559, fol. 341.)

25. Rambouillet.

26. Rambouillet.
27. Rambouillet.
28. Rambouillet.
29. Rambouillet.
31. Rambouillet. — *Mort de François Ier.*

ITINÉRAIRE.

ADDITIONS ET CORRECTIONS.

Les recherches faites, au cours de l'impression du présent volume, pour compléter le *Catalogue*, ont amené la découverte de plus de mille actes nouveaux, dont les analyses fournissent la matière d'un *Troisième Supplément* (ci-après, p. 568 et suiv.), et dont les dates viennent enrichir l'Itinéraire de la chancellerie royale. Dans la liste chronologique qui suit, nous avons joint à ces éléments additionnels les séjours indiqués dans plusieurs ouvrages récents consacrés au règne de François Ier, et les rectifications que des critiques bienveillantes nous ont suggérées ou que nos propres vérifications nous ont permis de faire.

1515

25 mars. Paris.

29 avril. Montereau-faut-Yonne.

Lettre du Roi. (M. de Boislisle, *Les Premiers Présidents de la Chambre des comptes*, p. 8.)

2 juin. Blois.

29 juin. Amboise. (Départ du Roi pour l'Italie.)

(Spont, *Semblançay*, p. 119.)

27 juillet. Lyon.

Lettre du Roi. (*Arch. de Bayonne*, BB. 5, fol. 439.)

23 août (p. 415 ci-dessus) « Chivasso et Pavie », *suppr.* « et Pavie »; ainsi que la référence « X[1a] 9322, fol. 116 ».

27 août (*id.*) « Montanaro », *corr.* « Montonaro » (prov. de Novare).

30 ou 31 août. Trecate (prov. de Novare).

(*Bibl. nat.*, ms. fr. 6851, fol. 3, et Barrillon, t. I, p. 92.)

Entre le 4 et le 8 septembre (p. 415 ci-dessus). « Robecchino » *doit être* « Robecco sul Naviglio » (prov. de Milan, district d'Abbiategrasso).

8 et 9 septembre. Lacchiarella[1].

(*Bibl. nat.*, ms. fr. 6851, fol. 5.)

23 septembre. Pavie.

Lettres du Roi au Parl. et à la ville de Bayonne. (*Arch. nat.*, X[1a] 9322, fol. 116; *Arch. de Bayonne*, BB. 5, fol. 440.)

La régente.

20 août. Amboise.

Lettre. (*Bibl. nat.*, ms. fr. 2934, fol. 36.)

30 août. Amboise.

(*Id.*, fol. 34.)

23 septembre. Amboise.

(*Id.*, fol. 38.)

5 octobre. Amboise.

(*Arch. nat.*, K. 81, n° 3 *bis*.)

[1] Ci-dessus, p. 415, à la date du 8 septembre, il faut supprimer « Gallarate ». Le Roi n'y fut point, mais le s[r] de Saint-Séverin lui apporta de cette localité le traité qui venait d'être signé avec les Suisses. (*Bibl. nat.*, ms. fr. 6851, fol. 8.)

16 octobre. Amboise.

(*Bibl. nat.*, ms. fr. 2934, fol. 18.)

20 octobre. Bléré.

(Spont, *Marignan*, etc. *Revue des Questions historiques*, t. LXVI, 1er juillet 1899, p. 72, note.)

28 octobre. Eygurande.

(Spont, *Semblançay*, p. 123, note.)

2 novembre. Hérisson.

Lettre. (*Arch. nat.*, K. 81, n° 3.)

5 novembre. Moulins.

(*Bibl. nat.*, ms. fr. 2934, fol. 42.)

10 novembre. La Palisse.

(*Id.*, fol. 40.)

2 décembre. Lyon.

(*Id.*, fol. 44, et *Arch. nat.*, K. 81, n° 3 *ter*.)

18 décembre. Valence.

(*Le voyage des Reines et du Roi en Provence*[1].)

21 décembre. Montélimart.

(*Arch. nat.*, K. 81, n° 34.)

22 décembre. Orange, Avignon, Tarascon.

(*Le voyage des Reines*, etc.)

23 à 26 décembre. Tarascon.
26 décembre. Tarascon et Arles.
27 et 28 décembre. Arles.
29 décembre. Arles et Salon-de-Crau.
30 décembre. Salon et Aix.
31 décembre. Aix (départ), Pourcieux (en passant), Saint-Maximin (arrivée).

1516

La reine et la régente.

1er et 2 janvier. La Sainte-Baume.
3 janvier. Marseille (entrée).
4 janvier. Marseille.
5 janvier. Marseille.

Lettre de la régente. (*Bibl. nat.*, ms. fr. 2934, fol. 26.)

6 janvier. Marseille.
7 janvier. Marseille (départ pour Aix).
8 au 11 janvier. Aix.
13 janvier. Manosque.

Lettre de la régente. (*Bibl. nat.*, ms. fr. 2934, fol. 24.)

Le Roi.

8 janvier. Milan (départ).
Entre le 10 et le 12 janvier. Suse, Gap, Tallard.
13 janvier. Près de Sisteron. (Réunion de François Ier avec sa mère et la reine.)
17 janvier. Manosque.
19 janvier. Aix.
20 janvier. Saint-Maximin (arrivée).
21 janvier. Saint-Maximin et la Sainte-Baume.
22 janvier. Aubagne et Marseille.
26 janvier. Départ de Marseille pour Aix.
30 janvier. Départ d'Aix.
30 à 31 janvier (de nuit). Arrivée à Salon-de-Crau.
31 janvier. Arles (arrivée le soir).
1er février. Arles.
2 février. Tarascon (entrée).
12 février. Loriol.
13 février. Étoile et Valence (à 4 heures après midi).
20 février. Saint-Vallier.
29 mars. Lyon.

Lettre du Roi. (De Boislisle, *Les Premiers Présidents de la Chambre des comptes*, p. 8.)

20 avril. Colombier.

Lettre du Roi au sr de La Fayette. (*Bibl. nat.*, ms. fr. 3057, fol. 97.)

20 mai. Crémieu.

Lettre du Roi. (Florence, *Arch. di Stato*, *Comune di Firenze col re di Francia.*)

4 août. Briare.

Lettre du Roi à Boisy. (*Bibl. nat.*, ms. fr. 5761, fol. 205.)

7 août. Saint-Laurent-des-Eaux.

(*Id. ibid.*, fol. 207.)

11 août. Le Plessis-lès-Tours.

(*Id. ibid.*, fol. 209.)

28 septembre. Amboise.
Octobre, s. q. (probablement le 2). Orléans.
21 décembre. Amboise.

[1] *Le voyage des reines et de François Ier en Provence*, par MM. Baux, Bourrilly et Mabilly, 1904, in-8°. C'est à cette étude que, sauf indication contraire, sont empruntées les additions à l'*Itinéraire* pour les mois de décembre 1515, janvier et février 1516.

1517

3 janvier. Amboise.

Lettre du Roi. (*Arch. nat.*, K. 1639, n° 60.)

14 février. Paris.
15 février. Paris.

Créance du Roi à Clément Champion. (Florence, *Arch. di Stato; Comune di Firenze col re di Francia.*)

29 juin. Montreuil-sur-Mer.

(*Arch. nat.*, KK. 289, fol. 569.)

5 juillet. Abbeville.
18 juillet. Arques.

(*Bibl. nat.*, ms. fr. 2969, fol. 105.)

19 juillet. Arques.

(*Id. ibid.*, fol. 107.)

21 juillet. Arques.

(*Arch. nat.*, KK. 289, fol. 555 v°.)

27 juillet (soir). Fontaine-le-Bourg[1] (c^on de Clères).
28 juillet. Fontaine-le-Bourg.
Id. Rouen.

(*Arch. nat.*, KK. 289, fol. 617.)

30 juillet. Croisset, près Rouen.

(*Arch. nat.*, KK. 289, fol. 556.)

20 août. Mauny.

(*Arch. nat.*, KK. 289, fol. 570 v°.)

4 septembre. Louviers.

(*Id.*, fol. 554.)

6 septembre. Gaillon.
7 septembre. Évreux[2].
8 septembre. Évreux.
12 septembre. Évreux[3].

(*Bibl. nat.*, ms. fr. 2969, fol. 141, et *Arch. nat.*, KK. 289, fol. 565.)

13 et 14 septembre. Conches.

(*Arch. nat.*, KK. 289, fol. 549, 552, 600 v°.)

15 septembre. Neubourg, «Le Bourgneuf», arrond. de Louviers.
17 et 18 septembre. Beaumont-le-Roger.

(*Id.*, fol. 551, 553, 565.)

23 septembre. Orbec.

(*Id.*, fol. 548 v°, 553.)

29 septembre. Trun, près Argentan.

(*Bibl. nat.*, ms. fr. 2969, fol. 147.)

4 octobre. Argentan.

(*Arch. nat.*, KK. 289, fol. 558 v°.)

7 octobre. Argentan[4].

(*Id.*, fol. 571.)

9 octobre. Argentan.

(*Id.*, fol. 593 v°.)

13 octobre. La Ferté-Bernard.

(*Id.*, fol. 568 v°.)

14 octobre (soir). «Claye»[5], s. d. Cloyes, arrond. de Châteaudun.
15 octobre. «Claye.»

(*Arch. nat.*, KK. 289, fol. 569 v°.)

15 octobre. Vendôme.
16 octobre. Blois.
20 octobre. Blois (écrit par erreur «Blou»).

(*Arch. nat.*, KK. 289, fol. 568 v°.)

22 octobre. «Noues»[6].
23 ou 24 octobre. Vierzon.
25 ou 26 octobre. Dun-le-Roi.

(KK. 289, fol. 591 v°.)

[1] «Le Roy, la Royne et Madame.... sont arsoir arrivez en ce lieu de Fontaine le Bourg....» Lettre de Semblançay, datée de ce lieu, le 28 juillet 1517. (*Bibl. nat.*, ms. fr. 2969, fol. 121.)

[2] «Le Roy, la Royne et Mesdames deslogèrent hier de Gaillon et sont venuz au giste à deux lieux d'icy et à ce soir en ceste ville et y feront demain la feste, et mecredi prendront le chemin droit à Argenten...» (*Ibid.*, lettre datée d'Evreux, le 7 septembre, ms. fr. 2969, fol. 139.)

[3] «Le Roy et mesd. dames sont à ce soir deslogez pour aller à Argenten et y mettront bien huit jours...» (*Ibid.* d'Évreux, le 12 septembre.)

[4] «Le partement du Roy est à lundy prochain», c'est-à-dire le 13 octobre. (Lettre de Semblançay, d'Argentan, le 7 octobre; ms. fr., 2969, fol. 151.)

[5] Lettre de Semblançay de cette date, où il dit : «Je vous ai escript le partement du Roy, d'ung chemin venant à Blois, lequel y sera de soir, et a couché à Claye; et n'y sera que ung jour ou deux au plus, pour regarder à ses affaires avec messieurs les generaulx qu'il a mandez, et lundi au plus tard (20 octobre) fera le voiage de Molins...» (*Bibl. nat.*, ms. fr. 2969, fol. 157.)

[6] Voir t. V, p. 352, n° 16498, et ci-dessus, p. 423. L'identification proposée en cet endroit doit être abandonnée. «Noues» serait peut-être une mauvaise lecture pour «Noiers», Noyers sur le Cher (c^on de Saint-Aignan, arrond. de Blois).

27 octobre. Moulins en Bourbonnais [1].
28 octobre. Moulins.
29 octobre. Moulins.
30 octobre. Moulins.
31 octobre. Moulins.
1er novembre. Moulins.
2 novembre. Moulins.
3 novembre. Moulins.
4 novembre. Moulins.
5 novembre. Moulins (départ).
(KK. 289, fol. 572, 576.)

7 novembre. Pouilly-sur-Loire, Gien, Sully-sur-Loire [2].
(*Id.*, fol. 592 et 673.)

8 novembre. Orléans.

9 et 10 novembre. Cléry, Saint-Laurent-des-Eaux, Blois [3].

12 novembre. La Ferté-Bernard.
(*Id.*, fol. 581.)

18 novembre. Mondoubleau.
(*Id.*, fol. 581.)

19 novembre. Vendôme.
(*Id.*, fol. 595.)

20 novembre. Vendôme.
(*Id.*, fol. 581 v°, 589 v°.)

20 novembre. Fréchine (château), coucher.
(*Id.*, fol. 581 v°.)

29 novembre. Tours.
(*Id.*, fol. 599.)

30 novembre. Tours.
(*Id.*, fol. 586 v°.)

5 décembre. Tours.
(*Id.*, fol. 549.)

9 décembre. Le Plessis-lès-Tours.
(*Id.*, fol. 602.)

10 décembre. Le Plessis-lès-Tours.
(*Id.*, fol. 603.)

15 décembre. Amboise.
(*Id.*, fol. 602 v°.)

19 décembre. Saint-Aignan.
(*Id.*, fol. 596 v° et 703.)

20 décembre. Saint-Aignan [4].
(*Id.*, fol. 596 v°.)

23 décembre. Amboise.
Lettre du Roi au Pape. (Florence, *Arch. di Stato*, *Manoscritti Torregiani*, *Francia*, busta II, fasc. 4.)

26 décembre. Tours (*sic*).
(*Arch. nat.*, KK. 289, fol. 649 et 698.)

27 décembre. Amboise.
(*Id.*, fol. 619.)

28 décembre. Amboise.
(*Id.*, fol. 605.)

29 décembre. Amboise.
(*Id.*, fol. 629 v°.)

1518

6 janvier. Amboise.
(*Arch. nat.*, KK. 289, fol. 607.)

30 janvier-3 février. Pontlevoy, Marchenoir [5].

3 février. Blois.
(*Id.*, fol. 630 v°.)

5 février. Blois.
(*Id.*, fol. 638 v°.)

[1] François Ier dut arriver à cette date à Moulins où il était venu tenir sur les fonts un fils du connétable de Bourbon (Barrillon, t. I, p. 324), et où il séjourna jusqu'au 5 novembre. (Voir aussi *Arch. nat.*, KK. 289, fol. 565 v°, 571, 572.) Il y a donc lieu de supprimer la note de la p. 129, t. Ier du *Catalogue*, où, insuffisamment renseigné, l'on proposait l'identification «Moulins-la-Marche», et de modifier en conséquence l'itinéraire indiqué ci-dessus, p. 423, col. 1, entre le 31 octobre et le 6 novembre. Dans le Registre des comptes, KK. 289, on relève les séjours suivants de la reine et de Louise de Savoie, pendant le voyage du Roi à Moulins : du 19 au 21 octobre, le Mesle-sur-Sarthe (fol. 564 v°, 566 v°); le 25, Bellême (fol. 566 v°); le 27 octobre, les 1er, 6 et 10 novembre, la Ferté-Bernard (fol. 566 v°, 567, 570 et 589).

[2] Ledit jour 7 (il faudrait peut-être corriger le 6 à cause de la distance), le Roi était parti de «Poilly» (Pouilly-sur-Loire) pour venir par eau à Sully et de là à Orléans. (*Arch. nat.*, KK. 289, fol. 592.)

[3] A dix heures du soir, ledit jour 7 octobre, partent de Sully deux chevaucheurs pour Orléans, Cléry, Saint-Laurent-des-Eaux et Blois, afin de faire tenir prêts pour le lendemain 8, en ces divers lieux, des chevaux de poste pour le Roi et les gentilshommes de sa suite, «allant vers la Royne». (*Ibid.*, fol. 673 v°.)

[4] Le voyage d'Amboise à Saint-Aignan et de Saint-Aignan à Amboise dura trois jours. (*Ibid.*, fol. 597.) Le Conseil était resté à Amboise.

[5] Entre le 29 janvier et le 7 février, le Roi fut à Pontlevoy, Marchenoir et Blois. (*Arch. nat.*, KK. 289, fol. 625 v°, 626.)

5 février. Amboise[1].
6 février. Blois.
(*Id.*, fol. 640.)

11 février. Amboise.
(*Id.*, fol. 622 v°.)

13 février. Chinon.
(*Id.*, fol. 623 v°, 626.)

16 février. Chinon.
(*Id.*, fol. 624.)

17 février. Champigny[-sur-Veude].
(*Id.*, fol. 627.)

19 février. Thouars.
(*Id.*, fol. 624 v°, 626.)

20 février. Thouars (départ à 9 heures).
20 février. Oiron (dîner).
20 février. Loudun (soir).
(*Id.*, fol. 624, 626.)

21 février. Chinon.
21 février. Azay-le-Brulé[2] (coucher).
(*Id.*, fol. 627, 628.)

22 février. Savonnières[3].
24 février. Amboise.
(*Id.*, fol. 642 v°.)

23 mars. Amboise.
(*Id.*, fol. 692.)

3 avril. Amboise.
(*Id.*, fol. 650 v°.)

13 avril. Amboise.
(*Id.*, fol. 654 v° et 705 v°.)

23 avril. Amboise, d'où le Roi part pour Pontlevoy (voyage de deux jours).
(*Id.*, fol. 551.)

21 mai. Tours.
(*Id.*, fol. 671.)

22 mai. Chinon. (La Reine et Madame à Amboise.)
(*Id.*, fol. 674 v°.)

27 mai. Turpenay[4].
S. q. Fontevrault.
31 mai. Ussé (Rigny-Ussé, c^on d'Azay-le-Rideau).
(*Id.*, fol. 668 v°.)

2 juin. Ussé.
(*Id.*, fol. 669 v°.)

3 juin. Saint-Florent-lès-Saumur.
(*Id.*, fol. 669 v°.)

4 juin. Saumur.
(*Id.*, fol. 668 et 669.)

16 juin. Angers.
(*Id.*, fol. 675.)

S. q. Le Plessis-Macé[5].
8 juillet. Angers.
(*Id.*, fol. 678 v°.)

15 juillet. Le Verger.
(*Id.*, fol. 682.)

23 juillet. La Flèche.
(*Id.*, fol. 681.)

25 juillet. Le Verger.
Lettre du Roi au c^al de Médicis. (Florence, *Arch. d'État*, *Manoscritti Torregiani*, *Francia*, busta II, fasc. 4.)

26 juillet. Le Verger.
(*Arch. nat.*, KK. 289, fol. 679.)

3 août. Ancenis.
Lettre du Roi à Bonnivet. (*Bibl. nat.*, ms. fr. 5761, fol. 5.)

6 août. Nantes.
(*Arch. nat.*, KK. 289, fol. 682.)

9 août. Ancenis.
Lettre du Roi à Bonnivet. (*Bibl. nat.*, ms. fr. 5761, fol. 6.)

9 août. Nantes.
(KK. 289, fol. 683 v°.)

[1] L'itinéraire du mois de février, d'après les actes de la chancellerie (ci-dessus, p. 424), indique un séjour constant à Amboise; c'est que le Conseil y demeura près de la Reine et de Madame, tandis que le Roi, comme on le voit par le registre de comptes KK. 289, quitta fréquemment cette résidence.

[2] C'est Azay-le-Rideau (Indre-et-Loire), qui s'est appelé parfois au XVIe siècle «Azay-le-Brulé», et qu'il ne faut pas confondre avec Azay-le-Brulé, c^on de Saint-Maixent (Deux-Sèvres).

[3] Savonnières (arrond. de Tours), où le Roi et son train passèrent le Cher ce jour-là. (KK. 289, fol. 628 v°.)

[4] «Du 27 mai au 6 juin, le Roi fut à Turpenay, Ussé, Fontevrault et ailleurs.» (KK. 289, fol. 670.)

[5] Dans ce même registre, fol. 678, il est question de cinq journées vaquées par un chevaucheur au Plessis-Macé, auprès du Roi, ce qui confirme l'assertion de M. C. Port (ci-dessus, p. 425, col. 2), mais ni cet auteur ni le registre n'indiquent les quantièmes.

IMPRIMERIE NATIONALE.

S. q. Héric, près Nantes[1].
(*Id.*, fol. 686.)

17 et 19 août. Blain.
2 lettres du Roi (*Arch. mun. de Compiègne*, BB. 15, fol. 40 v°, 41.)

19 août. Blain.
(*Arch. nat.*, KK. 289, fol. 686 v°.)

Vers le 29 août. Molac, près Rochefort-en-Terre (où un courrier remet au Roi une lettre du capitaine de Brest).
(*Id.*, fol. 686.)

1-5 septembre. Vannes.
(Spont, *Semblançay*, p. 153.)

12 septembre. Vannes.
Lettre du Roi. (*Arch. de Bayonne*, BB. 6, fol. 1.)

19 septembre. Environs de Brest.
(Spont, *Semblançay*, fol. 156.)

24 septembre. Morlaix.
Lettre du Roi à Bonnivet. (*Bibl. nat.*, ms. fr. 5761, fol. 11.)

27 septembre. Saint-Brieuc.
(Spont, *Semblançay*, p. 156.)

14 octobre. Le Plessis-du-Vair.
Lettre du Roi à Bonnivet. (*Bibl. nat.*, ms. fr. 5761, fol. 13.)

20 octobre. Montgeoffroy (château, c^on de Mazé, Maine-et-Loire).
Deux lettres du Roi à Bonnivet. (*Bibl. nat.*, ms. fr. 5761, fol. 17.)

5 novembre. Châteaudun.
(*Arch. nat.*, KK. 289, fol. 759, 760.)

1519

22 janvier. Paris.
19 février. Paris.
Lettre du Roi. (*Bibl. nat.*, ms. fr. 5761, fol. 57 v°.)

9 mars. Paris.
(*Id. ibid.*, fol. 62.)

12 et 14 mars. Port de Neuilly.
Lettres du Roi à Bonnivet. (*Id.*, fol. 18, 66 v°, 68.)

18 mars. Saint-Germain-en-Laye.
Lettre du Roi. (*Bibl. nat.*, ms. fr. 5756, fol. 11.)

19 mars. Saint-Germain-en-Laye.
Lettre du Roi. (Ms. fr. 5761, fol. 69.)

21 mars. Saint-Germain-en-Laye.
(*Id. ibid.*, fol. 70 v°.)

30 mars. Saint-Germain-en-Laye.
(*Id. ibid.*, fol. 76.)

14 avril. Saint-Germain-en-Laye.
(*Id. ibid.*, fol. 81.)

20 avril. Saint-Germain-en-Laye.
(*Id. ibid.*, fol. 85.)

22 avril. Bois de Vincennes.
Lettre du Roi. (*Bibl. nat.*, ms. fr. 5756, fol. 8.)

25 avril. Vincennes.
Lettre du Roi au s^r d'Orval. (*Bibl. nat.*, ms. fr. 5761, fol. 85 v°.)

28 avril. Saint-Germain-en-Laye.
Lettre du Roi à Bonnivet. (*Id. ibid.*, fol. 88 v°.)

4 mai. Saint-Germain-en-Laye.
(*Id. ibid.*, fol. 91 v°.)

4 juin. Saint-Germain-en-Laye.
17 juin. L'Isle-Adam.
Lettre du Roi au s^r d'Orval. (*Bibl. nat.*, ms. fr. 5761, fol. 98 v°.)

28 juin. Melun.
(*Id. ibid.*, fol. 99.)

5 juillet. Saint-Germain en-Laye.
(*Id. ibid.*, fol. 102 v°.)

8 août. Corbeil.
(*Bibl. nat.*, ms. fr. 2972, fol. 69.)

18 novembre. Blois.
(*Id.*, ms. fr. 5761, fol. 210-222.)

19 novembre. Blois.
30 décembre. Châtellerault.

[1] Du 13 au 31 août, deux chevaucheurs d'écurie vont faire préparer les logis du Roi à Blain, le Gavre, Espinay, la Forest et Rochefort-en-Terre. (KK. 289, fol. 686.)

1520

20 avril. Chambord.

Lettre du Roi au m[al] de Châtillon. (*Bibl. nat.*, ms. fr. 5761, fol. 37.)

23 mai. Montreuil-sur-Mer.

(*Id.*, fol. 215.)

3 juillet. Abbeville.
14 juillet. Saint-Germain-en-Laye [(1)].
28 juillet. Paris.
9 septembre. Saint-Germain-en Laye.
3 octobre. Paris.
31 octobre. Blois.
11 novembre. Amboise.
17 décembre. Blois.

Lettres du Roi. (*Arch. nat.*, Y. 8, fol. 120, et Lille, *Bibl. communale*, coll. Godefroy, n° 248.)

1521

20 janvier. Romorantin.
25 mars. Sancerre.
29 mars. Sancerre.

(J. Garnier, *Corresp. de la mairie de Dijon*, t. I, p. 290, 291.)

2 avril. Sancerre.

(*Id.*, p. 292.)

9 avril. Arnay[-sous-Vitteaux].

(*Id.*, p. 294.)

10 avril. Villeneuve [(2)] (château, c[ne] d'Essey, c[on] de Pouilly-en-Montagne, Côte-d'Or).

(*Id.*, p. 294.)

15 avril. Villeneuve.

(*Id.*, p. 296.)

18 avril. Dijon.

Lettre du Roi à la ville de Dijon. (*Id.*, p. 297.)

27 avril. Troyes (Départ du Roi qui va séjourner huit jours à :)
28 avril-4 mai. Montiéramey.

(*Nouvelles des Affaires de France*, *Bibl. de l'École des Chartes*, t. XX, 1859, p. 370.)

6 mai. Mussy-l'Évêque.

(J. Garnier, *Corresp. de la mairie de Dijon*, I, p. 298.)

18 mai. Dijon. (2e arrivée du Roi.)

(*Bibl. de l'École des Chartes*, t. XX, p. 370.)

27 mai. Dijon.

(Spont, *Semblançay*, p. 172.)

1er juin. Dijon.

Lettre du Roi. (*Arch. de Bayonne*, BB. 6, fol. 215.)

29 juillet. Commarin.

Lettre du Roi à Du Prat. (*Bibl. nat.*, ms. fr. 5761, fol. 183-200.)

31 juillet. Commarin.

(De Boislisle, *Les Premiers Présidents de la Chambre des comptes*, p. 16.)

21 août. Autun. (Départ du Roi pour la Champagne, dont il va inspecter les garnisons.)

(*Bibl. nat.*, ms. fr. 3023, fol. 38.)

27 août. Montbard.

Lettre du Roi à Semblançay. (Spont, p. 176, note.)

31 août. Troyes.
2 novembre. Camp de Saint-Main-d'Escoute en Artois. (Ecoust-Saint-Mein, c[on] de Croisilles, Pas-de-Calais.)

Lettre du Roi à Du Prat. (*Bibl. nat.*, ms. fr. 5761, fol. 183-200.)

---

(1) A la page 431 ci-dessus, col. 2, on indique pour le 4 juillet un séjour à Saint-Germain, d'après une copie de lettre missive du Roi adressée à la Chambre des comptes (*Arch. nat.*, P. 2535, fol. 296 v°). Une autre copie de la même lettre, datée du 24 juillet, se trouve dans le registre P. 2304, fol. 483. Cette dernière date est manifestement inexacte, la lettre ayant été présentée à la Chambre le 17 juillet. Celle du 4 est également improbable, puisque le Roi était à Abbeville le 3 (voir aussi le *Journal* de Louise de Savoie), et il est vraisemblable que la lettre était en réalité datée du 14 juillet.

(2) P. 433, col. 2, aux dates des 11 et 14 avril 1521, Villeneuve, *supprimez* «sur Vingeanne».

1522

17 janvier. Rouen.
21 janvier. Paris.

Lettre du Roi. (J. Garnier, *Corresp. de la mairie de Dijon*, I, p. 300.)

8 février. Saint-Germain-en-Laye.
25 février. Saint-Germain-en-Laye.
21 avril. Lyon.

9 juillet. Bressieu (peut-être Brussieu, Rhône).

Lettre du Roi. (*Arch. de Bayonne*, BB. 6, fol. 370.)

8 septembre. Saint-Germain-en-Laye.

Lettre du Roi. (De Boislisle, *Les Premiers Présidents de la Chambre des comptes*, p. 21.)

1523

Février. Dieppe.
Février. Mauny.
Février. Rouen.
Février. Le Havre (1).
10 mai. Saint-Germain-en-Laye.
20 mai. Paris.
10 juin. Saint-Germain-en-Laye.
17 juin. Paris.
1er juillet. Saint-Germain-en-Laye.

Lettre du Roi au Pape. (Lille, *Bibl. comm.*, coll. Godefroy, n° 248.)

20 octobre. Lyon.
30 décembre. Blois. (*La Régente et le Conseil.*)

1524

23 février. Paris.
21 avril. La Fère.
12 mai. Blois.
11 décembre. Abbaye de Saint-Lanfranc.
12 décembre. Abbaye de Saint-Lanfranc.
25 décembre. Abbaye de Saint-Lanfranc.

(A. Desjardins, *Négociations de la France avec la Toscane*, t. II, p. 803 et 808.)

1525

15 janvier. Abbaye de Saint-Lanfranc.

(A. Desjardins, *op. cit.*, II, p. 816.)

25 janvier. Abbaye de Saint-Lanfranc.

(*Id. ibid.*, p. 823.)

11 février. Camp devant Pavie.
15 février. «De mon avant-garde devant Pavie.»

(A. Desjardins, *op. cit.*, II, p. 829.)

Juillet. «Venyssolo» (2).

La Régente.

3 mars. Saint-Just-sur-Lyon.

Lettre à la ville de Bayonne. (*Arch. de Bayonne*, BB. 6, fol. 552.)

6 mars. Saint-Just-sur-Lyon.

(J. Garnier, *Corresp. de la mairie de Dijon*, I, p. 323.)

19 avril. Saint-Just-sur-Lyon.

(*Id.*, p. 327.)

(1) Le Roi se rend dans ces villes en février, pendant que les ministres avec la Reine résident à Saint-Germain. (F. Decrue, *Anne de Montmorency*, t. I, p. 33.)

(2) Château de Benisano à Valence, suivant M. Decrue, *Anne de Montmorency*, t. I, p. 56.

26 juillet. Lyon.
Lettre de Louise de Savoie. (*Arch. nat.*, J. 966, n° 43[12].)

28 août. Montélimart.
(*Id.*, n° 43[1].)

31 août. Tournon.
(*Id.*, n° 43[2].)

2 septembre. Tournon.
Lettre à la ville de Bayonne. (*Arch. de Bayonne*, BB. 6, p. 556.)

3 septembre. Tournon.
(J. Garnier, *Corresp.*, etc., I, p. 328.)

8 septembre. Tournon.
(*Id. ibid.*, p. 330.)

28 septembre. Lyon.
Lettre de la régente. (*Arch. nat.*, J. 966, n° 43[9].)

29 septembre. Lyon.
(J. Garnier, *Corresp.*, etc., I, p. 331.)

11 octobre. Lyon.
Lettre de la Régente. (*Arch. nat.*, J. 966, n° 43[5].)

26 novembre. Saint-Just-sur-Lyon.
(*Id.*, n° 43[6].)

13 décembre. Saint-Just-sur-Lyon.
(*Id.*, n° 43[14].)

1526

1er janvier. Madrid.

2 avril. Mont-de-Marsan. (*Le Conseil.*)
(Le Glay, *Négociations de la France avec l'Autriche*, t. II, p. 657.)

3 juillet. Angoulême.
(De Boislisle, *Les Premiers Présidents de la Chambre des comptes*, p. 26.)

8 juillet. Charroux (Vienne).
Lettre du Roi à la s[rie] de Venise. (*Catal. d'autogr. du baron de T...*, vendus par E. Charavay, le 23 mai 1885, n° 85.)

5 octobre. Beaugency.
(A. Desjardins, *Négociations de la France avec la Toscane*, t. II, p. 841.)

25 octobre. Montpipeau.
Lettre du Roi à Villiers. (*Bibl. nat.*, ms. Clairambault 1225, fol. 144.)

9 novembre. Écouen.
(De Boislisle, *Les Premiers Présidents de la Chambre des comptes*, p. 26.)

1527

11 mai. Vincennes.
Lettre du Roi à Villiers. (*Bibl. nat.*, ms. Clairambault 1225, fol. 145.)

11 août. Amiens.

30 septembre. Compiègne.
(*Arch. nat.*, J. 965, n° 2[5].)

8 octobre. Chantilly.
Lettre du Roi à Montmorency. (*Bibl. nat.*, ms. fr. 3016, fol. 56.)

9 octobre. Senlis.
(*Id.*, ms. fr. 3048, fol. 31.)

18 octobre. Chantilly.
Lettres du Roi. (*Bibl. nat.*, ms. fr. 2997, fol. 78, et fonds Dupuy 573, fol. 5 et 9.)

10 décembre. Paris.
(De Boislisle, *Les Premiers Présidents de la Chambre des comptes*, p. 37.)

1528

8 janvier. Paris.

9 janvier. Saint-Germain-en-Laye.
(De Vaissière et Bourrilly, *Ambassades de Jean Du Bellay en Angleterre*, t. I, p. 95.)

20 janvier. Paris.
7 et 8 février. Saint-Germain-en-Laye.
(*Ambassades de J. Du Bellay*, *id.*, p. 144, 146.)
2 avril. Saint-Germain-en-Laye et Houdan.
3 avril. Houdan et Anet [1].
(*Id. ibid.*, p. 200.)
26 avril. Anet.

1529

1er septembre. Compiègne.
(*Bibl. nat.*, ms. fr. 5499, fol. 183 v°.)
2 septembre. Chantilly.
(*Id. ibid.*)
8 septembre. Écouen.
(*Id.*, fol. 183.)
23 et 24 septembre. Paris.
(*Id.*, fol. 171, 184 et 185 v°.)

1530

3 février. Dijon.
6 février. Dijon.

1531

20 janvier. Paris.
21 février. Paris.
2 mars. Paris.
(A. de Boislisle, *Les Premiers Présidents de la Chambre des comptes*, p. 42.)
25 avril. Anet.
Lettre du Roi au sr de Morette. (*Arch. nat.*, K. 1483, n° 73.)
25 mai. Pont de Saint-Cloud.
29 mai. Paris.
Lettre du Roi. (*Arch. nat.*, K. 1483, n° 79.)
27 juin. Paris.
30 août. Fontainebleau.

1532

11 janvier. Dieppe.
9 octobre. Villers-Cotterets.
Lettre du Roi au duc de Milan. (*Arch. nat.*, K. 1483, n° 81.)

1533

22 mai. Saint-André-lès-Roanne.
Juillet. Espalion.
8 août. Castelnaudary.
Lettre du Roi au duc d'Albany. (*Arch. nat.*, J. 966, n° 1[12].)
30 septembre. Marignane.

[1] Lettre d'Anne de Montmorency à J. Du Bellay, de Houdan, le 3 avril 1528, où il dit : «Le Roy partit hier de S. Germain et vint coucher en ce lieu (Houdan), pour aller à Anet où il sera ce soir.» (De Vaissière et Bourrilly, *Ambassades de Jean Du Bellay*, t. I, p. 200, 201.)

1534

15 février. Paris.

26 avril. La Fère.
(*Arch. nat.*, K. 1483, n° 95.)

1535

20 janvier. Paris.
22 avril. Vatteville.
26 juin. Saint-Quentin.
Instr. au c^al Du Bellay. (*Florence, Archivio di Stato*, Manoscritti, n° 678.)

3 août. Reims.

13 août. Sedan.
Lettre du Roi à Villeroy. (*Catal. des autogr. du cabinet de feu W. Smith.* G. Charavay, 1874, in-8°, n° 71.)

12 décembre. Is-sur-Tille.
30 décembre. Chalon.

1536

19 janvier. Lyon.
26 avril. Montbrison.
3 septembre. Valence.
Lettres du Roi. (*Arch. nat.*, J. 965, n°s 6^43 et 44.)

15 septembre. Avignon.
17 septembre. Camp près Avignon.
Lettre du Roi. (*Arch. nat.*, J. 965, n° 6^48.)

9 novembre. Loches.

4 décembre. Malesherbes.
13 décembre. Fontainebleau.

Le Conseil.

5 août. Lyon.
20 août. Lyon.
21 août. Lyon.
26 septembre. Lyon.

1537

20 février. Compiègne.
12 avril. Camp près Hesdin.
Lettre du Roi. (*Arch. nat.*, J. 965, n° 6^4.)

19 avril. Camp de Monchy.
(*Id. ibid.*, n° 6^9.)

20 avril. Camp de Pernes.
(*Id. ibid.*, n° 6^10.)

7 mai. Camp de la Conté[1].
(Decrue, *Anne de Montmorency*, I, p. 305.)

7 mai. Camp de Saint-Martin.
Lettre du Roi au chancelier. (*Arch. nat.*, J. 965, n° 6^23.)

23 mai. Coucy.
29 mai Château-Thierry.
Lettre du Roi au chancelier. (*Arch. nat.*, J. 965, n° 6^24.)

12 juin. Melun.
29 juin. Melun.
4 et 5 juillet. Fontainebleau.
Lettres du Roi au chancelier. (*Arch. nat.*, J. 965, n°s 6^27 et 28.)

11 juillet. Ablon.
(*Id. ibid.*, n° 6^30.)

16 juillet. Meudon.
(*Id. ibid.*, n° 6^31.)

17 juillet. Meudon.
(*Id. ibid.*, n° 6^32.)

19 juillet. Meudon.
(*Id. ibid.*, n° 6^33.)

20 juillet. Meudon.
(*Id. ibid.*, n°s 6^34-35.)

[1] La Comté, c^on d'Aubigny, arr. de Saint-Pol (Pas-de-Calais) et non Contes, c^on d'Hesdin, comme il a été dit ci-dessus, p. 496, note.

28 juillet. Meudon.

(*Id. ibid.*, n° 6[41].)

2 août. Paris.
3 août. Meudon.

Lettre du Roi au Parlement d'Aix. (*Arch. des Bouches-du-Rhône*, B. 3321, fol. 150.)

8 septembre. Nemours.

Lettre du Roi. (*Arch. nat.*, J. 965, n° 6[52].)

25 septembre. Chevagnes.

(*Id. ibid.*, n° 6[53].)

27 septembre. Nevers.
16 octobre. Sillans.

Lettre du Roi. (*Arch. nat.*, J. 965, n° 6[54].)

11 novembre. Briançon.

(*Id. ibid.*, n° 6[61].)

18 novembre. Carignan.

Deux lettres du Roi. (*Id.*, n°s 6[62-63].)

23 novembre. Carignan.

(*Id. ibid.*, n° 6[67].)

3 décembre. Briançon.

Lettre du Roi. (*Id.*, n° 6[68].)

4 décembre. Guillestre.

(*Id. ibid.*, n° 6[69].)

5 décembre. Embrun.

(*Id. ibid.*, n° 6[70].)

9 décembre. Cavaillon (arrivée du Roi).

(*Reg. des délibér. municip. de Cavaillon*, BB. 2, fol. 136 v°.)

12 décembre. Cavaillon (second voyage avec le dauphin).

(*Id. ibid.*)

13 décembre. Cavaillon [(1)] (départ).

(*Id. ibid.*)

27 décembre. Montpellier.

Le Conseil.

22 mars. Amiens.
24 mars. Amiens.
8 avril. Amiens.
17 avril. Amiens.
19 octobre. Lyon.
24 et 25 octobre. Lyon.
14 novembre. Lyon.
17 novembre. Lyon.
24 novembre. Lyon.
27 novembre. Lyon.
9 décembre. Lyon.

1538

3 janvier. Montpellier.
9 janvier. Montpellier.
14 janvier. Montpellier.
7 avril. Crémieu.
19 mai. Salon-de-Crau.

(Decrue, *Anne de Montmorency*, I, p. 351.)

14 juin. Villeneuve-de-Tende.
7 juillet. Tarascon.
28 juillet. Vienne.

Lettre du Roi. (*Bibl. nat.*, ms. fr. 10238, fol. 73.)

13 septembre. Saint-Germain-en-Laye.
28 octobre. Laon.

Lettre du Roi. (*Bibl. nat.*, ms. fr. 10238, fol. 47.)

28 novembre. Villemomble.

(*Id. ibid.*, fol. 89.)

2 décembre. Saint-Germain-en-Laye.

1539

3 janvier. Paris.
8 janvier. Paris.
15 février. Fontainebleau.
28 juin. Paris.
5 juillet. Paris.
8 août. Villers-Cotterets.
9 août. Villers-Cotterets.
11 août. Villers-Cotterets.
7 octobre. Compiègne.

(*Arch. nat.*, K. 1484, p. 126.)

(1) Le n° 9449 du *Catalogue* est un acte daté de Cavaillon, le 13 décembre. Il n'y aurait donc pas erreur, comme on l'a supposé ci-dessus, p. 500, note 2.

8 octobre. Compiègne.
10 octobre. Compiègne.
14 novembre. Ablon et Corbeil[1].
15 novembre. Melun.
16 novembre. Fontainebleau.
26 ou 27 novembre. Montargis.

(*Reg. du Bureau de la ville de Paris*, impr., t. III, p. 5 et 7.)

10 décembre. Loches (où le Roi attend Charles-Quint).

(Decrue, *Anne de Montmorency*, I, p. 377.)

13 décembre. Chenonceaux.

(De Ruble, *Le mariage de Jeanne d'Albret*, p. 36.)

14 décembre. Amboise.

(*Id. ibid.*)

18 décembre. Chambord.

(*Id.*, p. 37.)

21 décembre. D'Orléans à Artenay.

(*Chronique de François Ier*, p. 288.)

24 décembre. Fontainebleau.
27 décembre. Fontainebleau.

(De Ruble, *Le mariage de Jeanne d'Albret*, p. 38.)

28 décembre. Fontainebleau[2].

Lettre de l'Empereur au duc d'Arschot. (Gachard, *Troubles de Gand*, p. 315.)

29 décembre. Fontainebleau.

(*Id. ibid.*)

30 décembre. Fontainebleau. (Départ le matin.)
30 décembre. Abbaye de Barbeaux. (Dîner.)
30 décembre. Corbeil. (Coucher.)

(*Id.*, p. 655[3].)

31 décembre. Vincennes.

(*Id. ibid.*)

1540

20 janvier. La Fère-sur-Oise.

Lettre du Roi au duc de Guise. (*Corresp. de la mairie de Dijon*[4], I, p. 345.)

26 février. L'acte daté de la Fère (p. 508 ci-dessus) est en réalité daté du 20 janvier.
27 et 28 février. Nouvion en Ponthieu et non Noyon (ci-dessus, p. 508).
1 à 15 mars. Nouvion (*au lieu* de Noyon).
20 mars. Étaples.
23 mars. Villers [-sur-Authie], con de Rue (Somme).
24 à 29 mars. Nouvion en Ponthieu (*au lieu* de Noyon, ci-dessus, p. 508).

Le Conseil.

19 février. Amiens.
26-27 février. Abbeville.
5 mars. Abbeville.
14 mars. Abbeville.

Le Roi.

30 avril. Évreux.
13 mai. Beynes.
10 juin. Fontainebleau.
7 juillet. Paris.
26 juillet. Le Bec-Hellouin.

Lettre du Roi. (*Bibl. nat.*, ms. fr. 10238, fol. 48.)

9 août. Vatteville.
15 août. Vatteville.
18 août. «Drocane» (?).
20 août. Abbaye de Saint-Georges [-de-Boscherville], cne de Saint-Martin-de-Boscherville, con de Duclair (Seine-Inférieure).

[1] «Ne veulx pas oublier de vous donner advis que je partyz hyer après dîner d'Ablon...; après m'en vins coucher à Corbeil, dont je suis ce jourd'huy party et m'en suis venu par eaue en ceste ville, faisant compte d'estre demain de bonne heure à Fontainebleau.» (Lettre du Roi à Anne de Montmorency, datée de Melun, le 15 novembre 1539, citée dans un *Catalogue d'autographes*, vendus le 13 mai 1881 par M. Ét. Charavay, n° 123.)

[2] P. 507 ci-dessus, *suppr.* Nogent-sur-Seine, erreur provenant d'une copie fautive (n° 11304 du *Catalogue*, acte du 28 décembre 1529 et non 1539).

[3] 30 décembre. «Diner ce jour à une abbaye, à trois lieues de Fontainebleau, et de là en bateau, par la Seine, coucher à Corbeil.» (Gachard, *Troubles de Gand*, p. 655.) Cette abbaye ne peut être que Barbeaux (cne de Fontaine-le-Port, Seine-et-Marne), dont Jean Du Bellay, cardinal-évêque de Paris, était alors abbé.

[4] M. Garnier dit 1535, erreur évidente (MVe XXXIV au lieu de Ve XXXIX).

29 septembre. Vigny (c[on] de Marines, Seine-et-Oise).
30 septembre. L'Isle-Adam.
(Decrue, *Anne de Montmorency*, I, p. 400.)
15 octobre. Saint-Prix.
22 octobre. Maisons-sur-Seine.
23 octobre. Carrières.
31 octobre. Melun.
20 novembre. Fontainebleau.
1er décembre. Fontainebleau.
22 décembre. Fontainebleau.
30 décembre. Fontainebleau.

1541

2 février. Fontainebleau.
20 mars. Blois.
24 mars. Blois.
27 mars. Vendôme.
27 avril. Amboise.
1er mai. Amboise.
6 mai. Amboise.
22 juin. Châtellerault.
26 juin. Chauvigny.
Lettre du Roi au Parl. de Dijon. (*Bibl. nat.*, ms. Moreau 832, fol. 18.)
8 juillet. Le Blanc en Berry.
6 septembre. Cluny.
Lettre du Roi au vice-légat d'Avignon. (*Arch. du Vatican, Nunciatura gall. sub Paulo III*, vol. 3, fol. 453.)
9 octobre. Cuisery.
26 octobre. Auxonne.

1542

1er janvier. Fontainebleau.
9 janvier. Fontainebleau.
13 janvier. Yerres.
Lettre du Roi au Parl. de Dijon. (*Bibl. nat.*, ms. Moreau 832, fol. 7.)
15 janvier. Yerres.
13 juin. Éclaron.
16 juin. Joinville.
30 juin. Montiers-sur-Saulx.
12 juillet. Ligny-en-Barrois.
17 août. Viviers.
Lettre du Roi. (J. Garnier, *Corresp. de la mairie de Dijon*, I, p. 385.)
25 août. Saint-Just-sur-Lyon. (*Le Conseil.*)
28 août. Béziers.
7 septembre. Béziers.
11 septembre. Sallèles.
19 septembre. Sallèles (au lieu du 10, *Catalogue*, n° 22468).
27 septembre. Lyon. (*Le Conseil.*)
1er octobre. Pézenas.
25 octobre. Toulouse.
29 novembre. Angoulême.
Lettre du Roi au Parl. de Dijon. (*Bibl. nat.*, ms. Moreau 832, fol. 16.)
9 décembre. Cognac.

1543

8 janvier. Melle.
Lettre du chancelier. (*Reg. du Bureau de la Ville de Paris*, impr., t. III, p. 24.)
11 janvier. La Ferrière[-en-Parthenay], c[on] de Thénezay (Deux-Sèvres).
(Cf. *Journal de Guillaume Le Riche.*)
12 avril. Meudon.
16 juin. Saint-Germain-en-Vermandois.
10 et 11 juillet. Paris. (*Le Conseil.*)
3 octobre. Reims.
20 novembre. Cateau-Cambrésis.
Lettre du Roi au Parl. de Dijon. (*Bibl. nat.*, ms. Moreau 832, vol. 20.)
27 novembre. Fontainebleau.

1544

2 janvier. Fontainebleau.
8 mars. Meudon.
28 mars. Pacy-sur-Eure.
21 mai. Saint-Germain-en-Laye.

Lettre du Roi au Parl. de Dijon. (*Bibl. nat.*, ms. Moreau 832, fol. 12 et 23.)

27 juin[1]. Fontainebleau.

Lettres du Roi à la ville de Compiègne. (*Arch. comm. de Compiègne*, BB. 20, fol. 6 v°.)

23 août. Coincy-l'Abbaye.

Lettre du Roi. (J. Garnier, *Corresp. de la mairie de Dijon*, I, p. 394.)

7 septembre. «Le Boc» (ci-dessus, p. 524), *aliàs* «Le Bec».
9 et 10 septembre. Paris.

Deux lettres du Roi à la ville de Compiègne. (*Arch. comm. de Compiègne*, BB. 20, fol. 26.)

18 septembre. Meudon.

Lettre du Roi à Montpezat. (*Arch. nat.*, K. 1485, n° 67.)

20 septembre. Meudon.

(*Id. ibid.*, n° 68.)

23 septembre. La Versine (c^on^ de Nivillers, Oise).

Lettre du Roi à Matignon. (*Catal. d'une coll. d'autogr.*, vendue par Eug. Charavay, le 11 déc. 1891, n° 5.)

19 octobre. Arques.

Lettre du Roi à la ville de Compiègne. (*Arch. comm. de Compiègne*, BB. 20, fol. 33.)

21 octobre. Arques.

Lettre du Roi à la ville de Paris. (*Reg. des délibér. du Bureau*, impr., t. III, p. 45, note.)

9 décembre. Fontainebleau.

Instructions à Mesnage. (*Bibl. nat.*, ms. fr. 17889, fol. 2.)

1545

24 février. Chambord.

Lettre du Roi au prévôt de Paris. (*Bibl. nat.*, nouv. acq. fr., ms. 3651, p. 738.)

26 mars. Blois.
27 juin. «Réaupré», Royal-Pré, c^ne^ de Cricqueville, c^on^ de Dozulé (Calvados).
29 juillet. Jumièges.
25 août. Sénarpont.

Lettre du Roi au Grand Conseil. (*Arch. comm. de Mâcon*, DD. 6, n° 79.)

10 septembre. Neuilly-l'Hôpital (c^on^ de Nouvion en Ponthieu (Somme).
16 octobre. Laon.

Lettre du Roi. (*Bibl. nat.*, ms. 21544, fol. 6.)

21 octobre. Folembray.

Lettre du Roi à Mesnage. (*Bibl. nat.*, ms. fr. 17890, fol. 54.)

1546

13 janvier. Saint-Germain-en-Laye.

Lettre du Roi au Parl. de Dijon. (*Bibl. nat.*, ms. Moreau 832, fol. 15.)

20 janvier. Maubuisson.
25 janvier. Saint-Germain-en-Laye.
8 février. Mantes.

12 mai. Fontainebleau.

(*Catal. suppl. et lettre missive du Roi*, *arch. du château de Villebon*, *Eure-et-Loir*.)

14 mai. Fontainebleau.
25 juillet. Corbeil.

Lettre du Roi à Bassefontaine. (*Arch. du château de Villebon.*)

29 juillet. Melun.

(*Id. ibid.*)

30 août. Dompierre[-sur-Bèbre], c^on^ de l'arr. de Moulins (Allier).

(*Id. ibid.*)

[1] Les actes de la seconde quinzaine de ce mois portant la date de Paris paraissent avoir été donnés «*Par le Conseil*».

5 septembre. L'Abergement.
(*Id. ibid.*)

18 septembre. Argilly.
5 octobre. Messigny.
Lettre du Roi à Bassefontaine. (*Arch. du château de Villebon.*)

14 octobre. Langres.
16 octobre. «Mareuil», Mareilles (Haute-Marne).
Lettre du Roi à Mesnage. (*Catal. de la coll. d'autogr. du m[is] de Loyac*, 1877, n° 79.)

27 octobre. «Morlet», Morley (c[on] de Montiers-sur-Saulx, Meuse).
Lettre du Roi à Bassefontaine. (*Arch. du château de Villebon.*)

29 octobre. Joinville.
(*Id. ibid.*)

30 octobre. Joinville.
(*Id. ibid.*)

11 novembre. Mouzon.
(*Id. ibid.*)

13 novembre. Sedan.
(*Id. ibid.*)

3 décembre. Villers-Cotterets.
Lettre du Roi à Mesnage. (*Bibl. nat.*, ms. fr. 17890, fol. 51.)

11 décembre. Compiègne.
20 décembre. Compiègne.
26 décembre. Compiègne.

1547

14 janvier. Villers-Cotterets.

INDEX ALPHABÉTIQUE

DES NOMS DE LIEUX DE L'ITINÉRAIRE.

[1] Pour les localités où les séjours ont été fréquents, l'on indique, outre la page, la date de mois et d'année.

CUNEO. *Voy.* CONI.

CURÉ. *Voy.* AGURÉ.

DAMPIERRE, c^on de Chevreuse (Seine-et-Oise), 532.

DANNEMARIE. *Voy.* DONNEMARIE-EN-MONTOIS.

DAOURS, c^on de Corbie (Somme), 431.

DAX (Landes), 449.

DECIZE (Nièvre), 513.

DEMONTE, province et arrondissement de Coni ou Cunéo, 414.

« DERNICOURT », doit être pour Saint-Deniscourt, c^on de Songeons (Oise), 509.

DESVRES (Pas-de-Calais), 431.

DIÉNAY, c^on d'Is-sur-Tille (Côte-d'Or), 516, 531.

DIEPPE (Seine-Inférieure), 422, 478, 524, 540, 542.

DIJON (Côte-d'Or), 433, 434, 467, 468, 484, 489, 490, 513, 514, 539, 542.

DISSAY, c^on de Saint-Georges (Vienne), 469, 472, 512.

DOL, ou DOL-DE-BRETAGNE (Ille-et-Vilaine), 426.

DOMPIERRE, Dompierre-sur-Bèbre (Allier), 503, 547.

DONNEMARIE-EN-MONTOIS, « Dannemarie » (Seine-et-Marne), 467.

DONZÈRE, c^on de Pierrelatte (Drôme), 443, 447, 484, 493.

DONZY (Nièvre), 433.

DOULLENS (Somme), 435, 496, 508.

DOURDAN (Seine-et-Oise), 515.

DREUX (Eure-et-Loir), 487.

« DROCANE », 545.

DUN-LE-ROI, auj. DUN-SUR-AURON (Cher), 535.

ECHOU, aujourd'hui Echouboulains, c^on Le Châtelet (Seine-et-Marne), 514, 518, 521, 529.

ÉCLARON, c^on de Saint-Dizier (Haute-Marne), 489, 515, 516, 546.

ÉCLUSE (L'), Lécluse, c^on d'Arleux (Nord), 435.

ÉCOUEN (Seine-et-Oise), 421, 451, 454, 464, 465, 477, 541, 542.

ECOUIS, c^on de Fleury-sur-Andelle (Eure), 509.

ECOUST-SAINT-MEIN, « Saint-Main-d'Escoute », c^on de Croisilles (Pas-de-Calais), 539.

ECQUEVILLY. *Voy.* FRESNES.

ÉCUREY en Barrois, c^ne de Montiers-sur-Saulx (Meuse), abbaye, 516.

ÉGREVILLE, c^on de Lorrez-le-Bocage (Seine-et-Marne), 413.

ELBEUF (Seine-Inférieure), 488, 509.

ELINCOURT, c^on de Clary (Nord), 435.

EMBRUN (Hautes-Alpes), 414, 499, 500, 544.

ÉPERNAY (Marne), 524.

ÉPINEUSEVAL, ancien prieuré, c^ne de Villiers-aux-Bois (Haute-Marne), 516.

ESCAUDAIN, « Caudan », c^on de Bouchain (Nord), camp, 435.

ESCHARLIS (LES), « Chailly », c^ne de Villefranche (Yonne), 505.

ESPALION (Aveyron), 542. Voy. le n° 6103 du *Catalogue*.

ESPREMONT. *Voy.* APREMONT.

ESSAI, Essay, c^on Le Mesle-sur-Sarthe (Orne), abbaye, 479, 526.

ÉTAMPES (Seine-et-Oise), 451, 503.

ÉTAPLES (Pas-de-Calais), 422, 431, 480, 508, 545.

ÉTAULIERS, c^on de Saint-Ciers-la-Lande (Gironde), 470.

ÉTOGES, c^on de Montmort (Marne), 524.

ÉTOILE, c^on de Valence (Drôme), 534.

EU (Seine-Inférieure), 489.

EURVILLE, « Urville », c^on de Chevillon (Haute-Marne), 531.

ÉVREUX (Eure), 423, 488, 509, 510, 522, 535, 545. — Abbaye de Saint-Sauveur, 509.

EYGURANDE (Corrèze), 534.

FALAISE (Calvados), 526.

FENESTRELLES, province de Turin, arrondissement de Pignerol, 499.

FÈRE-EN-TARDENOIS (Aisne), 481, 482, 489, 496, 497.

FÈRE-SUR-OISE (LA) [Aisne]. — 1524, avril, 442, 540. — 1527, août, 454. — 1529, juillet, 464; août, 465. — 1531, octobre, novembre, décembre, 477. — 1533, mars, 481. — 1534, avril, 543. — 1535, juillet, 489. — 1537, mai, 496. — 1538, octobre, 503. — 1540, janvier, 508, 545. — 1543, août, octobre, 520; octobre, novembre, 521. — 1545, octobre, 527.

FERRIÈRE (LA), La Ferrière-en-Parthenay, c^on de Thénezay (Deux-Sèvres), 518, 546.

LARCHE, c^on de Saint-Paul (Basses-Alpes), 414.

LÉCLUSE. *Voy.* ÉCLUSE (L').

LESNEVEN (Finistère), 426.

LEUVILLE, c^on d'Arpajon (Seine-et-Oise), 528, 530, 532.

LEZAY (Deux-Sèvres), 469.

LIESSE. *Voy.* NOTRE-DAME-DE-LIESSE.

LIGET (LE), abbaye, c^ne de Chemillé-sur-Indrois (Indre-et-Loire), 487.

LIGNIÈRES (Cher), 482, 513.

LIGNY-EN-BARROIS (Meuse), 516, 531, 546.

LIHONS-EN-SANTERRE, c^on de Chaulnes (Somme), 527.

LIMOURS (Seine-et-Oise), 509, 510, 515, 529, 532.

LIOUJAS, c^ne de la Loubière (Aveyron), 483.

LISIEUX (Calvados), 423.

LIVRY, c^on de Gonesse (Seine-et-Oise), 438.

LOCHES (Indre-et-Loire), 472, 487, 494, 507, 543, 545.

LOGIS (LE), château, c^ne de Saint-Bohaire (Loir-et-Cher), 512.

LOISY, c^on de Cuisery (Saône-et-Loire), 530.

LONGJUMEAU (Seine-et-Oise), 439.

LONGNY au Perche, Longni (Orne), 526.

LONGPONT, c^on de Villers-Coterets (Aisne), abbaye, 481, 485.

LONGUÉ (Maine-et-Loire), 480.

«LONGUEVAL», peut-être Longève, ancienne aumônerie, c^nes de Beaumont et de Dissay (Vienne), 450.

LONGUEVILLE (Seine-Inférieure), 422, 527.

LONGWY (Meurthe-et-Moselle), 520, note.

LORIOL (Drôme), 493, 502, 534.

LOUDUN (Vienne), 537.

LOUPIAN, c^on de Mèze (Hérault), 483.

LOURMARIN, c^on de Cadenet (Vaucluse), 500.

LOUVIERS (Eure), 422, 510, 535.

LOUVOIS, c^on d'Ay (Marne), 520.

LUC-EN-PROVENCE (LE) [Var], 502.

LUCENAY-L'ÉVÊQUE (Saône-et-Loire), 434.

LUNEL (Hérault), 483, note.

LUSIGNAN (Vienne), 430, 469.

LUSSAC, Lussac-les-Châteaux (Vienne), 512.

LUXEMBOURG, dans le grand-duché du même nom, 520, note.

LUZY, c^on de Chaumont-en-Bassigny (Haute-Marne), 531.

LUZY (Nièvre), 468.

LYON (Rhône). — 1515, juillet, 414, 533; août, septembre, 415; décembre, 416, 534. — 1516, février, mars, 417, 534; avril, mai, juin, 418; juillet, 419. — 1522, avril, mai, 436, 540; juin, juillet, 437. — 1523, août, septembre, octobre, 440, 540; novembre, 441. — 1524, août, octobre, 443; novembre, décembre, 444. — 1525, janvier, février, mars, 445; avril, mai, juin, 446; juillet, août, septembre, 447, 541; octobre, novembre, 448, 541. — 1533, mai, juin, juillet, 482; décembre, 484. — 1536, janvier, février, 490, 543; mars, avril, mai, 491; juin, juillet, août, 492; septembre, 493, 543; octobre, 494. — 1537, octobre, 498, 499, 544; novembre, décembre, 500, 544. — 1538, janvier, 500; avril, 501; juillet, 503. — 1541, septembre, 513. — 1542, août, 516; septembre, 546. — *Voy.* GUILLOTIÈRE (LA), SAINT-IRÉNÉE, SAINT-JUST.

MACON (Saône-et-Loire), 484, 490, 513, 516.

MADRID (Espagne), château, prison du roi, 447, 448, 449, 541.

MAGNY, Magny-en-Vexin (Seine-et-Oise), 438.

MAGUELONNE, c^ne de Villeneuve-lès-Maguelonne (Hérault), 483, note.

MAILLERAYE-SUR-SEINE (LA), c^ne de Guerbaville (Seine-Inférieure), 431, 479, 510.

MAISNIL. *Voy.* MESNIL-LE-CHÂTEL.

MAISONS-SUR-SEINE, aujourd'hui Maisons Laffite, c^on de Saint-Germain-en-Laye (Seine-et-Oise), 438, 507, 510, 546.

MALESHERBES (Loiret), 429, 474, 543. — Le Bois-Malesherbes, 486.

MANOSQUE (Basses-Alpes), 443, 500, 534.

MANTES (Seine-et-Oise), 461, 488, 510, 523, 524.

MARCHAIS, c^on de Sissonne (Aisne), 520, 527, 531.

MARCHENOIR (Loir-et-Cher), 424, 536.

MARCILLÉ-ROBERT, c^on de Rhétiers (Ille-et-Vilaine), 479.

MARCOUSSIS, c^on de Limours (Seine-et-Oise), 451.

Mareilles, c^on d'Andelot (Haute-Marne), 516. «Mareuil», 548.

Margelle (La), c^on de Saint-Seine (Côte-d'Or), 434.

Marignan (Bataille de), Melegnano (province et arrondissement de Milan), 415.

Marignane, c^on de Martigues (Bouches-du-Rhône), 483, 542.

Marigny-le-Châtel, c^on de Marcilly-le-Hayer (Aube), 467.

Marle (Aisne), 477, 481.

Maroilles, en Hainaut, c^on de Landrecies (Nord), camp, 519.

Marquette, c^on de Bouchain (Nord), camp, 435.

Marquise (Pas-de-Calais), 431.

Marseille (Bouches-du-Rhône), 416, 417, 484, 493, 502, 509 (?), 534.

Martigues (Bouches-du-Rhône), 483.

Matha (Charente-Inférieure), 472.

Maubert-Fontaine, c^on de Rocroy (Ardennes), 531.

Maubuisson, c^ne de Saint-Ouen-l'Aumône (Seine-et-Oise), 547. Voy. *Catalogue*, n° 14690.

Mauny, c^on de Duclair (Seine-Inférieure), 422, 432, 478, 488, 510, 522, 535, 540.

Meaux (Seine-et-Marne), 482, 506.

Mehun-sur-Yèvre (Cher), 482.

Meillant, c^on de Saint-Amand (Cher), 482.

Melegnano, province et arrondissement de Milan, Marignan, 415.

Melle (Deux-Sèvres), 430, 546.

Melun (Seine-et-Marne), 413, 429, 459, 460, 474, 497, 498, 507, 509, 511, 525, 530, 538, 543, 545, 546, 547.

Mesle (Le), Le Mesle-sur-Sarthe (Orne), 423, 536, note 1.

Mesnil-le-Châtel, ou Maisnil près Hesdin (Pas-de-Calais), camp, 496.

Messigny, c^on de Dijon (Côte-d'Or), 516, 531, 548.

Meudon c^on de Sèvres (Seine-et-Oise), 497, 498, 504, 506, 510, 515, 518, 519, 522, 523, 524, 525, 529, 532, 543, 544, 546, 547.

Meung-sur-Loire (Loiret), 449, 503.

Meyzieux (Isère), 490, 491, 492.

Mézières (Ardennes), 531.

Mézières-en-Brenne (Indre), 416.

Milan (Italie), 415, 416, 417, 443, 534.

Milly-en-Gâtinais, arrond^t d'Étampes (Seine-et-Oise), 432, 474, 510, 530.

Mirabello (province et arrondissement de Pavie), «Myrabel vers le parc de Pavie», 445.

Mirambeau (Charente-Inférieure), 470.

Modène (Italie), 416.

Moirans (Isère), 414.

Molac, c^on de Questembert (Morbihan), 538.

Monchy, Monchy-Humières, c^on de Ressons (Oise), 495.

Monchy-Cayeux, c^on d'Heuchin (Pas-de-Calais), camp, 496, 543.

Monchy-le-Preux, c^on de Vitry (Pas-de-Calais), camp, 435.

Moncornet, en Ardenne, c^on de Renwez (Ardennes), 531.

Mondoubleau (Loir-et-Cher), 536.

Mont, près Blois, c^on de Bracieux (Loir-et-Cher), 463.

Montargis (Loiret), 413, 440, 482, 505, 525, 529, 545.

«Mont-aux-Moines (Le)», 443.

Montbard (Côte-d'Or), 539.

Montbrison (Loire), 491, 501, 543.

Mont-de-Marsan (Landes), 449, 541.

Montélimart (Drôme), 416, 417, 443, 447, 493, 502, 534, 541.

Montereau, Montereau-Faut-Yonne (Seine-et-Marne), 413, 467, 505, 533.

Montfort-l'Amaury (Seine-et-Oise), 515, 522, 529.

Montfort-sur-Risle (Eure), 522.

Montfraut, Monfrault (lu par erreur Montfranc), ancien château depuis englobé dans le parc de Chambord, paroisse de Thoury (Loir-et-Cher), 432, 451, 463, 526.

Montgeoffroy, château, c^on de Mazé (Maine-et-Loire), 538.

Montgieux, c^ne de Mercœur, c^on de La-Voulte-Chillac (Haute-Loire), 488.

Montgiscard (Haute-Garonne), 483.

Montiéramey, c^on de Lusigny (Aube), 515, 539.

Montierender (Haute-Marne), 515.

Montiers-sur-Saulx (Meuse), 516, 546.

Montignac, Montignac-Charente, c^on de Saint-Amand-de-Boixe (Charente), 470.

Notre-Dame-de-Bodrgmoyen. *Voy.* Usseau.

Notre-Dame-de-Celles. *Voy.* Celles.

Notre-Dame-de-Cléry. *Voy.* Cléry.

Notre-Dame-de-Liesse, c^on de Sissonne (Aisne), 412, 435, 452, 520, 531.

Notre-Dame-des-Champs (Prieuré de), près Corbeil (Seine-et-Oise), 458.

Notre-Dame-du-Pavillon. *Voy.* Pavillon.

Nouës. *Voy.* Noyers.

Nouvion-en-Ponthieu (Somme), impr. par erreur Noyon, 508, 545.

Novare (Italie), 415.

Noyers, « Noues » sans doute pour « Noiers », c^on de Saint-Aignan (Loir-et-Cher), 535.

Noyon (Oise), 412, 442, 464, 503.

Nuits-sous-Ravières, c^on d'Ancy-le-Franc (Yonne), 515.

Oiron, c^on de Thouars (Deux-Sèvres), 537.

Onzain, c^on d'Herbault (Loir-et-Cher), 473.

Orange (Vaucluse), 417, 534.

Orbec, arrondissement de Lisieux (Calvados), 423, 535.

Origny en Cambrésis (*sic*), paraît être Origny-Sainte-Benoîte, c^on de Ribemont (Aisne), camp, 435.

Orio, province de Milan, arrondissement de Lodi, 445.

Orléans (Loiret), 420, 451, 474, 507, 525, 534, 536, 545.

Oulins, c^on d'Anet (Eure-et-Loir), 509.

Pacy-sur-Eure (Eure), 488, 547.

Pagny, Pagny-la-Ville et Pagny-le-Château, c^on de Seurre (Côte-d'Or), 484, 490, 513.

Palisse (La) (Allier), 482, 494, 501, 534.

« Panfou-lès-Brie-Comte-Robert » (Seine-et-Marne), 485.

Paray-le-Monial (Saône-et-Loire), 503, 530.

Parc-lès-Moulins (Le), château, c^on d'Yzeure (Allier), 501, 513.

Paris. — 1515, janvier, février, mars, 412, 533; avril, 413. — 1516, octobre, 419. — 1517, janvier, février, 420; 535; mars, avril, mai, 421. — 1518, novembre, 426; décembre, 427. — 1519, janvier, février, mars, 427, 538; juillet, août, 429. — 1520, juillet, 431, 539; août, septembre, octobre, 432, 539. — 1521, décembre, 435. — 1522, janvier, février, mars, 436, 540; août, septembre, 437; novembre, décembre, 438. — 1523, janvier, février, 438; mars, avril, mai, juin, 439, 540; juillet, 440. — 1524, février, 540; mars, 441; avril, mai, 442. — 1526, novembre, 451; décembre, 452. — 1527, mars, avril, mai, juin, 453; juillet, 454; octobre, novembre, décembre, 455, 541. — 1528, janvier, février, 455, 541; mars, avril, mai, 456; juin, juillet, 457; août, septembre, 458; octobre, 459; novembre, décembre, 460. — 1529, janvier, février, 461; mars, 462; juin 464; septembre, 465, 542; octobre, novembre, 466. — 1530, décembre, 474. — 1531, janvier, février, mars, 475, 542; avril, mai, juin, 476, 542; septembre, 477. — 1532, octobre, décembre, 480. — 1533, janvier, février, mars, 481. — 1534, février, mars, mai, 485, 543; juin, juillet, août, 486. — 1535, janvier, 487, 543; février, 488. — 1536, décembre, 494. — 1537, janvier, 495; juillet, 497; août, 498, 544. — 1538, novembre, décembre, 504. — 1539, janvier, 504, 544; juin, juillet, 506, 544; novembre, décembre, 507. — 1540, janvier, 507; juin, juillet, 509, 545; octobre, novembre, 510. — 1542, janvier, 514; février, mars, 515. — 1543, janvier, février, avril, 518; mai, juin, juillet, 519, 546; novembre, 521. — 1544, février, mars, 522; mai, juin, juillet, 523; août, septembre, 524, 547; novembre, 525. — 1545, décembre, 528. — 1546, janvier, février, 528; mars, juin, 529.

Parme (Italie), 416.

Passy-en-Valois, c^on de Neuilly-Saint-Front (Aisne), 524.

Pavie (Italie), 415, 416, 417, 533. Camp devant la ville, 444, 445, 540. La Chartreuse, 443, 444. Bataille, 445.

Pavillon (Le), c^ne de Barisis, c^on de Coucy-le-Château (Aisne), 531.

Pavillon (Notre-Dame-du), arrondissement et c^on de Troyes (Aube), 467.

Pernes-en-Artois, c^on d'Heuchin (Pas-de-Calais), camp, 496, 543.

Péronne (Somme), 439, note, 454, 477, 489, 508.

Persac, c^on de Lussac-les-Châteaux, (Vienne), 513.

Pézenas (Hérault), 516, 546.

Pezou, c^on de Morée (Loir-et-Cher), 526.

Picquigny (Somme), 527.

Pierrefonds, c^on d'Attichy (Oise), 532.

Pierrepont-en-Laonnais, c^on de Marle (Aisne), 520.

Pignerol, Pinerolo, province de Turin, 443, 499.

Pithiviers (Loiret), 530.

Pizzighettone, province et arrondissement de Crémone, 445, 446.

Plessis-du-Vair (Le), ancien château, paroisse de Saint-Herblon, arrondissement d'Ancenis (Loire-Inférieure), 426, 538.

Plessis-lès-Tours (Le), château, c^ne de la Riche, c^on de Tours (Indre-et-Loire), 419, 423, 442, 526, 534, 536.

Plessis-Macé (Le), château, c^on d'Angers (Maine-et-Loire), 425, 426, 480, 537.

Podensac (Gironde), 471.

Pointe (La) de Ruzebourg. *Voy.* Ruzebourg.

Poissy (Seine-et-Oise), 525.

Poitiers (Vienne), 430.

Polignac, château, c^on du Puy (Haute-Loire), 483.

Pommiers, c^on de Saint-Germain-Laval (Loire), 491, 501.

Pont-Audemer (Eure), 478, 522.

Pont-d'Ain (Ain), 513.

Pont-de-Beauvoisin (Isère), 418.

Pont-de-Chéruy, c^on de Meyzieux (Isère), 484.

Pont-de-Gournay. *Voy.* Gournay.

Pont-de-l'Arche (Eure), 422, 423.

Pont-de-Norges. *Voy.* Norges-le-Pont.

Pont-de-Saint-Cloud. *Voy.* Saint-Cloud.

Pont-Faverger, c^on de Beine (Marne), 435.

Pontgouin, c^on de Courville (Eure-et-Loir), 526.

Pontigny, c^on de Ligny-le-Châtel (Yonne), 515.

Pontlevoy, c^on de Montrichard (Loir-et-Cher), 472, 487, 503, 512, 536, 537.

Pontorson (Manche), 426.

Pont-Rémy, c^on d'Ailly-le-Haut-Clocher (Somme), 527.

Pont-Sainte-Maxence (Oise), 507.

Pont-Saint-Esprit (Gard), 416, 417, 447.

Pont-sur-Seine, ou Pont-le-Roi, c^on de Nogent-sur-Seine (Aube), 467.

Port-de-Grâce. *Voy.* Havre (Le).

Port-de-Piles, c^on de Dangé (Vienne), 469.

Port-Saint-Ouen, c^ne de Gouy (Seine-Inférieure), 422.

Pougy-sur-Aube, c^on de Ramerupt (Aube), château, 467.

Pouilly-sur-Loire, arr. de Cosne (Nièvre), 536.

Pourcieux, c^on de Saint-Maximin (Var), 534.

Poussan, c^on de Mèze (Hérault), 517.

Pouzol, c^ne d'Étoile, c^on de Valence (Drôme), 502.

« Pragelle », Pragelas ou Pragelato (province de Turin, arr. de Pignerol), 443.

Pranzay, ancienne paroisse sur le territoire de Lusignan (Vienne), 469.

Prauthoy, arrondissement de Langres (Haute-Marne), 531.

Preignac, c^on de Podensac (Gironde), 471.

Prémont, c^on de Bohain (Aisne), 521, note.

Prémontré, c^on de Coucy-le-Château (Aisne), 477, 531. Abbaye, 465.

Presles, c^on de l'Isle-Adam (Seine-et-Oise), 524.

Provins (Seine-et-Marne), 467.

Prunay, c^on de Beine (Marne), 520.

Puiseaux, arrondissement de Pithiviers (Loiret), 462, 463.

Puy-en-Velay (Le) [Haute-Loire], 483.

Rambouillet (Seine-et-Oise), 515, 529, 532, 533.

Réalmont, « Montréal », chef-lieu de canton (Tarn), 483.

Réaudun, *aliàs* Ruaudin, ancienne maison seigneuriale, depuis enclavée dans le parc de Chambord, 451.

Reaupré. *Voy.* Royal-Pré.

Reggio (Italie), 416.

Reims (Marne), 412, 435, 481, 482, 489, 520, 524, 543, 546.

Remilly, Remilly-les-Pothées (Ardennes), 531.

Remoulins (Gard), 502.

Renay, aujourd'hui Reynel, c^on d'Andelot (Haute-Marne), 516.

Rennes (Ille-et-Vilaine), 426, 479.

Rethel (Ardennes), 435.

Reynel, « Renay », c^on d'Andelot (Haute-Marne), 516.

IMPRIMERIE NATIONALE.

TROISIÈME SUPPLÉMENT.

1515. — Pâques, le 8 avril.

1515.

32220. Mandement au capitaine Hérigoyen de lever en pays basque cinq cents hommes de pied pour les garnisons à morte-paye de Bayonne et de Dax. Paris, 3 janvier 1514. — 3 janvier.

Copie de l'époque. Arch. de la ville de Bayonne (Basses-Pyrénées), BB. 5, fol. 398.

Imp. Arch. mun. de Bayonne. Délibérations du Corps de ville. Registres gascons, t. II, in-4°. Bayonne, 1898, p. 29.

32221. Lettres permettant à la reine Marie, veuve de Louis XII, de continuer en sa chancellerie l'expédition des lettres de maîtrise de métier jurée, conformément au privilège qui lui en avait été octroyé par le feu roi. Paris, 7 janvier 1514. — 7 janvier.

Copie de l'époque. Arch. de la ville de Bayonne, BB. 5, fol. 402.

Imp. Arch. mun. de Bayonne. Délibérations du Conseil de ville. Registres gascons, t. II, in-4°. Bayonne, 1898, p. 31.

32222. Lettres de légitimation en faveur d'Hugues de Reigny, fils naturel de Jean de Reigny et d'Anne de Chalet. Janvier 1514. — Janvier.

Mention d'après un reg. perdu de la Chambre des comptes. Bibl. nat., ms. fr. 22237, fol. 2.

32223. Confirmation pour dix ans d'un octroi accordé à la ville de Pont-Audemer. Paris, 16 février 1514. — 16 février.

Arch. communales de Pont-Audemer (Eure). Indication de M. A. Canel, *Mém. de la Soc. des antiquaires de Normandie*, t. XIX, 1851, p. 594.

32224. Confirmation des privilèges accordés par les — 19 février.

rois de France aux habitants de Rocroi. Paris, 19 février 1514. | 1515.

Copie de l'année 1740. Arch. départ. des Ardennes, E. 764 (registre).

32225. Pouvoirs de chef de l'armée de mer du Levant pour René, bâtard de Savoie, de lieutenant général en cette armée pour Antoine de La Fayette, et de lieutenant général des galères pour Prégent de Bidoux. 20 février 1514. | 20 février.

Mention. Bibl. nat., ms. Clairambault 825, fol. 114.

32226. Lettres de légitimation en faveur de Jean de Lustrac, fils naturel de François de Lustrac. Février 1514. | Février.

Mention d'après un reg. perdu de la Chambre des comptes. Bibl. nat., ms. fr. 22237, fol. 2.

32227. Légitimation d'Antoine de La Grange, fils de Jacques, seigneur de La Grange, écuyer, et de Luce Redonde. Février 1514. | Février.

Mention d'après un reg. perdu de la Chambre des comptes. Bibl. nat., ms. fr. 22237, fol. 2.

32228. Lettres portant don des marcs aux habitants de Dijon, en considération des charges que leur occasionnaient l'entretien des fortifications et le passage des troupes. Paris, 2 mars 1514. | 2 mars.

Original. Arch. de la ville de Dijon, L. 7.

32229. Lettres portant prorogation pour six années de l'octroi accordé aux habitants de Verneuil au Perche, par le roi Louis XII, de percevoir 4 livres par muid de sel et 2 sols par minot, pour les fortifications de la ville. Paris, 10 mars 1514. | 10 mars.

Original. Arch. communales de Verneuil (Eure), CC. 2.

32230. Lettres accordant la même prorogation pour l'octroi de 20 sols par pipe de breuvage vendu au détail et de 4 deniers par bête ou charrette entrant dans la ville de Verneuil et les | 10 mars.

IMPRIMERIE NATIONALE.

faubourgs de Saint-Martin du vieux Verneuil et de Poilai, octroi dont le produit doit être appliqué aux fortifications et aux dépenses communes de la ville. Paris, 10 mars 1514. 1515.

Original. Arch. communales de Verneuil (Eure), CC. 3.

32231. Lettres de prorogation de l'octroi du huitième et du seizième sur le vin accordé aux habitants de Mâcon. Paris, 11 mars 1514. 11 mars.

Copie. Arch. communales de Mâcon (Saône-et-Loire), CC. 53, n° 32.

32232. Mandement au gouverneur du duché de Bourgogne, au bailli de Dijon et autres justiciers, portant que tous les habitants doivent contribuer au guet, à la garde, à l'entretien des fortifications, etc. Paris, 12 mars 1514. 12 mars.

Copie du XVIIIe siècle. Arch. de la ville de Dijon, L. 25.

32233. Lettres autorisant pour dix ans la continuation de levée du droit de robinage par la ville de Narbonne, pour l'entretien de la rivière d'Aude. Paris, 25 mars 1514. 25 mars.

Copie de l'époque. Arch. de la ville de Narbonne, AA. 112, fol. 26.

32234. Lettres portant création d'un marché par semaine et de quatre foires annuelles à Terrasson (Dordogne), à la requête de messire Hugues de Roffinhac, abbé commendataire de l'abbaye dudit lieu. Paris, mars 1514. Mars.

Mention du XVIIIe siècle. Bibl. nat., fonds du Périgord, ms. 35, fol. 253 v°.

32235. Création de six foires par an et d'un marché chaque semaine au bourg de Pordic. Paris, mars 1514. Mars.

Arch. départ. des Côtes-du-Nord, E. 2497.

32236. Lettres d'anoblissement en faveur de Jean Brachet, maître des eaux et forêts de Romorantin. Mars 1514. Mars.

Mention. Bibl. nat., ms. fr. 22253, fol. 73.

32237. Légitimation de Jeanne d'Absac, fille naturelle de Jean d'Absac, écuyer, et de Claire Léontier. Mars 1514. 1515. Mars.

Mention d'après un reg. perdu de la Chambre des comptes. Bibl. nat., ms. fr. 22237, fol. 2 v°.

32238. Mandement au bailli de Vermandois, confirmant l'octroi accordé par Louis XII, le 21 janvier 1512 n. s., pour six ans, aux habitants de la ville de Ham en Vermandois, savoir : 3 sols parisis sur chaque tonneau de vin vendu en gros en deux maisons de ladite ville, l'une nommée la *Folle Entreprinse*, l'autre dite *Coppebert*, 2 deniers parisis sur chaque lot vendu en détail, 12 deniers parisis sur chaque caque de cervoise ou autre petit breuvage vendu en gros, pour en employer le produit à la construction, réparation et entretien des fortifications de ladite ville de Ham. Paris, 4 avril 1514. 4 avril.

Original. Arch. communales de Ham (Somme), CC. 1.

32239. Confirmation des privilèges, libertés, coutumes et franchises octroyés par les prédécesseurs de François Ier aux habitants de Gourdon. 1514[1]. Avant le 8 avril.

Original. Arch. communales de Gourdon (Lot), AA. 1.

32240. Lettres confirmant le traité passé, le 26 janvier 1508, entre les commissaires du Roi et ceux du Pape, pour la délimitation de la Durance et des juridictions royale et pontificale, et attribuant à deux de ces commissaires la connaissance de tous les différends relatifs audit traité. Paris, 11 avril 1515. 11 avril.

Copie. Bibl. de la ville d'Avignon, ms. 2847, fol. 80.
Copie. Bibl. de la ville de Carpentras, ms. 1744, fol. 179.

[1] Le lieu, le jour et le mois sont en blanc. «Donné à ... le ... jour de ... l'an de grâce mil cinq cens quatorze et de nostre règne le premier.»

32241. Lettres permettant à Martin Dupin, natif de Bayonne, d'acheter chaque année, sa vie durant, cinq cents tonneaux de blé, tant froment que seigle et orge, en Guyenne, Saintonge et pays de la Rochelle, et de les transporter en franchise par les rivières de Charente, Dordogne, Garonne, Adour et autres jusqu'au bailliage de Labourd. Paris, 18 avril 1515. — 1515. 18 avril.

Copie de l'époque. Arch. de la ville de Bayonne, BB. 5.

Imp. Arch. mun. de Bayonne. Délibérations du Corps de ville. Registres gascons, t. II, in-4°. Bayonne, 1898, p. 125.

32242. Mandement aux élus du Bas-Limousin, leur faisant savoir que leur élection a été taxée à la somme de 8,335 livres 15 sols 10 deniers tournois, plus les frais, pour la crue de taille de 600,000 livres tournois imposée à tout le royaume. Paris, 20 avril 1515. — 20 avril.

Copie vidimée de l'époque. Bibl. nat., Nouv. acq. franç., ms. 20146, fol. 21 *bis*.

32243. Commission au grand sénéchal de Normandie et aux évêques de Lisieux, Séez et Coutances, pour requérir des villes de Rouen, Louviers, Dieppe, Honfleur, Harfleur, Pont-Audemer et Eu le don d'une somme destinée à subvenir aux frais de la guerre. Montereau-faut-Yonne, 30 avril 1515. — 30 avril.

Copie. Arch. communales de Pont-Audemer (Eure). Indication de M. A. Canel, *Mém. de la Soc. des antiquaires de Normandie*, t. XIX, 1851, p. 594.

32244. Légitimation de Guy du Canjon, fils naturel de Jean du Canjon, écuyer, et de Jeanne Rose. Avril 1515. — Avril.

Mention d'après un reg. perdu de la Chambre des comptes de Paris. Bibl. nat., ms. fr. 22237, fol. 2.

32245. Lettres de sauf-conduit pour François Franquis, marchand génois établi en Flandre, qui veut retourner à Gênes. Blois, 2 juin 1515. — 2 juin.

Copie du XVIe siècle. Bibl. nat., ms. fr. 24029, fol. 9.

32246. Lettres confirmant les sieurs de Béarn et Dupuy dans l'administration et gouvernement de la commanderie de Sainte-Marie-Madeleine de Bessaut [en Lencouacq, dans le Marsan], diocèse d'Aire, sénéchaussée des Lannes, jadis accordée à Arnaud de Navailles. Amboise, 13 juin 1515. — 1515. 13 juin.

Copie du temps. Arch. nat., M. 487, dossier Navailles.

32247. Lettres ordonnant l'enregistrement des lettres de naturalité accordées par Louis XII (Paris, juillet 1514) à Jean Remirez, chirurgien juré à Paris, fils de Jean Remirez, docteur en droit, de la cité de Soria en Castille. Paris (*sic*), 16 juin 1515. — 16 juin.

Enreg. au Châtelet de Paris, Bannières. Arch. nat., Y. 8, fol. 162.

32248. Lettres accordées aux habitants du Croisic et du Pouliguen, portant concession d'octroi pour la réparation des quais et du château. Amboise, 27 juin 1515. — 27 juin.

Copie. Arch. du dép. de la Loire-Inférieure, C. 62.

32249. Légitimation de François et Marie de Tronsanges, enfants naturels de Charles de Tronsanges, écuyer, et de Catherine de Nozières. Juin 1515. — Juin.

Mention d'après un reg. perdu de la Chambre des comptes de Paris. Bibl. nat., ms. fr. 22237, fol. 2.

32250. Légitimation de Charles de La Garde, fils naturelle de Pierre de La Garde, écuyer, et de Benoîte Bourgeois. 9 juillet 1515. — 9 juillet.

Mention d'après un reg. perdu de la Chambre des comptes de Paris. Bibl. nat., ms. fr. 22237, fol. 2.

32251. Mandement aux élus du Bas-Limousin de répartir et faire lever la quote-part due par leur élection de la taille de 2,400,000 livres (33,343 livres 3 sols 4 deniers) et de la crue — 3 août.

de 500,000 livres (6,046 livres 9 sols 10 deniers obole). Grenoble, 3 août 1515. 1515.

Vidimus du 1er décembre 1515. Bibl. nat., Nouv. acq. fr., ms. 20029, fol. 61.

32252. Mandement aux gens des comptes de payer 10,000 écus à Louis duc de Longueville, sur 20,000 que le Roi a promis de lui donner en deux années, la moitié cette présente année, et l'autre moitié l'année suivante, pour la rançon du comte Pedro de Navarre, laquelle rançon le roi Louis XII avait donnée audit duc de Longueville pour l'aider à payer la sienne au roi d'Angleterre. Grenoble, 8 août 1515. 8 août.

Analyse. Catalogue d'une coll. d'autographes... vendue le 15 février 1864. Paris, Charavay, 1864, n° 85.

32253. Lettres enjoignant au Grand conseil de casser les arrêts du Parlement de Toulouse rendus dans un procès relatif à l'évêché de Tarbes, nonobstant les lettres d'évocation de ce procès audit Grand conseil, avec nouvelle défense au Parlement de prendre connaissance dudit procès engagé entre Thomas de Foix, pourvu de l'évêché par le Pape, et Roger de Montaut, élu au même évêché par les chanoines de l'église de Tarbes. Milan, 17 octobre 1515. 17 octobre.

Enreg. au Parl. de Toulouse, le 3 décembre suivant. Arch. de la Haute-Garonne, B. 1900 (2e reg. des Édits), fol. 295.

32254. Mandement de la régente aux généraux des finances de faire payer à Anne de Polignac, veuve du comte de Sancerre, et à Jean de Bueil, son fils, la moitié de la pension que le Roi avait accordée audit feu comte. Bléré, 20 octobre 1515. 20 octobre.

Original. Bibl. nat., ms. Clairambault 144, n° 82.

32255. Pouvoirs donnés à Charles Guillard, président 21 octobre.

au Parlement de Paris, et à [Adrien] de Hangest, seigneur de Genlis, chambellan du Roi, bailli d'Évreux, pour traiter de la paix et alliance avec l'Empereur. Milan, 21 octobre 1515. 1515.

Copie du XVIIe siècle. Bibl. nat., ms. fr. 15589, fol. 40.

32256. Confirmation des privilèges, franchises et libertés des habitants de la ville de Gênes. Milan, novembre 1515. Novembre.

Copie de l'an 1528. Bibl. nat., Nouv. acq. lat., ms. 1790, fol. 1.

32257. Don par François Ier à Jean de Brandech, chevalier, capitaine de lansquenets, de la châtellenie du Vaudreuil. Milan, novembre 1515. Novembre.

Copie de l'époque. Arch. départ. de l'Eure, E. 666.

32258. Lettres de sauvegarde accordées par la régente au chapitre collégial de Saint-Étienne de Tescou. Moulins, novembre 1515. Novembre.

Original (ad relacionem Consilii). Arch. départ. de Tarn-et-Garonne, G. 1073.

32259. Lettres de sauvegarde données par la régente en faveur des Jacobins de Mâcon. Lyon, 14 décembre 1515. 14 décembre.

Copie. Arch. communales de Mâcon (Saône-et-Loire), GG. 111, n° 2.

1516. — Pâques, le 28 mars.

32260. Lettres patentes en faveur de Guillaume d'Abon, écuyer, seigneur de Reynier, de Gap. Marseille, 26 janvier 1515. 1516. 26 janvier.

Imp. Annales des Alpes, janvier-février 1902, p. 208.

32261. Lettres portant confirmation des privilèges, franchises et libertés, foires et marchés et autres droits de la ville et forteresse de Beaulieu en Avril.

Limousin, sise sur la rivière de Dordogne. Lyon, avril 1516. 1516.

Enreg. par le sénéchal de Limousin, le 23 décembre 1519. Copie moderne déposée à l'Institut, prise sur une copie informe et ancienne appartenant à M. Broquerie.

32262. Mandement aux généraux des finances de laisser les gens d'église, nobles et bourgeois, habitants de Lisieux, jouir de l'octroi de 40 sols par muid de sel vendu au grenier de ladite ville, octroi qui leur avait été continué par Louis XII, le 14 avril 1510. Lyon, 9 juillet 1516. 9 juillet.

Original. Arch. de la ville de Lisieux, CC. 268.

32263. Légitimation de Jacques d'Amoncourt, fils naturel de Jacques d'Amoncourt, chanoine et chantre de l'église de Lyon, et de Claude de La Tour. Juillet 1516. Juillet.

Mention d'après un reg. perdu de la Chambre des comptes de Paris. Bibl. nat., ms. fr. 22237, fol. 2.

32264. Confirmation des lettres portant création de six foires par an et d'un marché chaque semaine au bourg de Pordic. 7 août 1516. 7 août.

Arch. départ. des Côtes-du-Nord, E. 2497.

32265. Confirmation des privilèges et franchises du monastère de Boscodon au diocèse d'Embrun. Août 1516. Août.

Copie. Bibl. de la ville de Carpentras, ms. 1861, fol. 447.

32266. Commission à Antoine Dubail, contrôleur des officiers de l'hôtel, et à François de Caux, prévôt de l'artillerie de Bretagne, pour se rendre dans les vignobles de Chalosse, Gaillac, Grave, Matha et la Foye-Monjault, et y acheter trois cents pipes de vin qui seront menées au château d'Amboise, pour la pro- 2 septembre.

vision de l'hôtel du roi. Amboise, 2 septembre 1516. 1516.

Copie de l'époque. Arch. de la ville de Bayonne, BB. 5, fol. 518.

Imp. *Arch. mun. de Bayonne. Délibérations du Corps de ville. Registres gascons*, t. II, in-4°. Bayonne, 1898, p. 94.

32267. Mandement aux généraux des finances, portant autorisation à la ville de Paris d'abaisser de 30 livres tournois à 20 livres le droit de crue qu'elle a sur chaque muid de sel. Amboise, 28 septembre 1516. 28 septembre.

Copie du XVIe siècle. Bibl. nat., ms. fr. 18783, fol. 131.

32268. Constitution par le Roi de procureurs en cour de Rome pour reconnaître le traité de Noyon et se soumettre, quant à son exécution, aux censures de l'Église. Amboise, 30 septembre 1516. 30 septembre.

Copie du XVIe siècle. Arch. départ. du Nord, B. 440.

32269. Lettres portant confirmation des privilèges octroyés par les rois aux habitants de Nonancourt. Orléans, octobre 1516. Octobre.

Original. Arch. communales de Nonancourt (Eure), AA. 1.

32270. Lettres de confirmation des privilèges accordés aux habitants de Quillebeuf par les rois Charles VII, Louis XI, Charles VIII et Louis XII. Amboise, octobre 1516. Octobre.

Copie du XVIIIe siècle. Arch. communales de Quillebeuf (Eure), AA. 1 (cahier papier, 6 feuillets).

32271. Ratification des articles passés entre Charles duc de Savoie et Louis de Canossa, évêque de Tricarico, d'une part, et Antoine Du Prat, chancelier de France, d'autre part. Amboise, 3 novembre 1516. 3 novembre.

Minute. Florence, Archivio di Stato, mss Torregiani, Francia, busta II, fasc. 4.

32272. Déclaration du Roi portant qu'il a voulu, par de précédentes lettres (novembre 1515, ci-dessus, n° 32257), donner à Jean de Brandech, jusqu'à concurrence de 600 livres de rente, la châtellenie du Vaudreuil et tous ses revenus, tels qu'en jouissaient les chanoines de Cléry, par don de Louis XI. Amboise, 18 novembre 1516. — 1516. 18 novembre.

Copie de l'époque. Arch. départ. de l'Eure, E. 666.

32273. Confirmation de l'acte de paréage passé en 1283 entre le roi d'Angleterre, d'une part, l'évêque et le chapitre de Bazas, d'autre. Amboise, novembre 1516. — Novembre.

Arch. départ. de la Gironde, G. 921.

32274. Légitimation de Gaston de Séraucourt, fils naturel de Jean de Séraucourt, écuyer, et de Jorette Fontaine. Novembre 1516. — Novembre.

Mention d'après l'anc. reg. XI de la Chambre des comptes de Paris. Bibl. nat., ms. fr. 22237, fol. 2.

32275. Lettres notifiant à la ville d'Orléans qu'elle fait partie des douze villes qui doivent garantir l'exécution du traité de Noyon et du mariage de la fille aînée du roi de France avec le Roi catholique, et l'invitant à donner l'acte d'acquiescement et de garantie pour ce requis. Amboise, 20 décembre 1516[1]. — 20 décembre.

Copie du XVIIe siècle. Arch. du Ministère des Affaires étrangères, Espagne, 2, fol. 207.

32276. Pouvoirs donnés à Étienne de Poncher, évêque de Paris, et à Just de Tournon, seigneur du lieu, chambellan du Roi, pour assister au serment, que prêtera l'empereur Maximilien, d'observer le traité de Bruxelles, du 3 dé- — 21 décembre.

[1] A la suite du texte, on lit cette note : «Semblables lettres furent adressées aux bonnes villes de Paris, Poitiers, Nantes, Reims, Bayonne, Narbonne, Angers, Lyon, Bordeaux et Montpellier». Les six premières figurent au *Catalogue* sous les numéros 571, 572, 573, 575, 16284 et 16285.

cembre précédent. Amboise, 21 décembre 1516. 1516.

Original. Arch. nat., J. 663, n° 6.
Copie du XVIIe siècle. Arch. du Ministère des Affaires étrangères, Autriche, 4, fol. 370.

32277. Lettres portant notification du traité conclu, le 3 décembre précédent, entre François Ier et l'Empereur, avec ordre de le publier par les rues de Paris. Blois, 28 décembre 1516. 28 décembre.

Enreg. au Châtelet de Paris. Arch. nat., Y. 6^3, fol. 182.

32278. Légitimation de Michelle d'Illiers, fille naturelle de Louis d'Illiers et de Nicole Mercier, femme de Hugues Le Maire. Décembre 1516. Décembre.

Mention d'après l'anc. reg. XI de la Chambre des comptes de Paris. Bibl. nat., ms. fr. 22237, fol. 2.

32279. Légitimation de François Jabault, fils naturel de Guillaume Jabault, écuyer, et de Catherine de Villars. Décembre 1516. Décembre.

Mention d'après l'anc. reg. XI de la Chambre des comptes de Paris. Bibl. nat., ms. fr. 22237, fol. 2.

1517. — Pâques, le 13 avril.

1517.

32280. Mandement à Michel de Ségure, commis au payement des réparations des places de la sénéchaussée des Lannes, de revendre les approvisionnements de blé et autres grains emmagasinés, l'année précédente, à Bayonne et que la paix a rendus inutiles. Paris, 11 février 1516. 11 février.

Copie de l'époque. Arch. de la ville de Bayonne, BB. 5, fol. 542.
IMP. *Arch. mun. de Bayonne. Délibérations du Corps de ville. Registres gascons*, t. II, in-4°. Bayonne, 1898, p. 107.

32281. Mandement aux généraux des finances de faire délivrer 850 livres à Claude Brachet, commis 14 février.

au payement des archers écossais de la garde. Paris, 14 février 1516. 1517.

Original. Collection du manoir de Kériolet (Finistère), appartenant au département (n° 221 de l'inventaire de ladite collection fait par M. Bourde de la Rogerie).

32282. Mandement au Parlement de Dijon, prescrivant à ceux qui levaient des « péages et ventes » dans la ville et la banlieue de Dijon d'employer une partie de ces deniers à l'entretien des routes. Paris, 31 mars 1516. 31 mars.

Deux expéditions originales. Arch. de la ville de Dijon, J. 127 et K. 228.

32283. Légitimation de Martine Foucaut, fille de Jean Foucaut. Mars 1516. Mars.

Mention d'après l'anc. reg. XI de la Chambre des comptes. Bibl. nat., ms. fr. 22237, fol. 2.

32284. Confirmation de la donation du village de Roquebrune et d'autres lieux, faite au monastère de Saint-Maximien en Provence par Jean Le Meingre, dit Boucicaut. Abbeville, 5 juillet 1517. 5 juillet.

Copie du XVIIe siècle. Bibl. de la ville de Carpentras, ms. 1850, fol. 254.

32285. Lettres portant révocation de la vente faite par Jacques de Pontevès, prieur du couvent royal de Saint-Maximin, du lieu de Roquebrune, que Jehan Le Meingre, dit Boucicaut, avait donné à ladite abbaye pour la fondation d'une messe à la Sainte-Baume. 13 juillet 1517. 13 juillet.

Analyse. Bibl. de la ville de Carpentras, ms. 1850, fol. 255.

32286. Lettres accordées à Guy de Montpezat contre le syndic des marchands d'Aiguillon, qui refusait de payer le droit de passage. 22 août 1517. 22 août.

Arch. départ. de Lot-et-Garonne, E. Suppl. 755* (c^ne^ d'Aiguillon, CC. 2).

32287. Lettres confirmant à l'hôpital Comtesse de Lille 27 août.

son droit de mannée à une lieue autour de cette ville. Paris (*sic*), 27 août 1517. 1517.

Original. Lille, Archives hospitalières, fonds de l'hôpital Comtesse, titres isolés, n° 897.
Copie. Bibl. comm. de Lille, coll. Godefroy, portefeuille 248.

32288. Provisions de l'office de lieutenant particulier des Eaux et forêts à Rouen, en faveur de Charles Le Fèvre. Évreux, 9 septembre 1517. 9 septembre.

Mention. Bibl. nat., ms. fr. 22457, p. 76.

32289. Provisions de l'office de greffier de la maîtrise des Eaux et forêts de Rouen pour Robert des Essarts. Le Bourgneuf[1], 15 septembre 1517. 15 septembre.

Mention. Bibl. nat., ms. fr. 22457, p. 76.

32290. Don aux religieux du tiers-ordre de Saint-François du couvent d'Andely-sur-Seine, de 4 livres parisis de rente. Évreux, septembre 1517. Septembre.

Copie. Arch. départ. de l'Eure, H. 1148.

32291. Confirmation des lettres permettant à Martin Dupin, de Bayonne, la traite annuelle de cinq cents tonneaux de blé (ci-dessus, 18 avril 1515, n° 32241), pour en jouir sa vie durant, nonobstant la révocation des dons et aliénations du domaine. Argentan, 4 octobre 1517. 4 octobre.

Copie de l'époque. Arch. de la ville de Bayonne, BB. 5.
IMP. *Arch. mun. de Bayonne. Délibérations du Corps de ville. Registres gascons*, t. II, in-4°. Bayonne, 1898, p. 126.

32292. Lettres accordant délai au sieur de Brézé, grand sénéchal de Normandie, pour prêter serment de l'office de maître particulier des Eaux et forêts de Normandie. La Ferté-Bernard, 15 novembre 1517. 15 novembre.

Mention. Bibl. nat., ms. fr. 22457, p. 84.

[1] Aujourd'hui le Neubourg, canton de l'arrondissement de Louviers (Eure).

32293. Lettres enjoignant à la Chambre des comptes de Dijon de ne mettre aucun empêchement à la perception des droits d'entrée des vins à Dijon. Le Plessis-du-Parc-lès-Tours, 30 novembre 15[17]. 1517. 30 novembre.

Copie. Arch. de la ville de Dijon, K. 160.

1518. — Pâques, le 4 avril.

1518.

32294. Mandement pour la répression de certains abus à la Faculté de médecine de Montpellier. Amboise, 13 janvier 1517. 13 janvier.

Copies. Bibl. de Montpellier, ms. 104, fol. 334; *Arch. de la Faculté de médecine de Montpellier*, Arrêts et déclarations concernant les privilèges de la Faculté, reg. XI, fol. 70.

32295. Confirmation d'un octroi sur la viande de boucherie accordé aux consuls de Figeac, pour réparer les fortifications de leur ville. Amboise, 21 janvier 1517. 21 janvier.

Original. Arch. communales de Figeac (Lot), CC. 5.

32296. Provisions de l'office de secrétaire du dauphin en faveur de Claude Guyot. Amboise, 3 mars 1517. 3 mars.

Copie du XVIIe siècle. Bibl. nat., ms. fr. 23940, fol. 230 v°.

32297. Commission au bailli de Rouen pour obtenir des villes franches de Normandie un don d'argent pour subvenir aux frais de la guerre. Paris, 4 mars 1517. 4 mars.

Copie. Arch. communales de Pont-Audemer (Eure). Indication de M. A. Canel, *Mém. de la Soc. des antiquaires de Normandie*, t. XIX, 1851, p. 596.

32298. Mandement au sénéchal d'Anjou, conservateur des privilèges royaux de l'Université d'Angers, de permettre aux habitants de la paroisse de Françay (c[on] d'Herbault) de s'assem- 12 mars.

bler pour désigner des procureurs chargés de les représenter dans un procès pendant devant le sénéchal d'Anjou, entre les marguilliers de ladite paroisse et Jean Landeny, étudiant à l'Université d'Angers, au sujet d'une rente foncière. Amboise, 12 mars 1517. 1518.

Original. Arch. départ. de Loir-et-Cher, G. 1505.

32299. Mandement à la Cour des Aides de Normandie d'entériner les lettres patentes de janvier 1514 (n° 67), confirmatives de l'exemption de tous impôts pour la ville de Louviers ainsi que pour ses faubourgs, bien que ceux-ci ne soient pas spécifiés dans les lettres du roi Charles VII. Rouen (*sic*), 16 mars 1517. 16 mars.

Entériné le 17 mars 1518 n. s. par la Cour des Aides, à Rouen.
Copie du XVIIIe siècle. Arch. communales de Louviers (Eure), AA 1, n° 17.
IMP. Th. Bonnin, *Cartulaire de Louviers.* Évreux, in-4°, fasc. III, 1878, p. 68.

32300. Légitimation de Michel de Luppé, fils naturel de Carbon, seigneur de Luppé, et de Catherine de Pensains. Mars 1517. Mars.

Mention d'après l'anc. reg. XI de la Chambre des comptes. Bibl. nat., ms. fr. 22237, fol. 2 v°.

32301. Lettres portant confirmation des privilèges et franchises de la ville de Montbard, au bailliage d'Auxois. Amboise, mars 1517. Mars.

Original. Arch. comm. de Montbard (Côte-d'Or).
IMP. J. Garnier, *Chartes de communes et d'affranchissements en Bourgogne,* Dijon, 3 vol. in-4°, 1867-1877, t. II, p. 117.

32302. Commission à Adam Fumée, seigneur des Roches, maître des requêtes de l'hôtel, et à Mellin de Saint-Gelais, seigneur de Saint-Séverin, de faire imprimer et mettre en vente le Concordat, nonobstant les défenses faites par l'Université. Amboise, 12 avril 1518. 12 avril.

IMP. en tête de la première édit. du Concordat, 1518 : *Concordata inter sanctissimum dominum nostrum Papam Leonem decimum et christianissimum dominum nostrum regem Franciscum... Impressa Parisius, pro Durando Gerlier, librario, in vico Mathurinorum commorante.* 1518.

32303. Lettres d'évocation au Grand conseil du procès du duc d'Alençon et de sa femme, Marguerite de Valois, contre Jean de Lévis, seigneur de Mirepoix, à l'occasion de la succession d'Armagnac. 13 avril 1518. 13 avril.

Arch. du château de Léran (Ariège), fonds d'Armagnac, C. 19, n° 35.

32304. Mandement au Parlement de Toulouse pour l'enregistrement du Concordat entre le Pape et le roi de France (13 mai 1517). Paris, 14 avril 1518. 14 avril.

Enreg. au Parl. de Toulouse, le 10 mai suivant. Arch. de la Haute-Garonne, B. 1901 (3e registre des Édits), fol. 32.

32305. Lettres renouvelant pour huit ans les octrois sur le vin, le sel et aussi l'aide d'une maille sur chaque miche, concédés à la ville de Nevers par les prédécesseurs de François Ier. Amboise, 20 avril 1518. 20 avril.

Original. Arch. communales de Nevers, CC. 353.

32306. Lettres d'évocation au Parlement de Paris d'une sentence donnée au Conseil de Flandre contre les habitants de Werwick en matière des domaines de l'Empereur, lequel est cité à comparaître en ladite cour, avec le procureur général du Conseil de Flandre. Paris, 20 avril 1518. 20 avril.

Copie. Bibl. comm. de Lille, Coll. Godefroy, portefeuille 248.

32307. Confirmation du don du paréage de Mirepoix fait par le Roi à Jean de Lévis, seigneur du lieu, avec ordre de ne pas le troubler dans sa possession, le procureur général du Parlement de Toulouse prétendant faire incorporer ledit paréage au domaine, sous pré- 22 avril.

texte que les aliénations domaniales avaient été révoquées. 22 avril 1518. 1518.

Arch. du château de Léran (Ariège), fonds du paréage de Mirepoix, C. 6, nos 24-26.

32308. Lettres autorisant les habitants de Harfleur à faire figurer au compte des dépenses pour réparation des fortifications et emparements de ladite ville la somme de 500 livres, que le Roi leur avait demandée en 1515 « pour les urgens et graves affaires » du royaume. Amboise, 28 avril 1518. 28 avril.

Original en vente (oct. 1903) à la librairie Ernest Dumont, rue Barbey-de-Jouy, 42, Paris.

32309. Don à Jean de La Chesnaye, vicomte de Carentan, du droit de rachat sur la terre de Castera et les moulins de Pradère, donnés par Louis XI à Nicolas de La Chesnaye, son maître d'hôtel. Amboise, mai 1518. Mai.

Copie du XVIe siècle. Bibl. nat., ms. fr. 20422, n° 22[1].

32310. Déclaration portant que Caen et la Normandie sont du royaume de France, et que l'Université de Caen doit jouir des nominations comme les autres Universités du royaume. Angers, 20 juin 1518. 20 juin.

Arch. depart. du Calvados, D. 64.

32311. Lettres prorogeant pour quatre années l'octroi de 20 sols par pipe sur la boisson vendue en détail, anciennement accordé à la ville de Verneuil. Paris, 30 novembre 1518. 30 novembre.

Original en mauvais état. Arch. communales de Verneuil (Eure), CC. 3.

32312. Lettres de ratification par le Roi du premier contrat d'échange d'Havrech (Havré), contenant copie dudit contrat et de l'acte d'homologation du duc d'Aerschot, alors comte de Porcien. 21 décembre 1518. 21 décembre.

Mention. Bibl. nat., nouv. acq. fr., ms. 1087, fol. 65.

IMPRIMERIE NATIONALE.

32313. Légitimation de Renaud de Prest, écuyer, fils de Jean de Prest, écuyer, et de Jeanne Lecomte. Décembre 1518. — 1518. Décembre.

Mention d'après l'anc. reg. XI de la Chambre des comptes. Bibl. nat., ms. fr. 22237, fol. 2 v°.

32314. Légitimation de Robert de Lomagne, archer de la garde du corps, fils naturel de Pierre de Lomagne et de Jeanne de Harville. Décembre 1518. — Décembre.

Mention d'après l'anc. reg. XI de la Chambre des comptes. Bibl. nat., ms. fr. 22237, fol. 2 v°.

32315. Lettres confirmant les religieux de l'abbaye de Bonneval dans le droit de garder les clefs de la ville. 1518. — 1518.

Copie du XVIe siècle, incomplète. Arch. d'Eure-et-Loir, H. 612. (*N. B.* La date 1518 est au dos de la pièce).

32316. Privilège accordé aux habitants de la Châtre de percevoir le treizième du vin récolté et vendu en la terre de la Châtre. 1518. — 1518.

Analyse. Arch. départ. de l'Indre, A. 4.

1519. — Pâques, le 24 avril.

1519.

32317. Lettres portant main-levée des saisies faites par les commissaires chargés de lever les droits de franc-fief et nouveaux acquêts, sur les biens de l'ordre de Saint-Jean-de-Jérusalem. Paris. 5 janvier 1518. — 5 janvier.

Vidimus des 19 janvier suivant et 30 août 1520. Arch. de la Haute-Garonne, H. 144.

Mention du XVIIIe siècle. Arch. du Ministère des affaires étrangères, Mém. et doc., Malte 25, fol. 31 v°.

32318. Ordonnance rendue d'accord avec le roi d'Angleterre, pour la répression des pirateries entre les sujets du roi de France et ceux des princes alliés. Paris, 18 janvier 1518. — 18 janvier.

Original vendu au commencement de l'année 1904 par M. Clouzot, libraire éditeur, de Niort, à M. Hermann L. Ettinghausen, libr., Cannon Street, 52, à Londres.

32319. Lettres autorisant Arnaud Guillem, évêque d'Aire, à faire la traite de douze cents tonneaux de blé de ses dîmes, et à les faire vendre où bon lui semblera, dans le royaume ou dehors. Paris, 22 janvier 1518. 1519. 22 janvier.

Copie de l'époque. Arch. de la ville de Bayonne, BB. 6, fol. 48.

IMP. *Arch. mun. de Bayonne. Délibérations du Corps de ville. Registres gascons*, t. II, in-4°. Bayonne, 1898, p. 218.

32320. Lettres de naturalité en faveur de Michel « Avant de Dusoir », chirurgien à Paris, originaire de Tirlemont en Brabant, avec permission d'exercer la chirurgie. Paris, janvier 1518. Janvier.

Enreg. au Châtelet de Paris, Bannières. Arch. nat., Y. 8, fol. 128 v°.

32321. Mandement au trésorier de Rouergue de payer à Jean de Lévis, seigneur de Châteaumorant, les frais de l'expédition faite contre les gens du Rouergue, à l'occasion de l'impôt appelé « pesade ou commun de paix ». 24 février 1518. 24 février.

Arch. du château de Léran (Ariège), fonds de Châteaumorant, liasse A. 1, n° 54.

32322. Lettres de sauvegarde octroyées à Jean de Lévis, seigneur de Châteaumorant. 22 mars 1518. 22 mars.

Arch. du château de Léran (Ariège), fonds de Châteaumorant, liasse A. 1, n° 56.

32323. Lettres de naturalité en faveur de Girard Le Roy, pauvre homme, chargé de famille, natif de Liège. Paris, mars 1518. Mars.

Enreg. au Châtelet de Paris, Bannières. Arch. nat., Y. 8, fol. 121 v°.

32324. Provisions de l'office de maire et gouverneur de Bayonne pour Jacques de Sainte-Colombe, chevalier, lieutenant de la compagnie des ordonnances du seigneur de Lautrec. Saint-Germain-en-Laye, 16 avril 1518. 16 avril.

Copie de l'époque. Arch. de la ville de Bayonne, BB. 6, fol. 58.

IMP. *Arch. mun. de Bayonne. Délibérations du Corps de ville. Registres gascons*, t. II, in-4°. Bayonne, 1898, p. 223.

32325. Mandement à Guy Pignard, notaire et secrétaire du Roi, bailli de Langres, et aux élus dudit lieu, de réunir des approvisionnements en l'élection de Langres, jusqu'à concurrence de deux cents muids de blé, de sept cent cinquante poinçons de vin et de deux cent vingt-sept muids d'avoine. Saint-Germain-en-Laye, 5 mai 1519. — 1519. 5 mai.

Copie de l'époque. Arch. de la Haute-Marne, chapitre de Langres, G. 107, cote provisoire.

32326. Lettres défendant à Guillaume Chambellan, garde des sceaux de la Chancellerie de Bourgogne, de sceller des reliefs d'appel relatifs aux comptes, ceux-ci devant se vider en chambre neutre. Saint-Germain-en-Laye, 7 mai 1519. — 7 mai.

Enreg. au Parl. de Bourgogne. Arch. départ. de la Côte-d'Or, B. 12074, fol. 173.

32327. Commission à Guyon Le Roy, sieur du Chillou, vice-amiral, à l'effet de conduire des gens de guerre au service du roi de Danemark. Saint-Germain-en-Laye, 4 juin 1519. — 4 juin.

Copie collat. de l'époque. Arch. de la ville du Havre, EE. 1, n° 8.

Imp. St. de Merval, *Documents relatifs à la fondation du Havre*. Rouen, in-8°, 1875, p. 176.

32328. Lettres ordonnant l'expropriation des terrains qui doivent être occupés par les bâtiments de l'hôpital de la Charité, à Paris. Corbeil, 13 août 1519. — 13 août.

Arch. de l'Hôtel-Dieu de Paris, 34° registre des Comptes.

Imp. *Collection de documents pour servir à l'histoire des hôpitaux de Paris*, publiée par M. Brièle, t. III, p. 163.

32329. Mandement à la Chambre des comptes de rembourser 80 livres tournois à Hugues de Fereys, receveur ordinaire des Montagnes d'Auvergne, s'il appert qu'il a baillé, en 1508, à l'un de — 11 septembre.

ses prédécesseurs, cette somme dont il a perdu la quittance. Blois, 11 septembre 1519. 1519.

Original. Bibl. de la ville de Laon, Doc. divers, carton 1, n° 10.

32330. Lettres de ratification de la Ligue conclue entre le Roi de France et le Pape. Amboise, 22 octobre 1519. 22 octobre.

Original. Florence. Archivio di Stato, Mss. Torregiani, Francia, busta II, fasc. 4.

32331. Confirmation en faveur du chapitre de Châlons-sur-Marne de l'exemption du logement des gens de guerre. Blois, 19 novembre 1519. 19 novembre.

Original. Arch. départ. de la Marne, G. 475.

32332. Lettres de souffrance accordées à Guillaume de Croy, seigneur de Chièvres, pour faire hommage du comté de Beaufort et autres terres. Blois, 5 décembre 1519. 5 décembre.

Analyse. Bibl. nat., Nouv. acq. franç., ms. 1087, fol. 67.

32333. Commission à Roland Du Halde, receveur ordinaire en la sénéchaussée des Lannes, d'approvisionner de quatre cents pipes de vin les villes de Dax et de Bayonne, pour le très prochain voyage de la Cour en cette partie du royaume (voyage qui n'eut pas lieu). Châtellerault, 30 décembre 1519. 30 décembre.

Copie de l'époque. Arch. de la ville de Bayonne, BB. 6, fol. 92.

Imp. *Arch. mun. de Bayonne. Délibérations du Corps de ville. Registres gascons*, t. II, in-4°. Bayonne, 1898, p. 240.

32334. Légitimation de Jean et Jeanne de Horne (*de Horniaco*), enfants naturels de Gaspard de Horne, religieux de l'ordre de Saint-Benoît, et de Marguerite Royère, veuve de Pierre Escure. Décembre 1519. Décembre.

Mention d'après l'anc. reg. XI de la Chambre des comptes. Bibl. nat., ms. fr. 22237, fol. 2 v°.

1520. — Pâques, le 8 avril.

32335. Lettres de surannation adressées au Parlement et au Prévôt de Paris pour l'enregistrement des lettres de naturalité accordées (Lyon, octobre 1502) à Hans de Bréda et à ses neveux Geoffroy de Bréda et Geoffroy de La Bistrade, dit de Bréda, originaires du Brabant. Paris (*sic*), 3 février 1519. 1520. 3 février.

Enreg. au Châtelet de Paris, Bannières. Arch. nat., Y. 8, fol. 104.

32336. Lettres octroyant aux habitants de Saint-Jean-d'Angély la huitième partie du souchet (droit levé sur le vin) pour en employer le produit aux réparations des fortifications et au pavage de la ville. Saint-Jean-d'Angély, 11 février 1519. 11 février.

Vidimus du 3 septembre 1520. Arch. de la ville de Saint-Jean-d'Angély, AA 1, n° 17.

32337. Légitimation de Jean Gaillard, fils naturel de feu Jean Gaillard, écuyer, et d'Andrée Benechaud. Mars 1519. Mars.

Mention d'après l'anc. reg. XI de la Chambre des comptes. Bibl. nat., ms. fr. 22237, fol. 2 v°.

32338. Légitimation de Menaud de Bearou (ou Bearu), capitaine de Mauléon, fils naturel de Jean de Bearou, chevalier, et de Marie de Bourdenove (ou Bourdenève). Mars 1519. Mars.

Mention d'après l'anc. reg. XI de la Chambre des Comptes. Bibl. nat., ms. fr. 22237, fol. 2 v°.

32339. Lettres ordonnant d'informer sur la plainte des trois États du Bordelais, tendant à faire interdire aux gens de la Rochelle de tirer du bois du Bordelais, ce bois étant nécessaire pour loger le vin. Blois, 16 avril 1520. 16 avril.

Copie collat. Arch. de la ville de Bourg-sur-Gironde (Gironde), AA 3.

IMP. *Archives historiques de la Gironde*. Bordeaux, 1896, in-4°, t. XXXI, p. 303.

32340. Lettres de surannation accordées à Charles de Clèves, étudiant en l'Université de Paris, natif d'Allemagne, pour l'enregistrement des lettres de naturalité qu'il avait obtenues à Blois, le 4 juillet 1510. Paris, 22 mai 1520. — 1520. 22 mai.

Enreg. au Châtelet de Paris, Bannières. Arch. nat., Y 8, fol. 123 v°.

32341. Légitimation d'Hector de Soissons, fils naturel de feu Jean de Soissons, seigneur de Moreuil, lors marié à Marguerite de Châtillon, et de Catherine de Saint-Riquier. Juin 1520. — Juin.

Mention d'après l'anc. reg. XI de la Chambre des Comptes. Bibl. nat., ms. fr. 22237, fol. 2 v°.

32342. Mandement aux généraux des finances de faire payer les gages du nouvel office de président et des huit nouveaux offices de conseiller au Parlement de Toulouse (cf. n° 1033) par Pierre Potier, receveur des gages de ladite cour. Abbeville, 3 juillet 1520. — 3 juillet.

Vidimus du 15 décembre 1520. Bibl. nat., ms. fr. 22407, fol. 25.

32343. Lettres ordonnant au Parlement d'entériner les lettres de Louis XI autorisant la ville d'Amiens à lever des aides pour l'entretien de ses fortifications. Carrières, 20 juillet 1520. — 20 juillet.

Copie de l'époque. Arch. de la ville d'Amiens, AA. 5, fol. 250.

32344. Commission au prévôt de Paris pour faire une enquête sur les privilèges des chaussetiers. Paris, 28 juillet 1520. — 28 juillet.

Copie du XVIIIe siècle. Bibl. nat., ms. fr. 8080, fol. 85.

32345. Légitimation de Georges d'Ognies, écuyer, fils naturel de feu Antoine d'Ognies, chevalier, seigneur de Bernay, et de Jacqueline de Stade. Juillet 1520. — Juillet.

Mention d'après l'anc. reg. XI de la Chambre des Comptes. Bibl. nat., ms. fr. 22237, fol. 2 v°.

32346. Légitimation de Guillaume de La Marck, l'un — Août.

des gentilshommes de l'Hôtel du Roi, fils naturel de feu Guillaume de La Marck, chevalier, et de Gillette (*nom en blanc*). Août 1520. — 1520.

Mention d'après l'anc. reg. XI de la Chambre des Comptes. Bibl. nat., ms. fr. 22237, fol. 2 v°.

32347. Prorogation pour six nouvelles années de l'octroi sur le vin et les autres boissons, accordé par Louis XII et confirmé par François Ier, le 4 avril 1515 n. s. (ci-dessus, n° 32238) aux habitants de Ham en Vermandois. Saint-Germain-en-Laye, 8 septembre 1520. — 8 septembre.

Original. Arch. communales de Ham (Somme), CC. 1.

32348. Mandement à l'amiral Bonnivet, gouverneur du dauphin, de recevoir Claude Guyot au serment de son office de secrétaire dudit dauphin. Saint-Germain-en-Laye, 9 septembre 1520. — 9 septembre.

Copie du XVIIe siècle. Bibl. nat., ms. fr. 23940, fol. 232 v°.

32349. Déclaration de foi et hommage fait par Guyon Le Roy, sr du Chillou, vice-amiral de France, pour vingt-quatre acres de terre à lui cédées sur le territoire d'Ingouville par les habitants de cette paroisse. Paris, 3 octobre 1520. — 3 octobre.

IMP. S. de Merval. *Documents relatifs à la fondation du Havre*, Rouen, 1875, in-8°, p. 280.

32350. Provisions en faveur de Jean Habert de l'office de contrôleur des deniers communs de la ville de Saint-Jean-d'Angély. Blois, 31 octobre 1520. — 31 octobre.

Copie. Arch. de la ville de Saint-Jean-d'Angély (Charente-Inférieure), CC, n° 57.

32351. Lettres d'amortissement accordées au collège des Cholets, à Paris. Octobre 1520. — Octobre.

Mention. Bibl. nat., ms. fr. 18572, fol. 1.

32352. Lettres de confirmation de l'exemption du loge- — 11 novembre.

ment des gens de guerre accordée au chapitre de Langres. Amboise, 11 novembre 1520. 1520.

Original. Arch. de la Haute-Marne, Chapitre de Langres, G. 107, provisoire.

32353. Lettres confirmant pour une nouvelle période de six ans l'octroi du quart du vin, accordé aux capitouls de Toulouse pour les réparations des murailles, ponts et forteresses tombés en ruines à l'occasion des guerres. Blois, 5 décembre 1520. 5 décembre.

Original. Arch. de la ville de Toulouse (Haute-Garonne), AA. 40, n° 9.

32354. Lettres accordant à Guillaume de Croy, seigneur de Chièvres, une prorogation de deux mois pour remplir les devoirs féodaux des terres et seigneuries par lui nouvellement acquises. Blois, 17 décembre 1520. 17 décembre.

Enreg. au Châtelet de Paris. Arch. nat., Y. 6[4], fol. 55.

1521. — Pâques, le 31 mars.

1521.

32355. Mandement au prévôt de Paris, aux baillis de Meaux, de Senlis, de Valois, etc., d'entériner les lettres défendant les danses publiques aux jours de fête. Romorantin, 7 janvier 1520. 7 janvier.

Copie du XVIIIe siècle. Bibl. nat., ms. fr. 8080, fol. 105.

32356. Lettres portant continuation pour huit ans de l'octroi précédemment accordé à la ville de Lisieux, de 40 sols par muid de sel vendu au grenier dudit lieu. Romorantin, 20 janvier 1520. 20 janvier.

Original. Arch. de la ville de Lisieux, CC. 268.

32357. Lettres concédant à la ville de Lisieux un nouvel octroi de 40 sols par muid de sel, à lever pendant huit ans, en remplacement du « fournissement » du grenier dudit lieu. Romorantin, 20 janvier 1520. 20 janvier.

Original. Arch. de la ville de Lisieux, CC. 268.

32358. Légitimation de Jean d'Illiers, prêtre, fils naturel de feu N. d'Illiers, sous-diacre, et de Jeanne Molette. Janvier 1520 (ou 1522). 1521. Janvier.

Mention d'après l'anc. reg. XI de la Chambre des comptes. Bibl. nat., ms. fr. 22237, fol. 2 v°.

32359. Légitimation de Jean Bérault, fils naturel de Jean Bérault et de Benoîte (*nom en blanc*). Février 1520. Février.

Mention d'après l'anc. reg. XI de la Chambre des comptes. Bibl. nat., ms. fr. 22237, fol. 2 v°.

32360. Lettres confirmant Alexandre Delangle, prieur du Pontneuf, dans la jouissance de 4 livres 19 sols de rente et de 12 deniers de cens sur la métairie de Launay, paroisse de Beaumont-le-Vicomte. Paris (*sic*), 23 mars 1520. 23 mars.

Original. Arch. départ. d'Eure-et-Loir, H. 2723.

32361. Commission au sénéchal de Toulouse pour faire prêter le serment de fidélité à Henri II, roi de Navarre, par les habitants d'Auterive au comté de Foix. Dijon, 4 juin 1521. 4 juin.

Original. Arch. départ. des Basses-Pyrénées, E. 462 (texte latin).
Copie de l'époque. Ibid., E. 463, fol. 2 v°.

32362. Provisions d'un office de conseiller lai au Parlement de Bourgogne pour Guy de Moureaul, lieutenant général du bailliage de Dijon, docteur en droit. Lucenay-l'Évêque, 23 août 1521. 23 août.

Enreg. au Parl. de Bourgogne. Arch. départ. de la Côte-d'Or, B. 12074, fol. 199 v°.

32363. Mandement aux commissaires sur le fait des amortissements à Paris, leur notifiant un don de 1,500 livres fait par le Roi aux religieux des Blancs-Manteaux. Troyes, 31 août 1522 (*corr.* 1521). 31 août.

Mention. Collection Paul Dablin. Autographes, Paris, Noël Charavay, mars 1903, in-8°, n° 1.

32364. Lettres d'évocation au Conseil du Roi d'un procès de l'abbesse de Saint-Andoche d'Autun contre 11 novembre.

l'évêque d'Autun. Amiens, 11 novembre 1521. — 1521.

Arch. départ. de Saône-et-Loire, H. 681.

32365. Mandement aux généraux des finances de faire payer par Guillaume Prudhomme, général des finances de Normandie, commis au payement de la construction du Havre-de-Grâce, à Guyon Le Roy, sieur du Chillou, vice-amiral de France, commissaire chargé, en l'absence de l'amiral Bonnivet, de faire faire cette construction, 600 livres tournois, et à Nicolas de La Primaudaye, contrôleur desdits ouvrages, 300 livres tournois. Compiègne, 30 novembre 1521. — 30 novembre.

Original. Arch. nat., fonds de la Marine, D[2] 7.

32366. Mandement accordant sauf-conduit aux sujets de Charles-Quint pour la pêche du hareng. [1521.] — 1521.

Copie incomplète. Arch. nat., fonds de la Marine, B[7] 204.

1522. — Pâques, le 20 avril.

1522.

32367. Provisions pour Jean de La Hutière de l'office de contrôleur des deniers communs, dons et octrois de la ville de Bayonne, en remplacement de Roland Du Halde, décédé. Rouen, 17 janvier 1521. — 17 janvier.

Copie de l'époque. Arch. de la ville de Bayonne, BB. 6, fol. 340.

IMP. *Arch. mun. de Bayonne. Délibérations du Corps de ville, Registres gascons*, t. II, in-4°. Bayonne, 1898, p. 338.

32368. Lettres concédant un marché chaque semaine et trois foires par an aux habitants de Lagarde, au diocèse de Mirepoix. Janvier 1521. — Janvier.

Arch. départ. de l'Hérault, C. 2949.

32369. Commission à Girard Lecocq, maître des re- — 3 février.

quêtes ordinaire de l'hôtel, et au s[r] de Fontaines, capitaine et gouverneur de Bayonne, pour requérir des maire, échevins et bourgeois de Bayonne, des levées d'hommes de pied et de subsides de guerre. Saint-Germain-en-Laye, 3 février 1521. 1522.

Copie de l'époque. Arch. de la ville de Bayonne, BB. 6, fol. 350.

IMP. *Arch. mun. de Bayonne. Délibérations du Corps de ville. Registres gascons*, t. II, in-4°. Bayonne, 1898, p. 341.

32370. Nouvelle prorogation pour dix ans de l'octroi concédé à la ville de Pont-Audemer. 5 février 1521. 5 février.

Arch. communales de Pont-Audemer (Eure). Indication de M. A. Canel, *Mém. de la Soc. des antiquaires de Normandie*, t. XIX, 1851, p. 597.

32371. Mandement aux généraux des finances, leur signifiant la retenue d'Antoine de Riaucourt au nombre des cent gentilshommes de l'Hôtel, en remplacement d'Hardouin de Mailly, cassé. Saint-Germain-en-Laye, 8 février 1521. 8 février.

Original. Bibl. nat., nouv. acq. franç., ms. 6595, fol. 1.

32372. Mandement aux généraux des finances de faire payer par Jean Prévost, commis au payement de l'extraordinaire des guerres, à Guillaume Bochetel, notaire et secrétaire du Roi, 400 livres pour l'expédition des lettres patentes ordonnant aux bandes de gens de guerre de se disperser et de rentrer dans leurs foyers, sans piller. Saint-Germain-en-Laye, 25 février 1521. 25 février.

Original. Bibl. nat., nouv. acq. franç., ms. 20029, fol. 67.

32373. Mandement accordant à Gaspard de Coligny, maréchal de France, la jouissance de la principauté d'Orange, des terres de Verrières et de Cuiseaux, et du droit qu'a le roi d'Espagne sur le treillis du Châtelet de Paris, en com- 7 mars.

pensation des biens saisis sur lui par ledit roi d'Espagne. Paris, 7 mars 1521. 1522.

Vidimus du 24 mars 1522 n. s. Bibl. nat., nouv. acq. franç., ms. 20029, fol. 68. — (Pièce ayant fait partie de la collection de Courcelles, vendue en 1834.)

32374. Lettres renouvelant l'octroi sur la viande de boucherie accordé aux consuls de Figeac, pour réparer les fortifications de leur ville. Paris, 8 mars 1521. 8 mars.

Original. Arch. communales de Figeac (Lot), CC. 5.

32375. Provisions pour Louis Gastineau, chevalier, seigneur de Saint-Bonnet, de la charge de capitaine de la ville de Bayonne, vacante par le décès du s^r de Fontaines. Lyon, 21 avril 1522. 21 avril.

Copie de l'époque. Arch. de la ville de Bayonne, BB. 6, fol. entre 350 et 367.

Imp. Arch. mun. de Bayonne. Délibérations du Corps de ville. Registres gascons, t. II, in-4°. Bayonne, 1898, p. 344.

32376. Provisions de l'office de receveur du domaine de Mouzon en faveur de Jacquemin Pardonnier. Lyon, 30 mai 1522. 30 mai.

Copie. Arch. départ. des Ardennes, A. 23.

32377. Légitimation de Jean Bellièvre, fils naturel de Guillaume Bellièvre et de Colette Guillo. Mai 1522. Mai.

Mention d'après l'anc. reg. XI de la Chambre des comptes. Bibl. nat., ms. fr. 22237, fol. 3.

32378. Légitimation de Jean de Beauval, du diocèse de Tours, fils naturel de Pierre de Beauval, écuyer, et de Martine Guiotte. Mai 1522. Mai.

Mention d'après l'anc. reg. XI de la Chambre des comptes. Bibl. nat., ms. fr. 22237, fol. 2 v°.

32379. Lettres donnant pouvoir et permission aux consuls, jurats, bourgeois et marchands de Bayonne, d'acheter ou faire enlever par leurs 7 juin.

facteurs certaine quantité de blé, avoine, viande et autres provisions nécessaires au ravitaillement de leur ville. Lyon, 7 juin 1522. 1522.

Copie de l'époque. Arch. de la ville de Bayonne, BB. 6, fol. 368.

Imp. Arch. mun. de Bayonne. Délibérations du Corps de ville. Registres gascons, t. II, in-4°. Bayonne, 1898, p. 348.

32380. Déclaration relative à l'engagement du domaine en la généralité d'Outre-Seine et Languedoïl, jusqu'à concurrence de 240,000 livres tournois, en garantie des prêts que feront au Roi les églises de ladite généralité. Lyon, 13 juin 1522. 13 juin.

(Cf. le n° 1584, lettres semblables pour la généralité de Languedoc.)

Copie du XVIIe siècle. Bibl. nat., Cinq cents Colbert, ms. 51, fol. 123 *bis.*

32381. Commission donnée à Jean Fragier, clerc des comptes, et au bailli de Brie-Comte-Robert et de la Ferté-Alais, de faire rendre compte du temporel non amorti, confisqué sur les gens de main-morte. Lyon, 14 juin 1522. 14 juin.

Original. Bibl. nat., ms. fr. 15758, fol. 241.

32382. Lettres à terrier concédées à Pierre Savine, seigneur de Fontenay près Chablis, pour ladite seigneurie. Paris (*sic*), 18 juin 1522. 18 juin.

Original. Arch. départ. de l'Yonne, H. 2309.

32383. Ordonnance pour l'aliénation du domaine en la sénéchaussée de Toulouse, jusqu'à concurrence d'une somme de 34,000 livres tournois. Lyon, 9 juillet 1522. 9 juillet.

Enreg. à la Chambre des comptes de Paris, le 31 juillet 1522. Copie du XVIIe siècle. Bibl. nat., Cinq cents Colbert, ms. 51, fol. 98.

32384. Lettres d'amortissement de la somme de 15,500 livres levée sur le clergé de Lyon. Paris, 25 août 1522. 25 août.

Vidimus du XVIe siècle. Bibl. de la ville de Lyon, ms. 264, n° 13.

32385. Légitimation de Claude, Jeanne et Madeleine Briçonnet, enfants naturels de Jean Briçonnet et de Jeanne Bonneuvre. Août 1522. — 1522. Août.

Mention d'après l'anc. reg. XI de la Chambre des comptes. Bibl. nat., ms. fr. 22237, fol. 2 v°.

32386. Commission à l'archevêque d'Aix, à Jean de Selve et Thibaut Baillet, premier et second présidents du Parlement, à Jean Nicolaï, premier président de la Chambre des comptes, à Louis Picot, président des Généraux des aides, pour engager les étaux et bancs de la boucherie dite de Beauvais, à Paris, le huitième du vin vendu en détail, l'imposition du vin vendu en gros et du poisson. Paris, 2 septembre 1522. — 2 septembre.

Copie du XVIe siècle. Bibl. nat., ms. fr. 11688, fol. 13 v°.

32387. Lettres ordonnant que les gages de Jean Habert, contrôleur des deniers communs de Saint-Jean-d'Angély, lui seront payés à raison de six deniers pour livre. Saint-Germain-en-Laye, 10 septembre 1522. — 10 septembre.

Copie. Arch. de la ville de Saint-Jean-d'Angély, CC, n° 57.

32388. Lettres de prorogation pour six années de l'octroi sur le sel accordé à la ville de Verneuil, avec réduction à 40 sols au lieu de 4 livres par muid et à 2 sols par minot. Saint-Germain-en-Laye, 30 septembre 1522. — 30 septembre.

Mentionnées dans les lettres d'attache des généraux des finances. Arch. communales de Verneuil (Eure), CC. 2.

32389. Lettres d'évocation au Grand conseil de la cause des religieux de Saint-François, pendante aux Parlements de Bordeaux et de Toulouse. Saint-Germain-en-Laye, 21 octobre 1522. — 21 octobre.

Copie du XVIIe siècle. Bibl. nat., ms. fr. 15776, fol. 190.

32390. Mandement accordant à Louise de Montmorency, veuve de Gaspard de Coligny, maré- — 30 novembre.

chal de France, la jouissance qui avait été donnée à son mari de la principauté d'Orange et des terres de Trescléoux et d'Orpierre, confisquées sur le s[r] de Chalon. Paris, 30 novembre 1522. 1522.

Original. Bibl. nat., nouv. acq. franç., ms. 20029, fol. 69.

32391. Mandement à Anne Du Prat, receveur des tailles en Auvergne, et à Guy Farineau, vicomte de Montivilliers, pour imposer aux pays d'Armagnac et Fezensac la crue de taille de 3,980 livres 13 sols tournois. Paris, 7 décembre 1522. 7 décembre.

Original. Bibl. nat., ms. fr. 21425, fol. 16.

1523. — Pâques, le 5 avril.

1523.

32392. Lettres portant concession pour dix ans, aux entrepreneurs des travaux de la rivière d'Ille, du privilège de la navigation. Paris, 4 janvier 1522. 4 janvier.

Vidimus du lieutenant général de la sénéchaussée de Périgord du 3 mars 1523 n. s. Arch. de la ville de Périgueux, DD. 17.

32393. Mandement à Simon Berthier, notaire et secrétaire du Roi, et à Guy Farineau, vicomte de Montivilliers, pour imposer une augmentation de 1646 livres 10 sous 4 deniers tournois de la crue de taille aux pays d'Armagnac et Fezensac. Paris, 19 janvier 1522. 19 janvier.

Original. Bibl. nat., ms. fr. 21425, fol. 17.

32394. Provisions pour Jean de Gramont, chevalier, de la charge de maire et capitaine de Bayonne, vacante par le décès de Jacques de Sainte-Colombe. Saint-Germain-en-Laye, 18 mars 1522. 18 mars.

Copie de l'époque. Arch. de la ville de Bayonne, BB. 6, fol. 449.

Imp. *Arch. mun. de Bayonne, Délibérations du Corps de ville. Registres gascons*, t. II, in-4°. Bayonne, 1898, p. 383.

32395. Donation d'une somme de 400 livres à Jean de Lombelon, homme d'armes des ordonnances du Roi. Saint-Germain-en-Laye, 10 mai 1523. — 1523. 10 mai.

Original. Arch. départ. de l'Eure, E. 797.

32396. Commission au bailli de Vermandois d'assigner devant lui les officiers de Philippe de Sarrebrücke, dame de Louvois, pour leur interdire d'entreprendre sur les biens vacants de la seigneurie du Petit-Billy, appartenant au chapitre de Châlons-sur-Marne. Paris, 20 mai 1523. — 20 mai.

Arch. du département de la Marne, G. 544.

32397. Légitimation de Jean d'Ars, écuyer, fils naturel du capitaine Pierre d'Ars et de demoiselle Anne de La Roche. Mai 1523. — Mai.

Mention d'après l'anc. reg. XI de la Chambre des comptes. Bibl. nat., ms. fr. 22237, fol. 2 v°.

32398. Mandement au Grand conseil, ordonnant que Louise de Lion, dame d'Aure, soit reçue comme demanderesse en sa cause contre le duc et la duchesse d'Alençon. Saint-Germain-en-Laye, 10 juin 1523. — 10 juin.

Copie du XVIe siècle. Bibl. nat., ms. fr. 16837, fol. 147.

32399. Lettres relatives à un procès des religieuses de Saint-Andoche d'Autun, contre l'évêque d'Autun. Paris, 17 juin 1523. — 17 juin.

Arch. départ. de Saône-et-Loire, H. 681, n° 7.

32400. Don à Louis de Rouville, s[r] de Grainville-la-Teinturière, grand veneur de France, d'une somme de 600 livres tournois. 23 juin 1523. — 23 juin.

Mention. Bibl. nat., Nouv. acq. franç., ms. 20029, n° 75.

32401. Lettres portant exemption, en faveur des habitants du Croisic, des emprunts que le Roi pourrait exiger des villes du royaume. 26 juin 1523. — 26 juin.

Original. Arch. communales du Croisic (*Loire-Inférieure*), AA. 2.

IMPRIMERIE NATIONALE.

32402. Lettres de maintenue des terres de Dolomieu et des Avenières, obtenues par René de Batarnay. Juillet 1523. — 1523. Juillet.

Copie du XVIIe siècle. Bibl. de la ville de Grenoble, ms. 2412, fol. 51.

32403. Légitimation de Jean de Gaillard, archer des ordonnances de la compagnie du capitaine de La Clayette, gouverneur d'Auxerre, né en Savoie. Août 1523. — Août.

Mention d'après l'anc. reg. XI de la Chambre des comptes. Bibl. nat., ms. fr. 22237, fol. 3.

32404. Lettres de prorogation de l'octroi du huitième et du seizième sur le vin accordé aux habitants de Mâcon. Lyon, 20 octobre 1523. — 20 octobre.

Copies. Arch. communales de Mâcon (Saône-et-Loire), CC. 53, n° 52, et FF. 10, n° 9.

32405. Mandement chargeant Martial Audier, conseiller au Parlement de Bordeaux, d'informer au sujet de la possession par Jean de Saint-Astier de l'office de garde des sceaux de la sénéchaussée de Périgord. Blois, 30 décembre 1523. — 30 décembre.

Arch. communales de Périgueux, FF. 60.

32406. Lettres d'anoblissement en faveur de Guillaume Achise, s^r du « Mesnil-Vite ». 1523. — 1523.

Mention. Bibl. nat., ms. fr. 22253, fol. 7.

1524. — Pâques, le 27 mars.

32407. Mandement au prévôt de Paris de faire dresser le terrier du collège de Montaigu dans les paroisses de Villepreux, Saint-Cyr, Guyancourt, etc. Paris, 7 janvier 1523. — 1524. 7 janvier.

Original. Arch. nat., P. 1452, fol. 1 v°.

32408. Lettres relatives au décanat du chapitre de Saint-Martin-de-Tours. Blois, 28 janvier 1523. — 28 janvier.

Copie. Bibl. de la ville d'Avignon, ms. 1862, fol. 86.

32409. Lettres au bailli de Touraine, portant commission d'enquête, à la demande de l'abbé et des religieux de Villeloin, contre Méry Guenant, se disant seigneur de la Roche-Saint-Cyran, qui prétendait avoir droit d'usage dans les bois de Gastine appartenant à ladite abbaye. Paris, 23 février 1523. 1524. 23 février.

Original. Arch. d'Indre-et-Loire, H. 593.

32410. Mandement aux commissaires préposés à la levée du décime ordonné par le concile de l'Église gallicane, au diocèse de Séez, leur ordonnant de restituer aux religieuses d'Almenèches les meubles saisis sur elles, et de les décharger de toute contribution. Blois, 5 avril 1524. 5 avril.

Arch. départ. de l'Orne, H. 3463.

32411. Mandement à Philibert Babou, trésorier de France et de l'Épargne, de faire payer par le receveur des amendes et exploits du Parlement de Rouen 400 livres tournois à Jacques de Pommereul, l'un des cent gentilshommes de l'Hôtel. La Fère, 21 avril 1524. 21 avril.

Original. Bibl. nat., nouv. acq. franç., ms. 20029, n° 74.

N. B. Cet acte avait fait partie de la collection du chevalier de Courcelles, vendue en 1834. (Cf. *Catalogue des livres et documents historiques*, etc., p. 62.)

32412. Mandement à Philibert Babou, trésorier de France et de l'Épargne, de faire payer par le receveur ordinaire de la vicomté de Rouen 600 livres tournois à Louis de Rouville, sr de Grainville-la-Teinturière, grand veneur de France. Blois, 12 mai 1524. 12 mai.

Original. Bibl. nat., nouv. acq. franç., ms. 20029, n° 75.

Provenant de la collection de Courcelles, vendue en 1834.

32413. Lettres enjoignant à tous étrangers non pourvus de lettres de naturalité de quitter Paris 1er juillet.

et le royaume dans la huitaine. Amboise, 1er juillet 1524. 1524.

Publiées au Châtelet de Paris. Arch. nat., Y. 6[4], fol. 126 v°.

32414. Mandement à Philibert Babou, trésorier de France et de l'Épargne, pour faire tenir quittes par les commissaires ordonnés au diocèse de Séez, pour la levée de l'aide sur les gens d'église, les religieuses de Sainte-Claire d'Argentan. Blois, 8 juillet 1524. 8 juillet.

Arch. départ. de l'Orne, H. 4214.

32415. Déclaration de l'hommage de Thierry d'Orne, seigneur dudit lieu, secrétaire des finances, pour les seigneuries de Cordebœuf, Créchy et autres sises au duché de Bourbonnais, acquises de Blaise de Charey. Caderousse, 4 septembre 1524. 4 septembre.

Vérif. à la Chambre des comptes de Moulins, le 27 octobre 1525. Copie du temps. Arch. nat., P. 483, fol. 40, n° 33.

32416. Lettres d'abolition accordées à ceux qui ont pris les armes contre le roi de France. Ponte di Corsico, 24 octobre 1524. 24 octobre.

Analyse. Milan, Bibl. Brera, mss Morbio, n° 69.

32417. Lettres confirmant la disposition testamentaire par laquelle René d'Anjou, seigneur de Mézières, gentilhomme de la chambre du Roi, capitaine de cinquante lances des ordonnances, avait désigné pour tuteurs de ses enfants mineurs leur oncle Louis de La Trémoïlle, gouverneur de Bourgogne, et Jacques de Chabannes, sr de la Palice, maréchal de France. Saint-Just-sur-Lyon, 12 novembre 1524. 12 novembre.

Analyse. Catalogue des titres composant les Archives du Collège héraldique et historique de France, 5e partie, Orléanais, 1866, in-8°, p. 115, n° 1067.

1525. — Pâques, le 16 avril.

1525.

32418. Mandement pour contraindre l'évêque de Nantes et son clergé à payer les décimes qui leur ont été imposées. Saint-Just-sur-Lyon, 28 janvier 1524. 28 janvier.

Copie du XVIe siècle. Bibl. nat., ms. fr. 15599, fol. 193.

32419. Confirmation et vidimus des privilèges de l'artillerie. Au camp devant Pavie, 11 février 1524. 11 février.

Copie du XVIe siècle. Bibl. de la ville de Poitiers, ms. 200, fol. 24.

32420. Mandement de la régente à un bailli de faire préparer les nobles du ban et arrière-ban de son bailliage. Saint-Just-sur-Lyon, 11 mars 1524. 11 mars.

Copie du XVIe siècle. Bibl. nat., ms. fr. 14368, fol. 169.

32421. Lettres de don à Jean de Lévis, seigneur de Châteaumorant, en récompense de ses services, du château et de la terre de Lalière, confisqués sur Jean et Louis de Vitry, condamnés par contumace pour leur participation à la rébellion du connétable de Bourbon. Mars 1524. Mars.

Arch. du château de Léran (*Ariège*), fonds Châteaumorant, liasse A 1, n° 42.

32422. Lettres patentes adressées au Grand conseil, lui ordonnant de considérer Odet de Foix, s^r^ de Lautrec, comme chargé de représenter le Roi dans les procès pendants audit Conseil, aux lieu et place de son frère, le maréchal de Lescun, récemment décédé, comme administrateur des seigneuries d'Auterive en la sénéchaussée de Toulouse et d'Aspet en celle de Cominges, s'il appert audit Grand conseil que le sieur de Lautrec a bien obtenu de la régente, en l'absence du Roi, des lettres le 26 avril.

nommant au lieu de son frère. Lyon, 26 avril 1525. 1525.

Deux copies du XVIe siècle. Arch. départ. des Basses-Pyrénées, E. 462.

32423. Lettres de Louise de Savoie, régente, portant concession à Jean de Lévis, seigneur de Châteaumorant, du produit des confiscations faites sur les deux élus de Périgord, coupables de trahison. Lyon, 7 juillet 1525. 7 juillet.

Arch. du château de Léran (Ariège), fonds Châteaumorant, liasse A 1, n° 43.

32424. Mandement au bailli de Beaujolais de faire faire aux murailles et fortifications de Villefranche les réparations nécessaires. Lyon, 26 octobre 1525. 26 octobre.

Original. Arch. communales de Villefranche de Beaujolais (Rhône), AA. 1.

32425. Mandement adressé par la régente aux gens des comptes de Moulins, portant quittance de 2,400 livres tournois à Antoine Juge, commis à la recette générale du Bourbonnais et des autres terres confisquées sur Charles de Bourbon. Saint-Just-sur-Lyon, 13 novembre 1525. 13 novembre.

Original. Bibl. nat., nouv. acq. fr., ms. 3102, fol. 11.

32426. Lettres de Louise de Savoie, régente, renouvelant pour huit ans l'octroi concédé à la ville de Nevers du droit de la petite mesure des vins et autres boissons et du droit sur les chevaux de trait menant des denrées dans cette ville. Saint-Just-sur-Lyon, 28 novembre 1525. 28 novembre.

Original. Arch. communales de Nevers (Nièvre), CC. 351.

32427. Prorogation par Louise de Savoie, régente, pour une nouvelle période de six années, de l'octroi sur le vin et autres boissons accordé aux habitants de Ham par Louis XII et confirmé par François Ier, le 4 avril 1515 n. s. (ci-dessus, 21 décembre.

n° 32238). Saint-Just-sur-Lyon, 21 décembre 1525. 1525.

Original. Arch. communales de Ham (Somme), CC. 1.

32428. Mandement de Louise de Savoie, régente, à Jacques Ragueneau, notaire et secrétaire du Roi, commis au payement des frais de la marine de Provence, de payer 4,000 livres tournois à Anne de Tende, veuve du bâtard de Savoie. Saint-Just-sur-Lyon, 21 décembre 1525. 21 décembre.

Original. Bibl. nat., nouv. acq. fr., ms. 3102, fol. 12.

32429. Don d'une prébende du chapitre de Montluçon (*le nom du donataire n'est pas cité*). 1525. 1525.

Copie incomplète du XVIe siècle. Bibl. nat., ms. fr. 14368, fol. 76 v°.

1526. — Pâques, le 1er avril.

1526.

32430. Pouvoirs donnés par François Ier à l'archevêque d'Embrun, à Jean de Selve, premier président du Parlement de Paris, et à Philippe Chabot, sieur de Brion, maire de Bordeaux, pour traiter de sa délivrance avec les députés de l'Empereur. Madrid, 1er janvier 1525. 1er janvier.

Copie du XVIIe siècle. Bibl. nat., ms. fr. 15585, fol. 10.

32431. Pouvoirs donnés par François Ier à l'archevêque d'Embrun, à Jean de Selve, premier président de Paris, à Philippe Chabot, sieur de Brion, pour traiter avec l'Empereur de la paix et du mariage du Roi avec Éléonore d'Autriche et de celui du dauphin avec la princesse de Portugal. Madrid, 1er janvier 1525. 1er janvier.

Copie du XVIIe siècle. Bibl. nat., ms. fr. 15834, fol. 346 v°.

32432. Pouvoirs à Charles duc de Vendôme, Antoine Du Prat, chancelier de France, Odet de Foix, sieur de Lautrec, Anne de Montmorency, 20 mai.

l'archevêque de Bourges, Jean de Selve, premier président du Parlement, et Florimond Robertet, pour négocier avec le Pape, le roi d'Angleterre, le doge de Venise, le duc de Bar et autres souverains qui voudraient entrer dans la Ligue contre l'Empereur. Cognac, 20 mai 1526. 1526.

Exp. originale. Arch. d'État de Venise, Patti, seria 1ª, nº 816.

32433. Lettres nommant capitaine général de l'armée de mer du Levant don Pedro de Navarre, sieur de Martigues. 9 juin 1526. 9 juin.

Mention. Bibl. nat., ms. Clairambault 825, fol. 114 vº.

Autre mention, sous la date du 10 juin. Bibl. nat., Mémoire imp. du XVIIe siècle, ms. fr. 17329, fol. 187 vº.

32434. Mandement au sénéchal de Poitou ou à son lieutenant au siège de Fontenay-le-Comte, lui enjoignant de rechercher les personnes tenues d'entretenir les travaux de desséchement à Champagné, Puyravault, Sainte-Radegonde et Chaillé et de les contraindre à s'acquitter de leurs charges. Paris, 11 août 1526. 11 août.

Copie du XVIe siècle. Bibl. de la ville de Niort, carton 144, nº 5. (Provenant de la collection La Fontenelle de Vaudoré.)

Imp. Étienne Clouzot, *Les marais de la Sèvre niortaise et du Lay*. Paris, Niort, 1904, in-8º, p. 214.

32435. Mandement aux élus des aides du Périgord, de répartir et de faire lever la quote-part due par leur élection de la somme de 2,661,000 livres, montant de la taille de la présente année, soit 17,594 livres 15 sols 8 deniers, plus 624 livres pour le payement de la maréchaussée, et 795 livres pour les frais. Amboise, 20 août 1526. 20 août.

Original. Bibl. nat., nouv. acq. fr., ms. 20029, fol. 77.

32436. Commission à Claude d'Eurre (ou d'Urre), sieur du Puits-Saint-Martin, lieutenant du comte de 26 septembre.

Tende, et au sieur de Villiers d'ordonner du payement des deniers de l'armée de mer du Levant. 26 septembre 1526. — 1526.

Mention. Mémoire imp. du XVIIe siècle. Bibl. nat., ms. fr. 17329, fol. 188.

32437. Mandement au bailli de Dijon prescrivant un nouveau bornage du territoire de Dijon. 26 septembre 1526. — 26 septembre.

Copie du XVIIIe siècle. Arch. de la ville de Dijon, K. 3.

32438. Déclaration de l'hommage rendu par Jean de Maiz, chevalier, seigneur d'Aubigny, au nom de Jean de Lugny, chevalier, seigneur de Ruffey, bailli et maître des foires de Chalon, pour la seigneurie de Saint-Trivier [-sur-Moignans], mouvant de la baronnie de Beaujolais. Saint-Germain-en-Laye, 15 novembre 1526. — 15 novembre.

Vérif. à la Chambre des comptes de Moulins, le 11 décembre suivant.

Copie du temps. Arch. nat., P. 483, fol. 298 v°, n° 90.

32439. Lettres patentes projetées, du consentement des États généraux du royaume, aux fins de décharger l'Empereur de la foi et hommage pour le comté d'Artois, en vertu du traité de Madrid. S. l. n. d. [1526]. — 1526.

Copie du XVIe siècle. Arch. du Ministère des Affaires étrangères, Espagne, 4, fol. 257.

32440. Lettres en faveur de plusieurs hommes d'armes prisonniers en Italie avec le roi de Navarre. « Villers-Cotterets, 1526 [1]. » — 1526.

IMP. *Catal. des livres et doc. historiques du Cabinet de M. de Courcelles*, 1834, in-8°, p. 63. (*Mention.*)

1527. — Pâques, le 21 avril.

32441. Mandement aux élus des aides et tailles du bas pays d'Auvergne d'imposer en leur élection la — 1527. 11 février.

[1] Aucun acte de 1526 n'est daté de Villers-Cotterets.

IMPRIMERIE NATIONALE.

somme de 23,251 livres 1 sol tournois pour la part qui lui incombe de la crue de taille de 600,000 livres tournois. Saint-Germain-en-Laye, 11 février 1526. 1527.

Vidimus du 20 décembre 1503. Bibl. nat., ms. fr. 21426, n° 3.

32442. Lettres de sauf-conduit pour un grec, fauconnier du Roi, envoyé pour chercher des sacres et autres oiseaux de fauconnerie. (S. l.), 15 février 1526. 15 février.

Copie du XVIe siècle. Bibl. nat., ms. fr. 14368, fol. 193.

32443. Mandement à toutes personnes de révéler, dans le délai de quinze jours, les deniers, joyaux, vaisselle d'or et d'argent, cédules, obligations et tous papiers de Jacques de Beaune, seigneur de Semblançay, qui n'auraient pas été compris dans les inventaires dressés par les commissaires chargés d'instruire son procès. Saint-Germain-en-Laye, 1er mars 1526. 1er mars.

Enreg. au Châtelet de Paris, Bannières. Arch. nat., Y. 8, fol. 220.

32444. Déclaration de l'hommage d'Antoine des Prez, seigneur de Montpezat et du Fou, gentilhomme de la chambre, capitaine de cinquante hommes d'armes des ordonnances, pour les seigneuries de la Flotte et de Cenan (vicomté de Châtellerault), lui appartenant à cause de Lyette du Fou, sa femme. Saint-Germain-en-Laye, 2 avril 1526, avant Pâques. 2 avril.

Vérif. à la Chambre des comptes de Moulins, le 2 mai 1527.

Copie du temps. Arch. nat., P. 483, fol. 315, n° 95.

32445. Mandement au prévôt de Paris, aux élus et grènetiers de la prévôté, prescrivant l'établissement des rôles de tous les officiers de leur ressort, en vue de la perception de la taxe établie par lettres du même jour (n° 2644) sur les offices de finance dans le ressort de 6 avril.

ladite prévôté, à l'effet de subvenir au payement de la rançon du Roi. Saint-Germain-en-Laye, 6 avril 1526. | 1527.

Enreg. au Châtelet de Paris. Arch. nat., Y. 6[4], fol. 150 v°.

32446. Déclaration de l'hommage de Jean Cadier, écuyer, trésorier général du Bourbonnais, pour la seigneurie de Montgarnault (châtellenie de Moulins). Vincennes, 26 avril 1527. | 26 avril.

Vérif. à la Chambre des comptes de Moulins, le 13 juillet suivant.

Copie du temps. Arch. nat., P. 483, fol. 41, n° 34.

32447. Traité entre François Ier et Henri VIII d'Angleterre, par lequel les deux rois conviennent qu'ils enverront leurs ambassadeurs à l'empereur Charles-Quint pour l'exhorter à la paix, à satisfaire à ce qu'il doit au roi d'Angleterre, et à délivrer les fils du roi de France. Il est convenu aussi que Marie, fille de Henri VIII, sera mariée avec François Ier ou avec Henri, duc d'Orléans, son second fils. Westminster, 30 avril 1527. | 30 avril.

Original. Arch. nat., J. 651[A], n° 7.

Imp. Fr. Léonard, *Recueil de traités*, etc., t. II, p. 267.

Du Mont, *Corps universel diplomatique*, t. IV, part. 1, p. 476.

32448. Traité d'alliance offensive contre Charles-Quint, conclu entre François Ier et Henri VIII, roi d'Angleterre, réglant les conditions de la guerre qui sera déclarée à l'Empereur s'il repousse les propositions qui lui seront faites de la part des deux rois. Westminster, 30 avril 1527. | 30 avril.

Original. Arch. nat., J. 651[A], n° 8.

32449. Convention additionnelle entre la France et l'Angleterre portant que si l'empereur Charles-Quint met en liberté les fils de François Ier et satisfait le roi d'Angleterre de ce qu'il lui doit, | 30 avril.

François Ier et Henri VIII cesseront toute hostilité contre lui. Westminster, 30 avril 1527. 1527.

Original. Arch. nat, J. 651[A], n° 10.
IMP. Fr. Léonard, *Recueil de traitez*, etc., t. II, p. 259.
Du Mont, *Corps universel diplomatique*, t. IV, part. 1, p. 481.

32450. Lettres de nomination du marquis de Saluces en qualité de lieutenant du Roi pour ce qui touche les affaires de Florence. Vincennes, 4 mai 1527. 4 mai.

Florence. Archivio di Stato, Atti pubblici, commune col re di Francia.

32451. Lettres instituant Charles Du Solier, seigneur de Morette, chef et capitaine général de l'armée de mer destinée à l'expédition de Naples. 30 mai 1527. 30 mai.

Mentions. Bibl. nat., ms. fr. 17329, *Mémoire imp. du XVIIe siècle*, fol. 188 v°, et ms. Clairambault 825, fol. 114 v°.

32452. Pouvoirs donnés à Gabriel de Gramont, évêque de Tarbes, et au président de Bordeaux, pour traiter avec l'Empereur de la libération des enfants du Roi et de la satisfaction à donner au roi d'Angleterre. Paris, 2 juin 1527. 2 juin.

Copie du XVIe siècle. Arch. du Ministère des Affaires étrangères, Espagne, 4, fol. 20.

32453. Traité entre le roi de France et la République de Venise touchant la levée et l'entretien de dix mille Suisses. Venise, 9 juin 1527. 9 juin.

Original. Arch. d'État de Venise, Patti, seria 1[a], n° 828.

32454. Mandement aux gouverneur et capitaine de Langres de faire savoir que, de l'ordonnance du Roi, toutes personnes nobles, privilégiées, exemptes et non exemptes, habitant ladite ville, seront tenues de faire le guet et garde. Saint-Denis en France, 29 juin 1527. 29 juin.

Copie collat. du 23 septembre 1527. Arch. de la Haute-Marne, Chapitre de Langres, G. 107 provisoire.

32455. Édit fait, publié et prononcé au Conseil étroit, portant défenses au Parlement de s'immiscer dans les affaires de l'État et dans la connaissance des matières ecclésiastiques. 4 juillet 1527. — 1527. 4 juillet.

Imp. Ordonnance faicte par le roy Françoys premier de ce nom sus l'auctorité et preeminence des gens des comptes... S. l. n. d., 28 ff. in-4° goth., fol. 27. (*Bibl. nat.*, Rés. F. 930.)

32456. Lettres ordonnant que les officiers de justice de Montauban seront tenus de se conformer à un arrêt du Grand conseil fixant les limites, ressort et juridiction du siège royal de Gourdon. Amiens, 9 août 1527. — 9 août.

Original. Arch. communales de Gourdon (Lot), FF. 2.

32457. Lettres portant prorogation pour huit années de l'octroi sur le sel accordé à la ville de Verneuil. Amiens, 11 août 1527. — 11 août.

Original en mauvais état. Arch. communales de Verneuil (Eure), CC. 2.

32458. Lettres prorogeant pour huit années l'octroi de 20 sols par pipe de boisson anciennement accordé à la ville de Verneuil. Amiens, 11 août 1527. — 11 août.

Original en mauvais état. Arch. communales de Verneuil (Eure), CC. 3.

32459. Traité de paix perpétuelle entre François Ier et Henri VIII, roi d'Angleterre, portant que le roi de France payera chaque année à Henri et à ses successeurs cinquante mille couronnes. Amiens, 18 août 1527[1]. — 18 août.

Original avec bulle d'or de la ratification donnée par Henri VIII à Londres, le 18 septembre 1527. Arch. nat., AE. III, n° 25, Armoire de fer (J. 651B, n° 18).

Imp. Du Mont, *Corps universel diplomatique*, t. IV, part. 1, p. 487, col. 2.

Rymer, *Fœdera, acta publica, etc.*, 3e édit., 1741, in-fol., t. VI, p. 88, col. 1.

[1] Cet article et les trois suivants sont le développement du n° 2733 du *Catalogue*, t. Ier, p. 518.

32460. Confirmation par François Ier des traités conclus antérieurement entre lui et Henri VIII, roi d'Angleterre, portant qu'ils seront exécutés, quelle que soit l'issue du mariage projeté entre Marie, fille de Henri, roi d'Angleterre, et Henri, duc d'Orléans, deuxième fils du roi de France. Amiens, 18 août 1527. — 1527. 18 août.

Original. Arch. nat., J. 651B, n° 15.
IMP. Rymer, *Fœdera, conventiones, acta publica*, 3e édit., in-fol., 1741, t. VI, p. 82.

32461. Traité entre François Ier et Henri VIII, roi d'Angleterre, portant que les deux rois recevront leurs pensions sur le duché de Milan, si le duc François Sforza y est rétabli; que le roi d'Angleterre consentira au mariage d'Éléonor avec François Ier, qu'il sera protecteur de la paix entre l'Empereur et le roi de France; que les marchands anglais jouiront des mêmes privilèges dont ils jouissaient aux Pays-Bas et autant de temps que la guerre durera entre l'Empereur et les deux rois. Amiens, 18 août 1527. — 18 août.

Expéd. originale. Arch. nat., J. 651B, n° 16.
Copie de l'époque. Arch. nat., J. 922, n° 15.
IMP. Fr. Léonard, *Recueil de traitez*, t. II, p. 282.
Du Mont, *Corps universel diplomatique*, t. IV, part. 1, p. 492.
T. Rymer, *Fœdera, conventiones, acta publica*, 3e édit., in-fol, 1741, t. VI, p. 84.

32462. Traité entre les rois de France et d'Angleterre, portant qu'ils n'approuveront le Concile universel tant que le Pape sera prisonnier de Charles-Quint; que, durant la captivité de Clément VII, l'on n'aura nul égard à ses bulles et brefs, s'ils sont au préjudice des deux souverains ou de leurs sujets, sauf toutefois ce qui sera ordonné pour le spirituel. Amiens, 18 août 1527. — 18 août.

Expéd. originale. Arch. nat., J. 651B, n° 17.
IMP. Fr. Léonard, *Recueil de traitez*, etc., t. II, p. 277.
Preuves des libertés de l'Église gallicane, in-fol., t. II, p. 778.

Du Mont, *Corps diplomatique*, t. IV, part. 1, p. 494. — 1527.
Rymer, *Fœdera, acta publica, etc.*, 3ᵉ édit., in-fol., 1741, t. VI, p. 85.

32463. Acte du serment prêté par François Iᵉʳ d'observer les traités conclus, ce jour même, entre lui et Henri VIII, roi d'Angleterre. Amiens, 18 août 1527. — 18 août.

Imp. Rymer, *Fœdera, conventiones, acta publica*, 3ᵉ édit., in-fol., 1741, t. VI, p. 86, col. 1.

32464. Mandement au prévôt de Paris de faire publier le traité de paix conclu, la veille, avec le roi d'Angleterre. Amiens, 19 août 1527. — 19 août.

Enreg. au Châtelet de Paris, Bannières. Arch. nat., Y. 8, fol. 227 v°.
Imp. Lalanne, *Journal d'un bourgeois de Paris*, p. 322.

32465. Commission de capitaine général de l'armée de mer du Levant pour André Doria, en l'absence de Pedro de Navarre. 12 septembre 1527. — 12 septembre.

Mention. Mémoire imprimé du xviiᵉ siècle. Bibl. nat., ms. fr. 17329, fol. 188 v°.
Autre mention, sous la date du 7 septembre. Bibl. nat., ms. Clairambault 825, fol. 114 v°.

32466. Don à Philippe de Savoie de 60,000 livres tournois à l'occasion de son mariage avec Charlotte d'Orléans. 20 septembre 1527. — 20 septembre.

Mention. Bibl. nat., ms. fr. 16685, fol. 422.

32467. Défi de François Iᵉʳ à l'Empereur par Guyenne, son héraut. 20 novembre 1527. — 20 novembre.

Copie du xviᵉ siècle. Bibl. nat., ms. fr. 17525, fol. 187.

32468. Mandement au juge royal du Maine, pour ajourner Pierre Jousselin, fermier de la terre de Saonnois, en payement d'une rente à l'abbaye d'Essay. Paris, 22 novembre 1527. — 22 novembre.

Arch. du départ. de l'Orne, H. 4005.

1528. — Pâques, le 12 avril.

1528.

32469. Procuration au cardinal archevêque de Sens pour traiter du mariage de Renée de France avec Hercule d'Este. 8 janvier 1527. 8 janvier.

Mention. Bibl. nat., ms. fr. 23023, fol. 315 v°.

32470. Lettres autorisant l'ordre de Notre-Dame de la Merci à quêter dans tout le royaume pour le rachat des captifs détenus aux mains des Infidèles. Paris, 8 janvier 1527. 8 janvier.

Vidimus du sénéchal de Beaucaire, enreg. au Parl. de Provence, à Aix. Arch. des Bouches-du-Rhône, B. 3321, fol. 134.

32471. Mandement au prévôt de Paris de faire faire des processions, des feux de joie et autres réjouissances à l'occasion de la délivrance de captivité du pape Clément VII, qui avait été détenu prisonnier au château Saint-Ange, durant sept mois. Saint-Germain-en-Laye, 14 janvier 1527. 14 janvier.

Enreg. au Châtelet de Paris, Bannières. Arch. nat., Y. 8, fol. 234.

32472. Mandement aux généraux des aides, touchant la confirmation des privilèges de la banlieue de Périgueux. Paris, 20 janvier 1527. 20 janvier.

Arch. de la ville de Périgueux, FF. 116.

32473. Légitimation de Gabriel d'Harcourt, dit de Tilly, fils naturel de feu Jacques d'Harcourt, baron de Beaufou et de Beuvron, et de damoiselle Perrette de Litehaie. [Janvier] 1527. Janvier.

Mention d'après l'anc. reg. XI de la Chambre des comptes. Bibl. nat., ms. fr. 22237, fol. 3.

32474. Lettres commettant Poton Raffin, sénéchal d'Agénais, à l'inspection des places, villes et forteresses de Guyenne, avec Charles de Gramont, évêque d'Aire, lieutenant audit pays 12 février.

en l'absence de Lautrec. Saint-Germain-en-Laye, 12 février 1527. 1528.

Copie de l'époque. Arch. de la ville de Bayonne, BB. 6, fol. 699.

Imp. Arch. mun. de Bayonne. Délibérations du Corps de ville. Registres gascons, t. II, in-4°, Bayonne, 1898, p. 488.

32475. Commission à Johannot du Brena, bourgeois et marchand de Bordeaux, pour l'achat de certaine quantité de blés, avoines et vins destinés au ravitaillement des places de Bayonne et de Dax. Saint-Germain-en-Laye, 13 février 1527. 13 février.

Copie de l'époque. Arch. de la ville de Bayonne, BB. 6, fol. 712.

Imp. Arch. mun. de Bayonne. Délibérations du Corps de ville. Registres gascons, t. II, in-4°, Bayonne, 1898, p. 495.

32476. Mandement au prévôt de Paris, lui enjoignant de faire mettre en liberté les écoliers et autres personnes des villes impériales d'Allemagne, arrêtés à Paris, sous prétexte de la guerre entre l'Empereur et le roi d'Angleterre, et ordonnant de faire publier les défenses d'inquiéter les marchands desdites villes. Saint-Germain-en-Laye, 4 mars 1527. 4 mars.

Enreg. au Châtelet de Paris, Bannières. Arch. nat., Y. 8, fol. 230 v° et 235 v°. (Double.)

32477. Lettres attribuant au Grand conseil la connaissance d'une contestation entre les officiers de justice de Gourdon et ceux de Martel touchant la juridiction sur les paroisses de Belcastel, la Treyne, Meyraguet et Saint-Hilaire de Gourdon. Saint-Germain-en-Laye, 20 mars 1527. 20 mars.

Copie. Arch. communales de Gourdon (*Lot*), FF. 36.

32478. Lettres concernant la neutralité de la Lorraine. Anet, 26 avril 1528. 26 avril.

Deux copies du XVI*e siècle. Arch. du Ministère des Affaires étrangères,* Lorraine, Supplément, 4, fol. 97 et 98 v°.

32479. Lettres autorisant la continuation pendant dix 18 mai.

IMPRIMERIE NATIONALE.

ans de la levée par la ville de Narbonne du droit de robinage, pour l'entretien de la rivière d'Aude. Saint-Germain-en-Laye, 18 mai 1528. 1528.

Copie du XVIe *siècle. Arch. de la ville de Narbonne*, AA. 112, fol. 27 v°.

32480. Provisions de l'office de capitaine général de l'armée de mer du Levant pour Antoine de La Rochefoucauld, seigneur de Barbezieux. 1er juin 1528. 1er juin.

Mention. Bibl. nat., ms. Clairambault 825, fol. 114 v°.

32481. Confirmation des privilèges, libertés et franchises des habitants de Gênes. Paris, juillet 1528. Juillet.

Original. Bibl. nat., nouv. acq. lat., ms. 1790 (tout le cahier, portant à la fin : « *Visa, Françoys. Per regem, Janue dominum. Breton* »).

32482. Mandement aux élus de la Haute-Auvergne de répartir et faire lever 47,087 livres 16 sols 9 deniers tournois sur les habitants de leur élection, pour la part qui leur incombe des 3,261,000 livres tournois imposées au royaume pour la taille. Paris, 15 septembre 1528. 15 septembre.

Vidimus du 20 janvier 1531 n. s. Bibl. nat., ms. fr. 21426, n° 4.

32483. Lettres à terrier obtenues par le prieuré de Beaumont-sur-Oise. Paris, 3 octobre 1528. 3 octobre.

Copie. Arch. départ. de Seine-et-Oise, G. 479.

32484. Provisions de l'office de lieutenant général des galères en l'armée de mer du Levant pour Bertrand d'Ornezan, baron de Saint-Blancard. 10 octobre 1528. 10 octobre.

Mention. Bibl. nat., ms. Clairambault 825, fol. 114 v°.

32485. Lettres concédant, pour huit nouvelles années, aux habitants de Lisieux la levée de l'octroi de 40 sols par muid de sel vendu au grenier de ladite ville. Saint-Germain-en-Laye, 29 décembre 1528. 29 décembre.

Original. Arch. de la ville de Lisieux, CC. 268.

32486. Confirmation des statuts de la confrérie des libraires, écrivains, enlumineurs, parcheminiers et relieurs de l'Université de Paris, établie en l'église Saint-André-des-Arts. Paris, décembre 1528. — 1528. Décembre.

Enreg. au Châtelet de Paris, Bannières. Arch. nat., Y. 8, fol. 73.

32487. Lettres patentes adressées aux Ligues suisses en faveur de Jeanne de Hochberg, duchesse de Longueville, marquise de Rothelin, pour obtenir la restitution de son comté de Neufchâtel. 1528. — 1528.

Copie du XVIe siècle. Arch. du Ministère des Affaires étrangères, Neufchâtel, *Supplément*, t. Ier, fol. 65.

32488. Lettres en faveur de François de Longaunay, Richard Deloges, François d'Alençon et Jean de Termes, à cause de leurs services militaires et des maladies qu'ils ont eues depuis leur retour du royaume de Naples. « Rouen[1] », 1528. — 1528.

Imp. Catal. des livres et doc. histor. de M. de Courcelles, 1834, in-8°, p. 63. (*Mention.*)

1529. — Pâques, le 28 mars.

32489. Mandement aux officiers royaux et à tous autres d'aider le provincial des Frères prêcheurs de Toulouse à la réforme des couvents de son ordre. Saint-Germain-en-Laye, 10 janvier 1528. — 1529. 10 janvier.

Copie de l'époque. Arch. de la ville de Bayonne, BB. 6, fol. 831.
Imp. Arch. mun. de Bayonne. Délibérations du Corps de ville. Registres gascons, t. II, in-4°, Bayonne, 1898, p. 552.

[1] Aucun acte de 1528 n'est daté de Rouen.

32490. Lettres concernant la neutralité de la Lorraine entre le roi de France et l'Empereur. Paris, 7 mars 1528. — 1529. 7 mars.

Trois copies du XVIe siècle. Arch. du Ministère des Affaires étrangères, Lorraine, *Supplément*, 4, fol. 12, 15 et 17.

32491. Lettres obtenues par Aimée de La Baume, comtesse de La Chambre, pour faire la preuve du lieu et de la date de sa naissance. Romorantin, mai 1529. — Mai.

Extrait. Arch. du département de l'Ain, E. 145.

32492. Lettres d'obligation pour un emprunt contracté au roi d'Angleterre par François Ier pour la délivrance de ses enfants, otages de l'Empereur en Espagne. Saint-Quentin, 5 août 1529. — 5 août.

Deux copies du XVIIe siècle. Arch. du Ministère des Affaires étrangères, Angleterre, 2, fol. 36 et 43.

32493. Lettres portant réduction à 20,000 livres tournois des 30,000 livres qui avaient été imposées à la ville d'Orléans pour la rançon du Roi. Saint-Quentin, 15 août 1529. — 15 août.

Copie du XVIe siècle. Bibl. nat., ms. fr. 14368, fol. 156.

32494. Mandement à Guillaume Prudhomme de payer à Jules-Antoine de Hacquem, marquis de Betonde, 1,500 livres tournois dont le Roi lui a fait don. Saint-Quentin, 15 août 1529. — 15 août.

Mention. Catalogue d'une import. coll. d'autographes, chartes et doc. hist... Vente du 6 février 1889. Paris, Et. Charavay, in-8°, n° 57.

32495. Mandement au prévôt de Paris, pour l'exécution des lettres du 22 août 1529 (n° 3456) prescrivant la levée de quatre décimes pour contribuer au payement de la rançon du Roi et de ses enfants. Paris, 11 septembre 1529. — 11 septembre.

Enreg. au Châtelet de Paris, Bannières. Arch. nat., Y. 8, fol. 252 v°.

32496. Lettres ordonnant d'assembler les États de — 11 septembre.

Normandie à Rouen, le 15 octobre suivant. Paris, 11 septembre 1529. 1529.

Mention. Bibl. nat., nouv. acq. franç., ms. 1117 (2e partie), fol. 7.

32497. Lettres autorisant les quatre régents stipendiés de la Faculté de médecine de Montpellier à prendre gratuitement dans les greniers de l'État leur provision de sel. Paris, 21 septembre 1529. 21 septembre.

Copies. Bibl. de Montpellier, ms. 104, fol. 420; *Arch. de la Faculté de médecine de Montpellier*, Arrêts et déclarations, reg. XI, fol. 119 v°; *Arch. départ. de l'Hérault, Privilèges*, cartul. X, fol. 106 v° à 108 v°.

32498. Commission aux procureurs généraux près les cours de Parlement et le Conseil de Bretagne de s'y présenter pour requérir l'enregistrement des traités de Madrid et de Cambrai. Paris, 4 octobre 1529. (Cf. le n° 3500.) 4 octobre.

Copie du XVIe siècle. Arch. du Ministère des Affaires étrangères, Espagne, 5, fol. 541 v°.

32499. Mandement au Parlement de Toulouse, enjoignant à ses membres de payer sans retard les cotisations fixées à chacun d'eux par les capitouls sur les 35,000 livres imposées à la ville de Toulouse pour la rançon du Roi et de ses enfants, avec défense de connaître de la matière et évocation pour cette fois au Grand conseil du différend de la cour avec les magistrats municipaux. Paris, 22 octobre 1529. 22 octobre.

Copie du XVIe siècle. Arch. de la ville de Toulouse (Haute-Garonne), AA. 6, fol. 110.

32500. Commission (*noms en blanc*) pour percevoir les deniers destinés à la rançon du Roi. Octobre 1529. Octobre.

Copie incomplète du XVIIe siècle. Bibl. nat., ms. fr. 15637, fol. 186.

32501. Commission à Jean Billon, maître des comptes, et à Antoine Hellin pour, en conformité du traité de Cambrai et de concert avec les com- 12 novembre.

missaires impériaux, procéder à l'expertise des terres, chevances et revenus que le Roi abandonne à l'Empereur aux Pays-Bas, à titre de complément des deux millions d'écus d'or qu'il avait à verser pour la délivrance de ses enfants. Paris, 12 novembre 1529. 1529.

Copie du XVIe siècle. Arch. du Ministère des Affaires étrangères, Espagne, 5, fol. 164.

32502. Mandement au comte de Maulévrier, gouverneur de Normandie, l'autorisant à recevoir des nobles de la province les contributions à la rançon des enfants de France, même pour leurs fiefs situés au dehors du pays. Paris, 15 novembre 1529. 15 novembre.

Copie authentique de l'époque. Arch. départ. de l'Eure, série E, fonds du Marquisat de Neubourg.

32503. Procuration à François, marquis de Saluces, pour remettre le comté d'Asti à l'Empereur. Paris, 23 novembre [1529]. 23 novembre.

(Cf. avec le n° 19917, t. VI, p. 202.)
Mention. Bibl. nat., ms. fr. 23023, fol. 44 v°.

32504. Lettres portant création à la requête de Jean de Lévis, chevalier, seigneur et baron de Mirepoix, d'un marché chaque semaine, le mercredi, et de quatre fois par an, les 17 janvier, 12 mars, troisième jour après la Pentecôte et 10 août, en la ville de Mirepoix. Paris, novembre 1529. Novembre.

Original. Arch. communales de Mirepoix (Ariège).
Imp. F. Galabert, *Les foires et marchés de Mirepoix depuis le XVIe siècle.* (Bulletin périodique de la Société ariégeoise des sciences, lettres et arts, 9e vol., 1904, n° 7, p. 337.)

32505. Mandement au Parlement de Rouen pour l'enregistrement des traités de Madrid et de Cambrai. Fontainebleau, 5 décembre 1529. 5 décembre.

Mention. Catalogue d'une import. coll. d'autographes provenant d'un cabinet connu... Vente du 17 mai 1889. Ét. Chavaray, in-8°, n° 60.

32506. Acte de restitution du comté d'Asti entre les mains des députés de l'Empereur. 10 décembre 1529. — 1529. 10 décembre.

Analyse. Bibl. nat., nouv. acq. franç., ms. 7952, fol. 68.

32507. Lettres gratifiant d'une somme de 45 livres tournois Jean de Lacombe, homme d'armes servant sous les ordres du comte du Lude. Fontainebleau, 10 décembre 1529. — 10 décembre.

Original. Collection du manoir de Kériolet (Finistère), appartenant au département (n° 226 de l'inventaire de lad. collection).

32508. Mandement à la Chambre des comptes de Dijon, lui ordonnant de vérifier les comptes des grènetiers de Pouilly-sur-Saône. Fontainebleau, 11 décembre 1529. — 11 décembre.

Mention. Collection Paul Dablin, autographes. Paris, Noël Charavay, mars 1903, in-8°, n° 1.

32509. Prorogation, en faveur des habitants de Châteauroux, du droit d'apetissement ou prélèvement de la sixième partie du vin débité dans la ville. 31 décembre 1529. — 31 décembre.

Analyse. Arch. départ. de l'Indre, A. 1.

32510. Lettres patentes déclarant comprendre la seigneurie de Gênes dans le traité de Cambrai. *S. l. n. d.* [1529]. — 1529.

Copie du XVIe siècle. Arch. du Ministère des Affaires étrangères, Espagne, 5, fol. 511.

32511. Procuration à (*les noms sont restés en blanc*[1]) pour obtenir du Saint-Siège des lettres d'absolution à cause de la dérogation faite par le Roi au serment qu'il avait prêté de ne rien aliéner de la couronne de France. *S. l. n. d.* (Après le traité de Cambrai, 1529.) — 1529.

Copie du XVIe siècle. Arch. du Ministère des Affaires étrangères, Espagne, 5, fol. 550.

[1] Les procureurs du Roi furent Philibert Ferrier, évêque d'Ivrée, et Nicolas Raince. (Voir Du Mont, *Corps diplom.*, t. IV, 2e partie, p. 53.)

1530. — Pâques, le 17 avril.

1530.

32512. Commission à Laurent de Vieuxpont d'exercer des poursuites contre les nobles de Normandie qui dissimuleraient la valeur de leurs fiefs pour diminuer leur contribution à la rançon des enfants de France, et de dresser, avant le 1er mars, un rôle des contributions volontaires comme des refus. Dijon, 3 février 1529. — 3 février.

Copie authentique de l'époque. Arch. départ. de l'Eure, série E, fonds du Marquisat de Neubourg.

32513. Pouvoirs donnés à Anne de Montmorency, par lesquels le Roi le constitue son procureur spécial pour convenir avec l'ambassadeur de l'Empereur de la prorogation du terme fixé par le traité de Cambrai pour la délivrance des enfants de France. Dijon, 6 février 1529. — 6 février.

Copie du XVIe siècle. Arch. du Ministère des Affaires étrangères, Espagne, 5, fol. 518.

32514. Lettres portant quittance de la dot d'Éléonore d'Autriche. Dijon, 7 février 1529. — 7 février.

Copie du XVIIe siècle. Bibl. nat., ms. fr. 15837, fol. 145 v°.

32515. Lettres portant cession à Charles-Quint des terres d'Englemonstier (Ingelmunster), Vive [Saint-Éloi] et « Pontarvert », pour l'exécution du traité de Cambrai. Angoulême, 15 mai 1530. — 15 mai.

Copie du XVIIe siècle. Bibl. nat., ms. fr. 15638, fol. 75.

32516. Lettres portant restitution de terres au duc de Montpensier. (*S. l.*), 20 mai 1530. — 20 mai.

Mention. Bibl. nat., ms. fr. 18552, fol. 435.

32517. Mandement à Anne de Montmorency, lui donnant commission de faire frapper des écus soleil, autant qu'il en sera besoin, pour le payement à l'Empereur de la rançon du Roi, — 30 mai.

conformément au traité de Cambrai. Barbézieux, 30 mai 1530. 1530.

Copie du XVIIe siècle. Bibl. nat., ms. fr. 23291, fol. 216.

32518. Provisions pour Guillaume Granier au lieu de son père, feu Hélie Granier, de l'office de contrôleur des deniers communs, dons et octrois de la ville de Bourg-sur-Gironde. Bordeaux, 15 juin 1530. 15 juin.

Original. Arch. de la ville de Bourg (*Gironde*).
IMP. *Archives historiques de la Gironde.* Bordeaux, in-4°, année 1897, t. XXXII, p. 89.

32519. Mandement à Guillaume Prudhomme, général des finances, pour le payement des gages des officiers du Parlement de Toulouse durant les deux premiers quartiers de l'année courante, soit une somme de 9,876 livres 16 sous 8 deniers. Cognac, 2 août 1530. 2 août.

Enreg. au Parl. de Toulouse. Arch. départ. de la Haute-Garonne, B. 1901 (3e reg. des Édits), fol. 224.

32520. Lettres portant interdiction de chasser dans les terres et seigneuries d'Antoine d'Oraison, vicomte de Cadenet. Blois, 15 novembre 1530. 15 novembre.

Enreg. au Parl. de Provence, à Aix. Arch. des Bouches-du-Rhône, B. 3321, fol. 490.

32521. Lettres changeant les jours de foires et marché créés en novembre 1529 à Mirepoix (n° 32504 ci-dessus). Le marché sera tenu le jeudi de chaque semaine, au lieu du mercredi, et les quatre foires auront lieu les 17 janvier, quinzième jour après Pâques, 15 juillet et 21 septembre. Paris, 17 novembre 1530. 17 novembre.

Original. Arch. communales de Mirepoix (*Ariège*).
IMP. F. Galabert, *Les foires et marchés de Mirepoix depuis le XVIe siècle.* (Bulletin périodique de la Société ariégeoise des sciences, lettres et arts, 9 vol., 1904, n° 7, p. 339.)

32522. Commission à Jean Briçonnet, président des comptes à Paris, à Mathieu de Longuejoue, maître des requêtes de l'Hôtel, à Louis Picot, président des généraux des aides, aux trésoriers de France et à Jean Viole, conseiller aux requêtes du Palais, pour dresser l'état des portions aliénées du domaine. Saint-Germain-en-Laye, 29 décembre 1530. — 1530. 29 décembre.

Copie du XVIe siècle. Bibl. nat., ms. fr. 24029, fol. 37.

1531. — Pâques, le 9 avril.

32523. Lettres adressées aux généraux des finances et des aides à Paris, leur ordonnant de faire exécuter l'article du traité de Cambrai qui cède à Charles-Quint la composition ordinaire d'Artois, montant à 14,000 livres par an. Paris, 20 janvier 1530. — 1531. 20 janvier.

Arch. départ. du Nord, B. 383.

32524. Confirmation avec vidimus des lettres de privilèges concédés aux habitants de Bourg-sur-Gironde par Charles VII, Louis XI et Charles VIII (septembre 1451, mars 1462 n. s. et mai 1488). Paris, janvier 1530. — Janvier.

Copie collat. du 2 mars 1547 n. s. Arch. de la ville de Bourg (Gironde), AA. 3. (Inv. des arch. dép. de la Gironde, E. 2337.)

Imp. *Archives historiques de la Gironde*. Bordeaux, in-4°, t. XXXI, année 1896, p. 307.

32525. Mandement aux baillis de Touraine et de Berry, à la requête de Charles de Varie, écuyer, seigneur de l'Isle-Savary et du Rouillis, Sassay et Chancelée en Touraine et de diverses autres seigneuries en Berry, pour faire dresser le terrier desdites terres. Paris, 21 février 1530. — 21 février.

Copie du XVIe siècle. Arch. départ. d'Indre-et-Loire, série F, fonds de Sassay, liasse 1, fol. 1 à 5 du terrier.

32526. Lettres accordant exemption de tous droits pour — 22 mars.

trente pipes de vin à celui qui aura abattu le papegaut de Dinan, au tir annuel. Paris, 22 mars 1530. 1531.

Arch. de la ville de Nantes, EE. 39.

32527. Lettres de don du droit de rachat de la terre de Rossillon, au bailliage d'Autun, accordé à Michel et Georges de Changy. Paris, 17 avril 1531 après Pâques. 17 avril.

Copie du XVIIe siècle. Bibl. nat., ms. fr. 22241, fol. 480.

32528. Lettres portant que la reine Éléonore pourra sortir du royaume, dans le cas où elle survivra au Roi. Paris, 18 avril 1531. 18 avril.

(Cf. des lettres du 21 février 1530 n. s., n° 19984.)

Copie de l'époque. Arch. départ. du Nord, B. 385.

32529. Pouvoirs donnés à Gervais Waïn, envoyé comme ambassadeur auprès du landgrave de Hesse. Pont de Saint-Cloud, 25 mai 1531. 25 mai.

Arch. de Marbourg (Hesse).

32530. Lettres prorogeant de nouveau, pour huit ans, l'octroi du huitième et du seizième sur le vin, accordé aux habitants de Mâcon. Paris, 27 juin 1531. 27 juin.

Copies. Arch. communales de Mâcon (Saône-et-Loire), CC. 53, n° 54, et FF. 10, n° 12.

32531. Lettres concédant au seigneur de Laroque-Timbaut des droits sur la halle dudit lieu. Juin 1531. Juin.

Arch. départ. de Lot-et-Garonne, E. Supp. 691 (c^ne de Laroque-Timbaut), AA. 2. (*Mention.*)

32532. Lettres notifiant au général des finances de Languedoïl que le Roi a fait défense au grènetier des greniers à sel de Noyers et de Château-Chinon de rien payer sur le revenu desdits greniers qui, en vertu du traité de 8 juillet.

Cambrai, a été abandonné à l'archiduchesse Marguerite d'Autriche. Fontainebleau, 8 juillet 1531. 1531.

Copie du XVIe siècle. Arch. du Ministère des Affaires étrangères, Espagne, 5, fol. 304.

32533. Mandement au général des finances de Languedoïl, ordonnant de ramener au taux accoutumé le sel du grenier de Château-Chinon, récemment mis à un taux excessif, ce qui a causé une diminution de vente au préjudice de l'Empereur, qui a la jouissance des revenus dudit grenier. Fontainebleau, 8 juillet 1531. 8 juillet.

Copie du XVIe siècle. Arch. du Ministère des Affaires étrangères, Espagne, 5, fol. 303.

32534. Lettres portant don de 200 livres tournois à Jean de Mottet, gentilhomme provençal, pour le dédommager des dépenses faites « pour faire valoir ses droits sur l'île de Corse ». Fontainebleau, 21 juillet 1531. 21 juillet.

Mention. Catalogue des autographes composant le cabinet de feu M. Lefebvre, ancien libraire. Vente le 29 mars 1889. Paris, Ét. Charavay, in-8°, n° 45.

32535. Lettres ordonnant une session des Grands jours à Poitiers du 1er septembre au 31 octobre 1531, qui seront tenus par un président et des conseillers au Parlement de Paris et comprenant dans leur ressort les pays de Poitou, Anjou, Maine, Touraine, Aunis, Angoumois et la Marche. Juillet 1531. Juillet.

Imp. Extrait. Jean Bouchet, *Annales d'Aquitaine*, 1644, in-fol., p. 467. — Reproduit par M. H. Imbert. *Les Grands jours de Poitou*, p. 1. (Cf. le n° suivant.)

32536. Commission à Louis de Chandio, grand prévôt des maréchaux de France, de se rendre en Poitou avec sa bande, « pour entièrement faire obeir les arrestz et ordonnances » des 10 août.

Grands jours qui vont se tenir à Poitiers. Fontainebleau, 10 août 1531. — 1531.

Transcrit en tête des reg. civil et criminel des Grands jours de Poitiers, 1531. Arch. nat., X[1a] 9202, fol. 4 v°; X[2a] 81, fol. 2.

Imp. H. Imbert, *Les Grands jours de Poitou; registres criminels*, Mém. de la Soc. de statistique des Deux-Sèvres, 2e série, t. XVI, 1878, p. 3.

32537. Lettres enjoignant au Parlement de Provence de faire jouir sans retard Boniface Séguiran, sr de Vauvenargues, d'Aix, complice du connétable de Bourbon, du bénéfice de la grâce avec restitution de biens stipulé dans les traités de Madrid et de Cambrai. Fontainebleau, 30 août 1531. — 30 août.

Enreg. au Parl. de Provence. Arch. des Bouches-du-Rhône, B. 3320, fol. 83 v°.

(Voir au 15 mars 1530 n. s., t. I, no 3644.)

32538. Mandement au prévôt de Paris de procéder à la publication des lettres du 28 octobre précédent (no 4269), réglementant la vente des blés. Compiègne, 31 octobre 1531. — 31 octobre.

Enreg. au Châtelet de Paris, Bannières. Arch. nat., Y. 8, fol. 288 v°, et Y. 9, fol. 48 v° (double).

32539. Lettres prorogeant pour quatre ans l'octroi sur la viande de boucherie accordé aux consuls de Figeac, pour en employer le produit aux réparations des fortifications. Abbeville, 23 décembre 1531. — 23 décembre.

Original. Arch. communales de Figeac (Lot), CC. 5.

32540. Mandement au bailli de Vermandois lui notifiant une nouvelle prorogation, pour six ans et aux mêmes conditions, de l'octroi sur le vin et autres boissons accordé aux habitants de Ham par Louis XII et confirmé une première fois par François Ier, le 4 avril 1515 n. s. (ci-dessus, no 32238). Abbeville, 23 décembre 1531. — 23 décembre.

Original. Arch. communales de Ham (Somme), CC. 1.

32541. Légitimation de Pierre de Gramont, écuyer, fils naturel de Fortanier de Gramont. 1531. 1531.

Mention d'après l'anc. reg. XI de la Chambre des comptes. Bibl. nat., ms. fr. 22237, fol. 3.

32542. Lettres en faveur d'Adam Du Hayer. Paris, 1531 (avril, mai, juin ou septembre). 1531.

Imp. *Catal. des livres et doc. historiques... de M. de Courcelles*, 1834, in-8°, p. 64. (*Mention.*)

1532. — Pâques, le 31 mars.

1532.

32543. Lettres déclarant que l'obligation imposée aux receveurs des finances de porter les deniers de leur recette en la Chambre du Louvre, à Paris, ne vise pas l'argent destiné aux gages des officiers des Cours souveraines. Abbeville, 6 janvier 1531. 6 janvier.

Enreg. au Parl. de Provence. Arch. des Bouches-du-Rhône, B. 3313, fol. 21 v°, B. 3320, fol. 249 v°, et B. 3321, fol. 665.

32544. Mandement pour le payement de 1,000 écus d'or à François de Luxembourg, vicomte de Martigues. Abbeville, 7 janvier 1531. 7 janvier.

Mention. Catalogue d'autographes du cabinet de feu M. Lefebvre, ancien libraire... Vente, 14 juin 1888. Paris, Ét. Charavay, in-8°, n° 58.

32545. Mandement à Guillaume Prudhomme, général des finances, pour le payement des gages des officiers du Parlement de Toulouse durant les deux derniers quartiers de l'année 1531, soit une somme de 9,876 livres 16 sous 8 deniers. Dieppe, 11 janvier 1531. 11 janvier.

Enreg. au Parl. de Toulouse. Arch. de la Haute-Garonne, B. 1901 (3e reg. des Édits), fol. 231.

32546. Lettres de naturalité pour Pierre Jehan, natif d'Italie, chambrier du Pape. Dieppe, 19 janvier 1531. 19 janvier.

Enreg. au Parl. de Provence, à Aix. Arch. des Bouches-du-Rhône, B. 3321, fol. 757 v°.

32547. Lettres instituant une commission extraordinaire pour juger les procès qui résulteront de la réformation des forêts de Lyons, Vernon et Andely. Rouen, 2 février 1531. — 1532. 2 février.

Copie dans un arrêt du Parl. de Rouen du 14 mai 1535. Arch. départ. de l'Eure, série E, fonds Lombelon des Essarts.

32548. Mandement au receveur général Jean La Guette de payer 100 écus d'or aux sommeliers du Roi, Fernand Des Forges, Pierre Dumolin et Jean Estienne. Rouen, 13 février 1531. — 13 février.

Original. Collection du manoir de Keriolet (Finistère), appartenant au département (n° 228 de l'inventaire de ladite collection).

32549. Pouvoirs donnés à Guillaume Du Bellay, s[r] de Langey, envoyé comme ambassadeur auprès du landgrave de Hesse. Honfleur, 11 mars 1531. — 11 mars.

Arch. de Marbourg (Hesse).
Imp. Rommel, *Histoire de la Hesse*, t. IV, *Anmerk*, p. 59-60.

32550. Lettres portant don aux seigneurs Des Cars, de La Noue et de Listenois d'une somme de 600 écus d'or. Argentan, 17 mars 1531. — 17 mars.

Original. Collection du manoir de Keriolet (Finistère), appartenant au département (n° 229 de l'inventaire de ladite collection).

32551. Déclaration approuvant le transfert du poids commun de la ville, opéré par les capitouls de Toulouse de la maison de Lafont, rue du Puits-Clos, où il était provisoirement déposé, en la maison commune, pour obvier aux fraudes, pourvu qu'il n'existe pas de titre contraire et que le droit de pesage ne soit pas augmenté. Caen, 6 avril 1532. — 6 avril.

Copie collat. du XVI*e siècle. Arch. de la ville de Toulouse*, AA. 8, p. 464.

32552. Confirmation en faveur du grenier de Libourne du monopole de la vente du sel sur la Dor- — 13 avril.

dogne, de Bergerac au Bec-d'Ambès. Caen, 13 avril 1532. 1532.

Original. Arch. de la ville de Bourg-sur-Gironde (Gironde), AA. 7.

Imp. Archives historiques de la Gironde, in-4°, t. XXXII, année 1897, p. 90.

32553. Provisions pour Mathieu Postis de l'office de lieutenant général du vicomte d'Évreux. Châteaubriant, 10 juin 1532. 10 juin.

Copie authentique du 11 avril 1540. Arch. départ. de l'Eure, E 935, fol. 7.

Imp. L'abbé Heullant, *Monographie de Houlbec.* Évreux, 1902, in-8°, p. 134.

32554. Confirmation des lettres de Charles VIII et de Louis XII en faveur de l'Université de Montpellier. Juin 1532. Juin.

Copies. Bibl. de Montpellier, ms. 104, fol. 365; *Arch. de la Faculté de médecine de Montpellier*, Arrêts et déclarations concernant les privilèges de la Faculté, reg. XI, fol. 54 et 55.

32555. Lettres de naturalité pour François et Jean-Augustin de Foresta, frères, fils de Christophe de Foresta, seigneur de Lançon et de Trets, médecin du dauphin, natif de la Rivière de Gênes, avec permission de tenir bénéfices en Provence. Châteaubriant, juin 1532. Juin.

Enreg. au Parl. de Provence, à Aix. Arch. des Bouches-du-Rhône, B. 3323, fol. 211 et 411 (double).

32556. Ratification du traité conclu, le 26 mai précédent, par Guillaume Du Bellay avec l'électeur de Saxe, les ducs de Bavière et le landgrave de Hesse. Villocher, 2 juillet 1532. 2 juillet.

Arch. de Marbourg (Hesse).

32557. Lettres confirmant les privilèges universitaires de Montpellier. 25 août 1532. 25 août.

Copies. Bibl. de Montpellier, ms. 104, fol. 367; *Arch. de la Faculté de médecine de Montpellier*, Arrêts et déclarations, reg. XI, fol. 116 v°.

32558. Mandement aux élus des aides de la Haute-Au- 6 septembre.

vergne d'imposer 44,188 livres 10 sous tournois à leur élection pour sa part de la taille de 3,061,000 livres tournois imposée au royaume, etc. Le Verger, 6 septembre 1532. 1532.

Vidimus du 6 décembre 1533. Bibl. nat., ms. fr. 21426, n° 5.

32559. Lettres portant que l'abbaye de Saint-Aubin d'Angers sera mise sous la protection royale. Paris, octobre 1532. Octobre.

Copie collat. du 15 juin 1694. Arch. de Maine-et-Loire, H. 2.

32560. Commission donnée au dauphin, lieutenant-général et gouverneur de Normandie, à l'amiral de Brion, à l'archevêque de Rouen, aux évêques de Lisieux et de Clermont, au s^r d'Annebaut, au premier président du Parlement de Rouen, au s^r d'Alluye, trésorier de France, à Guillaume Prudhomme, s^r de Fontenay, général des finances, etc., pour demander aux États de Normandie, à Rouen, une contribution de 759,458 livres 15 sous tournois. Amiens, 6 novembre 1532. 6 novembre.

Copie collat. de 1534. Bibl. nat., ms. fr. 21427, n° 15.

32561. Lettres octroyant aux habitants de Tannay en Nivernais le droit de lever pendant six ans l'apetissement ou huitième partie du vin vendu en détail en ladite ville et paroisse, pour employer le produit de cet octroi aux réparations, fortifications, emparement des murailles, tours, portes et fossés de leur ville. Paris, 29 décembre 1532. 29 décembre.

Original. Arch. communales de Tannay (Nièvre), CC. 1, n° 1 (déposées aux Archives du département).

1533. — Pâques, le 13 avril.

1533.

32562. Lettres portant que les procès des églises paroissiales des villes closes de murs seront jugés en 3 janvier.

la cour de Parlement, toutes chambres assemblées. Paris, 3 janvier 1532. 1533.

Enreg. au Parl. de Toulouse. Arch. de la Haute-Garonne, B. 1902 (4e reg. des Édits), fol. 1.

32563. Lettres portant annulation d'une ordonnance du Parlement de Toulouse relative aux contrats. Paris, 3 janvier 1532. 3 janvier.

Copie du XVIIe siècle. Bibl. nat., ms. fr. 16871, fol. 32.

32564. Lettres défendant aux habitants de Lyon de lever 10 deniers par quarte de sel venant dans le Mâconnais et concédant ladite imposition aux habitants de Mâcon, pour en employer le produit aux réparations des fortifications de leur ville. Paris, 24 janvier 1532. 24 janvier.

Original. Arch. communales de Mâcon (Saône-et-Loire), HH. 7, n° 1.

32565. Mandement au receveur général des finances extraordinaires de payer à Jean de Lévis, s[r] de Châteaumorant, la somme de 1,200 livres pour sa pension d'une année. 12 février 1532. 12 février.

Bibl. nat., fonds d'Hozier, vol. 171, dossier Lévis 3946, n° 394.

32566. Lettres portant nomination de Jean de Lévis, s[r] de Châteaumorant, en qualité de contrôleur des dépenses de la maison du dauphin et de ses frères. 19 février 1532. 19 février.

Arch. du château de Léran (Ariège), fonds Châteaumorant, liasse A. 1, n° 46.

32567. Légitimation de Simon Fleury, fils naturel de Charles Fleury, prêtre, chanoine régulier de l'ordre de Saint-Augustin, et de Rose Breton. Février 1532. Février.

Mention d'après l'anc. reg. XI de la Chambre des comptes. Bibl. nat., ms. fr. 22237, fol. 3 v°.

32568. Légitimation de Denis Chevrier, écolier, étudiant à Bourges, natif de Rhodes, fils de feu Désiré Juin.

Chevrier, chevalier de l'ordre de Saint-Jean-de-Jérusalem, et de Catherine, grecque. Juin 1533. 1533.

Mention d'après l'anc. reg. XI de la Chambre des comptes. Bibl. nat., ms. fr. 22237, fol. 3 v°.

32569. Lettres conférant à Anne de Montmorency, maréchal de France, le commandement des galères et de l'armée de mer du Levant, pendant l'entrevue du Roi et du Pape. 31 juillet 1533. 31 juillet.

(Cf. un acte de même date, sous le n° 6099.)
Mentions. Bibl. nat., ms. Clairambault 825, fol. 114 v°, et ms. fr. 17329, *Mémoire imp. du XVIIe siècle*, fol. 190.

32570. Lettres en faveur des chirurgiens de Montpellier. 24 août 1533. 24 août.

Copie. Bibl. de Montpellier (Hérault), ms. 104, fol. 370.

32571. Commission donnée à Louis de Pontac, notaire et secrétaire du Roi, et à Pierre de Nozières, pour répartir et faire lever la quote-part de la taille de 3,061,000 livres tournois, soit 16,263 livres 8 sous 7 deniers, afférente aux pays de Condomois, Astarac et Bazadois, plus 865 livres pour les frais. Avignon, 4 septembre 1533. 4 septembre.

Original. Bibl. nat., nouv. acq. franç., ms. 20029, fol. 80. (Pièce provenant de l'ancienne collection de Courcelles, vendue en 1834.)

32572. Mandement à Pierre Secondat, général des finances en Guyenne, pour imposer aux pays d'Armagnac et Fezensac 2,112 livres 5 sous tournois, montant de leur quote-part de la taille de la présente année. Avignon, 4 septembre 1533. 4 septembre.

Original. Bibl. nat., ms. fr. 21425, fol. 18.

32573. Mandement aux élus de la Haute-Auvergne de répartir et lever en leur élection 44,188 livres 10 sous tournois pour sa quote-part des 4 septembre.

3,061,000 livres tournois de taille imposées au Royaume, etc. Avignon, 4 septembre 1533. 1533.

Vidimus du 6 décembre 1533. Bibl. nat., ms. fr. 21426, n° 6.

32574. Commission à André Sanguin, lieutenant du grand-maître des Eaux et forêts, pour continuer la réformation des forêts de Conches et de Breteuil, commencée par le s[r] de Quincarnon. Avignon, 6 septembre 1533. 6 septembre.

Copie dans un arrêt du Parl. de Rouen du 14 mai 1535. Arch. départ. de l'Eure, série E, fonds Lombelon des Essarts.

32575. Lettres portant confirmation de l'exemption des tailles et autres impositions et subsides en faveur des habitants de Dax et de la sénéchaussée des Lannes. Marignane, 30 septembre 1533. 30 septembre.

Original. Arch. communales de Dax (Landes), CC. 1.

32576. Lettres portant confirmation du privilège accordé par Charles VII aux habitants de la ville de Dax et de la sénéchaussée des Lannes d'acheter ou vendre tous biens, nobles ou roturiers, sans que l'acheteur ou le vendeur soit tenu de rien payer pour droits de lods et ventes. Marignane, 30 septembre 1533. 30 septembre.

Copie de l'époque. Arch. communales de Dax (Landes), AA. 5.

32577. Lettres exemptant la ville de Cassis des aides, subventions et subsides pour l'entretien des gens de guerre, en considération du guet que les habitants sont obligés de faire pendant six ou sept mois de l'année pour prévenir les descentes des ennemis. Marseille, 11 novembre 1533. 11 novembre.

Original. Arch. de la ville de Cassis (Bouches-du-Rhône), AA. 1, n° 1.

32578. Pouvoirs donnés à Guillaume Du Bellay, s[r] de Langey, envoyé près du landgrave de Hesse. Avignon, 16 novembre 1533. 16 novembre.

Arch. de Marbourg (Hesse).

32579. Lettres de naturalité octroyées à Catherine de Médicis, femme du duc d'Orléans. Lyon, décembre 1533. — 1533. Décembre.

Copie. Bibl. de la ville de Carpentras, ms. 1824, fol. 236.

32580. Lettres d'anoblissement en faveur de Me Jacques Frontin. 1533. — 1533.

Mention. Bibl. nat., ms. fr. 22253, fol. 12 v°.

1534. — Pâques, le 5 avril.

32581. Traité passé entre François Ier, d'une part, et les princes de Saxe, de Bavière et de Hesse, d'autre. Augsbourg, 28 janvier 1534. — 1534. 28 janvier.

(C'est un acte qui a été classé par erreur au 28 janvier 1535 [n° 7484, t. III, p. 8], bien qu'il fût daté non d'après le style de Pâques, mais d'après le style de Noël, et qu'il s'agit seulement de replacer à sa véritable date.)

32582. Mandement au bailli de Dijon de faire saisir le tiers du temporel des chapitres, collèges et communautés, et la moitié de celui des archevêques, évêques, abbés et prieurs, dans le but de presser la levée des décimes. Paris, 12 février 1533. — 12 février.

Copie de l'époque. Arch. de la Côte-d'Or, série G, fonds du chapitre N.-D. de Beaune, G. 2569.

32583. Lettres étendant les pouvoirs d'André Sanguin, commis à la réformation des forêts de Conches et de Breteuil, à la recherche et à l'instruction de toutes les usurpations de propriété sur le fond desdites forêts. Paris, 15 février 1533. — 15 février.

Copie dans un arrêt du Parl. de Rouen, du 14 mai 1535. Arch. départ. de l'Eure, série E, fonds Lombelon des Essarts.

32584. Lettres de naturalité accordées à Noël et Guillaume Pasquot, frères, originaires de Crans — Février.

en Savoie, habitants de Saint-Denis. Paris, février 1533. 1534.

Enreg. au Châtelet de Paris, Bannières. Arch. nat., Y. 10, fol. 300 v°.

32585. Mandement portant assignation au Grand conseil de Jean de Teula et Jean Guillemette, avocat et procureur du Roi en la sénéchaussée de Toulouse, ainsi que Jean Forestier et Mariet d'Angibault, dit Chabanis, procureur du Roi près l'auditoire des juges d'appeaux civil et criminel, au sujet du différend des capitouls de Toulouse avec les gens du Roi en matière de police. Paris, 12 mars 1533. 12 mars.

Original. Arch. de la ville de Toulouse (Haute-Garonne), AA. 40, n° 13.

32586. Légitimation de Jean Bouleau, fils naturel de feu noble Richard Bouleau et de Marie Pannier. Mars 1533. Mars.

Mention d'après l'anc. reg. XI de la Chambre des comptes. Bibl. nat., ms. fr. 22237, fol. 3 v°.

32587. Lettres portant que Benoît Théocrène, évêque de Grasse, précepteur des enfants du Roi, a prêté serment à cause de la temporalité de son évêché. Compiègne, 17 avril 1534. 17 avril.

Enreg. au Parl. de Provence, à Aix. Arch. des Bouches-du-Rhône, B. 3321, fol. 666.

32588. Légitimation de Jean d'Archiac, fils de feu Odile d'Archiac, écuyer, et de Claude d'Anselay. Mai 1534. Mai.

Mention d'après l'anc. reg. XI de la Chambre des comptes. Bibl. nat., ms. fr. 22237, fol. 3 v°.

32589. Lettres portant interdiction d'importer des marchandises d'Angleterre en France, sinon sur navires français. Paris, 13 juin 1534. 13 juin.

Copie de l'époque. Arch. de la ville de Bourg-sur-Gironde (Gironde), AA. 3.

IMP. *Arch. historiques de la Gironde.* Bordeaux, in-4° 1897, t. XXXII, p. 102.

32590. Lettres portant ratification des actes relatifs à l'acquisition du comté de Montbéliard. Paris, 28 juin 1534. — 1534. 28 juin.

Copie de l'année 1713. Arch. du Ministère des affaires étrangères, Wurtemberg, I, fol. 147.

32591. Lettres conférant à Claude de Savoie, comte de Tende, gouverneur de Provence et amiral du Levant, le commandement de l'armée de mer et des galères qui doivent transporter à Rome les cardinaux pour l'élection du nouveau pape. 10 août 1534. — 10 août.

Mentions. Mémoire impr. du XVIIe siècle. Bibl. nat., ms. fr. 17329, fol. 190, et ms. Clairambault 825, fol. 114 v°.

32592. Pouvoirs de Gervais Waïn, abbé de Cuissy, et d'Étienne de Laigue, sieur de Beauvais, envoyés comme ambassadeurs auprès du landgrave de Hesse. Fontainebleau, 20 août 1534. — 20 août.

Original. Arch. de Marbourg (Hesse).

32593. Lettres d'amortissement à la demande de Jean Pignard, doyen du chapitre de Langres, des biens que lui et feu Pierre Pignard ont donnés pour la dotation de trois chapelles qu'ils ont fait édifier en l'église de Langres : Notre-Dame-de-Pitié, Notre-Dame et Saint-Bernard, Saint-Sacrement. Fontainebleau, août 1534. — Août.

Enreg. à la Chambre des comptes, le 17 mai 1538.

Original. Arch. de la Haute-Marne, chapitre de Langres; chapelle des Pignards.

32594. Lettres de don à Jean de Lévis, s[r] de Châteaumorant, des biens meubles et immeubles de Gilbert et Antoine Duval et d'autres malfaiteurs. Amboise, 17 octobre 1534. — 17 octobre.

Arch. du château de Léran (Ariège), fonds Châteaumorant, liasse A. 1, n° 47.

32595. Mandement aux élus de la Haute-Auvergne de répartir et lever sur leur élection 44,188 livres — 17 octobre.

10 sols tournois pour la part qui leur incombe des 3,061,000 livres tournois de la taille imposée au royaume, etc. Amboise, 17 octobre 1534.

Vidimus du 12 décembre 1534. Bibl. nat., ms. fr. 21426, n° 7.

32596. Légitimation de Jacques de La Barde, le jeune, fils naturel de Jacques de La Barde, notaire royal, et de Jeanne Cotinelle. Novembre 1534. — Novembre.

Mention d'après l'anc. reg. XI de la Chambre des Comptes. Bibl. nat., ms. fr. 22237, fol. 3 v°.

1535. — Pâques, le 28 mars.

1535.

32597. Provisions pour Jean Postis de l'office d'avocat royal en la cour de l'évêché d'Évreux. Paris, 4 janvier 1534. — 4 janvier.

Copie authentique du 11 avril 1540. Arch. départ. de l'Eure, E. 935, fol. 7.

Imp. L'abbé Heullant, *Monographie de Houlbec*. Évreux, 1902, in-8°, p. 135.

32598. Lettres accordant à Galliot Du Pré, libraire à Paris, privilège d'un an pour imprimer ou faire imprimer la récente ordonnance sur les légions de gens de pied (n° 7252). Paris, 20 janvier 1534. — 20 janvier.

Imp. *Ordonnances nouvelles faictes par le Roy, nostre sire, touchant les legyons des gens de pied...* Paris, Galliot du Pré, 1535 n. s., 12 ff. pet. in-4°, goth., *initio*. (*Bibl. nat.*, rés. F. 2037.)

32599. Lettres obtenues par les échevins de Blois afin de contraindre les religieux de Bourg-Moyen à leur représenter les archives de la ville. 20 février 1534. — 20 février.

Mention dans un ancien inventaire des arch. de la ville de Blois, à Blois.

32600. Lettres ordonnant main-levée de la saisie du temporel de l'évêque de Paris, qui avait offert — 22 avril.

à titre de don gratuit, en son nom et au nom du clergé de son diocèse, un subside équivalent à trois décimes. Vatteville, 22 avril 1535. 1535.

Enreg. au Châtelet de Paris, Bannières. Arch. nat., Y. 9, fol. 50 v°.

32601. Lettres autorisant l'exécution de l'indult octroyé au cardinal de Châtillon, archevêque de Toulouse, le 17 juin 1534, pour la collation des bénéfices dépendant de son archevêché et de ses abbayes. Bourgthéroulde, 26 avril 1535. 26 avril.

Enreg. au Parl. de Toulouse. Arch. départ. de la Haute-Garonne, B. 1902 (4ᵉ reg. des Édits), fol. 30 et 32.

32602. Confirmation des privilèges du chapitre de Châlons-sur-Marne. Rouen, avril 1535. Avril.

Original. Arch. départ. de la Marne, G. 462.

32603. Lettres portant confirmation générale des privilèges accordés par les rois aux habitants du Quercy et de l'Agénais. 10 mai 1535. 10 mai.

Copie. Arch. communales de Figeac (Lot), CC. 3.

32604. Mandement à l'adresse des officiers royaux pour la mise à exécution, dans les villes de leur ressort, des lettres du 12 mai précédent (n° 7826) ordonnant de rendre compte des deniers que les villes avaient été autorisées à lever en 1533, et dont la moitié devait être portée au coffre du Louvre. Vatteville, 13 mai 1535. 13 mai.

Enreg. au Châtelet de Paris, Bannières. Arch. nat., Y. 9, fol. 53 v°.

32605. Lettres ordonnant l'entérinement des bulles et indult octroyés au cardinal de Clermont, légat d'Avignon, pour la collation des bénéfices dépendant de son archevêché. Arques, 22 mai 1535. 22 mai.

Enreg. au Parl. de Toulouse, le 5 février 1536 n. s. Arch. départ. de la Haute-Garonne, B. 1902 (4ᵉ reg. des Édits), fol. 39-46.

IMPRIMERIE NATIONALE.

32606. Lettres de confirmation pour le chapitre de Châlons de son privilège de *committimus*. Paris, 26 juin 1535. 1535. 26 juin.

Arch. départ. de la Marne, G. 463.

32607. Provisions de l'office de secrétaire de la chambre et des commandements du Roi pour Palamèdes Gontier. Coucy, 14 juillet 1535. 14 juillet.

Arch. départ. de la Côte-d'Or, E. 906.

32608. Provisions de la commanderie et hôpital de Sainte-Marie-Madeleine de Bessaut [en Lencouacq, Marsan], de l'ordre de Saint-Jacques de l'Épée-longue, au diocèse d'Aire, en faveur d'Antoine de Navailles. Reims, 3 août 1535. 3 août.

Original. Arch. nat., M. 487, dossier Navailles.

32609. Mandement à l'archevêque d'Aix de publier et de transmettre à ses suffragants une bulle de jubilé accordée par le Pape pour le succès des armées chrétiennes contre les infidèles, et d'expulser de son diocèse les adhérents aux « malheureuses et damnées sectes ». Reims, 5 août 1535. 5 août.

Copie. Bibl. de la ville d'Avignon, ms. 655, fol. 91.

32610. Lettres accordant aux habitants de Saint-Jean-d'Angély, pour les aider dans les dépenses nécessaires aux fortifications et au pavage de leur ville, la remise de la moitié des deniers communs, dons, aides et octrois, dont ils devaient verser la totalité dans les coffres du Louvre. Reims, 6 août 1535. 6 août.

Original. Arch. de la ville de Saint-Jean-d'Angély, AA. 1, n° 22.

32611. Lettres portant octroi aux habitants de Sainte-Menehould d'un droit de 2 sols 6 deniers tournois à prendre sur chaque minot de sel, pour être employé à la fortification de leur ville. Bar-le-Duc, 20 août 1535. 20 août.

Arch. départ. de la Marne, E. 1009.

32612. Commission du Roi pour contraindre à rendre leurs comptes les receveurs des villes de Nevers, Clamecy, Decise, Saint-Saulge, Moulins-lès-Engilbert, Luzy, Saint-Léonard (Corbigny), Prémery, Tannay, Châtillon-en-Bazois et Châtel-Censoir, sis au pays de Nivernais. Joinville, 6 septembre 1535. — 1535. 6 septembre.

Copie. Arch. communales de Nevers, BB. 14.

32613. Légitimation de Louis de Dinteville, né à Rhodes, fils naturel de feu Pierre de Dinteville, chevalier de Saint-Jean-de-Jérusalem, et de Catherine Spinola. Septembre 1535. — Septembre.

Mention d'après l'anc. reg. XI de la Chambre des comptes. Bibl. nat., ms. fr. 22237, fol. 3 v°.

32614. Lettres patentes touchant la confirmation des privilèges de l'ordre de Saint-Dominique. Norges, 29 octobre 1535. — 29 octobre.

Mention. Catalogue d'une coll. de lettres autogr., vendue le 21 janvier 1856, Laverdet, expert, n° 438.

32615. Lettres portant augmentation des gages des officiers de justice en Provence. Pagny, 11 décembre 1535. — 11 décembre.

Enreg. au Parl. de Provence, à Aix. Arch. des Bouches-du-Rhône, B. 3321, fol. 668.

32616. Lettres prescrivant d'employer à l'entretien des ponts, chemins et chaussées l'argent provenant des revenus casuels du domaine royal. Is-sur-Tille, 15 décembre 1535. — 15 décembre.

Enreg. au Parl. de Provence, à Aix. Arch. des Bouches-du-Rhône, B. 3321, fol. 667.

32617. Lettres prorogeant de nouveau l'octroi sur la viande de boucherie accordé aux consuls de Figeac, pour en employer le produit à l'entretien des fortifications de leur ville. 28 décembre 1535. — 28 décembre.

Original. Arch. communales de Figeac (Lot), CC. 5.

32618. Lettres portant prorogation pour six années du droit de gabelle qui se lève à Brives-la-Gaillarde. Chalon, 30 décembre 1535. — 1535. 30 décembre.

Mentionnées dans des lettres de Raymond de Cosnac, sénéchal de Limousin, du 31 janvier 1536 n. s. Arch. communales de Brive (Corrèze).

1536. — Pâques, le 16 avril.

32619. Lettres de mainlevée accordées aux abbayes de Mortemer et de Bonport, de leur temporel qui avait été saisi faute de payement des décimes demandés par le Roi. Trévoux, 12 janvier 1535. — 1536. 12 janvier.

Original. Arch. départ. de l'Eure, E. 662.

32620. Mandement au bailli de Rouen, lui notifiant la mainlevée accordée au prieur de l'hôpital de la Madeleine de Rouen de la saisie de la moitié de son temporel, les revenus en étant affectés à l'entretien des pauvres malades et des personnes qui les soignent et comme tels étant exempts de tous décimes. Lyon, 19 janvier 1535. — 19 janvier.

Copie collationnée de 1698. Arch. de l'Hospice de Pont-Audemer (Eure), A. 1.

32621. Lettres exemptant du payement de l'imposition sur les biens ruraux la Faculté de médecine de Montpellier. 29 janvier 1535. — 29 janvier.

Copies. Bibl. de Montpellier, ms. 104, fol. 415; *Arch. de la Faculté de médecine de Montpellier*, Arrêts et déclarations, reg. XI, fol. 700, doc. 71.

32622. Lettres portant prorogation pour six années de l'octroi sur le sel de la ville de Verneuil. Lyon, 2 février 1535. — 2 février.

Original endommagé. Arch. communales de Verneuil (Eure), CC. 2.

32623. Lettres prorogant pour [six] années l'octroi de 20 sols par pipe de boisson, anciennement — 2 février.

accordé à la ville de Verneuil. Lyon, 2 février 1535. — 1536.

Original endommagé. Arch. communales de Verneuil (Eure), CC. 3.

32624. Provisions de l'office de juge ordinaire à Lorgues, pour Mᵉ Honoré Tournon. Lyon, 16 février 1535. — 16 février.

(Avec lettres de surannation du 26 mai 1537.)
Enreg. au Parl. de Provence à Aix. Arch. des Bouches-du-Rhône, B. 3321, fol. 184.

32625. Édit touchant la réformation de la justice en la ville de Marseille. Crémieu, février 1535. — Février.

Enreg. au Parl. de Provence, à Aix. Arch. des Bouches-du-Rhône, B. 3325, fol. 5.

32626. Lettres portant que le Parlement de Provence examinera une plainte des syndics et habitants de Grignan et de Salles contre la défense de chasser qui leur avait été faite par acte royal obtenu, contrairement à leurs libertés et franchises, par Louis d'Adhémar de Monteil, sieur de Grignan. Crémieu, 21 mars 1535. — 21 mars.

Copie sur papier. Arch. communales de Grignan (Var), FF. 2.

32627. Lettres d'inhibition obtenues par Antoine de Narbonne, évêque de Sisteron, contre l'élection de Chérubin d'Orsière, faite par le chapitre et les chanoines de Sisteron. Lyon, 22 mars 1535. — 22 mars.

Enreg. au Parl. de Provence, à Aix. Arch. des Bouches-du-Rhône, B. 3321, fol. 589.

32628. Commission à Barthélemy de Chasseneux, président au Parlement de Provence, de procéder, avec l'assistance de l'archevêque d'Aix, de Balthazar Jarente, évêque de Vence, et d'un religieux, à la réforme du prieuré de Saint-Maximin. Saint-Chef, 7 avril 1535. — 7 avril.

(Avec lettres de surannation du 17 septembre 1537.)
Enreg. au Parl. de Provence, à Aix. Arch. des Bouches-du-Rhône, B. 3321, fol. 156 v°.

32629. Lettres accordant aux chevaucheurs des écuries du Roi tenant la poste en Provence la permission de passer par les lieux, voies et chemins que bon leur semblera, leur interdisant seulement de porter des messages dont il pourrait résulter quelque inconvénient pour le Roi. Montbrison, 26 avril 1536. 1536. 26 avril.

Enreg. au Parl. de Provence, à Aix. Arch. des Bouches-du-Rhône, B. 3321, fol. 20 v°.

32630. Lettres nommant M. de Humières lieutenant général du Roi en Dauphiné, en Savoie et en Piémont. Lyon, 31 mai 1536. 31 mai.

Original. Bibl. nat., ms. fr. 3088, fol. 176.

32631. Provisions d'un office de notaire royal à Fréjus, pour Bernard Achard. Lyon, 3 juin 1536. 3 juin.

Enreg. au Parl. de Provence, à Aix. Arch. des Bouches-du-Rhône, B. 3321, fol. 514 v°.

32632. Lettres autorisant les États de Provence à recevoir des titulaires d'offices perpétuels, devenus annuels par l'édit de 1531, le montant des avances payées par le comté pour le remboursement de ces offices. Lyon, 10 juin 1536. 10 juin.

Enreg. au Parl. de Provence, à Aix. Arch. des Bouches-du-Rhône, B. 3321, fol. 34.

32633. Lettres obligeant les greffiers des sénéchaussées de Provence à tenir registre des droits de lattes, fixés à raison de 12 deniers par florin, ainsi que des noms des débiteurs. Crémieu, 14 juin 1536. 14 juin.

Enreg. au Parl. de Provence, à Aix. Arch. des Bouches-du-Rhône, B. 3321, fol. 31.

32634. Provisions de l'office de procureur du Roi au siège d'Hyères pour Me Jacques Calhon. Crémieu, 21 juin 1536. 21 juin.

Enreg. au Parl. de Provence, à Aix. Arch. des Bouches-du-Rhône, B. 3321, fol. 40.

32635. Provisions de la charge de lieutenant général aux pays de Bresse, Bugey et Valromey, en 28 juin.

faveur de Jean de La Baume, comte de Montrevel. Lyon, 28 juin 1536. 1536.

Arch. du département de l'Ain, E. 145.

32636. Lettres patentes déclarant la neutralité de la Lorraine. Lyon, 12 juillet 1536. 12 juillet.

Copie du XVIe siècle. Arch. du Ministère des Affaires étrangères, Lorraine, Supplément, 4, fol. 74.

32637. Prorogation du droit d'apetissement en faveur des habitants de Châteauroux, pour six ans, à condition qu'ils entretiendront les murs et fortifications de la ville. 20 juillet 1536. 20 juillet.

Analyse. Arch. départ. de l'Indre, A. 1.

32638. Lettres ordonnant de contraindre Catherine Stavenette à payer 314 livres tournois à Jean d'Arles, de Salon. Lyon, 1er août 1536. 1er août.

Enreg. au Parl. de Provence, à Aix. Arch. des Bouches-du-Rhône, B. 3321, fol. 77.

32639. Lettres ordonnant de contraindre, par toutes voies de droit et de fait, Honnorat d'Auzolles à payer à Gautier Du Chastel, receveur de Marseille, les dépens auxquels il a été condamné par le Grand conseil. Lyon, 5 août 1536. 5 août.

Enreg. au Parl. de Provence, à Aix. Arch. des Bouches-du-Rhône, B. 3320, fol. 411.

32640. Lettres accordant à Jean d'Arles, écuyer, de Salon, un changement de blason et réglant ainsi ses nouvelles armoiries : d'or à la bande de sable portant une étoile d'or, avec deux étoiles de gueules en chef et une étoile de même en pointe. Lyon, 14 août 1535. (Cf. t. VII, n° 24264.) 14 août.

Enreg. au Parl. de Provence, à Aix. Arch. des Bouches-du-Rhône, B. 3321, fol. 54.

32641. Lettres accordant aux consuls et habitants de Marseille, la conservation de leurs anciennes coutumes, nonobstant le récent édit de réfor- 20 août.

mation de la justice, et le maintien des deux juges ordinaires. Lyon, 20 août 1536. 1536.

Enreg. au Parl. de Provence, à Aix. Arch. des Bouches-du-Rhône, B. 3321, fol. 325.

32642. Lettres accordant pour six ans à la ville de Lisieux un octroi de cent sols par muid de sel vendu au grenier dudit lieu. Lyon, 21 août 1536. 21 août.

Original. Arch. de la ville de Lisieux, CC. 268.

32643. Lettres ordonnant que les prises faites sur quelques navires portugais par des pirates français soient restituées et les pirates punis. 27 août 1536. 27 août.

Arch. de Torre do Tombo, Corpo chronologico, P. 1, m. 57, doc. 94, suivant une analyse qui se trouve à la *Bibl. nat.*, Nouv. acq. franç., ms. 9388, fol. 168.

32644. Légitimation de François d'Alègre, sieur d'Aix (*aliàs* d'Ars) en Forez et du Pécher en Auvergne, né à Naples, guidon de la compagnie d'ordonnances du sieur d'Alègre, son frère. [Valence], août 1536. Août.

Mention d'après l'anc. reg. XI de la Chambre des comptes. Bibl. nat., ms. fr. 22237, fol. 3 v°.

32645. Lettres de naturalisation en faveur de Paul Sadolet, natif d'Italie, l'autorisant à posséder en France des biens et bénéfices, tant séculiers que réguliers. Avignon, 17 septembre 1536. 17 septembre.

Enreg. au Parl. de Provence, à Aix. Arch. des Bouches-du-Rhône, B. 3321, fol. 218 v°.

32646. Lettres ordonnant que Pierre Joannis, avocat du Roi en Provence, soit contraint, par toutes voies de droit et de fait, de payer à Honorat Pinchinat, marchand d'Aix, les dépens adjugés à ce dernier par le Grand conseil. Lyon, 26 septembre 1536. 26 septembre.

Enreg. au Parl. de Provence, à Aix. Arch. des Bouches-du-Rhône, B. 3320, fol. 522.

32647. Pouvoirs de lieutenant général du Roi en faveur d'Anne de Montmorency, grand-maître et maréchal de France, pour la guerre de Provence. [Camp d'Avignon, septembre 1536.] — 1536. Septembre.

Copie du XVIe siècle. Bibl. nat., ms. fr. 18111, fol. 226 v°.

Copies incomplètes du XVIIe siècle. Bibl. nat., ms. fr. 7492, fol. 200 v°; ms. fr. 23940, fol. 680; ms. fr. 23942, fol. 170.

(Ces copies sont dépourvues de date.)

32648. Confirmation des privilèges accordés aux Célestins de Lyon. Lyon, 8 octobre 1536. — 8 octobre.

Original. Bibl. de la ville de Lyon, ms. 264, n° 26.

32649. Lettre portant permission à la ville de Lisieux de lever pendant six ans une aide de cent sols par muid de sel vendu au grenier dudit lieu. Moulins, 22 octobre 1536. — 22 octobre.

Original. Arch. de la ville de Lisieux, CC. 268.

32650. Lettres interdisant toute poursuite contre Melchior de Castellane, seigneur d'Allemagne, coupable du meurtre de l'un des individus qui, quelque temps auparavant, l'avaient attaqué sur la route et avaient tué un gentilhomme de sa suite. Moulins, octobre 1536. — Octobre.

Enreg. au Parl. de Provence, à Aix. Arch. des Bouches-du-Rhône, B. 3320, fol. 532.

32651. Mandement à Charles de Coucis, sr de Burie, et à Guérin d'Alzon, lieutenants du Roi à Turin, leur prescrivant d'examiner les comptes des gens de finances en fonctions dans le Piémont et d'y percevoir les impôts accoutumés, tels qu'ils étaient perçus sous l'administration du duc de Savoie. Loches, 8 novembre 1536. — 8 novembre.

Original en vente (février 1905), chez M. Fonteix, 14, rue du Printemps, à Toulouse (Haute-Garonne).

32652. Lettres de naturalisation pour Jacques de Flisco, natif de Gênes, prieur de Villeneuve. Loches, 9 novembre 1536. — 9 novembre.

Enreg. au Parl. de Provence, à Aix. Arch. des Bouches-du-Rhône, B. 3321, fol. 869.

32653. Lettres prorogeant le terme d'un payement de 60 écus d'or dus par Pierre Marchier, de Digne. Loches, 11 novembre 1536. — 1536. 11 novembre.

Enreg. au Parl. de Provence, à Aix. Arch. des Bouches-du-Rhône, B. 3320, fol. 425.

32654. Lettres portant mainlevée du temporel du clergé du diocèse de Bordeaux, qui avait été saisi faute d'accord au sujet d'un don gratuit de trois décimes demandé aux gens d'église pour continuer la guerre contre l'Empereur. Amboise, 18 novembre 1536. — 18 novembre.

Original. Arch. départ. de la Gironde, G. 479.

32655. Mandement du Roi, en qualité d'usufruitier des biens du dauphin, comte de Blois, à la Chambre des comptes du comté d'allouer à Jean Goret, receveur de Soissons, 181 livres 17 sols 11 deniers, pour réparations faites au château de Soissons. Malesherbes, 4 décembre 1536. — 4 décembre.

Original. Collection du manoir de Kériolet (Finistère), appartenant au département (n° 231 de l'inventaire de ladite collection).

32656. Déclaration défendant de vendre ou envoyer à l'étranger aucun livre ou cahier sans en avoir remis un exemplaire à l'abbé de Reclus, aumônier ordinaire du Roi, et sans l'avoir fait examiner par Mellin de Saint-Gelais, garde de la librairie au château de Blois. 8 décembre 1536. — 8 décembre.

Analyse. Bibl. nat., ms. fr. 21816, fol. 21.

32657. Provisions de l'office de notaire royal à Marseille pour Grégoire Ribier, en conséquence de l'édit de novembre 1536 (n° 8704), réduisant à trente-six le nombre des notaires de cette ville. Fontainebleau, 10 décembre 1536. — 10 décembre.

Enreg. au Parl. de Provence, à Aix. Arch. des Bouches-du-Rhône, B. 3321, fol. 37.

32658. Provisions d'un office de notaire royal à Mar- — 10 décembre.

seille pour Me Marquet Flotte. Fontainebleau, 10 décembre 1536. 1536.

Enreg. au Parl. de Provence, à Aix. Arch. des Bouches-du-Rhône, B. 3321, fol. 196.

32659. Provisions d'un office de notaire royal à Marseille pour André de Navis. Fontainebleau, 10 décembre 1536. 10 décembre.

Enreg. au Parl. de Provence, à Aix. Arch. des Bouches-du-Rhône, B. 3321, fol. 175 v°.

32660. Provisions d'un office de notaire royal à Marseille pour Me Jean d'Ollioules (*de Oliolis*). Fontainebleau, 10 décembre 1536. 10 décembre.

Enreg. au Parl. de Provence, à Aix. Arch. des Bouches-du-Rhône, B. 3321, fol. 102.

32661. Provisions d'un office de notaire royal à Marseille, pour Me Raymond d'Ollières (*de Oleriis*). Fontainebleau, 10 décembre 1536. 10 décembre.

Enreg. au Parl. de Provence, à Aix. Arch. des Bouches-du-Rhône, B. 3321, fol. 104.

32662. Provisions d'un office de notaire royal à Marseille pour Me Raphaël d'Aix. Fontainebleau, 10 décembre 1536. 10 décembre.

Enreg. au Parl. de Provence, à Aix. Arch. des Bouches-du-Rhône, B. 3321, fol. 67.

32663. Provisions d'un office de notaire royal à Marseille pour Me Jean Alphantis. Fontainebleau, 10 décembre 1536. 10 décembre.

Enreg. au Parl. de Provence, à Aix. Arch. des Bouches-du-Rhône, B. 3321, fol. 75 v°.

32664. Provisions d'offices de notaire royal à Marseille, en faveur de Bernard Cordier et de Gaspard Boyer. Fontainebleau, 10 décembre 1536. 10 décembre.

Enreg. au Parl. de Provence, à Aix. Arch. des Bouches-du-Rhône, B. 3321, fol. 25 et 28.

32665. Lettres nommant notaires royaux à Marseille les sieurs Mathieu Boyer, Esparron d'Ollières, Jean Dédera, Jean Gille, Hector Antelmy, 10 décembre.

François Bizard, Antoine Chaissy et Jean Botaric. Fontainebleau, 10 décembre 1536. 1536.

Enreg. au Parl. de Provence, à Aix. Arch. des Bouches-du-Rhône, B. 3321, fol. 302, 305, 308, 311, 314, 316, 319 et 322.

32666. Lettres portant don à Laurent Bonacorsy d'un canonicat et prébende en l'église de Digne. Fontainebleau, 11 décembre 1536. 11 décembre.

Enreg. au Parl. de Provence, à Aix. Arch. des Bouches-du-Rhône, B. 3321, fol. 205.

32667. Provisions d'un office de notaire royal à Marseille pour Mᵉ Pierre Morlani. Fontainebleau, 13 décembre 1536. 13 décembre.

Enreg. au Parl. de Provence, à Aix. Arch. des Bouches-du-Rhône, B. 3321, fol. 300 v°.

1537. — Pâques, le 1ᵉʳ avril.

1537

32668. Lettres prescrivant à la Chambre des comptes de Provence de décharger les fermiers des divers greffes du siège de Forcalquier d'un trimestre des taxes non perçues l'année précédente, pour raison de la guerre. Paris, 15 janvier 1536. 15 janvier.

Enreg. au Parl. de Provence, à Aix. Arch. des des Bouches-du-Rhône, B. 3321, fol. 50.

32669. Commission aux prévôts des maréchaux de France, pour poursuivre les gens de guerre vagabonds qui dévastent les campagnes. Paris, 22 janvier 1536. 22 janvier.

Original. Bibl. nat., ms. fr. 21420, fol. 41.

32670. Lettres ordonnant au sénéchal de Draguignan de contraindre Claude Pallier au payement d'une somme de 1,600 florins en faveur de Jean Berny, son gendre. Paris, 24 janvier 1536. 24 janvier.

Enreg. au Parl. de Provence, à Aix. Arch. des Bouches-du-Rhône, B. 3321, fol. 59.

32671. Lettres d'ajournement accordées à Louis d'Agoult, seigneur de Sault, contre Antoine de Bouliers, seigneur de Cental. Compiègne, 16 février 1536. — 1537. 16 février.

Enreg. au Parl. de Provence, à Aix. Arch. des Bouches-du-Rhône, B. 3321, fol. 14.

32672. Commission à Jean de Sade, sieur de Mazan, et à Jean Fray pour le recouvrement des deniers dus au Roi en Provence. Compiègne, 17 février 1536. — 17 février.

Enreg. au Parl. de Provence, à Aix. Arch. des Bouches-du-Rhône, B. 3321, fol. 16 v°.

32673. Lettres ordonnant le remboursement à Me Honoré Arnoux de la somme de 500 écus, en compensation de la charge de bailli et clavaire de Saint-Paul-lès-Vence, supprimée par l'édit de réformation de la justice en Provence. Compiègne, 18 février 1536. — 18 février.

Enreg. au Parl. de Provence, à Aix. Arch. des Bouches-du-Rhône, B. 3321, fol. 123.

32674. Lettres accordant à Louis d'Agoult, seigneur de Sault, la juridiction ordinaire et d'appeaux dans le val de Sault, nonobstant l'édit de réformation de la justice en Provence. Compiègne, 19 février 1536. — 19 février.

Enreg. au Parl. de Provence, à Aix. Arch. des Bouches-du-Rhône, B. 3321, fol. 11.

32675. Lettres ordonnant d'informer sur l'accusation portée par Jean Faci contre Guiraud Chotard, qui se serait rendu coupable de vol de titres et d'argent au détriment du suppliant, aurait ravi sa servante et blessé grièvement un de ses fils, official de Toulon. Compiègne, 20 février 1536. — 20 février.

Enreg. au Parl. de Provence, à Aix. Arch. des Bouches-du-Rhône, B. 3320, fol. 744.

32676. Permission à Hilaire Gautier et à Catherine Besson, sa femme, de vendre un jardin qu'ils — 21 février.

possèdent près de Toulon. Compiègne, 21 février 1536. 1537.

Enreg. au Parl. de Provence, à Aix. Arch. des Bouches-du-Rhône, B. 3321, fol. 460 v°.

32677. Lettres réunissant au domaine royal la baronnie des Baux et ses anciennes dépendances, le château de Montpaon et les lieux de la Visilède et de Grès-le-Comte. Compiègne, 26 février 1536. 26 février.

Enreg. au Parl. de Provence, à Aix. Arch. des Bouches-du-Rhône, B. 3321, fol. 7.

32678. Lettres ordonnant qu'il soit fait état des blés, farines, vivres et munitions fournis par la province aux garnisons de Marseille, de Toulon, de Brégançon et de Bouc, et qu'elle en soit remboursée. Amiens, 22 mars 1536. 22 mars.

Enreg. au Parl. de Provence, à Aix. Arch. des Bouches-du-Rhône, B. 3321, fol. 127.

32679. Mandement au sénéchal de Provence de punir les excès commis sur les habitants de Forcalquier par de prétendus gens de guerre qui se livrent journellement à des pilleries, vols, rapt de femmes et autres forfaits. Amiens, 24 mars 1536. 24 mars.

Enreg. au Parl. de Provence, à Aix. Arch. des Bouches-du-Rhône, B. 3321, fol. 580.

32680. Lettres mettant Bernardin Borrilly, d'Aix, en possession d'une maison à lui donnée, bien que l'acte de donation n'ait pas été dressé. Amiens, 24 mars 1536. 24 mars.

Enreg. au Parl. de Provence, à Aix. Arch. des Bouches-du-Rhône, B. 3321, fol. 513.

32681. Lettres accordant aux habitants de Salon la permission de s'imposer annuellement de 4,000 écus pendant seize ans et, en outre, de prélever à leur profit, pendant six ans, le huitième du vin vendu au détail en ladite ville. Amiens, 31 mars 1536. 31 mars.

Enreg. au Parl. de Provence, à Aix. Arch. des Bouches-du-Rhône, B. 3321, fol. 707.

32682. Lettres ordonnant au Parlement de Provence de faire évaluer, en vue d'indemnité, les dégâts causés aux biens de François Jarente, seigneur de Varages et du Tholonet, pendant l'invasion de la Provence par Charles-Quint. Amiens, 8 avril 1537. — 1537. 8 avril.

Enreg. au Parl. de Provence, à Aix. Arch. des Bouches-du-Rhône, B. 3321, fol. 46 v°.

32683. Mandement au trésorier Jean Vyon d'envoyer 500 livres tournois à Antoine Tyssue (*aliàs* Tissue) et à Etienne de Noble, chargés de faire des poudres d'artillerie à Rouen, « pour employer aux achaptz des boys, provisions et preparatifz à eulx nécessaires ». Camp près Hesdin, 12 avril 1537. — 12 avril.

(Cf. ci-dessus le n° 30614.)

Analyse. Catalogue d'une importante collection de lettres autographes, formée par un amateur du nord de la France. Vente, 13 mai 1886. Paris, Ét. Charavay, in-8°, n° 122. — *Idem.* Autre vente du 25 février 1891. Ét. Charavay, in-8°, n° 51.

32684. Lettres réglant le taux et modérant les salaires des greffiers en Provence. Hesdin, 15 avril 1537. — 15 avril.

Enreg. au Parl. de Provence, à Aix. Arch. des Bouches-du-Rhône, B. 3321, fol. 619.

32685. Lettres autorisant les officiers de justice en Provence, les notaires et les sergents à vendre leurs blés où bon leur semblera, sans qu'ils soient contraints de les porter au marché. Hesdin, 15 avril 1537. — 15 avril.

Enreg. au Parl. de Provence, à Aix. Arch. des Bouches-du-Rhône, B. 3321, fol. 687.

32686. Lettres accordant à Jean Lévêque, fermier des droits de latte provenant des soumissions, au ressort d'Aix, un rabais du quart des deux années de sa ferme, à cause de la guerre. Hesdin, 17 avril 1537. — 17 avril.

Enreg. au Parl. de Provence, à Aix. Arch. des Bouches-du-Rhône, B. 3321, fol. 208.

32687. Lettres ordonnant de contraindre Catherine Stevenette à payer 314 livres tournois à Jean d'Arles, de Salon. Amiens, 17 avril 1537. 1537. 17 avril.

Enreg. au Parl. de Provence, à Aix. Arch. des Bouches-du-Rhône, B. 3321, fol. 78 v°.

32688. Lettres autorisant Bernardin Riquetti, procureur du Roi à Digne, à se faire remplacer à ses risques et périls, en cas d'empêchement, par une personne capable et suffisante. Amiens, 24 avril 1537. 24 avril.

Enreg. au Parl. de Provence, à Aix. Arch. des Bouches-du-Rhône, B. 3321, fol. 99.

32689. Lettres accordant aux syndics de la communauté de Salon le titre de consuls et pour armoiries un lion rampant de gueules sur champ d'or, portant sur son pied dextre une fleur de lys d'azur. Camp près Hesdin, avril 1537. Avril.

Enreg. au Parl. de Provence, à Aix. Arch. des Bouches-du-Rhône, B. 3321, fol. 42 v°.

32690. Lettres confirmant l'emphytéose consentie à Jean Lévêque, seigneur de Rougiers, de certains marais incultes sis au terroir de Fréjus. Hesdin, avril 1537. Avril.

Enreg. au Parl. de Provence, à Aix. Arch. des Bouches-du-Rhône, B. 3321, fol. 263 v°.

32691. Provisions de l'office de lieutenant assesseur du sénéchal de Limousin au siège d'Uzerche pour Jean Régis, licencié en droit, en remplacement de Gabriel Rigolent. 2 mai 1537. 2 mai.

Mention dans un arrêt du Grand conseil du 22 juin 1542. Arch. nat., F. 86235 (dossier Combet).

32692. Lettres portant que tous les ecclésiastiques du diocèse d'Autun qui ont accordé au Roi un don gratuit seront exempts des guet et garde, taxes pour les réparations des villes, emprunts, etc. Corbie, 13 mai 1537. 13 mai.

Copie de l'époque. Arch. de la Côte-d'Or, série G, fonds du chapitre Notre-Dame de Beaune, G. 2572.

32693. Lettres ajournant devant le Grand conseil Jacques Folquier, génois, habitant Grimaud, qui avait fait opposition, devant le Parlement, à son emprisonnement et à la vente de ses biens. Corbie, 14 mai 1537. — 1537. 14 mai.

Enreg. au Parl. de Provence, à Aix. Arch. des Bouches-du-Rhône, B. 3321, fol. 142.

32694. Mandement au bailli de Vermandois, lui notifiant une nouvelle prorogation pour six ans de l'octroi sur le vin et les autres boissons accordé aux habitants de Ham par Louis XII et confirmé une première fois par François Ier le 4 avril 1515 n. s. (ci-dessus n° 32238). La Fère-sur-Oise, 18 mai 1537. — 18 mai.

Original. Arch. communales de Ham (Somme), CC. 1.

32695. Lettres déchargeant d'un trimestre de taxes, à raison des dommages soufferts pendant la guerre, les revenus de la terre de Castellane, dont la jouissance a été octroyée à Baptine de Larca. Coucy, 23 mai 1537. — 23 mai.

Enreg. au Parl. de Provence, à Aix. Arch. des Bouches-du-Rhône, B. 3321, fol. 56.

32696. Déclaration portant défense de faire le commerce au Brésil, en Guinée et dans les autres possessions portugaises d'outre-mer. 30 mai 1537. — 30 mai.

Londres, British Museum, ms. Cotton, Nero, B. 1, fol. 69.
Mention dans une délibération de l'hôtel de ville de Rouen du 22 janvier 1538. Copie, Bibl. nat., nouv. acq. franç., ms. 9388, fol. 170 v°.

32697. Lettres interdisant aux secrétaires de la Chancellerie de Provence de s'immiscer dans les fonctions de Guillaume Fabri, greffier civil au Parlement d'Aix. Melun, 12 juin 1537. — 12 juin.

Enreg. au Parl. de Provence, à Aix. Arch. des Bouches-du-Rhône, B. 3321, fol. 115.

32698. Lettres données en faveur d'Antoine Donati contre Alban et Raymond Du Puget, à l'occa- — 12 juin.

IMPRIMERIE NATIONALE.

sion des biens de la succession de feu Guillaume Puget, acquis par ledit Donati. Fontainebleau, 12 juin 1537. 1537. 12 juin.

Enreg. au Parl. de Provence, à Aix. Arch. des Bouches-du-Rhône, B. 3320, fol. 689.

32699. Lettres ordonnant des poursuites contre Jacques Durand, de Marseille, qui empêchait Bérenger et Henri Longis, frères, d'entrer en possession de biens à eux adjugés par la Chambre rigoureuse, pour raison d'une créance de 300 florins sur ledit Durand. Fontainebleau, 14 juin 1537. 14 juin.

Enreg. au Parl. de Provence, à Aix. Arch. des Bouches-du-Rhône, B. 3321, fol. 62 v°.

32700. Provisions de l'office de procureur du Roi à Fréjus pour Me Marc Gaudemaris. Fontainebleau, 15 juin 1537. 15 juin.

Enreg. au Parl. de Provence, à Aix. Arch. des Bouches-du-Rhône, B. 3321, fol. 82.

32701. Commission aux procureurs et syndics du clergé de Provence d'informer sur les abus commis dans la levée des deniers accordés pour la défense du royaume. Fontainebleau, 15 juin 1537. 15 juin.

Enreg. au Parl. de Provence, à Aix. Arch. des Bouches-du-Rhône, B. 3321, fol. 154.

32702. Lettres portant main levée de la saisie du péage d'Estoublon, appartenant au couvent de Notre-Dame-de-Nazareth, à Aix, saisie faite en vue de l'entretien des chemins. Fontainebleau, 20 juin 1537. 20 juin.

Enreg. au Parl. de Provence, à Aix. Arch. des Bouches-du-Rhône, B. 3321, fol. 120.

32703. Lettres ordonnant la saisie des biens et revenus de l'évêque d'Apt (César Trivulce), à la requête de Jean-Jacques Cipel, aumônier du Roi. Fontainebleau, 20 juin 1537. 20 juin.

Enreg. au Parl. de Provence, à Aix. Arch. des Bouches-du-Rhône, B. 3321, fol. 150 v°.

32704. Lettres prescrivant au sénéchal de Provence ou à son lieutenant à Marseille de renoncer à certaines impositions naguère mises sur les marchandises exportées, contrairement aux privilèges et franchises de la cité. Fontainebleau, 23 juin 1537. — 1537. 23 juin.

Enreg. au Parl. de Provence, à Aix. Arch. des Bouches-du-Rhône, B. 3321, fol. 109 v°.

32705. Lettres ordonnant le remboursement des blés, vivres et munitions fournis par la province aux garnisons de Marseille, de Toulon, de Brégançon et de Bouc. Fontainebleau, 26 juin 1537. — 26 juin.

Enreg. au Parl. de Provence, à Aix. Arch. des Bouches-du-Rhône, B. 3321, fol. 129.

32706. Lettres ordonnant le payement à Hugues Bompar, trésorier des États de Provence, de 180 livres tournois à lui dues par Lazare Guigonis, de la ville d'Apt. Melun, 29 juin 1537. — 29 juin.

Enreg. au Parl. de Provence, à Aix. Arch. des Bouches-du-Rhône, B. 3321, fol. 118.

32707. Confirmation des lettres de noblesse accordées à Jean de Lyon, en février 1516 n. s. (n° 23395), au profit de son fils et de son petit-fils. Paris, 4 juillet 1537. — 4 juillet.

Enreg. au Parl. de Provence, à Aix. Arch. des Bouches-du-Rhône, B. 3321, fol. 273.

32708. Lettres ordonnant au trésorier de la marine du Levant d'ouvrir un crédit extraordinaire pour l'armement de huit navires, quatre gallions, deux fustes et trente galères à destination de Gênes. 20 juillet 1537. — 20 juillet.

Mention. Mémoire imp. du XVIIe siècle. Bibl. nat., ms. fr. 17329, fol. 191 v°.

32709. Traité de trêve conclu entre les députés du dauphin Henri, lieutenant général pour le roi de France, et ceux de Floris d'Egmont, lieutenant général de l'Empereur. Au camp devant Thérouanne, 21 juillet 1537. — 21 juillet.

Copie du XVIe siècle. Bibl. nat., ms. fr. 3881, n° 9.

32710. Lettres en faveur de Gaspard de Glandèves, archidiacre de l'église métropolitaine de Saint-Sauveur. Paris, 2 août 1537. 1537. 2 août.

Enreg. au Parl. de Provence, à Aix. Arch. des Bouches-du-Rhône, B. 3321, fol. 236.

32711. Lettres évoquant au Grand conseil le différend entre Pellegrin Dealbis, Barthélemy Ricii et autres secrétaires de la Chancellerie de Provence, d'une part, et les s[rs] Fabri et Cotereau, greffiers du Parlement, d'autre part. Melun, 13 août 1537. 13 août.

Enreg. au Parl. de Provence, à Aix. Arch. des Bouches-du-Rhône, B. 3321, fol. 162 v°.

32712. Lettres enjoignant au procureur général de tenir la main à ce que les officiers de justice n'exigent pas des justiciables plus qu'il n'était accoutumé avant la réformation de la justice en Provence, sous prétexte que cet édit n'a pas taxé les gages, vacations, épices et salaires desdits officiers. Melun, 16 août 1537. 16 août.

Enreg. au Parl. de Provence, à Aix. Arch. des Bouches-du-Rhône, B. 3321, fol. 222 v°.

32713. Lettres enjoignant au Parlement de Provence de terminer le procès entre Antoine de Maréchal, co-seigneur de Lincel, et Baptiste d'Oraison, évêque de Senez. Fontainebleau, 21 août 1537. 21 août.

Enreg. au Parl. de Provence, à Aix. Arch. des Bouches-du-Rhône, B. 3321, fol. 159 v°.

32714. Lettres accordant à Jean Lévêque, seigneur de Rougiers, le droit d'herbage et de pâturage sur les dépendances dudit fief, mouvant du Roi. Fontainebleau, 24 août 1537. 24 août.

Enreg. au Parl. de Provence, à Aix. Arch. des Bouches-du-Rhône, B. 3321, fol. 258.

32715. Ordonnance portant que désormais il n'y aura que huit conseillers référendaires et rapporteurs en la Chancellerie de Provence, le Août.

nombre n'en ayant pas été fixé par l'édit de réformation de la justice. Melun, août 1537. | 1537.

Enreg. au Parl. de Provence, à Aix. Arch. des Bouches-du-Rhône, B. 3321, fol. 356 v°.

32716. Lettres interdisant derechef toute navigation et tout commerce au Brésil, en Guinée et dans les autres possessions portugaises d'outre-mer. Août 1537. | Août.

Londres, British Museum, Mss Cotton, Nero, B. 1, fol. 102.

32717. Lettres portant collation de la chapellenie de Châteauvieux pour Antoine Toussaint, clerc. Sancerre, 19 septembre 1537. | 19 septembre.

Enreg. au Parl. de Provence, à Aix. Arch. des Bouches-du-Rhône, B. 3321, fol. 353.

32718. Lettres établissant la taxation des vivres pour les gens de guerre dans les étapes et leur défendant de rien prendre aux paysans, sous peine de la hart. Nevers, 27 septembre 1537. | 27 septembre.

Enreg. au Parl. de Provence, à Aix. Arch. des Bouches-du-Rhône, B. 3321, fol. 171.

32719. Lettres réglementant la fourniture des vivres aux étapes sises en Dauphiné, Savoie et Piémont. Lyon, 3 octobre 1537. | 3 octobre.

Enreg. au Parl. de Provence, à Aix. Arch. des Bouches-du-Rhône, B. 3321, fol. 178.

32720. Commission à Balthazar de Jarente, évêque de Vence, à Adhémar de Monteil, s[r] de Grignan, et à Joachim de Sade, s[r] de Mazan, conseiller au Parlement d'Aix, de choisir en Provence les personnes capables d'y remplir les charges et offices vacants et d'en tirer des sommes suffisantes pour la défense du royaume. Lyon, 5 octobre 1537. | 5 octobre.

Enreg. au Parl. de Provence, à Aix. Arch. des Bouches-du-Rhône, B. 3321, fol. 193.

32721. Lettres autorisant Jean Maynier, baron d'Oppède, conseiller au Parlement de Provence, à | 6 octobre.

tenir l'office de viguier de la ville de Cavaillon au Comtat-Venaissin. Lyon, 6 octobre 1537. 1537.

Enreg. au Parl. de Provence, à Aix. Arch. des Bouches-du-Rhône, B. 3321, fol. 371.

32722. Lettres ordonnant le prélèvement d'une taxe de 15 livres par muid de sel, outre le droit de gabelle, afin de payer régulièrement les gages des Parlements, Chambres des comptes et Cours des aides. Lyon, 7 octobre 1537. 7 octobre.

Enreg. au Parl. de Dijon. Arch. départ. de la Côte-d'Or, B. 12075, fol. 199.

32723. Lettres autorisant les commissaires précédemment nommés à vendre, avec faculté de rachat et réméré perpétuel, quelques portions du domaine royal en Provence, nonobstant un ancien statut défendant ces aliénations et eu égard à la nécessité du temps qui contraint le Roi à entretenir de grosses armées pour la défense du royaume. Lyon, 8 octobre 1537. 8 octobre.

Enreg. au Parl. de Provence, à Aix. Arch. des Bouches-du-Rhône, B. 3321, fol. 216 v°.

32724. Provisions de l'office de juge au lieu de Senez pour Me Antoine Masse. Lyon, 8 octobre 1537. 8 octobre.

Enreg. au Parl. de Provence, à Aix. Arch. des Bouches-du-Rhône, B. 3321, fol. 348.

32725. Mandement pour le payement de 1,477 livres tournois aux magistrats du Parlement de Provence, comme frais de transport des coffres d'Aix à Tarascon, Avignon, Pont-Saint-Esprit, et de ce dernier lieu à Aix, en raison de la guerre de 1536. Lyon, 8 octobre 1537. 8 octobre.

Enreg. au Parl. de Provence, à Aix. Arch. des Bouches-du-Rhône, B. 3321, fol. 696.

32726. Mandement à Jean Laguette, receveur général des finances extraordinaires et parties casuelles, de payer comptant à Martin de Troyes, commis au payement de l'extraordinaire des guerres, la somme de 7,650 livres 9 octobre.

tournois en 3,400 écus d'or. Lyon, 9 octobre 1537. 1537.

Original scellé. Bibl. de la ville d'Angers, ms. 978.

32727. Lettres autorisant Antoine d'Oraison, vicomte de Cadenet, à se faire payer de ses vacations par les gens des trois États dont il a tenu l'assemblée. Lyon, 19 octobre 1537. 19 octobre.

Enreg. au Parl. de Provence, à Aix. Arch. des Bouches-du-Rhône, B. 3321, fol. 601.

32728. Lettres autorisant Louis Borrilly, vu son âge, à se faire remplacer comme chauffecire en la chancellerie de Provence, charge qu'il remplissait avant d'être pourvu d'un office d'auditeur archivaire en la Chambre des comptes d'Aix. Lyon, 24 octobre 1537. 24 octobre.

Enreg. au Parl. de Provence, à Aix. Arch. des Bouches-du-Rhône, B. 3321, fol. 230.

32729. Lettres portant que les avocats et procureurs du Roi aux sièges particuliers de Provence exerceront leur office dans les cours ordinaires. Lyon, 25 octobre 1537. 25 octobre.

Copie du XVI*e siècle. Bibl. Méjanes, à Aix*, ms. 952, fol. 21.

32730. Mandement touchant la réparation et la réédification des murailles de Forcalquier, ordonnant de contraindre ceux qui y mettraient empêchement. Lyon, 25 octobre 1537. 25 octobre.

Enreg. au Parl. de Provence, à Aix. Arch. des Bouches-du-Rhône, B. 3321, fol. 592 v°.

32731. Lettres ordonnant la saisie et remise entre les mains du Roi des biens, revenus et deniers des étrangers tenant bénéfices en Provence, en raison de ce qu'ils prennent le parti des ennemis. Lyon, 27 octobre 1537. 27 octobre.

Enreg. au Parl. de Provence, à Aix. Arch. des Bouches-du-Rhône, B. 3321, fol. 214.

32732. Lettres confisquant sur Louis Du Puy, de Nice, les revenus de la commanderie de Lardiers, de 28 octobre.

l'ordre de Saint-Jean-de-Jérusalem, près Forcalquier, et les transférant à Bernardin de Colny, de Barlues. Lyon, 28 octobre, 1537. 1537.

Enreg. au Parl. de Provence, à Aix. Arch. des Bouches-du-Rhône, B. 3321, fol. 211 v°.

32733. Lettres ordonnant d'informer rigoureusement contre les avocats et autres qui refuseraient de comparaître, défendre ou poursuivre devant le siège du sénéchal à Forcalquier. Lyon, 28 octobre 1537. 28 octobre.

Enreg. au Parl. de Provence, à Aix. Arch. des Bouches-du-Rhône, B. 3321, fol. 589ter.

32734. Lettres obligeant les viguiers et les juges des secondes appellations à prendre pour greffier un notaire royal. Lyon, 28 octobre 1537. 28 octobre.

Enreg. au Parl. de Provence, à Aix. Arch. des Bouches-du-Rhône, B. 3321, fol. 699.

32735. Lettres accordant à Honoré Serre, de Draguignan, exacteur du droit des lattes royales, la sauvegarde et protection du Roi, pour lui, sa famille et ses biens. Lyon, 10 novembre 1537. 10 novembre.

Enreg. au Parl. de Provence, à Aix. Arch. des Bouches-du-Rhône, B. 3321, fol. 383.

32736. Lettres portant collation du prieuré de Cotignac à Claude Ferrier, chanoine de Riez. Lyon, 14 novembre 1537. 14 novembre.

Enreg. au Parl. de Provence, à Aix Arch. des Bouches-du-Rhône, B. 3321, fol. 576.

32737. Lettres prescrivant une information sur les dommages causés à la communauté de Saint-Maximin et les fournitures qu'elle a faites pendant l'invasion de Charles-Quint en Provence (1536). Lyon, 16 novembre 1537. 16 novembre.

Enreg. au Parl. de Provence, à Aix. Arch. des Bouches-du-Rhône, B. 3321, fol. 289.

32738. Lettres concernant les privilèges des foires de Lyon. Lyon, 17 novembre 1537. 17 novembre.

Enreg. au Parl. de Provence, à Aix. Arch. des Bouches-du-Rhône, B. 3323, fol. 1094.

32739. Lettres confirmant les habitants de Saint-Maximin dans la jouissance des droits de fouage, d'« inquant », cens, etc., qu'ils ont achetés, le 19 janvier 1531, d'Honoré Thomas. Lyon, 20 novembre 1537. — 1537. 20 novembre.

Enreg. au Parl. de Provence, à Aix. Arch. des Bouches-du-Rhône, B. 3321, fol. 282 v°.

32740. Mandement au sénéchal d'Arles d'accepter caution et d'accorder du temps à Elzéar Cadenet, marchand de Salon, dans son arrentement avec Claude Jarente, s[r] de Sénas, conseiller au Parlement d'Aix. Lyon, 24 novembre 1537. — 24 novembre.

Enreg. au Parl. de Provence, à Aix. Arch. des Bouches-du-Rhône, B. 3321, fol. 537 v°.

32741. Lettres modérant à 800 livres la somme de 2,500 livres précédemment taxée par les commissaires du Roi, pour la quote-part des habitants de Nevers dans les subsides destinés aux affaires de la guerre et à la défense du royaume. Lyon, 27 novembre 1537. — 27 novembre.

Original. Arch. communales de Nevers, CC. 363.

32742. Provisions de l'office de procureur du Roi à Grasse pour Martin Mouton. Lyon, 3 décembre 1537. — 3 décembre.

Enreg. au Parl. de Provence, à Aix. Arch. des Bouches-du-Rhône, B. 3321, fol. 359.

32743. Provisions de l'office de procureur du Roi en la ville de Barjols pour Fouquet Graffel. Lyon, 7 décembre 1537. — 7 décembre.

Enreg. au Parl. de Provence, à Aix. Arch. des Bouches-du-Rhône, B. 3321, fol. 462 v°.

32744. Provisions de l'office de receveur des deniers royaux en la sénéchaussée de Draguignan, pour Jean Bonin. Lyon, 9 décembre 1537. — 9 décembre.

Enreg. au Parl. de Provence, à Aix. Arch. des Bouches-du-Rhône, B. 3321, fol. 335.

32745. Permission aux habitants de Cavaillon de prendre l'eau de la Durance au terroir de — 11 décembre.

IMPRIMERIE NATIONALE.

Mérindol et de la conduire à leurs propriétés, à charge de rembourser les dommages occasionnés par les travaux. Cavaillon, 11 décembre 1537. 1537.

Enreg. au Parl. de Provence, à Aix. Arch. des Bouches-du-Rhône, B. 3321, fol. 439.
Enreg. à la Chambre des comptes d'Aix. Arch. des Bouches-du-Rhône, B. 33, fol. 241 v°.
Copie du XVII*e siècle. Arch. des Bouches-du-Rhône*, C. 1438.

32746. Lettres interdissant la chasse dans les terres et seigneuries d'Antoine d'Oraison, vicomte de Cadenet. Montpellier, 23 décembre 1537. 23 décembre.

Enreg. au Parl. de Provence, à Aix. Arch. des Bouches-du-Rhône, B. 3321, fol. 493.

32747. Provisions de l'office de lieutenant du juge en la ville d'Aix pour Pierre Joannis. Montpellier, 24 décembre 1537. 24 décembre.

Enreg. au Parl. de Provence, à Aix. Arch. des Bouches-du-Rhône, B. 3321, fol. 350 v°.

32748. Lettres touchant les gages et droits des officiers du Parlement de Provence. Montpellier, 27 décembre 1537. 27 décembre.

Copie du XVI*e siècle, Bibl. Méjanes à Aix*, ms. 952, fol. 22 v°.

32749. Lettres accordant au cardinal Trivulce la levée du séquestre mis sur les revenus de ses prieurés, en vertu d'un édit royal récent, appliqué aux Italiens possédant des bénéfices en France. Montpellier, 27 décembre 1537. 27 décembre.

Enreg. au Parl. de Provence, à Aix. Arch. des Bouches-du-Rhône, B. 3321, fol. 338.

32750. Lettres portant mainlevée du séquestre mis sur les revenus de l'abbaye de Florége, de l'ordre de Cîteaux, au diocèse de Fréjus, pour J.-B. des Ursins, abbé de ladite abbaye. Montpellier, 27 décembre 1537. 29 décembre.

Enreg. au Parl. de Provence, à Aix. Arch. des Bouches-du-Rhône, B. 3321, fol. 343 v°.

32751. Lettres confirmant à Christophe de Foresta, médecin du Roi, les droits seigneuriaux de la baronnie de Trets, dont il est devenu propriétaire. Montpellier, 31 décembre 1537. — 1537. 31 décembre.

Enreg. au Parl. de Provence, à Aix. Arch. des Bouches-du-Rhône, B. 3321, fol. 417.

32752. Lettres portant défense de rien entreprendre contre l'autorité des consuls d'Arles avant que le Grand conseil se soit prononcé dans le procès à eux intenté au sujet du sous-clavaire, du guet et des gabelles. Montpellier, 31 décembre 1537. — 31 décembre

Enreg. au Parl. de Provence, à Aix. Arch. des Bouches-du-Rhône, B. 3321, fol. 584.

1538. — Pâques, le 21 avril.

32753. Lettres confirmant Pierre de Clavier dans la jouissance de l'office de procureur du Roi à Brignoles, que lui contestait Jean de Pontevès. Montpellier, 3 janvier 1537. — 1538. 3 janvier.

Enreg. au Parl. de Provence, à Aix. Arch. des Bouches-du-Rhône, B. 3321, fol. 366 v°.

32754. Lettre accordant aux habitants de Ceyreste l'investiture royale des possessions par eux acquises, nonobstant l'opposition du seigneur dont elles sont mouvantes. Montpellier, 3 janvier 1537. — 3 janvier.

Enreg. au Parl. de Provence, à Aix. Arch. des Bouches-du-Rhône, B. 3321, fol. 426 v°.

32755. Lettres portant règlement de certains différends entre la Chambre des comptes et le Parlement de Provence, ordonnant que les magistrats de la première soient admis aux mercuriales de la cour et que les pièces dont ils auront besoin leur soient délivrées par extrait. Montpellier, 3 janvier 1537. — 3 janvier.

Enreg. au Parl. de Provence, à Aix. Arch. des Bouches-du-Rhône, B. 3321, fol. 624.

Copie du XVIe siècle. Bibl. Méjanes à Aix, ms. 952, fol. 15 v°.

32756. Confirmation du don fait à J.-B. Capponi, neveu de Philippe Strozzi, de Florence, des revenus du prieuré de Sainte-Marie d'Aigues-Mortes, et d'une pension de 100 écus sur le prieuré d'Entrevennes. Montpellier, 5 janvier 1537. — 1538. 5 janvier.

Enreg. au Parl. de Provence, à Aix. Arch. des Bouches-du-Rhône, B. 3321, fol. 442 v°.

32757. Lettres ordonnant de contraindre les possesseurs de domaines mouvants des seigneuries du duc de Guise en Provence, à en faire la déclaration et à en payer les redevances, attendu que les papiers terriers ont été perdus par la malice des tenanciers profitant de ce que ledit duc demeure hors du pays. Montpellier, 5 janvier 1537. — 5 janvier.

Enreg. au Parl. de Provence, à Aix. Arch. des Bouches-du-Rhône, B. 3321, fol. 464 v°.

32758. Provisions pour Pierre Reynaud des judicatures de Martigues et de Berre. Montpellier, 5 janvier 1537. — 5 janvier.

Enreg. au Parl. de Provence, à Aix. Arch. des Bouches-du-Rhône, B. 3321, fol. 673.

32759. Ordonnance touchant les peines dont sont passibles les infractions aux édits prohibant la chasse. Montpellier, 7 janvier 1537. — 7 janvier.

Enreg. au Parl. de Provence, à Aix. Arch. des Bouches-du-Rhône, B. 3321, fol. 542.

32760. Lettres interdisant la chasse dans les possessions de frère Antoine de Barras, chevalier de Saint-Jean-de-Jérusalem, commandeur d'Avignon. Montpellier, 7 janvier 1537. — 7 janvier.

Enreg. au Parl. de Provence, à Aix. Arch. des Bouches-du-Rhône, B. 3321, fol. 413.

32761. Lettres interdisant la chasse dans les seigneuries du comté de Provence, appartenant à François de Rascas, seigneur du Muy, Bagarris, etc., — 7 janvier.

conseiller au Parlement d'Aix. Montpellier, 7 janvier 1537. 1538.

Enreg. au Parl. de Provence, à Aix. Arch. des Bouches-du-Rhône, B. 3321, fol. 409.

32762. Lettres portant commission à la ville de Vienne en Dauphiné de faire préparer par de bons ouvriers, durant l'année courante et la prochaine, six milliers de salpêtre, sur les deniers communs, dons et octrois de ladite ville. 8 janvier 1537. 8 janvier.

Copie du temps. Arch. municip. de Vienne (Isère), Registres consulaires.

32763. Lettres portant acquit pour les président, conseillers, avocat et procureur du Roi au Parlement de Provence. Montpellier, 9 janvier 1537. 9 janvier.

Enreg. au Parl. de Provence, à Aix. Arch. des Bouches-du-Rhône, B. 3321, fol. 435.

32764. Lettres de renvoi au Conseil privé du procès intenté par Pierre Robert, viguier de Nîmes, contre son gendre, Ardoin de Quiqueran, d'Arles, seigneur de Ventabren. Montpellier, 11 janvier 1537. 11 janvier.

Enreg. au Parl. de Provence, à Aix. Arch. des Bouches-du-Rhône, B. 3321, fol. 572.

32765. Lettres ordonnant une enquête au sujet d'un chemin situé dans le lieu du Muy, dont François de Rascas, conseiller au Parlement d'Aix, demande le déplacement. Montpellier, 11 janvier 1537. 11 janvier.

Enreg. au Parl. de Provence, à Aix. Arch. des Bouches-du-Rhône, B. 3321, fol. 373.

32766. Lettres sur requête de Jean Pinchinat, clerc, maintenant la sauvegarde royale sur les trois chappellenies dont il est recteur en l'église métropolitaine d'Aix. Montpellier, 12 janvier 1537. 12 janvier.

Enreg. au Parl. de Provence, à Aix. Arch. des Bouches-du-Rhône, B. 3321, fol. 404.

32767. Lettres mettant sous la protection et sauvegarde du Roi la personne et les biens de Jacques de La Roche, citoyen d'Aix, pour le défendre des violences et oppressions de certaines personnes. Montpellier, 12 janvier 1537. — 1538. 12 janvier.

Enreg. au Parl. de Provence, à Aix. Arch. des Bouches-du-Rhône, B. 3321, fol. 447.

32768. Lettres interdisant la chasse sur les terres et seigneuries de Jean de Pontevès, baron de Cotignac, seigneur de Carcès, sous les peines corporelles contenues aux ordonnances. Montpellier, 13 janvier 1537. — 13 janvier.

Enreg. au Parl. de Provence, à Aix. Arch. des Bouches-du-Rhône, B. 3321, fol. 449.

32769. Lettres confirmant à Jean de Vesc, baron de Grimaud, ses droits sur les naufragés. Montpellier, 14 janvier 1537. — 14 janvier.

Enreg. au Parl. de Provence, à Aix. Arch. des Bouches-du-Rhône, B. 3321, fol. 432.

32770. Lettres accordant aux greffiers du Parlement de Provence la permission de faire les minutes des arrêts. Montpellier, 15 janvier 1537. — 15 janvier.

Copie du XVIe siècle. Bibl. Méjanes, à Aix, ms. 952, fol. 22.

32771. Lettres de naturalité pour Nicolas de Doxio, lui accordant la permission de tenir bénéfices en Provence et dans le royaume. Montpellier, 16 janvier 1537. — 16 janvier.

Enreg. au Parl. de Provence, à Aix. Arch. des Bouches-du-Rhône, B. 3321, fol. 421.

32772. Permission à François Gondi, marchand florentin, d'appeler devant le sénéchal de Provence les capitaines des deux galères marseillaises qui se sont emparés, devant Aigues-Mortes, d'une caravelle nommée le *Saint-Michel*, chargée d'épiceries lui appartenant. Montpellier, 16 janvier 1537. — 16 janvier.

Enreg. au Parl. de Provence, à Aix. Arch. des Bouches-du-Rhône, B. 3321, fol. 453 v°.

32773. Provisions de l'office de lieutenant particulier au siège de Draguignan pour Pierre Embrun. Montpellier, 16 janvier 1537. — 1538. 16 janvier.

Enreg. au Parl. de Provence, à Aix. Arch. des Bouches-du-Rhône, B. 3321, fol. 929.

32774. Lettres prescrivant une enquête sur le cas d'Alix Roche qui, ayant été contrainte de s'unir charnellement à Janot Nas, l'avait, depuis, quitté à cause de sa mauvaise conduite. Montpellier, 17 janvier 1537. — 17 janvier.

Enreg. au Parl. de Provence, à Aix. Arch. des Bouches-du-Rhône, B. 3321, fol. 626.

32775. Mandement au sénéchal de Beaucaire de faire exécuter les clauses d'un échange consenti par feu Gilbert, comte de Ventadour, seigneur de la Voulte, à Joachim Conte, seigneur de Sivergues et de Pierrevert. Montpellier, 17 janvier 1537. — 17 janvier.

Enreg. au Parl. de Provence, à Aix. Arch. des Bouches-du-Rhône, B. 3321, fol. 564 v°.

32776. Lettres accordant à Guillaume Matheron, seigneur de Peynier, délai d'évocation au Grand conseil de son procès contre Jean Triquart. Lyon, 28 janvier 1537. — 28 janvier.

Enreg. au Parl. de Provence, à Aix. Arch. des Bouches-du-Rhône, B. 3321, fol. 570 v°.

32777. Mandement aux Parlements de Toulouse, Grenoble et Aix, aux sénéchaux et baillis de Languedoc, Dauphiné et Provence, de remettre aux mains d'Anne de Montmorency, maréchal de France, trois cents prisonniers pour ramer sur les galères du Roi. Lyon, 28 janvier 1537. — 28 janvier.

Enreg. au Parl. de Provence, à Aix. Arch. des Bouches-du-Rhône, B. 3321, fol. 473 v°.

32778. Lettres retirant au juge d'appel de Marseille la connaissance d'un procès de Gaspard d'Armellis, et le renvoyant devant le Parlement. Lyon, 28 janvier 1537. — 28 janvier.

Enreg. au Parl. de Provence, à Aix. Arch. des Bouches-du-Rhône, B. 3321, fol. 509.

32779. Permission au chapitre de Nîmes, de l'ordre de Saint-Augustin, de se séculariser. Janvier 1537. 1538. Janvier.

Mention. Bibl. nat., ms. fr. 18111, fol. 107 v°.

32780. Permission à Louise Prochaine, dame de Varages, de faire ajourner Jean Séguiran, de Barjols, devant le Grand conseil, en raison d'une dette de 75 livres tournois. Montpellier, 7 février 1537 [1]. 7 février.

Enreg. au Parl. de Provence, à Aix. Arch. des Bouches-du-Rhône, B. 3321, fol. 496.

32781. Provisions en faveur de Jean de Lévis, seigneur de Châteaumorant, de l'office de sénéchal d'Auvergne, en remplacement d'Antoine de La Rochefoucauld, s^r^ de Barbezieux. Moulins, 19 février 1537. (Cf. le n° 9602.) 19 février.

Arch. du château de Léran (Ariège), fonds Châteaumorant, liasse A1, n° 49.

32782. Lettres ordonnant l'établissement d'un grenier à salpêtre à Libourne; ledit salpêtre sera fabriqué dans la ville et payé par les maire et jurats. Moulins, 20 février 1537. 20 février.

Original. Arch. municipales de Libourne (Gironde), EE. 1, liasse (E. Suppl. 4210).

32783. Confirmation d'une transaction passée entre les habitants d'Istres et Hugues Bompar, seigneur de Magnan, au sujet de certains droits. Moulins, 20 février 1537. 20 février.

Enreg. au Parl. de Provence, à Aix. Arch. des Bouches-du-Rhône, B. 3321, fol. 506.

32784. Déclaration portant que l'appel des sentences rendues par le juge de Forcalquier ressortira au Parlement de Provence. Moulins, 22 février 1537. 22 février.

Enreg. au Parl. de Provence, à Aix. Arch. des Bouches-du-Rhône, B. 3321, fol. 598.

(1) Il faudrait peut-être lire janvier au lieu de février. La cour, à cette date du 7 février, n'était plus à Montpellier, mais à Moulins.

32785. Lettres de naturalité pour Jules Servet, secrétaire du cardinal de Clermont, légat d'Avignon. Moulins, 25 février 1537. — 1538. 25 février.

Enreg. au Parl. de Provence, à Aix. Arch. des Bouches-du-Rhône, B. 3323, fol. 419.

32786. Lettres donnant au Parlement de Grenoble la connaissance d'un procès entre Madeleine de Villeneuve, veuve d'Antoine de Glandèves, et Pierre de Glandèves, seigneur de Faucon. Moulins, 28 février 1537. — 28 février.

Enreg. au Parl. de Provence, à Aix. Arch. des Bouches-du-Rhône, B. 3321, fol. 526 v°.

32787. Commission donnée à Guillaume Prudhomme, général des finances de Normandie, pour percevoir sur les villes de sa généralité la somme de 14,790 livres tournois, montant de la solde et entretien de 2,465 hommes faisant partie de la levée de 20,000 hommes ordonnée pour continuer la guerre contre l'Empereur, pendant les mois de juin, juillet, août et septembre précédents. Moulins, 4 mars 1537. — 4 mars.

Copie collat. du 31 mars 1538 n. s. Bibl. nat., ms. fr. 21420, fol. 42.

Copie du XVIII*e siècle. Arch. communales de Louviers (Eure)*, CC, 2.

Autre copie anc. aux Arch. comm. de Pont-Audemer (Eure). Indication de M. A. Canel, *Mém. de la Soc. des Antiquaires de Normandie*, t. XIX (1851), p. 599.

32788. Lettres autorisant Raymond Borgarel, de Brignoles, à percevoir des cens et redevances dont les titres ont été perdus. Moulins, 8 mars 1537. — 8 mars.

Enreg. au Parl. de Provence, à Aix. Arch. des Bouches-du-Rhône, B. 3321, fol. 758 v°.

32789. Provisions de l'office de notaire et secrétaire du Roi pour Claude de L'Aubespine, sur la résignation de Dreux Hennequin, premier président des comptes. 10 mars 1537. — 10 mars.

Mention. Bibl. nat. Cinq-cents Colbert, ms. 136, fol. 409.

IMPRIMERIE NATIONALE.

32790. Mandement à Guillaume Prudhomme, général des finances en Normandie, de se faire remplacer par un commis pour lever l'impôt mis sur les villes de sa généralité pour la solde des gens de guerre (ci-dessus, n° 32787). Le Parc-lès-Moulins, 12 mars 1537. — 1538. 12 mars.

Copie du 31 mars 1538 n. s. Bibl. nat., ms. fr. 21420, fol. 42.
Copie du XVIIIe siècle. Arch. communales de Louviers (Eure), CC. 2.

32791. Ordonnance touchant le transport en Piémont de l'armée royale, avec les vivres et munitions nécessaires. Pommiers, 22 mars 1537. — 22 mars.

Enreg. au Parl. de Provence, à Aix. Arch. des Bouches-du-Rhône, B. 3321, fol. 550.

32792. Lettres de création à Viry de deux foires annuelles, l'une le 3 janvier, l'autre le 9 octobre, et d'un marché le jeudi de chaque semaine, accordées à la requête de Robert Piédefer, conseiller du Roi, seigneur en partie dudit lieu. Moulins, mars 1537. — Mars.

Enreg. au Châtelet de Paris, Bannières. Arch. nat., Y. 9, fol. 110 v°.

32793. Mandement à Guillaume Prudhomme, général des finances et trésorier de l'épargne, lui ordonnant de faire payer par Martin de Troyes, commis à la recette générale des finances en Languedoc, Lyonnais, Forez et Beaujolais à Charles du Plessis, s^r de Savonnières, 3,150 livres tournois tant pour ses gages de général des finances que pour services particuliers. Lyon, 2 avril 1537. — 2 avril.

Original. Arch. nat., fonds de la Marine, A^1 1, n° 21.

32794. Lettres renvoyant au Grand conseil un procès d'Augustin Trivulce, cardinal évêque de Grasse. Lyon, 3 avril 1537. — 3 avril.

Enreg. au Parl. de Provence, à Aix. Arch. des Bouches-du-Rhône, B. 3321, fol. 628.

32795. Lettre autorisant Claude Galbet, marchand d'Avignon, à ajourner devant le Grand conseil les hoirs de feu Lantelme d'Orsière, seigneur du Baron. Lyon, 3 avril 1537. — 1538. 3 avril.

Enreg. au Parl. de Provence, à Aix. Arch. des Bouches-du-Rhône, B. 3321, fol. 685.

32796. Lettres accordant à César Trivulce, évêque d'Apt, mainlevée de son temporel, précédemment saisi par ordre du Roi. Crémieu, 7 avril 1537. — 7 avril.

Enreg. au Parl. de Provence, à Aix. Arch. des Bouches-du-Rhône, B. 3321, fol. 516 v°.

32797. Lettres d'évocation au Grand conseil d'un procès d'Anne de Villeneuve, marquise de Trans, pendant devant le juge ordinaire d'Aix. Crémieu, 9 avril 1537. — 9 avril.

Enreg. au Parl. de Provence, à Aix. Arch. des Bouches-du-Rhône, B. 3321, fol. 689.

32798. Ordonnance réglant les provisions de salpêtre à faire par les villes de Bretagne. Lyon, 14 avril 1537. — 14 avril.

Arch. de la ville de Nantes, EE. 175.

32799. Mandement au Grand conseil touchant l'appel de Martin de Chaurais, ancien trésorier et receveur ordinaire du vicomte Henri de Rohan, dont les comptes n'avaient pas été acceptés par les commissaires nommés par le Roi. Lyon, 16 avril 1537. — 16 avril.

Copie du 11 mai 1538. Bibl. de la ville de Nantes, ms. 1696 (fr. 1540).

32800. Lettres de mainlevée des biens saisis de Monet Pol, prieur de Cuebris. La Côte-Saint-André, 20 avril 1537. — 20 avril.

Enreg. au Parl. de Provence, à Aix. Arch. des Bouches-du-Rhône, B. 3321, fol. 677.

32801. Lettres prescrivant au sénéchal de Marseille de faire évaluer une maison appartenant à Alayonne Raynaud, de cette ville, qui avait été — 23 avril.

abattue par ordre du gouverneur, en vue des nécessités de la défense. La Côte-Saint-André, 23 avril 1538. 1835.

Enreg. au Parl. de Provence, à Aix. Arch. des Bouches-du-Rhône, B. 3321, fol. 682.

32802. Mandement au receveur général Jean La Guette de compter à Philibert de Nagu, huissier ordinaire de la chambre du Roi, 200 écus d'or à prendre sur les deniers provenant de la vente de l'office de concierge et portier de la Chambre des comptes de Dijon, vacant par la mort de Guillaume Leconte. La Côte-Saint-André, 1er mai 1538. 1er mai.

Original. Collection du manoir de Kériolet (Finistère), appartenant au département (n° 233 de l'inventaire de ladite collection).

32803. Lettres de naturalité en faveur de Barthélemy Aime, natif de Carpentras, lui permettant de posséder des bénéfices dans le royaume. La Côte Saint-André, 2 mai 1538. 2 mai.

Enreg. au Parl. de Provence, à Aix. Arch. des Bouches-du-Rhône, B. 3323, fol. 187.

32804. Provisions d'un office de conseiller lai au Parlement de Bourgogne en faveur de Nicolas de Recourt. Villeneuve près Nice, 7 juin 1538. 7 juin.

Enreg. au Parl. de Bourgogne, à Dijon. Arch. de la Côte-d'Or, B. 12075, fol. 220 v°.

32805. Lettres de naturalité pour Augustin Beauvoisin, natif du diocèse de Coni, serviteur domestique du cardinal Trivulce, évêque de Bayeux, afin qu'il puisse tenir des bénéfices dans le royaume. Villeneuve, 7 juin 1538. 7 juin.

Enreg. au Parl. de Provence, à Aix. Arch. des Bouches-du-Rhône, B. 3321, fol. 633.

Double. Id. ibid., B 3323, fol. 1043 (sous la date inexacte du 7 janvier 1538).

32806. Lettres touchant l'administration du monastère de Saint-Pierre-de-la-Manarre, situé en la ville d'Hyères. Villeneuve, 10 juin 1538. 10 juin.

Copie. Bibl. de la ville d'Avignon, ms. 2755, fol. 16.

32807. Mandement à Guillaume Prudhomme de bailler à Guillaume Du Bellay, s^r de Langey, sur les deniers provenant de la restitution et du remboursement de 100,000 écus consignés entre les mains des ducs de Bavière, la somme de 30,499 livres 1 sol 8 deniers dont le Roi lui a fait don, tant en considération des services rendus qu'en récompense des sommes qui lui sont dues pour le reste de ses vacations et les avances faites au Roi. Villeneuve-de-Tende, 14 juin 1538. — 1538. 14 juin.

Copie. Bibl. Sainte-Geneviève, à Paris, ms. 537, fol. 156.

32808. Lettres de jussion au Parlement de Provence pour l'enregistrement de l'exemption accordée aux habitants de Toulon, le 5 mai 1537 (n° 21249), de l'entretien des gens de guerre. Fréjus, 24 juin 1538. — 24 juin.

Copie du XVIIe siècle. Arch. départ. des Bouches-du-Rhône, C. 2155.

32809. Lettres de naturalité pour André de Caprilis. Tarascon, 7 juillet 1538. — 7 juillet.

Enreg. au Parl. de Provence, à Aix. Arch. des Bouches-du-Rhône, B. 3324, fol. 28 v°.

32810. Provisions en faveur de François de Montbron, de l'office de capitaine des ville, château et port de Blaye, en remplacement et sur la résignation d'Adrien de Montbron, chevalier, s^r d'Archiac, son père. Chevagnes, 8 août 1538. — 8 août.

Copie coll. du 14 juin 1540. Bibl. nat., ms. fr. 28493 (Pièces orig. 2009), dossier Montbron, n° 56.

32811. Lettres ordonnant une enquête sur la propriété d'une partie de la prairie de Bresse, appelée Bois-de-Bâgé, litigieuse entre les habitants de Mâcon et ceux de Replonges. Saint-Germain-en-Laye, 13 septembre 1538. — 13 septembre

Copie. Arch. communales de Mâcon (Saône-et-Loire), DD. 5, n° 1.

32812. Mandement de payer 6 écus à Jean Robillart, dit Tondu, pour avoir amené, du lieu de la Mailleraye en Normandie jusqu'à Saint-Germain-en-Laye, un mouton des Indes dont le seigneur de la Mailleraye (Charles de Mouy) a fait présent au Roi. Saint-Germain-en-Laye, 15 septembre 1538. — 1538. 15 septembre.

Original. Collection du manoir de Kériolet (Finistère), appartenant au département (n° 234 de l'inventaire de ladite collection, et 833 de la Collection Joursanvault).

32813. Lettres obtenues par le Procureur général pour que le nombre des conseillers clercs et celui des conseillers lais au Parlement de Provence soient maintenus comme auparavant. Compiègne, 18 octobre 1538. — 18 octobre.

Enreg. au Parl. de Provence, à Aix. Arch. des Bouches-du-Rhône, B. 3321, fol. 823.

32814. Lettres obtenues par le Procureur général pour que l'édit sur la justice et les évocations donné à la Bourdaisière, le 18 mai 1529 (n° 3382), soit observé en Provence. Compiègne, 21 octobre 1538. — 21 octobre.

Enreg. au Parl. de Provence, à Aix. Arch. des Bouches-du-Rhône, B. 3321, fol. 816 v°.
Copie du XVIe siècle. Bibl. Méjanes, à Aix, ms. 952, fol. 26.

32815. Lettres concernant l'expédition des procès, en temps de vacations, au Parlement d'Aix et aux Grands jours de Marseille. Compiègne, 21 octobre 1538. — 21 octobre.

Enreg. au Parl. de Provence, à Aix. Arch. des Bouches-du-Rhône, B. 3321, fol. 827 v°.
Copie du XVIe siècle. Bibl. Méjanes, à Aix, ms. 952, fol. 27 v°.

32816. Accord entre François Ier et Marie, reine douairière de Hongrie, gouvernante des Pays-Bas, au sujet de la trêve conclue à Nice entre le Roi et l'Empereur, et d'articles du traité de — 23 octobre.

paix qui n'étaient pas exécutés. La Fère, 23 octobre 1538[1]. | 1538.

Original. Arch. départ. du Nord, B. 386 (B 1538, n° 18329 du Trésor des Chartes).
Copie du XVIe siècle. Bibl. nat., ms. fr. 10687, fol. 250 v°.

32817. Mandement à Pierre Porte, général des monnaies, lui prescrivant d'envoyer à Paris les boîtes des monnaies fabriquées tant à Tarascon qu'à Marseille, pour qu'elles y soient jugées, en raison des abus commis sur la monnaie blanche et noire. Paris, 4 décembre 1538. | 4 décembre.

Enreg. au Parl. de Provence, à Aix. Arch. des Bouches-du-Rhône, B. 3321, fol. 740.

32818. Lettres d'évocation au Grand conseil du procès de Philippe de Lévis, seigneur de Mirepoix, contre le procureur général du Parlement de Toulouse, relativement au paréage de Mirepoix. 10 décembre 1538. | 10 décembre.

Arch. du château de Léran (Ariège), Paréage de Mirepoix, C. 9, n° 1.

32819. Lettres prorogeant pour six ans l'octroi fait précédemment aux habitants de Tannay du droit de prendre l'apetissement et huitième partie du vin vendu en la ville et paroisse dudit lieu. Paris, 14 décembre 1538. | 14 décembre.

Original. Arch. communales de Tannay (Nièvre), CC. 1, n° 2 (déposées aux Archives du département).

32820. Lettres portant défense d'exporter hors du royaume de l'or, de l'argent ou du billon. Paris, 16 décembre 1538. | 16 décembre.

Copie du XVIe siècle. Bibl. nat., ms. fr. 23638, fol. 52.

32821. Permission à Mathieu Arbaud, chanoine de Saint-Sauveur d'Aix, de poursuivre à Avignon | 29 décembre.

[1] Cet acte figure déjà au *Catalogue* (n° 10397), mais analysé trop sommairement et sous la date inexacte du 28 octobre 1538.

le procès qu'il a avec Balthazar de Villeneuve, au sujet dudit canonicat. Saint-Germain-en-Laye, 29 décembre 1538. 1538.

Enreg. au Parl. de Provence, à Aix. Arch. des Bouches-du-Rhône, B. 3321, fol. 786.

32822. Lettres d'anoblissement en faveur d'Abraham de La Haye. 1538. 1538.

Mention. Bibl. nat., ms. fr. 22253, fol. 13 v°.

1539. — Pâques, le 6 avril.

1539.

32823. Lettres attribuant aux maîtres des Requêtes de l'Hôtel la connaissance d'un procès de Christophe de Foresta, baron de Trets, médecin du Roi, avec les habitants dudit lieu. Paris, 3 janvier 1538. 3 janvier.

Enreg. au Parl. de Provence, à Aix. Arch. des Bouches-du-Rhône, B. 3321, fol. 754 v°.

32824. Lettres maintenant à Forcalquier le siège du sénéchal, malgré la requête des habitants de Manosque. Paris, 8 janvier 1538. 8 janvier.

Enreg. au Parl. de Provence, à Aix. Arch. des Bouches-du-Rhône, B. 3323, fol. 240.

32825. Lettres attribuant à Léon Strozzi, chevalier de Saint-Jean-de-Jérusalem, prieur de Capoue, le commandement de deux galères royales *la Sainte-Marie* et *la Sainte-Claire*, précédemment sous la charge du baron de Saint-Blancard, capitaine de galères. Paris, 10 janvier 1538. 10 janvier.

Copie du XVIe siècle. Arch. des Bouches-du-Rhône, B. 1260, fol. 103.

Imp. J. Fournier, *L'entrée de Léon Strozzi au service de la France* (*Bulletin de géographie historique et descriptive du Comité des travaux historiques*, année 1902, n° 2, p. 165).

32826. Mandement au sénéchal de Provence de faire indemniser certains habitants de Manosque de la démolition de leurs maisons, exécutée, 18 janvier.

le 17 août 1524, par ordre du feu maréchal de La Palice. Paris, 18 janvier 1538. — 1539.

Enreg. au Parl. de Provence, à Aix. Arch. des Bouches-du-Rhône, B. 3321, fol. 749 v°.

32827. Provisions de l'office de procureur du Roi à Pertuis, pour Renaud de La Caze. Paris, 20 janvier 1538. — 20 janvier.

Enreg. au Parl. de Provence, à Aix. Arch. des Bouches-du-Rhône, B. 3321, fol. 811 v°.

32828. Ordonnance portant diverses modifications au système de distribution des procès au Parlement de Bourgogne. Paris, 24 janvier 1538. — 24 janvier.

Enreg. au Parl. de Bourgogne, à Dijon. Arch. de la Côte-d'Or, B. 12075, fol. 227.

32829. Commission du Roi et mandement au Parlement de Rouen, contenant défenses à tous marchands, mariniers et autres d'envoyer des navires à la Guinée ni au Brésil, donnés à la requête du roi de Portugal. 24 ou 25 janvier 1538. — 24 ou 25 janvier.

Mention. Arch. nat., Bureau de la ville de Paris, H. 1779, fol. 319.

IMP. *Délibérations du Bureau de la ville*, in-4°, t. II, 1886, p. 400 et note.

32830. Provisions de l'office de lieutenant du sénéchal à Arles pour Guy de La Garde. Fontainebleau, 15 février 1538. — 15 février.

Enreg. au Parl. de Provence, à Aix. Arch. des Bouches-du-Rhône, B. 3321, fol. 815 v°.

32831. Ordonnance portant que les Provençaux ne pourront être distraits de leurs juges naturels en matière bénéficiale, ni contraints de comparaître hors de leur pays. Fontainebleau, 19 février 1538. — 19 février.

Enreg. au Parl. de Provence, à Aix. Arch. des Bouches-du-Rhône, B. 3321, fol. 831 v°.

Copie du XVIe siècle. Bibl. Méjanes, à Aix, ms. 952, fol. 23 v°.

32832. Traité conclu entre le marquis del Vasto et le s[r] de Montejean, confirmant l'arrangement de — 21 février.

IMPRIMERIE NATIONALE.

Carmagnole, du 28 novembre précédent. Moncalieri, 21 février 1538. 1539.

Copie de l'époque. Bibl. nat., ms. fr. 3012, fol. 67.

32833. Lettres confirmant la suppression de l'office de premier conseiller d'église extraordinaire au Parlement de Provence, ordonnée par l'édit de réformation de la justice en ce pays. Fontainebleau, 22 février 1538. 22 février.

Enreg. au Parl. de Provence, à Aix. Arch. des Bouches-du-Rhône, B. 3321, fol. 836.
Copie du XVIe siècle. Bibl. Méjanes, à Aix, ms. 952, fol. 24.

32834. Lettres accordant au comte de Tende, gouverneur et sénéchal de Provence, la surintendance des garnisons, la police des villes et places, la conservation des avitaillements, munitions et fortifications. Fontainebleau, 23 février 1538. 23 février.

Enreg. au Parl. de Provence, à Aix. Arch. des Bouches-du-Rhône, B. 3321, fol. 784.

32835. Mandement à la ville de Vienne en Dauphiné de fournir au Roi soixante quintaux de salpêtre. 3 avril 1538. 3 avril.

Copie du temps. Arch. municip. de Vienne (Isère), Registres consulaires.

32836. Confirmation en faveur des habitants de Libourne du droit de justice, haute, moyenne et basse dans la ville et la banlieue, du droit d'élection des maire et jurats et du droit de vérification des comptes de la communauté. 30 avril 1539. 30 avril.

Vidimus de l'époque. Arch. municip. de Libourne, AA. 5, liasse (*Gironde*, E. Suppl., 3972).

32837. Mandement à l'archevêque d'Aix pour faire punir les hérétiques et y tenir la main. Fontainebleau, 27 mai 1539. 27 mai.

Enreg. au Parl. de Provence, à Aix. Arch. des Bouches-du-Rhône, B. 3321, fol. 888.

32838. Lettres portant réunion des deux offices de procureur général du Roi au Parlement de Provence en un seul, donné à Thomas de Piolenc, docteur en droit. Fontainebleau, 27 mai 1539. — 1539. 27 mai.

Enreg. au Parl. de Provence, à Aix. Arch. des Bouches-du-Rhône, B. 3321, fol. 901.

32839. Lettres accordant aux habitants de Mâcon une nouvelle prorogation de l'octroi du huitième et du seizième sur le vin. Paris, 12 juin 1539. — 12 juin.

Original. Arch. communales de Mâcon (Saône-et-Loire), HH. 7, n° 4.
Copie. Arch. communales de Mâcon, CC. 53, n° 55.

32840. Lettres nommant Robert Estienne imprimeur et libraire du Roi en lettres hébraïques et latines. 24 juin 1539. — 24 juin.

Analyse. Bibl. nat., ms. fr. 21816, fol. 22 v°.

32841. Confirmation des privilèges concédés à la ville de Riom par les rois Philippe III, Charles IV et Philippe VI. Paris, 25 juin 1539. — 25 juin.

Original. Arch. de la ville de Riom (Puy-de-Dôme), AA. 4.

32842. Lettres ordonnant le rétablissement des fortifications de Vienne en Dauphiné et prescrivant aux officiers municipaux l'envoi, dans six semaines, d'un état des revenus, dons et octrois de leur ville. Paris, 26 juin 1539. — 26 juin.

Copie du temps. Arch. municip. de Vienne (Isère), Registres consulaires.

32843. Lettres portant mandement aux habitants de Gourdon d'envoyer au Roi un état exact des deniers communs et des charges de leur ville au point de vue militaire. Paris, 28 juin 1539. — 28 juin.

Original. Arch. communales de Gourdon (Lot), CC. 46.

32844. Lettres confirmant à la communauté des Baux — 5 juillet.

son droit d'appel direct au Parlement, tant au civil qu'au criminel. Paris, 5 juillet 1539. 1539.

Enreg. au Parl. de Provence, à Aix. Arch. des Bouches-du-Rhône, B. 3321, fol. 935.

32845. Lettres réglementant les gages et émoluments des présidents et conseillers du Parlement de Provence. Paris, 8 juillet 1539. 8 juillet.

Enreg. au Parl. de Provence, à Aix. Arch. des Bouches-du-Rhône, B. 3321, fol. 1128 v°.

32846. Provisions d'un office de conseiller au Parlement de Provence, pour François de Génas. Paris, 11 juillet 1539. 11 juillet.

Enreg. au Parl. de Provence, à Aix. Arch. des Bouches-du-Rhône, B. 3321, fol. 962.

32847. Lettres de jussion au Parlement de Provence pour la réception de François de Génas en qualité de conseiller clerc. Paris, 11 juillet 1539. 11 juillet.

Enreg. au Parl. de Provence, à Aix. Arch. des Bouches-du-Rhône, B. 3321, fol. 891.

32848. Commission à Aymar Nicolaï, premier président de la Chambre des comptes, à Charles de Pierrevive, trésorier de France, à Jean Deygua, avocat fiscal à Toulouse, et à Pierre Potier, sieur de la Terrasse, pour la vente, dans les pays de Languedoc, Lyonnais, Forez et Beaujolais, de parties du domaine royal vacantes ou usurpées. Meaux, 25 juillet 1539. 25 juillet.

Copie vidimée par Antoine de Rochechouart, sénéchal de Toulouse. Bibl. nat., nouv. acq. franç., ms. 20146, fol. 26.

32849. Lettres accordant à la communauté des Baux deux foires annuelles, en janvier et en mai, et un marché le mardi de chaque semaine. Paris, juillet 1539. Juillet.

Enreg. au Parl. de Provence, à Aix. Arch. des Bouches-du-Rhône, B. 3321, fol. 932.

32850. Lettres constituant la cour des Grands jours qui siégeront à Angers le 1er septembre 1539 1er août.

(cf. le n° 11058) et en nommant président François de Montholon; conseillers, Jean Hurault, maître des requêtes, Robert Tiercelin, François Demier, Étienne de Montmirel, Nicole Hurault, Jean Meigret, Louis Gayant, Augustin de Thou, Jacques Spifame, Guillaume Bourgoing, Robert Berzeau, Léon Lescot, Jean de Longueil, Bertrand Le Lièvre, Jean Corbin et René Bouvery; avocat du Roi, Jacques Cappel; greffiers, Jean Du Tillet, greffier civil, Nicole Avrillot, greffier des présentations, et Nicole Malon, greffier criminel. Chantilly, 1er août 1539. — 1539.

Enreg. en tête du reg. des Grands jours d'Angers. Arch. nat., X1a 9219, fol. 14.

32851. Provisions pour Pierre Poyet, juge des traites et impositions foraines d'Anjou, avocat du Roi en ladite sénéchaussée, de l'office de lieutenant général du sénéchal d'Anjou, vacant par le décès de Jean Cadu. Chantilly, 4 août 1539. — 4 août.

Mention dans l'arrêt de réception dud. Poyet aux Grands jours d'Angers, le 1er sept. suivant. Arch. nat., X1a 9219, fol. 8.

32852. Lettres ordonnant de prêter main-forte à l'huissier et au greffier du Parlement de Dauphiné, que le Roi a envoyés à Berre, pour cause de suspicion, afin de mettre en ses mains les biens des criminels de lèse-majesté. Villers-Cotterets, 8 août 1539. — 8 août.

Enreg. au Parl. de Provence, à Aix. Arch. des Bouches-du-Rhône, B. 3323, fol. 272.

32853. Mandement à la cour des Grands jours d'Angers de recevoir et instituer Pierre Poyet en qualité de lieutenant général de la sénéchaussée d'Anjou. Villers-Cotterets, 9 août 1539. — 9 août.

Mention dans l'arrêt de réception dudit Poyet aux Grands jours, le 1er septembre suivant. Arch. nat., X1a 9219, fol. 8.

32854. Provisions de l'office de massier royal à Arles, — 11 août.

pour Jean Ange. Villers-Cotterets, 11 août 1539. 1539.

Enreg. au Parl. de Provence, à Aix. Arch. des Bouches-du-Rhône, B. 3321, fol. 920 v°.

32855. Déclaration contre les criminels de lèse-majesté et sur la confiscation de leurs biens. Villers-Cotterets, 20 août 1539. 20 août.

Copie. Bibl. de la ville de Carpentras, ms. 1824, fol. 239.

32856. Commission à Durand de Sarta, président au Parlement de Toulouse, Guérin d'Alzon, conseiller au Parlement de Paris, Aymar Rival et François Faisan, conseillers au Parlement de Grenoble, Jean Tignac, conseiller au Conseil de Dombes, Jean Palmier, vice-bailli de Viennois, et Jean Luquet, juge du Puy, pour examiner les titres des évêques de Grenoble et de Valence et autres barons et seigneurs qui lèvent des péages sur le sel voituré par le Rhône. Villers-Cotterets, 27 août 1539. 27 août.

Copie du XVIe siècle. Arch. départ. de la Drôme, E. 3729.

32857. Lettres enjoignant au sénéchal de Provence de faire rentrer dans la juridiction royale la seigneurie de Mondragon, sur laquelle l'archevêque prétend maintenir son autorité. Villers-Cotterets, 28 août 1539. 28 août.

Enreg. au Parl. de Provence, à Aix. Arch. des Bouches-du-Rhône, B. 3321, fol. 1000.

32858. Lettres en faveur de Christophe de Foresta, conseiller et médecin du Roi, baron de Trets, relativement à un procès qu'il avait à l'encontre des habitants dudit lieu de Trets, touchant les droits seigneuriaux. Villers Cotterets, 9 septembre 1539. 9 septembre.

Enreg. au Parl. de Provence, à Aix. Arch. des Bouches-du-Rhône, B. 3325, fol. 10.

32859. Lettres accordant à Léger Coriolis la judicature 8 octobre.

de Barcelonnette. Compiègne, 8 octobre 1539. (Cf. t. VI, n° 21905.) 1539.

Enreg. au Parl. de Provence, à Aix. Arch. des Bouches-du-Rhône, B. 3321, fol. 1009.

32860. Lettres ordonnant de faire observer les édits royaux précédemment rendus sur la réformation de la justice en Provence (septembre 1535, n° 8141, et 30 août 1539, n° 11167). Compiègne, 10 octobre 1539. 10 octobre.

Enreg. au Parl. de Provence, à Aix. Arch. des Bouches-du-Rhône, B. 3321, fol. 1047.

32861. Lettres ordonnant à tout notaire de tenir registre des testaments qu'il recevra, et, un mois après le décès des testateurs, d'en donner communication au procureur du Roi, aux fins de recouvrement des droits. Compiègne, 10 octobre 1539. 10 octobre.

Enreg. au Parl. de Provence, à Aix. Arch. des Bouches-du-Rhône, B. 3323, fol. 255.

32862. Lettres portant défense aux consuls des lieux maritimes, notaires, tabellions et autres officiers par eux établis en Provence, de connaître du fait de l'amirauté, au préjudice de l'ordonnance faite sur la réformation de la justice, de donner certificats pour la descente et le transport des blés et marchandises, et ordonnant qu'il serait informé des contraventions par les officiers de l'amirauté, avec l'assistance d'un adjoint. Compiègne, 18 octobre 1539. 18 octobre.

Enreg. au Parl. de Provence, à Aix. Arch. des Bouches-du-Rhône, B. 3321, fol. 989.
Mention. Arch. nat., fonds de la Marine, A[2] 1, fol. 24 v°.

32863. Lettres portant renvoi au Conseil privé d'un procès de Philippe de Cazaulx, marchand de Marseille. Compiègne, 20 octobre 1539. 20 octobre.

Enreg. au Parl. de Provence, à Aix. Arch. des Bouches-du-Rhône, B. 3321, fol. 1030.

32864. Lettres interdisant l'entrée des épiceries en Provence sans payer les droits du Roi. Compiègne, 22 octobre 1539. 1539. 22 octobre.

Enreg. au Parl. de Provence, à Aix. Arch. des Bouches-du-Rhône, B. 3321, fol. 1018.

32865. Lettres portant que si, pendant les vingt jours où un président et six conseillers du Parlement de Provence viennent tenir les Grands jours à Marseille, chaque année, l'un d'eux vient à être récusé ou malade, les autres, néanmoins, pourront valablement juger. Compiègne, 29 octobre 1539. 29 octobre.

Enreg. au Parl. de Provence, à Aix. Arch. des Bouches-du-Rhône, B. 3323, fol. 277 v°.

32866. Provisions de l'office de juge royal à Saint-Maximin, pour Pierre Joannis. Compiègne, 31 octobre 1539. 31 octobre.

Enreg. au Parl. de Provence, à Aix. Arch. des Bouches-du-Rhône, B. 3321, fol. 998.

1540. — Pâques, le 28 mars.

1540.

32867. Lettres mettant en la main du Roi les blés amassés aux greniers d'Arles, Tarascon et autres villes, pour les porter en Piémont. Saint-Quentin, 19 janvier 1539. 19 janvier.

Enreg. au Parl. de Provence, à Aix. Arch. des Bouches-du-Rhône, B. 3323, fol. 271.

32868. Lettres en faveur de Jacques de Maurain, aveugle, ci-devant archer de la garde du Roi. La Fère, [janvier] 1539. Janvier.

IMP. *Catal. des livres et doc. histor. de M. de Courcelles*, 1834, in-8°, p. 65. (*Mention*.)

32869. Lettres en faveur des consuls et habitants d'Arles, touchant la police de leur ville. Amiens, 7 février 1539. 7 février.

Enreg. au Parl. de Provence, à Aix. Arch. des Bouches-du-Rhône, B. 3323, fol. 315.

32870. Lettres annulant les cens perpétuels imposés à prix d'argent par les gens de mainmorte. Amiens, 8 février 1539. — 1540. 8 février.

Enreg. au Parl. de Provence, à Aix. Arch. des Bouches-du-Rhône, B. 3323, fol. 275.

32871. Lettres reconnaissant aux consuls et habitants de Tarascon le droit d'appel au Parlement en dernier ressort. Amiens, 19 février 1539. — 19 février.

Enreg. au Parl. de Provence, à Aix. Arch. des Bouches-du-Rhône, B. 3323, fol. 327.

32872. Commission à Jean de Meynier, seigneur d'Oppède, conseiller au Parlement de Provence, à Aymar Rival et François Faisan, conseillers au Parlement de Dauphiné, à Antoine Rolland, Jean Tignac, Jean Palmier et Jean Luquet, pour informer sur les malversations reprochées aux gardes, péagers et fermiers des péages du Rhône et à Louis Sauvaing, seigneur de Cheylard. Abbeville, 24 février 1539. — 24 février.

Copie du XVIe siècle. Arch. départ. de la Drôme, E. 3729.

32873. Lettres accordant privilège à Galliot Du Pré, libraire juré de l'Université de Paris, pour faire imprimer à Lyon la récente ordonnance sur la réformation de la justice en Dauphiné (n° 11380). Abbeville, 25 février 1539. — 25 février.

Enreg. au Parl. de Grenoble, le 9 avril 1540.
IMP. *Ordonnances royaulx sur le faict de la justice et abbréviation des procès au pays de Dauphiné...* Lyon, Romain Morin, 1540 [16 et] 80 ff., petit in-4° gothique, *initio.* (*Bibl. nat.*, réserve F. 846, 1re partie.)

32874. Lettres sauvegardant les droits de Pierre de La Roque, chevalier, natif de Valence-la-Grande, et de François Millanès, marchands espagnols, dont la nef allant à Livourne s'était ensablée près des Saintes-Maries-de-la-Mer. Abbeville, 26 février 1539. — 26 février.

Enreg. au Parl. de Provence, à Aix. Arch. des Bouches-du-Rhône, B. 3323, fol. 280.

32875. Provisions de l'office de juge royal ordinaire de Brignoles, pour Laurent Paulet, docteur en droit. Abbeville, 27 février 1539. — 1540. 27 février.

Enreg. au Parl. de Provence, à Aix. Arch. des Bouches-du-Rhône, B. 3323, fol. 402.

32876. Lettres du dauphin concernant la prise de corps de deux corsaires du Croisic. 29 février 1539. — 29 février.

Copie du XVIe *siècle. Bibl. nat.*, ms. fr. 5503, fol. 161.

32877. Lettres portant ajournement contre Baptiste de Pontevès, données à la requête d'Anne de Villeneuve, marquise de Trans, vicomtesse de Maillé. Abbeville, 5 mars 1539. — 5 mars.

Enreg. au Parl. de Provence, à Aix. Arch. des Bouches-du-Rhône, B. 3323, fol. 287.

32878. Mandement au prévôt de Paris, lui prescrivant de faire dresser un état et relevé de tous les officiers de la Prévôté et des sièges du ressort, en indiquant leurs gages et émoluments et s'ils exercent leurs offices en personne. Nouvion, 6 mars 1539. — 6 mars.

Enreg. au Châtelet de Paris, Bannières. Arch. nat., Y. 9, fol. 167 v°.

32879. Confirmation de Thomas Piolenc en son office de procureur général au Parlement de Provence, nonobstant l'opposition de Me Donati, aussi procureur général. Abbeville, 14 mars 1539. — 14 mars.

Enreg. au Parl. de Provence, à Aix. Arch. des Bouches-du-Rhône, B. 3323, fol. 321 v°.

32880. Lettres de naturalisation accordées au cardinal Salviati, natif de Florence. Nouvion, 15 mars 1539. — 15 mars.

Enreg. au Parl. de Provence, à Aix. Arch. des Bouches-du-Rhône, B. 3324, fol. 718.

32881. Mandement du Roi de payer une gratification — 20 mars.

aux sommeliers et aux échansons de sa paneterie. Étaples, 20 mars 1539. | 1540.

Mention. Catalogue de la coll. d'autographes composant le Cabinet de M. D. L.-C... Vente, 13 mars 1903. Paris, Noël Charavay, in-8°, n° 82.

32882. Lettres données à la requête de Louis d'Adhémar de Monteil, baron de Grignan, chambellan et gentilhomme ordinaire de la chambre du Roi, lui permettant de recevoir de ses vassaux les déclarations des terres et seigneuries qu'ils tiennent de lui. Villers, 23 mars 1539. | 23 mars.

Enreg. au Parl. de Provence, à Aix. Arch. des Bouches-du-Rhône, B. 3323, fol. 312 v°.

32883. Lettres en faveur de Fabrice Bomba, gentilhomme de Mantoue. Abbaye de Bonport, [12-19 avril] 1540. | 12-19 avril.

IMP. *Catal. des livres et doc. hist. de M. de Courcelles*, 1834, in-8°, p. 65. (*Mention.*)

32884. Lettres dessaisissant le Grand conseil et toutes autres juridictions d'un procès entre les habitants de Mâcon et ceux de Replonges au sujet de la propriété d'une partie de la prairie de Bresse, appelée Bois-de-Bagé, et en attribuant la connaissance au Parlement de Paris. Évreux, 30 avril 1540. | 30 avril.

Original. Arch. communales de Mâcon (Saône-et-Loire), DD. 5, n° 25.

32885. Lettres permettant à Claude Dorléans, natif de Bédouin près Avignon, de tenir des bénéfices en France jusqu'à la somme de 500 écus de revenu par an. Évreux, 1er ou 6 mai 1540 [1]. | 1er mai.

Enreg. au Parl. de Provence, à Aix (sous la date du 6 mai). Arch. des Bouches-du-Rhône, B. 3323, fol. 773 v°.

Copie (sous la date du 1er mai). Bibl. de la ville d'Avignon, ms. 3565, fol. 35.

32886. Lettres en faveur de César Trivulce, évêque | 13 mai.

[1] D'après l'*Itinéraire*, la date du 1er est préférable.

d'Apt, relatives à une reddition de compte. Beynes, 13 mai 1540. 1540.

Enreg. au Parl. de Provence, à Aix. Arch. des Bouches-du-Rhône, B. 3323, fol. 327 v°.

32887. Édit abolissant en Provence les confréries « des battus et disciplinés », à cause des abus dont elles sont le prétexte de la part des gens de métier. Fontainebleau, 31 mai 1540. 31 mai.

Enreg. au Parl. de Provence, à Aix. Arch. des Bouches-du-Rhône, B. 3323, fol. 406.

Copie du XVIe siècle. Bibl. Méjanes, à Aix, ms. 952, fol. 35.

32888. Commission au Parlement d'Aix pour poursuivre les Vaudois et les luthériens. 31 mai 1540. 31 mai.

Mention. Bibl. nat., ms. fr. 16545, fol. 2 v°.

32889. Lettres conférant à Léon Strozzi, prieur de Capoue, la lieutenance générale des galères de l'armée de mer du Levant. 31 mai 1540. 31 mai.

Mention. Bibl. nat., ms. Clairambault 825, fol. 114 v°.

32890. Lettres d'anoblissement en faveur de Jean de Thurin, natif du bourg de Saint-Sulpice, colonel de mille hommes de pied en Piémont. Limours, mai 1540. Mai.

Enreg. au Châtelet de Paris, Bannières de 1657. Arch. nat., Y. 16, fol. 177 v°.

32891. Lettres d'acquit des vacations des officiers du Parlement de Provence, portant que leurs émoluments seront déduits dorénavant de la recette du receveur royal. Fontainebleau, 4 juin 1540. 4 juin.

Enreg. au Parl. de Provence, à Aix. Arch. des Bouches-du-Rhône, B. 3323, fol. 472.

Copie du XVIe siècle. Bibl. Méjanes, à Aix, ms. 952, fol. 33 v°.

32892. Lettres de naturalité pour Antoine Donati, natif de Puget en Terreneuve, au comté de Nice, licencié en droit, procureur général au 5 juin.

Parlement de Provence. Fontainebleau, 5 juin 1540. — 1540.

Enreg. au Parl. de Provence, à Aix. Arch. des Bouches-du-Rhône, B. 3323, fol. 781.

32893. Lettres de naturalité et permission de tenir des bénéfices en France, accordées à César Trivulce, natif de Milan, parent de l'évêque de Côme. Fontainebleau, 6 juin 1540. — 6 juin.

Enreg. au Parl. de Provence, à Aix. Arch. des Bouches-du-Rhône, B. 3323, fol. 1038.

32894. Mandement au trésorier de l'épargne de payer 802 livres 5 sous tournois pour les gages du Parlement de Provence, pendant le temps des vacations. Fontainebleau, 6 juin 1540. — 6 juin.

Enreg. au Parl. de Provence, à Aix. Arch. des Bouches-du-Rhône, B. 3323, fol. 371.

32895. Mandement au trésorier de l'épargne de payer la somme de 852 livres 16 sous 9 deniers tournois, montant des gages des conseillers, avocat et procureur du Parlement de Provence, pour juillet, août et septembre 1538. Fontainebleau, 6 juin 1540. — 6 juin.

Enreg. au Parl. de Provence, à Aix. Arch. des Bouches-du-Rhône, B. 3323, fol. 373.

32896. Lettres de naturalisation pour Alexandre Gallet, natif de Nice, lui permettant de posséder des bénéfices en France. Fontainebleau, 10 juin 1540. — 10 juin.

Enreg. au Parl. de Provence, à Aix. Arch. des Bouches-du-Rhône, B. 3323, fol. 666.

32897. Mandement de citer et ajourner devant le Conseil privé le prieur et les religieuses de la Daurade, au sujet de l'inféodation du moulin du Bazacle à Toulouse, donné à la requête du syndic des « pariers » dudit moulin. Fontainebleau, 17 juin 1540. — 17 juin.

Original. Toulouse. Arch. particulières du moulin du Bazacle.

32898. Édit portant qu'au pays de Quercy, les privilégiés payeront les tailles pour leurs biens ruraux. 19 juin 1540. — 1540. 19 juin.

Analyse. Bibl. nat., ms. fr. 21016, fol. 801.

32899. Lettres ordonnant l'exécution en Provence de l'édit du 19 juin 1536 (n° 8525), sauf en ce qui serait contraire à l'édit de réformation de la justice audit pays. Paris, 1er juillet 1540. — 1er juillet.

Enreg. au Parl. de Provence, à Aix. Arch. des Bouches-du-Rhône, B. 3323, fol. 400.

32900. Don d'un office de changeur en faveur de Guillaume de Cazaulx. Paris, 2 juillet 1540. — 2 juillet.

Enreg. au Parl. de Provence, à Aix. Arch. des Bouches-du-Rhône, B. 3323, fol. 329.

32901. Commission pour informer sur certains attentats dont se plaignait Antoinette de Clermont, veuve de Jaume de Vesc, baron de Grimaud. Paris, 7 juillet 1540. — 7 juillet.

Enreg. au Parl. de Provence, à Aix. Arch. des Bouches-du-Rhône, B. 3323, fol. 409.

32902. Lettres de naturalité pour Nicolas de Brancas, écuyer, d'Avignon, et pour Colette des Baux, sa femme. Anet, 18 juillet 1540. — 18 juillet.

Enreg. au Parl. de Provence, à Aix. Arch. des Bouches-du-Rhône, B. 3323, vol. 713.

32903. Mandement aux généraux des aides, leur ordonnant de contraindre la veuve de Jean Michaëlis, secrétaire du Roi, à payer les impôts sur ses biens ruraux. Vatteville, 4 août 1540. — 4 août.

Analyse. Archives de la ville de Grenade (Haute-Garonne), II 1, n° 105.

32904. Provisions de l'office de procureur du Roi au siège de Draguignan, pour Jacques Fermin, licencié en droit. Vatteville, 7 août 1540. — 7 août.

Enreg. au Parl. de Provence, à Aix. Arch. des Bouches-du-Rhône, B. 3323, fol. 383.

32905. Lettres de naturalité pour Antoine Perreti, natif de Cavaillon, pour obtenir des bénéfices en Provence. Vatteville, 8 août 1540. — 1540. 8 août.

Enreg. au Parl. de Provence, à Aix. Arch. des Bouches-du-Rhône, B. 3323, fol. 758.

32906. Lettres de naturalité pour Léonie Garette, femme veuve, native de « Brégon » en Piémont. Vatteville, 9 août 1540. — 9 août.

Enreg. au Parl. de Provence, à Aix. Arch. des Bouches-du-Rhône, B. 3323, fol. 204.

32907. Lettres de naturalité pour Nicolas Cocil, dit Agaffin, trésorier du Roi en Provence, natif d'Avignon, lui permettant d'acquérir et de posséder des biens dans le royaume. Vatteville, 15 août 1540. — 15 août.

Enreg. au Parl. de Provence, à Aix. Arch. des Bouches-du-Rhône, B. 3323, fol. 441 v°.

32908. Lettres de naturalité en faveur d'Antoine Roux, autrement dit Daubant, natif d'Avignon. Vatteville, 16 août 1540. — 16 août.

Enreg. au Parl. de Provence, à Aix. Arch. des Bouches-du-Rhône, B. 3324, fol. 68.

32909. Lettres de naturalité en faveur de Claude Dalmas, de Carpentras. Vatteville, 17 août 1540. — 17 août.

Enreg. au Parl. de Provence, à Aix. Arch. des Bouches-du-Rhône, B. 3323, fol. 642.

32910. Lettres de naturalité accordées à Julien de Pérussis, seigneur de Lauris, natif d'Avignon. Vatteville, 17 août 1540. — 17 août.

Enreg. au Parl. de Provence, à Aix. Arch. des Bouches-du-Rhône, B. 3323, fol. 391.

32911. Lettres d'évocation au Parlement de Paris d'un procès pendant entre François Forbin, seigneur de Solliès, et Louis, son frère, au sujet du partage des biens de feu Palamèdes Forbin, leur père. Drocane (*sic*), 18 août 1540. — 18 août.

Enreg. au Parl. de Provence, à Aix. Arch. des Bouches-du-Rhône, B. 3323, fol. 331.

32912. Lettres permettant d'imposer une somme de 200 livres sur tous les habitants prétendant avoir des droits en la prairie de Bois-de-Bagé, pour payer les frais du procès entre les habitants de Mâcon et ceux de Replonges au sujet de la propriété de ladite prairie. Abbaye de Saint-Georges, 20 août 1540. 1540. 20 août.

Original. Arch. communales de Mâcon (Saône-et-Loire), DD. 5, n° 33.

32913. Lettres permettant à Jean-Louis Laugier, premier huissier du Parlement de Provence, d'acquérir et de posséder des biens dans le royaume. Rouen, 5 septembre 1540. 5 septembre.

Enreg. au Parl. de Provence, à Aix. Arch. des Bouches-du-Rhône, B. 3323, fol. 660.

32914. Pouvoirs donnés à François, cardinal de Tournon et à Guillaume Poyet, chancelier de France, pour traiter avec les envoyés du duc de Clèves. Rouen, 10 septembre 1540. 10 septembre.

Copie du XVIIe siècle. Arch. du Ministère des affaires étrangères, Palatinat, Supplément 1, fol. 60.

32915. Lettres portant permission à la ville de Lisieux de lever pendant six ans 40 sols de crue d'octroi par muid de sel vendu au grenier dudit lieu. Rouen, 11 septembre 1540. 11 septembre.

Original. Arch. de la ville de Lisieux, CC. 268.

32916. Mandement à Jean Duval, trésorier de l'épargne, de payer à André Chapperon, commissaire ordinaire de l'artillerie, 300 livres tournois qui lui ont été octroyées en vue des dépenses qu'il fera pour la construction des forges et la fonte d'artillerie de fer que le Roi fait établir à Breteuil en Normandie. Évreux, 16 septembre 1540. 16 septembre.

Original signalé dans le *Catalogue d'une coll. de Lettres autographes et documents manuscrits*, vendue le 30 avril 1897. Paris, Louis Bihn, in-8° n° 71.

IMP. *Bulletin de la Société de l'histoire de Normandie*, année 1899, p. 426.

32917. Lettres ordonnant l'entérinement de l'indult octroyé au cardinal Salviati pour la collation des bénéfices dépendant de son évêché et de ses abbayes. Anet, 21 septembre 1540. — 1540. 21 septembre.

Enreg. au Parl. de Toulouse. Arch. départ. de la Haute-Garonne, B. 1902 (4ᵉ reg. des Édits), fol. 204.

32918. Lettres de naturalité en faveur de Michel Pichatti. Mantes, 27 septembre 1540. — 27 septembre.

Enreg. au Parl. de Provence, à Aix. Arch. des Bouches-du-Rhône, B. 3323, fol. 643.

32919. Lettres de naturalité pour Pierre-Victor de Cambis et Françoise de Pérussis, natifs d'Avignon. Mantes, 27 septembre 1540. — 27 septembre.

Enreg. au Parl. de Provence, à Aix. Arch. des Bouches-du-Rhône, B. 3323, fol. 736 v°.

32920. Mandement à Jean Duval, trésorier de l'épargne, de payer les gages de Jean-Baptiste Azéart, sieur de Sarreval, écuyer d'écurie. Vigny, 29 septembre 1540. — 29 septembre.

Original. Coll. du manoir de Kériolet (Finistère), appartenant au département (n° 236 de l'inventaire de ladite collection).

32921. Provisions de l'office d'avocat du Roi au siège de Draguignan, pour Joachim Portanier, licencié en droit. Saint-Germain-en-Laye, 9 octobre 1540. — 9 octobre.

Enreg. au Parl. de Provence, à Aix. Arch. des Bouches-du-Rhône, B. 3323, fol. 444.

32922. Lettres de relief de surannation pour l'enregistrement des lettres de naturalité accordées, au mois d'octobre 1513, par Louis XII à Christophe de Foresta, baron de Trets, natif de la Rivière de Gênes. Saint-Prix, 15 octobre 1540. — 15 octobre.

Enreg. au Parl. de Provence, à Aix. Arch. des Bouches-du-Rhône, B. 3323, fol. 490 v°.

32923. Lettres de naturalité pour Paul Bonin, apothi- — 17 octobre.

IMPRIMERIE NATIONALE.

caire d'Aix, natif de « Villaux » en Piémont. Saint-Prix, 17 octobre 1540. — 1540.

Enreg. au Parl. de Provence, à Aix. Arch. des Bouches-du-Rhône, B. 3323, fol. 797 v°.

32924. Lettres de naturalité pour Jean Millonne, docteur en droit, avocat en Parlement, natif du comté de Nice, lui permettant de disposer librement des biens qu'il a acquis depuis vingt ans qu'il réside en Provence. Maisons-sur-Seine, 22 octobre 1540. — 22 octobre.

Enreg. au Parl. de Provence, à Aix. Arch. des Bouches-du-Rhône, B. 3323, fol. 668 v°.

32925. Mandement à la Chambre des comptes de Dijon d'enregistrer les lettres de don du droit de rachat sur la terre de Roussillon, fait à Michel et Georges de Changy. Carrières, 23 octobre 1540. — 23 octobre.

Copie du XVIIe siècle. Bibl. nat., ms. fr. 22241, fol. 483 v°.

32926. Lettres de sauvegarde accordées à Ludovic de Therles, lieutenant d'une compagnie de chevau-légers. Melun, 31 octobre 1540. — 31 octobre.

Enreg. au Parl. de Provence, à Aix. Arch. des Bouches-du-Rhône, B. 3323, fol. 505 v°. (*Mention.*)

32927. Lettres ordonnant l'établissement de rôles des amendes dont la moitié appartient au Roi. Paris, 4 novembre 1540. — 4 novembre.

Enreg. au Parl. de Provence, à Aix. Arch. des Bouches-du-Rhône, B. 3323, fol. 469 v°.

32928. Lettres portant révocation des défenses faites aux navires français de naviguer et de commercer avec le Brésil et sur la côte de Malaguette. 13 novembre 1540. — 13 novembre.

Analyse. Bibl. nat., Cinq cents Colbert, ms. 292, fol. 40.

32929. Confirmation pour Anne-Blanche de Lévis, veuve de Louis d'Agoult, seigneur de Sault, du droit d'avoir des juges d'appeaux ressor- — 15 novembre.

tissant directement au Parlement de Provence. Fontainebleau, 15 novembre 1540. 1540.

Enreg. au Parl. de Provence, à Aix. Arch. des Bouches-du-Rhône, B. 3323, fol. 654.

32930. Lettres de naturalité pour Jeanne Du Fren, *alias* Lionne, d'Avignon. Fontainebleau, 20 novembre 1540. 20 novembre.

Enreg. au Parl. de Provence, à Aix. Arch. des Bouches-du-Rhône, B. 3323, fol. 662.

32931. Lettres ordonnant la publication et l'observation en Provence de l'édit de création des offices d'enquêteurs et examinateurs dans tous les bailliages et sénéchaussées du royaume (février 1515 n. s., n° 107). Fontainebleau, 25 novembre 1540. 25 novembre.

Enreg. au Parl. de Provence, à Aix. Arch. des Bouches-du-Rhône, B. 3323, fol. 651 v°.

32932. Mandement au Prévôt de Paris, lui enjoignant de faire publier dans le ressort de sa prévôté l'ordonnance du même jour (n° 11738), défendant l'exportation du salpêtre. Fontainebleau, 28 novembre 1540. 28 novembre.

Enreg. au Châtelet de Paris, Bannières. Arch. nat., Y. 9, fol. 202.

32933. Mandement au Prévôt de Paris, lui ordonnant d'activer le recouvrement des deniers imposés, en 1537 et 1538, sur les gens d'église et sur tous les bénéficiers dans le ressort de la prévôté, même par saisie de leur temporel. Fontainebleau, 28 novembre 1540. 28 novembre.

Enreg. au Châtelet de Paris, Bannières. Arch. nat., Y. 9, fol. 203.

32934. Légitimation de Pierre de Ferrières, fils naturel de feu Julien de Ferrières, écuyer, seigneur de Champagne, et de Catherine Doisy, de Saintonge. Novembre 1540. Novembre.

Mention d'après l'anc. reg. XI de la Chambre des comptes. Bibl. nat., ms. fr. 22237, fol. 3 v°.

32935. Provisions de la charge de gouverneur et lieutenant général des pays et duché de Savoie, Maurienne, Bresse et Bugey pour Jean de La Baume. Fontainebleau, 1er décembre 1540. 1540. 1er décembre.

Arch. du département de l'Ain, E. 145.

32936. Lettres touchant les fermes prises par des gentilshommes ou gens d'église, qui veulent jouir, pour ces fermes, des mêmes exemptions dont ils jouissent pour leurs propres biens, leur ordonnant de les abandonner dans la huitaine. Fontainebleau, 3 décembre 1540. 3 décembre.

Enreg. au Parl. de Provence, à Aix. Arch. des Bouches-du-Rhône, B. 3323, fol. 680 v°.

32937. Lettres de naturalité pour Jean Spitallier, natif de Meyronnes en Terre-Neuve (vallée de Barcelonnette), habitant de Digne, afin qu'il puisse disposer de ses biens. Fontainebleau, 3 décembre 1540. 3 décembre.

Enreg. au Parl. de Provence, à Aix. Arch. des Bouches-du-Rhône, B. 3323, fol. 726.

32938. Lettres de naturalité pour Louis d'Anselme, écuyer, et Catherine Cambis, d'Avignon, leur permettant de disposer librement des biens par eux acquis. Fontainebleau, 4 décembre 1540. 4 décembre.

Enreg. au Parl. de Provence, à Aix. Arch. des Bouches-du-Rhône, B. 3323, fol. 698 v°.

32939. Lettres de naturalité pour François d'Anselme, natif d'Avignon, lui permettant d'acquérir et de posséder dans le royaume. Fontainebleau, 4 décembre 1540. 4 décembre.

Enreg. au Parl. de Provence, à Aix. Arch. des Bouches-du-Rhône, B. 3323, fol. 703.

32940. Lettres de naturalité pour Jean de Panisse, citoyen d'Avignon. Fontainebleau, 11 décembre 1541. 11 décembre.

Enreg. au Parl. de Provence, à Aix. Arch. des Bouches-du-Rhône, B. 3323, fol. 837.

32941. Lettres de naturalité pour Nicolas Tartelle, natif d'Avignon. Fontainebleau, 22 décembre 1540. — 1540. 22 décembre.

Enreg. au Parl. de Provence, à Aix. Arch. des Bouches-du-Rhône, B. 3323, fol. 716.

32942. Ordonnance interdisant de labourer à une distance moindre qu'une canne du bord des chemins de voiturage du sel en Piémont, ni d'y laisser circuler les troupeaux. Fontainebleau, 29 décembre 1540. — 29 décembre.

Enreg. au Parl. de Provence, à Aix. Arch. des Bouches-du-Rhône, B. 3323, fol. 670.

32943. Lettres portant mainlevée du temporel de l'évêché de Sisteron, saisi sur l'évêque Antoine de Narbonne. Fontainebleau, 30 décembre 1540. — 30 décembre.

Enreg. au Parl. de Provence, à Aix. Arch. des Bouches-du-Rhône, B. 3323, fol. 687.

1541. — Pâques, le 17 avril.

32944. Lettres obligeant les propriétaires des salins d'Hyères à fournir 6,000 oules de sel à la gabelle de Nice, à raison de 6 livres par cent oules. Fontainebleau, 1er janvier 1540. — 1541. 1er janvier.

Enreg. au Parl. de Provence, à Aix. Arch. des Bouches-du-Rhône, B. 3323, fol. 677.

32945. Mandement à Jean Duval, trésorier de l'épargne, de faire payer 15 livres tournois à Abel Lesage, « tendeur aux milans ». Fontainebleau, 22 janvier 1540. — 22 janvier.

Mention. Catalogue d'une précieuse collection de lettres autographes de souverains français et étrangers... Vente 15-16 avril 1885. E. Charavay, in-8°, n° 8.

32946. Lettres de naturalité et permission de tenir et posséder des biens en France, accordées à Georges Morant, marchand, natif de Levens — 2 février.

en Terre-Neuve (comté de Nice). Fontainebleau, 2 février 1540. 1541.

Enreg. au Parl. de Provence, à Aix. Arch. des Bouches-du-Rhône, B. 3323, fol. 829 v°.

32947. Lettres de naturalité pour Thomas Bastin, natif de Novi en Piémont, apothicaire à Aix. Fontainebleau, 5 février 1540. 5 février.

Enreg. au Parl. de Provence, à Aix. Arch. des Bouches-du-Rhône, B. 3323, fol. 696.

32948. Mandement à François de Montholon et à Jean Bertrand, présidents au Parlement de Paris, et autres, de faire exécuter l'arrêt rendu le même jour (*Catalogue*, n° 11827) contre l'amiral Chabot, et de le faire enfermer à Vincennes. Fontainebleau, 8 février 1540. 8 février.

Copie du XVIIe siècle. Bibl. nat., ms. fr. 18433, fol. 268 v°.

32949. Lettres donnant à Adhémar de Monteil, seigneur de Grignan, la lieutenance générale de Provence, en l'absence du comte de Tende. Chambord, 21 février 1540. 21 février.

Enreg. au Parl. de Provence, à Aix. Arch. des Bouches-du-Rhône, B. 3323, fol. 710.

32950. Lettres de naturalité en faveur de Thomas de Becariis, docteur en droit, conseiller au Parlement de Provence, natif de Levens en Piémont. Chambord, 21 février 1540. 21 février.

Enreg. au Parl. de Provence, à Aix. Arch. des Bouches-du-Rhône, B. 3323, fol. 731.

32951. Lettres de naturalité pour Manuel Genevoix, peintre, natif du « château de Varonis » en Piémont, habitant d'Aix. Chambord, 21 février 1540. 21 février.

Enreg. au Parl. de Provence, à Aix. Arch. des Bouches-du-Rhône, B. 3323, fol. 770.

32952. Édit concernant l'importation des épiceries. Chambord, 22 février 1540. 22 février.

Copie du XVIe siècle. Bibl. Méjanes, à Aix, ms. 952, fol. 32 v°.

32953. Confirmation de la création de l'office de sergent maître-visiteur des aunes, poids, crochets, balances, etc., en Anjou. Blois, 4 mars 1540. — 1541. 4 mars.

Copie du XVIe siècle. Arch. départ. de Nantes, FF. 144.

32954. Lettres fixant les dates des trois foires précédemment instituées à Aix en Provence, et maintenant au samedi le second marché établi en cette ville. Blois, 8 mars 1540. — 8 mars.

Enreg. au Parl. de Provence, à Aix. Arch. des Bouches-du-Rhône, B. 3323, fol. 753 v°.

32955. Mandement au Prévôt de Paris, lui enjoignant de faire calculer exactement la valeur des fiefs et arrière-fiefs de la prévôté de Paris, et d'adresser au Roi ce relevé, fief par fief, dans le plus bref délai. Blois, 20 mars 1540. — 20 mars.

Enreg. au Châtelet de Paris, Bannières. Arch. nat., Y. 9, fol. 216.

32956. Lettres de naturalité pour Nicolas Luppi, natif de Ferrare, habitant d'Aix, afin qu'il puisse posséder des bénéfices en France. Blois, 24 mars 1540. — 24 mars.

Enreg. au Parl. de Provence, à Aix. Arch. des Bouches-du-Rhône, B. 3323, fol. 750 et 861. (Double.)

32957. Mandement au Parlement de Savoie, portant que le Roi a autorisé Jean de La Baume, comte de Montrevel, lieutenant général et gouverneur de Bresse, Bugey et Valromey, à rétablir dans toutes ses terres et seigneuries des juges d'appel, intermédiaires entre ses juges ordinaires de première instance et le Parlement de Savoie. Vendôme, 27 mars 1540. — 27 mars.

Double expédition originale. Arch. départ. de l'Ain, à Bourg, E. 170.

32958. Lettres d'anoblissement en faveur de Jean Alphonse, natif d'Avignon, en récompense — Mars.

des services qu'il a rendus au Roi en ses galères et au fait des guerres. Blois, mars 1540. 1541.

Enreg. au Parl. de Provence, à Aix. Arch. des Bouches-du-Rhône, B. 3323, fol. 742 v°.

32959. Légitimation d'Andrée Aimeret, fille naturelle de feu Jean Aimeret, clerc, et de Jeanne Boubaud, de Poitou. Mars 1540. Mars.

Mention d'après l'anc. reg. XI de la Chambre des comptes. Bibl. nat., ms. fr. 22237, fol. 4.

32960. Confirmation des lettres de naturalité accordées à Antoine Donati, procureur général au Parlement de Provence. Blois, 1er avril 1540. 1er avril.

Enreg. au Parl. de Provence, à Aix. Arch. des Bouches-du-Rhône, B. 3323, fol. 782.

32961. Lettres portant collation en faveur de Jean Arbaud, clerc d'Aix, de la chapellenie de Sainte-Catherine à Brignoles. Amboise, 27 avril 1541. 27 avril.

Enreg. au Parl. de Provence, à Aix. Arch. des Bouches-du-Rhône, B. 3323, fol. 545. (*Mention.*)

32962. Provisions de l'office de concierge et garde des prisons du Palais à Aix, pour Lucain Esclaran. Amboise, 1er mai 1541. 1er mai.

Enreg. au Parl. de Provence, à Aix. Arch. des Bouches-du-Rhône, B. 3323, fol. 764.

32963. Mandement au Prévôt de Paris de faire publier la convocation du ban et de l'arrière-ban pour le 15 septembre, au lieu du 15 mai, date primitivement fixée. Amboise, 6 mai 1541. 6 mai.

Enreg. au Châtelet de Paris, Bannières. Arch. nat., Y. 9, fol. 218.

32964. Provisions de l'office de premier président au Parlement de Provence, en faveur de Guillaume Garsonnet, précédemment avocat général. Châtellerault, 23 mai 1541. 23 mai.

Enreg. au Parl. de Provence, à Aix. Arch. des Bouches-du-Rhône, B. 3323, fol. 762.

32965. Lettres portant que la ville de Louviers sera tenue de payer la somme de 2,129 livres 6 sols 8 deniers à prendre sur les deniers communs, pour sa part de l'imposition destinée à la fortification des places frontières. Châtellerault, 16 juin 1541. — 1541. 16 juin.

Copie du XVIIIe siècle. Arch. de la ville de Louviers (Eure), CC. 4.

IMP. Th. Bonnin, *Cartulaire de Louviers*. Évreux, 1878, in-4°, fasc. III, p. 76. (*Analyse.*)

32966. Édit portant que les jugements et procédures en matière de confiscation, d'aubaine, etc., en Provence, seront envoyés, tous les trois mois, dûment signés en la Chambre des comptes, pour les biens déclarés appartenir au Roi être vendus et les deniers en provenant mis entre les mains des trésoriers et receveurs royaux. Châtellerault, 21 juin 1541. — 21 juin.

Enreg. au Parl. de Provence, à Aix. Arch. des Bouches-du-Rhône, B. 3323, fol. 816.

32967. Lettres sur requête des syndics du clergé de Provence, concernant l'envoi d'une commission à chaque évêque, pour visiter les églises en ruine de son diocèse, et ordonnant que le Parlement sera consulté sur les réparations jugées nécessaires. Châtellerault, 22 juin 1541. — 22 juin.

Enreg. au Parl. de Provence, à Aix. Arch. des Bouches-du-Rhône, B. 3323, fol. 822.

32968. Lettres de naturalité pour Jean Malvezi, natif de Brescia, serviteur du cardinal Trivulce, protecteur des affaires du royaume en cour de Rome. Chauvigny, 25 juin 1541. — 25 juin.

Enreg. au Parl. de Provence, à Aix. Arch. des Bouches-du-Rhône, B. 3323, fol. 1055.

32969. Lettres de naturalité en faveur de Monaco de Campornhaco, clerc, natif de Milan, serviteur domestique du cardinal Trivulce, protecteur en cour de Rome des affaires du royaume. Lussac, 28 juin 1541. — 28 juin.

Enreg. au Parl. de Provence, à Aix. Arch. des Bouches-du-Rhône, B. 3323, fol. 577.

IMPRIMERIE NATIONALE.

32970. Édit de création de deux sièges d'enquêteurs et examinateurs dans le ressort d'Aix, deux en celui de Digne, deux en celui de Draguignan et un en chacun des sièges de Marseille, Arles et Forcalquier. Châtellerault, juin 1541. — 1541. Juin.

Enreg. au Parl. de Provence, à Aix. Arch. des Bouches-du-Rhône, B. 3323, fol. 768.

32971. Édit portant que la cour de Parlement n'aura égard qu'aux récusations présentées avant que le procès soit mis sur le bureau, et par elle jugées valables, conformément à l'article 64 de l'édit de Charles VIII. Le Blanc en Berry, 8 juillet 1541. — 8 juillet.

Enreg. au Parl. de Provence, à Aix. Arch. des Bouches-du-Rhône, B. 3323, fol. 833 v°.

Copie du XVIe siècle. Bibl. Méjanes à Aix, ms. 952, fol. 40 v°.

32972. Mandement à l'évêque du Puy de faire assembler le clergé de son diocèse, pour lui demander, au nom du Roi, un don gratuit équivalant à un décime des revenus de tous ses bénéfices, payable avant la fin de l'année. Moulins, 31 juillet 1541. — 31 juillet.

Vidimus du 19 avril 1542. Arch. départ. du Rhône, H. 54, pièce 2.

32973. Lettres de règlement touchant l'exercice des offices baillés à survivance. Chevagnes, 6 août 1541. — 6 août.

Enreg. au Parl. de Provence, à Aix. Arch. des Bouches-du-Rhône, B. 3323, fol. 842.

32974. Lettres ordonnant que le sénéchal ou ses lieutenants et les enquêteurs en Provence ne pourront faire tenir les écritures que par les greffiers, chacun en son district. Moulins, 12 août 1541. — 12 août.

Enreg. au Parl. de Provence, à Aix. Arch. des Bouches-du-Rhône, B. 3323, fol. 826 v°.

32975. Édit de règlement touchant les offices donnés — 26 août.

en survivance dans les cours de Provence. Chevagnes, 26 août 1541. — 1541.

Copie du XVIe siècle. Bibl. Méjanes, à Aix, ms. 952, fol. 41 v°.

32976. Lettres de ratification des bulles de provision de l'évêché d'Apt en faveur de Pierre de Forlivio. Chevagnes, 28 août 1541. — 28 août.

Enreg. au Parl. de Provence, à Aix. Arch. des Bouches-du-Rhône, B. 3323, fol. 587.

32977. Lettres portant création d'un office de viguier à Tarascon. Moulins, août 1541. — Août.

Copie du XVIe siècle. Arch. départ. des Bouches-du-Rhône, C. 1966.

32978. Mandement de payer à Jérôme Dandino, secrétaire du Pape et son ambassadeur auprès de François Ier, la somme de 675 livres dont le Roi lui a fait don. Cuisery, 9 octobre 1541. — 9 octobre.

Analyse. Catalogue d'une intéressante coll. d'autographes et de documents historiques... Vente du 10 mars 1893. Paris, Ét. Charavay, in-8°, n° 36.

32979. Mandement au Parlement de Grenoble, lui prescrivant de donner son avis, et de l'envoyer clos et scellé, sur les demandes faites par les trois États de Dauphiné : 1° sur la réduction des frais de justice; 2° sur l'exercice de juridictions subalternes dans les villes. Pagny, 16 octobre 1541. — 16 octobre.

Copie du temps. Arch. municip. de Vienne (Isère), registres consulaires.

32980. Commission au bailli de Rouen ou à son lieutenant à Pont-Audemer pour contraindre cette ville à payer la somme de 817 livres, montant de sa cotisation pour la fortification des places de la frontière. Auxonne, 25 octobre 1541. — 25 octobre.

Arch. communales de Pont-Audemer (Eure). Indication de M. A. Canel, *Mém. de la Soc. des Antiquaires de Normandie*, t. XIX, 1851, p. 600.

32981. Lettres ordonnant aux habitants de Louviers de délivrer entre les mains du trésorier Laguette, dans un mois au plus tard, la somme de 2129 livres 6 sols 8 deniers, montant de leur taxe pour la fortification des places frontières. Auxonne, 26 octobre 1541. — 1541. 26 octobre.

Copie du XVIIIe siècle. Arch. de la ville de Louviers (Eure), CC. 3.

Imp. Th. Bonnin, *Cartulaire de Louviers*. Évreux, 1878, in-4°, fasc. III, p. 77. (*Analyse.*)

32982. Déclaration portant que les rentes amorties ne sont pas comprises dans l'état des rentes assignées sur les maisons de ville. Dijon, 29 octobre 1541. — 29 octobre.

Enreg. au Parl. de Bourgogne, à Dijon. Arch. du départ. de la Côte-d'Or, B. 12077, fol. 134.

32983. Pouvoirs donnés à François de Tournon, à Guillaume Poyet, Philippe Chabot et Claude d'Annebault, pour traiter avec les ambassadeurs du roi de Danemark. Fontainebleau, 22 novembre 1541. — 22 novembre.

Traité conclu le 29 novembre suivant. Cf. le n° 12214, t. IV, p. 260.

Copies du XVIIe siècle. Arch. du Ministère des affaires étrangères, Mém. et doc., Danemark, 9, fol. 63, et Danemark, *Corresp. polit.*, Supplément 1, fol. 52 v°.

Copies du XVIIe siècle. Bibl. nat., ms. fr. 15966, fol. 243; ms. fr. 17698, fol. 45; ms. fr. 23591, fol. 40.

32984. Lettres octroyant à Bernard Du Badet le premier office de conseiller lai qui vaquera au Parlement de Provence. Fontainebleau, 25 novembre 1541. — 25 novembre.

Enreg. au Parl. de Provence, à Aix. Arch. des Bouches-du-Rhône, B. 3323, fol. 1080.

32985. Mandement de payer aux héritiers de feu Jean Brodeau, pelletier de la feue Reine, la somme de 1,500 écus soleil pour fournitures de pelleteries. Fontainebleau, 5 décembre 1541. — 5 décembre.

Analyse. Catalogue d'une coll. d'autographes provenant de deux cabinets connus... Vente du 27 mars 1874. Paris, J. Charavay, in-8°, n° 66.

32986. Lettre de règlement touchant les sergents royaux en Provence. Fontainebleau, 10 décembre 1541. — 1541. 10 décembre.

Copie du XVIe siècle. Bibl. Méjanes, à Aix, ms. 952, fol. 42.

32987. Lettres de naturalité pour Valérien Paicanche, marchand de Manosque, natif de Veilhane (Avigliana), au diocèse de Turin. Fontainebleau, 11 décembre 1541. — 11 décembre.

Enreg. au Parl. de Provence, à Aix. Arch. des Bouches-du-Rhône, B. 3323, fol. 664.

32988. Lettres confirmant l'indult octroyé, le 16 février 1536 n. s., au cardinal Trivulce pour la collation des bénéfices dépendant de ses évêchés et abbayes dans le royaume. Fontainebleau, 31 décembre 1541. — 31 décembre.

Enreg. au Parl. de Toulouse, le 15 juin 1542. Arch. de la Haute-Garonne, B. 1903 (5e reg. des Édits), fol. 22.

32989. Prorogation pour six ans du droit d'apetissement sur le vin, en faveur des habitants de Châteauroux. 1541. — 1541.

(Cf. ci-dessus au 31 décembre 1529 et au 20 juillet 1536.)

Analyse. Arch. départ. de l'Indre, A. 1.

1542. — Pâques, le 9 avril.

1542.

32990. Lettres nommant abbesse de Sainte-Marthe et Saint-Honorat de Tarascon sœur Scholastique Bèthe, religieuse de ce monastère. Fontainebleau, 1er janvier 1541. — 1er janvier.

Enreg. au Parl. de Provence, à Aix. Arch. des Bouches-du-Rhône, B. 3323, fol. 878.

32991. Lettres accordant à Guillaume Du Bellay, s^r de Langey, lieutenant général du Roi en Piémont, le droit de marque, contremarque et — 9 janvier.

représailles sur les habitants du comté de Nice. Fontainebleau, 9 janvier 1541. 1542.

Enreg. au Parl. de Provence, à Aix. Arch. des Bouches-du-Rhône, B. 3324, fol. 54.

32992. Provisions de l'office de procureur général au Parlement de Rouen, pour François Morelon, avocat au Parlement de Paris. 13 janvier 1541. 13 janvier.

Mention. Bibl. nat., ms. fr. 22457, p. 338.

32993. Lettres à l'adresse du Prévôt de Paris pour l'exécution des ordonnances relatives au ban et à l'arrière-ban et pour la réception des déclarations des possesseurs de fiefs. Yerres, 15 janvier 1541. 15 janvier.

Enreg. au Châtelet de Paris, Bannières. Arch. nat., Y. 9, fol. 230 v°.

32994. Lettres modérant à la somme de 800 écus soleil la part contributive du chapitre de Bordeaux au don gratuit demandé par le Roi. Paris, 17 janvier 1541. 17 janvier.

Original. Arch. départ. de la Gironde, G. 479.

32995. Édit de création d'offices de contrôleurs des finances en Provence. Chaumes en Brie, mars 1541. Mars.

Enreg. au Parl. de Provence, à Aix. Arch. des Bouches-du-Rhône, B. 3323, fol. 1133 v°, et B. 3324, fol. 954. (Double.)

32996. Ordonnance rétablissant les offices de viguiers dans les villes d'Arles, Aix, Saint-Maximin, Barjols, Brignoles, Draguignan, Toulon, Lorgues, Hyères, Grasse, Colmars, la Seyne, Digne, Castellane, Sisteron, Apt, Saint-Rémy, Pertuis, etc., avec règlement de leurs attributions. Nogent-sur-Seine, mars 1541. (Cf. t. VII, n° 24796.) Mars.

Enreg. au Parl. de Provence, à Aix. Arch. des Bouches-du-Rhône, B. 3323, fol. 405.

32997. Création de trois foires par an à Forcalquier, Avril.

la première à la Saint-Rémy, la seconde la veille de Saint-André, et la troisième le deuxième lundi après Pâques. Vauluisant, avril 1541. 1542.

Enreg. au Parl. de Provence, à Aix. Arch. des Bouches-du-Rhône, B. 3323, fol. 1067 v°.

32998. Lettres de naturalité pour Christophe Rogier, natif de « Mindaigne », habitant Collobrières depuis quarante ans. Villeneuve-l'Archevêque, avril 1541. Avril.

Enreg. au Parl. de Provence, à Aix. Arch. des Bouches-du-Rhône, B. 3323, fol. 1057 v°.

32999. Commission au comte de Montrevel, lieutenant général en Bresse, pour convoquer les États de cette province. Tonnerre, 20 avril 1542. 20 avril.

Original. Arch. du départ. de l'Ain, E. 145.

33000. Lettres mandant au prévôt de Paris de convoquer à Sens, pour le 15 juin, tous les officiers de l'hôtel et de la maison du Roi, ainsi que les archers de la garde, équipés et armés. Tonnerre, 21 avril 1542. 21 avril.

Enreg. au Châtelet de Paris, Bannières. Arch. nat., Y. 9, fol. 254 v°.

33001. Lettres permettant, par provision, aux barons et autres personnes ayant justice en Dauphiné de faire instruire dans les villes du pays les procès de leurs sujets par leurs baillis et sénéchaux, qui prononceront leurs jugements aux assises des baronnies tenues quatre fois l'an. Châtel-Gérard, 24 avril 1542. 24 avril.

Enreg. au Parl. de Grenoble, le 17 juin suivant. Copie. Arch. départ. de la Drôme, E. 3729.

33002. Lettres portant permission de tenir et de posséder des bénéfices dans l'étendue du royaume, pour Camille de Toguini, natif de Carpentras. Montréal, avril 1542. Avril.

Enreg. au Parl. de Provence, à Aix. Arch. des Bouches-du-Rhône, B. 3324, fol. 15.

33003. Lettres portant érection des offices de viguiers de Fréjus et d'Aups. Éclaron, 3 juin 1542. 1542. 3 juin.

Enreg. au Parl. de Provence, à Aix. Arch. des Bouches-du-Rhône, B. 3323, fol. 1077 v°.

33004. Commission donnée à Pierre d'Apestigny, receveur général de Bourgogne, et à Cluny Thunot, élu de Langres, pour l'exécution de la déclaration du 20 avril précédent, concernant l'appréciation des marchandises sujettes à l'imposition foraine et l'établissement des poids et mesures, selon l'usage de Paris. Éclaron, 3 juin 1542. 3 juin.

Original. Arch. de la ville de Dijon, A. 7 *bis*.

33005. Mandement au bailli d'Amiens, lui ordonnant de ne pas comprendre les habitants de cette ville dans la levée du ban et de l'arrière-ban qu'il doit faire pour le 31 juillet suivant. Éclaron, 5 juin 1542. 5 juin.

Copie. Arch. de la ville d'Amiens, AA. 5, fol. 271 v°.

33006. Lettres portant que les habitants de Barcelonnette et de sa vallée, s'étant montrés loyaux sujets depuis qu'ils sont sous l'obéissance du roi de France, seront traités comme les autres sujets du comté de Provence. Éclaron, 12 juin 1542. 12 juin.

Enreg. au Parl. de Provence, à Aix. Arch. des Bouches-du-Rhône, B. 3323, fol. 1084 v°.

33007. Lettres permettant aux juifs d'Avignon et du Comtat-Venaissin d'exiger les créances qu'ils ont en Provence, à condition que la moitié en reviendra au Roi, quand elles dépasseront 2,000 livres tournois. Éclaron, 13 juin 1542. 13 juin.

Enreg. au Parl. de Provence, à Aix. Arch. des Bouches-du-Rhône, B. 3323, fol. 1066 v°.

33008. Lettres de neutralité accordées au cardinal de Lorraine pour ses évêchés de Metz et de Verdun, abbaye de Gorze, etc. Joinville, 16 juin 1542. 16 juin.

Copie. coll. du temps. Arch. départ., à Metz, G. 13, fol. 98.

33009. Déclaration portant qu'il ne sera pas créé d'offices de contrôleurs des deniers communs dans les villes de Provence où la levée des deniers royaux ne se fait pas. Montiers-sur-Saulx, 30 juin 1542. — 1542. 30 juin.

Original. Arch. départ. des Bouches-du-Rhône, C. 1901.

33010. Déclaration portant que les articles 8 et 23 de l'ordonnance de Villers-Cotterets seront entendus en ce sens que les appellations interjetées des juges en matière criminelle devront, suivant le cas, être relevées, jugées et décidées par le Parlement ou par le sénéchal de Provence et ses lieutenants. Ligny-en-Barrois, 6 juillet 1542. — 6 juillet.

Enreg. au Parl. de Provence, à Aix. Arch. des Bouches-du-Rhône, B. 3323, fol. 1073.
Copie du XVIe siècle. Bibl. Méjanes, à Aix, ms. 952, fol. 45 v°.

33011. Mandement au comte de Busançais, amiral de France, lui ordonnant de faire publier la déclaration de guerre à l'Empereur. Ligny-[en-Barrois], 6 juillet 1542. — 6 juillet.

Traduction italienne. Florence, Bibl. nazionale, II, IV, 310, fol. 104.

33012. Lettres ordonnant une enquête sur la ruine et les scandales des abbayes et monastères de Provence. Ligny-en-Barrois, 6 juillet 1542. — 6 juillet.

Enreg. au Parl. de Provence, à Aix. Arch. des Bouches-du-Rhône, B. 3324, fol. 368.

33013. Lettres touchant la traite foraine en Provence. Ligny-en-Barrois, 6 juillet 1542. — 6 juillet.

Copie du XVIe siècle. Bibl. Méjanes, à Aix, ms. 952, fol. 49.

33014. Provisions en faveur de Jean Compagnon de l'office de viguier d'Aups, vacant depuis l'édit de réformation de la justice en Provence. Ligny-en-Barrois, 7 juillet 1542. — 7 juillet.

Original scellé. Arch. départ. des Bouches-du-Rhône, C. 1965.

IMPRIMERIE NATIONALE.

33015. Lettres ordonnant que, durant les vacations, les présidents et conseillers du Parlement de Provence seront tenus de résider au moins un mois et de siéger au nombre de cinq, sous peine d'être privés de leurs gages. Ligny-en-Barrois, 9 juillet 1542. — 1542. 9 juillet.

Enreg. au Parl. de Provence, à Aix. Arch. des Bouches-du-Rhône, B. 3323, fol. 1074.

Copie du XVIe siècle. Bibl. Méjanes, à Aix, ms. 952, fol. 46 v°.

33016. Lettres réhabilitant Palamèdes Gontier, secrétaire du Roi, des accusations portées contre lui au sujet de son administration comme greffier de l'Amirauté de France, sous l'amiral Chabot. Ligny, 12 juillet 1542. — 12 juillet.

Vidimus du 22 septembre 1542, délivré par Jean Morin, lieutenant criminel de la prévôté de Paris. Arch. de la Côte-d'Or, E. 906.

33017. Ordonnance déclarant la neutralité des ville et cité de Cambrai et du comté de Cambrésis. 19 juillet 1542. — 19 juillet.

Copie. Arch. de la ville d'Amiens, AA. 12, fol. 207 v°.

33018. Lettres portant exemption des décimes et dons gratuits en faveur de l'ordre de Saint-Jean-de-Jérusalem. 27 juillet 1542. — 27 juillet.

Mention. Bibl. nat., ms. fr. 18111, fol. 88 v°.

33019. Lettres de naturalité en faveur d'Antoine-Louis de Savoie, comte de Pancalieri. Ligny-en-Barrois, juillet 1542. — Juillet.

Enreg. au Parl. de Provence, à Aix. Arch. des Bouches-du-Rhône, B. 3324, fol. 19.

33020. Confirmation des lettres de naturalité accordées à André de Caprilis. Lyon, 11 août 1542. — 11 août.

Enreg. au Parl. de Provence, à Aix. Arch. des Bouches-du-Rhône, B. 3324, fol. 30 v°.

33021. Commission pour signer en finances donnée à Claude de L'Aubespine, notaire et secrétaire — 23 août.

du Roi, greffier de l'élection de Paris. Montpellier, 23 août 1542. 1542.

Copie du XVIIe siècle. Bibl. nat., ms. fr. 18243, fol. 14.

33022. Lettres ordonnant qu'à cause de la guerre le Parlement de Provence siégera jusqu'à la saint Martin et n'aura pas de vacation cette année. Saint-Just-sur-Lyon, 25 août 1542. 25 août.

Enreg. au Parl. de Provence, à Aix. Arch. des Bouches-du-Rhône, B. 3323, fol. 1070.
Copie du XVIe siècle. Bibl. Méjanes, à Aix, ms. 952, fol. 47 v°.

33023. Commission de lieutenant-général en Normandie en l'absence du dauphin et de l'amiral Chabot, comte de Buzançais, pour le sieur de la Mailleraye, vice-amiral. Béziers, 28 août [1542]. 28 août.

Enreg. au Parl. de Rouen, le 12 septembre 1542.
Mention. Bibl. nat., ms. fr. 22457, p. 384.

33024. Lettres accordant au baron de Saint-Blancard, capitaine de galères, l'autorisation de faire couper dans les forêts de Dauphiné et de Provence les bois nécessaires à la marine. Béziers, 4 septembre 1542. 4 septembre.

Enreg. au Parl. de Provence, à Aix. Arch. des Bouches-du-Rhône, B. 3323, fol. 984.

33025. Lettres de naturalité pour Jean Rostaing, natif de Carpentras. Béziers, 7 septembre 1542. 7 septembre.

Enreg. au Parl. de Provence, à Aix. Arch. des Bouches-du-Rhône, B. 3323, fol. 1082.

33026. Lettres de naturalité pour François de Raineri, archevêque de Bénévent, archidiacre de Saint-Sauveur d'Aix, prieur de Notre-Dame de Moustiers, natif de Savone. Sallèles, 11 septembre 1542. 11 septembre.

Enreg. au Parl. de Provence, à Aix. Arch. des Bouches-du-Rhône, B. 3323, fol. 1097 v°.

33027. Lettres ordonnant au bailli de Chartres de conduire le ban et l'arrière-ban de son bail- 23 septembre.

liage en Picardie. Saint-Just-sur-Lyon, 23 septembre 1542. 1542.

Imp. L. Merlet, *Lettres des rois de France extr. des arch. d'Eure-et-Loire ou de Chartres*, in-8°.

33028. Lettres concernant les privilèges des foires de Lyon. Lyon, 27 septembre 1542. 27 septembre.

Enreg. au Parl. de Provence, à Aix. Arch. des Bouches-du-Rhône, B. 3323, fol. 1095.

33029. Confirmation des lettres de Henri, dauphin de Viennois, données, conformément au pouvoir qu'il avait reçu du Roi, en faveur des habitants d'Entrevaux, portant qu'ils seront affranchis de toutes tailles. Béziers, 29 septembre 1542. 29 septembre.

Enreg. au Parl. de Provence, à Aix. Arch. des Bouches-du-Rhône, B. 3323, fol. 1089.

33030. Lettres instituant Virginio Orsini, comte de Languillara, en qualité de capitaine général de l'armée de mer du Levant, avec promesse de ne placer personne au-dessus de lui, sinon un prince du sang, l'amiral, le connétable ou un maréchal de France. Pézenas, 1er octobre 1542. 1er octobre.

Enreg. au Parl. de Provence, à Aix. Arch. des Bouches-du-Rhône, B. 3323, fol. 1100 v°.

33031. Provisions de l'office de secrétaire des finances en faveur de Claude de L'Aubespine, notaire et secrétaire du Roi, en survivance de Guillaume Bochetel, son beau-père. Carcassonne, 23 octobre 1542. 23 octobre.

Copie du XVIIe siècle. Bibl. nat., ms. fr. 18243, fol. 17.

33032. Mandement au bailli de Chalon-sur-Saône, pour la convocation du ban et de l'arrière-ban. Toulouse, 25 octobre 1542. 25 octobre.

Copie. Bibl. de la ville de Châlons-sur-Marne, Recueil ms. donné par le comte de Villermont, n° 17.

33033. Édit interdisant aux officiers royaux de robe- Octobre.

longue, avocats et gens de conseil et justice d'être promus à aucun état ou office municipal. Octobre 1542. 1542.

Arch. de la ville d'Amiens, BB. 135. (*Mention.*)

33034. Mandement au trésorier Laguette de payer 15 livres 5 sols aux sieurs Nicolas Borquet, Jean Thierry, Antoine Brasset et Jean Du Quilly, clercs, pour l'expédition de 340 lettres missives du Roi faite en grande diligence, à deux fois, pour le fait des nouveaux emprunts demandés à la ville de Paris, « pour subvenir à nos exprès affaires... ». Angoulême, 20 novembre 1542. 20 novembre.

Original. Collection du manoir de Kériolet (Finistère), appartenant au département (n° 238 de l'inventaire de ladite collection).

33035. Mandement au trésorier général Laguette de payer à René Racine, sommelier de l'échansonnerie, en récompense de certains services, 15 écus soleil valant 33 livres 5 sous tournois, sur les deniers provenant de l'office supprimé de sergent royal à Fontenay-le-Comte, en Poitou. Angoulême, 21 novembre 1542. 21 novembre.

Original en vente. Catalogue Ernest Dumont, avril-mai 1902, n° 703.

33036. Lettres de naturalité pour l'économe du chapitre de Notre-Dame-des-Doms d'Avignon. Angoulême, 27 novembre 1542. 27 novembre.

Enreg. au Parl. de Provence, à Aix. Arch. des Bouches-du-Rhône, B. 3324, fol. 1.

33037. Lettres portant que l'édit de création des notaires, tabellions et scelleurs sera exécuté en Provence, et que les notaires auront le profit de la minute, mais ne pourront entreprendre la grosse des actes, laquelle demeurera aux tabellions. Angoulême, novembre 1542. Novembre.

Enreg. au Parl. de Provence, à Aix. Arch. des Bouches-du-Rhône, B. 3323, fol. 1113.

33038. Mandement au trésorier Laguette de payer à Jean Bohier, porteur et menant les broches de la cuisine du commun, une gratification de 12 écus d'or et demi. Cognac, 6 décembre 1542. — 1542. 6 décembre.

Original. Collection du manoir de Kériolet (Finistère), appartenant au département (n° 239 de l'inventaire de ladite collection).

33039. Mandement au trésorier Laguette de payer une gratification de 8 écus d'or à Nicolas Le Roy, enfant de la cuisine du Roi. Cognac, 7 décembre 1542. — 7 décembre.

Original. Collection du manoir de Kériolet (Finistère), appartenant au département (n° 240 de l'inventaire de ladite collection).

33040. Lettres autorisant Thierry Du Mont, seigneur d'Acy-en-Multien, conseiller au Parlement, à faire clore et fortifier le bourg d'Acy. Cognac, 9 décembre 1542. — 9 décembre.

Original appartenant à M. Halinbourg, vice-président du Conseil général de l'Oise.

33041. Lettres donnant au Parlement de Provence la connaissance des différends qui pourraient naître entre le Roi et le prince d'Orange, attendu le refus de ce dernier d'assister au ban et arrière-ban. 1542. — 1542.

(Le lieu et la date de jour et de mois sont omis.)

Enreg. au Parl. de Provence, à Aix. Arch. des Bouches-du-Rhône, B. 3323, fol. 1078 v°.

Copie du XVIe siècle. Bibl. Méjanes, à Aix, fol. 48.

1543. — Pâques, le 25 mars.

33042. Lettre autorisant la vente des offices de receveur et de greffier ordinaires de la ville de Dijon. Paris, 7 février 1542. — 1543. 7 février.

Arch. de la ville de Dijon, M. 2.

33043. Lettres patentes portant que, conformément aux privilèges accordés par les papes et les — 14 février.

rois de France, les Hospitaliers de Saint-Jean-de-Jérusalem sont exempts de la juridiction épiscopale et de toute contribution aux décimes et dons gratuits qui pourraient être accordés au Roi par les gens d'église. En conséquence, ce qu'ils ont été contraints de payer la présente année leur sera restitué. Paris, 14 février 1542. — 1543.

Vidimus du 14 mars suivant. Arch. dép. de la Haute-Garonne, H. 145.

33044. Provisions de l'office de procureur des pauvres en Provence, pour Antoine Fabri. Fontainebleau, 28 mars 1543. — 28 mars.

Enreg. au Parl. de Provence, à Aix. Arch. des Bouches-du-Rhône, B. 3324, fol. 51.

33045. Lettres attribuant au Parlement de Provence le jugement par défaut du prince d'Orange. Paris, 12 avril 1543. — 12 avril.

Enreg. au Parl. de Provence, à Aix. Arch. des Bouches-du-Rhône, B. 3324, fol. 26.

33046. Provisions d'un office de conseiller lai au Parlement de Provence, pour Rémy Ambroys, docteur en droit. Meudon, 12 avril 1543. — 12 avril.

Enreg. au Parl. de Provence, à Aix. Arch. des Bouches-du-Rhône, B. 3324, fol. 91.

33047. Lettres reconnaissant Léonat Delaube, marchand de Lyon, en qualité d'ayant droit du s[r] de Langey, lieutenant du Roi en Piémont, en ce qui concerne les droits de marque et représailles. Paris, 14 avril 1543. — 14 avril.

Enreg. au Parl. de Provence, à Aix. Arch. des Bouches-du-Rhône, B. 3324, fol. 57.

33048. Lettres octroyant la moitié de la justice de Mirepoix à Philippe de Lévis, seigneur dudit lieu. 17 avril 1543. — 17 avril.

Arch. du château de Léran (Ariège), Paréage, C. 10, n° 14.

33049. Mandement aux baillis de Dijon, Mâcon, Chalon, Semur-en-Auxois, la Montagne et — 20 avril.

autres du duché de Bourgogne, portant exemption en faveur des gens d'église du duché de contribuer à la levée des 50,000 hommes de guerre ordonnée par le Roi. Saint-Germain-en-Laye, 20 avril 1543. 1543.

Copie du XVIe siècle. Arch. de la ville de Dijon, L. 13.

33050. Lettres taxant les villes closes du bailliage de Dijon, pour la solde des fantassins qui devaient combattre les troupes de l'Empereur et du roi d'Angleterre. Saint-Germain-en-Laye, 20 avril 1543. 20 avril.

Arch. de la ville de Dijon, L. 13.

33051. Lettres dessaisissant le Parlement de Chambéry de la connaissance d'un procès entre les habitants de Mâcon et ceux de Replonges, touchant la propriété de partie de la prairie de Bresse, dite « Bois-de-Bagé », et le restituant au Grand conseil. Saint-Germain-en-Laye, 24 avril 1543. 24 avril.

Original. Arch. communales de Mâcon (Saône-et-Loire), DD. 6, n° 16.

33052. Légitimation de François de Vic, fils naturel de François de Vic, écuyer, et d'Antoinette de Cusenac. Avril 1543. Avril.

Mention d'après l'anc. reg. XI de la Chambre des comptes. Bibl. nat., ms. fr. 22237, fol. 4.

33053. Légitimation de François Fortain, homme d'armes de la compagnie de l'amiral d'Annebaut, fils naturel de feu Guillaume Fortain, s[r] d'Ussy, et de Jeanne Duport. Avril 1543. Avril.

Mention d'après l'anc. reg. XI de la Chambre des Comptes. Bibl. nat., ms. fr. 22237, fol. 4.

33054. Édit portant que le crime de péculat sera dorénavant puni « par confiscation de corps et de biens ». Saint-Germain-en-Laye, 1er mai 1543. 1er mai.

Enreg. au Parl. de Provence, à Aix. Arch. des Bouches-du-Rhône, B. 3324, fol. 673.

33055. Lettres patentes condamnant deux ouvrages de Ramus contre Aristote. 10 mai 1543. — 1543. 10 mai.

Analyse. Bibl. nat., ms. fr. 21816, fol. 24 v°.

33056. Mandement au bailli d'Alençon et aux autres commissaires sur le fait des décimes et emprunts, portant que les religieuses de Sainte-Claire d'Argentan ne payeront que cent sous pour chaque décime. Paris, 26 mai 1543. — 26 mai.

Arch. départ. de l'Orne, H. 4215.

33057. Lettres contenant privilège de deux ans accordé à Étienne Roffet, dit le Faucheur, pour faire imprimer et mettre en vente les récentes ordonnances sur les gabelles (*Catalogue*, n° 13104) et la pêche (n° 13105). Paris, 26 mai 1543. — 26 mai.

Imp. Edict et ordonnance du Roy faict sur la forme et manière de lever son droit de gabelle du sel, etc. Paris, Ét. Roffet [1543], 36 ff. petit in-4°, fol. 1 v°. (*Bibl. nat.*, Rés. F. 1211.)

33058. Lettres permettant à Simon Raynier, conseiller au Parlement de Toulouse, de faire écrire les extraits des procès qui lui sont distribués par un clerc assermenté. Paris, 27 mai 1543. — 27 mai.

Enreg. au Parl. de Toulouse, le 8 août suivant. Arch. de la Haute-Garonne, B. 1903 (5e reg. des Édits), fol. 55 v°.

33059. Édit de création de quatre sièges de conseiller, d'un général et d'un second président à la Cour des Aides de Normandie. Saint-Germain-en-Laye, mai 1543. — Mai.

Copie authentique de l'époque. Arch. départ. de l'Eure, série E, fonds Jubert de Bouville.

33060. Don des biens confisqués de feu Jacques Cerestoris, Florentin, à Jean Raynaud, seigneur de Saint-Rémy. Saint-Germain-en-Laye, mai 1543. — Mai.

Enreg. au Parl. de Provence, à Aix. Arch. des Bouches-du-Rhône, B. 3324, fol. 284.

IMPRIMERIE NATIONALE.

33061. Lettres de naturalité en faveur d'Honoré Fraynet, prêtre, natif de Roquesteron près Puget-Théniers. Villers-Cotterets, 4 juin 1543. 1543. 4 juin.

Enreg. au Parl. de Provence, à Aix. Arch. des Bouches-du-Rhône, B. 3324, fol. 109.

33062. Lettres confirmant l'office de judicature de Brignoles. Saint-Germain en Vermandois, 16 juin 1543. 16 juin.

Enreg. au Parl. de Provence, à Aix. Arch. des Bouches-du-Rhône, B. 3324, fol. 293 v°.

33063. Lettres confirmant l'union du prieuré de Lansade à l'église de Pignans. 18 juin 1543. 18 juin.

Bibl. de la ville de Carpentras, ms. 1858, fol. 115 v°.

33064. Légitimation d'Antoine de Chambon, écuyer, homme d'armes des ordonnances, de la compagnie du connétable, fils naturel de Nicolas de Chambon, écuyer, et de Fillette de Bouques. Juin 1543. Juin.

Mention d'après l'anc. reg. XI de la Chambre des comptes. Bibl. nat., ms. fr. 22237, fol. 4.

33065. Lettres portant règlement d'attributions entre les viguiers et les juges ordinaires en Provence. Paris, 1er juillet 1543. 1er juillet.

Enreg. au Parl. de Provence, à Aix. Arch. des Bouches-du-Rhône, B. 3323, fol. 405 bis.
Copie du XVIe siècle. Bibl. Méjanes, à Aix, ms. 952, fol. 52 v°.

33066. Confirmation du règlement fait par le Parlement de Provence sur l'état et office des juges, viguiers et massiers de Provence. Paris, 1er juillet 1543. 1er juillet.

Enreg. au Parl. de Provence, à Aix. Arch. des Bouches-du-Rhône, B. 3324, fol. 402 v°.

33067. Provisions de l'office de vendeur de poisson de mer en faveur du sr Pichonnat, au lieu de René Rome, présenté sur une liste de cinq personnes par les gardes et marchands de poisson de mer, lequel n'avait pas satisfait aux 2 juillet.

conditions requises par l'ordonnance. Paris, 2 juillet 1543. | 1543.

Enreg. au Châtelet de Paris, Bannières IV (reg. en déficit), fol. 31. *Bibl. nat.*, nouv. acq. fr., ms. 3651, p. 713. (*Mention.*)

33068. Mandement pour la réformation des bois et forêts de René, vicomte de Rohan, et la vérification des titres de tous ceux qui y prétendent droit en la paroisse de Plumieux. Paris, 10 juillet 1543. | 10 juillet.

Copie du temps. Bibl. de la ville de Nantes, ms. 1710 (fr. 1554).

33069. Lettres ordonnant la publication d'un édit touchant les ecclésiastiques en Provence. Paris, 11 juillet 1543. | 11 juillet.

Enreg. au Parl. de Provence, à Aix. Arch. des Bouches-du-Rhône, B. 3324, fol. 97 v°.

33070. Lettres portant que tous acheteurs de sel auprès des commissaires royaux chargés de la perception du droit de gabelle de 45 livres par muid auront un droit de priorité pour la vente de ce sel, en accordant à ceux qui auront acheté du sel, en payant la gabelle à raison de 24 livres, la faculté de le mettre en vente, après l'acquit du droit de 45 livres, celui acquis du Roi ou des commissaires étant préalablement vendu. Paris, 25 juillet 1543. | 25 juillet.

Enreg. au Châtelet de Paris, Bannières IV (reg. en déficit), fol. 20. *Bibl. nat.*, nouv. acq. fr., ms. 3651, p. 710. (*Mention.*)

33071. Édit de création de nouveaux offices de conseillers aux sièges de la sénéchaussée de Provence, savoir, six à Aix, et quatre pour chacun des sièges de Draguignan, Digne, Forcalquier, Arles et Marseille. Camp de Maroilles, juillet 1543. | Juillet.

Enreg. au Parl. de Provence, à Aix. Arch. des Bouches-du-Rhône, B. 3324, fol. 77 v°.
Copie du XVIe siècle. Bibl. Méjanes, à Aix, ms. 952, fol. 53 v°.

33072. Lettres mandant au premier et au second présidents du Parlement de Toulouse de procéder à l'entérinement du don fait par le Roi à Philippe de Lévis, s[r] de Mirepoix, de la moitié de la justice et du paréage de Mirepoix. Juillet 1543. 1543. Juillet.

Arch. du château de Léran (Ariège), Paréage, C. 10, n° 21.

33073. Lettres ordonnant la publication des édits de création de divers offices de justice et le rétablissement des viguiers de Provence. Folembray, 9 août 1543. 9 août.

Enreg. au Parl. de Provence, à Aix. Arch. des Bouches-du-Rhône, B. 3324, fol. 89 v°.
Copie du XVIe siècle. Bibl. Méjanes, à Aix, ms. 952, fol. 59 v°.

33074. Commission donnée au bailli de Vitry, gouverneur d'Ivoy, à la requête de Pierre de La Vieuville, s[r] de Givaudeau, « pour veoir et visiter ladite maison de Givodeau et assiette d'icelle », en vue de la réparer et fortifier. Folembray, 11 août 1543. 11 août.

Arch. départ. des Ardennes, H. Supplément, 210.

33075. Mandement au bailli d'Autun d'autoriser l'assemblée du clergé du diocèse et de nommer six délégués, à l'effet de procéder à une nouvelle évaluation des bénéfices en vue des décimes. Marchais, 16 août 1543. 16 août.

Copie de l'époque. Arch. de la Côte-d'Or, série G, fonds du chapitre N.-D. de Beaune, G. 2570.

33076. Provisions d'un office de conseiller au Parlement de Provence en faveur d'Accurse de Leone. Marchais, 17 août 1543. 17 août.

Enreg. au Parl. de Provence, à Aix. Arch. des Bouches-du-Rhône, B. 3324, fol. 103 v°.

33077. Provisions d'un office de conseiller au Parlement de Provence pour Pierre Bompar. Marchais, 17 août 1543. 17 août.

Enreg. au Parl. de Provence, à Aix. Arch. des Bouches-du-Rhône, B. 3324, fol. 259.

33078. Provisions de l'office de concierge du Palais, à Aix, pour Antoine Lombard. Avenay, 25 août 1543. 1543. 25 août.

Enreg. au Parl. de Provence, à Aix. Arch. des Bouches-du-Rhône, B. 3324, fol. 305.

33079. Édit de création de trois offices de conseillers, de deux offices de notaires secrétaires et de trois huissiers au Parlement de Provence. Folembray, août 1543. Août.

Enreg. au Parl. de Provence, à Aix. Arch. des Bouches-du-Rhône, B. 3324, fol. 82.
Copie du XVIe siècle. Bibl. Méjanes, à Aix, ms. 952, fol. 55 v°.

33080. Édit de création de trois offices d'auditeurs archivaires en la Chambre des comptes de Provence. Folembray, août 1543. Août.

Enreg. au Parl. de Provence, à Aix. Arch. des Bouches-du-Rhône, B. 3324, fol. 83 v°.
Copie du XVIe siècle. Bibl. Méjanes, à Aix, ms. 952, fol. 56.

33081. Édit de création d'un office d'avocat du Roi en la Chambre des comptes de Provence. Folembray, août 1543. Août.

Enreg. au Parl. de Provence, à Aix. Arch. des Bouches-du-Rhône, B. 3324, fol. 84 v°.
Copie du XVIe siècle. Bibl. Méjanes, à Aix, ms. 952, fol. 57.

33082. Édit de création d'offices de peseurs de la ville d'Aix. Folembray, août 1543. Août.

Enreg. au Parl. de Provence, à Aix. Arch. des Bouches-du-Rhône, B. 3324, fol. 85 v°.
Copie du XVIe siècle. Bibl. Méjanes, à Aix, ms. 952, fol. 57 v°.

33083. Lettres ordonnant le rétablissement des viguiers de Marseille et de Tarascon dans les attributions qui leur étaient dévolues avant l'édit de réformation de la justice en Provence, lesdits viguiers ayant donné au Roi 12,000 livres Août.

pour subvenir aux dépenses de guerre. Folembray, août 1543. 1543.

Enreg. au Parl. de Provence, à Aix. Arch. des Bouches-du-Rhône, B. 3324, fol. 86 v°.
Copie du XVIe siècle. Bibl. Méjanes, à Aix, ms. 952, fol. 58.

33084. Lettres d'évocation des matières et procès résultant des oppositions formées sur les exécutions faites contre Jean et Charles Chastellier. Reims, 4 septembre 1543. 4 septembre.

Enreg. au Parl. de Provence, à Aix, le 5 novembre suivant. Arch. des Bouches-du-Rhône, B. 3324, fol. 129.

33085. Mandement au sénéchal des Lannes de faire contraindre les habitants de Tartas à payer aux syndic et trésorier de Dax leur quote-part d'une somme de 2,000 livres imposée pour subvenir aux frais de réparation du pont sur l'Adour à Dax. Sainte-Menehould, 11 septembre 1543. 11 septembre.

Original. Arch. communales de Dax (Landes), DD. 2.

33086. Lettres à terrier obtenues par le chapitre de Notre-Dame de Poissy. Paris, 12 septembre 1543. 12 septembre.

Copie du XVIe siècle. Arch. départ. de Seine-et-Oise, G. 372, fol. 5.

33087. Lettres portant que les vendeurs de marée, le compteur et le procureur général de cette marchandise prendront lettres du Roi dans le délai de six semaines. Sainte-Menehould, 19 septembre 1543. 19 septembre.

Enreg. au Châtelet de Paris, Bannières IV (reg. en déficit), fol. 33. *Bibl. nat.*, nouv. acq. fr., ms. 3651, p. 713. (*Mention.*)

33088. Déclaration touchant les biens du domaine royal tenus en main-morte dans le comté de Provence. Reims, septembre 1543. Septembre.

Enreg. au Parl. de Provence, à Aix. Arch. des Bouches-du-Rhône, B. 3324, fol. 123 v°.

33089. Provisions d'un office d'huissier au Parlement de Provence pour Jacques Fournier. Reims, 3 octobre 1543. — 1543, 3 octobre.

Enreg. au Parl. de Provence, à Aix. Arch. des Bouches-du-Rhône, B. 3324, fol. 158 v°.

33090. Commission à MM. de Grignon, lieutenant du Roi en Provence, Jean Maynier, président au Parlement, et à l'évêque de Saint-Flour, d'accepter en payement, sur la vente des biens du domaine, de la vaisselle qu'ils feront convertir en monnaie. La Fère-sur-Oise, 18 octobre 1543. — 18 octobre.

Enreg. au Parl. de Provence, à Aix. Arch. des Bouches-du-Rhône, B. 3324, fol. 128.

33091. Mandement au Parlement de Savoie, ordonnant l'exécution des lettres du 27 mars 1541 n. s. (ci-dessus, n° 32957) relatives au rétablissement de juges d'appel dans les seigneuries de Jean de La Baume, comte de Montrevel, et enjoignant à ladite cour de les vérifier et entériner. La Fère-sur-Oise, 23 octobre 1543. — 23 octobre.

Original. Arch. départ. de l'Ain, à Bourg, E. 170.

33092. Provisions de l'office de sergent royal en la châtellenie de Château-Renaud, pour Nicolas Bourdin, à la nomination de Louise de Montmorency, veuve de Gaspard de Coligny. La Fère-sur-Oise, 25 octobre 1543. — 25 octobre.

Copie du XVIe siècle. Bibl. nat., ms. fr. 16685, fol. 439.

33093. Légitimation de Jean de Vic, fils naturel de François de Vic et d'Anne de Dienne. Octobre 1543. — Octobre.

Mention d'après l'anc. reg. XI de la Chambre des comptes. Bibl. nat., ms. fr. 22237, fol. 4.

33094. Mandement aux généraux des aides et au prévôt de Paris de mettre entre les mains de Jean Laguette, trésorier des finances extra- — 27 novembre.

ordinaires et parties casuelles, les deniers provenant de consignations, excepté ceux qui ont été consignés pour le prix d'héritages dont appel était interjeté, lesdites lettres en rappelant de précédentes qui n'avaient point reçu exécution. Fontainebleau, 27 novembre 1543. 1543.

Enreg. au Châtelet de Paris, Bannières IV (*reg. en déficit*), *fol.* 48. *Bibl. nat.*, nouv. acq. franç., ms. 3651, fol. 717. (*Mention.*)

33095. Provisions de l'office de greffier ordinaire en la ville de Toulon, pour Jacques de Cuers. Fontainebleau, 1er décembre 1543. 1er décembre.

Enreg. au Parlement de Provence, à Aix. Arch. des Bouches-du-Rhône, B. 3324, fol. 157.

33096. Provisions pour Jacques Farget de l'office de receveur des deniers communs de la ville de Mâcon. Fontainebleau, 7 décembre 1543. 7 décembre.

Copie. Arch. communales de Mâcon (*Saône-et-Loire*), BB. 231, n° 4.

33097. Lettres interdisant à Léonnet Laube, marchand lyonnais, et autres marchands, de vendre aucun sel à Paris ni ailleurs, avant que celui de la veuve et des héritiers Hotman ne fût vendu, ledit Hotman ayant traité avec le Roi pour le payement du droit de gabelle à certains termes et se trouvant en avance. Fontainebleau, 8 décembre 1543. 8 décembre.

Enreg. au Châtelet de Paris, Bannières IV (reg. en déficit), fol. 46. *Bibl. nat.*, nouv. acq. fr., ms. 3651, fol. 716. (*Mention.*)

33098. Provisions de l'office de secrétaire des finances en faveur de Claude de L'Aubespine, en remplacement de Jean Breton, s^r^ de Villandry, décédé. Fontainebleau, 14 décembre 1543. 14 décembre.

Copie du XVIIe *siècle. Bibl. nat.*, ms. fr. 18243, fol. 20.

33099. Provisions de l'office de juge ordinaire de Brignoles, en faveur de Jean-Antoine Portanier. Fontainebleau, 15 décembre 1543. 15 décembre.

Enreg. au Parl. de Provence, à Aix. Arch. des Bouches-du-Rhône, B. 3324, fol. 290.

33100. Lettres de naturalité en faveur de Pandolphe della Luna, de Florence. Fontainebleau, 18 décembre 1543. — 1543. 18 décembre.

Enreg. au Parl. de Provence, à Aix. Arch. des Bouches-du-Rhône, B. 3324, fol. 277.

33101. Lettres expropriant, moyennant récompense, Jean de Berre, seigneur de Gillette, de ses terre et place de Gillette, près Nice. Fontainebleau, 19 décembre 1543. — 19 décembre.

Enreg. au Parl. de Provence, à Aix. Arch. des Bouches-du-Rhône, B. 3324, fol. 257.

33102. Lettres portant affranchissement de taxes en faveur des habitants de Toulon. Fontainebleau, 19 décembre 1543. — 19 décembre.
(Cf. tome VII, n° 25048.)

Enreg. au Parl. de Provence, à Aix. Arch. des Bouches-du-Rhône, B. 3324, fol. 272 v°.

33103. Lettres de mainlevée des biens saisis sur Antoine Postel, conseiller au Parlement de Rouen. Fontainebleau, 19 décembre 1543. — 19 décembre.

Copie du XVIIe *siècle. Bibl. de la Cour d'appel de Rouen*, 13e registre du Parlement, p. 29.

33104. Provisions de l'office de juge ordinaire en la ville de Fréjus pour Antoine Romégat. Fontainebleau, 22 décembre 1543. — 22 décembre.

Enreg. au Parl. de Provence, à Aix. Arch. des Bouches-du-Rhône, B. 3324, fol. 439.

33105. Confirmation des privilèges des évêques de Valence et de Die. Fontainebleau, décembre 1543. — Décembre.

Copie du XVIIe *siècle. Bibl. nat.*, ms. fr. 16661, fol. 80.

33106. Lettres d'anoblissement en faveur de Nicolas Mallet, s[r] de la Vallée. 1543. — 1543.

Mention. Bibl. nat., ms. fr. 22253, fol. 14 v°.

33107. Provisions de trois offices de conseiller lai au Parlement de Rouen, pour Constantin de — 1543.

Bures, Nicolas Paixdecœur et Nicolas Cavelier. (Avant le 14 janvier 1544 n. s.) 1543.

Mention. Bibl. nat., ms. fr. 22458, fol. 10 v°.

1544. — Pâques, le 13 avril.

1544.

33108. Déclaration touchant l'exercice du droit d'aubaine en Provence. Fontainebleau, 2 janvier 1543. 2 janvier.

Copie du XVIe siècle. Bibl. Méjanes, à Aix, ms. 952, fol. 50.

33109. Mandement à l'évêque de Clermont d'assembler son clergé, pour lui demander un don gratuit de quatre décimes montant à 40,374 livres tournois. Fontainebleau, 6 janvier 1543. 6 janvier.

Original. Bibl. nat., nouv. acq. fr., ms. 20029, fol. 87. Pièce provenant de l'anc. collection de Courcelles, vendue en 1834.

33110. Mandement au chapitre de Saint-Martin de Tours pour faire lever une imposition de 4,400 livres tournois sur ses sujets. Fontainebleau, 6 janvier 1543. 6 janvier.

Copie. Bibl. de la ville d'Avignon, ms. 1862, fol. 99.

33111. Lettres de jussion pour la réception au Parlement de Rouen de six nouveaux conseillers. Fontainebleau, 9 janvier 1543. 9 janvier.

Mention. Bibl. nat., ms. 22458, fol. 10 v°.

33112. Confirmation des privilèges des arbalétriers, archers et coulevriniers d'Amiens. Fontainebleau, 20 janvier 1543. 20 janvier.

Arch. départ. de la Somme, E. 926.

33113. Lettres attribuant à la Chambre des comptes d'Aix le pouvoir d'entendre les comptes des trésoriers de la Provence. Brie-Comte-Robert, 27 janvier 1543. 27 janvier.

Arch. départ. des Bouches-du-Rhône, C. 1390.

33114. Provisions de l'office de concierge du Palais à Aix, pour Accurse Noguet. Fontainebleau, 5 février 1543. — 1544. 5 février.

Enreg. au Parl. de Provence, à Aix. Arch. des Bouches-du-Rhône, B. 3324, fol. 297.

33115. Mandement au bailli de Dijon de faire décharger le chapitre de Notre-Dame de Beaune de la somme de 150 écus soleil pour sa part de l'impôt destiné à la solde des 50,000 hommes de pied, qui lui avait été taxée contrairement aux ordonnances. Fontainebleau, 10 février 1543. — 10 février.

Original. Arch. de la Côte-d'Or, série G, fonds du chapitre Notre-Dame de Beaune, G. 2572.

33116. Mandement aux élus sur le fait des aides et tailles en l'élection de Reims, de faire rembourser à la ville de Mézières les frais de logement de 8,000 lansquenets. Fontainebleau, 12 février 1543. — 12 février.

Original. Arch. de la ville de Mézières (Ardennes), EE. 6.

33117. Lettres portant exemption des tailles royales, octrois, crues, aides, réparations des fortifications et autres subsides quelconques en faveur des habitants des pays de Sault, Fenouillède, Bugarach, Sougraigne, au diocèse d'Alet, et de la haute et basse Corbière, au diocèse de Narbonne. 20 février 1543. — 20 février.

Mentionnées dans des lettres de confirmation de Henri II, du 2 octobre 1549. Arch. de la ville de Narbonne, AA. 112, fol. 131 v°.

33118. Commission au bailli de Rouen pour demander aux villes closes de Normandie une contribution de 96,000 livres, destinée à l'entretien de quatre mille hommes de pied pendant quatre mois. Paris, 22 février 1543. — 22 février.

Copie du XVIe siècle. Arch. communales de Pont-Audemer (Eure). Indication et extrait par A. Canel, *Mém. de la Soc. des antiquaires de Normandie*, t. XIX, 1851, p. 601.

33119. Légitimation de Marguerite de Boisy, fille naturelle de feu le cardinal de Boisy. Février 1543. 1544. Février.

Mention d'après l'anc. reg. XI de la Chambre des comptes. Bibl. nat., ms. fr. 22237, fol. 4.

33120. Légitimation de Vincent et Bertrand de La Loupe, fils naturels de Renaud d'Angennes, seigneur de La Loupe, et de Guillemine Fouvaye. Février 1543. Février.

Mention d'après l'anc. reg. XI de la Chambre des comptes. Bibl. nat., ms. fr. 22237, fol. 4.

33121. Lettres enjoignant au Parlement de Provence de suivre, en matière de prise de possession de bénéfices, les formes et procédures usitées au Parlement de Paris. Paris, 7 mars 1543. 7 mars.

Enreg. au Parl. de Provence, à Aix. Arch. des Bouches-du-Rhône, B. 3324, fol. 303 v°.
Copie du XVIe siècle. Bibl. Méjanes, à Aix, ms. 952, fol. 50 v°.

33122. Mandement au bailli de Dijon de faire restituer au chapitre de Notre-Dame de Beaune la somme de 150 écus soleil, à laquelle il avait été taxé pour sa part de l'impôt destiné à la solde de 50,000 hommes de pied. Meudon, 8 mars 1543. 8 mars.

Original. Arch. de la Côte-d'Or, série G, fonds du chapitre de Notre-Dame de Beaune, G. 2572.

33123. Mandement pour faire payer comptant à Jean de Falaise, dit Dieppe, valet de garde-robe du Roi, la somme de 100 écus soleil pour le récompenser de ses services, en sus de ses gages. Meudon, 9 mars 1543. 9 mars.

Mention. Catalogue d'une belle coll. de lettres autographes... Vente du 31 janvier 1854, Laverdet, expert, n° 402.

33124. Lettres conférant à Antoine Escalin des Aymars, baron de la Garde, dit le capitaine 9 mars.

Poulain, la lieutenance générale de l'armée de mer du Levant. 9 mars 1543. 1544.

(Cf. à la date du 23 avril 1544, n° 13799, une provision semblable pour le même.)
Mention. Bibl. nat., ms. Clairambault 825, fol. 114 v°.

33125. Lettres autorisant Jean-Baptiste Capponi, de Florence, à posséder des bénéfices en France. Paris, 12 mars 1543. 12 mars.

Enreg. au Parl. de Provence, à Aix. Arch. des Bouches-du-Rhône, B. 3324, fol. 1096 v°.

33126. Lettres portant nomination de Jean Catti à l'office de prieur du couvent des Frères prêcheurs de Saint-Maximin et de la Sainte-Baume. Pacy[-sur-Eure], 28 mars 1543. 28 mars.

Enreg. au Parl. de Provence, à Aix. Arch. des Bouches-du-Rhône, B. 3324, fol. 551.

33127. Légitimation de Louis de Gabriac, fils naturel de Bigot de Gabriac, chevalier de l'ordre, et de Catherine de Ca. . . teville. Mars 1543. Mars.

Mention d'après l'anc. reg. XI de la Chambre des comptes. Bibl. nat., ms. fr. 22237, fol. 4.

33128. Lettres portant que l'office de prieur des Frères prêcheurs de Saint-Maximin et de la Sainte-Baume sera perpétuel et non triennal, et que le couvent lui sera soumis à lui seul et non aux supérieurs de l'ordre. Évreux, 3 avril 1543. 3 avril.

Enreg. au Parl. de Provence, à Aix. Arch. des Bouches-du-Rhône, B. 3324, fol. 545.

33129. Commission à Jean Catti pour visiter le couvent des Frères prêcheurs de Saint-Maximin, et faire enquête sur la règle, police, vie et mœurs des religieux. Évreux, 3 avril 1543. 3 avril.

Enreg. au Parl. de Provence, à Aix. Arch. des Bouches-du-Rhône, B. 3324, fol. 548.

33130. Mandement à l'évêque d'Autun de presser la levée des quatre décimes qui ont été octroyées au Roi, et ce à cause des préparatifs mena- 12 avril.

çants de l'Empereur et du roi d'Angleterre. Le Bec-Hellouin, 12 avril 1543. 1544.

Copie de l'époque. Arch. de la Côte-d'Or, série G, fonds du chapitre de Notre-Dame de Beaune, G. 2570.

33131. Commission à l'évêque de Gap [Gabriel II de Clermont], de faire lever par don gratuit quatre décimes des fruits et revenus des bénéfices des gens d'église et du clergé de son diocèse. Abbaye du Bec, 12 avril 1543. 12 avril.

Bibl. de la ville de Grenoble, ms. 2417, fol. 18.

33132. Confirmation des privilèges du pays de Dombes. Évreux, avril 1543. Avril.

Copie du XVIIe siècle, Bibl. nat., ms. fr. 18552, fol. 442 v°.

33133. Lettres portant que le nombre des députés de la noblesse et du clergé aux États de Provence ne devra pas dépasser celui des députés des communautés, et que les premiers ne pourront opiner sur l'établissement des impôts extraordinaires, dont ils ne payent rien. Rouen, 28 avril 1544. 28 avril.

Arch. départ. des Bouches-du-Rhône, C. 2045.
Enreg. au Parl. de Provence, à Aix. Arch. des Bouches-du-Rhône, B. 3324, fol. 440 v°.
Copie du XVIe siècle. Bibl. Méjanes, à Aix, ms. 952, fol. 64.

33134. Lettres portant convocation du ban et de l'arrière-ban du comté de Laval et chargeant Guy de Laval d'en assurer l'exécution. 4 mai 1544. 4 mai.

Arch. du château de Léran (Ariège), liasse A. 1, n° 8.

33135. Mandement à Jean Duval, trésorier de l'Épargne, de faire payer [ses gages] à Jean de Bagis, récemment nommé à l'office de président en la chambre des requêtes nouvellement créée au Parlement de Toulouse. Saint-Germain-en-Laye, 11 mai 1544. 11 mai.

Analyse. Catalogue d'une belle coll. de lettres autographes... vendue le 11 mai 1861. Paris, Laverdet, 1861, in-8°, n° 525.

33136. Lettres portant règlement des limites de juridiction des baillis, lieutenants, greffiers et du gouverneur de la chancellerie de Bourgogne, et fixant leurs attributions en matières civile et criminelle. Saint-Germain-en-Laye, 15 mai 1544. — 1544. 15 mai.

Enreg. au Parl. de Dijon. Arch. de la Côte-d'Or, B. 12077, fol. 220.

33137. Lettres patentes portant que les receveurs des consuls et villes de Languedoc ne seront tenus de rendre leurs comptes ailleurs que par-devant les juges ordinaires desdites villes, ainsi qu'il est accoutumé. Saint-Germain-en-Laye, 16 mai 1543. — 16 mai.

Mention dans les procès-verbaux des États de Languedoc. Arch. nat., H. 748[12], fol. 277; *Arch. de la Haute-Garonne,* C. 2278, fol. 257-277.

33138. Mandement au s[r] de Matignon, lieutenant général en Normandie, de se rendre à Cherbourg, d'agrandir l'enceinte et les fortifications de cette place, et à cet effet de faire démolir les maisons des faubourgs et autres choses pouvant nuire auxdites fortifications. Saint-Germain-en-Laye, 23 mai 1544. — 23 mai.

Mention. Catalogue d'une collection de lettres autographes... vendue le 18 mai 1857. Laverdet, expert, n° 224.

33139. Confirmation des privilèges, franchises et libertés accordés au monastère de Frigolet par les anciens comtes de Provence. Saint-Germain-en-Laye, mai 1544. — Mai.

Enreg. au Parl. de Provence, à Aix. Arch. des Bouches-du-Rhône, B. 3324, fol. 346.

33140. Lettres ordonnant au Parlement d'envoyer à Jean de Pontevès, seigneur de Carcas, pour servir sur les galères, cinq cents hommes tirés des prisons de Provence. Paris, 11 juin 1544. — 11 juin.

Enreg. au Parl. de Provence, à Aix. Arch. des Bouches-du-Rhône, B. 3324, fol. 317 v°.

33141. Lettres à la requête de Charles Desguetz, écuyer, s[r] de Pierrefite, capitaine du château de Lassay pour François de Ferrières, portant que les habitants de la châtellenie de Lassay seront tenus de faire le guet et la garde dudit château. Paris, 15 juin 1544. 1544. 15 juin.

Original. Arch. du château de Lassay (Mayenne). IMP. Cte de Beauchesne, *Essai historique sur le château de Lassay.* Paris, Le Mans, 1876, in-8°, p. 118.

33142. Mandement aux élus de l'élection de Châlons, portant défense de faire contribuer l'évêque et le clergé du diocèse de Châlons au payement des munitions et autres ravitaillements exigés pour la défense de la ville de Châlons et autres places frontières du gouvernement de Champagne. Paris, 18 juin 1544. 18 juin.

Original. Arch. départ. de la Marne, G. 462.

33143. Mandement au bailli de Vermandois, lui notifiant une nouvelle prorogation, pour six ans et aux mêmes conditions, de l'octroi sur le vin et autres boissons accordé aux habitants de Ham par Louis XII et confirmé une première fois par François Ier, le 4 avril 1515 n. s. (ci-dessus, n° 32238). Paris, 20 juin 1544. 20 juin.

Original. Arch. communales de Ham (Somme), CC. 1.

33144. Lettres ordonnant la levée de trois décimes sur le clergé du duché de Bourgogne, avec injonction de procéder à une nouvelle évaluation des bénéfices. Paris, 25 juin 1544. 25 juin.

Copie de l'époque. Arch. de la Côte-d'Or, série G, fonds du chapitre de Notre-Dame de Beaune, G. 2569.

33145. Édit de rétablissement des sièges de la sénéchaussée de Provence à Draguignan, Forcalquier, Digne, Arles et autres lieux où ils Juin.

avaient été supprimés par l'édit sur la réforme de la justice. Paris, juin 1544. 1544.

Enreg. au Parl. de Provence, à Aix. Arch. des Bouches-du-Rhône, B. 3324, fol. 384 v°.
Copie du XVIe siècle. Bibl. Méjanes, à Aix, ms. 952, fol. 66.

33146. Lettres adressées à Jean de La Baume, gouverneur de Bresse, touchant la constitution de l'arrière-ban de la province et permettant aux nobles, au lieu de marcher, de fournir trois soldats de pied. Saint-Maur-des-Fossés, 14 juillet 1544. 14 juillet.

Arch. du département de l'Ain, E. 145.

33147. Lettre confirmant que la nomination aux offices de lieutenants, tant des juges et viguiers que autres en Provence, appartient au Roi. Saint-Maur-des-Fossés, 17 juillet 1544. 17 juillet.

Enreg. au Parl. de Provence, à Aix. Arch. des Bouches-du-Rhône, B. 3324, fol. 390.
Copie du XVIe siècle. Bibl. Méjanes, à Aix, ms. 952, fol. 67 v°.

33148. Lettres déterminant les pouvoirs du procureur du Roi à la Chambre des comptes de Provence. Saint-Maur-des-Fossés, 17 juillet 1544. 17 juillet.

Enreg. au Parl. de Provence, à Aix. Arch. des Bouches-du-Rhône, B. 3324, fol. 401.
Copie du XVIe siècle. Bibl. Méjanes, à Aix, ms. 952, fol. 68.

33149. Lettres de règlement pour l'office de garde du sceau des chancelleries du royaume. Saint-Maur-des-Fossés, 17 juillet 1544. 17 juillet.

Enreg. au Parl. de Provence, à Aix. Arch. des Bouches-du-Rhône, B. 3324, fol. 466.
Copie du XVIe siècle. Bibl. Méjanes, à Aix, ms. 952, fol. 69.

33150. Lettres réglant la juridiction des deux chambres du Parlement de Provence : la grand'chambre 22 juillet.

et la chambre criminelle ou tournelle. Saint-Maur-des-Fossés, 22 juillet 1544. 1544.

Enreg. au Parl. de Provence, à Aix. Arch. des Bouches-du-Rhône, B. 3324, fol. 468.
Copie du XVIe siècle. Bibl. Méjanes, à Aix, ms. 952, fol. 70.

33151. Lettres autorisant les présidents et conseillers du Parlement de Provence à assister aux séances des autres cours de Parlement. Saint-Maur-des-Fossés, 23 juillet 1544. 23 juillet.

Enreg. au Parl. de Provence, à Aix. Arch. des Bouches-du-Rhône, B. 3324, fol. 437.
Copie du XVIe siècle. Bibl. Méjanes, à Aix, ms. 952, fol. 71.

33152. Lettres de terrier accordées à Antoinette de Châteauneuf, veuve de Jean de Rochefort, pour les terres de Gargilesse et Chavin. Paris, 29 juillet 1544. 29 juillet.

Copie en tête du terrier de Gargilesse, appartenant à M. Imhoff.
Imp. L. Imhoff, *Lettres du roi François Ier pour faire le terrier de Gargilesse*, dans la *Revue du Centre*, 1891, p. 124.

33153. Lettres portant imposition d'un subside de 2,200 livres tournois pour les nécessités de la guerre, sur les sujets du chapitre de Saint-Martin de Tours. Saint-Prix, 31 juillet 1544. 31 juillet.

Copie. Bibl. de la ville d'Avignon, ms. 1862, fol. 101.

33154. Déclaration attribuant la connaissance des cas royaux aux officiers du duc d'Estouteville à Chaumont et en l'accroissement de Magny. Juillet 1544. Juillet.

Mention. Bibl. nat., ms. fr. 18111, fol. 115.

33155. Mandement donné à la requête de la ville de Nuits, pour contraindre le bailli de Dijon à venir répondre, devant le Grand conseil, aux griefs des villes closes du bailliage contre la répartition qu'il a faite de l'imposition de 9 août.

3,600 livres destinée à la solde de six cents hommes de pied. Paris, 9 août 1544. — 1544.

Copie du XVIe siècle. Arch. de la ville de Dijon, L. 13.

33156. Lettres confirmant les privilèges et exemptions de tailles des habitants de Salon. Villers-Cotterets, août 1544. — Août.

Enreg. au Parl. de Provence, à Aix. Arch. des Bouches-du-Rhône, B. 3324, fol. 404 v°.

33157. Lettres autorisant les habitants du Dauphiné à faire venir du blé du Comtat-Venaissin. Amiens, 27 septembre 1544. — 27 septembre.

Enreg. au Parl. de Provence, à Aix, Arch. des Bouches-du-Rhône, B. 3324, fol. 528.

33158. Commission donnée au dauphin, gouverneur de Normandie, à l'amiral d'Annebaut, au seigneur de Matignon, à l'évêque d'Évreux, à Jean Feu, président du Parlement de Rouen, aux s^rs d'Alluye, trésorier de France, de Fontenay, général des finances, etc., pour demander aux États de Normandie le vote d'une imposition de 994,756 livres tournois pour leur part de la taille, etc., et pour en faire l'assiette. Amiens, 27 septembre 1544. — 27 septembre.

Copie de 1544. Bibl. nat., ms. fr. 21427, n° 17.

34159. Mandement aux élus de la Basse-Auvergne de répartir et lever sur leur élection la somme de 155,807 livres tournois pour la part qui lui incombe de la taille de 4,000,000 de livres tournois imposée au royaume. Amiens, 27 septembre 1544. — 27 septembre.

Vidimus du 28 avril 1546. Bibl. nat., ms. fr. 21426, n° 8.

33160. Provisions pour Barthélemy Thomas de l'office de juge ordinaire à Toulon. Amiens, 1er octobre 1544. — 1er octobre.

Enreg. au Parl. de Provence, à Aix. Arch. des Bouches-du-Rhône, B. 3324, fol. 566.

33161. Lettres autorisant le cardinal de Givry, évêque de Langres, à convoquer le clergé du diocèse, quand il sera question de lever les décimes ou dons gratuits, pour faire la taxe et la répartition dudit impôt, en tenant compte de la situation plus ou moins prospère de chaque bénéfice. Amiens, 4 octobre 1544. — 1544. 4 octobre.

Original. Arch. de la Haute-Marne, évêché de Langres, G. 12, provisoire. Décimes.

33162. Mandement à Jean Duval, trésorier de l'Épargne, de payer à Nicolas de Bernay, maître d'hôtel de Marguerite de France, fille du Roi, 36 écus d'or soleil, pour voyages faits vers la Reine afin de l'avertir de la conclusion de la paix. Saint-Fuscien, 10 octobre 1544. — 10 octobre.

Original. Bibl. nat., nouv. acq. ms. franç. 20029, fol. 90.

33163. Légitimation de Marie Du Solier, fille naturelle de Charles du Solier, chevalier, seigneur de Morette, gentilhomme ordinaire de la chambre du Roi, et de Lucie Valles. Octobre 1544. — Octobre.

Mention d'après l'anc. reg. XI de la Chambre des comptes. Bibl. nat., ms. fr. 22237, fol. 4.

33164. Provisions de l'office d'avocat du Roi au siège d'Hyères pour Raynaud Vitalis. Saint-Germain-en-Laye, 4 novembre 1544. — 4 novembre.

Enreg. au Parl. de Provence, à Aix. Arch. des Bouches-du-Rhône, B. 3324, fol. 478.

33165. Légitimation de Marie de Pellegrue, fille naturelle de Garcie Arnaud de Pellegrue, écuyer, et d'Antoinette Durand. Novembre 1544. — Novembre.

Mention d'après l'anc. reg. XI de la Chambre des comptes. Bibl. nat., ms. fr. 22237, fol 4.

33166. Lettres conférant à Antoine Escalin, baron de la Garde, dit le capitaine Poulain, le commandement de l'armée navale qui doit passer du Levant en Ponant. 4 décembre 1544. — 4 décembre.

Mention. Mémoire impr. du XVIIe siècle. Bibl. nat., ms. fr. 17329, fol. 193.

33167. Lettres portant dispense d'imposition et de droit de traite pour les vivres destinés aux galères réunies sur la côte de Provence, et permission aux munitionnaires de faire venir les blés, vins, etc., de tels lieux du royaume qu'ils jugeront à propos. 4 décembre 1544. — 1544. 4 décembre.

Analyses. Arch. nat., fonds de la Marine, A[1] 1, n° 26; *Bibl. nat.*, nouv. acq. franç., ms. 9382, fol. 62.

33168. Mandement aux baillis de Bourgogne ordonnant le recouvrement, par toutes voies de contrainte, des deniers imposés pour la solde de 50,000 hommes de pied. Fontainebleau, 15 décembre 1544. — 15 décembre.

Copie du XVIe siècle. Arch. de la ville de Dijon, L. 13.

33169. Lettres pour la conservation des archives de la Chambre des comptes de Provence, portant que les dépôts fermeront à trois clefs, dont l'une sera en la garde du premier président, l'autre en la garde des maîtres rationaux et archivaires, et l'autre entre les mains du procureur général. Fontainebleau, 16 décembre 1544. — 16 décembre.

Enreg. au Parl. de Provence, à Aix. Arch. des Bouches-du-Rhône, B. 3324, fol. 541 v°.

33170. Lettre nommant des commissaires pour exécuter « les édits sur l'abolition des péaiges, impostz, subcides et branslaiges estans en nostre royaume » et procéder par information contre les personnes qui auraient indûment levé ou exigé des taxes ou commis des exactions en abusant de leurs droits. « Donné à (*blanc*), le (*blanc*), jour de (*blanc*) l'an de grâce mil cinq cens quarante [quatre] et de nostre règne le 30e. » — 1544.

Copie. Arch. départ. du Loiret, B. 2927.

IMP. *Inventaire sommaire des arch. départ. du Loiret*, série B, t. III, in-4°, Orléans, 1900, p. 328.

33171. Lettres d'anoblissement en faveur de Pierre Deffais, s[r] de « la Couignière ». 1544. 1544.

Mention. Bibl. nat., ms. fr. 22253, fol. 11 v°.

33172. Lettres d'anoblissement en faveur de Guillaume Puich. 1544. 1544.

Mention. Bibl. nat., ms. fr. 22253, fol. 16.

1545. — Pâques, le 5 avril.

1545.

33173. Lettres autorisant la consommation du mariage entre Tristan de Rostaing et Jacqueline Robertet, sans qu'à l'avenir on ne puisse adresser aucune réclamation à Jacqueline Hurault, mère de ladite Robertet, ni aux autres parents maternels qui sont intervenus audit mariage. Fontainebleau, 1er janvier 1544. 1er janvier.

Enreg. au Châtelet de Paris, Bannières IV (reg. en déficit), fol. 157. *Bibl. nat.*, nouv. acq. fr., ms. 3651, p. 735. (*Mention.*)

33174. Déclaration touchant le droit d'aubaine en Provence. Fontainebleau, 2 janvier 1544. 2 janvier.

Enreg. au Parl. de Provence, à Aix. Arch. des Bouches-du-Rhône, B. 3324, fol. 280.

33175. Mandement au Parlement de Provence de faire publier et exécuter l'ordonnance relative à la juridiction de la connétablie et maréchaussée de France (juin 1544, n° 14004). Fontainebleau, 3 janvier 1544. 3 janvier.

Enreg. au Parl. de Provence, à Aix. Arch. des Bouches-du-Rhône, B. 3324, fol. 576.

33176. Lettres relatives aux gabelles en Provence. Fontainebleau, 3 janvier 1544. 3 janvier.

Enreg. au Parl. de Provence, à Aix. Arch. des Bouches-du-Rhône, B. 3324, fol. 535.

33177. Lettres ordonnant la publication des lettres des 28 mars et 3 avril 1544 n. s., relatives au prieur et à la réformation du couvent des Frères prêcheurs de Saint-Maximin et de 5 janvier.

la Sainte-Baume. Fontainebleau, 5 janvier 1544. — 1545.

Enreg. au Parl. de Provence, à Aix. Arch. des Bouches-du-Rhône, B. 3324, fol. 558.

33178. Lettres de confirmation des dons et privilèges du prieur du couvent des Frères prêcheurs de Saint-Maximin. Fontainebleau, 5 janvier 1544. — 5 janvier.

Enreg. au Parl. de Provence, à Aix. Arch. des Bouches-du-Rhône, B. 3324, fol. 690.

33179. Mandement aux Parlement et juridictions de Provence de remettre à Antoine Escalin, dit le capitaine Poulain, baron de la Garde, les condamnés dont il aura besoin pour ses galères. 8 janvier 1544. — 8 janvier.

Analyse Bibl. nat., nouv. acq. franç., ms. 9382, fol. 61.

33180. Légitimation de Roger de Foix, prêtre, chanoine régulier de la collégiale de Foix, fils naturel de Roger de Foix, seigneur de Rabat, et de Palome de Caserits. Janvier 1544. — Janvier.

Mention d'après l'anc. reg. XI de la Chambre des comptes. Bibl. nat., ms. fr. 22237, fol. 4.

33181. Commission donnée au dauphin, gouverneur de Normandie, à l'amiral d'Annebaut, au s[r] de Matignon, à Pierre Rémon, premier président du Parlement de Rouen, aux s[rs] d'Alluye, trésorier de France, et de Fontenay, général des finances, etc., pour demander aux Etats de Normandie une imposition de 148,659 livres tournois de taille, etc., et en faire l'assiette. Fontainebleau, 3 février 1544. — 3 février.

Copie de 1544. Bibl. nat., ms. fr. 21427, n° 18.

33182. Commission au bailli de Rouen de répartir sur les villes closes du bailliage une cotisation de — 12 février.

64,000 livres pour la solde des gens de pied. Montargis, 12 février 1544. 1545.

Copie du XVIe siècle. Arch. communales de Pont-Audemer (Eure). Indication de M. A. Canel, *Mém. de la Soc. des Antiquaires de Normandie,* t. XIX, 1851, p. 602.

33183. Mandement aux lieutenants civil et criminel, ainsi qu'aux avocats du Roi au Châtelet de Paris, d'envoyer au Conseil un état de toutes les levées de deniers faites dans la prévôté de Paris depuis cinq ans, et interdisant d'imposer ni de permettre aucune levée sans un mandement du Roi, signé d'un secrétaire des finances et scellé du grand sceau. Chambord, 23 février 1544. 23 février.

Enreg. au Châtelet de Paris, Bannières IV (reg. en déficit), fol. 171. *Bibl. nat.,* nouv. acq. fr., ms. 3651, fol. 737. (*Mention.*)

33184. Lettres ordonnant la levée d'un impôt extraordinaire sur les habitants d'Aix, pour la fortification de leur ville. Chambord, 6 mars 1544. 6 mars.

Enreg. au Parl. de Provence, à Aix. Arch. des Bouches-du-Rhône, B. 3324, fol. 582 v°.

33185. Lettres autorisant les habitants de Marseille à aller poursuivre à Aix en Parlement les procès qui n'auront pu être jugés par les Grands jours tenus dans leur ville. Blois, 15 mars 1544. 15 mars.

Enreg. au Parl. de Provence, à Aix. Arch. des Bouches-du-Rhône, B. 3324, fol. 614 v°.

Copie du XVIe siècle. Bibl. Méjanes, à Aix, ms. 952, fol. 63 v°.

33186. Lettres portant règlement de juridiction pour les appellations interjetées par les maîtres des ports de Provence. Blois, 15 mars 1544. 15 mars.

Enreg. au Parl. de Provence, à Aix. Arch. des Bouches-du-Rhône, B. 3324, fol. 674.

Copie du XVIe siècle. Bibl. Méjanes, à Aix, ms. 952, fol. 62 v°.

33187. Lettres subrogeant Jean Maynier, seigneur d'Oppède, premier président du Parlement de Provence, pour procéder aux taxes et confiscations des biens des hérétiques. Blois, 26 mars 1544. — 1545. 26 mars.

Enreg. au Parl. de Provence, à Aix. Arch. des Bouches-du-Rhône, B. 3324, fol. 584.

33188. Légitimation de Gabrielle de La Rivière, fille de François de La Rivière, vicomte de Tonnerre, seigneur de Quincy-le-Vicomte et de Baines, capitaine de mille hommes de pied, et de Claude de Villiers. Mars 1544. — Mars.

Mention d'après l'anc. reg. XI de la Chambre des comptes. Bibl. nat., ms. fr. 22237, fol. 5 v°.

33189. Mandement ordonnant de contraindre au payement de leur taxe ceux qui refusent de s'acquitter des sommes qui leur ont été imposées par lettres du 6 janvier 1544 n. s. (n° 33110) et depuis réparties par les agents du chapitre de Saint-Martin de Tours. Tours, 8 avril 1545. — 8 avril.

Copie. Bibl. de la ville d'Avignon, ms. 1862, fol. 100.

33190. Lettres réduisant à six le nombre des monnayeurs et à douze celui des ouvriers dans chacun des ateliers monétaires d'Aix et de Marseille. Romorantin, 20 avril 1545. — 20 avril.

Enreg. au Parl. de Provence, à Aix. Arch. des Bouches-du-Rhône, B. 3324, fol. 644 v°.
Copie du XVIe siècle. Bibl. Méjanes, à Aix, ms. 952, fol. 81 v°.

33191. Lettres portant union des cures de Maucourt, Saint-Menge et Saint-Étienne de Vitry-en-Perthois transféré à Vitry-le-François. Romorantin, 2 (*corr.* 20) avril 1545. — 20 avril.

Arch. départ. de la Marne, G. 1526.

33192. Lettres d'évocation, en faveur des frères Balthazar et Pierre d'Agoult, de leur procès contre — 27 avril.

IMPRIMERIE NATIONALE.

Françoise de Bachis, veuve d'Egis d'Agoult, et sa fille. Romorantin, 27 avril 1545. 1545.

Enreg. au Parl de Provence, à Aix. Arch. des Bouches-du-Rhône, B. 3324, fol. 596.

33193. Mandement au Parlement de Provence pour la publication de l'édit de règlement de la juridiction de la Chambre du domaine établie au Parlement de Paris. Blois, 7 mai 1545. 7 mai.

Enreg. au Parl. de Provence, à Aix. Arch. des Bouches-du-Rhône, B. 3324, fol. 612 v°.

33194. Confirmation de Jean Catti en qualité de prieur du couvent des Frères prêcheurs de Saint-Maximin et de la Sainte-Baume. Blois, 8 mai 1545. 8 mai.

Enreg. au Parl. de Provence, à Aix. Arch. des Bouches-du-Rhône, B. 3324, fol. 684.

33195. Confirmation d'une sentence rendue par les commissaires nommés à cet effet, en la cause d'Antoine Caracciolo, abbé de Saint-Victor, contre les religieux de son abbaye. Argentan, 4 juin 1545. 4 juin.

Copie du XVIIe siècle. Bibl. nat., ms. fr. 24088, fol. 1.

33196. Confirmation du règlement des attributions des juges et viguiers fait, le 23 mars 1545, par le Parlement de Provence. Falaise, 16 juin 1545. 16 juin.

Enreg. au Parl. de Provence, à Aix. Arch. des Bouches-du-Rhône, B. 3324, fol. 626.
Copie du XVIe siècle. Bibl. Méjanes, à Aix, ms. 952, fol. 76.

33197. Nouvelle confirmation du règlement entre les juges et viguiers, fait par le Parlement de Provence. Réaupré[1], 27 (*aliàs* 22) juin 1545. 27 juin

Enreg. au Parl. de Provence, à Aix. Arch. des Bouches-du-Rhône, B. 3324, fol. 627.
Copie du XVIe siècle. Bibl. Méjanes, à Aix, ms. 952, fol. 77.

(1) Royal-Pré, prieuré en la paroisse d'Angoville, réunie actuellement à la commune de Cricqueville, c^on de Dozulé (Calvados).

33198. Lettres de naturalisation pour Antoine de Cambis, Agnès de Baroncellis, sa femme, et Marguerite de Cambis, leur fille. Jumièges, 29 juillet 1545. — 1545. 29 juillet.

Enreg. au Parl. de Provence, à Aix. Arch. des Bouches-du-Rhône, B. 3324, fol. 593.

33199. Lettres adressées au duc d'Étampes, gouverneur de Bretagne, portant défense, à la requête de l'Empereur, d'envoyer des navires au Pérou et autres îles ou pays récemment découverts, possédés par ledit Empereur. 5 août 1545. — 5 août.

Analyse et extrait. Bibl. nat., Cinq cents Colbert, ms. 292, fol. 19 v°.

33200. Provisions d'un office de conseiller au Parlement de Provence, pour Nicolas Fabri. Forestmontiers, 3 septembre 1545. — 3 septembre.

Enreg. au Parl. de Provence, à Aix. Arch. des Bouches-du-Rhône, B. 3324, fol. 617.

33201. Permission à Antoine Escalin, baron de La Garde, général des galères de France, de faire faire dans le jardin des Jacobins de Rouen et dans le Vieux Palais des fours et moulins pour préparer le biscuit destiné aux galères. Neuilly-l'Hôpital, 10 septembre 1545. — 10 septembre.

Analyses. Arch. nat., fonds de la Marine, A[1] 1, n° 28; *Bibl. nat.*, nouv. acq. franç., ms. 9382, fol. 63.

33202. Mandement au Parlement d'homologuer les sentences et accords intervenus dans le procès de l'abbé de Saint-Victor, Antoine Caracciolo, contre les religieux de son abbaye. Paris, 18 septembre 1545. — 18 septembre.

Copie du XVIIe siècle. Bibl. nat., ms. fr. 24088, fol. 3 v°.

33203. Provisions de l'office de greffier au siège d'Hyères pour Honorat Fortis. Saint-Fuscien, 30 septembre 1545. — 30 septembre.

Enreg. au Parl. de Provence, à Aix. Arch. des Bouches-du-Rhône, B. 3324, fol. 663 v°.

33204. Lettres ratifiant les bulles de collation à Jacques des Ursins de l'abbaye du Thoronet, en Provence. Corbie, 4 octobre 1545. | 1545. 4 octobre.

Enreg. au Parl. de Provence, à Aix. Arch. des Bouches-du-Rhône, B. 3324, fol. 639.

33205. Lettres ratifiant les bulles de collation à Aymar de Maugiron de l'évêché de Glandèves. La Fère-sur-Oise, 11 octobre 1545. | 11 octobre.

Enreg. au Parl. de Provence, à Aix. Arch. des Bouches-du-Rhône, B. 3324, fol. 659 v°.

33206. Lettres permettant à la duchesse d'Étampes de faire transporter cinq cents tonneaux de blé en Portugal. 26 novembre 1545. | 26 novembre.

Analyse. Bibl. nat., Cinq cents Colbert, ms. 292, fol. 20.

33207. Lettres permettant à l'amiral d'Annebaut de faire transporter en Portugal cinq cents tonneaux de blé. 26 novembre 1545. | 26 novembre.

Analyse. Bibl. nat., Cinq cents Colbert, ms. 292, fol. 20.

33208. Lettres réglant la façon dont les membres du Parlement et de la Chambre des comptes de Dijon contribueront à la somme imposée à la ville pour la solde des gens de guerre. Villers-Cotterets, 17 décembre 1545. | 17 décembre.

Copie du XVIe siècle. Arch. de la ville de Dijon, L. 13.

1546. — Pâques, le 25 avril.

33209. Commission à Jean Boudier, receveur du Parlement de Bourgogne, le chargeant de vérifier les payements et registres des contrôleurs et receveurs des magasins à sel de la généralité de Bourgogne, et ceux de Moulins-lès-Engilbert et Donzy. Saint-Germain-en-Laye, 15 janvier 1545. | 1546. 15 janvier.

Enreg. au Parl. de Bourgogne, à Dijon. Arch. départ. de la Côte-d'Or, B. 12077, fol. 21 v°.

33210. Lettres d'octroi aux habitants de Tournus d'un droit de 10 deniers par quarte de sel vendu en leur ville, pour en employer le produit aux réparations de leurs fortifications. Saint-Germain-en-Laye, 25 janvier 1545. — 1546. 25 janvier.

Copie. Arch. communales de Mâcon (Saône-et-Loire), HH. 7, n° 5.

33211. Mandement au bailli de Rouen de procéder à la répartition sur les villes closes de son bailliage de leur quote-part des 600,000 livres imposées à tout le royaume pour la solde de vingt-cinq mille hommes de pied. Saint-Germain-en-Laye, 4 février 1545. — 4 février.

Copie du XVIe siècle. Arch. communales de Pont-audemer (Eure). Indication de M. A. Canel, *Mém. de la Soc. des Antiquaires de Normandie*, t. XIX, 1851, p. 602.

33212. Lettres mettant à la disposition d'André de Marsay, capitaine de galères, cent prisonniers condamnés par les cours de justice en Provence. Mantes, 8 février 1545. — 8 février.

Enreg. au Parl. de Provence, à Aix. Arch. des Bouches-du-Rhône, B. 3324, fol. 671 v°.

33213. Légitimation de Jean de Saint-Pol, fils naturel de feu Jean de Saint-Pol, écuyer, et de Catherine de Belleville. Février 1545. — Février.

Mention d'après l'anc. reg. XI de la Chambre des comptes. Bibl. nat., ms. fr. 22237, fol. 5.

33214. Lettres attribuant au Parlement de Provence, aux baillis et sénéchaux la connaissance des procès civils et criminels en matière domaniale. Chanteloup, mars 1545. — Mars.

Enreg. au Parl. de Provence, à Aix. Arch. des Bouches-du-Rhône, B. 3324, fol. 729.
Copie du XVIe siècle. Bibl. Méjanes, à Aix, ms. 952, fol. 77 v°.

33215. Lettres autorisant Gaspard d'Arcussia, s[r] d'Esparron, à se marier, sans perdre son office de — Avril.

conseiller clerc au Parlement de Provence. Fontainebleau, avril 1546. 1546.

Enreg. au Parl. de Provence, à Aix. Arch. des Bouches-du-Rhône, B. 3324, fol. 706 v°.

33216. Lettres de rescision des provisions de l'office de receveur des deniers communs de la ville de Mâcon, données le 7 décembre 1543 (n° 33096 ci-dessus) en faveur de Jacques Farget. Fontainebleau, 12 mai 1546. 12 mai.

Deux copies. Arch. communales de Mâcon (Saône-et-Loire), BB. 231, n° 5, et CC. 78, n° 11.

33217. Provisions de l'office de lieutenant particulier au siège d'Aix, en faveur de Bertrand Desdier (*Desiderii*). Fontainebleau, 14 mai 1546. 14 mai.

Enreg. au Parl. de Provence, à Aix. Arch. des Bouches-du-Rhône, B. 3324, fol. 707 v°.

33218. Lettres confirmant celles du 15 mars 1540 n. s. qui n'ont pas été entérinées, accordant la naturalisation au cardinal Salviati. Paris, 14 juin 1546. 14 juin.

Enreg. au Parl. de Provence, à Aix. Arch. des Bouches-du-Rhône, B. 3324, fol. 719.

33219. Lettres en faveur du cardinal de Lorraine pour la perception des dîmes de l'abbaye de Cluny. Fontainebleau, 26 juin 1546. 26 juin.

Enreg. au Parl. de Bourgogne, à Dijon. Arch. départ. de la Côte-d'Or, B. 12077, fol. 79.

33220. Lettres permettant aux galères de France de séjourner dans la rivière de Nantes, et exemptant de tous droits, en Bretagne, les vivres et marchandises achetés pour le service desdites galères. Fontainebleau, 16 juillet 1546. 16 juillet.

Analyses. Arch. nat., fonds de la Marine, A¹ 1, n° 29; *Bibl. nat.*, nouv. acq. franç., ms. 9382, fol. 64.

33221. Lettres concédant pendant trois ans à la ville de Vienne en Dauphiné la moitié des revenus 16 août.

du péage d'Ozon, pour les réparations des ponts du Rhône et de la Gère. 16 août 1546. — 1546.

Copie du temps. Arch. municip. de Vienne (Isère), Registres consulaires.

33222. Commission à Antoine Minard, président au Parlement de Paris, et à vingt conseillers en ladite cour pour aller tenir la session des Grands jours à Riom, du 13 septembre au 10 novembre 1546. Moulins, 19 août 1546. — 19 août.

Enreg. en tête du reg. des Grands jours de Riom, Arch. nat., X¹ᵃ 9222, fol. 2 v°.

33223. Commission à Jean Du Tillet, Simon Hennequin et Nicole Malon, pour exercer aux Grands jours de Riom, du 13 septembre au 10 novembre 1546, les offices de greffier civil, greffier des présentations et greffier criminel. Moulins, 19 août 1546. — 19 août.

Enreg. en tête du reg. des Grands jours de Riom, Arch. nat., X¹ᵃ 9222, fol. 2 v°.

33224. Provisions de l'office de lieutenant général au bailliage de Dijon en faveur de Jacques Bohier. Argilly, 18 septembre 1546. — 18 septembre.

Enreg. au Parl. de Bourgogne, à Dijon. Arch. départ. de la Côte-d'Or, B. 12077, fol. 76.

33225. Lettres prorogeant l'octroi de droits sur le sel et le vin accordé à la ville de Mâcon. Langres, 14 octobre 1546. — 14 octobre.

Original. Arch. communales de Mâcon (Saône-et-Loire), HH. 7, n° 6.

33226. Lettres autorisant l'union du prieuré de Notre-Dame de Lansac à la mense capitulaire du chapitre d'Arles. Joinville, 28 octobre 1546. — 28 octobre.

Enreg. au Parl. de Provence, à Aix. Arch. des Bouches-du-Rhône, B. 3324, fol. 780 v°.

33227. Lettres portant défense aux solliciteurs et agents de correspondre en dépêches chiffrées. Joinville, 31 octobre 1546. — 31 octobre.

Copie du XVIIᵉ siècle. Bibl. nat., ms. fr. 18243, fol. 25.

33228. Mandement au bailli de Vermandois ou à son lieutenant à Reims de subroger le seigneur de Sedan aux droits du s[r] de Vervins, du consentement de ce dernier, en un procès pendant « pour raison du droit de bourgeoisie de Glaire et Torcy » près Sedan. Joinville, 2 novembre 1546. — 1546. 2 novembre.

Original scellé. Arch. nat., R² 438.

33229. Déclaration touchant les appels en matière criminelle, dans le comté de Provence. Compiègne, 11 décembre 1546. — 11 décembre.

Enreg. au Parl. de Provence, à Aix. Arch. des Bouches-du-Rhône, B. 3324, fol. 799.

Copie du XVIe *siècle. Bibl. Méjanes, à Aix*, ms. 952, fol. 90.

33230. Édit portant que les Grands jours seront tenus chaque année, pendant les vacations du Parlement, dans chacune des sénéchaussées de Provence. Compiègne, 11 décembre 1546. — 11 décembre.

Enreg. au Parl. de Provence, à Aix. Arch. des Bouches-du-Rhône, B. 3324, fol. 802.

Copie du XVIe *siècle. Bibl. Méjanes, à Aix*, ms. 952, fol. 89.

33231. Lettres homologuant le rapport des commissaires du Roi sur le règlement du ban et de l'arrière-ban dans les comtés de Provence, Forcalquier et terres adjacentes (Salon, 3 août 1546). Compiègne, 20 décembre 1546. — 20 décembre.

Enreg. au Parl. de Provence, à Aix. Arch. des Bouches-du-Rhône, B. 3324, fol. 771.

33232. Provisions de l'office d'avocat du Roi au siège de Digne pour Antoine Isoard, docteur en droit. Compiègne, 26 décembre 1546. — 26 décembre.

Enreg. au Parl. de Provence, à Aix. Arch. des Bouches-du-Rhône, B. 3324, fol. 825.

33233. Édit organisant une chambre criminelle au Parlement de Provence. Compiègne, 30 décembre 1546. — 30 décembre.

Enreg. au Parl. de Provence, à Aix. Arch. des Bouches-du-Rhône, B. 3324, fol. 804.

Copie du XVIe *siècle. Bibl. Méjanes, à Aix*, ms. 952, fol. 91.

33234. Légitimation de Jean Raguier, dit d'Esternay, fils naturel de Jean Raguier, abbé de Montieramey, et d'Hélène Hébert. Décembre 1546. — 1546. Décembre.

Mention d'après l'anc. reg. XI de la Chambre des comptes. Bibl. nat., ms. fr. 22237, fol. 5.

33235. Lettres permettant aux habitants de Chartres de lever certaines aides sur les denrées et marchandises transportées sur l'Eure, pour les indemniser de la dépense qu'ils ont faite pour rendre cette rivière navigable, et leur donner les moyens d'entretenir les berges et chaussées. 1546 [1]. — 1546.

Original. Arch. départ. de l'Eure, à Évreux.
Imp. Th. Bonnin, *Cartulaire de Louviers*. Évreux, in-4°, 1878, fasc. III, p. 80-83.

33236. Provisions pour Philippe Remon de l'office de conseiller clerc au Parlement de Rouen, vacant par la mort d'Olivier Labey. (Avant le 19 mai 1546.) — 1546.

Mention. Bibl. nat., ms. fr. 22458, p. 219.

33237. Lettres d'anoblissement en faveur de Jean Mesnage, s^r de Cagny. 1546. — 1546.

Mention. Bibl. nat., ms. fr., 22253, fol. 15 v°.

1547. — Pâques, le 10 avril.

33238. Lettres ordonnant la réception d'André Leporis en l'office de greffier de la vicomté de Martigues et baronnie de Berre. Villers-Cotterets, 14 janvier 1546. — 1547. 14 janvier.

Enreg. au Parl. de Provence, à Aix. Arch. des Bouches-du-Rhône, B. 3324, fol. 776.

33239. Lettres portant exemption du logement des gens de guerre en faveur du clergé des églises — Janvier.

(1) Sans date de lieu, de jour ni de mois.

IMPRIMERIE NATIONALE.

Saint-Vincent et Saint-Pierre de Mâcon. Villers-Cotterets, [janvier[1]] 1546. 1547.

Copie du XVIe siècle. Arch. communales de Mâcon (Saône-et-Loire), BB. 29, fol. 48.

33240. Lettres fixant la cotisation des villes closes du bailliage de Rouen à la contribution pour la solde de vingt-cinq mille hommes de pied. Saint-Germain-en-Laye, 5 février 1546. 5 février.

Copie. Arch. communales de Pontaudemer (Eure). Indication de M. A. Canel, *Mém. de la Soc. des Antiquaires de Normandie*, t. XIX, 1851, p. 602.

33241. Lettres accordées aux consuls de Vienne en Dauphiné touchant la police de leur ville. 25 février 1546. 25 février.

Copie du temps. Arch. municip. de Vienne (Isère), Registres consulaires.

33242. Édit touchant la réduction des biens et revenus de l'Hôtel-Dieu et des hôpitaux de Vienne en Dauphiné. 25 février 1546. 25 février.

Copie du temps. Arch. municip. de Vienne (Isère), Registres consulaires.

33243. Lettres accordant à la ville de Vienne en Dauphiné une partie des revenus du péage de Saint-Symphorien-d'Ozon pour la réfection du pont de la Gère. Rambouillet, 20 mars 1546. 20 mars.

Copie du temps. Arch. municip. de Vienne (Isère), Registres consulaires.

33244. Lettres des privilèges concédés à la ville de Vienne en Dauphiné, concernant l'exemption des tailles et la nourriture des pauvres. Rambouillet, 20 mars 1546. 20 mars.

Copie du temps. Arch. municip. de Vienne (Isère), Registres consulaires.

33245. Lettres visant un diplôme de Charles V et permettant aux habitants de Sens de faire construire deux moulins à blé sur la rivière Mars.

[1] Le mois et le quantième sont restés en blanc sur la copie. Le premier est rétabli ici d'après l'itinéraire.

d'Yonne et d'y entretenir pour leur usage des engins de pêche, le tout moyennant une redevance annuelle envers le Roi de 60 sols parisis. Rambouillet, mars 1546. 1547.

Original. Arch. communales de Sens (Yonne), DD. 4.

33246. Légitimation d'Augustin d'Auliac, fils naturel de Pierre d'Auliac, écuyer, s[r] de Canterac, et de Marguerite Berger. Mars 1546. Mars.

Mention d'après l'anc. reg. XI de la Chambre des comptes. Bibl. nat., ms. fr. 22237, fol. 5.

ACTES NON DATÉS.

33247. Traité entre le Pape et François Ier relatif à la collation des bénéfices dans le duché de Milan. S. l. n. d. (*Copie informe ou minute. Florence, Arch. di Stato, manoscritti Torregiani*, Francia, busta II, fasc. IV, n° 10.)

33248. Protestation du Roi contre la cession du duché de Milan, du comté d'Asti et de la seigneurie de Gênes. S. l. n. d. (*Copie incomplète, peut-être d'une minute ou d'un projet, XVIIe siècle. Bibl. nat.*, ms. fr. 7151, fol. 287.)

33249. Provisions pour Guérin d'Alzon, docteur en droit, de l'office de vice-président et chef du Conseil royal en la ville de Turin et dans la principauté de Piémont. (*Original appartenant à M. Fonteix, 14, rue du Printemps, à Toulouse.*)

Mentionnées comme de date récente dans une lettre du chancelier Du Bourg au s[r] de Burie, lieutenant général en Piémont, pour la réception du serment dudit d'Alzon, donnée à Moulins, le 23 octobre 1536.

33250. Ampliation des pouvoirs de lieutenant général en Piémont pour le maréchal d'Annebaut. (*Copies incomplètes du XVIIe siècle. Bibl. nat.*, ms. fr. 7492, fol. 211 v°; ms. fr. 23940, fol. 688, et ms. fr. 23942, fol. 179.)

33251. Confirmation des privilèges du prieuré de Bléron dans la paroisse de Saint-Martin-d'Auxigny. (*Copie sans date. Arch. départ. du*

Cher, abbaye de Saint-Ambroix, Eaux et forêts, C. 14, n° 2. — Imp. Boyer, *La forêt de Haute-Brune et le château de la Salle-le-Roi*, in-8°. Preuves, p. 102.)

(*Protocole de la Chancellerie royale. Manuscrit du* XVIe *siècle, Bibl. nat.*, ms. fr. 14368.)

33252. Lettres d'évocation au Grand conseil du procès des habitants de Sully, qui refusent de payer l'octroi établi sur le sel pour la fortification d'Orléans. (Fol. 61 v°.)

33253. Don au marquis de Rothelin du droit de gabelle du grenier à sel de Montbard en Bourgogne. (Fol. 62 v°.)

33254. Lettres portant autorisation au seigneur de Perrières (la Perrière), en la paroisse de Mardié, bailliage et prévôté d'Orléans, de fortifier sa maison. (Fol. 63.)

33255. Lettres de chevalerie accordées par François Ier à Pierre Legendre, s^r^ d'Alincourt, trésorier de France. (Fol. 65 v°.)

33256. Commission donnée à N..., commis à la rédaction des coutumes du bailliage de Sens, de faire publier celles de Langres et du comté de Montsaugeon. (Fol. 80.)

33257. Déclaration restituant aux trésoriers de France, généraux des finances, présidents des comptes, changeur du Trésor, receveurs et contrôleurs généraux et secrétaires des finances, les pensions à eux accordées par Louis XII et supprimées depuis. (Fol. 81 v°.)

33258. Permission accordée à Regnaut [Bongars], grènetier de Gisors, de résigner son office à qui bon lui semblera. (Fol. 84 v°.)

33259. Confirmation des lettres de la reine [Claude] en faveur de Jean François, chevalier, chargé de l'administration des finances en Bretagne. (Fol. 95.)

33260. Mandement aux trésoriers de France de faire enquérir par Arnaud de Potar et Denis de Belvezer, s^r^ de la Bastide, fermiers de la traite et grande coutume de Bordeaux, des pertes subies en raison des guerres. (Fol. 99.)

33261. Lettres d'amortissement des biens donnés par Imbert de Batarnay, s^r^ du Bouchage, baron d'Authon, chambellan du Roi, à un chapitre de chanoines par lui fondé. (Fol. 159 v°.)

33262. Mandement aux baillis et prévôts de Sens, Chaumont, etc., portant autorisation aux habitants de Langres d'établir une boucherie. (Fol. 162 v°.)

33263. Prorogation pour dix ans d'un octroi sur le sel vendu aux greniers de Langres et de Montsaugeon, concédé aux habitants de Langres, pour l'entretien de leurs fortifications. (Fol. 163.)

33264. Prorogation nouvelle d'un octroi de 2 sols 6 deniers tournois sur chaque minot de sel vendu au grenier de Langres, accordé aux habitants de Langres pour les réparations de leurs fortifications. (Fol. 163 v°.)

33265. Prorogation du bail accordé aux habitants de Langres, moyennant 300 livres tournois par an, du droit de 12 deniers pour livre sur toutes les marchandises qui se vendront en leur ville. (Fol. 164.)

33266. Prorogation de l'octroi accordé aux habitants de Langres pour la fortification de leur ville d'une somme annuelle de 400 livres sur l'élection de Langres. (Fol. 164 v°.)

33267. Octroi aux habitants de Langres, pour la fortification de leur ville, de 50 sols tournois sur chaque muid de sel qui se vendra au grenier de ladite ville. (Fol. 165.)

33268. Provisions de l'office de secrétaire des finances pour Robert Gédoyn, en remplacement de Jean Robineau, son beau-père, nommé trésorier de France en la charge de Languedoc. (Fol. 177.)

(*Recueil d'actes de François Ier et de Henri II, destiné à servir de formulaire. Manuscrit du XVIe siècle, Bibl. nat.*, ms. fr. 18111.)

33269. Création d'un office de commissaire pour exécuter tous cas de complainte et de nouvelleté et les mandements en garde possessoire qui se font par informations précédentes, et d'un office de notaire, greffier dudit commissaire, dans chaque siège des bailliages de Bourgogne. (Fol. 36 v°.)

33270. Délai accordé à François Berquin pour se défaire de l'office de greffier de la prévôté et ville de Senlis, incompatible avec celui de greffier du bailliage dudit lieu dont il a été pourvu. (Fol. 46.) — *La copie est du 9 novembre 1543.*

33271. Révocation des provisions de deux offices de conseiller au bailliage de Sens, accordées précédemment à Nicole Dindelle (?) et Antoine Arnault. (Fol. 50 v°.)

33272. Commission à Bernard de Couerbanne (?), licencié en lois, pour remplir les fonctions de lieutenant général en la sénéchaussée d'Agénais, au siège de Condom. (Fol. 53.)

33273. Défense d'imprimer les œuvres de Clément Marot, sans les faire revoir par l'auteur. (Fol. 57.)

33274. Lettres de subrogation pour mettre enchères à la ferme d'un terrain sis à Fourques, en faveur de Charles de Maigny, capitaine de la porte du Roi. (Fol. 61 v°.)

33275. Commission donnée à René Brinon, second président au Parlement de Bordeaux, pour installer audit Bordeaux un collège de langues grecque et latine. (Fol. 65 v°.)

33276. Sauvegarde pour les biens et les sujets d'Anna Benedetta de Carreto, sœur du marquis de Final, et de son fils. (Fol. 67 v°.)

33277. Mandement à Jean Duval, trésorier de l'épargne, de faire rembourser à Jean Du Bosc, ex-procureur général près la Chambre des comptes de Rouen, la valeur de son office supprimé. (Fol. 69 v°.)

33278. Déclaration portant que, à la somme de 37,000 livres tournois due par la ville de Rouen pour la suppression de la Chambre des comptes et le remboursement des officiers, devront contribuer les ecclésiastiques pour leurs biens patrimoniaux, et les nobles pour leurs biens ruraux autres que les fiefs. (Fol. 71 v°.) — Cf. le n° 22810, t. VI du *Catalogue*.

N. B. La suppression de la Chambre des comptes de Rouen est d'août 1544.

33279. Mandement au sénéchal de Périgord et aux élus des aides et tailles audit pays de cotiser les habitants du Périgord pour les sommes par eux dues en raison de la suppression des offices de juge-mage à Sarlat et à Bergerac, d'élu, greffier et procureur des aides à Sarlat, de second enquêteur aux sièges de Périgueux, Sarlat et Bergerac. (Fol. 76 v°.) — Cf. le n° 14232, t. IV du *Catalogue*.

N. B. Après novembre 1544, date de la suppression desdits sièges.

33280. Lettres de relief de discontinuation de l'exercice de la justice haute, moyenne et basse au lieu de Plasnes accordée à Diane de Poitiers, veuve de Pierre de Brézé, comte de Maulévrier, grand sénéchal de Normandie. (Fol. 78 v°.)

33281. Exemption en faveur de certains habitants de la paroisse de Saint-Julien-du-Sault, de l'impôt établi pour le payement de 50,000 hommes de pied. (Fol. 80.)

33282. Établissement d'un marché hebdomadaire à Rouvres, en la seigneurie d'Anet, à la requête de Diane de Poitiers, dame dudit lieu. (Fol. 81 v°.)

33283. Mandement aux généraux des aides de faire vendre l'office de Jean Bezançon, receveur des aides et tailles en l'élection de Beauvais, insolvable. (Fol. 85.)

33284. Commission donnée à Louis Caillaut, président des enquêtes au Parlement de Paris, pour informer sur la saisie du temporel du cardinal de Meudon, évêque d'Orléans, effectuée par le receveur général de Bourges pour faute de payement des décimes et dons gratuits. (Fol. 88.)

33285. Mandement au bailli de Chartres de faire contribuer toutes les villes closes de son ressort au payement des 14,400 livres à elles imposées pour la solde de 600 hommes de pied. (Fol. 89 v°.)

33286. Permission à Guillaume Lesieur, conseiller maître ordinaire en la Chambre des comptes de Rouen, de tenir les fermes qu'il a prises avant sa nomination. (Fol. 98.)

33287. Permission de procéder au mariage de Tristan de Rostaing, gentilhomme de la chambre du duc d'Orléans, avec Françoise Robertet, malgré l'opposition de Michelle Gaillard, veuve de Florimond Robertet, aïeule de ladite Françoise. (Fol. 99.)

33288. Délai accordé à l'évêque de Conserans pour pourvoir aux réparations de son église. (Fol. 100.)

33289. Lettres d'évocation au Conseil privé d'un procès contre le chapitre de Nîmes. (Fol. 107 v°.)

33290. Confirmation aux officiers de Chaumont, nommés par la duchesse d'Estouteville, de la connaissance des cas royaux. [1545 ou 1546.] (Fol. 114.)

33291. Déclaration annulant la constitution de Jacques d'Amboise (1), abbé de Cluny, qui avait réservé à lui et à ses successeurs la nomination du prieur de Saint-Martin-des-Champs. (Fol. 116.)

33292. Lettres de jussion adressées au Parlement de Paris pour l'enregistrement des lettres accordées aux chirurgiens de Paris (janvier 1545 n. s., n° 14332), les incorporant à l'Université. (Fol. 118.)

33293. Lettres portant règlement d'attributions entre le receveur des aides et le receveur des tailles en l'élection d'Arques. (Fol. 121 v°.)

33294. Commission pour saisir les deniers, joyaux et meubles de [Jean de Cardaihac], abbé d'Aurillac et de Bellegarde, au cas où il refuserait de prêter au Roi la somme qu'il lui demande. (Fol. 123.)

33295. Commission au bailli de Montferrand pour poursuivre un usurier appelé Jacques Bonnel, nonobstant appel. (Fol. 125.)

33296. Lettres portant augmentation du nombre des archers et des

(1) Mort le 27 décembre 1516

gages de Gilles Berthelot, prévôt des maréchaux de France[1], dans les élections de Meaux, Soissons, Reims, Château-Thierry, Provins, Melun, Laon et le Réthelois. (Fol. 129.)

33297. Provisions de l'office de clerc, notaire et secrétaire du Roi, maison et couronne de France au nombre des bourses, en faveur de Philippe de Prohet, *aliàs* Prouhet. (Fol. 134 v°.)

33298. Provisions d'un office de conseiller clerc au Parlement de Rouen, pour le s[r] Le Conte. S. l. n. d. — Enregistré au Parlement de Rouen, le 6 mai 1542. (*Bibl. nat.*, *mention* dans le ms. fr. 22457, p. 349.)

33299. Commission de chef et superintendant des galères du Roi en Normandie, pour Pierre d'Aux, chevalier de Saint-Jean-de-Jérusalem. — Antérieurement au 10 décembre 1544; cf. le n° 14248 du *Catalogue*. (*Bibl. nat.*, ms. fr. 22458, p. 80. *Mention.*)

(*Formulaire à l'usage de la Chancellerie royale. Manuscrit du* XVIe *siècle, Bibl. nat.*, ms. fr. 24029.)

33300. Mandement aux religieux de Saint-Laumer de Blois de recevoir un laïc (non dénommé) dans leur abbaye et l'y faire vivre. (Fol. 7 v°.)

33301. Confirmation en faveur des habitants de Nemours d'un octroi de 4 livres tournois par muid de sel vendu au grenier de cette ville, accordé par Louis XII pour dix ans. (Fol. 8 v°.)

33302. Mandement au prévôt de Paris de recevoir, «par main souveraine», l'hommage et aveu de la seigneurie de Bourdeaux-sur-Yonne, tenue par Jean Rousseau, receveur de Brie-Comte-Robert, que le suzerain, Jean Bachelier, refusait de recevoir. (Fol. 9 v°.)

33303. Lettres d'amortissement du fief de la Vallée en la paroisse de Savigny-le-Vieux (vicomté de Mortain), acquis par l'abbaye de Savigny. (Fol. 10 v°.)

33304. Mandement aux commissaires députés à la répartition des impôts en Agénais, de faire lever la somme de 4,000 livres accordée au Roi par les États à l'occasion de la nouvelle venue de Lautrec, gouverneur de Guyenne. (Fol. 82.)

33305. Provisions de l'office de trésorier de France en la charge de Normandie pour Florimond Robertet, en remplacement de Jacques

(1) Institué le 5 juin 1540. (Voir *Catalogue*, t. IV, p. 113, n° 11518.)

Hurault, pourvu de l'office de général des finances d'Outre-Seine et Yonne et de Bourgogne, vacant par la mort de Michel Gaillart. (Fol. 90.)

33306. Autorisation aux marchands de blé qui en ont acheté à Albi, en Languedoc et ailleurs, de le faire sortir de France. (Fol. 93.)

33307. Mandement aux gens des comptes et généraux des finances de faire payer à Raoul Guyot ses gages de notaire et secrétaire du Roi. (Fol. 96.)

33308. Nomination d'un commissaire pour faire faire les réparations nécessaires aux fortifications de Saint-Quentin. (Fol. 99 v°.)

33309. Mandement à Guillaume Prudhomme, trésorier de l'Épargne, de faire payer par Jean Sapin, receveur général de Languedoïl, les gages chevauchées et pension de Guillaume de Beaune, général des finances. (Fol. 112 v°.)

33310. Lettres de chevalerie et autorisation de porter un chef d'azur à trois fleurs de lis d'or pour Pandolphe Stuffa, échanson de la dauphine. S. l. n. d. — (*Copie du XVIe siècle. Bibl. nat.*, nouv. acq. franç., ms. 20256, fol. 61 v°.)

33311. Mandement au sénéchal de Lyon et au conservateur des privilèges des foires de cette ville, pour une nouvelle prorogation de quinze jours de la foire de Pâques. S. l. n. d. (*Copie du XVIe siècle. Bibl. nat.*, nouv. acq. franç., ms. 20256, fol. 94 v°.)

NOUVELLES ADDITIONS ET CORRECTIONS.

7. *Add. : Copie du* XVIIe *siècle. Bibl. nat.*, ms. fr. 18243, fol. 1.

12. *Add. : Copies du* XVIIe *siècle. Bibl. nat.*, ms. fr. 7546, fol. 1; ms. fr. 18266, fol. 3, et 18274, fol. 89 v°; Cinq cents Colbert, vol. 136, fol. 240.

14. *Add. : Copie de l'époque. Arch. de la ville de Bayonne*, BB. 5, p. 405.

IMP. *Arch. mun. de Bayonne. Délibérations du Corps de ville. Registres gascons*, t. II, in-4°. Bayonne, 1898, p. 33.

15. *Add. : Enreg. au Parl. de Bourgogne à Dijon. Arch. de la Côte-d'Or*, B. 12074, fol. 126.

17. *Add. : Enreg. au Parl. de Bourgogne. Arch. départ. de la Côte-d'Or*, B. 12074, fol. 127.

25. *Add. : Copie du* XVIIe *siècle. Bibl. nat.*, ms. fr. 22407, fol. 21.

28. *Add. : Autre analyse. Bibl. nat.*, ms. fr. 8080, fol. 45.

43. *Add. : Copies du* XVIIe *siècle. Bibl. nat.*, ms. fr. 18433, fol. 110; ms. fr. 18542, fol. 129, et ms. fr. 23940, fol. 40; Cinq cents Colbert, vol. 136, fol. 21.

Ci-dessus, p. 311, référence au ms. fr. 550, *au lieu de* « Arch. nat. », *corr.* « Bibl. nat. ».

66. *Arch. de la ville de Libourne.*

Add. : Vidimus coté AA. 5 (*Arch. de la Gironde*, E. Suppl. 3972).

Copie. Arch. nat., *fonds du Ministère de la Marine*, A^1 1, n° 15.

74. *Add. : Original. Arch. nat.*, P. 1403^2, cote CIX.

Copie du XVIIe *siècle. Bibl. nat.*, ms. fr. 22254, fol. 137.

75. *Add. : Copie du* XVIIe *siècle. Bibl. de la ville de Carpentras*, ms. 1768, fol. 501.

Copie du XVIIe *siècle. Bibl. nat.*, ms. fr. 22254, fol. 125.

76. *Add. : Copie du* XVIe *siècle. Bibl. nat.*, ms. fr. 24029, fol. 105.

Copie du XVIIe *siècle. Bibl. nat.*, ms. fr. 22254, fol. 128 v°.

77. *Add. : Copie du* XVIe *siècle. Bibl. nat.*, ms. fr. 3881, fol. 10.

Copies du XVIIe *siècle. Bibl. nat.*, ms. fr. 6869, fol. 34; ms. fr. 15598, fol. 38; ms. fr. 15599, fol. 58; ms. fr. 17524, fol. 40 v° et 48; ms. fr. 17973, fol. 149 v°.

Deux autres copies du XVIIe *siècle. Arch. du Ministère des affaires étrangères*, Espagne, I, fol. 292 v° et 314 v°.

Copie. Bibl. commun. de Lille, coll. Godefroy, portefeuille 247.

81. *Add. : Copie. Arch. commun. de Mâcon (Saône-et-Loire)*, CC. 12, n° 5.

85. *Add. : Copie du* XVIIe *siècle. Bibl. de Carpentras*, ms. 1797, fol. 38.

92. *Arch. de la Côte-d'Or... Add. : Parl., ordonn.*, reg. I, B. 12074, fol. 231, et reg. IV, B. 12077, fol. 89.

100. *Add. : Copies du* XVIIe *siècle. Bibl. de la ville de Carpentras*, ms. 1768, fol. 505 v°; *Bibl. nat. (Paris)*, ms. fr. 22254, fol. 84.

101. *Add. : Copie. Bibl. de la ville d'Avignon*, ms. 3382, fol. 21.

104. *Copie du* XVIe *siècle. Bibl. nat.*, ms. fr. 16661, fol. 507.

106. *Add. : Copies du* XVIIe *siècle. Bibl. nat.*, ms. fr. 10857, fol. 148 v°;

ms. fr. 22254, fol. 85; nouv. acq. fr., ms. 7206, fol. 189.

107. *Add. : Enreg. au Parl. de Bourgogne à Dijon. Arch. de la Côte-d'Or*, B. 12074, fol. 129 v°.

Enreg. au Parl. de Provence, à Aix. Arch. des Bouches-du-Rhône, B. 3323, fol. 646.

108. *Add. : Copies du XVIIe siècle. Bibl. de la ville de Carpentras*, ms. 1768, fol. 515; *Bibl. nat. (Paris)*, ms. fr. 22254, fol. 82.

109. *Add. : Vidimus du garde du sceau du bailliage de Mâcon, du 2 mai 1528. Arch. départ. du Rhône*, H. 21.

115. *Add. : Copies. Bibl. de la ville de Cognac*, ms. 28, p. 405; ms. 33, p. 101; ms. 72, p. 23.

120. Paris, février 1514. *Add. : Enreg. au Châtelet de Paris, Bannières. Arch. nat.*, Y 12, fol. 168 v°.

130. *Cote rectifiée : Original, Arch. de la ville de Dijon*, L. 30, Trésor des chartes, liasse 25, cote 64.

Vidimus de mars 1517 n. s. Idem, liasse 6, cote 75.

141. *Add. : Mention de l'enreg. à la Chambre des comptes, le 26 octobre 1516. Bibl. nat.*, ms. fr. 23895, fol. 198 v°.

145. *Add. : Copies du XVIIe siècle. Bibl. nat.*, ms. fr. 18266, fol. 10; ms. fr. 18274, fol. 9; ms. fr. 18281, fol. 92 v°, et Cinq cents Colbert, ms. 136, fol. 243.

152. *Add. : Copie de l'époque. Arch. départ. du Nord*, B. 440.

Copies du XVIIe siècle. Bibl. nat., ms. fr. 6869, fol. 10; ms. fr. 15598, fol. 20; ms. fr. 15599, fol. 47, et ms. fr. 17973, fol. 126.

Deux autres copies du XVIIe siècle. Arch. du Ministère des Affaires étrangères, Espagne, I, fol. 319 et 340.

Copie. Bibl. comm. de Lille, coll. Godefroy, portefeuille 247.

155. *Add. : Copie. Arch. départ. du Loiret*, B. 2826.

160. *Add. : Copie du XVIe siècle. Arch. départ. de la Drôme*, E. 3715.

161. *Add. : Copie du XVIIe siècle. Bibl. nat.*, ms. fr. 6869, fol. 38.

163. *Add. : Copie. Arch. de la ville de Saint-Jean-d'Angély*, CC. (EE. suppl. 1298).

168. *Add. : Original au Musée des Antiquités de Caen (Calvados)*.

169. *Cotes nouvelles : Copies du XVIe siècle. Arch. de la ville d'Amiens*, AA. 5, fol. 248; AA. 15, fol. 3; AA. 38.

186. *Add. : Copie du XVIIIe siècle. Bibl. nat.*, ms. fr. 8080, fol. 47.

197. *Add. : Entérinement par l'élection de Saint-Jean-d'Angély en 1518. Arch. de la ville de Saint-Jean-d'Angély (Charente-Inférieure)*, AA 1.

199. *Add. : Original. Arch. communales de Sens (Yonne)*, AA. 1.

202. La cote de cet original aux *Arch. communales de Verneuil (Eure)* est AA. 1.

206. *Add. : Copie Bibl. de la ville d'Avignon*, ms. 1862, fol. 75.

219. *Add. : Copie du XVIe siècle. Bibl. nat.*, ms. fr. 11688, fol. 4 v°.

220. *Add. : Copie du XVIIIe siècle. Bibl. nat.*, ms. fr. 8080, fol. 49.

227. *Add. : Copie du XVIIe siècle. Bibl. nat.*, ms. fr. 17524, fol. 10.

237. *Add. : Copie du XVIIe siècle. Bibl. nat.*, ms. fr. 15530, fol. 785.

241. *Add. : Copie du XVIIIe siècle. Bibl. nat.*, ms. fr. 8080, fol. 51.

246. *Add. : Copies. Arch. départ. des Bouches-du-Rhône*, C. 2045, C. 2053, C. 2056, fol. 285 et 425.

266 *bis* (t. VIII, p. 315). A la référence, *add. : fonds du Paréage de Mirepoix*, C. 6, n° 3.

271. *Add. : Copie sans date du XVIe siècle. Bibl. nat.*, ms. fr. 24029, fol. 8.

311. *Add. : Copie du XVIIe siècle. Bibl. nat.*, ms. fr. 22254, fol. 122.
Copie du XVIIIe siècle. Bibl. nat., ms. fr. 7493, fol. 133 v°.

320. *Add. : Arch. de la ville de Dijon*, L. 48.

332. *Add. : Original. Arch. départ. de Saône-et-Loire*, E. Supplément (Tournus, HH. 1).

346. *Add. : Copies. Bibl. de Montpellier*, ms. 104, fol. 326. *Arrêts et déclarations concernant les privilèges de la Faculté de Médecine*, reg. XI, fol. 78 v° et 79 v°, doc. 82 (*Arch. de la Faculté*).
Privilèges et statuts de la Faculté de Médecine de Montpellier, fol. 79 (*ibid.*).]

362. *Add. : Copie du XVIe siècle. Arch. du Ministère des Affaires étrangères*, Autriche 4, fol. 295.
Copie du XVIIe siècle. Bibl. de la ville de Carpentras, ms. 1798, fol. 464.

379. *Add. : Copie du XVIIe siècl. Bibl. nat.*, ms. fr. 16681, fol. 154; ms. fr. 22254, fol. 89.
Copie du XVIIe siècle. Bibl. de la ville de Carpentras, ms. 1824, fol. 159.

380. *Add. : Copies du XVIIe siècle. Bibl. nat.*, ms. fr. 18113, fol. 270, 271.
(D'après ce manuscrit, le don à Du Prat et l'érection de la Valteline en comté sont deux actes différents, de même date.)

383. *Add. : Copie. Bibl. de la ville d'Avignon*, ms. 1866.

392. La date « Marseille, 26 décembre 1515 » ne peut être exacte. La régente partait de Tarascon à cette date. Il faudrait peut-être corriger « 26 janvier ».

395. *Add. : Copies du XVIIe siècle. Bibl. nat.*, ms. fr. 18433, fol. 113 v°; ms. fr. 18542, fol. 134; ms. fr. 23940, fol. 42 v°.

398. *Add. : Copie du XVIe siècle* (sans date). *Bibl. nat.*, nouv. acq. fr., ms. 20256, fol. 59.

407. *Add. : Original Arch. de la ville de Berre* (*Bouches-du-Rhône*), AA. 1, pièce n° 10.

420. *Add. :* Imp. Delamare, *Traité de la police*. In-fol., t. II, p. 270 et 511.

422. Date : « Aix, 28 février 1515 » doit être corrigée sans doute « 28 janvier ».

441. *Add.* après Jean Caluau : maître des requêtes de l'Hôtel.

445. *Add. : Copie du XVIe siècle. Arch. départ. de la Drôme*, E. 3727.

451. *Add. : Édits*, reg. 2, *nunc* B. 1900, fol. 299.

454. *Add. : Copie du XVIIe siècle*. Bibl. nat., ms. fr. 15715, fol. 56.

472. Confirmation des privilèges anciens de Bourg-sur-Gironde, avec concession nouvelle d'un marché tous les mardis.
Add. : Copie. Arch. de la ville de Bourg (*Gironde*), série AA.
Imp. *Arch. hist. de la Gironde*, Bordeaux, in-4°, année 1897, t. XXXII, p. 130. (Sans date.)

498. *Add. Copie du XVIe siècle. Bibl. nat.*, ms. fr. 10746, fol. 17.
Copie du XVIe siècle. Arch. du Ministère des Affaires étrangères, Espagne, II, fol. 179 v°. Dans le même vol., *trois autres copies du XVIIe siècle*, fol. 24, 52, 83 v°.
Copies du XVIIe siècle, Bibl. nat., ms. fr. 15598, fol. 60, et ms. fr. 17524, fol. 93 v°.

503. *Add. : Copies du XVIe siècle. Bibl. nat.*, ms. fr. 10746, fol. 2; *Arch. départ. du Nord*, B. 376.
Copie du XVIe siècle. Arch. du Ministère des Affaires étrangères, Espagne, II, fol. 171; et dans le même vol., *trois copies du XVIIe siècle*, fol. 8, 56, 87 v°.
Copies du XVIIe siècle. Bibl. nat., ms. fr. 6869, fol. 46; ms. fr. 15598, fol. 44; ms. fr. 15599, fol. 61; ms. 17524, fol. 65 v°; ms. fr. 23023, fol. 283.

520. *Add. : Copie du XVIe siècle. Arch.*

du *Ministère des Affaires étrangères*, Espagne, 2, fol. 171. *Trois copies du XVIIe siècle, id.*, fol. 8, 56, 87 v°.

Copies du XVIIe siècle. Bibl. nat., ms. fr. 17524, fol. 65 v° et 102 v°.

533. *Add. : Copie du XVIIIe siècle. Bibl. nat.*, ms. fr. 21817, fol. 15.

Plaquette imp. Bibl. nat., ms. fr. 22061, fol. 8, et ms. fr. 22113, fol. 18.

540. *Add. : Copie du XVIIIe siècle. Bibl. nat.*, ms. fr. 8080, fol. 57.

551. *Add. : Copie du XVIIe siècle. Bibl. de la ville de Carpentras*, ms. 1797, fol. 46.

552. *Add. : Copie du XVIIe siècle. Bibl. nat.*, ms. fr. 16681, fol. 156 v°.

556. *Add. : Copies du XVIe siècle. Bibl. nat.*, ms. fr. 3881, fol. 36; ms. fr. 10637, fol. 146; ms. fr. 17330, fol. 149.

Copies du XVIIe siècle. Bibl. nat., ms. fr. 6851, fol. 12; ms. fr. 17973, fol. 222.

559. *Add. : Copie du XVIIe siècle. Bibl. nat.*, ms. fr. 17524, fol. 115.

561. *Add. : Copie du XVIIe siècle. Bibl. nat.*, ms. fr. 15520, fol. 309.

578. *Add. : Copie du XVIIe siècle, Bibl. nat.*, ms. fr. 22254, fol. 87 v°.

579. *Add. : Copie du XVIIe siècle. Bibl. nat.*, ms. fr. 16525, fol. 135.

580. *Add. : Copie du XVIIe siècle. Bibl. nat.*, ms. fr. 22254, fol. 114.

581. *Add. : Copies du XVIe siècle. Arch. de la ville d'Angoulême*, AA. 5, fol. 80 v°; AA. 6, fol. 68 v° et 71.

IMP. Corlieu, *Hist. d'Angoulême*, 2e édit., p. 74.

582. *Add. Copies de l'époque. Arch. de la ville d'Angoulême*, AA. 5, fol. 70, et AA. 6, fol. 56 v°.

IMP. Corlieu, *Hist. d'Angoulême*, 2e édit., p. 68.

596. *Original. Arch. de la ville du Havre, add.* : cote EE, carton 1, n° 1.

IMP. St. de Merval, *Documents relatifs à la fondation du Havre*. Rouen, 1875, in-8°, p. 9.

606. *Add.* : IMP. Girard et Joly, *Troisiesme livre des offices de France*, in-fol., t. II, p. 1468.

612. *Add. : Copie collat. du XVIIIe siècle. Bibl. de la ville de la Rochelle*, ms. 84 (3116), fol. 357. (Avec l'arrêt d'enregistrement de la Chambre des comptes, du 28 février 1520 n. s.)

617. *Add. : Copie du XVIIe siècle. Bibl. nat.*, ms. fr. 17524, fol. 147 v°.

627. *Cote rectifiée : Original. Arch. de la ville de Dijon*, Trésor des chartes, liasse 6, cote 75.

641. *Add. : Copie du XVIIe siècle. Bibl. nat.*, ms. fr. 16681, fol. 161.

648. *Add. : Copie du XVIIe siècle. Bibl. nat.*, Cinq cents Colbert, vol. 51, fol. 79 v°.

658. *Add. : Copie de l'époque. Arch. de la ville de Bayonne*, BB. 5, fol. 552.

IMP. *Arch. mun. de Bayonne. Délibérations du Corps de ville. Registres gascons*, t. II, in-4°. Bayonne, 1898, p. 114.

659. *Add. : Copie du XVIIe siècle. Bibl. nat.*, ms. fr. 7016, fol. 26.

Autre. Arch. du Ministère des affaires étrangères, Mém. et doc., Rome 14, fol. 41.

663. *Add. : Copie du XVIIe siècle. Bibl. nat.*, ms. fr. 16681, fol. 165.

667. *Add. : Arch. des Bouches-du-Rhône*, C. 1823.

675. *Add.* : IMP. Girard et Joly, *Troisiesme livre des offices de France*, in-fol., t. II, p. 1576.

676. *Add. : Copie du XVIIe siècle. Bibl. nat.*, Cinq cents Colbert, vol. 53, fol. 142.

686. *Add. : Copie. Arch. départ. des Bouches-du-Rhône*, C. 2056, fol. 287.

692. *Add. : Copies de l'époque. Arch. de la ville d'Amiens*, AA. 5, fol. 245 v° et 254.

707. *Add. : Copie. Arch. nat., fonds du Ministère de la marine*, A[1] 1, n° 116.

Extraits et analyse. Bibl. nat., ms. fr. 11969, fol. 187.

Imp. Fontanon, *Les édicts et ordonnances des rois de France*, in-fol., t. III, p. 14.

Rebuffi, *Les édits et ordonnances*, in-fol., liv. 3, tit. 2, chap. 1.

708. *Add. : Copie du xvie siècle. Bibl. nat.*, ms. fr. 2832, fol. 266.

712. *Add. : Copie du xvie siècle. Bibl. nat.*, ms. fr. 3881, fol. 18.

Copies du xviie siècle. Bibl. nat., ms. fr. 7075, fol. 333 v°; ms. fr. 17973, fol. 162; et *Arch. du Ministère des affaires étrangères, Mém. et doc.*, Angleterre 4, fol. 163.

716. *Add. : Copie du xviie siècle. Bibl. nat.*, ms. fr. 16681, fol. 169 v°.

720. *Add. : Copie du xvie siècle. Bibl. nat.*, ms. fr. 3881, fol. 17.

Copie incomplète du xviie siècle. Bibl. nat., ms. fr. 7075, fol. 327.

731. *Add. : Copie du xviiie siècle. Bibl. nat.*, ms. fr. 8080, fol. 59.

742. *Add. : Copies du xviie siècle. Bibl. nat.*, ms. fr. 16681, fol. 67 v°; ms. fr. 22254, fol. 91.

744. Date : «Moulins». Il s'agit de Moulins en Bourbonnais. La note de la page 129 doit être supprimée.

755. *Add. : Copies de l'époque. Arch. de la ville d'Angoulême*, AA. 5, fol. 71 v°, et AA. 6, fol. 59.

758. *Add. : Double de l'expédition orig.*, contenant un mandement à Guillaume Prudhomme, général de Normandie, pour le payement de 2,000 livres, partie de la somme donnée à Jacques Du Fou *Nantes (Loire-Inférieure), Musée Dobrée*, Autographes, n° 373.

779. *Add. : Copie du xvie siècle. Bibl. nat.*, ms. fr. 24029, fol. 108.

807. *Add. : Copies du xviie siècle. Arch. du Ministère des affaires étrangères, Mém. et doc.*, Rome 11, fol. 225 et 14, fol. 83 v°.

Copie du xviie siècle. Bibl. nat., ms. fr. 7016, fol. 57 v°.

Imp. *Concordata inter sanctissimum dominum nostrum Papam Leonem decimum, etc. Impressa Parisius pro Durando Gerlier* [1518], in-4°.

833 *bis* (t. VIII, p. 320). A la référence, *add. : fonds de Châteaumorant*, liasse A1, n° 57.

855. *Add. : Copie du xviie siècle. Bibl. nat.*, Cinq cents Colbert, vol. 53, fol. 144 v°.

861. *Add. :* Imp. R. de Lespinasse, *Les métiers et corporations de la ville de Paris*, t. I, p. 514.

876. *Cote complétée : Arch. de la ville de Nantes*, EE 27.

882. *Add. : Copies du xvie siècle. Bibl. nat.*, ms. fr. 3881, fol. 32, 33; ms. fr. 10637, fol. 118; *Arch. départ. du Nord*, B. 378.

883. *Add. : Copies du xvie siècle. Bibl. nat.*, ms. fr. 3881, fol. 34; ms. fr. 10637, fol. 119 v°.

884. *Add. : Copie du xvie siècle. Bibl. nat.*, ms. fr. 10637, fol. 122 v°.

885. *Add. : Copie du xvie siècle. Bibl. nat.*, ms. fr. 10637, fol. 121.

889-891. *Add. : Enreg. au Parl. de Toulouse, le 22 novembre 1518. Arch. de la Haute-Garonne*, B. 1901, fol. 35 et 36.

919. *Add. : Copies du xvie siècle. Bibl. nat.*, ms. fr. 5927, fol. 12; ms. fr. 18241, fol. 27.

949. *Add. : Copie du xviie siècle. Bibl. nat.*, ms. fr. 18243, fol. 4.

955. *Add. :* Commission semblable pour la Normandie.

Copie. Arch. communales de Pont-Audemer (Eure). Indication de M. A. Canel. *Mém. de la Société des Antiquaires de Normandie*, t. XIX (1851), p. 596.

1005. *Add. : Copies du xviie siècle. Bibl. nat.*, Cinq cents Colbert, ms. 51, fol. 72 v° et 83 v°. (Cette dernière est le texte adressé au Parlement de Bordeaux.)

1018. *Analyse précisée* : Confirmation des lettres de Louis XI portant qu'on pourra appeler au Parlement de tous jugements, non concernant le fait des comptes, rendus par la Chambre des comptes de Dijon. Saint-Germain-en-Laye, 7 mai 1519.

Add. : Copie du XVIIe siècle. Bibl. nat., ms. fr. 21441, fol. 255.

1039. *Add. : Copie du XVIIe siècle. Bibl. nat.*, ms. fr. 16074, fol. 189.

Copie du XVIIIe siècle. Arch. du Ministère des affaires étrangères, Toscane, I, fol. 27-30.

1075. *Add. : Copie du XVIIe siècle. Bibl. nat.*, ms. fr. 15776, fol. 194.

1079. *Add. : Copie du XVIIe siècle. Bibl. de la ville de Carpentras*, ms. 1797, fol. 56.

1096. *Add. : Copies du XVIe siècle. Bibl. nat.*, ms. fr. 5927, fol. 24; ms. fr. 18241, fol. 30 v°.

1110. *Add.* : Imp. Pierre Rebuffi, *Commentaria in constitutiones seu ordinationes regias...* Lyon, 1613, 3 vol. in-fol, t. II, p. 474.

1117. *Add. : Copie du XVIe siècle. Bibl. nat.*, ms. fr. 20422, n° 22^5.

1135. *Add. : Mention dans un mémoire impr. du XVIIe siècle. Bibl. nat.*, ms. fr. 17329, fol. 185 v°.

1143. *Cote rectifiée : Arch. de la Somme*, G. 788.

1147. Date complétée : « Saint-Jean-d'Angély, février 1519. »

Add. : Original. Arch. de la ville de Saint-Jean-d'Angély, AA. 1.

Enreg. à la Cour des Aides, le 16 novembre 1520.

Copie. Bibl. de la ville de la Rochelle, ms. 557 (B. 84), fol. 11 (d'après un recueil conservé aux Archives municipales de Saint-Jean-d'Angély).

1161. *Add. : Copie du XVIIe siècle. Bibl. nat.*, ms. fr. 15725, fol. 313.

1182. *Add. : Copie de l'époque. Arch. de la ville de Bayonne*, BB. 6, fol. 93.

Imp. *Arch. mun. de Bayonne. Délibérations du corps de ville. Registres gascons*, t. II, in-4°. Bayonne, 1898, p. 257.

1191. *Add.* : Imp. Delamare, *Traité de la police*, in-fol., t. III, p. 847.

1197. *Add. : Copie moderne tirée des archives de Simancas. Arch. du Ministère des affaires étrangères. Mém. et doc.*, Espagne, 216, fol. 269.

1207. *Add. : Copie du XVIIIe siècle. Bibl. nat.*, ms. fr. 8080, fol. 89.

1211. *Add. : Copie de l'époque. Arch. départ. de l'Allier, à Moulins*, reg. A. 6, fol. 1.

1221. *Add. : Mentionnées dans les Procès-verbaux des États de Languedoc. Arch. nat.*, H 748^11, fol. 85 v°; *Arch. de la Haute-Garonne*, C. 2277, fol. 167-178.

1231. *Add. : Deux copies anc. Arch. nat., fonds du Ministère de la Marine*, A^1 1, n° 17. *Copie du XVIIIe siècle*, id., D^2 7.

1254. *Add. : Copie du XVIIIe siècle. Bibl. nat.*, ms. fr. 8080, fol. 95.

1258. *Add. : Copie du XVIe siècle. Arch. nat.*, S. 2976^8, fol. 1; *Bibl. nat.*, ms. fr. 18572, fol. 240.

Copies du XVIIe siècle. Bibl. nat., ms. fr. 18572, fol. 395, 465; ms. fr. 18758, fol. 26.

1283. *Add. : Copie du XVIIe siècle. Bibl. nat.*, ms. fr. 18630, fol. 180.

1289. *Copie du XVIe siècle. Bibl. nat.*, ms. lat. 9849, fol. 153.

1344. *Cote rectifiée : Original. Arch. de la ville de Dijon, Trésor des chartes*, liasse 6, cote 76.

1348. *Add. : Copie du XVIIe siècle. Bibl. de la ville de Carpentras*, ms. 1822, fol. 414.

1353. *Add. : Copie du XVIIe siècle. Bibl. nat.*, Cinq cents Colbert, ms. 51, fol. 88 v° et suiv.

Nota. Il y a quatre lettres semblables, sauf les chiffres et l'adresse : 1° généralité de Paris; 2° généralité de Guyenne; 3° Languedoc; 4° Normandie.

1361. *Cote rectifiée : Original. Arch. de la ville de Dijon*, Trésor des chartes, liasse 6, cote 77.

1377. *Add.* : Imp. Girard et Joly. *Troisiesme livre des offices de France*, t. II, p. 1904.

1379. *Add. : Copie du* XVII*e siècle. Bibl. nat.*, Cinq cents Colbert, ms. 51, fol. 98.

1384. *Add. : Copie du* XVI*e siècle. Bibl. nat.*, Cinq cents Colbert, ms. 51, fol. 93 v°.

1394. *Add. : Copie du* XVII*e siècle. Bibl. nat.*, Cinq cents Colbert, ms. 51, fol. 100.

1404. *Add. : Copie collat. du 29 novembre 1559. Bibl. de la ville de Dijon*, ms. 1013 (fonds Baudot 86), fol. 23.

Suivie de lettres de surannation et mandement pour l'enregistrement au Parlement de Dijon. Dijon, 3 décembre 1522. (*Id.*, fol. 25.)

1424. *Add. : Copies du* XVII*e siècle. Bibl. nat.*, ms. fr. 6869, fol. 128; ms. fr. 17524, fol. 190.

1426. *Add. : Copies du* XVII*e siècle. Bibl. nat.*, ms. fr. 6368, fol. 63 v°; ms. fr. 10857, fol. 162; ms. fr. 22254, fol. 117 v°; nouv. acq. fr., ms. 7206, fol. 205.

1427. *Add. : Copies du* XVII*e siècle. Bibl. nat.*, ms. fr. 6368, fol. 62; ms. fr. 10857, fol. 159 v°; ms. fr. 22254, fol. 116; nouv. acq. fr., ms. 7206, fol. 203.

Imp. R. de Lespinasse, *Les métiers et corporations de la ville de Paris*, t. III, p. 509.

1453. *Add. : Copie du* XVII*e siècle. Arch. nat.*, ms. fr. 15526, fol. 399.

1455. *Add. : Copie du* XVIII*e siècle. Bibl. nat.*, ms. fr. 8065, fol. 254 v°.

1472. *Add. : Arch. départ. de la Seine-Inférieure*, G. 6840.

Copie du XVII*e siècle. Bibl. nat.*, ms. fr. 18571, fol. 67, et Cinq cents Colbert, ms. 51, fol. 113.

1484. *Add. : Copies du* XVII*e siècle. Bibl. nat.*, ms. fr. 18550, fol. 347; ms. fr. 23930, fol. 250.

1490. *Add. : Arch. départ. de la Seine-Inférieure*, G. 6840.

1520. *Add. : Copie de l'époque. Arch. départ. de l'Allier, à Moulins*, reg. A. 6, fol. 50.

1529. *Au lieu de* « Genève », *lire* « Gênes ». *Au lieu de* « Zaurbi Bartolini », *corr.* « Zanobi ».

1543. *Add. : Copie du* XVII*e siècle. Bibl. nat.*, Cinq cents Colbert, ms. 51, fol. 102 v°.

1544. Noms des commissaires : l'évêque de Grenoble, le sire de Maubec, chambellan du Roi; Soffrey de Chaponnay, président, et Jean Gaucher, auditeur des comptes à Grenoble, et François de La Colombière, trésorier général en Dauphiné.

Add. : Copie du XVII*e siècle. Bibl. nat.*, Cinq cents Colbert, ms. 51, fol. 108 v°.

1573. *Add. : Copie du* XVII*e siècle. Bibl. nat.*, Cinq cents Colbert, ms. 51, fol. 107.

1584. *Add. : Copie du* XVII*e siècle. Bibl. nat.*, Cinq cents Colbert, ms. 51, fol. 118 v°.

1599. *Add. : Copie du* XVII*e siècle. Bibl. nat.*, Cinq cents Colbert, ms. 51, fol. 102.

1607. *Analyse rectifiée* : Lettres d'amortissement des biens du chapitre de Langres déclarés en un cahier annexé, conformément à l'avis des commissaires députés sur le fait des amortissements.

1608. *Add. : Copie. Arch. départ. de la Seine-Inférieure*, G. 7751.

Copie. Arch. départ. de l'Orne, H. 4209.

Copie collat. du 19 juin 1548. Arch. de l'Hôtel-Dieu de Vernon (Eure), pièce 94.

1611. *Add.* : Imp. Cte H. de Chabannes, *Histoire de la maison de Chabannes.* Supplément, in-4°. Dijon, 1901, p. 616.

1628. *Add.* : Imp. *S. l. n. d., in-4°, pièce. Arch. nat.*, O1 3700.

1640. *Add. : Copies du XVIIe siècle. Bibl. nat.*, ms. fr. 23930, fol. 257 v°; Cinq cents Colbert, vol. 51, fol. 105.
Extraits. Bibl. nat., ms. fr. 18550, p. 353.

1647. *Add. : Copie de septembre 1641. Arch. communales de Figeac (Lot)*, CC 1.

1648. *Add. : Copie. Arch. départ. de l'Oise*, H. 2143, fol. 61.

1656. *Analyse rectifiée* : Mandement aux gens des comptes de procéder à la vérification et à l'enregistrement des lettres d'amortissement accordées au chapitre de Langres en juin 1522 (n° 1607).

1657. *Add. : Copie du XVIIe siècle. Bibl. de la ville de Carpentras*, ms. 1824, fol. 190.

1658. *Add. : Enreg. au Châtelet de Paris, Bannières. Arch. nat.*, Y. 8, fol. 192.
Imp. *Preuves des libertés de l'Église gallicane*, in-fol., t. II, p. 81-83.

1662. *Add. : Copie du XVIIe siècle. Bibl. nat.*, Cinq cents Colbert, ms. 51, fol. 123 *bis* v°.

1663. *Add. : Copie du XVIe siècle. Bibl. nat.*, ms. fr. 14368, fol. 194. (La date est omise.)

1677. *Add. : Copies du XVIIe siècle. Bibl. de la ville de Carpentras*, ms. 1797, fol. 68 v°; ms. 1837, fol. 71.

1682. *Add. : Copie du XVIIe siècle. Bibl. nat.*, ms. fr. 18572, fol. 326.

1688. *Add. : Copies du XVIIe siècle. Bibl. nat.*, ms. fr. 18572, fol. 211 v°, 310 v° et 470 v°.

1696. *Add. : Original. Bibl. nat.*, nouv. acq. fr., ms. 20029, n° 69. — (La maréchale de Châtillon, c'est-à-dire Louise de Montmorency, veuve de Gaspard de Coligny.)

1698. *Add. : Arch. départ. de la Marne*, D. 90.

1710. *Au lieu de* « François », *corr.* « Anne de Montmorency », et à la date *lire* « 1522 » *au lieu de* « 1521 ».

1727. *Add. : Copie du XVIIe siècle. Bibl. nat.*, ms. fr. 15585, fol. 54.

1741. *Add.* : Imp. Delamare, *Traité de la police.* In-fol., t. II, p. 650.

1752. *Add. : Copies du XVIIe siècle. Bibl. de la ville de Carpentras*, ms. 1797, fol. 77; ms. 1837, fol. 407.

1767. *Add. : Copie du XVIIe siècle. Bibl. nat.*, ms. fr. 15519, fol. 30.

1775. *Add. : Copie du XVIIe siècle. Bibl. nat.*, ms. fr. 11158, fol. 428.

1780. *Add. : Copie du XVIIe siècle. Bibl. nat.*, ms. fr. 16627, fol. 11.

1787. *Add. : Copies du XVIIe siècle. Bibl. nat.*, ms. fr. 22254, fol. 119 v°, et Cinq cents Colbert, ms. 53, fol. 91.

1794. *Add. : Original. Arch. de la ville d'Épernay (Marne)*, HH. 1.

1823. *Add. : Copies du XVIIe siècle. Bibl. de la ville de Carpentras*, ms. 1797, fol. 80, et ms. 1837, fol. 423.

1831. *Add. : Copie du XVIIe siècle. Bibl. nat.*, ms. fr. 11158, fol. 204.

1842. *Add. : Copie. Arch. de la ville de Reims*, matières diverses, liasse 35, n° 1.

1874. *Add.* : Imp. Stephano de Merval, *Documents relatifs à la construction du Havre.* Rouen, 1875, in-8°, p. 212.

1881. *Add. : Copie du XVIe siècle. Arch. départ. de l'Aube*, D. 80 (ms. 3), fol. 42 v°.
Copie du XVIe siècle. Bibl. nat., ms. fr. 17330, fol. 213.
Copie du XVIe siècle. Arch. du Minis-

tère des affaires étrangères, Espagne 6, fol. 90 v°. — *Copies du XVIIe siècle, id.*, Espagne 2, fol. 139; Espagne 6, fol. 49; Autriche 5, fol. 367 et 448 v°.

Copies du XVIIe siècle. Bibl. nat., ms. fr. 6869, fol. 135; ms. fr. 17524, fol. 199 v°; ms. fr. 17525, fol. 410; ms. fr. 22254, fol. 131 v°.

Copie du XVIIIe siècle. Bibl. nat., ms. fr. 7493, fol. 143.

IMP. Champollion-Figeac, *Captivité de François Ier*, p. 1.

1908. *Add. : Copie du XVIe siècle. Arch. du Ministère des affaires étrangères*, Espagne 2, fol. 309.

1928. A fondre avec le n° 1927; c'est le même acte.

1932. *Add. : Copie du XVIe siècle.* (Sous la date du 8 novembre, au lieu du 28. — Dans le préambule, le Roi manifeste son indignation de la trahison du connétable.) *Arch. comm. de Dijon*, B. 56, n° 136.

IMP. J. Garnier, *Correspondance de la mairie de Dijon*, in-8°, 1868, t. I, p. 307.

1934. *Add. : Copie du XVIIe siècle. Bibl. nat.*, ms. fr. 18552, fol. 439 v°.

1953. *Add. : Copie du XVIe siècle. Bibl. nat.*, ms. fr. 18107, fol. 45; *extraits*, ms. fr. 18149, fol. 90.

Copie du XVIIe siècle. Bibl. nat., ms. fr. 23165, fol. 57 v°.

1980. *Add. : Copie du XVIIe siècle. Bibl. nat.*, ms. fr. 18433, fol. 225 v°.

1981. *Add. : Catal. des livres et doc. hist. du cabinet de M. de Courcelles*, 1834, in-8°, p. 62. (*Mention.*)

2004. *Add. : Copie du XVIIe siècle. Bibl. nat.*, ms. fr. 16681, fol. 173.

2014. *Add. : Copie du XVIIe siècle. Bibl. nat.*, ms. fr. 5770, fol. 60.

2023. *Add. : Fragment imprimé* par Delamare, *Traité de la Police*. In-fol., t. IV, p. 137, col. 1.

2059. *Add. : Analyse. Bibl. nat.*, nouv. acq. fr., ms. 7952, fol. 47.

2084. *Add. : Copie du XVIIIe siècle. Bibl. nat.*, ms. fr. 7493, fol. 156 v°.

2098. *Add. : Mentionnées dans les Procès-verbaux des États de Languedoc. Arch. nat.*, H. 748[11], fol. 166; *Arch. de la Haute-Garonne*, C. 2277, fol. 294.

2114. *Date :* « 10 janvier » *au lieu de :* « janvier ».

Add. : Copie du XVIe siècle. Bibl. de la ville de Narbonne, ms. 7, fol. 238.

2127. *Add. : Enreg. au Châtelet de Paris. Arch. nat.*, Y. 6[4], fol. 126.

Copie du XVIe siècle. Arch. de la Haute-Garonne, H. 144 *bis*.

2163. *Add. : Copie du XVIe siècle. Arch. départ. de l'Aube*, D. 80, fol. 41.

Copies du XVIe siècle. Bibl. nat., ms. fr. 17330, fol. 209 v°, 211.

Copie du XVIe siècle. Arch. du Ministère des affaires étrangères, Espagne 6, fol. 89 v°.

Copies du XVIIe siècle, id., ibid., fol. 47; Autriche 5, fol. 364 v° et 445 v°.

Copies du XVIIe siècle. Bibl. nat., ms. fr. 15834, fol. 250 et 366; ms. fr. 17525, fol. 406.

2164. *Add. : Copies du XVIIe siècle. Bibl. nat.*, ms. fr. 15834, fol. 254 et 362 v°.

Copie du XVIe siècle. Arch. du Ministère des affaires étrangères, Espagne 6, fol. 88. *Copies du XVIIe siècle, id., ibid.*, fol. 44 v°; Autriche 5, fol. 362 et 442.

2168. *Add. : Copie du XVIe siècle. Bibl. de la ville de Narbonne*, ms. 7, fol. 71 v°.

2191. *Add. : Copie du XVIIe siècle. Bibl. de la ville de Carpentras*, ms. 1768, fol. 519.

Autres copies du XVIIe siècle. Bibl. nat., ms. fr. 6368, fol. 66; ms. fr. 10857, fol. 180 v°; ms. fr. 16681, fol. 227; nouv. acq. fr., ms. 7206, fol. 221.

2202. *Add. : Copie du XVIe siècle. Bibl. de la ville de Narbonne*, ms. 7, fol. 140 v°.

2203. *Add. : Copie du XVIIᵉ siècle. Bibl. nat.*, ms. fr. 15836, fol. 7.

2209. *Add. : Copie du XVIᵉ siècle. Bibl. nat.*, ms. fr. 10637, fol. 124 v°.

2210. *Add. : Copies du XVIᵉ siècle. Bibl. de la ville de Narbonne*, ms. 7, fol. 85 v°; *Bibl. nat.*, ms. fr. 10637, fol. 128.

2211. *Add. : Copies du XVIᵉ siècle. Bibl. de la ville de Narbonne*, ms. 7, fol. 162; *Bibl. nat.*, ms. fr. 10637, fol. 126.

2217. *Add. : Copie du XVIᵉ siècle. Arch. départ. de l'Aube*, D. 80, fol. 37 v°.
Copie du XVIᵉ siècle. Bibl. nat., ms. fr. 17330, fol. 208.
Copies du XVIIᵉ siècle. Bibl. nat., ms. fr. 15834, fol. 279 et 359.
Copie du XVIᵉ siècle. Arch. du Ministère des affaires étrangères, Espagne 6, fol. 87. *Copies du XVIIᵉ siècle, id., ibid.*, fol. 32 v°; Autriche 5, fol. 360 et 438.

2227. *Add. : Copie du XVIᵉ siècle. Bibl. de la ville de Narbonne*, ms. 7, fol. 81.

2228. *Add. : Copie du XVIᵉ siècle. Bibl. de la ville de Narbonne*, ms. 7, fol. 160.

2241. *Add. : Copies du XVIᵉ siècle. Bibl. de la ville de Narbonne*, ms. 7, fol. 2 v° et 192.

2255. *Add. : Autre mention sous la date de* « novembre 1525 » s. q. *Mémoire imp. du XVIIᵉ siècle. Bibl. nat.*, ms. fr. 17329, fol. 187 v°.

2259. *Add. : Copies du XVIIᵉ siècle. Bibl. nat.*, ms. fr. 15585, fol. 12; ms. fr. 15637, fol. 143; ms. fr. 15836, fol. 25; ms. fr. 20175, fol. 987; ms. fr. 23291, fol. 132.
Copie du XVIIIᵉ siècle. Bibl. nat., ms. fr. 7493, fol. 160.

2280. *Add. : Mentionnées dans les Procès-verbaux des États de Languedoc. Arch. nat.*, H. 748[11], fol. 196; *Arch. de la Haute-Garonne*, C. 2277, fol. 327.

2283. *Add. : Copie du XVIIᵉ siècle. Arch. du Ministère des affaires étrangères* Espagne 2, fol. 157.

2284. *Add. : Copie collationnée à l'original par Gédoyn, notaire et secrétaire du Roi, le 8 octobre 1529. Arch. du Ministère des affaires étrangères, Mém. et doc.*, Espagne 20, fol. 149. *Autre copie du XVIᵉ siècle, id.*, Espagne 19, fol. 217.
Copie du XVIᵉ siècle. Arch. départ. du Nord, B. 380; *Bibl. nat.*, ms. fr. 3881, fol. 44; ms. fr. 10637, fol. 1.
Copies du XVIIᵉ siècle. Bibl. nat., ms. fr. 15585, fol. 19; ms. fr. 15834, fol. 285; ms. fr. 15835, fol. 116; ms. fr. 17525, fol. 339; ms. fr. 17973, fol. 253.

2295. *Add. : Copie du XVIIᵉ siècle. Bibl. nat.*, ms. fr. 15638, fol. 66.

2296. *Add. : Enreg. au Châtelet de Paris. Arch. nat.*, Y. 6⁴, fol. 133.
Imp. Champollion, *Captivité du roi François Iᵉʳ*, p. 498.

2348. *Add. : Copie du XVIᵉ siècle. Arch. communales de Mâcon (Saône-et-Loire)*, BB. 27, fol. 29 v°.

2350. *Add. : Quatre copies du XVIᵉ siècle extr. des registres du Parl. de Toulouse. Arch. de la Haute-Garonne*, H. 145.

2364. *Add. : Arch. des Bouches-du-Rhône*, C. 2128.

2478. « Louis d'Angerant », *corr.* « d'Augerant ».

2511. *Cote rectifiée : Original. Arch. de la ville de Dijon*, Trésor des chartes, liasse 21, cote 41 (K. 157).
Autre copie du XVIᵉ siècle, id., K. 230.

2525. *Copie du XVIIᵉ siècle. Bibl. de la ville de Carpentras*, ms. 1824, fol. 214.
Copie du XVIIᵉ siècle. Bibl. nat., ms. fr. 18550, p. 207; ms. fr. 23930, fol. 156.

2534. *Add. : Catal. des livres et doc. hist. du cabinet de M. de Courcelles*, 1834, in-8°, p. 63.

2552. *Add. : Copie. Arch. de la*

Chambre de commerce de Nantes, aux Arch. de la Loire-Inférieure, C. 788.

2573. *Add. : Copies du XVIe siècle. Bibl. de la ville de Narbonne*, ms. 7, fol. 8 v° et 222 v°.

2574. *Add. : Copies du XVIe siècle. Bibl. de la ville de Narbonne*, ms. 7, fol. 15 et 216.

2575. *Add. : Copies du XVIe siècle. Bibl. de la ville de Narbonne*, ms. 7, fol. 5 et 196 v°.

2615. *Add. : Copie du XVIIIe siècle. Bibl. nat.*, ms. fr. 8065, fol. 257 v°.

2619. *Add. : Original. Arch. de la ville de Cognac. Copie. Bibl. de la ville de Cognac*, ms. 28, p. 420.
Copie de 1774. Arch. de la ville d'Angoulême, AA. 4, n° 17.

2626. *Add. : Enreg. au Châtelet de Paris, Bannières. Arch. nat.*, Y. 11, fol. 80.
Imp. R. de Lespinasse, *Les métiers et corporations de la ville de Paris*, t. I, p. 355.

2638. *Add. : Autre mention. Bibl. nat.*, ms. fr. 22253, fol. 74.

2657. *Indications rectifiées :*
Il s'agit de quatre traités conclus le même jour. *Originaux. Arch. nat.*, J. 651^A^, n°s 7, 8, 9, 10.
Copies du XVIe siècle des quatre traités, conclus le 30 avril 1527. Bibl. nat., ms. fr. 10637, fol. 130, 131 v°, 134, 136 v°; ms. Clairambault 326, fol. 139.
Imp. Leibnitz, *Codex juris gentium diplomaticus*, part. II, p. 201.
Fr. Léonard, *Recueil de traitez, etc.*, t. II, p. 286.
Du Mont, *Corps universel diplomatique*, t. IV, part. I, p. 472.

2663. *Lire* « Guillaume de Frain » *et non* « G. de Trein ».

2674. *Add. : Expédition originale. Arch. nat.*, J. 651^B^, n° 11.
Copie du XVIe siècle. Bibl. nat., ms. fr. 10637, fol. 137.

2695. *Add. : Mention, sous la date d'*« octobre 1526 » *au lieu de* « juin 1527 », *d'après un registre de la Chambre des comptes de Paris. Bibl. nat.*, ms. fr. 22237, fol. 3.

2699. *Add. : Copie du XVIIIe siècle. Bibl. nat.*, ms. fr. 8080, fol. 227.

2704. *Add. : Mentionnées dans les Procès-verbaux des États du Languedoc. Arch. nat.*, H. 748^11^, fol. 225 v°; *Arch. de la Haute-Garonne*, C. 2277, fol. 361.

2708. *Add. : Copies du XVIIe siècle. Bibl. nat.*, ms. fr. 6368, fol. 69; ms. fr. 10857, fol. 186; nouv. acq. fr., ms. 7206, fol. 229.

2727. *Add. : Copies du XVIIe siècle. Bibl. nat.*, ms. fr. 7151, fol. 118 v°, ms. fr. 15834, fol. 369 v°.
Copie du XVIIe siècle. Arch. du Ministère des affaires étrangères, Autriche 5, fol. 464.
Imp. Le Glay. *Négociations politiques entre la France et l'Autriche*, in-4°, t. II, p. 665.

2733. *Add. : Original signé de Wolsey. Bibl. nat.*, ms. fr. 20993, fol. 12 *bis*.
Ratification par François Ier. *Copies du XVIe siècle. Bibl. nat.*, ms. fr. 10637, fol. 138, 138 v°, 139 v°. *Extraits*, ms. fr. 3881, n°s 2, 3, 4-8.
Copie du XVIe siècle, incomplète. Arch. du Ministère des affaires étrangères, Mém. et doc., Angleterre 4, fol. 185.
Ratification par Henri VIII, Hamptoncourt, 8 août 1527.
Copie du XVIe siècle. Bibl. nat., ms. fr. 3881, n° 20.

2736. *Add. : Copie du XVIIe siècle. Bibl. de la ville de Carpentras*, ms. 1824, fol. 216.
Autres copies du XVIIe siècle. Bibl. nat., ms. fr. 3901, fol. 54; ms. fr. 15499, fol. 632; ms. fr. 23023, fol. 305.

2740. *Add. : Arch. du chapitre de Reims. Arch. départ. de la Marne (Reims)*, G. 8.

2745. *Add. : Copie du XVIIe siècle. Bibl. nat.*, ms. fr. 18433, fol. 228.

2757. *Add. : Copie collat. de l'année 1753. Arch. nat.*, Q[1] 390.

2758. *Add. : Original. Bibl. nat.*, ms. fr. 2981, fol. 71.
Copie. Bibl. nat., fonds Dupuy, ms. 541, fol. 141.
Imp. Le Grand, *Hist. du divorce de Henri VIII*, t. III, p. 13.
P. de Vaissière et L. Bourrilly. *Ambassade en Angleterre de Jean Du Bellay* (1527-1534). Paris, in-8°, t. I, 1905, p. 1.

2760. *Add. : Copie du XVIIe siècle. Bibl. nat.*, ms. fr. 23940, fol. 137.

2800. *Add. :* Imp. Fontanon, *Les édits et ordonnances des Rois de France*, t. I, p. 229.
P. Rebuffi, *Les édits et ordonnances des Rois de France*, liv. I, tit. 94.

2806. *Add. : Original. Arch. nat.*, J. 1125, n° 39 *bis*.

2852. *Add. : Copies du XVIIe siècle. Bibl. nat.*, ms. fr. 15598, fol. 69; ms. fr. 15599, fol. 85.

2864. «Christophe de Tubiano», *corr.* «de Lubiano».

2896. *Add. : Analyse. Bibl. nat.*, ms. fr. 21016, p. 863.

2897. *Add. : Analyses. Bibl. nat.*, ms. fr. 21016, p. 863 et 889.

2909. *Add. : Mentionnées dans les Procès-verbaux des États de Languedoc. Arch. nat.*, H. 748[11], fol. 243 v°; *Arch. de la Haute-Garonne*, C. 2277, fol. 383.

2914. *Add. : Arch. de la Marne* (*Reims*), G. 161.

2929. *Add. : Copie du XVIIe siècle. Bibl. de la ville de Carpentras*, ms. 1824, fol. 232.
Copie du XVIIe siècle. Bibl. nat., ms. fr. 18433, fol. 242.

2943. *Add. : Copie du XVIe siècle* (*sans la date*). *Bibl. nat.*, nouv. acq. franç., ms. 20256, fol. 46.

Copies du XVIIe siècle. Bibl. nat., ms. fr. 7546, fol. 37; ms. fr. 18266, fol. 34; ms. fr. 18274, fol. 32; ms. fr. 18275, fol. 141 v°.

2946. *Add. :* Imp. R. de Lespinasse, *Les métiers et corporations de la ville de Paris*, t. III, p. 509.

2981. *Add. : Copie du XVIe siècle. Arch. du Ministère des affaires étrangères*, Espagne 5, fol. 55.

2998. *Add. :* Imp. R. de Lespinasse, *Les métiers et corporations de la ville de Paris*, t. II, p. 684.

3035. *Add. : Copies du XVIIe siècle. Bibl. nat.*, ms. fr. 6368, fol. 70 v°; ms. fr. 10857, fol. 187 v°; nouv. acq. fr., ms. 7206, fol. 253.

3038. *Add. : Copies du XVIIe siècle. Bibl. nat.*, ms. fr. 10857, fol. 187 v°; nouv. acq. fr., ms. 7206, fol. 233.
Imp. *Placard. Bibl. nat.*, ms. fr. 23690, fol. 290.

3063. *Add. : Copie du XVIe siècle. Bibl. nat.*, ms. fr. 18605, fol. 1.

3070. *Add. : Copie du XVIe siècle. Bibl. nat.*, ms. fr. 16685, fol. 407 v°.
Copies du XVIIe siècle. Bibl. nat., ms. fr. 10857, fol. 198; nouv. acq. fr., ms. 7206, fol. 242.

3074. *Add. : Copie du XVIe siècle. Bibl. nat.*, ms. fr. 16685, fol. 405.
Copies du XVIIe siècle. Bibl. nat., ms. fr. 10857, fol. 190 v°; nouv. acq. fr., ms. 7206, fol. 235.

3078. *Add. : Mention. Bibl. nat.*, ms. fr. 22253, fol. 74.

3103. *Add. : Extrait. Bibl. nat.*, ms. fr. 23023, fol. 311.

3136. *Add. : Copie du XVIIe siècle. Bibl. nat.*, Cinq cents Colbert, ms. 53, fol. 122 v°.

3196. *Add. : Copie du XVIIe siècle. Bibl. nat.*, Cinq cents Colbert, vol. 53, fol. 125.

3207. *Cote rectifiée : Arch. départ. de la Vienne*, B. 117.

3209. *Add. : Copies. Arch. de la ville de Périgueux*, FF. 116 et II. 2.

3232. *Add.* : en remplacement de Geoffroy de Pompadour.

3258. *Add. : Enreg. par Guillaume Prudhomme, receveur général des finances et trésorier de l'épargne. Arch. départ. de la Côte-d'Or,* E. 906.

3268. *Add. : Extrait. Arch. des Bouches-du-Rhône,* C. 2130.

3269. *Add. : Copie du XVIIe siècle. Bibl. nat.*, ms. fr. 16681, fol. 183.

3270. *Add. : Copie. Bibl. de la ville d'Angers*, ms. 950, fol. 56.

Copie du XVIe siècle. Bibl. nat., ms. fr. 16685, fol. 422.

Copie du XVIIe siècle. Bibl. nat., ms. fr. 16681, fol. 177.

3299. *Add. : Original. Arch. de la ville de Lisieux,* CC. 268.

3301. *Add. : Copie du XVIIe siècle. Bibl. nat.*, ms. fr. 23940, fol. 141.

3368. *Add. : Copies du XVIIe siècle. Bibl. nat.*, ms. fr. 7546, fol. 44 v°; ms. fr. 18266, fol. 40; ms. fr. 18274, fol. 38 v°.

3382. *Add. : Enreg. au Parl. de Provence, à Aix. Arch. des Bouches-du-Rhône,* B. 3324, fol. 700.

Copie du XVIe siècle. Bibl. Méjanes, à Aix, ms. 952, fol. 79.

Imp. Pierre Rebuffi, *Commentaria in constitutiones seu ordinationes regias....* Lyon, 1613, 3 vol. in-fol., t. I, p. 263.

3386. *Arch. du Calvados, add.* : D. 148. — *Pièce imprimée, id.*, D. 150.

3397. *Add. : Copie du XVIe siècle. Arch. départ. de l'Aube,* D. 80 (ms. 3), fol. 78 v°.

Copie du XVIe siècle. Bibl. nat., ms. fr. 17330, fol. 247.

Copies du XVIe siècle. Arch. du Ministère des affaires étrangères, Espagne, 6, fol. 224 v° et 245. *Copies du XVIIe siècle, id., ibid.*, fol. 307 v°; et Autriche, 6, fol. 62 *bis*, 96 v° et 133 v°.

Copie du XVIIe siècle. Bibl. nat., ms. fr. 15837, fol. 55.

3399. *Add. : Copie du XVIIe siècle. Bibl. nat.*, ms. fr. 18630, fol. 89 v°.

3425. *Add. : Copie du XVIIe siècle. Bibl. nat.*, ms. fr. 18630, fol. 87 v°.

Autre copie du XVIIe siècle. Florence, Archivio di Stato, Manoscritti, n° 677.

3436. *Add. : Copies du XVIe siècle. Arch. départ. de l'Aube*, D. 80 (ms. 3) fol. 51; *Bibl. nat.*, ms. fr. 10189, fol. 4; ms. fr. 10637, fol. 21.

Copies du XVIIe siècle. Bibl. nat., ms. fr. 15835, fol. 170; ms. fr. 15837, fol. 1; ms. fr. 17525, fol. 274.

3451. *Add. : Copie du XVIIe siècle. Bibl. nat.*, ms. fr. 15837, fol. 80 v°.

Deux copies du XVIIe siècle. Arch. du Ministère des affaires étrangères, Espagne, 6, fol. 315 v°, et Autriche, 6, fol. 144.

3456. *Add. : Copie du XVIIe siècle. Bibl. nat.*, ms. fr. 21713, fol. 163.

3466. *Add. : Enreg. au Châtelet de Paris, Bannières. Arch. nat.*, Y. 8, fol. 251 (sous la date de Chantilly, 3 septembre 1529).

Copies du XVIIe siècle (même date de lieu). *Bibl. nat.*, ms. fr. 7151, fol. 383; ms. fr. 15837, fol. 221.

3475. *Add. : Extrait ms. du XVIIe siècle. Bibl. nat.*, ms. fr. 21713, fol. 188.

3496. *Add.* : Imp. *sur placard de parchemin, collat. et signé « Robertet ». Bibl. nat.*, ms. fr. 15758, fol. 81.

Autre placard indiqué dans le Catal. des livres et doc. historiques du cabinet de M. de Courcelles, 1834, in-8°, p. 64.

3498. *Add. : Copie du XVIIe siècle. Bibl. nat.*, ms. fr. 21713, fol. 176.

3500. Mandement aux cours de Parlement du royaume en général. — Même teneur que les n°s 3500, 3501.

Add. : Copie du XVIe siècle. Arch. du Ministère des affaires étrangères, Espagne, 5, fol. 540.

3503. Commission adressée aux baillis et sénéchaux du royaume en général, de même teneur que les n°s 3503 à 3507, 19868 et 19869.

Add. : Copie du XVI*e siècle. Arch. du Ministère des affaires étrangères*, Espagne, 5, fol. 539.

3507. *Add. : Copies du* XVII*e siècle. Bibl. nat.*, ms. fr. 3901, fol. 57; ms. fr. 10742, fol. 136.

3508. *Add. : Copie du* XVI*e siècle. Bibl. nat.*, ms. fr. 11688, fol. 77.

3514. *Add. : Deux copies du* XVI*e siècle. Arch. du Ministère des affaires étrangères*, Espagne, 5, fol. 546; Espagne, 6, fol. 95.

Copie du XVII*e siècle. Bibl. nat.*, ms. fr. 15837, fol. 84.

3525. *Add. : Copie du* XVII*e siècle. Bibl. nat.*, ms. fr. 15837, fol. 120 v°.

Copie du XVII*e siècle. Arch. du Ministère des affaires étrangères*, Espagne, 6, fol. 117.

3532. *Add. : Copies du* XVII*e siècle. Bibl. nat.*, ms. fr. 7151, fol. 299; ms. fr. 15837, fol. 127 v°.

Autre. Arch. du Ministère des affaires étrangères, Espagne, 6, fol. 140.

3536. *Add. : Copie du* XVI*e siècle. Bibl. de la ville de Narbonne*, ms. 7, fol. 245.

3538. *Add. : Copie du* XVI*e siècle. Arch. du Ministère des affaires étrangères*, Espagne, 6, fol. 96.

3546. *Add. : Copie du* XVII*e siècle. Arch. du Ministère des affaires étrangères*, Espagne, 6, fol. 114.

3551. *Add. : Copie du* XVIII*e siècle. Bibl. nat.*, ms. fr. 8080, fol. 287.

3552. *Add. : Copie du* XVIII*e siècle. Bibl. nat.*, ms. fr. 8080, fol. 293.

3553. *Add. : Copie du* XVIII*e siècle. Bibl. nat.*, ms. fr. 8080, fol. 291.

3557. *Au lieu de* « Jacques Rivière », *lisez* « Riverie ».

3561. *Add. : Copies du* XVII*e siècle. Bibl. nat.*, ms. fr. 15637, fol. 199; ms. fr. 23291, fol. 182.

3562. *Add. : Trois copies du* XVI*e siècle. Arch. du Ministère des affaires étrangères*, Espagne, 5, fol. 507, 522 et 524.

3565. *Add. : Copies du* XVII*e siècle. Bibl. nat.*, ms. fr. 7151, fol. 367; ms. fr. 15837, fol. 204.

3568. *Add. : Original. Collection du manoir de Kériolet (Finistère)*, appartenant au département (n° 227 de l'inventaire de la dite collection).

3570. *Add. : Copie du* XVII*e siècle. Bibl. de la ville de Carpentras*, ms. 1797, fol. 82.

3586. *Add. : Copies du* XVII*e siècle. Arch. nat., fonds du Ministère de la Marine*, A[1] 1, n° 18; *Bibl. nat.*, ms. fr. 23940, fol. 142 v°.

3587. *Deux copies du* XVI*e siècle. Cote complétée : Arch. du Nord*, B. 383.

3592. *Add. : Copie du* XVII*e siècle. Bibl. nat.*, ms. fr. 21713, fol. 166.

3612. *Add. : Copie du* XVII*e siècle. Bibl. nat.*, ms. fr. 21713, fol. 160.

3615. *Add. : Deux copies du* XVI*e siècle. Arch. du Ministère des affaires étrangères*, Espagne, 6, fol. 149 et 198 v°.

Copies du XVII*e siècle. Bibl. nat.*, ms. fr. 7151, fol. 314 et 420; ms. fr. 15598, fol. 99; ms. fr. 15837, fol. 258.

3616. *Add. : Copie du* XVI*e siècle. Bibl. nat.*, ms fr. 10189, fol. 2 v°.

Copies du XVII*e siècle. Bibl. nat.*, ms. fr. 15837, fol. 87 v° et 93.

3624. *Add. : Deux copies du* XVI*e siècle. Arch. du Ministère des affaires étrangères*, Espagne, 5, fol. 474 et 492.

Copie du XVII*e siècle. Id.*, Espagne, 6, fol. 145 v°.

Autres copies du XVII*e siècle. Bibl. nat.*, ms. fr. 7151, fol. 309; ms. fr. 15637, fol. 223; ms. fr. 15837, fol. 140 v°; ms. fr. 23291, fol. 208 v°.

3637. *Add. : Copie du* XVI*e siècle. Arch. du Ministère des affaires étrangères*, Espagne, 6, fol. 183. *Copie du* XVII*e siècle. Id., ibid.*, fol. 191 v°.

Copies du XVII*e* *siècle. Bibl. nat.*, ms. fr. 7151, fol. 392 et 408; ms. fr. 15837, fol. 230 v°.

3649. *Copie. Arch. départ. d'Ille-et-Vilaine*, C. 3125.

3651. *Add. : Copies du* XVII*e* *siècle. Bibl. nat.*, ms. fr. 7151, fol. 350; ms. fr. 15837, fol. 187 v°.

3662. *Copies du* XVII*e* *siècle. Bibl. nat.*, ms. fr. 7151, fol. 376; ms. fr. 15837, fol. 213 v°.

3679. *Add. : Enreg. au Parl. de Provence, à Aix. Arch. des Bouches-du-Rhône*, B. 3324, fol. 1142 v°.

3684. *Add. : Copie du* XVI*e* *siècle, s. l. n. d. Arch. du Ministère des affaires étrangères*, Espagne, 5, fol. 490.

Copie du XVII*e* *siècle. Bibl. nat.*, ms. fr. 15837, fol. 165.

3692. *Cote complétée : Arch. départ. du Nord*, B. 384.

Add. : Vidimus du 25 août 1531, sous le sceau du greffier de la ville de Valenciennes. Bibl. comm. de Lille, coll. Godefroy, portefeuille 248.

Copies du XVII*e* *siècle. Bibl. nat.*, ms. fr. 7151, fol. 302; ms. fr. 15837, fol. 134.

Autre copie du XVII*e* *siècle. Arch. du Ministère des affaires étrangères*, Espagne, 6, fol. 141 v°.

3698. *Add. : Copies du* XVII*e* *siècle. Bibl. nat.*, ms. fr. 7151, fol. 380; ms. fr. 15837, fol. 218.

3713. *Add. : Copie du* XVI*e* *siècle. Arch. du Ministère des affaires étrangères*, Espagne, 5, fol. 258.

3716. *Add. : Deux copies du* XVII*e* *siècle. Arch. du Ministère des affaires étrangères*, Angleterre, 2, fol. 58 et 67.

3732. *Add. : Copie du* XVI*e* *siècle. Arch. départ. de la Drôme*, E. 3715.

3747. *Add. : Copie du* XVIII*e* *siècle. Bibl. de Poitiers*, manuscrits de dom Fonteneau, t. IV, p. 504.

3754. *Add. : Arch. nat.*, J. 923, n° 1.

3761. *Add.* après Pierre de Beaune: « en remplacement de Charles de Cosnac ».

3763. *Add. :* en remplacement de Thomas Cousinier.

3818. *Add. : Expéd. originale. Arch. nat.*, J. 651^B, n° 19.

Copie du XVII*e* *siècle. Bibl. nat.*, ms. fr. 10637, fol. 140 v°.

3920. *Add. : Copie du* XVII*e* *siècle. Florence, Archivio di Stato*, Manoscritti, n° 677, fol. 175.

3960. *Cote complétée : Arch. du Nord*, B. 442.

3997. *Add. :* Pierre Rebuffi, *Commentaria in constitutiones seu ordinationes regias....* Lyon, 1613, 3 vol. in-fol., t. I, p. 268.

4016. *Add. : Copie du* XVII*e* *siècle. Bibl. nat.*, ms. fr. 21713, fol. 190.

4043. « Antoine Mérault », *corr.* « Antoine Macault ».

4144. « Francisque de Noces », *corr.* « Fr. de Nocet » ou « Noceto ».

4164. « Le comte de Pontresina », *corr.* « Pontresme ». Il s'agit de Francisque de Noceto, comte de Pontremoli.

4181. *Add. : Copie du* XVI*e* *siècle. Arch. de la ville de Narbonne*, AA. 105, fol. 105.

4195. *Add. : Copie. Arch. nat., fonds du Ministère de la marine*, A^1 1, n° 19.

Analyse. Bibl. nat., nouv. acq. fr., ms. 9382, fol. 54.

4242. *Add. : Copies du* XVII*e* *siècle. Bibl. nat.*, ms. fr. 15637, fol. 202; ms. fr. 23291, fol. 184 v°.

4252. *Add. : Mention dans un Mémoire imprimé du* XVII*e* *siècle. Bibl. nat.*, ms. fr. 17329, fol. 189 v°.

4256. *Add. : Copie du* XVI*e* *siècle. Bibl. de la ville de Narbonne*, ms. 7, fol. 280.

Vidimus de Charles de Crussol. Arch. de la ville de Narbonne, série CC.

4257. *Add. : Vidimus de Charles de Crussol. Arch. de la ville de Narbonne*, ms. 7, fol. 278 et 287.

4269. *Add. : Copie du XVIe siècle. Arch. départ. de la Drôme*, E. 3715.

4273. Date. *Au lieu de* « 31 octobre » 1531, *corr.* « 30 novembre ».
Add. : Copie du XVIe siècle. Bibl. de la ville de Lyon, fonds Coste, ms. 973.

4277. *Add. : Copie du XVIIe siècle, d'après le texte enreg. à la Chambre des comptes. Bibl. nat.*, Cinq cents Colbert, vol. 51, fol. 130.

4287. *Add.* : L'original faisait partie de la collection Benjamin Fillon, n° 117 du *Catalogue* publ. par Ét. Charavay, in-4°, 1877.

4289. *Add. : Copie du XVIe siècle. Arch. départ. des Bouches-du-Rhône*, C. 1964.

4294. *Au lieu de* « Jacques Rivière », *lisez* « Riverie ».

4321. « Bonacorsi Griveus », *corr.* « Grineus ».

4371. *Add. : Arch. départ. du Lot*, F. 231.

4390. *Add. : Copie du XVIIe siècle. Arch. départ. de l'Allier, à Moulins*, A. 7.
Copies du XVIIe siècle. Bibl. nat., ms. fr. 15499, fol. 634; ms. fr. 18630, fol. 102 v°.

4403. *Add. : Copie du XVIe siècle. Bibl. nat.*, ms. fr. 18107, fol. 50.
Copie du XVIIe siècle. Bibl. nat., ms. fr. 23165, fol. 65.

4410. *Add. : Copie du XVIIe siècle. Bibl. nat.*, Cinq cents Colbert, vol. 51, fol. 135.

4416. *Add. : Original scellé avec la bulle originale. Arch. nat.*, J. 942, n° 28.

4479. Les chiffres doivent être rectifiés ainsi : 219,736 livres tournois et non 229,736; 47,348 écus et non 47,300; 8,270 livres et non 3,270.

4494. *Cote modifiée : Arch. de la ville de Toulouse*, AA. 3 (anc. 185), n° 351.

4505. *Add. : Original. Arch. communales de Caen* (*Calvados*).

4512. *Add. : Copie du XVIIe siècle. Florence, Archivio di Stato*, Manoscritti n° 677, fol. 172 v°. (Cf. aussi le fol. 178.)

4548. *Add. : Extrait. Bibl. nat.*, ms. fr. 18149, fol. 91.

4600. *Add.* : Pierre Rebuffi, *Commentaria in constitutiones seu ordinationes regias*.... Lyon, 1613, 3 vol. in-fol., t. II, p. 475.

4625. *Add. : Extrait. Bibl. nat.*, ms. fr. 18149, fol. 91.

4631. *Au lieu de* lieutenant général du Roi et gouverneur de Bretagne, *lisez* gouverneur de Bourgogne.

4645. *Copie du XVIIe siècle. Bibl. de la ville de Carpentras*, ms. 1840, fol. 96 et 101.

4670. *Add. : Copies du XVIe siècle. Bibl. nat.*, ms. fr. 10637, fol. 141; ms. fr. 3881 (*extrait*).
Copie du XVIIe siècle. Bibl. nat., ms. fr. 17973, fol. 314 (*extrait*).

4714. *Référence.* — Le reg. ainsi désigné porte maintenant la cote *Arch. des Bouches-du-Rhône, Parl. de Provence*, B. 3320.

4733. *Add. : Copie du XVIIIe siècle. Bibl. nat.*, ms. fr. 8080, fol. 329.

4824. *Add. : Copies de l'époque. Arch. départ. d'Ille-et-Vilaine*, C. 3125 et C. 3132.

4825. *Add. : Plaquette imprimée. Arch. départ. d'Ille-et-Vilaine*, C. 3132.

4836. *Add. : Vidimus du sénéchal de Beaucaire et de Nîmes. Arch. de la ville de Narbonne*, série CC.
Copie du XVIe siècle. Bibl. de la ville de Narbonne, ms. 7, fol. 323 v°.

4919. *Add. : Copie du XVIIe siècle.*

IMPRIMERIE NATIONALE.

Bibl. nat., nouv. acq. fr., ms. 7288, fol. 49.

Copie. Arch. départ. d'Ille-et-Vilaine, C. 3125.

Plaquette imprimée. Id., C. 3132.

4979. *Date :* Boulogne, 23 octobre 1532.

Add. : Copie collat. du XVIIe siècle. Arch. nat., M. 507 (dossier Pontac).

5025. « Mandement à Jean Laguette de payer », *add. :* « 100 écus ».

Cote changée : *au lieu de* « J. 962, n° 22 », *corr.* « J. 960, pl. 5, n° 23 ».

5120. L'acte est daté de « Paris ». *Add. : Original. Arch. communales de Dax (Landes)*, CC. 2.

5145. *Add. : Copie vidimée par Jean Boullet, garde du sceau du bailliage de Senlis. Bibl. nat.*, nouv. acq. fr., ms. 20145, n° 31.

5208. *Add. : Copie du XVIe siècle. Arch. de la ville de Toulouse*, AA. 5, n° 186.

5468. « Le comte de Pontresina », *corr.* « de Pontresme » (Pontremoli).

5541. *Add. : Copie du XVIIe siècle. Bibl. nat.*, ms. fr. 15530, fol. 123.

5598. *Add. : Arrêt d'enregistrement du Parl. de Toulouse, du 12 septembre 1534. Arch. de la ville de Toulouse*, AA. 5, n° 122.

5600. *Add. : Copie du XVIe siècle. Arch. de la ville de Toulouse*, AA. 5, n° 174.

5601. *Add. : Copie de l'année 1556 dans les Procès-verbaux des États de Languedoc. Arch. de la Haute-Garonne*, C. 2280.

5605. *Add. : Catal. des livres et doc. hist. du cabinet de M. de Courcelles*, 1834, in-8°, p. 64. (*Mention.*)

5736. « Audarnacuer (*sic*) ». Il s'agit de Jean Gunther d'Andernach.

5801. *Add. : Autre placard imprimé sur vélin, avec la signature autographe : « Par le Roy en son Conseil, Bochetel ». Bibl. nat.*, ms. fr. 20029, n° 78.

(Pièce provenant de l'anc. collection de Courcelles, vendue en 1834.)

5849. « Léonard de La Givonnière », *corr.* « de La Guionnière ».

Add. : Copie du XVIIe siècle. Bibl. nat., nouv. acq. fr., ms. 7176, fol. 55.

6077. *Add. : Vidimus du 27 septembre 1533. Bibl. nat.*, nouv. acq. fr., ms. 20029, fol. 81.

(Pièce ayant fait partie de la collection de Courcelles, vendue en 1834.)

6135. « Serviteur du comte de Pontresina », *corr.* « du comte de Pontremoli ».

6160. *Add. :* En remplacement de Jacques de Baussay.

6177. *Add. : Bibl. de Montpellier*, ms. 104, fol. 368; *Arch. de l'Hérault, Privilegia Universitatis medicae Monspeliensis*, cartul. X, fol. 124.

6199. *Add. : Arch. du départ. du Lot*, F. 359.

6224. *Add. : Copie du XVIIe siècle. Bibl. nat.*, ms. fr. 15758, fol. 84.

6273. (T. VIII, p. 351.) *Au lieu de* « vicomté de Nébouzan », *lisez* « sénéchaussée de Carcassonne, diocèse de Castres ».

Add. : Enreg. à la sénéchaussée de Carcassonne, le 16 mars 1534 n. s. Mention dans le « Dénombrement des biens de la communauté de Saint-Gervais ». *Arch. départ. de l'Hérault*, C. 2961, fol. 460.

6285. « Francisque de Noces, comte de Pontresina », *corr.* « Fr. de Noceto, comte de Pontremoli ».

6302. *Add. : Copie du XVIIe siècle. Bibl. nat.*, Cinq cents Colbert, ms. 53, fol. 138.

6401. *Add. : Original. Arch. de la ville de Cuxac-d'Aude (Aude)*, AA. 1.

6545. *Add. : Arch. départ. des Bouches-du-Rhône*, C. 1797.

6668. *Cote rectifiée : Original. Arch. de la ville de Dijon*, Trésor des chartes, liasse 21, cote 42.

6692. « Albrecht Foltzer Kueringen », *corr.* « Kneringen ».

6723. *Cote rectifiée : Original. Arch. de la ville de Dijon*, Trésor des chartes, liasse 25, cote 67 (L. 30).
Copie du XVIIIe siècle. Id., L. 25.

6731. *Après* Hugues de Gazaulx, *add. :* en remplacement de Jean Delort.

6735. *Add. : Copie. Bibl. de la ville de Carpentras*, ms. 1787, fol. 447.

6764. *Au lieu de* la veuve de Claude de Villars, s^r de Suse, *lisez* Claude de Villiers, veuve de Philippe de Suse.

6784. *Après* sénéchaussée de Guyenne, *add. :* en remplacement de Bertrand de Taistal.

6785. *Add. : Copie du XVIIe siècle. Arch. du Ministère des affaires étrangères, Mém. et doc.*, Rome, 6, fol. 119.
(*Nota* qu'il s'agit d'un mandement à la Chambre des comptes pour l'entérinement, sans aucune réserve ni restriction, des lettres de mai 1519, n° 1039.)

7017. *Add. : Copies du XVIIe siècle. Bibl. nat.*, ms. fr. 7546, fol. 58 v°; ms. fr. 18266, fol. 54; ms. fr. 18274, fol. 53.

7026. *Add. : Copie du XVIIe siècle. Bibl. de la ville de Carpentras*, ms. 1797, fol. 259 v°.

7102. *Add. : Copie du 27 mai 1536. Bibl. nat.*, ms. fr. 21443, fol. 10.

7159. *Analyse rectifiée :* Lettres portant défenses au syndic des habitants du bourg Saint-Cyprien de Toulouse de mettre aucun empêchement à l'enquête ordonnée par le Grand conseil au sujet de leur différend avec les capitouls, enquête commencée par Jean Godon et continuée par Guy de Breslay. *Arch. de la ville de Toulouse*, AA. 40, n° 16.

7203. *Add. : Copie du XVIIIe siècle. Bibl. nat.*, ms. fr. 8080, fol. 345.

7365. *Add. : Copie du XVIIe siècle. Arch. du Ministère des affaires étrangères, Mém. et doc.*, Rome, 6, fol. 19.
Copie du XVIIe siècle. Bibl. de la ville de Carpentras, ms. 1797, fol. 265 v°.

7430. *Add. : Copie du XVIIe siècle. Bibl. de la ville de Carpentras*, ms. 1840, fol. 140.

7484. « 28 janvier 1535. » Ce traité n'a pas été daté d'après le style de Pâques. Il doit être reporté au « 28 janvier 1534 ».

7485. *Erratum.* — *Au lieu de* Lambert Meigret, commis au payement de l'extraordinaire des guerres, *corr.* Pierre de La Garde, conseiller au Parlement de Toulouse.

7486. *Add. : Copie du XVIIe siècle. Bibl. nat.*, nouv. acq. fr., ms. 7176, fol. 73.

7487. *Add. : Copie du XVIe siècle. Bibl. nat.*, ms. fr. 23638, fol. 65.

7489. *Add. : Copie du XVIe siècle. Arch. de la ville de Toulouse*, AA. 3 (anc. 185), n° 350.

7519. *Au lieu de* « JJ. 842 », *lisez* « J. 842 ».
Add. : Copie sur papier, signée Reynaud. Arch. communales de Grignan (Drôme), FF. 2.

7546. *Add. : Expédition originale. Arch. départ. de la Gironde*, G. 479.

7563. *Add. : Deux copies. Arch. nat., fonds du Ministère de la marine*, A^1 1, n° 18.
Copies du XVIIe siècle. Bibl. nat., ms. fr. 23940, fol. 144 v°, et Cinq cents Colbert, vol. 136, fol. 75.

7572. *Cote rectifiée : Copie du XVIe siècle. Arch. de la ville de Toulouse*, AA. 3 (anc. ms. 185), n° 348.

7584. *Add. : Copie. Arch. départ. des Deux-Sèvres*, E. 205.

7621. *Après* sénéchaussée de Bazadois, *add. :* au lieu de Raymond de Fayard.

7678. *Add. : Copie du XVIIe siècle. Bibl. nat.*, ms. fr. 15758, fol. 86.

7838. Il s'agit sans doute du remboursement d'une ancienne dépense; car, à cette date (13 mai 1535), le cardinal de Tournon était en France et le cardinal de Gramont était mort. (Cf. les n°s 5643 et 5831.)

7888. *Add.* : IMP. Delamare, *Traité de la police*, in-fol., t. IV, p. 368, col. 1.

7890. *Add. : Expédition originale et vidimus des 6 juillet et 15 novembre 1535. Arch. de la Haute-Garonne*, H. 145.

7922. *Add. : Extrait. Arch. de la ville de Grenade (Haute-Garonne)*, II. 1, n° 105.

7952. *Add. : Copies. Arch. communales de Mâcon (Saône-et-Loire)*, HH. 2, n°s 7 et 8.

7953. *Add. : Arch. départ. de Nantes*, EE. 39.

7975. *Add. : Autres mentions dans les Procès-verbaux des États de Languedoc. Arch. nat.*, H. 748[12], fol. 8 v°; *Arch. de la Haute-Garonne*, C. 2278, fol. 1-20.

7976. *Cote rectifiée : Original. Arch. de la ville de Dijon*, Trésor des chartes, liasse 26, cote 22 (M. 30).

Copie. Id., K. 157.

7990. *Add. : Copie du XVIIe siècle. Bibl. nat.*, nouv. acq. fr., ms. 7176, fol. 75.

7991. *Add. : Copies du XVIIe siècle. Bibl. nat.*, ms. fr. 7546, fol. 63; ms. fr. 18266, fol. 57 v°; ms. fr. 18274, fol. 57; ms. fr. 18281, fol. 113; Cinq cents Colbert, vol. 136, fol. 246.

8028. *Add. : Original. Bibl. nat.*, ms. fr. 20343, fol. 103.

8138. *Add. : Copie du XVIe siècle. Bibl. Méjanes, à Aix*, ms. 952, fol. 12 v°.

8141. *Add. : Copie. Bibl. de la ville d'Aix*, ms. 830, n° 13.

Extrait relatif au siège de la sénéchaussée de Provence, à Arles. Bibl. de la ville d'Arles, ms. 247.

8142. *Add. : Copie de 1678. Arch. départ. des Bouches-du-Rhône*, C. 2007.

8155. *Add. : Copie du XVIe siècle. Arch. départ. de la Drôme*, E. 3715.

8175. Le reg. du Parlement de Provence désigné dans cet article porte aujourd'hui la cote : *Arch. des Bouches-du-Rhône*, B. 3314.

8195. *Add.* : en remplacement de Jean de Ferron.

8196. *Add. : Arch. départ. de la Côte-d'Or*, E. 741.

8197. *Add.* : IMP. *Placard. Bibl. nat.*, ms. fr. 18605, fol. 47.

8200. *Add. : Copie du XVIe siècle. Bibl. Méjanes, à Aix*, ms. 952, fol. 14.

8259. *Add. : Copie du XVIe siècle. Arch. départ. de la Drôme*, E. 3715.

8292. *Au lieu de* «Jacob», *lire* «Jaquot».

8299. *Add. : Enreg. au Parl. de Toulouse. Arch. de la Haute-Garonne*, B. 1903 (5e reg. des Édits), fol. 29.

8303. *Add. : Copie du XVIe siècle. Bibl. nat.*, ms. fr. 18241, fol. 90.

8314. «Jean Forestier», *corr.* «Jean Feutrier».

Add. : Enrg. au Parl. de Provence, à Aix. Arch. des Bouches-du-Rhône, B. 3320, fol. 392.

8319. *Add. : Copie du XVIIe siècle. Bibl. de la ville de Carpentras*, ms. 1777, fol. 9.

Copie du XVIIIe siècle. Arch. nat., fonds du Ministère de la marine, B⁷ 520.

8320. *Add. : Enreg. au Parl. de Provence, à Aix. Arch. des Bouches-du-Rhône*, B. 3323, fol. 1092.

Copie du XVIe siècle. Bibl. nat., ms. fr. 23638, fol. 43 v°.

8375. *Add. : Copie du XVIIe siècle. Bibl. nat.*, ms. fr. 3908, fol. 48.

8414. *Add. : Copie du XVIe siècle. Bibl. Méjanes, à Aix*, ms. 952, fol. 15.

8415. *Add.* : *Enreg. au Parl. de Provence, à Aix. Arch. des Bouches-du-Rhône*, B. 3321, fol. 1.

8422. *Add.* : *Arch. de la ville de Dijon*, A. 7 *bis*.

8467. *Add.* : en remplacement de Jean de Bages.

8472. *Add.* : *Copies du XVIIe siècle. Bibl. de la ville de Carpentras*, ms. 1787, fol. 165; *Bibl. nat.*, nouv. acq. fr., ms. 7176, fol. 81.

8476. *Add.* : IMP. N. Weiss, *Documents inédits pour servir à l'histoire de la Réforme sous François Ier* (*Bulletin de la Société de l'hist. du protestantisme français*, t. XXXIV, 1885, p. 166).

8477. *Add.* : *Copie du XVIIe siècle. Bibl. de la ville de Carpentras*, ms. 1820, fol. 286.

8514. *Add.* : en remplacement de Pierre de Ciret.

8525. *Add.* : *Enreg. au Parl. de Provence, à Aix. Arch. départ. des Bouches-du-Rhône*, B. 3323, fol. 393.

Copie collat. du 26 mars 1538 n. s. Arch. de la ville de Bourg-sur-Gironde.

IMP. *Archives historiques de la Gironde*, Bordeaux, in-4°, année 1897, t. XXXII, p. 109.

Extrait publié par Delamare, *Traité de la police*, in-fol., t. I, p. 51, col. 1.

8547. *Add.* : *Enreg. au Parl. de Provence, à Aix. Arch. des Bouches-du-Rhône*, B. 3323, fol. 287 v°.

8577. *Add.* : *Copie du XVIe siècle. Bibl. nat.*, ms. fr. 18111, fol. 288 v°. (La date est omise.)

Copies du XVIIe siècle. Bibl. nat., ms. fr. 7492, fol. 144 v°; ms. fr. 23940, fol. 641.

8639. *Cote rectifiée : Original. Arch. de la ville de Dijon*, Trésor des chartes, liasse 25, cote 68.

8689. *Add.* : *Arch. de la ville de Dijon*, M. 11.

8692. *Cote rectifiée* : *Arch. communales de Blaye* (*Gironde*), AA. 5.

8704. *Add.* : Blois, novembre 1536. *Enreg. au Parl. de Provence, à Aix. Arch. des Bouches-du-Rhône*, B. 3321, fol. 297.

8721. *Add.* : *Copie du XVIe siècle. Bibl. nat.*, ms. fr. 11688, fol. 21.

8738. *Add.* : *Autre enreg. au Parl. de Provence, à Aix. Arch. des Bouches-du-Rhône*, B. 3321, fol. 112 v°.

(Il s'agit des fermiers de divers greffes en la sénéchaussée de Digne.)

8810. *Add.* : *Enreg. au Parl. de Provence, à Aix. Arch. des Bouches-du-Rhône*, B. 3324, fol. 95 v°.

8812. *Add.* : *Copie du XVIIe siècle. Bibl. nat.*, Cinq cents Colbert, ms. 51, fol. 138 et suiv.

(Il y a trois textes semblables, sauf les adresses : l'un aux Parlement, Chambre des comptes et Cour des aides de Paris; l'autre pour la Normandie, et le troisième pour la Guyenne.)

Copie. Arch. communales de Mâcon (*Saône-et-Loire*), DD. 25, n° 1.

IMP. *Catal. des livres et doc. hist. du cabinet de M. de Courcelles*, 1834, in-8°, p. 65. (*Mention.*)

8824. *Add.* : *Arch. départ. de la Seine-Inférieure*, G. 6840.

8825. *Add.* : *Copie coll. du 28 avril 1537. Bibl. nat.*, nouv. acq. fr. ms. 20029, fol. 82.

Autre. Arch. de la Seine-Inférieure, G. 6840.

8851. *Add.* : *Copies du XVIIe siècle. Bibl. nat.*, Cinq cents Colbert, ms. 52, pl. 45 et 59.

8856. *Add.* : *Copie du XVIe siècle. Bibl. nat.*, ms. fr. 23638, fol. 25 v°.

8859. *Add.* : *Copie du XVIe siècle. Arch. départ. de l'Oise*, H. 2143, fol. 56.

8986. *Add.* : *Copie du XVIIe siècle. Bibl. nat.*, ms. fr. 23940, fol. 318.

9030. *Cote rectifiée : Arch. de la ville d'Amiens*, AA. 12, fol. 209 v°.

9048. «François de Marillac», *corr.* «F. de Marcillac».

9054. *Add. : Copie du XVIe siècle. Bibl. nat.*, ms. fr. 23638, fol. 12 v°.

9080. *Add. : Copie du XVIIe siècle. Bibl. nat.*, Cinq cents Colbert, ms. 51, fol. 145.

9082. *Add. : Copie du XVIIe siècle. Bibl. nat.*, Cinq cents Colbert, ms. 51, fol. 147.

9163. *Add. : Enreg. au Parl. de Bourgogne. Arch. départ. de la Côte-d'Or*, B. 12075, fol. 200.

9180. *Add. : Copie du XVIIe siècle. Bibl. nat.*, Cinq cents Colbert, ms. 51, fol. 149 v°.

9187. *Add. : Copie du XVIe siècle. Bibl. nat.*, ms. fr. 11688, fol. 29.
Copie du XVIIe siècle. Bibl. nat., Cinq cents Colbert, vol. 51, fol. 163.

9194. *Add. : Copie du XVIe siècle. Arch. du Ministère des affaires étrangères, Mém. et doc.*, Espagne, 306, fol. 90 v°.
Deux copies du XVIIe siècle. Id., Espagne, 6, fol. 384; Autriche, 6, fol. 212 v°.

9200. *Add. : Copie du XVIIe siècle. Bibl. nat.*, ms. fr. 10687, fol. 245 v°.

9202. *Add. : Copies du XVIIe siècle. Bibl. nat.*, Cinq cents Colbert, ms. 52, fol. 51.

9204. *Add. : Copie du XVIIIe siècle. Bibl. nat.*, ms. fr. 8080, fol. 385.
IMP. R. de Lespinasse, *Les métiers et corporations de la ville de Paris*, t. III, p. 529.

9237. *Add. : Analyse. Bibl. nat.*, ms. fr. 21015, p. 513.

9257. *Add. : Copie du XVIIIe siècle. Bibl. nat.*, ms. fr. 8080, fol. 387.

9263. *Add. : Enreg. au Parl. de Provence, à Aix. Arch. des Bouches-du-Rhône*, B. 3321, fol. 469.

9292. *Add. : Enreg. au Parl. de Provence, à Aix. Arch. des Bouches-du-Rhône*, B. 3321, fol. 256 v°.

9336. *Add. : Copies du XVIe siècle. Bibl. nat.*, ms. fr. 5927, fol. 28; ms. fr. 18241, fol. 43 v°.

9337. *Add. : Enreg. au Parl. de Provence, à Aix. Arch. des Bouches-du-Rhône*, B. 3321, fol. 188.

9338. *Add. : Enreg. au Parl. de Provence, à Aix. Arch. des Bouches-du-Rhône*, B. 3321, fol. 199.

9356. *Add. : Enreg. au Parl. de Provence à Aix. Arch. des Bouches-du-Rhône*, B. 3321, fol. 255.
Copie du XVIe siècle. Bibl. Méjanes, à Aix, ms. 952, fol. 20.

9380. *Add. : Copie du XVIIe siècle. Bibl. nat.*, ms. fr. 15837, fol. 288.
Deux copies du XVIIe siècle. Arch. du Ministère des affaires étrangères, Espagne, 6, fol. 356 v°; Autriche, 6, fol. 219 v°.

9385. «Création de douze offices de conseillers en la sénéchaussée de Rouergue», *add.* : «au siège de Villefranche».

9437. *Add. : Copie du XVIIe siècle. Bibl. nat.*, ms. fr. 15837, fol. 298 v°.
Deux copies du XVIIe siècle. Arch. du Ministère des affaires étrangères, Espagne, 6, fol. 368 v°; Autriche, 6, fol. 207.

9440. *Add. : Copie collat. de 1543. Bibl. nat.*, ms. fr. 17330, fol. 29.

9476. *Add. : Copie du XVIIe siècle. Bibl. nat.*, ms. fr. 22071, fol. 15.

9523. *Add. : Copie du XVIe siècle. Bibl. Méjanes, à Aix*, ms. 952, fol. 19.

9532. *Add. : Enreg. au Parl. de Provence, à Aix. Arch. des Bouches-du-Rhône*, B. 3321, fol. 477 v°.

9533. (20 février-30 décembre 1536), *corr.* «1537».

9561. *Add. : Deux copies du XVIe siècle. Arch. du Ministère des affaires étrangères*, Autriche, suppl. 1, fol. 43 v° et 44.

9569. *Add. : Enreg. au Parl. de Provence, à Aix. Arch. des Bouches-du-Rhône*, B. 3321, fol. 376.

Copie du XVIe siècle. Bibl. Méjanes, à Aix, ms. 952, fol. 17 v°.

9612. *Add. : Copie du XVIe siècle. Bibl. nat.*, ms. fr. 18241, fol. 47 v°.

9642. *Add. : Copie du XVIe siècle. Bibl. nat.*, ms. fr. 3900, fol. 64.

Copies du XVIIe siècle. Bibl. nat., ms. fr. 15585, fol. 56; ms. fr. 18433, fol. 117 v°; ms. fr. 18542, fol. 139 v°; ms. fr. 23940, fol. 44 v°, 427; Cinq cents Colbert, vol. 136, fol. 23.

9656. *Add. : Extrait imprimé. Arch. départ. d'Ille-et-Vilaine*, C. 3722.

9661. *Add.* : en remplacement de Jean de Berolla.

9714. *Add. : Copie collat. de 1543. Bibl. nat.*, ms. fr. 17330, fol. 31 v°.

9715. *Add. : Copie du XVIIe siècle. Bibl. nat.*, Cinq cents Colbert, ms. 52, fol. 53 v°.

9760. *Add. : Enreg. au Parl. de Provence, à Aix. Arch. des Bouches-du-Rhône*, B. 3321, fol. 487.

9790. « . . . maître des ports et passages », *add.* : « de la sénéchaussée de Toulouse ».

9795. *Add.* : en remplacement de Gracien de Lacombe.

9854. *Add. : Copies du XVIIIe siècle. Bibl. nat.*, ms. fr. 8080, fol. 401; ms. fr. 22071, fol. 11.

9879. *Add. : Copie de l'époque. Arch. départ. de l'Orne*, H. 2014.

9885. *Add. : Enreg. au Parl. de Provence, à Aix. Arch. des Bouches-du-Rhône*, B. 3321, fol. 692 v°.

9892. *Add. : Copie de l'époque. Arch. départ. de l'Orne*, H. 2014.

9897. *Au lieu de* « Caune (Cosne) », *corr.* « Tanné (Tannay, Nièvre) ».

Add. : Original. Arch. communales de Tannay (Nièvre), HH. 1, pièce n° 1 (déposées aux *Arch. départ. de la Nièvre*).

9954. *Add. : Arch. de la ville de Dijon*, L. 637.

9972. *Add. : Copie du XVIIIe siècle. Bibl. nat.*, ms. fr. 8080, fol. 407.

10065. *Add. : Copie du XVIIe siècle. Bibl. nat.*, ms. fr. 15837, fol. 318.

Trois autres copies du XVIIe siècle. Arch. du Ministère des affaires étrangères, Autriche, 6, fol. 243 et 263 v°; Espagne, 6, fol. 411 v°.

10077. *Add. : Copie du XVIIe siècle. Bibl. de la ville de Carpentras*, ms. 1812, fol. 101.

10100. *Add. : Copie du XVIIe siècle. Bibl. nat.*, ms. fr. 10687, fol. 247.

10109. *Add. : Original. Arch. du château de Léran (Ariège)*, fonds Châteaumorant, liasse A1, n° 51.

10121. *Add. : Enreg. au Parl. de Provence. Arch. départ. des Bouches-du-Rhône*, B. 3443, fol. 1458 v°.

10231. *Add. : Copie du XVIIe siècle. Bibl. nat.*, ms. fr. 18630, fol. 118.

10288. *Add. : Copie du XVIe siècle. Arch. de la ville d'Amiens (Somme)*, AA. 5, fol. 258.

10397. Date : *au lieu de* « 28 octobre 1538 », *lisez* « 23 octobre ». — Voir le même acte au *Troisième Supplément*, ci-dessus n° 32816.

10416. *Add. : Original. Arch. du départ. de l'Orne*, H. 4147.

10427. *Add. : Copies du XVIIe siècle. Bibl. nat.*, ms. fr. 7546, fol. 67; ms. fr. 18266, fol. 62 v°; ms. fr. 18274, fol. 63 v°; ms. fr. 18281, fol. 117; Cinq cents Colbert, vol. 136, fol. 248.

10434. *Add. : Copie du XVIIIe siècle. Bibl. nat.*, ms. fr. 8080, fol. 413.

10461. *Add. : Enreg. au Parl. de Bourgogne. Arch. départ. de la Côte-d'Or*, B. 12075, fol. 145.

10469. *Add. : Copie du XVIIe siècle. Bibl. de la ville de Carpentras*, ms. 1797, fol. 105.

10531. *Add. : Copie du XVIe siècle. Arch. du Ministère des affaires étrangères, Mém. et doc.*, Espagne, 306, fol. 119.

10548. *Add. : Copie du XVIIe siècle. Arch. du Ministère des affaires étrangères*, Hambourg, Supplément 1, fol. 82.

10583. *Add. : Copie du XVIe siècle. Bibl. nat.*, nouv. acq. fr., ms. 20256, fol. 90.

10584. Don à Jacquette de Longwy.
Add. : Copie du XVIe siècle. Arch. nat., M. 458, dossier Longwy.

10595. *Add. : Enreg. au Parl. de Provence, à Aix. Arch. des Bouches-du-Rhône*, B. 3321, fol. 773.
Copie du XVIe siècle. Bibl. nat., ms. fr. 18241, fol. 34.

10653. *Add.* : Pierre Rebuffi, *Commentaria in constitutiones seu ordinationes regias...*. Lyon, 1613, 3 vol. in-fol., t. II, p. 457.

10671. *Add.* : IMP. Crapelet, *Des progrès de l'imprimerie*. Paris, in-8°, 1836, p. 28-37.

10672. « A. Bernard, *Geoffroy Tury* », *corr.* « G. Tory ».

10692. « Du 20 février 1537 jusqu'au 30 juin suivant », *corr.* « jusqu'au 30 juin de l'année suivante » (1538).

10714. *Add. : Copie du XVIIIe siècle. Bibl. nat.*, ms. fr. 8080, fol. 423.

10716. *Add. : Copie du XVIIe siècle. Bibl. nat.*, ms. fr. 15522, fol. 160.

10741. *Add. : Copie du XVIIe siècle. Bibl. nat.*, ms. fr. 6368, fol. 75 v°.

10771. *Add. : Original. Arch. du château de Léran (Ariège)*, fonds de Châteaumorant, liasse A1, n° 52.

10779. *Add. : Copie du XVIe siècle. Arch. nat.*, S. 384.

10850. *Add. : Enreg. au Parl. de Provence, à Aix. Arch. des Bouches-du-Rhône*, B. 3321, fol. 779 v°.

10880. *Add. : Enreg. au Parl. de Provence, à Aix. Arch. des Bouches-du-Rhône*, B. 3321, fol. 800.

10920. « Du 11 mars au 8 juin 1538 », *corr.* « 1539 ».

11017. *Add. : Copie du XVIIe siècle. Bibl. nat.*, ms. fr. 16883, fol. 162 v°.
Copie du XVIIIe siècle. Bibl. nat., nouv. acq. fr., ms. 7397, fol. 55.
Autre copie du XVIIIe siècle. Arch. du Ministère des affaires étrangères, mém. et doc., Lorraine, 3, fol. 54 v°.

11025. *Add. : Copie du XVIe siècle. Arch. de la ville de Dijon*, I. 105.

11026. *Add. : Copie du XVIe siècle. Arch. de la ville de Dijon*, I. 105.
IMP. Pierre Rebuffi, *Commentaria in constitutiones seu ordinationes regias...*. Lyon, 1613, 3 vol. in-fol., t. II, p. 476.

11037. *Add. : Copie du XVIIe siècle. Bibl. nat.*, ms. fr. 18551, fol. 17.

11038. *Add. : Copie du XVIe siècle. Bibl. nat.*, ms. fr. 16685, fol. 437.

11056. *Add. : Copie de l'époque. Arch. départ. du Gard*, E. 1.

11058. *Add. : Enreg. en tête du registre des Grands jours d'Angers, le 1er septembre 1539. Arch. nat.*, X^1a 9219, fol. 1 v°.

11062. *Add. : Copie du XVIe siècle. Bibl. nat.*, ms. fr. 11688, fol. 1.

11071. *Add. : Copie du XVIe siècle. Arch. de la ville de Narbonne*, AA. 182.
Copie du XVIe siècle. Bibl. de la ville de Dijon, ms. 916 (fonds Baudot, 6), fol. 9.
Copie du XVIIIe siècle. Bibl. nat., ms. fr. 8080, fol. 429.

11072. *Add. : Copie du XVIe siècle. Arch. de la ville de Narbonne*, AA. 182.

11073. *Add. : Original. Bibl. nat.*, ms. fr. 22437, fol. 15.
IMP. N. Weiss, *Doc. inéd. pour servir à l'hist. de la Réforme sous François Ier*, dans le *Bull. de la Soc. d'hist. du protestantisme franç.*, t. XXXVIII (1889), p. 240.

11079. *Add. : Copie. Bibl. de la ville de Carpentras*, ms. 1837, fol. 316.

11104. *Add. :* en remplacement de Nicolas Bohier.

11105. *Add. :* Imp. *Les coustumes des duchez, contez et chastellenies du bailliage de Senlis*.... Paris, Galliot du Pré et Jean André, 1540, in-4° goth., 2, 82 et 16 ff. 1re partie, fol. 20. (*Bibl. nat.*, rés. F. 268.)

11123. *Add. : Copie du XVIe siècle. Bibl. nat.*, ms. fr. 23638, fol. 24.

11130. *Add. : Copie du XVIIIe siècle. Bibl. nat.*, ms. fr. 8080, fol. 431.

11143. *Add. : Copies du XVIIe siècle. Bibl. nat.*, ms. fr. 18550, p. 215 et p. 221; ms. fr. 23930, fol. 162 et 166.

11152. *Add. :* Imp. *Les coustumes des duchez, contez et chastellenies du bailliage de Senlis*.... Paris, Galliot du Pré et Jean André, 1540, in-4° goth., 2, 82 et 16 ff. 2e partie, fol. 14. (*Bibl. nat.*, rés. F. 268.)

11162. *Add. : Enreg. au Parl. de Provence, à Aix. Arch. des Bouches-du-Rhône*, B. 3321, fol. 938.

11167. *Add. : Enreg. au Parl. de Provence, à Aix. Arch. des Bouches-du-Rhône*, B. 3321, fol. 1035.

11168. *Add. : Copie du XVIIIe siècle. Bibl. nat.*, ms. fr. 8080, fol. 433.

11169. *Add. : Copie du XVIe siècle. Arch. départ. d'Ille-et-Vilaine*, C. 2712, fol. 65.

11179. *Copie du temps. Arch. municip. de Vienne (Isère)*, Registres consulaires.

11209. *Add. : Copies incomplètes du XVIIe siècle. Bibl. nat.*, ms. fr. 7492, fol. 207; ms. fr. 23940, fol. 685; ms. fr. 23942, fol. 175 v°.

11239. *Add. : Copie du XVIIIe siècle. Bibl. nat.*, ms. fr. 8080, fol. 439.

Analyse. Bibl. nat., ms. fr. 21816, fol. 22 v°.

11243. *Add. : Copies du XVIe siècle. Arch. de la ville d'Amiens*, AA. 5, fol. 260 v°; AA. 15, fol. 21.

11260. *Add. : Enreg. au Parl. de Provence, à Aix. Arch. des Bouches-du-Rhône*, B. 3323, fol. 832 v°.

Enreg. au Parl. de Bordeaux. Arch. départ. de la Gironde, G. 271.

Copie du XVIe siècle. Bibl. Méjanes, à Aix, ms. 952, fol. 30 v°.

Imp. P. Rebuffi, *Commentaria in constitutiones seu ordinationes regias*... Lyon, 1613, 3 vol. in-fol., t. II, p. 550.

11262. *Add. : Copie du XVIIe siècle. Bibl. nat.*, ms. fr. 21015, p. 375.

11265. *Add. : Copie du XVIe siècle. Florence, Archivio di Stato*, Manoscritti, n° 677, fol. 196.

11281 *bis* (t. VIII, p. 372). A la référence, *add. : fonds du Paréage de Mirepoix*, C. 9, n° 14.

11284. *Add. :* en remplacement de Geoffroy Couillaud.

11285. *Add. : Enreg. au Parl. de Provence, à Aix. Arch. des Bouches-du-Rhône*, B. 3323, fol. 248 v°.

Fragment imprimé par Delamare, *Traité de la police*, in-fol., t. II, p. 272.

11293. *Add. : Enreg. au Parl. de Provence, à Aix. Arch. des Bouches-du-Rhône*, B. 3323, fol. 341 v°.

Copie du XVIe siècle. Bibl. Méjanes, à Aix, ms. 952, fol. 31 v°.

11298. *Add. : Arch. départ. de la Marne*, E. 940.

11303. *Add. : Enreg. au Parl. de Provence, à Aix. Arch. des Bouches-du-Rhône*, B. 3323, fol. 268.

11304. C'est le même acte que le n° 3573, daté de « Nogent-sur-Seine, 28 décembre 1529 », qui est la véritable date.

11306. *Add. : Enreg. au Parl. de Bourgogne. Arch. départ. de la Côte-d'Or*, B. 12076, fol. 23 v°. (Les lettres ne sont pas datées.)

11313. *Add. : Copies du XVIIe siècle. Bibl. de la ville de Carpentras*, ms. 1797, fol. 106 v° et 115.

11331. Il s'agit des amendes prononcées par les juges des seigneurs; si elles sont confirmées en appel, la moitié en appartiendra au Roi.
Add. : Enreg. au Parl. de Provence, à Aix. Arch. des Bouches-du-Rhône, B. 3323, fol. 253 v°.
Copie du XVIe siècle. Bibl. Méjanes, à Aix, ms. 952, fol. 28 v°.

11347. *Add. : Copie du XVIe siècle. Bibl. Méjanes, à Aix*, ms. 952, fol. 37 v°.

11351. *Add. : Enreg. au Parl. de Provence, à Aix. Arch. des Bouches-du-Rhône*, B. 3323, fol. 294 et 338 v°.
Copie du XVIe siècle. Bibl. Méjanes, à Aix, ms. 952, fol. 29 v°.

11356. *Add. : Copie du XVIIe siècle. Bibl. nat.*, ms. fr. 18780, fol. 109.

11366. *Cote rectifiée : Arch. de la ville d'Amiens*, AA. 5, fol. 273.

11386 à 11393. Date. *Au lieu de* «Noyon», *lisez* «Nouvion».

11400 à 11411. Même correction.

11412. Date. *Corr.* : «Novyon près Abbeville», c'est-à-dire «Nouvion-en-Ponthieu» *au lieu de* «Noyon».
Add. : Copie du XVIIIe siècle. Bibl. nat., ms. fr. 8080, fol. 377.

11413 à 11427. Date. *Au lieu de* «Noyon», *lisez* «Nouvion».

11428. Date. *Lisez* «Nouvion» *au lieu de* «Noyon».
Add. : Enreg. au Parl. de Provence, à Aix. Arch. des Bouches-du-Rhône, B. 3323, fol. 343 v°.

11429 à 11433. Date. *Au lieu de* «Noyon», *lisez* «Nouvion».

11434. Date. *Au lieu de* «Noyon», *lisez* «Nouvion».
Add. : Enreg. au Parl. de Provence, à Aix. Arch. des Bouches-du-Rhône, B. 3323, fol. 336.

11441 à 11450. Date. *Au lieu de* «Noyon», *lisez* «Nouvion».

11444. *Add. : Mention d'après l'anc. reg. XI de la Chambre des comptes. Bibl. nat.*, ms. fr. 22237, fol. 3 v°.

11454. *Add. : Extrait du XVIIIe siècle, sous la date du 1er (au lieu du 4) avril 1540. Bibl. nat.*, ms. fr. 23895, fol. 91.

11455. *Add. : Copie du XVIIe siècle. Bibl. de la ville de Dijon*, ms. 916 (fonds Baudot 6), fol. 22.

11477. *Analyse rectifiée* : Mandement au bailli de Sens de lever la saisie, précédemment ordonnée par le Roi, des biens et revenus du chapitre de Langres.

11483. *Add. : Copie du XVIe siècle. Arch. de la ville d'Amiens*, AA. 12, fol. 197.

11509. *Add. : Copie du XVIIe siècle. Bibl. nat.*, nouv. acq. fr., ms. 7176, fol. 83.

11522. *Cote rectifiée : Original. Arch. de la ville de Dijon*, Trésor des chartes, liasse 21, cote 43.
Copie du XVIIIe siècle. Id., K. 159.

11528. *Add. : Copies du XVIIe siècle. Bibl. nat.*, ms. fr. 18575, fol. 224; ms. fr. 23399, fol. 248 v°.

11535. *Add. : Extrait. Arch. de la ville de Grenade (Haute-Garonne)*, II. 1, n° 105.

11567. «Jean Pellissier», *corr.* «Guillaume Pellissier».

11571. *Add. : Enreg. au Parl. de Provence, à Aix. Arch. des Bouches-du-Rhône*, B. 3323, fol. 349 v°.

11576. *Add.* : en remplacement de Jean de Carmaing.

11583. *Add. : Copie du XVIe siècle. Bibl. nat.*, ms. fr. 16685, fol. 438.

11585. *Add. : Copie du XVIIe siècle. Bibl. de la ville de Carpentras*, ms. 1813, fol. 59.

11586. *Add. :* Pierre Rebuffi, *Commentaria in constitutiones seu ordinationes regias...* Lyon, 1613, 3 vol. in-fol., t. II, p. 461.

11600. *Add. : Original. Arch. de la ville de Brive (Corrèze)*, AA. 3.

11615. *Add. : Copie du XVIIIe siècle. Bibl. nat.*, ms. fr. 8080, fol. 451.

11635. *Add. : Copie du XVIIe siècle. Bibl. nat.*, ms. fr. 22457, p. 301.

11649. *Cote rectifiée : Bibl. de la ville de Rouen*, ms. 3408, fol. 82.

11651. *Add. : Copie du XVIe siècle. Bibl. nat.*, ms. fr. 23638, fol. 66.

11660. *Add. : Enreg. au Parl. de Provence à Aix. Arch. des Bouches-du-Rhône*, B. 3323, fol. 436 v°.

11677. *Add. : Copie du XVIIIe siècle. Bibl. nat.*, ms. fr. 8080, fol. 459.

11679. *Add. : Copie du XVIIIe siècle. Bibl. nat.*, ms. fr. 8080, fol. 463.

IMP. Pierre Rebuffi, *Commentaria in constitutiones seu ordinationes regias...* Lyon, 1613, 3 vol. in-folio, t. II, p. 477.

11686. *Add. : Copies. Bibl. de Montpellier*, ms. 104, fol. 423; *Arch. de la Faculté de médecine de Montpellier*, arrêts et déclarations, reg. XI, fol. 61 v°-64 v°; *Arch. dép. de l'Hérault*, *Privilegia Universitatis medicæ Monspeliensis*, cartul. X, fol. 88 v°-92 v°.

11710. *Add. : Copie du XVIe siècle. Bibl. nat.*, ms. fr. 23638, fol. 25.

11715. *Analyse rectifiée :* Mandement à Jean-Jacques de Mesmes, lieutenant civil en la prévôté de Paris, de faire faire l'évaluation de toutes mesures et de tous poids, à l'étalon de ceux de Paris. Fontainebleau, 13 novembre 1540.

Add. : Copie du XVIIIe siècle. Bibl. nat., ms. fr. 8080, fol. 467.

11717. *Add. : Copie du XVIe siècle. Bibl. nat.*, ms. fr. 18550, p. 225.
Copie du XVIIe siècle. Bibl. nat., ms. fr. 23930, fol. 169.

11720. *Add. : Copie du XVIIIe siècle. Bibl. nat.*, ms. fr. 8080, fol. 469.

11728. *Add. : Copie du XVIe siècle. Bibl. nat.*, ms. fr. 18241, fol. 83 v°.

11733. *Add. : Enreg. au Parl. de Provence, à Aix. Arch. des Bouches-du-Rhône*, B. 3323, fol. 690.
Copie du XVIe siècle. Bibl. Méjanes, à Aix, ms. 952, fol. 36.
Copies du XVIIe siècle. Bibl. nat., ms. fr. 7546, fol. 73; ms. fr. 18266, fol. 67; ms. fr. 18274, fol. 67.

11738. *Add. : Copie du XVIIe siècle. Arch. nat., fonds du Ministère de la marine*, D^4^ 8, fol. 103.

11742. *Add. :* en remplacement de Louis Chapelier.

11761. *Add. : Copie du XVIIe siècle. Bibl. nat.*, ms. fr. 22457, p. 304.

11774. *Add. : Copie du XVIIe siècle. Bibl. nat.*, Cinq cents Colbert, ms. 51, fol. 170 v°.

11775. *Add. : Enreg. au Parl. de Provence, à Aix. Arch. des Bouches-du-Rhône*, B. 3323, fol. 678 v°.

11784. *Add. : Art. 39 de cet édit publié par* Delamare, *Traité de la Police*, t. IV, p. 496, col. 1.

11804 et 11805. *Add. : Analyses. Bibl. nat.*, nouv. acq. fr., ms. 2610, fol. 5 et 7.

11807. *Add. : Copie du XVIIIe siècle. Bibl. nat.*, ms. fr. 8080, fol. 473.

11826. Il s'agit de l'affaire de Cabrières et Mérindol.
Add. : Copies. Bibl. Méjanes, à Aix (Bouches-du-Rhône), ms. 774 (796-R. 593), et ms. 775 (798-R. 257).
Copies du XVIIe siècle. Bibl. nat., ms. fr. 15585, fol. 53; ms. fr. 16545, fol. 4 v°.

11827. *Add. : Copie du XVIe siècle. Bibl. nat.*, ms. fr. 6838, fol. 90.

11862. *Add. : Copie du XVIe siècle. Bibl. nat.*, ms. fr. 6838, fol. 117 v°.
Copie du XVIIe siècle. Bibl. nat., ms. fr. 18433, fol. 269.

11901. Édit contre les Luthériens, *add.* : « attribuant aux Cours souveraines le jugement de leurs procès ».

11915. *Add. : Copie du XVIIIe siècle. Bibl. nat.*, ms. fr. 8080[1], fol. 479.

IMP. R. de Lespinasse, *Les métiers et corporations de la ville de Paris*, t. III, p. 165.

11946. *Add. : Copie du XVIIIe siècle. Bibl. nat.*, ms. fr. 8080, fol. 481.

11982. *Cote rectifiée : Original. Arch. de la ville de Dijon*, Trésor des chartes, liasse 25, cote 69.

Copie du XVIIIe siècle. Id., L. 25.

11990. *Add. : Copie. Bibl. de la ville d'Avignon*, ms. 1489, fol. 2.

11991. *Add. : Copie du XVIe siècle. Bibl. Méjanes, à Aix*, ms. 952, fol. 40.

12045. *Add. : Enreg. au Parl. de Provence, à Aix. Arch. des Bouches-du-Rhône*, B. 3323, fol. 793 v°.

12064. *Add. : Enreg. au Parl. de Provence, à Aix. Arch. des Bouches-du-Rhône*, B. 3323, fol. 799.

12080. *Add. : Autres copies du XVIe siècle dans les procès-verbaux des États de Languedoc. Arch. nat.*, H. 748[12], fol. 197. *Arch. de la Haute-Garonne*, C. 2278, fol. 149 et s.

12177. *Add. : Deux copies. Arch. départ. des Vosges*, G. 871 et 877.

12186. *Add. : Copies du XVIe siècle. Bibl. nat.*, ms. fr. 6637, fol. 352; ms. fr. 23638, fol. 41.

12214. *Add. : Copie du XVIIe siècle. Bibl. de la ville de Carpentras*, ms. 1813, fol. 61.

A joindre au traité de cette date (29 novembre 1541) : Pouvoirs de Christiern, roi de Danemark, à Eschille Valden, Pierre Suavenius et Eric Vaben, pour traiter avec les ambassadeurs du roi de France. Ellenbogen, 12 septembre 1541.

Copie du XVIIe siècle. Bibl. nat., ms. latin 17698, fol. 46 v°.

12232. *Add. : Copie du XVIIIe siècle. Bibl. nat.*, ms. fr. 8080, fol. 489.

12243. *Add. : Copie du XVIIIe siècle. Bibl. nat.*, ms. fr. 8080, fol. 495.

12253. *Add. : Copie du XVIe siècle. Bibl. nat.*, ms. fr. 18241, fol. 86 v°.

12257. *Add. : Copie du XVIIIe siècle. Bibl. nat.*, ms. fr. 21818, p. 21.

12267. *Add. : Enreg. au Parl. de Provence, à Aix. Arch. des Bouches-du-Rhône*, B. 3323, fol. 1041 v°.

12272. *Add. : Mention* d'après l'anc. reg. XI de la Chambre des comptes, sous la date d' « octobre 1541 », *au lieu de* « décembre ». *Bibl. nat.*, ms. fr. 22237, fol. 4.

12331. *Add. : Copies. Bibl. de la ville de Carpentras*, ms. 1866, fol. 34 et 158.

12409. *Add. : Copie du XVIIe siècle. Bibl. nat.*, ms. fr. 18433, fol. 272.

12428. *Add. : Copie du XVIIe siècle. Bibl. de la ville de Carpentras*, ms. 1824, fol. 251 v°.

Copie du XVIIe siècle. Bibl. nat., ms. fr. 18433, fol. 275 v°.

12457. *Add. : Enreg. au Parl. de Provence, à Aix. Arch. des Bouches-du-Rhône*, B. 3323, fol. 1063. (Sous la date du 25, *au lieu du* 20 avril 1542.)

12461. *Add. : Enreg. au Parl. de Provence, à Aix. Arch. des Bouches-du-Rhône*, B. 3323, fol. 1049.

Copie du XVIe siècle. Bibl. Méjanes, à Aix, ms. 952, fol. 44.

12519. *Add.* : en remplacement d'Hélie de Lagerio (Lagear), son père.

12525. *Add. : Enreg. au Parl. de Provence, à Aix. Arch. des Bouches-du-Rhône*, B. 3323, fol. 1052.

Copie du XVIIe siècle. Bibl. nat., ms. fr. 22457, fol. 371.

12543. *Add.* : IMP. Pierre Rebuffi, *Commentaria in constitutiones seu ordinationes regias*... Lyon, 1613, 3 vol. in-fol., t. II, p. 455.

12554. *Add. : Enreg. au Parl. de Provence, à Aix. Arch. des Bouches-du-Rhône*, B. 3323, fol. 1064.

12566. *Add. : Enreg. au Parl. de Provence, à Aix. Arch. des Bouches-du-Rhône*, B. 3323, fol. 1129.

12573. *Add. : Copie du XVIIe siècle. Arch. du Ministère des affaires étrangères*, Suède, suppl. 1 *bis*, fol. 7 v°.

12574. *Add. : Copie du XVIIe siècle. Bibl. nat.*, ms. fr. 22457, p. 377.

12575. *Add. : Analyse. Bibl. nat.*, ms. fr. 22457, p. 363.

12577. *Add. : Copie du XVIIe siècle. Bibl. nat.*, ms. fr. 15585, fol. 48 v°. (La date de l'acte est omise.)

12596. *Add. : Enreg. au Parl. de Provence, à Aix. Arch. des Bouches-du-Rhône*, B. 3323, fol. 1061 v°.

12615. *Add. : Original signé des quatre plénipotentiaires suédois (sceaux absents). Arch. départ. de la Côte-d'Or.*

Imp. *Musée des Archives départementales*, *recueil de fac-similé*, etc. Textes. Paris, Imp. nat., 1878, in-fol., p. 334.

N. B. Il est daté de Montiers-sur-Saulx (arr. de Bar-le-Duc, Meuse), le 2 juillet 1542, alors que l'instrument signé des plénipotentiaires français porte la date « *Regniaci in finibus Galliæ* » (sans doute Rigny-la-Salle, canton de Vaucouleurs, et non Ragny), le 1er juillet.

12617. *Add. : Copie du XVIIIe siècle. Arch. départ. des Bouches-du-Rhône*, C. 1425.

12618. *Add. : Enreg. au Parl. de Provence, à Aix. Arch. des Bouches-du-Rhône*, B. 3323, fol. 1075.

Extrait. Arch. des Bouches-du-Rhône, C. 1901.

12628. *Add. : Copie du XVIIe siècle. Bibl. nat.*, ms. fr. 22457, p. 367.

Autre copie du XVIIe siècle. Arch. du Ministère des affaires étrangères, Mém. et doc., Espagne, 20, fol. 214.

12635. *Add. : Copie du XVIIIe siècle. Bibl. nat.*, ms. fr. 21818, p. 28.

Analyse. Bibl. nat., ms. fr. 8131, fol. 24.

12636. *Add. : Expéd. orig. Arch. de la Côte-d'Or*, série G., fonds du chapitre de N.-D. de Beaune, G. 2572.

12649. *Add. : Copie du XVIIe siècle. Bibl. nat.*, ms. fr. 22457, p. 373.

12658. *Cote rectifiée : Original. Arch. de la ville de Dijon*, Trésor des chartes, liasse 25, cote 70 (L. 97).

12661. *Cote rectifiée : Original. Arch. de la ville de Dijon*, Trésor des chartes, liasse 21, cote 44.

12664. *Add. : Enreg. au Parl. de Provence, à Aix. Arch. des Bouches-du-Rhône*, B. 3323, fol. 1104.

12671. *Add. : Copie de l'arrêt d'enregistrement de la Chambre des comptes de Dijon. Arch. commun. de Mâcon (Saône-et-Loire)*, BB. 231, n° 3.

12684. *Add. : Copie du XVIe siècle. Bibl. nat.*, ms. fr. 15522, fol. 234 v°.

Copies du XVIIe siècle. Bibl. nat., ms. fr. 7546, fol. 85; ms. fr. 18266, fol. 77; ms. fr. 18274, fol. 76 v°.

12688. *Add. : Copies du XVIIe siècle. Bibl. nat.*, ms. fr. 18265, fol. 164 v°; ms. fr. 18275, fol. 148 v°.

12689. *Add. : Copies du XVIIe siècle. Bibl. nat.*, ms. fr. 7546, fol. 88 v°; ms. fr. 18266, fol. 79; ms. fr. 18281, fol. 123; Cinq cents Colbert, vol. 136, fol. 254.

12700. *Add. : Copie du XVIIe siècle. Bibl. nat.*, ms. fr. 18243, fol. 12.

12704. *Add. : Copie du XVIIe siècle. Bibl. nat.*, ms. fr. 22457, p. 380.

12709. *Add. : Copie du XVIIe siècle. Bibl. nat.*, nouv. acq. fr., ms. 7176, fol. 93.

12714. *Add. : Copie du XVIe siècle, incomplète. Bibl. nat.*, ms. fr. 16420, fol. 242.

12723. *Add. : Copies du XVIIe siècle. Bibl. nat.*, ms. fr. 7546, fol. 79; ms. fr. 18266, fol. 72; ms. fr. 18274, fol. 72; ms. fr. 18281, fol. 126 v°.

12746. *Après* sénéchaussée d'Agénais, *add. :* en remplacement d'Augier Lanta.

12751. *Add. : Analyse. Bibl. nat.*, ms. fr. 21016, p. 843.

12768. *Add. : Copie du XVIIIe siècle. Bibl. nat.*, ms. fr. 8080, fol. 505.

IMP. R. de Lespinasse, *Les métiers et corporations de la ville de Paris*, t. III, p. 121.

12775. *Add. : Enreg. au Parl. de Bourgogne. Arch. départ. de la Côte-d'Or*, B. 12076, fol. 55.

12778. *Add. :* en remplacement de François de Benquet.

12779. *Add. :* en remplacement de Geoffroy de La Chassagne.

12800. «Étienne Minfant», *var.* «E. Miffaut».

Add. : Copie du XVIIe siècle. Bibl. nat., ms. fr. 22457, p. 397.

12801. *Add. : Copie du XVIIIe siècle. Bibl. de la ville de Carpentras*, ms. 1797, fol. 121.

12815. *Add. : Copie du XVIe siècle. Bibl. nat.*, ms. fr. 18111, fol. 96 v°. — (La date des lettres est omise.)

12817. *Add. : Copie du XVIe siècle. Bibl. nat.*, ms. fr. 18111, fol. 101. — (La date des lettres est omise.)

12834. *Add. : Copie du XVIIe siècle. Bibl. nat.*, ms. fr. 16528, fol. 403.

12835. *Add. : Copie du XVIe siècle. Bibl. nat.*, ms. fr. 18111, fol. 56. — (La date des lettres est omise.)

12847. *Add. : Extraits. Bibl. nat.*, ms. fr. 18149, fol. 92 v°.

Analyse. Bibl. nat., ms. fr. 21015, p. 509.

12860. *Add. : Enreg. au Parl. de Provence, à Aix. Arch. des Bouches-du-Rhône*, B. 3324, fol. 9 v°.

12864. *Add. : Mention* «au 26 janvier 1543» *au lieu du* «25». *Bibl. nat.*, nouv. acq. fr., ms. 2610, fol. 6.

12867. *Cote rectifiée : Arch. de la ville d'Amiens*, AA. 15, fol. 11 v°.

12886. *Lire* «du 22 février au 21 août 1543», *et non* «1542».

12889. *Add. : Analyse. Bibl. nat.*, Cinq cents Colbert, ms. 292, fol. 18.

12895. *Add. : Enregistrement au Grand conseil. Arch. départ. du Rhône*, H. 38 et H. 54.

12900. *Add. : Copie du XVIe siècle. Bibl. nat.*, ms. fr. 11688, fol. 43 v°.

12915. *Add. : Copie du XVIIIe siècle. Bibl. de la ville de Grenoble*, ms. 576.

12918. *Add. : Copie du XVIe siècle. Arch. commun. de Nevers*, HH. 7.

12924. *Add. : Enreg. au Parl. de Provence, à Aix. Arch. des Bouches-du-Rhône*, B. 3324, fol. 354.

Copie du XVIe siècle, sans la date, *Bibl. nat.*, ms. fr. 18111, fol. 42 v°.

12928. *Add. : Original. Arch. du château de Léran (Ariège)*, fonds du Paréage.

12939. *Add. : Autre mention. Bibl. nat.*, ms. fr. 22457, p. 409.

12955. *Add. : Copie du XVIe siècle. Bibl. nat.*, ms. fr. 5927, fol. 36 v°.

12959. *Add. : Copie du XVIe siècle, s. l. n. d. Bibl. nat.*, ms. fr. 18111, fol. 133.

12964. *Add. : Enreg. au Parl. de Provence, à Aix. Arch. des Bouches-du-Rhône*, B. 3324, fol. 75 v°.

Copie du XVIIe siècle. Bibl. nat., ms. fr. 23940, fol. 225.

12983. «A. Bernard, *Geoffroy Tury*», *corr.* «Geoffroy Tory».

13019. *Add. : Original. Arch. nat., fonds du Ministère de la marine*, A[1] 1, n° 22.

13020. *Add. : Enreg. au Parl. de

Provence, à Aix. Arch. des Bouches-du-Rhône, B. 3324, fol. 64.

13038. *Add. : Copie du XVIe siècle. Bibl. nat.*, ms. fr. 11688, fol. 46.

13043. *Add. : Copie du XVIe siècle. Bibl. nat.*, ms. fr. 11688, fol. 52.

13052. *Cote rectifiée : Original. Arch. de la ville de Dijon*, Trésor des chartes, liasse 25, cote 71.
Copie du XVIIIe siècle, id., L. 13.

13072. *Add. : Original. Arch. départ. des Bouches-du-Rhône*, C. 1901.
Enreg. au Parl. de Provence, à Aix. Arch. des Bouches-du-Rhône, B. 3324, fol. 93 v°.

13081. *Add. : Copies du XVIe siècle. Arch. de la ville de Dijon*, L. 71 et 712.

13103. *Add. : Copies du XVIIIe siècle. Bibl. nat.*, ms. fr. 8080, fol. 523; ms. fr. 8084, fol. 149.

13104 et 13105. *Add. :* Imp. *Édit et ordonnance du Roy faict sur la forme et manière de lever son droict de gabelle du sel... Autres ordonnances faictes par le Roy sur ce qu'il veult et entend prendre sur les poissons de mer sallez...* Paris, Ét. Roffet [1543], 36 ff. petit in-4°, fol. 1 et 31 v°. (*Bibl. nat.*, rés. F. 1211.)

13108. *Add. : Enreg. au Parl. de Rouen, le 6 juillet 1543. Mention. Bibl. nat.*, ms. fr. 22457, p. 429.

13109. *Add. : Copie du XVIIIe siècle. Bibl. nat.*, ms. fr. 8080, fol. 571 v°.
Imp. R. de Lespinasse, *Les métiers et corporations de la ville de Paris*, t. II, p. 473.

13120. *Add. : Enreg. au Parl. de Provence, à Aix. Arch. des Bouches-du-Rhône*, B. 3324, fol. 450.

13129. *Add. : Enreg. au Parl. de Bourgogne. Arch. départ. de la Côte-d'Or*, B. 12076, fol. 71.

13134. *Add. : Copie du XVIIIe siècle. Bibl. nat.*, ms. fr. 8076, fol. 21.

Imp. : *Placards. Bibl. nat.*, ms. fr. 22061, fol. 12; ms. fr. 22110, fol. 91; ms. fr. 22115, fol. 22.

13152. *Add. : Copie du XVIe siècle. Bibl. nat.*, ms. fr. 15522, fol. 232.
Copie du XVIIe siècle. Bibl. nat., ms. fr. 7546, fol. 91.
Copies du XVIIIe siècle. Bibl. nat., ms. fr. 18266, fol. 82 v°; ms. fr. 18274, fol. 82.

13169. *Add. : Copie du XVIe siècle, sans la date. Bibl. nat.*, ms. fr. 18111, fol. 63 v°.

13180. *Add. : Copie du XVIe siècle, sans la date. Bibl. nat.*, ms. fr. 18111, fol. 126.

13211. *Add. : Enreg. au Parl. de Provence, à Aix. Arch. des Bouches-du-Rhône*, B. 3324, fol. 71.
Copie du XVIIe siècle. Bibl. nat., ms. fr. 23940, fol. 227.

13219. *Add. : Enreg. au Parl. de Provence, à Aix. Arch. des Bouches-du-Rhône*, B. 3324, fol. 117.

13228. *Copie de l'année 1545. Arch. de la ville de Dijon*, L. 13.

13262. *Add. : Enreg. au Parl. de Provence, à Aix. Arch. des Bouches-du-Rhône*, B. 3324, fol. 102.
Copie du XVIe siècle. Bibl. Méjanes, à Aix, ms. 952, fol. 60.

13263. *Add. : Copie du XVIe siècle. Bibl. Méjanes, à Aix*, ms. 952, fol. 60 v°.

13267. *Add. : Copie. Arch. départ. du Gard, à Nîmes*, E. 138.

13285. *Add. : Copie du XVIIIe siècle. Arch. du Ministère des Affaires étrangères*, Allemagne, Petites principautés, 62, fol. 4.

13289. *Add. : Original. Arch. nat., fonds du Ministère de la marine*, A^1 1, n° 23.

13297. *Add. : Enreg. au Parl. de Provence, à Aix. Arch. des Bouches-du-Rhône*, B. 3324, fol. 79.

Copie du XVIe siècle. Bibl. Méjanes, à Aix, ms. 952, fol. 54 v°.
Copie du XVIIe siècle. Bibl. nat., Cinq cents Colbert, vol. 51, fol. 176 v°.

13310. *Add. : Copie du XVIe siècle, sans la date. Bibl. nat.*, ms. fr. 18111, fol. 93.

13317. *Add. : Copies. Bibl. de Montpellier*, ms. 104, fol. 427; — *Arch. de la Faculté de médecine de Montpellier, Arrêts et déclarations*, reg. XI, fol. 80 v°-81 v°; — *Arch. de l'Hérault, Privilegia Univers. medicæ Monspeliensis*, cartulaire X, fol. 92 v°-95 v°.

13318. *Add.*: lieu de la date « Reims ».
Imp. *Fragment.* Guenois, *La grande conférence des ordonnances et édits royaux*. Paris, in-fol. 1678, t. II, p. 1145.
Id. Delamare, *Traité de la Police*, in-fol., t. IV, p. 564, note.

13323. *Add. : Copie du XVIe siècle, sans la date. Bibl. nat.*, ms. fr. 18111, fol. 102.

13331. *Add. : Copies du XVIIe siècle. Bibl. nat.*, ms. fr. 18550, p. 227; ms. fr. 23930, fol. 171; Cinq cents Colbert, vol. 51, fol. 179 v°.

13338. « Antenues », *corr.* « Antennes ».
Add. : Original. Arch. nat., fonds du Ministère de la Marine, A^1 1, n° 24.

13340. *Add. : Autres mentions dans les procès-verbaux des États de Languedoc. Arch. nat.*, H. 748^12, fol. 277; *Arch. de la Haute-Garonne*, C. 2278, fol. 257-277.

13355. *Add. : Copie du XVIe siècle, sans la date. Bibl. nat.*, ms. fr. 18111, fol. 47.

13360. *Add. : Copies. Bibl. de Montpellier*, ms. 104, fol. 431; *Arch. de l'Hérault, Privilegia universitatis medicæ Montpeliensis*, cartul. X, fol. 125.

13362. *Add. : Copie du XVIe siècle. Bibl. nat.*, ms. fr. 11688, fol. 76 v°.

13371. *Add.: Extrait. Arch. départ. des Bouches-du-Rhône*, C. 2130.

13374. *Add. : Enreg. au Parl. de Provence, à Aix. Arch. des Bouches-du-Rhône*, B. 3324, fol. 114.

13388 *bis* (t. VIII, p. 372). A la référence, *add. : fonds du Paréage de Mirepoix*, C. 10, n° 25.

13401. *Add.* : en remplacement de Christophe de Ruffignac.

13421. *Add. : Copie du XVIe siècle, sans la date. Bibl. nat.*, ms. fr. 18111, fol. 119.

13422. *Add. : Enreg. au Parl. de Toulouse, le 13 mars 1544. Arch. de la Haute-Garonne*, B. 1903 (5e reg. des Édits), fol. 87.

13424. *Add. : Copie du XVIe siècle, sans la date. Bibl. nat.*, ms. fr. 18111, fol. 21.

13429. *Add.* : et provisions de cette charge pour Artus Berthier.
Cote rectifiée : Enreg. au Parl. de Bourgogne. Arch. départ. de la Côte-d'Or, B. 12076, fol. 96 v°.

13448. *Add. : Enreg. au Parl. de Bourgogne. Arch. départ. de la Côte-d'Or*, B. 12076, fol. 94 v°.

13458. *Add. : Autre mention. Bibl. nat.*, ms. fr. 8076, fol. 53.

13461. *Add. : Copie du XVIe siècle, sans la date. Bibl. nat.*, ms. fr. 18111, fol. 34 v°.
Copie du XVIIe siècle. Bibl. nat., ms. fr. 21442, fol. 126.

13465. *Add. : Copie du XVIe siècle, sans la date. Bibl. nat.*, ms. fr. 18111, fol. 25 v°.

13478. *Add. : Enreg. au Parl. de Provence, à Aix. Arch. des Bouches-du-Rhône*, B. 3324, fol. 160.
Copie du XVIe siècle. Bibl. Méjanes, à Aix, ms. 952, fol. 62.
Imp. Pierre Rebuffi, *Commentaria in constitutiones seu ordinationes regias...* Lyon, 1613, 3 vol. in-fol., t. II, p. 464.

13482. *Add.* : Imp. *Placard. Bibl. nat.*, ms. fr. 22113, fol. 26.
Analyse. Bibl. nat., ms. fr. 8131, fol. 24 v°.

13485. *Au lieu de* « Fr. de Nupels », *corr.* « de Nupces ».
Add. : *Copie du* XVI*e siècle, sans la date. Bibl. nat.*, ms. fr. 18111, fol. 5 v°.
N. B. Le nom du conseiller au Parlement de Toulouse y est écrit dans la forme latine « F. de Nuptiis ».

13497. *Add.* : *Arch. départ. des Ardennes*, H. Supplément 291.
Copie collat. Arch. hospitalières de Rethel (Ardennes), série A, liasse 5.
Imp. *Plaquette* in-4°. *Bibl. nat.*, ms. fr. 18605, fol. 48 v°.

13501. *Add.* : *Copie. Bibl. de la ville de Valognes (Manche)*, ms. 17, fol. 49.

13505. *Add.* : *Deux copies du* XVII*e siècle. Bibl. nat.*, ms. fr. 7492; ms. fr. 23940, fol. 579.

13512. *Add.* : *Copie du* XVI*e siècle. Arch. départ. de la Marne*, G. 163, fol. 50.

13528. *Au lieu de* « ms. fr. 8125 », *corr.* « 8126 ».

13536. *Add.* : *Autre mention. Bibl. nat.*, ms. fr. 22458, fol. 9.

13555. *Add.* : *Copie du* XVII*e siècle. Bibl. nat.*, ms. fr. 21442, fol. 126 v°.

13565. *Add.* : *Deux copies du* XVII*e siècle. Bibl. nat.*, ms. fr. 22458, fol. 11; *Bibl. de la Cour d'appel de Rouen*, reg. du Parlement, n° 13, p. 18.

13575. *Add.* : *Enreg. au Parl. de Provence, à Aix. Arch. des Bouches-du-Rhône*, B. 3324, fol. 455 v°. — Double, *id.*, fol. 600.

13599. *Add.* : *Copie. Arch. communales de Gourdon (Lot)*, CC. 3.

13654. *Add.* : *Copie et extrait. Arch. nat., fonds du Ministère de la marine*, A[1] 1, n° 25, et C[4] 229.
Imp. *Art. 49 de cet édit.* Delamare, *Traité de la Police*, in-fol. t. III, p. 45.

13664. *Add.* : *Enreg. au Parl. de Provence, à Aix. Arch. des Bouches-du-Rhône*, B. 3324, fol. 310 v°.

13703. *Add.* : *Enreg. au Parl. de Provence, à Aix. Arch. des Bouches-du-Rhône*, B. 3324, fol. 308 v°.

13714. *Add.* : *Analyses. Bibl. nat.*, ms. fr. 21016, p. 563; ms. fr. 21816, fol. 24 v°.

13715. *Add.* : en remplacement de Dominique Ram.

13719. *Add.* : *Copie du* XVI*e siècle. Bibl. nat.*, ms. fr. 11688, fol. 36 v°.
Copie du XVII*e siècle. Bibl. nat.*, Cinq cents Colbert, ms. 51, fol. 207 v°.

13721. *Add.* : *Copie du* XVI*e siècle. Bibl. nat.*, ms. fr. 11688, fol. 39 v°.

13746. *Add.* : « dans la ville et l'élection de Paris ».
Add. : *Copie du* XVII*e siècle. Bibl. nat.*, Cinq cents Colbert, ms. 51, fol. 183.

13772. *Add.* : *Enreg. au Parl. de Provence, à Aix. Arch. des Bouches-du-Rhône*, B. 3324, fol. 371.

13785. *Add.* : *Plaquette imprimée. Arch. départ. d'Ille-et-Vilaine*, C. 3301.

13796. *Add.* : en remplacement de Briand de Vallée.

13799. *Add.* : *Mentions. Bibl. nat.*, ms. fr. 17329 (*Mémoire imp. du* XVII*e siècle*), fol. 192 v°, et ms. Clairambault 825, fol. 114 v°.

13858. *Add.* : Imp. *Plaquette. Bibl. nat.*, ms. fr. 18605, fol. 49 v°.

13874. *Add.* : *Analyse. Bibl. nat.*, Cinq cents Colbert, vol. 51, fol. 223.

13894. *Add.* : *Copie du* XVI*e siècle sans la date. Bibl. nat.*, ms. fr. 18111, fol. 39 v°.

13899. *Add.* : *Copie du* XVI*e siècle, sans la date. Bibl. nat.*, ms. fr. 18111, fol. 73.

13955. Date : « Paris, 15 juin 1544 », *corr.* « 11 juin ».

13956. *Add.* : en remplacement de Clément Saulnier.

13966. *Add. : Copie du* XVII*e siècle. Arch. nat., fonds du Ministère de la marine*, C[4] 173, fol. 1.
Vidimus du 2 octobre 1544. Arch. de l'Hôtel-Dieu de Vernon (Eure), pièce 116.
Imp. *Plaquette. Bibl. nat.*, ms. fr. 18605, fol. 50.

13974. *Add. : Copie de l'année 1545. Arch. de la ville de Dijon*, L. 13.

13985. *Add. : Analyse. Bibl. nat.*, ms. fr. 8605, p. 125.

13998. *Arch. municip. de Libourne, add. : Original* coté FF 1, liasse (*Arch. de la Gironde*, E. Suppl. 4232).

14004. *Add. : Enreg. au Parl. de Provence, à Aix. Arch. des Bouches-du-Rhône*, B. 3324, fol. 570.

14006. *Add. :* Imp. *s. l. n. d.*, in-4°, pièce. *Arch. nat.*, O[1] 3700.

14025. *Add. : Copie. Arch. communales de Mâcon (Saône-et-Loire)*, GG. 183, n° 1.

14058. *Add. : Copie du* XVI*e siècle, incomplète. Bibl. de la ville de Carpentras*, ms. 1863 (t. LXXVIII du fonds Peiresc), fol. 311.
Imp. *Fragment.* Delamare, *Traité de la Police*, in-fol., t. III, p. 317.

14066. *Add. : Copie du* XVIII*e siècle. Bibl. nat.*, ms. fr. 8080, fol. 533.
Imp. R. de Lespinasse, *Les métiers et corporations de la ville de Paris*, t. III, p. 549.

14140. *Add. : Deux copies du* XVII*e siècle. Bibl. nat.*, ms. fr. 7492, fol. 149; ms. fr. 23940, fol. 644.
N. B. Le nom de lieu de la date se lit «Le Bec» au lieu de «Le Boc».

14141. *Add. : Copies du* XVI*e siècle. Bibl. nat.*, ms. fr. 6411, fol. 69 v°; ms. fr. 17330, fol. 23.
Copie du XVI*e siècle. Arch. du Ministère des affaires étrangères*, Espagne, 7, fol. 32 v°.
Copie du XVII*e siècle. Bibl. nat.*, ms. fr. 15837, fol. 392.

14146. *Add. : Copies du* XVI*e siècle. Arch. départ. du Nord*, B. 387; *Bibl. nat. de Paris*, ms. fr. 10637, fol. 93.
Copie du XVII*e siècle. Bibl. nat.*, ms. fr. 10687, fol. 257.

14207. *Add. : Enreg. au Parl. de Provence, à Aix. Arch. des Bouches-du-Rhône*, B. 3324, fol. 475.
Copie du XVI*e siècle. Bibl. Méjanes, à Aix*, ms. 952, fol. 72.

14210. *Add.* : en remplacement de Bertrand de Moncault.

14241. *Add. : Enreg. au Parl. de Provence, à Aix. Arch. des Bouches-du-Rhône*, B. 3324, fol. 444.

14253. *Add. : Analyse. Bibl. nat.*, ms. fr. 21016, p. 845.

14254. *Add. : Analyse. Bibl. nat.*, ms. fr. 21016, p. 845.

14261. *Add. : Copie du* XVI*e siècle, sans la date. Bibl. nat.*, ms. fr. 18111, fol. 110 v°.

14268. *Add. : Copie du* XVII*e siècle. Bibl. nat.*, ms. fr. 15837, fol. 401 v°.
Autre copie du XVII*e siècle. Arch. du Ministère des Affaires étrangères*, Autriche, 6, fol. 484.

14284. *Add. : Autres mentions dans les procès-verbaux des États de Languedoc. Arch. nat.*, H. 748[12], fol. 344; *Arch. de la Haute-Garonne*, C. 2278, fol. 330.

14292. *Add. : Copie du* XVI*e siècle. Bibl. nat.*, ms. fr. 6411, fol. 55.
Copie du XVI*e siècle. Arch. du Ministère des affaires étrangères, Espagne*, 7, fol. 8.
Copie du XVII*e siècle. Id.*, Autriche, 6, fol. 482.
Autre copie du XVII*e siècle. Bibl. nat.*, ms. fr. 15837, fol. 397 v°.

14302. *Add.* : en remplacement de Michel de Valon.

14309. *Add. : Enreg. au Parl. de*

Provence, à Aix. Arch. des Bouches-du-Rhône, B. 3324, fol. 482.

Copie. Arch. nat., fonds du Ministère de la marine, A[1] 1, n° 27.

14316. *Add.* : en remplacement de Geoffroy de Balzac.

14317. *Add. : Copie du XVIIIe siècle. Bibl. nat.*, ms. fr. 8080, fol. 551.

14329. *Add. : Copie du XVIe siècle, sans la date. Bibl. nat.*, ms. fr. 18111, fol. 33.

14332. *Add.* : IMP. R. de Lespinasse. *Les métiers et corporations de la ville de Paris*, t. III, p. 630.

14357. *Add. : Copie du XVIIe siècle. Bibl. nat.*, Cinq cents Colbert, ms. 51, fol. 215 v°.

14383. *Add.* : en remplacement de Raymond de Balavoyne.

14419. *Add. : Copies du XVIIe siècle. Bibl. nat.*, ms. fr. 7546, fol. 100 v°; ms. fr. 18266, fol. 92 v°; ms. fr. 18274, fol. 86 v°; ms. fr. 18281, fol. 129; Cinq cents Colbert, vol. 136, fol. 256.

14423. *Add. : Copie. Bibl. de la ville de Cognac*, ms. 28, p. 422.

14438. *Add. : Copie de la fin du XVIIe siècle. Arch. nat., fonds du Ministère de la marine*, C[4] 173, fol. 15.

IMP. *Plaquette. Bibl. nat.*, ms. fr. 18605, fol. 51.

14456. *Add. : Placard imprimé, authentiqué par le bailli de Troyes, en 1545. Bibl. nat., nouv. acq. fr.*, ms. 20029, fol. 91.

(Pièce provenant de l'ancienne collection de Courcelles, vendue en 1834.)

14464. *Add. : Arch. départ. de la Marne*, E. 1013.

14517. *Cote complétée: Arch. départ. de la Gironde*, G. 271.

14537. *Add. : Original. Arch. départ. de la Gironde*, G. 47.

14541. *Add. : Copie. Bibl. communale de Lille, coll. Godefroy*, portefeuille 249.

14543. *Add.* : IMP. *Extraits publiés* par Delamare, *Traité de la Police*, in-fol., t. III, p. 304.

14560. *Add.* : IMP. Carré de Busserolle, *Dict. hist. et géogr. d'Indre-et-Loire*, in-8°, t. II, p. 375.

14578. *Add. : Autres mentions dans les procès-verbaux des États de Languedoc. Arch. nat.*, H. 748[12], fol. 363; *Arch. de la Haute-Garonne*, C. 2278, fol. 342-372.

14594. *Add. : Copie du XVIIe siècle. Bibl. nat.*, ms. fr. 20174, fol. 79.

14615. *Add. : Copie du XVIe siècle, sans la date. Bibl. nat.*, ms. fr. 18111, fol. 112.

N. B. Le gouverneur de Ligny y est nommé « Charles » et non « Jacques » de Monchy, et est qualifié porte-enseigne de la compagnie du duc d'Orléans.

14619. *Add. : Arch. départ. du Rhône*, H. 51.

Copie. Arch. communales de Romans (Drôme), E. 11742 (GG. 39).

14623. *Add. : Analyse. Bibl. nat.*, ms. fr. 21016, p. 863.

14624. *Cotes actuelles : Copies du XVIe siècle. Arch. de la ville d'Amiens*, AA. 5, fol. 286; AA. 15, fol. 10.

14626. *Add. : Copie du XVIIe siècle. Bibl. nat.*, ms. fr. 23940, fol. 138 v°.

IMP. J. Bacquet, *Droits du domaine de la Couronne*, p. 466.

14656. *Add. : Arch. de la ville de Dijon*, L. 48.

14685. *Add. : Copie de la fin du XVIIe siècle. Arch. nat., fonds du Ministère de la marine*, C[4] 173, fol. 7.

IMP. *Plaquette. Bibl. nat.*, ms. fr. 18605, fol. 51 v°.

14696. *Cote rectifiée: Original. Arch. de la ville de Dijon*, Trésor des Chartes, liasse 21, cote 45.

14758. *Add. : Copie du XVIIe siècle. Bibl. nat.*, ms. fr. 20367, fol. 92.

14803. « Gabriel Dorin », *alias* « Drouin ».

Add. : Copie. Bibl. de la ville d'Avignon, ms. 2097, fol. 46.

14805. *Add. : Copie du XVIe siècle. Bibl. Méjanes, à Aix*, ms. 952, fol. 73.

14931. *Add. : Copie du XVIe siècle. Bibl. Méjanes, à Aix*, ms. 952, fol. 74.
IMP. Pierre Rebuffi, *Commentaria in constitutiones seu ordinationes regias*... Lyon, 1613, 3 vol. in-fol., t. I, p. 270.

14935. *Add. : Enreg. au Parl. de Provence, à Aix. Arch. des Bouches-du-Rhône*, B. 3324, fol. 703.
Copie du XVIe siècle. Bibl. Méjanes, à Aix, ms. 952, fol. 80.
IMP. Pierre Rebuffi, *Commentaria in constitutiones seu ordinationes regias*... Lyon, 1613, 3 vol. in-fol., t. I, p. 266.

14965. *Add. : Copie du XVIIe siècle. Bibl. nat.*, ms. fr. 16627, fol. 15.

14979. Jean d'Annebaut, *add.* : « fils naturel de feu Jean d'Annebaut, chevalier, et d'Antoinette Valtey ».
Mention sous la date d'avril 1545 [-6] *d'après un registre de la Chambre des comptes de Paris. Bibl. nat.*, ms. fr. 22237, fol. 5.

15024. *Add. : Copie du XVIIe siècle. Arch. du Ministère des affaires étrangères*, Angleterre, Supplément 1, fol. 63.

15112. *Add. : Copie du XVIIe siècle. Bibl. nat.*, Cinq cents Colbert, ms. 51, fol. 232.

15123. *Add. : Copie du XVIe siècle. Bibl. nat.*, ms. fr. 20993, fol. 63.

15132 *bis* (t. VIII, p. 387). *Au lieu de* « Bazarle », *corr.* « Bazacle ». — Cet acte paraît être le même que le n° 32897 du Troisième supplément, ci-dessus, p. 693. La date « 1540 » devrait être préférée à « 1546 ».

15134. *Add. : Copie de la fin du XVIIe siècle. Arch. nat., fonds du Ministère de la marine*, C^4 173, fol. 21.
IMP. *Plaquette. Bibl. nat.*, ms. fr. 18605, fol. 55.

15228. *Add. : Enreg. au Parl. de Provence, à Aix. Arch. des Bouches-du-Rhône*, B. 3324, fol. 713 v°.
Copie du XVIe siècle. Bibl. Méjanes, à Aix, ms. 952, fol. 82 v°.

15307. *Add. : Enreg. au Parl. de Provence, à Aix. Arch. des Bouches-du-Rhône*, B. 3324, fol. 720 v°.
Copie du XVIe siècle. Bibl. Méjanes, à Aix, ms. 952, fol. 83 v°.

15319. *Add. : Enreg. en tête du reg. des Grands jours de Riom, le 13 septembre 1546. Arch. nat.*, X^1a 9222, fol. 1.
Copie du XVIe siècle. Bibl. Méjanes, à Aix, ms. 952, fol. 87.

15326. *Cote rectifiée : Arch. de la ville de Dijon*, B. 6 *bis*.

15340. *Add. : Enreg. au Parl. de Provence, à Aix. Arch. des Bouches-du-Rhône*, B. 3324, fol. 722.
Copie du XVIe siècle. Bibl. Méjanes, à Aix, ms. 952, fol. 84.

15375. *Add. : Arch. départ. de l'Ain*, E. 291.

15398. *Add. : Copie du XVIe siècle. Bibl. de la ville de Carpentras*, ms. 1824, fol. 257.

15404. *Add. : Enreg. au Parl. de Bourgogne. Arch. départ. de la Côte-d'Or*, B. 12077, fol. 50.

15437. *Add. : Copie. Arch. communales de Romans (Drôme)*, E 11757 (HH. 3).
IMP. Pierre Rebuffi, *Commentaria in constitutiones seu ordinationes regias*... Lyon, 1613, 3 vol. in-fol., t. II, p. 478.

15460. *Add. : Copie du XVIe siècle. Bibl. nat.*, ms. fr. 11688, fol. 52 v°.

15476. *Add. : Mention d'après l'anc. reg. XI de la Chambre des comptes. Bibl. nat.*, ms. fr. 22237, fol. 5.
(L'intéressé y est nommé René Doucet, « dit Soudan », et sa mère « Robine Miraille.)

15480. *Add. : Enreg. au Parl. de Provence, à Aix. Arch. des Bouches-du-Rhône*, B. 3324, fol. 898 v°.

15584. *Add. : Copie de la fin du XVIIe siècle. Arch. nat., fonds du Ministère de la marine*, C[4] 173, fol. 17.

Imp. *Plaquette. Bibl. nat.*, ms. fr. 18605, fol. 53 v°.

15845. *Add. : Vidimus de l'année 1517. Arch. de la ville de Saint-Jean-d'Angely*, AA. 1.

15916. *Arch. du Nord. Add. :* «cote B. 440 (n° 18093 du Trésor des Chartes).

Add. : Copie. Bibl. communale de Lille, coll. Godefroy, portefeuille 247.

N. B. Il y a deux actes différents de même date. Le second permet à Charles d'Autriche et à Renée de France de lever pendant dix ans les aides qui leur seront accordées par les États d'Artois.

15937. *Add. : Original. Arch. communales de Dax (Landes)*, AA. 5.

15967. *Add. : Arch. départ. d'Eure-et-Loir*, H. 1400.

15998. *Add. : Copie du XVIIe siècle. Arch. du Ministère des Affaires étrangères*, Monaco, Supplément 1, fol. 94.

16003. Les lettres du 23 avril 1515, visées dans le mandement du 2 septembre 1515, sont sous le n° 15916 du *Catalogue*, et non sous le n° 227.

Add. : Copie du XVIe siècle. Arch. départ. du Nord, B. 440 (n° 18093 du Trésor des Chartes).

16012. *Add. : Copie du XVIe siècle. Bibl. nat.*, ms. fr. 15715, fol. 54.

16023. *Cote rectifiée : Bibl. de la ville de Grenoble*, ms. 1426, fol. 439.

16045. *Add. : Copie du XVIIe siècle. Milan, Bibl. Brera*, mss Morbio, n° 69.

16080. *Add. : Copie du XVIIIe siècle. Arch. du Ministère des Affaires étrangères, Mém. et doc.*, Suisse, 5, fol. 33.

16100. *Cote actuelle : Arch. de la ville de Blaye (Gironde)*, AA. 4.

16104. *Add. : Copies. Bibl. de Montpellier*, ms. 104, fol. 323; *Arch. de l'Hérault, Privilegia Universitatis medicæ Monspeliensis*, cartul. X, fol. 123; *Arch. de la Faculté*, arrêts et déclarations concernant les privilèges de la Faculté de médecine, reg. VI, fol. 116 v°.

16115. *Add. : Copie du XVIe siècle. Arch. de la Côte-d'Or*, série G, fonds du chapitre N.-D. de Beaune, G. 2575.

16130. *Au lieu de* «François Mellon», *lire* «Léon Bellon».

16146. *Add. : Texte. Arch. départ. de la Marne*, E. 271.

16170. *Add. : Enreg. à la Chambre des comptes de Grenoble, le 2 septembre 1516. Copie. Arch. des Hautes-Alpes*, G. 1506.

16185. *Add. : Copie. Arch. de la ville de Bourg-de-Péage (Drôme)*, AA. 2.

16219. *Add. : Copie du XVIIe siècle. Bibl. nat.*, ms. fr. 17524, fol. 110.

Autres copies du XVIIe siècle. Arch. du Ministère des Affaires étrangères, Espagne, 2, fol. 108 v° et 185.

16284. *Add. : Copie de l'époque. Arch. de la ville de Bayonne*, BB. 5, fol. 528.

Imp. *Arch. municipales de Bayonne. Délibérations du Corps de ville. Registres gascons*, t. II, in-4°, Bayonne, 1898, p. 98.

16368. *Analyse plus précise :* Mandement aux généraux des finances de faire payer sur les mortes-payes de Normandie les gages des cinq mortes-payes de Granville. Paris, 23 avril 1517.

16427. *Cote complétée : Arch. départ. du Nord*, B. 377.

Add. : Copie incomplète du XVIe siècle. Bibl. nat., ms. fr. 17330, fol. 219 v°.

Copies du XVIIe siècle. Bibl. nat., ms. fr. 6869, fol. 111; ms. fr. 17524, fol. 164 v°.

Deux autres copies du XVIIe siècle. Arch. du Ministère des Affaires étrangères, Autriche, 4, fol. 313 et 326.

16455. *Add. : Copie du XVIIIe siècle. Bibl. nat.*, ms. fr. 22457, p. 82.

16457. *Add. : Original. Bibl. du Dépôt des cartes et plans de la marine*, 87 A, n° 15.

16683. *Add. :* Imp. *Concordata inter sanctissimum dominum nostrum Papam Leonem decimum, etc. Impressa Parisius pro Durando Gerlier* [1518], in-4°.

16953. *Cote complétée : Arch. départ. du Nord*, B. 379.

Add. : Copie du XVIe siècle. Arch. du Ministère des Affaires étrangères, Mém. et doc., Espagne, 19, fol. 200.

17019. *Add. : Vidimus du Prévôt de Paris, du 18 mars 1519 n. s. Arch. nat.*, J. 1128, n° 13.

17056. *Add. : Copie du XVIIe siècle. Bibl. nat.*, ms. fr. 15599, fol. 77.

17088. *Add. : Enreg. au Parl. de Bourgogne. Arch. départ. de la Côte-d'Or*, B. 12074, fol. 166 v°.

17090. *Analyse plus précise :* Mandement au bailli de Caux, portant collation de la chapelle de Sainte-Audeberte au château d'Arques à Michel Le Vavasseur, Saint-Germain-en-Laye, 1er mai 1519.

Add. : Vidimus de 1520. Bibl. nat., nouv. acq. lat., ms. 2292, n° 15.

17227. *Analyse plus précise :* Lettres créant quatre offices d'enquêteurs en la cour du sénéchal de Toulouse; un dans chacun des sièges du juge d'appeaux, du viguier et du juge ordinaire de Toulouse; un dans chacun des sièges de Villelongue, Rivière, Verdun et Albigeois; deux en la cour du sénéchal de Quercy au siège de Cahors; un au siège de Montauban; un en la cour du juge ordinaire et de même en chacun des autres sièges de la sénéchaussée de Quercy; deux en la cour du sénéchal de Rouergue et un en chacun des autres sièges de ladite sénéchaussée; un en la cour du gouverneur de Montpellier et un dans la cour du recteur de la part antique de ladite ville; un dans les cours des viguier et juge de Béziers, ainsi que dans les autres sièges de ladite sénéchaussée; deux en la cour du sénéchal de Carcassonne et un dans chacun des autres sièges de la sénéchaussée; un en l'auditoire du juge de Castres. Cognac, 21 février 1519.

Arch. de la Haute-Garonne, B. 1901 (3e reg. des Édits), fol. 66 v°.

17315. *Add. : Copie du XVIe siècle, sans la date. Bibl. nat.*, ms. fr. 14368, fol. 166.

17322. *Add. : Extrait fait au XVIe siècle des registres aux chartes d'Amiens, Arch. de la ville d'Amiens*, BB. 134.

17393. *Add. : Enreg. au Parl. de Toulouse, le 18 juillet suivant. Arch. de la Haute-Garonne*, B. 1901 (3e reg. des Édits), fol. 85.

17479. *Cote rectifiée : Original. Arch. de la ville de Dijon*, Trésor des chartes, liasse 25, note 65 (L. 13).

17506. *Date rectifiée :* Saint-Jean-de-Losne, 8 (et non 15) juillet 1522.

Add. : Deux copies du XVIIe siècle. Bibl. nat., ms. fr. 6873, fol. 102 v° et 111 v°.

17589. *Add. : Copie du XVIIe siècle. Bibl. nat.*, ms. fr. 15758, fol. 63.

17607. *Add. : Copie du XVIe siècle. Bibl. nat.*, ms. fr. 10637, fol. 172 v°.

Copie du XVIIIe siècle. Arch. du Ministère des Affaires étrangères, Grisons, 1, fol. 58, 59.

17701. *Add. : Copie du XVIIe siècle. Bibl. nat.*, ms. fr. 5770, fol. 3.

17736. *Add. : Copie du XVIIe siècle. Bibl. nat.*, ms. fr. 5770, fol. 33.

18243. *Add. : Mention. Bibl. nat.*, ms. fr. 14368, fol. 186.

18911. *Add. : Mention d'après l'anc. reg. XI de la Chambre des comptes. Bibl. nat.*, ms. fr. 22237, fol. 3.

19131. Guillaume Prudhomme, *add. :* « seigneur de Panfou ».

Mention. Bibl. nat., ms. fr. 22253, fol. 74.

19193. *Add. : Copie du XVIIe siècle. Bibl. nat.*, ms. fr. 5770, fol. 61.

19200. *Add. : Copie de l'époque. Arch. de la ville de Bayonne*, BB. 6, fol. 658.

IMP. *Arch. muncipales de Bayonne. Délibérations du Corps de ville. Registres gascons*, t. II, in-4°. Bayonne, 1898, p. 470.

19212. *Au lieu de* « en Allemagne », *lire* « en Espagne ».

19221. *Add. :* IMP. Chr. Justel, *Histoire généalogique de la maison d'Auvergne.* Paris, 1645, in-fol., p. 240.

19250. *Add. : Copie de l'époque. Arch. de la ville de Bayonne*, BB. 6, fol. 660.

IMP. *Arch. muncipales de Bayonne. Délibérations du Corps de ville. Registres gascons*, t. II, in-4°. Bayonne, 1898, p. 471.

19343. *Add. : Mention d'après l'anc. reg. XI de la Chambre des comptes. Bibl. nat.*, ms. fr. 22237, fol. 3.

19417. *Corr. : Coll. de documents pour servir à l'hist. des hôpitaux de Paris*, t. III, p. 171 (et non 1520).

19429. *Add. : Original. Arch. de Loir-et-Cher* (Pièces non classées). Titres de comté de Rostaing.

19430. *Add. : Original scellé. Arch. de Loir-et-Cher.* (Pièces non classées). Titres du comté de Rostaing.

19484. *Add. : Copie du* XVI*e* *siècle. Arch. du Ministère des affaires étrangères*, Espagne, 5, fol. 46 v°. *Deux copies du* XVII*e* *siècle. Id.*, Autriche, 5, fol. 462; Espagne, 6, fol. 110.

Copies du XVII*e* *siècle. Bibl. nat.*, ms. fr. 15585, fol. 48; 17525, fol. 256. (Dans ce dernier, la date est omise.)

Copie. Bibl. communale de Lille, coll. Godefroy, portefeuille 248.

19486. *Add. : Autre mention. Bibl. nat.*, ms. fr. 23895, fol. 198 v°.

19508. *Add. :* IMP. Chr. Justel, *Hist. généal. de la maison d'Auvergne.* Paris, 1645, in-fol., p. 241.

19548. *Add. : Copie du* XVI*e* *siècle. Arch. départ. du Nord*, B. 381.

19608. *Cote complétée : Arch. départ. du Nord*, B. 381.

19630. *Add. : Mention d'après l'anc. registre XI de la Chambre des comptes de Paris. Bibl. nat.*, ms. fr. 22237, fol. 3.

19730. *Cote rectifiée : Original. Arch. de la ville de Dijon*, Trésor des chartes, liasse 25, cote 66.

Copie du XVIII*e* *siècle. Id.*, L. 7.

19750. *Add. : Mention sous la date d'*« avril 1528 », *au lieu de* « février 1529 n. s. », *d'après l'anc. registre XI de la Chambre des comptes de Paris. Bibl. nat.*, ms. fr. 22237, fol. 3.

19833. *Cote actuelle : Bibl. de la ville de Rouen*, ms. 3204.

Add. : IMP. *Catalogue des livres et documents historiques du cabinet de M. de Courcelles*, 1834, in-8°, p. 63.

19852. *Add. : Mention dans les procès-verbaux des États de Languedoc. Arch. nat.*, H. 748[11], fol. 275 v°; *Arch. de la Haute-Garonne*, C. 2277, fol. 420.

19866. *Add. : Copie du* XVII*e* *siècle. Bibl. nat.*, ms. fr. 15837, fol. 110.

19868. *Add. : Copies du* XVII*e* *siècle. Bibl. nat.*, ms. fr. 7151, fol. 280 v°; ms. fr. 17525, fol. 425.

19872. *Add. : Deux copies du* XVII*e* *siècle. Bibl. nat.*, ms. fr. 3901, fol. 57; ms. fr. 10742, fol. 138 v°.

19890. *Cote complétée : Arch. départ. du Nord*, B. 382.

19907. *Add. : Copie. Bibl. de la ville de Narbonne*, ms. 7, fol. 245.

19910. *Cote complétée : Arch. départ. du Nord*, B. 382.

19928. *Add. : Copie du* XVI*e* *siècle, sous la date du 15 décembre au lieu du 14. Bibl. nat.*, nouv. acq. fr., ms. 20256, fol. 67 v°.

IMP. Chr. Justel, *Hist. généal. de la maison d'Auvergne.* Paris, 1645, in-fol., p. 249.

19929. *Add.* : Imp. Chr. Justel, *Hist. généal. de la maison d'Auvergne.* Paris, 1645, in-fol., p. 248.

19950. *Add. : Copie du* XVI*e siècle. Arch. du Ministère des Affaires étrangères,* Espagne, 5, fol. 504.

20049. *Add. : Copie. Bibl. communale de Lille, coll. Godefroy,* portefeuille 248.

20093. *Add. : Copie du* XVI*e siècle. Bibl. nat.*, ms. fr. 14368, fol. 19 v°.

20108. *Cote complétée : Arch. départ. du Nord*, B. 384.

20189. *Add. : Mentionné dans le Catal. des livres et documents historiques du cabinet de M. de Courcelles*, 1834, in-8°, p. 64.

20224. *Add. : Copie. Bibl. communale de Lille, coll. Godefroy,* portefeuille 256.

20275. Ces lettres sont mentionnées dans les procès-verbaux des États de Languedoc, sous la date de Villemonble, 12 (et non 10) octobre 1531. *Arch. nat.*, H. 748[11], fol. 315 v°.

20278. *Cote complétée : Arch. départ. du Nord*, B. 385.

20284. « Florimond Robertet », *corr.* « Claude Robertet ».

20398. *Add. : Mention sous la date de* « février 1533 n. s. », *au lieu d'* « avril 1532 », *d'après l'anc. registre XI de la Chambre des comptes de Paris. Bibl. nat.*, ms. fr. 22237, fol. 3 v°.

20488. *Corr. : Bibl. de la ville d'Auch,* ms. 73 (anc. 86), n° 40, *au lieu de* « ms. 73 et 86 ».

20515. *Add. : Expédition originale. Arch. de la ville de Bourg (Gironde).*

Imp. *Archives historiques de la Gironde.* Bordeaux, in-4°, 1897, t. XXXII, p. 93.

N. B. La contribution demandée aux villes est la moitié de leurs deniers communs, dons et octrois d'une année seulement (1533).

20768. *Add. : Mention d'après l'anc. reg. XI de la Chambre des comptes. Bibl. nat.*, ms. fr. 22237, fol. 3 v°.

20930. *Add. : Copie du* XVI*e siècle, sans la date. Bibl. nat.*, ms. fr. 18111, fol. 54.

21218. « *Arch. nat.*, JJ. 993 », *corr.* J. 993.

21249. *Add. : Enreg. au Parl. de Provence, à Aix. Arch. départ. des Bouches-du-Rhône*, B. 3324, fol. 267.

Copie du XVII*e siècle. Arch. des Bouches-du-Rhône*, C. 2155.

21271. *Add. : Deux copies du* XVII*e siècle. Bibl. nat.*, ms. fr. 7492, fol. 35; ms. fr. 23940, fol. 574.

21281. *Add. : Enreg. au Parl. de Provence, à Aix. Arch. des Bouches-du-Rhône*, B. 3324, fol. 45 v°.

21290. *Add. : Copie du* XVII*e siècle. Bibl. nat.*, Cinq cents Colbert, ms. 51, fol. 164 v°.

21380. *Add. : Mention. Bibl. nat.*, ms. fr. 18550, p. 335.

21430. *Add. : Enreg. au Parl. de Provence, à Aix. Arch. des Bouches-du-Rhône*, B. 3324, fol. 269 v°.

(Sous la date du 25 juin.)

21479. *Analyse plus précise :* Mandement à Guillaume Prudhomme, général des finances et trésorier de l'épargne, de payer, sur le reliquat des décimes, à Jean, baron de Lekstein et à Bastien de Wolgesperg, capitaines allemands, 900 livres tournois en récompense de leurs services et en particulier de leur rôle dans la levée de 6,000 lansquenets. Crépy-en-Valois, 11 novembre 1538. (*Même cote.*)

21491. *Add. : Copie authentique du 11 avril 1540. Arch. départ. de l'Eure*, E. 935, fol. 8.

21565. *Add. : Copie du* XVI*e siècle. Bibl. nat.*, nouv. acq. fr., ms. 20256, fol. 85.

21575. *Add. : Enreg. au Parl. de Provence, à Aix. Arch. des Bouches-du-Rhône*, B. 3321, fol. 366.

21776. « Guillaume Denyau », *alias* « Deniault ».
Autre mention. Bibl. nat., ms. fr. 22253, fol. 74 v°.

21823. *Add. : Copie du XVIIe siècle. Bibl. de la ville de Carpentras*, ms. 1822, fol. 418.

21854. *Add. : Autre copie du XVIe siècle. Bibl. nat., fonds Duchesne*, ms. 117, fol. 283.

21975. *Add. : Mention d'après l'anc. reg. XI de la Chambre des comptes. Bibl. nat.*, ms. fr. 22237, fol. 3 v°.
(Le nom se lit ici « Tiercelin », *au lieu de* « Théolein ».)

21976, 21979 à 21981, 21985, 21986 et 21988. A la date : *au lieu de* « Noyon », *lisez* « Nouvion ».

22002. *Analyse plus précise :* Mandement à Guillaume Prudhomme, seigneur de Fontenay-en-Brie, général des finances, d'inviter les élus de sa généralité à faire régulièrement leurs chevauchées d'inspection, sous peine de suspension ou de révocation, afin de vérifier les privilèges et exemptions dont se réclament les diverses catégories de contribuables.
Add. : Copie authentique du 11 avril 1541 n. s. d'après une autre copie authentique (13 mai 1540) conservée au château de Houlbec (Eure). Arch. départ. de l'Eure, E. 975, fol. 1.

22028. *Add. : Autre mention. Bibl. nat.*, ms. fr. 22253, fol. 75.
Le médecin du Roi anobli est nommé « Jean Greurot » ou « Grevrot » *au lieu de* « Jean Gruvot ».

22069. *Add. : Copie du XVIe siècle. Bibl. nat.*, ms. fr. 11688, fol. 41.

22181. *Cote actuelle : Bibl. de la ville de Rouen*, ms. 3204.

22182. La somme est de 2309 livres et non 2,000. A la date, *add. :* « Moulins ».
Catalogue de la coll. d'autographes d'Ant. Nelli. Vente des 13-14 déc. 1869. Gabriel Charavay, in-8°, n° 125.

22234. *Add. : Autre mention. Bibl. nat.*, ms. fr. 22253, fol. 75.

22240. *Add. : Original. Bibl. de Lyon*, ms. 264, n° 14.

22312. *Add. : Enreg. au Châtelet de Paris, Bannières. Arch. nat.*, Y. 9, fol. 244.

22438. *Add. : Autre mention. Bibl. nat.*, ms. fr. 22457, p. 365.

22468. Date : « Sallèles, 10 septembre », *corr. :* « 19 septembre 1542 ».

22476. A la date, *add. :* « Pézenas ».
Autre mention. Bibl. nat., ms fr. 22437, fol. 12.

22477. *Add. : Copie du XVIe siècle. Arch. de la ville de Bourg-de-Péage (Drôme)*, AA. 2.

22500. L'archevêque de Lyon dont il s'agit est « Hippolyte d'Este, cardinal de Ferrare ».
Add. : Enreg. au Parl. de Bourgogne, à Dijon. Arch. départ. de la Côte-d'Or, B. 12077, fol. 32.

22514. *Add. : Copie. Archives communales de Pont-Audemer (Eure).* Indication de M. A. Canel, *Mém. de la Soc. des Antiquaires de Normandie*, t. XIX, 1851, p. 600.

22603. *Add. : Enreg. au Parl. de Rouen, le 6 juillet 1543. Mention. Bibl. nat.*, ms. fr. 22457, p. 429.

22606. La copie du XVIe siècle indiquée à cet endroit se trouve aujourd'hui à la *Bibl. nat.*, nouv. acq. fr., ms. 8851, fol. 27.

22626. *Add. : Enreg. au Parl. de Rouen, le 6 juillet 1543. Mention. Bibl. nat.*, ms. fr. 22457, p. 430.

22628. *Add. : Copie du XVIIIe siècle. Bibl. nat.*, ms. fr. 8080, fol. 525.
IMP. R. de Lespinasse, *Les métiers et corporations de la ville de Paris*, t. II, fol. 258.

22704. *Add. : Autres mentions. Bibl. nat.*, ms. fr. 22253, fol. 75; ms. fr. 23271, fol. 604.

22723. *Add. : Copie du XVIIe siècle. Arch. départ. des Bouches-du-Rhône*, C. 2155.

22810. *Add. : Copie du XVIe siècle, sans la date. Bibl. nat.*, ms. fr. 18111, fol. 29.

22840. *Add. : Copie du XVIe siècle. Arch. du Ministère des affaires étrangères*, Lorraine, Supplément 4, fol. 106, 107.

22845. *Add.: Copie du XVIIIe siècle. Bibl. nat.*, ms. fr. 8086, fol. 186.

22893. *Add. : Autre mention. Bibl. nat.*, ms. fr. 22253, fol. 75 v°.

22895. *Add. : Autre mention. Bibl. nat.*, ms. fr. 22253, fol. 76 v°.

22924. *Add. : Autre mention. Bibl. nat.*, ms. fr. 22253, fol. 75.

22953. *Add.: Copie de l'année 1545. Arch. de la ville de Dijon*, L. 13.

23026. *Date rectifiée : Au lieu de* « 2 septembre 1545 » *lisez :* « Amiens, septembre 1545.

Add. : Original et copie moderne (celle-ci sous la date erronée du 2 septembre 1545). *Arch. de l'hospice de Saint-Arnoult* (à la mairie de cette commune), *Seine-et-Oise*.

23043. *Add.: Analyse. Bibl. nat.*, ms. fr. 22458, p. 196.

23106. *Add. : Autre mention. Bibl. nat.*, ms. fr. 22253, fol. 75 v°.

23145. *Add. : Autre mention. Bibl. nat.*, ms. fr. 22253, fol. 75 v°.

23194. *Analyse rectifiée :* Mandement au prévôt de Paris de permettre, s'il y a lieu, aux Jacobins du grand convent de Paris d'aliéner comme terrain à bâtir une pièce de vigne leur appartenant, sise entre les portes Saint-Jacques et Saint-Marcel. Rambouillet, 18 mars 1546. *Copie du XVIIe siècle. Bibl. nat.*, ms. fr. 18572, fol. 264.

23234 et 23235. *Add. : Autres mentions. Bibl. nat.*, ms. fr. 22253, fol. 72 et 74.

23296. *Add. : Deux copies. Arch. départ. du Calvados*, D. 35 et D. 64.

23360. *Add. : Autre mention. Bibl. nat.*, ms. fr. 22253, fol. 73 v°.

23365. *Add. : Autre mention. Bibl. nat.*, ms. fr. 22253, fol. 73.

23385. Date du 6 février 1516. Le Roi était ce jour-là à Avignon, et non à Tournon, ni à Tarascon. Peut-être faudrait-il lire : « Tarascon, 16 février ».

23390. Date fautive : François Ier n'était plus à Avignon depuis le 9 février.

23392. « Salon de Crau, février 1516 n. s. » Le Roi passa dans cette localité du 30 au 31 janvier. Il faudrait sans doute remplacer février par janvier.

23395. *Add. : Enreg. au Parl. de Provence, à Aix. Arch. des Bouches-du-Rhône*, B. 3321, fol. 271 v°.

23422. *Cote rectifiée : Bibl. de la ville de Bourg (Ain)*, ms. 4, fol. 234.

23423. *Add. : Autre mention. Bibl. nat.*, ms. fr. 22253, fol. 73 v°.

23446. *Add. : Autre mention. Bibl. nat.*, ms. fr. 22253, fol. 73.

23451. *Add. : Autre mention. Bibl. nat.*, ms. fr. 22253, fol. 73 v°.

23463. *Add. : Autre mention. Bibl. nat.*, ms. fr. 22253, fol. 73.

23489 et 23490. *Add. : Autres mentions. Bibl. nat.*, ms. fr. 22253, fol. 73.

23495. *Add. : Autre mention. Bibl. nat.*, ms. fr. 22253, fol. 73.

23499. *Add. : Autre mention. Bibl. nat.*, ms. fr. 22253, fol. 74.

23500. *Add. : Autre mention. Bibl. nat.*, ms. fr. 22253, fol. 73 v°.

23515. *Add. : Autre mention. Bibl. nat.*, ms. fr. 22253, fol. 73 v°.

23519. *Add. : Autres mentions. Bibl. nat.*, ms. fr. 22253, fol. 7 et 73.

23539. *Add. : Original. Arch. de la ville de Beaune (Côte-d'Or)*, AA, Privilèges et franchises de la commune.

Copie collat. du 29 novembre 1559. Bibl. de la ville de Dijon, ms. 1013 (fonds Baudot 86), fol. 27.

IMP. J. Garnier, *Chartes des communes et d'affranchissement en Bourgogne*. Dijon, in-4°, t. I, 1867, p. 294.

23545. *Add. : Autre mention. Bibl. nat.*, ms. fr. 22253, fol. 73.

23555. *Add. : Autre mention. Bibl. nat.*, ms. fr. 22253, fol. 73 v°.

(Le s[r] de Manneville y est nommé « Aubry le Perche » *au lieu de* « Le Riche ».)

23558. *Add. : Autre mention. Bibl. nat.*, ms. fr. 22253, fol. 73 v°. (Louis Burgensis ou Bourgeois.)

23565. *Add. : Autre mention. Bibl. nat.* ms. fr. 22253, fol. 73 v°.

23592. *Add. : Autre mention. Bibl. nat.*, ms. fr. 22253, fol. 73 v°.

23613. *Add. : Autre mention. Bibl. nat.*, ms. fr. 22253, fol. 73 v°.

23656. *Add. : Autre mention. Bibl. nat.*, ms. fr. 22253, fol. 73 v°.

23696. *Add. : Autre mention. Bibl. nat.*, ms. fr. 22253, fol. 74 v°.

23747. *Référence modifiée* : Au lieu de : *Dépôt général de la Marine, Bibl. A. 87*, corr. : *Bibl. du Dépôt des cartes et plans de la Marine*, 87[A], n° 17.

23786. *Add. : Copie du XVIIe siècle. Bibl. nat.*, ms. fr. 5770, fol. 4.

23807. *Add. : Copie du XVIe siècle. Arch. de la ville d'Amiens*, AA. 5, fol. 265 v°.

23852. *Add. : Mention. Bibl. nat.*, ms. fr. 15522, fol. 281.

23859. *Add. : Mention. Bibl. nat.*, ms. fr. 15522, fol. 281.

23861. « *Copie du XVIe siècle. Bibl. nat.*, ms. fr. 14368, fol. 60 v° », *corr.* « fol. 65 v° ».

23866. *Add. : Mention. Bibl. nat.*, ms. fr., 15522, fol. 281.

23880. *Cote rectifiée : Arch. de la villle de Saint-Jean-d'Angély*, AA. 1, *au lieu de* : AA. 20.

23925. *Add. : Copie du XVIIe siècle, sans la date. Bibl. nat.*, ms. fr. 14368, fol. 192 v°.

23930. *Add. : Enreg. au Parl. de Provence, à Aix. Arch. des Bouches-du-Rhône*, B. 3324, fol. 789.

23933. *Add. : Enreg. au Parl. de Provence, à Aix. Arch. des Bouches-du-Rhône*, B. 3324, fol. 794.

24043. *Add. : Enreg. au Parl. de Provence, à Aix. Arch. des Bouches-du-Rhône*, B. 3321, fol. 125.

24056. *Add. : Expédition originale. Arch. nat.*, T. 216[1].

24098. *Add. : Mention. Mémoire imp. du XVIIe siècle. Bibl. nat.*, ms. fr. 17329, fol. 190.

24174. *Référence modifiée* : Au lieu de : *Dépôt général de la Marine. Bibl.*, A. 87, corr. *Bibl. du Dépôt des cartes et plans de la Marine*, 87[A], n° 20.

24188. *Add. : Enreg. au Parl. de Provence, à Aix. Arch. des Bouches-du-Rhône*, B. 3320, fol. 480.

24260. « Antoine Constaure », corr. « Antoine Costaire ».

Add. : Enreg. au Parl. de Provence, à Aix. Arch. des Bouches-du-Rhône, B. 3321, fol. 5 v°.

24261. *Add. : Enreg. au Parl. de Provence, à Aix. Arch. des Bouches-du-Rhône*, B. 3321, fol. 71.

24272. *Add. : Enreg. au Parl. de Provence, à Aix. Arch. des Bouches-du-Rhône*, B. 3321, fol. 232 v°.

24275. *Add. : Enreg. au Parl. de Provence, à Aix. Arch. des Bouches-du-Rhône*, B. 3321, fol. 3 v°.

24287. *Add. : Copie. Arch. communales de Mâcon (Saône-et-Loire)*, DD. 25, n° 1.

24291. *Add. : Enreg. au Parl. de Provence, à Aix. Arch. des Bouches-du-Rhône*, B. 3321, fol. 107.

24303. *Add. : Enreg. au Parl. de Provence, à Aix. Arch. des Bouches-du-Rhône*, B. 3321, fol. 331.

24306. *Add. : Enreg. au Parl. de Provence, à Aix. Arch. des Bouches-du-Rhône*, B. 3321, fol. 225.
N. B. L'ancien greffier y est nommé «Bertrand Borrilly» et non «Borelli».

24321. «Honorat Aynesu», *corr.* «Aynesi».
Add. : Enreg. au Parl. de Provence, à Aix. Arch. des Bouches-du-Rhône, B. 3321, fol. 457.

24323. *Add. : Enreg. au Parl. de Provence, à Aix. Arch. des Bouches-du-Rhône*, B. 3321, fol. 458.

24329. *Add. : Enreg. au Parl. de Provence, à Aix. Arch. des Bouches-du-Rhône*, B. 3321, fol. 743 v°.

24333. *Add. : Copie du* XVI*e siècle. Arch. de la ville d'Amiens*, AA. 5, fol. 256.

24359. *Au lieu de :* «Christophe de Corbiano», *corr.* «Christophe de Lubiano».

24374. *Add. : Enreg. au Parl. de Provence, à Aix. Arch. des Bouches-du-Rhône*, B. 3321, fol. 735 v°.

24414. *Add. : Enreg. au Parl. de Provence, à Aix. Arch. des Bouches-du-Rhône*, B. 3323, fol. 719 v°.
N. B. Le lieu de la date est écrit «Ruelle» et non «Rouville».

24425. *Add. : Enreg. au Parl. de Provence, à Aix. Arch. des Bouches-du-Rhône*, B. 3321, fol. 950. (Date du 25 mai 1539, *au lieu du* 27.)

24430. *Add. : Enreg. au Parl. de Provence, à Aix. Arch. des Bouches-du-Rhône*, B. 3321, fol. 877.

24473. *Add. : Enreg. au Parl. de Provence, à Aix. Arch. des Bouches-du-Rhône*, B. 3321, fol. 955.

24498. *Add. : Enreg. au Parl. de Provence, à Aix. Arch. des Bouches-du-Rhône*, B. 3321, fol. 919.

24500. *Add. : Enreg. au Parl. de Provence, à Aix. Arch. des Bouches-du-Rhône*, B. 3321, fol. 959.

24503. *Add. : Enreg. au Parl. de Provence, à Aix. Arch. des Bouches-du-Rhône*, B. 3323, fol. 258 v°.

24528. A la date : *Au lieu de* «Noyon», *lisez* «Nouvion».

24530, 24532, 24533. A la date : *Au lieu de* «Noyon», *lisez* «Nouvion».

24535. *Au lieu de* «Briançon», *corr.* «Brégançon».
Add. : Enreg. au Parl. de Provence, à Aix. Arch. des Bouches-du-Rhône, B. 3323, fol. 354.

24547. *Add. : Enreg. au Parl. de Provence, à Aix. Arch. des Bouches-du-Rhône*, B. 3323, fol. 346.

24553. *Au lieu de* «Paulet Marignane», corr. «Paulet, de Marignane».
Add. : Enreg. au Parl. de Provence, à Aix. Arch. des Bouches-du-Rhône, B. 3323, fol. 309.

24563. *Add. : Enreg. au Parl. de Provence, à Aix. Arch. des Bouches-du-Rhône*, B. 3323, fol. 359.

24565. *Add. : Enreg. au Parl. de Provence, à Aix. Arch. des Bouches-du-Rhône*, B. 3323, fol. 317 v°.

24579. *Add. : Enreg. au Parl. de Provence, à Aix. Arch. des Bouches-du-Rhône*, B. 3323, fol. 407.

24581. *Add. : Enreg. au Parl. de Provence, à Aix. Arch. des Bouches-du-Rhône*, B. 3323, fol. 711.

24585. *Add. : Enreg. au Parl. de Provence, à Aix. Arch. des Bouches-du-Rhône*, B. 3323, fol. 706.

24593. *Add. : Enreg. au Parl. de*

Provence, à Aix. Arch. des Bouches-du-Rhône, B. 3323, fol. 683.

24596. *Add. : Enreg. au Parl. de Provence, à Aix. Arch. des Bouches-du-Rhône*, B. 3323, fol. 693 v°.

24619. *Add. : Enreg. au Parl. de Provence, à Aix. Arch. des Bouches-du-Rhône*, B. 3323, fol. 701.

24627. *Add. : Autre mention. Bibl. nat.*, ms. fr. 22253, fol. 2.

24672. *Add. : Enreg. au Parl. de Provence, à Aix. Arch. des Bouches-du-Rhône*, B. 3323, fol. 1048.

24676. *Add. : Enreg. au Parl. de Provence, à Aix. Arch. des Bouches-du-Rhône*, B. 3323, fol. 776 v°.

24701. *Add. : Enreg. au Parl. de Provence, à Aix. Arch. des Bouches-du-Rhône*, B. 3323, fol. 811 v°.

24741. *Add. : Enreg. au Parl. de Provence, à Aix. Arch. des Bouches-du-Rhône*, B. 3323, fol. 1033.

24752. *Add. : Enreg. au Parl. de Provence, à Aix. Arch. des Bouches-du-Rhône*, B. 3323, fol. 1035 v°.

24758. *Add. : Enreg. au Parl. de Provence, à Aix. Arch. des Bouches-du-Rhône*, B. 3323, fol. 1036 v°.

24777. *Add. : Enreg. au Parl. de Provence, à Aix. Arch. des Bouches-du-Rhône*, B. 3323, fol. 1046 v°.

24796. *Add. : Enreg. au Parl. de Provence, à Aix. Arch. des Bouches-du-Rhône*, B. 3323, fol. 1110 v°.

24808. *Add. : Enreg. au Parl. de Provence, à Aix. Arch. des Bouches-du-Rhône*, B. 3323, fol. 1059 v°.

24815. *Add. : Enreg. au Parl. de Provence, à Aix. Arch. des Bouches-du-Rhône*, B. 3323, fol. 1053 v°.

24860. *Add. : Arch. des Bouches-du-Rhône*, C. 1965.

24861. *Add. : Arch. des Bouches-du-Rhône*, C. 1965.

24876. *Add. : Arch. des Bouches-du-Rhône*, C. 1965.

N. B. Dans ce texte, le greffier d'Hyères est nommé «Pierre Gouffo» *et non* «Gensso».

24880. *Add. : Enreg. au Parl. de Provence, à Aix. Arch. des Bouches-du-Rhône*, B. 3323, fol. 1086.

24882. *Add. : Enreg. au Parl. de Provence, à Aix. Arch. des Bouches-du-Rhône*, B. 3323, fol. 1071.

24903. *Add. : Copie du XVIe siècle. Arch. de la ville d'Amiens*, AA. 12, fol. 210 v°.

24949. *Add. : Enreg. au Parl. de Provence, à Aix. Arch. des Bouches-du-Rhône*, B. 3324, fol. 24.

Copie du XVIe siècle. Bibl. Méjanes, à Aix, ms. 952, fol. 43.

24963. *Add. : Enreg. au Parl. de Provence, à Aix. Arch. des Bouches-du-Rhône*, B. 3324, fol. 60.

24965. *Add. : Enreg. au Parl. de Provence, à Aix. Arch. des Bouches-du-Rhône*, B. 3324, fol. 43 v°.

24966. *Add. : Enreg. au Parl. de Provence, à Aix. Arch. des Bouches-du-Rhône*, B. 3324, fol. 143 v°.

24967. *Add. : Enreg. au Parl. de Provence, à Aix. Arch. des Bouches-du-Rhône*, B. 3324, fol. 40 v°.

N. B. «Antoine Geoffroy» y est dit «Antoine Gaufridi».

24968. *Add. : Enreg. au Parl. de Provence, à Aix. Arch. des Bouches-du-Rhône*, B. 3324, fol. 35.

24974. *Add. : Enreg. au Parl. de Provence, à Aix. Arch. des Bouches-du-Rhône*, B. 3324, fol. 62.

24975. *Add. : Enreg. au Parl. de Provence, à Aix. Arch. départ. des Bouches-du-Rhône*, B. 3324, fol. 112.

Copie. Id., C. 2046.

Copie du XVIe siècle. Bibl. Méjanes, à Aix, ms. 952, fol. 51 v°.

Copie. Bibl. de la ville d'Avignon, ms. 3382, fol. 27.

24986. *Add. : Enreg. au Parl. de Provence, à Aix. Arch. des Bouches-du-Rhône*, B. 3324, fol. 118 v°.
Extrait. Arch. des Bouches-du-Rhône, C. 1897.

24989. *Add. : Enreg. au Parl. de Provence, à Aix. Arch. des Bouches-du-Rhône*, B. 3324, fol. 135.

24996. *Add. : Mention. Mémoire imp. du* XVII*e siècle. Bibl. nat.*, ms. fr. 17329, fol. 190.

25005. *Add. : Enreg. au Parl. de Provence, à Aix. Arch. des Bouches-du-Rhône*, B. 3324, fol. 99.
N. B. *Au lieu d'* « Augustin de Forest », *on lit :* « Jean-Augustin de Foresta ».

25011. *Add. : Enreg. au Parl. de Provence, à Aix. Arch. des Bouches-du-Rhône*, B. 3324, fol. 148.

25016. *Add. : Enreg. au Parl. de Provence, à Aix. Arch. des Bouches-du-Rhône*, B. 3324, fol. 107.

25018. *Add. : Enreg. au Parl. de Provence, à Aix. Arch. des Bouches-du-Rhône*, B. 3324, fol. 122
Copie du XVI*e siècle. Bibl. Méjanes, à Aix*, ms. 952, fol. 61.

25019. *Add. : Enreg. au Parl. de Provence, à Aix. Arch. des Bouches-du-Rhône*, B. 3324, fol. 138 v°.

25022. *Add. : Enreg. au Parl. de Provence, à Aix. Arch. des Bouches-du-Rhône*, B. 3324, fol. 154.

25040. *Add. : Arch. départ. des Bouches-du-Rhône*, C. 1965.

25041. *Add. : Arch. départ. des Bouches-du-Rhône*, C. 1965.

25043. *Add. : Enreg. au Parl. de Provence, à Aix. Arch. des Bouches-du-Rhône*, B. 3324, fol. 155 v°.

25045. *Add. : Enreg. au Parl. de Provence, à Aix. Arch. des-Bouches-du-Rhône*, B. 3324, fol. 299.

25047. *Add. : Enreg. au Parl. de Provence, à Aix. Arch. des Bouches-du-Rhône*, B. 3324, fol. 265.

25054. *Add. : Enreg. au Parl. de Provence, à Aix. Arch. des Bouches-du-Rhône*, B. 3324, fol. 306 v°.

25059. *Add. : Enreg. au Parl. de Provence, à Aix. Arch. des Bouches-du-Rhône*, B. 3324, fol. 377.

25076. *Add. : Arch. départ. des Bouches-du-Rhône*, C. 1965.

25093. *Add. : Enreg. au Parl. de Provence, à Aix. Arch. des Bouches-du-Rhône*, B. 3324, fol. 359.

25096. *Add. : Enreg. au Parl. de Provence, à Aix. Arch. des Bouches-du-Rhône*, B. 3324, fol. 379.
Copie du XVI*e siècle. Bibl. Méjanes, à Aix*, ms. 952, fol. 65.

25099. *Add. : Enreg. au Parl. de Provence, à Aix. Arch. des Bouches-du-Rhône*, B. 3324, fol. 360 v°.

25103. *Add. : Enreg. au Parl. de Provence, à Aix. Arch. des Bouches-du-Rhône*, B. 3324, fol. 365.

25109. *Add. : Enreg. au Parl. de Provence, à Aix. Arch. des Bouches-du-Rhône*, B. 3324, fol. 396.

25110. *Add. : Enreg. au Parl. de Provence, à Aix. Arch. des Bouches-du-Rhône*, B. 3324, fol. 391.

25125. *Add. : Enreg. au Parl. de Provence, à Aix. Arch. des Bouches-du-Rhône*, B. 3324, fol. 847.

25145. *Add. : Enreg. au Parl. de Provence, à Aix. Arch. des Bouches-du-Rhône*, B. 3324, fol. 446.

25157. *Add. : Enreg. au Parl. de Provence, à Aix. Arch. des Bouches-du-Rhône*, B. 3324, fol. 473 v°.

25162. *Add. : Enreg. au Parl. de Provence, à Aix. Arch. des Bouches-du-Rhône*, B. 3324, fol. 484-524.

25177. *Add. : Enreg. au Parl. de Provence, à Aix. Arch. des Bouches-du-Rhône*, B. 3324, fol. 668.

25183. *Add. : Enreg. au Parl. de Provence, à Aix. Arch. des Bouches-du-Rhône*, B. 3324, fol. 562.

25185. *Add. : Enreg. au Parl. de Provence, à Aix. Arch. des Bouches-du-Rhône*, B. 3324, fol. 580 v°.

25186. *Add. : Enreg. au Parl. de Provence, à Aix. Arch. des Bouches-du-Rhône*, B. 3324, fol. 579.

25188. *Add. : Enreg. au Parl. de Provence, à Aix. Arch. des Bouches-du-Rhône*, B. 3324, fol. 587.

25217. *Add. : Enreg. au Parl. de Provence, à Aix. Arch. des Bouches-du-Rhône*, B. 3324, fol. 628 v°.

25220. *Add. : Enreg. au Parl. de Provence, à Aix. Arch. des Bouches-du-Rhône*, B. 3325, fol. 608.

N. B. Les titulaires de l'office y sont nommés François et Jacques Guérin et non « Garin ».

25259. *Add. : Enreg. au Parl. de Provence, à Aix. Arch. des Bouches-du-Rhône*, B. 3324, fol. 680.

25274. *Add. : Enreg. au Parl. de Provence, à Aix. Arch. des Bouches-du-Rhône*, B. 3324, fol. 726 et 1901.

Copie du XVI*e* *siècle. Bibl. Méjanes, à Aix*, ms. 952, fol. 86.

25423. *Add. : Autre copie du* XVI*e* *siècle, sans la date. Bibl. nat.*, ms. fr. 18111, fol. 90 v°.

25479. *Add. : Autre copie du* XVI*e* *siècle, sans la date. Bibl. nat.*, ms. fr. 18111, fol. 77 v°.

25575. Pièce non datée. Elle doit être du 20 juin 1520. (Voir La Roncière, *François Ier et la défense de Rhodes. Bibl. de l'École des Chartes*, t. LXII, année 1901, p. 232.)

25615. *Add. : Copie du* XVI*e* *siècle, sans la date. Bibl. nat.*, nouv. acq. franç., ms. 20256, fol. 52 v°.

25763. *Add. : Copie du* XVI*e* *siècle, sans la date. Bibl. nat.*, nouv. acq. franç., ms. 20256, fol. 93.

25766. *Add. : Copie du* XVI*e* *siècle, sans la date. Bibl. nat.*, nouv. acq. franç., ms. 20256, fol. 94.

25899. *Add. : Autre copie du* XVI*e* *siècle, sans la date. Bibl. nat.*, ms. fr. 18111, fol. 75 v°.

25900. *Add. : Autre copie du* XVI*e* *siècle, sans la date. Bibl. nat.*, ms. fr. 18111, fol. 86.

25901. *Add. : Autre copie du* XVI*e* *siècle, sans la date. Bibl. nat.*, ms. fr. 18111, fol. 105.

25903 *Add. : Autre copie du* XVI*e* *siècle, sans la date. Bibl. nat.*, ms. fr. 18111, fol. 69.

25905. *Add. : Autre copie du* XVI*e* *siècle, sans la date. Bibl. nat.*, ms. fr. 18111, fol. 59 v°.

25906. *Add. : Autre copie du* XVI*e* *siècle, sans la date. Bibl. nat.*, ms. fr. 18111, fol. 83.

25919. *Add. : Copie. Bibl. communale de Lille, coll. Godefroy*, portefeuille 248.

25927. « Jean Caluau, conseiller clerc, au lieu de. . . », *corr.* « J. Caluau, pourvu de l'office de maître des requêtes de l'hôtel, au lieu de Claude de Seyssel. . . »

25998. *Au lieu de* « Jean », *lisez* « François Le Rouge » (cf. le n° 25957). Étant ambassadeur à Venise, il y mourut dans les derniers jours d'octobre 1521.

26054. « Gabriel de Florence »; il s'agit de Gabriel de Talente, de Florence » (cf. le n° 26044).

27279. *Add. : Copie du* XVI*e* *siècle, sans la date. Bibl. nat.*, ms. fr. 18111, fol. 83 v°.

27645. « Le comte de Pontresina », *corr.* « de Pontremoli » (Francisque de Noceto). [*Id.*, au n° 28862.]

27661. La somme mentionnée dans cet acte doit être corrigée ainsi : « 252656 livres 8 sous 4 deniers ».

28590. « Jean Kadeill », *lisez :* « Keudell ».

28727. *Au lieu de :* « Martin », *lisez :* « Guillaume » Du Bellay.

28793. L'évêque de Paris dont il s'agit est Jean Du Bellay.

28825. L'évêque de Mâcon dont il s'agit est Charles Hémart de Denonville. (De même au n° 28992.)

29057. « Guinter », *lisez :* « Gunther d'Andernach ».

29122. « Le s[r] de Beauvais ». Il s'agit d'Étienne de Laygue ou de Laigue.

29132. L'évêque de Bayonne dont il est question est Jean Du Bellay.

29136 et 29137. « M. de Morette. » Il s'agit de Charles Du Solier, s[r] de Morette.

29277. Dernière ligne. *Au lieu de :* « maîtres des requêtes », *lisez :* « maître des requêtes ».

TABLE
DES DIVISIONS DE CE VOLUME.